DADA 15/25

SPORTLICHES VERBRECHEN

der verbrecher kommt mit dem fallschirm herab
um jeden verdacht zu zerstreuen der sich graziös
gegen seinen preziösen körper und die guten absichten
seines geräumigen gesichtes richtet
und begeht das verbrechen in 12 brutalen und pittoresken posen
da haben wir die folgen der liebe im kino zu dem die wege zusammengehörender länder führen

VORNEHMES VERBRECHEN

ein glühwürmchen-rosa kleid
gelatine dichter rauhreif
leder
doktor für geschäfte
die nicht gehen
boy boy
schrie die kaiserin
das junge mädchen
fiel tot um
es war der boy

<Little Review, 1923, Von unseren Vögeln>

RAOUL SCHROTT

DADA 15/25

DOKUMENTATION UND CHRONOLOGISCHER ÜBERBLICK ZU TZARA & CO

DUMONT

FEIERLICHES VERBRECHEN

business business sagt die junge erscheinung
eine einfache feststellung für die brieftasche des kommissars
der sie liebte
der sie ermordete
der sie verscharrte
der sie trank
der sie anzündete
der ihr glaubte
und der sie liebte
soviele fragen der botschaft der vereinigten staaten im hotel crillon
amtlich zugestellt

bemerkungen
liquidieren sie alle geschäfte vor ihrem tod
jeder wird umgebracht denn der tod ist kurz und lacht
der tod ist teuer doch das leben billig
auf dürren papierlippen
bereiten sie ihre mysterien im pfuhl der anspielungen

für rené

DOKUMENTATION UND CHRONOLOGISCHER ÜBERBLICK ZU TZARA & CO.

DER KONGRESS ÖFFNET SEINE MIRIAPODISCHE SCHERE

EXEMPLARISCHE BETRACHTUNG ZWEIER MONATE DADAISTISCHER AKTIVITÄTEN IM JAHRE 1921 IN TIROL

ZUR NEUAUFLAGE

Nur Schwachsinnige und spanische Professoren interessieren sich für nähere Angaben. Was uns interessiert ist die dadaistische Geisteshaltung, und wir waren alle schon dada, bevor es Dada gab.
DADA AU GRAND AIR / DER SÄNGERKRIEG IN TIROL

Was ließe sich auf diese Deklaration Arps antworten, womit die Detailfreudigkeit der vorliegenden Dokumentation rechtfertigen? Einerseits, daß eine noch weit umfangreichere Aufarbeitung längst angebracht wäre, nachdem Dada nicht nur als Bewegung, sondern auch als Geisteshaltung historisch geworden ist. Andererseits aber, daß die Einflüsse des Mouvement Dada präsenter sind, als man gemeinhin glaubt: nicht nur Surrealismus und Konstruktivismus lassen sich von ihm ableiten, sondern auch der Lettrismus oder die Wiener Gruppe, die diversen Formen der konkreten Poesie, das Theater des Absurden ebenso wie zeitgenössisches Regietheater, Performance, Installation und Videokunst, die Ästhetik von Musikclips oder Werbung — sogar noch unsere hin und her zappende Medienrezeption oder der Begriff der Postmoderne als eklektisch aktualisierender Umgang mit Geschichte finden ihre Entsprechung in Dadas ungenierten Über- und Rückgriffen.

Die ursprünglichen Intentionen und Motivationen von Dada sind dabei jedoch in Vergessenheit geraten; stattdessen kursieren bloß plakative Stereotype: das Klischee des Unsinns, der bloß polemischen Provokation, der reinen Sprachspielerei, der kalkulierten Selbstinszenierung und des zynischen Umgangs mit Kultur. Wenn, dann war Dada jedoch eher kynisch als diesem forcierten Ausdruck innerer Sterilität hingegeben, verleugnete seine anarchische Pose weder mythische noch mystische Aspekte, stellten seine individualistischen Clownerien vor allem das Paradoxale jeder Art von Philosophie bloß. Hochstapler und Narren zählten zu Dadas Lieblingsfiguren, gerade weil sie das Doppelbödige der menschlichen Tragikomödie aufzeigten, jedwede Doktrinen und Dogmas ad absurdum führten und zugleich ein karnevalistisches Lebensprinzip verkörperten: wie der Jungsche Schelm waren sie Symbole existentieller und kultureller Krisen.

Die Bewegung deshalb nur auf eine Gesellschaftskritik im Kontext des Ersten Weltkriegs zu reduzieren, führt ebenfalls zu keiner angemessenen Einschätzung: ebensogut läßt sich Dada als eine letzte Bilanz klassischen Bildungsbürgertums auffassen — von der Antike bis zum Mittelalter, vom Barock bis zum 19. Jahrhundert (zu denen die Programme der Dada-Soiréen und die Beiträge der einzelnen Dada-Zeitschriften Bezüge herstellen) wurde ein Querschnitt an abendländischer Kultur im wahrsten Sinne des Wortes noch einmal verlautbart. Eher dem Universalmenschen der Renaissance verpflichtet als dem Sektierertum eines Ismus, zählten seine Akteure zu den vielseitigsten Begabungen ihrer Generation — Tzaras Muttersprache war Rumänisch, sein Werk schrieb er in einem Französisch, das Übersetzer in Schwierigkeiten zu bringen imstande ist, und er beherrschte Englisch und Deutsch gut genug, um auch darin Texte zu verfassen; Arp und Ernst waren akademisch ausgebildete Maler, die wechselweise in zwei Sprachen Gedichte schrieben; Hausmann übte sich gleichfalls in allen Kunst- und Literaturgattungen. Die avantgardistische Forderung nach unbedingter Modernität trifft das Wesen Dadas ebenfalls nur bedingt; genauso wichtig war — von der in ethnographischen Studien zugänglichen oralen Poesie australischer Aborigines bis zur Kunst Schwarzafrikas — das Primitive. Und obwohl die Bewegung zu Beginn ein Großstadtphänomen war — Zürich, Berlin, Paris, New York, Köln und Hannover — stand am Ende auch die Auseinandersetzung mit der Natur im Vordergrund.

Was Dada dabei im Innersten zusammenhielt, war die Kritik und Diagnose der Fundamente der westlichen Zivilisation, mit dem Ziel, diese Krise zu überwinden. Den Kern dieser Geisteshaltung bildete die Vorstellung, daß — wie Tzara in einem Vortrag anläßlich der ersten Soirée in Zürich verkündet hatte — die »primitive Technik und die moderne Sensibilität« zu verknüpfen seien. Die Betonung lag dabei weder auf dem selbstdestruktiven ›Rausch‹ des Expressionismus noch auf futuristischer Lobpreisung der Technik oder den Stilformen des Kubismus — obwohl der frühe Dadaismus sich damit intensiv auseinandersetzte. Vielmehr versuchte Dada immer wieder von neuem eine Mitte innerhalb einer sich beständig im Fluß befindlichen Wirklichkeit zu finden, »ein Gleichgewicht zwischen widersprüchlichen Mächten zu erzielen und die dämonischen, bestialischen, unbewußten, spirituellen und intellektuellen Energien des Menschen in einem fein ausgewogenen Wechselspiel rund um einen versteckten ›point sublime‹ zu halten, der sich beständig verändert, in Reaktion auf diese ihn umgebenden dynamischen Kräfte«.

Diese ebenso einsichtige wie pointierte Definition Dadas stammt von Richard Sheppard, dessen Aufsätze zusammen mit Raimund Meyers Ausstellungskatalogen zu Dada-Zürich und Dada-Global erst relativ spät den Ausgangspunkt zu einer differenzierten Auseinandersetzung geliefert haben. Monographien zu den einzelnen Protagonisten gibt es zwar genügend — so sind seit der ersten Auflage dieses Bandes vor einem Dutzend Jahren der Huelsenbeck-Band von Kapfer-Exner erschienen; die textkritischen Editionen von

Emmy Hennigs Briefen, Balls Korrespondenz und sein »Tenderenda« sind endlich publiziert worden; neben Kochs Hausmann-Studien steht nun die erste komplette Veröffentlichung seines Romans »Hyle« in Aussicht; für Soupault, Höch und Arp wird und wurde viel getan; zu Serner und Mehring liegen schon länger hervorragend gesammelte Werke vor; Ernst ist durch die Arbeiten von Spies bestens präsent; und auch zur Lautdichtung gibt es inzwischen ausführlichste Darstellungen.

Dada als Bewegung jedoch war mehr als die Summe seiner Vertreter, die daran meist nur temporär teilhatten, einzelne Facetten herausarbeitend, bevor sie sich wieder abwandten, weil sie glaubten — wie beispielsweise Balls später Katholizismus zeigt —, durch Dadas paradoxe Dynamiken auf einen Ruhepunkt gestoßen zu sein, von dem aus sich wieder ›Gültiges‹ und ›Wahres‹ behaupten ließe. Zur skeptischen Agnostik Dadas gehört aber auch, daß — von Tzara einmal abgesehen — nur wenige seiner Anhänger auf Dauer wendig genug blieben, um jedwede Sinnsetzung als rein hypothetisches Konstrukt einer Wirklichkeit aufzufassen, in der alles stets im Wandel begriffen bleibt.

Bislang greifbare Anthologien und Standardwerke haben von alldem bloß ein eher skizzenhaftes Bild gezeichnet. Die mit dieser Nachauflage nicht mehr bloß Spezialisten zugängliche Dokumentation »Dada 15/25« vermag dies vielleicht zu konturieren und stellenweise zu korrigieren. Rund um Tristan Tzara, den Impresario Dada-Zürichs und seiner Ausläufer, konzipiert, bietet der Materialienband einen chronologischen Überblick, in dem Briefe, Zeitungsrezensionen, Dokumente, Selbstzeugnisse, Augenzeugenberichte, Erinnerungen, Manifeste, Gedichte und vieles mehr wieder in den ursprünglichen Zusammenhang gestellt werden, um sich gegenseitig zu erhellen und so von sich aus neue Entwicklungslinien zum Vorschein kommen zu lassen.

Von der Bibliophilie der Originalausgabe wurde so viel wie tragbar übernommen, ein schon damals notwendiges Register angelegt sowie eine ausgewählte Bibliographie der jüngsten Neuerscheinungen angefügt. Der damalige Anhang wurde durch einen Auszug aus meinem ersten Buch von 1988 mit dem Titel »Dada 21/22; *Musikalische Fischsuppe mit Reiseeindrücken — eine Dokumentation der beiden Dadajahre in Tirol*« ersetzt. Dieser Ausschnitt soll ein weitgehend unbekanntes Kapitel, den Aufenthalt von Tzara, Arp, Max Ernst und anderen in Tirol in den Jahren 1921/22, in den Vordergrund rücken und exemplarisch zeigen, welche Deutungsmöglichkeiten ein fokussierter Blick auf Dokumente in einem biographischen und zeitlichen Kontext zu eröffnen vermag. Ein vom Cabaret Voltaire ausgehender Kreis schließt sich damit auch philologisch: In den hier beschriebenen beiden Sommern in Tarrenz bei Imst zeigt sich ein schöpferischer Drang, wie er für die Anfangszeit der Bewegung typisch war, während sich gleichzeitig bereits ihr Ende in der Ablösung durch Surrealismus und Konstruktivismus abzeichnet.

Mit einem Empfehlungsschreiben Philippe Soupaults 1986 in der Bibliothèque Doucet vorstellig geworden, wo der Nachlaß der Dadaisten verwahrt wird, um eigentlich über Walter Serner zu schreiben, hatte ich begonnen, die Briefe seiner dadaistischen Mitstreiter einzusehen, und stieß nach monatelanger Arbeit schließlich auf eine Fülle von Originalen, die man bis dahin ignoriert hatte. Mehr als nur Zeugnisse von Sommerfrischlern in Tirol eröffnete dieses aus dem Archiv gegrabene Konvolut einen gänzlich neuen Abschnitt der Geschichte Dadas, die als Fallstudie Einblick in den kreativen Prozess, die Gruppendynamik zwischen den Dadaisten und den Kulturbetrieb gewährten. Dies zu bearbeiten wurde eine Lust: nicht nur, weil man der erste war, der die Dokumente nach Jahrzehnten wieder in die Hand nahm, sondern auch, weil mir mein Verleger Michael Forcher damals freie Hand gelassen hatte, um sie zusammen mit Gerald Nitsche kongenial in einem Band zu präsentieren. Nachdem er unerwarteten — das Thema ›Dada in Tirol‹ klang zugegeben etwas eigen — Widerhall fand, blieben da aber immer noch diese Stapel Hefte voller mühevoll entzifferter und abgeschriebener Briefwechsel aus der Zeit zwischen 1915 und 1925 und Kisten anderer Dokumente ... was ein zweites Mal hieß, zurück in die Archive, Bibliotheken und Sammlungen, um für diesen Band hier all das Verstreute erneut zusammenzutragen:

VORWORT

10, place du Panthèon, Montag bis Freitag von 2 bis 6, mittwochs kein Publikumsverkehr, ein numeriertes grünes Kärtchen, das man gleich rechts beim Eingang erhält, dann durch einen Korridor von alten Schiffsmodellen zu einem kleinen Raum hinten, mit gerade einem Tisch und acht Stühlen unter den dunklen Eichenregalen: der Fundus des Schneidermeisters Doucet, der Nachlaß der französischen Moderne mit Tausenden von Briefen, Manuskripten, Zeitschriften, Erstausgaben. Doch ohne Erlaubnis der jeweiligen Erben bekommt man keine Visitenkarte zu Gesicht, und die Adresse darauf war für dieses Buch meist zwanzig Jahre alt und eine Stadt in Mexiko. Ein Augenzwinkern des hochwürdigen Konservators war also schon vonnöten, um die Briefe zu entziffern, die Manuskripte einzusehen und alles in die Quarthefte abzuschreiben, mit den drei Schreibfingern... Und um einen zu dick ist es jetzt auch geworden, obwohl es sich auf Dada-Zürich beschränkt, Paris, Berlin, und Köln ausspart, und von 1920 bis 1925 nur mehr einen Ausblick auf weniger bekannte Korrespondenzen, den Kontakt zum Konstruktivismus und die Beziehung zwischen Arp, Lissitzky, Schwitters, van Doesburg und Tzara in den Vordergrund rückt.

Die Dokumentation soll für sich selbst sprechen, zusammengetragen aus größtenteils unveröffentlichten und nie übersetzten Materialien, abgerundet und gestützt durch anderes, das verstreut und kaum je greifbar publiziert wurde — und sie muß es auch, weil des Umfangs wegen auf einen kritischen Apparat verzichtet wurde; die Hand hätte zwar so ihre fünf Finger, nur halten könnte man sie dann nicht mehr.

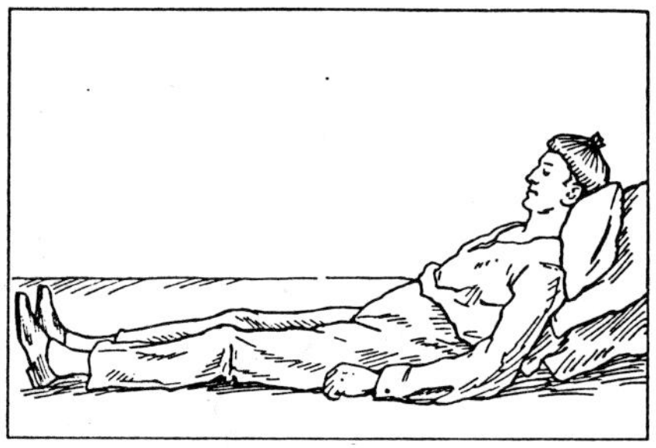

Eine Daumesbreite machen die Briefwechsel aus; sie lassen ein Bild Dada aus privater Sicht und fast von Tag zu Tag nachzeichnen und ergeben so erst ein Gesicht. Sie zeigen Dada zunächst als nur improvisiertes Experiment, aus dem sich erst nach und nach eine eigene Geisteshaltung herauskristallisiert, als einen Querschnitt durch alle Ismen der Moderne, die anfangs nur der mystische und abstrakt-fortschrittliche Aspekt auf einen Nenner bringt, bis Tzara seinen Priv at-Ismus durchsetzt, der Dada, im *Hr.n Aa* um die Konsonaten gekürzt, 1919 in Zürich und dann in Paris seine subversive und nihilistische Note verleiht, die seine Legend heute überwiegend ausmacht.

Im ganzen besehen, bereitet die Korrespondenz eine akzentuierte Einschätzung Dadas vor: was den Einfluß von und auf andere Bewegungen und die Kontakte zu anderen Persönlichkeiten betrifft, die eher private als direkte Reaktion auf das Ungenügen in der Kultur und den Weltkrieg, das Echo in der Öffentlichkeit, die Absichten und Beweggründe der Akteure selbst, die zahllosen Versuche, sich als Bewegung zu dokumentieren, — und auch das schließliche Scheitern.

Sie macht aber auch deutlich, wie sehr Dada als Gruppe von Wahlverwandtschaften in den ständig wechselnden Konstellationen von Personen und Persönlichkeiten charakterisiert wird, eine Allianz des Augenblicks zwischen Tendenzen der De- und Rekomposition, zwischen Sub- und Koordination für meist hypothetische Ziele, die nie klarer vor Augen stehen, als die nächste Zeitschrift, eine neue Soirée — ausgenommen die Selbstrepräsentation, die kreative Weiterentwicklung und Neuerung und vor allem: das Überleben und die Anerkennung als Künstler und Dichter.

Persönlich aber bleibt das Verhältnis der Dadaisten in dieser Gruppe ohne feste Urheberrechte immer auf Distanz und bestenfalls auf gegenseitigen Respekt aufgebaut, kein richtiges *Du*, kein wirkliches *Sie*, eher das unverbindlich über die Lippen gehende *vous*, ein *sie* ohne die Majuskel der Anrede; die Freundschaft zwischen Arp und Tzara, die erst nach Jahren eine wird, ist so auch eine der wenigen, die überdauert.

Der Mittelfinger zwischen den Buchseiten sind die eingebundenen Dossiers einzelner Dada-Soiréen, mit dem Programm und den Texten, soweit eben recherchierbar, zusammen mit Augenzeugenberichten, Erinnerungen und Rezensionen. Sie dokumentieren zugleich mit dem Versuch, sich eine Tradition zu schaffen, auch den Griff in das Sammelsurium des

Zeitgenössischen, ohne allzugroßes Aufhebens darüber, was einer strikten Linie in den Augen der Nachwelt entsprechen würde — was nicht nur vielfach für die damaligen künstlerischen Beiträge und Illustrationen zutrifft, sondern auch mit ein Grund war, Modernes, an dem sich eine gemeinsame Wurzel zu Dada ziehen läßt, miteinzubeziehen.

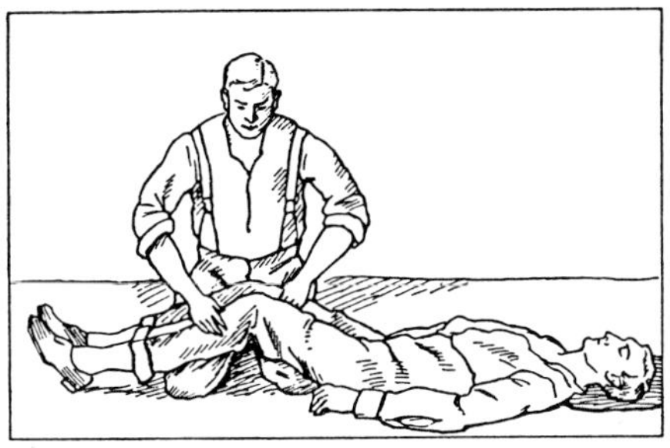

Der Zeigefinger ist aber zweifellos auf Hr.n Tzara gerichtet, als Adressaten und Empfänger, auf seinen Blickwinkel innerhalb des *Mouvement Dada*, seine Biografie, die sich daran mißt, und vor allem auf den Dichter und seine literarische Entwicklung.
Tzara war, als er nach Zürich kam, in mehrfachem Sinne der Jüngste unter den Dadaisten, und als Rumäne haftete ihm auch der Geruch des Provinziellen an. Er ist die übersensible und labile Persönlichkeit, die sich mit eher naivem als zynischem Opportunismus und nur durch die alljährlichen Erschöpfungszustände unterbrochene, Überaktivität, zum Angelpunkt der Bewegung wird. Tzara übernimmt, adaptiert, datiert eigenes vor, eignet sich an, was weiter verwertbar erscheint und gewinnt sich nach und nach in steter Konkurrenz zu den anderen Protagonisten sein Profil ab.
Die Geschichte Dadas ist in diesem Sinne die Geschichte seines Ehrgeizes; das Ende stimmt mit Tzaras persönlicher Entwicklung überein, dessen Pendelbewegungen ruhiger werden, bis er das erreicht hat, wofür er ausgezogen ist: Anerkennung und Ruf, nicht zuletzt auch mit den nötigen Accessoires, als äußerlichen Beleg einer gelungen inszenierten Persönlichkeit.

Seinem Schreiben ist Bitterkeit, Ekel und Impotenz dem Menschlichen gegenüber und die Faszination an der gleichgültigen Mathematik des Universums unterlegt; es ist ein Abwehrmechanismus, der die eigene fragile Persönlichkeit in ihrem Kern unantastbar bewahrt — bis sie sich erst nach überstandenem Abenteuer selbst Rechenschaft ablegt und analysiert. Was seine Texte ausmacht, ist dabei nicht ihr stilistischer Schliff, sondern die Konsequenz, mit der sie jeden Bruch aufrechterhalten, die Unmittelbarkeit der Äußerung zum Prinzip machen, die Fragwürdigkeit des Denkens und der Sprache betonen; Tzara ist das weiße Papier, auf dem sich die europäische Avantgarde exemplarisch einschreibt.

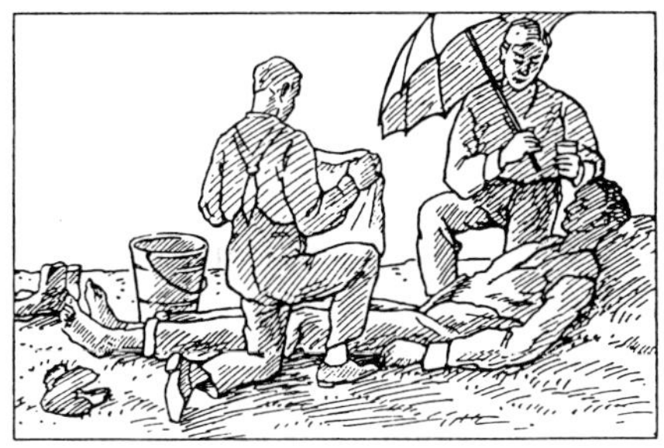

Als Person selbst aber bleibt Tzara kaum faßbar, nur lückenhaft greifbar, wie sein Sohn, Christoph Tzara, in einem Brief abschließend schreibt:

Es ist eigenartig, denkt man daran, daß Tzara auf der europäischen Bühne ein Unbekannter bleibt, mit einem Namen, der aus allen möglichen Versatzstücken besteht, der seine Wurzeln gekappt hat (offiziell zumindest, weil er privat ein gutes Verhältnis zu seiner Familie bewahrte) — soweit, daß er auch mir gegenüber nicht von seiner Herkunft erzählte, ich seine Schwester und meine Cousine nicht einmal zu Gesicht bekam, als sie in Paris waren... er blieb reserviert, eigentlich schüchtern und scheu, das Gegenteil jenes homme de lettres, *der noch das kleinste Detail seines Lebens öffentlich zur Schau stellt. Und er trat von dieser Bühne ab, ohne andere Spuren zu hinterlassen, als sein Werk und einige legendäre, ungewisse, ja selbst falsche Fakten.*

Gebrauchsanweisung: ein □ steht für ein Auslassungszeichen, ein * kennzeichnet eine Übersetzung; die Orthographie und Zeichensetzung wurde vorsichtig vereinheitlicht; die Texte Tzaras werden namentlich nicht ausgewiesen, die Fassung selbst richtet sich nach der Erstveröffentlichung.

Procida, Juni 1992

CHRONOLOGIE I

16. 4. 1896 — Samuel Rosenstock wird in Moinesti (bei Bacau, Moldawien) in Rumänien geboren; er entstammt einer wohlhabenden, jüdischen Kaufmannsfamilie; seiner Schwester Lucia bleibt er zeitlebens verbunden. Von 1903 bis 1912 besucht er zunächst eine französische Privatschule, dann ein Gymnasium in Bukarest; sein Abgangszeugnis zeigt ausgewogen gute Leistungen in allen Fächern; er zeichnet, spielt Klavier und gründet zusammen mit seinen Schulkollegen Ion Vinea und Marcel Janco die Zeitschrift *Simbolul*, in der seine ersten symbolistischen Gedichte unter dem Pseudonym *S. Samyro* erscheinen; zusammen mit Janco besuchte er erstmals Paris

1914 — Rosenstock inskribiert an der Universität in Bukarest Philosphie und Mathematik; reist mit Janco nach Paris; seine Texte zeichnet er mit *Tristan Ruia*, nach dem poète maudit Tristan Corbière.
Der Rumäne Segal befindet sich bereits in Zürich, ebenso Serner und Marietta di Monaco, die im ersten literarischen *Cabaret Pantagruel*, in den Räumen des späteren Cabaret Voltaire, auftreten.

1915 im Herbst schicken ihn seine Eltern nach einem familiären Skandal nach Zürich, wo er an der Universität Philosophie inskribiert. Im Oktober erscheint in der Zeitschrift *Chemarea* erstmals ein Gedicht unter dem Namen *Tristan Tzara*, nach tara, rumänisch für Land: traurig im Land.
Janco befindet sich bereits seit Januar, Arp, Schad und Hardkopf seit dem Sommer in Zürch; Ball — der zusammen mit Huelsenbeck bereits prädadaistsiche Aktivitäten in Berlin entfaltet hat — kommt mit seiner Freundin Emmy Hennings Ende Mai nach Zürich und arbeitet an seiner lyrischen Anthologie, aus der das *Cabaret Voltaire* hervorgeht. Von März bis April erscheint der *Mistral* von Kersten, Serner und Szittya, ab 1. Oktober bis Mai 1916 Serners *Sirius*. Arp, O. und A. van Rees stellen vom 15. 11. bis 1. 12. in der Galerie Tanner aus.

1916

5. 2. — Eröffnung der *Künstlerkneipe Voltaire* mit laufendem literarischem, künstlerischem und musikalischem Programm

26. 2. — Huelsenbeck kommt in Zürich an

29. 2. — Ball erwähnt das Wort *Dada* erstmals in einem Brief an Tzara

10. 3. — Arp geht von Ascona nach Zürich

16. 3. — Serner attakiert im *Sirius* das Cabaret Voltaire

März — Laban eröffnet seine Tanzschule mit Mary Wiegmann, Suzanne Perrottet und Käthe Wulff; Klabund beteiligt sich kurz am Cabaret Voltaire

April — die Gründung einer *Künstlergesellschaft Voltaire*, eine internationale Ausstellung, eine Anthologie und eine Zeitschrift werden geplant; Tzara nimmt seine Briefwechsel auf.

31. 5. — *Cabaret Voltaire* erscheint mit dem Hinweis auf die geplante Zeitschrift *Dada*

15. 7. — I. Dada-Soirée; danach bricht Ball erstmals mit Dada und das Cabaret Voltaire wird geschlossen

28. 7. — Tzaras *Das erste himmlische Abenteuer des Hr.n Antipyrine* erscheint mit Holzschnitten von Arp als erste Veröffentlichung der Collection Dada
August — Tzara erhält von Alberto Spaini Adressen der Futuristen und fährt nach Italien; Huelsenbeck veröffentlicht *Schalaben schalabai schalamezomai* mit Zeichnungen von Arp in der Collection Dada.
September — Huelsenbeck publiziert die *Phantastischen Gebete* mit Holzschnitten von Arp in der Collection Dada

15. 9. — Richter trifft in Zürich ein
Oktober — Janco veröffentlicht sein *Album* mit Holzschnitten und einem Gedicht Tzaras in der Collection Dada; Tzara beschäftigt sich mit Nostradamus' Prophezeiungen

3. 10. — Arp, Janco und Tzara bitten Ball brieflich um Rückkehr

November — Tzara leidet an nervösen Erschöpfungszuständen und fällt in eine Krise mystischer Natur
Dezember — Tzara gibt die Arbeit an einem ersten Gedichtband *Mpala Garoo*, der bereits in Druckfahnen existiert, auf und beginnt, sich mit afrikanischer und ozeanischer Negerliteratur zu beschäftigen, die er in der Zürcher Bibliothek in anthropologischen Zeitschriften zusammensucht und übersetzt.

3. 12. — Eröffnung der Galerie Corray; erste dadaistische Ausstellung in Vorbereitung, für die Tzara Kontakte mit Amerika, Frankreich und Italien knüpft

Ende Dezember — Huelsenbeck kehrt nach Berlin zurück

1917

12. 1. — Erste Dada-Ausstellung der Galerie Corray mit Vorwort und Vorträgen Tazras

1. 3. — Tzara wird nach dem Einberufungsbefehl vom 23. 11. 1916 vom Militärdienst suspendiert

17. 3. — Ball und Tzara übernehmen die Galerie Corray

und eröffnen die *Galerie Dada* mit der ersten *Sturm*ausstellung; der Vermieter Sprüngli droht mehrmals mit Kündigung wegen nicht bezahlter Miete und Lärmbelästigung

10. 3. — Kostümfest bei Mary Wiegmann; Tzara lernt Maya Chrusecz kennen, die als Modistin auch Kleider für die Labanschule entwirft und schneidert; sie bleibt seine Freundin bis 1922

14. 4. — II. Dada-Soirée *(Sturmsoirée)* mit den Tänzerinnen der Labanschule und der Aufführung von Kokoschkas *Sphinx und Strohmann*, geschlossene Veranstaltung

28. 4. — III. Dada-Soirée *(Abend Neuer Kunst)*, geschlossene Veranstaltung

12. 5. — IV. Dada-Soirée (Alte und Neue Kunst), geschlossene Veranstaltung

19. 5. — V. Dada-Soirée *(öffentliche Wiederholung der IV.)*

25. 5. — VI. Dada-Soirée *(Soirée Hans Heusser)* mit Kompositionen von Hans Heusser, Liedern von Hans Roelli und Fragmenten aus der Bühnenkomposition *Der gelbe Klang* von Kandinsky

Ende Mai — Ball bricht endgültig mit Dada und geht nach Vira-Magadino zurück; die *Galerie Dada* wird unter Differenzen über die Abrechnung geschlossen

Sommer — Tzara erholt sich in Gruyère und Neuchâtel

16. 7. — *Dada 1* erscheint und Tzara lanciert das Mouvement Dada

14. 11. — Ausstellung der Dadaisten im Kunstsalon Wolfsberg
Dezember — *Dada 2* erscheint

1918

Februar — Picabia kommt zur Behandlung seiner Neurasthenie und Drogensucht in die Schweiz

März — Flake kommt nach Zürich

20. 6. — Tzaras *25 Gedichte* erscheinen mit Holzschnitten von Arp in der Collection Dada; eine Neuauflage *25 und ein Gedicht* erscheint 1946 in Paris

23. 7. — VII. Dada-Soirée *(Soirée Tristan Tzara)*

August — Tzara erholt sich von seiner Nervenkrankheit in Hertenstein und nimmt Kontakt mit Picabia auf

September — Ausstellung der Dadaisten im Kunstsalon Wolfsberg, wo auch Bilder Picabias gezeigt, aber vorzeitig entfernt werden; Serner schließt sich Dada an
9. 11. — Apollinaire stirbt

11. 11. — der Waffenstillstand wird unterzeichnet

Dezember — *Dada 3* erscheint mit Tzaras *Manifest Dada 1918*

1919

12. 1. — 5. 2. — Erste Ausstellung des *Neuen Lebens* im Kunsthaus Zürich, dem auch die dadaitischen Künstler angehören; Vorträge von Tzara, Flake, Janco und Baumann

22. 1. — Breton nimmt erstmals Kontakt mit Tzara auf

22. 1.-8. 2. — Picabia kommt nach Zürich, wo die Nr. 8 seines 391 in Zusammenarbeit mit den Dadaisten erscheint; die ersten automatischen Texte entstehen, und mit dem dort bei Tzara erstmals aufscheinenden *Hr.n Aa* erhält auch Dada seine nihilistische Note.

März — die erste Nummer von *Littérature* erscheint

April — Tzara über Ostern am Vierwaldstättersee
Frühling — Tzara und Janco zerstreiten sich über die Gründung der *Radikalen Künstler*, die aus Dada eine konstruktive Tendenz machen sollen; Richter geht zurück nach Deutschland

15. 5. — *Dada 4/5* erscheint

24. 5. — Schwitters nimmt mit Tzara Kontakt auf

Juni — Klee in Zürich

Anfang Juli — Arp, Serner und Tzara treten als *Aktiengesellschaft zur Ausbeutung des Vokabulars* auf, verfassen Gemeinschaftsgedichte und verbreiten Falschmeldungen über ihre dadaistischen Tätigkeiten

August — Tzara geht nach Montreux, Caux und Genf

Herbst — Arp geht nach Köln, wo er zusammen mit Ernst und Baargeld Dada-Köln initiiert

26. 9. — Serner geht nach Genf, wo er Dada-Genf hauptsächlich über Zeitungsenten lanciert, wie zum Beipiel über eine IX. Dada-Soirée

29. 9. — Tzara wird wegen angeblicher bolschewistischer Tätigkeit verhaftet und einen Tag später wieder freigelassen

Oktober — Tzara leidet an Depressionen

November — Der *Zeltweg* von Flake, Serner und Tzara wird als letzte Zürcher dadaistische Publikation fertiggestellt, erscheint aber erst im Frühjahr 1920

Dezember — Tzara wird über Picabia in Paris zum Mitglied der *section d'or* ernannt und stellt zusammen mit Paul Eluard *papillons* her, dadaistische Stickers, die in Zürich, Genf und Paris verbreitet werden; Kurt Schwitters veröffentlicht seinen Gedichtband *Anna Blume*; Archipenko in Zürich

DIE PROFESSIONELLE ERINNERUNG

Was mich einige erinnerungen erzählen läßt

Die zeiten der rechtfertigung, so subtil wie naiv, die sich in sätzen wie — *ich schreibe, weil* — vergeudet, sind seit langem vorbei. Ich habe aktiv an der lancierung dieses kleinen gewissenspiels teilgenommen. Heute läßt es mich ungerührt. Trotz des wunsches nach aufrichtigkeit der spieler hat es doch manche koketterien der sprache herausgefordert und manchen frivolen phantasien ein ventil geöffnet. Die meisten schrieben, um die wertschätzung oder das erstaunen des lesers durch geschickte machenschaften zu gewinnen, aber es gelang ihnen nicht, den trumpf vollständiger und dichter klangfülle auszuspielen, selbst wenn sie die herzas auf den tisch legten. Sie fragen sich nicht, was die triebfedern ihrer literatur sind, ihr ziel beunruhigt sie kaum und die algebraische und liebenswürdige funktion der dinge von qualität, die einzig das inter-

esse wert sind, lassen sie beiseite: *die poesie*. Ich meine nicht die geschriebene poesie, sondern jene, die ein instrument offenen lebens im lichte eines gewissen winkels unentschiedener ergebenheit ist, die macht die menge menschlicher fähigkeiten in sich zu dosieren und mitzuteilen, der vorwand für eine undefinierbare physische untätigkeit.
Ich begann in meiner frühesten jugend zu schreiben, ohne mich zu fragen warum. Ich glaube, es war aus widerspruch — ich schrieb gedichte *gegen* meine familie, heimlich — um eine unverhältnismäßig entwickelte seite meines geistes in den griff zu bekommen. Die transkription meiner cerebralen krankheit nahm mich genügend in anspruch, um ihre gründe zu entschuldigen. Das ergebnis interessierte nur mich allein, und mit der gewohnheit wurde mir diese therapie geistiger erleichterung unentbehrlich und wurde schließlich durch das vergnügen, das ich dabei empfand, eine art latentes laster. Es absorbierte zur gänze meine gefühle, beruhigte aber die ausgelassenheit meines schlechten charakters. Obwohl ich dabei keinen profit für meine eitelkeit zog, indem ich fast alle ergüssen meiner willkürlichen phantasie wieder zerstörte, vernachlässigte ich die schule, und, was schwerer wog, den sport, das spiel und meine beziehungen zu den kameraden. Das sind die ersten differenzen, die es einem ermöglichen, klar, mit der entsprechenden lebhaftigkeit, spontan allem gegenüber zu reagieren. Die reaktionen blieben bei mir rein geistig und meine angeborene schüchternheit ließ meine gesten noch kurzsichtiger erscheinen, als sie es in wirklichkeit sind. Diese schüchternheit, werk gottes in der kindheit, das wir von alter zu alter in uns tragen, bis zur erstarrung auf der wendeltreppe schleppen, ohne unterlaß eine geschwächte sensibilität betäubend, rief in mir aus widerstand stolz hervor, ein besonderes übel, das die isolation seiner geheimnisse liebt. Der von fragen geleerte körper spinnt grundlos den rock seines egoismus.
Wie oft habe ich mir nicht schon vorgeworfen, nur ein händler von worten zu sein, der die ideen und elemente des lebens für bilder und kristallisierte sätze tauscht und umgekehrt. Heute aber kann ich sagen, daß ich mit jeder geschriebenen zeile das problem des *warum* auf seine unumschränkte notwendigkeit reduzierte, und, indem ich nicht damit aufhöre, ohne einen befriedigenden grund oder die quelle gefunden zu haben, sinke ich nur noch tiefer und tiefer in das loch dunkler und komplizierter qual. Das war die erste phase meiner unruhe. Sie enthüllte mir meine liebe für die poesie, die ich über die materiellen aspekte des lebens stelle, die im laufe ihrer vernunftwidrigen entwicklungen sich mit diesem lächeln schmückten, das ich für vergnügen hielt.
Ich hatte oft unrecht, mich mit wenig triftigen konkreten argumenten zu begnügen, die ich für wahr ansah, weil sie mir, in angenehm klingende formulierungen gezwängt oder sich durch das unerwartete ihrer verbalen assoziation aufdrängend, die illusion gaben, intelligent und aufrichtig zu sein. Ich glaubte lange zeit, daß ich schrieb, um mich zu retten: *vor jedem standpunkt*; daß ich keine literarischen ambitionen hatte, nicht aus beruf schrieb. Ich wäre ein abenteurer mit großartigem auftreten und raffinierten gesten geworden, wenn ich die physische kraft und den nervlichen widerstand gehabt hätte, eine einzige heldentat zu vollbringen: *mich nicht zu langweilen* — sagte ich mir, die augen vor meiner schwäche verschließend. Ich dachte auch, daß es nicht genug originelle menschen gebe, daß ich aus gewohnheit schrieb, um mit menschen kontakt aufzunehmen und eine beschäftigung zu haben. Zu resignieren und nichts zu tun, erschien mir eine lösung. Doch dies verlangte ein enormes privileg an energie. Und das fast hygienische bedürfnis nach komplikation, das jeden von uns beherrscht, vertrug sich zu gut mit meiner instabilen natur und hinderte mich daran, einen ausweg aus meiner betäubung zu finden.
Lange war mein immer nur improvisiertes schreiben eine materialisation des ekels vor allem — und vor allem vor mir selbst. Anders als viele schöpferische menschen schrieb ich, um das gefühl zu zerstören, das mich antrieb. Ich glaubte, die vorliebe für literatur auszurotten, indem ich sie durch ihre eigenen technischen mittel und in ihren heiligen formen erstickte. Der schmerzhafte teil der unruhe kommt von der feudalen entfaltung der persönlichkeit und ich hatte ja immer schon davon geträumt, meine zu verlieren und unpersönlich zu werden. Die anmaßung, sich als zentrum der welt zu verstehen, mich zu vernichten und ihre gesetze nicht mehr rechtfertigen zu müssen.
Doch was für eine vergebliche debatte führe ich und welch unehrlichen gebrauch mache ich von der dialektik. Unwillkürlich schleppe ich meinen schatten und das risiko seiner erklärung hinter mir her.
Ich bekämpfe meine schwächen, meine krankheiten, meine mängel nicht mehr. Ich verleibe sie meiner lebenskraft ein. Sie sind mir für die verdauung der konflikte nötig wie die mikroben des wassers für die nahrung. Ich entwickle meine unreinheit, meine laster bewußt, ich würde sie gerne um sich greifen lassen, ihnen den ehrenplatz in meinem schicksal geben, sie vor der verwünschung und der auflehnung des fleisches in sicherheit bringen. Doch bewußtes vorgehen widerstrebt mir und ich lasse mir genug spielraum, um meine meinung zu ändern, egal welchem ereignis gegenüber, das mir schließlich für meine person praktisch und profitabel erscheint.
Alles in allem bin ich ein strenger opportunist, der nach entschuldigungen für die unermüdlichen konversationen zwischen seinem blut und seinem hirn sucht.
Es ist nicht die schönheit, die mich anzieht, sondern die nutzlosigkeit meiner reflexionen. Daß jene, die sie lesen, ihre zu positivem ton mildern und mir den kredit einer relativität einräumen, auf den ich alle meine chancen, meine möglichkeiten und meine mittel ausgerichtet habe. Wenn ich ihnen nicht die ermüdung beim lesen und mir die lust am schreiben verleiden hätte wollen, würde ich niemals einen satz beendet haben, ohne meinen zweifel mitzuteilen und ohne ihn aus vorsicht in das vage, illusorische *ich glaube* einzubetten, das mich nicht an meine moralische verpflichtung binden würde (auf deren unendlichkeit ich schon unzählige wechsel aufgenommen habe).
Die krise des gefühls hinterließ mir die unauslöschlichsten erinnerungen. Von den geldsorgen blieb mir nur ein, von der welle erstickter eindruck; die details sind verschwunden. Die wunden, die ich bei der austragung meines stolzes erhielt,

habe ich vollständig vergessen, außer jenen, die mir die liebe schlug; sie sind die gleitenden schlangenhäute auf dem steilen, steinigen hang.
Die anomalie, die meine beziehung zu frauen kennzeichnet, ist von noch lebendigen linien getilgt, von der brüsken folge von überdruß und leidenschaft, gezeichnet vom galopp schäumender gischt, von dem überströmen an eifer und zu prunkvollen pomp für die einfach kritischen momente, deren schale ich besser ganz gelassen hätte. Doch meine unfähigkeit, in diesen momenten abstand zu nehmen, ist ein wenig das problem, das ich mir in diesem buch stelle, und wenn meine ideen sich zu sehr durch die reibung an der schroffheit der zeit verschlissen haben, so bleibt mir doch genug vertrauen in meine erinnerung, um zu erzählen, was geschehen ist, ohne angst zu haben, daß ich mir widerspreche oder mich unsympathisch oder lächerlich mache.
In meinen literarischen äußerungen gab ich mich mit einer zerstreuenden schlußfolgerung in der gegenüberstellung der worte zufrieden: *die aktive indifferenz*. Wäre sie auch auf die liebe übertragbar? Ich glaube nicht, oder man müßte diese übung anders nennen. Die sprache trägt nur dazu bei, meine aufgabe zu erschweren, sie gibt vor, mein temperament und meine spontaneität zu korrigieren, je nach dem zurückgehaltenen reiz, den eine gewisse poesie hervorheben kann. Sie läßt mich manchmal der unwiderstehlichen assoziation nachjagen und sie läuft nicht, ohne ihre abhängigkeit von vielen meiner gedanken festzuschreiben. Gerade deshalb glaube ich, daß es keine transzendente poesie außerhalb der sprache gibt und sie zwischen kehle und gaumen in demselben augenblick entsteht, wo die aneinandergereihten vibrationen die klingende form der worte annehmen. Wenn wir *gedanken* sagen, ist es nicht eher die zeit, die in unserer erinnerung scharrt? Man erzählt sich selbst, was man in seinen gedanken zu lesen vermeint, doch in dem moment, wo diese pseudo-gedanken uns an schnelligkeit übertreffen, setzt sich eine andere bedeutung fort, der bodensatz der gefühle und empfindungen manifestiert sich in der bitterkeit, die wie ein meer ist in diesem dunkel. In welchem maße übersetzen die worte die gedanken? Mit präzision und trocken oder im mysteriösen lauf der anspielungen, durch zufall? Und ist die logik nicht auch eine interessante form der vorstellungskraft, nur scheinbar grund der verflechtung der worte, in wirklichkeit aber die häkelei, die den lauf des tieres durch die waldeinsamkeit mit ihrem dekorativen laub begleitet?
Trotz meiner frechheit in sonstigen diskussionen, wage ich hier nicht, mich auf eine meinung festzulegen.
Sobald menschen durch die affinitäten der freundschaft oder der klasse zusammenkommen, bildet sich zwischen ihnen eine stillschweigende übereinkunft, der dialekt, den sie sprechen. Er ist die miene ihrer bequemlichkeit, das parfüm ihrer migränen, die schale arrogante miene ihres horizonts. Leute außerhalb dieses milieus würden den sinn gewisser worte und satzwendungen nicht verstehen. Und das, was für eine gruppe gilt, gilt auch für jeden einzelnen, weil wir mit zahlreichen ichs zusammenleben wie muscheln am grund. Die worte, die wir für präzise und der etablierten wirklichkeit entsprechend halten, erwecken keinen stimulus im hirn des empfängers. Das mißverständnis ist allmächtig wie der lärm bleicher winde auf den gipfeln. In der liebe kann man ihm durch leuchtende blicke ausweichen, einer richtigstellung der urteile, und im leben mangels solider gesten durch nachsichtiges schweigen oder poetisch ermüdendes und exaltiertes geschwätz.
Diese wenigen entdeckungen im niedergang meines lebens dienen dazu, um mir über die reichweite meiner möglichkeiten klarheit zu verschaffen. Sie maßen sich nicht an, den elan eines jeden zu regenerieren und zu regeln. Schlecht etabliert in schmalen und provisorischen gewinnen, kann mein schicksal nur jenen als beispiel dienen, die noch verworren auf das aufblühen eines aromatischen, definitiven glücks warten.
Ich habe oft genug mit herzen schach gespielt, um zu wissen, daß es immer einen gegner geben wird, der mich schlägt. Meine traurigkeit ist deshalb zwar groß, aber nüchtern. Ich ergebe mich leicht dem ersten band aufkommender wollust und lasse mich von der magischen strömung zwischen den klippen der zärtlichkeit, die mit knochigen und parfümierten bäumen bewachsen sind, mitreißen.
Der hunger meiner nerven folgt mir in diesen undefinierten und vielfachen auszügen.

<Faites vos jeux, 1923>

S. Samyro, 1914

COUSINE, SCHÜLERIN IM PENSIONAT...

Cousine, schülerin im pensionat, schwarz gekleidet, weißer kragen,
ich liebe dich, weil du einfach bist und träumst,
weil du gut bist und weinst und briefe zerreißt,
die keinen sinn ergeben,
und heimweh nach den deinen hast und nicht gerne zur schule gehst,
bei den nonnen, wo man nachts friert.

Die tage bis zu den ferien zählst du auf's neue
und du erinnerst dich noch an einen spanischen stich
auf dem eine infantin oder herzogin von braganza
in ihrem weiten kleid sich in pose stellt wie ein schmetterling auf einer blütenkrone
und zum zeitvertreib die katzen füttert oder auf einen kavalier wartet.
Auf dem wandteppich sind papageien und andere kleine tiere,
vom himmel gefallene vögel,
und gelehnt an die fußbank, die trauert,
sieht man einen windhund, schmal und zitternd
wie einen hermelinpelz, der von der schulter sank.
Sie will sich nach ihm bücken,
besinnt sich aber und streichelt ihr halskollier,
weil sie einen kavalier kommen sieht — dabei bleibt es:
schwester beatrix oder evelin nähert sich dem pult,
die lehrerin für geschichte, griechisch oder latein.
O, warum wenn die ferien schon nahe sind,
o, warum gehen die tage so langsam vorbei...
die blätter und blumen fallen, wie aus dem kalender gerissen;
das leben ist traurig, aber doch auch ein garten!
Und die infantin oder herzogin von braganza
schläft wieder ein oder verliert ihre pose, denn du zählst
die tage, die morgen noch bis zu den ferien bleiben.

Meinen brief beginne ich wieder von vorn und ich schreibe:
Ma chère cousine, je croyais entendre hier dans ma chambre ta voix tendre et câline.

S. Samyro

<Noua revista romana, Bukarest, Juni 1915>

KOMM AUFS LAND MIT MIR

rohbau mit trockenen zweigen wie spinnen in den gerüsten
erhebe dich heiter zum himmel
bis dir die wolken vorhänge sind
und die sterne wie die vertrautheit der lampen auf den balkonen voller nacht

zwischen den zwei kastanien gebückt als kämen sie aus dem spital
ist der jüdische friedhof zwischen die steine gewachsen
jenseits der stadt auf dem hügel
kriechen die gräber wie die würmer

der gelbe einspänner erwartet uns vor dem bahnhof
in mir bricht schilf mit dem geräusch knitternden papiers
gern möchte ich langsam ins land eingehen
und meine seele zögern sehen wie einen tänzer auf dem seil

im wald irren
bettelnde zigeuner mit aschenem bart
man fürchtet sich begegnet man ihnen
wenn die sonne ihr lid an den wegen reibt

reiten werden wir den ganzen tag
halt in grauen wirtshäusern machen
wo man viele freundschaften schließt
und nachts mit der wirtstochter schläft

unter den nußbäumen — wo der wind schwer wie ein brunnengarten streicht —
werden wir schach spielen
wie zwei alte apotheker
und meine schwester wird in der hängematte die zeitungen lesen

ganz nackt werden wir uns auf den hügel legen
daß sich der pfarrer aufregt und sich die mädchen freuen
wie bauern werden wir mit riesigen strohhüten herumspazieren
beim mühlrad werden wir baden gehen
ohne hemmung uns in die sonne legen
die kleider wird man uns stehlen
und die hunde werden uns nachbellen

Tristan Ruia

<datiert Girceni, 1915; Erste Gedichte>

Ion Vinea und Tzara in Girceni, 1915

ERINNERUNGEN AN DEN SOMMER
Girceni 1915

es war heiß tiefe sofas kaffee auf dem tisch
Tristan Tzara während du gespannt zuhörtest
pfiff der förster nach seinem hund
die hirsche die schnauze im see
tranken dort sterne
doch ich schrieb dieses gedicht
in erinnerung an die stunden schach
im wald wo ich Nietzsche las

<Ion Vinea>

DAS LÄCHELN DES SEXUS

Meine eltern bewohnten ein wirklich geräumiges haus, das auf einen hof ging, der zu einem riesengroßen garten führte. Von den barbarischen gesten eines nackten pfades durch einen abhang geschützt, half mir der kleine bach oft über mein warten mit der frische der sonne und den künstlichen wasserfällen, die ich baute, hinweg. Mein liebeseifer verfolgte aus der entfernung die imaginären beziehungen meiner freunde, deren nackte kniee oder kokette haltung mich dunkle unterwürfigkeit bereits erahnen ließen. Eifersüchteleien und vorlieben tänzelten mit dem schwarm flinker und nervöser fliegen, bis sie sich in luft auflösten.
Mit dreizehn jahren war ich verliebt, schrieb einen roman und hatte ein ideal der schönheit. Ich betrachtete mich oft nackt im spiegel und stellte mir irgendeine Louise vor oder stellte mir vor, daß Louise mein bild im spiegel betrachten würde. Sie war zwei jahre älter als ich und hatte literarische und musikalische neigungen. Den mut, ihr mein chaos der gefühle mitzuteilen, brachte ich nie auf. Ich hielt mich für intelligent und verachtete meine familie. Mit siebzehn verheiratete man sie an einen meiner cousins: ich war wie vom blitz getroffen. Ich wollte sie nicht mehr sehen, ihre gegenwart genierte mich, und ich war fest davon überzeugt, daß sie unglücklich war. Sie aber war ganz einfach nur schüchtern, langweilte sich und war sich nicht klar über den reichtum, der in mir gärte und den ich bereit war, ihr zu füßen zu legen. Das war mehr oder weniger die selbstgefälligkeit der sprache, an die ich mich hielt.
Ungefähr zu dieser zeit wählte ich mir die frau aus, die mir ihre üppigen brüste, ihre geschminkten lippen und die mechanik dessen, was man fälschlich liebe nennt, zeigen sollte. Ich hatte angst. Die nacht, der wald oder ein unbekannter hätten dieselbe wirkung auf mich gehabt. Ein älterer kamerad <Ion Vinea> half mir dabei — ohne ihn wäre ich das geblieben, für das ich mich von zeit zu zeit noch manchmal halte: jungfräulich und idiotisch. □

DAS HERZ IN DER SCHULE

Sommer war's, und ich fuhr aufs land, als mich heftiger schwindel befiel. Der doktor konnte mir nur bromid verschreiben, eine gewohnheit, der ich treu blieb, die sich aber bald in ein abstumpfendes vergnügen wandelte, ohne daß mein übel sich gebessert hätte. Die anfälle von schwindel dauerten länger als einen monat.
Damals war es, daß ich zu schreiben begann.
Das verlangen zu wissen, ob ich in der lage war, das was fiel, rollte, sich öffnete, flog und sich in meinem kopf weiterspann,

zu transkribieren, drängte mich zur entscheidung. Eine einfache technische übung des ausgeplünderten herzens. Es gelang mir nicht, und ich wurde mir klar darüber, daß die worte nur in seltenen intervallen sichtbar werden, in ein verschlossenes, flüssiges und unstetes dunkel getaucht. Durcheinandergewürfelte zeilen, angefüllt und geleert, angefüllt und geleert, angefüllt und geleert. Sobald die schwindelanfälle endgültig aufgehört hatten, bemächtigte sich eine diabolische manneskraft meiner organe. In meiner betäubung erschien sie mir unerschöpflich und zeigte sich, autonom und parallel, bei tisch, während des gesprächs, während ich las, ging oder sonst irgendetwas tat. Ich war imstande, vier stunden zu reiten, um den wirt eines gasthauses im nächsten dorf zu treffen.
Die scheußliche erinnerung an meine opfer und die scheußliche haltung, die ich einzunehmen gezwungen war, rückt alle vorstellungen von sanftmut und zartheit von mir, die man mir bisher zuzugestehen beliebte. Dies fand eines nachmittags unter lächerlichen umständen ein ende, als ich ein schönes mädchen von fünfzehn jahren im schlafzimmer meiner großmutter entjungferte, dessen tür durch eine meiner geliebten bewacht wurde, die uns als kupplerin diente. Doch die gier, oder vielmehr die grausamkeit, die ich darauf verwandte, ihrem ungezierten schluchzen zum trotz, war mir unangenehm, ebenso wie das übermäßige betonen ihrer resignation, deren wahren wert ich erst entdeckte, als ich in derselben nacht noch im zug saß, den ich genommen hatte, um dieser animalischen verfolgung zu entgehen; sie quälte mein feingefühl und richtete all die berechnungen meines geistes auf die schelmischen, berechnenden und gewinnsüchtigen fertigkeiten, die ich nicht an mir gekannt hatte.

DIE UNAUSLÖSCHLICHE BEGEGNUNG

Ein skandal, dessen grund ich war und der entfernt mit unserer familie verwandte personen mit hineinzog, ließ jene meiner reise ins ausland zustimmen.
Zerfetzte muskeln, zerrissenes futter von ältlichen gerüchen bestreut, unfähigkeit und unwille, zweifelhaftes blut und kompromiß, so erscheinen in den augen der welt die verletzungen gesellschaftlicher konventionen, wenn eines ihrer kinder, nachdem es sein leben für nichtig erklärt hat, mit dem verschleiß an unruhe und willen, den die familie für nutzlos hält, ein neues bewußtsein sucht als jenes, das man ihm kostenlos zur verfügung gestellt hat.
Ich übergehe schweigend ein schmerzliches kapitel von beleidigungen, schrecken, verwünschungen, wut, intrigen, beschimpfungen, angst und haß. Denn im letzten augenblick vor meiner abreise spürte mein vater, daß es ihm nicht möglich war, das band unserer beider leben zu trennen; und angesichts dieses bruches, von dem er wußte, daß er endgültig war, weinte er. Ich war für ihn gestorben, säurige hände an seiner kehle zerrend, ich nahm ein bitteres leben mit mir, das nicht mehr das seine war, um eine, den bizarren wortspielen des schicksals so bitter abgebettelte, lange reise durchzustehen.
Das goldhaltig unbekannte blendete schon die weißglut eines kopflosen traumes.

<Faites vos jeux, 1923>

Tzara 1915

Ich war Teil einer Gruppe von Schriftstellern, Dichtern, Freunden usw. Unter den Mitgliedern war Tzara, der auch in Bukarest lebte, aber Student an einer anderen Schule war. Über die Kunst und die Literatur wurden wir Freunde. Wir arbeiteten in Bukarest zusammen und teilten ein gemeinsames Interesse an der französischen Literatur. Zusammen mit anderen rumänischen Künstlern brachten wir ein Blatt — *Simbolul* — heraus, für ungefähr ein Jahr. Ich beteiligte mich zusammen mit Iser. Da gab es die Dichter Poldi Chapier und Ion Vinea. Vinea hatte eine führende Rolle in der rumänischen Literatur und wurde später Mitherausgeber der Zeitschrift *Contimpuranul*. Aber außer einigen Fotografien ist von *Simbolul* nichts übriggeblieben.
Tzara und ich gingen 1913 von der Schule ab und unsere Eltern beschlossen, daß wir im Ausland studieren sollten. Meine Wahl war, Malerei zu studieren, aber mein Vater war strikt dagegen. Er sagte mir, ich müßte etwas Praktischeres studieren und daß er mir kein Geld nur für die Malerei geben würde. Er war ein sehr praktischer Mensch. Er wußte, was einen Künstler erwartete. So entschied ich mich für die Architektur. Ich ging nach Zürich und inskibierte an der Eidgenössischen Technischen Hochschule. Und in Zürich traf ich dann meinen Freund Tzara, der Philosophie an der Universität in der Nähe studierte. Wir waren oft zusammen.

Jancos Freundin, Hans Arp und Marcel Janco, Zürich 1916>

Kurz nachdem wir unsere Studien begonnen hatten, suchten mein Bruder Jules und ich ein Zimmer, irgendwo, wo man bleiben konnte. Wir versuchten mit einem Händler in Zürich, den mein Vater kannte, ein Beziehung herzustellen. Aber kurz nach unserer Ankunft begann der Krieg, und Rumänien trat in den Krieg ein. So blieben wir ohne Kontakt mit zuhause. Wir erhielten nur Briefe, aber kein Geld und wußten nicht, wovon wir leben sollten. So dachte ich mir, ich könnte ein paar Bilder für unseren Unterhalt verkaufen. Ich begann ernsthaft zu arbeiten, aber ich konnte nichts verkaufen. Ich wurde überall abgewiesen. Die Leute kannten mich nicht, und ich hatte keine Beziehungen in Zürich, außer zu diesem Vertreter meiner Familie, der uns ein paar Monate half. Aber als er keine Nachrichten mehr von meinem Vater erhielt, sagte er uns, daß seine Unterstützung bald vorbei sein würde. Da hatte ich eine Idee.
Mein Bruder und ich hatten in Rumänien zusammen Musik gemacht; ich sang und er spielte Klavier und Geige. Mein Bruder half mir sehr, er war ein großes Talent. Wir beschlossen, mit Vorstellungen Geld zu verdienen, und so versuchten wir es in den Kabaretts, den Nachtclubs von Zürich.

<Marcel Janco, Interview>

DIE STADT NABEL DES LUXUS

Welchen vorteil hat es, allein in einer kleinen stadt zu leben? Nach zehn jahren träger reflexion, die mich wie die düstere arbeit der mikroben unterminierte, kann ich darauf antwort geben: keinen.
Der verkehr und der lärm der großen städte sind zu einer unerläßlichen ergänzung meiner nervlichen unzulänglichkeit geworden. Meine augen brauchen diese unpersönliche ablenkung, meine beine, meine arme und mein hirn funktionieren nur, wenn sich um sie eine ähnliche bewegung findet. Aus diesem anscheinend geistigen stimulans, das cerebralen anschein hat, entstanden bei mir die kühnsten initiativen.
Ich hatte ganze jahre unbeweglich in dieser kleinen stadt <Zürich> verbracht, die meine ganze lebenskraft absorbierte. Ich kam eines winterabends an — ein alter freund <Janco> erwartete mich am bahnhof und um mich zum bleiben zu überreden, da meine reise noch weitergehen sollte, führte er mich zuerst in die altstadt, was meine romantische neugier aufstachelte und mir zur selben zeit eine falsche vorstellung ihrer dimension gab. Müde und halb überrascht, bemerkte ich nicht, daß wir mehrere male durch dieselbe straße gingen, die sich jedesmal unter einem anderen gesichtspunkt zeigte, dem winkel der perspektive folgend, unter dem wir sie angingen. Sie war gewunden und dunkel, geschmückt durch die pimente einer hierarchischen und übergeordneten architektur. Der baum und die soziale angleichung drückten ihr das konstruktionsprinzip auf. Die grazilen und vergeistigten ornamente sind die verkleinerungsformen der sprache der städte und ihre koketterie. Die akrobatischen mauern in ihrem delikaten gleichgewicht schienen mir zuerst von einer gewissen lebendigkeit. Ich sah erst später, daß diese wenig begangenen straßen unbewohnbar, schmutzig und von minderen sprechenden oder stummen tieren bevölkert waren.
Nur wenige schritte entfernt mündete diese saubere und wie ein frühstücksservice vernickelte stadt, indem sie zusammenrückte, in einen fluß, dessen schmuck ein lebhafter war, der in zahllosen booten auf seiner oberfläche zirkulierte von komplizierten und durcheinandergeratenen fahrplänen geregelt, für mäßiges geld seinem gepfeife, seinen bequemen einrichtungen und dem luxus seiner metallischen details zutritt gewährte.
Auf diese weise erschien mir die stadt zuerst frisch und voller abwechslung. Das dauerte nur kurz. Ich stellte bald die zahl und die güte ihrer überraschungen fest. Die langeweile befiel mich schmerzhaft vermischt mit melancholie. Die stimmungen des wohlergehens wurden seltener und alles vergnügen auflistbar: die ausflüge, die cafés, die freunde. Man wird später sehen, im laufe dieser erzählung, was in diesem tümpel flauer animalität zurückblieb. Zersetzende ereignisse griffen das saubere metall meiner tage an. An jedem ort wären sie nur wenig außergewöhnliche vergnügungen gewesen, hier wurden sie zu passionen, die wichtiges in meiner art zu leben einfach auslöschten; sie vernichteten, zerschlugen, was ich glas meiner sensibilität glaubte, und riefen eine wilde opposition und abnormale kraft in meinen taten hervor, die wider die natur ist. Die hartnäckigkeit dieser schläge die mich verfolg-

ten, wurde mir bald vertraut und mir gelang es mühelos, unbewußt, mir ein falsches leben voller mißbrauch, ohnmacht, verkleidungen und beunruhigungen aufzubauen.
Die tage traten abwechselnd in die pedale meines körpers. Tage mit geballten fäusten. Ich heftete sie auf die falten irgendeiner zweifelhaften blume. Von einem mal aufs andere schauderte mich, und ich rollte mich in mich zusammen, eine spule fröstelnder schlangen. Weshalb verbrachte ich soviele jahre, hart wie kupfer, schwer in ihren eisenknochen, leer und mürrisch in dieser stadt, die in ein korsett des unglücks geschnürt ist?
Der ausgestreckte zeigefinger einer schwebenden hand wies mir die richtung, und die klingenden buchstaben dürrer kastagnetten schrieben: *Achtung* auf das ende meiner adern. Zunächst war es nur der wunsch, sich nicht ganz allein zu langweilen, der meinen freund mit seiner überredungskraft und ihren seltsamen kunstgriffen darauf bestehen ließ, daß ich bleibe. Er malte mir, in einem rahmen fleischlicher lüste, die vorzüge eines intelektuellen lebens aus, das, in jenem zustand der not, in dem ich mich befand, mir noch als eine ehrbare beschäftigung schien. Und wirklich, in diesem in aller eile auf dieses verspätete kino geworfenen winter, wo die bewölkte undurchdringlichkeit der straßen sich mit jener der trödelläden in den kümmerlichen insekten meiner augen abwechselte, hatte ich das seltene glück, wie es schien, an dem brüsken umblättern einer seite teilzuhaben, das mir die überraschung eines kühnen, weiten, vertrauten und prächtigen winters offenbarte. Die sonne schien jetzt länger auf den spaziergängern am seeufer entlang, um besser ihre strahlen voller luft und temperament zu fassen. Mehrere zusammenkünfte von kameraden, die mir nichts als ihre ausgelassenheit zu bieten hatten, die unserem durst nach leichter geistiger zerstreuung, um das unklare vergnügen unserer jähen gefühle in alarm zu versetzen, gelegen kamen, fanden im alkohol den gegenwert zu den naiverweise gefürchteten rauschgiften. Am nächsten tag jedoch putzte sich die sonne in ketten heraus und brachte bald die gärung des ekels zum stocken.
Ich hatte häufig zugeständnisse an mein schamgefühl gemacht und beweise meiner eifrigen nachsicht gegeben, indem ich die ornamentalen fröhlichkeiten und die beziehungen mit diesen glücklichen und zufriedenen jungen leuten akzeptierte. Doch trotz meines bestrebens, mich anzugleichen, blieb ich für sie ein fremder. Durch das abgesonderte leben, obwohl von leerem aber neuem lärm umgeben, bemüht, an allen ihren farcen und zeremonien der kameraderie teilzunehmen, wurde ich mehr und mehr auch mir selber fremd. In dem wenigen an respekt, das sie mir entgegenbrachten, konnte ich den anteil ihrer verhöhnung nicht durchschauen. Folglich wurde mir die unsicherheit bald unerträglich, und da ich sie nicht von ihren spielen abhalten konnte — meine absicht war es doch, der angelpunkt jeder tat zu werden — sie mit intellektueller list mitreißend —, löste ich mich langsam von diesen überflüssigen dingen mit der schwarzen verbrennung meines charakters. Dank dem interesse, das mir ein antiquar <Hans Hack> entgegenbrachte, der sich die fassade seines metiers zunutze machte, um zu besserem gewinn zu kaufen und zu verkaufen, was eine pedantische seele eben zu sammeln beliebte — ein unförmiger kuchen, aufgeblasen durch den mißbrauch von morphium —, drang ich in ein milieu von literaten und schriftstellern ein, die nach hehrsten lebensbedingungen, irgendeiner politischen idee oder einer unentdeckten kunstformel strebten. Der antiquar war sehr erfreut, mich letzteren vorzustellen, die mich für eine wichtige persönlichkeit hielten — ich, der ich nur von einer geringen rente lebte, die meine familie mir zugestand — da es von seiner tätigkeit als sammler zu der eines mäzens nur ein kleiner schritt war — sein geiz allein hinderte ihn daran, ihn zu wagen. Sein ganzes leben ging so in diesem raum des zögerns vor sich.
Er hatte sie vorbereitet, indem er mir mysteriöse und angenommene talente zusprach, was mir eine liebenswürdige aufnahme ihrerseits bescherte; ich selbst war durch vorhergehende insinuationen über ihre geltung vorgewarnt worden. Alle diese künstler mokierten sich sehr über den amateur, doch auf versteckte art und weise hofften sie doch, von seiner dünnen und intelektuellen suppe einen vorteil zu ziehen und wunderbare geschäfte an den tag abzuschließen, an dem er seine fette hand auf eine hypothetische erbschaft legen würde (die seine phantasie ihnen als köder ausgelegt hatte, damit sie systematisch an den angelhaken, um die herum er sein haus aufgebaut hatte, anbeißen würden). Umgeben von männern, die er schnellstens berühmt machen wollte, um mit ihnen aufzusteigen, seine widerliche und durch drogen genährte megalomanie noch vermehrend, schuf er ohne zweifel ein zentrum, in dem sich die bizarrsten elemente trafen. Der vorteil, den er davon hatte, war gering. Einige autogramme und wertlose zeichnungen. Man machte mir zuerst den hof, da man mich reich glaubte — ich war es mehr als sie, da ich das wenige, das ich besaß, nicht für den täglichen tod zusammenkratzen mußte —; ich war geneigt zu glauben, daß die wertschätzung, die sie mir bewahrten, nachdem sie hinter die grenzen meiner ressourcen gekommen waren, sich mit einem heimlichen blick auf den reichtum meiner eltern richtete.
Ich war hart in meinen urteilen und hielt an meiner ungerechten abwendung fest, da ich mich fast nicht mehr kannte, seit ich nur mehr seltene rendezvous mit mir hatte. Da ich den freund, den einzigen, den ich in meinem inneren trug, ferngehalten hatte, hatte ich auch den kontakt mit den anderen verloren. Die fernen augenblicke der ruhe stimmten mit jenen der inneren freundschaft überein, in denen die freude am richtigen wort das mißverständnis zerstreute und die überströmende behutsamkeit den beiden endlich wiedervereinten verlassenen zu hilfe kam. Sie waren selten, diese begegnungen meiner ehrgeizigen jugend, die mir das bewußtsein meiner kraft gaben und all jene, die ich kannte, zogen ihren vorteil daraus, um noch einen kleinen sprung aus dem vertrauen zu schlagen, mit dem sie mich ehrten. Abgesehen von diesen durchsichtigen ereignissen war ich mißtrauisch, ungläubig, obskur, argwöhnisch und schweigsam.
Auf diese weise also entstand mein ekel. Ohne haß und ohne systeme sozialer vervollkommnung hatte er in mir wurzeln geschlagen, durch die verdrängungen meiner kindheit verstärkt; er paßte sich meinem leben an, das er gleichlaufend begleitete, und wurde zu einem poetischen element der latenten berufungslosen revolte. Ich hielt an meinem ekel mit einer

geheimen eifersucht fest wie an einer kostbaren und passionierten erwerbung, die ein schmerz weihte, dessen einziger bewahrer ich mich glaubte. Ich war so sehr von seiner mannigfaltigkeit geblendet, daß ich ihm ohne gründe und einschränkungen die kraft eines ausschließlich amourösen elans zugestand, um mich in ihn bis zum ersticken in die lumpen meiner jungen energie zu hüllen und ihn im krankhaften kult, der aus meiner absurden tiefe hervorbrach, in schmiedbaren flammen aufgehen zu lassen. Die erfahrung hat mich seitdem gelehrt, daß nichts fest und unveränderlich ist, daß die geraden linien, die man mit mühe abgesteckt hat, sich unter dem gewicht der geringsten belastung krümmen. Wer dirigiert diese erstaunlichen inneren angelegenheiten durch gewandte und subversive absprachen? Weshalb wechseln die launen aus nichtigen gründen, aus dem flug eine verschleierten assonanz, eine zufällige ableitung fassend? Wieso ist unser geist in einem komfortablen bett plötzlich besser versorgt und warum gibt unser körper diesem falschen bild im laufe der landung in einem langen und pathetischen abrutschen ausgebreiteter erhabenheit nach?
Der goldhandel unserer sinne, der ein wirres licht auf die ernsthaftigkeit unserer taten wirft, erlaubt er den unbestreitbaren adel stagnierender fragen nicht?
Unter den mir bekannten personen hatte ich bald eine auswahl gemäß meiner speziellsten interessen getroffen. Meine sympathie richtete sich auf jene leichtsinnigen, für die künstlerische verwirklichung nur ein versuch der flucht war, ein ungenügendes unterpfand, ein abdruck des unmöglichen, in den man einwilligt, aus schwäche oder bequemlichkeit, mit dem stachel des verachteten herzens, ohne sich um den preis oder die darauffolgende schlaflosigkeit, die diese geste kostet, zu sorgen.
Mein freund, ein wohlgesetzter und selbstsicherer mann, einer jener, die zu denen gehören werden, die immer eine mir entgegengesetzte partei ergreifen werden, folgte mir, indem er andere präzisere befriedigungen aus dem von mir frequentierten milieu zu ziehen wußte. Er wollte berühmt werden. Jede komplexe konstellation driftete stromabwärts, ohne daß man seinen worten vertrauen hätte können. In allen beziehungen meiner neuen freunde erkannte ich das kommen und gehen gestaltloser intrigen, die gehetzten mysteriösen instinkte eingestandener freundschaften, die in aller öffentlichkeit durch rückschlüsse bloßgestellten täuschungen, die durch kleinigkeiten und stürme geladenen reizbarkeiten, den ausgleich des glücks durch verführungen ohne echo, und ich stellte mir vor, daß all diese ein gemeinsames hirn bewohnten, in dem die einzelnen einheiten so hin und her bewegt waren, wie jedes teilchen für sich in seinem eigenen feld.
Wie jene entgleisten auch die wirbellosen und ungleichartigen stunden langsam, füllten aber die löcher der vernunft, die vernachlässigung gottes und stellten uns vor die vollendete flucht der ewigen und animalischen tatsache. Welcher ausdruck wäre hart genug vor dieser unaussprechlichen navigation der zeit, die niemals schläft und sich niemals verbirgt?
<Faites vos jeux, 1923>

Marcel Janco: Kleiner Ball in Zürich, 1916

Ball an Käthe Brodnitz
9. 4. 1915, Berlin

□ Und es bleibt soviel zu tun. Es handelt sich immer ums selbe: Vorzubeugen der Systematisierung, Kafferisierung Deutschlands. Alles was System, Organisation, Charakter etc. heißt, erfordert *Subordination*. Alles dagegen, was Kunst, Freiheit, Kultur heißt, erfordert *Co-ordination*, Nebeneinander der Möglichkeiten, der Individuen, der Anschauungen etc. Das ist doch so klar! □
In Zürich scheint neuerdings viel Leben zu sein. Vor einiger Zeit erhalte ich ganz überraschend von dort eine neue Zeitschrift *Mistral* (ich glaube, ich schrieb Ihnen darüber) <Serner übernahm die Redaktion der 3. und letzten Nummer des Mistral vom April 1915>. Neuerdings erhalte ich eine Aufforderung zur Mitarbeit, unterzeichnet von Dr. Walter Serner (also sind mindestens 5 junge Deutsche aus dem *Aktions*kreis zur Zeit in Zürich). Franzosen arbeiten mit, Italiener. Es ist nur noch im Ausland möglich. Mich zieht es auch dorthin. Leben, Bewegung, Wille muß sein. □

Ball an Käthe Brodnitz
24. 6. 1915, Zürich

□ Zürich ist herrlich, besonders jetzt, voller Sonne, Licht, Luft. Es gibt interessante Menschen, eine sehr intelligente italienische und russische Kolonie. Verbindungen, Bibliotheken. Das Leben ist ländlich und frei. Das einzige Manko nur: der Verkehr mit draußen. Es ist fast unmöglich, von Berlin zu hören. Von Österreich schon gar nicht. Briefe sind 10 Tage unterwegs, Manuskripte passieren nur schwer.
Ich hoffte, hier den *Mistral* mitzuübernehmen, hatte mich auch mit Dr. Serner arrangiert. Es ist aber nicht möglich. Dieser Tage schickte ich an Schickele einen Bericht für die *Weißen Blätter*. Schon fürchte ich wieder, daß er die Zensur nicht passierte, da ich ohne Nachricht bin. Dann reklamiert man hin und her. Es ist eine Kalamität. Trotzdem glaube ich, geht alles, wenn man erst Boden gefaßt hat. Hier am Ort. Dann läßt sich vielleicht auch die Zeitschrift machen. □

Marinetti an Ball
5. 7. 1915, Rom

**MARCIARE NON MARCIRE*

Mein lieber Kollege,

anbei futuristische Gedichte, die zu den progressivsten gehören; wir können ihnen keine *vers libres* schicken, da wir dem *vers libre* heute keine Bedeutung mehr zumessen. Ich sende ihnen deshalb *parole in liberta*, absolute Lyrik, von Prosodie und Syntax befreit. Es ist mir äußerst wichtig, daß der Futurismus in ihrer Lyrik-Anthologie durch wirklich futuristische Werke repräsentiert wird.
Mit vielem Dank im voraus versichere ich sie meiner lebhaftesten Sympathie

F. T. Marinetti*

Die Zeitschrift Sirius erschien von Oktober 1915 bis Mai 1916

Im Sommer 1915 entstieg ich in Genf dem Zug von München, der mich aus der schwarz-weiß-roten Sintflut auf die Insel des Friedens brachte. □
Am Tag nach der Ankunft erkundigte ich mich bei einem Farbenhändler nach dem russischen Maler Slodki, der, wie ich selber, Mitarbeiter der *Aktion* des Franz Pfemfert war — die Verkäuferin wies auf einen jungen Menschen: *Slodki — dort steht er grad*. Die Freude war groß unter den Kameraden; er hatte mich sogleich zu Angela Hubermann und Walter Serner gebracht. Auch die Schweizer allgemein anerkannten diejenigen, die *Wilhelm* entlaufen waren, und jeder-

mann hoffte, er werde den Krieg verlieren, damit die Helmspitze nicht in den Himmel wachse. Übrigens gab es kaum Illusionen, weil man in Zürich, als einem der wichtigsten Börsenplätze für alles Kriegsmaterial vom Rohstoff bis zur geheimsten Nachricht und jeglicher Mangelware, ja aufs beste unterrichtet war.
Fast regelmäßig kamen Serner und ich zusammen und kamen dabei während unserer Abendgänge und Nachtgespräche — der Tag war der Arbeit und dem Schlaf gewidmet — immer auf den Traum von einer Zeitschrift, von der als *Sirius* dann schon im Oktober 1915 die erste von insgesamt acht Nummern erschien. Bald zeigte man im Literatencafé de la Terrasse mit unsichtbaren Fingern auf uns, und in der kleinen Wohnung, die wir, um zu sparen, genommen hatten, wurde der Briefkasten zu eng. Max Herrmann-Neisse, Else Lasker-Schüler, Ludwig Bäumer, Alfred Wolfenstein, Theodor Däubler, Leo Sternberg, Alfred Kubin, zumal Peter Altenberg, unerschöpflicher Schreiber amüsanter Briefe voll Unterstreichungen und Ausrufezeichen — sie alle bekundeten ihre Zustimmung und Bereitschaft. Auch den damals noch jungen Picasso haben wir gedruckt.□

<Christian Schad, Zürich/Genf: Dada>

*1914-15, zu Beginn des Ersten Weltkrieges war ich in Paris, wo ich Wassiliefs Künstlerkantine frequentierte und dort Max Jacob, Modigliani, Cravan und Eggeling kennenlernte. □
Jede Nacht ging ich mit meinem Bruder in der Dunkelheit des von den Deutschen bedrohten Paris die wenigen Kilometer vom Montmartre zu Fuß zur Gare du Montparnasse, wo sich Wassiliefs Atelier befand. Eggeling hatte am Boulevard Raspail ein feuchtes und finsteres Atelier. Ihm gegenüber wohnte Modigliani, der ihn oft besuchen kam, Dante rezitierte und sich besoff. Er nahm auch Kokain. Eines Abends wurde beschlossen, daß ich zusammen mit einigen anderen Unschuldigen mit den *künstlichen Paradiesen* Bekanntschaft machen sollte. Jeder von uns gab Modigliani ein paar Francs, damit er uns die Droge besorge. Wir warteten stundenlang. Schließlich kam er heiter schniefend zurück, nachdem er selbst alles geschnupft hatte. □ *
Weil mir das Geld bald ausging, kehrte ich in die Schweiz zurück und installierte mich in Zürich; da begann das Abenteuer Dada. □ *
Eine Ausstellung in der Zürcher Galerie Tanner im November 1915 sollte in meinem Leben entscheidend werden. Ich begegnete dort Sophie Taeuber zum ersten Mal.
Die Ausstellung zeigte Werke von Otto van Rees, A. C. van Rees-Dutilh und mir. Sie bestand zu einem großen Teil aus Wandteppichen, Stickereien und Klebearbeiten. Im Katalog waren ein Klebebild von Otto van Rees, ein Wandteppich aus Wolle von mir und eine Seiden
stickerei von A. C. van Rees-Dutilh abgel
hatte diesem Katalog eine kleine Einführung
stellt, in der ich gegen Illusion, Berühmthe
stück, Nachahmung, Abbildung, Schauspiel
mich für die Wirklichkeit, die bestimmte Un
barkeit, die die größte Bestimmtheit einset
meine Arbeiten waren *abstrakt*, wie dies da
nannt wurde. Das wesentliche aber an dieser
lung war, daß Künstler, der Ölmalerei überdrü
worden, nach neuen Materialien suchten.□
*1915 in Zürich schuf ich eine Reihe von abst
oder besser, konkreten Collagen, da sich in ihne
Spur von Abstraktion mehr fand. Indem ich m
druckter Papiere und Stoffe von jeder Farbe be
die der Zufall, und ich versichere ihnen, daß der
auch ein Traum ist, mir in die Hände fallen ließ, w
diese Materialien von vielfältigem Aussehen in
lenten Diagonalen appliziert, die bereits das Bumm-Bumm der großen unkonventionell phantasievollen Trommel Dada ankündigte.□ *

<Hans Arp>

van Rees, Arthur Segal, Ludwig Rubiner und Hans Arp im Haus Segals.

Arp und van Rees bei der Arbeit in der Pestalozzischule, Zürich 1915.

Fasching 1915 stand nicht im Schwabinger Kalender. Es gab Freiwillige und Unfreiwillige.
Manche vertrösteten sich mit einem Blitzkrieg.
Einige aber meinten, daß es auch noch eine freie Schweiz gäbe.
Dieser Meinung war auch Marietta. Klabund aber bat sich aus, ihr den ersten Reisepaß ihres Lebens schenken zu dürfen.
Am 4. Februar 1915 traf sie in Zürich ein und fand ein bescheidenes Zimmer in der Stampfenbachstraße.
Bald begegnete sie Bekannten, und Szittya wußte, wo man sich treffen konnte.
Zu *Baserba* in der Altstadt kamen Schweizer und andere Künstler, meist deutschsprechende aus Österreich, Deutschland und Jugoslawien.
Baserba hieß der Besitzer einer spanischen Weinstube im Niederdorf.
Auch die Gesellschaft des *Nebelspalter* kam dorthin. Wohl sollte ich im *Cabaret Pantagruel*, das jeden Donnerstag im *Zunfthaus Zur Waag* tagte, auftreten; doch waren vier Franken für eine Woche ein spärlicher Verdienst.

<Marietta di Monaco, Ich kam - ich geh>

STAATSARCHIV ZÜRICH / P 251 / IN SACHEN *PANTAGRUEL*

Zürich, den 16.April 1915

Polizeikommando
ZÜRICH.

Unter Bezugnahme auf Ihren mündlichen Antrag vom 10. ds. und der beiliegenden Bekanntmachung der Neuen-Zürcher-Zeitung vom 8.ds. teile ich Ihnen mit, daß es mir gelungen ist, die in Frage kommenden Personen des Literarischen-Cabarets *Pantagruel* eruieren zu können. Wie aus den beiliegenden Rapporten zur Genüge ersichtlich, sind ein schöner Teil dieser Leute tatsächlich dubiose Personen.
Dieses *Cabaret* tagt jeden Donnerstag abend 8 1/2 Uhr im Saal des Zunfthauses zur *Waag-Zürich 1*. Früher hielten sie ihre Veranstaltungen in der *Meierei-Zürich 1* ab. Die gestern Abend den 15. ds. abgehaltene Veranstaltung wurde durch Paul Altheer um 9 Uhr eröffnet. Sie war von 50 Herren und 26 Damen besucht. Altheer äußerte sich kurz nach 9 Uhr zum anwesenden Publikum, daß jetzt angefangen werde, sie können nicht warten, bis die Polizei komme. Das Wort wurde zuerst einem angeblichen *Hans, Röllin*, welcher sich heute in Zch. auf Besuch aufhalten soll, erteilt. Derselbe trug ein nicht anstößiges Gedicht vor. Als zweiter erschien auf der Bühne *Leon von Meyenburg*, welcher ein Gedicht betitelt *Der Affe und die Perle* vorgetragen. Dieses Gedicht ließ in sittlicher Beziehung etwas zu wünschen übrig. Dann erschien mit einem Liedervortrag ein angeblicher *Kistenmacher*. Mit einem anstößigen Gedichte erschien nunmehr der in Frage kommende *Ranftegg*, und als fünfter trug oben erwähnter *Altheer* ein sehr gelungenes und humorvolles Gedicht vor.
Die ganze Veranstaltung leitete auch dieser Altheer. Als Eintrittsgeld wurde gemäß beiliegender Eintrittskarte Fr. 1 erhoben und als Kassier war nebst einem Fräulein, Redaktor *Venner* rekte *Grimbühler* tätig. Auch von diesem Venner wurde ein sehr gediegenes Gedicht vorgetragen.
Nachdem diese Herren ihre Vorträge zum besten gegeben, wurde ca. 1/4 Stunde *Pause* gemacht. Während dieser Zeit wurden von Altheer in sehr zudringlicher Art und Weise diverse Broschüren und Schriftsteller-Postkarten an Mann verkaufen gesucht. Auch ich habe zu Ihren Handen solche Broschüren etr. gekauft. Auch zum Genusse von Alkohol wurde lebhaft animiert. Für die Flasche Bier wurde 80 Cts. verlangt.
Nach der Pause wurde von Altheer eine angebliche Fräulein *Marietti*, welche einen sehr schlechten Eindruck gemacht, vorgestellt. Altheer äusserte sich, dass sich diese *Marietti* in ihrer Eigenart zeigen werde. Dieselbe trug dann drei nachbenannte Gedichte vor:

1) Der Perverse - Türke
2) Die Huren stehen auf u.
3) Die Zinnsoldaten.

Die zwei ersten Gedichte, welche vom Publikum unter grossem Applaus aufgenommen worden, waren in sittlicher Beziehung absolut nicht einwandfrei gehalten. Beim zweiten Gedicht hatte sie unter Anderem vorgetragen: *Dass sie früher viele Gefälligkeiten verübt, jetzt habe sie aber den Krebs und werde von der Syphilis zerfressen.*
Ferner wurden von einer Fräulein *Hariet*, zwei anständige Gedichte zum Besten gegeben und von einem angeblichen *Freund aus Kaukasien* zwei ungarische Lieder vorgetragen. Zum Schlusse um 11 Uhr wurden noch von einem Herrn aus dem Publikum drei französische Lieder produziert. Auch von Altheer wurden noch zwei Gedichte betitelt *Der Storch und 2 Prosa-Moritaten* vorgetragen. Letzteres darf als nicht anständig bezeichnet werden.
Nach meinem Dafürhalten dürften von diesen Damen 15 anständige Personen, die übrigen aber Dirnen oder Maitressen gewesen sein. Von den Herren waren es zum größten Teil alte Männer, welche ich als *Perverse — Typen* taxiere.

CABARET VOLTAIRE

☞ 1915 – November. Ausstellung Arp, van Rees, Frau van Rees in der Galerie Tanner – großes gerücht von neuen menschen, die auf dem papier – und nichts als eine kristalleinfachmetallene welt sehen – weder kunst noch malerei (chor der kritiker: „was tun?" exklusive verstopfung) eine transparentlinearpräzise welt aus purzelbäumen für eine gewisse brillant vorhergesehene weisheit.

Ball an Käthe Brodnitz
16. 11. 1915, Zürich

□ Sozialismus, Leben mit und in dem Volk – ich trete jetzt mit Emmy Hennings auf in einem ganz kleinen (Vorstadt-)Varieté. Wir haben Schlangenmenschen, Feuerfresser, Drahtseilkünstler, alles was man sich wünschen kann. Man sieht tief ins Leben hinein. Man ist arm, aber sehr bereichert. Ich denke oft, wie unsere Freunde in Berlin dies Leben ertrügen. Und dann bestärkt mich gerade das Gefühl, es zu ertragen, ja, bereichert zu sein. Schlimm ist nur das Gefühl, von heute auf morgen nicht sicher zu sein. Die beständige Unsicherheit, unter Apachen zu leben und den kleinen Verdienst zu verlieren, ist etwas aufreibend. Unsere momentane Sorge ist, unsere Freunde in Berlin und München um eine kleine Unterstützung zu bitten, die als Reserve dienen soll und die es uns ermöglicht, nicht völlig ausgeliefert einen Rückhalt zu haben. Unser Ehrgeiz ist, später (in einigen Monaten) dann selbst ein kleines Ensemble zu haben und uns so immer mehr herauszuarbeiten. □

Ball an Käthe Brodnitz
29. 12. 1915, Zürich

□ Um den Genuß unseres Ensembles sind sie nun gekommen, und das ist – aller Voraussicht nach – sogar nie mehr nachzuholen. Denn am 1. Jänner kündigen wir und werden – vorausgesetzt, daß uns die Polizei keine Konzessions-Schwierigkeiten macht, in einer entzückenden kleinen Weinstube ein literarisches Kabarett aufmachen, bei dem uns hiesige und ausländische Freunde mit Energie und Beiträgen unterstützen. Eine lebendige Zeitschrift gewissermaßen. Es besteht großes Interesse dafür, und unsere seltsame Hartnäckigkeit, beim Maxim-Ensemble auszuhalten, hat uns einige Sympathie errungen, mit der wir es schließlich und am Ende wagen können. □

Hans Arp: Collage 1915

Ephraim an den Polizeivorstand der Stadt Zürich
19. 1. 1916, Zürich

Sehr geehrter Herr,

eine in meinem Lokal (*Meierei, Holländische Weinstube, Spiegelgasse*) verkehrende Gesellschaft junger Künstler und Literaten ist mit der Bitte an mich herangetreten, den meiner Weinstube angegliederten Saal, der zur Zeit freisteht, als Künstlerkneipe einzurichten. Die Herren beabsichtigen, unter dem Namen *Künstlerkneipe Meierei* einen Sammelpunkt künstlerischer Unterhaltung und geistigen Austausches zu schaffen. Sie möchten in diesem meinem Saale aus ihren eigenen Werken vorlesen, zur gegenseitgen Unterhaltung beitragende Vorträge veranstalten, kurz einen Treffpunkt des künstlerisch interessierten Publikums Zürichs einrichten. Es soll besonders jungen Künstlern Gelegenheit geboten sein, sich geistig zu unterhalten, gegenseitig anzuregen, zu debattieren und ihre Erstlinge an die Öffentlichkeit zu bringen. Die Herren glauben, ein derartiges Lokal fehle in Zürich und sei notwendig als Gegengewicht gegen die immer zahlreicher auftretenden mondänen und offiziellen Cabarette.
Ich habe den Herren, die ich persönlich als anständige und begabte Menschen kenne, gerne mein Lokal in Aussicht gestellt, möchte mich aber hiermit vergewissern, ob von Seiten der Polizei keine prinzipiellen Bedenken bestehen. Ich habe mit dem Herrn Gewerbekommissär bereits Rücksprache genommen. Der Herr meinte nach Darlegung unserer Absichten, es bestünde kein prinzipielles Bedenken. Jeder Erwerbszweck seitens der jungen Leute ist ausgeschlossen. Von meiner Seite besteht kein Konsumationszwang, und ich habe weder die Absicht noch die Aussicht, mich durch die geplanten Veranstaltungen zu bereichern. Die Künstler erheben eine Garderobengebühr von 50 Centimes (kein Eintrittsgeld, keine Kassierung, keine Geschäftstaxe) zur Deckung ihrer Unkosten (als da sind: Dekoration, Plakat, Ausschmückung des Saals). Begonnen werden soll am 1. Februar.
Der Herr Gewerbekommissär ist mit mir der Meinung, daß ein solches Unternehmen für die Stadt Zürich nur interessant und begrüßenswert zu nennen sei, gab mir aber den Rat, die Angelegenheit zur größeren Sicherheit jedenfalls Ihnen, sehr geehrter Herr, noch vorzulegen.
Es soll nicht in Kostümen gesprochen, rezitiert und gesungen werden, sondern so, wie man bei literarischen Veranstaltungen auftritt. Es soll allenfalls einmal ein kleines literarisches Werk gespielt werden, nie aber Tingeltangel. Die Zusammenkünfte sollen wie bisher täglich sein, und es hängt vom Besuche und vom freien Willen, auch von der Anwesenheit der betreffenden Künstler ab, ob Vorträge stattfinden oder nicht stattfinden.

Die Veränderung, die mit dem Saal vorgenommen werden soll, besteht darin, daß eine mit der Feuerpolizei nicht kollidierende Drapierung des Lokals eingerichtet werden soll, die den artistischen Zwecken entsprechend seriös und intim gehalten ist. Einer der jungen Künstler entwirft des weiteren ein Plakat, das künstlerischen Eigenwert hat und nicht zu Reklamezwecken öffentlich angeschlagen, sondern als Wappen der Kneipe nur in den größeren Hotels, Cafés und Buchhandlungen aufhängen soll.
Die Zeitungsnotizen werden sich auf die Mitteilung des literarischen Programms beschränken und jeden geschäftlichen Charakter vermeiden.
Ich bitte den Herrn Polizeivorstand um gefl. baldige Mitteilung, ob gegen ein derartiges Unternehmen prinzipielle Einwände bestehen. Ein ähnliches in meinem Lokal domiziliert gewesenes Unternehmen (das *Cabaret Pantagruel*) war von der hohen Behörde gerne concediert.
Ich werde, wenn der Herr Polizeivorstand es wünscht, gerne die unternehmenden Künstler veranlassen, ihre literarische und künstlerische Befähigung nachzuweisen. Es handelt sich um junge Leute, die größtenteils publizistisch und artistisch schon hervorgetreten sind.
Ich empfehle mich mit vorzüglicher Hochachtung

J. Ephraim
Restaurant Meierei

Plakat von Marcel Slodki, 1916

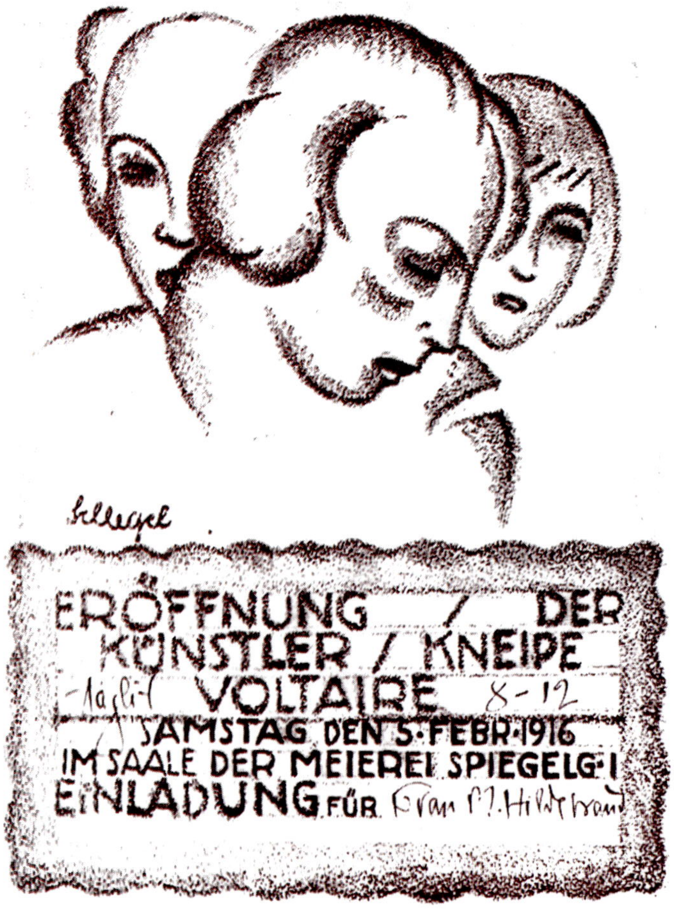

5. 2. 1916

Das Lokal war überfüllt; viele konnten keinen Platz mehr finden. Gegen sechs Uhr abends, als man noch fleißig hämmerte und futuristische Plakate anbrachte, erschien eine orientalisch aussehende Deputation von vier Männlein, Mappen und Bilder unterm Arm; vielmals diskret sich verbeugend. Es stellten sich vor: Marcel Janco der Maler, Tristan Tzara, Georges Janco und ein vierter Herr, dessen Name mir entging <Hr. Narcisse Cohen>. Arp war zufällig auch da, und man verständigte sich ohne viele Worte. Bald hingen Jancos generöse *Erzengel* bei den übrigen schönen Sachen, und Tzara las noch am selben Abend Verse älteren Stils, die er in einer nicht unsympathischen Weise aus den Rocktaschen zusammensuchte.

6. 2. 1916

Verse von Kandinsky und Else Lasker-Schüler. Das *Donnerwetterlied* von Wedekind:

In der Jugend frühster Pracht
tritt sie einher, Donnerwetter!
Ganz von Eitelkeit erfüllt,
das Herz noch leer, Donnerwetter!

Totentanz unter Assistenz des Revoluzzerchors. *A la Villette* von Aristide Bruant (übersetzt von Hardekopf). Es waren viele Russen da. Sie richteten ein Balalaika-Orchester von reichlich zwanzig Personen ein und wollen ständige Gäste bleiben.

<Ball, Flucht aus der Zeit>

Hugo Ball spielte Klavier und sprach eigene Gedichte. Emmy Hennings sang Lieder von Aristide Bruant, die der Dichter und ehemalige Reichstagsstenograph Ferdinand Hardekopf aus dem Französischen übersetzt hatte.

A LA VILLETTE

Er war ein achtzehnjähriger Fant,
hat seine Eltern nie gekannt.
Man nannt' ihn Toto la Ripette,
a la Villette

Er war ein bißchen ungeniert,
hat viele Mädchen schon verführt,
er hat sie all in seinem Bette,
a la Villette.

Am Tage schlief er selig und
führt abends bummelnd seinen Hund,
und nachts da hat er eine Stätte,
a la Villette.

Sein Anzug war nicht grade schick,
doch ihn entschädigte zum Glück
die süße Mütze, die casquette,
a la Villette.

Er schlug mich manchmal braun und blau
und schmeichelt dann: Du süße Frau,
du bist das beste Stück Kotelette,
a la Villette.

Ich liebt' ihn wie mein Lebenslicht
und liebt' ihn heut' noch, wenn es nicht
die Polizei gegeben hätte,
a la Villette.

Als ich zuletzt ihn sah, mein Gott,
da schleppten sie ihn aufs Schafott,
sah seinen Kopf in der Lunette,
a la Roquette.

Marietta rezitierte moderne Lyrik, von Christian Morgenstern, Alfred Lichtenstein, Klabund, Gottfried Benn, Georg Heym und anderes mehr.

Spagowsky, ein blonder, großer Nordrusse, begann zu singen:

Papra paprasnitschka — papra paprasnitschka — nemoiju.

<Marietta di Monaco, Ich kam — ich geh>

Ball an Käthe Brodnitz
27. 1. 1916, Zürich

□ Wir sind nun bereits 14 Tage von unserem Ensemble weg, haben ein eigenes Ensemble gehabt und damit am Bodensee gastiert — *hier* können wir das natürlich nicht — und nun eröffnen wir — am 5. Februar — eine Künstlerkneipe: im Simplizissimus-Stil, aber künstlerischer und mit mehr Absicht. Herr Marcel Slodki — sie kennen ihn vielleicht aus der *Aktion* — entwirft dafür ein sehr schönes Plakat, wir kriegen eine recht stimmungsvolle Dekoration (Decke blau, Wände schwarz), veranstalten darin eine kleine Ausstellung und tragen eigene und fremde Sachen vor. (Ich weiß nicht, ob ich ihnen von dieser Idee schon hier sprach?) Ich habe Beziehungen zu den heterogensten Menschen und hoffe, gerade damit etwas zu erreichen. Willkommen sollen alle sein, die — etwas leisten. Neugierig bin ich, wie die Kneipe nun reüssieren wird. Es gibt etwas Ähnliches noch nicht. Also sind Aussichten. □
Ist Huelsenbeck noch in Berlin? Der Junge ist ganz verschollen. Er ist gewiß halb irrsinnig, und der Aufenthalt hätte ihm so gut getan! □

1 9 1 6 — F e b r u a r. In der unscheinbarsten gasse unter dem schatten architektonischer küsten, wo man diskrete detektive unter den roten lampen findet — GEBURT — geburt des **CABARET VOLTAIRE** — plakat von Slodki, holzschnitt, frau und co, muskeln des herzens **CABARET** V o l t a i r e und der schmerzen. Rote lampen, klavier overtüre, Ball liest Tipperary, klavier „s o u s l e s p o n t s d e P a r i s", Tzara übersetzt schnell einige gedichte, um sie vorzutragen, Frau Hennings — stille, musik — deklaration — ende. Auf den wänden: van Rees und A r p, Picasso und Eggeling, S e g a l und Janco, Slodky, Nadelmann, farben, papiere, aufstieg NEUER KUNST, a b s t r a k t und geographische futuristische karten-gedichte: Marinetti, Cangiullo, Buzzi; C a b a r e t V o l t a i r e, jeden abend spielt man, singt man, rezitiert man — das volk — die neue kunst die größte des volkes — van Hoddis, Benn, Treß — balalaika — russische soirée, französische soirée — persönlichkeiten in einmaliger auflage erscheinen, rezitieren oder bringen sich um, kommen und gehen, die freude des volkes, schreie, die kosmopolitische mischung aus gOtt und boRdell, der kristall und die f e t t e s t e frau der welt:

„sous les pon^{ts} de P^{ar}i_s"

Arp an Hilla von Rebay
5. 2. 1916, Zürich

*Meine liebe Freundin,

ich danke ihnen sehr für ihren Brief und ihre Karte. Es war ein glücklicher Zufall, daß wir uns trafen, wenn auch nur in den letzten Stunden unseres Aufenthaltes. Was für eine Überraschung, daß wir uns so schnell und gut verstanden. Ich hätte mir kaum erwartet, eine Frau von so gütiger Strenge, reinem Entschluß und sympathischer Sensibilität zu treffen, alles Qualitäten, die auf so wunderbare Weise das Alltägliche vertiefen. Ich war bis jetzt überzeugt, daß man Leute nur auf die allerkonventionellste Art kennenlernt, indem man ihnen weder zu sehr schön tut, noch sie verletzt und niemals über den grundlegenden und ewigen Gemeinplatz hinausgeht. Meine liebe Freundin, ich will dir vor allem sagen, wie sehr du mich glücklich gemacht hast, wie sehr ich dich brauche und wie überzeugt ich davon bin, daß wir keinen Fehler begehen. Bitte schreib mir, sobald du diese Zeilen erhältst, und bitte sende mir deine richtige Adresse so schnell wie möglich!
Herzlichst

dein Hans*

Künstlerkneipe „Voltaire". Wir erhalten folgende Zuschrift: Am Samstag abends 8 Uhr wird im Saale der „Meierei" (Spiegelgasse 1) aus eigenen Werken lesen: die Herren Rudolf Anders und Hugo Ball sowie Frau Emmy Hennings. Frl. Riesa Helm singt Lieder am Flügel, Frau Hennings Lieder zur Laute. Herr Paul Gloor wird Sachen von Rachmaninow und von Saint-Saëns zum Vortrag bringen. Die Künstlerkneipe „Voltaire" hat es sich zur besonderen Aufgabe gemacht, anregende graphische und malerische Arbeiten jüngerer hiesiger und ausländischer Künstler zu sammeln. Man will sich bemühen, das Unternehmen nach dieser Richtung immer weiter auszubauen. Die Idee fand bereits lebhaften Beifall. Es haben Schnitte, Zeichnungen und Gemälde zur Verfügung gestellt: Hans Arp, Otto Baumberger, Giacometti, Edwin Keller, Leo Leuppi, Konrad Meili, Max Oppenheimer, van Rees, Karl Schlegel, Artur Segal, M. Slodki und Henry Weibel. Hans Arp hat aus seinem Besitz in liebenswürdiger Weise Radierungen von Picasso und Zeichnungen von Eli Nadelmann zur Verfügung gestellt..

Die literarische Künstlerschaft möchte sich ihrerseits ebenfalls lebhaft mit Vorschlägen und Beiträgen (Adresse: „Meierei") einfinden. Von dem Plakat der Kneipe (Entwurf M. Slodki) sind Abzüge zu beziehen durch die Kunsthandlung H. Hack, Oetenbachgasse 28.

Neue Zürcher Zeitung, 4. 2. 1916

7. 2. 1916

Verse von Blaise Cendrars und Jacob van Hoddis. Ich lese *Aufstieg des Sehers* und *Café Sauvage*. Madame Leconte debütiert mit französischen Liedern. Humoresken von Reger und die 13. Rhapsodie von Liszt.

<Ball, Flucht aus der Zeit>

Ball an Käthe Brodnitz
<8. 2. 1916, Zürich>

Wir haben sehr viel Erfolg gehabt. An den Eröffnungstagen war kein Platz mehr zu kriegen. Ich las aus dem *Roman*. Ganz überrascht, daß meine Sachen — man sagte mir, ich lese sie sehr gut — Schlager sind, Kabarett-Schlager. Hätte ich mir nie träumen lassen. Wir suchen, immer mehr Menschen hereinzuziehen, hatten bereits auch ganz sympathische Kritiken. Dr. Korrodi tut jetzt wirklich was. Mit Gottes Hilfe geht uns der Atem nicht aus. Man spricht viel von unserer Sache. Gestern hatten wir eine wundervolle Liszt-Rhapsodie. Vergangenen Sonntag 6 junge Russen, die zur Balalaika sangen. Außerdem Rumänen, Franzosen. Man verspricht uns viel, und man ist erstaunt, daß ich aus dem Nichts diese Sache gemacht habe. Aber man muß wohl. Finanziell ist es noch nicht so, wie es sein müßte, wenn sich eingermaßen dabei existieren lassen sollte. Der Wirt hat zum größten Teil den Profit. Aber es war zunächst nur wichtig, anzufangen. Man muß nun gelegentlich den Vertrag revidieren.
Wenn sie also einmal wiederkommen, werden sie einen entzückenden Raum vorfinden, in dem futuristische, kubistische, expressionistische Bilder hängen und einige interessante Menschen verkehren.
Das Lokal war derart, daß man die Leute sogar dahin erst führen muß. Man findet's sonst nicht. Schicken sie mir doch bitte, wenn es möglich ist, Huelsenbeck. Ich hätte so gute Verwendung für ihn! Er kann sich doch einen Namen machen! □
Ich kenne Herrn Hardekopf weniger. Er war sehr lange Frau Hennings Freund. Ich weiß: Er ist ein sehr empfindlicher, schwieriger Mensch. □

CABARET
von
HUGO BALL

I.

Auf das Gesuch des Negers schwieg die große Huppe
und Emmys höllenrotes Schlankbein war komplett.
Aufs Ruhbett steige ich als Archipenko-Puppe
und predige Diabolik dem Magnet-Korsett.

O Vielgetön eisgelb geschwollener Sardinen!
Belache, Publikum, den heroiquen Selbstmord der Diseuse!
4 Geier biegen übern Brustkorb rote Eisenschienen.
Das Auge Gottes wacht auf der Pleureuse.

O Reitpferd Franz! Cönakelhafte Wanze!
Die Welt ist tief besoffen, glasäugig, voll Epilepsie.
Trompetenschnauze schlägt in violette Bassprotuberanze.
Röhrend äsen Kaiser Wilhelms Hippopodami.

II.

Die lilafarbene Pagodentrommel scheppert schief.
Wellenbock heißt der Cellist, Krassmilch und Kuttelfleck.
Es knerpelt Nackenwirbel sich fatal zu hohen Drehgewinden.
Eh lala! Musik sägt mir die Flanken auf.

Die Brüder Moll und Jebby blasen auf der Okarina.
Orchestermusik rechts schwenkt hinein in die offene Flanke.
Und ganzer Unterleib voll Musik und Trompetenohr.
Dick vom Kind tänzelt die Diseuse aus der Garderobe.

<Transition Nr. 22, Den Haag 1933>

Lokales.

Neue Zürcher Zeitung, 9. 2. 1916

Künstlerkneipe Voltaire. Am Abend des 6. Februar fand die Eröffnung des neuen Künstlerkabaretts „Voltaire" statt, das nach dem Vorbild des Münchner „Simplizissimus" unter Leitung des frühern Dramaturgen der Münchner Kammerspiele, Herrn Ball, Zürich wiederum um eine interessante und unterhaltende Geistes- und Vergnügungsstätte bereichert. Das Programm des Abends bildeten in abwechselnder Reihenfolge Rezitationen von Voltaire, dem Patron des Kabaretts, Wedekind und andern, vorgetragen durch Herrn Ball, sowie Vorträge von Liedern und Prosa ernster und heiterer Natur. Herr Ball, der auch aus eigenen Manuskripten vorlas, durfte ebenfalls der lebhaften Aufnahme seiner Dichtungen sich erfreuen. Eine angenehme und freudig begrüßte Abwechslung bildete das aus sechs russischen Herren bestehende Balalaika-Orchester mit Gitarrebegleitung, die ihren Vortrag in wirklich vorzüglicher Weise zur Geltung brachten. Reichen Beifall fand auch das von einem dieser Herren dargebrachte Solo-Spiel. Die ungetrübte Freude der Anwesenden, die in lebhaftem Beifall der Vorträge Ausdruck fand, die animierte Stimmung bewies, daß das Kabarett dem Anfang nach zu schließen, eine gewisse künstlerische Höhe zu halten sich bestrebt. J. S.

26. Februar – **ANKUNFT HUELSENBECK**

pan! pan! pa-ta-pan Ein anfangsgeruch ohne opposition

Große soirée – simultangedicht 3 sprachen, protest, lärm, negermusik / Hoosenlatz Ho osenlatz / piano Typerary Laterna magica, demonstration, letzte deklaration!! d i a l o g e e r f i n d u n g !! **DADA** !! l e t z t e n e u i g k e i t ! ! ! bourgeoise synkope, **BRUITISTISCHE** m u s i k , letzter schrei, chanson Tzara tanzt proteste – die f e t t e trommel – rotes l i c h t , policemen-chansons kubistische bilder postkarten chansons C a b a r e t V o l t a i r e – patentiertes **simultan g e d i c h t** Tzara Ho osenlatz und van Hoddis Hü ü l s e n b e c k Hoosenlatz wirbelwind A r p – twostep reklame alkohol qualmen zu den glocken hinauf / man flüstert: arroganz / stille Frau Hennings, Janco deklaration / transatlantische kunst = volk freut sich stern auf den kubistischen schellentanz projiziert.

26. 2. 1916

Verse von Werfel: *Die Wortemacher der Zeit* und *Fremde sind wir auf der Erde alle*.
Verse von Morgenstern und Lichtenstein.
Ein undefinierbarer Rausch hat sich aller bemächtigt. Das kleine Kabarett droht aus den Fugen zu gehen und wird zum Tummelplatz verrückter Emotionen.

27. 2. 1916

Eine *Berceuse* von Débussy, konfrontiert mit *Sembre et Meuse* von Turlet.
Das *Revoluzzerlied* von Mühsam:

War einmal ein Revoluzzer,
im Zivilstand Lampenputzer,
ging im Revoluzzerschritt
mit den Revoluzzern mit.
Und er schrie: Ich revolüzze.
und die Revoluzzermütze
schob er auf das linke Ohr.
Kam sich höchst gefährlich vor.

Ernst Thape, ein junger Arbeiter, liest eine Novelle *Der Selbstsüchtige*. Die Russen singen im Chor den *Roten Safran*.

28. 2. 1916

Tzara liest wiederholt aus *La Côte* von Max Jacob. Wenn er mit seiner verzärtelten Melancholie sagt: *Adieu, ma mère, adieu, mon père*, fallen die Silben so rührend entschlossen, daß alle in ihn verliebt sind. Er steht dann auf dem Podium kräftig und hilflos, wohl bewehrt mit einem schwarzen Kneifer, und man überzeugt sich leicht, daß ihm Kuchen und Speck von Vater und Mutter nicht übel angeschlagen haben.

<Ball, Flucht aus der Zeit>

Ball an Tzara
29. 2. 1916, Zürich

Lieber Herr Tzara,

Frau Hennings kommt zu ihnen. Ich selbst kann leider nicht kommen, weil ich noch einige Briefe wegen des Buchs (an Arp, nach München usw.) zu schreiben habe und gerne möglichst rasch damit fertig werden möchte. Bitte geben sie doch Frau Hennings die Titel der Bilder des Herrn Janco und die kleine Zeichnung. Ja? Und grüßen sie Herrn Janco schönstens von mir. Haben sie an Monsieur Jacob geschrieben? Und kann ich auch ihre Verse haben? Ich möchte heute noch das Manuskript in die Druckerei geben, wenn es möglich ist. Frau Hennings bringt ihnen auch einige ihrer Bücher wieder. Ich habe immer noch sehr viele von ihnen. Darf ich das noch einige Zeit behalten? Schönsten Dank. Für alle Ewigkeit

d
e
r

i
h
r
e

DaDa Hugo Ball.

Lieber Herr Tzara, haben sie Herrn Slodki gesprochen? Bitte vergessen sie nicht!

D e [redacted] **a t i o n**

Ich erk[redacted] *Wort DADA am 8.*
Febr[redacted]*fallen ist; ich war*
mi[redacted]*m ersten Mal*
[redacted]*chtigte Be-*
[redacted]*Terrasse*
[redacted]*ken*

[redacted]eines Tages (gegen Ende
[redacted]ruar 1916) in obengenanntem Pf[redacted]
deftall in der Weife geboren[redacted]
Ball dies bedeut[redacted]
len Z[redacted]

Sie verlangen von mir die Autorisation, ihre Zeitschrift DADA
nennen zu dürfen. Aber DADA gehört der ganzen Welt. Wie die Idee
Gottes oder die Zahnbürste. Es gibt Leute, die sehr dada, mehr dada
[redacted] Rede überall und in jedem Individuum. Wie Gott und
[redacted]ens).
[redacted], Naphtalin,
[redacted]e zubereitet,
[redacted]n zuträglich
[redacted]us ranzigem

[redacted] Titel meiner
[redacted]en Freunden
[redacted]r Suche nach
[redacted] wäre. Es war
[redacted] Gewicht auf
[redacted]igend; meine
[redacted] an und trank
[redacted]April 1921>

qu[redacted]
Stecker[redacted]
was vorerst [redacted]
die mit dem Elsäs[redacted]
wir einen Namen! – W[redacted]
machen hier Dada!" sagte [redacted]
<Marietta di M[redacted]

Ball an Maria Hildebrand-Ball
1. 3. 1916, Zürich

□ Ich fühle mich nun wieder (auf wie lange?) sehr wohl. Erfolg habe ich auch. Was sollte man sonst verlangen. Sogar einen Leitartikel hat man über mich geschrieben in einer hiesigen Zeitschrift. (Dr. Serner, ein Berliner Bekannter.) Unsere Sache wird hier sehr besprochen. Es ist, glaube ich, das erste Mal, daß man versucht, täglich literarisches Programm zu bieten. Ohne Emmy und eine kleine Französin, die entzückende französische Liedchen singt, wäre es mir nicht möglich. Sehr unterstützt mich auch Max Oppenheimer (der Maler, der die Aktionspostkarten gezeichnet hat, erinnerst du dich?), einige Russen und Rumänen. Unser Programm ist sehr bunt. Gestern war es besonders lustig. Hinten in einer Ecke saß ein Tisch Franzosen. Am Podium sang ein Pole polnische Lieder. In einer anderen Ecke saß ein Tisch Russen, die sangen *Sarafan, Sarafan*. Und ich spielte Musik von Debussy.
Der *Totentanz,* den ich dir schickte (du erinnerst dich), hat großen Erfolg. Ich habe Karten davon machen lassen. Man ist ganz erschüttert, wenn Emmy das Lied singt (nach der Melodie *So leben wir*) und alle sind überzeugt, daß das Gedicht einmal später als Ausdruck unserer heutigen Zeit in die Lesebücher kommt ...
Ich wünschte so sehr, du könntest einmal hier sein. Samstag haben wir russische Soirée: 15 Russen spielen Balalaika, man spielt Rachmaninoff und Skrjabin (moderne Musik). Emmy rezitiert russische Märchen. Ich lese aus Ropschin und Stepniak. Jemand anders liest Andrejew, Apuchtin und Nekrassow. Auch von Kandinsky lese ich.
Die Gedichte sind ganz exzentrisch und fallen sehr auf. Wir vertragen uns also sehr gut, trotzdem unsere Regierungen Krieg miteinander haben.
Den größten Erfolg hat Emmy. Man übersetzt ihre Verse für Bukarest. Sie hat dort eine ganze Kolonie von Freunden. Die Franzosen küssen ihre Hand. Man liebt sie unaussprechlich. Sie liest aus den Gedichten, die wir dir schickten, *Aetherstrophen* und *Krankenhaus*. Daneben neue Sachen. Dann singt sie ihre kleinen zärtlichen Chansons.
Auch Richard Huelsenbeck ist jetzt hier. Er liest Verse von Georg Heym und eigene.
Vorgestern las ich (mit Emmy zusammen) von Andrejew *Das Leben des Menschen*. Wir hatten erst Sorge, ob wir gefallen werden. Aber es war ein so guter Erfolg, daß wir nun nächsten Donnerstag die Vorlesung wiederholen. (In München hatten wir das Stück an den Kammerspielen gespielt; noch unter Robert.) Schweizer kommen wenige zu uns. Das Publikum ist ganz international. Neulich, ganz spät, gegen 11 Uhr, meldete sich ein Holländer. Er möchte ein wenig spielen. Und spielte dann, mit fabelhafter Technik, eine Phantasie von César Franc. Oder man spielt eine Toccata von Schumann. Ich war nie so intensiv Literat wie jetzt. Es gibt so viel Anregung, Bücher, Bilder, Musik.
Und ich glaube, wir werden uns immer durchsetzen. Das Publikum wird immer besser.
Ich möchte noch recht viele schöne Sachen schreiben. Die alten rezitiere ich oft, und sie gefallen auch. Aber sie sind mir bereits so über, daß ich sie nicht mehr sehen kann.
Laß dir's gut gehen, grüß die Eltern vielmals und sei du selbst herzlich geküßt von

Hugo

□ Den Neuen wurde der Geist zur Frage, und darum meinen sie, ihn zu haben. Sie stellen sich jenseits von Gut und Böse und jonglieren es. Sie zucken die Achseln und sagen wie Carl Einsteins Bebuquin: *Was ist wahr? Was ist falsch? Es kommt auf den Standpunkt an*. Sie merken nicht, daß sie ja auch dieses sagen, weil sie es wahr haben wollen, daß sie also durchaus nicht jenseits von wahr und falsch stehen und daß es auch hier darauf ankommt, ob es wahr oder falsch ist, jenseits von Gut und Böse zu stehen. Es ist falsch. Und es ist böse. Denn es ist Gaukelei.Sie bezweifeln den Geist, indem sie die Worte bezweifeln. Alles scheint zu wanken, zu brechen und umzufallen und kopfüber voran die Polarität. Nichts scheint zu bleiben als der mächtige Geist, der seine Worte erschlug und noch hoch über ihren Leichen strahlt. Aber der Geist ist das Wort. Wenn er es erschlägt, fällt er selbst und wird sein Gegensätzliches. Es glaubt nicht mehr an den Geist und sein Wort, nicht einmal daran, daß es auch diesen Glauben nicht hat, und so taumelt es und jongliert und gaukelt. So: *Wieviel unendlich mal doch wertvoller —: geringste aktivste Leistung, sonneverschwemmter Vormarsch schaukelnde Kupferwüste durch, eines kleinen, jüdischen Handlungsreisenden zirkulierenden Umgang hymnisch-hymnisch beschwingen; liebesschmerzzerrauftem Tippfräulein weichsten Regenbogen, Selbiges knisternd, auf die Tastatur prallen zu lassen: Trottoir von knöcherigen Finger-Hufen schnell rhythmisch gehackt; elenden Droschkengaul ins kreisende Gefüg zu entzückt wiegend umhertrabendem Tier-Heiland ragend gesteigert glorreich eröffnen!* Diesen Satz, der in der Vorrede eines Versbuches von Johannes R. Becher, welches kürzlich ein bis dahin guter deutscher Verlag herausgab, zu lesen ist, überbietet Hugo Ball, der in einem seiner Gedichte Bambino-Jesus <*Bambino-Jesus klettert auf den steilen Treppen / Und Anarchisten nähen Militärgewand;* zitiert von Marietta di Monaco> irgendwo hinaufklettern läßt. Diese Benützung einer Möglichkeit vermöchte dieses Mehr nicht zu rechtfertigen, enthielte nicht ein Manifest, das vor einigen Monaten Herr Ball mit Herrn Richard Huelsenbeck veröffentlichte, die Mitteilung: *Wir wollen triezen, stänkern, bluffen*. Sie glauben nicht mehr an den Geist und sein Wort und nicht einmal daran und vollführen wieder eine Gaukelei: sie geben zu,

daß sie gaukeln. Und fragte man sie, warum sie das tun, so könnte man wohl die Antwort erhalten, es sei eine Gottlosigkeit anzunehmen, daß sie das wüßten. Und dabei würden sie durch ein Lächeln diese Antwort aufheben und dieses Lächeln durch eine Überlegenheitsgeste.
Diese Jugend ist nicht stolz auf ihre Widersprüche, um sie ertragen zu können, und sie jongliert sie nicht, und sie verleugnen sie, um eine neue Gaukelei zu vollführen. □
Hat sie noch nie ein Wort erschüttert? So möge DIESES: auch sie werden einst sterben und Rechenschaft geben müssen vor der Angst ihrer Todesstunde von einem jeglichen unnützen Wort, das sie geredet haben. Aber die Lästerung wider den Geist wird den Menschen nicht vergeben.

<Walter Serner, Die Alten und die Neuen, Sirius, 1.3.1916>

4. 3. 1916

Russische Soirée. Ein kleiner gutmütiger Herr, der schon beklatscht wurde, ehe er noch auf dem Podium stand, Herr Dolgaleff, brachte zwei Humoresken von Tschechow, dann sang er Volkslieder. (Kann man sich denken, daß jemand zu Thomas oder Heinrich Mann Volkslieder singt?)
Eine fremde Dame liest *Jegoruschka* von Turgenjew und Verse von Nekrassow.
Ein Serbe (Pawlowacz) singt passionierte Soldatenlieder unter brausendem Beifall. Er hat den Rückzug nach Saloniki mitgemacht.
Klaviermusik von Skrjabin und Rachmaninoff.

7. 3. 1916

Den Sonntag hatten wir den Schweizern eingeräumt. Die Schweizer Jugend aber ist zu bedächtig für ein Kabarett. Ein trefflicher Herr gab der dasigen Ungebundenheit die Ehre und sang ein Lied vom *Schönen Jungfer Lieschen*, das uns allesamt errötend in den Schoß blicken ließ. Ein anderer Herr trug *Eichene Gedichte* (eigene Gedichte) vor.

14. 3. 1916

Französische Soirée. Tzara las Verse von Max Jacob, André Salmon und Laforgue.
Oser und Rubinstein spielten den 1. Satz aus der Sonate op. 52 von Saint-Saens für Klavier und Cello.
Lautréamont, woraus ich übersetzen und lesen wollte, traf nicht rechtzeitig ein.
Dafür las Arp aus *Ubu Roi* von Alfred Jarry.
Das Schnäuzchen der Madame Leconte sang *A la Martinique* und einige andere graziöse Dinge. —
Solange sich nicht eine Verzückung der ganzen Stadt bemächtigt, hat das Kabarett seinen Zweck verfehlt.

<Ball, Flucht aus der Zeit>

Huelsenbeck an Tzara
14. 3. 1916, Zürich

*Lieber Herr,

ich bitte sie, mich heute entschuldigen zu wollen. Ich bin so angeekelt von allem, was mich umgibt, daß ich im Bett bleiben will. Außerdem habe ich die Absicht, die Stadt in einigen Tagen zu verlassen. Ich wäre ihnen sehr dankbar, wenn sie mir mitteilen, wann ich mich beurlauben kann.
Viele Grüße

Huelsenbeck*

Ball an Maria Hildebrand-Ball
21. 3. 1916, Zürich

□ Gerade hatten wir die Aufmerksamkeit der Presse und ein wenig Erfolg. Der Kritiker der *Neuen Zürcher Zeitung* war da. Der Chef- und Feuilletonredakteur der *Zürcher Post,* und die Herren waren gerade von Emmys Sachen entzückt. □

Emmy Hennings und Hugo Ball, Zürich 1916.

30. 3. 1916

Huelsenbeck, Tzara und Janco traten mit einem *Poème simultan* auf. Das ist ein kontrapunktisches Rezitativ, in dem drei oder mehrere Stimmen gleichzeitig sprechen, singen, pfeifen oder dergleichen, so zwar, daß ihre Begegnungen den elegischen, lustigen oder bizarren Gehalt der Sache ausmachen. Der Eigensinn eines Organons kommt in solchem Simultangedichte dramatisch zum Ausdruck und ebenso seine Bedingtheit durch die Begleitung. Die Geräusche (ein minutenlang gezogenes *rrrrr* oder Polterstöße oder Sirenegeheul oder dergleichen), haben eine der Menschenstimme an Energie überlegene Existenz.
Das *Poème simultan* handelt vom Wert der Stimme. Das menschliche Organ vertritt die Seele, die Individualität in ihrer Irrfahrt zwischen dämonischen begleitern. Die Geräusche stellen den Hintergrund dar; das Unartikulierte, Fatale, Bestimmende. Das Gedicht will die Verschlungenheit des Menschen in den mechanistischen Prozeß verdeutlichen. In typischer Verkürzung zeigt es den Widerstreit von vox humana und einer sie bedrohenden, verstrickenden und zerstörenden Welt, deren Takt und Geräuschablauf unentrinnbar sind.
Auf das *Poème simultan* (nach dem Vorbild von Henri Barzun und Fernand Divoire) folgen *Chant nègre I und II*, beide zum erstenmal. *Chant nègre* (oder *funèbre*) *N.I* war bereits vorbereitet und wurde mit schwarzen Kutten mit großen und kleinen exotischen Trommeln wie ein Femgericht exekutiert. Die Melodien zu *Chant nègre II* lieferten unser geschätzter Gastgeber, Mr. Jan Ephraim, der sich vor Zeiten bei afrikanischen Konjunkturen des längeren aufgehalten und als belebende Primadonna mit um die Aufführung wärmstens bemüht war.

<Ball, Flucht aus der Zeit>

Ephraim kam und wollte wissen, was wir vorhätten. er half uns, wie er konnte. Er wußte ein arabisches Lied

Tra — batscha — la muchere
tra ba — tscha — Bo — no
Maga — more — maga guerre
Maga mo — re — ta — no o o
umba — umba — um — umba!

Emmy las Legenden hinter einer Rollwand. Das Podium war groß. Es hatte Platz für alle. Wir sangen und sprachen durcheinander und einigten uns im dumpfen Chor:

Hirza — pirza — papra — paprasnitschka — um ba — umba — nemoiju — maga — more — maga guerre — maga — mo — re — ta — noooooo!

Marcel Janco, Plakatentwurf zu Chant nègre II.

Hugo Ball verfaßte ein Gedicht

O Marietta — Kripistika!
Thronkanapee im Serail von Sevilla!
Du bist wertvoller als die juchzende
Säubande von Hosenträgern,
Deren Rüssel
An deinem Bauch
Zu schnuppern
Gewohnt sein pflegt.

Klabund entpuppte sich als Hausdichter:

Zuweilen in der Meierei,
Da trifft man Menschen eins und zwei,
Der Tische Decken sind kariert
und auch die reden, die man führt.

Die Lampen glotzen grün und rot,
Ein alter Herr frißt Butterbrot,
Ein junger kitzelt seine Magd,
Die ihren Sonntagsausgang wagt.

Die Emmy singt, Marietta spricht,
Zuweilen ist es ein Gedicht.
Ball spielt den Typerarymarsch
Und kratzt sich am Poetenarsch.

Ein deutscher Dichter singt französisch,
Rumänisch klingt an Siamesisch.
Es blüht die Kunst. Hallelujah!
's war auch schon mal ein Schweizer da.

<Marietta di Monaco, Ich kam — ich geh>

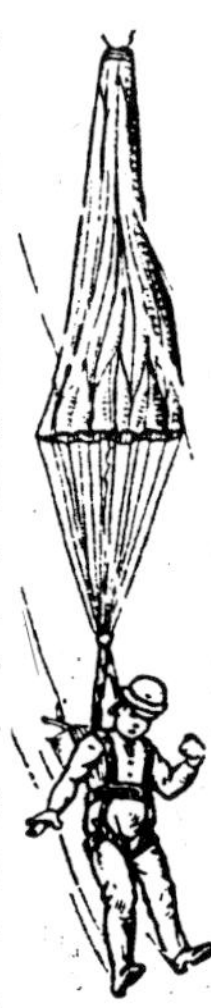

Im Strahl des Scheinwerfers verdichtete sich der Rauch zu einem richtigen, massiv anzusehenden Balken, der längs durch das verdunkelte Lokal hinlief und an dessen Ende, auf dem Podium, nichts zu sehen war, als das schneeweiße Gesicht der kleinen Diseuse. Ihre Lippen waren feurig rot bemalt, die großen Augen von dunklen Kreiden umrandet, ihre Stirne bedeckten die glatten Fransen schwarzen Haares; schmächtig stand sie in ihrem topazgrünen Pullover neben dem ebenholzfarbigen Klavier. Ein großer, ernsthaft aussehender Mann saß vor dem Instrument, auffallend lang war sein schmales Gesicht; auch er trug das Haar in der Stirne. Mit seinen großen Händen präludierte er eine Weile in den Tasten, bis das Gemurmel und Klirren in den opalenen Nebeln des Zuschauerraumes verstummte, dann warfen die beiden sich einen Blick zu, und unvermutet ging die Melodie in den Rhythmus des bekannten Trinklieds über:

So leben wir, so leben wir,
So leben wir alle Tage.

Deutlich konnte man auch bereits das Wiegen einiger von Reminiszenzen angerührter Gäste wahrnehmen. Aber dann öffnete die kleine Frau ohne eine weitere Bewegung den Mund und sang unbewegten Gesichts, mit munterer, leicht scherbelnder Stimme:

So sterben wir, so sterben wir,
So sterben wir alle Tage.
Weil es so gemütlich sich sterben läßt.
Morgens noch im Schlaf und Traum,
Mittags schon dahin,
Abends schon zu unterst im Grabe drin.

Mäuschenstill war es im Lokal geworden; das rhythmische Wiegen hatte aufgehört. Hart, als wäre es ein Marsch, hackten die großen Hände des Begleiters auf die Zähne des Pianos, und die Sängerin gab die zweite, die dritte Strophe zum besten:

So morden wir, so morden wir,
So morden wir alle Tage
Unsere Kameraden im Totentanz ...

Und dann ging es ohne Übergang und Pause immer weiter:

Wir murren nicht, wir knurren nicht,
Wir schweigen alle Tage ...
Wir danken dir, wir danken dir,
Herr Kaiser für die Gnade,
Daß du uns zum Sterben erkoren hast.

Und das Lied endete gedämpft, als ein höhnischer Wiegengesang:

Schlafe nur, schlaf sanft und still
Bis dich auferweckt
Unser armer Leib, den der Rasen deckt.

Bewegungslos, geschlossenen Auges stand Emmy Hennings am Ende des Lichtbalkens und wartete in die Stille hinein. Es herrschte offenbar Unsicherheit im Publikum, ob Beifallsklatschen angebracht sei. Der Wirt hinter dem Buffet machte dem Zögern ein Ende; er drehte entschlossen das Licht an, und sogleich, während die Kellnerinnen schon ausschwärmten, wurde auch geklatscht, und die beiden auf dem Podium durften sich mit ernsthaften Verbeugungen bedanken. Das grüne Vorhänglein der Bühne wurde zugezogen, und jemand rief: Pause.

Es saßen da im rötlichen Dunste der Lampen, die üblichen Niederdorfgäste, Männer mit aus der Stirne geschobenen Hüten und das große Helle in Reichweite, aber nicht mehr so unangefochten wie üblich an ihrem Platz, denn gesprenkelt gleichsam über das Lokal waren da auch Gruppen von Leuten aus anderen Schichten, Studenten, den erkalteten Café crème vor sich, und auch Besucher in abendlicher Kleidung, die aussahen, als wären sie am Ende eines besseren Essens hinabgestiegen ins niedere Volk, trotz der gehobenen Sprache, die sie führten. Da gab es an den Wänden ganze Tische, geschlossenen Tafelrunden gleichsam, mit Eiskübeln und fremdem Gebaren, rauchende Frauenzimmer und originelle Köpfe, und sie führten über die Häupter der beeindruckten Einheimischen hinweg laute Gespräche in hermetischen Jargonen.

Das kleine Treppchen herab, das seitlich am Podium angebracht war, kam die kleine Frau in ihrem grünen Pullover, und in ihrer Hand hielt sie einen Fächer von Postkarten, auf denen die Strophen des Liedes von Hugo Ball, das sie soeben vorgetragen hatte, aufgedruckt waren. Still, ein wenig müde, mit Schweißtröpfchen in der Schminke, ging sie von Tisch zu Tisch und verband auf ihrem Gang die Leute mit einem unsichtbaren Faden.

Ein jeder von ihnen erwarb von dem Fräulein eine der gereimten Pasquillen wider den Krieg und versorgte sie sorgfältig in der Brieftasche, die er über der Herzgegend trug.

Noch bei voller Beleuchtung begann auf der Bühne ein

Grunzen und Brüllen, ein Pfeifen und Plappern, untermischt mit den rasenden Schlägen eines Hammers, der auf ein hohles Faß hinunterfiel <das erste Simultangedicht L' amiral cherche un maison à louer>. Der Vorhang flog zur Seite, das Licht verlöschte, grüne Scheinwerferstränge fielen auf die kleine Bühne, auf der sich vor einem kubistisch bemalten Hintergrunde vier vermummte Gestalten auf hohen Kothurnen, halbmeterlange Masken vor den Gesichtern, mit rhythmisch täppischen Gesten im Kreise herum bewegten. Die Larven waren unheimlich anzusehen, von leichenhafter Blässe, mit kreisrunden Löchern anstelle der Augen, lippenlosen Mündern, Schlangen als Löcklein über den turmhohen und polierten Stirnen gekräuselt und die Wangen mit dem Zeichen des Roten Kreuzes so beschmiert, daß die Farbe wie Blut über die schubladenartigen, vorstehenden Kinnladen herabtroff. Jeder der vier gab einen Laut von sich, nur einen, aber immer mit stärkerem Stimmenaufwand wiederholt. Einer zischte wie eine Dampfmaschine ein nichtabreißendes *ssss*, der zweite knurrte ein ununterbrochenes *Prrrr*, der dritte heulte ein markdurchdringendes *Muuuh*, und der letzte sang in hohem Falsett *Ayaayayay*. Immer ekstatischer wurde der tanzähnliche Vorgang; der eine von ihnen hob plötzlich den dunklen Mantel in die Höhe, und es wurden darunter zwei schwarzbestrumpfte Beine sichtbar, von Spitzenhöschen oben gesäumt und an die Can-Can-Tänzerinnen im Pariser Tabarin erinnernd. Ein anderer riß den Kittel vorn auseinander, und er trug ein holzgeschnitztes Kuckucksührchen auf der Brust, umgeben von einem wächsernen Frauenarm.
Zwischen Lachen und einem Gefühl des Erschauerns hin- und hergerissen, gerieten die Zuschauer in eine Art Wut, die sich in Zurufen, Stampfen und Klopfen kundgab. Vollends, als die vier sich auf dem Podium nebeneinander in einer Reihe aufstellten und mit Fäusten und Füßen ein ohrenbetäubendes Gebrüll ausstoßend, das Publikum auf eine unerhörte Weise zu treten und herauszufordern schienen, sprang neben den drei Freunden mit einem Mal ein kraushaariger Bursche fremdländischen Aussehens auf und krapselte zitternd und ungeschickt auf das Podium. Er trug ein schwarzes Fräcklein und über den zierlichen Schühlein weiße Gamaschen und einen schwarzgeränderten Kneifer auf der Nase. Er hob angesichts des vierfachen bebenden Ungeheuers wie bittend die zierlichen Hände, und mit übertriebenen Verbeugungen verzogen sich die vier Masken ein wenig nach rückwärts und bildeten, hoch aufgerichtet und bewegunglos, wie sie verharrten, etwas wie die vier Säulen eines Tempelchens, in dem das zierliche Herrchen französische Verse sinnlosen Inhaltes zu rezitieren begann:

Ambipriotta et antipyrine
Attaque imprévue dans un souterrain
Esope et la belle Isabelle
Triste pressentiments ...

Und dann, als Responsorium, erklang aus den runden Löchern der Larven heraus:

Adieu ma mère, adieu mon père.

Wie in einer Trance fuhr der Kleine fort:

Femme à la guitarre
la joie enorme
se prélasse en sucant
la waterman pen.

Und wieder kam die Antwort:

Adieu ma mère, adieu mon père.

Das groteske Oratorium setzte sich solange fort, bis schließlich die gesamte Zuhörerschaft ebenfalls in den Refrain einfiel, sodaß man bis weit in die braven Gassen hinaus hören konnte, wie in der Meierei eine hektische Gesellschaft:

Adieu ma mère, adieu mon père

skandierte. Die Vorführung auf der Bühne endete damit, daß der kleine Mann eine Papierrolle, die er aus einer Brusttasche gezogen hatte, unter das Kinn hielt, wobei die beschwerte Kante abwärts rollte und eine weiße Fläche freigab, auf der groß und deutlich ein anstößiges Wort zu lesen war. Mit dem aufgedrehten Licht setzte der Beifall ein.

<zum Abend vom 31. 3. 1916; aus: Kurt Guggenheim, Alles in Allem, Roman; Zürich 1953, Bd. 2>

Zuerst hatten wir keine politischen Ideen. Aber der Krieg ließ uns die Brüderlichkeit unter Menschen verstehen. Wir hielten den Krieg zwischen Deutschland und Frankreich für kriminell. Sie kämpften wie Tiere, wie wilde Tiere. Ein paar Kilometer von Zürich entfernt konnten wir die Granaten hören. Schließlich fühlten wir uns für das Drama von Verdun und die Verbrechen rund um uns verantwortlich. Auf die Bühne des Cabaret Voltaire brachten wir den Protest gegen das Versagen und den Bankrott der europäischen Kultur, die zum Krieg geführt hatte. Dieses schlimmste Verbrechen gegen die Menschlichkeit war der Grund unseres Kampfes für die Zerstörung der alten Kunst und für den Aufbau einer neuen Kunst, die der Freundschaft zwischen Menschen und Nationen dienen würde.
Jeder, der aus Frankreich oder Deutschland heraus konnte, kam nach Zürich. Es war ein Augenblick intensiver kultureller Konzentration. Zürich wurde zum Zentrum für Journalisten, Schriftsteller und Musiker. Busoni, der italienische Musiker, war dort. Er unterrichtete an der Akademie für Musik in Zürich, und wir bezogen uns auf ihn, um die Gesetze des musikalischen Kontrapunktes auf die Malerei zu übertragen. Und ein Café, ein Kunstkabarett, war ein großer Anziehungspunkt für alle. Nicht nur Künstler, Studenten und Journalisten kamen, sondern auch Spione. Es war ein Zentrum der Spionage, weil sie dort Gelegenheit hatten, ihre Ansichten über den Krieg zwischen Frankreich und Deutschland auszutauschen. Es gab ein gemeinsames Feld für Diskussionen über den Frieden.

Kamen viele Leute ins Cabaret? War es oft voll?
Viele kamen, vor allem junge Studenten, die den neuen Ideen in der Kunst und im gesellschaftlichen Leben Sympathie und Interesse entgegenbrachten.

Wie reagierten die Leute, die ins Cabaret kamen, auf eure Vorstellungen?
Die Vorstellungen im Cabaret waren besonders revolutionär, was die Kunst betraf.

Mich interessiert besonders der Abend, an dem sie den englischen Teil des Simultangedichtes L' amiral cherche un maison à louer *lasen.*
Das war Tzaras Idee. Er inszenierte es. Niemand konnte drei Sprachen zugleich verstehen. Das war *Musik*. Der Abend war ein Skandal. Wir mußten es dreimal bei verschiedenen Gelegenheiten wiederholen, weil es eine so erfolgreiche Verrücktheit war. Sie konnten es nicht verstehen, niemand, aber es gefiel ihnen.

Beschwerte sich jemand?
Ja, sie protestierten die ganze Zeit. Selbst die Zeitungen erklärten uns zu Narren. Ich erinnere mich an einen Abend, als eine Gruppe von Jugendlichen aus Wien ins Cabaret kam, Studenten von Dr. Jung, dem bekannten Psychiater. Sie kamen, um herauszufinden, ob wir verrückt oder normal waren. Zuerst versuchten wir, unsere künstlerischen Absichten mit ihnen zu diskutieren, und theoretisch akzeptierten sie alles. Aber als sie die abstrakte Kunst an den Wänden sahen, konnten sie es nicht verstehen. Wir benutzten extreme Effekte, um den Widerstand zu bekämpfen.

Wie wurde das Geld für das Cabaret eingenommen?
Die Besucher zahlten für die Vorstellungen, die wir abhielten, und Hugo Ball bezahlte uns. Die Darsteller waren Publikumsattraktionen. Sie kamen und aßen und tranken und unterstützten so indirekt das Cabaret.

Sie gaben zusammen mit Tzara das Buch Das erste himmlische Abenteuer des Hr.n Antipyrine heraus, das einige ihrer Holzschnitte enthielt. Gaben sie es heraus, um Geld zu machen?
Für unsere Existenz. Wir hatten keine anderen Mittel. Zu dieser Zeit begann ich auch einige Bilder zu verkaufen. Über die Journalisten von Zürich, Freunde von Ball, Schriftsteller und Zeitungsmenschen, hatte ich ein bißchen Werbung. Es gab damals ein paar Leute, die sich für meine Arbeit interessierten. Ich begann, etwas zu verkaufen. Und wissen sie, was ich mit dem Geld machte? Ich bezahlte die Veröffentlichung unserer Zeitschriften. Mein Geld kam dafür auf. Was ich einnahm, ging für die Dadapublikationen drauf.

Wer, glauben sie, war die am meisten verantwortliche Person für den internationalen Anspruch Dadas? War es Tzara?
Der am meisten für Dada Verantwortliche war Hugo Ball. Er gründete die Bewegung und leitete ihre Aktivitäten auf allen Feldern kreativer Erfahrungen. Tzara war eine andere Art Intellektueller. Niemand konnte das Publikum mehr aufregen als er. Er beleidigte, kämpfte, schrie das Publikum an. Je mehr Skandal er machte, desto mehr kamen. Tzara war nicht nur ein talentierter Dichter, sondern auch ein großes Talent für die Verbreitung Dadas. Es gab keinen einzigen Abend, wo er nicht mit den Mitteln zur Verbreitung experimentierte. Tzara war auch der erste in der Geschichte, der von seiner Dichtung leben konnte.

Das Cabaret Voltaire war nur für sechs Monate geöffnet. Warum wurde es geschlossen?
Wir hatten eigentlich nicht das Geld, um es zu erhalten. Außerdem gab es einen anderen, wirklichen Hemmschuh, die Zürcher Gesetze. Während des Krieges gab es eine Art Polizeistunde in Zürich. Alles mußte ab zehn geschlossen sein. Das war unser Tod. Diese Abende begannen gerade ein großer Erfolg zu werden; wir nahmen Geld ein. Dann aber begann die Polizei, schon gegen neun zu kommen und an die Tür zu klopfen, um uns daran zu erinnern, daß um zehn Schluß sein müßte; das war gerade die Zeit, zu der unsere Abende begannen. Wir diskutierten mit ihnen, aber es half nichts, obwohl wir den Zürcher Bürgermeister auf unserer Seite hatten.
<Marcel Janco, Interview>

Ball an Maria Hildebrand-Ball
13. 4. 1916, Zürich

□ Hier sind jetzt wundervolle Tage. Das junge Laub kommt heraus, und der See mit den Schneebergen ist so herrlich. Die Kneipe — *Cabaret Voltaire* — haben wir in den letzten Wochen etwas vernachlässigen müssen, aber wir haben Verstärkung aus Deutschland erhalten: Klabund ist seit ein paar Wochen hier. Klabund hat einen Bericht über die Kneipe fürs *Berliner Tagblatt* geschrieben, der abgegangen ist und dieser Tage wohl erscheinen wird. In Holland und Bukarest hat man über uns geschrieben. Ist das nicht merkwürdig? Wenn alles gut geht, will ich ein kleines Buch der Kneipe herausgeben, gewissermaßen ein Dokument, in dem alle vereinigt sind, die da hin kommen und Interesse haben. □
Ich schreibe viel Französisch und habe auch wieder einiges übersetzt ... Auch mit Oppenheimer bin ich viel zusammen. Er ist sehr gescheit und amüsant. Ganz verliebt in Heine und Emmy Hennings. Rimbaud lesen wir zusammen in der Kneipe. Wenn nur die Schweizer etwas weltlicher wären. Sie glauben alle an die Heilsarmee. □

18. 4. 1916

Tzara quält wegen der Zeitschrift. Mein Vorschlag, sie *Dada* zu nennen, wird angenommen. bei der Redaktion könnte man alternieren: ein gemeinsamer Redaktionsstab, der dem einzelnen Mitglied für je eine Nummer die Sorge um Auswahl und Anordnung überläßt. Dada heißt im Rumänischen Ja,Ja, im Französischen Hotto- oder Steckenpferd. Für Deutsche ist es ein Signum alberner Naivität und zeugungsfroher Verbundenheit mit dem Kinderwagen.

<Ball, Flucht aus der Zeit>

Paul Guillaume an Tzara
22. 4. 1916, Paris

*Sehr geehrter Herr,

ihr neues Buchstaben-Gedicht Ist sehr schön. Ich erhielt es, als ich mit mehreren Freunden zusammen war, darunter auch der Dichter Guillaume Apollinaire — der im Augenblick Offizier der französischen Armee ist und kürzlich am Kopf verwundet wurde. □*

Ball an Maria Hildebrand-Ball
1. 5. 1916, Zürich

□ Wir sind nun dabei, ein kleines Buch der Kneipe herauszugeben. Da werdet ihr Augen machen. In 8-10 Tagen schicke ich's. □

1916 — Juli

„CABARET VOLTAIRE"
erscheint

Preis 2 fr. Druckerei J. Heuberger*)

Mitarbeiter: A p o l l i n a i r e, Picasso, Modigliani, A r p, T z a r a, van Hoddis, H ü l s e n b e c k, Kandinsky, Marinetti, Cangiullo, v a n R e e s, Slodky, Ball, Hennings, Janco, Cendrars, etc. Dialoge Da Dada d a d a dadadadadada das neue leben — enthält ein s i m u l t a n g e d i c h t; die fleischfressende kritik reihte uns platonisch in das haus des schwindels der überreifen genies. Vermeide blinddarmentzündung schwamm das eingeweide. „Ich habe festgestellt, daß die attacken immer seltener kommen, und wer jung bleiben will, der hüte sich vor dem rheumatismus." Golf thermal mysterium

Das Cabaret dauerte 6 monate jeden abend rammte man den dreizack des grotesken des gottes des schönen in jeden zuschauer und der wind war keine brise — rüttelte so viele gewissen wach — der t u m u l t und die solare lawine — die v i t a l i t ä t und die stille ecke nahe der weisheit oder der narrheit — wer könnte ihre grenzen bestimmen? — die jungen mädchen machten sich langsam auf und davon und die bitterkeit baute ihr nest im bauch eines familienvaters, ein wort wurde geboren, man weiß nicht wie **DADA DADA man schwor ewige freundschaft** auf die neue transmutation die nichts bedeutet und der fabelhafteste p r o t e s t war, die intensivste affirmation heilsarmeee freiheit fluch masse kampf geschwindigkeit gebet stille private guerilla negation und dem verzweifelten schokolade.

Künstler-Gesellschaft
VOLTAIRE „Meierei" Spiegelgasse 1
Diesen **Mittwoch** den 31. Mai, abends 8½ Uhr
Große Soirée
Hugo Ball, Mde. Leconte, Emmy Hennings, M. Janco, Richard Huelsenbeck, Tristan Tzara
I. Teil: Französische, deutsche, dänische und russ. Lieder. „Ein Krippenspiel" (Concert bruitiste), „Maskentanz" nach Motiven aus dem Sudan (Masken von M. Janco), „Poèmes simultans" und Rezitationen eigener Verse.
II. Teil:
Unterhaltungs-Programm
An diesem Abend erscheint „Cabaret Voltaire" mit Beiträgen von Apollinaire, Kandinsky, Marinetti, Picasso.
Eintritt 2 Fr., Reserv. Platz 3 Fr. (tel. zu best. 2296)

* vergriffen

CABARET VOLTAIRE

EINE SAMMLUNG KÜNSTLERISCHER UND LITERARISCHER BEITRÄGE

VON

GUILLAUME APOLLINAIRE, HANS ARP, HUGO BALL, FRANCESCO CANGIULLO, BLAISE CENDRARS, EMMY HENNINGS, JACOB VAN HODDIS, RICHARD HUELSENBECK, MARCEL JANCO, WASSILIJ KANDINSKY, F. T. MARINETTI, L. MODEGLIANI, M. OPPENHEIMER, PABLO PICASSO, O. VAN REES, M. SLODKI, TRISTAN TZARA

HERAUSGEGEBEN VON HUGO BALL

Als ich das Cabaret Voltaire gründete, war ich der Meinung, es möchten sich in der Schweiz einige junge Leute finden, denen gleich mir daran gelegen wäre, ihre Unabhängigkeit nicht nur zu geniessen, sondern auch zu dokumentieren. Ich ging zu Herrn Ephraim, dem Besitzer der „Meierei" und sagte: „Bitte, Herr Ephraim, geben Sie mir Ihren Saal. Ich möchte ein Cabaret machen." Herr Ephraim war einverstanden und gab mir den Saal. Und ich ging zu einigen Bekannten und bat sie: „Bitte geben Sie mir ein Bild, eine Zeichnung, eine Gravüre. Ich möchte eine kleine Ausstellung mit meinem Cabaret verbinden." Ging zu der freundlichen Züricher Presse und bat sie: „Bringen sie einige Notizen. Es soll ein internationales Cabaret werden. Wir wollen schöne Dinge machen." Und man gab mir Bilder und brachte meine Notizen. Da hatten wir am 5. Februar ein Cabaret. Mde. Hennings und Mde. Leconte sangen französische und dänische Chansons. Herr Tristan Tzara rezitierte rumänische Verse. Ein Balalaika-Orchester spielte entzückende russische Volkslieder und Tänze.

Viel Unterstützung und Sympathie fand ich bei Herrn M. Slodki, der das Plakat des Cabarets entwarf, bei Herrn Hans Arp, der mir neben eigenen Arbeiten einige Picassos zur Verfügung stellte und mir Bilder seiner Freunde O. van Rees und Artur Segall vermittelte. Viel Unterstützung bei den Herren. Tristan Tzara, Marcel Janco und Max Oppenheimer, die sich gerne bereit erklärten, im Cabaret auch aufzutreten. Wir veranstalteten eine RUSSISCHE und bald darauf eine FRANZÖSISCHE Soirée (aus Werken von Apollinaire, Max Jacob, André Salmon, A. Jarry, Laforgue und Rimbaud). Am 26. Februar kam Richard Huelsenbeck aus Berlin und am 30. März führten wir eine wundervolle Negermusik auf (toujours avec la grosse caisse: boum boum boum boum — drabatja mo gere drabatja mo bonoooooooooooo —) Monsieur Laban assistierte der Vorstellung und war begeistert. Und durch die Initiative des Herrn Tristan Tzara führten die Herren Tzara, Huelsenbeck und Janco (zum ersten Mal in Zürich und in der ganzen Welt) simultanistische Verse der Herren Henri Barzun und Fernand Divoire auf, sowie ein Poème simultan eigener Composition, das auf der sechsten und siebenten Seite abgedruckt ist. Das kleine Heft, das wir heute herausgeben, verdanken wir unserer Initiative und der Beihilfe unserer Freunde in Frankreich, ITALIEN und Russland. Es soll die Aktivität und die Interessen des Cabarets bezeichnen, dessen ganze Absicht darauf gerichtetet ist, über den Krieg und die Vaterländer hinweg an die wenigen Unabhängigen zu erinnern, die anderen Idealen leben. Das nächste Ziel der hier vereinigten Künstler ist die Herausgabe einer Revue Internationale. La revue paraîtra à Zurich et portera le nom „DADA". („Dada") Dada Dada Dada Dada.

ZÜRICH, 15. Mai 1916

HUGO BALL

ZÜRICH, MEIEREI. SPIEGELGASSE 1

DIALOG ZWISCHEN EINEM KUTSCHER UND EINER LERCHE

Huelsenbeck (kutscher): Hüho hüho. Ich grüße dich, o lerche.
***Tzara (lerche):** Bonjour hr. Huelsenbeck!*
Huelsenbeck (kutscher): Was sagt mir mein gesang von der zeitschrift Dada?
***Tzara (lerche):** Aha aha aha aha (f.) aha aha (decrsc.) cri cri.*
Huelsenbeck (kutscher): Eine kuh? Ein pferd? Eine straßenreinigungsmaschine? Ein piano?
***Tzara (lerche):** Der himmlische igel ist in die erde gesunken die ihren inneren schlamm ausspie ich drehe mich heiligenschein der kontinente ich drehe mich ich drehe mich ich drehe mich tröster.*
Huelsenbeck (kutscher): Der himmel springt in baumwollfetzen auf. Die bäuche gehen mit geschwollenen bäuchen um.
***Tzara (lerche):** Weil die erste nummer der zeitschrift Dada am 1. august 1916 erscheint. Preis: 1 fr. Redaktion und Administration: Spiegelgasse 1, Zürich; mit dem Krieg hat sie nichts zu tun und sie versucht eine moderne internationale aktivität anzubahnen hi hi hi hi.*
Huelsenbeck (kutscher): o ja, ich ah — Dada kam aus dem leib eines pferdes als blumenkorb. Dada platzte als eiterbeule aus dem schornstein eines wolkenkratzers, o ja, ich sah Dada — als embryo der violette krokodile flog zinnoberschwanz.
***Tzara (lerche):** Das stinkt und ich mache mich auf zum klingenden blau antipyrine ich höre den flüssigen ruf der nilpferde.*
Huelsenbeck (kutscher): Oulululu Oulululu Dada ist groß Dada ist schön. Oulululu pette pette pette pette pette...
***Tzara (lerche):** Warum furzen sie mit soviel enthusiasmus?*
Huelsenbeck (ein Buch der dichters däubler aus der tasche ziehend:) Pfffft pettepette pfffft pette pfffft pette pffft pette ...

O Tzara o!
O embryo!
O haupt voll blut und wunden.
Dein bauchhaar brüllt —
Dein steißbein quillt —
Und ist mit stroh umwunden ...
Oo oo du bist doch sonst nicht so!

***Tzara (lerche):** O Huelsenbeck, o Huelsenbeck!
Die blume in ihrem schnabel dient welchem zweck?
Es ist ihr talent, man sagt es sei exzellent
Zur zeit ist's lerchendreck
Die blume in ihrem schnabel dient welchem zweck?
Sie machen immer: pfffft, sakrament!
Wie ein deutscher dichter im nachthemd.*

R. HUELSENBECK TR. TZARA

Ball an Tzara
<Juni 1916, Zürich>

Lieber Herr Tzara,

entschuldigen sie, daß ich nicht zur Ausstellung kam, ich hatte die Nacht vorher mit ein paar Polen Bruderschaft getrunken und einiges mehr und lag am nächsten Tag wie ein Stein auf dem Grab. □
Wann sehe ich sie? Ich höre, sie waren gestern abend im Café und haben nach mir gefragt. Ich gehe nicht gerne mehr ins Café, weil es dort soviel *Schenkelgänger* gibt. □

Ball an Hoffmann
2. 6. 1916, Zürich

□ Ich habe sehr viel mit Kabarett *(Voltaire)* zu tun und habe inzwischen auch eine Tochter bekommen. Sie ist schon neun Jahre alt und heißt Annemarie Hennings. Wie schade, daß du nicht hier sein kannst. Es gibt so interessante Musik ... Kennst du Strawinsky, Ravel, Skrjabin? Strawinsky hat in Paris ungeheure Erfolge gehabt. Die Kubisten lärmten und schrien und debattierten. Man lernt sehr um, wenn man aus Deutschland herauskommt. Ich las eine Kritik über Reger in den *Soirées de Paris*. Man nahm ihn komisch, als man sah, daß er mit einem ganzen Wagen voll Titeln daherkommt ... Da lachten die Affen. Und daß er Gott mitbringt nach Paris und *Seelenbräutigam* und *Aquarelle* ...
Man schreibt dort Sachen, die mehr in der Sonne liegen. *Danse des Delphines, Jumbos Wiegenlied* (die Berceuse eines Elefanten). Etwas hören wir auch in unserem Kabarett. Ein junger Schweizer <Hans Heusser> hat in Paris bei Debussy studiert und spielt ab und zu eigene Kompositionen. Ich selbst klimpere Ravel, Borodin und Rachmaninoff. Große Regerkonzerte gibt es jetzt zum Gedächtnis. Ich möchte auch gerne die Orgelvariationen über Bach gehört haben, aber ich muß Abend für Abend im Kabarett sein. Das Kabarett Voltaire ist sehr interessant. Wollte ich dir erzählen, was ich hier erlebte, bevor ich dazu kam, würdest du denken, ich berichte dir Märchen. Viele junge Menschen sind hier, die sich mir und denen ich mich angeschlossen habe: Deutsche, Rumänen, Polen, Russen, Holländer. Es geht in der *Holländischen Meierei* in der Spiegelgasse sehr bunt zu.
Und gestern war ein Ungar da: Monsieur Szittya aus Paris. Er hat in Budapest viele Freunde bei der Presse und ein Korrespondenzbüro und möchte uns gern in Budapest haben.
Ich habe ein kleines Buch herausgegeben. *Cabaret Voltaire* heißt es. Hat mir viel Arbeit gemacht, aber ich glaube, daß dafür auch noch nie ein so interessantes Propagandaheft gemacht wurde. Es kam mir darauf an, das Kabarett als Idee zu dokumentieren. Ich muß aber gestehn, daß es mich schon nicht mehr interessiert.
Die Schweizer neigen übrigens mehr zum Jodeln als zum Kubismus.

Sie sitzen auf ihren Steißen
wohl bei der Nacht,
Wenn die Hose kracht,
wenn die Hose kracht ...

Lieber, ich fühle mich sehr wohl, wenn ich ausgeschlafen habe. Nur möchte ich mehr Zeit und Ruhe zum Schreiben haben.
Einige sehr lustige Dinge weiß ich, die möchte ich gerne aufschreiben. Einiges lese ich in der Kneipe vor, und man freut sich manchmal sehr darüber. Es sind Bruchteile aus einem phantastisch-pamphletisch-mystischen Roman. Weiß der Teufel, was das für eine Mißgeburt ist. Irgendwie hängt's mit der Zeit zusammen ...
Die Welt ist sehr lustig. Guten Tag, Herr Schmidt! Guten Tag, Herr Spannagel, guten Tag, Herr Meyer! Schön Wetter heute! Das Grammophon spielt und die Sonne scheint. Deutscher Seesiech beim Skagerrak, Skagerrak-rak-rak Skagerrak-rak-rak, bis an den hellen Tag-tag-tag.
Lieber, du mußt mal wieder schreiben. Ich freue mich ausführlich mit allem Brieflichen, was zu mir kommt. Ich habe ein seltenes Talent, mich mit den geistigen Menschen, die in meine Nähe kommen, alsbald zu verkrachen. Gottlob wächst im selben Verhältnis meine Sympathie für die Flötenbläser in der Dachkammer. Ich bin verliebt, wenn ich in der Zeitung lese: *Achtklappige B-Klarinette einzutauschen gegen beinahe ungebrauchtes Fahrrad.* Und einige Noten von Herrn Mozart treiben mir das helle Wasser aus den Augen. Tara tara tara tara tara — in indefinitum.
Hast du Emmy Hennings gekannt in München? Ich glaube, ich habe dir erzählt von ihr. Wir haben in den schlechtesten Gassen der Stadt gewohnt. Wir haben in den schmutzigsten Varietés gespielt. Wir sind hier bekannter als Wedekind in München. □
Es ist hier eine ganze Kolonie junger Maler und Literaten. Die interessantesten stehen im Buch. Von mir glaubt man, nach meinen letzten Sachen, ich nehme Haschisch. Du weißt, daß ich das nie getan habe. Einmal in München nahm ich Morphin, das machte mir aber sehr übel ... Ich kann mich nicht einmal betrinken. Mir ist aller Wein zuwider. Ich leide an einer kontinuierlichen seelischen Trunkenheit. Lala, o lala. Ich bin zu allerhand Gutem und Schlechtem musikalisch aufgelegt ... □

Ball an Käthe Brodnitz
3. 6. 1916, Zürich

□ Ich hatte so viel zu tun mit dem kleinen Heft, das jetzt erschienen ist und mit einer gleichzeitigen Soirée, zu der ich ein Concert bruitiste geschrieben hatte, dessen Proben mich sehr in Anspruch nahmen. Ich schicke ihnen hier nun *Cabaret Voltaire* und bin sehr neugierig, ob sie es gelungen finden. Hier gefällt es sehr, und wir haben gleich am ersten Abend viele Exemplare verkauft. Das Heft sieht ganz hübsch aus, nicht wahr? Nun müssen wir nur viele Luxusexemplare verkaufen. Dann ist alles in Ordnung. Die *Neue Zürcher Zeitung* wird eine Besprechung mit Huelsenbeck bringen. Auch andere Zeitungen werden schreiben. Das ist wieder eine Fülle neuer Arbeiten. Bitte zeigen sie das Exemplar doch ein wenig herum in Berlin, damit man endlich weiß, es gibt nicht nur *Aeternisten*. Wir werden eine ganze Anzahl Exemplare nach Berlin schicken, auch nach Berlin und Mailand — es gibt eine französische Ausgabe mit französischer Vorrede. Und dann werden wir versuchen, die Zeitschrift *Dada* zu machen. Man schreibt über *Cab.Vol.* auch in Budapest, und wir haben neuerdings eine Einladung auch dorthin zu kommen. Das Cabaret ist nun also als Idee durchgesetzt und wenn es eingeht, war die Arbeit nicht umsonst. Aber es soll nicht eingehen, es soll nur, wenn möglich, auf eine andere Basis kommen.
Das allabendliche Auftreten resorbiert mich nämlich sehr und ich glaube, es wäre besser, nur Samstag und Sonntag zu spielen. Ich habe eine solche Sehnsucht, zu schreiben und neue Sachen auszuprobieren. Das Klavierspielen jeden Abend nimmt mir die beste Kraft. Ich denke auch, ich könnte die 50 Frcs., die ich weniger einnehme, durch Korrespondenzen oder sonstwie einholen. Wenn wir nur Samstag und Sonntag spielten, wäre es möglich, immer interessante Dinge vorzubereiten, höheren Eintritt zu nehmen und Kraft zu sparen. Es ist jetzt ein ganzer Kreis von jungen Leuten da, — sie sehen es aus dem Heft — die Lust haben, sich zu dokumentieren. □

Mary Wiegmann an Tzara
7. 6. 1916, Zürich

Sehr geehrter Herr Tzara,

ich möchte ihnen und den übrigen Herren sehr danken für das *Cabaret*-Heft, das mich sehr freute. Am vorigen Mittwoch konnte ich leider nicht ins *Voltaire* kommen, so sehr ich mich auch auf das Programm dort gefreut hatte.
Würden sie mich gelegentlich benachrichtigen, wenn sie dort wieder etwas Interessantes machen?
Mit freundlichen Grüßen an Janco und sie selber

Mary Wiegmann

Huelsenbeck an Tzara
13. 6. 1916, Zürich

*Lieber Herr,

ich habe noch *nicht am Manifest* arbeiten können (was aber bald geschehen wird). Ich hatte noch andere Arbeiten zu erledigen. Ich wünsche ihnen und den zwei Jancos viel Freude — viel *wirkliche* Freude.

R. Huelsenbeck*

Guillaume an Tzara
16. 6. 1916, Paris

*□ Sie können auf meine Hilfe zählen, daß ich ihnen alle meine Beziehungen eröffne, aber es muß klar sein, daß ich nicht mit solchen ihrer Veranstaltungen sympathisieren kann, die nicht frankophil oder *alliierten* Charakters sind. □

Paul Guillaume*

Arp an Daniel Henry-Kahnweiler
23. 6. 1916, Zürich

*□ Ich habe heute das Buch ihres Freundes zuende gelesen. Ich halte es für das einleuchtendste Buch über die moderne Kunst, das ich kenne. An einer Stelle hatte ich das Gefühl, daß man das *Ding an sich*, wie ihr Freund es nennt, noch genauer definieren müßte — oder besser das Umfeld, in dem es sich einordnet. Im Gegensatz zu Worringer, der die treibende Kraft in den einzelnen Menschen legt, sehe ich das *Ding an sich* in bestimmten Landschaften, bestimmten Objekten, in den Tagen und Nächten, und ich glaube, daß gewisse Relationen von Formen Oberflächen, Linien und Farben weniger durch einen begabten einzelnen Menschen geschaffen werden, sondern daß sie vom *Ding an sich* herrühren, das man verehren müßte... Es gibt kein Objekt in meinen Arbeiten, deshalb empfinde ich auch die Notwendigkeit, sie zu erklären. Sie rufen bestimmte Objekte in Erinnerung, bestimmte Formen aus Holz, bestimmte Pflanzenformen zum Beispiel. □ *

23. 6. 1916

Ich habe eine neue Gattung von Versen erfunden, *Verse ohne Worte* oder Lautgedichte, in denen das Balancement der Vokale nur nach dem Werte der Ansatzreihe erwogen und ausgeteilt wird. Die ersten dieser Verse habe ich heute abend vorgelesen. Ich hatte mir dazu ein eigenes Kostüm konstruiert. Meine Beine standen in einem Säulenrund aus blauglänzendem Karton, der mir schlank bis zur Hüfte reichte, so daß ich bis dahin wie ein Obelisk aussah. Darüber trug ich einen riesigen, aus Pappe geschnittenen Mantelkragen, der innen mit Scharlach und außen mit Gold beklebt, am Halse derart zusammengehalten war, daß ich ihn durch ein Heben und Senken der Ellenbogen flügelartig bewegen konnte. Dazu einen zylinderartigen, hohen, weiß und blau gestreiften Schamanenhut. Ich hatte an allen drei Seiten des Podiums gegen das Publikum Notenständer errichtet und stellte darauf mein mit Rotstift gemaltes Manuskript, bald am einen bald am anderen Notenständer zelebrierend. Da Tzara von meinen Vorbereitungen wußte, gab es eine richtige kleine Premiere. Alle waren neugierig. Also ließ ich mich, da ich als Säule nicht gehen konnte, in der Verfinsterung auf das Podest tragen und begann langsam und feierlich:

gadji beri bimba
glandridi lauli lonni cadori
gadjama bim beri glassala
glandridi glassala tuffm i zimbrabim
blassa galassasa tuffm i zimbrabim

Die Akzente wurden schwerer, der Ausdruck steigerte sich in der Verschärfung der Konsonanten. Ich merkte sehr bald, daß meine Ausdrucksmittel, wenn ich ernst bleiben wollte (und das wollte ich um jeden Preis) dem Pomp meiner Inszenierung nicht würden gewachsen sein. Im Publikum sah ich Brupbacher, Jelmoli, Laban, Frau Wiegmann. Ich fürchtete eine Blamage und nahm mich zusammen. Ich hatte jetzt rechts am Notenständer *Labadas Gesang an die Wolken* und links die *Elefantenkarawane* absolviert und wandte mich wieder zur mittleren Staffelei, fleißig mit den Flügeln schlagend. Die schweren Vokalreihen und der schleppende Rhythmus der Elefanten hatten mir eben noch eine letzte Steigerung erlaubt. Wie soll ich's aber zu Ende führen? Da bemerkte ich, daß meine Stimme, der kein anderer Weg mehr blieb, die uralte Kadenz der priesterlichen Lamentation annahm, jenen Stil des Meßgesanges, wie er durch die katholischen Kirchen des Morgen- und Abendlandes wehklagt.
Ich weiß nicht, was mir diese Musik eingab. Aber ich begann meine Vokalreihen rezitativ im Kirchenstile zu singen und versuchte es, nicht nur ernst zu bleiben, sondern mir auch den Ernst zu erzwingen. Einen Moment lang schien mir, als tauche in meiner kubistischen Maske ein bleiches, verstörtes Jungensgesicht auf, jenes halb erschrockene, halb neugierige Gesicht eines zehnjährigen Knaben, der in den Totenmessen und Hochämtern seiner Heimatpfarrei zitternd und gierig am Munde der Priester hängt. Da erlosch, wie ich es bestellt hatte, das elektrische Licht, und ich wurde vom Podium herab schweißbedeckt als magischer Bischof in die Versenkung getragen.

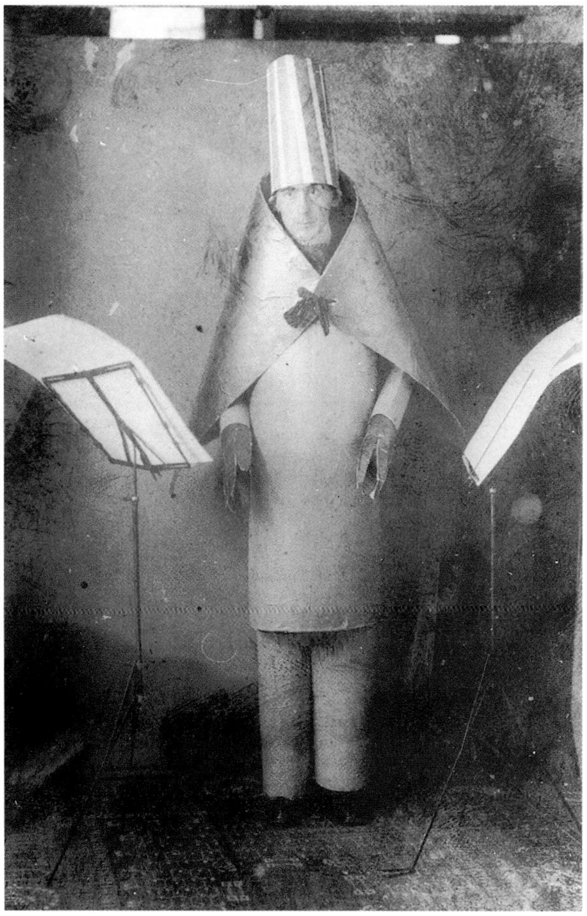

<Ball, Flucht aus der Zeit>

Mary Wiegmann an Tzara
26. 6. 1916, Zürich

Sehr geehrter Herr Tzara,

es wird mir wahrscheinlich doch nicht möglich sein, diesesmal bei ihrer Aufführung mitzumachen. So sehr es mich interessieren würde, etwas zu tanzen, was in den Rahmen ihrer Ideen hineingeht, so muß ich doch unbedingt meine kurze Ferienzeit zur Erholung ausnützen, und es ist sehr wahrscheinlich, daß ich gerade zum Termin ihrer Aufführung nicht in Zürich sein werde. Mme. Perrottet reist auch schon in den nächsten Tagen fort. Ich hoffe sehr, bei einer nächsten Gelegenheit die geplante tänzerische Idee ausführen zu können. Für dieses Mal kann ich mich, aus den schon anfangs genannten Gründen nicht verpflichten.
Mit den besten Grüßen auch an Hr. Janco bin ich

Mary Wiegmann

Max Jacob an Tzara
26. 6. 1916, Paris

*Sehr geehrter Herr Tzara,

ich schreibe ihnen, um sie zu überzeugen, daß ich keinen großen Bart habe, aber wenn sie sich verdreifachen, um sich darauf zu versteifen, daß ich einen großen Bart habe, kann ich es ihnen schon zeigen, daß ich es kann (oder daran schuld bin). Ich mag sie, weil sie mich mögen, und ich mag den großen Dichter in ihnen, aber ich glaube, daß man auf den strengen Bau und zur Ordnung zurückkommen muß. Die Dekomposition vergrößert die Kunst, die Rekomposition stärkt sie. Ich glaube, daß sie ein Dichter sind: vermeiden sie alles, was kleinlich ist; in Paris kommen wir vor diesen kleinlichen Naivitäten um. Sie wissen, ich verlange von ihnen nicht die Legende der Jahrhunderte, aber zwei Zeilen können schon groß sein, und sie beweisen es beispielsweise in ihrem Brief.
Lieber Herr Tzara, ich habe keine Bücher, um sie ihnen zu schicken. Meine Bücher kosten 175 Fr. das Exemplar bei Kahnweiler; diejenigen, die ich hatte, habe ich verkauft. Kahnweiler ist zu. Ich habe nur wenige Exemplare der *Côte*; und sie sind für mich das Brot, das eine Hostie ist. Ich würde ihnen gerne die Sammlung der *Soirées de Paris* schicken, wenn ich könnte, aber ich habe keine. Mit zwanzig schrieb ich eine Erzählung, die (schon) ein wertvolles Buch für Kinder war (das ist ein unübersetzbares Wortspiel, aber sie werden's übersetzen, wenn sie mich ein wenig mögen). Mir ging es zu dieser Zeit wirklich nicht besonders gut. Ich habe Picasso 1901 kennengelernt; ich war schon Student, schicker Hauslehrer, Handelsangestellter. Kunstkritiker in den öffiziellen Zeitschriften, dann Straßenfeger, dann ein reicher junger Mann, dann Laureat und Theaterliebhaber, aber erst 1905 wurde ich Dichter. *1909 habe ich den Herren auf der Mauer meines Zimmers gesehen*; seitdem haben mir viele gesagt, daß sie ihn in Paris am selben Tag ebenfalls sahen. Unter anderen der Maler Ortiz de Savate, der ein Heiliger ist, aber ein bißchen viel trinkt. Picasso ist seit 16 Jahren mein Freund: wir haben uns sehr gehaßt und uns viel Gutes und Schlechtes angetan, aber ohne ihn kann ich nicht leben. 1906 haben wir Apollinaire kennengelernt, der blond war und gleichzeitig dem Farneischen Herkules und einem englischen Ästheten glich. Er war ein Improvisateur: jetzt ist er an der Front. Wissen sie, ich kenne die ganze Welt und die Welt ganz. Als ich *Saint Matorel* schrieb, das ein *Meisterwerk* (ich schwöre es) der Mystik, des Schmerzes, des minutiösen Realismus und überhaupt nicht affektiert ist, war ich die kleine lächerliche Figur, der größte Traumtänzer auf Erden. Die anderen beiden sind nicht soviel wert wie der *Matorel*: es ist die Belagerung Jerusalems, *die himmlischen Abenteuer des Matorel* und die burlesken und mystischen Werke des Bruders Matorel, der im Kloster starb. *La Côte* ist ein kleines Büchlein, das ich in 8 Tagen schrieb, um mich über Paul Fort, Francis Jammes und die populäre Literatur lächerlich zu machen, die ich immer und überall grotesk finde. Ich bin jetzt brav genug, gläubig, tue mehr Gutes als Schlechtes; ich trinke jetzt weniger als früher und strenge mich an, die Reinheit im Zölibat zu bewahren. Ich bin fröhlich; ich erzähle gerne Anekdoten; ich mag meine Freunde, liebe die Musik und mache Zeichnungen, die sich nicht verkaufen. Ich schreie lautstark, daß ich Talent habe, um mich zu überzeugen, daß ich eins habe, aber ich glaub's nicht. Schicken sie mir Gedichte.
Ich umarme sie

Max Jacob

Guillaume an Tzara
28. 6. 1916, Paris

*□ Ich habe mich sehr über das Büchlein des *Cabaret Voltaire* gefreut. Ich hatte es schon bei Guillaume Apollinaire kennengelernt. — Setzen sie sich in meinem Namen mit meinem Freund Marius de Zayas in Verbindung, 500 5th Avenue, New York. Er war vor einiger Zeit in Paris, und ich habe ihm von ihnen erzählt. Er kennt sich am besten aus im Kreis der fortschrittlichen Künstler in den Vereinigten Staaten. Er ist der Chefredakteur von *291* und anderer Zeitschriften. □

Paul Guillaume*

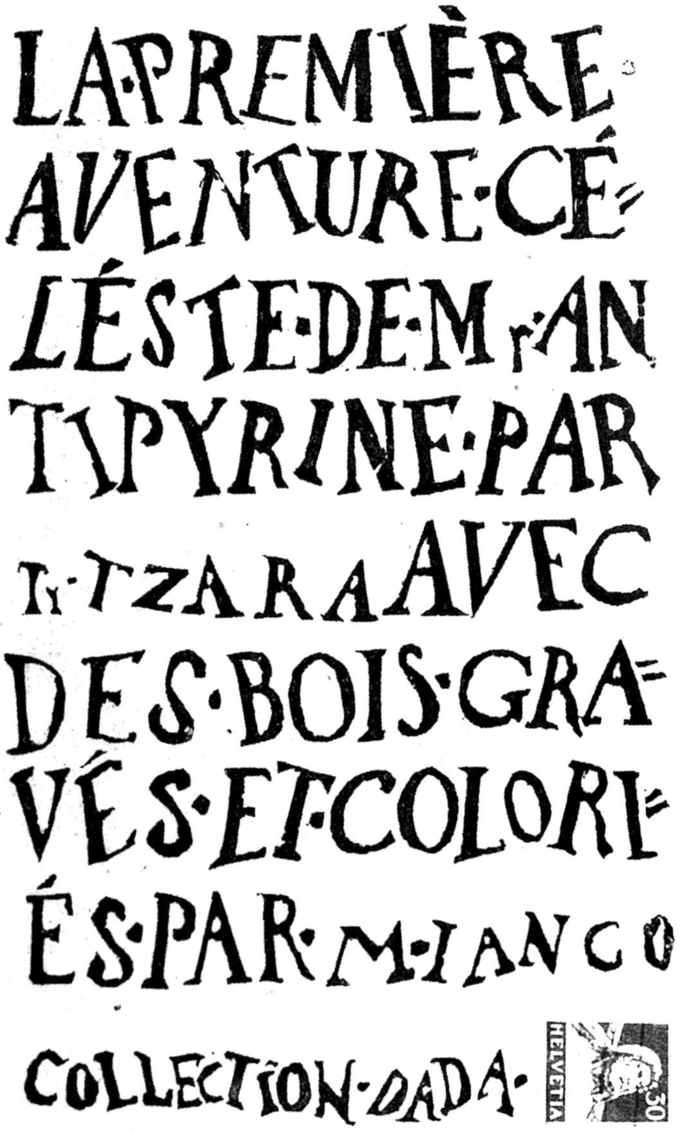

LA·PREMIÈRE AVENTURE·CÉLÉSTE·DE·M. ANTIPYRINE·PAR T.·TZARA AVEC DES·BOIS·GRAVÉS·ET·COLORIÉS·PAR·M.·JANCO
COLLECTION·DADA·
HELVETIA
30

DIE PARABEL

Wenn man eine alte frau um
die adresse eines bordells fragen kann
ei ei ei ei ei ei ei eichelhäher
der auf dem kamelrücken singt
jeder der grünen elefanten deiner sensibilität
zittert auf einem telegraphenmast
die vier füße zusammengenagelt
er sah so lange in die sonne daß sein gesicht ganz flach wurde
oua aah oua aah oua aah
der Hr. Dichter hatte einen neuen hut
aus stroh der war so schön so schön so schön
er ähnelte einem heiligenschein
denn in der tat war der Herr Dichter ein erzengel
dieser eichelhäher kam weiß und fiebrig wie
von welchem regiment kommt die pendeluhr? von dieser
musik feucht wie
Hr. Grille bekommt besuch von seiner verlobten im spital
am israelitischen friedhof erheben sich die gräber wie
schlangen
der Herr Dichter war erzengel — wahrlich
er sagte daß der drogist einem schmetterling ähnelt und
dem herrgott und das leben einfach ist wie ein bummbumm wie das bummbumm seines herzens
die aus kleiner und kleiner werdenden ballons
gebaute frau be-
gann zu schreien wie eine katastrophe
jajajajaaaaaaaaaaaa
der idealist sah solange in die sonne daß sein gesicht
ganz flach wurde
taratatatatatata

<aus: Das erste himmlische Abenteuer des Hr.n Antipyrine, Juli 1916>

Zur Veranschaulichung des Zürcher Volkscharakters gebe ich folgende Anekdote. Ich gehe mit Tristan Tzara, dem berühmten Dada-Sänger und Lebemann, über die Bahnhofsstraße in Zürich. Zeit: 10 Uhr abends. Es gehen immer Frauen vorüber, deren Kleider die reine Glasarchitektur in Bezug auf Durchsichtigkeit sind. Es ist scheinbar Sommer. Na, Sie verstehen. Sie müssen nämlich wissen, mein Freund Tzara ist Rumäne. Also, wie gesagt (besoffen sind wir auch gerade etwas; Diner bei Huguenin) — der Tzara fragt eine Frau, eine ältere Dame aus dem Lande der Barchenthosen und der Doppelkinne, Fistelstimmen, des Schweizer Käses, der Schweizer Schokolade usw. ohne Umschweife nach einem Bordell. Nun ist ein Bordell für Dadaisten die natürlichste Sache von der Welt. □ In Zürich jedenfalls, das von einem Altweiberklub regiert wird, dem Brennpunkt muckerischer Verlogenheit, der Zentrale verlogener Menschenliebe (dabei prügeln die Paschas gottseidank weiter) gibt es kein Bordell. Wenn man einer Züricherin das Wort *Bordell* ins Gesicht sagt, so ist das ungefähr so, als würde man den deutschen Kaiser einen Edelmann oder einen Neger mit Geheimrat titulieren. Beide würden nicht verstehen, was man meint; der Kaiser würde natürlich in Wut geraten, der Neger lachen. Die Züricher Frauen geraten aber bei dem Wort *Bordell* in eine furchtbare, berserkerische, versteinernde Wut. Wir merkten wohl, daß wir an die falsche Adresse gekommen waren, ahnten aber nicht, daß wir jemanden tödlich beleidigt hatten. Als wir einige Schritte weitergegangen waren, hörte ich hinter uns ein bedrohliches Rhabarber. Ein Greis im Bismarckhut, mit weißen flatternden Haaren, aber auch mit erhobenem Stock näherte sich schnell. Ehe wir uns retten konnten, erhielt Tzara einen fürchterlichen Stockhieb (natürlich von hinten) auf den Kopf, konnte aber soweit parieren, daß nur der Rand des Strohhutes getroffen wurde, welcher dann allerdings der Attacke weichen mußte. Ein großer Auflauf, Hunderte von spuckenden und schimpfenden Tripelboches wollten uns massakrieren und nur mit genauer Not gelang es uns, durch eilige Flucht eine neue Schlacht bei Murten zu verhüten.

<aus: Huelsenbeck, Dada siegt!>

DADA 3

am ende der farben sah ich unsern herrn
aber der dompteur war in pantoffeln und die löwen waren auf urlaub
rorira rorira rorira rorira rorirarararararararararara
hüten sie sich vor chinesen der briefträger verschlingt mäuse
die frösche kanonen im pyjama am
himalaya hat man gegessen rückkauf
nun der israelit steckte seinen charakter in die tasche weil er genügend hatte
die schlagersängerin aus timbuktu pfiff dreimal hintereinander
in die ohren des jesuiten
ihre absichten krepieren wie schinken
ein strumpf entrollt sich auf der mauer und da ist eine verfaulte eidechse unterwäsche apostel der kavaliere
du bist die mühle meines zorns der hopfen bist du
madame la santé du bist der architekt du bist die farbe
meines hungers marcel george nicolas jules narcisse
du bist zentralheizung tisch kautschuk baum tram kölnischwasser
immergrün
mein papa sagte
hahe hiho heho aha hehi hahe heho

<Mpala Garoo, 1916>

Tzara in der Rämistraße.

DADA 5
für marcel janco

ich bin fröhlich wie ein pissoir in der sonne
du näherst dich wie ein unglückliches schiff
ich habe der holländerin die kehle durchgeschnitten
ich bin müde wie ein ziegel
das ideal ist die seele der mißgeburt die ich an seine
eingeweide band die ich aufhängte die das mark durchdringt
mein gott oh mein lieber hr. antipyrine oh mein gott
es gibt soviele hebammen in genf wie
zündhölzer in norwegen
und alle kleinen machen kacka
in die gehirne dort wo bei uns die anderen liebe und ehre logieren

<Mpala Garoo, 1916>

Marcel Janco, Tristan Tzara 1916.

MOPP
HEINRICH MANN
für die AKTION gezeichnet von
Max Oppenheimer

Postkarte von Hugo Ball an Tristan Tzara, 4. 7. 1916

Ball an Tzara
4. 7. 1916, Vira

*Lieber Tzara,

hübsch, sehr hübsch. Vielen Dank für die hübsche Überraschung. Momentan bin ich dem Dadaismus fern — bedenken sie, ich bin leidenschaftlicher Angler. Aber ich habe doch Lust, *auch zu brüllen* — später. Ich versuche sehr deskriptiv mein zeichnerisches Talent und habe viel Freude daran. Es ist eine Hitze, daß die Pferde am Hitzschlag sterben. Dadaismus dazu, das ist zuviel. Nächstes Jahr fahre ich nach Davos. Schicken sie mir bitte auch die weiteren Publikationen. Die Adresse schicke ich ihnen gerne, sowie ich neues Schreibpapier besitze. Das gibt es nicht in Vira. Grüßen sie bitte besonders die Bekannten — Huelsenbeck, Mopp, Janco. Seine Zeichnungen kommen hervorragend heraus. Das Büchlein <*Das erste himmlische Abenteuer des Hrn Antipyrine*> ist gutt, gutt. Quanto costa? Lassen sie sich alle Publikationen in deutschen Lettern drucken, damit man sie später in einen Band nehmen kann. Salute

ihr Hugo Ball

Lieben Gruß f. Tzara; Herzliche Grüße an Dada u. a. Janco
Viele Grüße ihre Emmy Hennings*

AUTOREN-ABEND

Hans Arp, Hugo Ball, Emmy Hennings, Hans Heusser, Richard Huelsenbeck,
Marcel Janco, Tristan Tzara.

Freitag, den 14. Juli 1916, abends 8½ Uhr

im

Zunfthaus zur Waag

I. DADA - ABEND

(Musik. Tanz. Theorie. Manifeste. Verse. Bilder. Kostüme. Masken)

PROGRAMM

I.

Hans Heusser: „Prelude". „Wakauabiuthe", exotische Tanzrytmen. „Eine Wüstenskizze". (eigene Kompositionen)

Emmy Hennings: „Zwei Frauen" (Prosa)
Verse („Makrele", „Aether", „Gefängnis", „Jütland".)

Hans Arp: Erläuterungen zu eigenen Bildern (Papierbilder I — V)

Hugo Ball: „Gadji Beri Bimba" (Verse ohne Worte, in eigenem Kostüm).

Tristan Tzara: „La fièvre puerpérale" (Poème simultan, interpreté par Ball, Huelsenbeck, Janco, Tzara.)

Chant nègre I (nach eigenen Motiven aufgeführt von Ball, Huelsenbeck, Janco, Tzara.)
Chant nègre II (nach Motiven aus dem Sudan, gesungen von Huelsenbeck und Janko.)

II.

Marcel Janco: Erläuterungen zu eigenen Bildern.

Hans Heusser: „Bacchanale aus der Oper Chrysis". „Japanisches Theehaus". „Burlesque". (eigene Kompositionen)

Rich. Huelsenbeck und Tristan Tzara: Poème mouvementiste (Masques par M. Janco) Concert voyelle. Poème de voyelle. Poème bruitiste.

Drei Dada-Tänze (getanzt von Emmy Hennings. Masques par Marcel Janco. Musik von Hugo Ball.)

Richard Huelsenbeck: „Mpala Tano" (Verse)

Cubistischer Tanz (Kostüme und Arrangement von Hugo Ball, Musik aus „Leben des Menschen" von Andrejew. Aufgeführt von Ball, Hennings, Huelsenbeck, Tzara.)

Curt Stenvert, Dada! Dada!

1916 — 14. Juli. — Zum ersten mal auf der ganzen welt.

Saal zur Waag.

I. DADA-SOIRÉE

(Musik, Tänze, Theorien, Manifeste, Gedichte, Bilder, Kostüme, Masken)

Vor einer dichten menschenmenge, Tzara manifest, wir wollen wir wollen wir wollen in verschiedenen farben pissen, Huelsenbeck manifest, Ball manifest, Arp erklärung, Janco meine Bilder, Heusser eigene kompositionen, die hunde bellen und die durchstechung des Panama auf dem klavier auf dem klavier und landesteg — geschrienes gedicht — man schreit im saal, man rauft sich, erste reihe billigt, zweite reihe erklärt sich für inkompetent, der rest brüllt, wer ist am stärksten man bringt die fette trommel herein, Hülsenbeck gegen 200, Ho osenlatz akzentuiert durch die sehr fette trommel und die schellen am linken fuß — man protestiert man schreit man schlägt die scheiben ein man bringt sich um man demoliert man rauft sich die polizei unterbrechung.

Wiederholung des boxkampfes: kubistischer tanz kostüme von Janco, jeder seine fette trommel auf dem kopf, lärm, negermusik / trabatgea bonoooooo ooooooo / 5 literarische erfahrungen: Tzara im frack expliziert vor dem vorhang, trocken nüchtern für die tiere, die neue ästhetik: gymnastisches gedicht, vokalkonzert, bruitistisches gedicht, statisches gedicht chemisches arrangement der ideen, Biribum biribum saust der Ochs im Kreis herum (Huelsenbeck), lautgedicht a a ò, i e o, a i ï, neue interpretation die subjektive narrheit der arterien der tanz des herzens auf den flammen und die akrobatik der zuschauer. Von neuem schreie, die fette trommel, klavier ohnmächtige kanonen, man zerreißt sich die kartonkostüme das publikum stürzt sich in das kindbettfieber unterbrrrechen. Die zeitungen unzufrieden, simultan gedicht zu 4 stimmen + gleichzeitig für 300 definitiv verblödete.

Die erste große Vorstellung war im Juli 1916 im Zunfthaus zur Waag und ist berühmt geworden, weil das ganze wichtige Publikum von Zürich eingeladen war. Leider konnte ich nur in die Hauptprobe am Nachmittag gehen, in dieser Probe wurden nicht alle Nummern aufgeführt. Eine Nummer war, wo sie Neger-Musik gemacht haben (man sagte damals zu den Schwarzen noch Neger). Es hat mir sehr gut gefallen, weil ich dissonante Musik suchte, und das haben sie gemacht, klare Musik, also nicht die Töne fertig, sondern zu gedehnt und differenziert. Der Tristan Tzara, der Hugo Ball, der Marcel Janco und der Richard Huelsenbeck waren auf dem Podium. Da war nur ein Tisch. Zwei sind auf dem Podium gesessen, einer auf dem Tisch, und der vierte hat ganz lässig angelehnt an der Wand gestanden. Dann fingen sie an, sich anzusingen — ich fand das herrlich.
Eine andere Nummer war: Ball als Priester, der deklamiert, was Dada ist und was er will. Er stand so als Priester angekleidet aus Karton ganz einfach vor einem Stehpult, darauf lag ein großes Buch wie eine Bibel. Daraus las er vor, was Dada wollte. Weg von der Konvention, weg von der Lüge, weg von den tot gewordenen Formen. Wieder frisches Wasser hineinzugeben — das war die Idee. Ein Beispiel weiß ich noch, er sagte: *Warum soll man einen Baum einen Baum nennen? Wir nennen ihn 'Blu-Blu'. Und wenn es darauf regnet: 'Blu-Blu blätsch'!*
Eine andere Nummer war von Emmy Hennings. Die stand da, angekleidet mit einem Rohr aus Karton, über den Kopf bis an die Füße, das Gesicht war eine gräßliche Maske, der Mund offen, die Nase auf die Seite gedrückt, die Arme in dünnen Kartonröhren verlängert, mit stilisierten langen Fingern. Das einzige Lebendige, was man gesehen hat, waren die Füße, nackt, ganz allein für sich da unten, das war so prägnant und eindrucksvoll. So hat sie getanzt. Sie konnte nichts anderes machen als mit den Füßen klappern oder das Ganze wie einen Kamin neigen, und dabei hat sie noch geredet hie und da, aber man hat es nicht verstanden, man hat es gespürt, und manchmal hat sie einen Schrei ausgestoßen, einen Schrei... Ich hatte so etwas noch nie gesehen und war sofort gewonnen für die Dadaisten.

<Suzanne Perrottet>

In einem kunterbunten, überfüllten Lokal sind einige wunderliche Phantasten auf der Bühne zu sehen, welche Tzara, Janco, Ball, Huelsenbeck, Emmy Hennings und meine Wenigkeit darstellen. Wir vollführen einen Höllenlärm. Das Publikum um uns schreit, lacht und schlägt die Hände über dem Kopf zusammen. Wir antworten darauf mit Liebesseufzern, mit Rülpsen, mit Gedichten, mit Muh-Muh und Miau-Miau mittelalterlicher Bruitisten. Tzara läßt sein Hinterteil hüpfen wie der Bauch einer orientalischen Tänzerin, Janco spielt auf einer unsichtbaren Geige und verneigt sich bis zur Erde. Frau Hennings mit einem Madonnengesicht versucht Spagat. Huelsenbeck schlägt unaufhörlich die Kesselpauke, während Ball kreideweiß wie ein gediegenes Gespenst ihn am Klavier begleitet. — Man gab uns den Ehrentitel Nihilisten.

<Arp>

ERKLÄRUNG

Edle und respektierte Bürger Zürichs, Studenten, Handwerker, Arbeiter, Vagabunden, Ziellose aller Länder, vereinigt euch. Im Namen des Cabaret Voltaire und meines Freundes Hugo Ball, dem Gründer und Leiter dieses hochgelehrten Institutes, habe ich heute Abend eine Erklärung abzugeben, die sie erschüttern wird. Ich hoffe, daß Ihnen kein körperliches Unheil widerfahren wird, aber was wir ihnen jetzt zu sagen haben, wird Sie wie eine Kugel treffen. Wir haben beschlossen, unsere mannigfachen Aktivitäten unter dem Namen *Dada* zusammenzufassen. Wir fanden *Dada*, wir sind *Dada* und wir haben *Dada. Dada* wurde in einem Lexikon gefunden, es bedeutet nichts. Dies ist das bedeutende Nichts, an dem nichts etwas bedeutet. Wir wollen die Welt mit Nichts ändern, wir wollen die Dichtung und Malerei mit Nichts ändern, und wir wollen den Krieg mit Nichts zu Ende bringen. Wir stehen hier ohne Absicht, wir haben nicht mal die Absicht, Sie zu unterhalten oder zu amüsieren. Obwohl dies alles so ist, wie es ist, indem es nämlich nichts ist, brauchen wir dennoch nicht als Feinde zu enden. Im Augenblick, wo Sie unter Überwindung Ihrer bürgerlichen Widerstände mit uns *Dada* auf ihre Fahnen schreiben, sind wir wieder einig und die besten Freunde. Nehmen Sie bitte *Dada* von uns als Geschenk an, denn wer es nicht annimmt, ist verloren. *Dada* ist die beste Medizin und verhilft zu einer glücklichen Ehe. Ihre Kindeskinder werden es Ihnen danken. Ich verabschiede mich nun mit einem Dadagruß und einer Dadaverbeugung. Es lebe Dada. Dada, Dada, Dada.

<Huelsenbeck>

Günter Unterburger, Ohne Titel, 1989

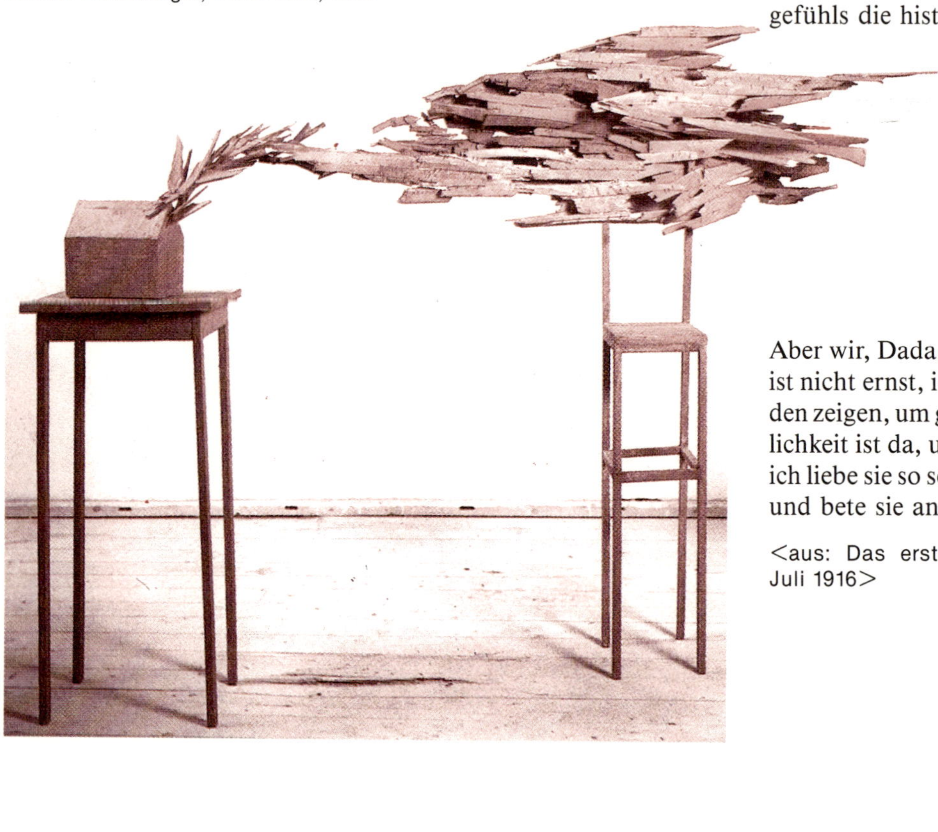

DAS MANIFEST DES HR.N ANTIPYRINE

Dada ist unsere intensität; wer pflanzt die konsequenzlosen bajonette auf den sumatrakopf des deutschen babys; Dada ist die kunst ohne pantoffeln und parallelen; wer dagegen ist und für die einheit und entschieden gegen die zukunft; klugerweise wissen wir, daß unsere gehirne weiche kissen werden, daß unser anti-dogmatismus genauso exklusiv ist wie der beamte, daß wir nicht frei sind und daß wir freiheit schreien strenge Notwendigkeit ohne disziplin oder moral und wir spucken auf die menschheit. Dada bleibt im europäischen rahmen der schwäche, es ist aber trotzdem scheiße, aber wir wollen künftig in verschiedenen farben scheißen, um den zoologischen garten der kunst zu verschönern, mit allen konsulatsfahnen klo klo bang hiho aho hiho aho. Wir sind zirkusdirektoren und pfeifen mitten unter den winden der jahrmärkte, unter den klöstern prostitutionen theatren wirklichkeiten gefühlen restaurants Hohohohihihioho Bäng Bäng. Wir erklären, daß ein auto ein gefühl ist das uns mit den trägheiten seiner abstraktionen, den transatlantikdampfern und den geräuschen und den ideen genug verwöhnt hat. Dagegen veräußern wir die leichtigkeit wir suchen das zentrale wesen und sind's zufrieden, es verbergen zu können; wir wollen nicht die fenster der wunderbaren elite zählen, da Dada für niemanden existiert und wir wollen, daß die ganze welt dies weiß, denn sie ist Dadas balkon, ich versichere es ihnen. Von da kann man die militärmärsche hören und wie ein seraphin die luft durchschneidend in das bad der menge tauchen, um zu pissen und zu verstehen, daß die parabel Dada weder verrücktheit — noch weisheit — noch ironie ist, schau mich an, sehr geehrter spießer.

Die kunst war ein spiel, die kinder setzten die wörter zusammen die eine klingel am schwanz tragen, dann schrien und weinten sie die strophe, zogen ihr puppenstiefelchen an, und die strophe wurde königin um ein wenig zu sterben, und die königin wurde zum wal und die kinder liefen davon, bis sie den atem verloren. Dann kamen die großen botschafter des gefühls die historisch im chor ausriefen:

psychologie psychologie hihi
Wissenschaften Wissenschaft Wissenschaft
es lebe Frankreich
wir sind nicht naiv
wir sind sukzessiv
wir sind exklusiv
wir sind nicht einfach
und wir können über intelligenz
gut reden

Aber wir, Dada, wir sind nicht ihrer meinung, denn die kunst ist nicht ernst, ich versichere es ihnen, und wenn wir nach süden zeigen, um gelehrt zu sagen: die negerkunst ohne menschlichkeit ist da, um ihnen freude zu bereiten, verehrte zuhörer, ich liebe sie so sehr, ich liebe sie sosehr, ich versichere es ihnen und bete sie an.

<aus: Das erste himmlische Abenteuer des Hr.n Antipyrine, Juli 1916>

Günter Unterburger, Fluchtweg, 1989

DADAISTISCHES MANIFEST

Dada ist eine neue Kunstrichtung. Das kann man daran erkennen, daß bisher niemand etwas davon wußte und morgen ganz Zürich davon reden wird. Dada stammt aus dem Lexikon. Es ist furchtbar einfach. Im Französischen bedeutet's *Steckenpferd*. Im Deutschen: *Addio, steigt mir bitte den Rücken runter, auf Wiedersehen ein andermal!* Im Rumänischen: *Ja wahrhaftig. Sie haben Recht, so ist's. Jawohl, wirklich, Machen wir.* Und so weiter
Ein internationales Wort. Nur ein Wort und das Wort als Bewegung. Es ist einfach furchtbar. Wenn man eine Kunstrichtung daraus macht, muß das bedeuten, man will Komplikationen wegnehmen. Dada Psychologie, Dada Literatur, Dada Bourgeoisie und ihr, verehrteste Dichter, die ihr immer mit Worten, nie aber das Wort selber gedichtet habt. Dada Weltkrieg und kein Ende, Dada Revolution und kein Anfang. Dada ihr Freunde und Auchdichter, allerwerteste Evangelisten. Dada Tzara, Dada Huelsenbeck, Dada m'dada, Dada mhm', Dada Hue, Dada Tza.
Wie erlangt man die ewige Seligkeit? Indem man Dada sagt. Wie wird man berühmt? Indem man Dada sagt. Mit edlem Gestus und mit feinem Anstand. Bis zum Irrsinn, bis zur Bewußtlosigkeit. Wie kann man alles Aalige und Journalige, alles Nette und Adrette, alles Vermoralisierte, Vertierte, Gezierte abtun? Indem man Dada sagt. Dada ist Weltseele, Dada ist der Clou, Dada ist die beste Lilienmilchseife der Welt. Dada Herr Rubiner, Dada Herr Korrodi, Dada Herr Anastasius Lilienstein.
Das heißt auf Deutsch: Die Gastfreundschaft der Schweiz ist über alles zu schätzen, und im Ästhetischen kommt es auf die Norm an.
Ich lese Verse, die nichts weniger vorhaben, als: auf die Sprache zu verzichten. Dada Johann Fuchsgang Goethe. Dada Stendhal, Dada Buddha, Dada Dalai Lama, Dada m'dada, Dada mhm'dada. Auf die Verbindung kommt es an, und daß sie vorher ein bißchen unterbrochen wird. Ich will keine Worte, die andere erfunden haben. Alle Worte haben andre erfunden. Ich will meinen eigenen Unfug und Vokale und Konsonaten dazu, die ihm entsprechen. Wenn eine Schwingung sieben Ellen lang ist, will ich füglich Worte dazu, die sieben Ellen lang sind. Die Worte des Herrn Schulze haben nur zweieinhalb Zentimeter.
Da kann man nun so recht sehen , wie die artikulierte Sprache entsteht. Ich lasse die Laute ganz einfach fallen.Worte tauchen auf, Schultern von Worten; Beine, Arme, Hände von Worten. Au, oi, u. Man soll nicht zuviel Worte aufkommen lassen. Ein Vers ist die Gelegenheit, möglichst ohne Worte und ohne die Sprache auszukommen. Ich wollte die Sprache hier selber fallen lassen. Diese vermaledeite Sprache, an der Schmutz klebt, wie von Maklerhänden, die die Münzen abgegriffen haben. Das Wort will ich haben, wo es aufhört und wo es anfängt. Jede Sache hat ihr Wort, aber das Wort ist selber zur Sache geworden. Warum kann der Baum nicht *Pluplusch* heißen, und *Pluplubasch*, wenn es geregnet hat? Und warum muß er überhaupt etwas heißen? Müssen wir denn überall unseren Mund daran hängen? Das Wort, das Wort, das Weh gerade an diesem Ort das Wort, meine Herren, ist eine öffentliche Angelegenheit ersten Ranges.

<Hugo Ball>

Mein Manifest beim ersten *öffentlichen* Dada-Abend (im Zunfthaus Waag) war eine kaum verhüllte Absage an die Freunde. Sie haben's auch so empfunden.

<Ball, Flucht aus der Zeit>

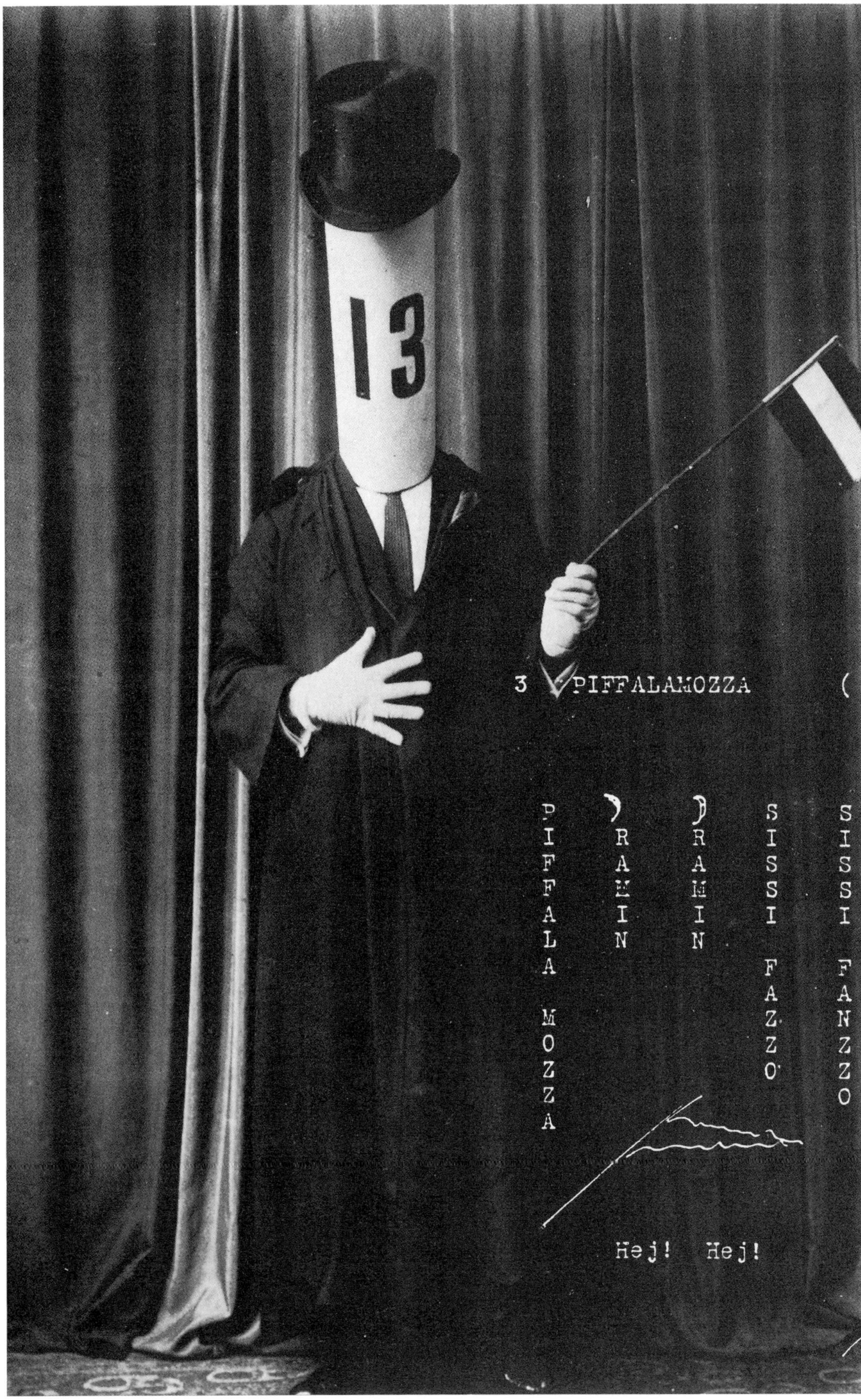

Hugo Ball im Cabaret Voltaire 1916

3 PIFFALAMOZZA (Der Stier)

PIFFALA MOZZA

RAMIN

RAMIN

SISSI FAZZO

SISSI FANZZO

SISSI FUZZIKATO

SISSI FANTOLIM

SISSI DANTOLIM

Hej! Hej!

Hej! Hej!

(im Bilde des Stiers:

Zirkel, Kelle, B O, Stern)

BEMERKUNG FÜR DIE BOURGEOIS

Die versuche mit der transmutation der objekte und farben der ersten kubistischen maler Picasso, Braque, Picabia, Duchamp-Villon, Delaunay (1907) riefen das verlangen hervor, dieselben simultanen prinzipien auch auf die poesie zu übertragen.

Villiers de l'Isle Adam hatte parallele intentionen im theater, in dem man tendenzen zu einem schematischen simultanismus bemerkt; Mallarmé versuchte eine typographische reform in seinem gedicht: *Un coup de dès n'abolira jamais le hazard*; Marinetti popularisierte diese unterordnung durch seine *parole in liberta*; die absichten von Blaise Cendrars und Jules Romains führten letztlich Hr. Apollinaire zu den ideen, die er 1912 im *Sturm* in einem vortrag näher ausführte.

Doch die grundidee in ihrem kern wurde von Hr. H. Barzun in seinem theoretischen buch *Stimmen, Rhythmen und simultane Gesänge* veröffentlicht, in dem er einer engeren verbindung zwischen der polyrhythmischen symphonie und dem gedicht nachging. Er stellte den sukzessiven prinzipien der lyrischen poesie eine parallele und umfassende idee gegenüber. Aber die absichten, diese t e c h n i k grundlegend (mit dem Universellen Drama) zu komplizieren, indem auf sie übertrieben wert gelegt wurde, bis man sie zu einer neuen ideologie erhob, die in dem exklusivismus einer schule erstarrte — führten zu nichts.

Zur selben zeit versuchte sich Hr. Apollinaire in einer neuen gattung des visuellen gedichts, das noch an interesse durch seine systemlosigkeit und seine zerquälte phantasie gewinnt. Er betont die zentralen bilder durch die typographie und macht es möglich, daß man das gedicht von allen seiten gleichzeitig zu lesen beginnen kann. Die gedichte der Hr.n Barzun und Divoire sind rein formal. Sie zielen auf einen musikalischen effekt ab, den man sich vorstellen kann, wenn man wie von einer orchesterpartitur abstrahiert.

Ich wollte ein gedicht auf der basis anderer prinzipien realisieren, die darauf beruhen, daß ich jedem zuhörer die möglichkeit gebe, eigene passende assoziationen zu haben. Er behält die elemente, die für seine persönlichkeit charakteristisch sind, vermengt sie, fragmentiert sie etc., bleibt aber trotzdem in der richtung, die der autor vorgegeben hat.

Das gedicht, das ich arrangiert habe (mit Huelsenbeck und Janco), bietet keine musikalische beschreibung, sondern versucht den eindruck des simultangedichts zu individualisieren, dem wir dadurch eine neue reichweite verleihen. Die parallele lesung, die wir, Huelsenbeck, Janco und ich, am 31. märz 1916 gaben, war die erste szenische realisation dieser modernen ästhetik.

<Tzara, Bemerkung zum ersten Simultangedicht L'amiral cherche un maison à louer, Cabaret Voltaire>

Füller

das kindbettfieber (la fièvre puerpérale) – simultangedicht

BALL	es gibt keine menschlichkeit es gibt nur straßenlaternen und hunde dschinn aha dschinn aha dschilolo mgaboti bailunda
HUELSENBECK	brüderlichkeit zweifellos zweifellos zweifellos bobobobo toundi a voua soco bgai affahou
JANKO (singt)	let's go let's go let's go dodododo fara fam gama
TZARA	nous sommes amères fiel amertume sans eglise synthetise amertume suuuuuuuuuuuur l'eglise ise ise ise ise la cathédrale drale drale

rhythmisches zwischenspiel

BALL *(klavier)*	soco bgai affahou *uniform*	zdranga zdranga zdranga *cresc.*	bumm *ff.*	
HUELSENBECK *(trommel)*	soco bgai affahou *uniform*	di di di di di di didi *p.*	bumm *ff.*	das geschlechtsorgan ist kariert ist aus blei ist größer als der vulkan und fliegt davon
JANKO (singt) *(pfeife)*	soco bgai affahou *uniform*	zoumbai zoumbai zoum *decresc.*	bumm *ff.*	the energy of
TZARA *(rassel)*	soco bgai affahou *uniform*	dzi dzi dzi dzi dzidzi *f.*	bumm *ff.*	immense panse pense et pense pense la dilaaaaaatation des volllllcaaans son

BALL	das kindbettfieber schwangere vögel machen kacka auf den bourgeois das kacka ist immer
HUELSENBECK	das kindbettfieber
JANKO (singt)	interior motion tomorrow i will be sick in the hospital the childbedfiever lace and SO_2H_4 H_2O Ca_2O_4SPh
TZARA	mari est malade la fièvre puerpérale

BALL	ein kind ein lebender vogel mein gott oh mein gott oh mein gott oh mein gott
HUELSENBECK	das kind ist immer eine gans 400 pferde 60 kamele 300 zobelpelze 500 hermelinpelze 20 gelbe fuchspelze 100 weiß und gelbe fuchspelze
JANKO (singt)	the child is always a goose i have on my breast 5 so many beautiful spots along the edges 16 wounded the dresses 7 of angels in an rainbow of ashes 4
TZARA	le caca est toujours un chameau mécanisme sans doleur 1 7 9 85 58 5 5 5

BALL	ieho ieha ieho ieha	crocrocrocrocrocrodril *ff p cresc. ff*	die lieder der gaukler vereinen sich wie gewöhnlich vor der abreise
HUELSENBECK	ieho ieha ieho ieha	crocrocrocrocrocrocrodrel *ff p cresc. ff*	der regenbogen wird aufgerollt die gehenkten
JANKO (singt)	ieho ieha ieho ieha	crocrocrocrocrocrocrocrodrol *ff p cresc. ff*	the student measured his lost intensity
TZARA	ieho bibo fibi aha aha aha	crocrocrocrocrocrocrocrocrodral *ff p cresc. ff*	l'acrobat crachait un crachat dans le ventre rendre prendre entre rendre

BALL	erdera vendrell dann singen sie	soco bgai affahou bumm *uniform ff.*
HUELSENBECK	verdampfen der nabel der sonne zieht sich zurück dann singen sie	soco bgai affahou bumm *uniform ff.*
JANKO (singt)	in spite of all he was in love and died then they sing	soco bgai affahou bumm *uniform ff.*
TZARA	prendre endran drandre iuuuuupht puis ils chantent	soco bgai affahou bumm *uniform ff.*

dreimalige wiederholung cresc., f., ff.

der große genannt Blaublau klettert in seiner verzweiflung und scheißt dort seine manifestationen des letzten tages er will nichts laterales und schließt sich wie die angelen in der glocke seiner eingeweiden ein wenn die polizei kommt wendet er sich angeekelt ab und ergibt sich voll verärgerung

<Rekonstruktionsversuch des Simultangedichtes la fièvre puerpérale auf der Basis des Textes des Ersten Himmlischen Abenteuers des Hr.n. Antipyrine>

DAS BRUITISTISCHE GEDICHT

Das bruitistische gedicht, das Hr. Huelsenbeck komponiert hat und jetzt vortragen wird, gründet sich ebenfalls auf der theorie der neuen interpretation. Ich führe realen lärm ein, um das gedicht zu verstärken und zu akzentuieren. In diesem sinne ist es das erste mal, daß man die objektive realität ins gedicht einführt, entsprechend der realität, die die kubisten in ihren bildern anwenden.

EBENE

Schweinsblase Kesselpauke Zinnober cru cru cru
Theosophia pneumatica
die große Geistkunst ' poème bruitiste aufgeführt
zum erstenmal durch Richard Huelsenbeck DaDa
oder oder birribum birribum saust der Ochs im Kreis herum oder
Bohraufträge für leichte Wurfminen-Rohlinge 7,6 cm Chauceur
Beteiligung Soda calc. 98/100%
Vorstehund damo birridamo holla di funga qualla di mango
damai da dai umbala damo
brrs pffi commencer Abrr Kpppi commence Anfang Anfang
sei hei fe da heim gefragt
Arbeit
arbeit
brä brä brä brä brä brä brä brä
sokobauno sokobauno sokobauno
Schikaneder Schikaneder Schikaneder
dick werden die Ascheneimer sokobauno sokobauno
die Toten steigen daraus Kränze von Fackeln um den Kopf
sehet die Pferde wie sie gebückt sind über die Regentonnen
sehet die Parafinflüsse fallen aus den Hörnern des Monds
sehet den See Orizunde wie er die Zeitung liest und das Beefsteak verspeist
sehet den Knochenfraß sokobauno sokobauno
sehet den Mutterkuchen wie er schreiet in den Schmetterlingsnetzen der Gymnasiasten
sokobauno sokobauno
es schließet der Pfarrer den Ho-osenlatz rataplan rataplan den
Ho-osenlatz und das Haar steht ihm au-aus den Ohren
vom Himmel fä-fällt das Bockskatapult das Bockskatapult und
die Großmutter lüpfet den Busen
wir blasen das Mehl von der Zunge und schrein und es wandert
der Kopf auf dem Giebel
es schließet der Pfarrer den Ho-osenlatz rataplan rataplan den
Ho-osenlatz und das Haar steht ihm au-aus den Ohren
vom Himmel fällt das Bockskatapult das Bockskatapult und die
Großmutter lüpfet den Busen
wir blasen Mehl von der Zunge und schrein und es wandert
der Kopf auf dem Giebel
Drahtkopfgametot ibn ben zakalupp wauwoi zakalupp
Steißbein knallblasen
verschwitzt hat o Pfaffengekrös Himmelseverin
Geschwür im Gelenk
blau blau immer blau Blumenpoet vergilbt das Geweih
Bier bar obibor
baumabor botschon ortischell seviglia o ca sa ca ca sa ca ca sa
ca ca sa ca ca sa ca ca sa
Schierling in Haut gepurpur schwillt auf Würmlein und Affe
hat Hand und Gesäß
O tscha tschipulala o ta Mpota Mengen
Mengulala mengulala kulilibulala
Bamboscha bambosch
es schließet der Pfarrer den Ho-osenlatz rataplan rataplan den
Ho-osenlatz und das Haar steht ihm au-aus den Ohren
Tschupurawanta burruh pupaganda burruh
Ischarimunga burruh den Ho-osenlatz den Ho-osenlatz
kampampa kamo den Ho-osenlatz den Ho-osenlatz
katapena kamo katapena kara
Tschuwuparanta da umba da umba da do
da umba da umba da umba hihi
den Ho-osenlatz den Ho-osenlatz
Mpala das Glas der Eckzahn trara
katapena kara der Dichter der Dichter katapena tafu
Mfunga Mpala Mfunga Koel
Dytiramba toro und der Ochs und der Ochs und die Zehe voll
Grünspan am Ofen
Mpala tano mpala tano ojoho mpala tano
mpala tano ja tano ja tano ja tano o den Ho-osenlatz
Mpala Zufanga Mfischa Daboscha Karamba juboscha daba eloe

<Huelsenbeck, Phantastische Gebete>

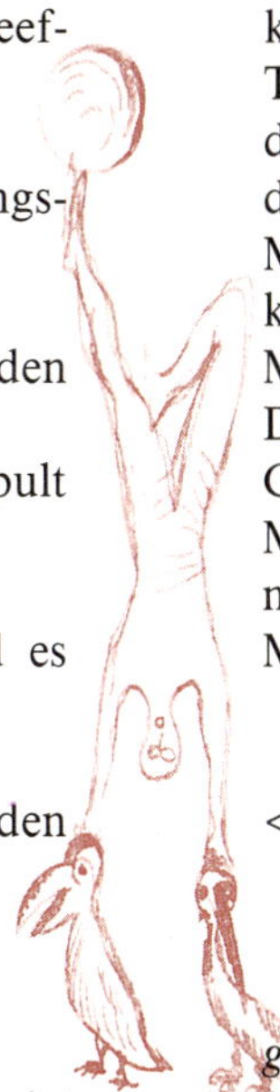

DAS STATISCHE GEDICHT

Diese erfahrung, mit der wir unsere serie beenden, ist vielleicht die wichtigste, was die reform der dynamik betrifft. Jede moderne dichtung betont die bewegung, doch die bewegung war immer schon in der dichtung durch die aufeinanderfolge der worte vorhanden, die die idee bestimmen. Man suchte also nach dem simultanismus, der relativ ist, weil die dauer dem raum bereits innewohnt. Mit dem statischen gedicht verwirklichen wir erstmals ein unbewegliches gedicht, in dem das verhältnis der entfernung dasselbe bleibt. Das gleichgewicht der kräfte erlaubt es, ein gedicht von allen seiten auf einmal zu lesen und die betonung wird in ihrer tiefe gegeben und ihre repräsentative kraft bestimmt die reinheit der abstraktion. Gleich angezogene personen tragen plakate mit worten darauf. Sie gruppieren und arrangieren sich dem (klassischen) gesetz nach, das ich ihnen auferlege.

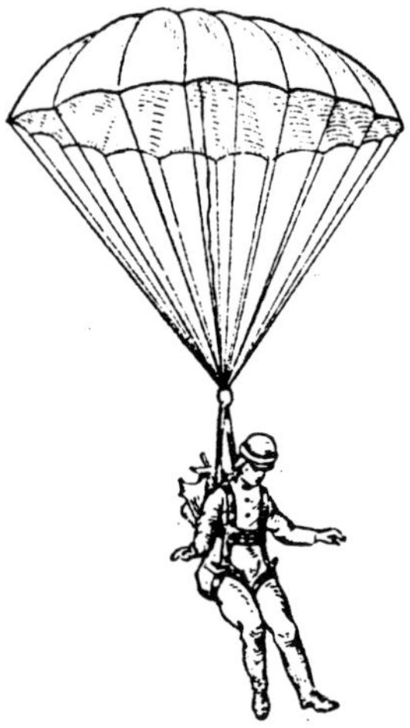

DIE GAUKLER

die gehirne schwellen werden platt
die fetten wänste fallen ein werden platt
(des bauchredners worte)
schwellen werden platt schwellen werden platt
werden platt
zerfallende organe
manchmal haben auch die wolken diese form
die witwen langweilen sich

hör der schwindel
zahlenakrobatik
im kopf des mathematikers
NTOUCA der springt
NTOUCA NGOMBÉ
marotte
wer ist dada wer ist DADA WAMPOUCA
das statische gedicht ist eine neue erfindung
MBENGO im gleichgewicht
10054
da ist eine maschine
da ist eine maschine
maschine

MBOCO mit H_2S
mit UKOGUNLDA
wo ich TOUNDA getroffen habe
OPOLONGO
KONTIMPOCO MPONLITATAI
die vokale sind weiße blutkörperchen
die vokale dehnen sich
dehnen sich
zernagen uns uhr klammern sich an
CHOUNCHOCHOO
UND DA PLÖTZLICH LÄUFT DAS LICHT
DEM SEIL ENTLANG
rauch steigt vom kopf des seiltänzers auf
eine lampe hat er auf dem kopf deswegen
meine tante in der hocke auf dem trapez im turnsaal
ihre brustwarze sind 2 heringsköpfe
sie hat flossen
und zieht zieht zieht am akkordeon ihrer brust
sie zieht zieht zieht am akkordeon
ihrer brust PROBAB BAB
BALOUMBA
GLWAWAWA

in den kleinen dörfern brütet die sonne unter den pflügen
vor den gasthöfen NF NF NF TATAI
die kleinen furzen wenn sie sich das verwanzte zirkusgepäck ansehen
und die großmütter sind voller weicher tumore
das heißt polypen

◁Manuskript datiert 1916; Noi, Jänner 1920▷

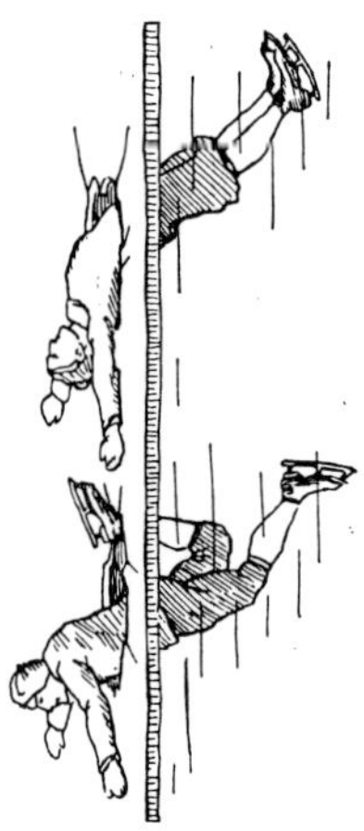

DAS DYNAMISCHE GEDICHT

Dem dynamischen gedicht, das wir erfunden haben, liegt als prinzip das streben zugrunde, den sinn der wörter durch primitive bewegungen zu akzentuieren und hervorzuheben; was wir repräsentieren wollen, ist die intensität. Aus diesem grund wenden wir uns wieder den primären elementen zu. Kinder rezitieren verse, indem sie skandieren; jeder klangfarbe ist eine eigene und in ihrer richtung und klangfarbe bestimmte bewegung zugeordnet. Die primitivste bewegung ist die der gymnastik, die der monotonie und der idee des rhythmus entspricht. Das dynamische gedicht ist eine anwendung der neuen interpretationstheorie. Bis heute trug man gedichte vor, indem man die stimmen und die arme hob. Das verhältnis zwischen diesen beiden elementen der betonung machte die künstlerische intelligenz aus. Wir deklarieren, daß die gedichte, die wir jetzt verfassen, sich nicht mehr dieser konventionellen vortragsweise verschreiben. Der schauspieler muß der stimme die primitiven bewegungen und geräusche hinzufügen, damit der äußerliche ausdruck dem sinn der dichtung sich anpaßt. Der künstler hat die freiheit, bewegungen und geräusche zu arrangieren und zu komponieren, seinen persönlichen vorstellungen dem gedicht gegenüber entsprechend.

PÉLAMIDE

a e ou o youyouyou i e ou o
youyouyou
drrrrrdrrrrdrrrrgrrrr
stücke von grüner dauer flattern in meinem zimmer
a e o i ii i e ou ii ii plenus venter
nennt er das zenter man kann's nehmen
a-eman eman e man und zähmen das zenter der vier
beng bong beng bang
wohin gehst du iiiiiupft
maschinist pan der ozean a ou ith
a o u ith i o u ath a o u ith o u a ith
glühwürmchen unter uns
unter unsern gedärmen und unseren richtungen
aber der kapitän beschäftigt sich mit dem ausschlag der kompaßnadel
und die konzentration der farben wird verrückt
storch lithophanie da ist meine erinnerung und die okkarina in der apotheke
horizontale seidenraupenzucht der pelagoskopischen gebäude
die dorfhexe bebrütet die possenreißer für den königlichen hof
das hospital wird ein kanal
und der kanal eine geige
auf der geige ist ein schiff
und backbord die königin unter den emigranten nach mexiko.

<Mpala Garoo, Von unseren Vögeln>

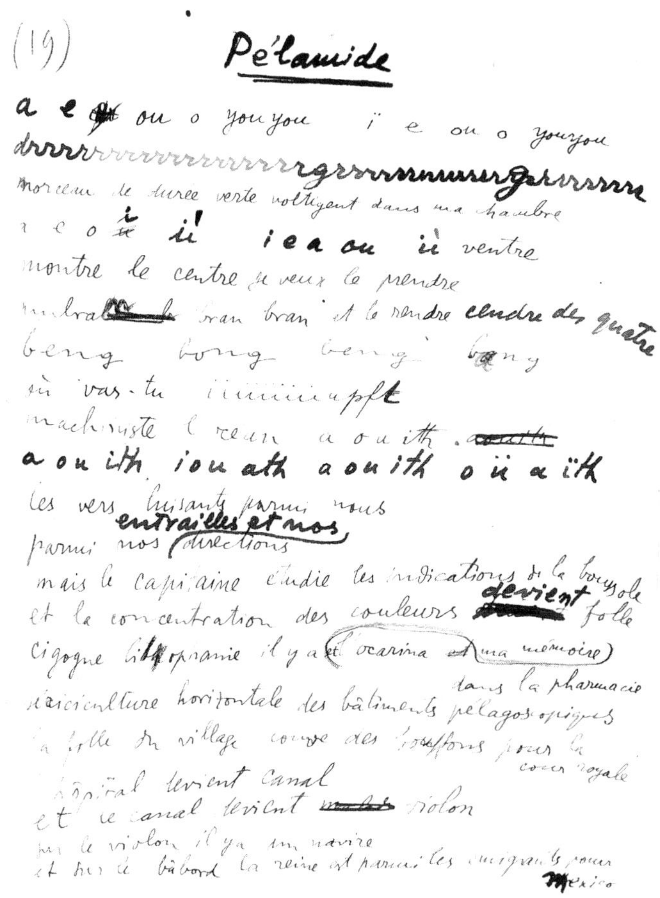
(19)
Pélamide
a e ou o youyou i e ou o youyou
drrrrrrrrrrrrrrrrrrgrrrrrrrrrrgrrrrrrr
morceaux de durée verte voltigent dans ma chambre
a e o ii ii i e a ou ii ventre
montre le centre je veux le prendre
bran bran et le rendre cendre des quatre
beng bong beng bang
où vas-tu iiiiiiiiupft
machiniste l'océan a o u ith
a ou ith i ou ath a ou ith o u a ith
les vers luisants parmi nous
entrailles et nos
parmi nos directions
mais le capitaine étudie les indications de la boussole
et la concentration des couleurs devient folle
cigogne lithophanie il y a ocarina ma mémoire
dans la pharmacie
sériciculture horizontale des bâtiments pélagoscopiques
la folle du village couve des bouffons pour la cour royale
hôpital devient canal
et le canal devient violon
sur le violon il y a un navire
et sur le bâbord la reine est parmi les émigrants pour Mexico

DAS VOKALKONZERT

Das vokalkonzert ist eine neue erfindung. Wir versuchen die klangfarben durch mehrere simultan vorgetragene vokale zu reproduzieren. Um die reinheit dieser konzeption zu betonen, machen wir gebrauch von den primitivsten elementen der stimme, den vokalen.
Durch diese reinheit unterscheidet sich das vokalkonzert vom bruitistischen konzert, das der futurist Boccioni erfunden hat. Durch das vokalgedicht, das ich jetzt lesen werde und das ich komponiert und erfunden habe, will ich die primitiver technik mit der modernen sensibilität verknüpfen. Ich gehe von dem prinzip aus, daß der vokal die essenz, das molekül des buchstabens ist und folglich der primitive laut. Die tonleiter der vokale entspricht jener der musik. Ich beginne mit variationen, die sich einem verständlichen gerüst nach abrollen; zwischen diesem kontrast des abstrakten und des wirklichen ergibt sich eine neue differenzierung schon im äußeren des gedichts, parallel zu den kubistischen malern, die verschiedene materialien verwenden.

DIE DEEEEEEEHNUNG DER VULLLLLKAAANE

der gockel errrrrrrheeeeeebt sich am enenenen dee eeee ssssssspaaaaniens
dein freu eu eu nde e eswort sssinkt im klei ei ei eiiid deeeees liiiiiiichts li ich ich iiichts
und unter de eeeem kleid ee eeer leieieieieieieiei eiei eieidet der hund eieieieine operatiiiion
ich biiiiiiiiin zwei rhododendronzweige aaaaaaa zwischen deinen fingern maaaaa mmmmmma
weeeeeeeeenn die fiiiiiiiische auf
die pfpfpf laaaa nnn zeeeen klettern
im ne ee ee egerd ooo ooorf
miiii iiiitten unter den mehehehehe dikamenten wo dein name kooooochte

LA PAUKE

aus der eeeeer errrr dee steieieieieigt kuuuuuuuuuugeln
do oooooooort wo oo dieie klarinetten wa a a achsen
aus dem in nee ee eee eren stei eigt kugeln an die ooberflääää ääche
negergrigrigrigrigriiillen in den wooooo lkeee en
ich zerreieieieieisse den hüüüüüüüüüüüüü
gel den teppiii ii iii iii ich ich mache
eine groooooooooße pauaaaaaaauke
niiicht meine teeechnintes und yayayaya
tagaa a aaaan insomnia ninia
iaoai xixixi xixi cla cla clo
drrrrrrrrrrrrrrrrrrr-rrrrrrr

CHORUS SANCTUS

aao	aei	iii	oii
uuo	uue	uie	aai
ha dzk	drrr bn	obn	br buß bum
ha haha	hihihi	lilili	leiomen

<Huelsenbeck, Phantastische Gebete>

Lokales.

Dada-Abend. Hsr. Es ist eigentlich ein ebenso hoffnungsloses wie paradoxes Unterfangen, über den Dada-Abend, der — als erster einer angekündeten Reihe — am 14. Juli auf der „Waag" vom Stapel ging, schreiben zu wollen, so lange man sich noch nicht die Fähigkeit andegeneriert hat, als kleinkalibriges Kamel — um mit einem Dada-Dichter zu reden — platonisch in hohen Luftgeleisen zu klettern. Wenn ich, behaftet mit dem Defekt einer noch nicht pathologisch veredelten Intelligenz, mich unterfange von „Dada" zu stammeln, so tue ich es mit der Scheu, mit der man einem großen Mysterium gegenübersteht. Was ist „Dada", dieses dem Kinderlallen entnommene unvergleichlich lapidare Wort? Ein Symbol für alles ist es. Für Haß und Liebe, Gut und Böse, für Hoch-, Tief-, Un-, Stumpf-, Irr-, Wahn- und Blödsinn. Es bedeutet alles, „es kam" — um einem dieser Poeten das Wort zu geben — „aus dem Leib eines Pferdes als Blumenkorb; es platzte als Eiterbeule aus dem Schornstein eines Wolkenkratzers"; der Dichter „sah Dada — als Embryo der violetten Krokodile flog Zinnoberschwanz" (sic!). Der universellen Allseitigkeit des großen Dada entsprechend zeichnete sich das Programm der Dadaisten durch wahrhaft dadahafte Reichhaltigkeit aus. Weit hinaus über die Vorhöfe des neuen Animierferments, das der Welt einen ungeahnten Dada-Frühling zu bringen bestimmt sein dürfte, über die von Emmy Hennings originell vorgetragenen eigenen kleinen Gedichte, die in Dada-Ekstase die Tasten des Klaviers durchrasenden akustischen Expektorationen Hans Heusers, hinaus über die schwül-dunklen, halb-untermenschlichen Negergesänge, führten andere Offenbarungen in das eigentliche Allerheiligste des großen Dada. Die mit erschütterndem Ernst erläuterten Bilder, d. h. aus bunten Papieren zusammengesetzten real-gegenstandslosen Farben- und Flächenphantasien Hans Arps, die, unter gebührender Festnagelung eines dada-ahnungslosen Stümpers wie Rembrandt, die Divinationen Picassos zum vollendeten Dada steigern, gaben einen Vorgeschmack von der Tiefe der wahren Mysterien; des genialen Dada-Dichters Tristan Tsara Poème simultan „La fièvre puerperale", d. h. die gleichzeitige Rezitation mehrsprachiger Wort- und Lautreihen durch vier dadaistische Künstler, ließ uns in den Gefilden des echten Dada festen Fuß fassen, und erbrachte den wertvollen Beweis, daß absoluter Unsinn in jeder Sprache und Nichtsprache gleichwertig und gleichlautend ist. Von grotesker Komik war der in gewagtester Gewandung aufgeführte kubistische Tanz, der den Abend abschloß. Man hat viel gelacht, teils herzlich, teils schmerzlich.

<Neue Zürcher Zeitung, 17. 7. 1916>

PRESSEAUSSENDUNG

Die Unterzeichneten beehren sich, einer geneigten Presse folgende Mitteilung zu machen:

Im Monat Juli dieses Jahres wurde in Zürich von den Unterzeichneten eine internationale Künstlergesellschaft unter dem Namen DADA gegründet. Durch Publikationen und öffentliche Vortragsabende hat sich die Gesellschaft DADA bereits einen Namen gemacht, der weit über die Grenzen der Schweiz hinausgeht. Von verschiedenen Seiten (vgl. *Neue Freie Presse, La Guerre Mondiale, Demain*) ist der Versuch gemacht worden, den Bestrebungen der Unterzeichneten politische Motive zu unterschieben, so als arbeiteten sie zur Propaganda einer der kriegführenden Parteien. Ferner will man nicht unterlassen, die Unterzeichneten, die sich moderne Künstler nennen, mit einer oder einer Gesamtheit von Kunstrichtungen zu identifizieren, wie sie unter den verschiedenen Namen Kubismus, Simultanismus, Futurismus bekannt geworden sind.
Wir erklären hiermit, daß uns politische Absichten in jeder Hinsicht fernliegen. Wir glauben, daß diese neue und große Kunst ganz innerlichen und geistigen Elementen ihr Leben verdankt und daß man sie profaniert, indem man sie irgendeiner Theorie unterordnet, die auf Veränderung der staatlichen oder sozialen Institutionen ausgeht. Wir erklären ferner, daß wir uns freuen, in unserer Sensibilität eine Verwandtschaft mit allerneuesten Kunstrichtungen zu finden und daß wir niemals die Größe der geistigen Werke verkennen, die uns Picasso, Braque, Kandinsky, Marinetti gegeben haben. Eine Identifikation mit dem Privat-Ismus führender Köpfe lehnen wir dann umso energischer ab, wenn sie, wie in diesem Falle, schlecht Orientierten dazu dient, alles Junge dekadent, arrogant und vom Standpunkt einer bürgerlichen Dynamik amoralisch zu finden.
Es handelt sich vielmehr um eine neue und große künstlerische Intensität, die in der Unabhängigkeit von jeder Schule (und natürlich zuerst von jeder politischen Schule) ihr Charakteristikum sieht. Es handelt sich darum, unter dem Namen DADA einer neuen vitalen Energie zur Erscheinung zu verhelfen. Es handelt sich darum, unbekümmert um Vorurteile irgendwelcher Art, eine starke geistige Energie zu zeigen, Ausstellungen zu eröffnen. Bücher zu schreiben, Vorträge zu halten, um immer wieder auf die wahren Interessen der Menschen hinzuweisen und Vorkämpfer einer neuen Zeit zu sein.

<Huelsenbeck 1916>

DIE KUNST VON MORGEN

□ Ich glaube, im Gegensatz zur geläufigen Meinung, daß der Krieg die kubistischen, futuristischen, simultanistischen und andere Richtungen noch verstärken wird. Die kriegerischen Themen werden von den Kubisten und Futuristen bis ins Unendliche fortgesetzt werden — die dort den Stoff für ihre katastrophischen Visionen finden werden, zur Zerteilung und variierten Verworrenheit der *Landschaften* etc. □
In Zürich — wo es seit geraumer Zeit bereits eine Zeitschrift, *Sirius*, herausgegeben von Dr. Walter Serner, und von expressionistischer Tendenz (der Expressionismus ist das Ergebnis der kubistischen Recherchen und umfaßt Künstler, die, ohne dem Kubismus anzugehören, mehr oder weniger von seiner Theorie beeinflußt worden sind) — wurde gerade ein literarisches und künsterisches Sammelheft gegründet, dessen erste Nummer den Titel *Cabaret Voltaire* trägt und das danach *Dada* heißen wird. Vom internationalen Blickwinkel her ist diese Zeitschrift interessant, da sie zur Kriegszeit erscheint und Mitarbeiter aus Frankreich, Italien, Spanien, Deutschland, Holland und Polen vereint. Man findet dort auch einen *Staatenlosen* und, wie der Herausgeber deklariert, *um einer nationalistischen Interpretation vorzubeugen, verwahrt er sich dagegen, zur deutschen Mentalität gerechnet zu werden.* Aber man muß diese Zeitschrift bekämpfen, weil sie ein Symptom darstellt: das Symptom der künstlerischen und literarischen Zersetzung, die mit der Desorganisation der heutigen Gesellschaft parallel läuft. Der Krieg wird diese Dekadenz nicht unterdrücken, genausowenig wie den Militarismus.
Die von Hugo Ball herausgegebene Sammlung oszilliert zwischen dem Kubo-Simultaneismus und dem Hystero-Bluffismus. Es ist ein Ding der Unmöglichkeit, die meisten dieser *Stücke* zu analysieren — nur das Faksimile würde eine Vorstellung davon geben, da die Typographie und Variabilität der Schriftzeichen die konstitutiven Elemente dieser Kunst sind. Bemerkenswert vor allem ist ein *Simultangedicht komponiert* von drei Mitarbeitern auf französisch, englisch und deutsch: *L'amiral cherche un maison à louer.* Ebenso finden sich die *parole in liberta* von Marinetti, die mehr an eine Abhandlung über Typographie oder an eine Sammlung von Verpackungskisten denken lassen als an Poesie — die Poesie ist die letzte Sorge dieser Ästheten, für die das Stichwort *über alles* das absolute Dogma ist.
Vergeblich behandeln mich diese Ästheten als Philister und wollen mich dem Boulevardjournalismus zuordnen. Ich habe keine andere Sorge als die Gesellschaft und die Kunst von morgen, und ich denunziere ohne Gnade die Hartnäckigkeit der Bestrebungen, die die Dekadenz und die Fäulnis repräsentieren. Diese *Kunst* ist die Verneinung der *wahren Kunst* — sie ist die Verneinung der robusten, menschlichen, dynamischen und zimmerwaldischen Kunst, die die Menge so nötig hat. Diese Kunst ist Blasphemie, ein Mißbrauch.

<Henri Guilbeaux, La Guerre Mondiale, 18. 7. 1916>

1 9 1 6 — J u l i
GERADE ERSCHIENEN:
TRISTAN TZARA:
„DAS ERSTE
HIMMLISCHE ABENTEUER DES HR.N ANTIPYRINE"

mit kolorierten holzschnitten
von M. Janco

Preis: 2 fr.*

Die ohnmacht wird auf eine art geheilt auf verlangen portofrei.

gerade erschienen:
COLLECTION DADA

DADA 2
für marcel janco

fünf negerinnen in einem auto
explodierten in die fünf richtungen meiner hand
wenn ich die hand auf den bauch lege um zu gott zu beten (manchmal)
um meinen kopf das feuchte licht der mondvögel
der grüne heiligenschein um die geistigen ausbrüche
tralallalalalalalala
die man nun in den granaten platzen sieht
da ist ein junger mann der seine lunge frißt
dann durchfall kriegt
und einen leuchtenden furz läßt
wie die wiederkunft des vogels die man in gedichten besingt
wie der aus kanonen gespiene tod
er ließ einen so leuchtenden furz daß das haus mitternacht wurde
der klipper öffnet sein buch wie ein engel doch die blätter hat man festgeklebt frühling wie eine schöne seite typographie
zoumbai zoumbai zoumbai di
ihre zeichnung in meinen eingeweiden hat gut und böse gefressen

vor allem das böse wie die freude des generals
denn seit ich angst habe benagen die ratten die dienerlose kirche ich versetzte die vorhänge weg und auf jedem war unser herr und auf jedem herr mein herz
mein herz das gab ich als trinkgeld hihi

<Cabaret Voltaire, Mai 1916, Von unseren Vögeln>

*) Mouvement Dada, Zürich, Seehof, Schifflände 28

Vinea an Janco
<Juli 1916, Bukarest>

*Freunde, seit heute morgen habe ich Bauchweh! Vielleicht leidet auch mein Genie. Um mich zu kurieren, mußte ich zwei Gläser kaltes Wasser trinken, was mir auf den Wecker ging, da ich das Wasser so lange rinnen lassen mußte, bis es kalt war, und in der Zwischenzeit mit dem Glas in der Hand wartete. Daraufhin unterzog ich mich in meinem Zimmer noch weit entwürdigenderen Praktiken! Die Hände auf den Schenkeln, machte ich lebhafte Verbeugungen und einige Umdrehungen. Jedesmal wenn ich mich bückte, wog mein Kopf kiloschwer, ich empfand es — im Einklang mit den Köpfen der anderen — als sehr unnütz, Stecknadelkopf im Stahl meines Körpers. Der Schmerz verging nach und nach, doch mußte ich meine ganze Medizin dafür aufbringen; ich hängte deshalb meinen Arsch wie eine Nutte ins Waschbecken.
Wenn ihr wollt, verbreitet dieses Rezept weltweit in der Zeitschrift *DADA*. Oder hütet es eifersüchtig. In jedem Fall enthüllt das Geheimnis dieser Frau Hennings. Ihr verspracht mir übersetzte Gedichte aus ihrem Werk. Ich gab mich zufrieden mit dem, was ich in eurem Büchlein fand: *die hochaufgetürmten Tage* ... — wenn ich's richtig verstanden habe, ist's sehr schön.
Ich wäre ein böses Kind, wenn ich nicht in unserem Enthusiasmus nach der selben Geige tanzen würde. Der Bluff ist eine wunderbare Sache, wenn er hellsichtig ist und wenn Tzara hinter seiner Brille grinst und Marculica <Marcel> die Kaskaden seines Lachens mit seinen Trompeterhinterbacken eindämmt. Marcel — du gefällst mir, weil du ein so eifriger wie schlimmer Junge bist, und ich unterbreite diese Zeilen dem ruhigen Jules — in Punktierung des Lehms, in dem Gott, unser Herr und Hüter, sein Talent verschließt, amüsant und angelisch, wenn er die Bourgeoisie vernichtet.
Was gibt's Neues über Narcisse? Liebe Nati, wie findest du die neue Tür des *Cabaret Voltaire*?
... Ich habe furchtbare Lust zu schreiben, mitzuarbeiten, selbst über die Kilometer hinweg, an null plus ultra Gedichten. Gebt mir ein Thema, gebt mir ein Thema...
Tristan Tzara, ich traf gestern deinen Vater. Ein Mann, wie er sein soll.
Ich habe jetzt endlich einen St. Bernhardiner-Hund. Er ist sehr intelligent und hebt den Schwanz wie einen Weidenast, wenn er Kacka macht.
Ideenassoziation:
Im Vers *Er läßt einen so leuchtenden Furz* hat Tzara sich an mich erinnert. Man war bei ihm zuhause in Girceni. Er war darüber verblüfft! Aber veröffentlicht nicht mehr fade Verse von Blaise Cendrars. Verleiht ihm das Zertifikat für geistige Armut.
Marcel, dein Plakat gefiel mir außerordentlich: du bist auf der Höhe deines Strebens seit zwei Jahren. Und jetzt, welche Richtung schlägst du ein?

Viel zu leicht die Zeichnung von Modigliani, oder wie der heißt ...
Arghezi sagte mir auf eine kritische Weise, daß man nach einer einzigen Zeichnung nicht feststellen kann, ob man Talent hat.
Scheiße. Iser bereitet eine neue Ausstellung vor. Ich veröffentliche einen Band in 12, 250 Seiten, *Der heilige Papagei* (Novellen). Schick mir noch zwei Büchlein und *Dada*. Ich mache noch unnötige Werbung.
Ich küsse dich.
HUG BALL SCHREIBT SCHÖN UND JUNGFRÄULICH
HUG BALL IST EIN DURCHTRIEBENER JUNGE!
HUGO BALL IST EIN SYMPATHISCHER JUNGE
ICH ÜBERSETZE IHM DEN ARTIKEL!*

Janco an Tzara
22. 7. 1916, Saas Fee

*Lieber Tzara,

Bébé schrieb uns beiden in seinem letzten Brief; er erzählt vom *leuchtenden Furz, den du einmal während der Ferien bei ihm zuhause gesehen hättest, als er bei dir war*. Man sieht, er will mit dir korrespondieren, doch nicht allzu offen (er schreibt sehr allgemein, selbst über Nati). Er ist ein byzantinischer Teufel und mir unsympathisch geworden, seit er sich so schändlich meinen Eltern gegenüber benahm. Ich werde dir den Brief in Zürich zeigen. Aus ihm spricht einfach der pure Neid. Ich danke dir für die Aufmerksamkeit, die du für die Auslieferung bezeigst. Ich hatte hier mehrere Male fürchterliche Diskussionen, in denen ich mich nur mit Mühe verteidigen konnte, weil die Franzosen der Meinung waren, der Futurismus wäre ein Malheur. Kurz, wir müssen einige Kunst-Tournéen durch die Schweiz machen.
Ich weiß nicht, wieso du mir in einem solchen Befehlston schreibst, *daß die* Neue Jugend *ein illustriertes Heft von dir und mir macht. Verfasse ein Konzept*. Soll Gott sich darum kümmern. Gib mir auch noch die 50 cts. vom verkauften Exemplar.
Was wollte Bruder Josef? Was gibt's Neues über die anderen Bücher? Was hast du mit den Zitaten gemacht, die ich dir geschickt habe? Ist es wahr, daß du so schwer schuftest? Woher hast du das Geld? Ich habe keinen Centime mehr. Wir steuern auf den Ruin zu. Aber auf dem Weg dorthin halten wir in Lausanne, Sion, Soleure.

Marcel*

Ball an Arp
31. 7. 1916, Vira

Lieber Herr Arp,

wir sind hier in Vira-Magadino, das ist ein kleines Fischerdorf gegenüber Locarno, sehr glücklich, entronnen zu sein. Wir beschreiben alles verfügbare Papier. Demnächst schreibe ich ihnen ausführlich wegen des Buches. Was gibt es in Zürich? Hier ist's entzückend. Vielleicht verkriechen wir uns noch mehr in die Berge. Schreiben sie mir doch bitte mal, Vira-Magadino, poste restante.
Beste Grüße

ihr Hugo Ball

Ball an Tzara
31. 7. 1916, Vira

Lieber Herr Tzara,

Vira-Magadino ist schöner als Zürich und alle verwandten Themata. Wir wohnen in einer kleinen Kirche bei der Madonna del Sasso, und die verzweifelten Kirchenglocken des Tessin machen eine erschreckende Musik. Man singt *Quanto é bella, quanto é nobile* und liest Dostojewski. Man predigt den Fischen im Lago Maggiore, und es gibt etwas zu viel Steine in den Bergen.
Seien sie herzlich gegrüßt

Hugo Ball

Tzara an Max Oppenheimer
<Juli/August 1916, Zürich> Briefentwurf

*Ich schicke ihnen dieses Buch <Hr. Antipyrine>, das genausogut von einem Hahn oder einer blonden und betrunkenen Negerin gesungen werden könnte. Ich schicke ihnen das Buch zuhanden Hr. Ball. Es ist ein bißchen sentimental, kommt aber trotzdem aus dem Reich meiner Eingeweide.
Mit besten Grüßen*

Arp an Hilla von Rebay
<Juli/August 1916, Zürich>

*Meine Liebe,

ich sende dir eine Nummer des *Cabaret Voltaire* wegen der Ball- und Kandinsky-Gedichte. Darin ist auch eine Zeichnung eines begabten Italieners <Modigliani>, der sich mit Kokain zugrunde richtet. Er ist ein Freund von Picasso. Eines Abends in Picassos Haus trank er eine ganze Flasche spanischen Anisschnaps leer und lag dann völlig fertig am Boden, weinend. Was für wilde Sachen habe ich gesehen! □ *

entfernte Punkte
dieselbe Geschichte,

HEILIG

steinige meeresformation baumartiger form
multiplikation meine erinnerung in den gitarren du zitterst meine erinnerung
der kaffee der clown das gnu schmücken das getriebe mit girlanden
und der engel verflüssigt sich in einem medikament und dissonanzen
klettern auf den blitzableitern um panther schiff getriebe regenbogen zu werden der sie einatmet
die klänge alle klänge und die klänge und die unhörbaren klänge und all die klänge erstarren
meine liebe wenn dir von den klängen schlecht wird mußt du eine pille nehmen
innerliche konzentration knacken der worte die sich entladen knistern
die elektrischen entladungen der zitteraale das wasser wird rissig wenn die pferde die seeschaltungen durchlaufen
alle möbel knacken
der krieg
o neugeborene der sinn in granit verwandelt der zu hart
zu schwer für seine mutter wird wie das lied des urologen
den stein in der blase bricht er stößt flieder und zeitungen hinein
stille schwefelblume
typhus fieber stille
das herz uhr mikroben sand alraune
im wind drehst du dich wie die quecksilberfackel nach norden
das gras verfaulte eidechsen o mein schlaf fliegen fangen astronomisches chamäleon
o mein schlaf des anilins und der zoologien
der unterteilte kopf könnte schöne farben pfeifen
einst die nacht komm chemischer garten führte die befehle des botschafters aus
das eigene runde licht grünt im herz der ikonen
wenn du im wasser gehst ordnen sich vielfarbige fische rund um deine füße wie die blume
die sonnenstrahlen der traumdeuterischen entbindung im borealen herz
die große kerze im brunnen
die früchte die eier und die jongleure stellen sich in die reihe unserer nächte
um die gelatinöse sonne in unserem licht das
eine krankheit ist

<Céligny, Juli 1916; 25 Gedichte>

Ruderschläge Felder
die Dinge.

Ordnung, Universum,
Augen des Besuchers.

Dieter Scherr, Gedichtkärtchen, 1990

SONNE NACHT

sein eiskönig und sein name kommt herab
und erscheint im meer im fisch der hai sein körper
meerwächter
geboren werden
gefräßigkeit offen dem lanzengeklirr und der grünen tür

sei meine schwester im großen umlauf der planeten
zu lange sah ich schon die skelette die
die kleiderpuppen der regenschirme in der weißen heißen mine

und ich entwerfe das land und sein schmuck sind lebende augen
die kuh bringt ein großes lebendes auge aus schmerz oder eisen zur welt
am meeresufer steigt die sphäre spiralförmig auf
der sturm

die jungfrau kasteite ihr fleisch und starb in der wüste
das feuer im inneren der schwangeren vulkanischen steine
ihr bild und die früchte
der regen wird blume des hungers und der dürre sein
undurchdringlicher mantel unserer herzen erleichtere uns die flucht und die barke des efeubewachsenen herren

<Vierwaldstättersee 1916, 25 Gedichte>

Modigliani, Arp-Portrait, 1915

Guillaume an Tzara
10. 8. 1916, Paris

*□ Nach meiner Rückkehr werde ich mit Hr. Guillaume Apollinaire sprechen, doch ich glaube, daß er als französischer Offizier im Augenblick viel Reserviertheit zeigen muß. □ *

Ball an Tzara
15. 8. 1916, Vira

*Lieber Herr Tzara,

unmöglich, ein Manifest für die *Neue Jugend* auf Französisch zu drucken. Stellen sie sich dagegen vor, daß eine französische Zeitschrift etc.

Aber ohnedies: er hat mein richtiges Manif. Dada und noch zwei Dadamanifeste: das wäre soweit möglich. Verstehen sie?
Aber ein anderer Vorschlag: Übersetzen sie einige meiner Prosastücke für die Soiréen, und ich übersetze einige Verse und die Prosa (wenn sie wollen) für die *Neue Jugend*. Übertragen sie mich, wenn sie wollen. Es würde mich freuen, ihre gesammelten Werke zu übersetzen.
Ach, Herr Tzara, das Leben ist kompliziert wie das Bumm Bumm der Glocken von Vira in meinem armen Kopf. Ich werde mich in die Berge zurückziehen, um für die Bauern den verachtungswürdigen Dadateufel zu spielen. Ich habe den Fischen des Lago Maggiore gepredigt: *Oh, meine Herren, wenn sie die kaulquappige Perfidie der Welt kennen würden!* Glauben sie mir: Jeder Dadaismus ist Lakritzensauce. Oh diese Geräuschtöpfe meiner kleinen Kirche in Vira. Entschuldigen sie!

Ihr Hugo Ball *

Ball an Tzara
15. 9. 1916, Ascona

Lieber Herr Tzara,

leben sie noch, oder sind sie bereits in der Dobruschda abgestochen worden? Seien sie nicht böse, daß ich sie so lange warten ließ, aber ich manipuliere an langen phraseologischen Kutschen. Und wie es so geht, wenn man sich etwas in den Kopf gesetzt hat: man wird ein wenig verrückt davon.
Ahhh, schade, daß sie meine neuesten Daemonologien nicht gesehen haben. Was sind sie für ein unglücklicher Mensch!
Sagen sie nur: Was gibt es in Zürich denn Neues? Ein Pack Aktionen ist angekommen: *Und daß der nächstverwandte Gott uns hebt wie hemmt*. Der Herr Rubiner, dieser Holzbock, hat mich angemault. Kt kt kt kt kt !
Madame erzählte mir, daß Herr Apollinaire etwas über *Cabaret Voltaire* geschrieben hat. Besitzen sie das? Und würden sie mich's sehen lassen? Hören sie etwas aus Paris? Und was macht Huelsenbecks Buch? Warum kann er sich versagen, es mir vorzuenthalten? Und was machen sie selbst? Ach, nein, nichts übersetzen. Ich habe einen Horror. Ich habe ein anderes System, jetzt. Ich will es anders machen. Ich bin noch viel mißtrauischer geworden. Ich erkläre hiermit, daß aller Expressionismus, Dadaismus und andere Mismen schlimmste Bourgeoisie sind. Alles Bourgeoisie, alles Bourgeoisie. Übel, übel, übel. Man wird sagen, sie haben in dieser Zeit mit Holz, Sand, Papier gemalt, weil sie das Geld nicht mehr hatten, Ölfarben zu kaufen. Und es geschah ihnen recht, wird man sagen. Negermusik? KAFFERMUSIK ! O lalalalalalalala !
Möglich: Reaktionen. Aber: Mir macht es ein bisher unbekanntes Vergnügen, zu *arbeiten*. Zu beschreiben. Ich

möchte schreiben: Einen Ameisenroman. Präzis und phantastisch. 5000 Individualitäten auf einem halben Quadratmeter Raum. Und dergleichen.
Was macht man in Zürich? Wer figuriert jetzt dort? Johannes R. Becher läßt ihnen danken für *Antipyrine*. Auch Wieland Herzfelde. In zufälligen Briefen. Aber ich glaube, sie hören mehr von Deutschland als ich. Ich schreibe dorthin sehr wenig.
Herzfelde sagt, daß er im Septemberheft über *Cabaret Voltaire* geschrieben hat. Ist in Frankreich sonst eine Kritik erschienen?
Ich fürchte, Huelsenbeck hat mir verübelt, daß ich bei der Kollektion mich nicht beteiligte. Leider ist es mir ganz unmöglich. Meine Geldverhältnisse sind so, daß ich mir durchaus nicht leisten kann, zu publizieren.
Sie fragen mich nach Ascona. Das ist ein Ort ohne jeden Komfort, wo man momentan kaum ein Zimmer mieten kann. Es gibt eine Menge schafblöder Naturmenschen, die in Sandalen und römischer Tunika wandeln. Es gibt keine Unterhaltung, keine Bücher, keine Zeitungen. Es gibt nur schönes Wetter.
Wir tragen uns sehr mit der Absicht, im Winter, wenn es uns möglich ist, in Genf zu sein. Ich kann ihnen gar nicht mit gutem Gewissen raten, hierher zu kommen. Sie würden sicher enttäuscht sein. Aber vielleicht sehen wir uns im Winter in Genf?
Grüßen sie Herrn Janco vielmals von uns. Die Kopien vom Maskentanz schicke ich heute noch, oder morgen.
Mit herzlichen Grüßen

Hugo Ball

De Pisis an Tzara
22. 9. 1916, Ferrara

*Sehr geehrter Herr,

mit größtem Vergnügen habe ich über meinen Freund Alberto Savinio ihre schöne Zeitschrift *Cabaret Voltaire*, die bald *Dada* heißen wird, kennengelernt.
Da sie so gut und vor allem viel liberaler gemacht ist als unsere italienischen Zeitschriften, habe ich große Lust, zu ihren Mitarbeitern zu zählen.
Ich finde es gut, daß man in der Schweiz weiß, was man in Italien macht, so bescheiden unsere Arbeit auch sein mag. Wir Italiener müssen von dem profitieren, was ihr Land uns beigebracht hat; überdies habe ich mit größter Befriedigung im *Cabaret Voltaire* den Namen meines lieben Freundes Corrado Govoni gelessen, der auch aus Ferrara ist und ihnen etwas schicken möchte.
Ich verspreche ihnen, sehr geehrter Herr, unter den wenigen Freunden, die mein Ruf mir beschert hat, für ihr *Cabaret Voltaire* Werbung zu machen.
In der Hoffnung auf Veröffentlichung der drei Texte, die ich ihnen schicke, ist es mir eine Ehre, ihnen mit der Versicherung meiner vorzüglichsten Hochachtung die Hand zu schütteln

F. de Pisis*

Mary Wiegmann an Tzara
27. 9. 1916, Zürich

Sehr geehrter Herr Tzara,

ihnen und Herrn Janco meinen besten Dank für die Zusendung des *Hr.n Antipyrine*. Ich habe viel Freude daran! Auch Herr v. Laban, der es gelesen hat, läßt ihnen danken und sagen, daß er sich sehr dafür interessiert hat.
Heute erfuhr ich, daß sie am Donnerstag eine dadaistische Soirée haben werden. Leider werde ich nicht dabei sein können, da ich den Abend bereits vergeben habe und es nicht mehr ändern kann. Ich werde mich freuen, sie gelegentlich auch einmal wieder bei mir zu sehen.
Freundlichen Gruß

M. Wiegmann

Ball an Tzara
27. 9. 1916, Ascona

Lieber Herr Tzara,

vielen Dank für *La guerre*. Die Besprechung des Guilbeaux hat mich sehr interessiert. Er hat schon recht. Das *Cabaret Voltaire* ist nichtsnutzig, schlecht, dekadent, militaristisch, was weiß ich, was noch. Ich möchte so etwas nicht mehr machen. Grazie, Grazie, Grazie, will sagen, ziere Erfindung, Bonhomie, Geltenlassen, Schmuck, Schmuck, Schmuck, Gaieté, Plaisanterie, kleinmännische Bouffonnerie, voilà mein neues Programm. Keine *Blasphemie* mehr, keine *Ironie* (das ist schmutzig, gemein), keine Satire mehr (wer hat das Recht dazu?), keine *Intelligenz* mehr. Nur nicht! Genug davon! *Ecrasez*!
Bruder Wolf, das mußt du nicht mehr tun. Das ist schlecht von dir. Keine Marinettis mehr, keine Apollinaires mehr (ach, die Fingerfertigkeit!). Keine *Überraschungen* mehr (was ist das für eine Perfidie!). Sondern Plausibilitäten. Wirklichkeiten.
Ach, das ist viel schwerer, viel abenteuerlicher als das andere. Genau besehen ist jedes Wort einen Kohlkopf wert, und das meine ich.
Nichts mehr gegen die Bourgeois, Bourgeois sein ist sehr interessant, sehr schwer ebenfalls. Nichts mehr gegen die Literaten, und zwar deshalb, weil Herr Rubiner keiner ist. Die Literaten vermehren das Wörterbuch. Herr Rubiner vermehrt das Kochbuch.

Aber: heilsame Sachen machen, gegen die große deutsche Pest. Keine Gewalt mehr, keine Gewaltsamkeiten.

— — —

Die Manuskripte, lieber Herr Tzara, die sie wünschen, finde ich leider nicht. Von Cendrars habe ich, glaube ich, nichts mehr. Und die futuristischen Manuskripte habe ich wohl Huelsenbeck übergeben. Ich weiß nicht, ob ich sie ihnen geben darf. Ich glaube nicht. Denken sie: man hat sie mir geschickt. Wenn die nun erscheinen in einer Anthologie, die ein anderer herausgibt, wird Herr Marinetti sich vielleicht ärgern und böse auf mich sein. Also lassen sie's lieber sein. Denn sonst würde ich mich wieder ärgern, und das wäre mir unangenehm. Lieber Herr Tzara, ich bitte sie auch, übersetzen sie nichts von mir. Ich habe das damals so geschrieben, ohne mir viel dabei zu denken. Aber heute möchte ich's wirklich nicht mehr.- Ich habe bis heute nichts geschrieben, was man in Frankreich nicht viel besser gemacht hat. Und wozu soll man also etwas übersetzen? Ich bin sehr bescheiden geworden. Ich kenne die französische Literatur zu wenig. Ich möchte erst wissen, was man dort macht.

Heute früh erhalte ich ihren gemeinsamen Brief vom Café des Banques. Sehr schmeichelhaft. Sehr schön. Wirklich sehr schön. Madame freute sich und wurde ganz lustig.

En vain, hier ist's sehr langweilig. Zwei Naturmenschen haben sich freiwillig zum Heeresdienst gemeldet, vor Langeweile, und haben ihre Frauen, die eine mit einem Gewächs, die andere mit einem Kind im Leib, hier zurückgelassen. Das Pfund Kartoffeln kostet 30 Centimes, und Herr Segal ist gewiß ein vorzüglicher Maler. Aber ich habe ihn noch nicht gesehen.

Hier sind die Trauben dick wie Kinderköpfe. Und man sagt, daß der deutsche Kaiser gestorben ist. Ist das wahr? Es wäre sehr schade.

Ich habe ein brennendes Verlangen zu trommeln. Immer zu trrrrrrrrrommeln. Und diese Verlangen, zu trrrrrrrrommeln, geht mir nicht aus dem Kopf. Sie wollen mich verführen, noch einmal ein Varieté zu machen? Lassen sie sich einen Vorschlag machen: Engagieren sie mich dazu als Trrrrrrrrrrommler. Ich werde ganz vorzüglich trrrrrrommeln. Ich werde die Trrrrrrrrrommelfelle zerplatzen. Ich werde trrrrrrrommeln, daß die Trrrrrrromelfeuer ein Trrrrrrreck dagegen sind.

Spaß beiseite: Ich sitze hier und habe den Frieden in der Brust. Wie soll ich mich entschließen, nach Zürich zu kommen. Da geht die ganze Sache von vorne an. Und ich werde wieder hierher reisen müssen. Und: Madame Hennings schreibt ein so interessantes Buch gegenwärtig, daß ich unbedingt dabei sein will. Ich bin entzückt von diesem Buch, begeistert, ich träume davon, um fünf Uhr früh liegen wir uns schon in den Haaren — wo denken sie hin: Ich werde mich hüten, hier wegzufahren.

Seien sie aufs herzlichste gegrüßt. Und wenn es angeht und es ihnen nicht zu viel Mühe macht, dann seien sie so lieb: Schicken sie mir ein paar französische Zeitschriften, irgendeinen interessanten Roman, wenn ich sie nicht zu sehr in Anspruch nehme? Und lassen sie sich alles Gute und Schöne wünschen zur neuen Zeitschrift.

Grüße von Frau Hennings. Grüße für Herrn Janco, Huelsenbeck, Oppenheimer, Arp, tutti,tutti.

L' Elan ist gewiß eine sehr schöne Revue. Bitte, bitte, schicken sie mir doch eine Nummer, wenn sie eine entbehren können. Für einige Tage.

Der ihre herzlichst

Hugo Ball

Lieber Herr Tzara, haben sie irgendeine *Geschichte der französischen Literatur* in den letzten dreißig Jahren?

Huelsenbeck an Tzara
28. 9. 1916, Zürich

*Lieber Herr,

unglücklicherweise habe ich keine Zeit, sie heute abend zu besuchen. Außerdem ist das Büchlein noch nicht fertig. Ich wäre ihnen dankbar, wenn sie für mich Herrn Janco auf das literarische Fest einladen könnten, das *morgen um 3* h stattfinden wird, bei Fräulein Taeuber, Magnolienstraße 6 IV. Man erwartet sie pünktlich zur angesagten Stunde.

Mit herzlichem Handschlag von ihrem Freund

Huelsenbeck*

1916 — September

„PHANTASTISCHE GEBETE“

verse von **RICHARD HUELSENBECK**

mit 7 holzschnitten von Arp
COLLECTION DADA
Zürich*)

COLLECTION **DADA**

„indigo indigo Trambahn Schlafsack Wanz und Floh indigo indigai umbaliska bumm D A D A“

„brrs pffi anfangen abrr rpppi anfangen
Anfang Anfang“

5. 10. 1916

Tzara, Arp und Janco haben mir aus Zürich einen Brief geschrieben, ich müsse unbedingt kommen; meine Anwesenheit sei dringend erwünscht.

<Ball, Flucht aus der Zeit>

*) vergriffen

Tzara an de Pisis und Savinio
<Anfang Oktober 1916, Zürich> Briefentwurf

an de Pisis

ich erhielt ihre Gedichte, und ich werde sie in unserer Zeitschrift veröffentlichen, die bald erscheinen wird, — obwohl wir die Nummer nur in Französisch redigieren werden. Ich will sie, sehr geehrter Herr, über einige administrative Details der Zeitschrift informieren. Die Mittel, mit denen sie erscheint, sind sehr beschränkt. Wir können sie nicht so machen, wie wir gerne würden. Kann man mit einer bestimmten Zahl von Abonnenten in Italien rechnen? Könnten sie mir eine Liste machen? Könnten sie mir die besten Büchereien in Italien oder eine zentrale Vertriebsstelle, die sie überall verbreitet, nennen?
Ich hoffe, sie entschuldigen mich, aber ich bin mir sicher, daß man für die moderne Bewegung kämpfen muß.
Wer könnte uns erfrischende und kurze Bemerkungen über das intellektuelle Leben in Italien schicken, auf Französisch? Für Dezember bereitet man gerade eine große Ausstellung von Malerei mit Rezitationen etc. vor. Mit der Zusammenstellung des Katalogs bin ich sehr beschäftigt. Grüßen sie Hr. Govoni von mir, bitten sie ihn, daß er mir für die Zeitschrift etwas schickt und ob er mir nicht etwas für die Ausstellung schicken will. Von Hr. Govoni würde ich gerne etwas veröffentlichen. Welche fortschrittlichen Zeitschriften erscheinen noch in Italien? Ich schicke ihnen das Büchlein meines *Hr.n Antipyrine* und all meine Freundschaft.

an Savinio

Herzlichen Dank für die Adressen und das Interesse, das sie uns entgegenbringen. Die Zeitschrift wird bald erscheinen — sie wird jene Richtung haben — insoweit Politik etwas mit Literatur gemein haben kann — die Richtung, die meine neue Lage mir vorschreibt; vor allem, weil ich nicht nach Rumänien abreisen kann, weil ich ausgemustert wurde. Wir würden gerne in der ersten Nummer etwas von ihnen veröffentlichen. Die Zeitschrift verzögert sich noch, weil ich noch literarisches und künstlerisches, plastisches und photografisches Material für einige Nummern sammle.
Am 1. Dezember wird in der Galerie Neupert in der Bahnhofsstraße eine große Ausstellung unserer Zeitschrift eröffnet. Teilnehmen werden Picasso, Braque, Derain, Herbain, Lhote, Janco, Modigliani, Arp, van Rees etc , etc. Wir bedauern es sehr, daß die Italiener nicht präsent sind; ich warte noch auf die Antwort Hr. Guillaumes, er wird vielleicht de Chiricos ausstellen, von denen ich tolle Fotos gesehen habe. Wen könnte ich kontaktieren? Wer könnte mir italienische Bilder schicken? Ich bitte sie sehr, daß sie uns etwas für den Katalog schicken — der dann mit einem anderen Umschlag in den Büchereien verkauft werden wird — eine Studie vielleicht über ihre Musik und die Beziehung zur modernen Kunst? Doch müssen wir es bald wissen.

An unserem Katalog arbeiten auch viele Literaten mit, und ich wage es, Hr.n Papini und Soffici zu fragen, ob sie nicht etwas über die moderne Malerei schreiben wollen.
Ich erhielt einen Brief von Hr.n De Pisis; wir setzten viel Hoffnung in seine Berühmtheit, die groß sein muß. Wer könnte uns erfrischende, nützliche und abwechslungsreiche Bemerkungen über das intellektuelle Leben in Italien schicken? Oder eine Chronik auf Französisch? Ich werde ihre *Gesänge des Halbtodes* sicherlich übersetzen, aber im Augenblick bin ich zu beschäftigt. Wenn sie sie wollen, müssen sie mir nur schreiben. Ich danke noch einmal für ihren guten Willen und sende ihnen freundschaftliche und viele Grüße.

Arp an Hilla von Rebay
<1916, Zürich>

*□ Ich denke jetzt ernsthaft darüber nach zurückzugehen. Wenn ich an all das Elend denke, ergreift mich der wütende Wunsch, alles zu verändern, was zumindest jetzt unveränderbar ist. Aber dann ekelt mich wieder die Verlogenheit der Feinde Deutschlands an. Es gibt eine Anzahl von Leuten, mit denen ich nicht mehr reden kann, weil sie neutral sind. Und dann kann ich mir mich selbst im Kampf nicht vorstellen, wie ich Menschen angreife und erwürge oder von wilden Bestien zerrissen werde. Ich muß dich bald sehen. Ich würde so gerne helfen und kann es doch nicht. □ *

Eines Tages war Arp gezwungen, sich, begleitet von unserem Freund und Beschützer Dr. Huber, auf dem deutschen Generalkonsulat in Zürich vorzustellen (das Elsaß war damals noch unter deutscher Herrschaft). Seine Kriegsdiensttauglichkeit, das heißt sein geistiger Zustand, sollte untersucht werden, da ja ernsthafte Zweifel daran bestanden, weil ein normaler Mensch weder Dadaist noch abstrakter Maler geworden sein könnte. Nach ausholenden Beruhigungsgesten führten die beiden untersuchenden Konsularärzte im weißen Kittel den nicht widerstrebenden Arp in ein großes Zimmer, sahen ihn genau an und fragten ihn dann, wie alt er sei. Arp zögerte, als ob er nachdächte, bat dann um ein Stück Papier und schrieb sein Geburtsdatum
16.9.86
16.9.86
16.9.86 ...
bis die Seite voll war. Dann addierte er die Summe und reichte das Resultat den Examinatoren. Sie glaubten ihm.

<Richter, Profile>

Gewehr

Klee an Tzara
2. 10. 1916, München

Lieber Herr Tzara,

nach ihrer Handschrift zu schließen, sind sie ein alter Bekannter. Danke für die freundliche Zusendung. Vor Friedensschluß werden wir uns nicht sehen können. Denn ich bin jetzt wirklicher Pionier, nicht nur so ein eingebildeter wie ehedem. Besten Dank auch für ihre Xylografien

ihr Klee

Guillaume an Tzara
3. 10. 1916, Paris

*Sehr geehrter Herr,

ich hatte das Vergnügen, ihre Sache bei meinem Freund Guillaume Apollinaire zu vertreten. Sie müssen ihm nur im Sinne ihres letzten Briefes an mich schreiben, und er wird ihnen diesesmal antworten — und zwar wohlwollend.

Apollinaires Adresse
Unterleutnant G. de Kostrowisky
in Behandlung im Hospital der Italienischen Regierung
41, Quai d'Orsay

Paul Guillaume*

Ball an Käthe Brodnitz
6. 10. 1916, Ascona

Liebes Fräulein Brodnitz,

lange wollte ich ihnen schon schreiben und danken für ihre Anweisung, die mich so sehr freute. Aber das Leben ist ein Karussell, und ich habe mich schon daran gewöhnt, immer erst nach einer Runde die Hand zu bieten.
Vieles hat sich wieder verändert, und die Aussichten der internationalen Kunst in Zürich sind heute, glaube ich, wieder ziemlich parterre. Man hat eine *Kollektion Dada* eingerichtet, zwei kleine Hefte von Tzara und Huelsenbeck, das letztere erst dieser Tage, sind erschienen, ich halte aber die Kollektion nach meinen Zürcher Erfahrungen des letzten Jahres für ziemlich aussichtslos. Die Franzosen lehnen jede Annäherung entschieden ab. Und man muß ihnen zugestehen, daß sie den wunden Punkt all unserer Anstrengungen nur zu genau kennen.
Dieser wunde Punkt und die Mittel, ihn zu kurieren, interessieren mich immer mehr. Mein ganzes Nachdenken seit Monaten dreht sich nur um diese Sache. Ich habe allgemach die französische Skepsis in mich aufgenommen und bin selbst mißtrauisch geworden gegen alles, was von D. kommt.
Kurzum, ich mache keinen Dadaismus und keine Phantastik mehr, sondern versuche, mit deskriptiven Methoden mich zu kurieren. Studiere Stendhal, Dostojewsky, Heine. Einen kleinen Einakter habe ich geschrieben aus meiner Basler Zeit. Und einen kleinen Roman habe ich gemacht aus meiner Varietézeit. □
Seien sie nicht böse, daß ich sie so lange warten ließ mit meiner Antwort. Wichtige Schlüsse lagen dazwischen. Und manche Aufregung. Nach all dem Irrlichtelieren hoffe ich so sehr, endlich ein wenig festen Boden zu finden.
Seien sie gegrüßt, auch von Emmy Hennings,

ihr Hugo Ball

1916 — Oktober
„SCHALABEN SCHALABAI SCHALAMEZO MAI"
von RICHARD HUELSENBECK
mit zeichnungen von Arp
Collection dada *)
— für die babytoilette mit nichts zu
vergleichen! Illustriert!

Neitzel an Tzara
7. 10. 1916, Arosa

*Mein lieber Ordensbruder,

all meinen Dank für ihr *himmlisches Abenteuer*, das mir in meine hysterische Einsamkeit das präsentistische Parfum gebracht hat. Ich beginne wieder, mich als Kind von heute zu fühlen. Das habe ich ihnen zu verdanken! Ich hoffe, sie bald zu treffen! Inzwischen einen warmen Händedruck für sie und ihre Freunde.
Herzlichst

L. H. Neitzel*

Ball an Hoffmann
7. 10. 1916, Ascona

□ Du hast ganz recht, uns fehlen, außer Einstein, die elliptischen Funktionentheorien. Mein Gott, mir wird übel, wenn ich das Wort nur schreibe, und das ist gewiß ein Manko.
Ich wollte dir vor einigen Wochen schreiben aus Vira, mit einem sonderbaren Anliegen, aber ich habe es doch lieber unterlassen. Ich habe nämlich in Zürich einige Musik gemacht (Negermusik und Dadatänze). Ich wollte dich bitten, das nach meinem Entwurf im richtigen System aufzuschreiben, und ich wollte in der Zürcher Kollektion Dada (vertreten bis jetzt durch Tristan Tzara und Richard Huelsenbeck) diese Musik drucken lassen, zugleich mit meinen letzten dadaistischen Versuchen (zehn Hieroglyphenblätter, Masken zum kubistischen Tanz und Verse ohne Worte, Lautgedichte). Aber das kleine Buch oder die Mappe, die daraus geworden wäre, hätte zuviel gekostet. Auch habe ich über den Dadaismus, den ich selbst gegründet habe, rasch wieder umgelernt. Und so unterließ ich das Ganze. Das

*) vergriffen

kleine Buch sollte zeichnerisch, musikalisch, poetisch und plastisch zugleich meine Idee vom Dadaismus umschreiben, die Idee der absoluten Negerei, gemessen an den primitiven Abenteuren unserer Zeit.
Wie gesagt: ich habe das unterlassen. Daran waren nicht zum wenigsten die Franzosen schuld und deren Kritik des *Kabaretts*. Sie sagten, ein Deutscher hat's gemacht, um Propaganda für sein Volk zu machen. Er ist ein Blasphemiker, und das bedeutet, er ist ein *decadent*, und diese Dekadenz ist eine Folgeerscheinung des drückenden Militarismus. Da verging mir die Lust. Lieber will ich untersuchen, wie weit sie recht haben. Und Heilmittel suchen gegen besagte Dekadenz.
Ich habe in der Zwischenzeit einen kleinen Roman geschrieben (170 Seiten) <Flametti>, mit dem ich gestern im Konzept fertig wurde. Darin will ich voller Lustbarkeit, ohne jeden Ärger, voller Plaisanterie, fränkisch und graziös sein, daß es eine Art hat. □
Ascona ist ein kleines Fischerdorf, wo ziemlich viele Deutsche in Form von Naturmenschen sich aufhalten. Der See ist hier noch schöner als in Vira. Man hat den Frieden in der Brust.
Morgens um sechs stehen wir auf, weil unsere Tochter nach Locarno in die Schule geht. Wir arbeiten bis neun Uhr abends. Exerzitien in einem Kloster könnten nicht strenger sein. Einige Freunde unterstützen uns ein wenig: Oppenheimer, Frank. Auch Schickele ist sehr nett zu uns. Und so wollen wir diesmal durchsetzen, kein Kabarett und Varieté mehr machen zu müssen. In der *Neuen Jugend* in Berlin ist, glaube ich, eine Besprechung des *Cabaret Voltaire* erschienen, auch in der *Neuen Freien Presse*. In Frankreich in *Temps* und *La guerre mondiale*. Man hat heftig *geschumpfen*. Merkwürdig, wie wenig Sinn die Leute für Humor haben. Sie werden alle gleich unangenehm. □
Ich habe wirklich sehr viel zu tun, es geht jetzt um meine Existenz. Ich habe außer dem Roman noch einen Einakter, *Die Nacht*, geschrieben und die zehn hieroglyphischen Blätter, von denen ich dir sagte. □

De Pisis an Tzara
9. 10. 1916, Ferrara

*Sehr geehrter Herr,

zuerst möchte ich mich für ihr starkes und originelles Gedicht bedanken, das sie mir geschickt haben, und ich freue mich auch über ihre Adresse und die Unterschrift von Marcel Janco, den ich kenne und schätze. Kann er mir auch etwas schicken? □
Was ihre Frage betrifft:
1. Eine genaue Anzahl von Abonnenten hier in Italien kann ich ihnen nicht nennen; nur einige wenige und nicht sichere Namen, weil die fortschrittliche Literatur hier nicht gerade gut aufgenommen wird.
2. Ich sende ihnen die Namen von Büchereien und Depots, *ohne aber für sie zu garantieren*. Es freut mich, ihnen nützlich zu sein, und auch ich bin überzeugt, daß wir mit *all unseren Kräften* für die moderne Bewegung kämpfen müssen.
3. Einer meiner guten Freunde (Giovanni Smeraldi) kann ihnen die gewünschten Berichte über das literarische Leben in Italien schicken. Ich muß ihn nur damit beauftragen.
Ich wünsche ihnen das Beste für ihre Ausstellung und würde gerne *einen oder einige der Kataloge* haben, die sie vorbereiten.
4. Ihre Grüße habe ich Hr. Govoni ausgerichtet, der ihnen auch etwas schicken wird.
Er hat zwar gesagt, daß er jetzt zu beschäftigt ist, um mitzuarbeiten, aber meiner drängenden Fürsprache wird er nicht widerstehen könnnen.
5. An fortschrittlichen italienischen Zeitschriften haben wir im Augenblick nur *Das Futuristische Italien*, das nicht viel wert ist.
Die mehr oder weniger guten modernen Zeitschriften sind groß an der Zahl: *La Voce* (Florenz), die *Riviera Ligure* (von Mario Novaro, Ongelia), *La Diana* (Neapel), *L'Eco Della Cultura* (Neapel), *Le Cronache Letterarie* (Rom), *La Montagna* (Mailand), *L'Ardire* (Turin), *Le Pagine* (Aquila), *La Brigata* (Bologna), *Novissima* (Licata, Sizilien) etc. etc., die mich unter ihre Mitarbeiter zählen.
Ich schicke ihnen mein *Emporio*, das letzte meiner Bücher, in mehreren Exemplaren, für sie und selbstverständlich Janco die signierten; die anderen können sie den Literaten geben, die sich ihrer Wertschätzung erfreuen.
Für euch, Tristan Tzara und Marcel Janco, meine besten Wünsche für euer schönes brüderliches Unternehmen und all meine lebhafte Sympathie.

Sympathie + Wertschätzung = Liebe

F. De Pisis*

Tzara an Apollinaire
<Mitte Oktober 1916, Zürich> *Briefentwurf*

*Sehr geehrter Herr,

ich schicke ihnen die Theorie einiger neuer künstlerischer Manifestationen und ich wäre ihnen sehr dankbar, wenn sie mich wissen ließen, inwieweit es für sie von Interesse ist. Sie stellen die ersten Erfahrungen einer neuen Kunstrichtung Dada dar, die eine sehr sehr sehr sehr sehr freie, brutal moderne und primitive Kunst sein wird.
Die Erklärungen sind ohne Dogmatismus gemeint, sie erscheinen nur, um den Überschwang der 400 Personen zu dämpfen, die bei der großen Veranstaltung in der Waag (am 14. Juli) dabei waren.
Bei dieser Gelegenheit haben wir alle unsere ganze revolutionäre und essentielle Sympathie für Frankreich bezeugt.

Ich schick ihnen Gedichte von mir und einen Holzschnitt von Marcel Janco.
Mit meiner höchsten Wertschätzung

Tristan Tzara

Er versucht die Farben, die ich wunderbar finde, aus den Konturen der Linien gleiten zu lassen und ihren ursprünglichen Wert in den Vordergrund zu stellen.*

Ball an Käthe Brodnitz
20. 10. 1916, Ascona

□ Nun, hier unten in Ascona, abgeschnitten von allen Freunden, kamen Wochen, die wie verhext, wie ein Wachtraum waren. Ich habe eingesehen, daß es nur eins für mich gibt, zu denken und zu schreiben. Emmys Roman <*Gefängnis*> ging an Frank ab, das *Berliner Tagblatt* nahm Skizzen daraus an, und Frank schrieb, daß der Roman ihm gefällt, daß er ihn an Fischer geschickt hat, und daß er bestimmt gedruckt wird. Schrieb, daß er auch für meinen Roman *alles, was in seiner Kraft steht* unternehmen will. Aber gerade jetzt gingen und gehen uns die Subsistenzmittel aus, die wir für unser ärmliches Leben brauchten. Und schlimmer: Emmy wurde müde, hüstelte, schlief tagelang vor Ermattung, und die Kleine konnte nicht mehr zur Schule gehen, weil sie — wie solche lächerlichen Dinge oft passieren — keine heilen Sohlen mehr an ihren kleinen Füßen hatte. Aus dieser Stimmung heraus schickte ich ihnen die Depesche. Wie auf Verabredung waren alle Briefe unserer Bekannten ausgeblieben. Wie auf Verabredung waren wir alle hier unten vergessen. □
Inzwischen hat René Schickele uns ein wenig geholfen, von Frank kam ein ermutigender Brief, und auch Klabund hat uns sehr nett geschrieben und allerhand Winke gegeben für die Publikation. □

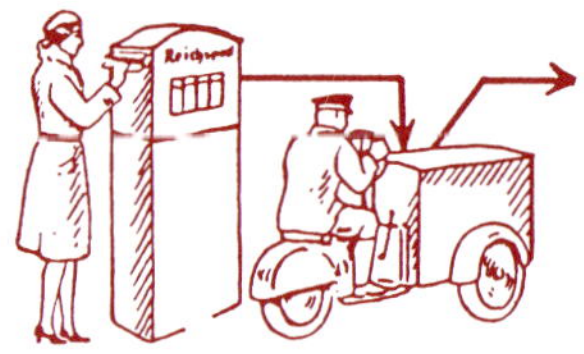

<Ende Oktober 1916>

Tzara liest und gibt mir, da ich zerstreut bin, eine Anzahl neuer Gedichte. Auf dem Nachhauseweg verliere ich den ganzen Pack. Ich habe gar keine Erinnerung mehr, wo ich die Verse könnte gelassen haben, schlafe schlecht, stehe auf und bin morgens um vier Uhr in Niederdorf, um mit den Straßenkehrern im Rinnstein nach den Gedichten zu suchen. Umsonst. Fundbüro, Zeitung, alles umsonst. Manuskripte sind verloren; ich wage kaum, es ihm zu sagen. Frank meint: *Unterbewußtsein. Es liegt Ihnen nichts mehr dran.*

<Ball, Flucht aus der Zeit>

Ball an Tzara
7. 11. 1916, Ermatingen

*Lieber Herr Tzara,

hat ihre Annonce Erfolg gehabt? Haben sie vom Fundbüro Nachricht bekommen? Man sagte mir, sie erhielten, wenn etwas eingeliefert wird, Nachricht. Seien sie versichert, daß mir die Angelegenheit schrecklich ist, nach wie vor. Und ebenso unerklärlich. Ich zerbreche mir den Kopf, wie ich ihnen die Manuskripte ersetzen kann. Ich war wohl nicht ganz gesund in Zürich. Anders kann ich mir's nicht erklären. Ich habe die Sachen im Hotel nicht wiedergefunden und bin außerstande, ihnen zu sagen, wo sie geblieben sind.
Seien sie mir herzlichst gegrüßt

ihr Hugo Ball*

Klee an Tzara
23. 11. 1916, Schleissheim

Lieber Herr Tzara,

sie sind doch kein alter Bekannter von mir, ich verwechselte sie mit Herrn Arp, durch die Ähnlichkeit der Schrift. Aus aller Freundschaft für diesen will ich mich schon beteiligen, wenn mir auch sonst an der Schweiz nicht viel liegt. Nur kann ich die Kollektion nicht selber zusammenstellen, da ich seit März 16 eingerückt bin. Bitte wenden sie sich an den *Sturm*

ihr Klee

Dann noch besten Dank für die Zusendung der Holzschnitte.

Ball an Maria Hildebrand-Ball
28. 11. 1916, Zürich

Liebes Schwesterlein Maria,

nachdem ich in Ermatingen vierzehn sehr schöne und interessante Tage verlebt habe, bin ich wieder nach Zürich übergesiedelt und wohne ganz vor der Stadt in einem einfachen Häuschen, bei einfachen Leuten wie ein Mönch. □
Nun sind wir wieder in Zürich. Nach Ermatingen kamen deutsche Internierte, und ich glaube, auch Frank wird, wenn er erst wieder aus dem Sanatorium kommt, nach Zürich übersiedeln. Hier in Zürich haben wir das leibhaftige Café des Westens (Berlin). Man sieht so recht, wie krank die ganze deutsche Intelligenz ist. Fast alle sind beurlaubt in die Schweiz (und empfinden den Aufenthalt hier als Exil).
Ich für meinen Teil glaube, daß man sich nur durch un-

entwegte Arbeit und Heiterkeit gesund erhalten kann, und diese simple Philosophie erregt geradezu Aufsehen. Und ist doch so selbstverständlich. Was soll man tun. Die Zeit geht ihren eisernen Gang. Wer sich nicht mit Gewalt festhält, wird weggefegt.
Ich habe einen kleinen Roman gemacht ..., voller Plaisanterie, Sympathie und Lustigkeit. Ich lese, was ein französischer Schriftsteller über den Don Quichotte geschrieben hat und übersetze daraus. Ich schreibe eigentlich wenig, weil mich das Leben so herumwirft, daß ich selten zur Ruhe komme. Aber doch hat mir dieser Tage ein ganz unbekannter Herr aus Deutschland geschrieben, er möchte meine sämtlichen deutsch erschienenen Schriften besitzen. Das ist doch sehr hübsch. Ich bin also verpflichtet, solche *sämtlichen deutschen Schriften* zu schreiben. Und damit beschäftige ich mich sehr. □
Ascona, und noch mehr Vira, waren sehr angenehm nach den Strapazen des Kabaretts. Ich will kein Kabarett mehr machen, trotzdem wir sehr gut leben konnten. Ich will lieber schreiben. Das war immer mein Ziel. □

De Pisis an Tzara,
1. 12. 1916, Ferrara

*Sehr geehrter Herr,

es tut mir sehr leid, daß sie krank waren, und ich hoffe, daß es ihnen bald wieder besser gehen wird.
Ich habe ihre Postkarte mit ihren freundschaftlichen Worten erhalten: ich danke ihnen dafür.
Ich bin sehr zufrieden, daß mein Buch ganz nach ihrem Geschmack ist und danke ihnen, daß sie es unter ihren Freunden und Dichtern verteilt haben. Entschuldigen sie nochmals, daß ich sie darum gebeten habe und nehmen sie meinen besten Dank für alles entgegen, was sie für mich gemacht haben.
Meine besten Wünsche für *Dada* — wenn es erscheint — daß und wann es erscheint, wird es hier sicherlich von all meinen jungen und zahlreichen Freunden sehr begrüßt werden.
Veröffentlichen sie meine Manuskripte, wo es ihnen am besten erscheint. Ich werde sehr zufrieden sein.
Was sie mir über dic Ausstellung und die künstlerische und literarische Anthologie erzählen, erleichtert mich sehr. Sie wird sicherlich sehr interessant und ich bitte sie, sie mir sofort zu schicken.
Ich schicke ihnen bald zwei meiner Bilder: ich kann ihnen auch einige meiner Zeichnungen schicken. Wenn es ihnen für die Anthologie oder anderswo nützt. Ihr kleines Gedicht mit den schönen Holzschnitten wird hier sehr geschätzt, ebenso wie die Exemplare des *Cabaret Voltaire*, die ich von A. Savinio erhielt. Ich werde ihre Ausstellung und ihre Vorträge in mehreren Zeitschriften und Zeitungen ankündigen. Ich habe schon eine enthusiastische Pressenotiz darüber veröffentlicht. Da ich sicher bin, daß viele Maler unter meinen Freunden an ihrer Ausstellung mitmachen möchten, gebe ich ihnen gleich die Adressen, damit sie ihnen direkt schreiben können:

Mario Pozzati und Martini

bei Giuseppe Raimondi
via S.Stefano 24, Boologna

Mario Bellusi
via Vignatagliata 59, Ferrara

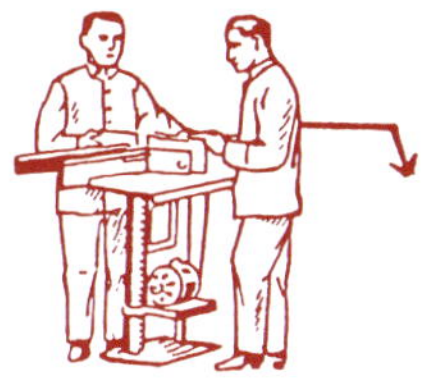

Giorgio de Vincenzi
Palazzo Montecatini
via Romei, Ferrara

Giorgio de Chirico
Vicolo Carbone 4, Ferrara

Aber sie müssen ihnen klipp und klar sagen, daß die Arbeiten extrem modern sein müssen. Ich werde mit mehreren meiner Freunde darüber sprechen.
Im Augenblick schreibe ich gerade eine Studie über Guillaume Apollinaire, der mir vor kurzem geschrieben hat und mir seinen *Gemordeten Dichter* geschickt hat. Danach widme ich mich einer Studie über Soffici. Auch einen langen Artikel über die futuristische Malerei werde ich publizieren und danach eine psychoanalytische und sensible Studie über einige meiner Bilder.
Mit den besten Grüßen aller meiner Freunde hier in Italien, deren Namen aufzuzählen zu lang wäre, und meinen besten Wünschen.

F. De Pisis*

Tzara an Meriano
8. 12. 1916, Zürich

*□ Im Augenblick ist es mir unmöglich, eine Zeitschrift zu leiten, die fleißige und beständige Arbeit verlangen würde, mit der ich mich nicht befassen kann, da es die politische Situation meines Landes nicht erlaubt. Jetzt beschäftige ich mich speziell mit einer Ausstellung moderner Malerei, die während des Jänners in Zürich (Galerie Corray) stattfinden wird, danach in Basel, Winterthur und Genf. Zu diesem Anlaß werde ich einen Zyklus von vier Vorträgen über die moderne Kunst im Pestalozzi-Saal halten. Wenn es ihnen möglich ist, kündigen sie bitte unsere Aktivitäten an. (Ausgestellt wird: Picasso, Derain, Braque, Matisse, Janco, Arp, Mopp, van Rees, Vlaminck, Modigliani, Chirico, Kandinsky, Marc, Slodki, Jawlenski, Juan Gris etc.)
Ich sende ihnen *CABARET VOLTAIRE und HR.N ANTIPYRINE. MPALA GAROO* wird gerade gedruckt, und ich sende es ihnen, sobald es fertig ist.

Im Augenblick arbeite ich an einem Buch über Negerliteratur (afrikanische und ozeanische). Ich wäre ihnen sehr gewogen, wenn sie mich mit einem Verleger bekannt machen könnten (das Buch könnte in Italienisch oder Französich erscheinen), ich denke da vor allem an die Reihe, in der ihr Buch *EQUATORE* erschienen ist. Ich werde sie über unsere Manifestationen am laufenden halten.
Mit herzlichen Grüßen

Tristan Tzara
Fraumünsterstraße, Centralhof

Versichern sie bitte Herrn Marinetti meiner höchsten Wertschätzung. Wenn ich ihrer Bewegung nützlich sein kann, werde ich es gerne sein.

Moscardelli an Tzara
<Dezember 1916, Neapel>

*□ Viel Glück für ihre Ausstellung, die heute die Kraft all der kleinen schönen Sachen bedeutet, für die wir leben und auch sterben. Ich wußte nicht, daß sie Rumäne sind: seien sie so sicher wie ich, daß ihr schönes Heimatland noch schöner und würdiger sein wird, nachdem es soviel von seinem edlen Blut vergossen hat. □ *

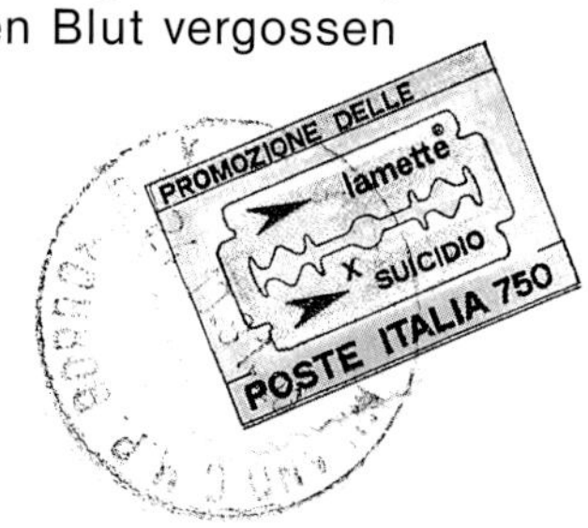

De Pisis an Tzara
13. 12. 1916, Ferrara

*Mein lieber Tzara,

ich wünsche mir, daß meine Arbeiten eines Tages ins Französische übersetzt werden, damit sie sie lesen können; ich werde ihnen aber eines meiner Büchlein schicken, das man ins Französische übersetzen wird und vielleicht auch ins Englische.
Ich freue mich sehr über das, was sie mir über ihr Buch erzählen. Ich will immer noch, daß meine Manuskripte erscheinen. Ich sende ihnen noch fortschrittlichere von mir und auch von anderen Schriftstellern, die zu den besten zählen.
Ich werde versuchen, und es wird mir nicht schwer fallen, sie zufrieden zu stellen, wenn auch viele abgesandte Briefe von der Militärbehörde nicht weitergesandt werden.
Ich schicke ihnen Photos meiner Bilder. Sie können aber trotzdem die beiden publizieren, die sie schon haben und deren Titel sind:

Die Psychologie der Stadthäuser
Die Psychologie der Landhäuser

Was sie über das Klischee sagen, finde ich richtig, und ich werde auch mit den anderen darüber sprechen.
Was das übrige betrifft, werde ich mein Bestes tun.
Lebe wohl, werter Freund, und Sieg!
Auch für Janco und die Freunde unserer Sache.

F. De Pisis*

Ball an Tzara
13. 12. 1916, Zürich

Lieber Herr Tzara,

aus dem Autorenabend wird wohl nichts werden, so günstig es ist, daß Herr Corray den Saal zur Verfügung stellt.
Es scheint nicht gut möglich zu sein, *ensemble* sich zu dokumentieren. Die Zeit zwingt zu sehr zu Bekenntnissen, und Bekenntnisse schließen Gesellschaft aus (so scheint es). Gerne würde ich mich, wenn Herr Corray es arrangiert, an Autorenabenden beteiligen. Herr Corray arrangiert vielleicht eine Reihe solcher Abende, ähnlich wie Goltz sie in München machte. Der Einzelne hätte Gelegenheit, wirklich einen Begriff seiner Absichten und Überzeugungen zu geben, und ich glaube wohl, das wäre auch für uns interessanter. Meinen sie nicht?
Ich möchte gerne noch einmal mit ihnen hierüber sprechen.
Ein Autorenabend vor dem 1. Januar würde uns auch, da die Zeit so kurz ist, zuviel Aufregungen bringen.
Ich telefoniere noch.
Herzlich ihr

Hugo Ball

Apollinaire an Tzara
14. 12. 1916, Paris

*Mein lieber Tristan Tzara,

ich schätze ihr Talent seit langem, und ich schätze es umso mehr, als sie mir die Ehre gemacht haben, es auf einen Weg gelenkt zu haben, auf dem ich ihnen zwar vorangehen, aber sie nicht überholen kann.
Ich schrieb ihnen nicht früher, da ich bis jetzt fürchtete, sie würden nicht *über dem Schlachtgetümmel* stehen, eine unzulässige Haltung, zu einer Zeit, wo der materielle, künstlerische und moralische Fortschritt bedroht ist und man ihn siegreich verteidigen muß.
Das vorausgeschickt, sende ich ihnen *Freitag*, das heißt übermorgen, einige *Gedichte* und auch Prosa, wenn ich etwas finde.
Antworten sie gleich, damit ich weiß, ob ich noch etwas von meinen Freunden, die Dichter sind, verlangen soll, da sie ja sicherlich genug Maler kennen und meine Empfehlung bei ihnen kaum nötig haben werden.
Es wäre auch sehr freundlich von ihnen, wenn sie sich

darum kümmern könnten, daß die Schweizer Buchhandlungen meinen *Gemordeten Dichter* bestellen, den ich ihnen senden werde, und daß die Schweizer Zeitungen darüber schreiben. Doch ich habe ihnen kein einziges Exemplar meines Buches geschickt.
Ich würde auch gerne als bezahlter Mitarbeiter an einer dieser Zeitungen mitwirken. Ich könnte ihnen interessante Notizen schicken, da ich ja das Leben, die Literatur, die Kunst und den Krieg gut kenne. Was ich natürlich vorziehen und der Leser am liebsten haben würde, wären Neuigkeiten oder Anekdoten über Bücher und die Literatur im allgemeinen; die Neuigkeiten aber, das heißt die Geschichten, sind mir die liebste Sache. Es würde mir auch nicht mißfallen, an eine Zeitung alle ein oder zwei Wochen ein Gedicht zu schicken. Es wäre sehr freundlich von ihnen, wenn sie sich darum kümmern könnten, und sie haben mir soviel Ehre erwiesen, daß ich glaube, sie darum bitten zu können, ohne sie damit zu schockieren.
Es lebe Frankreich! Es leben die Alliierten! Es lebe Rumänien!
Ihr

Guillaume Apollinaire

P.S. Glückwünsche an Janco für seine sehr gut gelungenen Holzschnitte. Ich hoffe, daß er schon einige davon in Paris ausgestellt hat? Wenn nicht, würde ich mich gegebenenfalls darum kümmern, ihn bekannt zu machen.*

Neitzel an Tzara,
16. 12. 1916, Basel

*Mein lieber Freund,

danke für ihren schönen Brief, der mich wohl erreicht hat. Ich füge meiner Antwort den von ihnen gewünschten Brief für die futuristische Bewegung bei. Ich hoffe, das genügt.
Was meine Mitarbeit bei dem literarischen Abend betrifft, so ist mein Wille das geringste Hindernis. Aber ich habe diese Art Beschäftigung so sehr verlernt (der ich mich so sehr widmen müßte), daß ich nur mit einem völligen Mangel an Erfolg zu rechnen wage, was mir das Herz brechen (oder zertrümmern) würde. Doch erzählen sie mir noch ein wenig über diese Angelegenheit, vielleicht ist die Kraft ihrer Worte verführerisch genug, um mir bei diesem Abenteuer zur Seite zu stehen.
Der Brief an Paul Guillaume ging schon vor langem ab. Unglücklicherweise schickte ich ihn nicht express; ihr Brief aber kam zu spät in meine Hände, um mich noch rechtzeitig daran zu erinnern.
Ich hoffe, bald nach Zürich kommen zu können; auf diese Weise wird man sich wiedersehen, wenn sie es nicht vorziehen, mich hier zu besuchen — was zu den schönsten Momenten meines Lebens zählen würde!
Unterdessen bin und bleibe ich unter dem Schwert des Arbeitsamtes aller Bundesländer, die einem armen *Boche* nicht zu verhungern erlauben wollen, um der edlen und tapferen Armee der ultraviolettistischen Maler zu dienen.
Herzliche Grüße an sie und M. Janco

L. H. Neitzel

Ich warte heute den ganzen Tag auf den Besuch von Herrn Corray, um seine Unterschrift zu verlangen; da er nicht gekommen ist, fordern sie sie von ihm, wenn sie ihn das nächste Mal sehen.*

Galerie Corray,
16. 12. 1916, Basel

*Deklaration

Ich, der Unterzeichnende, erkläre, daß ich keines der vom Movimento Futuristo *gesandten Bilder an einen Angehörigen eines Staates verkaufen werde, der sich mit Italien oder mit einem Verbündeten Italiens im Kriegszustand befindet.*

H. Corray*

GALERIE CORRAY
Abteilung: Alte und moderne Gemälde; Plastik
ZÜRICH Bahnhofstrasse 19 Telephon 10755
16 déc 16.Basel.
BASEL Schifflände 2 Telephon 5468

Mon cher ami,

merci pour votre belle lettre qui m'est bien parvenue.Je joinds à la réponse la lettre demandée par vous pour le movimento futurista. Je crois que ça suffira.

Quant à ma collaboration pour la soirée litteraire c'est ma volonté,qui en est le moins occupée.Mais j'ai tellement désappri de m'occuper de cette matière(à laquelle je devrais tant m'adonner) que je n'ose que compter avec un plein manque de succès ,ce qui pourrait me casser (ou briser)mon coeur. Mais toujours:parlez moi un peu de cette affaire; peutêtre que la force de vos paroles soit assez grande séductrice pour me flanquer dans cette aventure.

La lettre à Paul Guillaume est partie depuis longtemps.Malheureusement je ne l'ai pas expédiée par exprès;mais votre lettre me parvenait trop tard pour pouvoir me le rappeler à temps.

J'espère de venir sous peu à Zurich;c'est alors que l'on se reverra si vous ne préferez pas de venir me voir ici-ce qui serait un des plus beaux moments de ma vie. En attendant je suis et je reste sous la glaive des Arbeitsnachweisstellungsvermittlungsbüro de tous les pays fédéraux qui ne veulent pas permettre à un pauvre boche de mourir de faim pour servir à la noble et vaillantearmée des peintre ultraviolettites.

Bien cordialement à vous et à M.Jancu

Arp an Hilla von Rebay
Weihnachten 1916, Zürich

*□ Ich hatte jetzt lange genug Geduld. Ich will endlich mit jemandem zusammenleben, für immer. Geliebte Hilla. Hilf mir, darüber nachzudenken, wie wir so schnell wie möglich zusammenkommen und zusammenbleiben können. Ich will niemanden anderen sehen als dich und vielleicht noch ein paar. All die Lügen und die Dummheit ekeln mich an. All diese aufgeregten Diskussionen und Erklärungen unter den Freunden sind jetzt der Gipfel der Dummheit für mich. Im Vergleich dazu scheint das unbedeutendste Kunstwerk eine große Leistung □ *

De Pisis an Tzara
26. 12. 1916, Ferrara

*Lieber Herr,

ich schätze ihre Bekanntschaft sehr hoch. Ich habe getan, was ich konnte, d.h. was ich als meine Pflicht ansah.
Schon seit langem liegen meines Bilder in *Passepartouts* bereit, um sie ihnen zu schicken, aber es gibt ja, wie sie wissen, große Schwierigkeiten, sie zu *senden*. Ich hoffe aber, über die Intervention des Bürgermeisters von Ferrara und der Handelskammer, die Erlaubnis zu erhalten, obwohl man für eine Reise mehrere Tage braucht.
Ich habe das *Cabaret Voltaire* mit einer netten Widmung und den Texten und Skizzen vieler ihrer Freunde erhalten: danken sie in meinem Namen, ich bitte sie, jenen, die es mir geschickt haben. Ich kannte diese interessante Nummer schon, weil ich sie bei A. Savinio gesehen habe.
Ich schicken ihnen einen Artikel aus dem *Giornale Del Mattino* in Bologna, wo ich über sie und ihre Ausstellung gesprochen habe. Man hat von ihnen auch in *Avanscoperta* in Rom und in der *Brigata* in Bologna gesprochen. □
Ich versuche, ihnen hier den Verleger zu finden, von dem sie sprachen; aber in Italien, vor allem in dieser Zeit, wird es schwierig sein. □
Die intellektuelle und enthusiastische Jugend meines Landes übersendet ihnen ihre besten Grüße zusammen mit der Versicherung meiner lebhaftesten Sympathie.

F. De Pisis □*

Tzara an de Zayas
28. 12. 1916, Zürich

*Sehr geehrter Herr,

in Beantwortung ihres freundlichen Briefes habe ich die Ehre ihnen mitzuteilen, daß ich mit Herrn Corray, Besitzer der Galerien in Zürich und in Basel, über ihren Vorschlag, hier eine Ausstellung von amerikanischen Malern zu veranstalten, gesprochen habe und daß er sehr davon angetan sei. Unsere moderne Ausstellung wird am 1. Jänner in dieser Galerie eröffnet, geht dann nach Basel und dann nach Genf. Ich werde ihnen den illustrierten Katalog schicken, an einem der nächsten Tage. Und das *Cabaret Voltaire* auch.
Wir kämpfen hier eifrig für die neue Kunst; ich werde aus Anlaß der Ausstellung eine Zyklus von 4 Vorträgen über dieses Thema halten. Ich bin glücklich, Beziehungen mit amerikanischen Künstlern zu unterhalten und ihnen in unserer gemeinsamen Sache nützlich zu sein. Ich gebe hier eine einfache Publikation mit Holzschnitten heraus und würde mich glücklich schätzen, sie (mit den anderen fortschrittlichen amerikanischen Künstlern) unter die Mitarbeiter zählen zu können. Schicken sie mir bitte einige Holzschnitte, die ich ihnen, sobald gedruckt, zurücksende. Die Maße dürfen 15/25 nicht überschreiten.
Mit freundlichen Grüßen

Tzara

Sehr geehrter Herr Zayas,

ich bin ebenfalls sehr von ihren guten Absichten unserer Kunst gegenüber angetan. Es würde mich freuen, wenn sie diese Ausstellung realisieren würden. Tausend Dank für die Sympathie, die sie mir in dem an Tzara gerichteten Brief entgegenbrachten. Mit derselben Sendung schicke ich ihnen per Wertbrief mein letztes Album (Ex.no.5), das 8 Holzschnitte, davon 4 handkolorierte, sowie ein Gedicht von Tzara <*Rundreise durch den Mond und die Farbe*> enthält.

Ihr Marcel Janco*

RUNDREISE DURCH DEN MOND UND DIE FARBE

das eisenauge aus gold wird sich verwandeln
die kompasse sind erblüht unsere trommelfelle
achten sie mein herr auf die phantastischen gebete
tropisch
auf der geige des eiffelturms und sternenklänge
die oliven blähen sich pak pak und symmetrisch kristalisieren
sich überall
zitrone
das stück 10 groschen
liebkosen die sonntage leuchtend gott dada tanzt
getreide verteilend
der regen
zeitung
gen norden
langsam langsam
die 5 meter langen schmetterlinge zerbrechen wie spiegel
wie der flug der nachtflüsse steigen mit dem feuer zur milchstraße auf
die straßen des lichts das haar der regenböen
und die künstlichen kioske fliegen wachen in deinem herzen
denkst du sehe ich
morgendlich
wer schreit da
die zellen weiten sich
die brücken längen sich und heben sich in die luft um zu
schreien
um die magnetischen pole ordnen sich die strahlen wie die federn nördlicher pfauen
und die kaskaden sehen sie? ordnen sich in ihrem eigenen licht
am nordpol entfaltet ein riesengroßer pfau langsam die sonne
am anderen pol wird man nachts schlangenfressende farben
haben
gleite gelb
die glocken
nervös *um ein flammenzeichen zu setzen werden die roten los-
marschieren*
wenn ich frage wie
heulen die schächte
herrgott meine geometrie

<Gedicht für Marcel Jancos Album, 1916; Von unseren Vögeln>

Marcel Janco, Holzschnitt

I. CENTURIE 19.

Die große verwirrte Mütze wegzuschaffen,
*um ein Flammenzeichen zu setzen, werden die Roten losmar-
schieren.*
Die Familie wird nahezu gänzlich niedergestreckt werden,
die Roten den Roten töten.

<Nostradamus, Prophezeiungen>

Ball an Tzara
6. <1. 1917>, Zürich

*Lieber Herr Tzara,

ich habe an Heuberger geschickt. Ein Exemplar erhielt ich für Hr. Schickele zurück.
Sagen sie mir, ich bitte sie, wie ich das die Ausstellung betreffende Essay nennen soll.
Wenn ich sie morgen Nachmittag telefonisch nicht erreiche, geben sie bei Frau Hennings Bescheid (Goldner Stern).
Herzliche Grüße

ihr Hugo Ball*

Mazza an Tzara
6. 1. 1917, Mailand

*Sehr geehrter Kollege,

der Dichter Marinetti, der an der Front ist, bittet mich, ihnen zu schreiben, daß es bei der gegenwärtigen Lage unmöglich ist, an eine Beteiligung der italienischen futuristischen Maler an einer Ausstellung außerhalb von Italien zu denken.
Die futuristischen Maler sind fast alle in der Armee; zum anderen ist es im Augenblick mit unüberwindlichen Schwierigkeiten verbunden, die Bilder zu verschicken.
Der Dichter Marinetti dankt ihnen auch im Namen seiner Freunde und versichert sie seiner aufrichtigen Sympathie.
Herzlichst

Armando Mazza*

De Pisis an Tzara
11. 1. 1917, Ferrara

*Sehr geehrter Herr,

ich bin wirklich verzweifelt!!
Ich hatte ihnen die beiden Bilder, deren Fotos ich ihnen geschickt habe, in zwei Passepartouts in einer Mappe hergerichtet.
Es war mir unmöglich, jemanden zu finden, der die Verantwortung für die Zustellung auf sich nehmen wollte.
Mit der Post habe ich ihnen 5 bemerkenswerte Aquarelle gesandt, von denen ich schon im letzten Brief sprach.
Aber die *Zensur* hat mir alles zurückgeschickt. Der Krieg ist doch ein großer Feind der Kunst. □
Ich hoffe, daß sie meinen Brief, obwohl die Mappe sehr lange brauchen wird, erhalten werden. Die vielen Schwierigkeiten in unserem Briefwechsel finde ich äußerst lästig. Mit aller Sympathie schicke ich ihnen die Zeitungen, die von ihnen schreiben und die ich für sie zusammensuche.

F. De Pisis*

(Der Brief wurde während des Stotterns einer Frau geschrieben.)

Ball an Tzara
15. 1. 1917, Zürich

*Lieber Herr Tzara,

ich gebe ihnen mit vielem Dank die *Neger* zurück. Ich reise morgen für einige Monate ins Tessin und grüße sie herzlich

ihr Hugo Ball

Grüße und Sympathie für M. Janco*

Tzara an Meriano
15. 1. 1917, Zürich

*Mein lieber Herr Meriano,

es ärgert mich sehr, was sie mir über meinen schlechten Ruf schreiben. Ich glaube, daß die, die mich mögen, auf einem gewissen Niveau bleiben und daraus die letzten Konsequenzen ziehen. Ich habe volles Vertrauen in sie und in ihren Kunstsinn und ich bitte sie, energisch das Wort zu ergreifen, wenn es notwendig wird, — für eine Sache, die uns beiden gemeinsam ist.
Ich bin in letzter Zeit sehr beschäftigt und kann im Augenblick nicht ausführlicher über unsere Bewegung schreiben. □
Es scheint mir, als hätten sie meine politischen Absichten falsch verstanden: ich bin Rumäne und leide sehr darunter, daß ich nicht an die Front kann, da ich für untauglich erklärt wurde und nicht weiß, was aus meinem Land wird. Ich glaube, daß dies meine Position klarstellt. Das *CABARET VOLTAIRE* wurde vor der Deklaration unserer Brüderlichkeit mit den romanischen Ländern für eine heilige Sache veröffentlicht. Ich war in Kontakt mit gewissen Künstlern und Literaten, die einen heroischen Verzicht bezeigten und eine klare Liebe für eine humanitäre und große Idee. Der Krieg wird mit unserem Sieg enden.
Aus denselben oppositionellen Gründen, die sie verstehen, bitten mich *Mopp* (Oppenheimer) und *Arp* sie

zu fragen, ob sie ihre Zeichnungen veröffentlichen können, von denen sie (unveröffentlichte) Klischees schicken. □
Teilen sie bitte den italienischen Künstlern mit, daß ich eine periodische Sammlung veröffentlichen werde, die nur *Holz-* und *Linolschnitte* enthält. Daß sie mir welche schicken. Sie dürfen aber nicht größer sein als 15/25. Ich würde selbst mehrere von jedem einzelnen veröffentlichen. Grüßen sie bitte in meinem Namen Marinetti aufs stürmischste. Ich werde Gelegenheit haben, hier für ihre Bewegung Propaganda zu machen — sie müssen es mir nur sagen.
Mit herzlichen Grüßen

ihr Tzara

Janco schickt ihnen einen Händedruck. Die Schnitte müssen sehr fortschrittlich sein, im Sinn, daß sie mehr oder weniger dem Prinzip der Abstraktion treu bleiben.*

Hardekopf an Olly Jacques
16. 1. 1917, Zürich

□ Richter hat in der modernen Ausstellung von Corray allerlei ausgestellt, Ölbilder (darunter Portrait von Rubiner) und anderes. Tristan Tzara hat den Salon mit einer (französischen) Ansprache eröffnet, und es scheint, daß die ganze Ausstellung den dummen Namen *Dada* trägt. Das ist eine, glaube ich, von Herrn Tzara erfundene Bezeichnung. Richter erzählte mir, er habe wegen dieser törichten Firma das von ihm für den Salon gezeichnete Plakat zurückgezogen. Auch habe Mopp, wegen anderer Mißhelligkeiten, seine schon an den Wänden hängenden Bilder, bei Anwesenheit des Vernissage-Publikums, heruntergenommen und sei damit von dannen gezogen. — Also, eine ungemischte Freude scheinen diese Neuerer aneinander nicht zu haben. □

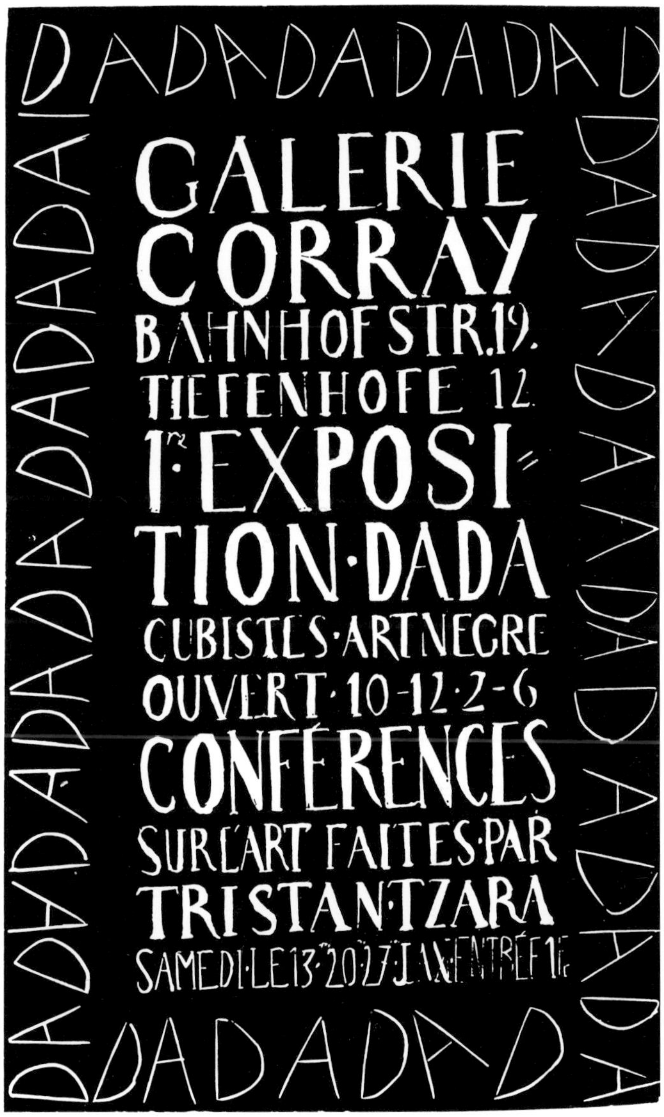

Man erklärt, dass die moderne Kunst Resultat einer simplen und normalen Entwicklung ist, und wer sich die Mühe nahm, intuitiv die Logik neuer Formen zu ergründen, wird sich künftig in Ruhe niederlassen können auf sanften und präzisen neuen Begriffen. Die Klarheit wird dann Motiv einer Eislandschaft, die geometrische Einfalt Märchentraum Aller.

Mit der Kraft einer Kaskade begann Picasso das Problem vom Gipfel zur Basis zu studieren. Mit der Weisheit eines Erzengels stiess er seine Erfahrungen in eine von Elektrizität erfüllte Atmosphäre und sein asketisches Temperament bis ins tiefste Fleisch der Organismen. In seinen Bezügen hat er die Attitüde des Malers vor der Natur, im primitiven Sinne Rembrands oder sonst eines Meisters. Er macht keine Philosophie.

Ansichten über Kunstwerke sind relativ und persönlich. Ich liebe Kristalle, alte Möbel und die moderne Malerei.

Als man die Differenzen der Höhen und Vibrationen entdeckte, die unterschiedlichen Materialien auf der Bildfläche mit sich brachten, sperrte das verehrte Publikum seinen klebrigen Kollektivmund auf um lachen zu können.

Und doch war das als Anwendung einer Idee auf den Stoff eine der wichtigsten Entdeckungen in der Aesthetik. Ich finde die Realisation wunderbar natürlich.

Der Maler bringt zur objektiven Realität eine Wahrheit, die nur er sieht; von der Distanz dieser beiden Dinge aus bemesse ich die Höhe, die der Künstler mit seiner Konzeption dem Objekt gegenüber einnimmt. die Reinheit und Klarheit seines Gedankens, die Kraft seiner Abstraktion. In dieser Region, wo die Ideen Metall werden und die Eingeweide der Dichter kleine Blüten auf den Hintergrund eines dunklen Geschmeides. Man kann ebenso gut auf den Stufen der Stiege wie auf der Stiege ohne Stufen gehen. Der Ton eines Pianos ist andrer Natur als der nämliche Ton auf dem Violoncell, und wiederum andrer Natur, wenn ein Tenor ihn singt. In einer Abfolge von Verschiedenheiten unterscheide ich beständig (die Symphonie. Ich bilde keine Analogie) Die Dichtigkeit eines Stoffes bringt dem Empfinden eine gewisse Belastung. Ich etabliere ein Gleichgewicht, das mir zur Konstruktion verhilft. Ich schaffe die unsichtbare Dimension und male sie ehrlich.

Zugleich mit diesen neuen Problemen studierte man die Wesenswerte der Konstruktion, der Simultaneität, der Bewegung (die Futuristen), des Dekorativen, der neuen Materie (Teppich, Stickerei, Papierbild), der Tiefe, der Qualität der Linie und der Farbe.

Ein kleiner Ausschnitt einer guten Malerei, eine Artikulation, ist wohl konstruiert, ist stabil, Farbe und Linie sind adäquat der Proportion des Rahmens. Der moderne Maler ist wesentlich, er drängt zusammen, zentralisiert, schafft Synthesen, und das Gesetz, das er sich auferlegt, ist die Ordnung. Seine Kunst will sein wie ein Buchsbaumgarten, im Innersten streng und geordnet, sauber.

Ich sehe bei Arp: Askese, die aus der Symmetrie resultiert, einer Symmetrie, die er sich auferlegt wie eine Ordensregel; Ueberzeugung, Tradition einiger weniger primitiver Linien: der Vertikalen, der Horizontalen und einiger Diagonalen, die sich aus den Gravitationsgesetzen ergeben; Hass gegen fettige Oelmalerei; und das Gefäss, will sagen der Körper, geläutert durch die Tiefe von Archäologieen.

Bei Chirico: Temperament und Darstellung nach aussen gerichtet: seine Linien sind starr, seine Imagination bedeckt den Beschauer mit grünem Eis. Er führt die Abstraktion auf den Weg einer vergifteten und mysteriösen Ironie.

Ich sehe bei Janco: kraftvolle Tendenz, die Malerei und das Leben organisch in Einklang zu bringen; Architektur, Festigkeit, die Variationen der Intensität, das Gloriolenhafte von Formen, die als mechanische Transparente um einen Mittelpunkt übereinanderragen: er baut Plastiken auf aus Ebenen und entfernt sich von der Bewegung und von den körperlichen Kristallisationen.

Lüthy richtet sein geistiges Augenmerk auf jenen Punkt in der Unendlichkeit, wo zwei Parallelen — vielleicht ein einziges Mal im Leben — sich schneiden. Er führt durch den goldnen und blutigen Umkreis seiner Sensibilität zu einer mysteriösen und phantastischen Ruhe. Reichtum der Tiefe unter dem abgeklärten Gesichtswinkel astronomischer Präzision.

Bei Oppenheimer (Mopp.) die Tradition gewisser Ideen der Revolution, Rythmik der Grazie, farbige Raffiniertheit Fiebrigkeit ausstrahlender Körper. Seine Stadt hat den Ton einer Orgel. Heisser Windstoss verschüttet rote Gesänge.

Ich sehe bei van Rees: innere Harmonie der Farbe, religiös gedacht, Leitung der Formen und deren friedfreudiges Nebeneinander; leuchtende Weisheit.

Die mathematische Reinheit der Stickereien von Frau van Rees ruft die Seele in einen Springbrunnen der Unendlichkeit. Ihre klaren Farben haben den sonoren Schwung der Nacht, die um Milchstrassen kreist.

Bei Richter das Leben der Musik, Expression der Bewegung, Intelligenz in der Gruppierung der Kräfte. Er realisiert den geistigen Prozess der Vision, vermindert, beängstigt die Illusion.

In den Gravüren Slodkis: Anschauung voller Sehnsucht, Dunkelheit u. Architektur inneren Schmerzes.

Tscharner findet das pathetische und robuste Gebet. Er studiert nicht mehr die Lebensform in ihrer mannigfaltigen Erscheinung. Er sucht die Lösung im Leben selbst, direkt, in der Realität.

In eine Phiole die zahllosen Fasern, Vitalität und Funktionen einer neuen Tendenz sammeln zu wollen, hiesse eine Welt schaffen wollen. Diese Sätze seien bescheidener und geringer Versuch, die Absichten einer kleinen Zahl Künstler aufzuzeigen in der Tiefe eines Schachtes, der Kelch einer Sonnenblume werden kann.

Man geht, wenn man Entwicklungsetappen aufzeigen will, von Negerskulpturen, von transformatorischen und illusionistischen Bildern aus, obzwar sie nicht viel besagen über das Ziel unserer Vorsätze.

Der Einfluss, den die moderne Malerei sich erwartet, ist der allerbeste: Beruhigung, Stille.

Man erstrebt eine Kunst, die überpersönlich und anonym ist. Man sieht darin das Heilmittel gegen die Bosheit einer Zeit, da die Engel vom Weihnachtsbaum tropfen.

In der Pestalozzischule staunt die Naivität der Kleinen vor den restlos entschlossenen und abstrakten Wandgemälden der Herren Van Rees und Arp, die unter der tapferen Initiative des Herrn Corray dort angebracht sind.

TRISTAN TZARA.
(aus dem französischen übersetzt von Hugo Ball).

1917 — Januar — Februar

GALERIE CORRAY, Bahnhofstraße, Zürich.

I. DADA-AUSSTELLUNG

Van Rees, Arp, Janco, Tscharner, Frau van Rees, Lüthy, Richter, Helbig, negerkunst, eklatanter erfolg: die neue kunst. Tzara hält 3 Vorträge: 1/kubismus, 2/alte und neue kunst, 3/gegenwärtige kunst. Großes plakat von Richter, plakat von Janco. Einige alte englische jungfern schreiben gewissenhaft mit.

Hardekopf an Olly Jacques
19. 1. 1917, Bern

□ In Zürich habe ich Hans Richter noch wiederholt gesehen, auch Franks und Ehrenstein. An einem Abend war eine gewisse Panik an unserem Tisch, wegen der Schweizer Mobilisierungen. Aber es war doch nur ein leichtes Gruseln. Mit Ehrenstein habe ich mich gut verstanden. Unerwartetes aus Deutschland hatte er nicht zu erzählen. Er denkt, bis September in der Schweiz zu bleiben. Kennen lernte ich die *Cabaret Voltaire*-Leute Tzara und Janco, gute Jungens, wie es scheint. Und auch Emmy habe ich getroffen. Sie sieht gut aus und hat sich wohl ein bißchen beruhigt von all ihren erregenden Ideen. Ich freute mich, sie zu sehen. Ball ist mit Freunden wieder im Tessin. Morgen wollte Emmy ihr Kind in ein Institut in Welsens am Wallensee bringen. Sie möchte gern eine Zeitlang mit ihren Gedanken allein sein. Finanziell scheint wenigstens keine momentane Not zu herrschen; das Geld für das Erziehungsinstitut ist vorhanden. — Rubiner habe ich nicht gesehen. Ich bat ihn zu einem Zusammentreffen mit Richter, Ehrenstein und mir; aber er kam nicht. Vielleicht war er nicht in Zürich. Ich weiß es nicht. — Die kubistische Ausstellung bei Corray habe ich mir angesehen. Allerlei schon gewohnte Ungewohntes und vielfach mir Interessantes. — Einen Nachmittag sah ich, beim *thé dansant* im *Pavillon Mascotte*, die Töchter tanzen — und war mir der Frivolität solchen Schauspiels in dieser Zeit bewußt — Zürich hat gar keinen Stil; aber es hat mich diesmal nicht weiter enerviert. □

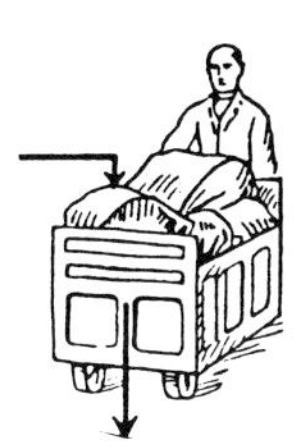

Prampolini an Tzara
20. 1. 1917, Rom

*Mein lieber Freund,

ich danke ihnen mit größtem Enthusiasmus für die Ehre, die sie mir mit ihrer Einladung zur Mitarbeit an ihrer genialen und gewagten Zeitschrift erwiesen haben. Ich habe schon bei meinen Freunden ihre mehr als interessante Zeitschrift bewundert, ihren Mut und ihre Sensibilität, die am feinsten im lyrischen Inhalt ihrer Poesie zum Ausdruck kommt. Ich hatte aber noch nicht die Gelegenheit, meine vollständige Zugehörigkeit zu ihrer oder unserer künstlerischen Erneuerung zu bekennen. □
Wann immer sie wollen, bitte ich sie und ihren treuen Freund Janco, mir ihre hypersensible Lyrik und einen seiner ausgereiften Holzschnitt für ein Album zu schicken, — eine *Sammlung der Alliierten*, der kühnsten und avantgardistischsten —, das ich gerade vorbereite. Ich hoffe, sie sagen zu. In diesem Augenblick gibt es nur diese und den intellektuellen Austausch zwischen unseren Hirnen;
Wir sind bestimmt, die Menschheit zu erneuern und ihr die wahre Sensibilität zu verleihen.

Ich bekenne mich:

Enrico Prampolini,
Via Tanaro 89, Rom
Futurist*

Hilla von Rebay an ihren Bruder
20. 1. 1917, Zürich

* □ Es ist wunderbar hier — viel Schlagobers und viel Kunst. Dies ist eine große Ära der Kunst, und wie die Impressionisten vor 50 Jahren sind wir jetzt die innovativen Kräfte einer wichtigen Zeit. Unser Ziel ist sehr hoch, sehr absolut und sehr intelektuell und voll Weisheit. Mein Freund Arp ist wahrscheinlich der beste und Richter ist auch einer von ihnen — wunderbare Künstler. Die gemeinsame Anstrengung schließt Ausstellungen, Bücher, Zeitschriften und Vorträge über die Absichten und Ziele der Künstler mit ein, je radikaler die Kunst, desto mehr Aufmerksamkeit gewinnt sie. Es ist ein Gottesgeschenk, daß wir so weit durch unsere eigene Kraft und reinen Willen gekommen sind und einfache, offensichtliche Dinge und Formen und Gedanken (frei von Kunstgriffen, *Künstlerischem*, reinem Effekt) erreicht haben, den kraftvollen Ausdruck einer reinen Idee und eines reinen Gefühls.
Eines Tages wird jeder dazu erzogen werden, es zu verstehen. Daß meine neuen, freien Arbeiten so hoch von diesen Künstlern geschätzt werden, stellt den ersten wirklich wichtigen Erfolg für mich dar.
Alles Liebe

Hilla*

Tzara an Meriano
1. 2. 1917, Zürich

*Sehr geehrter Herr,

ich bin sehr überrascht zu hören, daß sie das *Essay über die moderne Kunst und einige Maler* <Vortrag Tzaras zur 1. Dadaausstellung> unter ihren Briefen veröffentlichen — obwohl ich ihnen schrieb, daß ich nichts für ihre Abteilung Briefe schreiben will, weil ich nicht genug Zeit dazu habe. Die Wahrheit ist, daß diese Art von Arbeit mir nicht liegt. □ *

Arp an Hilla von Rebay
<Februar 1917, Zürich>

* □ Die Anthologie gedeiht. Tzara ließ Kopien von

deinen Holzschnitten machen. Sie sind wunderschön und werden in der Anthologie hervorstechen — Wie geht's dir? Ich hatte eine heftige Diskussion mit L.Frank über unsere Kunst. Die mittelmäßigen Moralisten sind doch die wirklichen: ich glaube, wenn sie alle zur Hölle fahren würden, wäre innerhalb von einer Stunde der schönste Sonnenschein auf der Welt. □ *

De Pisis an Tzara
2. 2. 1917, Ferrara

*Sehr geehrter Herr,

ich hoffe, daß sie meinen letzten Brief erhalten haben. Ich konnte ihnen meine Bilder (es sind eigentlich nur Skizzen) nicht schicken, weil die *censura* sie nicht durchließ. Es ist zum Verzweifeln.
Ich erhielt das sehr interessante *Album*, das sie mir geschickt haben, mit den Reproduktionen von De Chirico, Janco und anderen Künstlern der Avantgarde: doch glaube ich, daß das nur der Katalog des besagten Albums ist, das auch Gedichte und Prosa enthalten müßte. Ich habe für *Giornale d'Italia, Avvenimenti, Giornale del Mattino, Avanscoperta, Brigata* etc. von ihnen und ihrer Ausstellung geschrieben.
Haben sie noch meine Manuskripte? Ich bin mir sicher, sie haben sie bereits in ihren Kükenkäfigen veröffentlicht.
Die Maler, deren Namen ich ihnen nannte, erhielten ihre Einladung nicht und konnten ihnen aus demselben Grund wie ich ihre Arbeiten auch nicht schicken. Richten sie meine Grüße und meinen Dank an Janco und die herzlichsten Grüße an sie und alle unsere Freunde.

Ihr F. De Pisis*

Emmy Hennings an Ball
6. 2. 1917, Zürich

□ Als ich gestern Frau Jacques suchte im Café, traf ich sie mit — Hardekopf. Das war mir etwas überraschend. Und es schien mir, als hätte Frau Jacques ihm geschrieben. □
Wir unterhielten uns über allerlei Literarisches und Politisches. Ich habe mich selten so gut unterhalten und so witzig. Er erzählte mir, daß er zunächst noch nach Arosa gehe. Er habe um Verlängerung seines Urlaubs nachgesucht, es falle ihm schwer, jetzt nach Deutschland zurückzufahren. Er glaubt, wir würden uns vorher noch einmal sehen.
Auch bei Richter war ich inzwischen (gestern abend). Es gab eine lange Debatte über die Zeitschrift. Ehrenstein will mitarbeiten, und es scheint ihm ganz angenehm zu sein, daß es ein Organ werden soll, in dem man *kein Blatt vor den Mund nehmen braucht*. R. will auch heute mit Hardekopf darüber sprechen. Ich selbst wollte das nicht tun. Auch mit Frank wurde gesprochen. (Konferenz Frank, Lisa, Tzara, Arp) ... morgen will ich zu Mopp. Ich habe mich entschlosen, über seine Bilder zu schreiben. Und der junge Glauser bringt mir heute Abend einen Aufsatz über Léon Bloy. □

Ball an Hennings
8. 2. 1917, Zürich

□ Ich freue mich sehr, daß du so stillen Unterschlupf gefunden hast, ein kleines, heiliges Refugium. Es ist etwas Schönes um die katholische Kirche. Sie ist wie eine ewige Mutter, die uns Eintagskinder in ihren Armen auffängt. Ich bin so glücklich, dich geborgen zu wissen. Erhole dich gut, Liebste, schöpfe neuen Atem und neue Kraft und sammle dich. Wir sind Streiter und dürfen es uns wohl gönnen, einmal unseren Platz zu verlassen, um auszuruhen. Ich beneide dich sehr. Für mich hatte das Klosterleben immer einen mystischen Reiz, dem ich nur schwer widerstehen kann. □
Eine Berliner Buchhandlung bestellte 20 Cabaretthefte, aber ich habe keine mehr. Und es ist doch merkwürdig, wie das kleine Cabarettheft einschlug. Man erkundigt sich, ob inzwischen etwas Neues erschienen ist und grüßt mit ausgezeichneter Hochachtung. □

Arp an Hilla von Rebay
8. 2. 1917, Zürich

*Liebe Hilla,

□ ich arbeite langsam und viel und grüble über die Essenz der Welt nach. Letzteres ist eine furchterregende und undankbare Beschäftigung. Man schlägt dauernd Purzelbäume. Bald steht man auf dem Kopf, bald dankbar wieder auf den Füßen. □
Viele tiefempfundene Küsse

Hans*

Neitzel an Tzara
17. 2. 1917, Basel

*Sehr geehrter Herr Tzara,

ich erhielt gerade ihre liebe Karte, in der sie mich um die Übersendung meiner Zeichnungen von Léger, Klee etc. aus Saverne bitten. Unglücklicherweise aber ist dies unmöglich, weil sie nicht in Saverne sondern in Leipzig im Lager eines Verlegers sind, der an der Front ist und sie so gut versteckt hat, daß es absolut unmöglich ist, eine dieser Zeichnungen, die Herrn Arp gehören, zu finden.

Was die Klischees betrifft, müssen sie sich an Hr. Corray wenden; was die Erlaubnis für den Druck betrifft, an Hr. Walden. Ich interessiere mich lebhaft für ihre Veröffentlichung, und mir tut es ungeheuer leid, daß ich ihnen nicht dienlich sein kann, weil ich mir nichts mehr wünsche, als ihnen zu helfen. Für die schöne Postkarte mit der Reproduktion der Komposition von Hr. Janco meinen besten Dank. Ist es eine seiner letzten Arbeiten? Meinen Glückwunsch für diesen hochbegabten Künstler!
Mit einem Handschlag von ihrem ergebenen

L. H. Neitzel.*

Arp an Hilla von Rebay
19. 2. 1917, Zürich

*□ Ich hörte die Rede nicht, die Ball über Rußland hielt. Doch glaube ich kaum, daß Ball überhaupt etwas Wertloses sagen kann. Über van Gogh habe ich die genau entgegengesetzte Meinung, er ist echt, aber wertlos. Im Gegensatz dazu halte ich die Werke von Fr. van Rees, die eine wirkliche *Künstlerin* ist, für sehr gut. Die Garben fehlen. Reproduktionen verfälschen immer etwas. Ihre Arbeiten sind übertrieben auf eine symbolische und weibliche Art und Weise. Ab und zu verliert sie jeden Kontakt mit dem Boden, aber nach meinem Dafürhalten ist sie der Mühe wert. Hast du noch niemals Arbeiten von ihr gesehen? — Ja, es ist mir auch unerklärlich, wie viele Künstler in solche traurigen Mesalliancen kommen oder vielmehr verfehlte Ehen. Aber vielleicht ist es der Fehler der geschätzten Frauen. Sie machen alles zu schwierig für den Künstler und werden einfach zu sexuellen Accessoires.
Bitte schick mir bald Radierungen und Holzschnitte für die Basler Galerie, die nun unser Freund Neitzel leitet. □
Ganz der deine

Hans*

Tzara an Meriano
24. 2. 1917, Zürich

*Lieber Herr Meriano,

ich kann ihnen nun endlich mit Enthusiasmus und Gewißheit schreiben, daß die Publikation, von der ich gesprochen hatte — wenn ich mich nicht irre —, bald erscheinen wird. Sie wird *Manifestationen neuer Kunst und Literatur* heißen und mindestens 160 Seiten umfassen (Format *Cabaret Voltaire*) samt vielen Illustrationen. Was die finanzielle Seite betrifft, so hat die kleine Zahl der Zürcher Mitarbeiter entschieden, um jeden Preis diese Publikation erscheinen zu lassen, mit dem Schweiße ihres Blutes. Wir haben nichts, sind alle arm, und ich glaube, das Recht zu haben, sie als Freund und Mitarbeiter um kleine Gefälligkeiten zu bitten, die sie leicht für eine große und edle Idee leisten können (wie man gewöhnlich sagt).
Wir wollen die Synthese all dessen vorstellen, was in den letzten Jahren an Interessantem gemacht wurde, all die Forschungen, Erfahrungen und, in gewissem Maße, die erzielten Resultate. Ich bitte sie, in meinem Namen alle Literaten, die sie interessant und *fortschrittlich* finden, um Manuskripte zu bitten — was sie als das Modernste in ihrem Werk erachten. Ich könnte auch gerne *parole in libertà* veröffentlichen. □ Es ist mir wichtig, daß möglichst viele Italiener dabei sind. Ich bitte sie auch nochmals, mit Malern über die Publikation zu reden, daß sie *Holzschnitte* oder *Klischees* ihrer Werke (Zeichnungen oder Bilder) schicken, selbst wenn sie schon veröffentlicht worden sind. Natürlich können wir in unserer prekären Situation nichts für Klischees ausgeben. Können sie mir Klischees von Hr. Carra schicken? Oder von anderen fortschrittlichen Malern? Wer könnte mir die in *Lacerba* erschienenen Klischees vermitteln? □
Kündigen sie bitte auch das Erscheinen des letzten Albums von Janco unter dem Titel: *8 Holzschnitte von Marcel Janco mit einem Gedicht von Tristan Tzara, Collection Dada*, an. Es wurden 20 numerierte und signierte Exemplare auf Japan-Papier gedruckt; Preis 60 Fr. □
Kennen sie auch fortschrittliche Komponisten? □
Ich bedauere sehr, daß ich ihre Sachen nicht lesen kann, die sicher sehr interessant sind. Ich kann kein Italienisch, selbst ihre Briefe muß ich übersetzen lassen.
Mit vielem Dank im voraus und brüderlichem Handschlag

Tristan Tzara*

Tzara gestand mir, sein Ehrgeiz sei, eine neue Kunstrichtung zu *erfinden*, wie er sich ausdrückte. Ihn ließ der Ruhm Marinettis, des Führers der italienischen Futuristen, nicht schlafen. Schwärmerisch erzählte er mir von einem Besuch dieser ästhetischen Sekte in Bukarest. Alle gleich gekleidet, graue Anzüge, graue Hüte, graue Wildlederschuhe. Nur der Anfang war schwer, so stellte Tzara seufzend fest, aber er hatte genug Verbindungen in Paris, Verbindungen in Italien. □ Tzara träumte vom Ruhm. *Dadaismus*, sagte er, *klingt doch viel besser als Futurismus. Und das Publikum ist so dumm.* Damals nahm er sich noch nicht ganz ernst. Es traf sich, daß ich dazu geeignet war, Tzara einen Dienst zu erweisen. Rumänien brauchte Soldaten. Tristan Tzara hatte den Befehl bekommen, sich zu stellen. Aber ... ein Zürcher Psychiater hatte über ihn ein Gutachten abgegeben: *Dementia praecox*, Jugendirresein. Mit diesem Gutachten bewaffnet, mußte Tzara sich einem ärztlichen Gerichte vorstellen, das in Bern tagte. Und mich hatte er zu seinem Begleiter ausersehen. Unterwegs lasen wir das Gutachten des Psychiaters: es war sehr amüsant. Als Beweis für den Irrsinn seines Patienten hatte der Seelenarzt Gedichte seines Patienten zitiert, die mehr als deutlich beweisen sollten, daß es sich hier um einen krassen Fall von Verblödung handeln müsse. □

Tzara spielte seine Rolle ausgezeichnet. Er ließ das Kinn hängen und zarte Speichelfäden auf seine schiefgebundene Krawatte träufeln, die ich ihm jedesmal sorgsam abwischte. Die Frage der rumänischen Ärzte, die in einem Hörsaal des Inselspitals versammelt waren, mußte ich beantworten. Tzara beschränkte sich darauf, undeutlich *ha* oder *ho* zu murmeln. Ich bat die Anwesenden dringend, den Kranken nicht durch zu viele Fragen zu reizen, er werde sonst aufgeregt, und schwierig sei es dann, ihn wieder zur Räson zu bringen. Sicher fiel es Tzara an diesem Tage nicht allzu schwer, ein wenig katatonen Stupor vorzutäuschen. Latzko hatte damals in der *Neuen Zürcher Zeitung* seine ersten Kriegsnovellen erscheinen lassen, langsam wehte über die Grenzen ein großes Grauen. Daß auch Tzara, der sonst Realität, Gefühle und Psychologie aus der Kunst ausmerzen wollte, sobald es sich um seine Person handelte, doch wenigstens das Gefühl der Angst zu kennen schien, war nicht weiter bemerkenswert. Erst als sicher war, daß er endgültig kriegsuntauglich war (mir wurde ein Zeugnis in die Hand gedrückt, auf dem dieses bestätigt wurde), raffte er sich zu einem ersten Witz auf. Ich führte den Stolpernden vorsichtig zur Tür. Dort jedoch wandte er sich um und sprach laut und deutlich: *Merde*, und wie zur Bekräftigung fügte er hinzu: *Dada*.

<Glauser, Dada, Ascona ... >

Max Bläulich, Scheisser-Reich, 1989

De Pisis an Tzara
29. 2. 1917, Ferrara

*Sehr geehrter Herr,

entschuldigen sie bitte auch mein Schweigen, das viele Ursachen hat, unter anderem auch den Grund, daß ich ihnen meine Eindrücke über ihre Gedichte in *Le Pagine* schreiben kann, die wirklich die besten waren.
Mir geht es gut und ich arbeite für kleine Zeitschriften und auch für die *Avvenimenti*, eine kommerzielle und in Italien viel gelesene Zeitschrift. □
Ich wünsche Janco für seinen Vortrag viel Glück; er wird sicherlich ein sehr bemerkenswertes künstlerisches Ereignis sein; grüßen sie ihn von mir.
Die Zeiten sind hart, wie sie sagen, aber wir werden unseren guten Kampf, wie ich hoffe, gewinnen.
Hr. Savinio und Hr. de Chirico grüßen sie und viele meiner Freunde, Ravegnani, Meriano, Lipparini.
Mit festem Händedruck

F. De Pisis*

Neitzel an Tzara
31. 2. 1917, Basel

*Meine lieben Freunde und Meister,

beiliegend der göttliche Gesang von der Transfusion eines platonischen Bourgeois zum Schüler des Simultanismus. Traum, Verdauung und simultane Verstopfung (das Dutzend für 5 Fr.).
Und was meine Reinkarnation *zurichoise* betrifft (nicht zu verwechseln mit *framboise*) — die hängt von der fraglichen Affaire ab, die niemals in Frage gestellt ward.
Ich bin banal wie eine Prinzessin von Maurice Maeterlingsky, die sich aufs Boxen versteht.
Abgesehen davon rauche ich Zigaretten, während ich an ihre Gesänge und an die Malereien des Meisters Janco denke.
Mit freundlichem Händedruck

L. H. Neitzel*

Arp an Hilla von Rebay
3. 3. 1917, Zürich

*Liebe Hilla,

vielen Dank für deine Briefe, die schönen Fotografien und den Archipenko. □
Ich glaube, ich schrieb dir in einem meiner letzten Briefe, wie sich Leute für Dinge abmühen, die nicht in ihren Fähigkeiten liegen. Sie gehen entweder unter oder kriegen Muskelkater von den Hanteln aus Papier. Ich werde mit dir darüber reden und auch über Dinge, die Künstler gemeinsam haben, die unglücklicherweise bis jetzt nur wenige sind. Außer man glaubt, alles ist ein und dasselbe, was dauernd Anlaß zur Heiterkeit bietet. Manchmal fühle ich dies sehr stark.
Mit allem Herzen, liebste Hilla, viele Küsse

dein Hans

Lucian H. Neitzel

Arp an Hilla von Rebay
März 1917, Zürich

*□ Meine Arbeit ist wirklich das einzige, was mich aufrecht erhält. Sie bereitet mir großes Vergnügen. Ich bin froh, daß Walden mein kleines *Papierbild* mochte. Bitte übermittle ihm meine Grüße. □
Du irrtest dich sehr in deinem letzten Brief. Meine Freundin ist nicht der Grund, daß ich dir nicht schreibe. Manchmal beschäftige ich mich sehr mit Leuten und Dingen, und dann gibt es wieder Zeiten, wo ich so weit weg bin von ihnen, daß ich fast glaube, dieser Zustand gehört zum Tod. Wieso sollte es nicht Leute geben, die schon zu ihren Lebzeiten ein bißchen *tot* sind? □
Liebe Hilla, denke an mich. Ich wäre sicherlich glücklicher in Berlin. Doch ob ich so viele Leute ertragen würde, ist eine andere Frage □*

Mary Wiegmann an Tzara,
<März 1917, Zürich>

Am Samstag, dem 10. März, abends um 8 1/2 Uhr findet bei Mary Wiegmann, Seegartenstr. 2, ein Kostümfest statt, zu welchem Herr Tzara freundlichst eingeladen ist. Sämtliche Teilnehmer sind gebeten, sich zu kostümieren. Außer Gesellschaftsanzug ist alles gestattet, sofern es phantastisch, futuristisch, simultanistisch, kubistisch ist.

Auskunft über Kostümfragen erteilen
Hans Arp, Forchstr.
Maya Chrusecz, Seegartenstr. 2/II
Sophie H. Taeuber, Magnolienstr.6

Ma Wg

Tzara war der Aktivste, er extemporierte am leichtesten, war voller Ideen und feuriger Kampfeslust. Meistens in einer Art, um das Publikum zu erregen, ja sogar zu empören, denn diese Reaktionen wollte er haben. Im Gegensatz zu manchen Dadaisten, besonders in der späteren Zeit, die eigentlich nur den Wunsch hatten, möglichst großen Anstoß zu erregen, ohne tieferen Sinn, nur so als Spielerei. Tzara war trotz seiner äußeren Leichtigkeit aber ernst, feinfühlig und sehr intelligent. Manchmal sah er träumerisch aus, seine großen Augen, den Kopf leicht geneigt, eine Haarsträhne fiel über sein rechtes Auge. Der Nasenansatz war sehr fein gezeichnet, der Mund sinnlich, aber wenn er redete, war er voller Leben. Mir schien, es war bei ihm eine guten Verbindung zwischen Vernunft, Wille und Gefühl. Er war ein toller, lebendiger Kerl aus Rumänien, auffällig war seine Blässe, fast grünlich. Wir

Hans Arp und Sophie Taeuber, Ascona 1918

Mary Wiegmann, Ascona 1918

haben oft gedacht, vielleicht ist er krank. Er hatte auch oft mit dem Magen zu tun, vielleicht aß er zu wenig — aber wir alle aßen ja eigentlich zu wenig.
Man sagte mir, Maya Chrusecz würde die Dadaisten mit Geld unterstützen, da sie gut verdiente, als private Haute Couturière. Sie sei schön, witzig, lebhaft und charmant.
Ich lernte sie kennen, als wir alle Dadaisten einluden in unseren neuen Raum der Labanschule in der Seegartenstraße. Das war ein schöner Abend. Ich kam später mit dem Zug, und ich war in der Garderobe mit einer Dame, die auch spät gekommen war. Diese Dame war unangenehm, sagte kein Wort, war ungeduldig und wollte den Platz haben vor dem Spiegel. Sie sah spitz aus, die Nase einen Meter vor sich, ebenfalls so ein Kinn und sonst barsch, müde Augen, verkniffen, also eine häßliche Frau, unangenehm. Als wir fertig waren mit dem Frisieren, kamen wir zur gleichen Zeit in den Saal, wo schon alle Leute waren. In dem Moment, wo diese Dame die Tür aufmachte, war sie plötzlich eine charmante Frau, entzückend und lebhaft mit ihrem goldblonden Haar, und man kam uns entgegen und sagte: *Das ist Suzanne Perrottet und Maya Chrusecz.* Von dem Moment an habe ich verstanden: Wenn sie dasein muß, etwas darstellen muß, war sie wirklich ein entzückendes Wesen.
Sie hat uns geholfen, sie hat der Wiegmann schöne Kleider gemacht, die viel repräsentieren mußten, ein schönes Abendkleid, einen Mantel für das Theater, und für mich hat sie ein sehr einfaches Tailleur gemacht, nach meinem Sinn. Sie hat das wunderbar gemacht, und sie war immer sehr nett zu uns allen.

<Suzanne Perottet>

Maya Chrusecz und Tristan Tzara

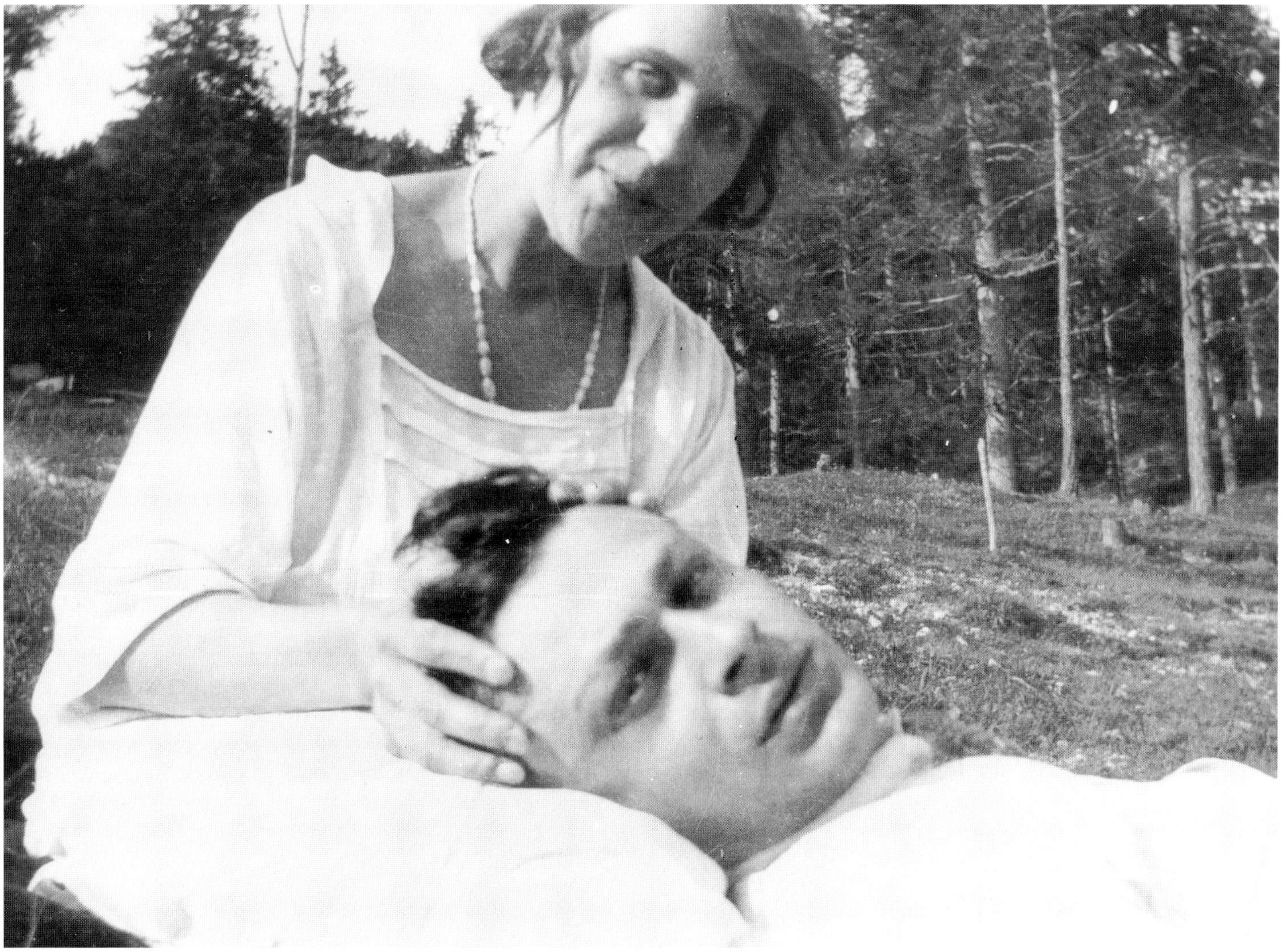

DAS HERZ IN DER SCHULE

Ein verhältnis das ich ohne fortsetzung glaubte

Die hotelzimmer verallgemeinern die bedürfnisse der menschen, sie richten sie auf das folgsame existenzminimum. Der richtige und nützliche gebrauch der dinge gibt ihnen den sinn für die wirklichkeit ihrer lage wieder, doch niemals neu genug, und die bedeutung der gedanken versickert nach dem tauen im saum einer zerzausten perle, abgestreift durch die besonderen tugenden und das geschmeidige lächeln feierlicher klagen.
Der stuhl erwartet die lärmenden und laschen reflexionen; das bett nimmt den schlaf und den wunderbaren kindlichen würgegriff in sich auf; der spiegelschrank entmutigt die kühnsten forscher, er bestätigt das lächerliche und die mißverhältnisse der gestalt; der kamin bestimmt den ungefähren luxus, der unserer gnade auferlegt ist, und das, was unseren bedarf nach summarischer sauberkeit befriedigt, ist oft lästig und ohne reiz.
Das hotelzimmer ist das resümee unseres lebens, das einem anderen angehören hätte können; es paßt sich jeder lage, jedem temperament, jeder beschäftigung und zu jedem preis an.
In eines dieser zimmer, denen es an geschmack, an seidenweichem und fortdauerndem leben mangelt, brachte ich sie nach dem spaziergang. Kann man überhaupt die beschwerliche beschäftigung, der wir uns hingaben, spaziergang nennen? Es war im übrigen nur ein spiel, um sie zum mitgehen zu bewegen, da ich alles vorbereitet hatte, um ihre neugier anzustacheln und ihr jede idee von mißtrauen mir gegenüber zu nehmen. Ich hatte gespürt, daß unter diesen umständen eine frau aus gewohnheit mißtraut. Diese vorgangsweise steht mir gut und hat auch immer erfolg: unter den formeln des anstandes und selbst der abstoßenden ehrlichkeit verstecke ich instinkte und schandhafte motive. Das verlangen, mich nach meinem willen auszudrücken, ehrlich, ohne schonung, in aller offenheit, deren konsequenz ich trage, verschiebe ich auf später, wenn es mir leichter fallen wird. Die furcht vor einem verfrühten bruch läßt mich so handeln, und doch kenne ich kein in seiner feinheit heftigeres leiden, als einer frau nahe zu sein, ohne ihr etwas zu sagen. Gedankenkaskaden, hierbei vollkommen unnütz, milchige skalen schiefer zebraartiger streifen folgen mit übertriebener schnelligkeit aufeinander. Die assonanz imaginärer worte nährt scheinbar logische bedeutungen und von geschwindigkeit und präzision durchsetzte bilder — scherben des fleisches und des schreckens in einer region des debakels — scheinen interessanter, jetzt, wo ich schreibe, als sie in wirklichkeit waren. Das muß an den erfinderisch quälenden gedanken liegen, die einem verlorenes aufdrängen. Die erinnerung an eine krankheit die ihre starke hand auf die stationen meiner jugend gelegt hatte, spielt in diesen stunden eine schmerzliche und fesselnde rolle: selbst angeschlagen wie eine einzige leise note auf dem klavier, genügt sie, um eine aufmerksamkeit zu zerstreuen. □
Entfernte ähnlichkeiten öffnen die schubläden der erinnerung. Was in diesem hotelzimmer vor sich ging, war so wenig wichtig, daß es mir nicht einmal gelingt, die stimmung wieder heraufzubeschwören, die unser erstes gespräch umgab. Das tragische ende unseres verhältnisses bewirkte sozusagen nur, daß die anfänge zugrunde gerichtet wurden, die durch einen liebenswürdigen zufall auf der suche nach einer flüchtigen neugier begonnen worden waren.
Die pausen von einem satz zum nächsten machten auf mich einen großen eindruck, entmutigten mich und genügten, um den mechanismus einer schrecklichen geistigen verwirrung in gang zu setzen, vor der einem schwindelt wie vor dem steten rollen eines kreisels und dem mühlrad, das durch die leiter der holzsäcke ins rucken versetzt wird. Weitläufig ist dies unkontrolliert, es entgeht der beschreibenden erinnerung, die, im ganzen besehen, nichts als ein ausschmücken von abfolgen ist.
Beim eintritt ins zimmer wollte sie sich sogleich aufs bett setzen. Diesen augenblick hatte ich vorhergesehen. Sie behielt ihren mantel an und gab ihn erst her, nachdem ich sie dazu bewegt hatte, doch ohne allzusehr zu drängen. Ich zeigte ihr ein buch. Ich weiß nicht mehr, wie sich unsere beiden köpfe, wange an wange, fanden. Bei diesem bebenden empfang fühlt man seine augen glänzen und das zucken eines vom baum fallenden klanges versetzt ihre ohren in erstaunen. Von da bis zum gleiten, das meine lippen zu ihrer wange führte waren es nur einige sekunden, am puls ihrer hand abgezählt, die ich in meine preßte. Mit gewalt zog ich teile ihres körpers an mich, ohne mir rechenschaft zu geben, warum das, was bei einer anderen gelegenheit geschmerzt hätte, hier einem absurden näherkommen ausgemerzten fleisches diente.
Von der wange glitten meine lippen bis zu ihren lippen, wo ich das ende der vorbereitenden spiele feststellte. Die erwartung einer entscheidung oder einer überraschung hatten sie schwieriger als alle anderen werden lassen. Man hätte schließlich atem holen wollen. Was folgte, formte sich aus langsamem gleiten und allmählich gesteigerten scheinhandlungen, die nur dazu dienten, penibel den anfang einzuleiten.
Ich maß diesem abenteuer nur wenig bedeutung bei. Meine naivität ließ mich hoffen (war es wunschdenken?), daß es mit dem folgenden tag endigen würde. Ich wußte bereits, daß es zwei arten gibt, mit frauen zu schlafen. Die erste ist direkt, ohne irgendeine vorbereitung; es ist klar, daß man aus diesem grund hinauf ins zimmer geht. Die zweite ist schonend und dauert länger. Man könnte sagen, daß die liebkosungen ein unleugbares eindringen des fleisches hervorrufen, gleich der reibung der metalle ihre anziehung.
Ich verbrachte fünfzehn tage mit ihr, im selben zimmer. Zwei dinge machten mich betroffen: sie lachte niemals und schien sehr kalt, wie der sinn ihres lächelns; es verschaffte ihr auch eine so einzigartige befriedigung meinen mund, meine lippen zu küssen, daß sie kaum damit aufhören konnte. Ich schrieb es einer krankhaften sensibilität zu. Eine sonderbare härte breitete sich dann in ihren augen aus.

<Faites vos jeux, 1923>

BEMERKUNGEN

seltsame frau zweifach maskiert
weißer bogen eines obszönen tanzes
komm her zu mir einziger akkord
der müden glieder
meinungen doch nichts wichtiges
zweideutiges blau ebenholzblut
und das trinkgeld

verbirg dein verlangen
vor dem tod um 8 uhr 20
wenn ich die nacht wieder beginnen könnte
dieci soldi voilà
meine seele

diesen abend wirst du nichts
von der letzten finesse meiner männlichkeit haben
lange schon habe ich deinen trügerischen fleiß übertroffen
wo schleppst du gerade dein fauliges sonnensein hin

so gehe vorbei gehst du vorbei wie die mutter das kind
langsam schneller langsam
einer nach dem anderen oder alle zusammen
zuhälterauge aus dem gold scheuer ewigkeit
verschwindet
glocke eines gefühls des hochstaplers
königin hebamme
und es ist vollkommen ohne belang

<25 Gedichte>

Mac Robber alias Tristan Tzara, Tuschzeichnungen, Mai 1917

LAND SEHEN WEISS
für Maya Chrusecz

ob und *oh* jedesmal um 10 haben den tod zerbrochen
das fenster aus silber und gold verbrannt
das gute vom wasser in *lederquadraten* scheiden
und den flinken fisch auf die nadel gespießt

insektengold*ohr der* auf *rate*
ich bin der hitze schlimmes flimmern *ohm*
im pochen des gestreiften herzens

die knochen sind auch die *quadern* deiner seele
doch wir wollen wieder aufbauen
klingendes grün *obst* unter porzellan
schläft in den schläfen

und folge den kleinen in ihrem vokal
zerschneid sie dem gang nach dem klingeln entlang
und folge den kleinen in ihrem vokal
das kleine feuer im kelch
und folge den kleinen in ihrem vokal
folge den kleinen den kleinen in ihrem vokal

<Dada 1, 25 Gedichte>

Emmy Hennnings an Tzara
<17. 3. 1917, Ascona>

Lieber Tzara-Dada,

so sehr abseits, längst aus dem Rahmen gefallen, ich, ich schlecht gezimmertes, buntes Wimpelboot, das dem Tumult der Seelenstürme nicht standhält, ich schreibe gerade ihnen und wünsche gerade, an diesem Tage der Eröffnung, ihnen aus tiefstem Herzen, soweit dies einer Frau möglich ist: Karriere.
Wild und fraglich, unendlich ist die Frau, und so wünsche ich in diesem Sinne: Karriere.
Lieber Tzara-Dada, ich wünsche, sehne sehr intensiv, es ist das einzige, was ich kann, Sehnsucht, meine sprühendste Farbe, und ich glaube meine irrlichtende Sehnsucht wird über dem Hause Bahnhofstr. 19, Galerie Dada, Lichtgarben sprühen, und da ich Sinn und Freude am Geschäft habe, werde ich beim ersten Erfolg der Dada-Galerie rufen: *Es lebe Dada*. Dann dürfen sie über die unsichtbare Stimme nicht erschrecken, denn sie wissen ja, daß ich es bin und werden es Hugo sagen, und wenn ich sie um etwas bitten darf, werden sie ihm auch sagen, daß er nicht traurig sein soll über mich, im Gegenteil, ich suche eine abgründige Veränderung.
Lieber Tzara, ich spüre seit Monaten, daß ich einen Anlauf zu einer Veränderung nehmen muß. Die Hoffnung *vielleicht* ist mir ein unerträglicher Leichtsinn. Ich empfinde in mir etwas schwer und suche den Grund, sei dieser Grund selbst die unergründliche Unendlichkeit. Ich kann gar nicht tief genug kommen. Ich leide, wenn man überhaupt leiden sagen kann, an der tief fallenden Sucht. Also ist das unanschaltbar und eine Art Notwendigkeit. Von dem Gesetz spreche ich ungern wie von Pflicht. Allein in einer Nacht ist soviel Licht in mir, daß meine dürftige Vernunft mit meiner fliegenden Sehnsucht zusammenstößt: Karriere.
Rose, Glück für die Dada-Galerie und für Tzara, den ich empfinde: Kind, verliebt und naiv fassend die Buntheit, die einzig schön ist. Sie haben recht, lieber Tzara, leben sie also, und ich werde sie immer grüßen, so sehr ich kann.

Ihre Emmy Hennings

Prampolini an Tzara,
17. 3. 1917, Rom

*□ Ich finde ihre Gedichte sehr sensibel, lyrisch. Ich habe verstanden, was sie mit ihrer kostbaren Publikation wollen. □
Picasso und der Literat Cocteau waren für einige Wochen bei uns in Rom. Er sagte mir, daß sie in Paris sehr besorgt sind, da sie im *Cabaret Voltaire* einige seiner Werke ohne seine Erlaubnis veröffentlichten, auch *Apollinaire*, den Freund *Severini* etc. Er wird in Rom seine Bilder ausstellen. Ich hatte die Ehre eines Atelierbesuches — er hat sich sehr nett über die Stärke und die sehr fortschrittliche Konstruktion meiner Arbeiten und meinen Erfolg für meine Kunst geäußert. Ich bin froh, mit ihnen zusammenzuarbeiten. Picasso kenne ich über meinen Freund Severini, der in Paris ist. □ *

Tzara an Prampolini
18. 3. 1917, Zürich

*Sehr geehrter Herr,

ich erhielt ihren lieben Brief und ihr Manuskript — das ich bei der ersten Gelegenheit veröffentlichen werde. Die Ausstellung in Zürich ist bereits fertig, ihre Bilder werden im März in Basel hängen. Ihre Verwegenheit gefällt mir sehr und ihr Talent, von dem Janco sehr begeistert ist. Die Holzschnitte erscheinen bald. Ich danke ihnen für die Einladung zur Mitarbeit an ihrem Album, schreiben sie mir bitte Details zu dieser Publikation und nehmen sie meine lebhafteste Sympathie entgegen.
Janco bittet mich, sie herzlich zu grüßen,

ihr Tristan Tzara*

18. 3. 1917

Mit Tzara zusammen habe ich die Räume der Galerie Corray übernommen (Bahnhofstraße 19) und gestern die *Galerie Dada* eröffnet mit einer *Sturm-Ausstellung*. Es ist eine Fortführung der Kabarett-Idee vom vorigen Jahr. Zwischen Anerbietung und Eröffnung lagen drei Tage. Es waren etwa vierzig Personen da. Tzara kam zu spät; so sprach ich von unserer Absicht, eine kleine Gesellschaft von Menschen zu bilden, die sich gegenseitig stützen und kultivieren.

Die I. Serie des *Sturm* enthält Bilder von Campendonk, Jacoba, van Heemskerk, Kandinsky, Paul Klee, Carl Mense und Gabriele Münter.

Vergangenen Samstag Kostümfest bei Mary Wiegman. Es gab zum erstenmal Verse von Hans Arp zu hören, die sein Freund Neitzel, auf einem Teppich als Derwisch sitzend, verlas. Die Verse sind voller Figuren und verschollener Märlein; erinnend an jene Dame im Mainzer Dom Schleppe, darauf die Kobolde tanzen und Purzelbäume schlagen.

<Ball, Flucht aus der Zeit>

1917 — 17. märz

GALERIE DADA

Direktion: Tzara, Ball, 17. märz, Einleitungsworte.
I. Ausstellung von: Campendonck, Kandinsky, Klee, Mense etc.

1917 — 23. märz

Eröffnungs-Feier

GALERIE DADA

ZÜRICH, BAHNHOFSTR. 19

rote lampen matratzen mondäne sensation Klavier: Heusser, Perrottet, Rezitationen: Hennings, A. Ehrenstein, Tzara, Ball, Tänze: Frl. Taeuber / Kostüme: Arp/, C. Walter etc. etc. Große kreisende feenhafte bewegung der 400 besucher auf dem fest.

21. märz, 28. märz, 4. april und jeden mittwoch:

führung durch die galerie

durch L. H. Neitzel, Arp, Tristan Tzara

VORTRÄGE:

24. märz: Tzara: der expressionismus und die abstrakte kunst
31. märz: Dr. W. Jollos: Paul Klee
7. april: Ball: Kandinsky
28. märz: Tzara: über die neue kunst

Im März 1917 wurde die Gründung der *Galerie Dada* beschlossen. Im Hause des Schokoladefabrikanten Sprüngli, Ecke Paradeplatz und Bahnhofstraße, hatte Corray eine Wohnung gemietet, eine große Wohnung ... warten Sie ... zwei, drei, vier große Räume und ein kleines Hinterzimmer. Auch eine Küche war, glaube ich, vorhanden. Unter Corray rentierte die Wohnung nicht, auch er hatte darin eine Gemäldegalerie aufgetan, die kein großes Interesse zu erwecken vermochte. Er war froh, sie Ball vermieten zu können. Bilderkisten trafen ein, Deutschland wollte künstlerische Propaganda machen, wie damals jeder Staat.

Die Zeitschrift *Der Sturm* stellte die Bilder zur Verfügung. Kokoschka war dort zu sehen, der deutsche Kubist Feininger, Kandinsky, Klee.
Doch die Ausstellung war eigentlich nur Folie, Hauptsache waren die künstlerischen Abende, die zwei- bis dreimal die Woche gegeben wurden. Und an jedem dieser Abende, obwohl nur wenig Reklame gemacht wurde, waren die Räume mit Publikum überfüllt.
Und auch hier, wie sonst in seinem Leben, ist es Ball, der alles organisiert und die anderen, die sich vordrängen, sogenannte Lorbeeren ernten. Ich werde ihn immer vor mir sehen, wie er am Klavier sitzt und einen Negertanz *accompagnierte*. Das alte arabische Lied, weiß Gott, wo er es aufgetrieben hatte, das ich später in der Legion in Algerien nächtelang hören sollte:

Tra patschiamo guera
tra patschiamo gonooooi.

Ich hockte neben ihm und bearbeitete ein Tambourin. Die anderen Dadaisten in schwarzen Trikot, mit hohen, ausdruckslosen Masken bekränzt, hopsen und heben die Beine im Takt, grunzen wohl auch die Worte mit. Die Wirkung ist erschütternd. Das Publikum klatscht und läßt sich die belegten Brote schmecken, die in den Pausen verkauft werden.

<Glauser, Dada Ascona ... >

Max Bläulich, Anti-Dada, 1989

□ Seit Herr von Laban seine Tanzschule von München 1913 nach Zürich verlegt hat, hat sein Institut an Bewußtsein und Umfang des Studienplans sehr zugenommen. Die Laban-Schule ist heute in notwendiger Ausgestaltung ihres Grundgedankens weit über das hinausgewachsen, was eine Tanzschule herkömmlicher Art dem jungen Eleven zu bieten hat. Sie hat sich zu einem Institut entwickelt, das sich nicht nur der Ausbildung des Könnens, sondern schon die Erziehung zum Künstler angelegen sein läßt. Mit der Erziehung zur Persönlichkeit umfaßt sie das ganze Gebiet der Eurythmie. Es handelt sich nicht mehr um die Technik allein, sondern um die Kunstpädagogik, von der die Ausdruckskultur, in Tanz, Ton und Wort, nur der praktische Teil ist. Der Eleve soll neben der Pflege seiner geistigen und physischen Talente auch Gelegenheit erhalten, die Zusammenhänge seiner Kunst im rhythmischen und kulturellen Ganzen zu erfassen. Er soll sich nicht nur als Individuum, sondern als Teil im Kosmos und im Gesamtkunstwerke empfinden, und so erweist sich die Theorie der beiden leitenden Persönlichkeiten, R. von Labans und Mary Wiegmanns, als eine künstlerische Gemeinschafts- und Festspielidee von reichen und produktiven Möglichkeiten: die Schule wird zum Erziehungsinstitut großen Stiles, das dem Schüler einen moralischen Rückhalt und Werte mitgibt, auf denen er sein späteres Leben basieren kann.

Nicht meines Körpers wegen tanze ich, sondern um der *Bewegung* willen. Das solltet ihr verstehen.
Mein Körper half mir nicht einmal zu tanzen. Ich mußte ihn erst überwinden, ihn besiegen. Und das war hart. Und überall nur Hemmung, Hindernisse!
Einzig das Ziel, das leuchtende: Bewegung.

<Mary Wiegmann, Zürich 1914>

Nun laßt mich euch das Wesen der Dinge in Bewegung sagen. Mein ist der Baum, mein Herrscherbewußtsein macht mich zum Herrn aller Bäume in einem. Ich bin der Tanz und bin die Priesterin des Tanzes. Meines Körpers Schwung spricht zu euch von der Bewegung aller Dinge. Ich bin das Gleichnis aller Bewegung im Baum.
Mit feierlichem Schritt durchmesse ich mein Reich, auf verschlungenen Pfaden tanzt mein Fuß, die weiten Ebenen seiner Sehnsucht leuchten. Und glühenden Wogen gleicht das Heben und Senken seiner Ferse.
Wie ein Kranz von unzähligen funkelnden Sternen flimmern um mich die Punkte des beweglichen Baumes. Der Schmerz aller sterbenden Dinge ist mein Schmerz. Die Lust aller kreisenden Bewegung ist meine Lust. Herr über den Baum bin ich, die Priesterin der erhabenen Tänze, ich bin die Seele des Tanzes.

<Mary Wiegmann, Zürich 1916>

Rudolf von Laban als Mathematiker, 1920

Mary Wiegmann

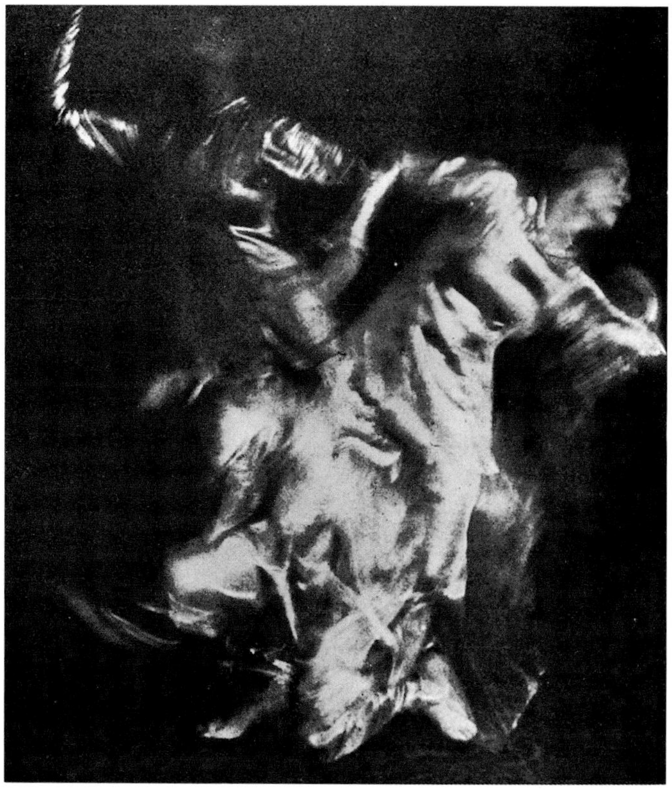

Was wißt ihr alle vom Tanzen?
Was werft ihr mir Probleme vor die Füße und wartet mit neugierig binzelnden Augen ob meiner Rhythmen Sicherheit sich drin verstrickt! Was ist mir Zukunft, was Vergangenheit? Gegenwart bin ich, mein Leben ist Tanz.

<Mary Wiegmann, Zürich 1919>

Mary Wiegmann, die impulsive Erfinderin des *Tanzes an sich*, des von Musik und Rhythmus losgelösten absoluten Tanzes, dem jeder singuläre und kollektive Eindruck gleicherweise zu Geste und körperlichem Leben wird, hat die Tanzkunst zu einer tiefen Verinnerlichung geführt. Sie bringt alles Geistige auf eine rhythmische, körperliche Basis zurück, und dieser Charakterzug nicht zum wenigsten verbürgt der Schule eine ständige Verjüngung, Vereinfachung und starke Führung zur Mimik hin. Religiös gesehen ist Mary Wiegmann eine Rembrandt-Natur. Sie liebt die Mystik der Fläche, Hell, Dunkel, den Kontrapunkt der Farben und Komposition; die große, geniale Sprache, Verklärung der inneren Linie und das plötzliche Aufleuchten seelischer Komplexe. Ihr Muskelspiel hat einen männlichen, kriegerischen Akzent. Sie beherrscht eine Skala der Leidenschaften von sich selbst verzehrender Glaubensglut bis zu den Delirien alttoledanischer Feste. Und sie instrumentiert und drapiert ihre Passion vom hellen Rot bis zum tiefen Schwarz mit allen starken, eindeutigen, plastischen Farben. □

Ganz anders wieder Sophie Taeuber. Anstelle der Tradition treten bei ihr die Sonnenhelle, das Wunder. Sie ist voller Erfindung, Kaprize, Bizarrerie. In einer Zürcher Privatgalerie tanzte sie *Gesang der Flugfische und Seepferdchen*, eine onomatopoetische Lautfolge. Es war ein Tanz voller Spitzen und Gräten, voller flirrender Sonne und Glast und von schneidender Schärfe. Die Linien zersplittern an ihrem Körper. Jede Geste ist hundertmal gegliedert, scharf, hell, spitz. Die Narretei der Perspektive, der Beleuchtung, der Atmosphäre wird hier einem übersensiblen Nervensystem Anlaß zu geistreicher Dolerie, zur ironischen Glosse.
Ihre Tanzgebilde sind voller Fabulierlust, grotesk und verzückt. Ihr Körper ist mädchenhaft klug und bereichert die Welt durch jeden neuen Tanz, den sie — geschehen läßt.

<Hugo Ball, Über Okkultismus, Hieratik und andere seltsame Dinge, 1917>

◁ Mary Wiegmann, Der Zeltweg, 1919
▽ Sophie Tauber tanzt Hugo Ball, 1917

Sophie Taeuber war als Lehrerin an der Kunstgewerbeschule in Zürich tätig. Sie lehrte Komposition, Web- und Sticktechnik. Diese Arbeit war zum größten Teil bedingt durch die Notwendigkeit der materiellen Existenz. Ihre Arbeit ermöglichte ihr und mir die freien, wesentlichen Arbeiten. Ich muß den Leser daran erinnern, daß wir uns in der Dadazeit befinden und daß die Dadaisten sich eines sehr schlechten Leumundes erfreuten. Von der Direktion der Kunstgewerbeschule wurde Sophie Taeuber daher bedeutet, sie habe ihre Teilnahme an dadaistischen Manifestationen aufzugeben, ansonsten, wie man in der Schweiz sagt, sie ihrer Stellung als Lehrerin verlustig ginge. Sie sah sich nun gezwungen, beim Tanz eine Maske und einen Decknamen zu tragen.

<Hans Arp>

Die Tanzschule Laban: wird letztlich ihre vielfältige und ausgewogene tätigkeit zeigen. Mary Wiegmann: anmutige finesse schöpferin abstrakter reiner ideen des ausdrucks ohne musik. vase für die schwingungen der stille. Frl. S. Perrottet bringt die pausen mit einer unendlichen und weisen sensibilität zum singen. Fiebrige ruhe des innersten weiß. K. Wulff, H. Angwara zeigen aufnahmefähigkeit für die kraftvolle große linie. Frl. S. H. Taeuber: phantasierende bizarrerie in den spinnenhänden vibriert schnell rhythmus zum höhepunkt einer spöttischen kapriziösen schönen verrücktheit aufsteigend. Kostüm von H. Arp. In einem andren genre — kindlich spitz und zu harmonisch, kreisend — und mit mehr graziöser freiheit die erstere — entpuppen sich Frl. C. Walther und Frl. Macciachini. Die kostüme die Frl. Chrusecz für die schule schneidert: form und farbe in der reinheit des rhythmus; strenge notwendigkeit gerade linie heiße einfache klarheit.

<Tzara, Dada 1, Juli 1917>

Sophie Taeuber und ihre Schwester, 1917

Sophie Taeuber, ihre Schwester, Frl. Walther und Frl. Macciachini in Kostümen von Arp, 1917

22. 3. 1917

Die Barbarismen des Kabaretts sind überwunden. Zwischen *Voltaire* und *Galerie Dada* liegt eine Spanne Zeit, in der sich jeder nach Kräften umgetan und neue Eindrücke und Erfahrungen gesammelt hat.
Am 9. April beginnt die II. Serie des *Sturm* mit Bildern von Albert Bloch, Fritz Baumann, Max Ernst, Lyonel Feininger, Johannes Itten, Kandinsky, Klee, Kokoschka, Kubin, Georg Muche, Maria Uhden.

<Ball, Flucht aus der Zeit>

Der erste Dada-Abend, wo ich mitmachte, war am 23. März 1917. Das war an der Bahnhofstraße 19 in der *Galerie Dada*. Ich hatte auf dem Klavier zu spielen, ganz moderne Musik. Ich kannte schon von früher aus Deutschland die Musik von Arnold Schönberg, der aber in der Schweiz kaum bekannt war. Ich war von dieser neuen dissonanten Musik so begeistert, daß ich das bei den Dadaisten propagiert habe. Ich spielte die sechs kleinen Stücke von Schönberg. Eines gefiel mir besonders: wie ein Geist, der seufzt, weit weg über der Erde oder schon im Himmel ist. Auch einige andere Stücke habe ich gespielt, die ich rhythmisch und toll fand. Das war meine Rolle bei den Dadaisten, die moderne, neuzeitliche Musik dem Publikum vorzuführen. So spielte ich an etlichen Dada-Soiréen ausschließlich Werke im atonalen Stil. Dem damaligen Publikum war diese Musik völlig unbekannt und kam ihnen für ihre Ohren gräßlich vor. Dennoch zeigten sie Interesse.

<Suzanne Perrottet>

Corray an Tzara
5. 4. 1917

H. Corray-Rössel bestätigt den Empfang von 50 Fr. zur Restbegleichung der Fakturen der Galerie Dada an die Galerie Corray. Die Galerie Corray tritt damit die *Sturm*-Vertretung der Schweiz an die Galerie Dada ab.

H. Corray

10. 4. 1917

Vorbereitungen zur II. Soirée. Mit fünf Laban-Damen als Negressen in langen schwarzen Kaftans und Gesichtsmasken studiere ich einen neuen Tanz ein. Die Bewegungen sind symmetrisch, der Rhythmus stark betont, die Mimik von ausgesuchter, krüppelhafter Häßlichkeit.

<Ball, Flucht aus der Zeit>

Ehrenstein an Tzara
12. 4. 1917, Zürich

Sehr geehrter Herr Tzara,

besten Dank für das *Zeitecho*. Auf Korrodi kann ich leider nicht einwirken; da ich selbst lese, würde er glauben, ich wünsche meinetwegen sein Referat.
Die Programme erhielt ich noch nicht. Vielleicht lassen sie auch an Schickele und Hardekopf nach Bern Einladungen senden sowie hier an Lehmbruck und Professor Marcel Ray, Hotel Pelikan (kommt für französische Blätter in Betracht).
Mit den besten Grüßen für Herrn Ball und sie

Albert Ehrenstein

14. april

II. Veranstaltung der Galerie Dada.

Jarry
Marinetti
Apollinaire
van Hoddis
Cendrars
Kandinsky

STURM-SOIRÉE

Heusser, Ball, Glauser, Tzara,
Sulzberger, A. Ehrenstein,
Hennings etc.

NEGERMUSIK UND NEGERTÄNZE

unter mitwirkung der Frl. Jeanne Rigaud und Maya Chrusecz masken von Janco

Premiere:

„SPHINX UND STROHMANN“
von O. Kokoschka

Firdusi
Kautschukmann
Anima
der Tod

Diese vorstellung entschied die rolle unseres theaters, welche die regie an die explosive erfindung des windes abgab, die inszenierung im saal, sichtbare regie und groteske mittel!! das DADAISTISCHE theaTER. Vor allem die masken und die revolvereffekte, das bildnis des regisseurs. Bravo! & Bum bum!

„Sturm“-Ausstellung
II. Serie (9. April bis 30. April)
Bloch, Baumann, Max Ernst, Feiniger, Itten, Kandinsky, Klee, Kokoschka, Kubin, Muche, Maria Uhden.
Täglich 2–6 Uhr. — Eintritt 1 Fr.
Samstag, 14. April, abends $8^1/_2$ Uhr, II. geschlossene Veranstaltung
„Sturm“-Soirée, Literatur und Musik
von Apollinaire, Cendrars, Ehrenstein, Hoddis, Kandinsky, Marinetti, Schönberg, Stramm, Walden
Première **„Sphinx und Strohmann“, Kuriosum von Oscar Kokoschka, Masken u. Inszenierung von H. Janco.**
Auskunft an der Kasse

Tzara an Meriano
21. 4. 1917, Zürich

*□ Wie sie sehen, haben wir jetzt eine Galerie mit einem Raum für Lesungen und einem für Vorträge. Die Galerie ist seit dem 17. März offen und wird von mir und Hr.n Ball geleitet. Wir stellen große Bilder von Kandinsky, Campendonk, Klee, Heemskerk etc. aus.
Wir hielten große Manifestationen-Demonstrationen der modernen Kunst ab, die Erfolg hatten. Am 15. Mai werden wir Demonstrationen in Bern, Aarau, Soleure und Winterthur abhalten. Im Mai werden wir *Zeichnungen, Holzschnitte, Skulpturen, Stickereien* und *Radierungen* ausstellen. □
Man schreibt mir, daß eine Zeitschrift, *Crociere Barbare* Gedichte von mir in ihrer ersten Nummer veröffentlicht hat. Ich kenne diese Zeitschrift nicht, und man hat die Gedichte ohne meine Erlaubnis veröffentlicht. Wenn sie es für nötig halten, veröffentlichen sie eine Notiz in diesem Sinne. □
Ich fragte sie bereits des öfteren, ob sie keinen Verleger für mein Buch über Neger-Literatur finden könnten, das den Titel trägt: *Negerkunst, Musik, Dichtung, Erzählungen, Zeichnungen, Skulpturen etc.* □
Freitag sende ich ihnen DADA, in dem sie ihr Gedicht finden. □ *

An einer anderen Soirée am 28. April 1917 spielte ich eigene Improvisationen über musikalische Themen von Laban, die er für ein großes Ballett vorbereitete, dann eigene Kompositionen von mir und zum Schluß auf der Violine wieder Improvisationen von Laban-Themen. Unter dem Publikum waren vor allem junge Leute, Studenten, Künstler, teilweise die *Crème* von Zürich, Intellektuelle, Psychologen, Erzieher, Schriftsteller und viele neugierige Bürger. Einige Namen weiß ich noch: der Tänzer Sacharoff, seine Partnerin Clotilde von Derb, die Malerin Marianne von Werefkin, der Maler Jawlensky, der Maler Augusto Giacometti; der hat sogar manchmal für Veranstaltungen den Saal dekoriert.

<Suzanne Perrottet>

9. – 30. april

II. AUSSTELLUNG der GALERIE dada:

Bloch, Baumann, Max Ernst, Feininger, Kandinsky, Paul Klee, Kokoschka etc. etc.

28. april

SOIRÉE DER NEUEN KUNST

Tzara: kälte licht,

simultangedicht für 7 personen.

Glauser: eigene gedichte,

NEGERMUSIK UND NEGERTÄNZE

Janco: eigene bilder

Frau Perrottet: Musik von Laban, Schönberg etc. Ball, Hennings etc.

F. Hardekopf liest aus seinen werken.

ETC.

Das publikum paßt sich an und die explosionen der gewählten idiotie wurden seltener, jeder verzichtet auf seine neigungen und setzt seine hoffnung auf den neuen esprit in der formation „Dada".

2. – 29. mai

III. AUSSTELLUNG DER GALERIE DADA

Arp, Baumann, G. de Chirico, Helbig, Janco, P. Klee, O. Lüthy, A. Macke, I. Modigliani, E. Prampolini, van Rees, Frau van Rees, von Rebay, H. Richter, A. Segal, Slodky, J. von Tscharner etc.

KINDERZEICHNUNGEN
NEGERSKULPTUREN

StickereieN ReliefS

Christine S. Prantauer, Betonkoffer, 1986.

II. DADA - ABEND

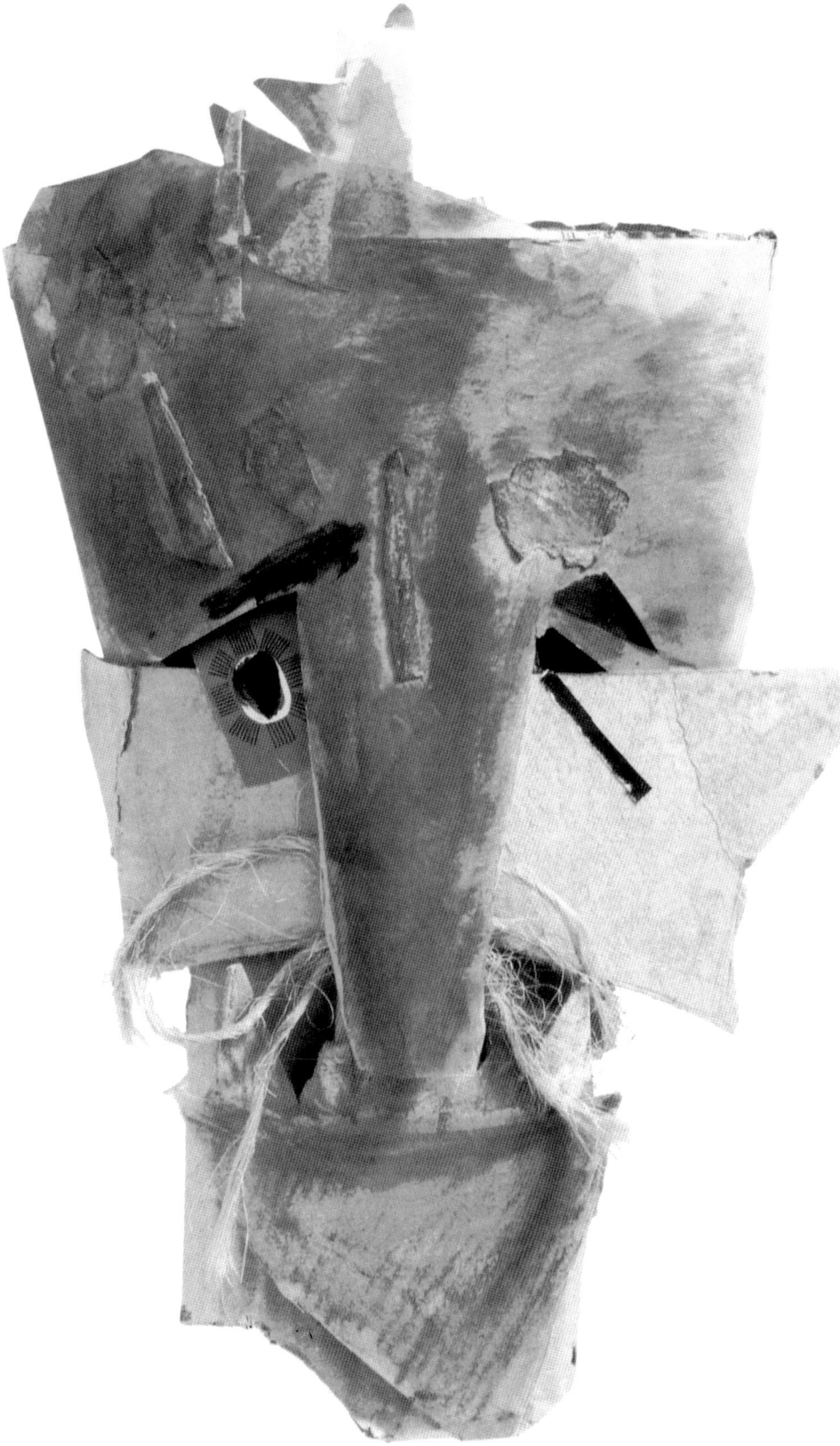

Marcel Janco, Herr Firdusi, Maske 1917

14. 4. 1917

Die Galerie war für die vielen Besucher zu klein, obgleich die Eintrittspreise hoch sind. Ein deutscher Dichter beleidigt die Gäste, indem er sie *Kamele* nennt. Ein anderer deutscher Dichter läßt anfragen, ob man nicht wisse, daß Herwart Walden begeisterter Patriot sei. Ein dritter deutscher Dichter findet, wir müßten in der Galerie doch *horrendes Geld verdienen, und er könnte sich nicht entschließen, seine Friedens-Novellette* Der Vater *lesen zu lassen*. In summa: man ist unzufrieden, teils aus Gründen der *Radikalität*, teils aus Gründen der Eifersucht.
Das Stück wurde gespielt in zwei hintereinander liegenden Räumen und in tragischen Körpermasken; die meine war so groß, daß ich bequem meine Rolle darin ablesen konnte. Der Kopf der Maske war elektrisch beleuchtet, was im verdunkelten Raume, während das Licht aus den Augen fiel, seltsam genug ausgesehen haben mag. Emmy allein trug keine Maske. Ihre Erscheinung war halb Sylphe, halb Engel, fliederfarben und hellblau. Das Parkett reichte hart bis zu den Darstellern. Tzara im rückwärtigen Raum hatte für *Donner und Blitz* zu sorgen, sowie als Papagei *Anima, süße Anima!* zu sagen. Aber er kümmerte sich zugleich für die Auf- und Abgänge, blitzte und donnerte an der falschen Stelle und erweckte völlig den falschen Effekt der Regie, eine beabsichtigte Konfusion der Hintergründe.
Schließlich, als Herr Firdusi fallen muß, verwickelte sich alles in den gespannten Drähten und Lichtern. Einige Minute lang war völlige Nacht und Konfusion; dann hatte die Galerie wieder ihr vorheriges Aussehen.
<Ball, Flucht aus der Zeit>

Marcel Janco, Kautschukmann (Portrait de Tzara), Maske, 1916; zeitgenössische Überarbeitung

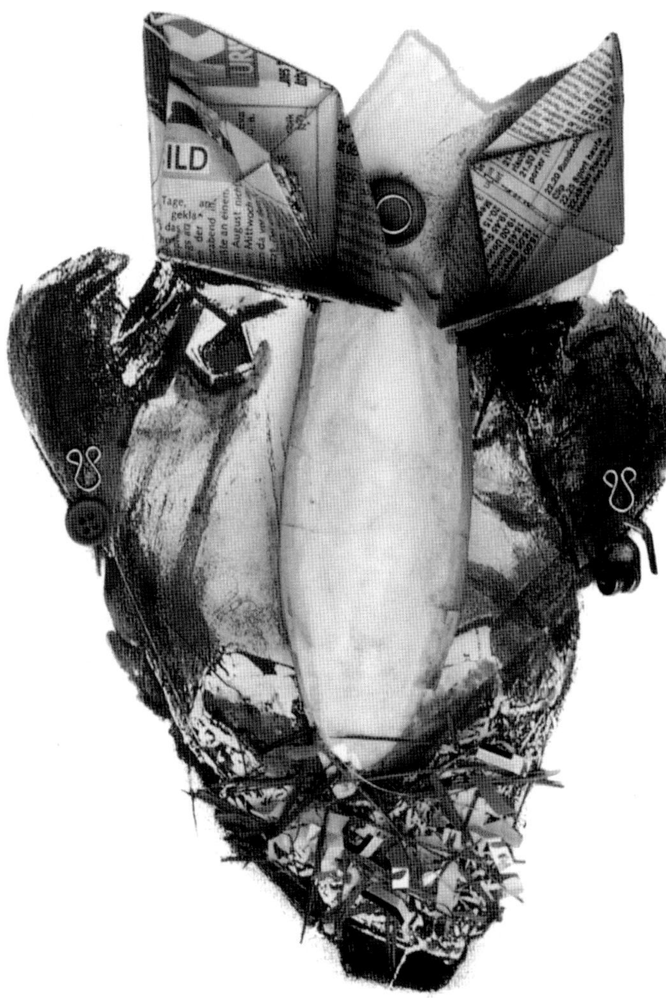

Marcel Janco, Der Tod, Maske, 1916; zeitgenössische Überarbeitung

GALERIE DADA

Samstag, den 28. April, abends 8½ Uhr findet in den Räumen der GALERIE, Bahnhofstrasse 19 (Eingang Tiefenhöfe 12) als III. geschlossene Veranstaltung ein

NEUER KUNST

statt.

PROGRAMM:

I.

S. PERROTTET: Komposition von SCHÖNBERG, R. VON LABAN und S. PERROTTET. (Klavier und Violine).

F. GLAUSER: „Vater", „Dinge" (eigene Verse).

LÉON BLOY: „Extraits de l'exégèse des lieux-communs", übersetzt und gelesen von F. GLAUSER.

TRISTAN TZARA: Vers.

HUGO BALL: „Grand Hotel Metaphysik", Prosa, in Kostüm.

II.

MARCEL JANCO: Ueber Cubismus und eigene Bilder.

S. PERROTTET: Komposition von SCHÖNBERG, R. VON LABAN und S. PERROTTET. (Klavier).

EMMY HENNINGS: „Kritik der Leiche", „Notizen".

HUGO BALL: Eigene Verse.

TRISTAN TZARA: „Froid lumière", poème simultané lu par 7 personnes.

III.

(Unterhaltungsprogramm)

„CHANSONS IN MASKEN"; HANS REIMANN, Die Beleidigung"; JULES LAFORGUE, „Lohengrin"; „MUSIQUE ET DANSE NÈGRES"; ALPHONSE ALLAIS, „Le petit veau"; MAC NAB, „Le fiacre"; LICHTENSTEIN, „Dämmerung".

Mittwoch, 2. Mai

AUSSTELLUNG NEUER GRAPHIK.

BEMERKUNG 14 ÜBER DIE POESIE

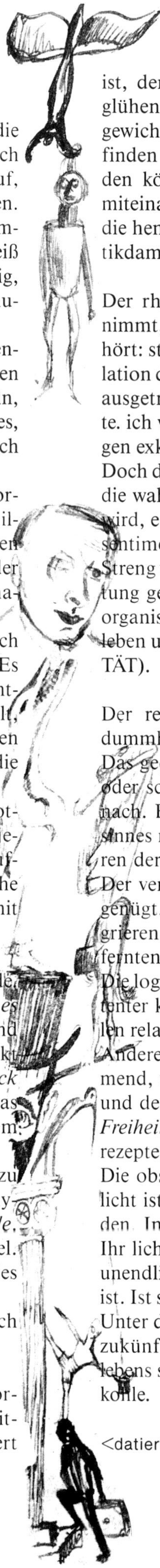

Der poet der letzten haltestelle weint nicht mehr unnütz, die klage bremst die fahrt. nässe vergangener jahre. Jene, die sich von tränen nähren sind zufrieden und fett, sie fädeln sie auf, um die schlangen hinter den kolliers ihrer seelen zu täuschen. Der poet kann sich ganz den übungen der schwedischen gymnastik widmen. Doch für den überfluß und die explosion weiß er die hoffnung HEUTE zu entfachen. Still, hitzig, zornig, intim, pathetisch, träge kocht sein verlangen für den enthusiasmus, fruchtbare form der intensität.
Wissen, wie die spuren der kraft, die wir erwarten, zu erkennen und zu sammeln, die überall sind, in einer essentiellen sprache der chiffren, in kristall graviert, auf den muscheln, den schienen, in den wolken, im glas, im innern des schnees, des lichts, auf der kohle, der hand, in den strahlen, die sich rund um die magnetischen pole ordnen, auf den flügeln.
Die beharrlichkeit schärft und bringt die freude zum vorschein, die wie ein pfeil hin zu den astralen glocken ist, destillat der wellen gleichgültiger nahrung, schöpferin eines neuen lebens. In alle farben verrinnen und unter den blättern all der bäume bluten. Lebenskraft und durst, gefühl vor der formation, die man nicht sieht und nicht erklärt: die poesie.
Suchen wir keine analogien unter den formen, in denen sich die kunst äußert; jedem seine freiheit und seine grenzen. Es gibt kein äquivalent in der kunst, jeder zweig des sterns entwickelt sich unabhängig, wird länger und absorbiert die welt, die ihm entspricht. Doch der parallelismus, der die richtungen eines neuen lebens auch ohne theorie konstatiert, wird die epoche kennzeichnen.
Jedem element seine integrität, seine autonomie geben, notwendige bedingung für erschaffung neuer konstellationen; jedem sein platz in der gruppe. Willenskraft des wortes: ein aufrechtes wesen, ein bild, eine einzigartige leidenschaftliche konstruktion von dichter farbe, intensität, kommunion mit dem leben.

Die Kunst ist eine prozession kontinuierlicher unterschiede. Denn es gibt keinen meßbaren unterschied zum *wie geht es ihnen*, der ebene, auf der man seine welt wachsen läßt, und den menschlichen handlungen, unter diesem gesichtspunkt submariner reinheit gesehen. Die kraft, *in einem augenblick* diese veränderliche aufeinanderfolge zu formulieren, ist das werk. Kugel von dauer, hervorgebrachtes volumen unter dem grundlosen druck.
Der geist trägt neue felder von möglichkeiten in sich: sie zu zentralisieren, sie unter der linse zu bündeln, die weder physisch noch definiert ist — allgemein verständlich — *die seele*. Die arten sie auszudrücken, sie zu verwandeln: die mittel. Goldglanz wie ein blitz — sich steigerndes, zunehmendes flügelschlagen.
Ohne anspruch auf ein romantisches absolutes präsentiere ich einige banale negationen.

Das gedicht ist nicht mehr sujet, rhythmus, reim, klang: formelle handlung. Auf das alltägliche projiziert, können sie mittel werden, deren anwendung weder geregelt noch registriert ist, denen ich dieselbe wichtigkeit wie dem krokodil, dem glühenden erz, dem gras beimesse. Auge, wasser, gleichgewicht, sonne, kilometer und alles was ich zusammen empfinden kann und das einen wert darstellt, der menschlich werden könnte: die *sensibilität*. Die elemente lieben sich eng miteinander verbunden, richtig ineinander verflochten, wie die hemisphären des gehirns und die kabinen der transatlantikdampfer.

Der rhythmus ist der trott der intonationen, die man vernimmt, es gibt einen rhythmus, den man nicht sieht und nicht hört: strahlen einer inneren gruppierung hin zu einer konstellation der ordnung. Rhythmus war bis heute das pochen eines ausgetrockneten herzens: schellen aus fauligem holz und watte. ich will das, was man prinzip nennt, nicht mit einer strengen exklusivität einkreisen, da es ja nur um die freiheit geht. Doch der dichter wird seinem werk gegenüber streng sein, um die wahre notwendigkeit zu finden; aus diesem asketizismus wird, essentiell und rein, die ordnung erblühen (tugend ohne sentimentales echo, ihre materielle seite).
Streng und grausam, rein und ehrlich seinem werk in vorbereitung gegenüber sein, daß man zwischen die menschen neue organismen stellt, schöpfungen, die in den knochen des lichts leben und in den sagenhaften formen der handlung (REALITÄT).

Der rest, *literatur* genannt, ist ein dossier menschlicher dummheit für die orientierung zukünftiger professoren.
Das gedicht wächst oder gräbt den krater, verstummt, stirbt oder schreit den beschleunigten graden der geschwindigkeit nach. Es wird kein optisches produkt mehr sein, weder des sinnes noch der intelligenz, eindruck oder fähigkeit den spuren der gefühle zu folgen.
Der vergleich ist ein literarisches mittel, das uns nicht mehr genügt. Es gibt mittel, um ein bild zu formulieren oder zu integrieren, doch die elemente werden aus verschiedenen und entfernten sphären genommen werden.
Die logik leitet uns nicht mehr und ihr so bequemer, zu impotenter kommerz, täuschender schein, der das kleingeld sterilen relativismus' ausstreut, ist für uns für immer verloschen. Andere produktive kräfte schreien nach ihrer freiheit, flammend, undefinierbar und riesig, auf den bergen des kristalls und des gebets.
Freiheit, freiheit: da ich kein vegetarier bin, gebe ich keine rezepte.
Die obskurität ist produktiv, wenn sie so weißes und reines licht ist, daß die, die uns am nächsten stehen, davon erblinden. In ihrem licht, vorwärts gerichtet, entsteht das unsere. Ihr licht ist für uns, im nebel, der mikroskopische tanz, der unendlich dicht von schattenelementen in unpräziser gärung ist. Ist sie nicht dicht und gewiß, die materie in ihrer reinheit? Unter der rinde der gefällten bäume suche ich die malerei der zukünftiger dinge, der lebenskraft, und in den kanälen des lebens schwillt vielleicht schon das dunkel des eisens und der kohle.

<datiert März 1917, Dada 4-5, Mai 1919>

k ä l t e   l i c h t

(froid lumière) – simultangedicht von tristan tzara

GLAUSER	Herr	gott	ich	bin	die	freude	freude	+	guten	tag	ggg	ja	ja	schreie	schreie					
WULFF	eu	ou	eu	i	i	eu	freude		gleite	gleite	gleite	zackzack		gleite	gleite	gleite	zackzack	gleite	gleite	gleite
JANCO	ein	zige	oooooooooooooooooooo				freude		gleite	gleite	gleite	zackzack		gleite	gleite	gleite	zackzack			*cresc.*
MAYA	i	i	ii	ii	oooooooooo		freude		gleite	gleite	gleite	zackzack		schreien	———	———	———	———	———	———┤
HENNINGS	aï	aï	eï	uu	uu	uu	freude		sz	sz	sz	auïa		bumm	bumm	bah				
TZARA	zit	tre	zit	tre	zit	tre	freude		trick	track	track	zackzack		i	e	i	e	i		

GLAUSER		iiiiiiiiiiiii	schwarzer	akrobat	des	schattens		der	grüne	schatten	bart	ast	der	arme	zittert
WULFF	zackzack	oooooooo					baum				schwarzer	akro	bat	des	schattens
JANCO		oooooooo					baum			schwarzer	akro	bat	des	schatten	schwarzes
MAYA		eeeeeeee					baum					schwarz	schwarz	schwarz	schwarz
HENNINGS		uuuuuuu					baum						schwarzer	akrobat	schwarz
TZARA		aaaaaaaaa					bumm							schwarzer	akrobat

GLAUSER	zittert	zittert	im	zirkus		aaaaaaaaa	weisses	fieber	der	straßenlampen	str	str	str	str	str	str
WULFF		amba	amba	amba	oooooooo	aaaaaaaaa	brr	brr	brrbrr	brrbrr						
JANCO		zittert	im	zirkus		aaaaaaaaa	brr	brr	brrbrr	brrbrr	weisses	fieber	der	straßenlampen		
MAYA						aaaaaaaaa	brr	brr	brrbrr	brrbrr						
HENNINGS						aaaaaaaaa					brr	brr	brr	brrbrr		
TZARA		ror	ror	ror		aaaaaaaaa										weisses

GLAUSER									zoum	zoum	zoum			zoum	zoum	u	u	u	u	u
WULFF	brr	brr	brr	br	br	br	br		zdrang		zdrang		zdrang		zdrang	u	u	u	u	u
JANCO								dii	dii		dii	dii			dii	u	u	u	i	i
MAYA								kro		kro		kro			kro	u	u	u	e	a
HENNINGS								kro		kro		kro			kro	u	u	u	u	u
TZARA			fieber	der	straßenlampen			kro		kro		kro			kro	der	urubu	über	gebühr	führt

GLAUSER	u	e	i	a	o						crocrocrocro----	ouhou	dzang	ouhou		ouhou		dzong	aaaaaaaa----
WULFF	u	e	i	a	o	reise					cricricricricri----	ouhou		ouhou		ouhou		dzeng	aaaaaaaa----
JANCO	i	i	e	o	o	tyao	reise				crocrocrocro----	ouhou		ouhou	dzing	ouhou		dzeng	aaaaaaaa----
MAYA	a	a	a	e	o	tyai	tyao	reise			crucrucrucru----	ouhou		ouhou		ouhou		dzeng	aaaaaaaa----
HENNINGS	u	e	i	a	o	tyao	tyae	tyao	reise		crocrocrocro----	ouhou		ouhou		ouhou	dzang	dzeng	aaaaaaaa----
TZARA	führt	für	tür			tya	tya	tya	tya	reise	crecrecrecre----	ouhou		ouhou		ouhou		dzong	aaaaaaaa----

froid lumière
poème simultané par Tr. Tzara

Glauser: Sei gneur je suis la joie joie + bon jour rrr oui oui
Wulff: oi ou oi i a oi joie glisse glisse glisse tractrac
Janco: uuu rique oooooo oooooo joie glisse glisse glisse tractrac
Maya: i i ii ii oooooo joie glisse glisse glisse tractrac
Fr. Hennings: aï ai ei uu uu uu joie sr sr sr aiiiii
Tzara: trem ble trem ble trem ble joie drac drac drac tractrac

Glauser: cri cri iiiiiiiiiii
Wulff: glisse glisse glisse tractrac glisse glisse glisse tractrac oooooooooo
Janco: glisse glisse glisse tractrac (cresc) oooooooooo
Maya: schreien ——— eeeeeeeeeeee
Fr. Hennings: boum boum bah uuuuuuuuu
Tzara: i e i e i aaaaaaaa

Glauser: noir acrobate de l'ombre l'ombre verte barbe tranche des bras tremble
Wulff: arbre noir acro bate de l'ombre
Janco: arbre noir acro bate de l'ombre noir
Maya: arbre noir noir noir noir noir
Fr. Hennings: arbre noir acro bate noir
Tzara: brre noir acrobate

Glauser: tremble tremble dans le cirque
Wulff: amba amba amba oooooooooo aaaaaaaaaa
Janco: tremble dans le cirque aaaaaaaaaaa
Maya: aaaaaaaaaaa
Fr. Hennings: aaaaaaaaaa
Tzara: ror ror ror aaaaaaaaaa
aaaaaaaaaa

Glauser	fièvre blanche des reverbères vrr vrr vrr vrr vrr…
Wulff	vrr vrr vrrvrr vrrvrr vrr vrr vrr
Janco	vrr vrr vrvrr vrrvrr fièvre blanche des reverbères
Maya	vrr vrr vrrvrr vrrvrr
Fr. Hennings	vrr vrr vrr vrrvrr
Tzara	fièvre blanche

Glauser	zoum zoum zoum zoum zoum zoum
Wulff	vrr vrr vrr vrr
Janco	zdrang zdrang zdrang zdrang
Maya	dii dii dii dii dii
Fr. Hennings	cro cro cro cro
Tzara	cro cro cro cro
	des reverbères cro cro cro cro

Glauser	u u u u u u e i a o aïaoau u u u u
Wulff	u u u u u u e i a o eaoïaiiiiiiiii
Janco	u u u i i i i e o o
Maya	u u u e a a a a e o
Fr. Hennings	u u u u u u e i a o
Tzara	L'Urubu fut me sûre sûre sûre sur serrure u u o u a uuuuuu

Glauser	voyage crocrocrocro
Wulff	tya voyage cricricricri
Janco	tyae tyao voyage crocrocrocrocro
Maya	tyao tyai tyao voyage crucrucrucru
Fr. Hennings	tyau tyao tyae tyao voyage crocrocrocrocrocro
Tzara	tya tya tya tya tya voyage crecrecrecrecre

pp.

Glauser	ouhou dzang ouhou ouhou ouhou dzong dzang aaaaaa
Wulff	ouhou ouhou dzang ouhou ouhou dzeng dzeng aaaaaa
Janco	ouhou ouhou ouhou dzing ouhou dzeng dzeng aaaaaa
Maya	ouhou ouhou ouhou ouhou dzang dzeng dzeng aaaaaa
Fr. Hennings	ouhou ouhou ouhou ouhou dzing dzing aaaar
Tzara	ouhou ouhou ouhou ouhou dzong dzang aaa

IV. DADA ABEND

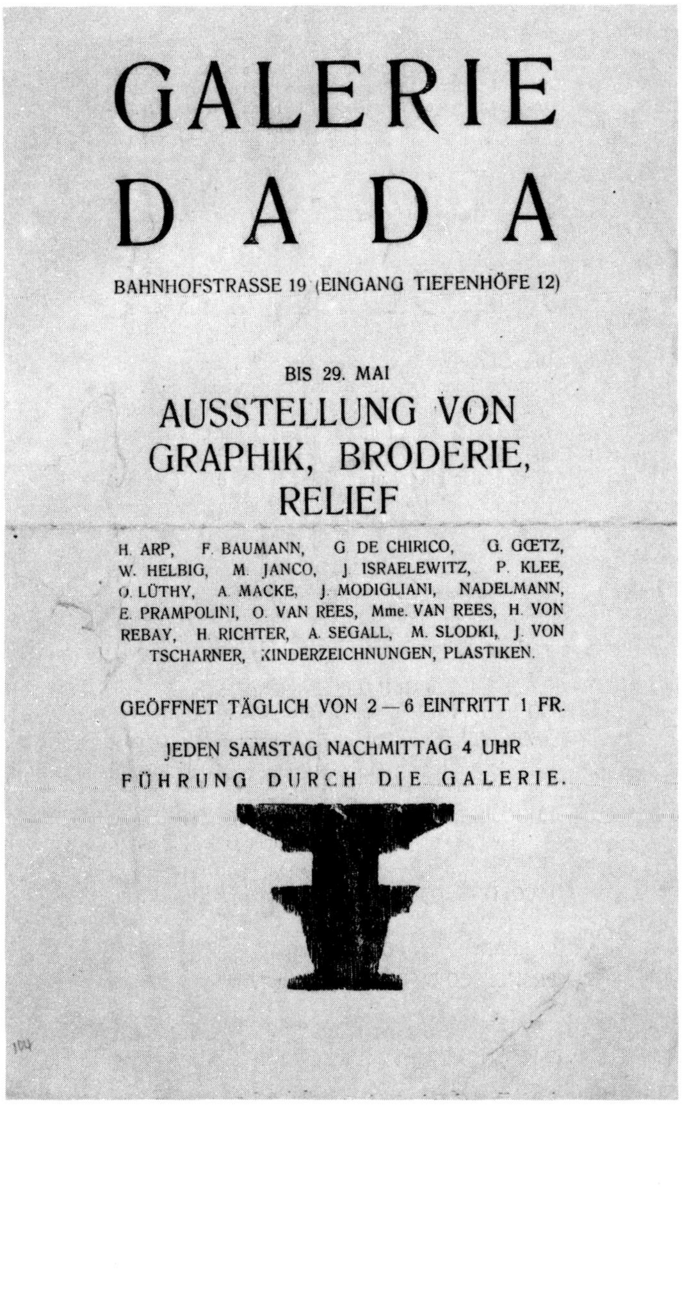

GALERIE
DADA

BAHNHOFSTRASSE 19 (EINGANG TIEFENHÖFE 12)

BIS 29. MAI

AUSSTELLUNG VON
GRAPHIK, BRODERIE,
RELIEF

H. ARP, F. BAUMANN, G DE CHIRICO, G. GŒTZ, W. HELBIG, M. JANCO, J. ISRAELEWITZ, P. KLEE, O. LÜTHY, A. MACKE, J. MODIGLIANI, NADELMANN, E. PRAMPOLINI, O. VAN REES, Mme. VAN REES, H. VON REBAY, H. RICHTER, A. SEGALL, M. SLODKI, J. VON TSCHARNER, KINDERZEICHNUNGEN, PLASTIKEN.

GEÖFFNET TÄGLICH VON 2—6 EINTRITT 1 FR.

JEDEN SAMSTAG NACHMITTAG 4 UHR
FÜHRUNG DURCH DIE GALERIE.

Samstag, den 12. Mai, abends 8 1/2 Uhr findet in den Räumen der GALERIE DADA, Bahnhofstraße 19 (Eingang Tiefenhöfe 12) unter Leitung von Hugo Ball und Tristan Tzara die IV. geschlossene Veranstaltung statt:

ALTE UND NEUE KUNST

Die Soirée geht von dem Gedanken aus, daß die jüngsten künstlerischen Bestrebungen nicht nur fragmentarische und abrupte Bedeutung haben, daß sich vielmehr die Stilelemente der neuen Kunst, monumentale Konstruktion, Phantastik und Naivität, in den Werken der alten Kunst, insbesondere der Neger und Gotiker bestätigt finden.

PROGRAMM:

I.

HUGO BALL:

GO SCHU HAN (altchinesisches Märchen).

NEGERVERSE: »Gesang der Känguruhs«, »Gesang des Krähenwürgers«, »Gesang der Frösche« (aus Kulthandlungen der Loritja).

HUGO BALL: Verse (»Elefanten I«, »Der chinesische Tod«, »Plimplamplasko, der hohe Geist«, »Tanz«).

A. SPA:

JACOPONE DA TODI, e anonimi popolari del XIII. secolo.

CORRADO ALVARO, »Cantata«.

FRANCESCO MERIANO, »Gemma«.

HANS HEUSSER:

HANS HEUSSER, Preludium und Fuge.
Cortège exotique, (Klavier).

EMMY HENNINGS:

EMMY HENNINGS, »O ihr Heiligen« (Verse).

AUS DEM BUCHE DES FLIESSENDEN LICHTES DER GOTTHEIT (1212 - 1294): »Schwester Mechthild.«

AUS DEM BUCHE DER JOHANSER ZUM GRÜNEN WERDE ZU STRASSBURG: »Grundlos einig sein«.

DER MÖNCH VON HALSBRUNNE: »Die Wahrheit ist uns dabei Schein« (1320).

EMMY HENNINGS, »Legende«.

HANS ARP:

CHRONIK DES HERZOGS ERNST (1480): »Wie er in einer Insel mit gar großen Vögeln stritt und die auch überwand«.

AUS DÜRERS TAGEBUCH, Die niederländische Reise.

JACOB BÖHME, »Morgenröthe im Aufgang«: Von der bitteren Qualität; »Von der Kälte Qualifizierung« (1612).

II.

TRISTAN TZARA:

VERS NÈGRES (tribus: Aranda, Ewe, Bassoutos, traduits par T. Tzara).

NOSTRADAMUS, Les Prophéties (1555).

TRISTAN TZARA, Vers (»circuit total«, »amer aile soir«, »danse blanc sage«.)

HANS ARP:

HANS ARP, Verse.

MARCEL JANCO

»Principes de l'architecture ancienne (Brunelleschi), L. B. Alberti, F. Blondel XVe - XVIIIe siècle) concernant la peinture et l'art abstrait«.

III.

HANS HEUSSER

HANS HEUSSER: Fragmente aus »Sancta Susanna«. Zwei arabische Tanzrhythmen, (Klavier).

A. SPA:

CLEMENTE REBORA, »Scampanio con gli angioli«.

MARIA D'AREZZO, »Volata«.

FRANCESCO MERIANO, »Sleeping Car«.

HUGO BALL:

AEGIDIUS ALTERTINUS, aus »Luzifers Königreich und Seelengejaide oder Narrenhatz« (1616): Von des Sathans unterschiedlichen Namen.

HUGO BALL, »Café Sauvage«, »Untergang des Machetanz«.

TRISTAN TZARA:

VERS NÈGRES, (tribus: Kinga, Loritja, Ba-Ronga; traduits par T. Tzara).

RUTEBŒUF. »La complainte Rutebœuf« (XIII. siècle).

ALBERTO SAVINIO, »Seconde origine de la voie lactée« (inédit).

TRISTAN TZARA, Vers (»la grande complainte de mon obscurité II«, »droguerie conscience«; »saut blanc cristal«).

Wir erlauben uns, Sie ergebenst einzuladen, und bitten Sie, auch Ihren Freunden von dem Abend Kenntnis zu geben. Karten zu 3 und 5 Fr. an der Kasse der GALERIE.

1917 – 12. mai

Galerie Dada

Soirées

ALTE UND NEUE KUNST DADA

A. Spa: von Jacopone da Todi bis Francesco Meriano und Maria d'Arezzo; musik von Heusser, vorgetragen vom komponisten; Arp: Verse, Böhme – von der Kälte Qualifizierung.

NEGERGEDICHTE

übersetzt und gelesen von Tzara / Aranda, Ewe, Bassoutos, Kinga, Loritja, Baronga / Hennings, Janco, Batt etc. Aegidius Albertinus, Narrenhatz' Gesang der Frösche.

Der appetit für die mischung von instinktiver zusammenstellung und wilder buschtrommel, deren vortrag erfolgreich war, zwang uns zur

19. mai

WIEDERHOLUNG DER SOIRÉE

ALTE UND NEUE KUNST

HUGO BALL LIEST:

EIN ALTCHINESISCHES MÄRCHEN
GO SCHU HAN

Zur Zeit der Tang-Kaiser lebte ein großer Feldherr namens Go Schu Han. Der wohnte in jungen Jahren in Sianfu. Seine Frau war an einer Krankheit gestorben. Da er sie aber sehr lieb gehabt hatte, stellte er den Sarg in das Westgemach, und da er sich nicht von ihr trennen konnte, schlief er in demselben Raum. Um Mitternacht schien der Mond zum Fenster herein, daß der Boden schneeweiß glänzte. Go Schu Han lag seufzend auf seinem Bett und konnte nicht schlafen.

Plötzlich ward die Tür aufgestoßen, und ein Ungetüm kam herein; das war ein Oger. Es war über zehn Fuß hoch, hatte Hosen an von Leopardenfell, Sägezähne und fliegende Haare. Ihm auf dem Fuße folgten drei Teufel. Sie trugen Perlenketten und tanzten im Mondschein.

Sie sprachen also zueinander: *Der auf dem Bett dort liegt, wird ein berühmter Mann, was ist zu tun?*

Der zweite sprach: *Er schläft schon.*

Darauf packten sie den Sarg und trugen ihn in den Hof hinaus. Sie schlugen ihn mit den Händen auf, nahmen den Leichnam heraus und zerrissen ihn. Dann setzten sie sich im Kreis umher und begannen, ihn aufzufressen. Das Blut spritzte den ganzen Boden voll, und Seidenkleider flogen in Fetzen herum.

Go Schu Han ward bei diesem Anblick von Entsetzen erfaßt. Er konnte es aber nicht länger mit ansehen; darum nahm er ein Schwert, warf es nach ihnen hinaus und schrie mit lauter Stimme: *Packt die Teufel!*

Die Teufel erschraken und liefen weg. Er machte sich ihre Furcht zunutze, hob sein Schwert wieder auf und verfolgte sie. Sie flüchteten nach der Südwestseite des Hofes. Dort stiegen sie über die Mauer und verschwanden. Einer aber blieb zurück, dem schlug er einen Finger ab; der war so dick wie ein Arm, dicht behaart, und das Blut quoll in dicken Tropfen hervor.

Als die Diener den Lärm hörten, kamen sie eilig herbei und fragten, was es gebe. Go Schu Han befahl ihnen, die Knochenreste seiner Frau aufzusammeln. Doch war am Platze der schrecklichen Mahlzeit nichts zu sehen. Sie traten in das Zimmer, da stand der Sarg, unberührt wie zuvor. Die Diener dachten, ihr Herr habe geträumt; doch fanden sie an der Mauer Blut, auch waren Fußspuren zu sehen. Niemand konnte sich erklären, was es mit der Sache auf sich habe. Aber nach ein paar Jahren ward Go Schu Han tatsächlich berühmt.

<Chinesische Märchen, Jena 1914>

TRISTAN TZARA LIEST:

AUS DEN KULTHANDLUNGEN DER LORITJA
GESANG DER KÄNGURUHS

es spreizte den gelenkigen schwanz
mit dem schwanz spreizte es sich

das gras läßt sie stolpern
das outoungou-gras

wir beide hier auf der guten ebene
wir beide hier auf der guten erde

getrunken sich bücken sich niederknien
sich naß machen

die kiesel klickern
im creek

sie essen blumen mit schnalzender zunge
und krümmen den rücken

auf dem weißen berg dem weißen berg
hüpfen sie schnell

vielleicht ist es nur wenig vielleicht ist es feuer
das sich ausbreitet vom hügel aufsteigt

bäuche sind es
unter dem moulga-baum

dort ist ihr lager ihr lager
die erde haben sie aufgescharrt und weit geworfen

mit ihren stöcken nach westen
geben sie nachrichten weiter

ein anderer mond wird offenbar weg
mond die männer machen sich auf

rote körper
rote

granitgestein
ist sicher

mit spitzen buckeln mit spitzen buckeln
kommt in die höhle herein

ihre wirren langen haare
fallen fallen
sie laufen sie laufen
unter die pounpou-bäume
wo sind diese gummibäume
mit dem schwanz schlagen mit dem schwanz schlagen
gegen die gummibäume mit der dünnen rinde
sie strecken die ellbogen aus

<GESANG DER FRÖSCHE>

im westen verkümmern die wolken
im osten sich ergießen
blume öffnet sich
weiße wolke öffnet sich
mistelzweige — harn rinnen
blitz mistelzweige
rinnen buschige ilbara-bäume
tua
wehe
unbeweglich weinend
weiter breitet sich feuer aus halte
feuer gesehen haben treibe feuer
holzlast für das feuer
lager vergrößern
blitz schlägt bricht
wasser auf der lehmigen fläche
es heult dauernd
blitz
donner vorsicht groll

<GESANG DES KRÄHENWÜRGERS>

sich schlängelnd vorwärtswerfen
sich windend vorwärtswerfen
schlangenhaut streift sich ab
streift sich am himmel ab
herz schlagen dauernd
schwanz will sich strecken
schwanz will wedeln
zitternd

<deutsche Übersetzung der französischen Übersetzung
Tzaras von deutschen Übersetzungen der Loritja-Lieder ...>

Z U G   D E R   E L E F A N T E N

HUGO BALL LIEST

jolifanto bambla o falli bambla
grossiga m'pfa habla horem
egiga goramen
higo bloiko russula huju
hollaka hollala
anlogo bung
blago bung blago bung
bosso fataka
ü üü ü
schampa wulla wussa olobo
hej tatta gorem
eschige zunbada
wulubu ssubudu uluwu ssubudu
tumba ba-umf
kusa gauma
ba- umf

<Original Typoskript>

Mutterkultfigur Bamana, Sammlung W. S.

PLIMPLAMPLASKO, DER HOHE GEIST

Du Herr der Vögel, Hunde und Katzen, der Geister und Leiber, Gespenster und Fratzen,
Du Oben und Unten, Rechtsum und Linksum, Geradeaus, Kehrteuch und Haltwerda.
Der Geist ist in dir, und du bist in ihm, und ihr seid in euch und wir sind in uns.
Der Auferstandene bist du, der überwunden war.
Der Entfesselte, der seine Ketten zerriß.
Der Allmächtige bist du, Allnächtige, Prächtige, mit einem brennenden Topf auf dem Kopf. In allen Sprachen und Windrichtungen ist dir der Donner im Kasten zersprungen.
In Vernunft und Unvernunft, im toten und lebenden Reiche raget dein Blechhaus und saust deine Speiche.
Mit großem Brüllen kamst du, Sturmhaube der Rebellion, Krähtrompete, Völkersohn.
In Feuerschlünden und Kugelsaat, in Sterbegewinsel und endlosem Fluche,
In Blasphemien sonder Zahl, in Schwaden von Druckerschwärze, Oblaten und Kuchen.
So sahen wir dich, so hielten wir dich, in Gesichterregen geschnitzt aus Achat.
Aus umgestürzten Thronen, zerspellten Kanonen, auf Zeitungsfetzen, Devisen und Akten,
Bunt aufgeputzte Puppe, hobst du das Richtschwert über die Vertrackten.
Du Gott der Verwünschungen und der Kloaken, Dämonenfürst, Gott der Besessenen.
Du Mannequin mit Veilchen, Strumpfbändern, Parfums und einem Hurenkopfe bemalt.
Deine sieben Jungen blecken die Zungen, deine Großtanten werden zuschanden, eine rote Kugel ist deine Gugel.
Du Fürst der Krankheiten und Medikamente, Vater der Bulbo und Tenderenda.
Der Arsenik und Salvarsäne, der Revolver, eingeseiften Stricke und Gashähne,
Du Löser aller Bindungen, Kasuist aller Windungen,
Du Gott der Lampen und Laternen, du nährst dich von Lichtkegeln, Dreieck und Sternen.
Du Folterrad, russische Schaukel der Qual, Homozentaurus, in Flügelhosen schwebend durch den Krankensaal.
Du Holz, Kupfer, Bronze, Turm, Zinke und Blei, als Eisenglocke schwirrst du geölt vorbei.
Du magisch Quadrat, jetzt ist es zu spat, du mystisch Quartier ambrosianischer Stier.
Herr unserer Entblößung, deine fünf Finger sind das Fundament der Erlösung.
Herr unseres Jäger- und Küchenlateins, Lamentotrommel unseres Daseins, Äthernist, Kommunist, Antichrist, oh! Hochgeistige Geistheit des Plimplamplasko!

<Rekonstruktionsversuch aus Balls Tenderenda der Phantast>

DER CHINESISCHE TOD

Da quoll aus Bulbos Mund ein schwarzer Ast, der Tod. Und man warf ihn in der Gespenster Mitte. Und der Tod exerzierte und tanzte auf ihm.
Der Herr aber sprach: *Mea res agitur. Er vertritt eine Ästhetik sinnlicher Assoziationen, die an Ideen anknüpfen. Eine Moralphilosophie in Grotesken. Seine Doktorey geht süß ein.* Und er entschloß sich, gleichfalls zu tanzen, weil das Gebet ihm gefallen hatte.
Da tanzte Gott mit dem Gerechten gegen den Tod. Drei Erzengel drehten seiner Frisur turmhohes Toupet. Und der Leviathan hängte sein Hinterteil über die Himmelsmauer herunter und sah dabei zu. Über der Frisur des Herrn aber schwankte, aus den Gebeten der Israeliter geflochten, die turmhohe Krone.
Und ein Wirbelsturm erhob sich, und der Teufel kroch in das heimliche Gemach hinter dem Tanzplatz und schrie: *Graue Sonne, graue Sterne, grauer Apfel, grauer Mond.* Da fielen Sonne, Sterne, Apfel und Mond auf den Tanzplatz. Die Gespenster aber verspeisten sie.
Da sagte der Herr: *Aulum babaulum, Feuer!* Und Sonne, Sterne, Apfel und Mond stoben aus den Kaldaunen der Gespenster und nahmen ihren Platz wieder ein.
Da hänselte der Tod: *Ecce homo logicus* und flog auf die oberste Stufe. Und tat seine Großduftei auf, um seine Autorität zu beweisen.
Da schlug ihm Gott die Kategorieentafel auf den Kopf, daß sie zerschellte, und tanzte weiter mit männlichen Schnörkeln und hurtigen Schleifen. Die Kategorieentafel aber zerstampfte der Tod, die Gespenster aber verspeisten sie.
Da machte der Tod einen Aschenregen aus dem Schwarzsauer der Hobelspäne, die für die Särge bestimmt sind, und schrie: *Chaque confrère une blague, et la totalité des blagues: humanité.* Und knackte dazu mit den Sargdeckeln seiner Backenknochen. Die Späne aber fielen ringsum hernieder, die Gespenster aber verzehrten sie.
Da senkte Gott die Trompete nach unten und rief: *Satana, Satana, ribellione!* Und es erschien der rote Mann, die falsche Majestät und erschlug den Tod, daß kein Mensch ihn fürdermehr erkennen konnte. Und die Gespenster verspeisten ihn.

<Rekonstruktionsversuch aus Balls Tenderenda Der Phantast>

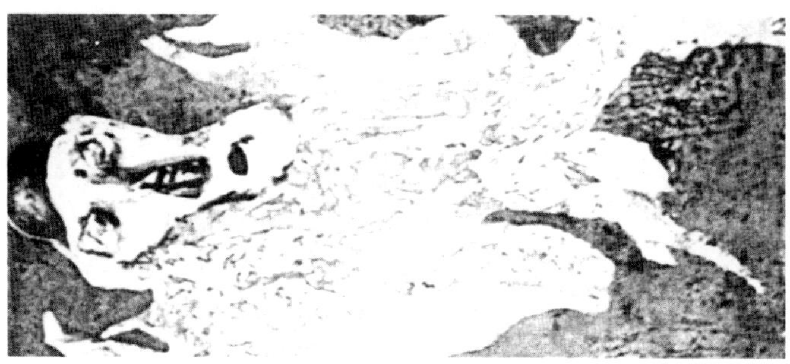

Willy Verkauf-Verlon, Man after the Hydrogenbomb (Detail), 1961

DER TANZ

Einen großen Tanz führen wir auf in Kleidern aus Lumpen und Papier, aus Fensterglas, Dachpappe und Zement.
Unsere alldeutschen Knotenstöcke schwingen wir, bemalt mit Runen und Hakenkreuzen. Vom Nabel bis zu den Knien dauert dein Reich, und der lutheranische Kabeljau bellt.
Von den Nachstellungen der Ketzer und Utopisten, der Widersacher und Propheten erlöse uns, o Herr.
Von den Anmaßungen der Theoretikaster und Liturgiker, von den vereinigten Glockenspielern erlöse uns, o Herr.
Aus diesem Lande der Pflichtenkäfer, der naßkalten Kuchen und der mit Totenscheinen gepflasterten Orte führe uns weg, o Herr.
Hör auf zu klappern mit Holz, Kupfer, Bronze, Elfenbein, Stein und den andern gewaltigen Trommeln.
Höre auf, unsere Toten erscheinen zu lassen und unsere Wärme zu stören, darum bitten wir dich, o Herr.
Höre auf, die Gespenster uns auf den Tisch, die Gespenster uns auf die Kaffeetassen zu setzen, und kein Inkubus rassle im Treppengebälk.

<Rekonstruktionsversuch aus Balls Tenderenda der Phantast>

Willy Verkauf-Verlon, Musique du XXe siècle, 1961

ALBERTO SPAINI LIEST:

JACOPONE DA TODI UND DIE ANONYMEN VOLKSDICHTER DES 14. JAHRHUNDERTS

O JUBEL

O jubel des herzens,
wenn die liebe zum lied stimmt!

Wenn jubel sich entfacht,
verfällt der mensch aufs singen
und seine zunge lallt
und weiß nicht, was sie sagt:
er kann nicht an sich halten,
sosehr nimmt ihn die süße ein.

Wenn jubel ausgebrochen ist,
verfällt der mensch aufs schreien;
die liebe setzt das herz in brand:
die flammen bringen es zum schreien
und es vergißt auf jede scham.

Wenn jubel erfaßt hat
das der liebe verfallene herz,
wird es zum gespött der leute,
wenn sie sein stammeln hören,
wenn es ohne halt und hemmung
von verzehrendem verlangen spricht.

O jubel, süße freude,
wenn sie in den kopf sich schleicht,
weiß das herz klug zu verbergen,
wie es wirklich um es steht:
doch ertragen kann es keiner,
kann er sich nicht luft machen.

Wer das noch nie erlebt hat,
wird dich für einen narren halten,
wenn er dich so seltsam sieht,
wie einen, der seinen kopf verliert;
sein herz ist innen eine wunde,
die welt außen sieht er nicht.

Jacopone dei Benedetti, 1238 in Todi geboren, bekannte sich 1268, nach dem Tod seiner Frau, zum Katholizismus, den er als seinen *gesunden Wahnsinn* bezeichnete. Sein Mystizismus ist leidenschaftlich und militant, immer aber auch polemisch gegen die offizielle Kirche. 1278 tritt er als Laienpriester in den Franziskanerorden ein. Er ist ein einsamer und fanatischer Geist, der einerseits die Realität fast gnadenlos realistisch beschreibt, andererseits aber auch Berührungspunkte mit dem Ton der Dichter des *dolce stil nuovo* hat. Die *laude* als literarisch-religiöse Gattung stellen sein Hauptwerk dar, ihr Stil manchmal grob und primitiv für den, der in der eher affektiven als logischen Syntax und den Verzerrungen und Inversionen der Rede, nicht den Anspruch sieht, eine transzendentale Liebesauffassung mit den extremen Tönen von Qual und ekstatischem Rausch wiederzugeben. Jacopone da Todi stirbt 1306.
<Textvorschlag>

KANTATE

Die Nelken in ihrer Vase am Fenster
neigen sich und lassen ihr Haar herab.
Ein Meistersänger möchte ich sein
und singen, bis eine von euch sich zeigt.

All ihr Nachbarinnen, Frühling ist's;
ihn sehnten die Balkone im Schlafe herbei.
Eine Traube von Liedern bring ich euch dar.
Glücklich die, die sich mit ihr schmückt.

Wer solche Lieder heute Nacht vernimmt,
den wird auch die Schwermut plagen,
und in schnelle Schritte wird er fallen,
weiß er seine Liebe in seinem Bett warten.

Und wer für sein müdes Haupt heute Nacht
nicht ein Kissen treuer Träume findet,
dem wird sich die Sehnsucht nach dem Traum
just durch die Tür des Herzens schleichen.

In dieser Gasse gibt es nur Liebende
und Schatten, die hinter Häuserecken stehen
und warten, bis sich die Fensterriegel öffnen,
kaum daß der Mond sich noch verfinstert hat.

Unten auf dem Pflaster im Tau des Mondes
blicken die Wimpern der Dächer dir nach.
Die Sterne fallen auf die Knie und sehnen sich
nach der Erde, schwer vom Schlaf in den Tod.

Gitarre habe ich keine und keine Mandoline,
um nach den Noten des Mondes zu spielen.
Ich habe keine Freunde, die mich begleiten
in dem gleich und ungleich versammelten Chor,

denn all die, welche nur die Liebe wollten,
gingen mir in diesem harten Krieg verloren.
Tiefer als drei Meter ruhen sie in der Erde,
und um nicht zu weinen, werde ich sie vergessen.

Ich habe Berge gesehen, und ich sah Täler,
Dörfer habe ich gegrüßt und auch die Mägde.
Wie mit dem Lamm, das keine Sünde je beging,
fand ich auch für die Menschen keine Gnade.

Und zu leben scheine ich schon tausend Jahre
und gestorben und wieder gelebt zu haben.
Was ich sah, habe ich alles wieder vergessen.
Mit dem Tod ist auch meine Jugend gestorben.

In der Luft schwingt nun eine andere Serenade,
Leidenschaft der Gitarre und der Mandoline.
Bleich und schaudernd kommt der Morgen heran.
Ich wollte doch nicht weinen, doch nicht so.

<Corrado Alvaro>

GEMMA

Allee der Klänge und Düfte, flüchtiger
Abend: Kirchtürme, Wolken ...
Häuser voll Frühling, eine Kammer
spärlich erhellt von einem müd rosa Licht;
ein Bild des Großvaters, ein Bücherregal ...
Viale Carducci, dargebotene Augen und Blumen.

Chiarastella! Riccardo! Corradino!

Ich gehe der Nacht entgegen.
Nicht zwischen Tänzen künstlichen Lichts,
mit brennenden Augen und fröstelnden Händen,
aber auf Straßen der Verlassenheit und des Verlangens,
die Seele frischer als ein Lächeln,
von deinen Kinderschritten aufgeschreckt ...

Du gehst mit deiner süßen Schwester
und alles in dir verrät das Staunen
des ersten Blicks auf die Welt.
Auch ich bin wie du heut abend.
Schau nur, soviele Schwalben!

In der Dämmerung seid ihr zwei leuchtende Augen.
Der Reinheit jener suchenden Augen wegen
wird euch die Nacht niemals löschen.

Und dein Blick wie eine Blume
unter einem Triumphbogen gepflückt

<Francesco Meriano>

EMMY HENNINGS LIEST:

O IHR HEILIGEN

O ihr Heiligen mit den kostbaren Namen,
die alle über den Kreuzweg kamen,
ich vergaß meine Wege,
ging still durchs Dornengehege
schmerzlichster Abtötung.

Ich bin im Dunkeln,
und keine Sterne funkeln
in meine Dämmerung.
Das Gesicht zur Wand gekehrt,
verlöscht mein Feuer auf dem Herd.
Ich bin jetzt nichts mehr wert.

<Emmy Hennings>

Jakob De Chirico, Resonanzkörper mit Giuseppe Desiato, Grappa di Dio (links), 1988. Unten: Resonanzkörper, 1988

AUS DEM BUCH DES FLIESSENDEN LICHTES DER GOTTHEIT

Dies ist ein Gruß und ein Lob
und ein Gebet der Sünderin

Gegrüßet seist du, lebender Gott!
Du bist vor allen Dingen mein.
Das ist mir eine endelose Freude,
Daß ich aufrichtig mit dir reden kann.
Wenn mich meine Feinde jagen,
So fliehe ich in deinen Arm,
Da mag ich mein Leid ausklagen,
Wenn du dich neigen magst zu mir.
Du weißt wohl, wie du rühren kannst,
Die Saiten in der Seele mein.
Eia, des beginne alsogleich,
Daß du immer segenbringend müssest sein.
Ich bin ein unedel Braut,
Doch bist du mein edel Traut,
Des will ich immer freuen mich.
Gedenke wie du trauten kannst
Die reine Seele in meinem Schoß
Und vollbringe es, Herre, an mir alsogleich, —
Alleine ich sein dein Ingenoß.
Eia, zeuch mich, Herre, auf zu dir,
So werde ich rein und klar;
Läßt du mich in mir selber,
So bleibe ich in Finsternis und Kummer.

Wie mein Gott hiezu antwortet:

Mein Widergruß ist ein so groß Himmelsflut:
Sollte ich mich in dich nach meiner Macht geben,
Du behieltest nit dein menschlich Leben.
Du siehest wohl, ich muß meine Macht zurückhalten
Und aus meiner Klarheit herausgehn.
Darum halte ich dich um so länger
In der irdischen Jammerkeit.
Wenn aufgaht all deine Süßigkeit
In der Höhe der ewigen Herrlichkeit,
Da sollen meine Saiten dir süße klingen
Nach dem treulichen Aufwande deiner langen Minne.
Doch will ich vorher beginnen
Und mäßigen in deiner Seele meine himmlischen Saiten,
Auf daß du desto länger mögest gebeiten.
Denn hohe Bräute und edle Ritter
Die muß man mit teurer Koste
Lange und sehre bereiten.

<Mechthild von Magdeburg, Textvorschlag>

AUS DEM GROSSEN BUCH DER JOHANNSER ZUM GRÜNEN WERDE ZU STRASSBURG

Grundlos einig sin

Die so wellen minne
das grundelose guot,
Die treten boven sinne;
daß machet sinen muot.

O wiselose wise,
du bist so rehte fin,
Du swebest oben sinne,
daß ist diu stete din.

O unverstanden wesen,
grundelos einig sin;
Und ich mag nit genesen,
ich si vor allin vri.

Diu hohe kraft der minne
diu het mich understan,
Gefuret in eine stille;
einformig muoz ich gan.

Wen diu edel minne
begriffet ze einer stunt,
Gefuret in eine stille
sunder eine gefunt.

Aldus getaner minne
du wart mir no it kunt,
diu mich aldus verswelget
in einer minnen abgrunt.

O unverstanden wesen,
grundelos einig sin,
Und ich mag wol genesen,
ich bin vor allen vri;

Diu minne het mich gefuret
in ein verlorenheit,
Alda wart ich inkleidet
al mit sinesheit.

O unverstanden wesen,
grundelos einic sin,
Und ich mag wol genesen,
ich sten in gote vri.

AUS DEM BUCH DER SIEBEN GRADE

Di wârheit ist uns dapey schein
Daz manigez armes geswesterlein
Und ander arm gaister
Uber all lesemeister
Von dirr gnâde chunnnen sagen,
Wann si ez in dem herczen tragen.
Der gnâde scholt wir got immer loben
Im danch sagen und uns vertoben
Daz er in solich parmchait
Sein grôzz genâd hat geleit,
Daz sie nieman erraichen chan
Dann di allerniderst stan.

Hie enphat der mensch die sicherhait,
Daz sich nimmer schait
Ain stunt von der sêl got
Weder in dem leib oder nach dem tôt.
Dirr grâd ist daz hôh leben
Daz heiligen wird auf erd geben,
Wann swer ist chomen auf disen grâd
Czwischen dem und dem himel stâd
Niht dann di horwein want,
Swenn diw vellet, so zehant
Virt di sel hin czu got
Vrey vor aller slaht not.

O suzzer herre Jhesu Crist
Dez suzzew minne ain abgrund ist!
O gruntlôser prunne!
Aller genâden wunne!
Wie pilleich uns dicz wunder
Alle machet munder
Dich suzzen got cze minnen
Von allen unsern sinnen!
Waz ist der arm mensch dir,
Daz du so gar deins herczen gir
Auf in so vollicleichen legest,
So grozz minne czu im tregest,
Daz du dem menschen zu proden
So chranch, o swach, so snoden,
So minneclichen mainest,
Daz du in an dir verainest!

<Der Mönch von Heilbronn>

LEGENDE

Vor einem hellen Marienbild
spielte ein Bettler die Geige.
Die Vögel sangen im Herbstgefild,
der Tag ging schon zur Neige.

Er spielte der Reben süße Last,
die hingen ihm bis zur Stirne,
er spielte den reifen Apfelast
und der Berge schneeige Firne.

Er spielte der blauen Seen Licht,
die leuchteten ihm aus den Augen.
Er sang zu der Geige, und immer noch nicht
wollte das Licht ihm taugen.

Da sang er den Mond und die Sterne dazu,
die konnte er alle verschenken.
Und weinte des Waldes einsame Ruh,
die tät seine Geige tränken.

Er spielte und sang und merkte kaum,
wie Maria sich leise bewegte,
und ihm beim Spiel ihrer Hände Schaum
auf die wehenden Locken legte.

Er drehte beim Spiel sich hin und her,
das tönende Holz unterm Kinne.
Er wollte, daß seine süße Mär
in alle vier Winde zerrinne.

Da stieg die Madonna vom Sockel herab
und folgte ihm auf seine Wege.
Die gingen bergauf und gingen bergab
durch Gestrüpp und Dornengehege.

Er spielte noch, als schon der Hahn gekräht
und manche Saite zersprungen.
Auf dreien spielt er die Trinität,
auf zweien die Engelszungen.

Zuletzt war es nur noch das heimliche Lied
vom eingeborenen Sohne.
Maria deckte den Mantel auf ihn,
darin schläft er zum ewigen Lohne.

<Hugo Ball>

HANS ARP LIEST:

LIED VOM HERZOG ERNST

Wie er in ainer insel mit gar grossen vogeln stritt und die auch überwand.

Zuo den zeiten ward dem herzoge gessagt wie das in ainer nehe wernt ettliche in India, die nür zwaier ellenbogen lang weren, und di speisten sich allain von vogel airen, die in demselben lande nisteten, umb des willen, wennn sie der vogel airen geßent, dar uße sunst ander vogel wurdent, das der vogle dester minder umb si würden, und ie minder er würde, ie e und baß sie sich durch solich speisungen ir erwereten. hierumbe mit gemainsamem rate seiner haimlichen ratgeber ließ er seim lande sein groß here und die wunderlichen lüte die er mitt streites crafte gewonnen hett, und nam mit im grafen Wezilo und ettlich streitber kön und trewbewert ritter und kam auf dem waßer gefaren zuo den clainen Pigmennen. do nuo die clainen zwerglein sahent sovil als großer lüte zuo in komen, des erschrackent sie von herzen und mainten es were irs leben ain ende und raichten ir hend auf gegen in himel und batent fride und fristung irs lebens mit vorchtsamer diemütikait. do sprachent die edlen ritter zuo in *wir sind nit komen den frid zuo prechen, aber euch friden zu machen und wöllen ewr leben hail und sicher machen vor der schedlichen vogel anfechtunge, ob uns got das verhenget. morgen sollet ir ußziehen wider di vogel und uns zaigen ir maiste wonunge; so werdt ir sehen durch uns die große hilf gotes über euch.* und als herzog Ernste si fragt was sie in schadens täten, da sprang ein clains jungs mennlin von in und stond mitten ein für den herzogen und sprach *lieber herre, wenn ich anderswa etwas notiger sachen zeschicken habe, so muoß ich mich des nachtes uf den weg machen, und wenn es ze morgens liecht her get, so muoß ich mihc etwan haimlich versteln in den nachsten tag, bis das es wider nachtvinster wird: so muoß ich dann den andern tail des wegs volpringen. item wir muoßent unser äcker al zuo nachtes eren und auch absneiden, denn im tage vor den vogeln türrent und mögent wirs nicht ton, und wirt uns noch vil übels, das alles zuolang were ze sagen, von den bösen voglen zuo unserm unhail mer denn andern lüten erboten und zuogezogen. darumb bitt wir euch vlißiclichen, seitemal wir uns umb unser schwachhait und clainen gliedmaß wegen an den übeln vogeln unsern veinden nicht mögent noch rechen, das ir, die da gegen uns ze schetzen groß risen selent, wöllent rachsal an den bösen vogeln began, die uns bißhere unrechticlichen bezwungen und bekümmert haben.* also sach der herzog an ir vlißig nottorftig gebete. und des morgens, als die sonne das ertrich erst überschin, do nam er mit im sein ritter mitsampt dem clainen zwergvölcklin und koment in ain insel, do ain große menig der vogel zesamen kam, und begiengent ain großen streit mit in. doch zuo letste nach ertönung vil der Pigmennen clainen männlinvon der vogel peißen und stechen mit den snebeln behuo herzog Ernste aber den loblichen sige und machet den Pigmennen vor den vogeln solichen guoten fride, der er und di seinen zemal vil erschluogen und erschußent, das sie in fürbaß nimmer mer kain laide noch unruoe tetent und lebtent mer dann ain ganz jat unvlüßiclichen allain von irer veinde der vogel flaisch. nach dem und der herzog mit den zwergmännlin nuo wider haim von der insel koment, da saget der Pigmennen könig dem herzogen und den seinen groß ere und danck umb den überwindlichen sige der neidischen vogel und truog im für gold und silber und sunder köstlich edels gestain und bat in das ers zuo lon neme. das wolte der herzog nicht vom im nemen; aber er bat in widerumbe vlißiclichen, das er im der natürlichen Pigmenni zwai gebe: des in der könig gewert und gab im seinen diener zwen. also mit des königs und seins volcks andechtigem sengen zoch der herzog mit großen freuden die er hette von ungeleichen spilen und schimpfe der zwai clainen männlin und seins großen risen, den er auch mit im hett genomen, und kom wider in das land Arimaspi do er dann wonung hette, und er ward aber von demselben könig und allem ainäuggem volcke mit vlißigen trewen erlich enpfangen.

Jacob Böhme, Aurora

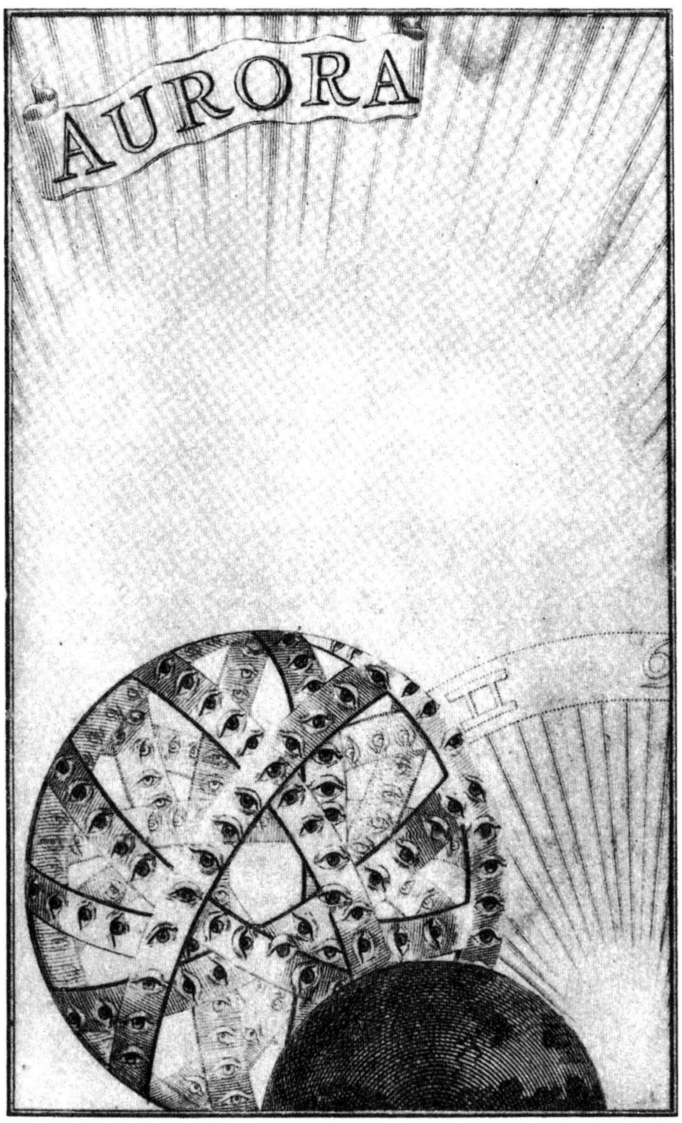

DIE NIEDERLÄNDISCHE REISE

O Erasmus von Rotterdam, wo willst du bleiben? Sieh! Was vermag die ungerechte Tyrannei der weltlichen Gewalt, der Macht der Finsternis? Höre, du Ritter Christi! Reite hervor neben dem Herrn Jesus, beschütze die Wahrheit, erlange der Märtyrer Krone! Du bist doch ohnedies schon ein altes Männchen. Ich habe ja von dir gehört, daß du dir selbst nur noch zwei Jahre zugegeben habest, die du noch taugest, etwas zu tun. Lege dieselben wohl an, dem Evangelium und dem wahren christlichen Glauben zu Gute, und lasse dich denn hören! Dann werden, wie Christus sagt, der Hölle Pforten — der römische Stuhl — nichts wider dich vermögen. Und wenn du hinieden deinem Meister Christo ähnlich würdest und Schmach und Schande von den Lügnern in dieser Zeit erlittest und darob um eine kleine Weile früher stürbest, so würdest du doch desto eher aus dem Tode ins Leben eingehen und durch Christum verherrlicht werden. Denn so du aus dem Kelche trinkest, den er getrunken hat, so wirst du mit ihm regieren und richten mit Gerechtigkeit jene, die nicht redlich gehandelt haben. *O Erasmus*! Halte dich zu uns, daß sich Gott deiner rühme, wie von David geschrieben steht, denn du kannst es vollbringen, und fürwahr, du kannst den Goliath fällen! Denn Gott steht der heiligen christlichen Kirche bei, wie er ja auch den römischen nur untersteht nach seinem göttlichen Willen. Er helfe uns zu der ewigen Seligkeit, Gott Vater, Sohn und heiliger Geist, ein ewiger Gott, Amen!
O ihr Christenmenschen, bittet Gott um Hilfe, denn sein Urteil nahet und seine Gerechtigkeit wird offenbar! Dann werden wir sehen das unschuldige Blut, das der Papst, die Pfaffen und die Mönche vergossen, gerichtet und verdammt haben: Apocalypsis. Das sind die Erschlagenen, unter dem Altare Gottes liegend, und sie schreien um Rache, darauf die Stimme Gottes antwortet: Erwartet die vollkommene Zahl der unschuldig Erschlagenen, dann will ich richten! —
Wieder habe ich 1 Gulden zur Zehrung gewechselt. Ich habe dem Doctor wieder 8 Stüber gegeben. Wieder zweimal mit dem Roderigo gegessen. Ich habe mit dem reichen Canonicus gegessen. Ich habe 1 Gulden zur Zehrung gewechselt. Ich habe Meister Konrad, den Bildhauer von Mecheln, zu Gast gehabt an den Pfingstfeiertagen (Sonntag, den 19. Mai). Ich habe 18 Stüber für italienische Kunstblätter gegeben. Abermals dem Doctor 6 Stüber. Dem Meister Joachim habe ich 4 kleine St. Christopher auf grauem Papier aufgehöht. Ich bin am letzten Pfingstfeiertag zu Antwerpen auf dem Pferdemarkt gewesen und habe da überaus viele hübsche Hengste vorreiten sehen, und insbesondere sind zwei Hengste gar um 700 Gulden verkauft worden. Ich habe 1 3/4 Gulden aus Kunstblättern gelöst, habe das Geld zur Zehrung genommen und 4 Stüber dem Doctor gegeben. Ich habe 3 Stüber für 2 Büchlein gegeben. Ich habe dreimal mit Tomasin gegessen. Ich habe ihm 3 Degenhefte gezeichnet; er hat mir ein Alabasternäpfchen geschenkt. Ich porträtierte einen englischen Edelmann mit der Kohle, der schenkte mir einen Gulden, den ich zur Zehrung gewechselt habe.

<aus Dürers Tagebuch, Textvorschlag>

MORGENRÖTE IM AUFGANG

Von der bittern Qualität.

Die bittre Qualität ist das Herz in allem Leben; gleichwie sie in der Luft das Wasser zusammenzieht, daß es scheidlich wird, also auch in allen Kreaturen, sowohl auch in Gewächsen der Erde; denn Laub und Gras hat seine grüne Farbe von der bittren Qualität. So nun die bittre Qualität in einer Kreatur sänftig wohne, so ist sie ein Herz oder Freude in derselben; denn sie zerscheidet alle anderen bösen Einflüsse und ist ein Anfang oder Ursache der Freude oder des Lachens. Denn so sie bewegt wird, macht sie eine Kreatur zittern und freudenreich und erhebet dieselbe mit ganzem Leibe, denn es ist gleich einem Anblick des himmlischen Freudenreichs, eine Erhebung des Geistes, ein Geist und Kraft in allen Gewachsen aus der Erden, eine Mutter des Lebens.

Der hl. Geist wallet und treibet mächtig in dieser Qualität; denn sie ist ein Stück des himmlischen Freudenreichs, wie ich hernach beweisen will. Sie hat aber auch noch eine Species in sich, als nämlich die Grimmigkeit, die ist ein wahrhaftig Haus des Todes, eine Verderbung alles Guten, eine Verderbung und Verzehrnis des Lebens im Fleische. Denn so sie sich in einer Natur zu sehr erhebt und entzündet sich in der Hitze, so scheidet sie Fleisch und Geist, und muß die Kreatur des Todes sterben; denn sie quallet und zündet an das Element Feuer, darin kann kein Fleisch bestehen in der großen Hitze und Bitterkeit.

Von der Kälte Qualifizierung.

Die Kälte ist auch eine Qualität wie die Hitze, sie qualifiziert in allen Kreaturen, was aus der Natur worden ist, und in allem, was sich darin bewegt, in Menschen, Tieren, Vögeln, Fischen, Würmern, Laub und Gras und ist der Hitze entgegengesetzt und qualifiziert in derselben, als wäre es ein Ding; sie wehret aber der Hitze Grimmigkeit und stillet die Hitze. Sie hat aber auch zwei Species in sich, davon zu merken ist, als nämlich, daß sie die Hitze sänftigt und alles fein leidlich macht, und ist in allen Kreaturen eine Qualität des Lebens; denn es kann keine Kreatur außer der Kälte bestehen, denn sie ist eine quallende, treibende Beweglichkeit in allen Dingen. — Die andere Species ist die Grimmigkeit; denn wo sie Gewalt krieget, so drückt sie alles nieder und verderbet alles wie die Hitze; es kann kein Leben in ihr bestehen, so ihr die Hitze nicht wehret. Die Grimmigkeit der Kälte ist eine Verderbung alles Lebens und ein Haus des Todes, gleichwie der Hitze Grimmigkeit auch ist.

<Jacob Böhme>

TZARA LIEST NEGERGEDICHTE:

ARANDA

Der ititja-Kultus

In diesem Kultus treten zwei ältere Männer auf, die mit einem schwarzen Streifen um den Leib geschmückt sind, während ihr Oberkörper und Gesicht mit Vogeldaunen beklebt sind; auf dem Kopf tragen sie Mulgazweige. Diese Darsteller nehmen in einer Bodenvertiefung Platz, das Gesicht einander zugekehrt; sie ergreifen sodann ihre Stöcke *(tnauia)* und schlagen auf vor ihnen liegende Mulgazweige. Neben ihnen liegt, der Länge nach auf den Boden hingestreckt, ein junger Mann, dem der eine Darsteller mittelst eines rot angestrichenen und mit Daunenfedern beklebten Schildes auf den Bauch schlägt und ihn dann später vom Boden aufhebt. *Raiankama* und *warkuntama.*

Einleitung in den tjurunga-Gesang. Derselbe schildert, wie in der Urzeit einige *Cormoranaltjirangamitjina*, die durch die beiden Darsteller repräsentiert werden, in *Kularata* viele Mulgazweigspitzen mit den daran befindlichen Schoten abgebrochen und in ausgehöhlten Bodenvertiefungen *(ankula)* aufgehäuft und ausgedroschen haben; wie sie darauf allen Mulgasamen auf einen ungeheuren Haufen aufgeschüttet, in der heißen Asche gebraten und auf flachen Steinen zermahlen und dabei fortwährend ihre Finger abgeleckt haben (1—8). An der Stelle, wo in der Urzeit der große Mulgasamen-Haufen aufgeschüttet war, befindet sich jetzt ein runder, rings von Sandhügeln eingeschlossener See (9). Nachdem nun in den beiden folgenden Versen die Mulga-Schoten beschrieben worden sind (10,11), wird zum Schluß der weiße Kakadu mit rosa Brust- und Haubenfedern *(Cacatua Leadbeateri Vijors)* aufgefordert, recht viele Mulga-Schoten abzubrechen und zu zerbeißen (12).

DAS LIED DES KAKADU

1. Nala kintjilauwira,
Hier Zweigspitzen gewiß,
Nala tnatnalauwira.
Hier mit Spreu vermischte Samen, gewiß.

2. Ankuluka arinopinama,
Auf ausgehöhlten Platz hinlegen,
Wollurwabolla arinopinama.
Haufen Haufen hinlegen,

3. Kujulbakuja arinopinama,
Viele Haufen hinlegen,
Wollurbawolla arinoinama.
Haufen Haufen hinlegen.

4. Wollurbawolla arinopinama,
Haufen Haufen hinlegen,
Lejurbaluja arinopinama,
Große Haufen hinlegen.

5. Tmakupita arinopinama,
Tiefe Haufen hinlegen,
Lejurbaluja arinopinama,
große Haufen hinlegen.

6. Kitjumberutjumbererama,
Auf einen Haufen aufschütten,
Ariribirkuntala, arirbikuntala.
Ausgewachsene Körner, ausgewachsene Körner.

7. Arirbirkuntala kumalerumalerika,
Ausgewachsene Körner stehend bräunten,
Arirbbirkuntala kumalerkumalerika.
Ausgewachsene Körner stehend bräunten.

8. Arirbirkalala wonbirumani,
Ausgewachsene Körner wollen reiben,
Arirbirkalala wonjirumani.
Ausgewachsene Körner wollen lecken.

9. Aroaloala lena 'rirkamulkala,
Rundes jenes auf Sandhügeln,
Aroaloala lena 'rirkamulkala.
Rundes jenes auf Sandhügeln.

10. Tjintja indama
Schoten liegen,
Urbmilakua ntjara indama.
mit Narben versehene viele liegen.

11. Tjintnal urbatintalana,
In den Schoten der Reihe nach liegen,
Urbmilakualakua intalana.
mit Narben versehen in Reihen liegen.

12. Kirtarai jama, nkuningai!
Beiß ab, wirklich, o weißer Kakadu!
Arambalkuai jama, nkuningai!
Sehr viel friß, wirklich, o weißer Kakadu!

<Carl Strehlow, Die Aranda- und Loritja-Stämme in Zentral-Australien; Frankfurt 1907>

CHANSON DU CACADOU

1 ici pointes de branches certainement
ici des grains melé à la balle certainement
2 sur la place ceruée les poser
des amas des amas y poser
3 beaucoup d'amas y poser
4 des amas des amas poser
de grands amas poser
5 profonds amas poser
de grands amas poser

6 Sur un amas verser
des noyaux germés des noyaux germés
7 des noyaux germés chauchés brunir
des noyaux germés chauchés brunir
8 des noyaux germés veulent frotter
des noyaux germés veulent lécher

9 ronde celle sur les collines de sales
ronde celle sur la sable
10 des gousses sont là
avec des cicarices fouettées il y a beaucoup qui dorment là
11 dans les gousses sont là rangées
avec des cicatrices piquées couchées en ordre en lignes
12 *mords vraiment oo blanc cacadou*
beaucoup mange vraiment oo blanc cacadou

<Tzaras Übersetzung; Negergedichte>

1. Lied der Anecho-Mädchen,

in welchem sie ihre Sympathie für einen jungen Mann ausdrücken.

I a 5/4-Takt ♩ = 152 b
Woe wo do gbe de - gbe la! Woe wo do gbe - de - gbe - la!
Du tatest Arbeit früher! Du tatest Arbeit früher!
c
Woe t'a - vo n'a - ti: ba - ba du, a - yo!
Du gedeckt Kleid dem Baum; Ameise aß (es) oho!
II a b
woe wo do gbe - de - gbe la! n - bi woe wo do gbe - de - gbe la!
Du tatest Arbeit früher! ? du tatest Arbeit früher!
woe t'a vo n'a - ti; ba - ba du a - yo!
Du gedeckt Kleid dem Baum; Ameise aß, oho!

3. Lied der Anecho-Mädchen,

wenn sie einem Verehrer den Abschied geben.

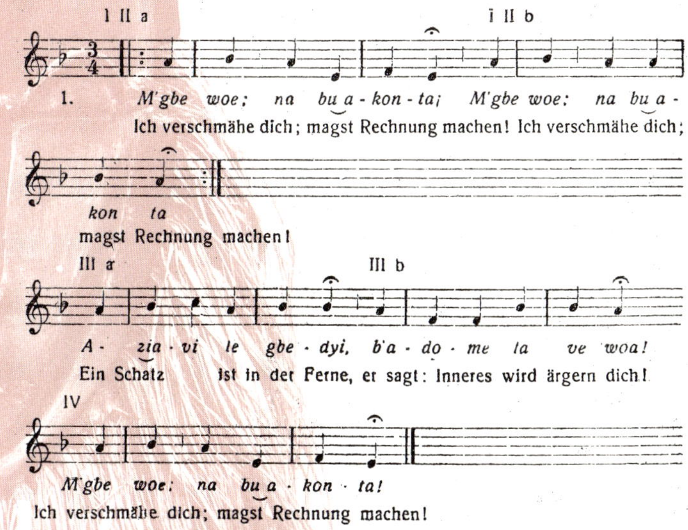
I II a I II b
1. M'gbe woe; na bu a - kon - ta; M'gbe woe; na bu a -
Ich verschmähe dich; magst Rechnung machen! Ich verschmähe dich;
kon ta
magst Rechnung machen!
III a III b
A - zia - vi le gbe - dyi, b'a - do - me la ve woa!
Ein Schatz ist in der Ferne, er sagt: Inneres wird ärgern dich!
IV
M'gbe woe; na bu a - kon - ta!
Ich verschmähe dich; magst Rechnung machen!

2. *M'gbe woe! be wu wo la wu' m a?*
Ich verschmähe dich; töten, du willst töten mich?
Aziavi le gbedyi, b'adome la ve wo a?
M'gbe woe! be wu wo la wu' m a?

3. *M'gbe woe! sa wo la sa' m a?*
verkaufen, du willst verkaufen mich?
Aziavi etc.

4. *M'gbe woe! ka wo la ka' m a?*
annageln, du willst annageln mich?
Aziavi etc.

5. *M'gbe woe! to wo la to wo' m a?*
braten, du willst braten mich?
Aziavi etc.

6. *M'gbe woe! fli wo la fli' m a?*
zerschneiden, du willst zerschneiden mich?
Aziavi etc.

7. *M'gbe woe! si wo la si m' a?*
erstechen, du willst erstechen mich?
Aziavi etc.

2. Spottlied der Anecho-Mädchen

auf die schwarzen Diener, die „Stewards" der Weißen.

I a I b
Yo - vo de - vi! Go dyi dye! A - yo! Yo -
(Des) Weissen Diener! Gürtel roter! Oho!
II a
vo de - vi! Go - dyi dye! Yo - vo de - vi! Go - dyi dye!
Weissen Diener! Gürtel roter!
II b III a
A - yo! Yo - vo de - vi! Go - dyi dye! Yo - vo la yi a -
Weisser wird gehen
III b
hoe, yo - vo la yi a - hoe! la yi lo - - - !
heim! Weisser wird gehen heim! wird gehen!
IV
Yo - vo de - vi! Go - dyi dye! A - yo

<Pater Fr. Witte, Lieder und Gesänge der Ehwe-Neger; Anthropos 1906; Vorlage für Tzaras Übersetzungen>

TRISTAN TZARA LIEST:

BASUTHO

Ich bin Kukutle.
Die Krieger zogen singend vorüber;
Der Schlachtgesang erscholl an meiner Seite.
Er zog vorüber und verachtete meine Jugend,
Er machte Halt vor Bonkuku's Tür.
Ich bin der schwarze Krieger.
Meine Mutter ist Bosselesso.
Ich werde angreifen wie ein Löwe,
Wie der Löwe, der die Mädchen verschlingt,
An den Wäldern von Fubasekwa.
Mapatsa ist bei mir,
Mapatsa, der Sohn des Tele.
Wir ziehen aus, singen den Marschgesang.
Mein Ohm Ramakwala schreit:
Kukutle, wo kämpfen wir?
Wir werden kämpfen vor den Feuern von Makosse.
Wir kommen an!
Die feindlichen Krieger in Schlachtlinie
Werfen zusammen ihre Speere.
Sie ermüden sich umsonst.
Moatla's Vater wirft sich unter sie,
Er zerschlägt des Mannes Arm
Vor den Augen seiner Mutter,
Die ihn fallen sieht.
Fragt doch, wo der Kopf des Sohnes der Gebehwane ist?
Er rollte bis mitten in seine Heimatstadt.
Siegreich bin ich eingetreten in seinen Wohnplatz
Und wusch mich in seiner Schäferei.
Mein Auge ist noch umhüllt von Staub des Sieges.
Kukutles Schild ist durchstoßen,
Seiner Feinde Schilde sind unberührt,
Denn das sind die Schilde von Feiglingen.
Ich bin der helle Blitz,
Der donnert nach dem Regen.
Bereit zurückzukehren zu meinen Kindern
Brülle ich nach Beute.
Ich sehe die Herden fliehen
Durch das Kraut, niedergetreten in der Ebene.
Ich nehme sie dem Hirten mit dem weiß und gelben Schilde.
Steigt auf die hohen Felsen von Makate,
Sehet die weiße Kuh laufen inmitten der Herde.
Makosse wird meine Keule nicht mehr verachten.
Das Gras wächst auf seinen verlassenen Weiden.
Der Wind spielt mit dem Rauch
Seiner zerstörten Hütten.
Nur noch das Summen der Mücken hört man
In seinem einst so lärmenden Dorf.
Matt und verschmachtet vor Durst kam ich an bei Entele;
Sein Weib quirlte herrliche Milch,
Weiß und schaumig.....
Ich riß von der Erde einen Scherben
Und tauchte ihn in das Gefäß,
Es war bald geleert.
Die weiße Kuh mit schwarzem Kopf,
Die ich gewonnen habe,
Meinem Fürsten soll sie gehören;
Der Name meines Fürsten ist Makao.
Und Makao, das ist Makao.
Ich schwöre es bei dem bunten Ochsen
Von Mamasike.

<Carl Meinhof, Die Dichtung der Afrikaner, Berlin 1911; Vorlage für Tzaras Übersetzung.>

BEMERKUNG 6 ÜBER DIE KUNST DER NEGER

Die neue kunst ist in erster linie: konzentration, pyramidenwinkel hin zum gipfel, der ein kreuz ist; doch zuerst haben wir die reinheit zerlegt, dann das objekt; wir näherten uns seiner oberfläche, wir durchdrangen sie. Wir wollen eine klarheit, die direkt ist. Die kunst gruppiert sich in ihre bereiche, mit ihren speziellen metiers, in ihren grenzen. Die einflüsse der fremden natur, die sich vermischen, sind die fetzen einer renaissancekopie, die noch an der seele unserer nächsten hängt, denn mein bruder hat eine seele mit spitzen zweigen, schwarz vom herbst.

Mein anderer bruder ist naiv und gut und lacht. Er ist in afrika oder irgendwo in ozeanien. Er konzentriert seine vision auf den kopf, den körper im holz, das hart wie eisen ist, geduldig, ohne sich um die konventionelle beziehung zwischen dem kopf und dem rest des körpers zu sorgen. Sein gedanke ist: der mensch geht auf zwei beinen, die neuen beziehungen nach den graden der notwendigkeit: so wird der ausdruck der reinheit geboren.

Aus dem dunkeln schöpfen wir das licht. Einfache, reiche und leuchtende naivität, die verschiedenen materialien, waagen der form. In ausgewogener hierarchie.
AUGE: knopf, öffne dich weit, rund, spitz, um meine knochen und meinen glauben zu durchdringen. Verwandle mein land in ein gebet der freude oder der angst. Watteauge, rinne in meinem blut.

Die kunst, in der kindheit der zeit, war gebet. Holz und stein waren wahrheit. Im menschen sehe ich den mond, die pflanzen, das dunkle, das metall, den stern, den fisch. Daß die kosmischen elemente symmetrisch bleiben. Deformieren, kochen. Die hand ist stark, groß. Der mund enthält die kraft der obskurität, unsichtbare substanz, tugend, furcht, weisheit, schöpfung, feuer.
Niemand hat je so klar wie ich diesen abend das weiß mahlen sehen.

<Sic, September 1917>

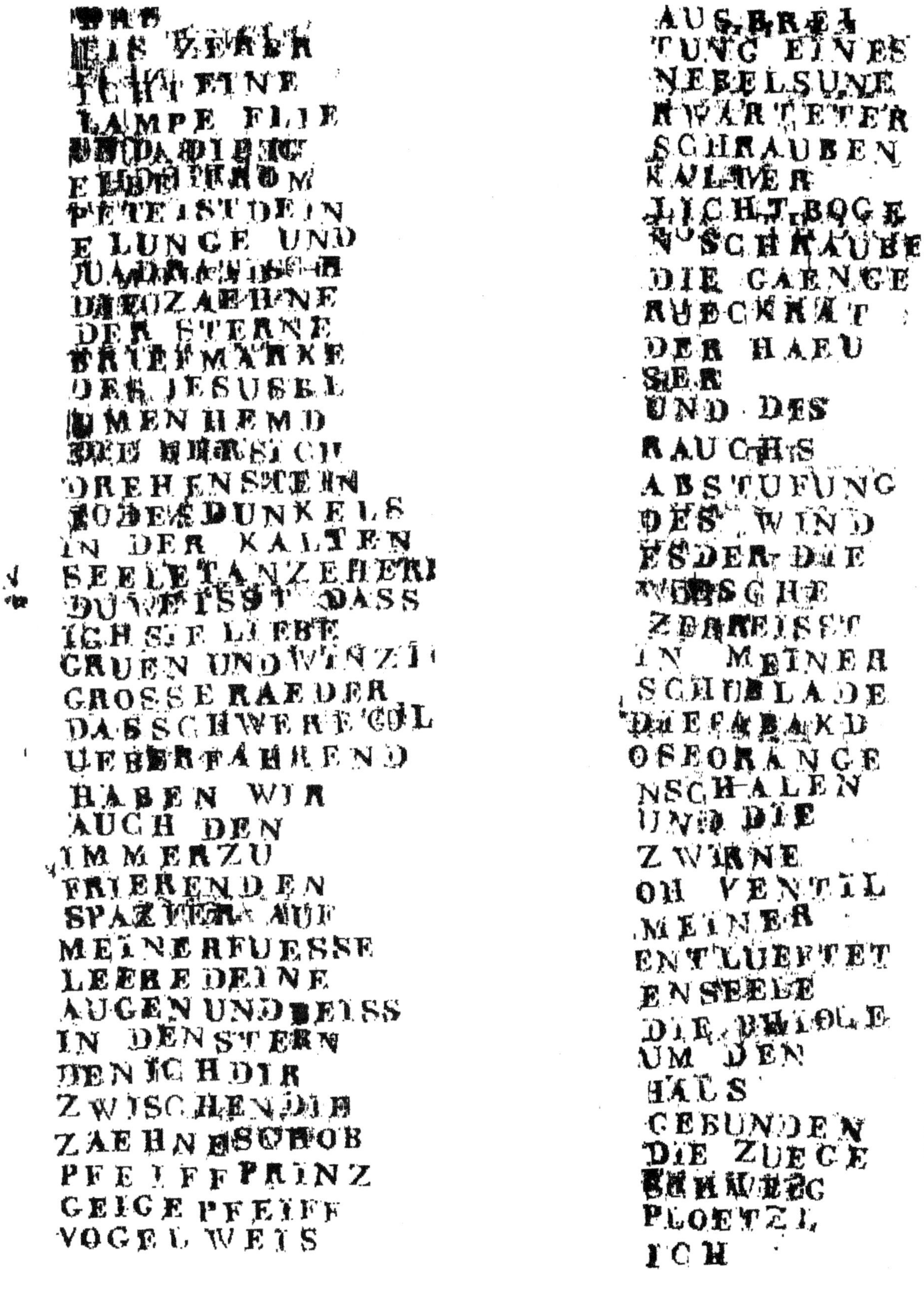

Regina Nowacki, Typographie, 1990, von *Sittsam Tanz März* und *Sittsam Tanz Zwei*, die an diesem Abend unter dem Titel *Sittsam Tanz Blau* vorgetragen wurden.

BITTER FLÜGEL ABEND

durch nächtliche *astronomische konstellationen offenbartest du mir*
papier
freund
architektur
schweden
warten
Ich telephoniere flügel und stille eines grenzmoments aus salz-
säulen bauen: wolkenlampen schnee und musiklam-
pions zickzack proportionen ringe berge von gelb gelb
gelb gelb oh die seele die die strophe des gelb des rot
gewordenen rohrs pfeift im schweiße des weihrauch-
tiegels
weiße schwester des nachtsiegels erinnerungsriegels
spiegels
die röhren knacken und steigen auf
und die schnarren zersplittern die luft im zickzack

in den dunkeln lungen tief ist der schlaf rot
hart
das gitterwerk schwerer skelette
die gewässer verehren die richtung hin welch erleuchteter
ebenholzflügel bist du verreist
mutter
verkümmern
durchquere
warum
blutig
könig
ursprung
kerze
meine gedanken gehen ihre wege — zur weide der schafe —
zum unendlichen
symmetrisch
diener
die halsketten schwer von licht
schwarz
mager
oberfläche
stein

<Procellaria, Oktober 1917; 25 Gedichte>

VORWORT DES MICHEL NOSTRADAMUS
ZU SEINEN PROPHEZEIUNGEN

Dein spätes Ankommen, mein Sohn Cäsar Nostradamus, hat mich veranlaßt, was ich seit langem in nächtlichen Nachtwachen zusammengetragen habe. Nach dem körperlichen Dahinscheiden deines Vaters sei es dir als Vermächtnis hinterlassen. Was mir durch Gottes Wesenheit und durch astronomische Konstellationon offenbart wurde, soll zu allgemeinem Nutzen der Menschheit werden.

I. CENTURIE

1.
Ich sitze bei nächtlichen geheimen Studien. Ich bin allein, habe Platz genommen auf dem eisernen Dreifuß. Die winzige Flamme steigt aus der Einsamkeit. Sie läßt hervorsprießen, woran man nicht vergeblich glauben soll.

2.
Die Wünschelrute in der Hand bin ich in das Reich des Branchus versetzt. Das Wasser netzt mir die Füße und den Saum. Über die Zweige überkommt mich Furcht. Die Stimme zittert. Göttliches Leuchten. Das Göttliche läßt sich bei mir nieder.

3.
Wenn die Sänfte vom Sturmwind umgestürzt ist und man die Gesichter mit dem Mantel bedeckt, wird die Republik durch neue Leute gequält. Die »Weißen« und die »Roten« verurteilen sich gegenseitig.

10.
Die Schlange wird in den eisernen Käfig gesperrt, wo die sieben Kinder des Königs gefangen sind. Die Vorfahren steigen aus der Tiefe der Hölle, um klagend so die Nachkommen sterben und tot zu sehen.

<Nostradamus>

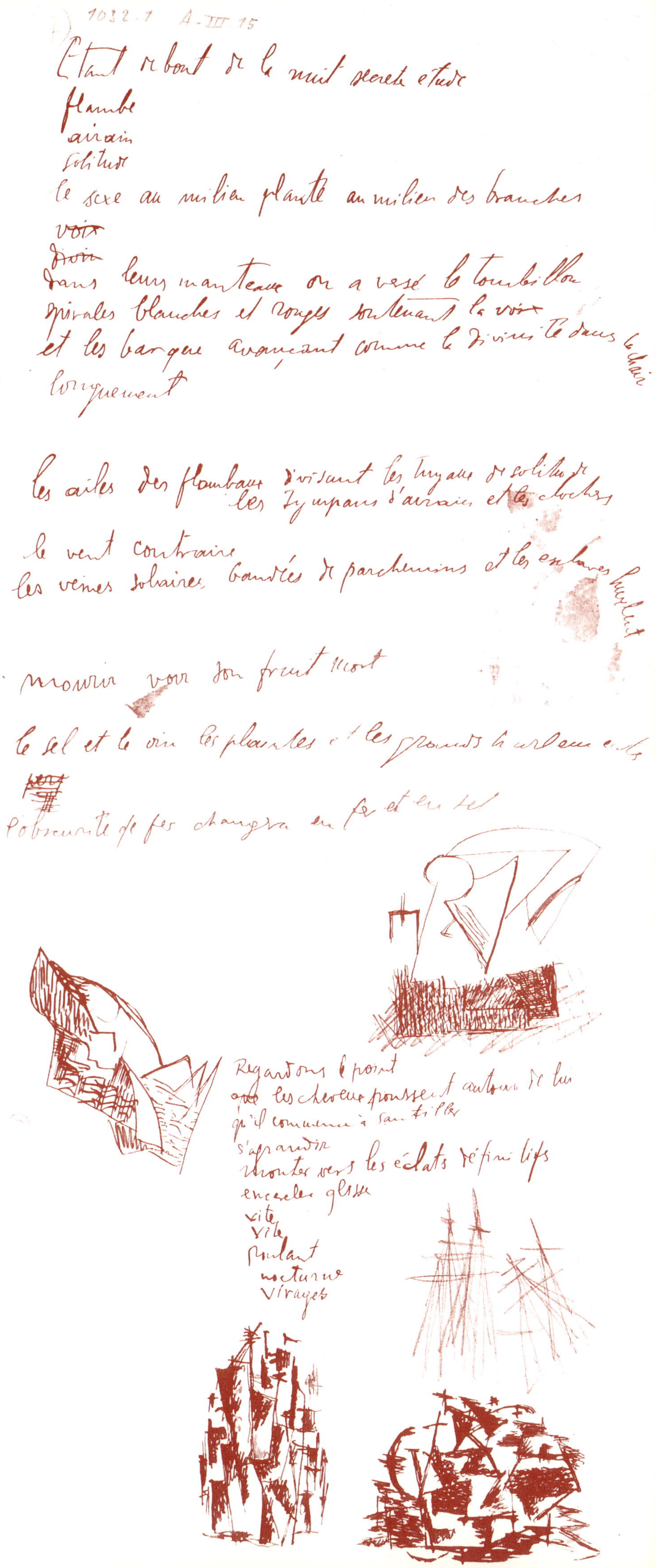

DAS SALZ UND DER WEIN

das salz und der wein die klagen und das große schreien
sitze ich bei nächtlichen geheimen studien
flamme
dreifuß
einsamkeit
das geschlecht in der mitte
in die mitte der zweige
versetzt
in ihre mäntel *hat man den sturmwind gestürzt*
weiße und rote spiralen halten die stimme
und die barken rücken vor wie die gottheit im fleisch
lange

die flügel der fackeln zerteilen die röhren der einsamkeit die eisernen trommelfelle und die glocken
der wind schlägt um
die sonnenvenen in pergament gebunden und die sklaven schreien
klagend seine nachkommen sterben und tot zu sehen

<25 und ein Gedicht>

HANS ARP LIEST:

weh unser guter kaspar ist tot wer trägt nun die brennende fahne im zopf wer dreht die kaffeemühle wer lockt das idyllische reh auf dem meer verwirrte er die schiffe mit dem wörtchen parapluie und die winde nannte er bienenvater weh weh weh unser guter kaspar ist tot die heufische klappern in den glocken wenn man seinen vornamen ausspricht darum seufze ich weiter kaspar kapar kaspar warum bist du ein stern geworden oder eine kette aus wasser an einem heißen wirbelwind oder ein euter aus schwarzem licht oder ein durchsichtiger ziegel an der stöhnenden trommel des felsigen wesens jetzt vertrocknen unsere scheitel und sohlen und die feen liegen halbverkohlt auf den scheiterhaufen jetzt donnert hinter der sonne die schwarze kegelbahn und keiner zieht mehr die kompasse und die räder der schiebkarren auf wer ißt nun mit der ratte am einsamen tisch wer verjagt den teufel wenn er die pferde verführen will wer erklärt uns die monogramme in den sternen seine büste wird die kamine aller wahrhaften edlen menschen zieren doch das ist kein trost und schnupftabak für einen totenkopf

sankt ziegenzack springt aus dem ei
rumsdiebums das gigerltum
vergißmeinnicht rollt um den stuhl
glocke schlägt nur eins und zwei

abgrund öffnet sich mit macht
stern rollt an den schönen mund
tauiger hase hängt am berg
in den steinen ist schöne nacht

sankt fassanbass springt aus dem ei
rumsdiebums die liegenschaft
vergißmeinnicht rollt um den stuhl
glocke schlägt nur eins und zwei

es sei höchste zeit augustinus sperr den riegel vor den springbrunnen dann das brennende dorf zuckt an der kette dann der bogenschütz trifft das herz der kuckucksuhr dann der reife löwe springt mit rosen im maul auf den tisch hats gesichte vulkane so klafftern eremiten darin hats fließende vögel so beginnt das interregnum zwar wächst der kuckuck und füllt den wald aus und aus dem kraal bricht es mit brennenden viele rote zahn und laufhufen singen innerlichst mit glocken stürzt nackt und wimmernd ohne winkel auf den sternigen boden mit weichen kugeligen köpfen und wasserstecken welcher ist gestiegen wie der sonne in seinem finger

<aus: Die Wolkenpumpe, Dada 4-5>

MARCEL JANCO LIEST:

PRINZIPIEN DER ALTEN ARCHITEKTUR (L. BRUNNELESCHI, B. ALBERTI, F. BLONDEL XV. — XVIII. JAHRHUNDERT), DIE MALEREI UND ABSTRAKTE KUNST BETREFFEND

Wer hat nicht schon die Ausstellungen jener jungen Bildhauer, Maler oder Architekten (die sich Kubisten, Futuristen, Abstrakte nennen) besucht? Alle beschäftigen sich mit einem noch utopischen Metier. Die einen schneiden Formen in Holz, die anderen schmieden Drähte, um sie auf irgendeinen ornamentalen Zylinder zu applizieren. Der eine modelliert Gipsreliefs für die Innenarchitektur, der andere webt Teppiche in allen Farben. Diese Jugend begeistert sich für die byzantinische oder gotische oder für die Kunst der Neger, weil sie darin die Schönheit eines echten Metiers sieht. Sie bewundert ihre Materialien, die Erfindung, der sich nichts in den Weg legt, und die Reinheit des Ausdrucks.

Diese Jugend, die sich mit der doktrinärsten Kritik herumzuschlagen beginnt (und das ist gut so), die von Tag zu Tag größer wird, proklamiert einmütig den Wunsch, zum Metier zurückzukehren: die Tschechen beschäftigen sich mit der Architektur, die Italiener erarbeiten eine neue Choreografie für das Theater oder die Marionetten, die Franzosen machen Skulpturen und Reliefs, die Schweizer machen Möbel, Teppiche, Stoffe, realisieren Innenarchitektur, eine neue Typografie, die Schweden widmen sich dem abstrakten Kino. Der moderne Künstler will nicht mehr der Sklave eines schlechten und degradierenden Kunsthandels sein. Er will wieder ein potenter Kulturmacher werden.

<Marcel Janco, Paris 1918, Punct, Februar 1925; Textvorschlag>

ALBERTO SPAINI LIEST:

GLOCKENGELÄUTE MIT ENGELN

Kameraden dieses zeitalters, das ununterbrochen fortdauert — läutet über die zelle des herzens hinaus, auf dem kirchturm der einsamkeit gebt euch, glockenseile und klöppel, der freude hin, denn im abend klingt noch der unvergleichliche mond! Wir werden glocke sein dem knisternden urfunken, der den kiesel unserer winzigen erde schlägt, die keines kindes hand füllt; aber ein korn enthält die menschenwelt, das herz, das sich im blut staut, denn der gerade vergehende augenlick kann nicht fließen: und es macht hetzende hunde zu wilden wölfen und die herde rasend, die seine wunde verätzt, wenn das warum der erde sturm läutet, indem es die sonne meidet, die ein vergessenes feuer und einen enthüllten geist noch im dunkel dank dem licht des himmels schürt.

Aber gebt euch in diesem zeitalter des schlachtfeldes (möge es statt uns leben) euch vor ruhmesfreude hin; denn jetzt, verehrt für das echo der zukunft, steht venus vor uns dort, wo wir, unreine jugend, zu einem cupido pilgern, der pfeile jeden kalibers und jeder klangfarbe verschießt und keine bettler mehr täuscht, aber greifbare liebe zugunsten der geschichte verheißt — halbe kupplerin für uns, die wir aus fleisch und blut sind, und ganz, wenn selbst götter, sterben. Niemandem wird es an der umarmung fehlen: und so viele, die im unerfüllten kuß fielen, wollen nicht mehr aus dem rausch des bettes auferstehen; aber aus der sünde wird das harmonische tier entstehen, ohne gottesfürchtiges gemächte, den schrei des bösen fliehend und jenseits des blökens des guten. Das tier, das die selige zukunft ausbrütet, wenn jedes grab ein gemach und jede schande eine kirche ist.

Und wir, zugunsten gottes aus der welt vertrieben, indem unsere tonleitern bis zum heiligen gipfel reichen, indem wir das glockengeläute, das emblem der schöpfung, erklingen lassen, schwingen wir die glocken, im umschwung des schicksals, dem rad fortunas, durch die mundstücke des halls — falls dieser unaussprechliche abend, der freude bimmbammbummt, noch zum lagern lockt.

So betäubte der abend in der muße von straßen und leuten die soldaten in konzerten und weinstuben — und das dunkle dröhnen löst sich in der luft auf, die von allem nur die zuflucht und das grab kennt.

Aber aus einem brunnen des lichts ging der mond auf, stieg durch die schatten, und frische körper schillerten in den leichten bögen des regens eines hügels. Der hügel gehörte den engeln, von seinem haupt ergossen sich die reinen strahlen der weinstöcke und obstspaliere: und mit den flügeln des flugs über die alpen schwebten blicke über die ebene und der widerschein der wasserlider unter den wimpern der pappel funkelte, und geschmeidiges klingen war in der stille und den windstößen stroh.

Singend erhoben wir uns und reichten den vergossenen strahlen girlanden; und wo das licht trank, dort hielten wir. Ein laubengang wie ein feuchtfröhlicher weinkeller, im atem der fässer, den schrullen der nischen. Die gefährten wrangen den schwamm des spielers aus; schweigsam satte krüge kamen und gingen an münder gierigen lärms zurück.

Aber ich wartete. Daneben war ein noch kindischer schwarm in diesem bienenstock: und räucherte mißtrauisch einen priester aus. Mit flüchtigem blick, hustend, hörte ich: *Wer will in den himmel?! — Ich, ich, ich! — Aber wißt ihr auch, eh, wieviele seelen ihr dort finden werdet? — Ein ganzes land! — Seht nun, seht, was vom leichtsinnigen daherreden kommt? Die seligen werden wohl mehr als ein land sein! Ein himmel, ja, ein himmel ... aber alle zusammen würden sie in eine schnupftabakdose passen ...! — Oh! Ih! Hatschi!* — Und die zelle öffnete sich. Um den verlorenen honig wieder zurückzugewinnen, schwärmten junge mädchen summend um mich herum: in der luft ein taufeuchter duft von blumenmost, nektar lief eimerweise aus der quelle des himmlischen brunnens über — um dem geschmack nach dem durst des todes und seinen tückischen wespen zu entgehen und wieder neuen tau auf die zeit fallen zu lassen, die verdammte zeit, die im wachsen vertrocknet.

Denn aus dem dunkel troff jetzt der mond rot aus einem fahlen lichthof ...

Doch nein, purpurnes leben, aureole der engel, die von teufel geritten sich rings um mich tummeln und die schultern und die arme und die beine — während du hier, maria, fünfjähriges vertrauen, scheue grazie, auf meinen knien sitzt, um mich mit einem ekstatischen blick zu trinken! Pandämonium seltsamer fröhlichkeit!

Und glasperlen und spitzen der gebärden auf mich geklöppelt und kiesel des lächelns und kastagnetten nie enden wollenden ansteckenden lachens und an meinen plötzlichen scherzen hängend: und der schnelle abtausch von fragen, antworten, lüsterner hinterlist und preise von anis und bonbon für die häßlichsten und die schönsten — ja, ein ganzer himmel hier, die ganzen glückseligen seelen ohne die schnupftabakdose, während die fässer den krügen und die krüge den fässern brunnen und eimer für den nektar sind: und inzwischen lachen die alten männer und frauen da hinten unter den burgen des landes und vergessen die ferngebliebenen, und der hügel schüttelt blüten des gesangs in den entspringenden mond, der den schatten durchbohrt, um die sonne zu erreichen.

<Clemente Rebora>

F. T. Marinetti, Parole in Libertà (Premier Récord), 1914

FLUG

in der sonne
/der ersten sonne nach tagen und tagen endlosen regens/
ich
wie lebendig und trunken von der frischen luft die fast unverschämt
meinen hals und meine handgelenke durchwühlt —
meinen zierlichen körper fühle ich ungewöhnlich
wach
bündel elastisch vibrierender nerven *à son aise*
in der weiten tunika *bleu cendre* —
die entfaltet ihren fächer auf meinem kopf zu einem goldenen strahlenkranz
wie auf den heiligenbildchen —
ich habe flügel —
aber ich könnte mich auch von jenem harten himmel einfassen lassen
der von dem hellen blau einer majolica weiß ist
wie ein madonnenfigürchen —
endlich alle probleme bewältigt: heute bin ich wirklich
ich —
mein gesicht mit seinem roten mund schwingt sich auf die spitze meines gelenkigen körpers und bietet sich dar wie eine rose sich auf die spitze ihres stiels schwingt und sich darbietet
— mein freund, nimm den augenblick wahr strecke die hand aus und pflück mich —
all die probleme hab ich beseitigt weil ich ich bin —
zum teufel mit der *selbstbespiegelung* und all den
sfismen —
je veux vivre, j'ai seulement une envie folle de vivre
— voilà tout

<Maria d'Arezzo, Napoli>

SLEEPING CAR

SCHLAFWAGEN
NEAPEL — ROM

erleuchtetes u-boot farbenharmonium von pfeifen des

omt●
i
cun
n
rna
t
eic
i

gespielt in den man steigt

um mitternacht mit glänzenden augen und der lust zu leben wenn nicht für das lächeln des kindes wenn es gebadet wird SAVON CADUM und noch eine stufe und eine gegend jungfräulicher vergnügen betreten wo der conducteur der alle geheimnisse der welt kennt genügt um uns mit stolz zu erfüllen

PARIS — FLORENZ
BASEL — ST. PETERSBURG
COMPAGNIE INTERNATIONAL
DES WAGONS LIT ET DES GRANDS
EXPRESS EUROPEENS

und die fahrkarte verlangt als wäre er einer von uns um uns in diese museum der neuigkeiten zu lassen das nur für erwachsene ist und in das ich mich geschlichen habe eingeschüchtert von dem zu grellen licht in den spiegeln

die abschweifungen sind logischer als die syllogismen und die lyrismen wahrer als die philosophien hier wo man von einem kilometer zum anderen denkt unter der blasierten ironie unseres herren in livrée und dem axiomatischen diktat der reklame

A DOUVRESS DESCENDEZ A L'HOTEL ...
PALACE HOTEL — LIVORNO

unter dem bittren blau dieser stilisierten blumen der schlaf im morgenrock für irgendeinen krösus für mich aber die fiebrige entdeckung in diesem schattentango stählernes wiegenlied rostige symphonie zähneschleifen rattern des holzes wie ein neuer schuh und draußen eine laterne schwimmen wie der kopf eines gehenkten sich an das dunkel sich gewöhnen tla — tiu — tla — tiu — tla — tiu traubenranke hochzeitsgirlanden lunare lust du — u — u — u — nkel

S CCHH LL AAF

<Francesco Meriano>

HUGO BALL LIEST:

LUCIFERS KÖNIGREICH UND SEELENGEJAIDT, ODER NARRENHATZ

Von des Satans unterschiedlichen Namen

Unterschiedliche Namen gibt die Hl. Schrift dem Teufel, und unterschiedlichen Tieren vergleichet sie ihn: Erstlich einem Löwen, dann wie dieses Tier dermaßen wütig und grimmig ist, daß es durch sein großes Brüllen alle anderen Thiere im Waldt erschrecket und umbringt, also suechet der Teufel die Seelen durch sein Brüllen umbzubringen: *circuit praerens quem devorat*, geht umbher wie ein brüllender Löw, und suechet welchen er verschlünde. Am anderen einem Drachen, dann wie dieses Tier, wann es wieder den Menschen krieget, ihm geschwind nach dem Hals greifet, denselben zutrucket und den Menschen ersticket, also ergreifet der Teufel die Seel, vermittelst unterschidlicher Laster dermaßen, daß er zu GOTT nicht schreyen, oder seine Sünd beichten kann. Drittens wird er ein Schlang genennt, dann wie die Schlang das aine Ohr mit dem Schwanz und das ander mit Erde verstopfet, damit die Stimm des Beschwerers nicht höre, also ist der Teufel in seiner Bosheit verstockt und machet die Menschen gleichfalls verstockt. Viertens nennet die Schrift ihne einen *Basilisck* und spricht: Auff den Ottern und Basiliscken wirstu gehen. Dann wie der Otter das Gifft in die Augen führet, und mit seinem bloßen Anschauen die im Luft füroberfliegende Vögel tötet, also, als der Teufel sahe, daß der Mensch durch die Annehmung der menschlichen Natur, bis in den Himmel der Gottheit erhebt ward, ist er seiner Glückseligkeit neidig worden, und tötete ihne durch das Gesicht seiner neidigen Augen. Zum fünfften wird er ein Walfisch genennt, *occidit cetum qui in mare est*: Er wird den Walfisch erwürgen. Dann wie der Walfisch dermaßen groß ist, daß, wenn er im Meer mit großer Ungestümigkeit fortgehet, er das Ansehen hat, als were es ein kleine Insel: Er ist auch dermaßen stark und mächtig, daß er die Schiff pflegt umbzustoßen und zuertrenken, dannenhero hat GOTT der HErr aus sonderbarer fürsehung, ihne im Atlantischen Meer gefangen und versperrt, damit man im Mittelländischen Meer sicher vor ihm schiffen und fahren kann. □

Wie das Meer voller Meerwunder, grausamen Tracken und allerhand erschröcklichen Fischen ist und wie die Poeten erdicht haben, daß im Meer Sirenen vorhanden, welche mit ihrem lieblichen Gesang die Schiffleut zum Schlafen bewegen und folgents fressen, also ist gewiß, daß im Meer diser Welt die Teufel uns entgegenlauffen und sich höchst befleißen, unsere Schiffart und Raiß gen Himmel zuverhindern, nit zwar durch Macht und Gewalt, sonder durch List und Betrug, dann sie stellen uns für die eytle Freud und Wollust und zwingen die Welt, daß sie uns durch die Süßigkeit und Lieblichkeit ihrer anerbottner Wollüst erwaiche und einschläffere. Dieser Ursachen halben wird der Teufel auch ein Jäger genennt, wie anzunehmen ist aus nachfolgenden Worten, er hat mich erledigt aus den Stricken der Jagenden oder Jäger.

<Aegidius Albertinus>

Fortunato Depero, Mann mit Schnurrbart, Kostüm für I baffuti giganti, 1918

CAFÉ SAUVAGE

In einem Fahrstuhl aus Tulpen und Hyazinthen begab sich Mulche-Mulche auf die Plattform des Café Sauvage. Oben harrten ihrer: der Zeremonienmeister, der die astronomischen Geräte zu ordnen hatte, der Jubelesel, der gierig aus einem Kübel voll Himbeersaft sich erlabte, und Musikon, unsere liebe Frau, aufgebaut ganz aus Passacaglien und Fugen.

Das Café war aus Gummi erbaut und porös. Die oberen Stockwerke hingen mit Firsten und Kanten weit vornüber. Als Mulche-Mulche entkleidet war und der Glanz ihrer Augen die Himmel färbte-: eija, da hatte der Jubelesel sich satt getrunken.

Eija, da schrie er mit weithin vernehmlicher Stimme Willkomm. Der Zeremonienmeister verbeugte sich weithin vielmals und rückte das Fernrohr näher zur Brüstung, um die Cölestographie zu studieren. Musikon aber, als Goldflamme stets um das Himmelbett tanzend, hob plötzlich die Arme, und siehe, von Valvoline schattete es über die Stadt.

Mulche-Mulches Augen verflammten. Ein Anfüllen ihres Leibes vollzog sich mit Korn, Weihrauch und Myrrhen, daß sich die Decken des Bettes hoben und wölbten. Mit allerlei Samen und Frucht stieg die Fracht ihres Leibes, daß knatternd die Wickel zersprangen, darin er gebunden war.

Da machte sich alles rachitische Volk der Umgebung auf, die Geburt zu verhindern, die dem verödeten Lande drohte mit Fruchtbarkeit.

P. T. Bridet <Huebenbeck?>, die Totenblume am Hut, wuchs zeternd auf seinem Holzbein. Giftlache prägte sich auf einer Backe. Aus der Stube der Abgeschiedenen eilte er grimmig herbei, dem Unerhörten erbost zu begegnen.

Und da war Pimperling mit dem Abschraubekopf. Das Trommelfell hing ihm zu beiden Seite zerknüllt aus den Ohren. Ein Stirnband aus Nordlicht trug er, neuesten Datums. Typus des schlammüberfluteten Massengräblers, der, mit Vanille bepudert, aus Jalousien sehr schlimmer Dünste sich aufmacht, die Ehre zu retten.

Und da war Toto <Tzara?>, der diesen Namen hatte, sonst nichts. Sein eiserner Adamsapfel schnurrte geölt im Winde, beim Laufen der Bise entgegen. Die Jerichobinde hatte er sich um den Leib geschnallt, damit seiner Eingeweide flatternde Lappen nicht sollten verloren gehen. Marseillaise, sein Schibboleth, strahlte ihm rot von der Brust.

Und sie zernierten die Gärten, stellten die Wachen aus und begossen mit Filmkanonen die Plattform. Das donnerte Tag und Nacht. Als Versuchsballon ließen sie aufsteigen die violettausstrahlende *Kartoffelseele*. Auf ihren Leuchtraketen stand: *God save the King* oder *Wir treten zum Beten*. Durch ein Schallrohr aber ließen sie auf die Plattform rufen: *Die Angst vor der Gegenwart verzehrt uns.* Dort oben derweilen versuchte der Gottheit geschäftiger Finger vergebens, den jungen Herrn Fötus hervorzulocken aus Mulche-Mulches rumorendem Leib. Schon war es an dem, daß er vorsichtig lugte aus ragendem Muttertore. Aber mit schlauerem Fuchsgesicht zog er sich blinzelnd wieder zurück, als er die Viere, Jopp, Musikon, Gottheit und Jubelesel mit Schmetterlingsnetzen, Stöcken und Stangen und einem nassen Waschlappen vereinigt sah, ihn zu empfangen. Und herrischer Schweiß brach aus Mulches gerötetem Körper mit Spritzen und Strahlen, daß alle Umgebung davon übergossen war.

Da wurden die unten ganz ratlos ob ihrer verrosteten Filmartillerie und wußten nicht, was sie beginnen sollten, ob abziehen oder verweilen. Und zogen die *Kartoffelseele* zu Rat und beschlossen, das liebliche Schauspiel des Café Sauvage mit Gewalt zu erstürmen.

Als ersten der Katapulte rollten sie heran: den Modegötzen. Das ist ein mit Similisteinen und orientalischem Trödel beladener Spitzkopf mit niedriger Stirn. Dieweil er vom Kopf bis zu den Füßen aus hölzernen Lügen gedrechselt ist und auf der Brust als Berlocke ein eisernes Herz trägt, kann man ihn nennen den Spaßlosen Götzen.

Doch senkt ihm von oben Jopp mit Musikons Hilfe die Zündschnur tief in den Magen, und da er mit Hespar, Salfurio, Akunit und Schwefelsäure geladen ist, so sprengen sie ihn und vereiteln den Anschlag.

Als zweiten Götzen bringt man den *Bärtigen Hund*, daß er mit urchigem Brüllen und Geifer die zärtliche Anekdote wegspüle von der Plattform der Café Sauvage. Mit Stemmeisen lüpft man das Pflaster der Religionen, damit sich ein Weg und Geleise eröffne. Die *ideologischen Überbau-Aktien* fallen rapid. *Oh, Niederbruch in die Tierheit!* jammert Bridet. *Die magischen Druckereien des heiligen Geistes genügen nicht mehr, den Untergang aufzuhalten.*

Doch seine Wut überschlägt sich. Noch ehe sein Atem den Dachfirst erreichen kann, krümmt er den Rücken und läßt seiner Mannbarkeit Samen aus, der duftet nach Jasmin und Wasserrosen. Entkräftet zittert des Ungetüms Knie. Es leget das Haupt auf die Pfoten, demütig winselnd. Mit seinem eigenen Schweife zerschlägt es die wackelnde Ferienkirche der Volksvormünder, die es herangezogen. Und auch dieser Ansturm versagt.

Und während auf luftiger Plattform Musikons Goldflamme tanzet, umbala weia, da bringt man den letzten der Götzen heran: Puppe Tod aus Stuck, im Auto lang ausgestreckt, um ihn an Stricken heraufzuziehen. *Hoch lebe der Skandal!* ruft Pimperling zum Empfang. *Poetischer Freund*, so Toto, *ein krank verstümmelter Leichnam ist um Euren Kopf. Kobaltblau sind Eure Augen gefärbt, lichtockergelb Eure Stirne. Reichet den Handkoffer her. Sela.* Und Bridet: *Wahrlich, verschwiegener Meister, Ihr duftet nicht schlecht für Euer Alter. Das wird einen Heidenspaß geben. Lasset uns jetzt das Tanzbein schwingen, das er dem andern entrissen hat. Lasset uns einen Triumphbogen bauen, und wo Ihr den Fuß hinsetzet, begleite Euch Segen und Heil!*

DER UNTERGANG DES MACHETANZ

Da spürte Machetanz plötzlich einen Druck an den Schläfen. Die Produktionsströme, die seinen Körper gewärmt und gewickelt hatten, starben ab und hingen wie lange Safrantapeten von seinem Leib. Ein Wind bog ihm Hände und Füße um. Sein Rücken, ein kreischendes Drehgewinde, stob als Spirale zum Himmel. Machetanz, hämisch, ergriff einen Stein, der eckwärts aus einem Gebäude schrie, und setzte sich blindlings zur Wehr. Blaue Gesellen zerstürmten ihn. Hell brach ein Himmel zusammen. Ein Luftschacht legte sich quer. Über den Himmel hinweg flog eine Kette geflügelter Wöchnerinnen.
Die Gasanstalten, die Bierbrauereien und die Rathauskuppeln gerieten ins Wanken und dröhnten im Paukengeschnatter. Dämonen bunten Gefieders beklackerten sein Gehirn, zerzausten und rupften es. Über den Marktplatz, der in die Sterne versank, ragte mit ungeheurer Sichel der grünliche Rumpf eines Schiffes, das senkrecht auf seiner Spitze stand. Machetanz fuhr mit beiden Zeigefingern ins Ohrgehäuse und scharrte daraus den letzten schäbigen Rest von Sonne, der sich darin verkrochen hatte. Apokalyptischer Glanz brach aus. Die blauen Gesellen bliesen auf Muscheltrompeten. Sie stiegen auf Lichtbalustraden und stiegen herab ins Glänzige.
Übelkeit überkam Machetanz. Ein Würgen am falschen Gott. Er rannte mit hochgeschwungenen Armen, stürzte und fiel aufs Gesicht. Eine Stimme schrie aus seinem Rücken. Er schloß die Augen und fühlte sich in drei mächtigen Sätzen über die Stadt geschnellt. Saugrohre schlürften die Kraft der mystischen Behälter. Machetanz sank in die Knie, sandigen Meßgewandes, und bleckte die Zähne zum Himmel. Häuserfronten sind Gräberreihen, übereinandergetürmt. Kupferne Städte am Rande des Monds. Kasematten, die auf dem Stiel einer Sternschnuppe schwanken bei Nacht. Eine aufgeklebte Kultur blättert ab und wird von Knäden in Fetzen gerissen. Machetanz tobt, vom Veitstanz befallen. Eins, zwei, eins, zwei: Mittel zur Fleischabtötung. *Pankatholizismus* schrie er in seiner Verblendung. Er gründet ein Generalkonsulat für öffentliche Anfechtung und legt dort als erster Protest ein. Kinodramatisch erläutert er die Zwangsphänomene seiner Exzesse und Wachtraummonomanien. In einer magnetischen Flasche wird er umhergewirbelt. Er brennt in den unterirdischen Röhren eines Kanalsystems. Eine schöne Narbe ziert Machetanz' Auge mit weißem Glanz.
In zickzackfarbigem Hemd balanciert er auf ragendem Ätherturm. Er mietet den großen Schwung und rattert im Aufstieg zerbrechend durch das Gespeiche imaginärer Gigantenräder. Es drohen ihm die Gesichter des raschen Entschlusses, der rührigen Kopfhaut, der meckernden Skepsis. Mit zerbrochenen Lungenflügeln hüpft er aus der Hand eines Kobolds.

<Rekonstruktionsversuche aus Balls Tenderenda der Phantast>

TZARA LIEST NEGERGEDICHTE:

BA-RONGA

der see trocknet an den ufern aus
der elefant stirbt durche einen kleinen pfeil

das lärmen des grünfinken
du wirst mit deiner lüge sterben

ich schneide mir noch einen stock aus eisenholz
ich denke noch daran
das geräusch der zähne eines verstörten elefanten
der zorn eines ausgehungerten menschen

ein kürbis dessen zweige sich über die ebene ausbreiten
ein häuptling der sich über den dorfplatz schleppt

das durchdringende geräusch des dürren sorgho-stammes
der zorn eines ausgehungerten menschen

ein kleiner baum voll wilder tauben
dein vater voll schwerer ringe

das blatt der palme mit den vielen blättchen
die alte umgestürzte trieb den fluß hinunter

die an die wand gestellten leute
ach wenn ich doch sterben würde
ein kurzer stock mit einer keule am ende
die nahrung des einen dem andern verweigern
im selben dorf ist ein vergehen
für das man zur rechenschaft gezogen werden kann

meinen kouakouaq habe ich weit fortgeworfen bis ans ende
der welt ist er gekommen
die hacke habe ich ergriffen die von den ba-labi stammt

KINGA

Die du das wasser in die kalebasse gluckern läßt,
dudwa dudwa
bist du meine schwester?
Bist du es die mich verklage?
Und hast du mich dann in die luft geworfen?
Es kam ein reißender regen
der führte mich in die talsenkung

<Original aus: Carl Meinhof, Die Dichtung der Afrikaner, Berlin 1911; Tristan Tzara läßt aber die 5. Zeile — *daß sie mich in stampfblocke stampften?* — fallen>

LORITJA

IM WESTEN WIRD EIN HELD VERSCHLUNGEN

Im westen wird ein held von einem wasserungeheuer verschlungen. Das wilde tier nimmt ihn mit nach osten. In der zwischenzeit macht er im bauch ein feuer und schneidet sich ein stück vom herzen heraus, weil er hunger hat. Er merkt, daß der fisch auf die erde gleitet; sofort beginnt er, das tier von innen nach außen aufzuschneiden; dann zwängt er sich hinaus und entkommt. Im bauch des fisches war es so heiß, daß ihm alle haare ausgefallen sind. — Der held befreit auch die anderen, die vor ihm verschlungen worden waren, und auch sie entkommen. Er schneidet auch den bauch des fisches des königs auf und zwängt sich nach draußen. Er zwängt sich nach draußen und sieht einen blitz. Er setzt sich und denkt: *es überrascht mich, wo ich bin*, sagt er. Also geht die sonne plötzlich auf und stürzt sich auf die andere.

DAS KLAGELIED DES RUTEBEUF

'S ist nutzlos, daß ich euch bericht
Von meiner schande in einem gedicht;
Ihr kennt ja schon die geschicht'.
        Mir blieb nicht erspart:
Mit einem flintenweib wurd' ich gepaart;
Weder schön war sie, noch besonders zart;
        Nichts hat mich verschont,
Über eine woche es mich bereits frohnt
Und dazu begann alles bei vollmond.
        Und nun hört,
Ihr, die ihr auf meine verse schwört,
Was mich an meiner ehe alles stört,
        Die ein unglück ist,
Die mein hab und gut zur gänze frißt:
Vor dem kuckuck bleibt nur galgenfrist;
        Verschlossen sind alle türen;
Hab alles verloren und keinen wird's rühren,
Altes von neuem wieder aufzurühren:
        Von vorne fang ich wieder an,
Weil GOtt mich warf auf des hiobs bahn.
Grob nahm er mir aug um aug um zahn
        Bis zu meiner zehe.
Auf dem rechten, auf dem ich besser sehe,
Erblick ich nichts, wohin ich mich drehe;
        Was ich auch betracht,
Grausen, qual und bitterkeit mir lacht,
Daß selbst mittags herrscht die tiefe nacht.
        Wünschen habe ich verlernt,
Stattdessen hunger für hunger gut gelernt,
Der mir die seel' im leib entkernt,
        Und werde weiter leiden
Und rumoren wird's in den eingeweiden,
Wenn mir darin die leute weiter schneiden,
        Die mir bis jetzt
Immer noch zu hilfe kamen, bis zuletzt.
Bin ehrlich traurig und ganz verletzt,
        So in der kreide zu sein.
Keiner kommt, mich davon zu befrei'n
Und von der liebe bleibt kleinholz allein,
        Das ist mein malheur.
Ist's wegen huren, fressen oder likör,
Schon so geh ich durch ein nadelöhr;
        Nach dem sündenfall
Entsage ich allem, für immer und überall,
Ist's auch zu spät, für meinen speziellen fall.
        Zu lang hat's gedauert
Mich zu ändern, bin daran versauert;
Hätt's wissen müssen, die rechnung lauert
        Schon im ersten jahr.
Daß GOtt, der auch ein erlöser war,
Mir wenigstens hausverstand bewahr
        Und mir die seele laß:
Unser neugeborenes ist noch ganz naß
Und mein Pferd brach sich doch fürbaß
        Auch noch den huf.
Bei der amme steh ich in schlechtem ruf:
Verdammt, wer geldgierige weiber schuf;
        Sie will mir die haut abziehen,
Um mit ihrer milch den kleinen aufzuziehen;
Vor dem geschrei müßte man dem hause fliehen!
        Geb GOtt, der ihn geboren,
Ihm zu essen und mir noch ein paar ohren,
Sonst bin ich ohne hoffnung ganz verloren.
        Darf ihm nicht das geben,
Wonach ich in armut nicht kann streben,
Keine krümel, die er braucht zum leben.
        Mir fehlt das geld,
Ich denk nur mehr daran auf der welt;
Weder scheit noch reiser gegen die kält'
        In diesem winter:
Einen bedrängteren den find' ER
Und einen anderen den schind' ER
        Doch mich mied ER,
Nur allen anderen, scheint's, riet ER.
Weiß nicht, wie bezahlen den vermieter
        Unserer, naja, wohnung.
Hab das mobilar versetzt, ohne schonung
Und kein groschen blieb mir zur lohnung.
        Ich weiß, meine lieder
Hallen vor jammer und selbstmitleid wider,
Letzten jahres lieder waren nicht so zuwider.
        Ich fühl mich zum sterben,
Um keinen klaren kopf wär ich zu beerben;
Es bräucht keine lohe, um mich zu gerben:
        Denn die sorgen beim erwachen
Genügen, um mich gerbsauer zu machen.
Ob ich schlafe, wache, ich denk an sachen
        Für unseren kochtopf,
Mit denen ich wenigstens den hunger stopf;
Doch die zieh ich mir kaum aus dem schopf:
        Wie mans dreht und wendet,
Mein lohn ist im voraus schon verpfändet,
Der hausrat fortgeschafft und alles beendet:
        Im bett bin ich geblieben,
Wie eine bande von vogelfreien und dieben,
Aus angst vor gläubigern und ihren hieben.
        Meine frau bekam grad ein kind,
Um haaresbreite hing ihre seele nur im wind,
Einen monat furcht, daß sie dahinschwind,
        Und während dieser zeit
War mir das andre bett daneben breit,
Doch kurz die lust und annehmlichkeit.
        Nie fand ich weniger vergnügen,
Verdiente kein geld, lag in den letzten zügen,
Mein allerletztes stündlein schien sich zu fügen.
        Kein unglück kommt allein,
Was nur passieren konnt, das traf auch ein,
Schlimmer könnt es auch wohl kaum sein.
        Doch die, die mich lieben,
Wo sind all meine freunde nur geblieben,
Was hat sie nur weit von mir getrieben?
        Sie wurden etwas rares,

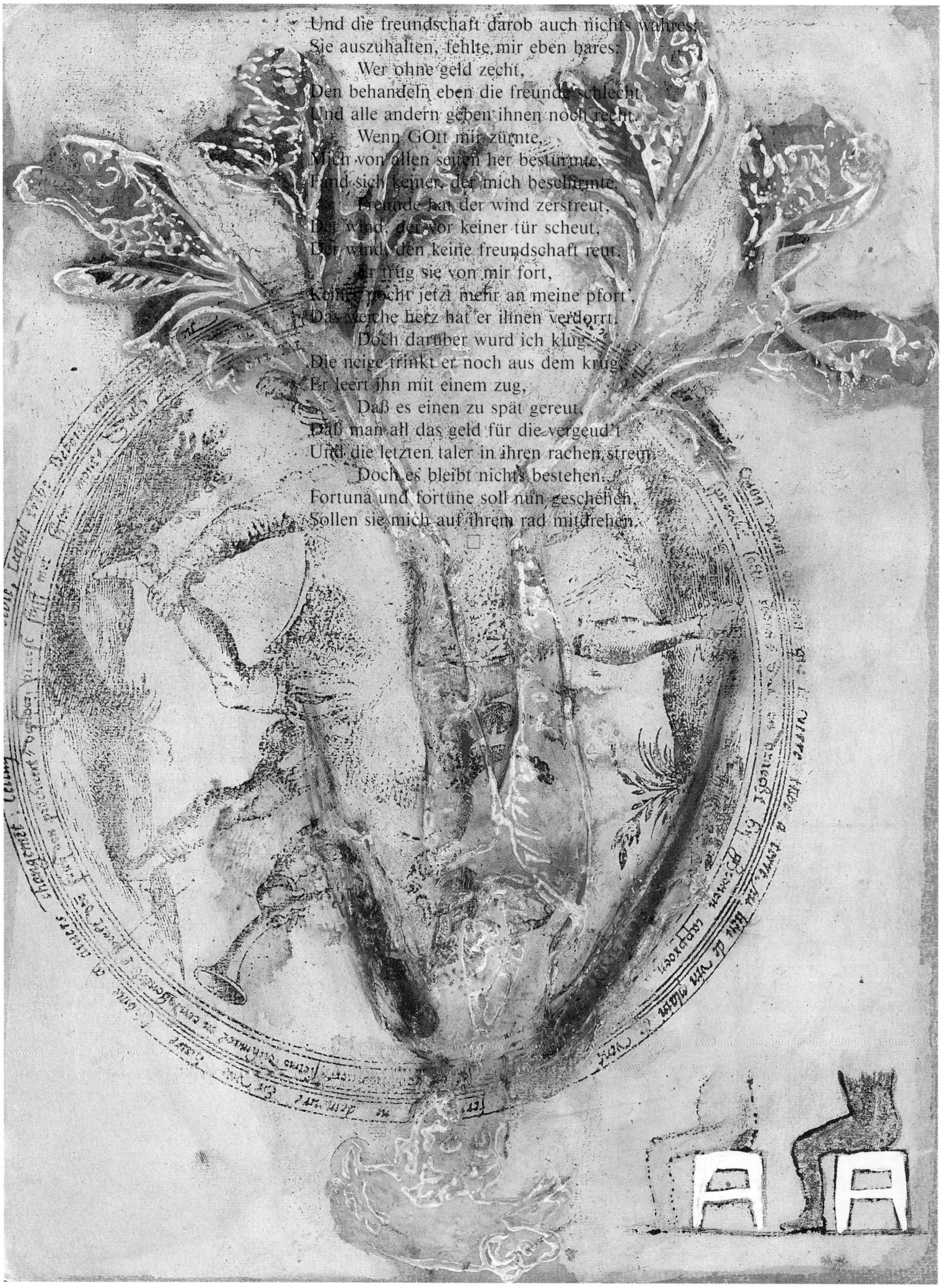

Und die freundschaft darob auch nichts wahres.
Sie auszuhalten, fehlte mir eben bares.
Wer ohne geld zecht,
Den behandeln eben die freunde schlecht
Und alle andern geben ihnen noch recht.
Wenn GOtt mir zürnte,
Mich von allen seiten her bestürmte,
Fand sich keiner, der mich beschirmte.
Freunde hat der wind zerstreut,
Der wind, der vor keiner tür scheut,
Der wind, den keine freundschaft reut.
Er trug sie von mir fort,
Keiner pocht jetzt mehr an meine pfort',
Das weiche herz hat er ihnen verdorrt.
Doch darüber wurd ich klug:
Die neige trinkt er noch aus dem krug,
Er leert ihn mit einem zug,
Daß es einen zu spät gereut,
Daß man all das geld für die vergeud't
Und die letzten taler in ihren rachen streut.
Doch es bleibt nichts bestehen.
Fortuna und fortüne soll nun geschehen,
Sollen sie mich auf ihrem rad mitdrehen.

Arnold Mario Dall'O, Vom blauen Mantel, 1992

ZWEITER URSPRUNG DER MILCHSTRASSE

An unleugbaren zeichen kann man ablesen, daß wir die vorbereitende krise erklettert haben. Das psychologische problem der stunde geht seinem ende zu.
Schlagen wir unser lager deshalb, die beine gut ausgestreckt und die augen schön fixierend, im angesicht des folgenden, von unseren vorgängern flüchtig angedeuteten problems, auf, und möge es uns gut bekommen
die metaphysik der stunde
zu vervollkommnen!
Erschrecken sie nicht über der hautnahen liebschaft, in der ich kunst und philosophie vermähle.
Man versteife sich nicht auf die theoretischen gedichte und stürze sich nicht ins getriebe des doktrinalismus: aber, aus *liebe zum wissen* setze man den zustand der gnade fest, den man durch die höchste intelligenz erreicht.
Gelingt es, das organische der kunst mit der philosophischen haltung untrennbar zu vereinen, werden wir nicht mehr länger die erniedrigung ertragen müssen, uns als strolche und struwelpeter behandelt sehen zu müssen ...
und werden wir auch nicht mehr die charmante und sublime leichtigkeit, an die uns die literatur seit Stendhal und die malerei seit Cezanne gewöhnt hat, absegnen ...
Denn genau dort entspringt die philosophische milch so überaus reichlich.
Die freien sprünge der gedanken, der fortschritt der plastik, die reinheit der konzeptionen befruchten sich ohne unterlaß durch die wachsende erregung der philosophie ...
die uns stetig vorausgeht wie eine schöne verlockende wolke ...
was nicht im mindesten auf der welt mit einer schwerfälligen und platten art zu tun hat ...
Zola bediente sich granitener und eisenhaltiger formen, um doch nur quatsch zu erzählen. Dank dem wunderbaren scharfblick des Heraklith von Ephesus gibt es einen codex, auf die 69. olympiade datiert, der geometrisch unterscheidet:

wissenschaft — ästhetik — intelligenz

Sprechen wir das credo des antisozialismus ruhig aus:
Es gibt die ungleichheit zwischen den menschen. Die gesellschaft existiert nur als materie, moralisch ist sie eine vermutung.
Die eigenartigen gründe, gebündelt, informieren eine kompakte monade in ihrer einheit überhaupt nicht: es ist nur eine durchsichtige und molekulare anhäufung, frei von umrissen, verläufen, grenzen.
Die öffentliche meinung dagegen ist von einer wunderbar wechselnden, drehenden und vielgesichtigen elastizität: scheinwerfer ohne licht, weil sie eigentlich nicht leuchtet. Vor jede neue möglichkeit stellt sie eine neue fassade mit einem ebenso bequemen wie unfreiwilligen à propos.
Dasselbe spiel in der politik: die geschichte lehrt es!
Die einzige frage, die uns interessiert: die liebe und das studium der außermenschlichen psychologie. Eine art universellen stendhalismus zu gründen.
Durch die substanz der kunst den aggressiven aspekt der sublimen unvollkommenheit des lebens zu bestimmen ... Die welt ist vollkommen, sagte Plotin, doch nur, wenn man ihr die häßlichkeit läßt. Wir sind zivilisierte fetischisten. Entreißen wir die seele allen dingen: vom berg bis zur tabaksdose.

RONDO

Alle ideologien
alle beschilderungen
alle formografien,

die wie pfeile, gerade wie in die speichen eines rades, ins ziel der zentralen artikulation treffen, richten sich ganz vorzüglich nach der kunst aus, in der ringförmigen umarmung der skala eines kompasses oder figurativen windrose.
Deshalb dringt die kunst von nun an auf nicht weniger geografische als astromonische straßen vor.

Auf derselben horizontalen
lassen die pläne des babylonischen architekten
den karavellen des Christoph Kolumbus freie fahrt
wie eine pampelmuse nacktschnecken auf den leichten planeten kriechen
den die armbrust eines orthopädischen apparats
in den herrlichen regenbogen des yukatanischen himmel geschossen hat

Das ist die poesie und die malerei, meine damen und herren! Die musik, obwohl von altem himmlischem geschlecht, mit dem alteingesessenen planetarischen adel verwandt — die welten in ihren quadrillen singen, mit den platinierten stirnbändern der sterne aufs wunderbarste verbunden ... seit der zeit schon, wo Pythagoras die phtonge der militärischen zahlen bewaffnete wie armeen im manöver; die musik, sagte ich, indem sie ihre illustre vergangenheit verachtet, ließ sich einfangen wie eine drittrangige hure, in blumigen sümpfen ... durch den unheilvollen einfluß gewisser musikbauer, die man noch eine stufe tiefer als die somnopyteken einstufen kann — melancholische affen ...

(An dieser stelle steigt der autor plötzlich von seinem katheder herab, von dem aus er die menschenmassen indoktriniert, flüstert mit tonloser stimme:
meine damen, meine herren, auf wiedersehen und danke! ...
entschuldigen sie ... ich ... ich ... es befiel mich soeben ... ...
die scheißerei! ...
und macht sich davon.)

<Alberto Savinio, Dada 3>

DIE GROSSE KLAGE MEINER UNSCHEINBARKEIT ZWEI

schau meine haare sind gewachsen
die federn des hirns sind gelbe eidechsen die sich verflüssigen
manchmal
der gehenkte
durchlöchert
baum der soldat
in den schlammigen gebieten wo die vögel in stille aneinander-
kleben
astraler reiter
verblichene wandteppiche
säure die nicht wie panther in den käfigen brennt
der wasserfall entkommt und steigt auf zu anderen farben

beben
leiden meine tochter des nichts blau und fern
mein kopf ist leer wie ein hotelschrank
sag mir langsam die fische der einfachen leute fallen und
gehen entzwei
wann willst du abreisen?
der sand
pass
sehnsucht
und die brücke stürzt ein bei der dritten gegenwehr
der raum
polizisten
der kaiser
schwer
sand
welches möbel welche lampe für deine seele erfinden
papier september gas
in der druckerei
ich liebe dich die zitronen die auf dem eis schwellen trennen
uns meine mutter meine adern dem herrgott entlang
meine mutter
meine mutter meine mutter du wartest im angehäuften schnee
elektrizität
fabelhaft
die disziplin
die blätter schließen sich zu flügelgebilden beruhigen uns auf
einer insel und stiegen auf wie der orden der erzengel
weißes feuer

<Nord-Sud, Juni 1917; 25 Gedichte>

I. CENTURIE

21.
Im Hafen von Agde laufen drei Schiffe ein. Sie bringen Ansteckung, Unglauben, Seuche. Über die Brücke entkommen eine Million, und die Brücke stürzt ein bei der dritten Gegenwehr.

<Nostradamus>

SPRUNG WEISS KRISTALL

für m. janco

auf einem nagel
nähmaschine in höhe zerlegt
die stücke des schwarz in unordnung bringen
gelb rinnen sehen
dein herz ist ein auge in der gummischachtel
auf ein kollier aus augen kleben
briefmarken auf deine augen kleben

abreisen pferde norwegen halten
juwelen würmer drehen trocken
willst du? weine
leck den weg der hinauf zur stimme führt

abraham wächst im zirkus
tabak fermentiert in seinen knochen
abraham wächst im zirkus
pisse in den knochen
die pferde kehren um haben elektrische lampen anstelle von
köpfen
steig steig steig steig
erzbischof blau du bist eine geige aus gewölle
und gluckse gluckse
grün
zahlen

VIII. CENTURIE

18.
Das Hervorsprießen der Blume wird Ursache seines Untergangs sein Zuvor sind alt und jung betrunken Die drei Lilien bieten ihm so massiven Stopp, durch ihre Frucht, die rettet wie rohes Fleisch reift.

82.
Hager, dürr spielt er den guten Diener. Am Ende wird ihm nichts bleiben als seine Entlassung. Man findet bei ihm Gift und Briefe. Er wird am Kragen gepackt, als er in der Dämmerung zu entfliehen versucht.

I. CENTURIE

4.
In Monaco wird der Hahn empfangen. Der Kardinal von Frankreich wird erscheinen. Von der römischen Delegation wird er getäuscht. Der Adler zeigt Schwäche, und die Kraft des Hahns wächst.

6.
Ein heller Schein blitzt in Lyon auf. Wenn er erleuchtet, wird Malta genommen und schlagartig ausgelöscht. Die aus Sardinien und die Araber wird man täuschen. Genf wird von London und vom Hahn verraten.

DROGERIE-GEWISSEN

aus der lampe einer lilie wird ein so erhabener prinz geboren
daß die fontänen die fabriken ausbauen
und der blutegel sich in einen krankheitsbaum verwandelt
ich suche die wurzel herr unbeweglicher herr unbeweglicher
warum jetzt ja du wirst schon sehen
komm als spirale zur unnützen träne

nasser papagei
braunkohlekaktus blas dich auf zwischen den hörnen der schwarzen kuh
der papagei gräbt den turm die heilige kleiderpuppe

im herzen da ist ein kind — eine lampe
der doktor sagt daß es die nacht nicht überleben wird
dann macht er sich in engen und spitzen linien davon stille kieselartige formation

der riese der aussätzige der landschaft
hielt zwischen poupaganda und garchis
da sind bäche kadenz und die schildkröten der hügel sammeln sich träge

er spuckt sand knetet seine wollunge
sich die seele und der nachtigall flattern in seinem lächeln erhellen — sonnenblume
den regenbogen will er pflücken mein herz ist ein papierraster

das zickzack der kälte die ich quere — ich muß zum großen ball rutschen
die zähne der festung — im schützengraben die offiziere im gummischnee
es war so dunkel daß die worte licht wurden

wenn sich der gejagte wolf auf dem weiß ausruht
jagt der auserwählte seine gefangenen
und zeigt das *hervorsprießen der blume die ursache seines untergangs sein wird*
und der kardinal von frankreich wird erscheinen
die drei lilien heller schein elektrische tugend
hager dürr findet man bei ihm gift fische *und briefe* unter der farbe

vom missouri nach brasilien bis zu den antillen
wenn du nachdenkst wenn du zufrieden bist leser wirst du einen augenblick lang transparent
dein hirn transparenter schwamm
und in dieser transparenz wird ein andere transparenz sein ferner noch
fern wenn ein neues tier in dieser transparenz blaut

<Cronache letterarie, Februar 1917; 25 Gedichte>

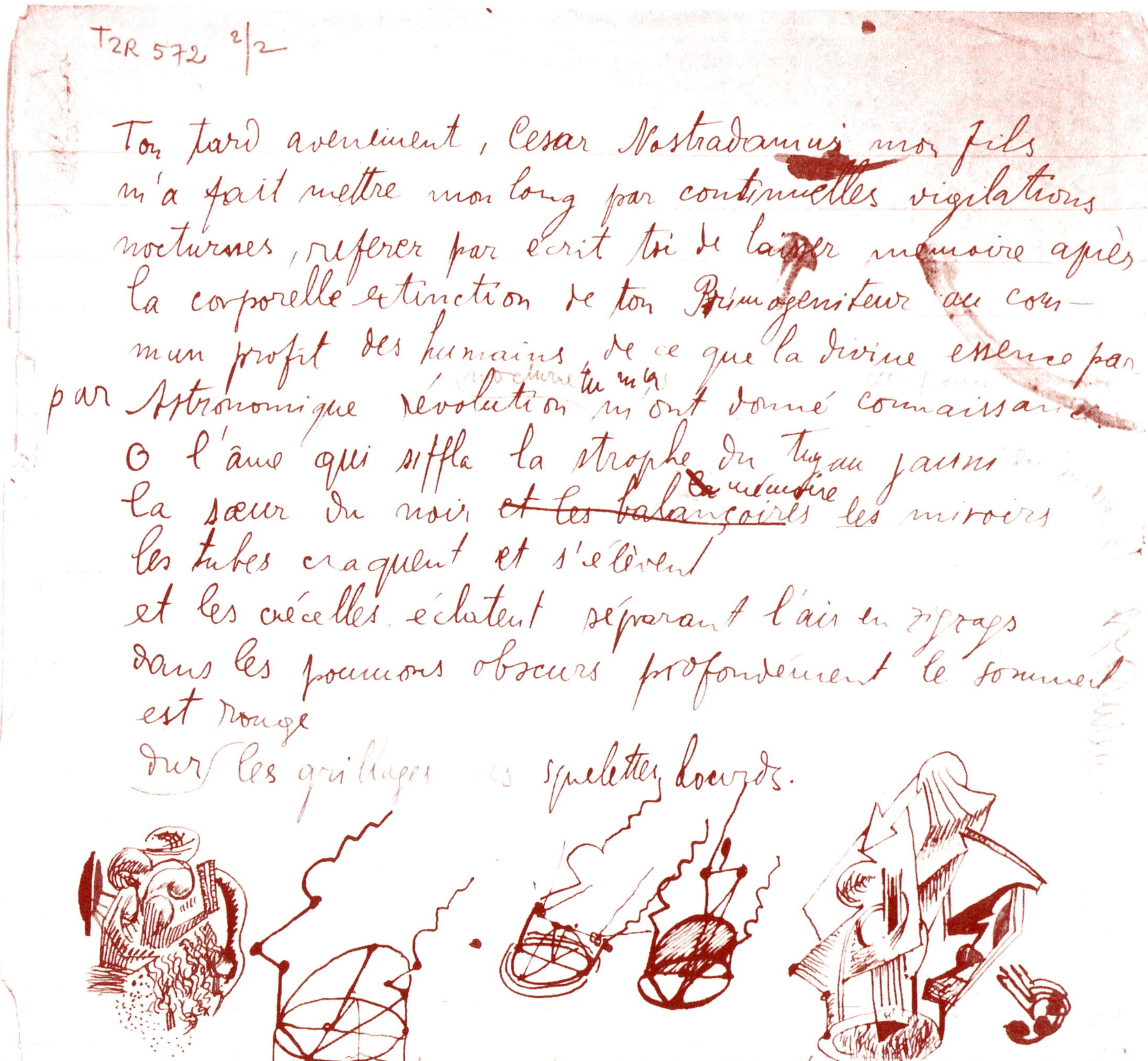
T2R 572 2/2

Ton tard avenement, Cesar Nostradamus mon fils
m'a fait mettre mon long par continuelles vigilations
nocturnes, referer par écrit toi de laisser memoire après
la corporelle extinction de ton Primogeniteur au commun profit des humains de ce que la divine essence par
par Astronomique révolution m'ont donné connaissance.
O l'âme qui siffla la strophe du tuyau jaune
la sœur du noir ~~et les balançoires~~ les miroirs
les tubes craquent et s'élèvent
et les crécelles éclatent séparant l'air en zigzags
dans les poumons obscurs profondément le sommet
est rouge
sur les grillages [illegible] squelettes lourds.

Bei einem Kokainisten, einem Antiquar, der die Gewohnheit hatte, inmitten seiner Bücher zu schlafen, entdeckte ich die *Centuries de Nostradamus* (Prophezeihungen des Nostradamus). Am gleichen Abend lasen wir die Verse unseren verblüfften Dichtern vor. Der Saal war in Aufregung, und sowie die Gäste das Lokal verlassen hatten, ging das Wirrwarr los. Es begann mit einem Streit über die Entdeckung, über das Recht auf die Anwendung gewisser Worte und über die Interpretation der Verse. Es war die abstrakte Seite, der Klang, die Assoziationen und die Alliterationen dieser mystischen Poesie voller Kraft, die sie als wahrhaft neue Poesie erscheinen ließen und schließlich unsere Dichter beeinflußten.

<Marcel Janco, Dada>

VORSICHT
W74
MUSEUMSKUNST

Alexander Archipenko, Frau, 1920

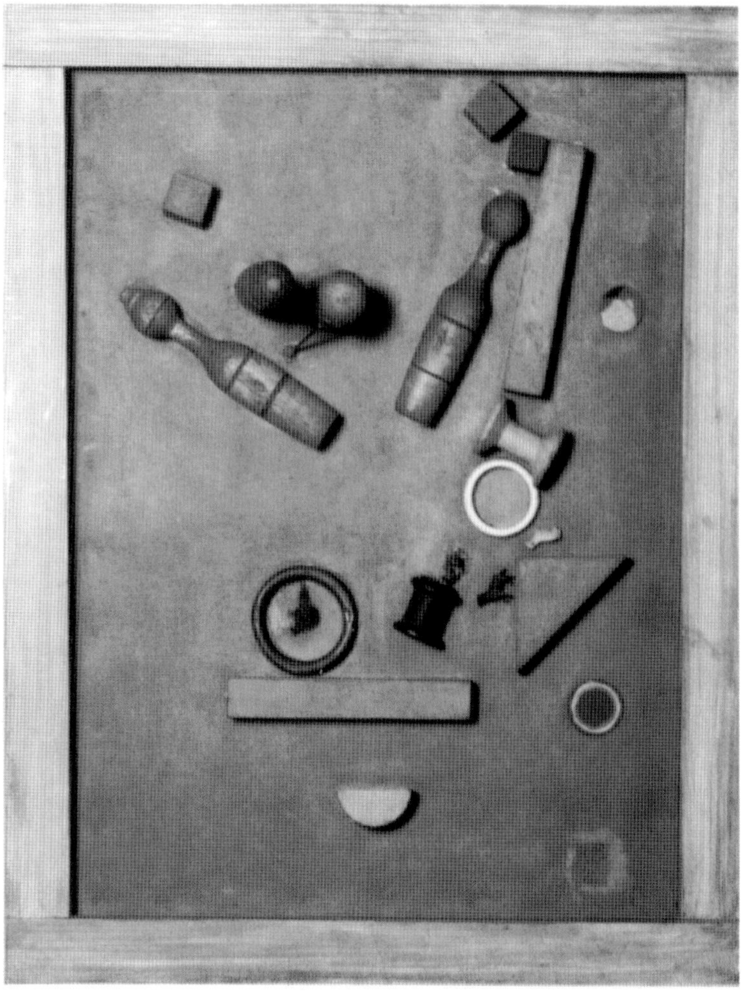

Oben: Kurt Schwitters, Merzbild 64A, Das Kegelbild, 1921
Enrico Prampolini, Béguinage, 1914

Hardekopf an Olly Jacques
13. 5. 1917, Zürich

□ Gestern war ich zu einer — sehr literarhistorisch-sanften — Soirée in der Galerie *Dada*. Emmy war weitaus die Beste. Der Abend galt dem Nachweis der Verwandtschaft von alter Gotik und Negerkunst mit den neuesten *Realisierungen*. Also fast Akademie; man baut sich eine Tradition. □

16. 5. 1917

Morgen, Donnerstag, habe ich eine Führung durch unsere neue Ausstellung von Grafik, Broderie und Relief.
Diese Ausstellung ist interessant durch hundert Arbeiten von Arp, Janco, Klee, Slodki, van Rees und Prampolini. Die Schulden der Galerie betragen 313 Franken.

19. 5. 1917

Wiederholung der IV. Soirée (*Alte und Neue Kunst*).
Hardekopf liest aus den Lesestücken: Manon. Angela Hubermann liest chinesische Märchen.
Nach der Soirée: psychoanalytische Debatten.

<Ball, Flucht aus der Zeit>

Emmy Hennings an Tzara
19. 5. 1917, Magadino

Lieber Herr Tzara-Dada,

wahrlich sehr viel denke ich an sie, denn sie scheinen mir doch bisweilen sehr glücklich, und, lieber Tzara, sie haben auch Grund, denn ich finde, wenn man so schöne bunte Bücher und Bilder hat, kann's nie so schlimm kommen, aber das wissen sie alles selbst, lieber Tzara-Dada.
Aber haben sie die Neger-Plastik schon? Wenn nicht, seien sie unbesorgt, denn ich habe mich dafür verbürgt.
Lieber Tzara-Dada, gern möchte ich zurück, um euch beim Packen zu helfen, denn ihr könnt es nicht leicht ohne mich, und ich weiß erst jetzt, wie sehr mir die Galerie gefällt, auch wenn ich manchmal nervös war, aber die Galerie ist gut, die Galerie ist süß, am Morgen, wenn die Sonne schien auf den Parkettboden, und die Galerie war abenteuerlich, wenn ich nachts die Klees und, o!, Kandinsky, o!, betrachtend mich versenken konnte, allein, wenn alle Bilder mir gehörten, o, wie unnatürlich von mir, daß ich den Kandinsky nicht gestohlen habe oder den Klee mit der mönchiglichen Beichte <?>. Mit solchem Bild hätte ich in den Bergen leben können, so aber muß ich scheu in eine Gebirgsschlucht steigen und das Einfachste motivieren, daß ich da bin und daß ich ein Kind haben will. Das Selbstverständliche findet man bei mir gottlos und unverantwortlich. Zu mir haben die Leute gesagt, *ich hätte keinen Gott*. Das können sie doch gar nicht wissen.
O, lieber Tzara-Dada, ich kann ihnen nur wünschen, daß es ihnen nicht so gehen möge wie mir, je älter ich werde, desto dümmer werde ich; wie das werden soll, der Himmel mag's wissen.
Könnte man doch Trappist werden. Ich möchte auf nichts mehr antworten und einen Zettel um den Hals tragen: *Ich bin da. Pardon*. Und man wäre allem Widrigen enthoben. Wer ist so unselig dran wie ich, die so gern verstanden sein will, und wenn ich am deutlichsten bin, versteht man nie.
O, lieber Tzara Mr., seien sie mir nicht bös ob meiner Klage, aber wir sahen uns doch und sprachen, arbeiteten miteinander, und, ach, nicht wahr, sie verstehen doch. Ich will ihnen ein zartes Bild aus Seide senden und die Zarenpuppe, denn die andere gehört Hugo.
Heute Abend habt ihr Soirée, und aller Erfolg möge mit euch sein, und daß ihr die geliebte Galerie, unser Freuden- und Sorgenkind, recht behandelt und betreut bis zum Schluß, und wenn es sein muß, komme ich.
Herzlichen Gruß an Frl. Chrusecz, Janco, und leben sie recht wohl, lieber Herr Tzara.

Ihre Hennings-Dada

Hardekopf an Olly Jacques
Dienstag. Kurz nach dem 19.5.1917, Zürich

□ Diese Zürcher Wochen boten einige Anregungen. — Emmy ist jetzt mit ihrem Kind im Ticino. Ball will ihr Anfang Juni folgen. Auf einer Dada-Soirée habe ich meine *Manon* produziert. Am nächsten Abend sah ich Herrn Frank Wedekind im *Erdgeist* spielen: einen gealterten Geheimrat vom Finanzministerium. Seine Frau Gemahlin faßte die *Lulu* als Iphigenie auf — gewiß ein feiner Zug! □

Ball an Hennings
Pfingstsonntag <1917>, Magadino

Mein geliebtes Emmylein,

ich danke dir so sehr, daß ich hier bin. Ich kam an, ganz erschöpft und kraftlos. Meine Stimme, meine Augen, mein Herz — alles ganz müde. Aber ich fühle, daß ich mich rasch erholen werde. Es ist ja so wundervoll ruhig. Das Zimmer und die ganze Luft duftet nach Rosen, und Mietzeli ist so lieb und gut und tüchtig: ich bin ganz verliebt in das kleine kluge Herzchen.
Sie spielte im Garten und hopste und freute sich. Zeig-

te mir den Garten und die beiden Damen, wir tranken Kaffee auf der Terrasse und vorhin haben wir uns Abendbrot gemacht wie zwei Kameraden. Wir verstehen uns sehr gut. Und nur du fehlst noch, dann werde ich ganz glücklich und zufrieden sein, wie seit langer Zeit nicht mehr. Und dann wird es auch mit meiner Gesundheit rasch wieder besser gehen ...
... Ich bin sehr neugierig auf deinen nächsten Brief. Tzara war wohl sehr bestürzt? Aber ich hätte sicher keinen Tag länger standgehalten. Es war wirklich hohe Zeit, daß ich reiste. Ich kam kaum hierher. In Bellinzona glaubte ich, es ist aus mit mir. Jetzt fühle ich mich ein wenig besser. Und ich will früh schlafen gehen, um wieder ein bißchen zu Kraft zu kommen. Das Kind ist so entzückend. Ich bin so glücklich mit ihr, mein liebstes Emmy-Herzlein. Ich könnte keine bessere Gesellschaft haben. Sie ist so gütig und diskret: Sie ist so sehr dein Kind, Liebling.
Ich kann Tzara noch nicht schreiben, und das ist gewiß schlimm. Aber ich bringe die Kraft nicht auf. Der Schweiß bricht mir aus, wenn ich an die geringste Sache denke, die zu tun ist. Ich will ihm morgen schreiben. Er muß mir glauben, daß ich ausgehalten habe, solange ich irgend konnte. Aber zuletzt konnte ich nicht mehr. Ich habe es oft genug gesagt. Es ist ja nicht überraschend. □

25. mai — SOIRÉE H. HEUSSER. EIGENE KOMPOSITION. KLAVIER. GESANG. HARMONIUM. REZITATION: Frl. K. Wulff.

Ein Komponist ließ im rechten Winkel zum Klavier, das er bearbeitete, ein Harmonium stellen. Und während er auf dem Klavier herumtollte, ließ er den rechten Unterarm auf allen erreichbaren Tasten des Harmoniums liegen und trat angestrengt mit dem Fuße den einen Blasbalg. Es war eine sanfte Erinnerung an das Katzenklavier Philipps II. von Spanien, das de Coster in seinem *Till Ulenspiegel* schildert.
Busoni war zufällig anwesend, als der junge Komponist sein musikalisches Experiment zum besten gab. Nach Beendigung des Stückes beugte sich Busoni zu einem Begleiter. *Ja,* flüsterte er, *um im Stil dieser Komponisten zu bleiben, müßte man eigentlich die Worte* Da capo *silbenweise verdoppeln.* Als der Zuhörer nicht gleich verstand, fuhr Busoni fort: *Nun ja: Dada ... und so fort, nicht wahr?*

<Glauser, Dada, Ascona... >

Ball an Tzara
28. 5. 1917, Magadino

Lieber Herr Tzara,

entschuldigen sie bitte, daß ich reiste. Ich war am Ende meiner Kraft. Ich konnte für die Galerie nichts mehr tun. Ein Brief, der Samstag Abend ankam, gab den Ausschlag. Ich habe Frau Hennings gebeten, mich zu vertreten. Es ist ja nichts mehr zu tun, als die Bilder zu verpacken und die Geldaffairen zu ordnen.
Und von meiner und unserer gemeinsamen Abrechnung zu sprechen. Ich sende Frau Hennings alle Daten, die zu meiner im Buch genau aufgezeichneten Rechnung noch fehlen. Danach werde ich der Galerie 50—70 Francs schulden. Ich bitte sie, mir ihre Gegenrechnung zu schicken. Sie werden, denke ich, den selben Betrag von der Galerie zu forden haben. Solange es ihnen mit Frau Hennings nicht glückt, die Schulden der Galerie zu decken, hafte ich natürlich als *Compagnon*.
Ich konnte nicht mehr bleiben. Meine Verhältnisse erlaubten es mir nicht länger. Ich habe für die Galerie getan, was in meiner Kraft stand und mehr, als ich anderen Verpflichtungen gegenüber, die ich schon vorher übernommen hatte, verantworten konnte. □
Ich bitte sie, mich bei den Franzosen zu entschuldigen, insbesondere bei Herrn Janco, dem ich persönlich noch schreiben werde. Und bitte sie, meine Abreise nicht als eine *symbolische Handlung* zu betrachten, noch betrachten zu lassen. Etwa von Mr. Arp. Ich bin gefahren, da ich nichts mehr nützen konnte.
Ich hoffe, sie haben nicht allzuviele Unannehmlichkeiten mit unseren Freunden und Gönnern, und ich bin einverstanden mit jedem Schritt, den sie gemeinsam mit Frau Hennings unternehmen.
Herzlich grüßt sie

ihr Hugo Ball

Ball an Emmy Hennings
28. 5. 1917, Magadino

Liebste,

so, jetzt habe ich an Tzara geschrieben, daß du mich vertrittst, daß ich gefahren bin, weil ich nichts mehr nützen konnte, und daß ich mit jedem Schritt einverstanden bin, den er gemeinsam mit dir unternimmt. Soeben kam auch deine Depesche. Danke dir, Liebling. Es geht mir heute ganz gut. Nachmittags schlief ich wie ein Toter 5 Stunden hintereinander und werde mich schon erholen. Bis du kommst, wird alles wieder gut sein. Es strengt mich der Gedanke an Briefe, Galerieschulden schon an. Ich hätte 20 Briefe zu schreiben ... Ich will sehen, wie weit ich komme damit.

Du mußt nur verhindern, daß man Dummheiten erzählt: ich hätte alles im Stich gelassen.
Ich fühle erst jetzt, wie hohe Zeit es war, daß ich fuhr. Ich bin dir unendlich dankbar.
Ich schicke dir die Abrechnung, die ich noch nachzutragen habe. Ich werde der Galerie circa 50-70 Francs schulden. Tzara sagt, er habe soviel ungefähr zu erhalten. Es kann stimmen. Aber bitte ihn, mir seine Abrechnung zu schicken und alles ebenfalls einzutragen. Sowie die weiteren Einnahmen und Ausgaben. □
Alles wird gut werden. Es war das Beste, daß ich reiste, ich kann es mir nicht oft genug wiederholen. □

Tzara an Meriano
28. 5. 1917, Zürich

*Lieber Herr und Freund,

ich schreibe ihnen in aller Eile. Die Galerie hat zunehmend Erfolg, und wir können bald das *Mouvement Dada* lancieren. Herr Spaini las Verse von ihnen bei unserer 4ten Soirée (schrieb er ihnen?). Unsere *Anthologie* erscheint diesen Monat. Schicken sie mir ihre Zeitschrift. □
Grüßen sie Herrn Binazzi von mir und bitten sie ihn, mir Sachen für *Dada* zu schicken. □
Mit herzlichen Grüßen

Tristan Tzara*

1. j u n i — unbegrenzte ferien der Galerie Dada.

Hardekopf an Olly Jacques
1. 6. 1917, Zürich

□ Seit heute existiert die Galerie Dada nicht mehr. Ball ist mit Emmy in Magadino am Lago Maggiore. Seine Freunde, besonders Tzara, werfen ihm vor, daß er sie im letzten Moment im Stich gelassen und ihnen alle Sorgen der Liquidation überlassen habe. Als ich vorgestern in die Galerie kam, standen die Leute da sehr trost- und ratlos umher, zwischen abgenommenen Bildern, Packpapier und zerronnenen Illusionen. Besonders Tzara litt schwer und hatte scharfe Vorwürfe gegen Ball am Herzen. □

Ball an Hennings
<Anfang Juni 1917, Magadino>

□ Zu obigem Betrag von Fr. 275.— kommen noch circa 27 Fr. fürs Elektrische, April und Juni, sodaß also die Schulden rund 300.— Fr. machen. Das ist für jeden 150.—Frcs. Denn unsere beiden Privatabrechnungen sollen nicht gelten, solange sie nicht gegenseitig bestätigt sind. Verstehst du? Tzara soll, statt Andeutungen zu machen, sich bemühen, auch seine Aufstellung zu schicken.
Ich glaube, das ist alles. Entschuldige mich bitte bei O. und Frau C. Wenn mir noch etwas einfällt, schreibe ich noch. Aber ich glaube, das ist alles.
Tzara soll abends kommen, damit ihr die Bücher abrechnet. Und die Aufstellung macht für Neitzel, Rascher, Goltz.
Fangt ja früh mit packen an. Die große Kiste aus dem Keller macht viel Mühe. Man muß telefonieren an Klug, glaube ich, so heißt der Spediteur. 6 Francs hat man gerechnet für den Transport vom Bahnhof her. Nach Basel könnt ihr die Bilder Frachtgut schicken.
Janco soll auch seine Sachen holen lassen, damit sie nicht zwischen die *Sturm*bilder kommen. Sie stehen unter den *Sturm*bildern oben in der Mansarde. □
Wir werden glücklich sein, wenn wir diese Zeit erst vom Nacken haben. Mir wird schon leichter, wenn ich nur denke, daß es keine Galerie mehr gibt. Was für ein Abenteuer war das! —
Sei herzlich geküßt, mein Liebling, und tausend Dank für deine treue Hilfe

dein Hugo

Richter an Tzara
8. 6. 1917, Zürich

Lieber Herr Tzara,

Herr Ball ist soeben bei mir und ich habe mich mit ihm über die *Dada*-Affäre noch einmal unterhalten. Aus dem, was er sagt, geht Folgendes hervor:
1) Wir haben ihm eine Abrechnung *nicht* geschickt.
2) Wir haben keine Eintragungen ins Rechnungsbuch gemacht.
3) Wir haben für die Galerie Geld einkassiert (was einwandfrei feststeht), ohne eine Eintragung zu machen, zu der wir verpflichtet wären. Ihre jetzige Stellung zu Herrn Ball, dem sie bei Korrodi, Rascher und vielen Bekannten Existenzmöglichkeiten in ziemlichem Umfang versichert haben, ist so, daß Herr Ball sie verklagen wird und einen Rechtsanwalt beauftragt hat, damit ihn ein Gerichtsspruch vor allen, mit denen sie gesprochen haben, rechtfertige.
Wie *ich* die Angelegenheit übersehe, scheint mir als *einwandfrei* festzustehen, daß *sie bestraft werden*, da sie entgegen ihrer *Verpflichtung* keine *Eintragungen* von Geldern, die ihnen nicht allein gehörten, gemacht haben. Das ist strafbar, und ich gebe ihnen mit dem letzten Interesse für diese Affaire den *dringenden* Rat, sich mit Herrn Ball zu verständigen, denn das Licht, in

das sie durch *Nichteinsenden* der Abrechnung und Nichteintragen der Gelder kommen, ist für sie das *nachteiligste*.
Falls sie ein paar ruhige Worte mit mir sprechen wollen und ihnen an meinem Rat in dieser Sache, die ich (vom Gesetzstandpunkt zum mindesten) jetzt übersehe, etwas liegt, kommen sie bitte zu mir und teilen sie mir mit, wann.
Besten Gruß

Hans Richter

Tzara an Meriano
12. 6. 1917, Zürich

*Lieber Herr,

seit heute wohne ich nicht mehr in der Fraumünsterstraße, und ich verreise für einige Zeit von Zürich. Die Galerie schließt ihre Pforten während der Ferien. *Bitte senden sie mir alles, was mich betrifft an*: Maya Chrusecz, Zürich, Seegartenstraße 2.
Wollen sie in Italien das *Mouvement Dada* lancieren? Ich schreibe ihnen, was wir vorhaben und über unsere Kunstprinzipien.
Mit besten Grüßen

Ihr Tzara*

Richter an Tzara
<Juni 1917, Zürich>

Lieber Herr Tzara,

hier ein Brief von Ball und Emmy Hennings. Die Dinge liegen also noch etwas anders, und der Sachverhalt ist so: Ball will ihre Rechnung bezahlen. Was können sie also außer persönlichen Sachen, die nicht in Ordnung sind, wie Abreisen etc., einwenden? Schicken sie ihm eine Abrechnung, und dann ist es in Ordnung. Jedenfalls ist Ball auf diese Weise nun doch kein *Halunke*, sondern als Freund treulos, was aber nur klar deutlich werden kann, wenn die *freundschaftlichen* Verhältnisse klar liegen. Und in der letzten Zeit war doch eine ziemliche Spannung zwischen ihnen, die die Freundschaft beeinträchtigte. Ich nehme an, daß sie an Ball schreiben und die Sache ohne ernsthafte Verstimmung, die jetzt unter diesem Angebot keinen Sinn mehr hat, sich erledigt.
In diesem Sinn, besten Gruß

Ihr Hans R.

Ball an Hoffmann
26. 6. 1917, Magadino

Liebes Gustilein,

du hast allen Grund, böse auf mich zu sein. Ich denke zurück und finde, daß ich dir seit einem halben Jahr nicht geschrieben habe. Dazwischen liegt die ein wenig unangenehme und anstrengende Erinnerung, daß ich Direktor einer Galerie *Dada* war (vom 17. März bis zum 27.Mai). Dazwischen liegen heftige Aktionen in vielfältigen literarischen und ökonomischen Angelegenheiten. Und nun bin ich hier in dem wundervollen, paradiesischen Magadino, um mich ein wenig zu erholen von den Strapazen dieses letzten halben Jahres. Die Galerie war sehr interessant, oft grotesk, oft lustig. Wir hatten vier Räume in der Hauptstraße Zürichs, im Hause des Schokoladenfabrikanten Sprüngli. Wir stellten neueste Kunst aus, Dadaisten, Kubisten, Expressionisten, Futuristen und veranstalteten sechs Kunstabende, die vom Publikum überlaufen waren und zur Folge hatten, daß man auf der Straße mit den Fingern auf uns zeigte: *Da kommen die Dadaisten*.
In Zürich ist jetzt die ganze Literatur, und man konstruiert einen sehr interessanten, wenn auch unfruchtbaren Gegensatz zwischen uns *Ästhetikern* (Hans Arp, Ball, Janco, Richard Huelsenbeck, Hennings und Tzara) und den um Rubiner versammelten *Moralikern* (Ehrenstein, Leonhard Frank, Straßer, Schickele usw.). In diese interessante Phase trat das Gegenspiel, als Ludwig Rubiner sein *Zeitecho* publizierte und Ferdinand Hardekopf am selben Abend bei uns las, was man ihm drüben sehr übel nahm, weil man es mit Recht für ein prinzipielles Bekenntnis für uns nahm ... Du kannst dir denken, was für einen Skandal es gab, als ich kurze Zeit darauf überraschenderweise alles im Stich ließ und einfach abreiste. Ich hielt es aus verschiedenen Gründen nicht aus, und die ästhetische Hemisphäre flog in die Luft. Das kam daher, daß die ästhetisch veranlagte Spezies weniger arbeiten will als die moralische und deshalb allmählich die ganze Last der neuen Kunstbewegung auf mir allein lag ... Die Folge war, daß derjenige, der am allerwenigsten arbeitete, mich gröblich injurierte. Ich werde einmal einen Roman schreiben, der den Untertitel *Die Geschichte einer Kunstbewegung* führt und in welchem in deliziöser Weise zu lesen sein wird, wie sich solche Dinge entwickeln.
Geliebtester, mein kleiner Roman *Flametti* erscheint bei Erich Reiß in Berlin und zwar, wie ich hoffe, im September. Reiß hat das Buch durch Annette Kolb erhalten

und freut sich sehr damit. Ich habe Herrn Reiß inzwischen gesprochen, hier in Zürich, und er will auch meine Verse bringen. Gestern habe ich sie ihm geschickt, und ich bin begierig, wie er sich damit befreunden oder befremden wird. Es sind eine ganze Menge, meist ältere Verse, und sie sollen als Titel haben:

Plimplamplasko,
der hohe Geist

Gefällt dir das? Dabei ist auch ein Zyklus *Gadji Beri Bimba* Lautgedichte, nur aus harmonisierten Vokalen und Konsonanten bestehend, ohne einen anderen Sinn als den einer absoluten Sublimiertheit (könnte man sagen). Man hat nach diesen Versen in der Galerie sehr bizarre Tänze getanzt, und der Meister Hans Arp und seine Freundin Fräulein Professor Sophie Taeuber waren sehr entzückt davon.
Bleibt noch zu schreiben von unserer Tochter Annemarie. Sie ist eine *Künstlerin*. Hatte in der Galerie *Dada* ausgestellt und man hat von ihr gekauft. Wenn du artig bist und Kunstwerke die Grenze wieder passieren dürfen, wird sie dir sicher gerne ein Tableau dedizieren. Sie ist beeinfußt von den französischen Impressionisten, aber auf eine grünewaldische, phantastische Weise. Ihre Bilder pflegen einen starken Publikumserfolg zu haben. □

Janco an Tzara
<Mai/Juni 1917, Zürich>

*Tzara,

ich erhielt gestern den eingeschriebenen Brief, den ich über Georges sandte. Ebenfalls über ihn sende ich das fragliche Klischee. Ich arbeite sehr viel für den Vortrag, wenn nicht, wäre ich sicherlich gekommen. Mach bitte alles dir Mögliche, damit ein Artikel über meine Reliefs erscheint. Wenn es dir gelingt, gebe ich dir 20% der Bilder, die ich mit deiner Hilfe verkaufe, und 15% vom Rest, die ich dir von deinen Schulden abziehe ....
Wenn du eine Zusage hast, schick mir eine Postkarte.
Salut

Marcel*

Tzara an Pierre Reverdy
<Juni 1917, Zürich> Briefentwurf

*Sehr geehrter Herr,

ich mag ihre Zeitschrift sehr und beglückwünsche sie zu ihrem tapferen Vorhaben. Nachdem sie meine Gedichte veröffentlicht haben, schicke ich ihnen einige *Negergedichte* — wenn es sie interessiert. Es sind Übersetzungen, die sehr viel Bezug zu dem haben, was wir suchen.
Ich leite gerade die *Galerie Dada*, die ein Propagandaunternehmen für die moderne Kunst und den französischen *ésprit* ist. Wollen sie mir für eine kleine aber interessante italienische Zeitschrift namens *Le Pagine*, die in Neapel erscheint, Manuskripte senden?
Mit einem kräftigen Händedruck von einem rumänischen Verbündeten. Es lebe Frankreich!*

DIE MÜTTER

meine freunde sind auf ferien
dort wo die vokale und medikamente wachsen
das licht frißt die farben
ihr seid vereint pflanzungen sauerkraut
innen wächst euch eine elektrische klingel
dort wo die steine brennen
ööö ööö die kröten die kröten
der telegraphist des bahnhofs wird durchsichtig dann dunkel
schickt mir die klänge zacka zacka zacka zack
die regenbogen der gehenkten
die lichter
sie wurden von den blitzableitern aufgesaugt
gmatouco matrapozlacar
er hat seinen charakter verloren
einakter nackter nackter
nackter nackter
heft geige ziege denk
blaue und chaldäische explosion im kaffee
die ameisen wimmeln im netz ausbruch
wenden und krepieren auf unseren ernten

EIN LÖWENBÄNDIGER ERINNERT SICH

schau mich an und sei farbe
später
dein lachen ist sonne für hasen für chamäleons
spanne meinen körper zwischen zwei weite linien daß der hunger licht sei
schlafe schlafe siehst du wir sind schwer blaue antilope auf gletscher ohr in den schönen steinen grenzen — höre der stein
alter kalter fischer auf neuem brief lernen die mädchen aus draht und zucker drehen lange die flakons sind groß wie weiße sonnenschirme höre rolle rolle rot
in den kolonien
souvenir wohlgeruch sauberer pharmazie alte dienerin
grünes pferd und getreide
horn ruft
flöte
gepäck obskure menagerie
säge beiß willst du wohl
horizontal sehen

<datiert Gruyère, 15. 6. 1917, für Hugo Ball?, 25 Gedichte>

DADA

1 9 1 7 — j u l i

man lanciert

die mysteriöse schöpfung! den magischen revolver! MOUVEMENT DADA

1 9 1 7 — j u l i

erscheinen von

DADA 1 kunst und literatursammlung *)

Arp, Lüthy, Moscardelli, Savinio, Janco, Tzara, Meriano. Weisheit ruht in der medikamentkunst, nach langen scherereien: neurasthenie der seiten, thermometer der maler genannt Die subTiLen.

Tzara an Meriano
16. 7. 1917, Gruyères

*Lieber Herr Meriano,

die erste Nummer von *Dada* ist gerade erschienen. Ich sende sie ihnen in den nächsten Tagen: Sie enthält ein Gedicht von ihnen. Ich hoffe, die Publikation gefällt ihnen; sie erscheint unter meiner Leitung. Ich erhole mich ein wenig auf dem Land. Schreiben sie mir:

Tr. Tz., Zürich, Rämistraße 33. □
Die Galerie ist seit dem 1.Juni geschlossen. □
Einen Handschlag

Tristan Tzara*

Janco an Tzara in Gruyères
21. 7. 1917, Zürich

*Lieber Tzara,

das Büchlein ist fertig, nur, *es wurde zurückgegeben*, weil die Summe von 147 notwendig ist, von der er keinen Centime riskieren will. Der Kostenvoranschlag Heubergers belief sich anfangs auf 163, und ich handelte ihn auf 147 herunter. Die Differenz von 10 will er für die Geschäftsführung, von 11 Lei für die Seite 18—17 und noch 4 Lei für eine Seite, die er verhaut hat. Ich kann sie nicht begleichen. Auch weiß ich nicht, wovon ich noch bis Ende des Monats leben soll. Ich habe nicht einmal genug, um die Miete zu bezahlen. All mein Geld geht fürs Essen drauf, und ich bitte dich, mir wenigstens die Hälfte der neuen 25 Lei des Kostenvoranschlags zu schicken, obwohl ich das Werk nicht herausgeben kann. Selbst Arp hat mir seine 10 Lei nicht bezahlt, du mußt deshalb verstehen, daß ich nicht allein alles bestreiten kann, umso mehr als ich kein Geld habe und nicht hoffe, so wie du, Hunderte von zu Hause zu bekommen. Ich erwarte deine Entscheidung und umarme dich.

Marcel

Schreib nur, wieviel*

Wenn das Geld für den Druck unserer Zeitschrift ausging — und das war oft genug, — mußte Janco manchmal sein Mittagessen auf den nächsten oder übernächsten Tag verschieben, um statt seinen Magen unseren Drucker Heuberger, wenigstens fallweise, zu befriedigen.
Herr Heuberger, unser kleiner Drucker, war häufiger im Gefängnis als draußen (Grund: rebellische Flugblätter), aber Frau Heuberger, die an solche Ereignisse gewöhnt war, stand ihrem Kellergeschäft mit Tränen in den Augen vor. Wir mußten ihr helfen, wenn ihr Mann gerade wieder einmal *verhindert* war, um die *Dada*-Nummern, koste es was es wolle, herauszubringen und gut herauszubringen.

<Richter, Profile>

Janco an Tzara in Neuchâtel
3. 8. 1917, Zürich

*Lieber Tzara,

gestern kam ich in Zürich an und heute schreibe ich dir frische und schöne Neuigkeiten. Ich hoffe, daß du *bereits* die Formulare getippt hast, wie du es versprochen hattest, und sie mir sofort schickst, damit ich sie nach Zürich senden kann. Wie du weißt, haben wir kein Geld mehr; ich bitte dich deshalb, mir das Geld für die Versendung zu leihen. Schick mir deshalb mit dem Brief ungefähr 10 Lei für die Marken. Ich glaube nicht, daß du deine Versprechen brichst, weil du mir keine Kopien der Briefe, die du nach Italien und Frankreich schicktest, gabst. Ich hoffe dagegen, daß du jedesmal meine Grüße beifügtest. Ich bin überhaupt nicht der Meinung, daß du die Exemplare selbst nach Deutschland, Frankreich etc. verschicken sollst. Ich will, daß alles über mich läuft, daß alles von Zürich ausgeht, wenn du willst, daß ich die finanzielle Verantwortung übernehme, wie ich mich schon früher dafür engagierte. Und überdies ist es aus formellen Gründen lächerlich, wenn die Veröffentlichung aus Gruyères kommt, das Geld aber nach Zürich, einmal von einem

*) normalausgabe vergriffen, luxusausgabe 8 Fr., Mouvement Dada, Zürich, Seehof, Schiffände 28

gewissen Tzara, dann von einem anderen. Ich glaube, daß du überzeugt bist, daß es für uns beide das beste ist, jetzt, wo ich Zeit habe und mich Dada im Speziellen widmen kann.
Ich habe bereits Corray getroffen, und ich fahre Samstag von ihm ab mit den 50 Exemplaren. Er macht seinen Laden nur samstags auf. Julius <Heuberger> hat dir geschrieben, daß zwei Futuristen mich gesucht haben. Ich war kaum angekommen gestern, kamen sie von neuem zu mir. Nur einer von ihnen ist Futurist — ein gewisser Bino, Freund von Prampolini. Er schickt dir seine Komplimente. Er blieb nur kurz. Er erzählte mir, daß sie eine Zeitschrift *de avanguarda* publiziert haben, zusammen mit anderen Künstlern der Avantgarde. Er zeigte sie mir, und hier hast du auch dein *Kälte Gelb* veröffentlicht, wie mir scheint, aber ihnen sind sehr viele Fehler unterlaufen. Ein Holzschnitt von mir ist wieder schlecht reproduziert. Ich erfuhr darin, daß ich etwas in Palermo ausstellte. Die ganze Zeitschrift ist gemischt, Format *Avanscoperta* mit Text, zwei Spalten wie bei Sensationsromanen und mit Mitarbeitern wie Prampolini, Bino, Galante, Meriano, Tzara etc. Ich glaube nicht, daß du *begierig* sein wirst, sie zu sehen, und das mit Recht.
Bino ist eine Art Futurist, *gerade eben weil er unterrichteter und direkter Futurist ist*. Ein Schwätzer; einmal flucht er auf die ganze Welt, selbst auf Prampolini; er kennt nicht einmal Prampolini und mag den Kubismus nicht. Schließlich verhielt ich mich ihm gegenüber herablassend und gab ihm zu verstehen, daß er nur ein kleiner Junge wäre. Wir sehen uns noch im Café am Freitag, wo ich dir mit ihm eine Postkarte schreiben werde. Ich hoffe, daß du gesund bist. Ich habe mich kaum zurechtgefunden, und schon muß ich wieder abreisen. Ich erwarte deine Briefe sofort. Ich sende noch einige Postkarten und umarme dich.
Jetzt male ich wirklich.

Marcel*

Tzara an Meriano
1. 8. 1917, Gruyères

*Lieber Herr Meriano,

ihr letzter Brief und *La Brigata* wurden mir hierher nachgeschickt. Ich war sehr erstaunt, im *Spezzatino* zu lesen, daß ich *La Diana* und *Cronache Letterarie* nicht autorisiert haben soll, meine Gedichte zu veröffentlichen.
Ich bitte sie, schreiben sie in ihrer Zeitschrift, daß ich nicht einmal die Namen kenne: *La Fonte, Crociere Barbare, Scalata* etc., aber die ersten beiden Zeitschriften erhielten die Gedichte, die sie veröffentlichten, von mir. Setzen sie deshalb bitte *um jeden Preis* eine Richtigstellung in die nächste Nummer. Diesen Irrtum durchgehen zu lassen, wäre unkorrekt von mir, schreiben sie mir bitte deshalb gleich, ob sie eine Berichtigung veröffentlichen wollen. Mir wäre es auch lieber gewesen, wenn in derselben Notiz auch gestanden hätte, daß die Galerie jetzt unter meiner Leitung steht.
□ *

Meriano an Tzara
7. 8. 1917, Rom

*Mein lieber Tzara,

ich erhalte gerade ihren Brief und beeile mich, zu antworten. Ich sehe, daß sie das Mißverständnis zwischen uns ein bißchen verärgert hat; lassen sie es mich aufklären, weil mir an ihrer Freundschaft etwas liegt. Die Notiz im *Spezzatino* wurde auf ihren Wunsch hin geschrieben. Sie sagten mir ungefähr: *ich erhalte eine Zeitschrift, gerade* Cronache Letterarie, *und sehe mich in einer Anzahl von Zeitschriften veröffentlicht, die ich nicht kenne*. Nun, ich habe nur die Namen der im *Diagramma* der *Cronache Litterarie* aufgelisteten Zeitschriften genannt. Aber all dies ist nichts. Weil sie es wollen, veröffentliche ich eine Richtigstellung. Aber *Sagrestia* und *Spezzatino* sind doch alles nur Bluff. Glauben sie mir, man gibt sich geistreich, erfindet *Zeitungsenten*, da ist nichts Ernsthaftes daran. In Italien weiß man dies genau. Aber ich verstehe, daß sie von all dem zu weit entfernt sind, um über die Dinge zu urteilen wie wir. Man annonciert Bücher, die nie publiziert oder sogar geschrieben wurden; man amüsiert sich über andere, die Dichtung und uns selbst, indem man unsere Schwächen und Witze lächerlich macht. Es lohnt nicht, sich darüber zu ärgern, umso mehr als alle italienischen Schriftsteller den Hintergrund der Notiz, die sie so erstaunte, genau mitbekommen haben. Aber ich verspreche ihnen, die Berichtigung zu publizieren.
Es geht um wichtigere Dinge. In der Zeitschrift *Gli Avvenimenti*, einem luxuriösen Magazin, das jeden Sonntag in Mailand erscheint, schreibt eine Frau Margherita Sarfatti, deren Bereich die figurative und plastische Kunst ist, über die erste Nummer der Zeitschrift *Noi* (eine charmante Zeitschrift), in der ihr Gedicht *Kälte Gelb* erschien: *NOI in der ersten Nummer,* bietet *ein halbes Dutzend Illustrationen. Sicherlich nicht alle von Bedeutung. Warum überhaupt werden solche nichtssagenden und konstruktionslosen Sachen — ohne Bedeutung der Form, des Lichts oder der Plastik weder weiß noch schwarz — wie jener* Holzschitt Nr.1 *von Hans Arp aus Zürich veröffentlicht? Hr. Arp ist, politisch, ein Neutraler. Was die Kunst betrifft, so gehört er zu jenen* Boches, *vor denen man sich meiner Meinung nach: 1. hüten muß, 2. sich ihre Infiltration nicht bieten lassen kann. Ich weiß nicht, was er außer diesem Versuch noch kann, dieser Herr Arp; und das gleiche gilt für Herrn Janco, auch aus Zürich — immer*

dieses Zürich. Obwohl die Xylographie des Hr. Janco gewiß weniger schematische Armut bezeugt, als jene des Hr. Arp, war es ein Fehler von NOI, *sowohl den einen wie den anderen Versuch zu veröffentlichen: es handelt sich hier um Schwächen, die man in der herkömmlichen Kunst übergehen kann, doch nicht in der neuen Kunst, die stets persönlicher* Tiefe *bedarf!*
Fr. Sarfatti ist eine Frau, die sich mit Sexualmoral, Philosophie, Kunst und Dichtung beschäftigt. Sie wurden nicht genannt, doch es versteht sich von selbst, daß die Kritikpunkte sie soviel wie die anderen betreffen. □
Fr. Sarfatti sprach in derselben Zeitschrift (*Avvenimenti*) auch von ihnen. Ich habe den Artikel nicht mehr, aber ich erinnere mich an den Satz: *Tristan Tzara, der sich Dichter nennt, etc.* □
Herzlichst

Francesco Meriano*

KÄLTE GELB

wir wolken unter den eskimos werden
die rekonvaleszenz unserer botanischen gedanken verschönern
unter verzerrten dämmerungen
bebender grüner müll
klatsch
ich habe meine versprechungen konfiserie hotelier in ihrer boutique untergebracht
endgültige paulownias
die entfernung spielt sich eisig und schneidend ab wie eine kutsche
regnerische entfernung
erwachsen
anderswo klingend
fiebriger und verfaulter und zerbrochener
fußgänger und ersetzbare stickerei
ich dachte an etwas sehr obszönes
herbstkalender in jedem baum
mein liebesglied ist blau
ich bin sterblich herr blaublau
und aus dem kadaver steigt eine fremde landschaft
steigt steigt zu den anderen astronomien

<Mpala Garoo; Noi, Juni 1917; Von unseren Vögeln>

Hans Arp, Holzschnitt Nr. 1 <Noi, Juni 1917>

Prampolini an Tzara
4. 8. 1917, Viareggio

*Lieber Tzara,

□ Die intelligente Maria d'Arezzo in Neapel zeigte mir *Dada* mit ihren Worten; ich bin sehr eingenommen von *Dada*, eine gut gemachte und originelle Zeitschrift. Ich werde in *Noi* darüber informieren, bitte machen sie auch dasselbe für mich. □
In ihrem letzten Brief schickten sie mir eine Schrift für Fr. Sarfatti, Kunstkritikerin des *Gli Avvenimenti*. Ich bin mit dieser Dame sehr befreundet, sie ist sehr intelligent, mit Intuition begabt. Als sie im April in meinem Atelier in Rom war, um meine Sachen zu sehen, sprach ich von ihnen und ihrem *Schnitzer*, ihre Aktivitäten und Nationalität betreffend, daß sie nicht aus Zürich sind etc. Ich würde sogar ihren Brief veröffentlichen, doch sind sie selbst nicht sehr überzeugt, was ihr *Mouvement Dada* betrifft. Ich, *Marinetti*, mein armer Freund *Boccioni* und die anderen sagten und taten bereits, was sie jetzt sagen und tun. Ich bin zwar der Meinung, daß das, was sie machen, noch notwendig ist, doch sähe ich gerne eine sehr kollektive Aktivität und keine zersplitterte. □ *

Enrico Prampolini

Janco an Tzara in Neuchatel
6. 8. 1917, Zürich

*Lieber Tzara,

da sind wir also inmitten heftigster Diskussion über den Futurismus wie schon damals in Paris. Ich grüße dich aufs herzlichste

dein M. Janco
Bino Sanminiatelli
V. Berardis*

Maya Chrusecz an Tzara in Neuchâtel
6. 8. 1917, Zürich

Mein lieber Lilalu,

ich bin so traurig, als hätte ich dich an der Grenze Sibiriens alleingelassen, in dem gräßlichen Biel. Hast du deinen Apfel schon gegessen? Es ist elf Uhr. Ich habe ein wenig geschlafen, ich habe dich lieb, Lilalu, und habe Sehnsucht nach dir. So schlecht bin ich — die ganze Schokolade ist in meinem Mantel. Lila, warum bin ich nicht bei dir? Vergiß nicht dein Geld und deine kleine Maya; die Eisenhandlung ist so langweilig, aber in der Zeitung steht eine Rede aus dem englischen Unterhaus über den Frieden, das mußt du lesen. Habe mich lieb, Tzara, auch wenn du noch so weit fort bist und mich nicht siehst. Hast du ein gutes Bett? Nimm immer das hohe Kissen heraus, sonst schläfst du schlecht. Werde nicht krank, Lilaleh, denn ich kann dich nicht pflegen, und grüß die kleinen Papageien bei der Rotonde und die Kathedrale. Ich küß dich vieltausendmeterlang, was du vergessen hast und was die bösen Menschen uns heut den ganzen Tag nicht erlaubt haben,

deine Maya

Maya Chrusecz an Tzara in Neuchâtel
8. 8. 1917, Zürich

Tzara,

warum schreibst du nicht, warum bist du so schlecht mit mir? Heute ist schon der dritte Tag, daß ich dich nicht gesehen und kein Wörtchen von dir höre. Lila, Lila, hast du mich so schnell vergessen? Und ich weiß gar nicht, was du tust und ob du gesund ist und ob du eine Pension gefunden hast und hast du mich noch lieb.
Ich kann gar nicht arbeiten und unruhig bin ich, und am Abend ist es am schlimmsten, da weiß ich gar nicht, was ich anfangen soll, Lila? Quäl mich nicht länger, ich bin ganz voller Zweifel und so allein, so allein. Hilf mir, du. Ich habe niemanden als dich, und du läßt mich ganz allein.
Hier ist nur Regen, und die Menschen sind alle ganz grau, und Lärm ist und Schmutz. Überhaupt alles ist häßlich und dumm, und nur wenn man jemanden lieb hat, dann wird es einen Augenblick hell und schön. Und sobald man wieder allein, sieht man, wie es wirklich ist. Tzara, ich bin ganz verzweifelt und weiß im letzten Grund nicht, warum. Sag doch ein Wort. Warum quälst du mich? Mein lieber kleiner Tzara, fühlst du nicht, daß ich bei dir bin? Ich kann es kaum aushalten, diese Ungewißheit und werde ganz böse, wenn du so weitertust.

Deine Maya

Arp an Tzara in Gruyères
27. 8. 1917, Ascona

L. Tzara,

wie geht es ihnen? Frl. Taeuber läßt sie bitten, das Buch umgehend zu schicken, da es hier gebraucht wird. Was macht *Dada 1*? Ich brate, während die Eisdecken in der Hitze platzen. Arbeiten sie viel? Grüßen sie bitte Frl. Chrusecz. Ich küsse sie weihevoll als *votre humble serviteur* auf die Stirn.

Neitzel an Tzara
31. 8. 1917, Bern

Auf Wunsch von Herrn Tristan Tzara bestätige ich hiermit mein Einverständnis, daß Herr Corray, Kunst- und Buchhändler, Zürich, Herrn Tzara die Summe von neun Franken für ein von Herrn Tzara um diesen Preis gekauftes bei Herrn Corray +) und von Herrn Corray an einen anderen weiterverkauftes Buch <Kandinskys Klänge> zurückerstattet.

L. H. Neitzel

+) und nach Bericht von Herrn Tzara bezahltes

*Lieber Herr Tzara,

für ihren lieben Brief meinen besten Dank. Ich bin sehr betroffen, daß es ihnen nicht gut geht, was die Finanzen betrifft, und ich will nur hoffen, daß ihre Gesundheit nicht angegriffen ist.
Das Verhalten von Hr.Corray ihnen gegenüber scheint mir unerklärlich genug. Es ist selbstverständlich, daß er ihnen die 9 Fr., die sie ihm für den Kandinsky bezahlten, rückerstatten muß, wenn diese Bezahlung getätigt wurde — wovon ich nichts weiß.
Ich lege ihnen hier eine Art Bestätigung bei, daß ich nicht mit Herrn Corray einer Meinung bin, daß er die Summe für ein Buch, das er zweimal verkaufte, rückerstatten muß. Und ich verbleibe mit einem herzlichen Händedruck

ihr ihnen ergebener
L. H. Neitzel*

Hack, der freundliche Buchhändler und Antiquar, der bemüht war, unsere Zeichnungen und Holzschnitte zu vertreiben, hatte eine Überdosis seines täglichen Kokains genommen und war eines Morgens von Besuchern in seinem Laden an der Oetenbachgasse tot aufgefunden worden. Irgendwie schien er bestimmt gewesen zu sein, den Dada-Künstlern eine Chance zu geben, Ausstellungen zu machen. Auch war sein Laden ein Treffpunkt. Wer nicht im Odeon war, den konnte man wohl bei Hack treffen, wo man Bücher durchsah, las oder auch auslieh (manchmal für immer). Des freundlichen Hacks Tod war ein Verlust für uns.
An seine Stelle trat, sozusagen, der breitschultrige, spitzbärtige Corray, der Hacks Laden übernahm. Meine Beurteilung von Menschen war stets von Imponderabilien abhängig, die ich mir nicht erklären konnte. Corray erschien mir wie der Ritter Blaubart, gezeichnet von Doré (auch mit Spitzvollbart, als Zeichen der Gefährlichkeit). Irgendwo in seiner Wohnung war wohl eine stets verschlossene Kammer mit den Samt- und Seidengewändern, Rüschen und Bändern abgelegter Damen, die, wenn auch nicht verspeist, so doch in hoffnungsloser Verzweiflung irgendwo in einem Turm der Befreiung harrten.
Neben dem Blaubart-Aspekt erfüllte er meine Vorstellung von einem gevieften Businessman. Tatsache ist, daß er uns seine *Galerie* (ich glaube ohne Bezahlung), das heißt seine Wohnung an den Tiefenhöfen im dritten Stock, für die erste Dada-Ausstellung zur Verfügung stellte. Er galt als der Kunsthändler Dadas, obgleich es da zwar Kunst, aber wenig Handel gab.

<Richter, Profile>

Unter uns war ein Lehrer namens Hans Corray, der uns bei unseren Abenden im Cabaret half. Er brachte die Javanesische Musik in unser Cabaret, weil er viele Jahre dort verbracht hatte, um Geld zu verdienen wie viele Schweizer. Er brachte uns auch in Kontakt mit einer berühmten und reichen Familie in Zürich <Sprüngli>, die uns den ganzen Stock über dem Café Sprüngli im Zentrum der Stadt zur Verfügung stellte.

<Janco, Interview>

Marcel Janco, Konstruktion Nr. 3, Dada 1

Apollinaire an Tzara
12. 9. 1917, Paris

*Ich erhielt ihre Veröffentlichung. Danke. Ich werde ihnen in den nächsten Tagen ein Gedicht schicken. Ich hoffe, ihnen geht's gut. Schreiben sie mir.

Guil. Apollinaire*

De Pisis an Tzara
29. 7. 1917, Cesenatico

*Sehr geehrter Herr,

mit einiger Verspätung habe ich gerade ihre Karte erhalten, die mich nach langem Schweigen umso mehr freut. Es freut mich, daß ihre *Galerie* gut geht. Ich habe schon von ihr gehört. Ich wünsche ihnen viel Glück für die neue *Dada*-Nummer, und ich bin ihnen für die Veröffentlichung meiner Manuskripte in der zweiten Nummer noch etwas schuldig.

F. De Pisis*

De Pisis an Tzara
7. 8. 1918, Ferrara

*Lieber Herr Tzara,

ich erhielt gerade ihr sehr interessantes Buch, das sie die Güte hatten, mir zu schicken.
Ich beglückwünsche sie aufs herzlichste dafür. Haben sie jemals meine Schriften publiziert?
Erscheint *Dada* immer noch? Was machen sie? Warum schrieben sie mir nicht?*

De Pisis an Tzara
25. 8. 1917, Ferrara

*Ich erhielt gerade die erste Nummer des *Dada* und schicke ihnen meine Glückwünsche. Das Format, die Zeichnungen, die Bilder, die guten Texte von Meriano und Moscardelli, den jungen Schriftstellern unter meinen Freunden, gefallen mir sehr. Besonders bewundert habe ich auch die Zeichnungen von H. Arp und Lüthy, nicht so sehr die von Prampolini; die besten sind meiner Meinung nach die von Janco und vor allem seine *köstliche Konstruktion*. Ihre *Bemerkung zur Kunst Nr.18* ist voll glücklicher Beobachtungen, auch das *musikalische Kotzen* meines lieben Freundes Savinio, der jetzt in Saloniki ist.
Ihre sehr pathetischen Gedichte sind voller Originalität, Geist und Kraft, wie auch die Komposition von Janco.
Die Neuigkeitenrubrik habe ich bemerkt; sie ist sehr interessant und könnte als Pakt zwischen uns und den Künstlern im Ausland dienen. Ich danke ihnen, daß sie meine *Emporio* erwähnt haben. In der nächsten Nummer würde ich mit Vergnügen meine Prosa sehen und in den *Bemerkungen* eine kurze Rezension meines letzten Werkes *Verbo*, das ich ihnen in 3!!! Kopien schicke.
Es wurde von den besten und freiesten intelligentesten Köpfen Italiens mit Applaus aufgenommen.
Mit Freundschaft und Sympathie für Janco und sie

F. De Pisis*

DADA

Ich sitze am Tisch, das Fenster vor mir ist weit offen, ich sehe mich in den Scheiben, die nun von den Rahmen und von den beiden himmelblauen Fensterläden zugeschlossen sind, zweimal widerspiegelt: ruhig, die flache, breite Stirn unter den zurechtgemachten Haaren und darunter noch die glänzenden Augen und die Nase und der Mund. Es waren die zwei himmelblauen Bilder von mir auf den Scheiben. Flüssige himmelblaue Ölfarbe! Ich bin nicht mehr allein, ich bin dreimal ich selbst. Zwei Zwillinge kann ich sehen (beim Schöpfen beziehe ich mich immer auf mich selbst), doch der dritte ist unsichtbar. Das Dorf am Ufer des neuen Meeres. Überdruß, Sonne, leuchtendes Weiß von Villen und Wänden. Ich, der Dichter, der nicht dichtet, sitze am Tisch und schreibe und lese, aber möchte ab und zu doch aufstehen, um mich abzulenken. Man muß wohl irgendwie durch die Zeit, *Am besten genießt man das Leben soweit wie möglich*, sagte der große Schwarzkünstler.
Die drei Zeugen meiner Taten hier (sind) glücklicherweise stumm. Jetzt ahmen sie mich nach. Sie äffen mich nach.
Ja, natürlich: sie sind meine Ichs selbst, sie sind himmelblau, undefinierbar und doch sehr nah: in den Fensterscheiben, der eine links, der andere rechts.
(Worte und Lachen) ganz nackt, frei, unbekannt im Unbekannten = Nichts (spüre ich schon Wollust, wenn ich mit dem Oberarm ein dickes, weiches, rosiges, zartes Händchen berühre).
Aber an den Zehenspitzen ist mir kalt.

<Filippo De Pisis, Cesenatico, August 1917>

De Pisis an Tzara
8. 10. 1917, Ferrara

*Sehr geehrter Herr,

ich danke ihnen dafür, daß sie sich an mich erinnert haben. Auch unseren fortschrittlichen italienischen Zeitschriften fehlen die Mittel. Ein großer Mäzen wäre gut ... *doch man muß sich mit der Hoffnung begnügen*. Ich zahle nicht, aus wohlüberlegten Gründen; für meine Veröffentlichungen werde ich im Gegenteil gut bezahlt.

Ich versichere ihnen, daß es sehr schwierig ist, in Italien Leute zu finden, die sich für moderne Kunst interessieren, aber ich werde trotzdem die beste Propaganda machen.
Mit meinen besten Grüßen und Wünschen

F. De Pisis

Die *Konstruktion* ist sehr gut.*

Tzara an Meriano
16. 10. 1917, Zürich

*Lieber Herr Meriano,

ich habe von ihnen keine Briefe mehr erhalten. Schicken sie sie mir an die neue Adresse:
Zürichbergstrasse 19
Pension Furrer-John
Mit einem herzlichen Händedruck

Tzara

Da es wahrscheinlich ist, daß ich die angekündigte Anthologie bald drucken lassen werde, bitte ich um unveröffentlichte Manuskripte (mehrere) und Sachen ihrer Freunde, die ich gern veröffentliche.*

Prampolini an Tzara
19. 10. 1917, Rom

*Carissimo Tzara,

□ ich erwarte die Komposition von H.Heusser und ihr Gedicht, das ich bald veröffentlichen werde. Ich habe viel zu sagen, und ich glaube, wir könnten vieles zusammen machen, wenn wir in engerem Kontakt wären.
Wie ich bereits an Janco schrieb, erhielt ich ihr *Dada No.1*, das sehr schön und interessant ist. Wenn sie wollen, kann ich ihnen einen Verleger für die *vendita* und das Depot der Zeitschrift *Dada* finden. □

Enrico Prampolini
via Tanaro 89, Rom

1917 — dezember

DADA 2 preis: 2 Fr. *)

mitarbeiter: van Rees, Arp, Delaunay, Kandinsky, Maria d'Arezzo, de Chirico, P. A. Birot, G. Cantarelli etc. etc.

*) normalausgabe vergriffen, luxusausgabe 8 Fr., Mouvement Dada, Zürich, Seehof, Schifflände 28

Mac Robber alias Tristan Tzara, Zwei Tuschzeichnungen, Mai 1917

DADA 2

RECUEIL LITTÉRAIRE ET ARTISTIQUE

DÉCEMBRE 1917

Bruno Goetz an Tzara
17. 1. 1918, Zürich

Sehr geehrter Herr Tzara,

gleichzeitig mit diesem Brief geht meine Besprechung der *Dada*hefte an die *Neue Zürcher Zeitung* ab. Ich hatte lange gezögert, etwas darüber zu schreiben. Denn: gerade den literarischen Teil der Zeitschrift finde ich sehr schwach. Das ist nicht die neue Kunst, das ist nicht die expressionistische und futuristische Kunst, sondern überhaupt keine Kunst. Denken sie an die Gedichte *Pour Dada, Rasoir mécanique* <Albert-Birot>, denken sie an *Das Musikalische Kotzen* <Savinio>. Mit derartigen Geschmacklosigkeiten und unsinnigen Spielereien wird die neue Kunst *kompromittiert*, gerade *die* Kunst also, die sie lieben und die sie durch ihre Zeitschrift fördern wollen. Und was den *bildnerischen* Teil betrifft, so kann ich weder in *Arps* Holzschnitten und aus buntem Papier geklebten Bildern, noch in *Prampolinis* Holzschnitten Kunstwerke sehen. Die anderen Bilder dagegen sind schön. Damit im Publikum keine Verwirrung entstehe und keine Verwechslung des Echten und Guten mit dem Schlechten und Unkünstlerischen, habe ich meiner Ansicht in meinem Artikel offen Ausdruck verliehen. Und zwar mit voller Schärfe und Aufrichtigkeit. Es war mir unmöglich, angesichts der Veröffentlichungen von Pierre Albert-Birot, Francesco Meriano usw. zu schweigen oder gar meiner Zustimmung Ausdruck zu geben. Ich habe deshalb vollkommen offen gesprochen — gerade weil mir die neue Kunst am Herzen liegt. Das wollte ich ihnen mitteilen, damit sie durch ihren Artikel nicht allzusehr überrascht werden.
Mit bestem Gruß

Bruno Goetz

Hardekopf an Tzara
18. 1. 1918, Zürich

*Lieber Herr Tzara,

nehmen sie meinen innigsten Dank für ihre Güte entgegen. Wollen sie vielleicht die beigelegte kleine Sache (eine Art kubistischer Traum)? Dann bitte ich sie, mir die *Druckfahne* zu senden, weil ich Druckfehler hasse. Ich hätte Lust, ihnen ein kleines blasphemisches Essay zu schreiben: *Hüten sie sich vor den Poeten!*, aber ich weiß nicht, ob es mir gelingen würde.
Mit besten Grüßen an sie und an M.Janco

F. Hardekopf*

De Pisis an Tzara
9. 2. 1918, Ferrara

*Sehr geehrter Herr,

das lange Schweigen zwischen uns hat unsere Freunschaft nicht geschmälert, noch mein Interesse für sie geringer werden lassen. Ich fand es schade, keine Antwort auf meinen letzten Brief zu bekommen, wie es sonst üblich war. Vielleicht erhielten sie ihn ja nicht? Mein Freund, der *Graf Sanminiatelli* aus Rom, hat mir angekündigt, daß *Dada 2* mit einigen seiner Schriften erschienen ist.
Ich wäre ihnen zu Dank verpflichtet, wenn sie mir bald einen langen Brief schreiben würden, über das, was sie denken und machen. Ich schicke ihnen bald mein letztes Buch, das die wirklich enthusiastische Zustimmung der besten Kritiker in Italien fand. Es gibt so wenige!! Sprechen sie doch, ich bitte sie, davon in Zeitschriften und Zeitungen. Ich warte immer noch auf das Erscheinen meiner Prosa und auf das, was sie mir ungezählte Male versprochen haben, zu publizieren.
In aller Freundschaft

F. De Pisis*

Tzara an Meriano
20. 1. 1918, Zürich

*Lieber Herr Meriano,

nach Erhalt ihres Briefes beeile ich mich, ihnen zu schreiben. Die Bedingungen, um in der *Collection DADA* zu erscheinen, sind folgende:
1) Ihr Buch muß sehr modern sein.
2) Wegen des augenblicklichen Papiermangels erhalten wir eine Autorisation der Regierung nur für eine begrenzte Auflage. Aus demselben Grund müssen wir auch die Publikation der Anthologie verschieben. Sagen sie uns also die gewünschte Auflagenhöhe.
3) Da wir es uns noch nicht leisten können, die Druckkosten selbst zu tragen, müssen sie den ganzen Betrag gleich zu Beginn an unsere Verwaltung überweisen. D.h., sobald sie den günstigsten Wechselkurs zählen, der ihr Buch ein wenig billiger macht.
4) Ich erkläre mich gerne bereit, die ästhetische Seite des Druckes zu überwachen; Herr Spaini könnte korrekturlesen.
5) Ich rate ihnen, Zeichnungen ins Buch mitaufzunehmen — z.B. von Carra —, das garantiert ihnen großen Erfolg.
6) Wenn sie wollen, daß wir den Vertrieb übernehmen, müssen wir 25% des Erlöses und die Versandkosten einbehalten.
Ich hoffe, die Bedingungen finden ihre Zustimmung, und ich erwarte ihre Antwort und Details.

DADA wird weiterhin erscheinen, in regelmäßigen Abständen. Halten sie mich auf dem laufenden, was in Italien vor sich geht.*
Mit freundlichen Grüßen

Tristan Tzara

Hardekopf an Olly Jacques
Anfang Februar 1918, Zürich

□ Vor *Aufregungen* mache ich nichts, kann also nicht gut ihrer müde sein. Ich sehe fast niemanden, auch Richter wenig, war nicht im Odéon. □
Ja, ich wäre dankbar, wenn du mir jene Notiz aus der *Vossischen Zeitung* (ich vermute, vom Sonntag, 27. Januar, Feuilleton) senden (oder, falls das nicht geht, abschreiben) wolltest. Ich wollte sie vorhin in der Lesegesellschaft suchen, aber da schien sie herausgeschnitten zu sein. Wie widerwärtig ist dieser fortwährende Mißbrauch meines Namens: erst *Marsyas*, jetzt *Dadaisten-Club*. Mit beiden habe ich nichts zu tun. Oder ist mein Beitrag für Tzara Grund gewesen zu dieser Piraterie? Das wäre sehr illoyal. Aber mir wäre daran gelegen, den Wortlaut jener Notiz kennenzulernen. Heute abend wird Schickele hier erwartet. □

Apollinaire an Tzara
6. 2. 1918, Paris

*Mein lieber Dichter,

ich habe *Dada 2* erhalten. Ich danke ihnen für die mir gewidmete Notiz. Ich habe ihnen jedoch keine Kopie geschickt, weil mir die Haltung dieser Zeitschrift gegenüber Deutschland nicht klar genug erscheint. Damit will ich aber in keiner Weise die eigentliche Haltung der Zeitschrift angreifen. Ich würde es mir nie erlauben, es geht mich nichts an, abgesehen davon, daß mir die Tendenz mit den Ansichten und dem Patriotismus der Rumänen konform zu sein scheint, und sie sind eben Rumäne, ihre Ansichten und ihr Patriotismus sind jene der Entente. Andererseits liegt es nicht an mir, sie zu belehren. Was mich aber betrifft, so bin ich doch, obwohl ich Soldat war und verwundet wurde, obwohl ich Freiwilliger war, ein Eingebürgerter und muß deshalb äußerst umsichtig sein. Ich glaube, es wäre kompromittierend für mich, vor allem an diesem Punkt dieses vielfachen Krieges, wenn ich an einer Zeitschrift mitarbeiten würde, so lobenswert ihr Geist auch sein mag, die unter ihre Mitarbeiter Deutsche zählt, mögen sie auch noch so ententophil sein. Ich bin das meinem Gewissen und meiner Haltung schuldig, und ich wäre unklug, wenn ich anders handeln würde.
Herzlichst

Apollinaire*

Tzara an Meriano
18. 3. 1918, Zürich

* □ Unsere Zeitschrift erscheint mit Verzögerung, wegen einer Veränderung, die mir viele Schwierigkeiten bereitet: sie wird künftig farbige Bildtafeln enthalten; auch will ich sie regelmäßiger erscheinen lassen. □ *

Arp an Tzara
8. 4. 1918, Ascona

Lieber Tzara,

ich muß also von neuem anfangen. Bitte schicken sie mir doch einmal die genaue Größe der Spiegel. Am leichtesten wäre es, wenn sie mir eine Kopie in der genauen Größe, wie ich den Holzschnitt anfertigen soll, schicken. Die Stöcke oben oder unten an dem Spiegel anpassen, sähe zu unbestimmt und spielerisch aus.
Herzliche Grüße an sie und Frl. Chrusecz

votre
Hans Arp

Arp an Tzara
13. 4. 1918, Ascona

Lieber Tristan Tzara,

aus dem frischen Gemüse eines Asconischen Regenfrühlings entbiete ich ihnen einen fröhlichen Gruß. Italienische Kaldaunen schwanken im Morgenwind und von dem Morgenstern sinkt träumerisch die goldene Kugellosung nieder — dies bedeutet, daß die Holzschnitte sich ihrer Vollendung entgegenneigen und demnächst in die Werkstätte Heubergers stürzen werden.
Herzlichen Gruß

Arp

Arp an Tzara
21. 4. 1918, Ascona

Lieber Tzara,

ich komme Sonntag zurück und erwarte sie Sonntag um 2 Uhr bei mir. Die Holzschnitte sind fertig, wir können dann zum Drucker gehen. Ich habe mit viel Freude ihr Gedicht *dringend bemerkung 7 bruder* gelesen, ich halte es für eines ihrer besten Gedichte, es gefällt mir eigentlich besser, als die meisten aus dem *zirkus-Zyklus*, allerdings sind dort 2,3, die ich ganz wesentlich finde. Also auf Wiedersehen

Arp

Ich habe mich auch sehr über
ihr Gedicht gefreut.
Freundl. Gruß

S. H. Taeuber

BERLIN

hommage à Tristan Tzara

Laufen laufen läufig hekatomben von helden grau grau
der zinnoberrote schutzmann zerschmettert den maßkrug
aller maßlosigkeiten
an der siegessäule die sauberen ladenmädchen
gelächter zackenbauch
die strrrraßenbaaahnen
wandeln die litfaß-säulen
im sternenzelt
und die geliebten goldnen glocken der asphaltenen unterwelt
schon tönen sie tönen schön sie tönen
die ohnegrundbahnen lächlen verschämt im abendrot
am potsdamer da platz da
platz da
für die kolonnen der rosigen straßenfeger
und die kleine spitzmaus
spitzenmaus

<Klabund>

DRINGEND BEMERKUNG 7 BRUDER

Nichts steigt und nichts kommt herab seitlich keine bewegung
er erhebt sich
nichts rührt sich weder das sein noch das nicht-sein weder die idee noch der gefangene in ketten noch die straßenbahn
er hört nichts außer sich selbst
versteht nichts außer den stühlen dem stein der kälte dem wasser — kennt geht durch das harte
er braucht seine augen nicht mehr und wirft sie auf die straße
letztes blutbad im schattenreich
letzter gruß
er reißt sich die zunge heraus — flamme von einem betäubten stern durchbohrt
herbst tot wie ein rotes palmenblatt

und nimmt wieder in sich auf was er verneinte und trennte wirft ihn in eine andere hemisphäre zweite jahreszeit des lebens
wie die fingernägel und haare wachsen und wieder

<25 Gedichte>

Klabund an Tzara
29. 4. 1918, Locarno-Monti

Verehrter Herr Tzara,

erinnern sie sich eines Gesprächs, das wir einmal über *Negerpoesie* hatten? Sie sagten mir damals, daß eine Publikation ihrerseits über dieses Gebiet bevorstehe — ist sie erschienen und wo? Bitte teilen sie mir das mit, damit ich sie mir besorgen kann. — Die *Dada-Publikationen* haben in Deutschland einen großen bibliophilen Wert erreicht. Wie ich im *Zwiebelfisch* las, sind auf die 1.Publ. allein 500 Bestellungen eingegangen — die nicht ausgeführt werden konnten.
Mit bestem Gruß

ihr Klabund

CABARET VOLTAIRE. Über dieses Heft berichtete ich auf Seite 139 von Heft 4/5 des VIII. Jahrganges und nannte entsprechend den Angaben einer in diesem Heft befindlichen Anzeige Herrn Hans Hack (irrig: Heck), Zürich, als Bezugsquelle. Herr Hack schreibt mir nun, „seit einiger Zeit erhalte er mehrere hundert Bestellungen auf „Cabaret Voltaire", habe aber erst jetzt durch Lektüre des „Zwiebelfisch" erfahren, woher alle diese Bestellungen kämen. Das Heft sei längst vergriffen, er könne aber unmöglich allen diesen Anfragen antworten und bäte mich daher, dies meinen Lesern mitzuteilen." Was hiermit gern geschieht.
Im Anschluß an dieses vergriffene Heft erschienen soeben Heft 1 und 2 der Zeitschrift „Dada", die nebst anderen futuristischen Zeitschriften bei „Mouvement Dada", Zürich, Zeltweg 83, das Heft für 2 Mark, numerierte Luxusausgabe 8 Mark, zu beziehen ist. —

<Der Zwiebelfisch, Jänner 1918>

le circus!!

smack

K47

and crew

also

corks

nets

etc.

on the left, a green blinker

on the right, a red blinker

they

leap

BARE-BACK

through

the

rainbow's

hoop

Ian Hamilton Finlay, Poster Poem (le Circus), 1964

ZIRKUS

I

du warst auch stern
der elefant der aus dem plakat steigt
ein riesengroßes auge sehen aus dem sich die strahlen in spiralen zur erde herablassen
der nur unter die leinwand sieht
die muskelkraft ist träg und schwer unter dem bläulichen licht
verleiht uns in gewissen fällen sicherheit
die präzision der turner manchmal der clowns
muß noch warten?
zum totlachen die perspektive die form des körpers
man wird richtig ergriffen in diesem licht
weit von hier
foltern unsichtbare hände die gliedmaßen
alle gelben flecken mit ihren stahlspitzen nähern sich um einige zentimeter der mitte
des zirkus
man wartet
es sind seile die von oben herabhängen
die musik
er ist der zirkusdirektor
der zirkusdirektor zeigt nicht gerne daß er zufrieden ist
er ist korrekt

IV

der dompteur kennt
die sitten der völker das was überall auf der welt vorsichgeht
die mäuler der tiere ihren speichel
alles trage angstliche schnaubende keuchen
vor ekel vor wut
die wirkung der wunden
die sicherste art sie zu fesseln
ein licht der goldverband gegen den giftigen likör
und die nahrung
er weiß wie man sie am praktischsten transportiert
kennt die richtige und wohldosierte macht der schläge

<Littérature 1919; Von unseren Vögeln>

Reverdy an Tzara
13. 5. 1918, Paris

*Sehr geehrter Herr,

ich schrieb ihnen das letzte Mal eine Karte, in der ich ihnen meinem Gefühl nach vorschlug, ohne die Mitarbeit des Hr. Dermée auszukommen, einfach weil man allgemein und ich im besonderen dieser Ansicht ist. Doch heute, nach dem Vortrag, den dieses magere Persönchen gegen die Literatur hielt, die von Apollinaire und Max Jacob bis zu unseren jüngsten modernen Dichtern geht, muß ich sie bitten, auf meine Mitarbeit zu verzichten, wenn sie weiterhin auf die dieses Herren bestehen. Ihm kam nichts anderes in den Sinn, als vor einem riesigen Publikum bei Rosenberg zu behaupten, daß unsere Literatur ihre Wurzel bei den Narren hat!! Sie können sich die allgemeine Zufriedenheit und auch die Sanktionen vorstellen, die alle seine Kollegen gegen ihn ergriffen haben. Dieses Ereignis hat nur umsomehr seine fehlenden Seriosität, seine Dummheit und seinen Mangel an Talent ins Licht gestellt. Aus diesem Grunde will ich nirgendwo mehr mit ihm in eine Reihe gestellt werden.

Reverdy*

Maya Chrusecz an Tzara
19. 5. 1918, Lugano

Liebster kleiner Tzara Lila,

hast du mich noch lieb? Ich hab dich lieb und bin noch dieselbe Maya, die du zuerst liebgehabt hast. Sie ist noch genauso klein und dumm und verliebt und schlecht, aber sie will gut und schön und klug und und werden, wenn du ein klein wenig Geduld mit ihr haben willst und sie nicht vergißt, über deiner vielen Arbeit und deinen vielen schönen Gedichten.

deine Maya

Postkarte, Arp an Tzara, 27. 8. 1917

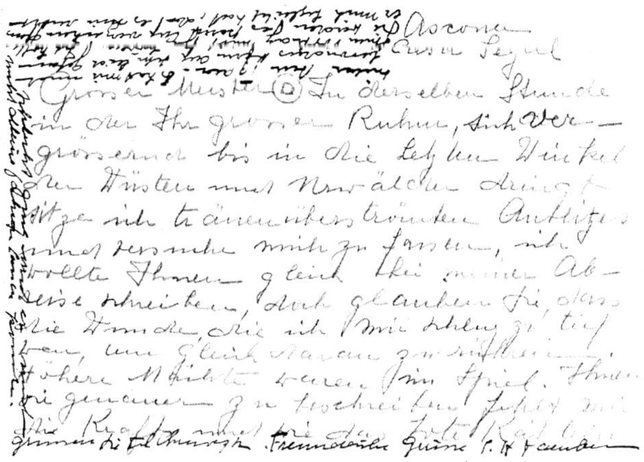
Ascona
Casa Segal
Grosser Meister in derselben Stunde
in der Ihr grosser Ruhm, sich ver-
grössernd bis in die letzten Winkel
der Wüsten und Urwälder dringt
sitze ich tränenüberströmten Antlitzes
und versuche mich zu fassen, ich
wollte Ihnen gleich bei meiner Abreise schreiben, doch glauben Sie, dass
die Wunden, die ich mir schlug zu tief
waren, um gleich daran zu rühren.
Höhere Mächte waren im Spiel. Ihnen
sie genauer zu beschreiben fehlt mir
die Kraft

Arp an Tzara
25. 5. 1918, Ascona

Ascona, Casa Segal

Großer Meister,

in derselben Stunde, in der ihr großer Ruhm sich vergrößernd bis in die letzten Winkel der Wüsten und Urwälder dringt, sitze ich tränenüberströmten Antlitzes und versuche, mich zu fassen, ich wollte ihnen gleich bei meiner Abreise schreiben, doch glauben sie, daß die Wunden, die ich mir schlug, zu tief waren, um gleich daran zu rühren. Höhere Mächte waren im Spiel. ihnen sie näher zu beschreiben, fehlt mir die Kraft, und wie das tote Kätzchen im Sack, liege ich von einem Fieber verknüllt in einem grauen Leintuch. Seien sie mir ein gnädiger Richter, und Gott wird ihnen dereinst auch ein gnädiger sein.

ihr zerbrochener Arp

Lieber Herr Tzara,

es hat mir und besonders Herrn Arp sehr leid getan, ihren Vortrag nicht zu hören. Ich hoffe, sie werden es Herrn Arp verzeihen, daß er mich begleitet hat, da es mir recht schlecht ging und er mich nicht allein fahren lassen konnte.
Grüßen sie Frl. Chrusecz.
Freundliche Grüße

S. H. Taeuber

Maya Chrusecz an Tzara
13. 6. 1918, Zürich

Lieber Tzara,

Lila darf ich doch noch sagen? Wenn du mich noch ein klein wenig lieb hast, verzeih mir alles Böse

Postkarte, Arp an Tzara, 25. 5. 1918

und alle Gleichgültigkeit, ja, ich habe zuviel an mich gedacht und mich immer vom Augenblick beeinflussen lassen. Lila, hast du mich noch lieb, nach dem was du gestern Abend gesagt hast, muß ich denken, nein. Ich weiß, ich habe dich nicht genug lieb gehabt, aber, Lila, so schlecht wie du über mich denkst, bin ich nicht. Tzara, hast du alles vergessen? Bin ich nicht mehr dieselbe? Kannst du mir verzeihen und kannst du mir helfen, das Böse aus mir herausnehmen? Lila, ich bin so traurig. Über mich selber, daß ich am liebsten tot sein möchte. Tzara, laß mich dein guter Kamerad sein, laß mich dein bester Freund sein, ich hab dich so lieb, o weh, jetzt weiß ich erst, wie lieb ich dich habe, jetzt, wenn es zu spät ist. Tzara, aber das ist nicht wahr, alle Frauen sind nicht schlecht. Meine Mutter ist das Gütigste und das Reinste, das es auf der Welt gibt.
Bin ich so häßlich, Tzara, daß du mich gar nicht mehr liebhaben kannst? Willst du mir antworten? Ich bin so verzweifelt. Ich bleibe aber doch immer deine Maya, auch wenn du mich nicht mehr willst, und werde dich immer lieb haben.

Hardekopf an Tzara
15. 6. 1918, Lugano

*Lieber Herr Tzara,

ich erhielt wohl ihre Karte und ihren Brief, aber da ich mich zu niedergeschlagen fühlte, um mir nette Zärtlichkeiten für die letzten Seiten von *DADA* auszudenken, ließ ich soviel Zeit verstreichen, ohne ihnen zu antworten. Bitte verzeihen sie mir meine Nachlässigkeit! Jei, die Wochen verrinnen ereignislos, aber man ist trotz allem entnervt. Diese Kulissen, quasi paradiesisch, sind sie nicht ein zu anstrengendes Gemälde (Hintergrund), das kaum die mystische und unwiderlegbare Hölle, in der man auf ewig ein verfluchtes Leben führt, verbirgt? Auch kann ich ihnen nichts Wissenswertes von hier unten vermelden. Manchmal ermutigt mich die schon klassische Prosa Huysmans ein bißchen. Seien sie dieser Passion gegenüber nachsichtig, ich stamme aus einer Epoche, die seit langem schon zugrunde gerichtet ist. — Richten sie bitte einiges von mir an Herrn Janco aus? Und nehmen sie auch den aufrichtigen Beweis meiner Freundschaft entgegen

F. Hardekopf*

Tzara an Dermée
24. 6. 1918, Zürich

*Mein lieber Dermée,

ihr Brief schenkte mir die Freude eines frischen Morgens (das gibt es, obwohl man es nicht kennt — ich stehe erst sehr spät auf — man merkt, daß sie erst vom Regiment entlassen wurden): die Klarheit und Unternehmungslust, impulsiv und entschieden. □
Über meine persönliche Unordnung (eine Art bio/metalogische Ordnung) hinaus gibt es die Ordnung der Verwaltung der Zeitschrift; die Kontrolle der Exemplare und des Geldes. — Neue Quellen dienen der Vergrößerung der Zeitschrift, dem Druck von Anthologien, Büchern, Manifesten.
Ich bereite ein Buch vor, 36 S., Format 29/25: *Almanach Dada*, sehr bewegt und ausführlich, Texte auf Französisch und Italienisch, übersät mit 35 kleinen Zeichnungen und Holzschnitten (in jeder Ecke jeder einzelnen Seite), viele große Reproduktionen; es muß überall eine Atmosphäre des Taumels, des Schwindels, des Ewigen, des Neuen herrschen und muß den Charakter einer großen Manifestation der neuen Kunst in einer Arena unter freiem Himmel haben. Jede Seite muß explodieren, sei es durch profunden und schweren Ernst, niederschmetternde Farce, den Enthusiasmus des Prinzips oder sei es durch ihre typografische Gestaltung. □ *

Flake an Tzara
28. 6. 1918, Kreuzlingen

Lieber Tzara,

ich glaube, ich sagte ihnen nicht Adieu? Lassen sie mich gleich Aufwiedersehen hinzufügen

Flake

Otto Flake in Zürich, 1918

Tzara an Doucet
30. 10. 1922, Paris

Sehr geehrter Herr,

ich schrieb meine *25 Gedichte* 1916, 1917 und 1918 während meines Aufenthaltes in der Schweiz (ein einziges Gedicht, *Kälte Gelb*, stammt von 1915). Die im Buch erschienenen Gedichte (Juni 1918) sind eine Auswahl aus meinen besten. Mehrere von ihnen waren bereits in *Nord-Sud* und *Sic* erschienen. Guillaume Apollinaire, den ich vor dem Krieg kannte, bat mich um Gedichte für eine Zeitschrift, die er gründen wollte. Er übergab sie an Reverdy, der mich schriftlich um die Erlaubnis bat, sie in *Nord-Sud* veröffentlichen zu dürfen. Meine Antwort wurde von der Zensur abgefangen, und ich konnte ihm erst drei Monate später schreiben. P. A. Birot bat mich ebenfalls im Namen von Apollinaire um Gedichte für *Sic*. Ich erfuhr erst nach dem Waffenstillstand — Apollinaire war bereits tot —, daß es eine komische Szene zwischen Reverdy und Apollinaire wegen dieser Gedichte gegeben hatte. Das Gerücht war in Paris im Umlauf, daß ich auf der schwarzen Liste wäre (von den Deutschen gekauft, Spion, was weiß ich ...); Apollinaire und Reverdy, die's mit der Angst bekamen, griffen sich gegenseitig und recht heftig an, daß sie mich um die Mitarbeit an *Nord-Sud* ersucht hatten. Diese Gerüchte wurden höchstwahrscheinlich vom *Intransigeant* lanciert.
Ein anderer Teil meiner Gedichte erschien in italienischen Zeitschriften (*Cronache Letterarie, Le Pagine, Crociere Barbare, Porcellaria, Noi* etc.). Ich korrespondierte mit A. Savinio, der zu der Zeit mit seinem Bruder G. de Chirico in Ferrara lebte. Durch ihn breitete meine Adresse sich in Italien aus wie eine ansteckende Krankheit. ich wurde mit Briefen aus allen Teilen Italiens bombardiert. Fast alle begannen mit *caro amico*, doch der größte Teil meiner Korrespondenten nannte mich *carissimo e illustrissimo poeta*. Das gab schnell den Ausschlag, meine Beziehungen mit diesem überschwenglichen Volk abzubrechen.
Der größte Teil meiner *25 Gedichte* datiert auf 1917. *Der weiße Riese*, *Pélamide* und *Bewegung* wurden 1916 geschrieben. Aus dieser Zeit habe ich nur mehr wenige Arbeiten. Mein erster Gedichtband *Mpala Garoo*, der dem *Ersten Abenteuer des Hr.n Antipyrine* vorangehen hätte sollen, existiert nur mehr in Bürstenabzügen in einem Exemplar. Es war während des Winters 1916, daß ich mich entschloß, die ganze Auflage zu zerstören. Nach einer Nervenkrankheit, an der ich sehr litt, änderte ich meine Direktiven vollkommen. Ich fiel, nach einem ungezügelten Leben, in dem ich kein Gesetz anerkannt hatte, in eine Art Krise mystischer Genesung. Dieser Mystizismus bezog sich nicht auf eine bestehende religiöse oder politische Idee, er war abstrakt und von rein cerebraler Natur. Dieses Exemplar von *Mpala Garoo* muß sich noch in einem Koffer in der Schweiz befinden.
Meine Gedichte von 1914-15 sind wenig zahlreich. Sie erschienen im *Cabaret Voltaire* (1916), *Projecteur* (1920) und *Aventure* (1922). Ich spielte mit einer unsicheren Sentimentalität und einer Ironie, die aus der Überraschung der angewandten banalen Sätze resultierte. Da ich nur durch Gegensätze reagierte, waren meine Gedichte von 1916 nur eine Reaktion gegen die vorangegangenen, die zu süß und gepflegt waren; sie waren von einer exzessiven Brutalität und enthielten Schreie und akzentuierte und abwechselnde Rhythmen. Ich finde in ihnen einen großen Fehler: sie sind oft deklamatorisch, für den Vortrag gemacht und voll äußerlicher Effekte. Seitdem ist mir alles Pathetische sehr zuwider.
1916 versuchte ich, alle literarischen Gattungen zu zerstören. Ich nahm in meine Gedichte Elemente auf, die man für unwürdig hielt, wie Zeitungsphrasen, Geräusche und Laute. Diese Klänge (die nichts mit nachahmenden Lauten gemein hatten) sollten eine Parallele zu den Recherchen von Picasso, Matisse, Derain darstellen, die in ihren Bildern verschiedene Materialien anwandten. Bereits 1914 hatte ich versucht, die Worte von ihrer Bedeutung loszulösen, und sie so anzuwenden, daß sie dem Gedicht einen neuen und globalen Sinn durch die Tonalität und den hörbaren Kontrast gaben. Diese Erfahrungen fanden ihren Abschluß in einem abstrakten Gedicht, *Toto vaca*, das aus rein von mir erfundenen Lauten komponiert war und keine Anspielung auf die Wirklichkeit zum Inhalt hatte.
Ich lege dem Manuskript der *25 Gedichte* eine *Bemerkung über die Dichtung* bei, die als Vorwort dienen könnte, eine Bemerkung über die *Literatur der Neger*, mit der ich mich damals sehr beschäftigte (ich übersetzte mehr als 40 Gedichte), sowie einige Gedichte von 1917 und 1918 (drei davon unveröffentlicht). Diese Schriften geben ein klares Bild von meinen Beschäftigungen von 1916 bis zu meinem *Manifest Dada* 1918 (März 1918).
Nach dem Erscheinen der *25 Gedichte* war ich erstaunt, mit jedem Brief, den ich erhielt, zu erfahren, daß es Leute gab, die sich für diese Art der intimen Beschäftigung interessierten. Diese Leute waren Apollinaire, Reverdy, Braque, Breton, Soupault ... Ich habe die Poesie immer für eine Sache gehalten, für die man erröten muß. Vor Publikum.
Mit vielem Dank für das Interesse, das sie mir entgegenbringen

Tristan Tzara

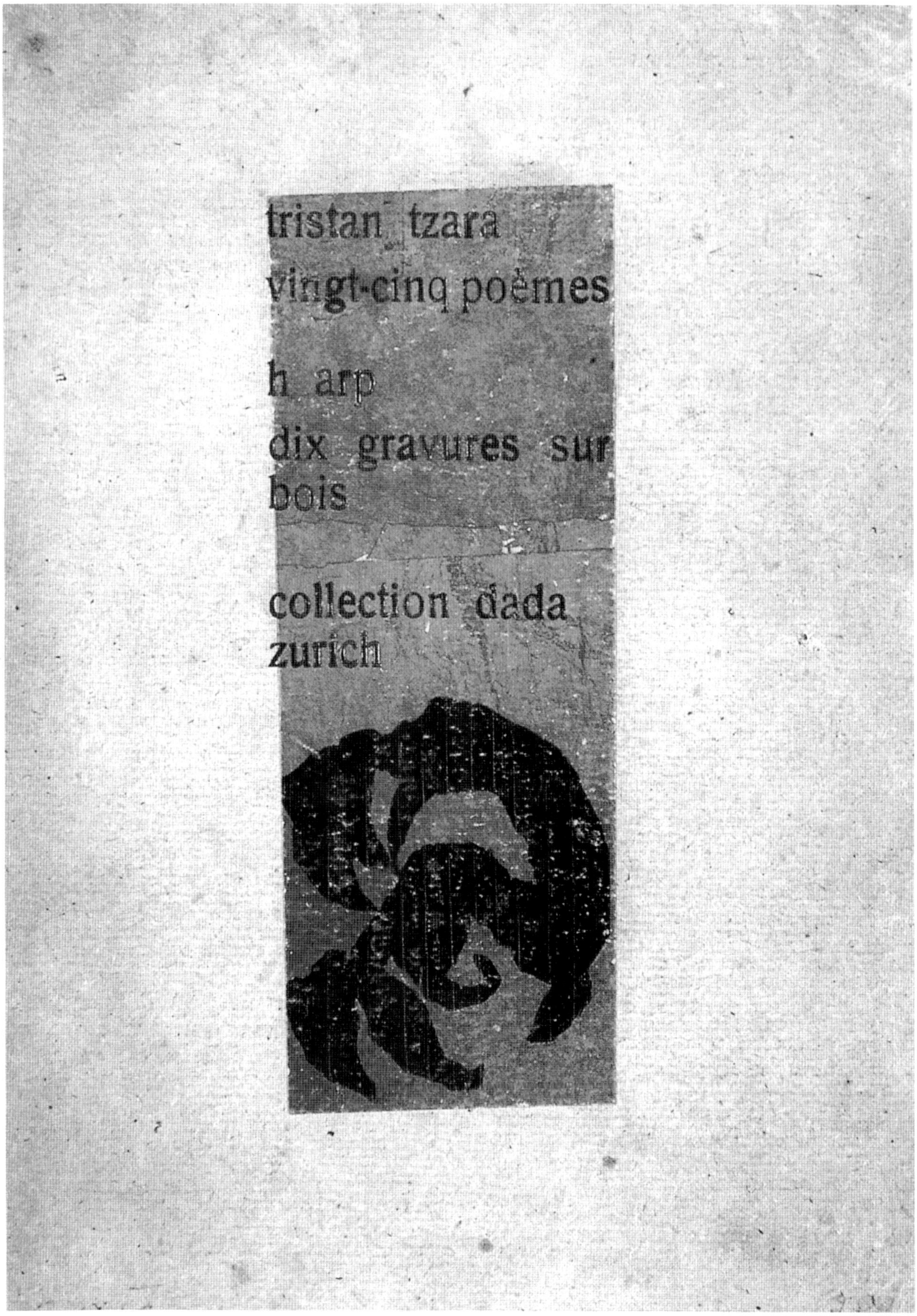
tristan tzara
vingt-cinq poèmes
h arp
dix gravures sur bois
collection dada
zurich

Dadaistische Lyrik. Tristan Tzara hat im Verein mit Hans Arp ein reizvoll ausgestattetes Büchlein herausgegeben: Vingt-cinq poêmes (Selbstverlag). Und es erweist sich, daß hier einmal die Buchillustration nicht als ein Fremdkörper auftritt; vielmehr helfen die Holzschnitte Arps dem Verständnis des Lesers auf das entschiedenste nach. Vieles ist in diesen Versen Tzaras noch Chaos, Kampf mit dem Wort, ungefüges Stammeln. Allzu oft fehlt das Entscheidende, der innere Rhythmus. Aber auch wenn sich die Sprache in afrikanische Urlaute verliert, sucht doch ein Wille, auf Irrwegen, die doch neue Ausblicke eröffnen, nach Gestaltung des Sinnes in unserer Vielfältigkeit, unmittelbaren Ausdruck unserer Empfindungswelt an Stelle der Formeln einer Verständigkeit, die den wesentlichen Dingen doch nie nahe kommt. W. J.

<Waldemar Jollos, Neue Zürcher Zeitung, 23. 7. 1918>

Hans Arp, Illustration für Dada 3, 1918

MOUVEMENT DADA
ZUR MEISE
MARDI·LE·23·JUILLET à 8 ½ du SOIR
TRISTAN TZARA
LIRA DE SES ŒUVRES
ET UN MANIFESTE
DADA
BILLETS à
4 & 2 Frs.
CHEZ
KUONI

1918 – 23. juli

Saal zur Meise

SOIRÉE Tristan TZARA

manifest, antithese these antiphilosophie, DadA DADA DADA daDa dadaistische spontaneität dadaistischer ekel LACHEN gedicht stille traurigkeit der durchfall ist auch ein gefühl krieg die geschäfte poetisches element höllische spirale ökonomischer geist miregalismus nationalhymne anschlagzettel für die bordelle man wirft karren auf die bühne, wildes gejohle wettert gegen die verdünnung der universitären intelligenz etc.

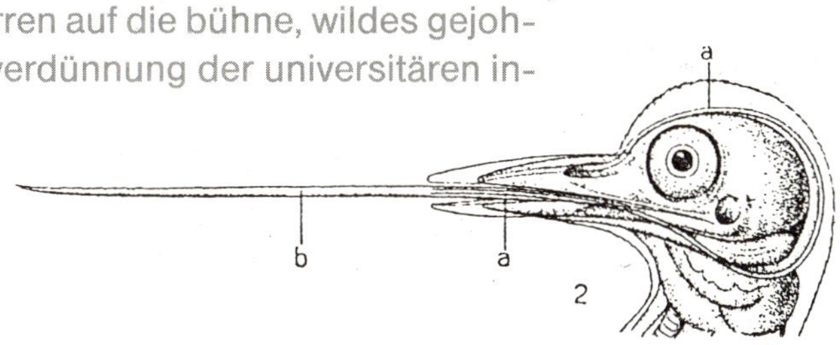

tristan tzarà

ankündet halb neun saal meise
regnet
dada kunst zukunft
beginnt neun
vierzig sitzen personen
laufen
gehen
stehen
sitzen vierzig personen
mehr damen herren
haare kurz flach hufhuf stop

verdunkelt verschwindet erlischt licht
meister tritt tzara ein
astronomie geometrie
liest manifest
rhythmus sprache lyrik
unsinn professoren
wahr kunst einzig freiheit absolute
empfindung güte hufhuf
tzara rumäne macht französisch
nix korrekt aussprak schlecht
liest
hackt Worte
leise
laut-
astronomie elefant anatomie stop

die große klage meiner dunkelheit poem
„ich war auch stern der elefant
hervor aus dem zettel gekrochen"
„mein kopf ist leer wie der
schrank hotels"
substantive substantive substantive
adjektive adjektive adjektive
hufhuf hufhuf stop

man schaut sich an
man lacht klatscht
ich habe mein bruder mein bruder mein bruder gesehen meister himmlischer Kunst
dichtung poeme zukunft tzara
astronomie elefant hermaphrotologie
dada dada dada

schüler tzaràs.

— Im Feuilleton unseres Freitag-Morgenblattes war ein eigenartiges Poem „tristan tzarà" zu lesen. Man könnte dabei auf den Gedanken kommen, als hätten wir in dieser ernsten Grippezeit einem Produkt ausgelassenen Sechseläutenhumors Raum gewährt. Dem ist aber nicht so: vielmehr hat der größte Dichter des „Dadaismus", Tristan Tzarà, jüngst auf der „Meise" eine Vorlesung seiner Gedichte gehalten, die unseren Mitarbeiter so begeisterte, daß er nur noch in dadaistischen Versen seinen Gefühlen Ausdruck geben konnte. Was ist Dadaismus? Richard Hülsenbeck bezeichnete jüngst im „Universum" als sein Hauptmerkmal, daß er sich in bewußten Gegensatz zu allen alten Kunstrichtungen setzt! Und eben dort war zu lesen, daß Tristan Tzarà Gedichte verfaßt habe, die nur von mehreren Personen gleichzeitig unter Instrumentalbegleitung vorgetragen werden können ... Das ist Dadaismus, die neueste Kunstrichtung!

— **Dada.** Wir waren letzte Woche zu einer Soiree in die „Meise" geladen. Das Programm verhieß Vorlesungen des Herrn Tristan Tzara, Mitbegründer der Dadabewegung. Es war ein Erlebnis, es war die Höhe. Es war unaussprechlich nett. Dada ist eine Kunstrichtung, deren Benennung sich schon in der Richtung des französischen Säuglingsvolapüks orientiert: dadadada! Dafür ist man immer empfänglich. Im Vestibül ergingen sich Dadafiguren, Frauen in strammanliegenden Kleidern, mit kurzgeschnittenen Haaren und männlichen Zügen. Auch beim Zigarettenrauchen. Die Pünktlichkeit der Vorlesung war ganz auf Dada eingestellt: eine halbe Stunde wurde zwischen angekündigten Beginn und wirklichen Anfang geschoben. Wie ein Keil (wir nehmen jetzt Dadasprache an). Dann dunkel, dämmrig, junger Mann, Zwicker, bleich, mager vortritt. Sagt: Mein Kopf ist leer wie ein Bordellschrank (was man ihm glaubt): Sagt: Mein Herz ist in eine Zeitung versenkt (was man nicht merkt) stöhnt: Die Herzen und die Augen rollen in meinen Mund (wie unappetitlich!). Hat Aesthetik, denn: Ich fürchte mich, in ein Haus zu treten, wo die Balkone symmetrisch angeordnet sind (darum Flucht vor dem Steueramt). Und so fort. Applaus, Licht, Schweiß, Schluß. — Nun, man braucht kein Satiriker zu sein; aber diese Dadaisten ziehen die Gedankenschnörkel zu kraus. Man muß schon pathologisch veranlagt sein, um da was herauszulesen. Gleichwohl kann man manches lernen: Wie unendlich weit ist man doch hier von der einfachen geraden zum Ziele führenden Straße, von dem natürlichen Ausdruck einer Empfindung abgekommen. Alles ist verbogen und verkeilt, zerstückelt und wirr gewürfelt wie ein kubistisch-futuristisches Gemälde. Wie gesagt, es war unaussprechlich nett und besonders die Dadabücher sind sehr hübsch gedruckt. Gar nicht dadaisch. z.

Tristan Tzara-Abend. (Korr.) Es war wie eine Ehrenpflicht, daß Tristan Tzara, der hier in Zürich Dada entdeckte, in der „Meise" einen Vortragsabend veranstaltete. Dada! Das Wort war vielen Zürchern bekannt; gab es doch einst einen Kunstsalon dieses Namens. Dada wurde bekannter durch die Berliner Spielart der Bewegung, deren Vorträge und Veranstaltungen in der deutschen Presse eifrig glossiert wurden. So war es unbedingt nötig, daß Tristan Tzara, der Urbildner des Dada, in die Arena stieg, um das originalechte Banner des Dadaismus zu entfalten, das er bislang in vereinsamter Entschlossenheit in kleinen Revuen und Gedichtbändchen schwang. Wer angeregt durch die Pressenotizen aus Deutschland zum Dada ging, war zweifelsohne enttäuscht. Kein Radau, keine Demonstrationen. War es die sanfte, zur Monotonie neigende Stimme des Vortragenden, die die Gemüter der Anwesenden beschwichtigte? War es der Umstand, daß wohl nur wenige der Anwesenden die französische Sprache so beherrschten, daß sie mit Nachdruck den Dichter für das Nichtverstehen zur Verantwortung zu ziehen wagten? Ohne Störung, doch auch ohne Aneiferung konnte der Vorkämpfer der „poésie abstraite" seine Gedichte lesen, fragmentarisch aneinander gereihte Bilder und Laute aus weit dislozierten Gedankengängen.

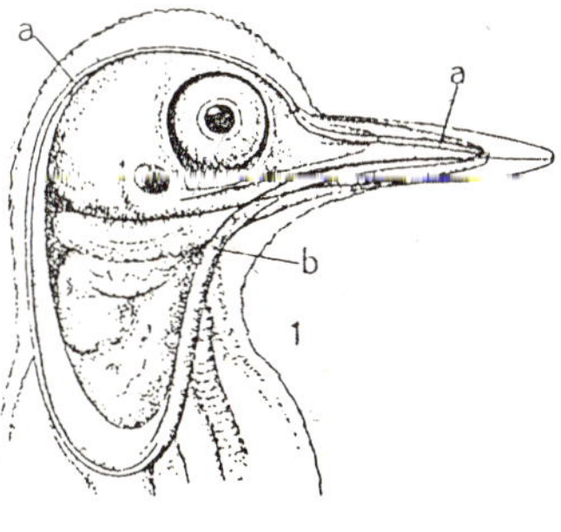

<Zürcher Post, 26. 7. 1918>

<Zürcher Post, 27. 7. 1918>

<Zürcher Morgenzeitung, 29. 7. 1918>

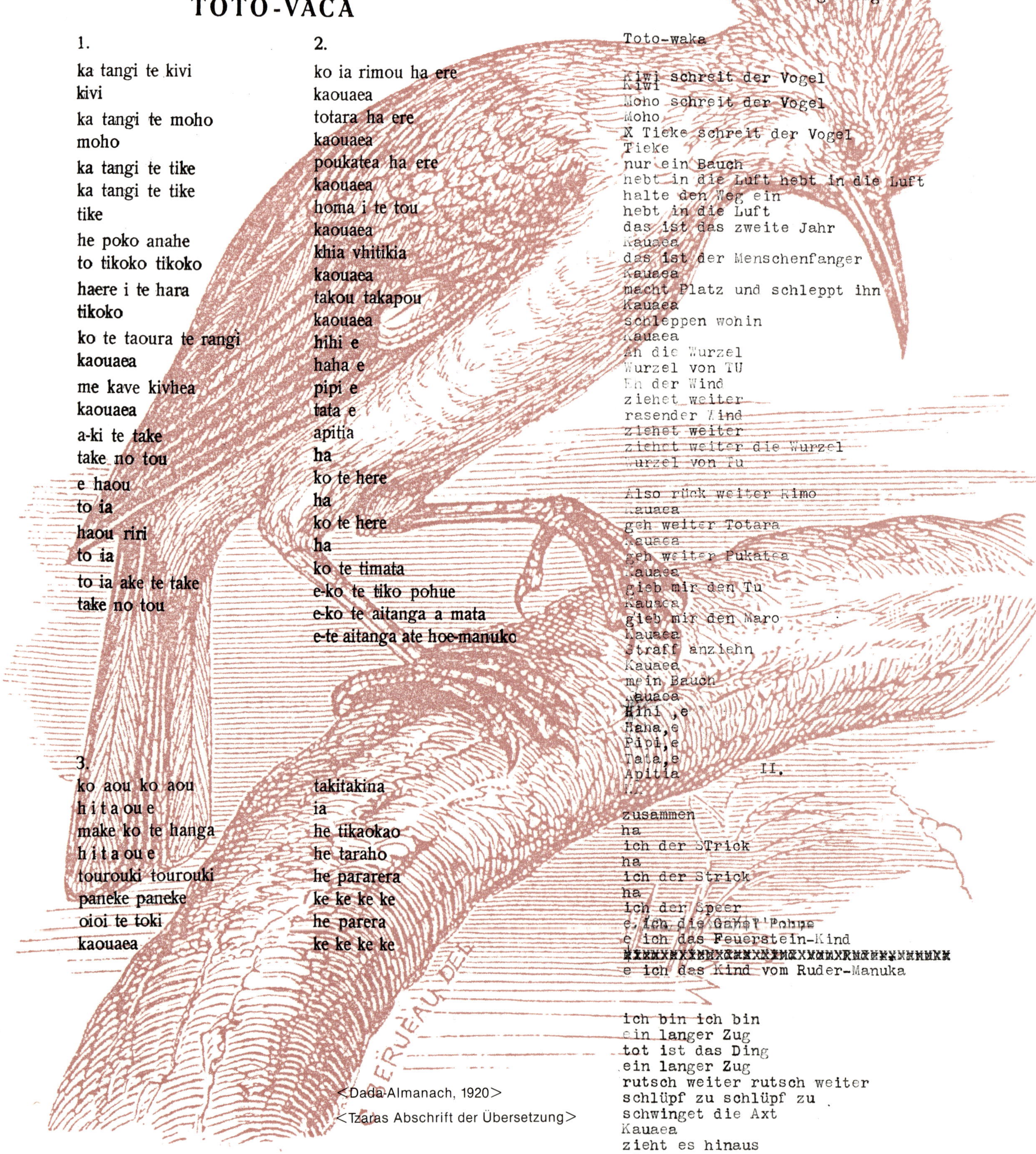

MAORI

TOTO-VACA

1.

ka tangi te kivi
kivi
ka tangi te moho
moho
ka tangi te tike
ka tangi te tike
tike
he poko anahe
to tikoko tikoko
haere i te hara
tikoko
ko te taoura te rangi
kaouaea
me kave kivhea
kaouaea
a-ki te take
take no tou
e haou
to ia
haou riri
to ia
to ia ake te take
take no tou

2.

ko ia rimou ha ere
kaouaea
totara ha ere
kaouaea
poukatea ha ere
kaouaea
homa i te tou
kaouaea
khia vhitikia
kaouaea
takou takapou
kaouaea
hihi e
haha e
pipi e
tata e
apitia
ha
ko te here
ha
ko te here
ha
ko te timata
e-ko te tiko pohue
e-ko te aitanga a mata
e-te aitanga ate hoe-manuko

3.

ko aou ko aou
h i t a ou e
make ko te hanga
h i t a ou e
tourouki tourouki
paneke paneke
oioi te toki
kaouaea

takitakina
ia
he tikaokao
he taraho
he pararera
ke ke ke ke
he parera
ke ke ke ke

<Dada-Almanach, 1920>

<Tzaras Abschrift der Übersetzung>

NEUSEELAND

Gesang für das Schlepen der Baumstämme

Puhwa|Hari|

Zieht o Tainui zieht die Arawa
lasst sie vom Stapel aufs Meer
Sicher schoss der Donnerkeil nieder
fiel auf meinen heiligen Tag

Toto-waka

Kiwi schreit der Vogel
Kiwi
Moho schreit der Vogel
Moho
X Tieke schreit der Vogel
Tieke
nur ein Bauch
hebt in die Luft hebt in die Luft
halte den Weg ein
hebt in die Luft
das ist das zweite Jahr
Kauaea
das ist der Menschenfanger
Kauaea
macht Platz und schleppt ihn
Kauaea
schleppen wohin
Kauaea
Ah die Wurzel
Wurzel von TU
Eh der Wind
ziehet weiter
rasender Wind
ziehet weiter
ziehet weiter die Wurzel
Wurzel von Tu

Also rück weiter Rimo
Kauaea
geh weiter Totara
Kauaea
geh weiter Pukatea
Kauaea
gieb mir den Tu
Kauaea
gieb mir den Maro
Kauaea
Straff anziehn
Kauaea
mein Bauch
Kauaea
Hihi ,e
Haha,e
Pipi,e
Tata,e
Apitia II.
H.

zusammen
ha
ich der STrick
ha
ich der Strick
ha
ich der Speer
e ich die Gabel Pohue
e ich das Feuerstein-Kind
XXXXXXXXXXXXXXXXXXXXXXXXXXXXXXXXXX
e ich das Kind vom Ruder-Manuka

ich bin ich bin
ein langer Zug
tot ist das Ding
ein langer Zug
rutsch weiter rutsch weiter
schlüpf zu schlüpf zu
schwinget die Axt
Kauaea
zieht es hinaus
also
nur ein Hahn
nur ein Vogel Taraho
nur eine Ente
ke ke ke ke
nur eine Ente
ke ke ke ke

BEMERKUNG ÜBER DIE DICHTUNG DER NEGER

ich will nicht einmal wissen, ob es vor mir menschen gab (DESCARTES), doch einige essentielle und einfache gesetze, pathetische und taube gärung einer soliden erde.

Wo die kräfte sich sammeln, wo der formulierte sinn herausströmt, die unsichtbare strahlung der substanz auf den Punkt bringen, die natürliche beziehung, doch verborgen und richtig, naiv, ohne erklärung.

In den formen, in den konstruktionen, die bilder nach ihrem gewicht, ihrer farbe, ihrer materie runden und regeln oder sie durch die ebene ihrer werte, ihrer materiellen und dauerhaften dichtigkeiten reihen, ohne ihnen etwas unterzuordnen. Klassifikation der komischen opern, welche die ästhetik des zubehörs sanktioniert (o, meine schublade nummer ABSOLUT). Ich verspüre größte abscheu davor, in ein haus zu treten, dessen balkone, die *ornamente*, peinlich genau an die mauern geklebt sind. Dagegen vibrieren die sonne, die sterne weiter und summen frei im raum, doch es widerstrebt mir, die erklärenden hypothesen (wahrscheinlich giftgas) mit dem prinzip des lebens, der aktivität, der sicherheit in verbindung zu bringen.

Das krokodil brütet das zukünftige leben aus, der regen fällt für die pflanzliche stille, man ist kein schöpfer durch analogie. Die schönheit der satelliten — lehre des lichts — wird uns zufriedenstellen, denn wir sind nicht Gott, außer für das land unseres wissens, in den gesetzen, in denen wir die erfahrung auf dieser erde leben, auf den zwei seiten unseres äquators, in unseren grenzen. Perfektes beispiel des unendlichen, das wir kontrollieren können: die kugel.

In den formen, in den konstruktionen, die bilder nach ihrem gewicht, ihrer farbe, ihrer materie runden und regeln oder sie durch die ebene ihrer werte, ihrer materiellen und dauerhaften dichtigkeiten durch die persönliche entscheidung und die unerschütterliche standhaftigkeit der sensibilität, des adäquaten verständnisses der verwandelten materie reihen, ganz nah bei den adern und sich daran reiben, leidend für die gegenwärtige, definitive freude. Man schafft einen organismus, wenn die elemente bereit zum leben sind. Die poesie lebt zuerst für die funktionen des tanzes, der religion, der musik, der arbeit.

<Sic, November 1919>

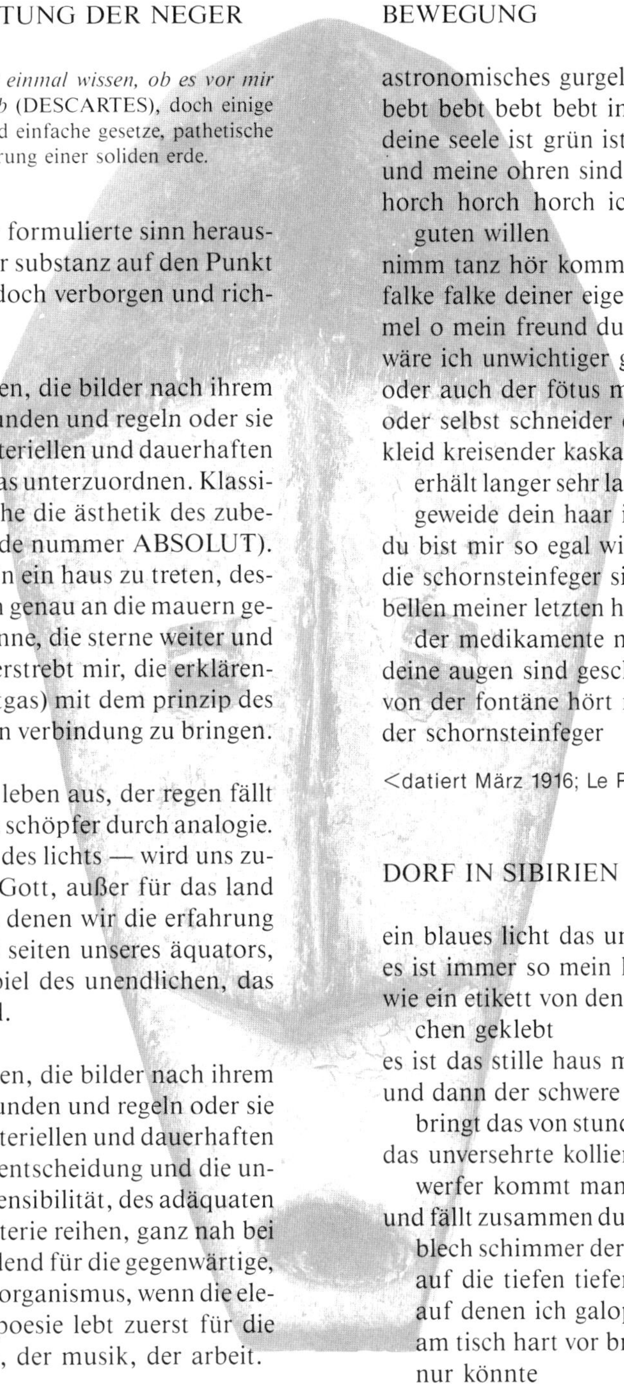

Handmaske (Legitimationszeichen) der Lega, Sammlung W. S.

BEWEGUNG

astronomisches gurgeln
bebt bebt bebt bebt in der metallischen kehle der höhen
deine seele ist grün ist metereologisch herrscher
und meine ohren sind pflanzliche fackeln
horch horch horch ich verschlinge mbampou und deinen
guten willen
nimm tanz hör komm dreh trink wende uhu uhu uhu
falke falke deiner eigenen bitteren bilder
mel o mein freund du erhebst mich morgens nach panama
wäre ich unwichtiger gott oder kolibri
oder auch der fötus meiner dienerin in den wehen
oder selbst schneider explosion farbe otter
kleid kreisender kaskade haar innen brief den man im spital
erhält langer sehr langer brief wenn du sorgfältig deine eingeweide dein haar innen kämmst
du bist mir so egal wie ein falscher paß
die schornsteinfeger sind mittags blau
bellen meiner letzten helle stürzt sich in den abgrund grünender medikamente meine liebe mein regenschirm
deine augen sind geschlossen die lungen auch
von der fontäne hört man das pipi
der schornsteinfeger

<datiert März 1916; Le Pagine, Februar 1917; 25 Gedichte>

DORF IN SIBIRIEN

ein blaues licht das uns zusammenhält flach auf der decke
es ist immer so mein kamerad
wie ein etikett von den türen der hölle auf ein medizinfläschchen geklebt
es ist das stille haus mein freund zittert
und dann der schwere krumme tanz den man dem alter darbringt das von stunde zu stunde auf dem zifferblatt springt
das unversehrte kollier der zerschnittenen lokomotivscheinwerfer kommt manchmal zu uns hernieder
und fällt zusammen du nennst das stille trink dächer aus weißblech schimmer der sardinenbüchse und mein herz kommt
auf die tiefen tieferen höheren tieferen häuser hernieder
auf denen ich galoppieren und mir die hände reiben will
am tisch hart vor brotkrumen schlafen ach ja wenn man's
nur könnte
das dröhnen des zugs des neuen das stöhnen des kalbs schauspiel vom turm des schönen ich bleibe auf der bank
was bedeutet schon das stöhnen das schöne die zeitung was
darauf folgt kalt ist's ich warte sprich lauter
herz und augen rollen in meinem mund
los auf
und kleine kinder im blut ist es der engel? ich spreche von dem
der sich nähert
laufen wir noch schneller
immer überall werden wir zwischen schwarzen fenstern
bleiben

<Nord-Sud, März 1918; 25 Gedichte>

DAS GROSSE KLAGELIED MEINER UNSCHEINBARKEIT DREI

bei uns entfachen sich die blumen der pendel und die federn
kreisen die klarheit ein
am morgen fernen schwefels lecken die kühe *salzlilien*
mein sohn
mein sohn

kriechen wir stets auf der farbe der welt
die man für blauer als die metro und die astronomie halten
würde
wir sind zu mager
wir haben keinen mund
unsere beine sind steif und schlottern
gegeneinander
unsere gesichter sind formlos wie die sterne
kristalle punkte
gewaltlos verbrennt feuer die basilika
der narren: das zickzack knackt
telephon
in die seile beißen sich verflüssigen
der bogen
klettern
astral
die erinnerung
nach norden *durch ihre* zweifache *frucht*
wie das rohe fleisch
hunger feuer blut

<Nord-Sud, März 1918; 25 Gedichte>

I. CENTURIE

18.
Das Hervorsprießen der Blume wird
Ursache seines Untergangs sein. Zuvor sind alt und jung
betrunken.
Die drei Lilien bieten ihm so durch ihre Frucht, die rettet
wie rohes Fleisch reift.

11.
Endlose Truppenmassen
tauchen bei Vicenza auf. Gewaltlos verbrennt Feuer die
Basilika. Bei Belluno
wird der Große von Valence besiegt. Dann wird Venedig
das Morden mitmachen.

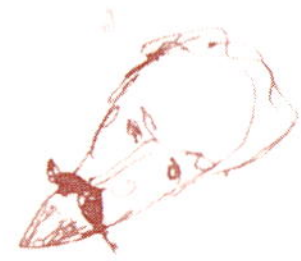

BAHNHOF

tanz schrei brich
roll ich wart auf der bank
trotzdem was? die nerven sind schweigen
zerschnittener augenblicke

lies ruhig
wendungen
die zeitung
schau wer ist das?

ich weiß nicht
wenn ich ganz allein bin
horcht das licht doch auf welcher
seite und warum

der flug eines brennenden vogels
ist meine männliche kraft unter der kuppel
ich suche asyl im leuchtenden grund
federball des rubins

meine seele gab ich
dem weißen stein
gott ohne reklame
genau und weise

befehl in aller freundschaft
sagen: der schmerz des feuers
schwärzte meine augen
und ich warf sie in den wasserfall

abreisen
schau mein gesicht
im kreis des abends oder im koffer
oder im käfig schnee

heute abend reise ich
der funke weint
in meinem bett in der fabrik
heulen die hunde und die jaguare

gabst auch du deine seele
an den stein armreif
gaukler mit dem langen schädel
mein bruder steig ein

ich ließ mir nichts zu schulden kommen
unendliche schwester
genug für diese
nacht

herzen der apotheken pflanzen
öffnen sich den sphäroidischen lichtern
und die liköre der religion es ist wahr
die löwen und die clowns

<25 Gedichte>

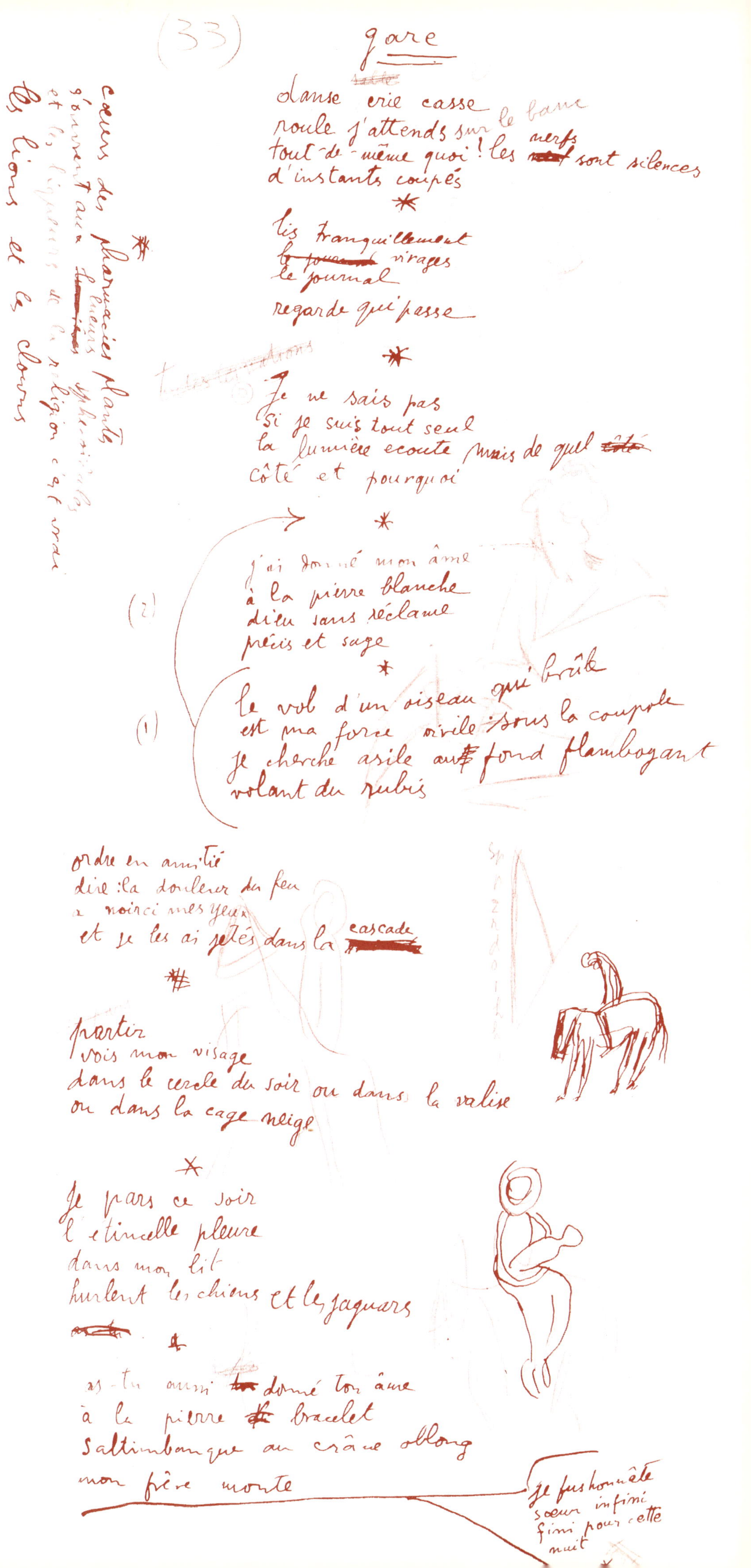
(33)

gare

danse crie casse
roule j'attends sur le banc
tout-de-même quoi! les nerfs sont silences
d'instants coupés
*
lis tranquillement
virages
le journal
regarde qui passe
*
je ne sais pas
si je suis tout seul
la lumière écoute mais de quel
côté et pourquoi
*
j'ai donné mon âme
à la pierre blanche
dieu sans réclame
précis et sage
*
le vol d'un oiseau qui brûle
est ma force virile sous la coupole
je cherche asile au fond flamboyant
volant du rubis

ordre en amitié
dire: la douleur du feu
a noirci mes yeux
et je les ai jetés dans la cascade
*
partir
vois mon visage
dans le cercle du soir ou dans la valise
ou dans la cage neige
*
je pars ce soir
l'étincelle pleure
dans mon lit
hurlent les chiens et les jaguars
*
as-tu aussi donné ton âme
à la pierre bracelet
saltimbanque au crâne oblong
mon frère monte

je fus honnête
soeur infini
fini pour cette
nuit
*
coeurs des pharmacies plantes
s'ouvrent aux lumières sphéroïdales
et les liqueurs de la religion c'est vrai
les lions et les clowns

FRÜHLING

für h. arp

das kind in die vase der tiefen mitternacht stellen
und die wunde
eine windrose mit deinen fingern mit den schönen fingernägeln
den donner in federn sehen
schlechtes wasser rinnt von den läufen der antilope

leiden haben sie unten kühe vögel gefunden?
der durst die galle des pfaus im käfig
der könig im exil mumifiziert sich langsam in der die reinheit
der brunnen
im gemüsegarten
gebrochene heuschrecken säen
ameisenherzen pflanzen der salznebel eine lampe zieht den
schwanz über den himmel
die kleinen glassplitter im bauch der fliehenden hirsche
auf den spitzen der kurzen schwarzen zweige für einen schrei

<Dada 2, Dezember 1917; 25 Gedichte>

OBERFLÄCHE KRANKHEIT

er sagt das lied des rauhreifs hölle sein hals ist steif
sein schwanz ist eine drahtblume
seine haare sind federn sein kopf eine flache rosette
alles an ihm ist oxidiert er reitet auf einer linie
wenn ich verrückt bin herrgott chrysantheme mein herz ist in
eine zeitung versenkt
schau mich nicht zu lange an deine lichter werden drähte
und das skelett deines kindes auch

der baum hat nur ein blatt
der baum hat nur ein blatt
ich höre die schritte des narren gebet schau das grüne pferd
der sorglose athlet und der sprung des heiligen im kristall
metall der variationen den elefantenohren lang
klavier das regenbogen aus schwefel und mondblumen gießt
phosphor und die luft der ströme aus kohlenstickereien
du fließt vielfarbig in mir
die adern in bestimmten steinen
die funken die in den steinen aufgehen
das laub blutet
meerbusen schaf
schwillt
der tod schwärzt die fingernägel
deine lichtscheuen hände liebkosen die wölfinnen und ströme
dein auge kocht: steig herab kupferspinne
warte auf dem herzen hab ich so schöne flecken
mit vernarbten rändern wie die kleider junger mädchen
aus aschenregenbögen
die feuchten farben streichen betrunken
herum

<datiert 1917; Littérature, Februar 1920; Von unseren Vögeln>

Alois Schild, Zahnloses Monster, 1987

DAS GROSSE KLAGELIED MEINER UNSCHEINBARKEIT EINS

kälte wirbelwind zickzack des blutes
ich bin ohne seele wasserfall ohne freunde und ohne talente herr
ich erhalte die briefe meiner mutter nicht regelmäßig
die über russland über norwegen oder über england gehen müssen
die erinnerungen aus roten spiralen verbrennen das hirn auf den stufen des amphitheaters
und wie eine leuchtreklame meiner seele aus der sphäre geströmtes unglück
turm des lichts das fruchtbare rad blauer ameisen
nimbus dürre gellend vor schmerz
komm her zu mir daß du dich vor dem gebet nicht schämst zur erde herab wie die taucheranzüge die man erfinden wird
dann wird sich die eiserne unscheinbarkeit aus salz und wein verwandeln
einfachheit blitzableiter unserer pflanzen habt acht
die blitze die sich zur spinne ordnen
so werde ich zur krone eines ungeheuren christus

die schneeadler werden kommen *die felsen zu nähren*
wo sich der *tiefe lehm* in *milch* wandeln wird
und *die milch* wird die nacht *in aufruhr bringen* die ketten werden rasseln
und der regen wird ketten schweißen
schwer im raum wird er schwarz die speichen des lichts formen
den szepter in der mitte der zweige
die alten zeitungen die wandteppiche
ein gelähmter
nimbus dürre
fruchtbares rad blauer ameisen
herr goldfinger ofen sphingerie
warum es erdrosseln warum
nach dem blitzschlag wird der miltärmarsch ausbrechen
meine verzweiflung röhre aus zinneisen aber warum warum denn?
so immer wieder so aber der weg
du mußt mein regen sein meine unscheinbarkeit mein metall mein kreisauf meine apotheke
nu mai plange nu mai plange nur weine nicht mehr nur weine nicht mehr bitte

<Le Pagine, Februar 1917; 25 Gedichte>

I. CENTURIE

21.
Tief nährt der Felsen weißen Lehm,
Der milchweiß aus einer Spalte quillt,
Vergeblich in Aufruhr gebracht, wagt nicht, ihn zu berühren,
Weil man nicht weiß, daß es lehmige Erde ist.

<Nostrodamus, Prophezeiungen>

Alois Schild, Grüner Zungennarr, 1988

GLAS QUEREN FRIEDLICH

die freude der linien wind um dich seelenheizung
rauch geschwindigkeit stahlrauch
geographie der seidenstickereien
im blühen der schwämme besiedelt
das kristallisierte lied
in der
vase des körpers mit der blume des rauchs

beben des schwarz
in deinem blut
in deinem blut der intelligenz und der weisheit des abends
ein blau gekräuseltes auge in einem durchsichtigen glas
ich liebe dich ich liebe dich
eine vertikale senkt sich in meine müdigkeit die mich nicht mehr erhellt
mein herz in eine alte zeitung gewickelt
du darfst reinbeißen: pfeifen
gehen wir

die wolken in das fieber der offiziere geordnet
die brücken zerreißen deinen armen körper er ist sehr groß diese schere der milchstraße sehen und die erinnerung in grüne formen zerschneiden
in eine richtung immer in dieselbe richtung
sich vergrößernd immer sich vergrößernd

<datiert Nyon [März] 1917; Nord-Sud, Juni 1917; 25 Gedichte>

MANIFEST DADA 1918*)

TRISTAN TZARA

(Gelesen vom Autor am 23. Juli 1918 in der „Meise" in Zürich.)

(Uebertragung aus dem Französischen von Hans Jacob.)

Um ein Manifest zu lanzieren, muß man das ABC wollen, gegen 1, 2, 3 wettern.

Sich abmühn und die Flügel spitzen, um kleine und große ABCs zu erobern und zu verbreiten.

Unterzeichnen, schreien, fluchen, die Prosa in der Gestalt absoluter, unwiderlegbarer Klarheit arrangieren, ihr Non-plus-ultra beweisen und behaupten, daß das Neue dem Leben gleiche wie die letzte Erscheinung einer Cocotte dem Wesen Gottes. Dessen Existenz wurde bereits durch die Ziehharmonika, die Landschaft und das sanfte Wort bewiesen. Sein eigenes ABC aufzwingen, ist eine ganz natürliche — also bedauerliche Angelegenheit. Das tut jedermann in Gestalt von Kristallbluffmadonnen, Münzsystem, pharmazeutischen Produkten und nackten, den **heißen** unfruchtbaren Frühling verheißenden Beinen. Die Liebe zum Neuen ist sympathisches Kreuz, Beweis einer naiven Wurschtigkeit, grundloses, vorübergehendes, positives Zeichen. Aber dieses Bedürfnis ist bereits veraltet. Dokumentiert man die Kunst durch die höchste Einfachheit: Neuheit, so ist man menschlich und echt für das Vergnügen, impulsiv vibrierend, um die Langeweile zu kreuzigen. Am Scheidewege der Lichter, **wachsam,** aufmerksam im Walde den Jahren auflauernd.

Ich schreibe ein Manifest und will nichts, trotzdem sage ich gewisse Dinge und bin aus Prinzip gegen Manifeste, wie ich auch gegen die Prinzipien bin — (Decilitermasse für den moralischen Wert jeder Phrase — zu viel Bequemlichkeit; die Approximation wurde von den Impressionisten erfunden.) Ich schreibe dieses Manifest, um zu zeigen, daß man mit einem einzigen frischen Sprung entgegengesetzte Handlungen gleichzeitig begehen kann; ich bin gegen die Handlung; für den fortgesetzten Widerspruch, für die Bejahung und bin weder für noch gegen und erkläre nicht, denn ich hasse den gesunden Menschenverstand.

Dada — dies ist ein Wort, das die Ideen hetzt; jeder Bürger ist ein kleiner Dramaturg, erfindet verschiedene Auffassungen, anstatt die der Qualität seiner Intelligenz entsprechenden Personen zu plazieren, Schmetterlingspuppen auf Stühlen, sucht er — (nach der psychoanalytischen Methode, die er anwendet) — Ursachen und Ziele, um seine Intrigue zu zementieren: Geschichte, die von selbst spricht und sich definiert. Jeder Zuschauer ist ein Intrigant, wenn er ein Wort zu erklären sucht (zu kennen!) Aus dem wattierten Schlupfwinkel gewundener Komplikationen läßt er seine Instinkte manipulieren. Daher das Elend des Ehelebens.

Erklären: Zeitvertreib der Rothäute mit den Mühlen für hohle Schädel.

Dada bedeutet nichts

Wenn man es für nichtig hält und seine Zeit mit einem Wort verlieren will, das nichts bedeutet . . . Der erste Gedanke, der sich in diesen Köpfen wälzt, ist bakteriologischer Art: seinen ethymologischen, historischen, wenigstens aber seinen psychologischen Ursprung finden. Aus den Zeitungen erfährt man, daß die Kruneger den Schwanz einer heiligen Kuh: Dada nennen. Der Würfel und die Mutter in einer gewissen Gegend Italiens: Dada. Ein Holzpferd, die Amme, doppelte Bejahung im Russischen und Rumänischen: Dada. Weise Journalisten sehen in ihm eine Kunst für die Säuglinge, andere Heilige-tägliche-Jesus-läßt-die-Kindlein-zu-sich-kommen, die Rückkehr zu einem trockenen und lärmenden, lärmenden und eintönigen Primitivismus. Man konstruiert nicht auf ein Wort die Empfindsamkeit; jede Konstruktion läuft auf langweilige Vollendung hinaus, stagnierende Idee eines vergoldeten Sumpfes, relatives menschliches Produkt. Das Kunstwerk soll nicht das Schöne an sich sein, denn es ist tot; weder heiter noch traurig, weder hell noch dunkel, soll es die Individualitäten erfreuen oder mißhandeln, indem es ihnen die Kuchen heiliger Aureolen oder die Schweiße eines quer durch die Atmosphären gesteilten Laufes aufwartet. Ein Kunstwerk ist niemals schön, auf Beschluß schön, objektiv für alle. Folglich ist Kritik unnütz, sie existiert lediglich subjektiv für den einzelnen ohne den geringsten Charakter von Allgemeingültigkeit. Glaubt man die der ganzen Menschheit gemeinsame psychische Basis gefunden zu haben? Der Versuch Jesus und die Bibel decken mit ihren breiten wohlwollenden Flügeln: die Scheiße, die Tiere, die Tage. Wie will man das Chaos ordnen, das die unendlich-unförmige Variation bildet: den Menschen? Der Grundsatz: „Liebe Deinen Nächsten" ist Heuchelei. „Erkenne Dich selbst" ist eine Utopie, aber annehmbarer, denn sie enthält das Böse. Kein Mitleid. Nach dem Blutbad bleibt uns die Hoffnung auf eine geläuterte Menschheit.

Ich spreche immer von mir, da ich nicht überzeugen will, ich habe kein Recht, andere in meinen Strom mitzureißen, ich verpflichte niemanden, mir zu folgen, jeder macht seine Kunst auf seine Art, wenn

*) Der Herausgeber betont hierbei, daß er sich als Dadaist mit keiner der hier vorgetragenen Meinungen identifiziert.

er die Freude kennt, die zu Pfeilen zu den Astralschichten steigt oder die, die in den Schächten von Kadaverblumen und fruchtbaren Spasmen taucht. Stalaktyten: die überall suchen, in den schmerzgeweiteten Krippen mit weißen Augen wie die Hasen der Engel.

So entstand **Dada** *) aus einem Bedürfnis von Unabhängigkeit, des Mißtrauens gegen die Gemeinsamkeit. Die zu uns gehören, behalten ihre Freiheit. Wir anerkennen keine Theorie. Wir haben genug von den kubistischen und futuristischen Akademien: Laboratorien für formale Gedanken. Macht man Kunst, um Geld zu verdienen und die netten Bürger zu streicheln? Die Reime klingen von der Assonanz der Münzen, und die Inflexion gleitet die Linie des Bauchprofils entlang. Alle Künstlergruppen haben, auf verschiedenen Kometen reitend, auf dieser Bank geendet.

Hier, in der fetten Erde, werfen wir Anker. Hier haben wir das Recht zu proklamieren, denn wir haben die Schauer und das Erwachen kennen gelernt. Von Energie trunkene Gespenster bohren wir den Dreizack ins ahnungslose Fleisch. Wir sind Geriesel von Verwünschungen in der tropischen Ueberfülle berauschender Vegetationen, unser Schweiß ist Gummi und Regen, wir bluten und brennen Durst, unser Blut ist Kraft.

Der Kubismus entstand aus der einfachen Art, den Gegenstand zu betrachten: Cézanne malte eine Tasse 20 Centimeter tiefer als seine Augen, die Kubisten sahen sie ganz von oben; andere komplizieren die Erscheinung, indem sie einen senkrechten Schnitt machen und sie brav an die Seite setzen. Der Futurist sieht dieselbe Tasse in Bewegung, Reihenfolge nebeneinandergesetzter Gegenstände, denen er mutwilligerweise einige Linienkräfte beifügt. Das ändert nichts daran, daß die Leinwand ein gutes oder schlechtes, für die intellektuellen Kapitalanlagen bestimmtes Gemälde ist.

Der neue Maler schafft eine Welt, deren Elemente auch ihre Mittel sind, ein nüchternes, bestimmtes, argumentloses Werk. Der neue Künstler protestiert: er malt nicht mehr / symbolistische und illusionistische Reproduktion/, sondern er schafft unmittelbar in Stein, Holz, Eisen, Zinn Blöcke von Lokomotivorganismen, die durch den klaren Wind des Augenblicks nach allen Seiten gedreht werden können. Jedes malerische oder plastische Werk ist unnütz; sei es ein Monstrum, das Sklavenseelen Furcht einflößt, und nicht zärtlich, um Speisesäle der in Menschenkostüme gesteckten Tiere zu schmücken, Illustrationen dieser Fabel der Menschheit.

Ein Gemälde ist die Kunst, vor unseren Augen auf einer Leinwand zwei geometrische als parallel festgestellte Linien in einer Wirklichkeit einander begegnen zu lassen, die in eine Welt mit anderen Bedingungen und Möglichkeiten versetzt Diese Welt ist im Werk weder spezifisch noch fest umrissen, gehört in ihren unzähligen Variationen dem Betrachter. Für ihren Schöpfer ist sie ohne Ursache und ohne Theorie.

Ordnung-Unordnung, Ich-Nicht-Ich, Bejahung-Verneinung: höchste Ausstrahlungen absoluter Kunst. Absolut in Reinheit geordnetes Chaos ewig in Sekundenkugel ohne Dauer, ohne Atem, ohne Licht, ohne Kontrolle. — // Ich liebe ein altes Werk um seiner Neuheit willen. Es ist nur der Kontrast, der uns an die Vergangenheit bindet.

Die Schriftsteller, die Moral lehren und die psychologische Basis diskutieren und verbessern, haben, ganz abgesehen von einer verhüllten Gier nach Gewinn, eine lächerliche Kenntnis des Lebens, das sie klassifizieren, einteilen, kanalisieren; hartnäckig wollen sie die Kategorien nach ihrer Pfeife tanzen sehen. Ihre Leser grinsen und fahren fort: wozu?

Es gibt eine Literatur, die nicht bis zur gefräßigen Masse vordringt. Schöpferwerk, geboren aus einer wirklichen Notwendigkeit des Verfassers und für ihn selbst. Erkenntnis des höchsten Egoismus, wo die Gesetze verbleichen. ■ Jede Seite muß explodieren durch den tiefen und schweren Ernst, den Wirbel, den Rausch, das Neue, das Ewige, durch den zerschmetternden Bluff, durch die Begeisterung der Grundsätze oder durch die Art, wie sie gedruckt ist. Das ist eine schwankende Welt, auf der Flucht, den Schellen der höllischen Tonleiter vermählt, und auf der andern Seite: neue Menschen. Heftig, sich bäumend, Reiter des Glucksens. Eine verstümmelte Welt und die literarischen Medikaster haben Verbesserungsideen.

Ich sage euch: es gibt keinen Anfang, und wir zittern nicht, wir sind nicht sentimental. Wir zerreißen, wütender Wind, die Wäsche der Wolken und der Gebete und bereiten das große Schauspiel des Unterganges vor, den Brand, die Zersetzung. Bereiten wir die Unterdrückung der Trauer vor und ersetzen wir die Tränen durch Sirenen, gespannt von einem Kontinent zum andern. Standarten der intensiven Freude und Witwer der Gifttraurigkeit. ■ Dada ist das Wahrzeichen der Abstraktion; die Reklame und die Geschäfte sind auch poetische Elemente. ■

Ich zerstöre die Gehirnschubkästen und die der

*) 1916 im Cabaret Voltaire in Zürich.

sozialen Organisation: überall demoralisieren, die Hand vom Himmel in die Hölle werfen, die Augen von der Hölle in den Himmel, das fruchtbare Rad eines Weltzirkus wieder aufrichten in den realen Mächten und der Phantasie jedes Individuums.

Die Philosophie ist die Frage: von welcher Seite soll man beginnen, das Leben, Gott, die Idee oder die andern Erscheinungen zu betrachten. Alles, was man erblickt, ist falsch. Ich halte das relative Ergebnis für nicht wesentlicher als die Wahl zwischen Kuchen und Kirschen nach dem Essen. Die Art, schnell die andere Seite einer Sache zu betrachten, um indirekt seine Meinung durchzusetzen, nennt man Dialektik, das heißt den Geist der Bratkartoffelkrämer, indem man ihn methodisch umtanzt.

Wenn ich schreie:

I d e a l, I d e a l, I d e a l
E r k e n n t n i s, E r k e n n t n i s, E r k e n n t n i s
B u m m - B u m m, B u m m - B u m m, B u m m - B u m m

habe ich ziemlich genau den Fortschritt, das Gesetz, die Moral und alle andern schönen Dinge aufgezählt, die verschiedene sehr intelligente Leute in dicken Büchern erörtert haben, um schließlich zu erklären, daß trotz allem jeder nach seinem persönlichen Bummbumm getanzt hat, und daß er für sein Bummbumm recht hat, Befriedigung krankhafter Neugier; Privatklingelei für unerklärliche Bedürfnisse; Bad pekuniärer Schwierigkeiten; Magen mit Rückwirkung auf das Leben; Autorität des mystischen Taktstocks, geformt als Bouquet, Orchesterphantom mit stummen Bögen — — — — — — — —.

Mit der blauen Brille eines Engels haben sie das Innere durchwühlt für eine Mark*) einstimmiger Anerkennung. ■ Wenn alle recht haben, und wenn alle Pillen Pillen sind, so versuchen wir doch einmal, nicht recht zu haben. ■ Man glaubt durch den Gedanken rational das erklären zu können, was man schreibt. Aber das ist sehr relativ. Der Gedanke ist ein schönes Ding für die Philosophie, aber er ist relativ. Die Psychoanalyse ist eine gefährliche Krankheit, schläfert die anti-reellen Neigungen des Menschen ein und systematisiert die Bourgoisie. Es gibt keine letzte Wahrheit. Die Dialektik ist eine vergnügliche Maschine, die uns (auf recht banale Weise) zu den Meinungen führt, die wir auf alle Fälle gehegt hätten. Glaubt man wirklich durch das peinliche Raffinement der Logik die Wahrheit bewiesen und die Genauigkeit dieser Meinungen festgelegt zu haben? Die durch die Sinne eingeengte Logik ist eine organische Krankheit. Die Philosophen pflegen diesem Element gern: die Fähigkeit zur Beobachtung hinzuzufügen. Aber gerade diese herrliche Eigenschaft des Geistes ist der Beweis für seine Ohnmacht. Man beobachtet, man betrachtet von einem Gesichtspunkt oder mehreren Gesichtspunkten, man wählt sie aus den Millionen heraus. Die Erfahrung ist auch ein Ergebnis des Zufalles und der individuellen Eigenschaften. ■ Die Wissenschaft stößt mich ab, sobald sie zum spekulativen System wird, sie verliert ihren Nützlichkeitscharakter — der so unnütz, aber wenigstens individuell ist. Ich hasse die fette Objektivität und die Harmonie, jene Wissenschaft, die alles in Ordnung findet. Fahrt so fort, liebe Kinder, Menchlichkeit. . . . Die Wissenschaft, die da sagt, wir seien die Diener der Natur: alles ist in Ordnung, liebt euch und zerschlagt euch die Schädel. Fahrt fort, liebe Kinder, Menschlichkeit, liebe Bürger und jungfräuliche Journalisten. . . . ■ Ich bin gegen die Systeme, das annehmbarste System ist das, grundsätzlich keines zu haben. ■ Sich vervollständigen, sich in seiner eigenen Kleinheit vervollkommnen, bis man das Gefäß seines Ich ausfüllt, Kampfesmut für und gegen den Gedanken, Mysterium des Brotes, plötzliches Stoppen der höllischen Luftschraube in sparsame Lilien:

Der s p o n t a n e Dadaismus.

Ich nenne Wurschtigkeit den Zustand eines Lebens, in dem jeder seine eigenen Voraussetzungen behält, immerhin aber die andern Individualitäten zu achten versteht und sich zu verteidigen, Twostep wird Nationalhymne, Antiquitätengeschäft, D. T. drahtlose Telephonie verwandelt die Fugen von Bach, Lichtreklamen und Plakate für Bordells, die Orgel verteilt Nelken für den lieben Gott, all das zusammen in Wirklichkeit ersetzt die Photographie und den einseitigen Katechismus.

Die aktive Einfachheit.

Die Ohnmacht zwischen den Graden der Helligkeit unterscheiden zu können: das Helldunkel lecken und im großen Munde voll Honig und voller Exkremente schwimmen. An der Leiter Ewigkeit gemessen, ist jede Handlung vergeblich — (wenn wir den Gedanken ein Abenteuer bestehen lassen, dessen Ergebnis unermeßlich grotesk wäre — wichtiger Anhaltspunkt für die Erkenntnis der menschlichen Ohnmacht.) Aber so das Leben ein schlechter Spaß, ohne Ziel und Anfangsgeburt ist, und weil wir glauben uns sauber, als gewaschene Crysantemen aus der Affäre ziehen zu müssen, haben wir als einzige Verständigungsbasis: die Kunst proklamiert. Sie hat nicht die Bedeutung, die wir, Raufbolde des Geistes, ihr seit Jahrhunderten ansingen. Die Kunst betrübt

*) Nach der Valuta von heute 4.50 Mark.

niemanden und die sich um sie zu bemühen wissen, erhalten Liebkosungen und die schöne Gelegenheit, das Land ihrer Konversation zu bevölkern. Kunst ist Privatsache, der Künstler macht sie für sich; ein verständliches Werk ist Journalistenprodukt und weil es mir in diesem Augenblick gefällt, das Monstrum mit Oelfarben zu mischen: Papiertube, Metallersatz, die man drückt und automatisch Haß, Feigheit, Gemeinheit ausspritzt. Der Künstler, der Dichter freut sich am Gift der in einem Rayonchef jener Industrie kondensierten Masse, er ist glücklich, beschimpft zu werden: Beweis seiner Unveränderlichkeit. Der Autor, der Künstler. den die Zeitungen loben, stellt die Verständlichkeit seines Werkes fest: elendes Futter eines Mantels zu öffentlichem Nutzen; Lumpen, die die Brutalität bedecken, Pisse, an der Wärme eines Tieres mitwirkend, das niedrige Instinkte ausbrütet. Welkes und abgeschmacktes Fleisch, das sich mit Hilfe typographischer Mikroben vervielfältigt. ■ Wir haben die weinerliche Neigung in uns angerempelt. Jegliche Filtration dieser Natur ist eingemachte Diarrhoe. Diese Kunst ermutigen, heißt sie verdauen. Wir brauchen starke, grade, genaue und auf ewig unverständliche Werke. Logik ist Komplikation. Logik ist immer falsch. Sie zieht die Begriffe am Faden, Worte, in ihrer formellen Aeußerlichkeit, hin zu den Enden illusorischer Mittelpunkte. Ihre Ketten töten, gewaltiger Tausendfuß, erstickt die Unabhängigkeit.

Mit der Logik vermählt würde die Kunst im Incest leben, würde ihren eigenen Schwanz, immer ihren Körper verschlucken und in sich hineinschlingen, sich in sich selbst verkrampfend, und das Temperament würde ein wüster Traum, vom Calvinismus verteert, ein Monument, ein Haufen grauer schwerer Eingeweide. ■ . . . . Aber die Geschmeidigkeit, der Enthusiasmus und selbst die Freude an der Ungerechtigkeit, jene kleine Wahrheit, die wir unschuldig, ausüben und die uns schön macht: wir sind fein und unsere Finger sind geschickt und gleiten wie Zweige jener einschmeichelnden und fast flüssigen Pflanze; sie bestimmt unsere Seele, sagen die Zyniker. ■ Das ist auch ein Gesichtspunkt; aber, glücklicherweise nicht alle Blumen sind heilig, und was in uns göttlich ist, ist das Erwachen der anti-menschlichen Handlung. Es handelt sich hier um eine Papierblume für das Knopfloch jener Herren, die auf den Ball des maskierten Lebens gehen, Grazienküche, weiße Cousinen, geschmeidig oder fett. ■ Sie handeln mit dem, was wir ausgelesen haben. ■ Widerspruch und Einigkeit der Pole in einem Wurf kann Wahrheit sein. Wenn man für alle Fälle darauf hält, diese Banalität, Anhängsel einer lüsternen, übelriechenden Moralität, auszusprechen. Die Moral verkümmert wie jedes Geißelfabrikat der Intelligenz. Die Kontrolle der Moral und der Logik haben uns den Polizisten gegenüber Unempfindlichkeit eingeprägt — Ursache der Versklavung, stinkende Ratten, von denen die Bäuche der Bürger voll sind, und die die einzigen Corridore aus hellem und sauberem Glas verseucht haben, die den Künstlern offen blieben.

Jeder Mensch schreie: es gibt eine große Zerstörungsarbeit. Ausfegen, säubern. Die Sauberkeit des Einzelnen bestätigt sich nach dem Zustand des Wahnsinns, des aggressiven vollkommenen Wahnsinns einer Welt in den Händen von Banditen, die einander zerreißen und die Jahrhunderte zerstören. Ohne Zweck und Absicht, ohne Organisation: unzähmbarer Wahnsinn, Zersetzung. Die durch das Wort oder durch die Kraft Starken werden überleben, denn sie sind schnell in der Verteidigung, Behendigkeit der Glieder und der Empfindungen flammt auf ihren facettierten Lenden.

Die Moral hat Mitleid und Güte bestimmt, zwei Seifenblasen, die wie Elefanten Planeten gewachsen sind, und die man gut nennt. Sie haben nichts von Güte. Die Güte ist klar, hell und entschieden, unerbittlich gegenüber dem Kompromiss und der Politik. ■ Die Moralität ist eine Einimpfung von Schokolade in die Adern aller Menschen. Diese Aufgabe ist von keiner übernatürlichen Kraft gestellt, sondern vom Trust der Gedankenkrämer und Universitätswucherer. ■ Sentimentalität: sie sahen eine Gruppe Menschen sich streiten und sich langweilen — und sie erfanden den Kalender und das Medikament Weisheit. Beim Etikettenaufkleben wurde die Schlacht der Philosophen entfesselt (Mercantilismus, Wage, peinliche und kleinliche Masse), und man begriff zum zweiten Male, daß Mitleid ein Gefühl wie die Diarrhoe ist in Bezug auf den Ekel, der der Gesundheit schadet, unreiner Aasfleck, der die Sonne entstellt.

Ich verkünde die Opposition aller kosmischen Eigenschaften gegen die Gonorrhoe dieser faulenden Sonne, die aus den Fabriken des philosophischen Gedankens kommt, den erbitterten Kampf mit allen **Mitteln des**

dadaistischen Ekels.

Jedes Erzeugnis des Ekels, das Negation der Familie zu werden vermag, ist **Dada**; Protest mit den Fäusten, seines ganzen Wesens in Zerstörungshandlung: **Dada**; Kenntnis aller Mittel, die bisher das schamhafte Geschlecht des bequemen Kompromisses und der Höflichkeit verwarf: **Dada**; Vernichtung der Logik, Tanz der Ohnmächtigen der Schöpfung: **Dada**; jeder Hierarchie und sozialen Formel von unseren Dienern eingesetzt: **Dada;** jeder Gegenstand, alle Gegenstände, die Gefühle und Dunkelheiten; die Erscheinungen und der genaue Stoß paraleller Linien sind Kampfesmittel: **Dada;** Vernichtung des Gedächtnisses: **Dada;** Vernichtung der Archäologie: **Dada;** Vernichtung der Propheten: **Dada;** Vernichtung der Zukunft: **Dada;** Absoluter indiskutabler Glauben an jeden Gott, den spontane Unmittelbarkeit erzeugte: **Dada;** eleganter, vorurteilsloser Sprung von einer Harmonie in die andere Sphäre; Flugbahn eines Wortes, das wie ein Diskurs, tönender Schrei, geschleudert ist; alle Individualitäten in ihrem Augenblickswahn achten: im ernsten, furchtsamen, schüchternen, glühenden, kraftvollen, entschiedenen, begeisterten Wahn; seine Kirche von allem unnützen, schweren Requisiten abschälen, wie eine Lichtfontäne den ungefälligen oder verliebten Gedanken ausspeien, oder ihn liebkosen — mit der lebhaften Genugtuung, daß das einerlei ist — mit derselben Intensität in der Zelle seiner Seele, insektenrein für wohlgeborenes Blut und von Erzengelkörpern übergoldet. Freiheit: **Dada, Dada, Dada,** aufheulen der verkrampften Farben, Verschlingung der Gegensätze und aller Widersprüche, der Grotesken und der Inkonsequenzen: **Das Leben.**

<Dada-Almanach, 1920>

Gerald Nitsche, Schwarze Fahne, 1992

Hardekopf an Olly Jacques
21. 7. 1918, Zürich

□ Zweitens: du schreibst, du würdest wohl am Dienstag in die Meise gehen, um es (immerhin) mit anzuhören: *Also sprach Tzara-Twostep* (wegen seiner Laban-Nähe). Aber, liebe Olly, ist es, in dieser Zeit grippesker Möglichkeit, nicht besser, Ansammlungen, selbst von Dada-Batalljönchen, zu meiden? □
Balls Roman habe ich, leihweise, gehabt und gelesen: ein mir, leider, völlig unerträgliches Buch, dem ich aufs äußerste widerstrebe. Wie viel besser wäre es, wenn diese Sammlung häßlicher Notizen nicht existierte! — *Lesabendio* ist eins der spätesten Werke von Scheerbart. Ich kenne es nicht; habe es wohl in der Hand gehabt, aber nicht zur Kenntnis genommen. Doch liebte ich Paul Scheerbart durchaus, auch seine Art zu schreiben, und finde besonders seine frühen Bücher famos. So den Eisenbahn-Roman mit 66(?) Intermezzi: *Ich liebe dich*. Oder die merkwürdigen kleinen Bände seiner *Revolutionären Theater-Bibliothek*, die wohl längst Seltenheit geworden sind, — Tzaras *Manifest*, falls es in einer europäischen Sprache abgefaßt ist, möchte ich ganz gern lesen. Doch mach' dir bitte nicht die Mühe, es zu schicken; vielleicht könntest du es mir in Zürich geben. □

Arp an Tzara
7. 8. 1918, Ascona

Lieber Tzara,

ich komme Donnerstag spätestens nach Zürich zurück. Die Holzstöcke liegen fertig bei mir zu Hause. Ich brauche sie nur aus dem Schrank zu nehmen, in dem ihre köstlichen Schätze abgeschlossen liegen, auch meine 4 Gedichte werde ich ihnen mit den Holzstöcken zierlich überreichen.
Herzlichen Gruß

ihr Arp

Klabund an Tzara
11. 8. 1918, Loarno-Monti

Lieber Herr Tzara,

herzlichen Dank für die Übersendung ihrer Verse! Die Presse spektakelt ja fortgesetzt über Dada. Das kann ihnen ja nur recht sein. Gestern erzählte mir ein Bekannter, daß in der deutschen Wochenschrift *Universum* ein längerer prinzipieller Artikel von Huelsenbeck selbst mit vielen Zitaten (auch aus ihren Werken) und einem Portrait von ihm zu lesen gewesen wäre. Haben sie die Nummer vielleicht? Sie würde mich interessieren, wenn sie sie mir leihweise ein paar Tage überließen.
Mit besten Grüßen

ihr Klabund

Hardekopf an Olly Jacques
14. 8. 1918, Zürich

□ Ich habe heute mit großem Interesse Tzaras neue Dada-Gedichte in dem grauen Bändchen gelesen — zum ersten Mal mit der Ausdauer und dem Willen zur Einfühlung. Der Kerl ist gescheit und ein avanciertes Hirn. □

Hardekopf an Tzara
15. 8. 1918, Mannenbach

Lieber Herr Tzara,

bitte verzeihen sie, wenn ich ihnen erst heute für die Übersendung ihrer *25 Gedichte* meinen aufrichtigen Dank sage. Dieses Werk erregt mich sehr, und ich frage mich sehr, was in ihm bedeutender — und vor allem *beabsichtigter*, programmatischer — sei: das psychische oder das technische Wagnis. Ist der *dadaisme* mehr ein *avancement* der Seele oder ihrer Formung (der Artistik)? Oder ist beides identisch und in gleicher Weise gewollt (*voulu avec conscience*)? Aber noch in keiner Produktion des Dadaismus hat mich das geistige Abenteuer, das er ist, so stark und so lockend berührt, wie in ihrem neuesten Bande.
Empfangen sie meine freundschaftlichen Grüße

ihr Ferdinand Hardekopf

Tzara an Picabia
21. 8. 1918, Hertenstein

*Sehr geehrter Herr,

Hr. Valloton hat mir ihre Adresse übermittelt, und ich erlaube mir, ihnen mitzuteilen, daß ich in Zürich eine Publikation moderner Kunst Dada leite, die unter ihre Mitarbeiter Reverdy, Dermée, Soupault, P. A. Birot, Savinio, Moscardelli, Prampolini, Delaunay, Janco, Arp, Lüthy etc. etc. zählt. Chefredakteur und Vertreter in Frankreich ist der Dichter Paul Dermée. Sobald ich wieder in Zürich zurück bin (in ungefähr einer Woche), werde ich ein großformatiges Heft in großer Auflage herausgeben, für das mich ihre Mitarbeit sehr freuen würde. Dieses Heft wird nicht auf glattem Papier erscheinen und (was den Bildteil betrifft) nur Zeichnungen und Holzschnitte haben. Weil wir nicht sehr flüssig sind, müssen wir sie leider bitten, ihre Klischees selbst anzufertigen.

Tristan Tzara*

Der Dadaismus. Von Richard Huelsenbeck.

In neuester Zeit macht eine Kunstrichtung von sich reden, die den eigenartigen Namen Dadaismus führt, und die nicht minder eigenartige Ziele verfolgt. Um unseren Lesern einen tieferen Einblick in diese Bestrebungen zu ermöglichen, haben wir einen der Begründer und Vorkämpfer des Dadaismus um den nachstehenden Aufsatz gebeten.

Was ist Dadaismus? Jeder hat von dem Wort gehört und niemand weiß, was es bedeutet. Es ist also an der Zeit, einem breiteren Publikum den Schleier zu lüften. Dadaismus ist eine neue Kunstrichtung, die etwas Neues will und sich in bewußten Gegensatz zu allen älteren Kunstrichtungen setzt. „Kennen wir," höre ich den ernsthaften Kritiker schimpfen, „ein neuer Ismus, hinter dem sich die Eitelkeit und der Ehrgeiz seiner Gründer verbirgt. Ein neuer Ismus und ein Zeichen der Zeit, die sich in verstandlichen Experimenten verliert und keine große Kunst zu schaffen fähig ist. Schaffe Künstler, rede nicht." Ganz recht, Herr Doktor — diesmal bitte ich noch um Ihre Verzeihung, es soll nicht wieder vorkommen. Warum regen Sie sich über „Dada" auf? Sie sagen, es sei der Urstammelton des Säuglings — eine Kunst, die stammele, sei keine Kunst. Oho — stammeln tun wir nun gerade nicht. Dada ist uns nur ein Symbol für das primitivste und intensivste Verhältnis zur umgebenden Welt. Wir sind keine Säuglinge, aber Dichter, die gewissermaßen von vorn anfangen wollen. Wissen Sie, was Expressionismus ist? Aber ja, natürlich. Expressionismus war auch eine Richtung, die etwas wollte, heute ist es eine Sammelstelle für die bequemen und untätigen Köpfe, die unter dem Schlagwort „Für den Geist" sich den Forderungen des Lebens entziehen. Wir sind gegen den Expressionismus, für das bewegte Leben. „Ist das alles?" höre ich Sie fragen. Im einzelnen, lieber Herr Doktor, wird dies „alles" riesig kompliziert. Der Dadaist ist also für die Bewegung. Hören Sie zum Beispiel:

„Langsam öffnete der Baum seines
Leibes Mitte
dann schrien die geschwollenen Hälse der
Kirchen nach den Tiefen über ihnen
hier jagten sich wie Hunde die Farben aller jegesehenen Erden alle
jegehörten Klänge stürzten rasselnd
in den Mittelpunkt
es zerbrachen die Farben und
Klänge wie Glas und Zement
und weiche dunkle Tropfen schlugen schwer herunter
im Gleichschritt schnarren die Gestirne nun und recken hoch die
Teller ihrer Hand
o Allah Cadabaudahojoho o hojohojolodomodoho
O Burrubu hihi o Burrubu hihi o hojolodomodoho
und weißgestärkte Greise ho
und aufgeblasene Pudel ho
und wildgeschwungene Kioske ho
und jene Stunden, die gefüllt sind mit der Baßtrompeten Schein
Fagotte weit bezecht die auf den Gitterspitzen wandeln
und Tonnen rot befrackt gequollene Dschunken ho
Oho oho o mezza notte die den Baum gebar
die Schattenpeitschen schlagen nun um deinen Leib
weiß ist das Blut das du über die Horizonte speist
Zwischen den Intervallen deines Atems fahren die bewimpelten Schiffe
Oh oho über den Spiegel deines Leibes saust der Jahrhunderte Geschrei
in deinen Haaren sitzen die geputzten Gewitter wie Papageien
Luftschlangen und Flittergold sind in den Runzeln deiner Stirne
alle Arten des Verreckens liegen vor dir begraben oho
sich Millionen Grabkreuze sind dein Mittagsmahl
die Kadenz deines Kleides ist wie Ebbe und Flut
und wenn du singst tanzen die Flüsse vor dir
oho joho also singst du also geht deine Stimme
o Allah Cadabaudahojoho o hojohojolodomodoho
o Burrubu hihi o Burrubu hihi o hojohojolodomodoho"

(Aus den „Phantastischen Gebeten" von R. Huelsenbeck.)

Richard Huelsenbeck, der Schöpfer und Verkünder des Dadaismus.

Sie merken: die Interjektionen sind Trumpf. Sie sind für das dadaistische Gedicht bezeichnend, da sie unmittelbarer Ausdruck des Lebens sind. Dem Dadaisten bedeutet das „Au" mehr als eine ganze pessimistische Philosophie. Und was sagen Sie zu der scheinbaren Zusammenhanglosigkeit der einzelnen Sätze, ja der einzelnen Worte innerhalb eines Satzes? Aber wie kann man das Ganze erst „Baum" nennen? Ist das nicht Wahnsinn? Für den Dadaisten, lautet die Erklärung, ist der Baum nur der zufällige Mittelpunkt einer ganzen bewegten Welt, die sich schon wieder ändert, indem er spricht und dichtet. Es fehlt ihm das Bewußtsein für die Logik. Er glaubt, daß sich nichts von den belebten organischen Dingen auf eine Formel bringen läßt, er ist deshalb gegen die Kunst, die eine vorhergefaßte Meinung ausdrückt, er ist gegen den Expressionismus. Am nächsten kommt dem Dadaisten der Futurist. Der Futurist Marinetti dichtet (aus „Beschießung"):

„Springen Stöße Schläge Batterien Schnellfeuer Heftigkeit Wildheit Regelmäßigkeit der tiefe Baß skandiert die wilden heftig bewegten Massen der Schlacht Raserei Keuchen Ohren Augen Nasenlöcher offen angespannt Kraft welche Freude sehen hören riechen · alles alles taratataratatararatarara Maschinengewehre trak trak."

Hier ist eine Schlacht, hier ist Bewegung, ja — aber noch fehlt das dadaistische Moment der Ironie, die sich selbst gegen das richtet, was man im Augenblick schreibt; denn indem man es geschrieben hat, verstößt es schon als Feststehendes gegen das Gesetz der Bewegung. Der größte dadaistische Dichter Tristan Tzara — wie weiß er dagegen die Welt aufzufassen.

Retraite.

Vögel Kindheit Karren schnell Herbergen
Pyramidenschlacht
18 brumaire
Die Katz die Katz ist gerettet
Eingang
weint
Valmy
hurra hurra rot
Thränen
im Loch Trompeten langsam Schellen
weint
rissige Hände Bäume Ordnung
weint
er
Posten
zum Weißen hin, zu den Vögeln
wir weinen
ihr weint
gleitet

Auf deine Narben sind Mondsprüche aufgenagelt
gegerbter Mond entspannt dein Zwerchfell überm Horizont
In klebrig schwarzer Flüssigkeit gegerbtes Auge Mond
Schwingungen Taubheit
Gewichtige Tiere fliehn in angegrenzten Kreisen
Muskeln Teer Hitze

Die Rohre biegen sich verflechten
die Eingeweide
blau

Das leitet schon über zum sogenannten bruitistischen Gedicht — zum Geräusch-Gedicht, das mit Pauken und Trommeln auf dem Podium vorgetragen werden muß. Mit den Instrumenten wird die Unmittelbarkeit des Lebens dem Zuhörer näher gebracht. Dies Tzarasche Gedicht enthält schon alle Momente des simultanistischen Gedichts; d. h. eines Gedichts, das von mehreren Personen gleichzeitig unter Instrumentalbegleitung vorgetragen wird.

Der Dadaismus gehört auf die Bühne, ja ich möchte sagen auf die Straße, wo er vom Lärm der Räder und der Automobilhupen umgeben ist. Alles in ihm drängt zum Leben, er will keine Ruhe. Er ist eine internationale Angelegenheit, und die Dadaisten sind überzeugt, daß in absehbarer Zeit in allen Teilen der Erde die künstlerischen Ansichten nach ihren Anschauungen einer Prüfung unterzogen werden.

<Reclams Universum, Berlin 1918>

Prampolini an Tzara
22. 8. 1918, Viareggio

*□ Seit der zweiten Nummer erhielt ich kein *DADA* mehr. □
Ich erhielt ihre Einladung zum Vortrag und heute ihre *25 Gedichte* mit den Holzschnitten von Arp. Ich bin begeistert von der sehr interessanten Edition und dem Inhalt ihrer Gedichte, und ich wäre sehr angenehm überrascht, wenn sie eines ihrer gewagtesten Bücher mit meinen Holzschnitten schmücken würden. Könnte ich darauf hoffen? In diesem Jahr bin ich mit der Arbeit an einem Bilderzyklus sehr gewagter Evolution beschäftigt, um zur extremen Valorisation der plastischen, dynamischen und chromatischen Werte des Naturelementes zu gelangen, die zu einer neuen Ordnung des architektonischen Stils der Natur führen soll. Ich bin heute davon überzeugt, daß man in den Geist der Dinge und der Materie eindringen muß, um erneut das ewige Drama der Dinge und ihres Lebens sichtbar werden zu lassen. □ *

Tzara an Reverdy
<August 1918, Hertenstein> Briefentwurf

*Sehr geehrter Herr,

ich erhielt ihre Karte, die mich sehr erstaunt hat, und *Nord-Sud*, dessen Wiedererscheinen mir große Freude bereitet. Ich kenne Hr. Dermée nur als Mitarbeiter an ihrer Zeitschrift. Nachdem ich ihn um seine Mitarbeit bat, indem ich ihn wissen ließ, daß ich aus *Dada* eine Zeitschrift machen wollte, welche die moderne literarische Bewegung umfaßt, schlug er mir vor, ihn zum stellvertretenden Direktor oder Chefredakteur zu ernennen, weil er versprach, sich um die Mitarbeit der Literatur in Paris und die Administration in Frankreich zu kümmern. Weil ich ihn für einen einflußreichen und sich ernsthaft mit Dada beschäftigenden Literaten hielt — dachte ich, daß Herr Dermée, fleißiger Mitarbeiter von *Nord-Sud*, der richtige Mann dafür wäre. Jetzt sieht es aus, als wäre es nicht so, und ich wäre ihnen sehr dankbar, wenn sie mir Näheres schreiben würde. Könnten sie mir, lieber Hr. Reverdy, dabei auch einen anderen jungen Dichter nennen, der der Repräsentant *Dadas* in Frankreich sein könnte?
Dada 3 war fertig gesetzt, als ich plötzlich Zürich verlassen mußte, da sich meine Nervenkrankheit verschlimmerte. Doch ich werde bald zurückkehren, in den nächsten Tagen.*

Tzara an Reverdy
Herbst 1918, Zürich

*□ *DADA 3* war fertig gesetzt, als ich plötzlich Zürich verlassen mußte, da sich meine Nervenkrankheit verschlimmerte. Doch ich werde bald zurückkehren, in den nächsten Tagen. □ *

Dada-Agenten an Tzara, Hertenstein
26. 8. 1918, Zürich

**Bulletin vom 26. August 1918*

Die Zeitungen beschäftigen sich ohne Unterlaß mit der Abreise des *Dada*. Man beklagt den vorzeitigen Tod des 37/27 Dada und spricht vom Erfolg seines Aufenthaltes in Hertenstein. Die *Kneippkuristen* schreiben, daß Dada schon ein großer Bauch gewachsen ist, aus dem sein *Genie* geboren werden wird: *Dada 3.*
Als die Öffentlichkeit gestern abend den Stuhl, auf dem der liebenswerte Dichter sein Haar kämmt, besichtigen wollte, kam es vor dem Café Terrasse wegen der wachsenden Neugier zu einem Krach mit der Polizei. Arp grüßt brüderlich und entschuldigt sich, die großen Ballen der spanischen, provençalischen, portugiesischen, italienischen Zeitschriften nicht schicken zu können, die unablässig mit Spezial-Nummern *Tzara* und Portraits ankommen, die oft Huelsenbeck gleichen; zweifellos verwechselt man sie. Arp beruft sich auf Neitzel, daß man in Deutschland bestrebt ist, zu beweisen, daß Tzara das Pseudonym Huelsenbecks ist.

Wir protestieren aufs entschiedenste.

Die Dada-Agenten
M. Janco
Arp
J. F. Arp
S. H. Taeuber
Jollos
Lene Richter
Vollmaller, L. Leheracs*

Janco, Dr. Sterling und Arp in der Galerie Wolfsberg, 1918.

september 1918

Galerie Wolfsberg

Ausstellung von Arp, Richter, Mc Couch, Baumann, Janco etc.

Diese Künstler, die in der Schweiz wohnen, sind ein bißchen wie Frisöre oder Apotheker, sie wollen alles Neue kennenlernen, über jeden Klatsch auf dem laufenden sein. Genauso ergeht es ihrer Avantgarde, die die höchsten Gipfel der Kühnheit ohne Basis erreichen will und dann unausweichlich ins Absurde fällt, ins Willkürliche, d.h. ins Nichts, sowohl auf plastischer wie auf geistiger Ebene.
Der von T. Tzara geschaffene Dadaismus ist ein rein romantischer Bodensatz, der von einem mißverstandenen italienischen Futurismus durchzogen ist. Deshalb sind alle poetischen und plastischen Manifestationen, auf die sich diese Künstler in Zürich versteifen, eine taube Nuß in jeder ästhetischen Hinsicht.
Die *25 Gedichte* Tzaras und die 10 Holzschnitte Arps zeigen diesen rettungslosen Sprung ins Nichts ganz klar.

<Prampolini über die Kunstausstellung im Kunstsalon Wolfsberg, Zürich, September 1918; Noi, Jänner 1919>

Tzara an Picabia
7. 9. 1918, Hertenstein

*Lieber Herr Picabia,

ich erhielt ihren liebenswürdigen Brief, das Buch auch — lassen sie mich sagen, was für eine Freude ich beim Lesen hatte. Ich bin glücklich über ihre Mitarbeit! Als ich Zürich verließ, war *Dada* 3 in Vorbereitung — Da wir nur sehr wenig Geld haben, erscheint unsere Zeitschrift nur selten, durch die Beiträge einiger Freunde in Zürich und in Italien — der Gedanke, der mich bis in die Eingeweide quält (die aus Kristall sind), ist, wie ich sie regelmäßig erscheinen lassen kann. Leider erlauben es meine Mittel nicht.
Mit freundlichen Grüßen

Tristan Tzara*

Richter an Tzara
23. 9. 1918, Lugano

Cher monsieur Tzara,

von Hardekopf, Mannenbach eben hier ankommend, gebe ich ihnen, Grüße von Hardekopf und mir beigefügt, Bescheid über Hardekopfs Gedicht. Er hat mir dasselbe gegeben, und ich bin dabei, eine Zeichnung dazu zu machen, für die ich aber gerne eine ganze Seite beanspruchen möchte. Geht das? Hardekopf liegt selbst daran, daß eine Zeichnung von mir eine Beziehung bezeichnet. — Wieviel Holzschnitte außerdem? — Wie groß? Bitte baldige Antwort. Die Hardekopf-Zeichnung soll sehr schön werden und farbig. Extra-Blatt?
Vite, mon cher Mâitre,

herzlichst Ihr Hans Richter

P.S. Wie war denn der Vortrag von <Janco>
Gruß an Dr. Serner, Maya und Olly Jacques.

Tzara an Picabia
26. 9. 1918, Zürich

*Lieber Herr Picabia,

als ich in Zürich ankam, ging ich in den Salon Wolfsberg, wo ich noch ihre aufgehängten Bilder sah (letzte Vibrationen der Malerei, in denen sie die Finesse und die entscheidende Finesse und Sensibilität gefunden haben, den inneren Reichtum; ich hatte die großartige Freude, in ihren Werken nach Jahren die Gelassenheit des Enthusiasmus festzustellen).
Man sagte mir also, daß man gezwungen wäre, sie ihnen zurückzuschicken. Der Direktor des Salons ist ein abscheuliches und eingebildetes Insekt, dessen Unfähigkeit und Mangel an Talent in der Gestalt von Ungeziefer sich in sein Denkvermögen eingegraben hat. Ich war versucht — soweit es die ungeheure Kluft, die mich von ihm trennt, erlaubt —, ihm das Groteske einer solchen Tat begreiflich zu machen. Meine Freunde, Arp (der ihre Werke sehr schätzt und gerne eines kaufen würde, wenn es nicht allzu teuer wäre — zumindest eine Zeichnung), Janco und Richter, insistierten ebenfalls.
Dazu kommen noch der keusche Geist des Eigentümers (Hr. Wolfsberg), einem Kerl, in dessen Bauch man, kriegt man die Tür auf, einen ganzen Spirituosenladen und die kommerzielle Einstellung dieser Person finden könnte, die zu dieser Tat beigetragen haben. Eines müssen sie noch wissen: es bestand die Absicht, moderne Kunst zu zeigen, zusammen mit einem Haufen mittelmäßiger und leichtverkäuflicher Gemälde. Nun aber haben Arp und die anderen im letzten Moment noch Erfolg gehabt, die Sentimentalität auszutreiben und eine gewisse Sauberkeit der Absicht in der Ausstellung sicherzustellen. Von daher also die Wut der Direktion gegen die neue Kunst. — Von meinen Freunden gebeten, ein Vorwort für den Katalog zu verfassen, sagte ich zuerst zu, weigerte mich dann aber, als ich die Niederträchtigkeit dieser Herren sah. In aller Sympathie, mein Herr, und mit einem herzlichen Handschlag

Tristan Tzara

Entschuldigen sie die Verspätung dieses Briefes: *DADA* wird in einer Woche erscheinen, wie ich hoffe.*

Richter an Tzara
26. 9. 1918, Lugano

Cher monsieur Tzara,

für die schnelle Beantwortung meines Briefes Dank. Die 4 Holzschnitte bekommen sie nächster Tage. Was die Zeichnung für Hardekopf anlangt, so möchte ich noch eine Auskunft haben. — Wie groß würde das Klischee werden können, wenn es über oder unter Hardekopfs Gedicht käme, oder ist das nicht möglich? Sagen sie mir gleich Bescheid. — Wir haben hier noch keine Wohnung, und das ist mehr als langweilig. Leben sie wohl.
Gruß von meiner Frau

ihr Hans Richter

Richter an Tzara
3. 10. 1918, Lugano

Cher monsieur Tzara,

die 4 Holzschnitte sind in Arbeit. — Die Zeichnung für Hardekopfs Gedicht ist *fertig*. Aber hören sie: Ich schlage vor, sie in lithografischer Tusche zu zeichnen und so das Heft technisch zu bezeichnen: *Mit Originallithografie*. Bezahlen werde ich's, wenn es nicht zu teuer ist. — Es beansprucht eine Seite für sich. — Bitte *sofort* Antwort. Ich zeichne dann sofort in lithografischer Manier usw.
Erkundigen sie sich, was Druck usw. kostet.
Grüße

ihr Hans Richter
Gruß Elisabeth Richter

Segal an Tzara
<Oktober 1918, Ascona>

Sehr geehrter Herr Tzara,

anbei die Holzstöcke — Arp hat mir ganz schlechtes Tannenholz geschickt, ich habe viel Mühe damit gehabt und konnte die Schnitte nicht sauberer schneiden, weil das Holz ungeheuer fasrig ist. Aber ich glaube, es geht noch und beim Drucken mit der Maschine wird es gut ankommen. Wenn Arp immer noch was zu schicken hat, dann soll er mir Lindenholz senden.

Dermée an Tzara
9. 10. 1918, Paris

*Ich bin ohne Nachricht von ihnen. Was ist los? Ich glaube, daß mein Brief nicht der Grund für ihr Schweigen ist. Was ich ihnen über die Notwendigkeit, die französische Zensur zu umgehen schrieb, war vernünftig. Diese kleine Geschichte wird es ihnen beweisen:
Sie sandten mir ihren Gedichtband ... vor einigen Wochen. Nun, ich erhielt ihn nicht, sondern sah ihn nur einige Minuten in den Händen eines Polizeibeamten, der zu mir kam, um mich über die Bedeutung und die Reichweite der typografischen Gliederung zu befragen, die für jemanden, der von der neuen Literatur nichts versteht, *erstaunlich* ist. In der Postkontrollstelle in Bellegarde, glaube ich, hielt man ihr Werk zurück und leitete eine Untersuchung ein. Hatte man es nicht mit einer Geheimsprache zu tun, von der man nicht wußte, welche Botschaft sie enthält? Der Beamte tat nur seine Pflicht, wir befinden uns ja im Krieg. Ich verteidigte sie, indem ich Werke von Mallarmé, Birot, Apollinaire und ihre, vorher in französischen Zeitschriften — *SIC* und *Nord-Sud* — veröffentlichten Gedichte zeigte. Doch sie hätten diesen Ärger vermeiden können, wenn sie vorher um das Visum der französischen Zensur angesucht hätten. □ *

Mc Couch alias Tristan Tzara, Tuschzeichnung, 1917 oder 1918

De Pisis an Tzara
9. 10. 1918, Ferrara

*Lieber Herr,

ich bekam ihren Brief vom 27.9. Was meine Manuskripte betrifft, die voller guter Sachen sind, so *lassen sie mir den Herrgott einen guten Mann sein*, wie man in Italien sagt. Es wäre besser gewesen, sie hätten sie mir sofort zurückgeschickt. Veröffentlichen sie in *Dada* Nr.3 Manuskripte, die sie vor meinen erhielten? Es ist ja jetzt schon fast 2 Jahre her!
Ich schicke ihnen, ihrem Wunsch gemäß, einige meiner letzten Sachen. Ich habe schon mediokrere und von weniger bekannten Schriftstellern veröffentlichte Sachen gesehen. Wenn sie sie nicht veröffentlichen wollen, haben sie doch die Güte, mir die Manuskripte, die sich in ihrem Besitz befinden, zurückzuschicken. Herzliche Glückwünsche für das neue *Dada*-Heft, auf das ich gespannt warte.
Italien, lieber Tzara, ist den modernen Dingen feindlich gesinnt, und es beschäftigt sich, besonders in diesen Zeiten, damit. Jedenfalls werde ich versuchen, Zeitschriften zu finden, in denen von ihnen und Dada gesprochen wird. □
Ich schreibe ihnen jetzt auf Italienisch, weil ich mir denke, daß sie es verstehen. Nicht wahr?
Bitte, mißverstehen sie die Prosa, die ich ihnen schicke, nicht, sie hat nichts mit dem banalen *Mailänder Futurismus* zu tun. Sie steht viel höher und ist moderner. Diese Texte sind Frucht der großen *arte metafisica*. *Savinio* (ein kluger Kopf und ein Mann, der, wenn er weiter so einen gespenstischen Willen hat, große

Dinge vollbringen wird) geht es gut, und er ist Soldat in Saloniki. Briefe sind an *Soldat Andrea de Chirico — Etappenkommando R., Italienische Armee — Nachrichtenbüro — Saloniki — Griechenland* zu adressieren.
Grüßen sie Max Jacob und alle anderen Freunde.
Haben sie *Les Arts à Paris* von Guillaume gesehen? Schicken sie mir, wenn möglich, die *Druckfahnen* oder die Manuskripte zurück.*

De Pisis an Tzara,
19. 10. 1918, Ferrara

*Lieber Herr Tzara,

vergessen sie nicht, daß ich nicht daran gewöhnt bin, *Manuskripte* an Zeitschriften zu schicken, die sie nicht veröffentlichen und die sie noch dazu (mit ein paar Ausnahmen) nicht bezahlen.
Ich bitte sie also, nicht so zu sein, wie die anderen: entweder veröffentlichen sie sie oder sie schicken sie mir zusammen mit den ersten zurück.
Ich werde ihnen eine wunderbare Zeitschrift moderner Kunst, die in Rom herausgegeben wird, schicken: *Valori Plastici*, in der auch ein Artikel von mir ist. Schreiben sie in ihrer Zeitung darüber und versuchen sie sie unter ihren Freunden zu verbreiten.
Bald werde ich ihnen auch einen in einer Broschüre gedruckten Vortrag über die avantgardistische Malerei schicken, den ich in Viareggio gehalten habe.
Wenn der Krieg zuende ist, wird es in Italien sehr viel zu tun geben. Ich arbeite gerade an einem Band mit Kritiken moderner Kunst, der von einem sehr guten Verlag lanciert wird. □
Wir sind sehr wenige und müssen uns gegenseitig helfen.
Grüße von mir, auch im Namen von de Chirico und Savinio.

De Pisis*

Richter an Tzara
<Mitte Oktober 1918, Lugano>

Lieber Tzara,

es freut mich, daß sie wieder auf sind, ich war sehr beunruhigt über die schlechten Nachrichten, die ich über sie bekam. Ich habe 4 Holzschnitte fertig und 1 Lithografie. Ich bitte sie dringend, sofort Bescheid zu geben, ob ich sie auf auf meine Kosten drucken lassen soll. Bitte *sofort* Preisangaben etc. Sende morgen alles ab, herzlichst

Richter

Richter an Tzara
29. 10. 1918, Lugano

Lieber Herr Tzara,

da ich nicht wohl war, hat sich die Zeichnung so lange verzögert. Hier 3 Holzstöcke. Die Lithografie für Hardekopfs Gedicht arbeite ich in einen Holzschnitt um, das Geld ist zu rar. In 3 Tagen schicke ich sicher. Auf jeden Fall bezahle ich eine *ganze Extraseite*, für den Schnitt und Hardekopfs Gedicht.
In Zürich ist wohl alles Dreck? Hier auch. — Arbeite sehr viel und schwer. Schade, daß keiner aus Zürich hier ist.
Grüßen sie sehr Dr. Serner, bitte Antwort.
Herzlichst

ihr Hans Richter

Richter an Tzara
3. 11. 1918, Lugano

Cher monsieur Dada,

1) ich denke nicht daran und habe nie daran gedacht, im Salon *Rendrensch* auszustellen.
2) *Schalk* hat mir geschrieben, daß er unter Mithilfe von Serner ein Antiquariat eröffnet. Dazu wollte er Grafik von mir, die habe ich ihm versprochen.
3) Von der Ausstellung *Neues Leben* Basel habe ich in der Zeitung gelesen. Warum hat man mich nicht dazu aufgefordert; ich finde dies von den Herren Arp und Janco unkameradschaftlich! Im ganzen liegt mir an Ausstellungen nichts.
4) Zu der Gesellschaft, die sie nannten, will ich gerne eine Lithografie veröffentlichen. Wie groß? Ich habe sowieso eine Anzahl Lithos fertig.
Ich arbeite hier sehr eindringlich und erzittere, an das vage Vergnügen denkend, das Zürich bietet. — Grüßen sie mir bitte sehr den Dr. Serner, den ich vermisse. Leben sie recht wohl, sie tüchtigster aller Dadaisten. Ich grüße sie herzlichst

ihr Hans Richter
ferner von meiner Frau

P.S. andere Seite
P.S. Wenn es möglich ist DV, bitte ich sie betreffs eines der 3 Schnitte, die ich ihnen sandte, um folgendes. Dieser Schnitt soll anstatt des Auges o = ein Oval haben so wie in der beiliegenden Fassung. Vielleicht könnte einer der Kollegen das Original dem beiliegenden Abzug entsprechend korrigieren (durch Einsetzen eines neuen Stückes Linoleum)?!
Den beiliegenden Abzug bitte ich *zurück*.

BOGEN

die wendungen einiger linien
rund um einen punkt
auf den fingerspitzen
der wind mit dem geruch von petroleum und brom
jedes objekt zeichnet
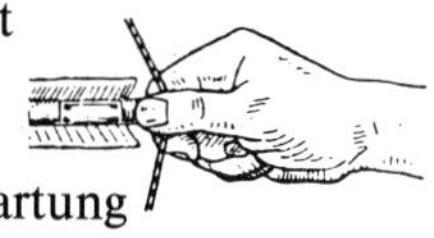
und ich schreibe sie
abgrund
die müdigkeit in buchstaben geschnitten
beobachtungsposten
die müdigkeit in buchstaben geschnitten
der präzision in erwartung
die station auf der karte
ich klebte die blutgezackte marke
von morgenroter tiefe
umrisse farben detonationen
schreie schrauben
das segel ist rot der mast buntgescheckt
unten fliegen vögel
petroleumflecken
fliegen zum segel
der buntscheckige mast zeichnet ein alphabet
in diesem temperaturwechsel
zweigeschlechtlichen
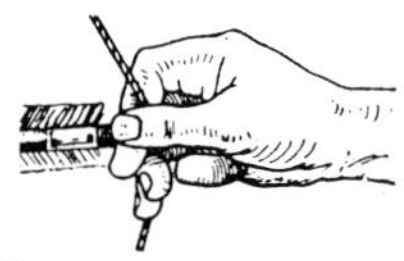
grau-eisen einer musik
andere jahreszeiten herbeirufend
auf einem pol
eines vorhergehenden lichts
rezitiere ich
welcher gedanke durch den zirkus geht
dein gehirn
und der widerstand
so beweglich und darüber hinaus ganz veränderlich
rosagelbhell in diesem augenblick
in dem man
die unscheinbarkeit gefolgt von einer blume der wissenschaft
die ölige stille bestellt
unterwasser grammophon gegen ende des seiles zu
STOP
verdichte diese momente
der flakon wird statt der seelen sein
grammophon auf das man die nadel setzt
durch den rauch des phosphors
wird der tanz jemals zu ende sein
zu ende?
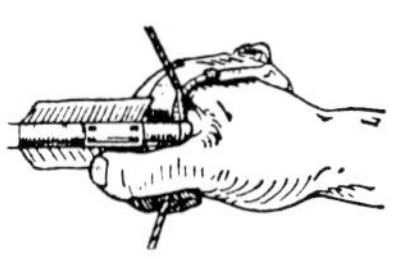
taschenspieler
die pflanzen
rücken vor
einkreisend erschütternd
der wanst
letzte bewegung
likör
tanz
vor dem unbeweglichen pfau der schädel des TODES
den er trägt gellend und weißhaarig
an ein kreuz gebunden steigt er bis in den dicken bauch hinab
der qualm verflacht sich auf der oberfläche
den rändern zu
breiten sich unermeßliche kreise aus
warte
warte
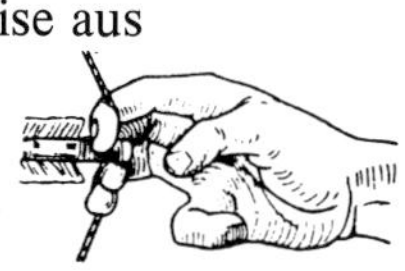
der neue himmel
bis zum übergang
definitive
standarte

◁Sic, Oktober 1918; Von unseren Vögeln▷

Arc

les virages de quelques lignes
autour d'un point
aux bouts des doigts
le vent avec l'odeur de pétrole et de bromures
chaque objet dessine une lettre
et j'écris des lettres
précipices
poste d'observation
la fatigue coupée en lettres
de précision dans l'attente
la station sur la carte
j'ai collé le timbre dantellé de sang de profondeur aurore
contours couleurs détonnations cris vissent
le voile ~~bigarré~~ est rouge le mut bigarré oiseaux volant en bas
~~taches~~ de pétrole
volant vers le voile
le ~~voile~~ mot bigarre dessine l'alphabet
dans ce changement de température
fer grisâtre d'une musique bizarre

appellant d'autres saisons
d'une lumière antécédente
sur un pôle
je récite
quelle pl... à travers le cirque
et la résistance
ton cerveau
si flexible et pendu vers ton transformable
se jaunmclair en ce moment
l'obscurité sévère d'une fleur de science
si l'on commande
gramophone sousmarin vers
le silence huileux
la fin de la corde
stop
commentre ces instants
le flacon remplacera des âmes.
gramophone mené par la lumière du phosphore
suit la d... à jamais
finie
et la sensualité
les plantes
avançant
fuservolant encerclant
la pause =
mouvement demi...
devant le paon fabuleux le crâne du mort

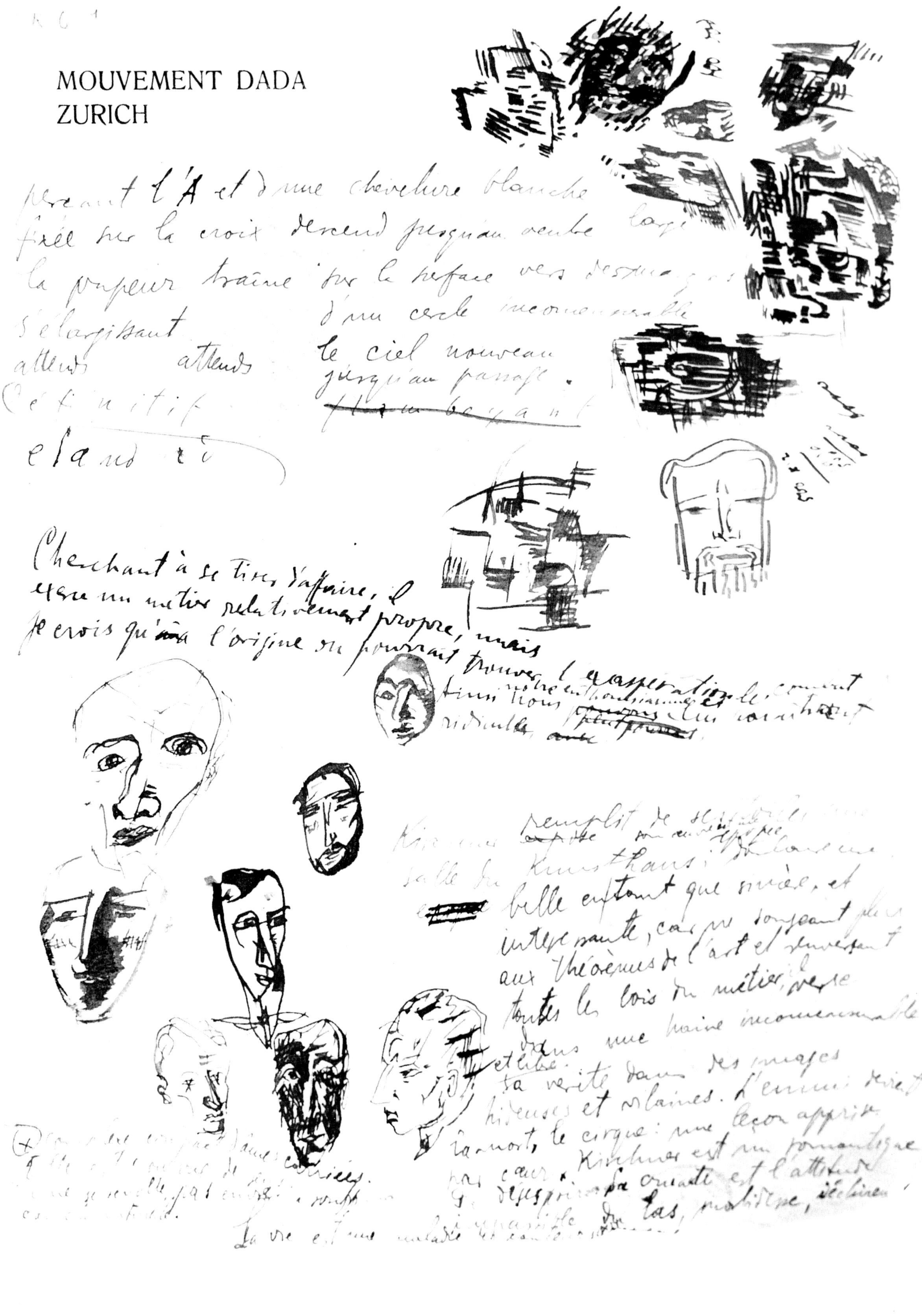

MOUVEMENT DADA
ZURICH

perçant l'A et d'une chevelure blanche
fixée sur la croix descend jusqu'au ventre large
la vapeur traîne sur la surface vers des nuages
s'élargissant d'un cercle incommensurable
attends attends le ciel nouveau
C'est initif jusqu'au passage.
élan ...

Cherchant à se tirer d'affaire, il exerce un métier relativement propre, mais je crois qu'à l'origine on pourrait trouver l'exaspération ...

... remplit de ... Kunsthaus ... belle enfant que rivée, et intéressante, car ne songeant plus aux théorèmes de l'art et renversant toutes les lois du métier, verse dans une haine incommensurable étalée sa vérité dans des images hideuses et vilaines. L'ennui devient la mort, le cirque une leçon apprise par cœur. Kirchner est un romantique désespéré, sa cruauté est l'attitude ... las, nihilisme, déclin ...

La vie est une maladie ...

GUILLAUME APOLLINAIRES TOD

wir wußten nichts
wir wußten nichts vom schmerz
die bittere jahreszeit der kälte
gräbt narben tief in unsere muskeln
er hätte die freunde eher geliebt als den sieg
weise unter den stillen traurigkeiten   im käfig
nichts gar nichts tun können
fiele der schnee nach oben
ginge die sonne bei uns während der nacht auf
um uns zu wärmen

und die bäume neigten sich mit ihrer krone
— einzige träne —
wären die vögel unter uns um sich ins licht zu halten
im ruhigen see über unseren köpfen
KÖNNTE MAN VERSTEHEN
wäre der tod eine schöne lange reise
und die ferien ohne die grenze des fleisches des baus
und der knochen

Franz Terber, monarchist, von sich selbst auf frischer tat ertappt, 1967

Tzara an Dermée
15. 11. 1918, Zürich

*Mein lieber Dermée,

der Grund meines Schweigens ist trauriger, als sie annehmen: im Monat August war ich gezwungen, Zürich für einen Monat zu verlassen; der Grund war die Verschlimmerung meiner entsetzlichen Nervenkrankheit. In Zürich mußte ich drei Wochen lang das Bett hüten. Nun bin ich wieder auf dem Damm. □
Weil das nächste Heft keine Notizen enthält und auch nicht den Charakter einer Zeitschrift hat, denke ich, ist es besser, unser Projekt der Vertreter in Paris zu verschieben. Auch die Verschickung großer Mengen nach Frankreich ist ja problematisch. □
Jetzt, wo Frankreich einen so eklatanten Sieg heimgetragen hat, erwarte ich mit Sicherheit den unseren, den der neuen Dichter.

Tristan Tzara*

Tzara an Picabia
23. 11. 1918, Zürich

*Lieber Herr Picabia,

ich bedanke mich für ihren Brief — sie können sich wohl denken, daß ich gerne nach Bégnins kommen würde; aber es gab in letzter Zeit so viele unvorhergesehene Dinge zu erledigen. Als ich ihnen schrieb, daß ich nach Genf kommen würde, dachte ich, daß *DADA 3* in wenigen Tagen fertig sein würde. Aber nach so vielen Schicksalsschlägen hatte man auch noch den Drucker verhaftet, wenige Tage vor dem Streik, weil er die Militärgesetze mißachtet hat. Da diese Druckerei sehr klein ist, bin ich nun gezwungen, die Arbeit mit einem anderen Drucker weiterzuführen, der den Laden nun übernommen hat. Ich muß den ganzen Tag anwesend sein. Und nach soviel Einsatz hoffe ich, in zwei Wochen fertig zu sein. — Wenn sie nach Fertigstellung des Heftes immer noch in der Schweiz sind, komme ich sofort, um sie zu treffen — aber es ist mir (angesichts meiner finanziellen Lage) unmöglich, Zürich zu verlassen und wieder zurückzukehren. Ich schrieb ihnen, daß ich die Absicht hatte, einige Zeit in Genf zu verbringen. Haben sie schon die Nachricht vom Tod Apollinaires erhalten? Ich war erschüttert, als ich sie erhielt. Wenn sie einige Zeilen über ihn verfassen wollen, könnte ich noch Platz im Heft finden. —
Ich würde liebend gerne auch nach Paris kommen, aber da ich nichts von der Heimat (Rumänien) erhalten kann (seit zwei Jahren schon), muß ich noch warten. □
Mit einem herzlichen Händedruck

Tzara
Hotel Seehof
Schifflände

Kennen sie Max Jacob gut? Ich kannte ihn vor 2 Jahren gut, bis er plötzlich aufgehört hat, auf meine Briefe zu antworten — ohne daß ich wüßte warum. Seine Mitarbeit am *Dada* wäre mir sehr recht, weil er wirklich ein großer Dichter ist.*

Serner an Tzara
30. 11. 1918, Genf

*Lieber Herr Tzara,

1) Im Café (Genre Terrasse) kostet der Kaffee 40 cts. Parbleu!
2) Ich erhielt die 25 frs. Vielen Dank!
3) In den Restaurants erhält man ohne Koupon Brot bis 100 g. Ist das nicht fabelhaft!
4) Ich wohne im Atelier des Hr. Schad. Ohne einen Ofen, aber komfortabel genug. (Einen Waschraum und ein großes Bett gibt's). Da lui corda! Nicht?
5) Sind sie bei Katz zufrieden? — (Aha-nai, nai,-aha!)
6) Hier liebt man Frankreich so stürmisch, daß man seiner Liebe verlustig gehen könnte. Aber das Leben ist sehr billig. So ist's. —
7) Hr. Hardekopf ist bereits da. Ich habe ihn nur kurz gesprochen.
8) Man sagte mir, daß Hr. F. Picabia sich nicht mehr in Genf befindet.
9) Marthe ist sehr nett und ganz von jener Art, die man in Zürich nicht findet.
10) Die Kabaretts sind wirklich superb. Superb! S.S.S.
11) Die Züge sind teuer. Das ist wahr!
12) Aber: man schätzt hier die Exoten sehr.
13) Meine herzlichsten Wünsche

Serner*
postlagernd

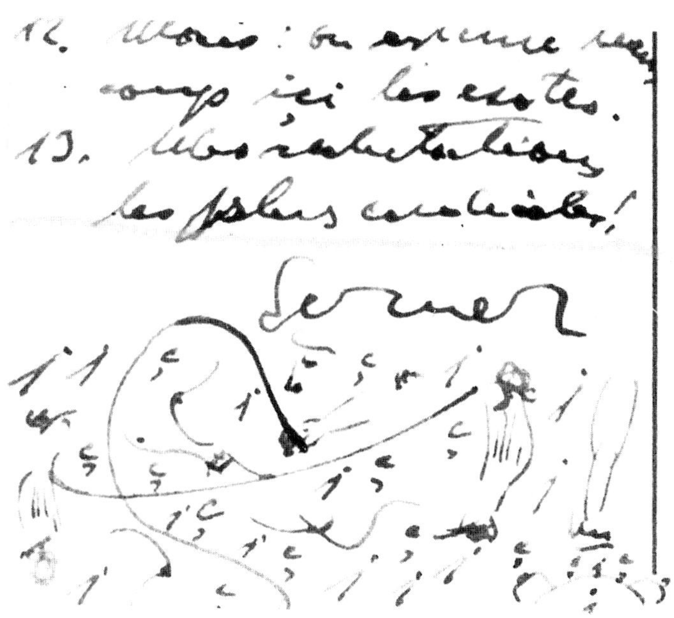
12. Mais: on estime beaucoup ici les exotes.
13. Mes salutations les plus cordiales!
Serner

Tzara an Picabia
4. 12. 1918, Zürich

*Lieber Herr Picabia,

ich erhielt gerade ihr Buch <*L' athlète des pompes funèbres*>; — erlauben sie, daß ich sie meinen Freund nenne? — weil ich darin das andere kosmische Blut finde, die Kraft zu reduzieren, zu zerlegen und danach in eine Ordnung zu überführen, die Chaos und Askese zugleich ist. — Dies ist mir sehr nahe (Sie sehen's in meinem *Manifest*), und ich versuche schon lange, dies zu erreichen. Ihr Buch gefällt mir sehr — es wird zu den besten jener gehören, die etwas (absolut) Neues zu sagen haben. □
Ich würde gern aus *DADA* eine Zeitschrift machen, in der alle neuen Tendenzen repräsentiert sind (natürlich im Einklang mit einem Kriterium, dessen Zusammensetzung geheim ist), und mein lebhaftestes Interesse ist, sie regelmäßig erscheinen zu lassen. Jetzt haben wir definitiv das Papier für 3 Hefte. □ *

Hilla von Rebay an Rudolf Bauer
5. 12. 1918

*An Rudolf Bauer,

□ Es ist schlimm, daß sie Hans Arp nicht kennen, doch wahrscheinlich würdet ihr ohnehin nicht gut auskommen — doch ich verstehe ihn so gut, den kleinen Heiligen, den *dunklen Magier*, wie Neitzel ihn so treffend nennt. Er ist etwas sehr Besonderes. Wenn man an seine Eremiten-Behausung denkt, seinen unberechenbaren und einnehmenden Charakter und die reine Atmosphäre um ihn herum, kann man ihn nur liebhaben. Ich machte einen Fehler, als ich ihn verließ, wie er immer sagte, und ich leide darunter; doch was soll's, so bin ich eben. — Seine Arbeiten ... faszinieren mich sehr und werden es auch weiterhin tun, weil ich weiß, was er mit ihnen sagen wollte, und das ist etwas so Schönes. Ich kenne niemanden wie Arp, so tief und einzigartig, so unfähig, mit dem Leben fertig zu werden, und so voll von Leiden und so voll von Freude über die einfachsten schönen Dinge. Mit ihm zusammen zu sein tröstet und gibt einem ein gutes Gefühl. □ *

Hardekopf an Tzara
9. 12. 1918, Genf

*Lieber Herr Tzara,

ich nehme an, sie kennen diese sogenannten düsteren Sofas, wo Generationen von *Revoluzzern* mit schlechtgenährten Augen mit ihrer Unbefriedigtheit spielten. Ich hatte Gelegenheit, hier Hr.n Serner wiederzutreffen und mit ihm einige eher frivole Beobachtungen auszutauschen. — Was werden sie in dieser Zeit, der es an Koketterie mangelt, machen?
In aufrichtiger Freundschaft

F. Hardekopf*

Ferdinand Hardekopf, 1922

Hardekopf an Tzara
17. 12. 1918, Bern

*Lieber Herr Tzara,

hier die Korrektur der Druckfahne. Die Typografie dieser Seite gefällt mir sehr. Ich bin schon gespannt auf das, was Hans Richter sich ausgedacht hat, um diese pyrotechnische Satzung zu *illustrieren*.
Alles Gute für sie

Hardekopf*

Vischer an Tzara
29. 12. 1918, Prag

Sehr geehrter Herr,

ich habe mit bestem Dank ihre Dadaschriften sowie ihre Korrespondenzkarte erhalten, und bin gerne bereit, sie über die Stellungnahmen hierzulande gegenüber dem Dadaismus von Zeit zu Zeit zu informieren.

Vor allem: Man ist *gegen* Dada. Ich bitte zu bedenken: vor ca. 3 Wochen versuchte der Karlsbader expressionistische Maler Egon Ailer einem Prager Publikum über Expressionismus einiges sagen zu wollen. (Denn hier, sowohl auf deutscher und schon gar auf tschechischer Seite, weiß man ja noch nicht einmal, was Impressionismus ist. Der größte Maler ist Nieder, von dem man sagt: *Gott, wie natürlich, wie wirklich*! Das sagt doch wohl genug, nicht, nicht?)
Natürlich war das Publikum bei dem erwähnten Vortrag sehr heiter und war sichtlich noch stolz auf diese Heiterkeit, die orkanhaft anwuchs, als mittels Lichtbild Picassos *Mandolinenspielerin* gezeigt wurde. Daher ist es erklärlich, daß unter solchen Voraussetzungen das Prager Publikum für Dadaismus kein Interesse hat.
Ich lese heute zwei Zeitungsausschnitte von letzter Woche (einer aus dem *Prager Tagblatt*, der andere aus *Montagsblatt aus Böhmen*) über Dadaismus. Vor langer Zeit waren einmal (Sommer, Herbst) längere Aufsätze über Dadaismus im Tagblatt. Die Exemplare der Zeitungen konnte ich aber nicht mehr erreichen. Ich werde daher, sowie in hiesigen Zeitungen irgendwie *Dadaismus* erwähnt wird, immer die betreffenden Ausschnitte ihnen gleich zusenden.
Ich selbst nehme als Expressionist der äußersten Linken gegen Dadaismus *keine* feindliche Stellung ein. Ich bitte mich daher, gelegentlich über ihre Richtung orientieren zu wollen.
Mit aller Hochachtung

Melchior Vischer

Richter an Tzara
Dezember 1918, Lugano

Cher monsieur Tzara,

hier der Schnitt. Eventuell fertig. Wenn etwa in einzelnen Stellen der *Fond* noch mitdrucken sollte, bitte ich, ihn wegzuschneiden. Siehe Abzug. Die Striche *////*. Bei dem oberen der Schnitte, die jetzt bei Hardekopfs Gedicht sind, druckt der Fond etwas mit: unter dem Auge, neben dem Mund, zwischen den Haarstrahnen, bitte zu retouchieren. Wo wollen sie den großen Schnitt unterbringen; am besten zu Hardekopfs Gedicht direkt.
In großer Eile, herzlichst

ihr Hans Richter

Mary Wiegmann an Tzara
<Dezember 1918, Zürich>

Mary Wiegmann wird sich freuen, Herrn Tzara zur Sylvesterfeier am 31. Dez. 8 1/2 Uhr bei sich zu sehen.

1 9 1 8 — d e z e m b e r

DADA 3 preis Fr. 1.50
DADA 3 luxusausgabe: 20 Fr.

die ordnung befreien in freiheit nach rotierender bewegung suchen enthält „i c h w i l l n i c h t e i n m a l w i s s e n o b e s m e n s c h e n v o r m i r g e g e b e n h a t" Es lebe Descartes es lebe Picabia, der anti-maler aus New-York, die große gefühlsmaschine schach, es lebe dada Dschuang Dsi der erste dadaist nieder mit der melodie nIEder mit der zukunft (Reverdy, Raimondi, H a r d e k o p f, H u e l s e n b e c k, P i c a b i a, Prampolini, Birot, S o u p a u l t, A r p, Segal, Sbarbaro, Janco, R i c h t e r, Dermée, H u i d o b r o, Savinio, T z a r a arbeiteten daran mit). Laßt uns zerstören klug sein die neue schwerkraft schaffen NEIN = JA Dada bedeutet nichts das leben Wer? insektenkatalog / Arps holzschnitte / jede seite eine wiederauferstehung jedes auge ein salto mortale nieder mit dem kubismus und den futurismus jeder satz ein autohupe laßt uns umrühren mitbrüder den bürgerlichen salat in der schüssel umrühren die ewigkeit ist abgeschmackt
und ich hasse den hausverstand
hier schreitet ein / begrüßen sie ihn! /

{ *Novissmima d anzatrice* }

Dr. W. Serner *ATTRAKTION!*

der richtig gesehen die wanzen und zwischen den gehirnhäuten der grafen der güte zerquetscht hat

Doch die mechanik dreht sich
dreht euch dreht euch Baedeker
geschichtsnokturnen
den stunden die zähne putzen
nicht stehenbleiben meine herren
der lärm zerbricht pharmazeutische bilderrätsel!

1 9 1 8 — 3 1 . d e z e m b e r

Arp

die säulen der eingeschlafenen beine das kartonphänomen tanz krater grammophon aufeinanderfolge der lichter im schwarzen cocktail überraschungen für die verliebten und fortschritt fox-trott haus Flake, Wiegmann, Chrusecz, Taeuber, die narrheit in zentimetern problematische und visuelle erschöpfung
erste freie ausübung der
dadaistischen gefärbten
spontaneität
und jedem sein eigenes schlachtpferd

DADA 3

Directeur
TRISTAN TZARA

Je ne veux même pas savoir s'il y a eu des hommes avant moi. (Descartes)

Administration
Mouvement DADA
Zurich
Zeltweg 83

Fr. 1.50

M. Janco

TRISTAN TZARA

BULLETIN

für Francis Picabia der mit
großen und kleinen ideen von New-York nach Bex springt
A.B. = spectakel
BULLETIN FÜR DIE VERNICHTUNG DER ALTEN SCHÖNHEIT & CO.
auf dem gipfel dieses unvermeidlichen irridiators
Die Nacht Ist Bitter — 32 PS isomerer gefühle

gellende töne in Montevideo entleeren seele in den annoncen offerte
der wind unter den teleskopen hat die bäume der boulevards ersetzt
etikettierte nacht quer über die abstufungen des vitriols
mit dem geruch kalter asche vanille schweiß menagerie
knarren der böden
man tapeziert die parkanlagen mit geographischen karten
die standarte krawatte
durchsticht die guttapercha-täler
54 83 14:4 formuliert die reflexion
enthält den puls laboratorium des muts zu jeder stunde
gesundheit stilisiert zum leblosen blut einer ausgelöschten zigarette
kavalkade der wunder um jede sprache zu übertreffen
aus Borneo übermittelt man die bilanz der sterne
für deinen profit
düsteres gefolge oh mechaniker des kalenders
wo die synthetischen photos der tage fallen
„die puppe im grab“ (Jon Viena chlorophyllauge)
5tes verbrechen am horizont 2 unfälle lied für violine
die violente vergewaltigung unter wasser
und die merkmale der letzten schöpfung des seins
schlagen den schrei zu schaum

vient de paraître :

tristan tzara - 25 poèmes
h arp - 10 gravures sur bois
collection dada - 3 fr.
édition numérotée - 15 fr.
édition sur hollande - 60 fr.

H. Arp

DADA 3, Dezember 1918

REGIE

Opernprobe. (Vor-Börse; Schwellung.)
Gold im Gebiss, Gold im Lächeln, der chef d'orchestre. Skandiert.
Rhythme der Strasse, der Piazza. Ballet fällt nach links.
Niedliche Disciplin.
Flöten rühren die Probe auf.
Um die Ecke zacken Blitze, lila;
lila Zig-zags;
happy zig-zags, vom Brandy-Mond;
lila Kuben um die Ecke.
Schwefelpfeile surren durchaus.
Strahl in Bündeln, Licht in Schnitten.
Gelbe Garben rasen.
Gell hetzen die Hellen.
Reflektoren zischen, in der Tat. Lichtgüsse knattern
O Feststellungen klarer Augen!
Ein Scheinwurf von Mädchenröcken, mäandrisch.
Scheinwerfer im Galopp gebrochner Graden.
Netter Fall nach links, gebräunt.
Diese Oper concipiert Gott als Drogue.
Da: Telegramme, réponse payée -: spitzere Reisen! gehetztere Bahn! frechere Cascaden!
plärrenderes Rot! Geplärr und Knall in Rot!
Ein Zirpen der Elektro-Mücken, bei Seite, für die Rasta-Rastas.
Tk - wird eingeschaltet Quecksilber, phtisisches Lila, Motor-keuchen, fliehende Wellen aus Honig
und Duft.
Exakt rast diese Oper. Sie spurtet, wie sie will.
Auf dieser Scene, knisternd, schneiden sich die Einsamkeiten.
Neuro-Katarakte. Präcisions-Inferno. Sehr dosierter Wahnsinn. --
. . . . . Blüte der Sessel: „Tausend Aufführungen garantiert!" Kapellmeister's Stirn beperlt
Notierungen. Durch mehrere Hirne kribbelt eine Serie triumphierender Ziffern.

Ferdinand HARDEKOPF

H. RICHTER: Gesicht 1 u. 2.

COW-BOY

à Jacques Lipschitz

H. ARP

Sur le Far West
où il y a une seule lune
Le Cok Boy chante
à rompre la nuit
Et son cigare est une étoile
filante
SON POULAIN FERRÉ D'AILES
N'A JAMAIS EU DE PANNE
Et lui
la tête contre les genoux
danse un Cake Walk
New York
à quelques kilomtères
Dans les gratte-ciels
Les ascenseurs montent comme des thermomètres
Et près du Niagara
qui a éteint ma pipe
Je regarde les étoiles éclaboussées
Le Cow Boy
sur une corde à violon
Traverse l'Ohio

Vincente **HUIDOBRO**

M. JANCO

RÉDACTION:
Tr. Tzara
Zurich, Seehof, Schifflande 23

ADMINISTRATION:
Mouvement Dada
Zurich, Zeltweg 83.

Imprimerie Jul. Heuberger, Zurich

1919 – 16. januar

Ausstellung im Kunsthaus (Zürich)

von:

Arp, Baumann, Giacometti, Janco, Picabia, Bailly, Lüthy, Morach etc.

Sternennabel, wolkenkneifer. Amoroso.

Vorträge von Flake ■ Tzara ■ Janco.

Vortrag Tzaras **„ÜBER DIE ABSTRAKTE KUNST"**

mit lichtbildschau

wo man die professoren das unfaßbare in die in mordöl gekochten quadratschubladen einordnen sieht der applaus des Guten Willens und die erklärungen des Bummbumm, des echten, durch das fehlen der landschaft hut fisch in den bildern machen sich die rahmen auf und davon. Infusion träger bakterien in die fröstelnden adern.

1919 - märz

Scheiße kam zum ersten mal in zürich als käse zur welt - a b e r das volk hat seine kunst das ist nett und selbst die theorien man befürchtet die explosion, **große ausstellung im kunsthaus:** Picabia, Arp, berge von Wilhelm Teller um Teller von Baumann etc. ≡ andere religiositÄten, kubismus in streichholzschachteln. T r. hält einen vortrag über T z. professoren etc. projektionen geschrieenes ge**dichT** f e t t e t r o m m e l betont schellen links zerbricht man unterbrechung trockenen nüchterne wissenschaftliche statische r e p r i s e chemische arrangement erklärung voon à a o, a o i, i i e, bild einiger stellarer schnappschüsse die fasern vereinen sich noch einmal in einem höheren fest zu den verdächtigungen des t w o - s t e p des b o w i e mitten unter den wohlgenährten beinen unserer olympischen begleiterinnen grammophon für die sittsamkeit jedes insekts in seinem tödlichen grillenschrei und die biologische penetration in den sphären der magie und der ruhe - nachdem der ***Dr. Jung*** die füße seiner gattin verspeist hat nennen sich die produkte psychobanalyse und der berühmte futurist Rubiner bereitet ein werk über ***J e s u s in der sommerfrische*** vor. Renaissance von 391, nummer 8, revue auf reisen, in New-York gegründet, in Barcelona gedruckt, in Zürich erschienen. Taumel alkohol die emotion nimmt Mont-Blanc ausmaße an M a n i f e s t w i r w o l l e n w i r w o l l e n i n v e r s c h i e d e n e n f a r b e n s c h e i ß e n u m d i e z o o l o g i e m i t a l l e n k o n s u l a t s f a h n e n z u s c h m ü c k e n die hunde bellen und der durchstich des Panama auf klavier und auf der landungsbrücke machen sich die jungen mädchen und der beamte der bitterkeit auf und davon.

Richter an Tzara
5. 1. 1919, Lugano

Cher maître Dada,

bitte verwenden sie den großen Linoleumschnitt *nicht* für die Luxusausgabe. 1) arbeite ich ungern an Luxusausgaben mit, und 2) möchte ich ihn gerne der Ausgabe *Arp Flake Janco Tzara etc.* <der spätere *Zeltweg*> geben. Flake schrieb mir. Ich werde gerne mitarbeiten. –
Bitte, also, lassen sie den Schnitt nicht drucken.
– Einen kleinen, weniger anspruchsvollen, farbigen will ich ihnen gerne schicken. Aber mein großes Ding schiene mir die Wichtigkeit der Luxusausgabe gegenüber der gewöhnlichen Ausgabe zu sehr zu betonen. Das will ich nicht.
Ich schreibe ihnen bald und werde bald in Zürich sein.
Herzlichst

ihr Hans Richter

Tzara an Picabia
8. 1. 1919, Zürich

*Mein lieber Freund,

ich wollte ihnen schon seit langem schreiben, aber die mechanische Arbeit der letzten Tage nahm mir die Gelassenheit, aus der heraus ich ihnen gern geschrieben hätte: der transchromatische Freiheitsdrang ihrer *Rateliers platoniques*; ich schätze ihre Sachen immer mehr und vor allem die Vitalität des individuellen Prinzips des Diktats, das Einfache, Qual + Ordnung. Aber was bedeutet Erklärung schon – ist doch die einzige Bestätigung der destruktiven Arbeit (die jede Kunst ausstrahlt) die Produktivität, und dies nur bei starken Naturen. – Ich glaubte, sie würden jetzt nach Zürich kommen, um sich die Ausstellung im *Kunsthaus* (wo sich ja auch ihre Werke aus Basel befinden) anzusehen. Es freut mich, ihre Sachen zu sehen, ich sah bereits vor einigen Monaten einige Gemälde: morgen, wenn die Ausstellung gehängt wird, werde ich die Zusammenstellung ihrer Werke überwachen. Die Ausstellung wird übrigens interessant werden. (Ich sehe bereits eine Reihe von Rücktritten und bourgeoisen Attacken voraus, eine Art Volksschuppen, von mindestens 10.000 Bürgern besucht, (es ist wahr!), halboffiziell losgelassen – horribile dictu – ich demoralisiere, werde vielleicht einen Vortrag über die ausgestellten Werke halten – ich habe noch nie eine Gelegenheit, mich zu kompromittieren, ausgelassen, und, abgesehen von der Dämonie, ist es ein wirksames und erholsames Vergnügen, die Taschentücher eines Taschenspielers vor den Lampions der Kuhaugen zu schwenken. Ich denke nun ernsthaft daran, nach Paris zu kommen, ihre Einladung gibt mir neue Kräfte. □ Grüßen sie diejenigen mit Begabung zur Antiphilosophie und höherem Genie, die ich auch zu meinen Brüdern zähle, bis ich ihnen in Paris die Hände schütteln kann. Sie werden sehen, daß es kein Märchen ist — eines Morgens werden sie ein Eiltelegramm erhalten, daß ich komme! Wir werden vielleicht schöne Dinge machen können, da ich ein wahnsinniges und nach den Sternen greifendes Verlangen habe, die Schönheit meuchelmörderisch zu überfallen — die alte natürlich — mit Signalhorn und Standarte oder nahe beim Feuer, still und leise □

ihr Tzara + Freundschaft*

Richter an Flake
8. 1. 1919, Lugano

Lieber Herr Flake,

ihren Brief vom 30. Dezember 1918 habe ich erhalten. Ich danke ihnen für ihre Aufforderung und sage ihnen gerne zu.
Wollen sie mir bitte noch folgende sachlichen Fragen beantworten. 1) Sollen die 2 ganzseitig auf satiniertem Papier etc. zu reproduzierenden Fotos solche von Bildern sein? 2) Wie groß ist der Druckspiegel respektive wie groß ist das genaue Format? 3) Die Biografie kann doch wohl nur eine prinzipielle Erklärung sein für die menschliche und artistische Haltung, die jeder der Mitarbeiter einnahm, einnimmt!? 4) Bis wann sollen die Beiträge bei ihnen respektive Arp sein?
Die Stöcke für die Holz- respektive Linoleumschnitte schicke ich. — Fotos von Bildern lasse ich in der von ihnen gewünschten Größe anfertigen, wenn ich die oben angeführte Frage beantwortet bekommen habe. — Das Honorar wird kommunistisch verteilt?!
Bitte grüßen sie die Züricher Freunde und Bekannten von mir.
Mit bestem Gruß

ihr Hans Richter

P.S. In 8-16 Tagen bin ich in Zürich

Tzara an Picabia
16. 1. 1919, Zürich

*Lieber Freund,

ich bin sehr beschäftigt — ist das ein Zeichen von Optimismus? —, weil ich diesen Abend den Vortrag halte, von dem ich ihnen schrieb; das heißt, ich glaubte bis zuletzt noch, an dieser Exegese arbeiten zu können, aber es wurde mir dann doch zu blöd; ich werde einen Vortrag nehmen, den ich bereits vor zwei Jahren hielt — die Arbeit besteht deshalb darin, die Seiten dem Zufall nach zusammenzustellen, da die amüsanteste Sache sicher die Projektionen sein werden. Tausend Dank für ihren Brief. Ich erwarte sie mit großer Freude. □
Ihre Bilder sind sehr schön, ich mag sie sehr — unglücklicherweise gelang es mir nicht, mehr als 4 Bilder und 4 Zeichnungen zu hängen. Das Herz des guten Herren konnte es nicht mehr ertragen, sonst wäre er tot umgefallen, was schade wäre, hat er doch einen so schönen Bart. Und wegen dieser wenigen Sachen gab es so viele Schwierigkeiten, aber ich hoffe, mich heute abend dafür zu rächen, indem ich gewisse Bemerkungen zur Schönheit äußern werde, — auch wenn ich nicht auf futuristische Art und Weise pissen werde, so bleiben sie doch die vorzüglichsten Vollidioten im Tierreich der Insekten. □ *

De Pisis an Tzara
17. 1. 1919, Ferrara

*Lieber Herr,

erst heute morgen erhielt ich den *Dada 3*! Sehr interessant. Es freut mich zu erfahren (ihre 5. Postkarte vom 15.12.1918), daß sie die Zeitschriften, die ich ihnen schickte, bekommen haben. Viele andere haben auch über sie geschrieben, aber entweder waren sie unauffindbar oder ich konnte mich nicht von ihnen trennen. Es freut mich, daß ihnen die *Valori Plastici* gefallen haben. Ich bitte sie, sie zu besprechen und sie soweit als möglich zu verbreiten.
In dieser *Dada*-Nummer finde ich italienische Sachen, die ihnen wohl vor meinen geschickt wurden, und solche, die sie (ich weiß nicht warum) vorgezogen haben, nachdem sie zwei Jahre lang *den Herrgott einen guten Mann sein haben lassen.* □ *

Maya Chrusecz an Tzara
20. 1. 1919, St. Moritz

Mein lieber Lilalee,

ich wünschte, ich wäre bei dir, alles ist hier so hohl und blöd, das einzige, was mich interessieren würde, wäre Sport zu treiben, aber dafür ist keine Zeit. Der Klimawechsel macht mich unglaublich müde, und wir haben soviel zu tun. Dazu kommt, daß ich gar nicht geschlafen habe seit Zürich, eine ganz bekannte Erscheinung, an der viele Menschen hier zuerst leiden. Die Reise war schrecklich lang, kalt und ermüdend. Hier sind über 20 ° Kälte, stell dir vor, aber alles ist dick im Schnee und schönste Sonne. Lieber kleiner Lilalee, was tust du?
Ist es recht, daß du abends nicht mehr zu mir kommst? So schnell gehen böse Wünsche in Erfüllung. □

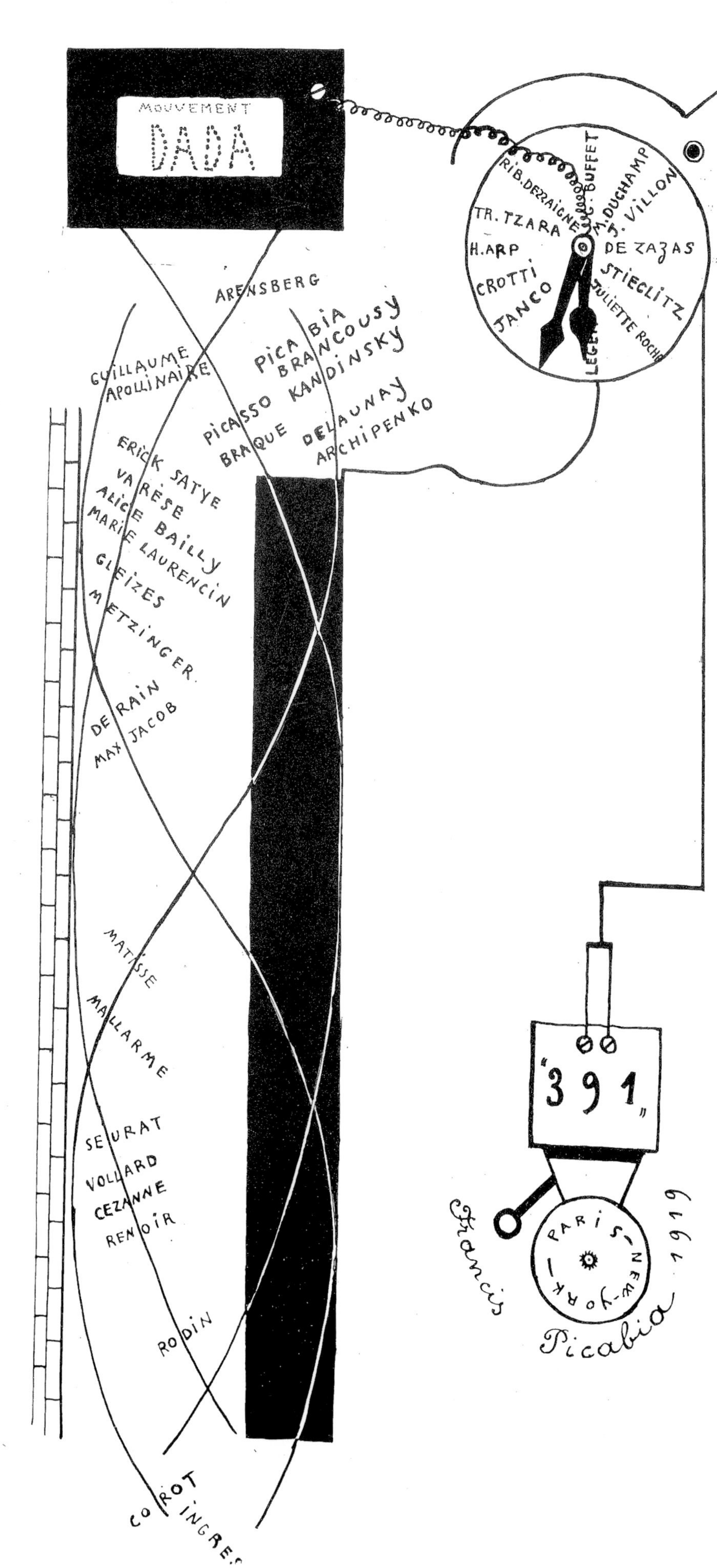

Francis Picabia, Mouvement Dada, Dada 4-5

Gabrielle und Francis Picabia kamen aus den Vereinigten Staaten zurück, und ihre Ankunft im Jahre 1919 in Zürich war den Dadaisten allein vorbehalten. Tristan Tzara und ich bildeten das Empfangs- und Ehrenkomitee. Um sie zu treffen, gingen wir ins Hotel Elite und fanden Picabia gerade dabei, einen Wecker zu zerlegen. □

Ich mußte unwillkürlich an die *Anatomie* Rembrandts im Kunstmuseum von Amsterdam denken. Wahrlich, wir hatten einen großen Schritt vorwärts in das Reich der Abstraktion getan. Erbarmungslos zerlegte er seinen Wecker bis auf die Uhrfeder, die er triumphierend extrahierte. Für einen kurzen Augenblick unterbrach er seine Arbeit, um uns zu begrüßen. Doch ohne viel Zeit zu verlieren, versah er ein weißes Papier mit den Abdrücken der Rädchen, Federn, Zeiger und anderer geheimer Teilchen der Uhr. Eifrig schlug er diese Dinge vom Stempelkissen auf das Papier wie ein pflichteifriger Postbeamter, verband diese Stempel miteinander durch Linien und schrieb dazu an verschiedenen Stellen der Zeichnung Worte, Sätze, deren Inhalt seltsam entfernt von unserer mechanisierten, dummen Welt ist. Er schuf antimechanisierte Maschinen. Er hatte damals eine grenzenlose Vorliebe für Räder, Schrauben, Motoren, Zylinder, elektrische Leitungen. Er zeichnete und malte mit diesen Dingen zwecklose Maschinen des Unbewußten. Eine ganze Flora solcher Maschinen ließ er aufwuchern. Er schrieb in jener Zeit auch Gedichte, *La fille née sans mère* <1918>, welche uns zwangen, feierlich auf dem Kopf zu stehen. In diesen Gedichten gibt es keinen vertrockneten rhetorischen Schwamm mehr. Keine schillernde schillersche Phrase, keine Fata-Morganata in einem Büstenhalter.

<Hans Arp>

großes illegitimes licht das die sonne bauch unter die stiege der rippen rammt — intrazellulärer detektiv — ich ersticke unter der lawine der morgendlichen apokalypsen und der sorglosigkeit- die weiten mäntel bedecken den tauben hügel und das gemurmel schrei graphit

nutzlose promenade durch die tagungen der perfektionen — wo sind die guten väter der konstanten behauptungen — in ihre gemeinsame handwerde ich die schwere meiner klischees legen um die überflüssigkeit meiner arme und beine zu entfachen.

zahlschein all mein blut und die gratisintelligenz — ich will nichts ich will nichts laßt mich in frieden nicht schreien noch mich beruhigen nicht verzweifeln noch chemisch — vulgarität des absoluten klebt die medizin der inhalte neben die plakate gegenüber der pißbude — sei sie für die menschen oder die ratten das ist egal und ich gebe jedem 20 groschen mehr.

ich oder ein anderer die sprache saugt mich auf ohne ornamente — wenn es zu hell ist werde ich dich fressen damit du die leber kennenlernst die lunge bei der arbeit ich bin noch niemals krank gewesen denn jedes wort ist lüge — bis zu dem zeitpunkt wo ich zelle für zelle auf dieser tabaksdose vorlegen werde wenn das nach benzin riecht ist es die adresse der ewigkeit und ich werde niemals [illegible] sie eingehen denn dort ist es mir zu sauber.

die kinnbacken der gutgebauten sätze gesunder menschenverstand wohin man [illegible] stop — die elastische farbe oder ich bin nicht frei deshalb bin ich das problem — wenn ich einfach bin gibt es kein problem mehr stop deshalb beginne ich wieder von vorn ob mir das gefällt? ich liebe schokolade vom ballon aus analysierten an den mund der städte und von hier aus [illegible] ich zahnarzt der sterne simultanes gedicht es ist sehr einfach licht in den gummi unter der zunge zu bringen — ich zitiere ein gedicht von 1915: *und alle kleinen kacka machen dort wo bei uns andere liebe und ehre logieren* — in zwei zahlen kann ich die welt sehen selbst keiner und ich kann sie selbst ohne zahlen sehen zum beispiel patrone einrücken sehen macht einen schlechten eindruck wegen der töne doch verstehen ist unbequem und die schaufensterpuppe aus wachs ist nicht gelockt — um zu verstehen gibt es die konsequenzen das ist immer sauber gelockt [illegible] konferenzen zuhören ich werde überall hingehen zu den konferenzen konferenzen.

die fasern eines insekts in der phiole schütteln tinte ohne menschlichkeit — es ist anmaßend ich schüttle ihnen die hand achtung sexuell vorsicht danke ihnen für ihre wünsche in der zwischenzeit werde ich zusammenrechnen knorpelgesellschaft gegen rückvergütung erzählt man secrets of live im grunde ist es sehr angenehm oder unangenehm und präzise. die mechanik des feurigen spieles das brennt zieht die schatten mit sich frage der statistik gibt mir recht die fische des südens wissen nichts das ist gut oder schlecht 17. september das war der tag und die wolkenkratzer um die anilinschreie zu ertragen

kälte fisch kälte fisch das rad der städte das rädchen goldfaden und mit flexiblem circumflex fand ich meinen weg du bist mein weg und die wahrheit des two-step.

T. TZARA

<391, Zürich Februar 1919; beim Treffen Picabia — Tzara verfaßte erste automatische Texte>

Francis Picabia, der Tanz des Saint-Guy, 1920

der zufall ist logisch in umgedrehten betten die nichts gerades oder ungerades haben außer der nacht die größte anstrengung findet sich am anfang des gewinns der liebe wo der mensch sich von der ernährung der ideen nicht zu unterbrechen scheint moral in wucherungen schiffbruch um ratten in den zu strengen rang zu erheben den eine theologische geste die gute sklaven macht absolut setzt doch niemals schafft die grenze eines stummen spatzen einen schöpfer grammatiker der unzusammenhängenden sprache wie die erfahrung bis zur lächerlichkeit als gewicht des streites der in der luft liegt Descartes nützlich und präzise vor allem im allgemeinen wilde küsse für die christlichen gebote des geifers eines alten fanatikers den die jesuiten als unsterbliches leben ausgeben rein historisch und faul in seinem mantel zivilisation farce des anderen nachdem d.h. mode mit ein wenig guter schule im grund eines üblichen ve[illegible] glorie der muskeln ohne kerzen in einem applaudierten ozean am für den mord bereiten pfahl ankommt der den ertrag vermehrt durch eine einzigartige magie skalp im prinzip immer von großer aufnahmefähigkeit der reproduktion seiner enthusiasmen bedürfend wo sich die fläschchen gerüche der geringsten deckungen spielen wie die milz der gefühle will eine methode für die lippen der geometrie so unnütz wie die integrale schönheit gemäß derer sie praktiziert barrentischler morphologische dissertation ohne einen band über die unschuld von heute um in zirkulären worten mit dem strom zu schwimmen doch dies beherrscht das mögliche vergnügen der herrschaft der frau mit dem inneren gehör denn nur die kinder schatz des unbewußten aberglaubens im fleisch der jahrhunderte schöpfen aus den händen der stunde definition des subjunktives des sozialen lebens unerwartetes oder verzogenes porzellan wie das hirn der vollkommenen narren die im zürcher kino zum angriff der vergeblichen skizzen auf jeder feder anstelle des mundes umsonst schwanz tanzen zu allen türen der tugend zu führen sehen sie das rad im gegenteil um die vergeblichen gebilde zu färben die damalige rückkehr erleiden dessen gefühle ich schmücke Oh Marcel Duchamp mit träumen aus der umgebung von New York halo auf goldgrund ersetzt wenn man sich von den geschäften reinwäscht die migränen oder sogar links die luft erblühte luft einen handschlag der wiedervereinigung erflehend vorbereitet ohne die unwissenheit einer halbseidenen puppe als vornehmheit in berührung der koketten naivität modernen sprache wollen sie einen schriftsteller Chateau-briant oder sechs liebeleien dilemma der freien liebe es ist der falsche schlüssel des systems der freiheiten den man im biberhonig hat um an häusern des glücks in der sklaverei Clovis für die errötende jungfrau der enigmatischen und sterilen vereinigung kinderei bis zu den blüten der vereinigungen zu pferd rund um das kleine glück oder aber rettet es vor der patriotischen entartung.

F. PICABIA

1919 — februar

gerade erschienen

/ Edition Mouvement Dada /

391 preis 2 fr.

zeitschrift auf reisen / New-York — Barcelona / Gabrielle Dada Manifest Buffet Alice Bailly Arp der ewige wird eine ausstellung venezianischer baumwurzeln machen Picabia PICABIA The Blind Man Ribemont-Dessaignes Tzara Duchamp etc.

Ausstellung Arthur Segal (Wolfsberg, Zürich)

Serner an Tzara
7. 2. 1919, Genf

*□ Mir geht's hier *comme si, comme ca*. Ich weiß nicht, ob ich lange hier bleiben kann. Das hängt von vielen und nicht zu angenehmen Dingen ab. Es ist fast unwahrscheinlich geworden, daß ich nach Zürich zurückkehre (Wüßten sie ein Zimmer?). — Ich werde sofort an Hr.n Ball schreiben, aber viel Hoffnung habe ich nicht. — Was meine Werke betrifft (*teremtete!*), so wissen sie, daß ich die Gewohnheit habe, sie niemand lesen zu lassen. Aber ihnen gegenüber hätte ich, ich versichere sie, eine Ausnahme gemacht. Doch, ach! Vor zwei Wochen arrangierte ich ein wunderbares Autodafè auf einem Tisch. Im Moment habe ich die Absicht, mich wie üblich zu verhalten, zur Hälfte kleine Verleumdungen, zur anderen eine saubere Ironie. Herzlichst, immer der ihre

Serner*

Picabia an Tzara
9. 2. 1919, Gstaad

*Mein lieber Tzara,

neuneinhalb Stunden mit der Eisenbahn, um hierher zu fahren, das ist wirklich eine schreckliche Reise, und ich bin froh, hier angekommen zu sein; aber ich vermisse Zürich: diese drei Wochen vergingen schnell wie der Blitz — Hier habe ich den Eindruck, Gefangener der Berge oder noch ein bißchen kränker zu sein und frische Luft zu brauchen. — Mein Zimmer ist groß wie eine Bootskabine, das Bett und der Tisch sind maßgerecht. — Die Zimmermädchen haben blaue helle Augen — Das ganze Hotel vermittelt den Eindruck eines mittelmäßigen Heims für die menschliche Rasse, die Überlegenheit des Männlichen fehlt. Ich muß nur 8 Tage hier bleiben; glücklicherweise scheint die Sonne.
Ich rechne darauf, daß mir der Drucker die Abzüge so schnell wie möglich schickt, ich will sie möglichst bald einkleben. Was für eine Destruktion! Einen lieben Gruß an ihren Freund Harp und für sie all meine innigste Freundschaft —

ihr Francis Picabia

Alle Schiläufer hier sehen wie frittierte Fische aus — hat ihnen Ribemont-Desaignes Zeichnungen geschickt?*

Segal an Tzara
8. 2. 1919, Ascona

Lieber Herr Tzara,

ich habe ihren Brief soeben erhalten und danke ihnen dafür. —
Ich verstehe nicht, warum sie das letzte kleine Stück des Kapitels weglassen wollen. Wenn sie durchaus darauf bestehen, so tun sie es. —
Mir persönlich liegt viel an dem Satz *Weil wir Helden in Dramen, in Romanen u.s.w. haben, darum leidet die Menschheit* ..., denn das ist für meine Auffassung der *Gleichwertigkeit* von gewisser Bedeutung. — Ebenfalls der Unterschied, den ich zwischen *Schein* und *Wirklichkeit* mache, bezüglich des Kunstwerks.- Ebenfalls zwischen *offenem Geheimnis* und *Offenbarung*. Sie werden begreifen, daß ich gerne den letzten Teil hätte.
Wenn sie aber beschneiden wollen, tun sie es, aber passen sie auf, daß ich nicht impotent dabei werde.
Mit besten Grüßen und Wünschen

ihr Arthur Segal

Bailly an Tzara
10. 2. 1919, Zürich

*Lieber Tzara,

ich bin für zwei Tage nicht da, aber ich treffe sie wieder am Samstag und freue mich darauf, über die Soirée mit ihnen zu sprechen! Guten Erfolg jedenfalls! Sonntag wird meine Ausstellung im Kunsthaus eröffnet; würden sie einige Freunde davon in Kenntnis setzen; es wäre mir angenehm, einige von ihnen auf eben dieser *Vernissage* zu treffen.
Tausend Grüße

Alice Bailly

P.S. Wir schreiben noch an Picabia, oder?*

Segal an Tzara
11. 2. 1919, Ascona

Lieber Herr Tzara,

ich vergaß, sie in meinem letzten Brief zu bitten, im nächsten Heft *DADA* eine Notiz zu bringen, daß die Grafische Anstalt J. G. Wolfenberger, Zürich, eine Mappe meiner neuen Arbeiten herausbringt. —
Die Mappe enthält
10 farbige Reproduktionen
12 Holzschnitte Originaldruck
2 Kapitel Text aus meinem Buch *Grundlagen der wesentl. Kunst*
Bitte es zu tun — auch meine kleine Bemerkung über *Gleichwertigkeit* als Basis meiner Kunstauffassung. Ich will dann das Heft an Wolfsberg (Kunstsalon) senden.
In dieser Erwartung grüße ich sie bestens

ihr A.Segal

Ich habe bereits an Wolfsberg geschrieben, daß in *DADA 4* ein Kapitel aus meiner Arbeit und eine Reproduktion erscheinen.

Tzara an Picabia
15. 2. 1919, Zürich

*□ Für das projektierte *DADA 5* verlangte man einen verrückten Preis, überhaupt in keinem Verhältnis zur Arbeit etc. Deshalb arbeiten wir an *DADA 4*, das ihre Zeichnung, zwei ihrer Gedichte, jenes von Frau Picabia etc. enthält. Ich hoffe, daß es sehr schön wird — und ich habe genügend lebhafte und ätzende Notizen verfaßt. Reklame, 8 oder 9 Seiten verschiedene Farben (Papier).
Es ist schade, daß man nicht das große Blatt machen kann, Arp bittet noch andere Drucker um ihren Kostenvoranschlag. 391 gefällt sehr. Ich zeigte es einigen Leuten. Es ist in den Buchhandlungen. Fräulein Alice Bailly war hier, Samstag, sehr lebhaft und voll Hoffnung, sie glaubt an eine Art Sieg der modernen Malerei, aber sie ist sehr sympathisch.
Auf Wiedersehen und mit all meinen Grüßen

Tzara

Ein Herr *Benjamin* (Schriftsteller und Journalist), Marcellistr.22, Bern, möchte gerne ihr *Fille née sans mère* haben, das er irgendwo gesehen hat und das ihn interessiert.*

Picabia an Tzara
18. 2. 1919, Gstaad

*Mein lieber Tzara,

morgen abend reisen wir nach Lausanne; es ist sehr schade, daß wir hier keine Woche zusammen verbringen konnten. Was führe ich doch für ein Nomadenleben, Nomade in vieler Hinsicht — Morgen abend keinen Schnee mehr, ich hoffe es zumindest, andererseits bin ich zufrieden, Schnee zu sehen läßt einen frieren, und die weiße Kette der Berge macht mir Angst: die Pyramiden in Ägypten mag ich lieber.
Ich habe viel gearbeitet und ein Gedicht beendet, das ich vor einigen Monaten begonnen habe, *Ron-Ron*:

Die pyramiden blühen
mit einem galonierten käppi
unter dem traurigen licht der sonne
diese nähe erschüttert mich
ich will nicht mehr etc. etc.

und weiter

Die erde ist eine schachtel
mit faulem boden
und alle menschen sind eklige särge
deren geruch
keine geste keinen gedanken hat
Ich bin im land der schwindsucht
die kranken machen bei vollem bewußtsein
sonnenkuren
bis zu ihrem tod
dieses land tut auch
den anämischen
unvollständigen
unsicheren
nervösen
gut
das schmale licht der sonne
verwirrt die leute
was mich erstaunt
ist daß die sonne kein freudenfeuer ist

Ich habe Paris besucht. New York. London. Berlin. Zürich. Brüssel. Moskau.
Ich werde in diesen Städten wohnen
aber niemals mehr zurückkehren —
etc. etc...

□ Liebe Grüße an H. Arp —
Der griechische Abschied bedeutet vieles, wissen sie, aber ich habe ihren Auftrag ausgerichtet —
Herzlichst

ihr Francis Picabia

Geht es ihnen besser? Die Neu, neu <Neurasthenie> ist eine verteufelte Krankheit — In Zürich ging's mir besser.*

Hardekopf an Tzara
18. 2. 1919, Lugano

*Lieber Herr Tzara,

ich erhielt *DADA 3* und 391 und bewundere den sublimen *Amerikanismus* dieser erstaunlichen Publikationen.
Beiliegend lasse ich ihnen drei sogenannte Gedichte für das Heft, das sie im Augenblick vorbereiten, zukommen. Ich würde es vorziehen, wenn sie alle drei abdrucken könnten. Sonst: wählen sie! Und haben sie die Güte, mir die Druckfahnen zuzusenden. Bitte.
In aufrichtiger Freundschaft

F. Hardekopf*

Serner an Tzara
22. 2. 1919, Genf

*□ Ich schrieb einen geharnischten Brief an Ball; aber wie ich bereits wußte, antwortete er nicht. Ich hoffe nicht mehr, daß ich die Manuskripte noch erhalten werde. Er ist wahrscheinlich kein netter Kerl! — Jetzt, weil das Wetter schön ist, bin ich ein wenig zufriedener, hier zu leben; aber nicht allzusehr. Meine Absichten sind immer noch unsicher. Was soll man bloß mit so einer unerträglichen Zeit machen! Wenn ich wenigstens Tafeln von Schokolade erwischen könnte! Das wäre eine große Freude für mich. Aber, ach! Ich bin dafür nicht weise genug. □ *

Tzara und Waldemar Jollos in der Rämistraße

Walter Serner in der Rämistraße

Hardekopf an Tzara
26. 2. 1919, Lugano

*Lieber Herr Tzara,

haben sie meine Manuskripte erhalten? Und hätten sie die Güte, mir noch ein Exemplar von *DADA 3* zukommen zu lassen (mit meinem *Regie*)? Ich wäre ihnen sehr verpflichtet.
In Freundschaft

F. Hardekopf*

Serner an Tzara
28. 2. 1919, Genf

*□ Ich reise morgen nach Zürich ab. Ich teile ihnen das mit, damit sie nicht Zürich verlassen, weil sie mich immer noch in Genf glauben. Ich mag diese vollkommen langweilige Stadt nicht mehr. Auf Wiedersehen! □ *

☞ m ä r z : Ausstellung Viking Eggeling

☞ a p r i l : Ausstellung Alice Bailly

(Kunsthaus Zürich).

Die pelze des kubismus, eine fantasie, die sich zu transformieren entschließt, verdampft zu 1000 kleinen pferden und **die freiheit** der freiheit, wir warten noch auf die entthronung des lord byron und die andere freiheit, die themenlose, ohne sujet, die mit der farbenfreude und den wellen der stickerei zusammen 50 PS ergibt: – a l k a l k a l i a l k o h o l des alkibiades.

31. m ä r z : **Mary Wigman** t ä n z e (Pfauentheater)

Kaulköpfe im salon strohfuß und die große blutkugel r o l l t, t o l l t, die menschenmenge t r o l l t sich in die p h i o l e die sich füllt mit p h i l o s o p h i e, so viele sehen diese frau in sich wiegenden winden. Peinlich genau hier betrinken sich die vögel.

Viktor Eggeling, Studie zur Diagonal-Symphonie

Vischer an Tzara,
<März 1919>, Prag

Euer Wohlgeboren,

hierzulande gehört es zum guten Ton der Zeitungen, über den Dadaismus zu spotten etc. Da ich als Expressionist z.Z. über *Expressionismus* den selben Vorgang beobachten konnte (leider am eigenen Leib), so glaube ich mit Recht annehmen zu können, daß da wieder einmal unsere lieben Journalisten klug tun wollen. Die Richtung scheint mir schon aus dem Grund ernst zu sein, da ja O. Flake dabei ist.
Es würde mich daher wirklich sehr interessieren, etwas mehr als nur die Namen Tzara, Arp, Picabia, Janco, Giacometti, Huelsenbeck etc. zu wissen. Ich bitte, mir eventuell Broschüren, Prospekte, Probenummern d. Zeitschrift *Dada* od. *391* soweit als tunlich zusenden zu wollen.
Ich würde gegebenenfalls durch Gegenaufsätze, Berichtigungen etc. hiesiger Feuilletonschmökerei entgegentreten, d.h. ihnen von Wert sein. Voraussetzung dafür ist: meine Selbstorientierung über diese Richtung. Ich würde ihnen für die kleine Mühe von Prospektzusendungen etc. sehr dankbar sein.
Einem baldigen Bescheid entgegensehend

Melchior Vischer

Tzara an Breton
5. 3. 1919, Zürich

*Mein lieber Breton,

ich bin sehr gerührt von dem Vertrauen, das sie mir zeigen; wenn ich ihnen lange nicht schrieb, dann in erster Linie, weil ich zu beschäftigt war (eine große moderne Ausstellung mit 12.000 Besuchern, Vorträgen, von mir organisiert) und unter einer Nervenkrankheit leide, die mich schon seit langem quält. Ich bin ruhiger jetzt: vorgestern hatte ich einen entsetzlichen Schock: am Bahnhof wurde eine Frau, die aus dem Zug stieg und mit der ich sprach, einige Sekunden später vor meinen Augen vom Zug buchstäblich in Stücke gerissen. Sie verstehen, daß ein solches Abenteuer selbst einen von Ungeziefer zerfressenen Mont Blanc heilen würde — und die Relativität, die sich bestätigt und meine Nahrung ist, wird in diesem Fall zum besten Serum.
Soupault hat mir erzählt, daß sie eine Zeitschrift <*Littérature*> machen. — Ich habe ihm 2 Gedichte geschickt — aber den Titel und die Tendenzen der Zeitschrift kenne ich noch nicht. Was sie mir von André Gide erzählen freut, aber wundert mich nicht. Es scheint mir, als ob sie in ihrer Zeitschrift den Übergang von der alten zur neuen Literatur betonen wollten, was (sehr) wichtig ist, aber mir eher etwas für Kritiker und

Geschichtsschreiber zu sein scheint. — Wenn sie so etwas ohne Prätention realisieren, wäre ich glücklich, mich unter ihre Freunde zählen zu dürfen. — Das ist ganz offen meine Meinung, und ich bin mir sicher, daß andere Ansichten, die ich vielleicht kenne, sie zu klaren und festen Entschlüssen geführt haben. Ich warte deshalb mit Ungeduld auf die erste Nummer.
Ich weiß noch nicht, wann ich nach Paris kommen werde: mein Aufenthalt in Paris wird von finanziellen Umständen abhängen — weil es sie interessiert: ich bin 27 Jahre alt und sehe deutlich genug, eine Frage der Gewohnheit und des Metiers — der Ekel, von dem ich an anderer Stelle sprach, ist wirklich und nach dem größten fand ich mich wieder: einige Jahre verloren an die Philosophie. Ich bin sehr gutmütig in meiner Art, die Werke der Dichter zu beurteilen (sie sehen das in *DADA*), aus dem Grund, weil ich kein Kriterium habe. Die Unmittelbarkeit der Äußerung bildet für mich eine Wahrheit, die mir genügt.
Des einen Dichters Phantasie ist saftig, des anderen arm und ein bißchen trocken. Sich in den Möglichkeiten zu verlieren ist unnütz. Ich versuche seit Jahren, jeden *Charme* in den Dingen, die ich mache, auszumerzen, als Kriterium hasse ich die graziösen Linien und die äußerliche Eleganz. Mein lieber Breton, sie werden vielleicht ein wenig von dieser hastigen Art des Widerspruchs oder vom diktatorischen Ton, den ich mir gegenüber führe, schockiert sein. Haben sie schon einmal über das Diktat des Geistes nachgedacht? Über die Klarheit der Präzision, die es für die Erziehung der Individualitäten mit einbringt? □*
In aller Freundschaft

Tzara

All meine Grüße an ihre Freunde

Tzara an Meriano
6. 3. 1919, Zürich

*□ Leider ist es mir nicht möglich, das Gedicht von Binazzi aufzunehmen, das ich sehr schön finde, jedoch dessen Pathos und Ton, wie ich glaube, für *DADA* nicht passend ist. Außerdem ist es zu lang. Was *DADA* betrifft, so handelt es sich darum, eine moderne Mentalität aufzuzeigen und zu festigen, die vielleicht von kurzer Dauer ist. Ich bin überzeugt davon, daß alle darin veröffentlichten Sachen von bleibendem literarischem Wert sein werden. Doch halte ich (im Augenblick) das erlebte Dokument für intensiver. Vielleicht ist das ein Ergebnis des augenblicklichen Zustandes meiner Nerven. Wenn sie mir deshalb kurze Gedichte von Autoren schicken würden, die wirklich über die futuristische wissenschaftliche Monochromie, den sentimentalen Augenblick oder die romantische Auslage und die geschäftigen Konjekturen hinausgehen, werde ich sie mit größtem Vergnügen veröffentlichen. Ich glaube, daß es besser ist, die biografische Seite wegzulassen. Das 4. Heft ist gerade im Druck, doch für die anderen öffne ich gerne die Türen. □ *

Tzara an Picabia
19. 3. 1919, Zürich

*Mein lieber Freund,

ich hoffe, daß sie gut in Paris angekommen sind und erwarte mit Ungeduld ihre Nachrichten. Fühlen sie sich besser? Die Neuigkeit ihrer so unerwartet schnellen Abreise versetzte mich nicht ganz in jenen Traumzustand, von dem man so nett in den Romanen liest, sondern machte mir die große Sympathie, die ich für sie hege, bewußt. Auch das Gefühl, daß ich sie bald sehen werde. Seien sie versichert, mein lieber Freund, daß ich mein Möglichstes tun werde, um nach Paris kommen zu können, sobald ich es möglich machen kann. Ich war bereit, am Tag, an dem sie mir telegrafierten, nach Lausanne zu fahren und im geheimen hatte ich einen Gedanken, der sie nach Zürich hätte locken können: eine große Soirée.
Jetzt kommt sie zustande. Am *9.April*, im größten Saal hier (1000 Personen). Es ist das erste Mal, daß ich bereue, nicht fahrradfahren zu können: sonst würde ich auf dem Fahrrad auf die Bühne kommen, absteigen, lesen, aufsteigen und wegfahren: Vorhang. Jetzt werde ich jemanden engagieren, der auf der Bühne umherspaziert, während ich lese. Arp fürchtet die Emotion: man fabriziert auf der Bühne einen großen Kegel mit der Aufschrift: *Arp,* und im Moment, wo dieser mit dem Revolver schießt, streckt sich eine rote Zunge aus einer Öffnung und der Kegel — d.h. die Person darin beginnt, seine Gedichte zu rezitieren. Die ganze Vorstellung wird amüsant sein, und es ist schade, daß sie nicht mehr hier sind. Ich werde ihnen Programm und Plakat schicken.- Wie geht es ihnen? Bleiben sie in Paris? *DADA 4-5* erscheint noch vor der Soirée, ich sende ihnen unverzüglich mehrere Exemplare. Ein hellhöriger und doch blöder Artikel erschien in einer Schweizer Revue über die Ausstellung, den sende ich ihnen; der Artikel über 391 wird auch dieser Tage erscheinen. Was spricht man über *DADA* in Paris, so im allgemeinen? Wenn sie wollen, daß ich es an verschiedene Personen schicke, senden sie mir ihre Adressen, ich bitte sie. Vielen Dank für ihre *Rateliers* und *Ronron* — ein bewundernswertes Buch, das ich sehr liebe —; sie wissen genau, wie ich ihre Gedichte schätze und warum.
Gibt es *wirklich* interessante Sachen in Paris? Die, die es nicht sind, über die bin ich genau informiert. Ich schreibe ihnen aus einer Art Fieber heraus, denn endlich fand ich eine Idee, die mich für einige Zeit amüsieren wird: die Soirée. Es gibt Leute, die von einem Tag zum anderen leben; ich lebe von einer Idee zur anderen. Doch weiß ich, daß dieses Spiel mich bald auch langweilen wird. Umso besser. Ich arbeite trotzdem. Ich

werde ihnen einmal meine Prosastücke schicken. Der Titel dieses Buches wird heißen:

Haute couture
Monsieur Aa l'Antiphilosophe

Schreiben sie mir, mein lieber Picabia, und seien sie meiner ganzen Sympathie + Liebe versichert.
Mit freundlichen Grüßen

ihr Tzara

Wir wissen genau, daß der Futurismus eine Idiotie ist. Aber lasen sie *Der Fut. vor, während und nach dem Krieg*? Marinetti geniert sich nicht zu schreiben: Der Futurismus, vor *elf Jahren* geboren! Stellen sie sich vor!! Welche *Idioten*! 11 Jahre!!
Meine Freundschaft auch an Fr. Picabia. Arp denkt oft an sie und läßt sie grüßen.*

Franz Jung an Tzara
2. 4. 1919, Berlin

*Lieber Meister,

ich freue mich, daß sich endlich die Gelegenheit ergeben hat, mit ihnen in Kontakt zu treten. Hr. Hausmann hat mir mitgeteilt, daß sie die Absicht haben mehr von ihrem *Mouvement Dada* zu publizieren und ich stelle ihnen meine Mitarbeit gerne zur Verfügung. ich bin davon überzeugt, daß eine verstärkte Wiederaufnahme der Aktivitäten in Deutschland von seiten des *Mouvement Dada*, das seit 1916/17 — mit allen Hoffnungen auf sie gerichtet — so viel Erfolg hatte, jetzt sehr aktuell wäre, und es wäre mir eine Ehre, mit ihnen in dieser Angelegenheit zusammenzuarbeiten. Ich bitte sie, so nett zu sein und mir ihre Wünsche und Pläne mitzuteilen.
Mit hochachtungsvollen Grüßen

ihr ergebener Franz Jung*

Bailly an Picabia
4. 4. 1919, Zürich

*Liebe Freunde,

tausend Dank, lieber Picabia, für die Übersendung ihrer letzten Publikation *Ron-ron* & entschuldigen sie mich, daß ich ihnen nicht sofort meinen Dank und das große Interesse und das wunderbare Vergnügen bekundete, das mir ihr Buch machte.
Wie brummt doch ihre *chanson.poesie* gut!
Der Rhythmus des Titels ist ein glücklicher Fund!
Die leise Vision, dieser überraschende Donnerschlag an der Stelle machen aus diesem feuerroten Buch das Gedicht, das man wieder zur Hand nimmt, wenn die Nostalgie einen an der Kehle packt.
Ja, an der Kehle!
Ich werde meine hier lassen (Schade, denkt der boshafte Freund, der sie sind!), in diesem Land ohne Traum und Glauben! Sie sind beide zurückgefahren, und ich erwartete, sie noch in einigen Tagen zu sehen!
Ich erfuhr diesen Morgen von Tristan Tzara in Zürich, wo ich gestern ankam, von dieser Rückkehr nach Paris und das Herz schlug mir bis zum Hals, liebe Gabriële!
<Picabias Frau>
Ich habe kein Glück, zum zweiten Mal verfehle ich sie! Erzählen sie mir Neuigkeiten, ich habe Lust, im Laufe des Mai einen Sprung zu ihnen zu machen, wäre das nicht wahnsinnig von mir? Ist das Leben wirklich an einem so exorbitanten Punkt der Teuerung angelangt, daß man nicht ohne den größten Gedbeutel dorthinkommen kann? Ich muß mich unbedingt vor Ort um meine Wohnung kümmern, Möbel und Bilder leiden in einem großen Haus. Seit 1914 habe ich keine Neuigkeiten mehr darüber:
Gibt es Ausstellungen? Bereiten sie eine für Amerika vor? Wann kehren sie dorthin zurück? Erwarten sie mich, lieber Picabia? Erzählen sie mir viel, Gabriële, liebe Freundin!
Ich bin glücklich, hier die Dada-Freunde wiederzufinden. Ich erwarte eine Antwort von ihnen, ohne Umschweife, einverstanden? Ich hätte vielleicht die Gelegenheit, im Laufe des Mai oder vielleicht um den 20. April einen Freund unserer Freunde <Neitzel>, der nach Indien abhaut, zu begleiten! Ich erwarte von ihnen alles an Ratschlägen und Weisheit, ich bin hier für einige Tage wegen einer Ausstellung; wenn sie gut geht, würde es mir die Dinge erleichtern. Ich sende ihnen, liebe Freunde, meine tiefstempfundenen Grüße

Ihre Alice Bailly*

à Francis Picabia

Tristan TZARA

DIE VORTEILHAFTE JUNGFRÄULICHKEIT UND DIE BELOHNUNG DES HR.N Aa

Der koffer öffnet sich — die nutzlosigkeit der letzten jahre — die letzte jugend — auf den klappsitzen der käfige — der alterslose frühling macht auf der stiege kehrt schaut sich in den mund mit denselben zähnen derselbe spiegel in fetten initialen.
Plötzlich halten die zwei herren ein — einer sieht den anderen an — der andere im profil des ersten — fette blicke.
Haar im geschlossenen kreislauf der jungfrau — blutkörperchen scheuen nerv — das glück der gefangenen. Und auf den pensionatshöfen das was wir immer noch entdecken müssen.
Die zwei herren trugen einen beflaggten bart.
Im schlüsselloch zähne zum zubeißen bereit. Der tod in der tasche — der schlüssel in der tasche — der schlüssel hatte ein lebendiges und lebhaftes auge — Herr Aa begann ihn zu verdächtigen er hätte es gerade beendet. Das drahtgitter um ihre sprache war eng — die arme bitterkeit.
Zuckte keinen muskel. Machte kein geräusch denn die blätter der bäume das gras und die ähren trugen wollhandschuhe — gewohnheit und sauberkeit. Der mensch sät den schrei unter menschen. Jeder satz der mit voilá beginnt ist schließlich mit gewinn anwendbar. Das leben beißt sich auf die lippen die fußmatte wird durchgescheuert. Die von den maniküren auf den tod vorbereiteten fingernägel.
Herr Aa diktierte weiter. Die zwei herren merkten nichts. Und setzten ihren spaziergang fort wie derselbe. Zuckergeschmack der niemals sein langsames vibrieren auf dem zungennerv ändert — gegenseitiges sich bedanken der vereitelten gegenüber.
Die zwei herren kehrten nach hause zurück weil sie im selben hotel wohnten.

<Little Review, Frühling 1925>

DREI GESCHICHTEN VOM H.RN Aa

Ich wohnte im hotel. Seit 4 wochen. Ich bezahlte regelmäßig die rechnung. Montags wechselte man die bettwäsche. Dienstag verlangte ich die rechnung, bezahlte, packte meine koffer. Um 11 uhr war ich abgereist. Um 3 uhr 20 komme ich mit anderen koffern zurück. Ich nehme dasselbe zimmer, aber ich nenne mich künftig nur mehr Monsieur Paul Bourget.
Als man den deckel nach drei jahren öffnete, bemerkte man, daß ich durch suggestion gestorben war, da es nichts wirklich unheilbareres gibt, als das kino im narrenhaus. Ich sage dies für den augenblick der männlichkeit und für den eukalyptus der revolvermündung.
Die thermometrisch-poetische höhe höher als die fata morgana wenn die hitze uns heiligenscheinhosen anzieht vielleicht.

<391, Februar 1919; Herr Aa der Antiphilosoph>

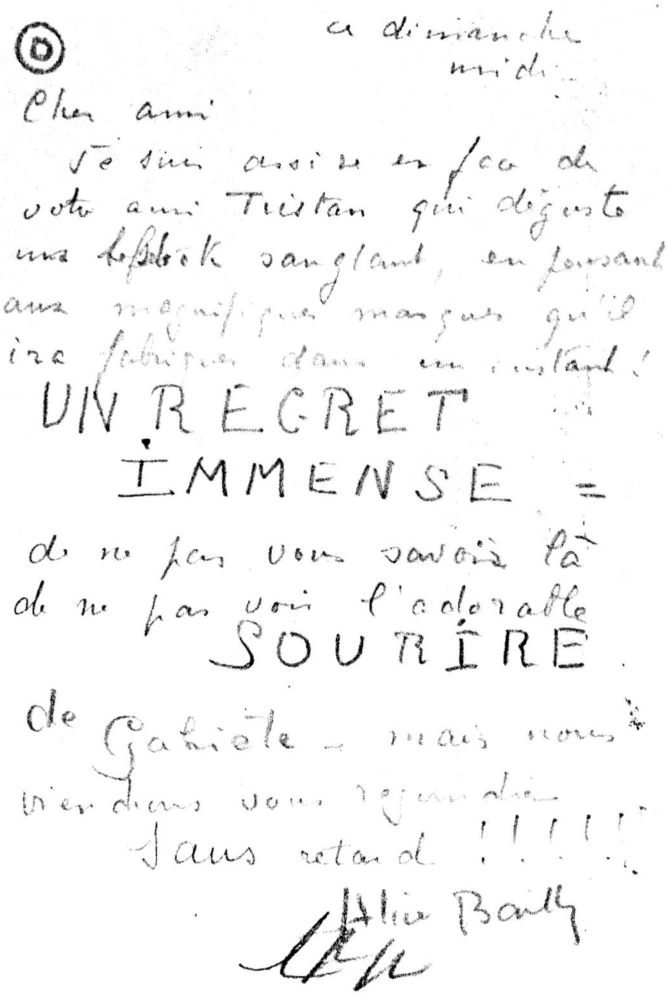

ce dimanche midi

Cher ami

Je suis assise en face de votre ami Tristan qui digeste un beafsteck sanglant, en pensant aux magnifiques masques qu'il va fabriquer dans un instant!

UN REGRET IMMENSE =

de ne pas vous savoir là de ne pas voir l'adorable SOURIRE de Gabriele – mais nous viendrons vous regarder sans retard !!!!!

Alice Bailly

Arp

Mon cher Picabia, Avant la fièvre (Dada!) soirée Antiphilosophie (Dada), au ... Arp petit taureau simultané, la dame et le cacadou Bon soir

TZARA

Adresse des Absenders. - Text.
Adresse de l'expéditeur. - Texte.
Indirizzo del mittente. - Testo.

Postkarte. Carte postale

Monsieur Francis Picabia

32, Avenue ...

Paris

Bailly an Picabia
<6. 4. 1919, Zürich>

*Lieber Freund,

ich sitze vor ihrem Freund Tzara, der gerade ein blutiges Steak verdaut, indem er an die großartigen Masken denkt, die er im nächsten Augenblick fabrizieren wird!
EIN UNGEHEURES
BEDAUERN =
sie nicht hier zu wissen,
nicht das bewundernswerte
LÄCHELN
von Gabriële zu sehen — aber wir werden sie unverzüglich besuchen kommen!!!!!!

Alice Bailly
Arp

Mein lieber Picabia, vor der fiebrigen (Dada!) Soirée Antiphilosophie (Dada!), wo ich Arp, den kleinen simultanen Bullen, die Dame und den Kakadu sehe. Guten Abend,

Tzara*

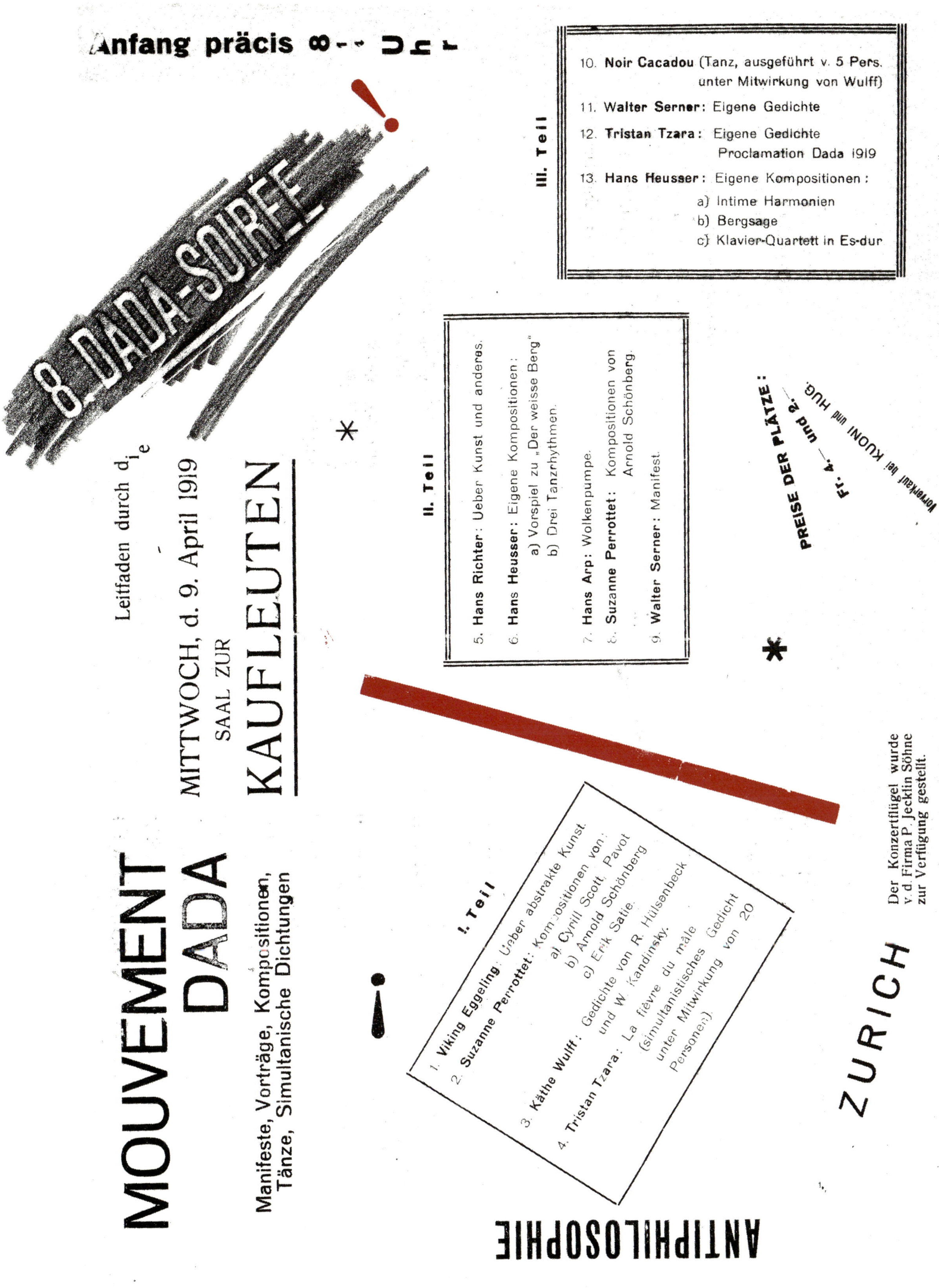

Anfang präcis 8 Uhr
8. DADA-SOIRÉE !
Leitfaden durch die
MITTWOCH, d. 9. April 1919
SAAL ZUR
KAUFLEUTEN
MOUVEMENT DADA
Manifeste, Vorträge, Kompositionen, Tänze, Simultanische Dichtungen
I. Teil
1. Viking Eggeling: Ueber abstrakte Kunst.
2. Suzanne Perrottet: Kompositionen von: a) Cyrill Scott, Pavot b) Arnold Schönberg c) Erik Satie.
3. Käthe Wulff: Gedichte von R. Hülsenbeck und W. Kandinsky.
4. Tristan Tzara: La fièvre du mâle (simultanistisches Gedicht unter Mitwirkung von 20 Personen).
II. Teil
5. Hans Richter: Ueber Kunst und anderes.
6. Hans Heusser: Eigene Kompositionen: a) Vorspiel zu „Der weisse Berg" b) Drei Tanzrhythmen.
7. Hans Arp: Wolkenpumpe.
8. Suzanne Perrottet: Kompositionen von Arnold Schönberg.
9. Walter Serner: Manifest.
III. Teil
10. Noir Cacadou (Tanz, ausgeführt v. 5 Pers. unter Mitwirkung von Wulff)
11. Walter Serner: Eigene Gedichte
12. Tristan Tzara: Eigene Gedichte Proclamation Dada 1919
13. Hans Heusser: Eigene Kompositionen: a) Intime Harmonien b) Bergsage c) Klavier-Quartett in Es-dur
PREISE DER PLÄTZE: Fr. 4.— und 2.—
Vorverkauf bei KUONI und HUG.
Der Konzertflügel wurde v. d. Firma P. Jecklin Söhne zur Verfügung gestellt.
ZURICH
ANTIPHILOSOPHIE

1919 – 9. april **non PLUS ultra**

NON PLUS ULTRA

non PLUS ultra

Saal Kaufleuten

9. DadA -SOIRÉE

Regisseur: W. SERNER
Akrobatenbändiger: *TZARA*

kreuzzeichen der ungeduld verdachtsnebel unruhefunken zeigen ihre hundzähne 2 wochen vor dem spektakel und die reklame breitet sich im land aus akute krankheit.

1500 personen füllen den saal der bereits im schlamm der buschtrommeln kocht.

Voilà Eggeling der die mauer mit dem meer verbindet und uns die eigentliche linie einer zukünftigen malerei nennt; und Suzanne Perottet spielt Erik Satie (+rezitationen), musikalische ironie nicht-musik eines miregalismus das gaga-kind auf der wunderbaren leiter des MOUVEMENT DADA, Doch Frl. Wulff die auftritt / übermenschliche maske 1/2 4 § ? / um die gegenwart Huelsenbecks und seiner gedichte zu betonen. LAcHen (beginn) die bonbons machen eindruck ein einziger strang durch die gehirne der 1500 zuschauer. Und als man die kulisse vor 20 personen erhellt die das simultangedicht von Tr. Tzara: „DAS FIEBER DES BÖSEN" rezitieren wird der skandal bedrohlich inseln formen sich spontan im saal die die kraftvolle geste des geheuls und der simultanen orchestration begleitet vervielfacht und unterstreicht. „Fiebriger fiaker und 4 x makabres und krackendes krakeelen in der baracke" Sous les ponts de Paris. Im ammoniakgewitter wird dem autor von Alice Bailly und Augusto Giacometti ein schal überreicht.

Richter elegant und bösartig: FÜR geGen und oHNe DADA, vom standpunkt Dada telegraphie und mentalität dada etc. dada. dada dada. Arp läßt die wolkenpumpe unter dem riesigen oval steigen, verbrennt den kautschuk, die pyramide pfanne für die sumpfigen oder klaren sprichwörter in den kupfertaschen. Serner ergreift das wort um sein

dadaistisches MANIFEST

zu erhellen und voilà als: „eine königin ein fauteuil ist ein hund eine hängematte" das losbrechen des tumultes orkan taumel sirene pfiffe bombardierung chanson gellend beginnt die schlacht, die hälfte des saales applaudiert die protestierenden halten den saal in den lungen nerven verflüssigen sich muskeln springen Serner mokkiert sich mit seinen gesten löst den skandal auf knopfdruck aus / blutgier schnürt den hals / Unterbrechung.

Herausgerissenen stühle geschosse krachen erwartete wirkung wild und instinktiv.

NOIR CACADOU, tanz (5 personen) mit Frl. Wulff, die röhren tanzen die erneuerung des kopflosen neanderthaler, erstickung die publikumswut. Das gleichgewicht der intensität neigt sich zur bühne hin. Serner präsentiert anstelle eines gedichtes ein blumenbukett zu füßen einer kleiderpuppe. Tzara wird daran gehindert die **PROKLAMATION DADA** zu lesen der saal im delirium, die zerfetzte stimme schleppt sich über den kandelaber, fortschreitender wilder wahnsinn dreht und windet das lachen und den wagemut. Wiederholung des vorhergehenden spektakels. Neuer tanz in 6 riesigen und hinreißenden masken. Ende. Dada ist es gelungen den kreislauf des absoluten unbewußten im saal herzustellen, der auf die barrieren des anerzogenen vorurteils vergaß, die erschütterung der NEUEN spürte.

Definitiver sieg Dadas.

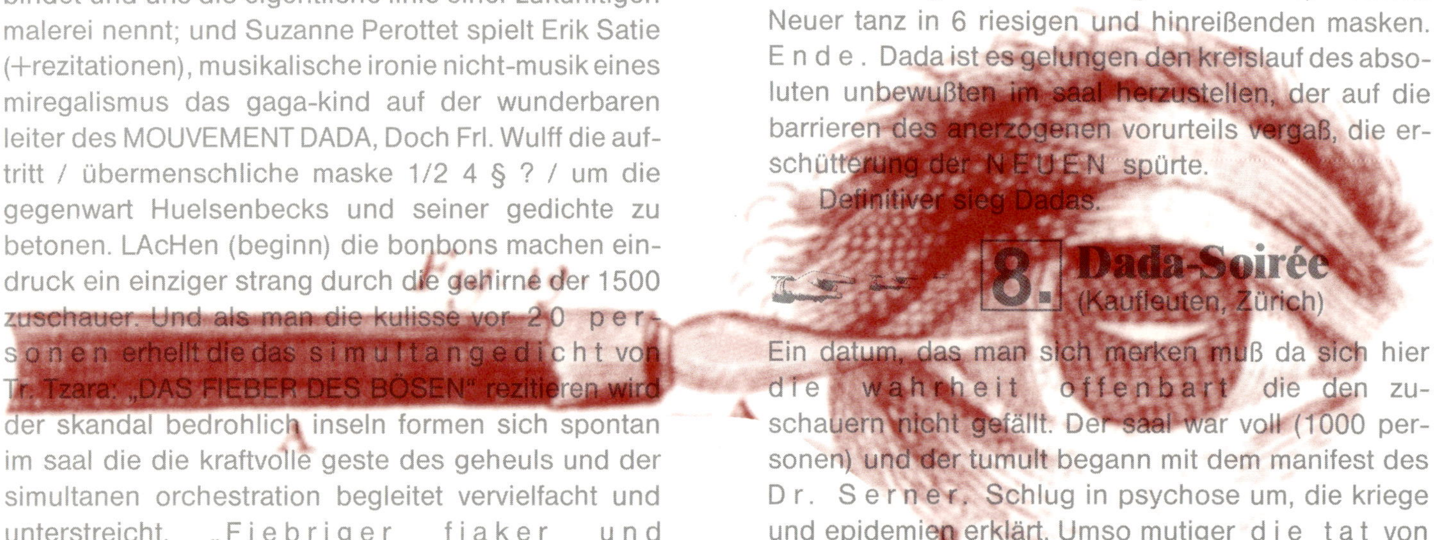

8. Dada-Soirée
(Kaufleuten, Zürich)

Ein datum, das man sich merken muß da sich hier die wahrheit offenbart die den zuschauern nicht gefällt. Der saal war voll (1000 personen) und der tumult begann mit dem manifest des Dr. Serner. Schlug in psychose um, die kriege und epidemien erklärt. Umso mutiger die tat von Augusto Giacometti und Alice Bailly, die Tzara nach seinem simultangedicht zu 20 stimmen eine 7 meter lange hommage *ES LEBE DADA* überbrachten. Eggeling sprach über die Abstrakte Kunst, Richter Gegen Für Ohne Dada, Arp und Huelsenbeck lasen Gedichte Tzara wurde daran gehindert, seine zu lesen; als Serner seine vortragen sollte begnügte sich jener damit ein blumenbukett zu füßen einer schneiderpuppe zu legen die auf der bühne aufgestellt worden war. Von Arp waren die masken der autoren. Der tanz **Schwarzer Kakadu** (5 personen) mit Frl. Wulff war der neue rhythmus der dummköpfe im sumpf. Frl. Suzanne Perrottet interpretierte die neue musik; – aber Zürich hatte noch nie zuvor einen so starken eindruck davongetragen die vitalität des saales sprang über die grenzen der familie und der konvention; vor ihrem gewissen bloßgestellt suchte sie aus verzweiflung nun das zurückweisen zu müssen was man ihr in der schule beigebracht hatte in ihren taschen um auf die bühne zu werfen was sie gerade fanden samt dem miserablen ersatz seele.

An dem großen Dadaabend in den *Kaufleuten* tat sich Katja Wulff durch Heldenmut besonders hervor. Unter einer feuerroten Tüte, die wie ein Zelt über sie gestülpt war, las sie laut, gelassen klar Gedichte aus der *Wolkenpumpe*, die wie die Natur unvernünftig sind. Das drohende Gebaren der Kunstkenner, welche sich anschickten, die feuerrote Tüte zu berennen, schreckte die *Heldin Dadas* keineswegs. Katja Wulff las meine Gedichte zuende.

<Hans Arp>

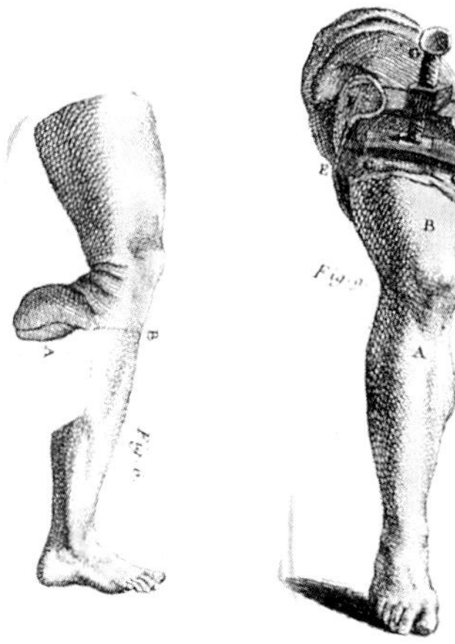

Wie habe ich lachen müssen, als bei einer dadaistischen Aufführung im Kaufleutesaal die guten Bürger gekommen waren und mit gutem Schweizergeld den Eintritt und ihre Plätze bezahlt haben. Das Geld stand ja in gar keiner Beziehung zu dem, was in der Aufführung geboten wurde. Einerseits war das Geld viel zu ernst, war viel zu sehr mit Schweiß und Sorgen, mit schwerer oder mit eintöniger Arbeit erworben worden. Andererseits war die dadaistische Aufführung garnicht mit Geld zu bezahlen. Sie hätte bezahlt werden können mit Applaus, mit Wein, mit Singen, mit Jubeln oder mit einem Kuß, aber niemals mit Geld.
Für jenen Abend hatten wir, Alice Bailly und ich, ohne Wissen der Dadaisten, ein etwa 15 Meter langes und etwa 30 Zentimeter breites Band aus Goldpapier angefertigt. Auf dieses Band wurden Bäume, Pelikane, Elefanten, Affen, Ziegen und Kühe, die aus farbigem Papier geschnitten waren, aufgeklebt. Mit diesem schwebenden goldenen Band sind wir, Alice Bailly und ich — wir waren beide schwarz gekleidet — durch den Zuschauerraum und auf die Bühne gegangen und haben dort den Hauptdarsteller mit diesem goldenen Band bekränzt.
Lustig ist, daß, als meine gute Tante Marietta in der Zeitung von dieser dadaistischen Aufführung gelesen hatte und davon auch, daß Alice Bailly und ich den Dadaisten Ovationen dargebracht hätten, sie mich ganz ernsthaft fragte: *Du, Augusto, sag, wäre diese Alice Bailly nicht jemand zum Heiraten?*

<Augusto Giacometti, Von Florenz bis Zürich>

Arp und Tzara hatten für die zu erwartenden Tänze (der Suzanne Perrottet und des *Noir Cacadou* mit Käthe Wulff, von Sophie Taeuber choreografiert) die Dekorationen zu malen. Auf endlos langen Papierstreifen, ca. 2 m hoch, begann Arp von einer Seite und ich von der anderen mit schwarzer Farbe Abstraktionen hinzumalen. Arps Formen sahen wie riesige Gurken aus. Ich folgte seinem Modell, und wir malten schließlich kilometerlange Gurkenplatagen, wie ich sie nannte, bis wir uns in der Mitte trafen. Dann wurde das Ganze auf Holzstücke genagelt und bis zur Vorführung aufgerollt. Zuerst trat Eggeling auf, der inzwischen als Gast in unseren Club aufgenommen war, und hielt einen sehr ernsthaften Vortrag über elementare Gestaltung und abstrakte Kunst. Das beunruhigte das Publikum nur insoweit, als es gern beunruhigt sein wollte, aber nicht wurde. Es folgten Perrottets getanzte Kompositionen von Schönberg, Satie und anderen. Zwar trug sie eine Jancosche negerartige Maske, aber das ließ man hingehen. Die Gedichte von Huelsenbeck und Kandinsky, vorgetragen von Käthe Wulff, dagegen ermunterten schon einige im Publikum zu Gelächter und Zwischenruf. Dann aber ging es los. Simultangedicht von Tzara *La Fièvre du Male*, vorgetragen von 20 Personen, die nicht immer im Takt und synchron blieben. Das war, worauf das Publikum, besonders das junge, gewartet hatte. Gebrüll, Pfeifen, Sprechchöre, Gelächter... das sich mehr oder weniger anti-harmonisch mit dem Gebrüll des Sprechchors der zwanzig auf dem Podium vereinigte.
Es war sehr geschickt von Tzara inszeniert, daß mit diesem Simultangedicht der erste Teil des Programms endete, sonst hätte es wahrscheinlich schon hier Krach gegeben, und das Ganze wäre zu früh aufgeflogen.
Animierte Pause, in der sich die aufgestachelten Instinkte des Publikums für neue Herausforderungen herausfordernd wappneten.
Ich leitete den zweiten Teil ein mit einer Anprache: *Gegen, ohne, für Dada*, die Tzara *maliziös und elegant, Dada, Dada, Dada* nannte. In dieser Ansprache beschimpfte ich das Publikum mit Maßen und uns in bescheidener Weise, indem ich das Publikum in die Unterwelt verbannte.
Dann folgten eigens komponierte Musikstücke von Hans Heusser, dessen Melodien oder Anti-Melodien Dada seit seiner Inauguration im Cabaret Voltaire begleitet hatten. Geringe Opposition. Etwas mehr bei Arps *Wolkenpumpe*, die nur gelegentlich von *Quatsch* oder Hohngelächter unterbrochen wurde. Wieder Tänze von Perrottet nach Schönberg und dann Dr. Walter Serner in tadellos gebürstetem Jackett, gestreiften Hosen mit grauer Krawatte, wie zu einer Verlobung. Seine elegante, lange Figur transportierte zunächst eine kopflose Schneiderpuppe auf die Bühne, dann ging er zurück, holte ein Bukett künstlicher Blumen, die er der Puppe zu riechen gab, da, wo der Kopf sitzen sollte, und legte ihr das Bukett zu Füßen.

Schließlich brachte er einen Stuhl und setzte sich rittlings darauf, mit dem Rücken zum Publikum in der Mitte der Bühne. Dann begann er aus seinem *Letzte Lockerung* vorzulesen, dem anarchistischen Glaubensbekenntnis von Dada...
Endlich! Das war genau das, worauf das Publikum gewartet hatte. Die Elektrizität im Saal steigerte sich zur Hochspannung. Zuerst war es so still, daß man eine Stecknadel hätte fallen hören. Dann begannen Zwischenrufe, erst höhnisch, dann wütend: *Laus, Schwein, unverschämt*, ...bis ein Lärmkonzert daraus wurde, in dem man Serner kaum hörte, aber doch noch in einer Lärmpause den Satz: *Napoleon war doch auch ein ganz kräftiger Lümmel.*
Dann ging es los, warum gerade bei Napoleon, der doch gar kein Schweizer war, weiß ich nicht. Die jungen Leute, die meistens im oberen Rand saßen, sprangen mit Teilen des Geländers, das mehreren hundert Jahren der Zeit widerstanden hatte, in den Fäusten auf de Bühne, jagten Serner bis in den Sofitten und hinaus, zerschlugen die Schneiderpuppe, den Stuhl, zertrampelten das Bukett. Der ganze Saal war in Aufruhr. Ein Berichterstatter von den Basler Nachrichten, den ich kannte, ergriff mich bei der Krawatte und schrie zehnmal hintereinander atemlos auf mich ein: *Sie sind doch sonst ein ganz vernünftiger Mensch*. Eine Raserei hatte die Individuen zur Masse verwandelt. Die Vorführung wurde abgebrochen, die Lichter gingen an, und allmählich glätteten sich die wutverzerrten Gesichter in der Erkenntnis, daß das Unmenschliche nicht nur in Serners Provokationen, sondern auch in den Wutausbrüchen der Provozierten gelegen war..., die ja Serner zu seiner literarischen Ursache die Leistung gegeben. Das Publikum war doch durch Serners Aufführung zum Bewußtsein seiner selbst gekommen. Den Beweis dafür lieferte der dritte Teil des Programms, der nach einer 20 Minuten langen Atempause wiederaufgenommen wurde.Er war keineswegs weniger aggressiv als der zweite Teil, endete aber ohne jeden Zwischenfall. Das war umso bemerkenswerter als der Tanz *Noir Cacadou* mit wildesten Negermasken von Janco, die helfen sollten, die hübschen Mädchengesichter zu verbergen, und mit abstrakten Kostümen über den schlanken Liebern unserer Labaneserinnen etwas völlig Neues, Unerwartetes, Antikonventionelles war. Selbst Serner durfte wieder auf die Bühne kommen und erweckte mit seinen nicht weniger provozierenden Gedichten keinen Widerspruch mehr, so wenig wie Tzaras Gedichte und höchst provozierende *Proklamation 1919*. Der Abend endete mit eigenen Kompositionen von Hans Heusser, die an Zwölftönerei nichts zu wünschen übrig ließen. Das Publikum war gezähmt ... (Ob überzeugt, das war eine Zeitfrage, die man erst heute, nach 40 Jahren, beantworten kann.)
Schon nach dem zweiten Teil, in der langen Pause, während der Saal noch in vollem Aufruhr war, suchten wir Tzara, den wir in Stücke gerissen glaubten. Er war tatsächlich nirgends zu finden. Es stellte sich heraus, — er war überhaupt nicht dabei gewesen. Wir fanden ihn schließlich friedlich und zufrieden die Einnahmen zählend im Restaurant. Ich glaube, es waren 1200 Fr., die größte Summe, die Dada je gesehen hat. Dada war zwar *geschlagen* worden, aber es hatte gesiegt.

<Hans Richter, Dada>

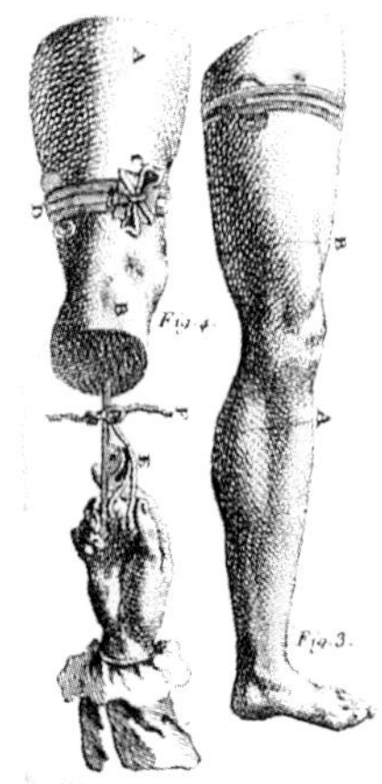

EINE SKANDALÖSE SOIRÉE

Aus Zürich wird uns geschrieben: Am 9. April veranstaltete die, nicht nur in Zürich, ihrer Geburtsstadt, sondern auch im Ausland und besonders in Deutschland nur allzu bekannte Künstlergruppe ultramodernsten Schlages, DADA, im großen Saal *Zur Kaufleuten* ihre achte Soirée. Die Neugierde, welche die zahllosen Zeitungsnotizen der letzten Wochen erregt hatten, und das, was bisher an absurden und grotesken Emanationen von den Zürcher und reichsdeutschen Dadaisten ausgegangen war, hatten es vermocht, den etwa tausend Personen fassenden Saal bis auf den letzten Platz zu füllen; man sah sogar die meisten gegenwärtig in Zürich weilenden Vertreter der deutschen Literatur und Presse und besonders zahlreich die besten Gesellschaftskreise. Während die ersten Rezitations- und Musikvorträge lediglich mit mehr oder weniger lautem ironischem Jubel aufgenommen wurden (besonders amüsierte ein von Tristan Tzara dirigiertes und von 20 Personen exekutiertes simultanistisches Gedicht, ein von fünf Personen aufgeführter *Schwarzer-Kakadu-Tanz* und die Gedichte Hans Arps), kam es, als Walter Serner mit schneidender Stimme ein von leidenschaftlicher Gehässigkeit strotzendes Manifest *Letzte Lockerung* verlas, zu einem Skandal, von dem alte Zürcher behaupten, sich nicht erinnern zu können, jemals einen ähnlichen erlebt zu haben. Sätze wie *Die Kunst war eine Kinderkrankheit, Damenseidenstrümpfe können begriffen werden, Gauguins nicht, Eine Vizekönigin ist ein Fauteuil, Weltanschauungen sind Vokabelmischungen* usw. waren noch die mildesten. Es war also wahrhaftig kein Wunder, daß das Publikum sich zu wehren begann: man pfiff, schrie, warf kleine Geld-

stücke, Orangenschalen und Schimpfworte auf die Bühne und stampfte mit Füßen und Stühlen. Man muß trotz allem die Ruhe des Redners bewundern, der inmitten dieses Hagels und Lärms unbeweglich sitzen blieb, ja sogar zweimal versuchte, sich Gehör zu verschaffen: bis er schließlich mit einer nicht mißzuverstehenden Geste abzog, der er die Krone an Unverschämtheit aufsetzte, als er später anstatt die im Programm angeführten *eigenen Gedichte* zu lesen (auf die man allerdings gerne verzichtete), eine schwarze Kleiderpuppe auf die Bühne trug, ihr ein Rosenbukett zu riechen gab und es ihr dann vor die Holzfüße legte. Daß nach dieser unglaublichen Verhöhnung des Publikums es nicht zu Tätlichkeiten kam, ist wohl nur der allgemeinen Verblüffung zuzuschreiben. Es war hierauf fast selbstverständlich, daß es dem Franzosen Tristan Tzara, der jedoch eher brasilianischer Herkunft zu sein scheint, ebenso erging. Schon nach seinen ersten Strophen begann der Radau von neuem. Herr Tzara las jedoch solange ungeniert drauflos, bis er niedergepfiffen wurde. Auch er blieb trotz heftigen Münzen- und Zigarettenregens tapfer auf der Bühne und begann in einem stillen Augenblick mit wütender Stimme seine *Proklamation Dada 1919* in den Saal zu brüllen, die jedoch nach wenigen Sekunden endgültig in einem ohrenbetäubenden Lärm unterging. Immerhin war es möglich, folgenden, jedenfalls auch das Ungesprochene kennzeichnenden Satz zu verstehen: *Idéal, idéal, idéal, connaissance, connaissance, connaissance, boumboum, boumboum, boumboum!* Hätte nicht Herr Serner die Geistesgegenwart besessen, seinen mutigen Kollegen von der Bühne zu zerren, wäre es vielleicht doch noch zu Tätlichkeiten gekommen. Es war ein Skandal ohnegleichen, an dessen erfreulicher Erregung die übrigen Mitwirkenden (Hans Arp, V.Eggeling, H.Richter, S.Perrottet, Käthe Wulff) redlichen Anteil hatten. Die Herren Dadaisten, die nie unnötiger waren als gegenwärtig, sollten ihre Manifestationen, denen vielleicht von einigen Snobs etwas abgewonnen werden kann, auf ihre zahlreichen Zeitschriften beschränken (die von Walter Serner redigierte führt übrigens den hahnebüchenen Titel *Das Hirngeschwür*) und die Öffentlichkeit nicht damit belästigen.
M. CH. < = Walter Serner, Berliner Börsen-Courier, 17.4.1919>

Das *Poème simultan* war wohl gedacht als eine Erneuerung des gemischten Chores. Jede einzelne der sieben Personen hatte ihren Part zu lesen, der aus Mundgeräuschen bestand (*prrrrr, sssss, ay a ya, uuuuuh*), in die dann plötzlich Worte hineinplatzten; alte Schlager (*Sous les ponts de Paris*) rankten sich dazwischen, dann wurden die Mundgeräusche leise Begleitung, und in liturgischem Singsang trug ein Teil des Chores Worte vor, willkürlich aneinandergereiht.

<Glauser, Dada, Ascona... >

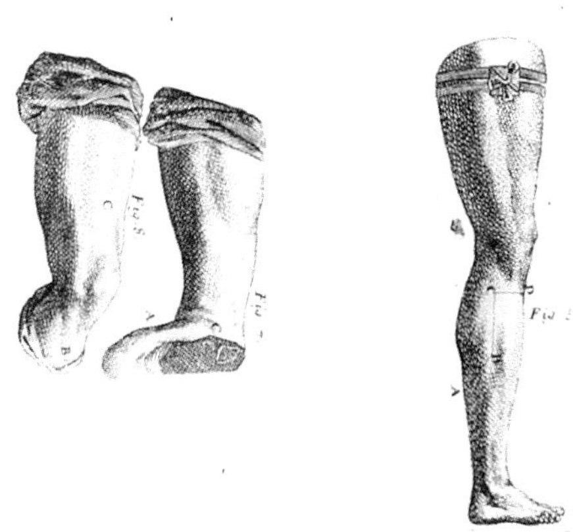

Es war ein Gedicht, ein Simultangedicht. Wie der Titel hieß, weiß ich nicht mehr. Aber es waren sieben Stimmen, die miteinander sprachen, wie eine Partitur in der Musik. Wir haben geredet von ganz verschiedenen Texten, und der Tzara hatte die Regie wie ein Chef d'orchestre. Ich mußte darin sein wie eine Schlange, und hie und da tönen mit einem Chanson aus Paris:*Sous les ponts de Paris...*, und dann wieder still und wieder einflechten...Das Ganze war eine entzückende, tönende Poesie, wie ein Abend im Vorfrühling, wenn es noch nicht ganz dunkel ist, nebelig, violett, rosa und ganz zart, so war der Ausdruck.

<Suzanne Perrottet>

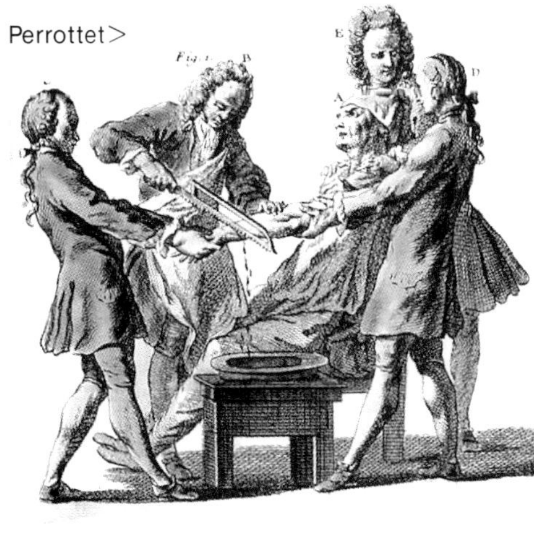

VIKING EGGELING LIEST:

<ÜBER ABSTRAKTE KUNST>

*Man sagt, daß das denken nur in ideen, in buchstaben möglich ist. Ohne ideen zu denken, schlußfolgerungen in der tiefe, in der ferne jenseits der oberfläche zu treffen, wäre vergebens. Eine kultur, die auf in ideen formuliertem denken beruht, verlangt bildung, das wissen um untergeordnete dinge. Sie ist nur einer winzigen minderheit zugänglich. Die bedeutung der welt der eigentlichen form der materie heißt, die welt im großen begreifen. Ihre bedingungen sind psychisch, ihre elemente, deren verständnis in der reichweite aller liegt, verlangen keine vorbildung. Was nur wenigen zugänglich ist, ist sekundär.
Was allen zugänglich ist, ist primär. — Die oberfläche übermittelt die illusion. Seit jahrhunderten geht die kunst von der oberfläche aus. Und das sind die resultate: verwirrung, lächerlichkeit der künste, nichts, was ernstzunehmen wäre. Kunst ist eine private angelegenheit geworden. Ihr tragisches los hat sie verdient.
Bedingungen, um einen lebendigen bezug zwischen dem volk und der kunst wiederherzustellen: die ebene innerer schlußfolgerungen, eine neue festigkeit des künstlers, gruppenbildung.
Mit der illusion brechen, sich von der erziehung, der man unterworfen wurde, wieder lösen, die nachahmende kunst, die jeden spirituellen wert entbehrt, ausmerzen. Der künstler wird sich an den gebrauch großer formen gewöhnen, wird lernen müssen, von präfixierten prinzipien aus aufzubauen, wird mit quintessenzen umzugehen wissen müssen. Das ist der weg zu allgemeinen begriffen. Das verlangen, ein neues feld wieder zu erschließen, ist überall am brodeln.
Die klarsicht der ausgangspunkte bestimmt über jede spirituelle entwicklung.*

<Viking Eggeling aus: Zürich 1919, Druckfahnen der Zeitschrift der Radikalen Künstler>

SUZANNE PEROTTET SPIELT:

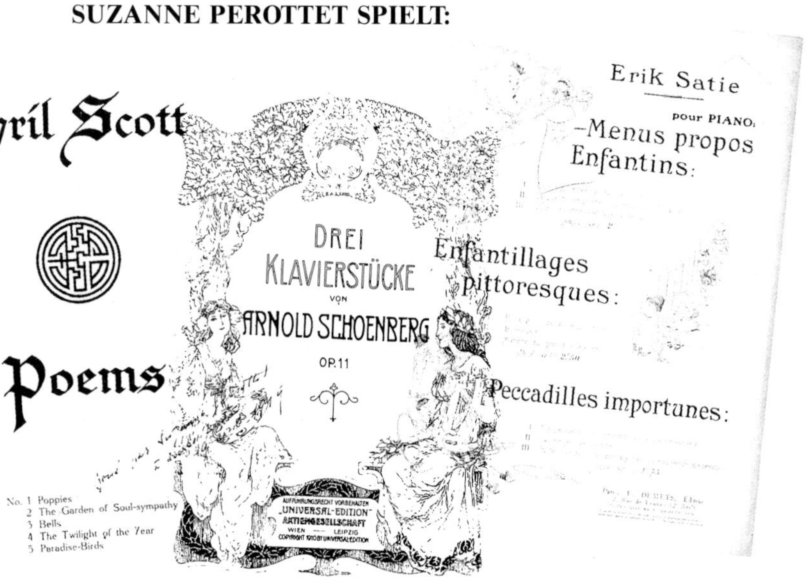

KÄTHE WULFF LIEST:

EIN GEBURTSTAGSGESANG FÜR BIJO BERRY z.Z. INTERNIERT

Hé du riesengroß in der verwaschenen Weste
mit dem feisten Gesicht Spitzbauch glänzend frisiert
an deinen Lippen hängen die Huren mit bittenden Händen
du stahlst den Brillant aus vergittertem Fenster
mit sicherem Griff wie eine Hebamme das Kind greift
auf Galeeren und Dschunken durchkreuzt man das Meer
Dampfer pfeift Wolke grüßt aber in Monte bello
im Hotel auf der Terrasse trafst du den Mädchenhändler Franz
eins zwei der Revolver knallt sinnlos und das große Tier
wie es brüllt aus seiem riesigen Rachen Karussells
speit es aus
Städte hé sehen sie die Freiheitsstatue in der Nacht
denkst du einsamer Freund im Singsing an die Kokotte Margot
auf der Rutschbahn in Fritzis-Island rutschtest du sanft dahin
mädchenweich und semmelblond deine Seele jeder Kirche geneigt
aber plötzlich Katarakt donnert nah der Pulmannwagen
ist ganz besetzt auch in den Anteilen für colored people
ist kein Platz dazu ist man dicht auf deiner Fährte
hé hé mehr Rhythmus in euren Bauch verdammtes Gesindel
Kiefer zerplatzt Schornsteine her her mit den Leichenwagen
o es ist eine Lust zu leben noch zehn Minuten bis Frisco
aber da Auto dampft am Quai Hunde beißen sich fest
o du einsamer Freund im Singsing Margot will ich grüßen die Kokotte aus der Norfolk-Bar mit den rötlich leuchtenden Schenkeln
und eine Blume leg ich auf das Grab der Mulattin Tara
die den Kautschuk-Hieb hinterfahren ließ ins Land der Träume

<Richard Huelsenbeck, Dada 4-5, 1919>

BLICK UND BLITZ

Daß als sich er (der Mensch) ernähren wollte,
entschlug der dichte weiße Kamm den Rosavogel.
Nun wälzt sie die Fenster naß in hölzernen Tüchern!
Nicht zu den entfernten, aber krummen. —
Entlud sich die Kapelle — ei ei!
Halbrunde Lauterkreise drückten fast auf Schachbretter und! eiserne Bücher!
Knieend neben dem zackigen Ochs will Nürnberg will liegen
— entsetzliche Schwere der Augenbrauen.
Himmel, Himmel, bedruckte Bänder du ertragen kannst — —
auch aus meinem Kopf *könnte* vom kurzschwänzigen Pferd mit Spitzmaul das Bein wachsen.
Aber der Rotzacken, der Gelbhacken am Nordpollacken wie eine Rakete am Mittag!

<Wassilij Kandinsky; Cabaret Voltaire 1916>

HANS RICHTER LIEST:

GEGEN OHNE FÜR DADA
<Über Kunst und anderes>

?! Dada!! — Niemand gehört dazu!? — Daß wir doch dazu gehören,...

Der mangelnde Glaube an jede Zusammengehörigkeit, den wir ihrer: *Gesellschaftsform* (oh Staat) verdanken — ihrer *Gemeinschaft*; die uns verpflichtet, sich in jeder Form davon zu *unterscheiden*, war das Zwangsmittel zur Bildung dieses mondsteinfarbenen Dada —
Die Verpflichtung, die wir ihnen gegenüber damit übernahmen, das Bekenntnis *Zu etwas zu gehören*, ist ein Irrtum, den sie sich selbst zu verdanken haben.
Unsere Gemeinsamkeit (die Gemeinsamkeit nebenbei derer, die sich sauber achten) in einer Säure von leicht pathetischer oder grauer Verzweiflung ... echter Haltung, liegt ganz außerhalb der Gruppe, des *Mouvement* der Zeitschrift *Dada*.
Auf der Nachstufe einer Weltanschauung ist das Jonglieren mit seinen eigenen Gebeinen unter Einschluß der Gedärme das geeignete Verständigungsmittel.
Die Herren *da*, sind im Schwung da ... Dada ...Die seelische Verteidigungsformel auf *Unvorhergesehenes*.
Wir reiten auf den Kurven einer Melodie und schwingen wohl beim Übertakt in Überschwang breit, lang, gereimt, bang oder auch in Politik (oh schöne Ernsthaftigkeit — unvergleichliche Bewunderung Deinem Minenspiel).
Umst, Umst (?) ist nicht nur nicht dagewesen, es ist auch unmöglich, daß es da ist. Dada ist es. Das ist Sterndeuterei und fällt mir beim Einschlafen ein. — Oh kompromittierendes Dada. Während die leichte Assoziation durch die Gitterstäbe witschen, gelingt uns kein Geschäft. (Apotheose auf Dada) Nehmen wir das Wunder! Dada? — - Dada! ... Versuchen wir über jede Umkehrung hinweg einen Sprung in die Form, komponieren wir aus gut verdaulichem Salat Eisenbahnfahrkarten und dem allermomentansten Reflex eine Melodie mit dem gelegentlichen Takt aller Zufälle der Seelenkreuzungen.
Bitte *wollen* sie Glück?
Voilà, diesmal aber wirklich, ohne es jemandem zu stehlen? Nehmen Sie diese Mischung (Salat, Eisenbahn, Reflex — Sie wissen ja!!)
Wenn sie statt dessen das Wunder wollen — sehen wollen? Wir vermieten das Wunder. Nur (Pardon) brauchen wir andere Voraussetzungen dazu als ihre *Ernsthaftigkeit*! (Applaus)
Kein Versehen! Man macht mit *Ernst* gute Geschäfte, Kriege, Kinder und Grausamkeit, was noch? Tzara-Dada, dressiert das Wunder (keine Superiorität, wir auch); nicht, daß er es an der Leine hätte. — Da würden sich die Wunder wundern — aber er beschmeißt alles Un-Wunder mit soviel *Dreckausehrlichgekneteterüberzeugung*, daß dem Wunder ein gewisses persönliches Verhältnis zu ihm nicht erspart bleibt (oh, cher Wolkenpumper).
Fluch auf Dada. (Wir übermitteln ihnen diese Formel), daß es unserer direkten Berührung mit dem Wunder im Wege steht. Einen Pfiff lang Unglauben — des Kommenden schon geboren. Serners Kopf als Blütenknolle in reifstem Gehirnschoß eines Luftballons aus Eiter, den er sich selbst aus einer postlagernd zu erhebenden Verzweiflung abgemolken hat. — Versichern sie sich bei ihrer Weltanschauungsversicherungsgesellschaft auf Ehrenwort gegen die Blague, gegen den Eiter. Sonst wird alles aus ihnen herausbrechen, *unmerkbar*. Lassen sie mich *in* der Geste *mit* der Geste *die* Geste verunglücken, mit der ich mich von ihnen loskribble.

Werner Herbst, Regen Mond (Detail), 1990

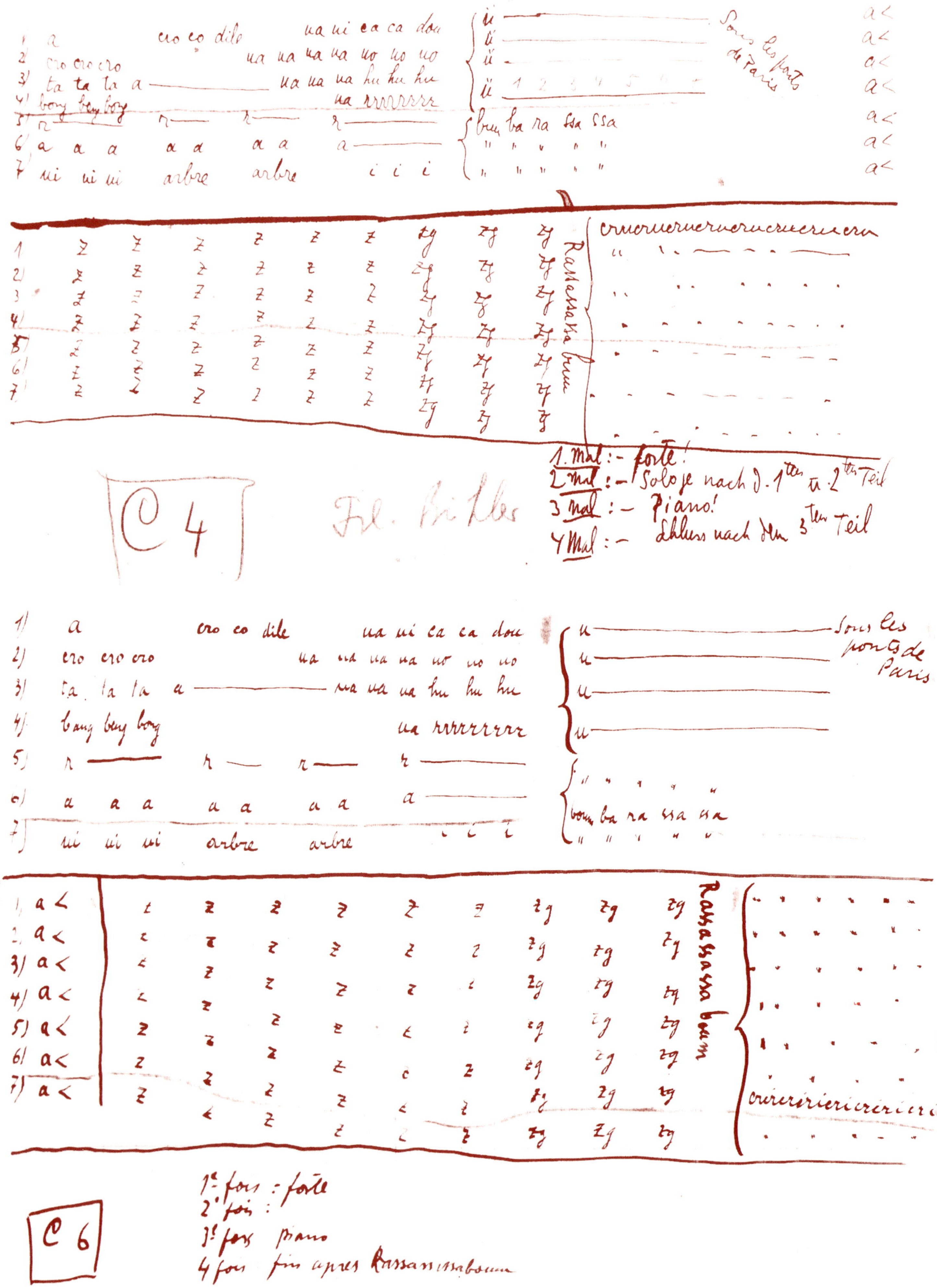
1 a cro co dile ua ui ca ca dou
2 cro cro cro ua ua ua ua uo uo uo
3 ta ta ta a ua ua ua hu hu hu
4 bung bung bung ua rrrrrrrr
5 r r r r
6 a a a a a a a a
7 ui ui ui arbre arbre i i i
ü ü ü ü 1 2 3 4 5 6 7
Sous les ponts de Paris
bum ba ra ssa ssa
a< a< a< a< a< a< a<
1 2 3 4 5 6 7
z z z z z z zg zg zg
Rassassa bum
crucrucrucrucrucrucrucrucru
1. Mal: – forte!
2 Mal: – Solo je nach d. 1ten u. 2ten Teil
3 Mal: – Piano!
4 Mal: – Schluss nach dem 3ten Teil
C 4
Frl. Bitter
1) a cro co dile ua ui ca ca dou
2) cro cro cro ua ua ua ua uo uo uo
3) ta ta ta a ua ua ua hu hu hu
4) bang bang bang ua rrrrrrrrr
5) r r r r
6) a a a a a a a a
7) ui ui ui arbre arbre i i i
u u u u
Sous les ponts de Paris
bum ba ra ssa ssa
1) a< 2) a< 3) a< 4) a< 5) a< 6) a< 7) a<
z z z z z z zg zg zg
Rassassassa bum
crirericrircrerirri
C 6
1e fois : forte
2e fois :
3e fois piano
4 fois fin apres Rassassassaboum

1 Mal: – Forte!
2 Mal – Solo je nach d. 1ten in 2ten Teil
3 Mal – Piano!
4 Mal – Schluss nach d. 3ten Teil
A4

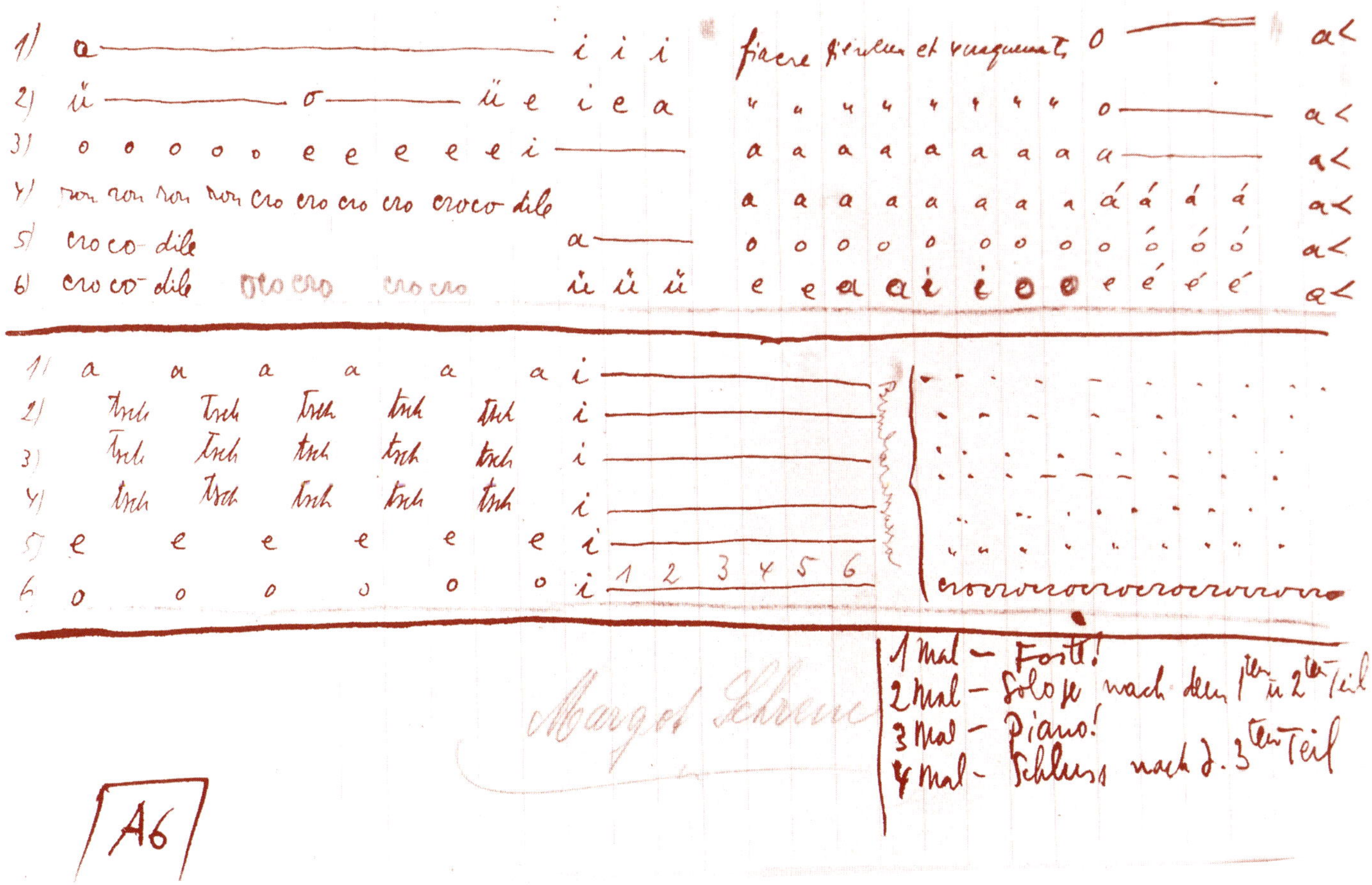
1 Mal – Forte!
2 Mal – Solo je nach dem 1ten in 2ten Teil
3 Mal – Piano!
4 Mal – Schluss nach d. 3ten Teil
A6

WALTER SERNER LIEST:

LETZTE LOCKERUNG manifest

1.
Um einen Feuerball rast eine Kotkugel, auf der Damenseidenstrümpfe verkauft und Gauguins geschätzt werden. Ein fürwahr überaus betrüblicher Aspekt, der aber immerhin ein wenig unterschiedlich ist: Seidenstrümpfe können be-griffen werden, Gauguins nicht. (Bernheim als prestigieuser Biologe zu imaginieren.) Die tausend Kleingehirn-Rastas embetantester Observanz, welche erigierten Bourgeoise-Zeigefingern Feuilleton-Spalten servieren (o pastoses Gepinkel), um Geldflüsse zu lockern, haben dieserhalb Verwahrlosungen anrichten lassen, die noch heute manche Dame zu kurz kommen lassen. (Man reflektiere drei Minuten über die Psychose schlecht behandelter Optik; klinisches Symptom, primär: Unterschätzung der Seidenstrümpfe; sekundär: Verdauungsbeschwerden.)

2.
Was dürfte das erste Gehirn, das auf den Globus geraten war, getan haben? Vermutlich erstaunte es über seine Anwesenheit und wußte mit sich und dem schmutzigen Vehikel unter seinen Füßen nichts anzufangen. Inzwischen hat man sich an das Gehirn gewöhnt, indem man es so unwichtig nimmt, daß man es nicht einmal ignoriert, aus sich einen Rasta gemacht (zu unterst: schwärzlicher Pole; zu oberst: etwa Senatspräsident) und aus der zu unrecht so beliebten Natur eine Kulisse für ein wahrhaftig sehr starkes Stück. Dieser zweifellos nicht sonderlich heroische Ausweg aus einem immer noch nicht weidlich genug gewürdigten Dilemma ist zwar vollends reizlos geworden, seit er so völlig absehbar ist (wie infantil ist eine Personenwaage!), aber eben deshalb sehr geeignet, gewisse Prozeduren vorzunehmen.

3.
Auch einem Lokomotivführer fällt es jährlich mindestens einmal ein, daß seine Beziehungen zur Lokomotive durchaus nicht zwingend sind und daß er von seinem Ehegespons nicht viel mehr weiß, als nach jener warmen Nacht im Bois. (Hätte ich La Villette genannt oder die Theresienwiese, so wären beide Beziehungen gänzlich illusorisch. Fingerzeig für Habilitanten: *Über topografische Anatomie, psychischen Luftwechsel oder Verwandtes.*) Im Hotel Ronceroy oder in Picadilly kommt es hingegen bereits vor, daß es verteufelt unklar wird, warum man jetzt gerade auf seine Hand glotzt und tiriliert, sich kratzen hört und seinen Speichel liebt. Diesem scheinbar so friedlichen Exempel ist die Möglichkeit, daß das penetrante Gefühl der Langeweile zu einem Gedanken über die Ursache sich emporturnt, am dicksten. Solch ein lieblicher Moment arrangiert den Desperado (o, was für ein Süßer!), der als Prophet, Künstler, Anarchist, Staatsmann etc. kurz als Rasta Unfug treibt.

4.
Napoleon, ein doch wirklich tüchtiger Junge, behauptete unverantwortlicher Weise, der wahre Beruf des Menschen sei, den Acker zu bestellen. Wieso? Fiel ein Pflug vom Himmel? Aber *etwas* hat der homo doch mitbekommen, supponiere ich mir eine liebesunterernährte Damenstimme. Nun, jedenfalls nicht das Ackern; und Kräuter und Früchte sind schließlich auch schon damals da gewesen. (Bitte hier bei den deutschen Biogeneten nachzulesen, warum ich Unrecht habe. Es wird jedoch sehr langweilen. Deshalb habe ich recht.) Letzthin also: auch Napoleon, der ansonsten sehr erfreulich frische Hemmungslosigkeiten äußerte, war Stimmungsathlet. Schade. Sehr schade.

5.
Alles ist nämlich rastaquèresk, meine lieben Leute. Jeder ist (mehr oder weniger) ein überaus luftiges Gebilde, dieu merci. (Nur nebenbei: meine Gunst dem Tüchtigen, der mir nachweist, daß etwas letztlich *nicht* willkürlich als Norm herumspritzt!) Anders würde übrigens ein epidemisches Krepieren anheben. Diagnose: reale Langeweile; oder: panische Resignation; oder: transzendentales Ressentiment etc. (Kann beliebig fortgesetzt, zum Register sämtlicher unbegabter Zustände erhoben werden!) Der jeweilige landläufige Etat der bewohnten Erdoberfläche ist deshalb lediglich das folgerichtige Resultat einer unerträglich gewordenen Langeweile. Langeweile: nur als harmlosestes Wort! Jeder sucht sich die ihm schmackhafteste Vokabel für seine Minderwertigkeit! (Herziges Sujet für ein scharfes Pfänderspiel!!)

6.
Es ist allgemein bekannt, daß ein Hund keine Hängematte ist; weniger, daß ohne diese zarte Hypothese Malern die Schmierfaust herunterfiele; und überhaupt nicht, daß Interjektionen am treffendsten sind: Weltanschauungen sind Vokabelmischungen...
Sapristi, hier muß die Prozedur ein wenig erweitert werden. (Kleines Bild: leichte Kraneotomie!) Nun: Alle Stilisten sind nicht einmal Esel. Denn Stil ist nur ein Verlegenheitsgeste wildester Struktur. Und da Verlegenheit (nach kurzer Beschlafung), sich als perfekteste Reue über sich selber entschält, ist merkbar, daß die Stilisten aus Besorgnis, für Esel gehalten zu werden, sich um vieles schlechter als diese benehmen. (Esel haben nämlich zwei weitaus überragende Eigenschaften: sie sind störrisch und faul.) Der Unterschied zwischen Paul Oskar Hoecker, Dostojewski, Roda-Roda und Wedekind blaut daher lediglich in der Contenance innerhalb der besagten Verlegenheitsgeste. Ob einer in richtig funktionierenden Trochäen oder sonstwie bilderstrotzend (alle Bilder sind plausibel!) oder sozusagen naturalistisch mir vorsäuselt, daß ihm übel war, und, seit er es schwarz auf weiß hat, besser wurde, oder, daß ihm zwar wohl war (schau! schau!), aber übel wurde, als er das nicht mehr begriff (teremtete!): es ist immer dieselbe untereselhafte Anstrengung, aus der Verlegenheit sich ziehen zu wollen, indem man sie (stilisierend, ogottogotto) — gestaltet. Gräßliches Wort! Das heißt: aus dem Leben, das unwahrscheinlich ist bis in die Fingerspitzen, etwas Wahrscheinliches machen! Über dieses Chaos von Dreck und Rätsel einen erlösenden Himmel stülpen! Den Menschenmist ordnend durchduften! Ich danke! ... Gibt es

ein idiotischeres Bild als einen (puh!) genial stilisierenden Kopf, der bei dieser Beschäftigung mit sich selbst kokettiert? (Nur nebenbei: 10 Centimes dem Kühnen, der mir nachweist, daß das Kokettieren bei Ethbolden nicht stattfindet!) O über die so überheitere Verlegenheit, die mit einer Verbeugung vor sich selber endet! *Deshalb* (dieser stilisierten Krümmung wegen) werden Philosophien und Romane erschwitzt, Bilder geschmiert, Plastiken gebosselt, Symphonien hervorgeächzt und Religionen gestartet. Welch ein erschütternder Ehrgeiz, zumal diese eitlen Eseleien durchwegs gründlich (sc. besonders in deutschen Gauen) mißglückt sind. Alles Unfug!

7.
Die schönste Landschaft, die ich kenne, ist das Café Barratte bei den Pariser Hallen. Aus zwei Gründen. Ich machte daselbst die Bekanntschaft Germaines, die u.a. zischte: *C'est possible que je serais bonne, si je saurais pourquoi*. Hämisch gestehe ich es ein: ich erblaßte vor Freude. Und dann hat in diesem freundlichen Lokal Jean Kartopaitès, der sonst nur mit Herren ohne Stehkragen sich einließ, den Verkehr mit mir brüsk abgebrochen, weil ich so unvorsichtig war, den Namen Picasso fallen zu lassen.

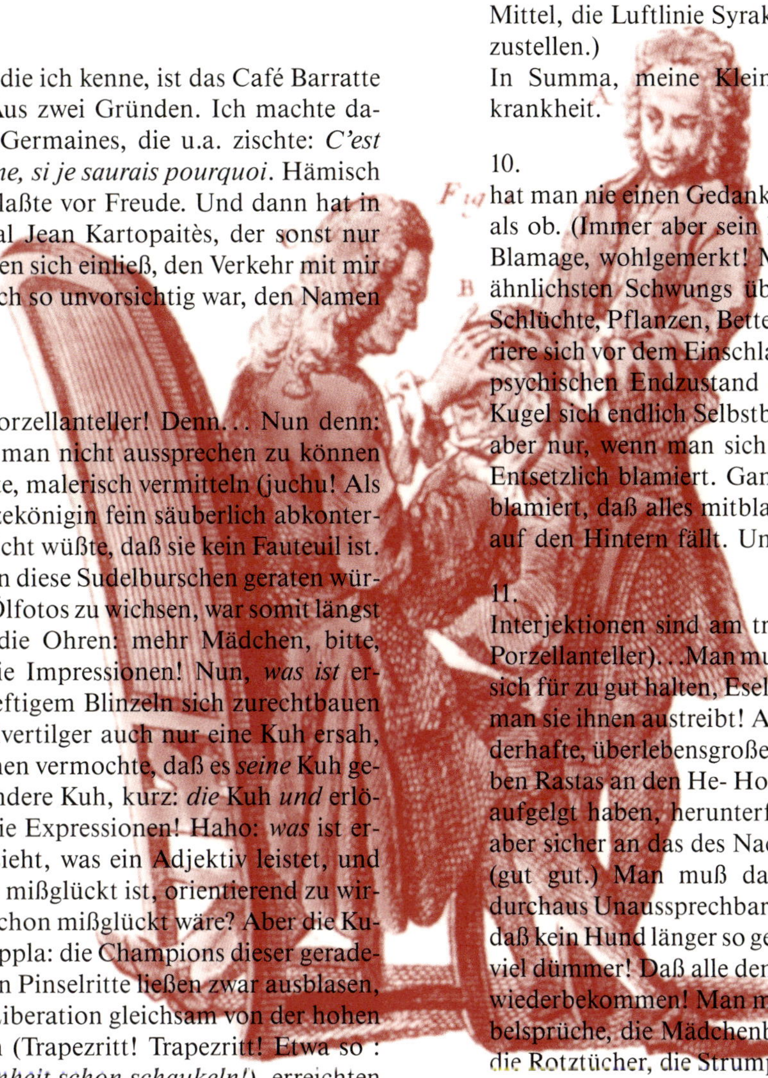

8.
Ach, die lieben weißen Porzellanteller! Denn... Nun denn: ehemals wollte man, was man nicht aussprechen zu können vorgab, also gar nicht hatte, malerisch vermitteln (juchu! Als ob man auch nur eine Vizekönigin fein säuberlich abkonterfeien könnte, wenn man nicht wüßte, daß sie kein Fauteuil ist. Siehe Hängematte!) Wohin diese Sudelburschen geraten würden, wenn sie aufhörten, Ölfotos zu wichsen, war somit längst vorabzulächeln. (Hinter die Ohren: mehr Mädchen, bitte, mehr Mädchen!) Aber die Impressionen! Nun, *was ist* erreicht, wenn man nach heftigem Blinzeln sich zurechtbauen kann, daß jeder Kartoffelvertilger auch nur eine Kuh ersah, aber erst sich so vorzublähen vermochte, daß es *seine* Kuh gewesen sei, eine ganz besondere Kuh, kurz: *die* Kuh *und* erlösend? (teremtete!) Aber die Expressionen! Haho: *was* ist erreicht, wenn man gefixt sieht, was ein Adjektiv leistet, und daß es auch diesem bisher mißglückt ist, orientierend zu wirken, also noch ungemalt schon mißglückt wäre? Aber die Kubisten, die Futuristen! Hoppla: die Champions dieser geradezu ultraviolett mißglückten Pinselritte ließen zwar ausblasen, sie würden die (puh!) — Liberation gleichsam von der hohen Stilschaukel herab landen (Trapezritt! Trapezritt! Etwa so: *Wir werden diese Verlegenheit schon schaukeln!)*, erreichten aber nicht nur, daß nicht einmal ein Chignon ins Schaukeln geriet, sondern vielmehr gerade die wildesten Esel in geregeltem Trapp arrivierten (O wurfbesprungener Sagot! etc. pp. pp.) Unfug! Unfug!

9.
Das unter 8 im Grunde bereits für schlecht Erwachsene geredete: Fibelhaftes, außerordentlich Fibelhaftes! Immerhin noch zur Vorsicht zu notieren, meine Kleinen:
a. Plastik: sehr unhandliches Spielzeug, verschärft durch metaphysischen Augenaufschlag.
b. Musike: Pantopon- und Sexualersatz. (längst unterfibelhaft!)
c. Lyrik: ein Knabe befindet sich in der Klemme. Rezept: frage nicht, von welcher er träumt, und du kannst ihm sagen, mit welcher er nicht geschlafen hat. (Selbstverständlich befindet man sich *stets* in der Klemme; in der c-Klemme aber hat man sich denn doch nicht mehr zu befinden!)
d. Roman und so: die Herren reden wie am Spieß oder neuerdings überhaupt nicht mehr. Noch ein wenig Schweiß, und die Sache glückt: Belletristik! (Am Spieß befindet man sich gar oft. Aber ein Samuel Fischer-Band ist ein zu zeitraubendes Mittel, die Luftlinie Syrakus-Butterbrot-Zentralheizung herzustellen.)
In Summa, meine Kleinen: die Kunst war eine Kinderkrankheit.

10.
hat man nie einen Gedanken. Bestenfalls tut der Gedanke so, als ob. (Immer aber sein Einherredner!) Jedes Wort ist eine Blamage, wohlgemerkt! Man bläst immer nur Sätze zirkusähnlichsten Schwungs über eine Kettenbrücke (oder auch: Schlüchte, Pflanzen, Betten). Günstiger Vorschlag: man figuriere sich vor dem Einschlafen mit heftigster Deutlichkeit den psychischen Endzustand eines Selbsttöters, der durch eine Kugel sich endlich Selbstbewußtsein einloten will. Es gelingt aber nur, wenn man sich zuvor blamiert. Schwer blamiert. Entsetzlich blamiert. Ganz maßlos blamiert. So grauenhaft blamiert, daß alles mitblamiert ist. Daß jeder metaphorisch auf den Hintern fällt. Und niest.

11.
Interjektionen sind am treffendsten (Ach die lieben weißen Porzellanteller)... Man muß diese Amphibien und Lurche, die sich für zu gut halten, Esel zu sein, zur Raison bringen, indem man sie ihnen austreibt! Auspeitscht! Man muß dieses schauderhafte, überlebensgroße Ansichtskartenblau, das diese trüben Rastas an den He- Ho- Hu- Ha- (wie bitte?) Himmel hinaufgelgt haben, herunterfetzen! Man muß sein Haupt zag, aber sicher an das des Nachbarn tischen wie an ein faules Ei (gut gut.) Man muß das gänzlich Unbeschreibliche, das durchaus Unaussprechbare so unerträglich nah heranbrüllen, daß kein Hund länger so gescheit daherleben möchte, sondern viel dümmer! Daß alle den Verstand verlieren und ihren Kopf wiederbekommen! Man muß ihnen die Pfannkuchen, die Bibelsprüche, die Mädchenbusen, die Prozente, die Gauguins, die Rotztücher, die Strumpfbänder, die Schnäpse, die Abortdeckel, die Westen, die Wanzen, all das Zeugs, das sie gleichzeitig denken, tun und wälzen, so scharf hintereinander vor den Kinnbogen schieben, daß ihnen endlich so wohl wird, wie ihnen bislang nur schwappig war. Man muß. Man muß eben. Teremtete!

12.
Damenseidenstrümpfe sind unschätzbar. Eine Vizekönigin *ist* ein Fauteuil. Weltanschauungen sind Vokabelmischungen. Ein Hund *ist* eine Hängematte. L'art est mort. Vive Dada!

<Dada 4-5>

MANSCHETTE 7
(Romance)

Es ist nicht schwierig blond zu sein

Seit es in manchen Nächten
rote Ringe sprengt einher
ist jede Hoffnung auf den Sinn der Stunde
faul

Schau mir ins Auge
Krachmandel auf Halbmast
Cointreau triple sec mit Doppeltaxe

Jede Halswolke ein Fehlgriff
Jede Bauchfalte ein Vollbad
Jedes Hauptwort ein Rundreisebillet
Je te crache sur la tête
Schau mir ins Auge
A

Ist es so schwierig blond zu sein

H. Richter, Holzschnitt <Dada 4-5>

MANSCHETTE 9
(Elegie)

Sprich deutlicher

Ein gelber Spazierstock rutscht mir quer durchs Haupt
Es ist in allen Kellern
heller als in meinem Darm

Sprich deutlicher

Ich höre gerne den Hieb auf nackte Babyhintern
seit es sich entzückte
wenn ich davon wirbelte bloß
O warum nicht sich langsam streicheln
Stiefelknechte still verzückt begrüßen
jenseits jeder bürgerlichen Küche

o sprich deutlicher

Mach platzen deinen feisten Dreckhügel
ob deinem Bauch
durch ein gewaltiges metaphysisches Rülpsen

J. Baumann, Linolschnitt <Der Zeltweg>

MANSCHETTE 5
(Epitaph postal)

Du hast die nassen Fetzen nie geliebt
Auf deinem Tische jede Semmel war ein Grund
Auf deiner Oberlippe schwang der letzte Rand
Du pfiffst Vokale aus wie stets an mir
An deinem Handgelenk hing alles heftig
Du warst Versand
Du gabst mich auf

<Walter Serner, Der Zeltweg>

E. Prampolini <Dada 2>

HAUS FLAKE

trompeten löst sie aus die weite und hyaline ankündigung tiere des seedienstes
aerostatischer förster alles was existiert reitet im galopp der klarheit das leben
der engel hat weiße hüften (regenschirm männlichkeit)
schnee leckt den weg und die verifizierte lilie jungfrau
3/25 hoch ein neuer meridian geht hier durch
stark gespannter bogen meines herzens schreibmaschine für die sterne
die dir sagte *gehackter schaum erstaunlicher traurigkeits-uhren*
bietet nur ein wort an das nicht im larousse steht
und will deinen hochmut erreichen

welcher qualm einer blitzröhre drängt
das unsere gegen das ewige und vielgestaltige segel
hier bringt man die menschen nicht auf den terrassen um
die sich in der intimen reihenfolge der trägheiten färben

wir wagen unerhörte dinge
trugbilder din-a-vier mikrographien der chromatischen seelen und bilder
wir tragen all den schellen-tumult den wir aufrühren
für die heiligen feste auf den viadukten und für die tiere

wendung eines tanzes in oktaven auf meteor und violine
das spiel des eises jahr das vergeht
trinken wir einen schluck ich bin der verrückte bruder
tinte des himmels hydromelsee
des opaken weins flake in der hängematte
bringt stille und fruchtbare opfergaben dar
er kratzt den himmel mit seinen fingernägeln
im morgenrock

das jahr wird unter den palmen und bananenbäumen sein in wasserwürfeln dem lichthof entsprossen
einfache einträgliche weite musik aus gutem hafen erschallend
und das karmesinrote brot für die zukünftige und vielfache jahreszeit
der alten hübsch kolorierten stichen von königen auf der jagd
pfeife und box in der vase unter dem pik-as piepsen mit
den vögeln und den frischen nackten ein wendiges schiff im schnabel
des felsens funkenmotor der guten nachrichten der eiffelturm spielt rebec
hier ist jeder stuhl weich und bequem wie ein erzbischof
asketizismusunternehmen mönche garantiert zu allen preisen — meine damen hier —
haus flake

<Littérature, April 1919; Kino-Kalender des abstrakten Herzens>

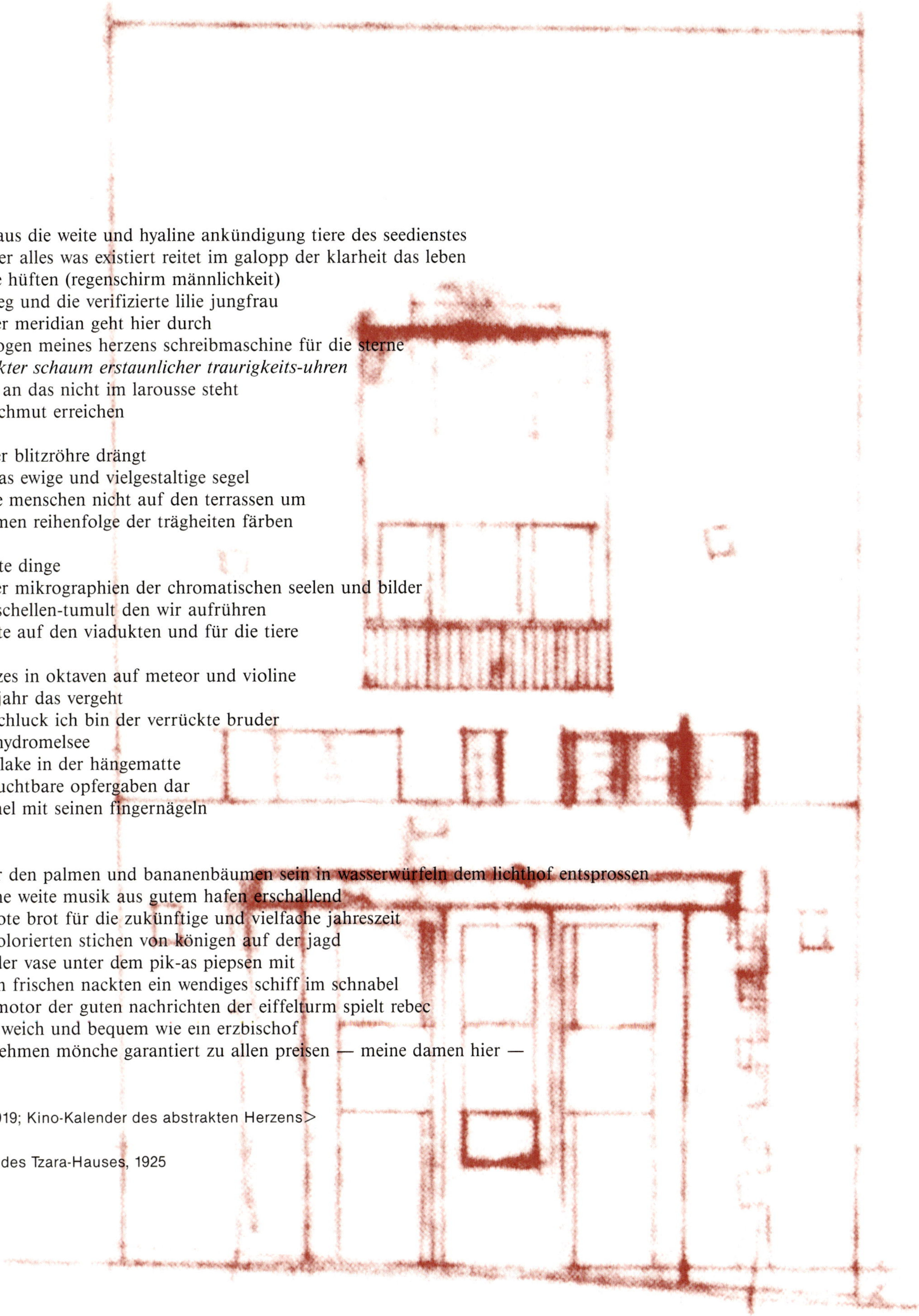

Adolf Loos, Fassade des Tzara-Hauses, 1925

BOXE

Composer chaque
ligne avec un
caractère différent

les bancs craquent [regarde au milieu le tapis

viens patience passez 14 merci

ATTENTION c'est la plaie que je sonde

Une lampe tumeur nacrée

craie cramoisie

Tout à coup un coin qui tombe

Quelques cartes bousculent les artères dans l'ombre

tambour aux poings de cuir tendu

grelots suspendus aggrandis roulent sous la loupe

spécialisée sur la
lenteur aggravée

surprises reservées supprimées pour cette représentation
(La Direction)

le grotesque professionnel

: préfacent l'ambiguïté lasse
qu'ils pratiquent

LE SIFFLET

Quoi ?

croire les yeux de fiel effet
ont oublié le ciel
reflet

– Moi je ne crois pas

– Ils sont d'ailleurs de bons amis

Tristan TZARA

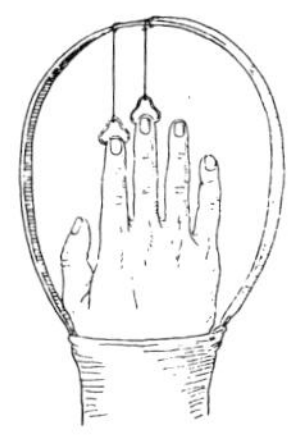

BOXEN

I

die banken knacken schau die mitte der matten
komm geduld gehen sie 14 danke

VORSICHT ich sondiere nun den wunden punkt
eine lampe tumor perlmuttartig
karmesinrote kreide

plötzlich fällt ein ende

einige karten werfen die arterien im schatten durcheinander

tambour in ausgestreckten kupferfäusten

aufgehängte vergrößerte schellen rollen unter die lupe

spezialisiert auf die

verschärfte trägheit

reservierte überraschungen für diese vorstellung gestrichen
(die direktion)

das professionelle groteske

: leiten die müde abiguität ein
die sie praktizieren

der pfiff

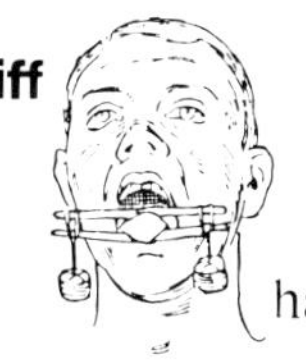

Was?

glauben die galleaugen **effekt**

haben den himmel vergessen

affekt

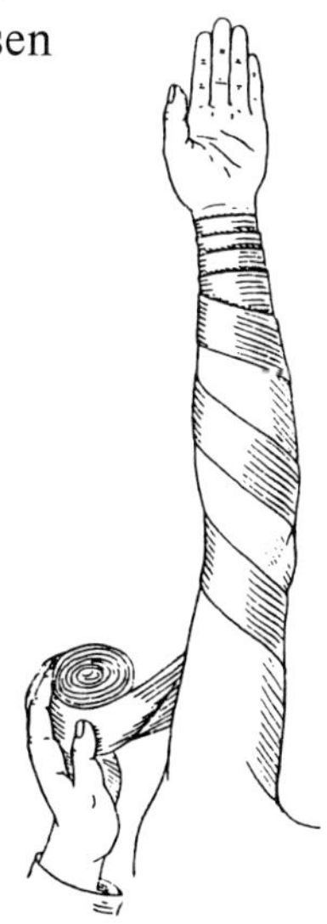

– ich, ich glaube nicht

– sie sind übrigens gute freunde

< Sic, April 1919; Von unseren Vögeln >

PROKLAMATION ohne prätention

DADA 1919

Die kunst schläfert sich für die neue welt „KUNST" *ein* — wort papagei — ersetzt durch **DADA** plesiosaurus oder taschentuch. **das talent das man erlernen kann** *macht aus dem dichter einen drogisten.* HEUTE lanciert die waage kritik keine ähnlichkeiten mehr. **hypertrophische hyperästhetisierte und hypnotisierte maler durch die hyazinthen der muezzine von hypokritischem aussehen.** *KONSOLIDIEREN SIE DIE GENAUE ERNTE DER BERECHNUNGEN* hypodrom der unsterblichen garantien: **nichts ist wichtig es gibt weder transparenz noch apparenz.**

Musiker zerhackt eure blinden instrumente auf der bühne

In diesem augenblick hasse ich den der vor der pause flüstert — eau de cologne — saures theater. **Der heitere wind.** Wenn jeder das gegenteil behauptet so weil er recht hat.

Die spritze ist nur für meinen begriff da. *Ich schreibe* weil dies eben so natürlich ist wie ich pisse wie ich krank bin. Aber das hat nur belang für mich und ist nur relativ. **DIE KUNST MUSS SICH EINER OPERATION UNTERZIEHEN.** *Die kunst ist eine* prätention *angewärmt bis zur* SCHÜCHTERNHEIT *der urinflasche die im* **ATELIER** geborene *HYSTERIE.*

Wir suchen die kraft die gerade reine nüchterne einzigartige wir suchen **NICHTS** wir bekräftigen die **vitalität** jedes *MOMENTS* die antiphilosophie der **spontanen** *akrobatik. Bereitet die aktion des geysirs unseres blutes vor — unterseeische formation transchromatischer flugzeuge, zellulare und metalle chiffriert im sprung der bilder*

über die regeln der SCHÖNHEIT und ihre kontrolle

das gilt nicht für die mißgeburten die noch immer ihren nabel anbeten.

tRisTan TzaRa

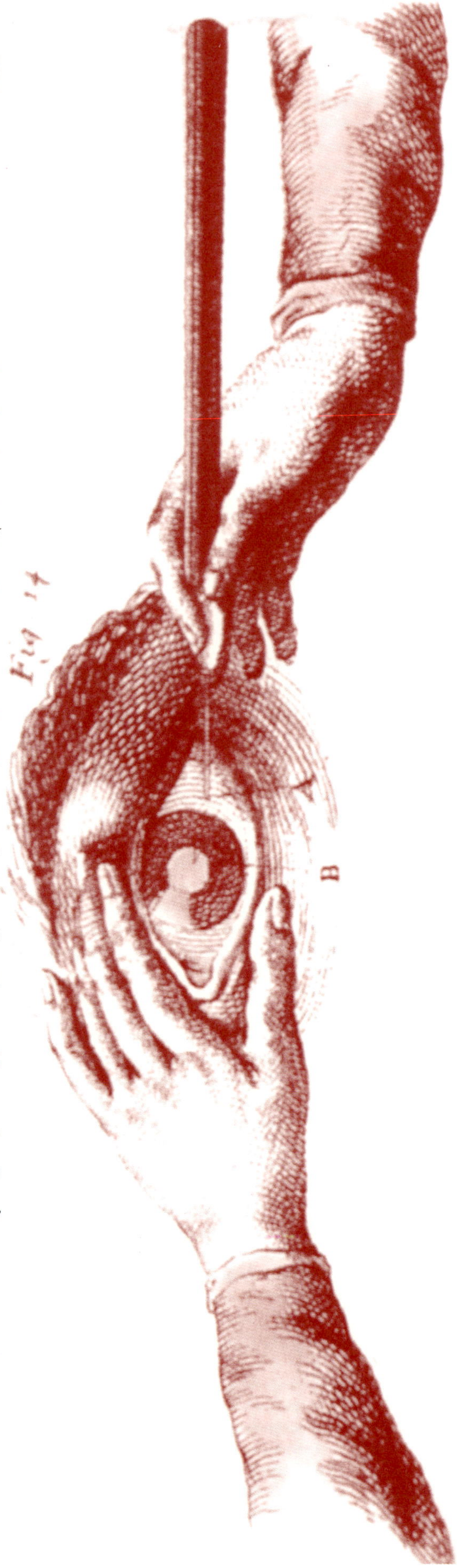

Hardekopf an Olly Jacques
19. 4. 1919, Zürich

□ Ich habe an Frau Elisabeth Richter ein paar Worte geschrieben: wann etwa sie Herrn Hans zurückerwartete, und daß du sie in Muzzano gerne bei dir beherbergen würdest. — Richters neue Reise dorthin wurde veranlaßt durch ein Telegramm seiner dortigen (Münchner) künstlerisch-politischen Freunde: er solle sofort kommen, seine Anwesenheit sei erforderlich. (Wahrscheinlich sind das Leute, mit denen er sich bei seiner ersten Münchner Anwesenheit befreundet hat.) Daraufhin ist er wieder hingereist. —

Chronique de Zurich:

Zürich ist sehr langweilig geworden. Fast alle interessierten Menschen sind weg. —
Frl. Ada Toulouse-Lautrec ist ausgewiesen worden und soll sich in ihrer norddeutschen Heimatebene aufhalten. —
Frl. Carrel ist über Stockholm nach Petersburg zu ihrem Gemahl gereist. Es sind authentische Nachrichten von ihr aus Stockholm eingetroffen. —
Herr Rubiner und Frau Dr. Frida weilen seit etwa zwei Monaten in Berlin. Rubiner arbeitet dort an den kommunistischen Organen mit. Wohl auch an der *Aktion*. —
Ehrenstein hat es in Berlin nicht ausgehalten. Er ist nach Wien gegangen. Ebenso Frl. Bergner, die jetzt an der *Neuen Wiener Bühne* engagiert ist. —
W. S. Guttmann ist in Berlin. Seine Gemahlin, Angela Hubermann, in Ascona. —
Herr Tzara hat Zürich über Ostern verlassen. Er wird nach dem Fest zurück sein. —
Die Dada-Soirée, die eine herrlich skandalöse Orgie war, hat ihren beiden Unternehmern, den Herren Serner und Tzara, mehrere hundert Franken Reingewinn gebracht, nach Abzug aller Unkosten. Im Auditorium bemerkte man Frau Lasker-Schüler (die unmittelbar darauf nach Berlin, zur Première ihrer *Wupper*, abreiste) und Frau Raja Pollak-Belensson.
Herr Rolly Binswanger weilt wahrscheinlich in Kreuzlingen. —
Herr Otto Flake hat das, früher Herrn Leonhard Frank gehörige, Zürcher Anwesen (Haus mit Hühnerhof) käuflich erworben und bewohnt es, gemeinsam mit Frau Flake (die ich nicht kenne). —
Die Zeitschrift *Das Hirngeschwür* wird vom Mai ab erscheinen. —
Serner lebt ganz in der Dada-Bewegung. Vielleicht wird er mit Tzara Dada-Tournées unternehmen.
Übrigens erkundigte er sich freundschaftlich-eingehend nach deinem Befinden. —
Von Schickele wußte er nichts; meinte, Schickele sei noch in Bern. Ob Ball aus München zurück ist, weiß er auch nicht.
Ich habe mit Serner auch über dein Sèvres-Stück und deine Erstausgaben Dehmels etc. gesprochen. —

dein Hardy
(ziemlich verwirrt)

Maya Chrusecz an Tzara
20. 4. 1919, St. Gallen

Mein lieber kleiner Lee,

es schneit, es schneit, es schneit und meine Geschäfte gehen ganz schlecht. Lieber kleiner Lee, ich habe mein Gebet gemacht und immer an dich gedacht. Die Reise ging sehr gut, und in diesem Hotel ist man sehr aufmerksam. Frau Dr. Beerli ist heut morgen gleich gekommen und hat mich auf morgen zum Essen eingeladen. Es schneit, es schneit, und ich bin ganz trostlos.
Lieber Lee, was tust du. Warum warst du nicht auf dem Bahnhof, ich habe mir die Augen ausgeschaut, ich hab gedacht, du wirst doch noch kommen, und dann mußte ich doch allein abdampfen. Ach du Lila, ich sehne mich nach dir. Sonntag abend komme ich wieder, und ich küsse dich tausendmal, lieber kleiner Tzara lila

deine Maya

Hardekopf an Olly Jacques
22. 4. 1919, Zürich-Enge

□ Zürich ist nicht amüsant. Mit Serner war ich vorgestern abend im *Hirschen*, Niederdorfstr., wo die Variété-Truppe Mazelli u.a. die große Indianerszene mit bengalischem Rot: *Wir sind die letzten von dem Stamm der Delawaren* spielte — dieselbe Szene die Hr. Hugo Ball in seiner Arbeit *Flametti* ausführlich geschildert hat. Unter den Zuschauern befanden sich der Buchhändler Heuberger und der Buchhändler Hack, Morphinomane. □

Hardekopf an Olly Jacques
24. 4. 1919, Zürich-Enge

□ Ich habe von Frau Richter nicht weiter gehört und denke, daß Richter, aus Eisenbahnlosigkeit oder politischer Lust noch längere Zeit in München bleiben wird. —
Der kleine Tzara ist von seiner Osterfahrt (er war in Hausenstein am Lac des 4 Cantons) zurück. Einen Abend waren er, der andere Sir Walter ('Sir Henry') <Serner> und ich zusammen. Seitdem habe ich mich zurückgezogen; es wird mir etwas viel der Dada-Plauderei. □

Huberta Knoll, Arbeitshandschuhe, Hochdruck, 1992

Arp an Tzara
24. 4. 1919, Arosa

Fruchtbare Pyramide plus Crème de Simon, verehrter und acquatintierter Tzara — bis jetzt habe ich fruchtlos auf die Korrekturbögen gewartet — ich kenne keine Gnade, wenn ich sie nicht erhalte. Ich drohe ihnen, mich sofort zu meiner Großmutter zu begeben und mit ihr einen Drachen zu zeugen, der sie und Serner auffressen wird. Zärtliche Küsse auf ihre Hupe, zwölf Lawinen und Nabelbrüche

ihr Arp

Maya Chrusecz an Tzara
28. 4. 1919, Bern

Mein lieber kleiner Lilalee, gute Nacht, gute Nacht, es ist eiskalt hier. Ich küsse dich.
Guten Morgen, Tzara lila, ich friere noch immer. Ein großes Zimmer und neben mir noch ein Bett, und ich kann dir keinen Kuß geben. Die Reise war endlos lang und langweilig. Zuletzt habe ich geschlafen, Lee, ich war so traurig. Was du wohl tust, du lieber Lila? Jetzt muß ich aufstehen, es ist 7 Uhr, ich bin so müde und verfroren. Ich komme bald wieder zu dir

deine Maya küßt dich 100000000mal

deine Bonbons und Kuchen waren wunderbar

Maya Chrusecz an Tzara
29. 4. 1919, Bern

1.Brief

Liebster kleiner Tzaralila,

jetzt ist Abend, und ich sitze allein und denke an dich. Noch habe ich keinen Brief von dir. Ich habe mich so gefreut, deine Stimme zu hören. Liebster, telefoniere morgen wieder, ja? Das tut so gut, so gut, lieber kleiner Lee.
Ich küsse dich unzählige Male auf deinen kleinen Mund und deine Augen

Guten Morgen, Tzaralila, ich küsse dich, daß du aufwachst, du mein Kleiner, hast du gut geschlafen? Hier schneit es immer mehr, und es ist so langweilig. Gestern war das Geschäft schlecht. Hier sind lauter Polen, Ungarn, Österreicher, Ukrainer und Russen. Ich muß immerzu französisch reden. Na, wenn du mich hörtest!
Ich grüße dich schön und viele Küsse

deine Maya

2.Brief

Mein lieber kleiner Lee,

jetzt erst habe ich deinen Brief von vorgestern bekommen, nach dem 2. Ja, du kleiner Schlingel, ich habe fürchterlich gelacht beim Lesen. Warum bin ich nicht dabei gewesen? Aber wenn ich da bin und andere Menschen dazu, dann ist es immer ganz anders. Warum machen wir dann keinen Unsinn?
Du Schelm, dein Brief ist ganz betrunken. Ich frier so schrecklich und wir verkaufen überhaupt nichts. Trostlos ist das.
Morgen bin ich wieder bei dir, und ich bin wirklich froh, wenn ich wieder in Zürich bin. Denkst du an mich, Liebes? Ich habe dich sehr lieb, ich habe dich sehr lieb. Gestern war ich mit Lisa im Kino, es war sehr rührend. Um 10 1/4 waren wir zu Haus, und ich bin schlafen gegangen, nachdem ich einen Glühwein getrunken, weil ich vor Kälte gezittert.
Ich küsse dich, soviel ich kann, und will, daß dieser kleine Brief noch schnell auf die Post geht, weil du ihn morgen früh haben sollst.
Dann sage ich jetzt gute Nacht und guten Morgen, mein Liebster, und mach dein Gebet und schlaf gut und träume von mir und sei gesund, und ich bin immer

deine Mayalila

Petra Lutnyk, Küchenschwamm, 1990

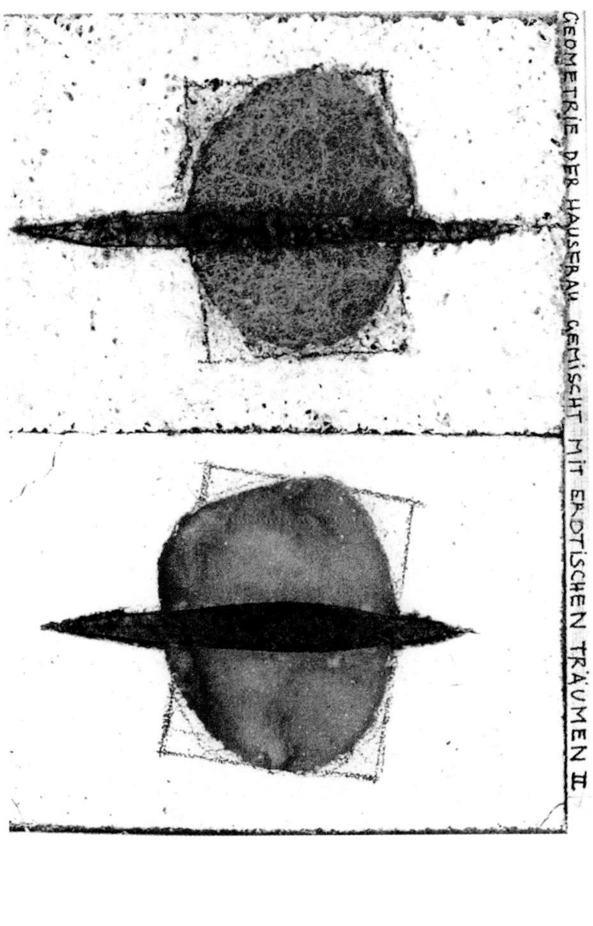

Neitzel an Tzara
5. 5. 1919, Oberachern

Lieber Herr Tzara,

wenn ich mir jemals in meinem Leben Vorwürfe zu machen habe, daß ich jemandem gegenüber unhöflich war, so ist es ihnen gegenüber. Denn ihre dadaistischen Sendungen machten mir mehr Freude, als ich in Berlin hatte. Und mich dafür nur mit einer Karte und nicht mit einem langen schönen Brief zu bedanken, war der Grund, ihnen gar nicht zu schreiben. Ich bitte sie, mir zu verzeihen. Im Augenblick arbeite ich an einem burlesken Drama, in dem es auch eine dadaistische Szene gibt. Momentan leide ich überaus an Kopfschmerzen. Vielleicht vertrage ich die Sonne nicht mehr. Nicht wahr — sie verzeihen mir, daß ich nicht schrieb, und akzeptieren meinen Handschlag, den ich ihnen mit allen meinen besten Grüßen schicke. Grüße an alle und alles Gute für sie

L. H. Neitzel

Hardekopf an Olly Jaques
6. 5. 1919, Zürich-Enge

□ Von den Dada-Herren bin ich ganz abgerückt. — Gestern Abend habe ich mit Frau Elisabeth Richter ausführlich gesprochen. Sie erwartet mit Unruhe Herrn Hans Richter zurück, der — einem Telegramm Ehrensteins aus Wien zufolge — über Österreich zu ihr zurückkehren wird. □

Hardekopf an Olly Jacques
Mitte Mai 1919, Zürich

□ Emmy war einen Tag hier und erzählte mir, wie Herr Ball es in Berlin gefunden hat. Im Café des Westens sei der Fußboden so holperig und zerfetzt, daß man darüber leicht stolpere und hinschlagen könne. Nichts werde ausgebessert. Abends sei die Beleuchtung im Café so dürftig, daß die, die Zeitung lesen wollen, ihre eigenen kleinen Kerzen mitbringen und anzünden. Niemand trage mehr einen Kragen, man verhülle den Hals durch irgendein Tuch. Niemand wasche sich mehr; was sich *Seife* nenne, sei körniger Sand. Ball, sonst doch nicht sentimental, habe im Café geweint, als er all das sah. Alle Leute im Café seien völlig abgemagert, krank, geistig zerrüttet, apathisch, verwahrlost, verlottert-hoffnungslos verkommen, verkrustet, verlumpt, vertiert. ———

Mit den Dada-Herren mag ich nicht mehr gern sprechen. Diese Eitelkeit ist nicht hübsch. (Warum verheimlichen sie sie nicht? Die einfachste Höflichkeit erfordert das doch.)

Maya Chrusecz an Tzara
16. 5. 1919, Lugano

Mein lieber kleiner Lee,

zuerst einen langen, langen Kuß. Ich konnte im Zug nicht schreiben, es war im Express und es hat so geschüttelt. Durch 1000 Tunnels bin ich gefahren, und einer war so lang — ich glaube eine halbe Stunde —, daß ich Ohrensausen bekam und einen schrecklichen Druck im Kopf, daß ich lange ganz elend war. Jenseits des Gotthard wurde es sehr heiß. Ich danke dir sehr, mein lieber, lieber Lee, daß du für mich so früh aufgestanden bist, für deine schönen Blumen, die in meinem Zimmer stehen, für die Schokolade, ich hätte sie lieber mit dir geteilt.
Lila, was machst du jetzt? Ich denke sehr an dich, und darum darfst du auch nicht traurig sein, weil ich bald wieder bei dir bin. Nachdem wir angekommen, habe ich mich gewaschen und umgezogen, denn ich war ganz schmutzig und heiß, Kaffee getrunken und dann auf die Post, dann 250 Briefe mit Marken beklebt und expediert, dann aufs Bezirksamt, dann zum Annoncieren, dann Abendessen, dann bis 12 Uhr ausgepackt. Und während wir packten, sind die Damen schon herein und haben alles uns nur so aus den Händen genommen.
Gute Nacht, mein liebes Gutes, und 100 000 000 Küsse, und ich habe dich lieb, und ich mach jetzt mein Gebet und denk an dich, und morgen früh schick ich dies Express.

Deine Maya

Guten Morgen Liebster,
ich habe schrecklich schlecht geschlafen, und es ist so furchtbar spät.
Nachher mehr.

Deine Maya

Maya Chrusecz an Tzara
17. 5. 1919, Lugano

1. Brief

Ist das nicht schön, Lilalee? Ich bin Sonntag noch nicht zurück: Lisa und ich werden zu Fuß irgendwo hin gehen, wo es nicht so heiß ist, vielleicht nach Cassarate, das liegt höher. Was tust du? Geh doch ein wenig in den Wald oder fahr nach Rapperswil. Ich habe heute morgen einen Expressbrief geschickt. Jetzt geht ein Zug, darum schreibe ich dir noch schnell viele viele Grüße und Küsse

deine Maya

2. Brief

Mein lieber kleiner Lee,

jetzt ist wieder Abend, und ich bin ganz erschöpft. Wir haben sehr viel verkauft! Schon über 5000 am ersten Tag. Die Saison ist zwar zu Ende, aber in unserem Hotel sind die Leute kolossal interessiert.
Ach, Lila, telefoniere mir doch mal, aber du mußt das Gespräch als dringend anmelden, sonst dauert es zu lange. Lila, mein lieber kleiner Tzara Lila, ich denke immerzu an dich. Was tust du, hast du mich lieb? Wenn du jetzt hier wärst, dann würden wir auf den See fahren. Es ist sehr schön, aber wir haben noch nicht einmal unseren Hotelpark gesehen. Heute Mittag konnten wir kaum essen, dann gingen wir in den Salon, um etwas zu holen, und schwuppdiwupp war alles wieder voll von Menschen. Ich bin noch nicht ganz sicher, ob es morgen so weiter geht oder ob das der erste Andrang war, und dann fertig.

Abends, spät

Jetzt muß ich dir noch Gute Nacht sagen, mein Liebster, und ich habe dir noch etwas zu erzählen, aber du sollst nicht böse sein. Nach dem Abendessen kamen Kunden von uns fragen, ob wir nicht mit nach Lampione ins Casino kommen wollen (alte Kunden von uns, die Böhlers). Um 9h ginge das Schiff und wir müßten die Spielhölle doch gesehen haben. Ich sagte nein und dann ging Lisa allein. Nach einer halben Stunde kam sie zurück mit einer anderen älteren Dame, und die hat noch einmal gesagt, wir möchten doch kommen. Sie nähme uns unter ihren Schutz. Um 10h ging noch ein Schiff, und so bin ich mitgegangen. Die Fahrt war sehr hübsch. Und das Casino und die Spieler haben mir gar nicht imponiert. Lisa hat gespielt und schließlich habe ich auch 20 Fr. gewagt und habe sie verloren. Dann habe ich nicht mehr weiter gespielt. Lisa hatte Glück und nachdem sie 200 Fr. gewonnen hatte, hat sie für mich gespielt, und so hatte ich meine 20 Fr. wieder zurück. Dann war ich geheilt und habe es nicht wieder getan und tu es nicht wieder. Um 12h sind wir zurück, da fing man an zu tanzen. Ich war sehr brav. Habe nur 1 Tasse Café genommen und sie selbst bezahlt. Bist du zufrieden, mein lieber lieber kleiner Lila? Ich hab dich sehr lieb und küsse dich zur Guten Nacht, und du sollst mich auch küssen, und ich mache mein Gebet und bin

deine Maya

Guten Morgen, mein Liebstes, ich küsse dich tausendmal

deine Le

Maya Chrusecz
18. 5. 1919, Lugano

Mein liebster kleiner Lee,

heute abend habe ich erst deinen Brief bekommen. Lila, mein kleiner lieber Lee, wenn du nur hier wärest. Nach dem Essen heute abend haben wir ein wenig im Park gesessen und mit einigen deutschen Herren gesprochen, die gestern aus Deutschland gekommen sind, Hüttenbesitzer aus der Ruhrgegend. Es war sehr interessant, mal von Augenzeugen über diese Dinge zu hören, die in letzter Zeit vorgegangen sind. Morgen werden wir uns ein wenig ausruhen, wir sind aber schon ganz kaputt von der Arbeit.

Lieber Lila Tzara,

das ist ein trauriger Samstagabend, unser Abend. Was tust du, Lee, bist du im Café? Was macht Dada? Ich warte schon sehr und neugierig. Schicke es mir doch, auch wenn es noch nicht ganz fertig ist. Ich hab dich so lieb, Lila, nur dich, und ich küsse dich in Gedanken viele, viele Male, und ich denke immer an dich, und bald bin ich wieder bei dir. Ich gehe also nicht gleich nach Luzern, sondern komme erst wieder zu dir, mein Liebster, ich freue mich so, wieder bei dir zu sein, wenn es hier auch noch so schön ist, ich bin lieber bei dir, ich gehör zu dir, ich hab dich lieb, hast du mich auch lieb? Deine Vergißmeinnicht blühen noch so schön — Lila, warum sind wir denn oft so traurig miteinander? Ist das denn nötig? Wenn wir uns doch so lieb haben? Jetzt mach ich mein Gebet und küsse dich und hab dich lieb

deine Maya

Maya Chrusecz an Tzara
19. 5. 1919, Lugano

1. Brief

Sonntag morgen

Jetzt komme ich ganz leise an dein Bettchen und küsse dich auf deine beiden Augen, meine lieben schwarzen Augen und auf deinen Mund, so fest, daß du aufwachst. Guten Morgen, mein Kleiner. Siehst du, ich bin da, und du hast gut geschlafen, mein kleiner Langschläfer. Bald komme ich und küss dich wirklich

deine Maya

2. Brief

Lieber Lee,

ich bin nach dem Essen mit Lisa über den See gefahren, an vielen italienischen Städtchen vorbei, wo wir nicht aussteigen durften, bis Gandria. Jetzt sitzen wir auf einer Terrasse über dem See und essen Salami, dann werden wir zu Fuß nach Castagnola gehen und auf den Mont Brè fahren und sind dann abends um 9h zurück. Wenn du nur hier wärest, es wäre so schön, mein lieber Lee, und nun bin ich bald zurück und grüße dich und ...

Maya

1919 – mai – ANTHOLOGIE DADA (DADA 4 – 5)

Letzte Neuigkeit

preis: 4 Fr.
luxusausgabe: 20 Fr.

knallkörper wecker Picabia, batterie Picabia Tzara kalender klingel 3 leichte stücke Cocteau bemerkung über die poesie hebamme Globus Tohuwabohu Radiguet dreieck katastrophe p.a. Birot, Hausmann magische letzte neuheit TNT Arp Aa 24 Arp in abschnitten asphodel vorhaut eule taxichauffeur G. Ribemont Dessaignes dem zufall der worte im dienst des priesteramtes Gabrielle Buffet FRAU FISchteich empfänger der dada-beiträge Andre Breton der infantrist Chirico seiner ganzen länge nach der statue Dada entlang Louis Aragon erfindet straßen Ph. Soupault Eggeling Richter der nette vogel trommler Huelsenbeck, splendeurs Hardekopf und Serner-SERNER-ser serviert das überseetelegramm Die kunst ist tot etc.

Inauguriert die verschiedenen farben für die freude am transchromatischen ungleichgewicht und der tragbare zirkus velodrom der getarnten sensationen strickwerk anti-kunst die pisse des integralen mutes zerstreuende manigfaltigkeiten unter der letzten kosmopolitischen vibration.

Arp an Tzara
20. 5. 1919, Arosa

Lieber Tzara,

hohe Telegramme rissen mich aus Zürich, mir nicht einmal mehr Zeit lassend, mich tränenüberströmt an ihre Brust zu werfen. Die Holzstöcke habe ich meinem Bruder zurückgelassen. Bitte schicken sie mir sofort einige *Dada Anthologien*.
Herzlichen Gruß

Arp

Freundliche Grüße aus einer dichten Schnee- und Schnupfenwolke

Sophie Taeuber

Schwitters an Tzara
24. 5. 1919, Hannover

Sehr verehrter Herr Tzara,

anbei sende ich ihnen 5 Fotos von Merzbildern und 8 Gedichte. Ich bitte um Bestätigung.
Mit großem Interesse verfolge ich die Flugblätter *Dada* und würde mich außerordentlich freuen, Beziehungen zu ihrem Kreise anknüpfen zu können. Ihrer werten Antwort sehe ich mit Interesse entgegen.
Mit vorzüglicher Hochachtung

ihr ergebener Kurt Schwitters

Die Dadabewegung unterscheidet sich darin von der deutschen Regierung, daß die Regierung ihre kurzweiligen Einfälle plakatiert, die Dadabewegung aber viel schönere kleine zweckentsprechende Hefte mit Bildern daraus macht. Es sind rote, grüne, blaue Seiten, von verschiedener Dicke, auch die Typen im einzelnen Gedicht und Essay wechseln, um uns zu unterhalten. Die „Anthologie Dada“ von Tristan Tzara (Zürich Seehof, Schifflande 28) hat auch den Vorteil, daß, wer sie nicht haben will, sie nicht zu kaufen braucht, ohne einen Kolbenschlag zu riskieren.

<Neue Rundschau, Juli 1919>

Döblin an Tzara
31. 5. 1919, Berlin

Sehr geehrter Herr,

verbindlichen Dank für die Zusendung der *Anthologie Dada*. Ich komme in der Juli-Nummer der *Neuen Rundschau* darauf zurück (Pseudonym *Linke Poot*) und zwar mit Vergnügen.
Sehr ergeben und sie grüßend

ihr Dr. Alfred Döblin

DADA 4-5

BILANZ

umbuchungen *langes krustentier* blaue bezahlung
pflege *die parodie* und berühre *NIEDER*
langsam ausbreiten *die taille* paradies *NIEDER*
hengst *auf den schienen* durch scheinheiligkeit
auf meinen zähnen *auf deinen zähnen* höre ich
wer verzückt verpachtet *angelhaken* extraktion
perforierte hängematte *und die insekten* des nichts (soda)
nummern *man erweckt* das nasenloch (sonde)
ende des paragraphen *und die spritze* für phosphor

katafalk
einander ähnliche ressorts
in den knochen spüren
oder korridor trikolore
Z Z

nachbarschaft der eisernen bravour gymnastik balustrade

die astronomischen zahlen akklimatisiert

A U F B I L L A R D A N A L L E W I N D E

gratis

droge halluzination transkaspisch sakristei

DIE FAHNE IN ANDERE SPRACHEN VORRÜCKEN

v i v i s e k t i o n

E X - K A T A P L A S M A G E F Ä L L T D E N V E R L I E B T E N

für 3 fr. 50 oder 3 h 20 unbesiegbarer martyrologist

deine zielscheibe und deine zierlider erinnern an die geburt des ziesels aus wachs

syphilis bleicht auf den gletscherbänken

netter TAMBOUR dämmerung

auto grau autopsie katarakt

oh prophylaktische nekrologe der pausen antarktischer regionen

tRistAn TzaRa

<Dada 4 - 5, Mai 1919>

Hoher Norden, höchste Zeit.

[für Viking Eggeling, pour l'amour de son nom]

Die Rune ᚠ, der halbe Türke,
der zur Rechten niedersinkt, und die halbe Weltesche,
gabelt sich nach + ∞.

$$-\infty \quad +i \quad -i \quad +\infty$$

Die Zange einer Bowle quetscht wie eine Markenstempel-
maschine
Botokuden = Lippen und Ohr = Lappen,
ganze Stämme an den Enden der Welt.

Etwas muß am Ende eingeschlagen werden,
allzu häufig eine Karriere
und sei's durch Fensterscheiben und Monokel.
Läutend in den Eingeweiden,
läßt der Schiffstelegraph abstoppen vor dem olivenen
Fjord einer Tasse Kaffee.
An den Ufern, wo die Ondulierungen der Haare
verlaufen,
machen Seehunde Tornister aus sich
mit einem aufgenähten roten Lederherzen.
Philatelisten lösen die Streifen vom Leuchtturm Rotesand
und verwirren alle Navigation.
Die Schiffe schwimmen aus der Flanke vor Angst.
Aber: unbesorgt, im Training auf das Meeting des
Jüngsten Tags,
boxen die Fische des Unbewußten
gegen den Übungslederball der Abendsonne,
die so fabelhaft pariert,
daß kein Fisch mehr das Maul zubringt
vor seinen eingebrachten sentimentaler Uppercuts.

Alfred Vagts

Vagts an Tzara
1. 6. 1919, München

Au *Mouvement Dada, Zürich,*

zwei Gedichte zur Aufnahme in *Dada* oder *Hirngeschwür*. Man findet mich — nehmt alles nicht von allen — in der *Aktion* seit 1915.

Alfred Vagts

Hardekopf an Olly Jacques
2. 6. 1919, Mannebach

□ Die Hundschnaufigkeit und Gelangweiltheit der Herren Dadaisten gegenüber jeder politischen Gefahr, in die andere geraten, ist ziemlich widerlich. Die neueste *Freie Zeitung* scheint zu bestätigen, daß in Deutschland eine Bartholomäus-Nacht gegen Unabhängige und Kommunisten geplant ist. Henry und Tristan strömen ein enervierendes Parfum von Langeweile aus (*L'ennui dadaiste: Patchouli des Internés de l'Odeon*) □

Schwitters an Tzara
8. 6. 1919, Hannover

Sehr geehrter Herr Tzara,

Ich bin glücklich, daß sie meine Arbeit schätzen und für ihre Veröffentlichung benützen wollen. Ich möchte sie aber bitten, vorher einiges zu überlegen.
1. — Ich bin *Sturmkünstler* und muß sie daher bitten, unter die Abbilder meiner Merzbilder zu setzen: *Mit Genehmigung der Kunstausstellung des Sturm/Berlin*. Ich hoffe, daß sie sich nicht daran stören werden.
2. — Ich habe Herrn Huelsenbeck die 3 Fotografien der 3 genagelten Merzbilder gegeben. Er ist begeistert und will sie in der allernächsten Zeit veröffentlichen. Da Huelsenbeck zu den Dadaisten gehört, möchte ich fragen, ob es sich um dieselbe Veröffentlichung handelt. Andernfalls könnten wir vielleicht für ihre Publikation die selben Klischees benützen.
3. — Ich bitte sie, sich zu erkundigen, was ein Klischee in Zürich anzufertigen kostet.
Ich werde nach dem Preise in Hannover fragen und es da fertigen lassen, wo es am billigsten ist.
4. — Wenn sie ein bisher noch nicht veröffentlichtes Bild haben wollen, so könnte ich ein solches fotografieren lassen.
5. — Ich möchte mich natürlich auch pekuniär an ihren Sachen beteiligen, aber ich möchte noch warten, bis die Mark ein wenig höher steht.
6. — In Zukunft möchte ich mich auch gern mit literarischen Beiträgen beteiligen, etwas über die *Merzbücher*, das Massenkunstwerk oder die Kultivierung des Blödsinns. Da ich nicht weiß, wer von den Herren der Schriftführer ist, sende ich den Brief an Herrn Tzara und bitte, ihn auch Herrn Arp vorzulegen. Ich bitte um baldige Antwort.

ihr Kurt Schwitters

Flake an Tzara
21. 6. 1919, Brünig

Lieber Tzara,

da sie nur ins Odéon gehen, wissen sie nicht, wo Brünig ist, und da Arp nur nach Arosa geht, weiß er es auch nicht, Serner als Weltmann unter euch gibt sicher Bescheid.
Wie geht es (vergessen sie nicht, heute Abend mit Frl. Chr. ins Kino zu gehen!), sie sympathischer Don Juan der Zeitschriften? Warum schickt Arp einen Dienstmann, wenn er nicht einen Brief schickt? Oder hattet ihr die Sache schon anders überlegt, bis der Dienstmann zurückkam? Ich dachte schon, ihr wolltet mich mit einem Handschreiben an Clemenceau schicken. Ist Arp noch immer kriegerisch? *Ich* bin so friedlich, deshalb kehre ich Mitte der Woche zurück. In der *Voss'* steht mein *Dada*! 1Fr. für *Maison Flake*, 5 Fr.für den Schlauch, Segal sandte 25 Fr., ich euch grüße

Flake

Klee an Lily Klee
22. 6. 1919, Zürich

Meine geliebte Lily,

nun schreib ich von Zürich aus, wo ich gestern, Freitag, angekommen bin. Es war heut ein bewegter Tag, habe Jollos aufgesucht, Arp, Janco, Tzara usw. kennengelernt. Eine Ausstellung eingeleitet für nächsten Monat. Der Kreis Dada ist sehr interessant. Die Leute voller Leben, hätten wir sie in München! □

Klee an Lily Klee
24. 6. 1919. Zürich

□ Heut ist mein letzter Tag, gestern besuchte ich Arp und sah seine Stickereien, Knüpfereien, farbige Holzreliefs etc. Er erzählte sehr interessant von seinem ersten Jahr 1914/15 in Paris. Er ist von seiner Frankophilie geheilt, auch Neitzel soll jetzt deutsch fühlen. Grüße euch alle herzlich, auch Sofie. Es scheint, wir haben Frieden, besser für mich.

dein Paul

Klee an Lily Klee
25. 6. 1919, Bern

□ Bei Janco, das schon gestern und vorher gehabte Dadaistenmilieu, ein etwas programmatisches, aber tiefernstes und ethisches Wollen. Ein Herr Eggeling aus Schweden kam noch hinzu mit einem grafischen Kind. Zuletzt tauchte noch ein Pariser Komponist auf, der operettenhaft aussah, aber präzis und gescheit sprach. Es war auch von der Anonymität des künftigen Kunstwerks die Rede, davon stachen aber etwas ab seine Lockenperücke und seine geschminkten Brauen. □

Segal an Tzara
28. 6. 1919, Ascona

Lieber Herr Tzara,

ich erhalte ihre Karte und bin erstaunt, daß sie meinen Text, das Vorwort zum Katalog meiner Ausstellung, das Herr Flake besitzt, nicht auch bringen, wie sie mir selbst gesagt haben.
Ich habe auch an Herrn Flake in diesem Sinn geschrieben und *nur unter dieser Bedingung beigetragen.* Ohne Text hat diese Sache für mich *kein* Interesse, und meine Klischees erscheinen dann gegen meinen Willen. Ebenso ist der Beitrag nicht im Sinne unserer Abmachung verwendet worden. Ich erwarte umgehende Antwort.
Mit bestem Gruß

Arthur Segal

Helma Schwitters an Tzara
29. 6. 1919, Hannover

Sehr geehrter Herr Tzara,

da mein Mann seit Dienstag in Berlin ist, mußte ich ihm ihren Brief als Eilbrief nachschicken; da ich aber befürchte, daß das Klischee doch nicht mehr rechtzeitig herzustellen ist, halte ich es für richtiger, daß sie diesesmal noch keinen Platz für ihn reservieren. Ich werde meinem Mann den Inhalt dieser Karte mitteilen, sodaß, wenn er die Absicht haben sollte, trotzdem noch das Klischee zu liefern, er ihnen depeschieren kann. Er wird also nur depeschieren, wenn sie das Klischee schon für dieses Mal (für die nächste *Zeltwegnummer*) bekommen; im anderen Fall bekommen sie nur briefliche Zuschrift.
Mit besten Grüßen

ihre Helma Schwitters

Schwitters an Tzara
30. 6. 1919, Berlin

BRIEF UNGÜLTIG. KLISCHEE WIRD HERGESTELLT. FOLGT SCHNELLSTENS.

SCHWITTERS

Segal an Tzara
2. 7. 1919, Ascona

Lieber Herr Tzara,

das ist es eben, daß ein großer Unterschied zwischen ihren Bedingungen und meinen vorhanden ist. Ich stehe auf dem Standpunkt der Ethik in der Kunst, sie nur auf dem der Ästhetik. Mir ist die Veröffentlichung meines Programms eben wichtig, wichtiger als die Bilder.+
Da es nicht gut ist, möchte ich davon absehen, im *Zeltweg* zu erscheinen, und bitte sie, mir die 25 Fr. u. die Klischees zurückzusenden. Es ist traurig, daß die Künstler für jede ästhetische Neuheit sofort zu haben sind, und daß sie alle versagen, wenn ethische Probleme in der Kunst auftreten.
Ich verzichte darauf, unter die Künstler gerechnet zu werden.
Mit den besten Grüßen

ihr A. Segal

+ Mündlich sagten sie mir, daß das Vorwort erscheint.

Regelmäßig trafen sich Anno Dada die Dadaisten nach dem Mittagessen im Café Odeon in Zürich. Obwohl das Mittagessen damals für die meisten unter uns in einer symbolischen Handlung bestand, wurden im Nu Berge von sagenhafter Bosheit und Dummheit durch unser gewaltiges Lachen zu Staub zermalmt. Ich weiß nicht mehr genau, ob es Tzara, Serner, Huelsenbeck oder ich war, der in den Ruf ausbrach: *Ein jeder von uns nennt doch eine Röhre sein eigen. Warum also keinen Gebrauch davon machen? Auf, ihr Dadaisten, laßt uns nach Leibeskräften röhren, auf daß die zweibeinigen Spucknäpfe gebrochen von ihren Schwätztürmen stürzen und den männlichen und weiblichen Wechseljahren anheimfallen. Oder, falls ihr nicht damit einverstanden seid, laßt uns zum Beispiel Falschmeldungen an die Zeitungen schicken.* Also von Mitleid erfüllt verfaßten wir mit hundertprozentiger Mehrheit *unparteiische, objektive Berichterstattungen*, die nicht ein Härlein Wahrheit enthielten. Ich will mich nicht aufblasen. Diese Falschmeldungen waren für uns aus hygienischen Gründen absolut notwendig, da wir sonst der oben genannten Bergen, die vor uns aufbrüllten, nicht so im Nu Herr geworden wären. Es gibt kein unbarmherzigeres Geschöpf als den vernagelten Bürger. Für seinen ausgestopften Schiller ist er bereit, jederzeit ein Blutbad zu veranstalten.

<Hans Arp>

1 9 1 9 — j u n i — fiktives duell A r p + T z a r a auf der Rehalp vor geladenen mit kanonen aber in dieselbe richtung um einen privat bläulichen sieg zu feiern.

Aus Stadt und Umgebung.

Ein aufsehenerregendes Duell. Aus Zürich wird dem „St. Galler Tagblatt" geschrieben: Kürzlich wurde auf der in der Nähe Zürichs gelegenen Rehalp zwischen Tristan Tzara, dem bekannten Gründer des Dadaismus, und dem dadaistischen Maler Hans Arp ein Pistolenduell ausgetragen. Es fand viermaliger Kugelwechsel statt. Beim vierten Gang erhielt Arp einen leichten Streifschuß am linken Oberschenkel, worauf die beiden Gegner unversöhnt den Kampfplatz verließen. Als Zeugen fungierten für Tzara Dr. Walter Serner und J. C. Heer, für Arp Otto Kokoschka und Francis Picabia, der eigens aus Paris nach Zürich kam. Wie wir erfahren, hat die Zürcher Staatsanwaltschaft bereits gegen alle an dieser Duellaffäre Beteiligten die Untersuchung eingeleitet, auf deren Ergebnis die Oeffentlichkeit mit Recht sehr gespannt sein darf.

<St. Galler Tagblatt, 9. 7. 1919>

Dementi.

Herr J. C. H e e r schreibt uns, daß die durch die Schweizer Presse gehende, auch uns aus Zürich zugesandte Meldung, er sei als Zeuge in dem D a d a i s t e n - D u e l l auf der Rehalp bei Zürich beteiligt gewesen und auch in die Untersuchung verwickelt worden, u n r i c h t i g sei. Herr J. C. Heer versichert, an der Nachricht sei, soweit sie ihn betreffe, kein wahres Wort; mit den Dadaisten unterhält unser beliebte Schriftsteller keine Beziehungen. Wir freuen uns ob dieser Versicherung und dementieren die eingangs erwähnte irrtümliche Nachricht mit Vergnügen. Um Nachdruck des Dementis wird gebeten.

Das Dadaisten-Duell scheint übrigens, wie uns von befreundeter Seite aus Zürich geschrieben wird, harmlos verlaufen zu sein. „Die beiden unversöhnlichen Gegner A r p und T z a r a, die mit Kugeln aneinander vorbeischossen, sitzen wieder friedlich im Odeon nebeneinander." Man wird vielleicht in der in Verrücktheit sich wie toll gebärdenden Zeitschrift „Der Dada" — dieses Blatt muß man gesehen haben! — über das Duell einen Bericht des Oberdada lesen können.

<Tages-Anzeiger, 11. 7. 1919>

Schwitters an Tzara
3. 7. 1919, Hannover

Sehr geehrter Herr Tzara,

von Berlin aus telegrafierte ich ihnen schon, daß ich mich mit einer Fotografie beteiligen werde. Ich habe 2 Klischees bestellt und an ihre Adresse schicken lassen. Der Fotograf wollte sie heute abschicken. Wenn sie nicht beide verwenden wollen, bitte ich sie auszusuchen. Das genagelte Bild heißt *Konstruktion für edle Frauen*, das gemalte mit der Aufschrift *Anna Blume hat einen Vogel* heißt: *Das Kreuz des Erlösers*. Bei beiden Bildern muß der Zusatz stehen: *Mit freundlicher Genehmigung der Kunstausstellung des* Sturm/ *Berlin*, bei dem Kreuz des Erlösers außerdem: *Sammlung Walden*. Die beiden Bilder habe ich speziell für sie fotografieren lassen. Die beiden Gedichte, die sie gewünscht haben, sind noch nicht veröffentlicht. Meine pekuniäre Beteiligung, es handelt sich wohl um 25 Francs, verspreche ich ihnen in kurzer Zeit. Bitte warten sie noch einige Wochen. Aus Versehen habe ich die Klischees an ihre Adresse senden lassen und bitte sie, die Sache weiter zu besorgen.
Mit besten Grüßen

ihr Kurt Schwitters

Ich bitte um Antwort und Empfangsanzeige.

Schwitters an Tzara
23. 7. 1919, Leer, Ostfriesland

Sehr geehrter Herr Tzara,

bitte teilen sie mir mit, ob sie die beiden Klischees früh genug erhalten haben und ob sie im *Zeltweg* erscheinen! Wollen sie literarische Beiträge haben?
Hochachtungsvollst

Kurt Schwitters

Tzara an Picabia
25. <7.> 1919, Zürich

*Mein lieber Picabia,

es ist lange her, daß ich ihnen schrieb. Ich bin in einem schrecklichen Zustand von Apathie. Und ich weiß wirklich nicht, was ich machen soll. Was haben sie vor? Ich reise vielleicht Anfang des Monats in den Balkan und für einige Tage nach Italien. Ich gedenke, nur einen Monat zu bleiben und danach nach Paris zu reisen. Sie bleiben doch noch in Paris, nicht wahr? □

Liebe Frau Picabia,

ich weiß, daß es zu viel verlangt ist, etwas für *Dada* zu schreiben. Aber falls sie zufälligerweise einige Seiten haben, würden sie sie mir senden? *Dada* ist deshalb so voll von Blödsinn, weil ich keine Mitarbeiter habe.
Mit meinen besten Grüßen, auf Wiedersehen

Tzara*

Tzara an Vagts
26. 7. 1919, Zürich

*Sehr geehrter Herr Dadaist,

ich erhielt ihre beiden Gedichte, von denen eines im *Zeltweg* (Publikation des Mouvement Dada) erscheinen wird. Das andere wird vermutlich in Dada erscheinen. Vielleicht schicken sie noch einiges.
Bestens grüßend,

Tzara*

Maya Chrusecz an Tzara
29. 7. 1919, Frankfurt

Lieber Lilalee,

ich habe die halbe Reise glücklich überstanden und sitze jetzt im Café Rumpelmeyer, ein großes schönes Café mit Terrasse und trinke Café, den es so gut wie nie gibt, mit Zucker, aber ohne Milch, nur viermal teurer in Mark natürlich. Deutschland ist so schmutzig geworden. Mir geht es ganz gut, nur bin ich schrecklich müde. Lila, was machst du heut abend? Ich komme bald zurück. Zum Frühstück sollst du von der Wurst essen, hörst du? Ich grüße dich viele, viele Male und werde gleich telegrafieren, wenn ich ankomme in Hamburg.
Sei nicht traurig Lila

Flake an Tzara
8. 8. 1919, Glücksburg

Lieber Tzara,

eben kommt ihre Karte, daß sie die Manuskripte an Spamer <*Drucker des Zeltweg*> geschickt haben. Inzwischen schrieb ich Arp, daß ich meinen Beitrag anderweitig vergeben habe; ich glaubte, ihr würdet euch nie entschließen. Aber nun kommt dazu, daß ich heute meinen Kontrakt unterschrieb, daß ich nicht mehr an Zeitschriften mitarbeite, und ich ziehe mich aus diesem Grund vom Zeltweg zurück, der eben zu spät erscheint. Ich reise am 18. zurück. In Darmstadt ließ ich mir vom Drucker des *Tribunal* eine Aufstellung machen, billig. Für 800 M. druckt er 1000 Exemplare auf Kunstformatpapier und liefert fix und fertig. Das könnt ihr für eure Zwecke benötigen, falls ihr herauskommt.
Herzliche Grüße an alle

Flake

Tzara an Picabia
<ca.10. 8. 1919, Zürich>

*Ich denke oft an sie, lieber Freund, aber wenn ich doch endlich wüßte, wieso ich nichts unternehmen kann: diese letzte Zeit wollte ich ihnen jeden Tag schreiben. Ich würde so gern wissen, was sie treiben und denken: Erhielten sie endlich ihre Bilder? Und kamen sie in gutem Zustand an? □
Ich bin nicht in den Balkan gereist; das, was man von da unten hört, ist entsetzlich. Ich werde deshalb Ende November nach Paris fahren. □
— Lasen sie die komplett idiotische Notiz über Dada in der *Nouvelle Revue Francaise*? Ich werde nicht einmal darauf antworten. Vor allem weil ich keine literarischen Ambitionen hege und mich nur als Amateur sehe. Wenn ich es doch mache, dann nur, um gewissen Leuten in Paris nicht allzuviel Freude zu machen. Ich nehme an, daß die Idiotie überall die gleiche ist, gibt es doch überall Journalisten. □
— Ich arbeite wenig — in letzter Zeit passierte mir eine unangenehme Geschichte (noch verstärkt vielleicht durch den Zustand meiner Nerven) — und mache nichts, langweile mich. □
Schreiben sie mir, lieber Freund, ich bin hier vollkommen allein. Arp läßt grüßen, alles Gute

Tzara*

Tzara, Serner und ich haben im Café de la Terrasse in Zürich einen Gedichtzyklus geschrieben: *Die Hyperbel vom Krokodilcoiffeur und vom Spazierstock.* Diese Art Dichtung wurde später von den Surrealisten *Automatische Dichtung* getauft. Die automatische Dichtung entspringt unmittelbar den Gedärmen oder anderen Organen des Dichters, welche dienliche Reserven aufgespeichert haben. Weder der Postillon von Longjumeau noch der Hexameter, weder Grammatik noch Ästhetik, weder Buddha noch das sechste Gebot sollten ihn hindern. Der Dichter kräht, flucht, seufzt, stottert, jodelt, wie es ihm paßt. Seine Gedichte gleichen der Natur: sie lachen, reimen, stinken wie die Natur. Nichtigkeiten, was die Menschen so nichtig nennen, sind ihm so kostbar wie eine erhabene Rhetorik; denn in der Natur ist ein Teilchen so schön und wichtig wie ein Stern, und die Menschen erst maßen sich an, zu bestimmen, was schön und was häßlich sei.

<Hans Arp>

rattaplasma ris-de-la-platanicle-

horoscope satanique se dilate sous ta vigueur
vigilance de virgile vérifie le vent virile
schlagbaume schlagen riesenwirbel
[illegible] glätenwisch[illegible]
der schenräuber ist in flitzender kamerkruste
und grunt die leiber verrosteter dromedare zur [illegible]
ruf den gefrästen zwerg aus dem spiegel
er wirft mit seinem löffel zwei sonnen in den [illegible]
liqueur vocale
mouvance météorologique
subtil eni [illegible] clé du vertige et un sac [illegible]
ratterkasten im schenkelloch verstürzt
das hammellachen der halsmandeln
grossartig und hingebungsvoll
rippende ritter erbrechen die trauspiegel
~~[illegible]~~
[illegible] lasen [illegible] in [illegible]

Die Hyperbel vom Krokodilcoiffeur
und dem Spazierstock

das elmsfeuer rast um die bärte der wiedertäufer
sie holen aus ihren warzen die zechenlampen
und stecken ihre steisse in die pfützen
er sang ein nagelknödel auf treibeis
und pfiff sie so hold um die ecke das lotterliche
dass ein gussgitter glitschte
4 eugens auf tour skandinavien millovitsch blaue kiste
ist bombenerfolg
zwischen dem haarrahm des kanalstrotters
erstiefelte der saumseligste zeisig den breipfahl
eines buttersackes im zinngefieder
schreckensfahrt an steiler wand
der gute vater senket
ins haupt den tomahwak
die mutter ruft vollendet
zum letzten mal ihr quak
die kinder ziehen reigend
hinein ins abendrot
der vater steigt verneigend
in ein kanonenboot
auf den marmeladengürtel turnen
hinein ins abendbrot
glitzerblöde affenbolde
wiener hintere zollamtsvokabeln voll grauslichkeit
der zirkusfeindliche kiel
hänge das profil
im internationalen
kanäle
abendmahlmarschil(l)e
quartettmephistophele
sufftribadenöle
skandierskandöle

ARP SERNER TZARA

(société anonyme pour l'exploitation du vocabulaire dadaïste)

per adresse: herrn menschenmacher andreas hofer montiss banden
oder das zifferblatt der hasenuhr

Vagts an Tzara
11. 8. 1919, München

Sehr geehrter Herr Tzara,

ich danke für die Rezeption in *Dada*. Für heute drei Dinge, nicht mehr, weil ich schon gepackt; Belege nach Balbeck, Unterelbe, Oberpostdirektion Hamburg erbeten, weil dort kein Goltz'Depot für Dada.
Bestens grüßend

ihr Alfred Vagts

Serner an Tzara
12. 8. 1919, Zürich

Lieber Herr Tzara,

danke für ihre Karte aus Montreux. □
Im ganzen gibt's nichts Neues hier. Keine Briefe. Überhaupt nichts! Ich langweile mich unendlich (den Mund weit aufgerissen!!)! □
Ich bin zufrieden, daß das Wetter vorzüglich ist und (wichtiger noch!) daß sie viele Leute kennenlernen. Arbeiten sie gut! □

Serner an Tzara
13. 8. 1919, Zürich

□ Ich erhielt ihre Karte aus Caux. Flake ist noch nicht da. □
Arp sagte mir, daß Fräulein Chrusecz ohne ihre Mutter zurüchgekehrt ist. □
Jetzt heißt es, etwas riskieren; sonst wäre es zu drollig, wirklich! Senden sie mir sofort das Gedicht zu 6 Händen. □

Maya Chrusecz an Tzara in Caux/Montreux
13. 8. 1919, Flims

Mein liebster Lee,

zuerst habe ich dich sehr lieb, furchtbar lieb und ich sehne mich nach dir. Lila Lee, wie lang ist die Zeit. Jetzt will ich dir gern erzählen. □
Statt um 2 h waren wir um 6 h in Leopoldshöhe und 5 Stunden dauerte die Kontrolle, sodaß der letzte Zug von Basel nach Zürich weg war und ich in Basel übernachten mußte. Also habe ich mich ausgeschlafen und bin mittags um 2 h in Zürich. Dann schnell gebadet, umgezogen und gegessen und um 5 h ins Geschäft, schnell ein paar Anordnungen, Geld geholt und zur Coiffeuse. Dann bin ich ins Odéon, um was von dir zu hören, habe Arp getroffen. Ich weiß nicht, wie ich dazu komme, aber als ich dein Telegramm in Hamburg bekam, habe ich gedacht, du bist nur ein paar Tage in Genf und würdest mich abholen. Ich hatte dir von Hamburg geschrieben, daß ich erst mal allein fahren muß, und habe schon in Otterbach mir die Augen ausgeschaut, kleiner Lila Lee, und dann in Zürich, aber kein Tzara und niemand holt mich ab. Von dieser schrecklichen schmutzigen Reise. Vor Verzweiflung bin ich ins Kino gegangen. Der Arp war auch da, weil er mich vorher gefragt hat, welches Kino gut ist. □
Am anderen Morgen früh wieder gepackt und um 9 h nach Flims. Am anderen Morgen Verkauf und zwischendurch wieder Adressen geschrieben bis Mittag, dann Essen, und endlich nach dem Essen konnte ich ins Dorf hinunter auf die Post. Dann endlich habe ich nach drei Wochen wieder deine Stimme gehört, mein liebster kleiner Lee, und nun sitze ich hier und schreibe dir und soll noch Lisa helfen, an einem Kleid nähen, die Kundin reist morgen früh ab.
Drüben im Kasino ist Ball, aber Lila Lee, du brauchst nichts zu fürchten, ich gehe nicht hin. Es ist mir so gleichgültig, und ich habe dich so lieb, mein kleiner Tzara. Hast du mich auch lieb? □
Ich küsse dich tausendmal

deine Maya

Serner an Tzara
15. 8. 1919, Zürich

□ Arp ist abgereist, ich weiß nicht, für wie lange. □
Die Hitze hier ist fast unerträglich! Ich stehe früh auf und fahre schnell nach Küsnacht, wo ich ins Wasser springe etc. Abends kehre ich heim. Welch dreckiges Leben! Ich habe drei Einladungen für Genf. Aber keine Lust. Später vielleicht. □

Schwitters an Tzara
27. 8. 1919, Hannover

Sehr geehrter Herr Tzara,

Dank für Karte vom 19. 7. Es freut mich, daß die Klischees gefallen. Wann erscheint denn ihre Zeitschrift? Ich bitte in diesem Falle um Nachricht und um Zusendung eines Belegexemplares. In Berlin hörte ich durch Huelsenbeck beunruhigende Nachricht von einem Streit, ja sogar Duell in ihrem Kreise. Ich hörte, daß kein Menschenleben zu beklagen wäre. Aber gefährdet der Streit irgendwie die Herausgabe der beabsichtigten Werke? Ich bitte um Nachricht. Mit vorzüglicher Hochschätzung und verbindlichsten Grüßen

ihr Kurt Schwitters

Neitzel an Tzara
27. 8. 1919, Oberachern

*Mein lieber Meister Tzara,

ich erhielt gerade ihre wunderbare *Anthologie Dada*, die mir die beste Sammlung futuristischer Art, die ich kenne, zu sein scheint. Was Kandinskys roten Klecks betrifft, so wurde in meinem Exemplar die Reproduktion verkehrt geklebt. Das Prinzip der Konstruktion ist:
Vier Gewichte, die von einem Milchstraßentraum im Gleichgewicht gehalten werden, der Hermelinfarbe, Blut, Papststrümpfe, chinesisches Signalhorn und im Mond ertrinkende Walfischgischt darstellt. Das Portrait von Arp, von ihm selbst gemalt, gegenüber. Den Kandinsky finde ich besser als ein Foto. Die Ähnlichkeit wird die Mondverse verblüffen. Doch ich bedaure sehr, Janco nicht mehr zu sehen — der mir doch immer einer der Persönlichsten, der Stärksten unter allen schien. Picabia ist vielleicht der Amüsanteste unter den Malern dieser Epoche, sein Naturalismus vermischt mit eingebrannter Metaphysik ist doppeltkohlensaure Telegrafie — ohne Beschaffenheit, doch mit Draht. Mehr weiß ich nicht. Ich weiß nicht mehr, ob ich Französisch schreiben kann oder nicht — auf jeden Fall aber bin ich ihr getreuer

L. H. Neitzel

PRINZ VON AFGHANISTAN*

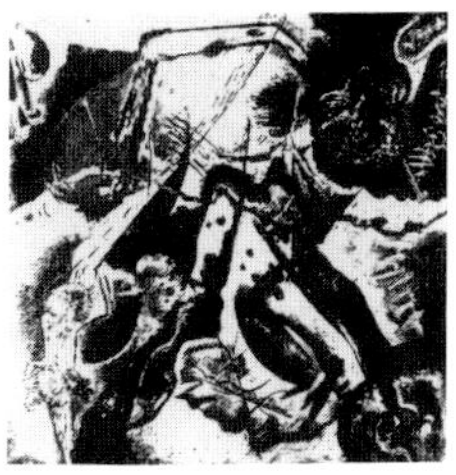

Kandinsky, Bild mit rotem Fleck, 1919

Mon cher maître Tzara,
je viens de recevoir votre merveilleuse Anthologie Dada qui me semble être le mieux réussi en genre futuriste que je connaisse. Quant à la tache rouge de Kandinsky, dans mon exemplaire la reproduction a été collée à tort. Le principe de la construction est :

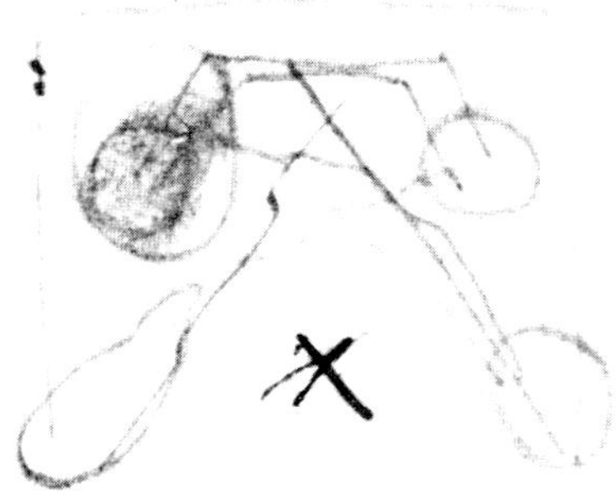

Quatre poids mis en équilibre avec un rêve de voie lactée qui pose – couleur hermeline, sang, bas de pape, clairon chinois et l'écume de la baleine noyée dans la lune. Le portrait de HARP. peint par lui même – vis à vis du Kandinsky – je le trouve mieux qu'une photo. La ressemblance épatera les vers luisants. Mais je regrette beaucoup de ne pas voir plus de Janco – qui me semble toujours être un des plus personnelles, des plus forts parmi tous. Picabia est peut-être le plus amusant parmi les peintres de l'époque Son naturalisme mêlé de métaphysique encaustique est télégraphie bicarbonate – sans conditions, mais avec fil de fer. Je ne sais plus, si je sais écrire en français ou non – mais quand même je suis votre frère

PRINCE D'AFGHANISTAN

Maya Chrusecz an Tzara
<ohne Datum>, Zürich

Lieber lieber Lila,

ich weiß nicht, wie ich es dir sagen soll. Noch fühle ich eine große Müdigkeit von dir, die mich jeden Augenblick an dich erinnert und daß du mich lieb hast und du sagst, ich vergesse dich und vernachlässige dich, Lila lila, das ist nicht wahr, und ich hab dich lieb wie immer. Lila, es sind Äußerlichkeiten, die zufällig zusammentreffen, und ich bitte dich, mach daraus keine Folgerungen, Lila, weißt du, wie hart du sein kannst? Und wie weh du Menschen tun kannst? Tzara lila, warum bist du fortgegangen, wenn ich dich so bitte mitzukommen, damit ich dir sagen kann, ich hab dich lieb, ich hab dich lieb. Ich komme morgen mittag, schicke mich nicht fort, Lee, denn ich leide so, wenn du böse und unzufrieden mit mir bist. Ich will doch gut sein. Nur ist es manchmal so schwer, wenn man elend und müde ist. Verzeih mir Lila, ich hab dich lieb, ich bin gleich zurückgekommen und hab dich gesucht, aber du warst schon verschwunden, Lila, ich bin ganz verzweifelt, wenn du so von mir fortgehst.

Maya

Maya Chrusecz an Tzara
10. 9. 1919, Zürich

Tzara, ich kann nicht mehr. Mein erster Gedanke beim Erwachen bist du und mein letzter vor dem Einschlafen. Ich bin verzweifelt, denn mein Leben ist nichts ohne dich. Ich bete, daß du wieder zu mir kommst, du warst oft in der Nähe, ich habe es gefühlt und stand auf dem Balkon und habe auf ein Wunder gewartet, denn Worte führen uns nicht mehr zusammen. Ich sehe mich jetzt selber ohne Eitelkeit und Lügen und sehe, daß ich böser bin als du, und es ist keine Entschuldigung für mich, daß alle Menschen, mit denen du zusammen bist, nicht besser sind als ich und du eigentlich alle so verachten müßtest wie mich. Du und meine Eltern, ihr seid Ausnahmen. Warum hast du mich denn liebgehabt, du wußtest doch, daß ich schlecht bin. Tzara, ich habe es viel schwerer als du, mein ganzes Leben ist nur ein Kampf gegen mich selber, und es geht so langsam. Ich habe nie gelogen, ich habe selber geglaubt, was ich sagte, und du weißt, daß ich vor einigen Tagen noch nicht erkennen konnte, wie häßlich ich bin, denn mein Wille ist zum Guten gerichtet. Wenn du das nur sehen und glauben könntest. Tzara, geh fort und prüfe mich, aber komm wieder und weise mich nicht ganz von dir fort, hilf mir doch, Tzara, ich kann dich nicht verlieren, ich verliere dann mein Liebstes und mein kleines Kind, das ganz klein, ganz vertrauend bei mir war, und für das ich sorgen durfte. Ich ertrag es nicht, Tzara, ich bin so arm. Hilf mir doch.

Maya Chrusecz an Tzara
<ohne Datum>, Zürich

Tzara,

es ist schrecklich, wenn ich dir begegne, und du schaust mich an wie etwas ganz Fremdes, mit einem ganz kalten Blick und einem Gesicht aus Stein, ich kann es nicht ertragen. Haßt du mich wirklich so? Hast du mich kein bißchen mehr lieb, ich kann es einfach nicht verstehen, denn ich habe dich lieb, auch wenn du es mir nicht erlaubst, es dir zu sagen, Tzara, ich habe dich so lieb, ich leide, ich bin krank, ich muß die ganzen Abende nach dir weinen, fühlst du es nicht, ich bin so fest mit dir verbunden, mein Leben ist nichts ohne dich, immer wieder gehe ich auf den Balkon, wenn ich Schritte höre, und meine, du mußt kommen. Tzaralila, ich kann nicht, ich kann nicht leben, wenn du mich nicht lieb hast, wie bin ich allein, und wie arm bin ich, wenn du mich nicht lieb hast, ich habe nur durch dich gelebt, Tzara, nur durch dich kann ich fröhlich sein, nur durch dich kann ich glücklich sein, stoß mich nicht fort, Tzara, ich hab dich so lieb

Maya

Maya Chrusecz an Tzara
ohne Datum, <Zürich>

Tzara,

ich verzweifle, gehe nicht von mir fort. Ja, es war häßlich, ich war schlecht, aber ich war nicht so, weil ich dich nicht lieb habe. Ich habe dich lieb Tzara, glaub mir doch. Was soll ich tun, damit du mir glaubst? Verlange was du willst, ich will alles tun.
Lila, es kann nicht wahr sein, daß du mich nicht mehr lieb hast, Lila, geh nicht fort, ich kann nicht ohne dich leben, du hast mich lieb gehabt, aber du hast mir nie geglaubt; denke aber an alles, was gut war zwischen uns. Kannst du mir verzeihen Lee, daß ich dir so weh getan, Tzara, ich bin ganz verzweifelt und so klein

Maya

In den Tüten ist Brom und die beiden Tabletten sind Pyramidon; das Schwarze ist für die Stimme.

Gott im Himmel sieh sieh mich friert links
hinkt die Liebe die Sichel hiebt unermüdlich
wir bekriegen treiben Blüten ohne Duft Blut
ist wie Wasser und färbt alle Flüsse ringsum
die Erde zieht der Zug der Toten Gott wenn
du bist reiß die Sonne vom Himmel und schenk
uns das Dunkel und vergib uns unsere Sehnsucht

<Maya Chrusecz>

Stadtpolizei ZÜRICH   084   15

ZÜRICH, den 30. September 1921

Vor- mittags 11 Uhr.

Es erscheint Rosenstock, Samuel, geb. 16. April 1896 zu Moinesti, Rumänien, aus Bukarest, Sohn des Phillipp & der Mutter Emilie geb. Sybalis, ledig, stud. phil. wohnhaft im Hotel Seehof, angl. noch nie vorbestraft.

und erklärt auf Befragen: ich kam im Juni 1916 aus Bukarest zum Zwecke des Studiums in die Schweiz. Meine Eltern sind auf ihrem Gut in Găseni in Rumänien. Jch bin als einziges Mietglied unserer Familie hier in der Schweiz. Zuerst wohnte ich in der Pension Altinger, Fraumünsterstrasse 21, dort verblieb ich ungefähr ein Jahr & nachher kam ich in die Pension Furrer, Zürichbergstrasse 19. Zwischenhinein hatte ich jedenfalls noch ein Zimmer an der Bellerivestrasse oder an der Daliastrasse 7 in Zürich/Inne. Von der Pension Furrer kam ich dann in das Hotel Seehof, wo ich ungefähr bis Januar diese Jahres verblieb, dann kam ich zu Katz, Seefeldstrasse 35 & hernach kam ich wieder in das Hotel Seehof, wo ich am 20. II. 19 zur Anmeldung gelangte.

Jch bin an der Universität immatrikuliert. Vorerst war ich in der Privatschule Minerva, Sonneggstrasse in Zürich 6. Bin Studierender bei der Universität, musste meine Studien wegen Nervosität unterbrechen, nachdem ich 2 Semester beurlaubt gewesen bin.

Richtig ist, dass ich Vertreter des Dadaismus bin & dass ich auf diesem Gebiet schriftstellerisch unter dem pseudonym "Tzara Tristan" tätig bin. Auf diesem Gebiet arbeite ich mit Dr. Serner zusammen. Serner kenne ich schon seit langer Zeit d.h., seit 2 Jahren & er hatte vor mir das Logis bei Katz, Seefeldstrasse, Zürich 8. Gegenwärtig wohnt Serner in Genf, seine genaue Adresse ist Chemin de Roches 2.

Den Logeais, Lucien & die Frau Jung, in deren Gesellschaft ich gestern Abend circa 7 1/4 h. im Café Splendit verhaftet worden bin, kenn ich erst seit gestern Mittag circa 12 Uhr.

Um die genannte Zeit kam dieser Logeais allein zu mir ins Hotel Seehof & fragte mich nach der Adresse des Dr. Serner. Schon seit 5 Jahren & von Deutschland her kenne er die Jung. Meine Adresse habe er in meinem früheren Logis bei Katz an der Seefeldstrasse erfahren können.

Darauf nannte ich dem Logeais die Adresse des Dr. Serner in Genf, Chemin de Roches 2. Logeais fragte mich, ob ich ihm nicht im Hotel Beatenhof, wo er logiere, besuchen wolle. Jch sagte ihm nicht bestimmt zu & Logeais entfernte sich dann. Am Nachmittag verliess ich mein Logis circa um 5 1/2 h., begab mich spazierweise an die Bahnhofstrasse zu Gebrüder Kuoni, wo ich das unter meinen Effekten liegende Billet für die Vorstellung im Pfauentheater von gestern Abend kaufte. Als ich die Bahnhofstrasse abwärts ging, kam mir das Rendezvous mit Logeais in den Sinn & ich kam in das Hotel Beatenhof, wo man mir sagte, dass der Gesuchte im Café Splendit sei. Jch begab mich dann dorthin & traf den Logeais zusammen mit der Frauensperson. Die Letztere erzählte mir dann, dass sie zusamen mit Logeais während 8 Tage durch das Tirol gewandert sei & dass sie im Sinne hätten, noch nach Genf zu reisen, dass es ihnen aber am nötigen Geld fehle. Jch hatte noch keine Konsumation vor mir, als dann die Polizei kam und uns verhaftete.

Jch sellbst bin in der Bolschewistischen Propaganda nicht tätig, bekenne mich sogar als Gegner des Bolschewismus. Auch von Dr. Serner weiss ich nicht, dass er Anhänger der bolschewistischen Richtung ist. Den Umstand, das Logeais die Verbindung mit Dr. Serner aufzunehmen versucht, erklärte ich mir so, dass die Begleiterin des Logeais aus der alten Bekanntschaft heraus Dr. Serner aufzusuchen wünscht. Das Rendezvous im Beatenhof wünschte ich desshalb, um mich über die Zustände in Deutschland zu orientieren, speziell desshalb, weil ich von verschiedenen Seiten gehört hatte, dass dort Hunger & Wohnungsnot herrscht. Jch kam aber über dieses Thema mit Logeais nicht zu sprechen. Dass Logeais in Deutschland gewesen ist, sagte er mir im Hotel Seehof, als er vorsprach. Dass die Frauensperson krank ist, weiss ich nicht, ich schloss es lediglich aus den nervösen Zuckungen ihres Mundes. Jch selbst bin wegen Nervosität bei Dr. Strasser, Steinwiesstrasse in Zürich 7 in Behandlung gestanden.

Jch nehme davon Kenntnis, dass ich heute Nachmittag dem eidgen. Untersuchungsrichter Dr. Bickel zugeführt werde.

v. & b. Samuel Rosenstock

i.r. [signature]

13/

Tatbestand:

Rosenstock wurde arretiert, weil der dringende Verdacht besteht dass er zu revolutionären Unternehmungen von den mit ihm verhafteten Logeais, Lucien, und Jung, Margot, geb. Hader, aufgesucht worden ist und hier als Wegleiter für die Unbekannten dienen muss.

Er hatte mir auf Befragen, wie er zu diesen Leuten gekommen sei, gesagt, die Leute hätten an der Seefeldstr. nach einem Dr. Jessen ?? oder ähnlich gefragt und dann hätte man sie vom Seefeld zu ihm gewiesen, weil er dessen Aufenthalt kenne. (Jch habe den Namen des Doktor nicht notiert und vergessen.

Nach den Aussagen Logeais hätten sich die Leute in Zürich zum ersten Male in Zürich im Café "Splendit" gesehen und vorher nicht gekannt.

Rosenstock wurde deshalb auch in den Arrest gesetzt. Es fiel auf, dass er, was sonst nicht Ususs ist, den Hotelzimmerschlüssel auf sich trug. Er hatte Visitkarten in grösserer Zahl auf t r i s t a n t z a r a und eine Eintrittskarte für den Lesesaal auf diesen Namen lautend auf sich und gab auf Befragen an, das sei sein Schriftstellernamen.

16

Zürich den 30. September 1916.

An den eidgen. Untersuchungsrichter Dr. Bickel

Z ü r i c h.

Bericht betr. der Zimmerdurchsuchung bei Rosenstock, Samuelis.

Auftragsgemäss wurde heute vormittag 11 Uhr 40 Minuten durch Det. Kündig und mir bei R o s e n s t o c k , Samuelis, von Moinesti, Roma, Rumänien, stud, XX. phil. geb. 1896, wohnhaft im Hotel " Seehof" Schifflände 23, Zürich 1, im Beisein des Hoteliers Bauer eine Zimmerdurchsuchung vorgenommen.

Jm Zimmer herrschte eine grosse Unordnung, Bücher, Manuskripte, Zeitschriften, Matrizen, Zeitungen und Briefe alles durcheinander. Wir sahen sofort , dass sich der Jnhaber des Zimmers mit schriftstellerischen Arbeiten befasst. Aus Korrespondenzen ging hervor, dass R o s e n s t o c k, unter dem Schriftstellernamen Tristan Tzara, die Zeitschrift " Dada" herausgibt. Was mit dieser Zeitschrift eigentlich bezweckt wird, ist mir nicht klar, es scheint eine sog. Künstlerzeitschrift zu sein. Soviel aus den deutsch geschriebenen Korrespondenzen ersichtlich ist, befasst sich Rosenstock in keiner Weise mit Politik. Es konnten nicht alle Korrespondenzen, die grösstenteils auf französisch gehalten sind durchsichtet werden, wir sahen jedoch, dass dieselben rein geschäftlichen Charakter haben. Was für uns, von Belang erschien wurde konfisziert und nachträglich durchgesehen, es fand sich nichts vor, was für die Untersuchung von Belang sein könnte. Der Hotelier Bauer gab uns an, R o s e n s t o c k gehe hie und da auf Reisen , so sei er auch vor ca. 1 Monat längere Zeit fort geblieben angeblich in Genf und Lausanne. Es wurde nie die Beobachtung gemacht, dass R. irgendwelche Besuche erhält.

MOUVEMENT DADA

Auf einer der Annoncenseiten einer unserer lebendigsten jungen Zeitschriften liest man die folgende Annonce:

DADA
1-2-3-4-5
Tristan Tzara, Direktor
für alle Auskünfte wende man sich an:
Mouvement DADA, Zürich-Seehof, Schifflände 28

Es ist wirklich unerfreulich, daß Paris so ein Gefasel aufnimmt, das direkt von Berlin kommt. Während des letzten Sommers hat sich die deutsche Presse mehrmals mit der Dadabewegung und den Rezitationen befaßt, bei dem sich die Anhänger dieser neuen Schule in der unendlichen Wiederholung der mystischen Silben *Dada dadada dada da* ergehen. Im September 1918 fand im ersten Wahlbezirk Berlins eine Nachwahl statt, und der *Klub-Dada* stellte die Kandidatur seines *Ober-Dada* vor. Wir zitieren hier die Informationen, die laut den Rundschreiben des Klubs das *Berliner Tagblatt* über den Kandidaten gibt:
Hr. Baader wurde am 21. Juni in Stuttgart geboren. Die Reihenfolge der bedeutenden Begebnisse, die für sein Leben bezeichnend sind, begann Sylvester 1876 mit einem Sonnenuntergang über den Alpen, der von unerhörtem Glanz war und in enger Beziehung zu seiner Person stand. Zweieinhalb Jahre später feierte er zum ersten Mal, ganz allein, den Ritus der heiligen Nacht in einem entlegenen Hain am Ufer des Zürichsees. Hr. Baader ist einer der bedeutendsten Architekten Deutschlands; seine Grabmäler und Monumentalbauten sind auf der ganzen Welt bekannt.
Die Kandidatur des Oberdadas scheint nicht sehr ernst genommen worden zu sein, und die Zeitungen melden auch nicht, wieviele Stimmen er erhielt. Machen wir uns deshalb nicht noch lächerlicher als die Wähler des ersten Berliner Wahlbezirkes.

<Jacques Rivière, La Nouvelle Revue Francaise, 1.9.1919>

Tzara an Breton
21. 9. 1919, Zürich

*Welche Freude, mein Freund, ihr Foto in Händen zu haben! Ihre und Soupaults Prosa <Die magnetischen Felder> ist eine der besten Sachen, die ich kenne. Ich erwarte mit Ungeduld ihr Buch. Ich hoffe, daß es bald erscheinen wird.
Mein lieber Breton, ich bedanke mich für das Vertrauen, das sie und ihre Freunde mir entgegenbringen. Die Notiz der *Nouvelle Revue Francaise* ist *idiotisch*. Ich konnte ihnen dieser Tage nicht schreiben. Ich antworte nicht aus Gewohnheit oder Faulheit auf solche Machwerke, aber diesmal ist es ihre Revue, die auf dem Spiel steht, und ich würde es nicht schätzen, wenn ich für sie der Grund einer peinlichen Situation wäre. Sie wissen vielleicht, daß ich keine literarischen Ambitionen hege. Ich bin, für den Augenblick, absolut unfähig, etwas zu unternehmen. Sie können deshalb in meinem Namen alles unternehmen, was ihnen wünschenswert erscheint. (Wenn ihnen das nicht zu viel Mühe macht.) Ich bitte sie, die folgenden Zeilen zu korrigieren oder ihnen eine andere Form zu geben, sie an die *N.R.F.* zu senden oder sie in *Littérature* zu veröffentlichen — sie haben vollkommen freie Hand, und ich bin sicher, daß sie und Soupault das Beste daraus machen.
Man schreibt heutzutage nicht mehr mit der Rasse, sondern mit Blut (welcher Gemeinplatz). Was für die andere Literatur das Charakteristische *war, ist heute das* Temperament. *Es ist dabei fast gleichgültig, ob man ein Gedicht auf Siamesisch schreibt oder auf einer Lokomotive tanzt. Es ist nur natürlich für die Alten, daß sie nicht bemerken, daß an allen Orten fast ein neuer Typ Mensch sich zu erschaffen im Begriff ist. — Mit unbedeutenden Abweichungen der Rasse ist doch die Intensität, wie ich glaube, überall dieselbe — und wenn man ein gemeinsames Charakteristikum jener, die heute Literatur machen, finden würde, wäre dies sicher die Anti-Psychologie.*
Es wäre dazu noch sehr viel anzufügen. Was würde Herr Gide sagen, wenn er in einer Tageszeitung eine Novelle von schlechtem Geschmack lesen würde: in Berlin entsteht eine neue Gidianistische *Schule. Übrigens können sie Herrn Gide sagen, daß R. M. Rilke, von dem er schreibt, daß er der größte deutsche Dichter ist, weil er, durch simple Formalität, Tschechoslowake wurde, nur ein sentimentaler und etwas einfältiger Dichter ist.*
Es gibt andere Dichter, die nicht das Glück hatten, auf dem Territorium der Tschechoslowakei geboren zu sein, die intelligenter und sympathischer sind. In Frankreich kennt man nur zu gut die Opposition einer Menge deutscher Literaten in der Schweiz, ihre Hoffnung auf die Niederlage des deutschen Geistes, die langsame Vorbereitung der Revolution, etc. Außerdem sind sie einfältig genug, wie jeder Besitzer eines Gesichtspunktes.
Ich nahm während des Krieges eine genügend lautere Haltung (!) ein, um mir zu erlauben, Freunde dort zu haben, wo ich sie finde. Ohne daß ich gezwungen gewesen wäre, mir Rechenschaft über diese Personen abzulegen, die ein gutes Leumundszeugnis ihres Verhaltens der Öffentlichkeit gegenüber vorweisen können.
Ich denke, mein lieber Breton, daß auch sie *Menschen* suchen. *Wenn man schreibt, ist es nur ein Refugium: vor jedem* Gesichtspunkt. *Schreiben ist nicht mein Beruf. Ich wäre ein Abenteurer mit großartigem Auftreten und edlen Gesten geworden, wenn ich die physische Kraft und die nervliche Widerstandskraft gehabt hätte, um eines zu erreichen: mich nicht zu langweilen. Man*

pflegt auch zu schreiben, weil es nicht genügend neue Menschen gibt, aus Gewohnheit; man veröffentlicht, um Menschen zu suchen und um eine Beschäftigung zu haben. Und selbst dies ist sehr albern.
Eine Lösung gäbe es: ganz einfach zu resignieren. Nichts zu tun. Aber das erfordert eine enorme Energie. Und man hat ja ein fast hygienisches Bedürfnis nach Komplikationen. □
Ein Verleger in München läßt im Jänner einen Almanach <*Dadaco*> erscheinen, der von einem meiner Freund aus Zürich <Huelsenbeck> während des Krieges und einem Amerikaner, der gerade in Deutschland ist, Hr.n Heartfield, herausgegeben wird □
Obwohl ich keine Gelegenheit auslasse, mich zu kompromittieren, erlaube ich mir, ihnen mitzuteilen (ein gewisser Sinn für Sauberkeit hat mich schon immer an den journalistischen Elaboraten angeekelt), daß ich vor drei Jahren als Titel einer Zeitschrift das Wort DADA *vorschlug. Das geschah in Zürich, wo einige Freunde und ich glaubten, daß sie nichts mit dem Futurismus und dem Kubismus gemein hätten. Im Laufe der Kampagnen gegen jedweden Dogmatismus und aus Ironie der Gründung literarischer Schulen gegenüber wurde* Dada *zum* Mouvement Dada. *Unter dem Etikett dieser verschwommenen Mischung organisierte man einige Kunstausstellungen, ließ ich einige Publikationen erscheinen und brachte das Zürcher Publikum in Rage, das den von dieser illusorischen Bewegung organisierten Kunst-Soiréen beiwohnte.*
In meinem in Dada 3 *erschienenen Manifest wies ich jede Verantwortung einer von den Journalisten lancierten Schule, allgemein Dadaismus genannt, von mir. Es ist nichts weniger als komisch, wenn nun Wahnsinnige oder Männer, die zur Zersetzung des alten deutschen Organismus beitrugen, eine Schule propagieren, die ich niemals schaffen wollte.* □
(Mir geht es sehr schlecht in letzter Zeit) □

ihr Freund Tzara

Ein Gedicht der Maori-Neger, das ich wegen seines Klanges gut finde; und eine gewisse heroische, aber immer lächerliche Note, die mir manchmal gefällt, d.h. dada werden oder so subtil, daß man davon nichts mehr merkt.*

tglzelz
oder
Boum
tararà

<die kursiven Passagen wurden als *Offener Brief an Jaques Rievière*, dem Chefredakteur der N.R.F. in *Littérature*, Dezember 1919, als Antwort auf die Notiz der N.R.F. vom 1. 9. 1919 abgedruckt>

Huberta Knoll, Fliegen und Fliegentatsche, 1992

Richter an Tzara
21. 9. 1919, München

DER TRAUM *von Jacob von Hoddis*

Oh Traum! Verdauung meiner Seele.
Elende Combination, womit ich vor Frost mich schütze.
Zerstörer aller Dinge, die mir Feind sind,
aller Nachttöpfe, Kochlöffel und Lithfassäulen —
Oh Du mein Schießgewehr!!
In purpurne Finsternis tauchst du die Tage.
Alle Nächte bekommen violette Horizonte.
Meine Großmama Pauline erscheint als Astralleib;
und sogar ein Herr Sanitätsrat,
ein alter, aber etwas zu gebildeter, Herr Sanitätsrat
scheint mir wieder amüsant.
Er taucht auf aus seiner eupheuumwobnen Ruhestätte.
War das nicht soeben ein himmelblauer Ofenschirm?!
Heh! Heda! — Und gackt!,
Sogar frei nach Friedrich von Schiller?
Oh Traum! Versauung meiner Seele,
Oh du mein Schießgewehr!
Gick — Gack.

Lieber Tzara,

das deklamierte gestern abend Marietta (Serners Freundin), der es gut geht. Für die Interpunktion kann ich nicht einstehen. *Laisser corriger*. Heute abend fahre ich nach Berlin weiter.
Alle Grüße

ihr Hans Richter

Neitzel an Tzara
24. 9. 1919, Oberachern

Lieber Tzara,

für ihre schöne Karte vielen Dank. Ich freue mich sehr auf die Anthologie, über die ich gerne schreibe. Daß sie blühen und gedeihen, wie der Samen der Erzväter, hat mich sehr begeistert. Die Druckerei und die Häuser, die dem Kulte ihres Eierstockes geweiht werden, versetzen mich in eine gelinde Ekstase. Neue Dinge wollen sie von mir erfahren? Ich hoffe, bald den Aeroplanverkehr mit Zürich zu eröffnen — um eine Ahnung zu haben, wie Europa aussieht. Sonst liebe ich die sanften Eierkuchen und pflege meine Blödigkeit. Tzara: Es läßt mich nicht schlafen: Hat Dr. Sterling mit der schönen Elena schon Kindlein gezeugt? Geben sie mir bitte ein Gutachten darüber ab. Grüßen sie den Neobarden Serner u. seien sie, *MEISTER DER MEISTER,* sehr herzlich gegrüßt von stets ihrem

L. H. Neitzel

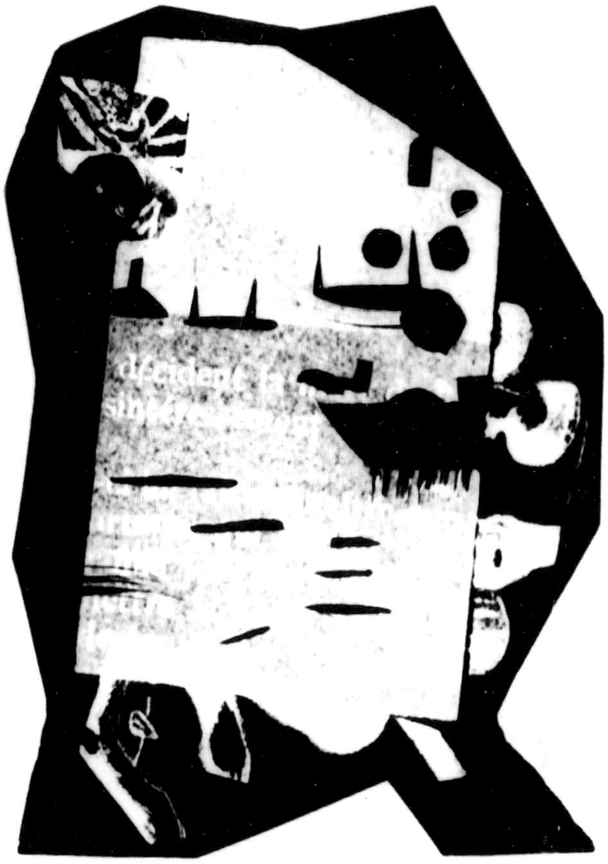

Christian Schad, Schadographie Nr. 3, 1919

Schwitters an Tzara
29. 9. 1919, Hannover

Sehr geehrter Herr Tzara,

wenn der *Zeltweg* erschienen ist, bitte ich um Probeexemplare. 30 M. sandte ich an ihre werte Adresse in München.
Würden sie mir bitte noch einmal mitteilen, welche zwei Gedichte sie angenommen haben; ich möchte ihnen gern noch andere Geschreibsel schicken und habe in meinen Listen eine Unordnung, da die Angabe fehlt, welche Gedichte sie bekamen. Dadurch könnte es vorkommen, daß ich diese Gedichte doppelt weitergebe.
Besten Gruß

Ihr Kurt Schwltters

Serner an Tzara
30. 9. 1919, Genf

□ Anbei finden sie ein Foto von Hr.n Schad, der ihnen bald einige seiner neuen Werke schicken wird. Er arbeitet viel und macht gute Fortschritte. □
Es wäre sehr schick, wenn sie nach Genf kommen wollten. Die Frauen hier sind wunderbar, sie lassen sich ohne weiteres ansprechen. Und sie sind ... Kommen sie, kommen sie! □

Flake an Tzara
3. 10. 1919, Zürich

L.Tz.,

ich muß sie wegen des *Zeltweges* sprechen. Können sie nicht Freitag Abend 8-9 im Odéon sein?
Herzlichst

Flake

Arp und Neitzel an Tzara
4. 10. 1919, Oberachern

Kapitän, alter Ficker metaphysischer Kaninchen, der Schwarzwald küßt ihre Hand, du alter rumänischer Zipfel, und singt schöne Hymnen über Dadaismus mit dem Mummelsee in der Pfanne. Unweit auch ist der Rösselsprung, welcher nicht mit Bleiglätte und Haselholz, die Rote Tinktur, genannt die Medizin der III: Ordnung — 4) Zeitalter der Phlogestontheorie vom Jahre 1700—1774 nach Christi Geburt,

Lucian H. Neitzel und
Hans Arp

Serner an Tzara
14. 10. 1919, Genf

*□ Ich traf Arps Bruder, der mir einige Details ihrer Konfrontation mit der Zürcher Polizei erzählte. Ist es wahr, daß Frau Jung <Margot, Frau von Franz Jung> in Zürich war und an diesem verfluchten Abend mit ihnen im Wintergarten? Wer war der Typ, der mit ihnen war? Schreiben sie mir darüber, bitte. Aber im Fall, daß Frau Jung in der Schweiz bleiben muß, bitte ich sie inständig, zu arrangieren, daß sie nicht nach Genf kommt. Das wäre mir ganz allgemein unerträglich und auf jeden Fall im Moment unmöglich. □
Mit meinen herzlichsten Grüßen

Serner*

Mit Lautréamont habe ich bereits angefangen.*

Buchhandlung Kundig an Tzara
15. 10. 1919, Genf

*Sehr geehrter Herr,

wir haben die Ehre, sie davon in Kenntnis zu setzen, daß Herr Archipenko in Genf eingetroffen ist und wir in unserer kleinen Galerie eine Ausstellung seiner Zeichnungen, Skulpturen und Skulpto-Malereien machen werden. Wir wären ihnen sehr dankbar, wenn sie das ihren Freunden und Bekannten weitererzählen könnten. Hr. Archipenko würde nach seiner Ausstellung in Genf auch gerne eine in Zürich machen; könnten sie sich mit ihm in Verbindung setzen und ihm dabei ein bißchen helfen?
Mir herzlichen Grüßen

Kundig*

Serner an Tzara
22. 10. 1919, Genf

*Lieber Herr Tzara,

heute erhielt ich die Korrekturbögen des *Zeltweg*.
□ Ist Arp schon von Berlin zurück? Was erzählt er? □*

Schwitters an Tzara
22. 10. 1919, Hannover

Sehr geehrter Herr Tzara,

wie weit ist der *Zeltweg*? Könnten sie mir nicht als Mitarbeiter ihre früheren Publikationen schicken? Ich kann die Preise hier (9,80 M) nicht bezahlen für *Dada* I, II und III. IV und V besitze ich schon. Wollen sie nicht für eine neu erscheinende Zeitschrift radikalen Charakters hier Arbeiten einsenden (Gedichte, Holzschnitte, Lithos), gegen Honorar? Wissen sie nicht jemanden aus ihren Kreisen, der Lust dazu hätte? Ich bitte um Nachricht. Wissen sie mir in Zürich nicht eine Buchhandlung, die diese Karten mir für 30 Pf. verkauft (Einkauf 20 Pf. das Stück)? Seien sie mir nicht böse wegen der vielen Fragen: Herzliche Grüße

ihr Kurt Schwitters

Tzara an Picabia
31. 10. 1919, Zürich

*Mein lieber Freund,

sie verstehen mein Schweigen besser als ich selbst, da ich selber überhaupt nichts mehr verstehe. Seit einiger Zeit bin ich vollkommen apathisch — und ich brauche ihnen nicht zu erzählen, daß ich oft an sie denke und ihnen schon mindestens zwanzig Mal schreiben wollte. □
Danke für ihr großartiges Buch <*Pensées sans Langage*>, das eine der schönsten Sachen ist, die ich kenne. Die Enden der Wörter, die sich in unbemerkten Passagen ineinander verflechten, die Gewöhnung an grammatikalische Krankheiten und die aromatischen und unberührbaren Batterien erinnern mich oft an die unendlich angenehmen Stunden, die wir zusammen verbrachten. □

Tzara

1919 oktober gerade erschienen:
DER ZELTWEG
die dadaisten kommen!
preis 2 fr.
mitarbeiter: O. Flake, Huelsenbeck, Christian Schad, Serner, Arp, Tzara, Giacometti, Baumann, Helbig, Eggeling, Richter, Vagts, Taeuber, Wigmann, Schwitters etc.
die dadaisten kommen! Vorsicht Taschendiebe very much E pericoloso
Der Neo-Dadaismus
Bis zum 15. oktober 1919 erschienen 8590 artikel über den dadaismus in den zeitungen und zeitschriften von: Barcelona, St. Gallen, New-York, Rapperswil, Berlin, Warschau, Mannheim, Prag, Rorschach, Wien, Bordeaux, Hamburg, Bologna, Nürnberg, Chaux-de-fonds, Kolmar, Jassy, Bari, Kopenhagen, Bukarest, Genf, Boston, Budapest, Madrid, Zürich, Lyon, Basel, Christiania, Bern, Neapel, Köln, Sevilla, München, Rom, Horgen, Paris, Effretikon, London, Innsbruck, Amsterdamm, Santa-Cruz, Leipzig, Lausanne, Chemnitz, Rotterdam, Brüssel, Dresden, Santiago, Stockholm, Hannover, Florenz, Karlsruhe, Venedig, Washington etc. etc.

DER ZEITWEG

Buchet an Tzara
7. 11. 1919, Genf

Sehr geehrter Herr,

ich habe die *Anthologie Dada* erhalten und danke dafür. Ich habe über *DADA* mit Hr.n Dr. Serner gesprochen, aber es ist uns nicht gelungen, uns zu verstehen — vielleicht hat er sich schlecht ausgedrückt, weil er nur wenig Französisch kann. Ich wäre ihnen sehr dankbar, wenn sie mir Sinn und Zweck des *Mouvement Dada* erklären könnten.
Herzlichst

Buchet

Schwitters an Tzara
10. 11. 1919, Hannover

Lieber Herr Tristan Tzara,

1. vielen Dank für die Übersendung der Korrektur, die anbei zurückerfolgt. Ich bin sehr mit dem Satz zufrieden und freue mich auf den *Zeltweg*. Wann erscheint er?
2. Ich habe mit dem *Zweemann* verhandelt bezüglich einer Dada-Sondernummer dieser Zeitschrift und habe folgendes unverbindlich unsererseits abgemacht:
a) Der *Zweemann* stellt uns den Hauptteil ausnahmslos zur Verfügung. Wir wählen unsere Beiträge selbst aus, bestimmen eventuell Format und Satz und Papier des Heftes, während der *Zweemann* den Nebenteil zur Verfügung hat für eine kurze Besprechung dadaistischer Probleme von Herrn Spengemann und Tagesnotizen (Praktisch wäre es am besten so zu machen, daß sie in der Schweiz das Material sammelten und *mir* mit möglichst präzisen Angaben ihrer Wünsche schickten, *mir, nicht dem Zweemann*. Ich würde dann meine Sachen hinzutun und den Druck überwachen).
b) Der *Zweemann* reserviert uns seine vierte Nummer, Februar 1920, falls wir unsere gesamten Beiträge bis zum 15. Dezember dem Verlage vorlegen können.
c) Der Verlag honoriert Gedichte mit 10 M., Prosazeile 25 Pf. Über Holzschnitte, Zeichnungen & Lithografien oder Fotografien erbitte ich umgehend ihre Forderungen an meine Adresse (*nicht Zweemann!*). Es wird gebeten, möglichst Holzschnitte oder Zeichnungen zu verwenden.
d) Die sämtlichen Herstellungskosten trägt der Verlag.
e) Von den reproduzierten grafischen Arbeiten werden je 30 Sonderdrucke hergestellt. 10 bestimmt der betreffende Künstler, 20 werden zu je 20 M. verkauft. 1/3 der auf diese Weise eingebrachten Summe erhält der Künstler nach dem Verkaufe. Die Originale (nicht bei Zeichnungen) werden zerstört und der Künstler muß sich verpflichten, eventuell vorhandene Sonderdrucke in seinem Besitz als Probedrucke zu bezeichnen & nicht zu verkaufen.
3) Ich bitte, dem *Zweemann* nur die Bestätigung zu geben, daß wir eine Dada-Nummer bei ihm machen wollen. Über künstlerische Fragen bitte ich, nur mit mir zu verhandeln, damit wir uns die Jury nicht aus den Händen nehmen lassen. Der *Zweemann* wird ihnen schreiben.
4) Ich bitte Herrn Arp, mir anzugeben, welche Art Bild ihn interessiert und wieviel Geld er wohl anlegen möchte. Dann werde ich ihm kollegialerweise gerne entgegenkommen.
Mit den besten Grüßen

ihr Kurt Schwitters

beiliegend die Korrektur zurück

Serner an Tzara
21. 11. 1919, Genf

*☐ Buchet, der Maler, ist Genfer. Sehr netter Kerl, macht abstrakte Sachen in der Malerei; aber er ist ein wenig sentimental oder einfältig. Nicht notwendig, ihm zu schreiben. — Hier gibt's nichts Neues. Ich lebe sehr lustig hier: ich erlebe Abenteuer (nicht mit Frauen), die sehr amüsant sind. Trotzdem habe ich bereits genug, ich glaube, daß ich immer der ewige Vagabund bleiben werde (mit den etwas zu verweichlichten Händen fürs Vagabundieren). Im allgemeinen fühle ich mich ganz leidlich und erwarte nicht weniger ereignislose Tage wie zuvor.
Sehr herzlich

Serner*

Archipenko an Tzara
21. 11. 1919, Genf

Sehr geehrter Herr Tzara,

Herr Kundig hat mir ihren lieben Brief gezeigt. Ich danke ihnen herzlich für ihre Mühe und freue mich, mit ihnen in Kontakt zu treten. Meine Ausstellung in Zürich würde ich gerne vom 15. Dezember bis zum 1. Jänner machen. Mein Paß erlaubt es mir nicht, später zurückzureisen. Können sie das Kunsthaus fragen, ob sie meine Arbeiten zu dieser Zeit ausstellen können? Ich möchte gerne, daß das Kunsthaus einen Katalog mit 2 Reproduktionen, Einladungen und Plakate macht. Können sie mir sagen, unter welchen Bedingungen das Kunsthaus meine Ausstellung machen würde? Zugleich mit meinen Arbeiten möchte ich gerne die Arbeiten (moderne Malerei) von Marthe Tour-Donas, einer Künstlerin von sehr großem Talent, ausstellen. Ich schicke ihnen Fotos ihrer Arbeiten; es wären ungefähr 20 Bilder. Wenn das Kunsthaus Donas ablehnt, könnten sie mir die Adresse einer Galerie sagen, die diese Arbeiten ausstellen würde?

Ich schicke ihnen meinen Katalog und Fotos. In Erwartung ihrer Antwort verbleibe ich mit der Versicherung meiner größten Sympathie

A. Archipenko

Können sie mir das Ergebnis sobald wie möglich mitteilen? Meine Ausstellung hier in Genf wird am 10. Dezember fertig sein, meine Arbeiten nehme ich als Gepäck mit.*

Schwitters an Tzara
24. 11. 1919, Hannover

Lieber Herr Tzara,

nach Empfang ihrer Karte vom 18. Nov. habe ich mich sofort mit dem *Zweemann* in Verbindung gesetzt und glaube, ein für beide Seiten günstiges Übereinkommen getroffen zu haben. Der *Zweemann* wird ihnen 250—300 Exemplare überlassen, wovon ich 30 für mich haben möchte. Honorar wird in diesem Falle nicht bezahlt. Ihrem Wunsche, das Material zusammenstellen zu wollen, wird der *Zweemann* entsprechen. Wahrscheinlich wird Herr Spengemann von einer Besprechung dadaistischer Probleme absehen. Sonst wird er ihnen die Besprechung vorher schicken. Ich selbst werde ihnen meine Beiträge auch vorher senden. In diesem Brief schicke ich ihnen einen Abzug meiner *Nadadistenmaschine* mit; ich bitte um umgehende Mitteilung, ob sie außerdem noch eine Zeichnung oder Lithografie für die Dada-Sondernummer des *Zweemann* haben wollen. Ich werde ihnen noch einige Gedichte und vielleicht noch einige Prosasachen für *Zweemann* und dada zuschicken. Die Zahl von 32 Seiten etwa in der Größe des augenblicklichen *Sturm* ist von *Zweemann* bewilligt. Geben sie mir bitte ihre Wünsche bezüglich des Papiers an. Ich würde vorschlagen, zwei Sorten in derselben Nummer zu verwenden, die Hälfte gelblich-weißes Papier, die Hälfte das braune Papier, auf dem meine *Nadadistenmaschine* gedruckt ist. Die Autotypiedrucke sollen geklebt werden, wie sie es wünschen. Ich werde ihnen die Fotografien von 3 neuen Bildern von mir schicken, vielleicht verwenden sie dann auch eine Fotografie für diesen Zweck. Der *Zweemann* rechnet bestimmt damit, daß das ganze Material bis 15. Dezember bei mir ist. Die 32 Seiten der Dadaisten-Nummer werden ihrem Wunsche gemäß allein geheftet und die sonst notwendigen Notizen des *Zweemann* in einem Extraheft beigelegt. Wieviele Hefte glauben sie, noch in der Schweiz und im Ausland unterzubringen? Ich habe dem *Zweemann* den Vorschlag gemacht, die Nummer um 1000 Stück größer zu machen als die anderen Auflagen. Auf Herrn Arps Besuch freue ich mich sehr. Ich bitte um vorherige Anmeldung und würde mich freuen, wenn Herr Arp bei uns wohnen würde.
Mit besten Grüßen

ihr Kurt Schwitters

Ich bitte um Antwort immer nur an mich, nicht an den *Zweemann.*
Ich bitte um Zusendung der versprochenen Dada-Nummern. Ich besitze 391 und *Dada* 4-5 und bitte um die anderen. K. S.

Serner an Tzara
26. 11. 1919, Genf

*□ Anbei der Katalog der Archipenko-Ausstellung. Sie ist sehr interessant, obwohl alte Akte dabei sind, die *kitschigst* genug sind. Ich werde versuchen, seine Bekanntschaft zu machen. □ *

Serner an Tzara
28. 11. 1919, Genf

*□ Ich habe die Bekanntschaft Archipenkos gemacht. Er ist Ukrainer, spricht schlecht französisch, obwohl er schon seit 11 Jahren in Paris lebt. Aber er ist sehr nett, sehr einfach, fast ein wenig naiv. Er wird nach Zürich kommen. Er würde gerne einige Arbeiten im *dadaco* veröffentlichen. □ *

Schwitters an Tzara
29. 11. 1919, Hannover

Lieber Herr Tzara,

Herr Flechtheim in Düsseldorf möchte gerne zu dem Katalog für eine Ausstellung meiner Bilder im März einige Klischees haben. Wenn sie eines oder beide der an sie geschickten Klischees nicht mehr nötig haben, bitte ich um Rücksendung. Ich denke, es wird ihnen recht sein, daß die Klischees, nachdem der *Zeltweg* heraus ist, in einem Kataloge einer Ausstellung veröffentlicht werden. Dann möchte ich sie bitten, sich einmal umzuhören, ob eine Schweizer Zeitung mein Gedicht *An Anna Blume* abgedruckt hat, und mir eventuell Nachricht zu geben. Mein Nachrichtenbüro arbeitet nicht ganz sorgfältig. Den ersten *Zweemann* haben sie wohl bekommen? Haben sie schon Material für unsere Dada-Nummer?
Mit besten Grüßen

ihr Kurt Schwitters

Postkarte vom 7. 12. 1919 von Archipenko, Serner und Schad an Tzara

Archipenko an Tzara
30. 11. 1919, Genf

*Lieber Herr Tzara,

ich erhielt gerade ihren lieben Brief vom 26. 11. Ich möchte ihnen meinen tiefsten Dank aussprechen. Ich bin einverstanden und kann meine Ausstellung im Kunsthaus am 1. Jänner 1920 abhalten. Was den Katalog betrifft, weiß ich, daß man es so macht etc. Können sie das Kunsthaus fragen, ob es Prozente vom Verkauf nimmt oder nicht?
Natürlich ziehe ich den speziellen Saal für meine Werke vor. Ich habe hier alles getan, um meinen Aufenthalt in der Schweiz wegen meiner Ausstellung verlängern zu können. Möglicherweise klappt es auch.
Geben sie der Kommission bitte auch den Katalog und die Fotos von Donas. Ich warte also auf die definitive Entscheidung der Kommission des Kunsthauses für mich und Donas. Ich möchte gerne das genaue Datum der Ausstellungseröffnung wissen.
Ich freue mich darauf, sie kennenzulernen, wenn ich nach Zürich komme.
Mit herzlichem Händedruck

A. Archipenko*

Segal an Tzara
30. 11. 1919, Matten, Interlaken

Lieber Herr Tzara,

ich habe an Herrn Arp geschrieben, daß ich die restlichen 10 Fr. Anfang Dezember senden werde. Ich werde das Geld an Herrn Flake senden. — Es freut mich, daß der *Zeltweg* bald erscheint, und ich bin neugierig darauf. Anbei sende ich ihnen drei meiner Holzschnitte, die sie verwenden können.
Empfangen sie meine besten Grüße

ihr Arthur Segal

Bitte mir den Empfang der Holzstücke anzuzeigen.

Serner an Tzara
1. 12. 1919, Genf

*Lieber Herr Tzara,

ich erwarte mit Ungeduld den *Zeltweg* und die anderen Zeitschriften. Ich gaube, ich werde ihnen noch Notizen für den *Zweemann* senden können.- Archipenko weiß sehr gut, daß *dadaco* eine deutsche Sache ist. Aber das macht ihm nichts. Er liebt Deutschland und möchte 1920 *für immer* nach Berlin reisen. Aber, er ist überhaupt nicht Dadaist, ja man könnte fast sagen, er ist *Idealist*. Ich hatte mit ihm eine ein wenig hitzige Diskussion über dieses Thema. Er ist nur wenig *spirituell*, und wenn man darüber hinweggeht, kann man ihn zum Dadaisten machen und ihn so nehmen. □ *

Tzara an Picabia
1. 12. 1919, Zürich

*□ Eine deutsche Zeitschrift wird eine Dada-Sondernummer herausgeben, die von mir arrangiert wird. □
Obwohl ich bereits an *Dada* 6 arbeite, wird es noch einige Zeit dauern, bis es erscheint — und dann komme ich sofort nach Paris. □ *

Archipenko an Tzara
7. 12. 1919, Genf

*Liebster Tzara,

ich bedauere sehr, daß sie nicht hier sind. Die Atmosphäre in Genf ist aber trotzdem angenehmer als in Zürich. Vielleicht täusche ich mich auch, weil 3 Tage in Zürich mir nicht sehr viel geben konnten. Die beste Erinnerung habe ich an sie und Arp. □
Grüßen sie Arp und Giacometti und auch Flake.

Archipenko*

Tzara an Picabia
<Ende 1919>, Zürich

*Mein lieber Picabia,

ich schlief seit einigen Wochen und wußte es nicht. Ich erwachte gerade durch die Lektüre der 391, die zum Besten zählt, das in der letzten Zeit gemacht wurde. Es hat uns allen enorme Freude bereitet. □
Ich werde aller Voraussicht nach am 6.1. in Paris sein, wenn das Konsulat mir nicht zu viele Schwierigkeiten macht, und ich freue mich sehr, sie zu sehen. Aber schreiben sie mir, ich bitte sie, ob es sie auch nicht zu sehr stört, wenn ich einige Tage bei ihnen übernachte — man sagt mir, daß es im Augenblick fast unmöglich ist, ein Zimmer in Paris zu bekommen. Ich arbeite an *Dada* 6, Arp an seinem Büchlein *Cacadou Supérieur*, in dem auch ihre großartige Zeichnung *L'Oeil* sein wird. Ich mache ein Buch bei einem deutschen Verleger und noch eine Menge anderer, mehr oder weniger interessanter Sachen. Die wichtigste Frage ist, sich nicht zu langweilen: ein äußerst wirksames Mittel ist das Schachspiel. Schreiben sie mir, mein lieber Picabia □

ihr Freund Tzara*

Schwitters an Tzara
6. 12. 1919, Hannover

Sehr geehrter Herr Tzara,

ich sende ihnen zur *Auswahl* für die Dada-Nummer des *Zweemann* 5 bisher unveröffentlichte Fotos, das *Kreisen*, das *Lacklederbild*, die *Lampionsharmonika*, die *Kultpumpe* und den *Lustgalgen*; ferner 3 literarische Sachen, *Mg*⟨Merzgedicht⟩*10*, die *Mordmaschine 43*, *Mg11*, *Simultan* und *Mg12*, *Aufruf*.
Sie haben noch *Gedicht 11*, das *Arbeiterlied*, *Gedicht 17*, *Er sie Es* und die *Nadadistenmaschine* (Litho) dort. Sie haben also Material genug von mir, nicht wahr? *Mg10* hielte ich gerne frei, aber wenn sie es gerade für das Geeignete halten würden, dann bitte ich sie, es zu bestimmen. Die literarischen Beiträge sind bislang noch nicht veröffentlicht. Für 391 danke ich sehr. Was macht der *Zeltweg*? Wann erscheint er? In der kommenden Woche kommt ein Gedichtband ⟨*Anna Blume Dichtungen*⟩ von mir heraus im Verlag Paul Steegemann. Wann senden sie mir das Material für die Dada-Nummer? Ich bitte um Bestätigung der Ankunft dieser Sendung.
Hochachtungsvollst, mit besten Grüßen

ihr Kurt Schwitters

DADA
Aktiengesellschaft für die Ausbeutung des Vokabulars
Direktor: TRISTAN TZARA.

Schwitters an Tzara
9. 12. 1919, Hannover

Sie bekommen die offizielle Bestätigung vom *Zweemann*. Schicken sie das Material an meine Adressse, ich werde es weiterleiten. Hoffentlich ist mein Beitrag von gestern bei ihnen angekommen. Oder wollen sie es mir selbst überlassen, was ich von meiner Arbeit beifügen soll?
Beste Grüße

Kurt Schwitters

Es kommt übrigens auf einen Tag nicht an. Schicken sie mir das Material, sobald sie es ganz fertig haben.

ein anderes : **SCHWEIGEN SIE,**
die sprache ist weder stenosteno,
noch das was den hunden fehlt!

Serner an Tzara
9. 12. 1919, Genf

Lieber Herr Tzara,

Wenn sie noch welche haben, schicken sie mir noch einige farbige Zettel. Der Erfolg war verbüffend. Im Café Landolt, wo ich sofort ein solches Ding aufklebte, wurde die Tür sofort umringt! □

Serner an Tzara
12. 12. 1919, Genf

*Lieber Herr Tzara,

ich gratuliere herzlichst zum enormen Erfolg ihres St.Dada. Es läuft, es läuft! Jetzt heißt es, einen richtigen Dada-Kongreß im nächsten Frühjahr einzuberufen! □
Wann erscheint die Zeitschrift *Dada-Zweemann*? Und der *Zeltweg*? □*

Serner an Tzara
16. 12. 1919, Genf

*□ Die Überraschung der farbigen Zettel ist ganz nach meinem Geschmack. Ich werde versuchen, sie in einem Café oder in einer Buchhandlung aufzukleben. Ich las ihre Erwiderung in *Littérature*. Sie war sehr gut. Das Ende gefiel mir am besten.
Bei Kundig stellt nun eine Schülerin von Archipenko aus. Vielleicht schreiben sie noch einmal an Kundig, damit er eine Ausstellung von Schad macht. Ich glaube, daß Archipenko sich nicht darum kümmert. Er spricht die ganze Zeit so wenig und ist so verschlossen, daß man nichts mit ihm machen kann, ohne aufdringlich zu erscheinen. Strawinsky wird morgen Abend ein Konzert im Athénée geben. Ich werde da sein und eine Ovation Dada machen. Danach verfasse ich eine exorbitante Ente für die Zeitungen über diesen Skandal. □
Ich bin sehr glücklich, daß Dada so exquisit läuft. Haben wir das nicht gut gemacht, hm? Und ich versichere ihnen, wenn es nach mir geht, wird 1920 ganz Deutschland in Dadadadadada schwimmen ... Trotzdem glaube ich, daß ich in Genf bleiben werde.
Sehr herzlich

Serner*

jeder Zuschauer ist ein intrigant,
wenn er ein wort zu erklären versucht : **(wissen!)**
erklären : amusement der blauen bäuche
für die hohlköpfigen engel
TRISTAN TZARA

Schwitters an Tzara
17. 12. 1919, Hannover

Lieber Herr Tzara,

ich hoffe, daß sie inzwischen die geschriebenen Arbeiten von mir empfangen haben. Ihre 3 + 2 angekündigten Holzstöcke sind leider nicht hier eingetroffen. Wenn sie mir nähere Angaben über Tag der Absendung, Adresse usw. machen, will ich mich sofort auf der Post erkundigen. Ich habe mich sofort nach Erhalt ihres Briefes mit dem *Zweemann* in Verbindung gesetzt und den ganzen Brief vorgelesen. Sie bekommen durch den Lektor, Herrn Wagner, offizielle Antwort. Es sind am *Zweemann* drei Herren tätig. Wagner und Spengemann für die künstlerische, Goldschmidt für die kaufmännische Arbeit. Herr Spengemann war begeistert von ihren angekündigten Arbeiten, Wagner war skeptisch und Goldschmidt hielt es für ganz ausgeschlossen, daß der *Zweemann* die Kosten für die zahlreichen Bildbeiträge zahlen könnte, da der Etat nur 2 bis 3 vorsehe. Die offizielle Antwort wird in dem Sinne gehalten sein, leider! Ich bitte sie nur zu erwägen, ob es nicht möglich wäre, in technischen Fragen dem Verlage entgegenzukommen. Es würde bedeutend billiger werden, wenn man den Einband einfarbig hielte ohne aufgeklebte Zettelchen. Der Druck würde noch einfacher sein, wenn man statt abwechselnd weiß und braun zu nehmen, je acht weiße Seiten und vier braune sich abwechseln ließe. Die Höchstzahl, die ich für Lithos und Fotos erzielen konnte, waren ein Litho und 3 aufgeklebte Fotos. Sonst würde der *Zweemann* beliebig viele Holzschnitte und *fertige Klischees, die im Text abgedruckt werden* könnten, gerne nehmen. Herr Spengemann machte den Vorschlag, ob die einzelnen Künstler nicht eventuell die Kosten für ihre eigenen Klischees tragen wollten, was etwa 5 Francs für das Stück betrüge. Ich hoffe, sie werden es verstehen, daß der *Zweemann* leider mit dem Geld etwas rechnen muß, da man für eine Zeitschrift höchstens 4-5 M nehmen kann und die Herstellungskosten sehr hoch sind. Andererseits glaube ich, daß sie Herrn Wagner gegenüber vielleicht erreichen könnten, daß mehr geklebte Fotos verwendet werden. Herr Wagner wollte gerne das Material geschickt haben und dann selbst die Auswahl treffen.

Lassen sie sich nicht darauf ein! Dann wird man uns alles kürzen. Wir sind freier, wenn wir ihm die Nummer fertig zusammenstellen, und darum hatte ich noch gebeten, die Vermittlung zu übernehmen. Ich habe dabei auch daran gedacht, daß wir, falls der *Zweemann* uns große Schwierigkeiten machen würde, unsere Dada-Nummer dem Verleger Paul Steegemann anbieten könnten, der ein sehr großes Interesse an unserer Sache haben würde. Bestimmtes kann ich natürlich nicht darüber sagen, da ich mit Herrn Steegemann noch nicht darüber gesprochen habe; ich vermute nur, daß Herr Steegemann mehr Geld für die Veröffentlichung ausgeben könnte, da er sie in Buchformat mit beliebig großer Auflage verlegen würde. Es wäre dies natürlich nur unsere letzte Ausflucht, falls wir mit dem *Zweemann* nicht einig werden könnten, *daher bitte ich sie um strengste* Diskretion!

Der *Zweemann* selbst verlegt ja auch Bücher, aber ich glaube nicht, daß er seine Bücher so energisch bekanntzumachen weiß wie Herr Steegemann. Ich würde im Falle einer Buchveröffentlichung bei Steegemann vorschlagen, dem Zweemann ein geringeres Material — vielleicht Holzschnitte und viel Text, meinetwegen einige Zweitdrucke auch dabei — für eine billige Dada-Spezial-Nummer zur Verfügung zu stellen. Es würde sich in diesem Falle allerdings nur um eine Veröffentlichung handeln, die nur für Deutschland anzutreffen(?) wäre. Sie müßten dann allerdings gegenüber Herrn Wagner denselben Standpunkt einnehmen, den ich immer vertreten habe, daß wir eine Veröffentlichung in Deutschland und der ganzen Welt machen wollten, die nicht aus praktischen Erwägungen gekürzt werden dürfte, und daß wir uns einen Verleger hierzu suchten. Der *Zweemann* wäre uns als Verleger gut, aber nur wenn er auf unsere Vorschläge vollständig eingehen könnte.

Ich bitte, das zu überlegen und mir über ihren Entschluß möglichst umgehend Antwort zu geben. Ich bitte sie um die Adresse Max Ernsts in Köln. Besten Dank für die Zeitungsausschnitte; ich würde ihnen jede Besprechung über Dada, *die mir in die Hände kommt*, senden. Zum Schluß bitte ich nochmals, mit dem Verleger des *Zweemann* nur über kaufmännische Fragen zu verhandeln; sie kennen ja meinen Grund.

Mit besten Grüßen,

Kurt Schwitters

Schwitters an Tzara
19. 12. 1919, Hannover

Lieber Herr Tzara,

gestern abend kam das Manuskript hier an. Ich bin begeistert, es wird eine famose Sache. Heute zeige ich das Manuskript dem *Zweemann* und bitte, daß man ihnen sofort Antwort gibt. Sollte der *Zweemann*, wie ich erwarte, ihnen große Änderungen vorschlagen, so lassen sie sich dadurch nicht irre machen. Die Sache ist zu fein, als daß man daran viel ändern dürfte. Und ich glaube, wenn sie bestimmt auftreten, wird sich der *Zweemann* die Dada-Nummer nicht entgehen lassen und es irgendwie einrichten. Fragen sie bei Wagner an, er sollte ihnen bestimmte Zusagen geben, ob er will oder nicht. Andererseits schlage ich ihnen noch einmal vor, wenn es mögich wäre, in bezug auf Bilderbeigaben dem *Zweemann* entgegenzukommen. Wenn es möglich wäre, Zeichnungen durch Holzschnitte zu ersetzen, oder wenn sie die Klischees bezahlen würden, so wäre dem Verlag schon wesentlich geholfen. Verlangen sie einfach 36 Seiten statt 32, dann haben wir bequem Platz. Sind die Klischees zu den 33 Zeichnungen von Picabia aus dem Buche nicht vorhanden?

Ich werde dem *Zweemann* 4 Sachen vorschlagen: 1) Seinem Doppelherzen einen Stoß zu geben und das Geld zu riskieren. 2) Eine Doppelnummer zu machen und das Geld für zwei Nummern zu nehmen. 3) Unsere Dada-Nummer als Sonderbuch (nicht als Zeitschrift) zu höherem Preise herauszugeben und aus diesem Buche nach eigenem Ermessen eine *Zweemann*-Nummer zusammenzustellen, mit der wir dann nichts zu tun hätten und die für den Verlag dann sehr billig würde. 4) Auf unsere Dada-Nummer zu verzichten, damit wir uns an einen anderen Verlag wenden können. Wenn der

DADA bedeutet **NICHTS**
wenn man es für sinnlos hält und seine
zeit nicht für ein wort verschwendet
das nichts bedeutet ....
TRISTAN TZARA.

MITTERNACHTSSALZE

elektrischer lichtbogen dieser beiden nerven die sich nicht berühren

herznahe

stellt man unter einer linse den schwarzen schauder fest

ist dieses gefühl dieses sprudeln

und die methodische

teilt meinen körper in strahlen

transatlantisches akkordeon

die menge zerbricht die säul

über meinem kop

die blutige rache de

repertoire der anmaßunge

oder 3 fr. 20

das kokai

satanisches horosk

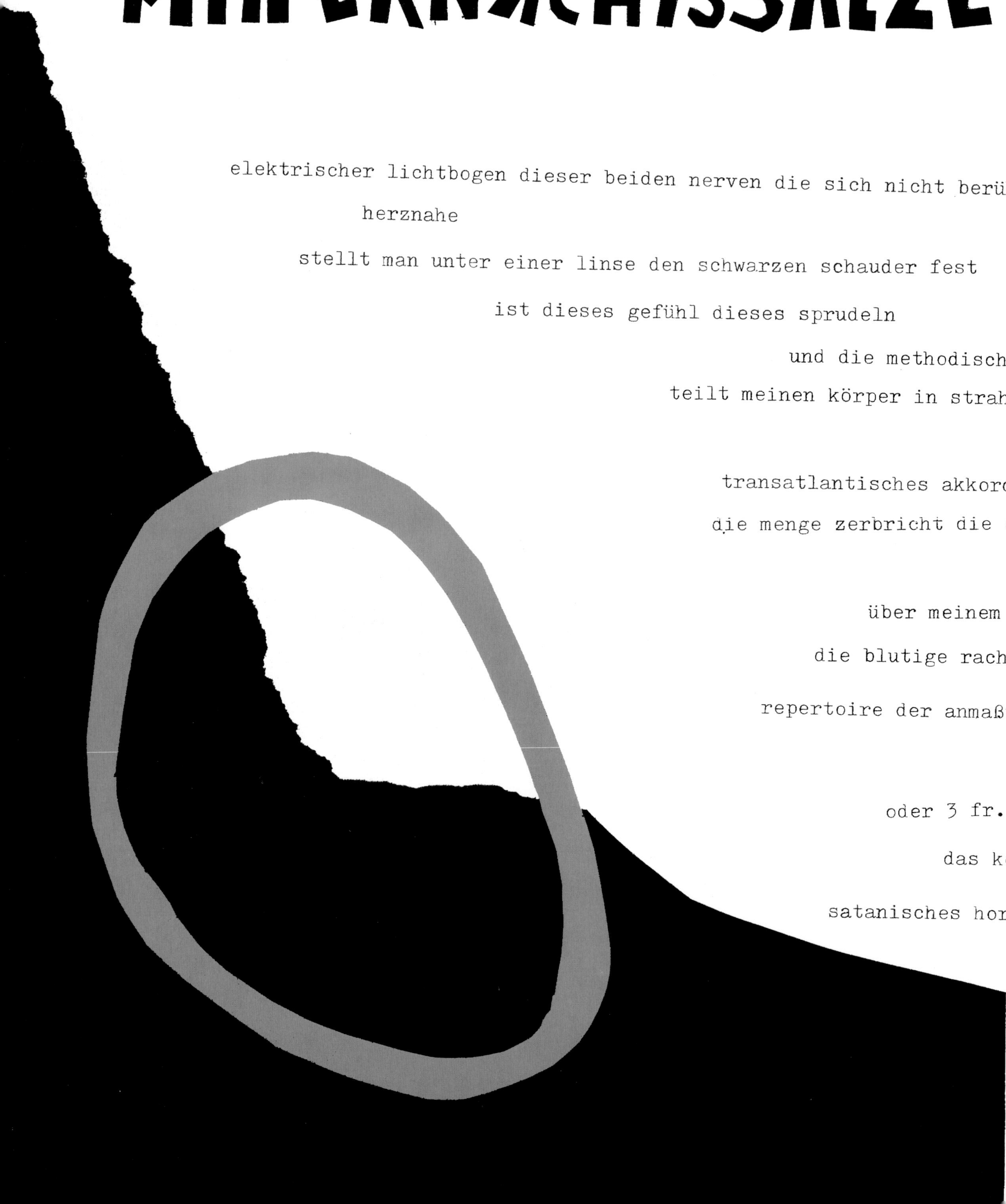

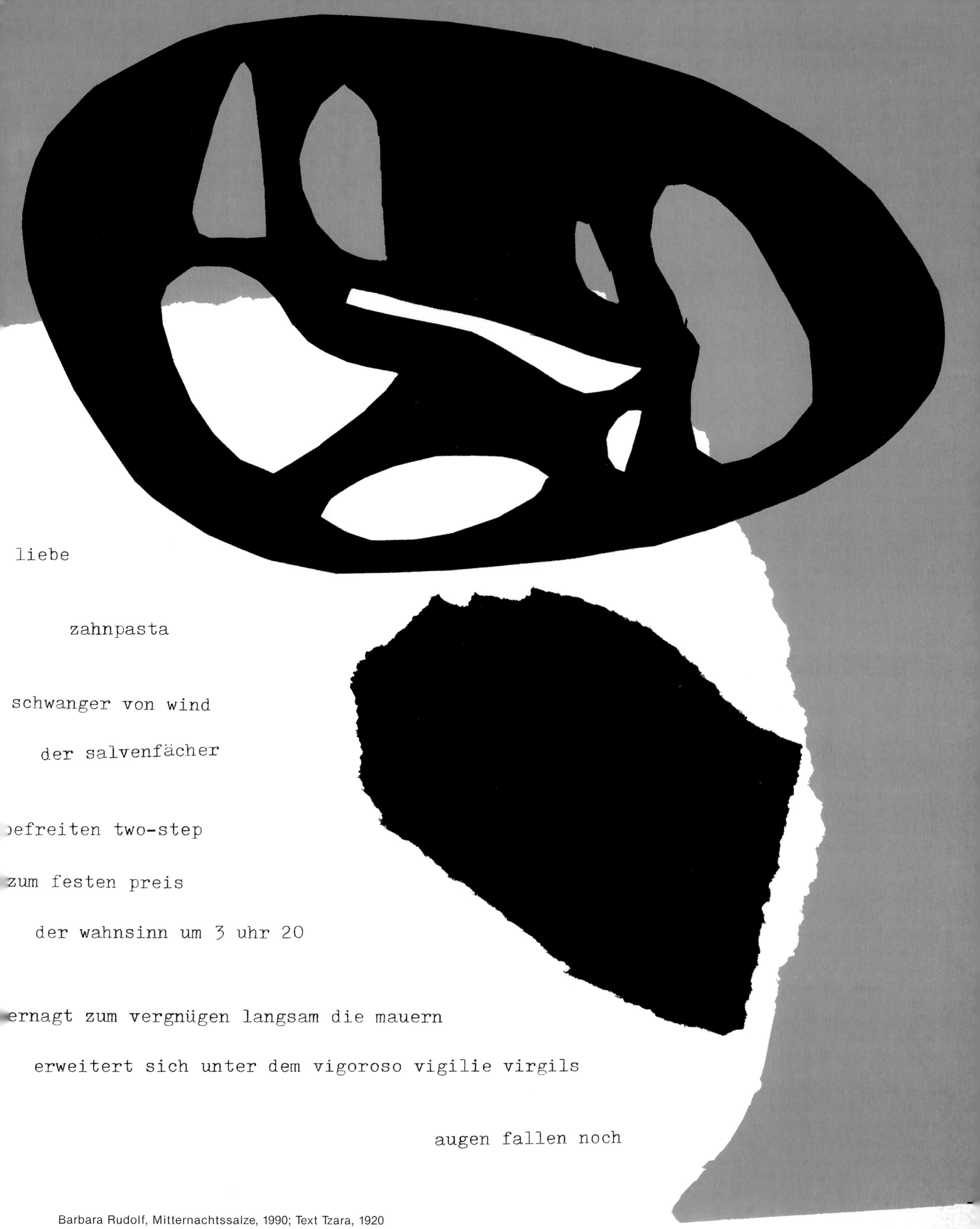

liebe
zahnpasta
schwanger von wind
der salvenfächer
efreiten two-step
zum festen preis
der wahnsinn um 3 uhr 20
ernagt zum vergnügen langsam die mauern
erweitert sich unter dem vigoroso vigilie virgils
augen fallen noch

Barbara Rudolf, Mitternachtssalze, 1990; Text Tzara, 1920

Zweemann dann absagt, wende ich mich sofort an den Verlag Steegemann, der schon lange gern eine Dada-Veröffentlichung machen wollte. *Die 3 Holzschnitte von Schad und Segal sind noch nicht angekommen.* Die Sendung der Manukripte war ziemlich beschädigt, aber ich habe sie sorgfältig mit ihrer Zusammenstellung verglichen und glaube, daß alles angekommen ist: von *Segal* fehlen noch die Abzüge der Holzschnitte. Der *Karton* der Autotypie 3 von *Arp* ist sehr geknickt. Bild selbst gut. Zeichnung 17 von Arp ist geknickt, ich werde sie sorgfältig plätten lassen. In *Dada, No 11*, sind 2 Angriffe gegen Walden und Nell noch nachträglich hinzugefügt. Ich bitte sie, diese zu streichen. Sie können ja in einer anderen Veröffentlichung diese beiden Aufsätze einschalten. Sie schickten mir No 113, Tzara: für Picabia und 13b Schwitters: *Simultan. Was ist 13a*? Außerdem finde ich eine sehr schöne Sache von ihnen, *Decomposition*, ohne Angabe, wo sie stehen soll. Ich bitte um Bestätigung dieses Briefes und um Angabe, was sie zu tun gedenken.
Mit den besten Grüßen

ihr Kurt Schwitters

Bitte senden sie mir meine Klischees möglichst sofort und teilen sie mir mit, was sie von meinen literarischen Arbeiten dort haben, ob sie wieder Zeichnungen oder Gedichte von mir haben wollen. Die Dada-Nummer des *Zweemann* war für Februar 1920 gedacht und sollte in 3000 Exemplaren gedruckt werden. Halten sie die Auflage für ausreichend?

Sehr geehrtes Fräulein Chrusecz,

besten Dank, daß sie die Post von Tzara vermitteln wollen, anbei eine Karte von T. T.
Mit vorzüglicher Hochachtung, ergebenst

ihr Kurt Schwitters

Wissen sie Dr. Serners genaue Adresse?

Schwitters an Tzara
19. 12. 1919, Hannover

Lieber Herr Tzara,

eben hatte ich Gelegenheit, dem Verleger Steegemann beiläufig das Manuskript zu zeigen und mich nach seinem Interesse an der Nummer für den Falle der Weigerung des *Zweemann* zu erkundigen. Steegemann geht auf alles mit ganz kleinen Änderungen ein. Ich bitte sie daher, falls *Zweemann* ihnen große Änderungen vorschlägt, abzulehnen und die Sachen Steegemann zu geben. Vielleicht könnten sie dem *Zweemann* praktischeres Material, vielleicht *dAdA* 3, mehr Texte und Holzschnitte, etwa 20 Seiten, eine Sorte Papier außerdem noch umgehend zusammenstellen? Erbitte umgehend Nachricht, am besten Telegramm, da Steegemann nur Interesse hat, wenn es bald geschickt wird. Steegemann will ein teures Buch daraus machen, etwa 20-30M.
Gruß

Schwitters

Schwitters an Tzara
21. 12. 1919, Hannover

Lieber Herr Tzara,

ein Paket mit Holzschnitten von ihnen kommt soeben an. Ich habe es nicht ausgepackt. Meine letzte Karte war eiliger, als es nötig war. Steegemann hat sich die Unkosten abgeschätzt und will es sich erst überlegen. Andererseits gewinnen Goldschmidt und Wagner immer mehr an Interesse an der Herausgabe der Sache als Buch, wenn es nicht zu teuer wird. Ich bitte sie daher, uns noch Erleichterung vorzuschlagen. Vielleicht könnte man doch einfarbiges Papier nehmen und einige Aufsätze und Fotos weglassen. Goldschmidt wartet auf die Kalkulation der Druckerei und auf ihre Antwort. Die Klischees wird jedenfalls der Künstler selbst liefern müssen. *Was meinen sie zu der Idee, daß wir uns mit je 100 oder 200 Mark an den Unkosten beteiligten und entsprechend unserer Beteiligung von dem Verdienste (evtl.) partizipierten?*
Es kommt noch eine neue Schwierigkeit: Unser Drucker hält das Manuskript für kommunistisch und will den Druck nicht machen. Aber ich hoffe, mit Glück werden wir alle Schwierigkeiten überwinden.
Beste Grüße

ihr Kurt Schwitters

Serner und Schad an Tzara
27. 12. 1919, Genf

*Meine besten Grüße und ein herzlicher Händedruck

Grüße

Serner

Schad

Das Leben ist süß, der Wein ist gut, und den Miezen bringt man ein gewisses Interesse dar.*

MoUvEmEnT

DADA

BERLIN, GENÈVE, MADRID, NEW-YORK, ZUR

CHRONOLOGIE II

1920

17. 1. — Tzara kommt auf Einladung Bretons und Picabias in Paris an; er inskribiert dort an der Hochschule Chemie und bleibt bis 1923 Mitglied der rumänischen Studentenvereinigung in Frankreich
23. 1. — I. Dada-Matinée der von Aragon, Breton und Soupault gegründeten Zeitschrift *Littérature*, an der Tzara teilnimmt
5. 2. — *Dada 6 / Bulletin Dada* erscheint als Programm zur II. Dada-Matinée im Salon des Independents, wo Tzara sein *Manifest des Hr.n Aa des Antiphilosophen* vorträgt
19. 2. — Dadademonstration in der Université populaire du Faubourg St. Antoine, wo Tzara sein *Manifest Tristan Tzara* vorträgt
25. 2. — Dada wird von der *section d'or* ausgeschlossen
27. 3. — Manifestation Dada, wo Tzaras *Erstes himmlisches Abenteuer des Hr.n Antipyrine* aufgeführt wird
März *Dada 7 / Dadaphone* erscheint in der Buchandlung Aus sans Pareil; Tzara beginnt an einer internationalen Anthologie *Dadaglobe* zu arbeiten, nachdem Huelsenbecks ähnliches Projekt *Dadaco* gescheitert war und nur der *Dada-Almanach* in diesem Jahr herauskam
25. 4. — Picabia gibt *Cannibale Nr. 1* heraus
25. 5. — Picabia gibt *Cannibale Nr. 2* heraus
26. 5. — Festival Dada, wo Tzaras *Zweites himmlische Abenteuer des Hr.n Antipyrine* aufgeführt wird, das aber erst 1938 erscheint
Juni — Tzara veröffentlicht seinen zweiten Gedichtband *cinéma calendrier du coeur abstrait-maisons* mit Holzschnitten von Arp; Arp läßt das Buch bei Otto von Holten in Berlin drucken und die Auslieferung nach Paris verzögert sich durch Versandschwierigkeiten bis 1922; Arp veröffentlicht zugleich bei von Holten seinen *Vogel selbdritt* und später bei Steegemann *Die Wolkenpumpe*; van Doesburg nimmt mit Tzara Kontakt auf; erste Differenzen zwischen Breton, Picabia und Tzara entstehen
Juli — Tzara kehrt nach 5 Jahren erstmals wieder über Zürich nach Rumänien zu seinen Eltern zurück; auf dem Rückweg besucht er einige italienische Dadaisten und ist erst Mitte Oktober wieder in Paris
Hugo Ball beendet seinen *Tenderenda der Phantast* und tritt wieder in die katholische Kirche ein
Oktober — Serner versucht, in Paris Fuß zu fassen
Dezember — Picabia stellt in der Galerie Povlovsky aus; Tzara trägt sein *Manifest über die schwache Liebe und die verrückte Liebe* vor; wegen Differenzen mit Tzara wendet sich Serner von Dada ab; Kassak nimmt mit Tzara Kontakt auf

1921

15. 1. — die zweite dadaistische Saison beginnt mit der Sabotage des Vortrages von Marinetti über den Taktilismus
März — Arp in Florenz
14. 4. — Dada-Spaziergang nach Saint Julien le Pauvre
3. 5.-3. 6. — Ernst-Ausstellung in Paris
11. 5. — Picabia gibt in einem Artikel seine Abwendung von Dada bekannt
13. 5. — dadaistischer Scheinprozeß gegen Maurice Barrés, den Präsidenten der Patriotenliga; Tzara stört den Ablauf
6. 5.-30. 6. — Salon Dada in der Galerie Montaigne; am 21. 6. wird Tzaras *Coeur à Gaz* uraufgeführt
10. 7. — Picabias *Pilhaou-Thibaou* erscheint mit Angriffen gegen Tzara und die Dadaisten
20. 7. — Tzara fährt nach Karlsbad und dann mit Maya Chrusecz weiter nach Tarrenz bei Imst, wo er Ernst, Arp, Baargeld und Breton trifft; Eluard kommt später an
September — *Dada 8 / Dada au grand air — Der Sängerkrieg in Tirol* erscheint zu Arps 35. Geburtstag; Ende Oktober reist Tzara wieder nach Paris
Dezember — Man Ray-Ausstellung in Paris; Tzara fährt über Weihnachten zu Ernst nach Köln und organisiert die Sondernummer des *Sturm*, die im März 1922 erscheint; das *Dadaglobe*-Projekt wird aufgegeben

1922

Jänner — Breton kündigt den *Congrès de Paris* an; Doesburgs *Mécano 1* erscheint; Tzara kehrt nach Paris zurück
Februar — Tzara und die noch übrigen Dadaisten boykottieren Bretons Pläne eines *Kongresses zur Bestimmung der Direktiven und Verteidigung des modernen Esprits*, worauf er von Breton und Picabia der literarischen Hochstapelei bezichtigt wird.
5. 3. — Picabias *Pomme de Pins* erscheint mit Attacken gegen die Dadaisten

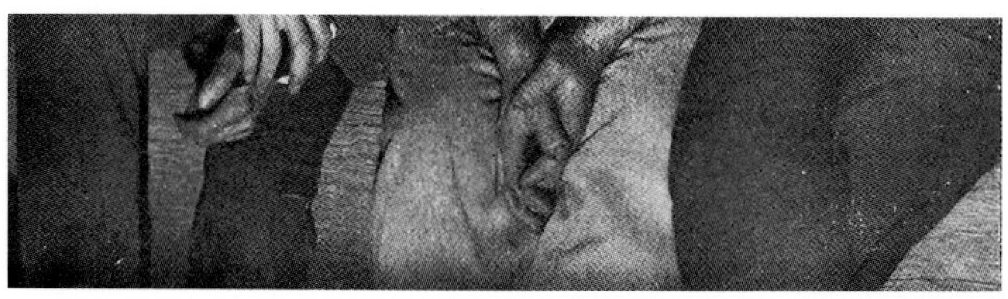

Marcel Duchamp, C. Brancusi und Tristan Tzara, 1924

7. 3. — Tzara wendet sich in einem Artikel gegen Breton
4. 4. — *Le coeur à barbe* erscheint, als Reaktion der Gruppe um Tzara gegen Breton und Picabia
Juli / August — zweiter Aufenthalt von Tzara, Arp, Taeuber, Ernst, Eluard und Josephson in Tirol; Trennung Tzaras von Maya Chrusecz; *Mécano 2* erscheint
September — Tzara fährt von Füssen zum Konstruktivistenkongreß nach Weimar, wo er Arp, Schwitters, Richter und van Doesburg trifft; am 23. und am 25. hält er seine Grabrede auf Dada und nimmt in Hannover an der Dada-Revon-Soirée teil;
12. 10. — Tzara läßt in Weimar seinen dritten Gedichtband *Von unseren Vögeln* mit Zeichnungen von Arp drucken, von dem nur die Luxusausgabe im Juli 1923 im Umlauf ist, die aber erst 1929 erscheint; danach kehrt Tzara nach Paris zurück, wo bereits die ersten surrealistischen Experimente in Gang sind
20. 10. Arp und Sophie Taeuber heiraten in Pura im Tessin
November — *Mécano 3* erscheint

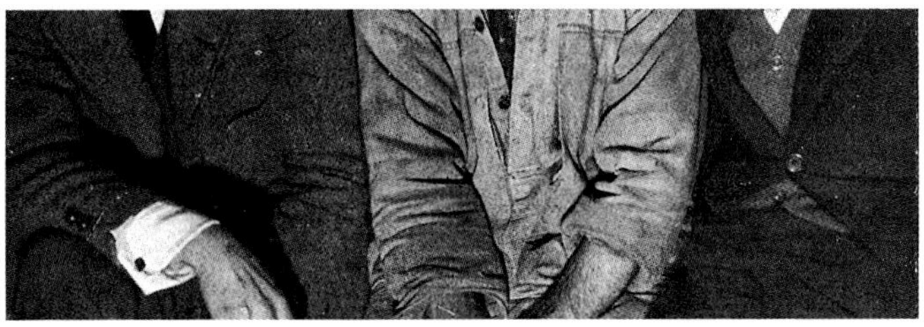

1923

Jänner — Schwitters, Theo und Nelly van Doesburg und Vilmos Huszar unternehmen Dada-Tournéen in Holland: 10. 1. Den Haag, 12. 1. Haarlem, 16. 1. und 19. 1. Amsterdam, 25. 1. 's Hertogenbosch; 28. 1. Den Haag, 29. 1. Utrecht, 31. 1. Rotterdam, 14. 2. Leyden, 13. 4. Drachten; *Merz Nr. 1* erscheint; *Mécano 4,5* erscheint
März — Tzara beginnt Kapitel eines unvollendet bleibenden Romans, *Faites vos jeux*, zu veröffentlichen; ein Theaterstück, *Pile ou Face*, bleibt inediert
April — *Merz 2*, das Schwitters' *i*-Kunst gewidmet ist, erscheint und Schwitters wendet sich dem Konstruktivismus zu; Arp bei Evola in Rom; van Doesburg zieht nach Paris
6. 7. — die letzte Dada-Soirée *(La Soirée du coeur à barbe)* findet in Paris statt; Tzaras *Coeur à Gaz* wird erneut in Kostümen von S. Delaunay aufgeführt; dabei kommt es zu Tätlichkeiten zwischen Tzara, Breton und Eluard; Schlußstrich unter Dada
Sommer — Lissitzky bei Schwitters in Hannover; Tzara bei Käthe Wulff in Positano; Schwitters und Arp treffen sich in Rügen und arbeiten an einem unvollendet bleibenden Roman, *Franz Müllers Drahtfrühling*; Flake und Eggeling besuchen sie; Tzara scheint ein Verhältnis mit Nancy Cunard zu haben
Oktober — *Merz 6* erscheint, *Little Review* mit einer Dada-Sondernummer

1924

Jänner — *Merz 7* erscheint
Februar — El Lissitzky bei Arp in Zürich
April / Juli — *Merz 8 / 9* erscheint unter dem Titel *Nasci*, von Schwitters und El Lissitzky redigiert
17. 5. — Tzaras *Wolkentaschentuch* wird im Rahmen der Soirée de Paris uraufgeführt; dabei lernt er Greta Knudson kennen
Herbst — Tzara veröffentlicht seine *7 Dadamanifeste* mit zwei Portraits von Picabia; Arp veröffentlicht seinen Gedichtband *Der Pyramidenrock*
November — das *Wolkentaschentuch* erscheint als Sonderdruck in der Zeitschrift *Selection*; eine größere Auflage erscheint 1925, von Juan Gris illustriert
Dezember — Breton veröffentlicht das erste surrealistische Manifest

1925

März — erste Gedichte aus dem *Annähernden Menschen* von 1931 erscheinen
3. 5. — Arp wird endgültig die Schweizer Staatsbürgerschaft verweigert und er geht nach Paris; 8. 6. — Tzara heiratet Greta Knudson in Stockholm; die Ehe wird 1942 geschieden
am 20. 7. wird er französischer Staatsbürger
Mai — Arp besucht mit seiner Frau Hugo Ball und Emmy Hennings-Ball in Vietri sul Mare
Juni — erste Gedichte aus dem *Wegweiser des Herzens* von 1928 erscheinen
16. 7. — Tzaras Namensänderung wird offiziell von Rumänien anerkannt

1926

Tzara läßt sich von Adolf Loos ein Haus an der avenue Junot 15 bauen; eine Erklärung zum 10. Geburtstag Dadas bleibt nur Projekt. Am 15. 3. 1927 wird sein Sohn Christoph geboren. Von 1929 bis 1935 schließt sich Tzara dem Surrealismus an. 1933 erscheinen die gesammelten dadaistischen Texte des *Hr.n Aa* in *L'Antitete*. 1939 erscheint *Midis Gagnés*. Die deutsche Besatzung verbringt er in der Resistance. 1947 tritt er der kommunistischen Partei bei. 1950 erscheint *De memoire d'homme*. 1962 unternimmt er seine erste Reise nach Schwarzafrika; in den letzten Jahren seines Lebens beschäftigt er sich mit Anagrammen in Villons Werk. Am 24. 12. 1963 stirbt Tzara in Paris, rue de Lille. Im selben Jahr erscheinen seine Essays aus der Dadazeit unter dem Titel *Lampisteries*.
1965 erscheinen die ersten rumänischen Gedichte auf Französisch.

Serner an Tzara
2. 1. 1920, Genf

*Lieber Herr Tzara,

ich hoffe, sie erhielten noch rechtzeitig meine *Isothermen* für den *Qualitätsdada* <Die Schammade von Max Ernst> und die Holzschnitte Schads, die er ihnen sofort übersandt hatte. Anbei einige Gedichte und Notizen für den *Zweemann*. □
Wichtig für sie: man darf nicht vergessen, daß man keine Karten von Paris nach Deutschland schicken darf, nur Postkarten und Drucksachen, sie müssen also eine Schweizer Adresse angeben, um mit ihren Freunden in Deutschland in Verbindung zu bleiben. □*

Schwitters an Tzara
3. 1. 1920, Hannover

Lieber Herr Tzara,

die Sache ist schwieriger, als ich dachte.
Kostenberechnung liegt vor, ca.6000 Mark. Eine reguläre *Zweemann*-Nummer darf 1800 M nicht übersteigen. (Diskont!) Steegemann hat große Lust, aber kein Geld.
Soviel ich übersehen kann, sind nach gründlichem Überlegen folgende Möglichkeiten (Ist ihr Telegramm ein Ultimatum?):
1) *Zweemann*. Wir haben hin und her überlegt, der *Zweemann* kann und will es nicht als Buch herausgeben; als Zeitschrift kann es der *Zweemann* nur unter folgenden Bedingungen gebrauchen:

a) Umschlag einfach, Farbe des Textes
b) Sämtliche Kosten für Klischees tragen die betreffenden Künstler
c) Seite abwechselnd je zwei Blatt (nicht zwei Seiten) weißes Glanzpapier und je zwei Blatt farbig.
d) Sämtliche Autotypiedrucke werden auf die Glanzpapierseiten aufgedruckt (nicht aufgeklebt!), die Strichätzungen und Holzschnitte auf die farbigen.
e) Material wird geteilt, 2 Nummern, die mindestens 3, höchstens 6 Normata auseinanderliegen. Jede Nummer bekommt 6 Seiten Tagesnotizen für den Zweemann.
f) Sollte Material noch zu umfangreich sein, werden evtl. Teile in andere Zweemannhefte aufgenommen.
2) Steegemann
a) bleibt bestehen
b) über b ließe sich noch verhandeln
c) bleibt bestehen
d) bleibt bestehen
e) und f) fallen fort
g) Steegemann hat große Lust und kein Geld, ich glaube, er wird es umgehend machen, wenn er das nötige Geld geliehen bekommt.
Ich schlage vor, daß wir 20 Mitarbeiter ihm zusammen 6000 Mark leihen, möglichst je 300 M. Ich selbst will mich für 300 M verpflichten. Wenn sie den Rest in der Schweiz zusammenbringen, ist die Veröffentlichung so gut wie gemacht. 5% Zinsen. Rückzahlung je 1000 Mark, sobald der Überschuß vom Verlage eingenommen ist.
3) Wäre die Möglichkeit vorhanden, die Veröffentlichung einem anderen Verlage anzubieten, etwa Biermann, den ich gut kenne, oder Flechtheim, bei dem ich bekannt bin, oder Fuhrmann.
Sie sehen nun klar die Sachlage, ich bitte um ausführliche Vorschläge. Liebe Neujahrsgrüße

ihr Kurt Schwitters

Serner an Tzara
12. 1. 1920, Genf

*□ Ihre Bücher über die Psychonalyse werden ihnen nach Paris geschickt. — Schad stellt im Feber mit Buchet im Salon Néri aus, Rue de Mont Blanc. Das ist eine neue Galerie, sehr fähig und gut gemacht. Könnte man für März/April Werke von Picabia, Arp, Giacometti etc. haben? Man verkauft gut hier, und ich bin dabei, viel Reklame für den *salon dadaiste* zu machen. Ich habe Néri fest im Griff. Er wird machen, was ich will. Ich will, daß er mich zum Direktor macht, mit einem festen Monatsgehalt. Aber dazu brauche ich dadaistische Maler, um sie auszustellen. Können sie mir dabei helfen? Geben sie mir bitte die Adresse des Verlegers Steegemann!! — Gratulation zur Ernennung zum Mitglied der *section d'or*! Es ist schade, daß ich sie vor ihrer Abreise nach Paris nicht mehr sehe.
Herzlichst

Serner*

Schwitters an Tzara
22. 1. 1920, Hannover

Lieber Herr Tzara,

Arp war hier, und wir haben daher das Material Dada etwas gesichtet und Herrn Stürmer gegeben. Stürmer wird es im Folkwang-Verlag, Hagen, wahrscheinlich anbringen. Er übernimmt also von nun an die Verantwortung. Arp sagte, das könnte er, Arp, aus eigener Vollmacht verfügen. Schreiben sie weiter an mich. Ihr letzter Brief ist nun ja hinfällig geworden. Stürmer wird sich beteiligen und die typografische Regie übernehmen. Ich bitte um Antwort und werde ihnen schreiben, sobald es sicher angenommen ist.
Herzlichst

Kurt Schwitters

Vischer an Tzara,
<Jänner 1920>, Prag

Euer Wohlgeboren,

ich erstatte mir heute die ergebene Anfrage, ob ich ein Manuskript (druckfest, maschinengeschrieben) zur gütigen Durchsicht ihnen einsenden könnte. Ich glaube, es wäre ganz der Tendenz ihres Verlages entsprechend.
Es ist ein Merzroman und heißt *Sekunde durch Hirn*. (Ein unheimlich schnell rotierender Roman.)
Ich glaube, damit den ersten deutschen dadaistischen Roman (wenn man überhaupt noch von dem blöden Wort *Roman* sprechen kann) geschaffen zu haben.
Wenn ihnen die Einsendug genehm wäre, bitte mir mit der Antwort auch mitteilen zu wollen, wie lange eine Überprüfung meines Ms.(ca. 80 Seiten Kanzleiformat) dauern würde und welches ungefähr die Bedingungen der Verlagsübernahme wären.
Einem baldigen freundlichen Bescheid entgegensehend zeichnet

Melchior Vischer

Serner an Tzara
23. 1. 1920, Genf

*Lieber Herr Tzara,

Herr Schwitters schrieb mir heute, daß Steegemann kein Geld hat, um das Buch zu machen. Er fragte mich (da sie ihm nicht antworteten), ob er sich mit anderen Verlegern in Verbindung setzen solle. Antworten sie mir bitte so schnell als möglich. Schwitters schrieb mir auch, daß der *Zweemann* nur eine bescheidene Dada-Nummer machen kann. □
Der *Zeltweg* ist noch nicht erschienen. Was ist mit *Dadaco* los? Herzlichst

Serner*

Vagts an Tzara
26. 1. 1920, München

Cher monsieur Tzara,

ici vers et photographie; wenn möglich, letztere mit Vermerk: phot.Li Osborne. Ich habe eben nicht Geld, meine Worte mit der Maschine schreiben zu lassen und würde gern Korrektur lesen — wenn möglich. In Deutschland sind die Dadaisten nur noch Enklaven.
Shake hands with

Alfred Vagts

Serner an Tzara
29. 1. 1920, Genf

*□ Ich bin ein wenig erstaunt, daß man mich in Paris kennt. Ich möchte gerne nach Paris kommen, anfangs März. Ich erwarte Geld zu diesem Zeitpunkt. Aber das wird nur für 2—3 Monate langen. *Glauben sie, ich könnte eine Stellung finden, mit der ich 300-400 frs. pro Monat verdienen könnte?* Sonst wäre es für mich unmöglich, da meine Beziehungen (was die Moneten betrifft) *komplett* erschöpft sind. — Ich gratuliere ihnen zu ihrem Erfolg in Paris. Ohne Frage lanciere ich mit Freude eine Reklame-Ente über ihre Dada-Soirée vom 5. Feber. □
Der *Zeltweg* ist noch nicht erschienen, das ist sehr ärgerlich. □ *

Serner an Tzara
2. 2. 1920, Genf

*□ Herzlichen Dank für *das Notizbuch* im 391. Ich hoffe, sie haben versucht, meinem Stil treu zu bleiben. — Arp ist noch nicht in Zürich: Ich habe neulich seinen Bruder getroffen (um den 20.Jänner), der mir sagte, er sei noch in Berlin. □
Die Ausstellung Schad-Buchet macht viel Lärm hier. Ich hoffe, bald viele Verrisse in den Zeitungen zu finden. Schads Sachen sind hier sehr neu und sehr amüsant. Sie werden sie bald sehen. Die Sachen von Buchet sind sehr mittelmäßig. *Für Paris ist das gar nichts*. Man würde sich damit blamieren. Und der Herr selbst ist fast unmöglich: halb ein unerträgliches Kind, halb sehr verschlagen. Ich nahm ihn, weil er der einzige abstrakte Maler ist und ich (in Ermangelung eines Franzosen) einen Genfer brauchte. — Ich gab die Van-Gogh-Briefe an Dr. Sterling. Er nahm sie, will mir aber seine definitive Entscheidung erst in ein paar Tagen mitteilen. Vor mir hat er furchtbaren Respekt, was mich sehr amüsiert hat. Es war mir ein Vergnügen, ihm ungeheure Märchen über Dada, seine Erfolge und sie aufzutischen. Ich glaube, er wird die nächsten Nächte schlecht schlafen. Ich habe wirklich Lust, nach Paris zu kommen, obwohl ich weiß, daß ich mit meinem Französisch wenig ausrichten kann. Aber: nach Berlin zu gehen habe ich vollkommen die Lust verloren; und hierzubleiben ist Idiotie ohne Grenzen.
Herzlichst

Serner*

Quelques Présidents et Présidentes :

Dr Aisen, Louis Aragon, Alexandre Archipenko, W.-C. Arensberg, Maria d'Arezzo, Céline Arnauld, Arp, Cansino d'Assens, Baader, Alice Bailly, Pierre-Albert Birot, André Breton, Georges Buchet, Gabrielle Buffet, Marguerite Buffet, Gino Cantarelli, Carefoot, Maja Chrusecz, Arthur Cravan, Crotti, Dalmau, Paul Dermée, Mabel Dodge, Marcel Duchamp, Suzanne Duchamp, Jacques Edwards, Carl Einstein, Paul Eluard, Max Ernst, Germaine Everling, J. Evola, O. Flake, Théodore Fraenkel, Augusto Giacometti, Georges Grosz, Augusto Guallart, Hapgood, Raoul Hausmann, F. Hardekopf, W. Heartfield, Hilsum, R. Huelsenbeck, Vincente Huidobro, F. Jung, J.-M. Junoy, Mina Lloyd, Lloyd, Marin, Walter Mehring, Francesco Meriano, Miss Norton, Edith Olivié, Walter Pack, Clément Pansaers, Pharamousse, Francis Picabia, Katherine N. Rhoades, Georges Ribemont - Dessaignes, H. Richter, Sardar, Christian Schad, Schwitters, Arthur Segal, Dr V. Serner, Philippe Soupault, Alfred Stieglitz, Igor Stravinski, Sophie Tæuber, Tristan Tzara, Guillermo de Torre, Alfred Vagts, Edgar Varèse, Lasso de la Vega, Georges Verly, A. Wolkowitz, Mary Wigman.

La mort occasion unique
des splendeurs invisibles
comme un poète impair
je suis l'auteur de la mauvaise tenue

Francis Picabia

Francis Picabia déclare qu'un homme intelligent ne doit avoir qu'une spécialité, c'est d'être intelligent.

★

Tristan Tzara vient d'accepter de faire partie du mouvement DADA.

★

Georges de Zayas n'est pas encore certain que la peinture moderne soit faite par des hommes sérieux, il n'aime pas les gens qui se fichent du public.

★

Metzinger déclare qu'il a te miné l'évolution du Cubisme, il compte faire autre chose. e n f i n.

Place réservée à l'Antiphilosophe

Ah, la vie est terne comme une vieille dent.

Georges Ribemont-Dessaignes

Les chefs d'œuvre ressemblent aux perruques : pas un cheveu ne dépasse.

Paul Dermée

bulletin de versement tout mon sang et l'intelligence gratis je ne veux rien je ne veux rien fichez moi la paix ni crier ni me taire ni désespère ni chimique vulgarité de l'absolu et je vous donne par dessus à chacun 20 sous

Tristan Tzara

Nous adhérons à une sorte de Touring-Club sentimental,

André Breton

Marcel Duchamp ne fait plus d'art ayant découvert un nouveau mat à la reine, mat fait avec des ficelles et un bonnet de bain en caoutchouc.

Louise Margueritte et puis et puis

✶

Walter Conrad Arensberg n'a pas encore découvert ce mat il se contente pour le moment de faire mat le roi.

Marcel Duchamp

Les prisonniers ont-ils le droit de résoudre des problèmes d'ordre général ?

—●—

En matière de sentiment, il n'y a pas là de quoi rire, nous nous servons des petits bâtons à manger le riz.

Louis Aragon

On a les yeux comme des estomacs
Et les oreilles comme des ventres

G. Ribemont-Dessaignes

Le poète doit rebuter la raison

Paul Dermée

God save la famille D A D A. Dieu tambour-major.

L'arc-en-ciel pousse les gens à toutes les comédies, tu me sembles bien fier Picabia, ta peau devient suspecte, où flotte un lion.

Francis Picabia

Crotti dit l'amour mécanique en mouvement s'embête beaucoup à Paris, il aimerait mieux être au Brevoort.

●

Ribemont-Dessaignes vient d'être carencé par Louis Gros Sel ou Cros Con comme Mayer voudra.

●

Louis Vauxelles déclare qu'il vient de comprendre la peinture de Braque, Metzinger et Gleizes il y a des peintres qui n'ont pas de veine.

●

Nous conseillons à Frantz Jourdain de poser sa candidature comme conservateur du Musée Grévin.

Arthur Cravan

Philippe Soupault vient de se suicider à Genève.

vient de paraitre : 3 9 1, numéro spécial des loustics.

Le salon Néri, à Genève, rue du Mont-Blanc vient d'ouvrir la Galerie DADA. La direction est confiée au philosophe dada V. Serner. Peintres exposants : Picabia, Arp, Giacometti. Ribemont-Dessaignes, Schad, Buchet.

Arp fut appelé à Londres pour installer le crocrodarium de racines d'arbres de Venise vivantes, à la place du vieux aquarium royal.

L'orphelin,
Le sein qui le nourrit enveloppé de noir
Ne le lavera pas
Sale
Comme une forêt de nuit d'hiver
Mort
Les belles dents, mais les beaux yeux immobiles
Fixes
Quelle mouche de sa vie
Est la mère des mouches de sa mort ?

Paul Eluard

L'anti-dadaïsme est une maladie : la self-cleptomanie, l'état normal de l'homme est DADA.

Les accidents de travail, nul ne me contredira, sont plus beaux que les mariages de raison.

André Breton

haute couleur des désirs maritimes froide projection
en diagonale céleste noble et corrigée
sur ton corps gravé de croix blessures
jetés dans le panier de la rédaction
mesure la finesse calculée en dollars
grosse fumée arraignée métal phœutus

Tristan Tzara

Les vrais dadas sont contre DADA

BULLETIN DADA

A priori d.h. mit geschlossenen augen stellt Dada vor jede tat und über alles: DEN ZWEIFEL: Dada bezweifelt alles. Dada ist alles. Alles ist DADA. Hüten sie sich vor DADA

Aa der antiphilosoph

Einzahlschein all mein blut und die intelligenz gratis ich will nichts ich will nichts laßt mich in ruhe weder schreien noch schweigen weder verzweifelt noch chemisch vulgarität des absoluten und ich gebe noch jedem 20 groschen drauf.

Der anti-dadaismus ist eine krankheit: die selbst-kleptomanie, der normalzustand des menschen ist DADA.

Nutzloser spaziergang durch den kongreß der perfektionen wo sind sie die guten väter der dauernden bejahung in ihre gemeinsame hand werde ich die schwere meiner klischees legen um die überflüssigkeit der hände und füße zu entfachen.

***

FÜR M. CHRUSECZ: Die kinnbacken wohlgestalteter sätze hausverstand jeden blickes *stop* die elastische farbe oder ich bin nicht frei deshalb bin ich das problem *stop* wenn ich einfach bin gibt es kein problem mehr deshalb *stop* deshalb beginne ich wieder von vorne ob mich das amüsiert? Ich liebe schokolade.

*

ARP und der part mit bart
werden in der freien nacht wieder auferstehen
in der australischen spezial-auflage für känguruhbeutel

*

ARP und die barke mit borke
rahmen sich für semiramis ein
arp die borke und die barke mit ihrem bartpart
croque-chronometer

*

SERNER ist der schrei unter einer tür
reist im abonnement
von grünem und numeriertem orientalischem tabak
biegsame schnur kabel unter blei pianola
gründet eine niederlassung für turbinendesinfektion
hypothese
errötet im mund eines aufgebrachten bordells

***

Die ganze welt ist direktor des Mouvement Dada.
Wir suchen freunde und anderes das der grammatikalischen berufungen der seiltänzer in fläschchen so vorgeworfen wird.

Tristan Tzara, sinistrer possenreißer

<Dada 6, Februar 1920>

DOKTOR SERNERS NOTIZBUCH

BRAQUE, sensibel, ein wenig 18. jahrhundert, spanischer typ, sympathischer mensch
PICASSO, sehr 18. jahrhundert, muß sich sehr langweilen, französischer typ
METZINGER, großen äußerlichen willen, modern zu sein, könnte es werden (ich habe zu früh ausgestellt, erzählte er Louis Vauxelles)
Marcel DUCHAMP, intelligent, gibt sich ein bißchen zu viel mit frauen ab
Alber GLEIZES, chef des kubismus
Tristan TZARA, sehr intelligent, zu gut erzogen
LÜEGER, normanne, er behauptet, daß man immer mit einem fuß in der scheiße stecken muß
ARP, dein platz ist in Paris
André BRETON, wir warten auf den moment, wo er komprimiert genug, wie dynamit, in die luft geht
Louis ARAGON, zu intelligent
SOUPAULT; ein wunderkind
Paul DERMÜEE, liebt gute gesellschaft
Pierre-Albert BIROT, voller talente, rät uns, nicht zu einsam zu leben
REVERDY, macht auf mich den eindruck eines gefängnisdirektors
Max JACOB, erklärt, daß sein arsch hysterisch ist
CROTTI, hat sich zu den Marmonds bekehrt (amerikanische autos)
Suzanne DUCHAMP, macht intelligentere dinge als die malerei
Juliette ROCHE, vermißt Amerika
Francis PICABIA, unmöglich für ihn zu begreifen, was sich zwischen dem kalten und dem heißen abspielt, wie der Ewige behauptet er, daß man das lauwarme auskotzen muß
DOKTOR V. SERNER
Weil der autor Paris gestern verlassen hat, richte man jede reklamation an:
Dr. V. Serner, Genf, postlagernd, Rue du Stand

B. d. H

<Tzara, 391, Februar 1920>

Tzara und Picabia in Paris, 1920

Flake u.a. an Tzara
9. 2. 1920

*Lieber Präsidada,

man ist mit ihrem *Bulletin Dada* hier sehr zufrieden, bravo! Arp ist sogar entzückt und Frl. Chrusecz glücklich über den Schokoladen-Liebesbrief. Machen sie weiter so (da capo), sie sinistrer Possenreißer, und schicken sie mir alles nach München, Leopoldstr. 62.II. Grüße

Flake*

BIN VON DADA ENDGÜLTIG BETÖRT, BEREITE SCHRIFTLICHE UND EXALTIERTE ZUNGE ZU *ARP*

Es ist zwar nicht wahr, aber ja, ich liebe auch Schokolade <Maya Chrusecz>

*Man amüsiert sich über die Bemerkungen des Dr. Serner, DER GAR NICHT DR. SERNER IST! * <Sophie Taeuber>

Vorschlag für philatelistische Raritäten:
Laßt normale Marken mit Dada überdrucken und verwendet sie als Supplement <Flake>

Serner an Tzara
13. 2. 1920, Genf

*□ Archipenko, der in den letzten Tagen sehr nett zu mir war, ist nach Paris abgereist. Er hat unheimlich viel hier in der Schweiz verdient; gestern von neuem 10 000 Fr.(französische). Trotzdem war er froh, dieses unerträgliche Land zu verlassen. □ *

Tzara an Picabia
14. 2. 1920, Paris

*Mein lieber Picabia,

erster Trost: ihre Philosophie, ihr Brief, ihre Karte. — Ich langweile mich sehr und bin noch sehr müde. Also kommen sie am 20. zurück, worauf ich mich sehr freue. Denn: 1. Kapitel: Die Einsamkeit ist entsetzlich. Ribemont-Dessaignes war hier. Am Abend des 19. wird eine große Dada-Manifestation in der Volkshochschule sein — können sie da nicht in Paris sein, wenigstens unter den Zuschauern? Die Manifestation von Faubourg war äußerst interessant. 3000 Zuschauer jubelten uns zu, jene, die gegen uns sprachen, wurden unterbrochen, Raymond Duncan verfaßte eine phantastische Tirade gegen uns etc. Bei der ersten Versammlung der *section d'or* (vergangenen Samstag) gingen absolut widerliche Dinge vor sich. Survage erklärte, er wäre die *section d'or*, Birot und Roch Grey erklärten sich energisch gegen einen Dada-Abend. Morgen werde ich mit Dermée eine Generalversammlung für den nächsten Samstag in die Wege leiten. Wenn Roche Grey in der *section d'or* bleibt, werde ich natürlich zurücktreten.
Littérature will zum Sprachrohr Dadas werden — sie werden die Mitarbeit der Idioten von nun an nicht mehr zulassen. Bei Sans Pareil läßt man fragen, wie hoch die Auflage von *l'Unique Eunuque* <Gedicht Picabias> sein soll.
Das ist fast alles. Sie haben die Zeitungsausschnitte gelesen, die Michel ihnen sandte. *DADA philosophe* machte mir Mut — ich weiß nicht weshalb —, vielleicht weil man sieht, daß es noch etwas über der Intelligenz gibt.
Hier steht alles zum besten — wie soll ich ihnen für ihre Gastfreundschaft und Freundschaft, die sie mir erwiesen, danken? Dem Kleinen geht's sehr gut. Ich sehe ihn täglich. Heute Abend gehe ich mit Michel ins Kino — sein unerschütterlicher Enthusiasmus für Dada gibt mir Schwung, denn seiner ist größer als meiner.
Mit besten Grüßen an Frau Corlin
herzlichst der ihre

Tzara*

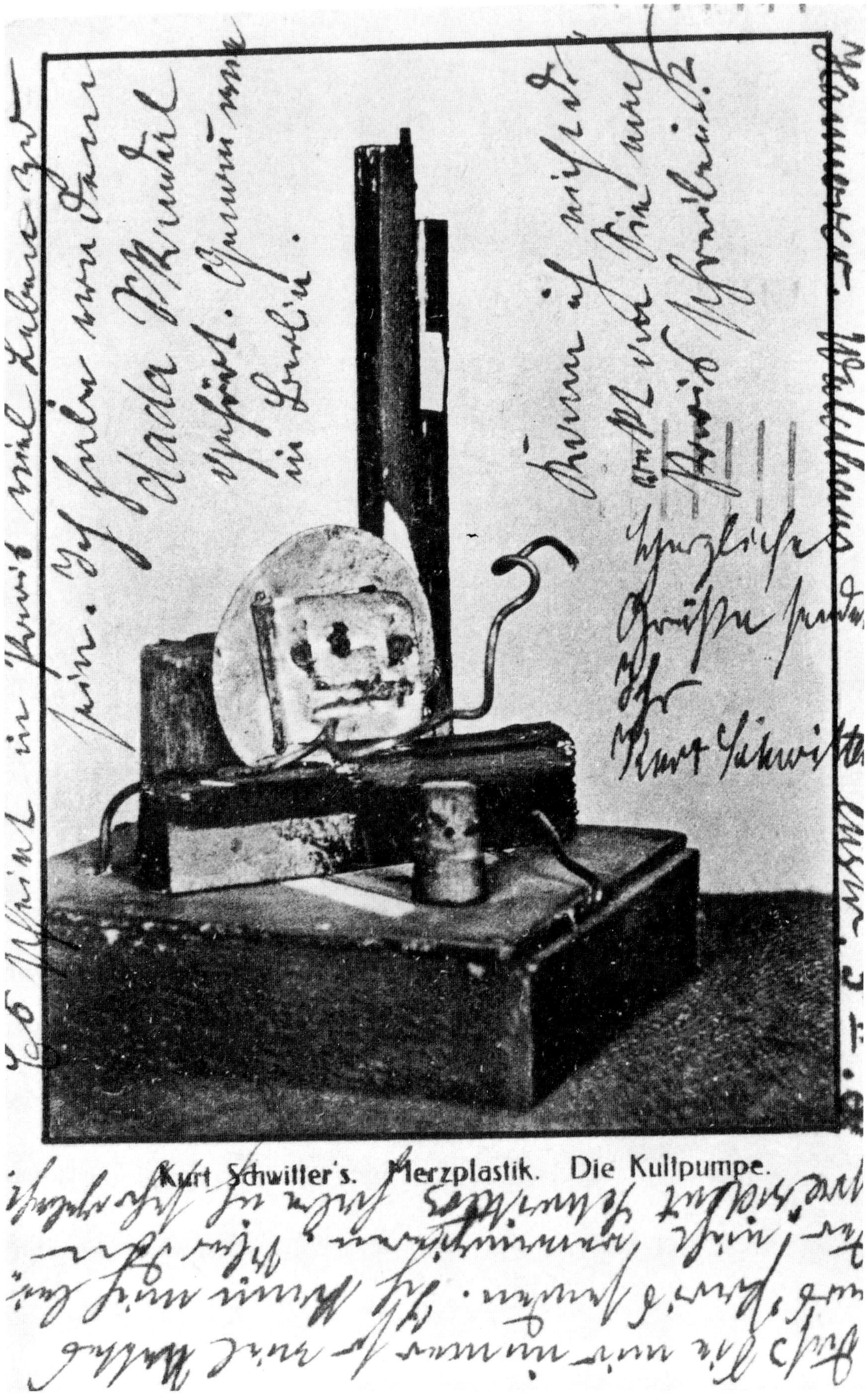

Postkarte Schwitters an Tzara vom 22. 1. 1920

Postkarte Schwitters an Tzara vom 4. 3. 1920

Tzara an Vagts
Februar 1920, Paris

*Lieber Herr,

ich bedanke mich für die Sendung des *Neuen Merkur*. Wenn sie in Deutschland Sachen über uns finden, die nur irgendwie von Interesse sind, bitte ich sie, sie mir zu senden — im Augenblick erhalte ich fast gar nichts von Deutschland. Ich hoffe, daß sie uns die Sachen genauso schnell schicken, wie wir sie um Gedichte bitten;
mit einem warmen Händedruck

ihr Tzara*

Serner an Tzara
19. 2. 1920, Genf

*Lieber Herr Tzara,

ich erhielt gerade ihren lieben Brief. Ich dachte mir, daß sie sehr müde sein werden nach all diesen Sachen (ich erinnere mich noch an unsere Soirée in Zürich!). □
Ich erhielt den *Zeltweg*, aber nur 4 Exemplare. Er ist sehr gut. □
Arp ist in Zürich. □ *

Schwitters an Tzara
4. 3. 1920, Hannover

Lieber Herr Tzara,

leider muß ich ihnen die Mitteilung machen, daß es mir trotz größter Mühe nicht gelungen ist, das *Zweemann*-Manuskript Dada an einen Verleger zu bringen. Auch Stürmers Bemühungen in Berlin waren vergeblich. Bitte teilen sie mir nun mit, ob ich es an ihre Adresse zurücksenden soll. Sollen meine Beiträge dabei bleiben? Ich bin ihnen sehr dankbar, daß sie mir soviel Nettes aus Paris senden. Ich kann mich leider nicht revanchieren. Über den Präsidenten Schwitters habe ich sehr gelacht. Es scheint in Paris viel Leben zu sein. Ich habe von dem Dada-Skandal gehört. Genau wie in Berlin. Kann ich nicht direkt an sie nach Paris schreiben?
Herzliche Grüße sendet

ihr Kurt Schwitters

Serner an Tzara
8. 3. 1920, Genf

*Lieber Herr Tzara,

ich bin zufrieden, daß ich mich in Archipenko nicht getäuscht habe. Er hat mir von Anfang an mißfallen. Es ist besser, daß es jetzt ohne die Kubisten weitergeht.
Ich werde die Ente über die *section d'or* machen. □
Meine Reise nach Paris ist nun ganz zweifelhaft. Ich bedaure das sehr, weil ich bald allein sein werde: meine Freundin fährt ab und Schad auch. Ich bin fast ein wenig betrübt. □ *

Tzara an Vagts
25. 3. 1920, Paris

*Lieber Herr,

ich bedanke mich für die Übersendung der *Auslandspost*-Nummer und der Sympathie, die sie mir in ihrem Brief bezeugen. Ich bin sehr schlecht informiert, was das aktuelle Geschehen in Deutschland betrifft — ich wäre ihnen sehr dankbar, wenn sie mir den Dienst des *Merkur* erweisen könnten — wenn dies nicht zu schwierig ist -, wenn sie mir Ausschnitte aus Zeitungen oder Zeitschriften über Dada schicken würden. Treffen sie Otto Flake? Ist er immer noch in München? Richten sie ihm bitte meine Grüße aus.
Mit herzlichen Grüßen

Tzara*

Archipenko an Tzara
31. 3. 1920, Paris

*Sehr geehrter Herr Tzara,

ich bitte sie, so nett zu sein, mir die 100 Franken, die ich ihnen in Zürich geliehen habe, zurückzugeben. Ich halte es für gerecht, wenn sie mir jetzt den Dienst in aller Freundschaft erweisen, wie ich ihnen damals einen erwies. Ich bedauere, daß die Kunst uns trennt, aber ich respektiere sie trotzdem.

Ihr Archipenko

Serner an Tzara
8. 4. 1920, Genf

*Lieber Herr Tzara,

es tut mir sehr leid, daß sie dieses Malheur hatten. Ich hoffe, daß sie sehr bald wieder auf dem Damm sind. — Seit dem 1.April bin ich in einem Maschinenlager angestellt und arbeite den ganzen Tag. Abends komme ich sehr spät und müde heim. □ *

Serner an Tzara
9. 4. 1920, Genf

*Lieber Herr Tzara,

ich vergaß in meinem letzten Brief, ihnen zu schreiben, daß ich *nicht* will, daß sie meinen Namen unter Sachen setzen, die nicht von mir sind. Überdies wäre ich ihnen sehr dankbar, wenn sie nicht mehr Zeilen von mir nehmen, *indem sie Namen hinzufügen und den Text verändern.*
Geht es ihnen bereits besser?□ *

Serner an Tzara
21. 4. 1920, Genf

*Lieber Herr Tzara,

ich erhielt ihren letzten Brief; vielen Dank. Ich kann ihnen versichern, daß man überhaupt nicht gegen sie intrigiert hat. Wenn ich nicht will, daß sie meinen Namen unter Sachen setzen, die nicht von mir sind, so allein deshalb, weil man weiß, daß ich in Genf bin und die Leute nicht kenne, gegen die die Notizen gerichtet sind. Man könnte also allzu leicht etwas gegen mich sagen oder schreiben. (Archipenko ist hier seit gestern.) Und was meine Sachen betrifft: Sie wissen sehr gut, daß es immer heikel ist, wenn man Sachen zerstört, die vorher einen gewissen Sinn hatten. Ich schicke ihnen bald kleinere französische Sachen und hoffe, daß sie ihnen gefallen.
Es war kein großes Vergnügen für mich, mit Archipenko spazierenzugehen, der versuchte, Dada zu diskreditieren; er hat aber nichts gegen sie persönlich und gegen andere. Ich halte ihn selbst für einen berühmten Mann, für ein wenig einfältig. Gleichzeitig aber sagt er Dinge, bei denen man sich sagen muß: das ist Archipenko. Sonst würde man auf der Stelle das Weite suchen. Ich langweile mich hier unsäglich. Wenn ich nicht den ganzen Tag zu arbeiten hätte, wäre es die Katastrophe. Ich bin vollkommen allein hier, ich, der wirklich die Einsamkeit ertragen kann. □ *

Vagts an Tzara
5. 5. 1920, München

Sehr geehrter Herr Tzara,

wir danken für die wohl durch sie veranlaßte Übersendung der Dada-Drucksachen, für die wir wohl ihnen verpflichtet sind. In den beigelegten Nummern unserer *Auslandspost* werden sie auch einen mehrspaltigen Bericht über ihre penetrante Tätigkeit in Paris finden. Eine andere Art der Berichterstattung gestattet ja nun die Sonderart der *Auslandspost* nicht. Wir sind ihnen aber weiterhin für alle Übersendungen, deren jede den Hauch der großen Welt in den Falten der Blätter trägt, sehr zu Dank verpflichtet, zumal der Unterzeichnete, der ihnen ja kein ganz Fremder ist, die Grüße des *Neuen Merkur* und der *Auslandspost* nebst seinen eigenen zu übermitteln hat.

Ihr Alfred Vagts

Serner an Tzara
18. 5. 1920, Genf

*Lieber Herr Tzara,

ich bin sehr zufrieden, daß sie meinen *Korridor* zum Vortrag bringen lassen. Ich danke ihnen sehr. □
— Ich hoffe noch, daß ich in wenigen Wochen nach Paris reisen kann. Die Geldfrage beiseite: mein tschechisches Konsulat macht mir schnell Schwierigkeiten wegen des Visums. Aber ich bin sicher, daß es gehen wird: ich habe so sehr genug von Genf! Diese Stadt ist unerträglich für mich geworden. Man glaubt hier überall, daß Dada eine deutsche Sache ist, um die französische Kunst zu sabotieren. Deshalb hat auch die Presse meine letzte Ausstellung ignoriert. Viele meiner alten Bekannten grüßen mich nicht einmal mehr. Und man kann fast gar nichts mehr machen. □
Schad frequentiert keine Künstler. Er hat genug von ihnen und das mit Recht. Er erholt sich von seinem Ärger hier und schläft viel. Das ist sehr weise. □ *

Schwitters an Tzara
28. 5. 1920, Hannover

Lieber Herr Tzara,

ich hatte in der letzten Zeit so viel zu tun, daß ich nicht eher schreiben konnte. Seien sie nicht böse. Das Material der Dada-Nummer hat Arp mitgenommen, außer meinen Beiträgen, die ich hierbehalten habe. Wenn sie gelegentlich irgendwo Arbeiten von mir verwenden können, bitte ich um Nachricht. Dem *Zweemann* habe ich Bescheid gegeben, ihm die Nummer zu schicken, aber ich fürchte, er wird sie nicht sehr interessieren! Seien sie nicht böse, wenn ich keine Zeitungsausschnitte schicken kann — ich habe nichts über Dada gelesen. Ich würde ihnen raten, bei Schustermann, Berlin So16, Rungestr.22/4 zu abonnieren für alle Dadazeitungsnachrichten. Schustermann ist gewissenhaft und nimmt 50 M jährlich.

van Doesburg an Tzara
6. 6. 1920, Leiden

*Sehr geehrter Herr Tzara,

meine Zeitschrift *De Stijl* ist die einzige moderne Zeitschrift in den Niederlanden, das Organ einer extrem modernen Bewegung von Malern, Bildhauern, Architekten etc. Sonst gibt es nur Zeitschriften von Käse- und Seifenhändlern. Die Niederlande sind sehr flach, und die Einwohner leben noch in einer zweidimensionalen Welt. Ein bißchen Dada wäre sehr notwendig. Einer meiner literarischen Mitarbeiter, *I. K. Bonset*, hat die Absicht, eine dadaistische Zeitschrift zu gründen, doch fehlt ihm das Geld, die Zeit und auch die Leute dazu. In meinem Artikel über Dada (ein zweiter Artikel erscheint bald) wollte ich die Öffentlichkeit ein wenig aufklären, die vollkommen vom journalistischen Gewäsch verwirrt ist. Sie finden einige Musterbeispiele beiliegend. Kennen sie jemanden, der sie für sie übersetzt? Die Nr. 4 von *Proverbe* fehlt mir; können sie mir noch ein Exemplar verschaffen?
Mit aller Sympathie

ihr Theo van Doesburg*

Serner an Tzara
24. 6. 1920, Genf

*□ Von Zeit zu Zeit lebe ich wie ein Hund. Ich verabscheue Genf. Absolut nichts zu machen hier. Eine Katastrophe. Und ich sehe keinen Weg, mich durchzuschlagen. Wenn ich es könnte, würde ich diese lausige Stadt sofort verlassen, ganz egal, wohin! Aber ich kann mich nicht von hier wegrühren.
Und alle hier sind schreckliche Idioten. Unmöglich, hier eine ein wenig angenehme Begleitung zu finden. Was für ein Leben! Ich langweile mich wahnsinnig. Und auf der anderen Seite bin ich fast zufrieden, daß ich ohne Unterlaß rennen muß, um mein Leben zu verdienen. □
Wenn sie sich in Zürich länger aufhalten, grüßen sie Arp von mir, und bitten sie ihn, mir sein Buch zu schicken. Ich wünsche ihnen Erfolg für die Erledigung ihrer Probleme in Rumänien und grüße sie sehr herzlich

Serner*

Tzara an Picabia
11. 7. 1920, Zürich

*Mein lieber Freund,

von diesem Provinznest aus nimmt Paris wunderbare Dimensionen an. Paris mit ihnen, ihren Aktivitäten, den gemeinsamen Stunden. Diesen Aufenthalt verdanke ich ihnen und ihrer Freundschaft, die zu den angenehmsten meines Lebens zählt. Arp ist immer noch der sympathische und quicklebendige Junge. Er ist ganz allein hier und langweilt sich fürchterlich. Er würde sie gern sehen und nach Paris oder New York gehen. Er arrangierte mit seinem Verlag die Veröffentlichung einer kleinen literarischen und künstlerischen Dada-Anthologie von 50—60 Seiten und einer Auflage von 1000 Stück. Er erwartete mich, um darüber zu reden — wenn ich es in Paris gewußt hätte, hätte ich das ganze Material mitgebracht; die Sache ist seriös und wird, glaube ich, gut genug werden.
Würden sie mir einige Gedichte oder Prosastücke schicken (wenn sie nichts haben, könnte ich auf einige bereits veröffentlichte Stücke zurückkommen), ein oder zwei Zeichnungen, ein Foto von Duchamp, ein Foto von Man Ray — sagen sie bitte G.R.D., er soll mir zwei Gedichte und eine Zeichnung schicken. Ich reise nächsten Sonntag ab; wenn sie glauben, daß mich die Sachen zu spät erreichen, senden sie sie bitte an

Arp — Zeltweg 83, Zürich

Arp veröffentlicht einen Gedichtband in Deutschland. Er wäre glücklich, wenn sie ein Portrait (Dada) von ihm machen könnten, um es auf dem Umschlag abzudrucken. Huelsenbeck in Berlin schrieb eine Geschichte des Dadaismus <*En avant Dada!*>, die dieser Tage erscheint und in der man ausführlich und lobend von ihnen spricht — laut Arps Angaben. Man wird es ihnen senden. Aktivitäten überall. Mein Buch *calendriér* erscheint bald in einer Luxusausgabe für 25 fr., von Arp in 200 Exemplaren herausgegeben. Und J. Rasta <*Jésus-Christ Rastaquouère*>? Ich würde zu gern wissen, was auf die Feigheit folgt, es ist wie Barrabas, der jetzt auch in Zürich beginnt. Zürich ist tot und unsympathisch, nur das Wetter ist gut hler. Was machen sie? Was ist passiert? Ich versinke, ich weiß nicht warum, in der balkanischen Finsternis.
Alle Filme, die man hier zeigt, sind gefälscht, geschnitten, zensuriert. Welch idiotisches Land! Zürich ist in den Händen einiger alter Frauen. Ich kann mir nicht mehr vorstellen, hier einige Jahre verbracht zu haben. Bitte schicken sie mir die Publikationen, was sie über *Dada, 391* etc. finden können an den

Paul Steegemann Verlag
Hannover — Deutschland,

der eine Serie von Dada-Editionen herausgibt. Niemand erhielt und erhält *Littérature*. Breton hatte mir aber versprochen, es an einige Leute, die sich dafür interessierten, zu schicken. Sehen sie Breton? 391 und *cannibale* <*Zeitschrift Picabias*> interessierten viele unserer Freunde hier in Deutschland. Man sagt überall, daß es die einzige interessante Sache ist. Was macht Géo? Ich schreibe ihm morgen. Schreiben sie

mir, sie wissen, daß es das Einzige ist, das mir Freude macht. Ich erwarte ihre Zeichnungen und Gedichte oder Passagen aus *Jésus*.
Sehr herzlich

Tzara

Ich verlor die Adresse von Frau Dreier in Deutschland, jene in New York und auch die der Societé Anonyme.
Meine Adresse: *Mouvement Dada — Frl. Maya Chrusecz, Seefeldstr. 106, Zürich*
Ist der Zwischenfall um den Ärger Géos erledigt?
Die Schweiz: Ein Tumor, auf den Gott einige Seen spuckte.*

Arp an Picabia
19. 7. 1920, Zürich

*Sehr geehrter Herr Picabia,

ich danke ihnen vielmals für ihren Brief und ihre Zeichnung, die mir eine große Freude machte. Ich hoffe, im Herbst nach Paris kommen zu können, und freue mich darauf, sie zu sehen. Ich bin sehr froh, ihre Zeichnung, die sehr schön ist, in meinem Gedichtband Die *Schwalbenhode* veröffentlichen zu können.
Ihr Brief und ihre Freundschaft, die sie mir bezeugen, ließen mich ein bißchen aus der Scheiße herauskommen, die Zürich bedeckt.
Mit tausend Grüßen

Arp

P.S. Tzara hat ihnen von der *Anthologie Dada* erzählt, die bald in Deutschland erscheinen wird. Würden sie mir einige Gedichte oder zwei ihrer Zeichnungen schicken, ein Foto von Duchamp und von Man Ray und eine Zeichnung und ein Gedicht von Ribemont-Dessaignes? Ich werde ihnen ein Klischee für *cannibale* für eine halbe Seite schicken.*

Tzara und andere an Picabia
20. 7. 1920, Mailand

*Mein lieber Freund,

ich danke ihnen für ihren Brief, der mir eine sehr große Freude macht. Es ist lustig genug, das Leben in Mailand, aber es herrscht hier eine tropische Hitze, selbst während der Nacht! Bitte schicken sie eine ihrer Zeichnungen an:

Gino Cantarelli
Casella Postale 23
Mantua.

Er gibt eine italienische Dadazeitschrift <*Bleu*> heraus. Das wäre ganz gut.
Sehr herzlich

Tzara

Ich schreibe ihnen noch

und Gino Cantarelli
Aldo Fiozzi*

Flake an Tzara
22. 7. 1920, Heidelberg

Lieber Tzara,

nicht wahr, ich bin treulos. Nie antwortete ich seit einem halben Jahr. Verzeihen sie, es geschah ohne Absicht. Ich hörte von ihnen, wann aber sieht man sich? Die Bestellung des *Au sans Pareil* erhielt mein Vetter hier nie, er schrieb jetzt. Ich bot *Zeltweg* Steegemann an, er aber bot nur 500 M, viel zu wenig. Wir werden noch alles absetzen, mein Vetter eröffnet bald einen eigenen Laden. Reisen sie wirklich nach Rumänien? Um eingezogen zu werden? Was sagen sie zu Huelsenbecks Kritik an Tzara? Was ist *Z, Dd O4 H2, M'amenez'y*? Welche herrlichen Erstnummern! Könnte man , d.h. ich, sie haben? Wie fanden sie Zürich? Grüßen sie Frl. Chrusecz heftig. Schicken sie uns eine Postkarte aus Rumänien bitte.
Es grüßt sie

ihr Flake,
Garmisch, Vetter Fridolin

Tzara und andere an Picabia
23. 7. 1920, Venedig

*Dada pißt gerade auf den Lidostrand, wir denken innigst an sie.

Tzara
Gino Cantarelli *Bleu*
+ Fiozzi *Bleudada**

Tzara an Picabia
28. 7. 1920, Bukarest

*Mein lieber Freund,

ich bin seit gestern Abend in Bukarest, reise diesen Abend aufs Land und wünsche mir nur, zurückzukehren — sei es nach Paris, sei es woanders hin. Der Balkan und die Mentalität hier ekeln mich zutiefst an. Wie geht's ihnen? Und Dada und ihre *jesurastaqueresken* Arbeiten? Ich bleibe nur 3-4 Wochen hier und reise mit dem Simplon-Express zurück nach Zürich, die Reise über Deutschland ist zu kompliziert. — Schreiben sie mir in die Schweiz. Gegen Ende September werde ich aller Voraussicht nach wieder in Paris sein. Ich glaube nicht, daß ich hier arbeiten kann. Es ist zu heiß. Es wäre wahrscheinlich besser gewesen, überhaupt nicht abzureisen. Ich langweile mich fürchterlich und bin nur für 24 Stunden in Bukarest.
Auf Wiedersehen und sehr herzlich

ihr Tzara*

Katherine S. Dreier an Tzara
16. 8. 1920, Bremen

Geehrter Herr Tzara,

ihr Schreiben vom 24. Juli habe ich erhalten. Leider ist es uns unmöglich, die Ausstellung der Dadaisten im Oktober abzuhalten, wie sie es vorschlagen. Wir werden diese aber gern später, im Winter, vom 1. Februar bis 16. März, stattfinden lassen.
Ich erhielt einen Brief von unserem Präsidenten, Marcel Duchamp, der mir schreibt, daß er an Picabia schreiben und ihn fragen werde, ob er nicht mit der Berliner und der Kölner Gruppe ausstellen möchte. Max Ernst möchte gern mit Arp und Baargeld ausstellen und als eine Gruppe genannt werden; die Berliner Gruppe wird für sich sein. Dann würde die französische kommen: Picabia, Ribemont-Dessaignes, Evola und Fiozzi. Die Arbeiten von Herrn Hausmann und Herrn Schad kenne ich nicht; auch nicht die von Evola und Fiozzi. Aber wenn Picabia und Ribemont-Dessaignes gerne mit ihnen ausstellen wollen, dann sind wir auch

bereit. Kurt Schwitters darf sich leider nicht mit den Dadaisten verbinden, da er ein Versprechen abgegeben hat.
Es tut mir unendlich leid, daß ein kleines Mißverständnis zwischen Madame Picabia und mir eintrat, in der Bestellung an sie. Ich sagte damals Frau Picabia, daß wir uns sehr freuen würden, wenn sie uns dann und wann einen Brief über die Kunst Europas schreiben würden, den wir übersetzen und auf unserem Bulletin-Board auf Englisch befestigen könnten. Dies sollte aus Freundschaft zur Sache getan werden, gerade weil wir alle unsere Arbeit umsonst liefern. Letzteres verstand Madame Picabia nicht und schrieb mir, daß sie erwarten, dafür bezahlt zu werden. Dies ist uns leider *ganz unmöglich*, da wir kaum genug Geld haben, unsere Ausstellungstätigkeit fortzuführen. Ich will es ihnen doch gleich sagen, damit kein Mißverständnis aufkommt, da wir jetzt kein Geld für soetwas haben; mit der Zeit kann es sich ja ändern.
Wir würden uns sehr freuen, sie im Oktober in New York begrüßen zu können, und ich verbleibe hochachtungsvoll

Katherine S. Dreier
Société Anonyme Inc.
19 East 47 th Street New York

Schwitters an Arp
Oegenbostel, 4.9.1920

Gutestbeleibter PRA,

dieser Brief ist geschrieben, bevor ich Sprachmönch wurde, nun spreche ich am Krückstock, gleichsam der Schluck um die Achse, und trage meine Schuld Honigseim auf Fingerspitzen rund um die Hand. Wer hat die Brunnen aufgeschlossen? Nun fließen die Vögel aus den kühlen Röhren rund um den Schluck.

— *Galaia* —
Nun (lat.:nunc.)
Galeia (ert.: Galeria.)
Röhre (lat.: res, rei.)
Wer (engl.: where.)
Wo (engl.: who.)
sonst bricht dein Backsteinzopf. F f F f F f. P f.
O la galaia tit galaia tott galaia fanfa te.
Wir sind mit dem Erfolge zufrieden. (Betrifft Roßfett.)
f a n f a t e (d e u t s c h: F a n f a r e.)

Mich rührt ein lackierter Apfel, kariert, daß ich euch, beleibter pra, allzudemnächst in meiner Kapitale an der Leine begrüßen werde gedurft haben können zu dürfen. (betrifft Lederappretur und Tran.) Von wegen des sabotageartigen Kunstraubes am Damesteinbild sind Nachforschungen am Tage der Erhebung der Expressisses aus Köln erhoben worden, welche hoffentlich bis zu Ihrem allzudemnächstlichen Leineaufenthalte getilgt sein werden gehabt haben (Antwort steht noch aus) sonst picken Dir die Winde. — Das Bett in meinem Haus steht breit. A O o A o i e A u E u O a.
b r e i t (d e u t s c h: b e r e i t)
f 2 1 0

Bis zum 10.9. bin ich in Oegenbostel, vom 13. oder 14. werde ich wieder an der Leine liegen. Ich bitte Ihren Besuch bald fest anzuzeigen, und möglichst zwischen 14. und 20. Sept. zu verlängern, da ich daraufhinkünftig eine gedehnte Hofreise beabsichtige.
Ihro Gnaden die Gletscher küssender

Kurt Schwitters

Tzara an Picabia
19. 9. 1920, Konstantinopel

*Mein lieber Freund,

ich bin auf dem Weg nach Paris, aber ich weiß noch nicht, wann ich ankomme. Ich würde zu gern wissen, was sie machen und wie's ihnen geht. Fast drei Monate schon höre und sehe ich nichts, was mich wirklich interessiert.

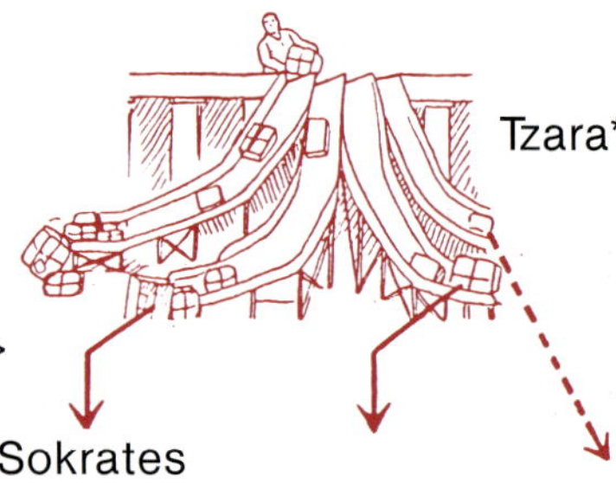

Tzara*

Tzara an Picabia
<Postkarte aus Athen>

*Grüße von ihrem Sokrates

ihr Tzara*

Dada ist auf der ganzen welt bekannt. Ich konnte mich davon selbst auf einer reise überzeugen, daß Dada so bekannt in der Schweiz wie in Mailand, Venedig, Belgrad, Vincoyci, Jassy, Konstantinopel, Athen, Messina, Neapel und Rom ist. Auf der Akropolis sagte mir ein professor der theologie, seine fäuste gegen die Viktoria ohne Flügel schüttelnd, daß Gott sich an Dada und allen neuheiten rächen würde. Ich habs gemerkt, denn ich holte mir eine erkältung, die mich drei wochen lang plagte.
In Konstantinopel sprach ich mit einem griechischen arzt, der in Paris gelebt hatte und nicht wußte, wer ich war. Er sagte mir, daß er Tristan Tzara sehr gut kenne. Ruhig aber verblüfft fragte ich ihn, wie er denn aussehe. Er sagte mir: *blond und groß*. Ich konnte mir das lachen nicht verbeißen, denn ich bin klein und braun.

<Tzara, Einige Erinnerungen an Dada; Vanity Fair 1922>

Tzara an Picabia
25. 9. 1920, Neapel

*Mein lieber Freund,

ich wärme mich ein bißchen am Vesuv hier. Ich bleibe noch kurz in Rom und in Florenz und begebe mich dann in die Schweiz. Schreiben sie mir an meine Adresse in Zürich — um den 15. werde ich vielleicht in Paris sein. — Aber was machen sie, wo sind sie? Erhielten sie meine spärlichen Lebenszeichen aus Athen und Konstantinopel?

Tzara*

Hardekopf an Olly Jaques
29. 10. 1920, Zürich

□ Auch Serner ist mir nicht zu Gesicht gekommen; wer sagte, daß er hier sei? Ich las in einer Berliner Zeitung, daß er in Rom ein großes Skandal-Meeting abgehalten und zur Verprügelung aller Nicht-Dadaisten, auch der Futuristen, aufgefordert habe. Wenn dieser alberne Wahnsinn soviel Geld einbringt, wie es der Fall zu sein scheint, so ist das ja eine ganz lustige Methode. □

Schwitters an Arp
<vor 25. 11. 1920>

lieber pra,

zunächst sage ich weshalb? weshalb schreibt man groß und klein? ich schreibe alles klein. dann sage ich warum? warum macht man interpunktion dann frage ich wozu wozu schreibt man umlaute ich laute nicht mehr und ich schreibe zurich erfullt zuruckgezogenheit personlich uberbringen alsdann erinnnere ich an den alten satz aus der mathematik namlich daß es beliebig ist in welcher reihenfolge ich addiere respektive multipliziere und schreibe nun leibe statt liebe weil liebe leiber leibt und gebe nun endlich die reserve der
wörteruntereinanderaufindemichnurnocheinriesenha
ftgroßeswortschreibeoderweilmehrschriebetitsoladin
orthographicistnaturlichnebensachegewordenundde
nsinngebeichnunmehrzugunstendesunsinnspreiswor
aufdannderdiedassklmnoppqrsutabelgikemaminopet
roleumseuchekakrrrkrrrksrsrstopetitonobilamenteya
kkaanteelinguekitonpausbakrokodilemadiemadedile
mma+

kuwitter

+ Hier erlitt der Setzer einen Tobsuchtsanfall und drohte mit dem Generalstreik, wenn ihm zugemutet würde, wieder von dem Kuhgewitter etwas zu setzen.

D. H.

neapel

Postkarte Tzara an Picabia vom 19. 9. 1920

Tzara an Picabia
8. 10. 1920, Zürich

*Mein lieber Freund,

□ Ich war die ganze Zeit auf Reisen und hatte ihre Adresse nicht. Seit zwei Tagen bin ich in Zürich. □ Aber ich hoffe Mittwoch, Donnerstag in Paris zu sein — ich wäre froh, ein Wort von ihnen zu haben, was so in Paris vor sich geht. Ich bin noch ein wenig müde von dieser Reise, die länger war als ein Monat. Es ist inzwischen wahrscheinlich viel geschehen. — Ich bin nicht mehr auf dem laufenden: Arp reist morgen nach Berlin. Er läßt dort die Anthologie erscheinen und ein Buch von ihm. Er hat mir sehr schöne Zeichnungen gezeigt. □
Mit herzlichem Gruß

ihr Tzara

□ Meine Adresse: Frl. M. Chrusecz, für Tz, Steinfeldstr. 106, Zürich*

Schwitters an Tzara
8. 11. 1920, Hannover

Mon cher Tzara!
Mein lieber Tzara,

du bist ein Engel und ein sehr geschickter Hund. 16 Tausend Dank. Freue mich sehr. Wenn du mehr erzielen kannst, umso besser. Wenn du mir den Betrag als Franken schicken kannst, ist es mir *lieber als Scheck*. Arbeiten sende ich dir später, ich habe nicht viel. Wenn es eilt, bitte Nachricht. Ausstellung sollte mich sehr freuen. Was wird aus Holland? Hoffentlich sehen wir

uns im Dezember dort. Hast du Artikel Manda von Kreibig geschrieben? Dann bitte ich um ein Exemplar. Anbei zwei Gedichte. Du bist wirklich ein lieber Mensch. Uns geht's gut. Ich war in Hamburg.
Herzlichst

Kuwitter MERZ

Am 20. 11. bin ich in Lüneburg, dann Hamburg. Am 23. Jan. in Berlin.
Also, wenn ihr Ausstellung macht, kannst du MERZ haben.

van Doesburg an Tzara
15. 11. 1920, Leiden

*Sehr geehrter Herr Tzara,

wie geht es Dadas Temperatur? Ist er tot?

Theo van Doesburg*

Theo van Doesburg

Schwitters an Tzara
20. 11. 1920, Hannover

Lieber Herr Tzara,

Dank für die vielen Karten und Zeitschriften aus Italien und Frankreich. An dem Dada-Buch arbeite ich gern mit. Ich sammle mein Material und sende es ihnen bald. Darf ein Stück aus einem bald <?> erscheinenden Roman dabei sein?
Herzliche und merzliche Grüße

ihr Kurt Schwitters

Serner an Picabia
25. 11. 1920, Paris

*Sehr geehrter Herr,

ich fühle mich verpflichtet, ihnen mitzuteilen, daß ich nicht am *Dadaglobe* mitarbeiten werde.
Ich werde Paris in einigen Tagen verlassen.
Ich danke ihnen sehr für die große Freundschaft, die sie mir immer entgegenbrachten und grüße sie sehr herzlich.
Würden sie auch bitte Frl. Everling und Herrn G. Ribemont-Dessaignes meine besten Grüße übermitteln.

Serner*

Tzara an van Doesburg
29. 11. 1920, Paris

*Aber, mein lieber Herr Doesburg, Dada ist noch sehr heiß — intensive Beweise werden es ihnen zeigen.
Ich profitiere von diesem Dementi, um von ihnen 2 Gefallen zu erbitten: Sie erzählten mir von einem Dichter namens *Bonset*, der ganz dadaistische Neigungen hätte.
Es handelt sich um folgendes: Ein großes Verlagshaus (*La Sirène*) wird ein großes Buch — *Dadaglobe* — international und in großer Auflage erscheinen lassen. Ich wäre ihnen sehr dankbar, wenn sie mich mit ihm bekannt machen würden, denn mir läge viel an seiner Mitarbeit. Natürlich wird in diesem Werk klar zwischen den Kubisten und uns unterschieden; aus diesem Gedanken heraus haben wir unsere Mitarbeiter im Ausland gewählt.
Zum anderen werden wir auf Französisch charakteristische Dokumente und Zeitungsartikel, die im Ausland erscheinen, veröffentlichen (*dafür* und *dagegen*). Für Holland habe ich an ihren Artikel im *Nieuwe Amsterdamer* gedacht. (Ist die Fortsetzung erschienen? Ich erhielt sie nie.) Ich wäre ihnen sehr verpflichtet, wenn sie meine Aufmerksamkeit auf andere Artikel, gleich welcher Art, lenken würden, die in Holland erschienen sind.

Dada ist nicht tot, er war nur auf Urlaub: ich kam gerade von einer mehrere Monate langen Reise in den Orient zurück. Das ist alles.
In Erwartung ihrer Antwort verbleibe ich mit herzlichen Grüßen

TZARA*

Kassak an das Mouvement Dada
6. 12. 1920, Wien

*Sehr geehrte Herren,

wir haben ihnen gerade unsere letzte Nummer und ein Manifest gesandt. Wenn sie uns *regelmäßig* ihre Auflagen schicken, können wir in unseren Spalten das Publikum über ihre Bewegung auf dem laufenden halten. Wenn sie sie uns zukommen lassen, werden wir auch weiterhin ihnen die unseren senden. Entschuldigen sie unser schlechtes Französisch; mit besten Grüßen

Redaktion *MA*
Ludwig Kassak*

Schwitters an Tzara
7. 12. 1920, Hannover

Lieber Herr Tzara,

hiermit sende ich ihnen 12 Beiträge:
1. *An Anna Blume*; A Eve Mafleur; 2. *Die Merzblume*; 3. *Der Gefangene*: Le Prisonnier; 4. *Das große Dadagluten*: La grande ardeur Dada; 5. *An das Proletariat Berlins*: Aux proletariates de Paris; 6. *Bildnis Schwitters*; 7. *Die Kultpumpe*; 8. *Der Lustgalgen*, 9. *Das Lampionsbild*; 10.*Lahti*; 11.*Extra Pré*; 12.*Zeichnung*.
Ad 1—7: Ich bitte um Veröffentlichung in französischer Sprache. Die deutschen Texte habe ich zum Vergleich mitgeschickt, ob es gut übersetzt ist. Ich kann es nicht beurteilen und bitte daher, daß sie sich nur nach den deutschen Originalen richten und eventuell schlechte Stellen verbessern.
2 muß noch übersetzt werden. Wenn sehr viel Platz da ist, bitte ich nur 1 in Französisch *und Deutsch*. 3 und 4 sind unveröffentlicht. 10 und 11 sind so gedacht, daß nur schwarze Schrift auf weißem Grund steht (keine Halbtöne). Darauf ist beim Klischieren zu achten.
Bitte geben sie mir Bescheid, ob alles gut angekommen ist und was sie bringen.
Mit den herzlichsten Glückwünschen für Dada und besten Grüßen

ANNA BLUME

Ludwig Kassak, Bruits, 1920

Gesetztes Gedicht von Kurt Schwitters aus Tzaras Nachlaß

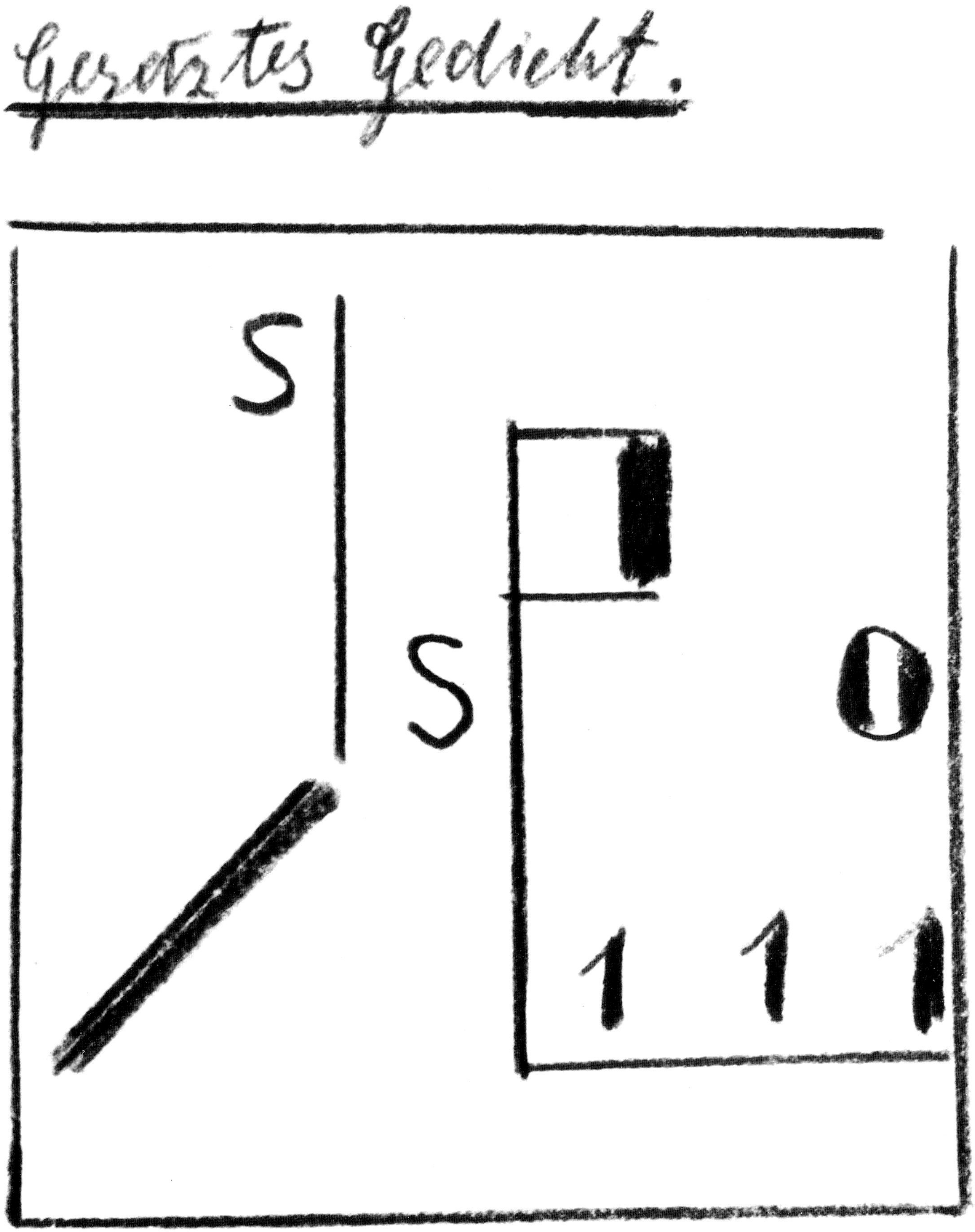

Gesetztes Gedicht von Kurt Schwitters aus Tzaras Nachlaß

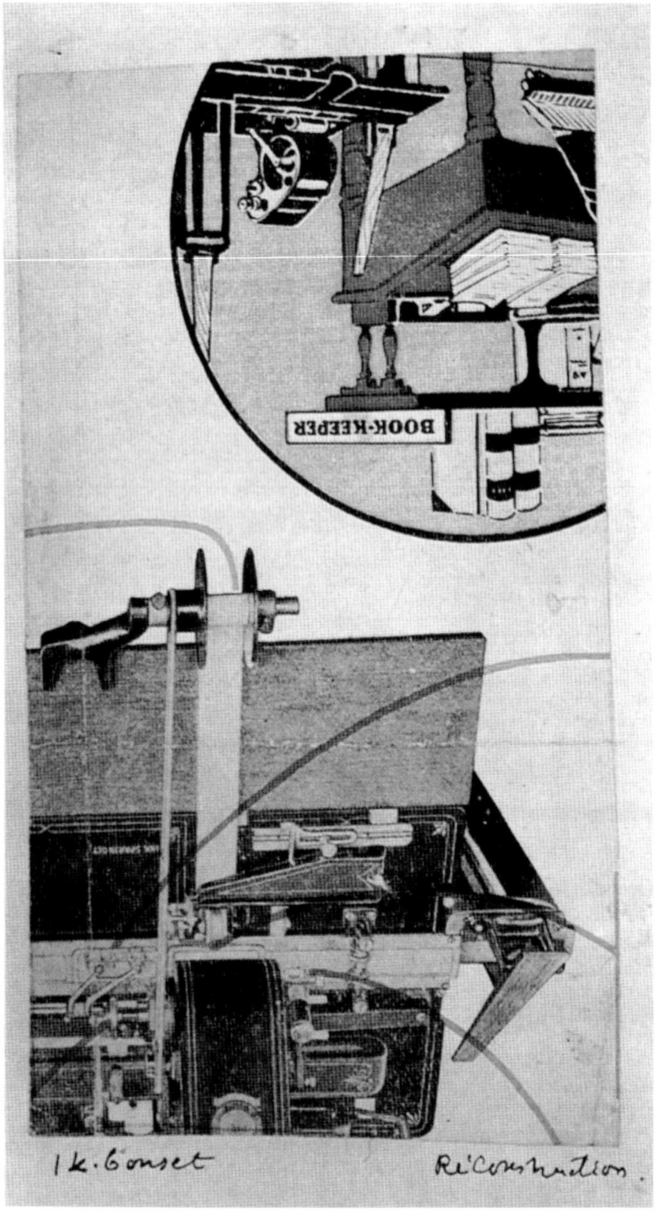

I. K. Bonset, Réconstruction, 1921

van Doesburg an Tzara
8. 12. 1920, Leiden

*Mein lieber Tzara,

□ wenn sie den esprit meines Werkes nach den Jahren 1915-16 beurteilen, haben sie recht, mich einen Kubisten zu nennen. Doch zu dem Zeitpunkt, an dem ich *De Stijl* gründete (1917), waren alle holländischen Erneuerer, mich eingeschlossen, schon jenseits der Grenzen des Kubismus angekommen.
Ich male und entwickle mich nun schon seit 18 Jahren und fürchte keine Konsequenz. Ich bin der erste und — in diesem Moment- der einzige in Holland, der Dada verteidigt.
Ein Verleger forderte mich auf, ein kleines Büchlein über den *esprit dada* zu schreiben, und ich sagte gerne zu. In diesem illustrierten Werk werde ich die Fortsetzung meines Artikels über Dada im *Nieuwe Amsterdamer* publizieren!
Die Adresse meines Freundes I. K. Bonset — reinrassiger Dadaist — ist *Utrechtstr., Jaagdpad 17, Leyden, Holland.*
Mit freundlichen Grüßen an die Dada-Familie

Theo van Doesburg*

Schad an Picabia
20. 12. 1920, München

*Sehr geehrter Herr,

es tut mir sehr leid, daß ich gezwungen bin, meine Mitarbeit am *Dadaglobe* aufzukündigen. Aus diesem Grund bitte ich sie, mir meine Zeichnungen, Fotos und Gedichte zurückzusenden.
Würden sie auch die Güte haben, diesen Brief an Tzara weiterzugeben, damit er mir ebenfalls das zurückschickt, was er von mir erhielt.
Gestatten sie, mein Herr, den Ausdruck meiner vorzüglichsten Hochachtung

Christian Schad*

Picabia an Schad
23. 12. 1920, Paris

*Sehr geehrter Herr,

ich erhielt ihren Brief und ihrem Wunsch gemäß werde ich ihn an Tristan Tzara weitergeben. Ich werde ihnen zurücksenden, was sie uns für den *Dadaglobe* übersandten, wie sie es verlangen.
Jetzt, unter uns beiden, bitte ich sie, mir doch zu schreiben, aus welchem Grund sie diese Entscheidung trafen; umsomehr, als ich überhaupt nicht auf dem laufenden bin, was bei den deutschen Dadaisten geschieht, und mich *ihr Brief sehr in Erstaunen versetzte, der übrigens nicht der erste dieser Art ist, den ich erhielt*! Huelsenbeck schrieb mir ebenfalls, aber er hat mir nicht mitgeteilt, weshalb er seine Mitarbeit aufkündigt, und nach dem, was mir Dr. Serner sagte, wäre er der erste deutsche Dadaist gewesen!
Bitte klären sie mich doch über diese Frage auf, die mich sehr *quält,* und ich versichere ihnen, daß ich keinen Gebrauch von dem machen werde, was sie mir sagen können.
Nehmen sie, mein Herr, den Ausdruck meiner vorzüglichsten Hochachtung entgegen.

Francis Picabia*

Kurt Schwitters, Lahti, 1919 (aus Tzaras Nachlaß)

Tzara an Bonset <van Doesburg>
3. 1. 1921, Paris

*Sehr geehrter Herr,

Herr van Doesburg gab mir ihre Adresse — und ich bin sehr froh, sie um die Mitarbeit am *Dadaglobe* bitten zu können. Dieses von *La Sirène* verlegte Werk wird über 100 Reproduktionen enthalten — 50 Dadaisten aus der ganzen Welt arbeiten daran mit — und in einer Auflage von 5000 Stück erscheinen. Würden sie mir *mehrere Sachen* von sich schicken, auf Französisch — eine Sache auf Holländisch und ihr *Portrait*. Jede *Erfindung* wird mit Vergnügen aufgenommen (Erfindung gleich welcher Art). Es wird auch einen sehr wichtigen Dokumentarteil geben: Artikel, Bemerkungen, Blagues, etc., die in Holland erscheinen. Für eine schnelle Antwort wäre ich ihnen sehr dankbar. Die Vorbereitungen sind schon sehr fortgeschritten.
Mit besten kollegialen Grüßen

TZARA*

Serner an Picabia
31. 1. 1921, Paris

*Sehr geehrter Herr,

ich nehme an, sie vergaßen, mir ihr zuletzt versprochenes Buch zu schicken. Ich bitte sie, es mir zu senden. Bei dieser Gelegenheit versichere ich ihnen noch einmal meine große Sympathie (die sie vielleicht anzweifeln), und daß es sich hier um Umstände handelt, die nichts mit ihrer Person zu tun haben, die mich zwingen, ihr Haus zu meiden.
Nehmen sie, mein Herr, den Ausdruck meiner vorzüglichsten Hochachtung entgegen

Walter Serner*

Arp an Tzara
26. 2. 1921, Zürich

Lieber Freund,

ich war gerade im Begriff, wie eine verlassene Braut, mich in den See zu stürzen, als mich ihr Brief rettend erreichte. Ich habe mich sehr gefreut, endlich wieder Nachricht von ihnen zu bekommen. Der Herkules auf dem Konsulat stellte sich wie die Jungfrau von Orleans vor mir auf und deklamierte: *Ce n'est pas votre droit mais c'est votre devoir de devenir francais.*
Trotzdem bitte ich sie, mir umgehend eine Bescheinigung, vielleicht vom *Dadaglobe*-Verleger, zu schicken, in der klar zu lesen ist, daß meine Anwesenheit in Paris dringend notwendig ist. Ich warte nur darauf. Hätte ich dies Gedicht, ich wäre schon längst dort. Hier ist es zum Sterben langweilig. Bitte schicken sie mir so schnell wie möglich diese Geschichte. Meine Reintegration kann eben noch Wochen dauern.
Diesem Brief füge ich einen verbesserten Aufsatz über *dada-max* bei. Er soll an die Stelle des ihnen von Köln aus geschickten. Sollten sie schon den anderen übersetzt haben, ist die Mühe nicht groß, da der neue Aufsatz, einige kleine Änderungen ausgenommen, aus denselben Sätzen, nur in einer besseren Folge, besteht. Der Aufsatz ist so viel stärker und verrückter. Also um dadawillen vergessen sie auf keinen Fall diese Transaktion. Sie wissen ja, wie ich an solchen pollutionen deklinationen erektionen subordinationen kommissionen konstibel komer kometrion komfort komik komma punkt halte punkt. Bitte schicken sie mir den alten Aufsatz zurück.
Ihr Buch ist fertig gedruckt. Ich schicke ihnen mit gleicher Post zwei Probeexemplare. In diesen ist noch ein Fehler in der Folge der Holzschnitte, der in der Auflage verbessert ist. Will nun der freundliche Herr *Sans Pareil* die Bücher übernehmen? Können sie die Fotos von Dermée zurückbekommen?
Die *Wolkenpumpe* lege ich ihren Büchern bei. 5 an der Zahl. Grüßen sie Herrn Rigaut und sagen sie ihm, daß ich nicht vergessen werde, ihm eine Zeichnung mitzubringen. Schwitters hat in dem *Ararat* über Dada gelegentlich seines Aufsatzes über *Merz* geschrieben. Auch sonst ist noch in Zeitungen und Zeitschriften über Dada geflucht worden. Bitte antworten sie mir gleich.
Was macht Picabia?
Ich freue mich sehr, sie wiederzusehen, und umarme sie herzlich

ihr dadarex arp

Arp an Tzara
3. 3. 1921, Zürich

Lieber Freund,

heute schicke ich an die Adresse ihres Bekannten, den sie mir in ihrem letzten Brief angeben, 19 Exemplare unseres Buches. Schreiben sie mir, ob die Bücher gut angekommen sind. Es hat mich sehr gefreut, daß ihnen das Buch gefällt. Der endgültige Druck ist fehlerlos. Achten sie auf die prima ff-Bindung. Jede Seite kann man flach aufklappen, weil die Bogen von ihrem *humble serviteur* nur auf Band geheftet und nicht geleimt wurden.
Für den Brief des Herrn Lafitte danke ich ihnen sehr. Ich habe ihn dem hohen Konsul übergeben und warte auf den Erfolg. Vorläufig fahre ich auf 10 Tage nach Rom.
Wissen sie, was in den Pariser Atelierhäusern ein Ate-

lier kostet? Ich möchte, wenn es irgendwie geht, ganz nach Paris.
Da mein Stahlroß schon wiehert, schreibe ich ein wenig konfus. Beim Wiederlesen ihres Briefes finde ich, daß ich ihnen meinen vollen Beifall zollen muß in Betreff des Preises. Lassen sie doch bitte das *Bulletin* drucken. Das erste Exemplar schicke ich ihnen später mit den *Originaux* von Arp. Selbstverständlich sollen die Freunde das Buch zu angemessenem Preise haben. Überhaupt lasse ich ihnen die hohe Direktion über alle Entscheidungen. Die Hauptsache ist, daß wir einiges Geld damit verdienen.
Gerne schicke ich ihnen Zeichnungen für *Littérature*. Die Abstimmung von *Littérature* hat mich sehr gefreut. Warum, o teurer Maître, haben sie mir nicht ihre volle Stimmzahl gewahrt?
Ganz herzlich
Firenze 8. 4.

post scriptum compositum mixtum. Antworten sie mir nach Zürich, da ich höchstens 10 Tage in Italien bleibe. Der Brief ist mit uns nach Florenz gekommen, da zuletzt in Zürich viel zu tun war. Wir sind in den nächsten Tagen in Rom, wo eine Dada-Soirée ist.
Viele Grüße,
Was macht das große Dada-Buch??

ihr Arp
S. H. Taeuber.

Hans Arp, Rom 1921

DIE LITFASSÄULE
(Hans Arp zu eigen)

Gott will es: bims die Händ mit Labrador!
und ewig dünkt dich Kalodont das Beste.
Kneipps Malzkaffee erhöht den Rausch der Feste.
Wer nicht sein Heim schmückt, ist ein eitler Tor.

Bade zuhause! Schnupfe Helioflor!
Im Opelwagen thron mit Herrschergeste!
Verramsche deines Glanzes welke Reste!
Karte genügt: schon springt ein Käufer vor.

Entweicht die Kraft, brauch Kola-Dultz-Tabletten!
An Mampe-Gold kannst du dich ruhig laben
und auch dem Salvarsan entgehst du nie.

Dann kannst du dich getrost zur Ruhe betten,
denn dein Leichnam wird mit Stolz begraben
die Trauerfirma Cohn und Compagnie.

<Bruno Goetz>

Im Frühling 1921 reisten Arp und Taeuber nach Rom (ich glaube zu Marinetti). Sie besuchten Bruno und Lisa Goetz in Fiesole. Dort fand eine eigentümliche Krönung statt: Wir kauften einen neuen Bastring.+ Er wurde auf rotsamtenen Kissen kniend dem Kaiser der Dadaisten dargereicht und aufs Haupt gestülpt. Bruno Goetz sprach feierlich obiges Gedicht, und ich übergab einen Feststrauß von höchst verwunderlichen Blumen (aus Hosenknöpfen, Draht und allerlei Firlefanz), Arp sandte ein Telegramm an Marinetti:

PLATZE! BIN SOEBEN ZUM KAISER DER DADAISTEN GEKRÖNT STOP *ARP*

+ Der geflochtene Ring aus Bast nämlich, der den harten und kalten Marmorspitz am gewissen Örtchen mildern sollte, dieser Ring entzückte Arp über die Maßen → Hoffentlich war die mittlere Öffnung ein wenig weiter als diese →

<Erinnerung von Lisa Goetz>

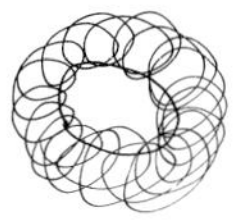

Picabia an Schad
5. 4. 1921, Paris

*Sehr geehrter Herr,

ich forderte Tristan Tzara einige Male auf, ihnen ihre Manuskripte zu schicken; er sagte mir, sie würden sie nicht benötigen; *was soll ich machen?*
Ich finde sein Verhalten unverständlich, glauben sie mir, und dies alles tut mir sehr leid.
Mit meinen besten Grüßen

Francis Picabia*

Schad an Picabia
25. 4. 1921, Neapel

*Sehr geehrter Herr,

ich beeile mich, ihnen unverzüglich zu antworten. Ich erinnere mich wohl, ihnen den Großteil meiner Arbeiten an ihre Adresse gesandt zu haben; deshalb müßte es ihnen nicht schwerfallen, sie von Herrn Tzara zurückzuverlangen. Was die Werke betrifft, die ich direkt an Tzara schickte, so habe ich nicht mehr den geringsten Zweifel, daß Bosheit und vielleicht eine Art Rache im Spiel sind.
Zu meinem großen Bedauern sehe ich mich gezwungen, Dinge mitzuteilen, die sie äußerst interessieren werden. Ich schreibe aus umso freieren Stücken, als der Verdacht nicht mehr besteht, ich hätte an dieser Affaire noch das geringste Interesse. Das Verhalten des Hr.n Tzara, das alle anderen Dinge rechtfertigt, gewährt mir jetzt freie Hand.
Ich schicke gleich voraus, daß ich nur durch Dr. Serner Dadaist geworden bin. Nichts ist selbstverständlicher, als daß ich mich daher gezwungen sehe, jede, wenn auch oberflächliche Beziehung, die ich zu Tristan Tzara hatte, abzubrechen. Persönlich kannte ich diesen Herrn nicht. Aber seit ich Dr. Serner kenne (seit 7 Jahren), hatte ich stets das größte Vertrauen zu ihm; unter keinen, auch noch so unwichtigen Umständen würde er lügen. Deshalb glaubte ich sofort jedes Wort über Tzara. Aber ich wollte keinen Gebrauch davon machen, ohne auch selbst einen direkten, persönlichen Grund und überdies (in einer so häßlichen Affaire wie dieser) noch andere Bestätigungen erhalten zu haben. Während meines Aufenthaltes in München und Berlin hörte ich von vielen Leuten (Literaten, Maler, Journalisten etc.), daß nicht nur die Ausführungen Dr. Serners vollkommen begründet waren, sondern daß sie dazu auch noch nur die halbe Wahrheit darstellten.
Jeder deutsche und schweizer Literat wird ihnen folgendes bestätigen. Das Wort *Dada* wurde von Ball und Huelsenbeck erfunden. Es gibt eine Menge Zeugen, daß Tzara meilenweit entfernt von dieser Entdeckung war. Während des Aufenthaltes dieser Herren in Zürich war Dada nur ein unbedeutendes Spiel ohne erkennbare Richtung. Das *Mouvement Dada* begann, als Huelsenbeck nach Deutschland abreiste, wo er einige Vorträge über Dada hielt. Doch war es nur dieses Wort, auf das die Zeitungen reagierten. Nach einigen Wochen verschwand Dada wieder in der Versenkung. Es ist nur Dr. Serners Manifest zu verdanken (das in der *deutschen Ausgabe* von *Dada* 4-5 erschien), daß die große Hausse Dada begann. Obwohl Tzaras *Manifest Dada 1918* in Deutschland bekannt war, richteten sich doch alle deutschen Dadaisten nach dem Manifest Dr. Serners, und hätten sie die Zeitungsrezensionen vor Augen, würden sie nicht mehr so erstaunt von diesem Erfolg sein.
Dr. Serner hatte seine Ideen in mündlicher Form vor vielen Leuten in Zürich bereits entwickelt, bevor er sie niederschrieb. Es ist deshalb auch allgemein bekannt, wo Tzara die wichtigsten Ideen seines Manifestes hernahm. Sie werden jetzt auch begreifen, weshalb Tzara sich seit Dr. Serners Ankunft in Paris nicht traute, seinen Mund zu öffnen. Wenn Dr. Serner dies schweigend überging, so in erster Linie, weil er nach einem schwachen Anlauf feststellen mußte, daß man ihm keinen Glauben schenken würde, und zweitens, weil es ihn amüsierte, mit anzusehen, wie Herr Tzara so mit seinen Freunden spielte.
Doch als Tzara Dr. Serner gegenüber den großen Meister hervorkehren wollte, um von gewissen Zweifeln abzulenken, die er unbegründeterweise hatte (das schlechte Gewissen), verließ Dr. Serner ihren Kreis, natürlich ohne ein Wort zu verlieren.
In Deutschland weiß man ganz genau, daß die Rolle Tzaras im *Mouvement Dada* eine anmaßende und betrügerische ist; daß das *Mouvement Dada* seinen Ursprung in den Herren Ball und Huelsenbeck hat und die Richtung Dada im Manifest des Dr. Serner. Es ist ein seltenes Glück, daß sie, Herr Picabia, zum Teil die gleichen Ideen wie Dr. Serner hatten. Sie begegneten ihnen erstmals in der Person des Herrn Tzara. Wenn sie mit Dr. Serner Deutsch hätten sprechen können, hätten sie einen starken Eindruck von Dr. Serners Persönlichkeit gehabt, der ihnen so nur oberflächlich vorkommen muß.
Und ich versichere ihnen nochmals, daß nicht nur ich, sondern auch die anderen echten Dadaisten in Deutschland sich von Anfang an an die Persönlichkeit des Dr. Serner hielten.
Unnötig anzuführen, daß Dr. Serner keine Ahnung von diesem Brief hat; ich bitte sie auch, ihm nichts davon zu sagen. Ich schreibe dies deshalb, weil er sich mir gegenüber stets gentleman-like verhielt und ich nicht will, daß sie der Düpierte in dieser Geschichte sind, die eines Tages das letzte Wort über diese Affaire sprechen wird.
Über den Inhalt dieses Briefes zu schweigen, besteht kein Grund, umsomehr als er überall außerhalb Frankreichs bekannt ist (darum sandten ihnen auch die Deutschen keine Werke).
Ich schließe mit meiner vorzüglichsten Hochachtung und der Bitte, mir meine Sachen zurückzuschicken, wenigstens als Revanche für meine Offenheit ihnen gegenüber

ihr Schad*

Arp an Tzara
10. 5. 1921, Zürich

Lieber Tzara,

ein zurückgekehrt Seiender von dem sonnigen Süden, wo ich nur bis Florenz drang, weil Evola sich

mehr als seltsam betrug, grüße ich sie begeistert. Meine Seele ist aufgewühlt durch die Briefe, Zeitungen und anderen Dokumente.
Nun müssen sie aber bestimmt die Bücher erhalten haben. Geben sie mir auf diese Kardinalangelegenheit bitte genaue Nachricht. O großer Tzara, merke auf. 19 Exemplare sind in 8 wertversicherten Paketen an sie und ihren Husaren abgeschickt worden. Bitte bekräftigen sie mir die gesunde Ankunft der Pakete. Auf ihr Telegramm habe ich blitzschnell 6 Zeichnungen geschickt. Bitte lassen sie ihre Allmacht so walten, daß bald alle Zeichnungen gebracht werden.
In der deutschen Zeitung ist wieder viel über Dada geschrieben worden. Einige halten Dada für schrecklicher als die schwarze Gefahr. Im *Ulk* stand ein Gedicht über Dada.
Ich warte hier halb verzweifelt auf die verschiedenen Erlaubnisse, um sie und ihre Freunde zu sehen.
Fräulein Taeuber läßt sie herzlich grüßen.
Ich habe für die Dada-Ausstellung das größte Relief meines Lebens geschaffen, ungefähr ein Meter in Worten, metergroß, und dies, weil spanat sparbüchse spargel nichts geringeres als Tzara-portrait *surhumain naturel et* überlebensgroß *de tzara*. Schreiben sie mir aber bitte nochmals, ob die Ausstellung auch wirklich zustande kommt.
Eine wollüstige Umschlingung von ihrem

Arp

Schwitters an Arp
vor 12. 5. 1921

Beleibter pra,

Ao 0,05 am 0,2 Merz I nach dem Ableben des großen *Franz Müller* frage ich sie, ob sie eine geneigte Seite haben?
Ich setze voraus, daß ich bei ihnen ein senkrechtes Ohr finde für tit den Austausch von Gedanken.

Hälse 1,23 M.
Flanken 0,09 M.

und schlage vor, selbigen Briefwechsel wie Brombeeren zu sammeln und als Gemüse zu addieren.
Ao 0,05
Mit festem Bauchschlag

Kurt Anna Schwitters

Arp an Tzara
9. 6. 1921, Zürich

Mein lieber Freund,

ich hoffe, daß sie mir nicht böse sind, weil ich so lange auf Antwort warten ließ. Mir ging es ganz miserabel. Die Gründe werden sie unten finden. Zuerst meinen herzlichsten Dank für ihre Freundschaftsbeweise. Die fabelhafte Arp-Nummer in *Littérature* war für mich ein Rettungsgürtel in dieser schwarzen Zeit. Eine große Wonne war für mich zu erfahren, daß meine Zeichnungen Herrn Perèt gefallen und in seinem Buch <*Le Passager du Transatlantique*> erscheinen werden. Desgleichen primawonne war mir zu lesen, daß in der nächsten Nummer von *Littérature* meine 2 anderen Zeichnungen *l'un des plus fetes dans le groupe des groupes* tief loben werden.
Die Sendung des *cinema* wird in den nächsten Tagen fortgesetzt. Von Holten sind Pakete an mich unterwegs. Es ist gar nicht so leicht, die Bücher herzubekommen.
Nun muß ich ihnen die Geschichte meiner großen Tragödie berichten. Sie begann mit Fieber infolge einer Impfung und ging dann folgendermaßen weiter. Wie sie wissen, verbrachte ich meine Tage und Nächte auf dem französischen Konsulat. Man hatte mir *Recomfort* gespendet, bis eines Tages das Blatt gedreht wurde und mir energisch erklärt wurde, daß ich einesteils noch kein Franzose sei, anderenteils für sie aber auch kein Deutscher. Während dieser Zeit wurde Sachsen mit und ohne Plastron der Paß für Frankreich ausgestellt. Die Herrschaften sind so, als seien sie überzeugt, daß ich keinen deutschen Paß besäße, ich nehme aber an, daß dies nur eine Falle ist und sie bei Ansichtigwerden meines deutschen Passes mir erst recht nicht die Einreiseerlaubnis geben würden. Ich ziehe nun an allen Glockensträngen. Ich habe nun Schritte unternommen, um Schweizer zu werden. Die Geschichte hat mich so ermüdet, daß ich seither flach auf dem Boden liege, 100 Meter unter dem Meeresspiegel und kalt Pipi mache. Was soll ich tun? Soll ich doch mit meinem deutschen Paß auf das Konsulat? Ich weiß jedenfalls das eine, daß ich nicht ruhen werde, bis ich in ihren Armen liege. Deutschland kommt für mich nicht mehr in Frage. Die Menschen dort sind mir wieder wie vor dem Krieg ganz fremd geworden.
Ich habe viel gearbeitet. Sie hatten an manchem meiner Werke großen Gefallen. Das Oeuvre wächst. Aber gleichzeitig sticht mich jedes Bildwerk, denn es gemahnt mich an die freventlich verpaßte Dada-Ausstellung. Ich hoffe aber, alles im Herbst durch eine Gesamtschau meiner Gewächse wiedergutzumachen.
Bitte schicken sie mir die Adresse von Fräulein Chrusecz. Ich möchte ihr ein *cinema* schicken.
Dies ist wieder die beginnende Verzweiflung. Ich lege mich wieder flach auf den Boden und mache weiter kalt Pipi.
Seien sie mir weiter ein stärkender, tröstender Freund. Dies bittet sie 100 Meter unter dem Meeresspiegel ihr armer Dada

Arp

Kassak an Tzara
19. 6. 1921, Wien

*Sehr geehrter Herr,

ich erhielt ihren Brief vom 12. Juni und die zwei darin enthaltenen Arbeiten. Ich danke ihnen dafür — ich werde sie in meiner Zeitschrift veröffentlichen und bitte sie, ihre Beziehung zu uns fortzusetzen. Schicken sie mir auch bitte Manuskripte von ihnen und ihren Freunden (ich denke vor allen an Hr.n F. Picabia). Außerdem Ausgaben und Bücher, die gerade erschienen sind. Ich könnte vor allem *Gedichte* veröffentlichen.
Heute noch gehen per Post die letzten drei *MA*-Nummern und die erste Nummer der Reihe des *Horizont* ab. Ich werde darin gerne etwas von ihnen veröffentlichen. Sie würden mir Freude bereiten, wenn sie auch etwas von uns veröffentlichten. Ich schicke ihnen bald Sachen auf Deutsch und ungarische Originale. Die können sie auf Französisch publizieren.
Ich bitte sie, mir auch *391* und *Z* als Tauschexemplare zu schicken.
Können sie mir Arbeiten junger amerikanischer oder englischer Künstler vermitteln? Wir können keine kriegen.
Auf Nachricht wartend, verbleibe ich mit herzlichen Grüßen

Lajos Kassak

Unbekannt an Picabia
23. 6. 1921, Berlin

*Sehr geehrter Herr,

ich bin ein Freund Huelsenbecks. Tristan Tzara ist nicht der Künstler, für den sie ihn halten, er ist ein ruhmsüchtiger Mensch. Er will alle Welt glauben lassen, daß er der Urheber der Dadabewegung ist. Ich schriebe ihnen, mein Herr, weil mir ihre Haltung immer als sehr lobenswert jedem gegenüber erschien. Es kann nicht angehen, daß er sich über sie lustig macht, indem er den Ruhm der Entdeckung des Wortes *Dada — das er akzeptiert, aber nicht erfunden hat — nur für sich selbst beansprucht.* Was den *esprit dada* betrifft, so sind sie und der Dr. Serner einzig und allein die echten Vertreter.
Mit der Versicherung all meines Respektes

V. Krantz* <vielleicht eine Fälschung Serners>

van Doesburg an Tzara
23. 6. 1921, Weimar

*Sehr geehrter Herr Tzara,

wohnen sie noch im Hôtel de Boulainvilliers? Wie geht es Dada? Ich erhielt einen Brief von Clement Pansaers, der mir schreibt, er hätte Dada umgebracht. Unter uns gesagt: er schreibt im Augenblick einen Artikel gegen Dada. Worum geht's bei dieser Affaire? Wissen sie es? Ich beschäftige mich im Moment mit der Organisation eines kleinen dadaistischen Organs: MÉCANO. Ich glaubte, sie und Pansaers wären Freunde und ich schrieb wegen dieser Affaire an ihn. Er schickte mir Beiträge von Picabia, Crotti, Pound und ihm selber, doch nichts von ihnen. Wollen sie bei *Mécano* mitarbeiten? Wie steht's mit dem *Dadaglobe*? Wir erwarten schon ungeduldig diese internationale Manifestation. Mein Freund Bonset schreibt mir oft, und er hat mir ein sehr starkes und literarisches Manuskript für *Mécano* geschrieben, das *Metallische Manifest Niederländischen Schampunierens*. Wollen sie es für den *Dadaglobe*. Informieren sie mich bitte über alles, was Dada betrifft. Ich warte ungeduldig auf ihre Neuigkeiten und ihre Mitarbeit an *Mécano*.
Mit herzlichen Grüßen, auch von Hans Richter und Viking Eggeling, meinen Freunden

ihr Theo van Doesburg

Nach einer mehrwöchigen Reise nach Frankreich, Italien und Österreich bleibe ich den Sommer über in Weimar. Grüße von meiner Frau.*

Tzara an van Doesburg
27. 6. 1921, Paris

*Mein lieber Herr van Doesburg,

ihre Karte überraschte mich sehr. Was soll mir das schon bedeuten, daß ein Individuum, daß jemand, der *buchstäblich* vor die Tür unserer Treffen gesetzt wurde, aus offensichtlichen Gründen, ihnen schreibt, *daß er Dada umgebracht hat*. Ich hatte die Schwäche, diesen Herrn vor 3 Jahren aus einem obskuren belgischen Loch zu ziehen — und es sofort bereut, als ich ihn zu Gesicht bekam, und aufgehört, ihn zu treffen, sobald er zu sprechen begonnen hatte (wie meine Freunde übrigens). Diese Sache interessiert mich nicht besonders, und sie werden nicht beleidigt sein, wenn ich nicht näher darauf eingehe.
Sie finden einige Dokumente zu unseren Aktivitäten in letzter Zeit beiliegend. Unsere Ausstellung hatte großen Erfolg, d.h. ich hatte große Freude daran, sie zu organisieren und die Reaktion der Leute zu beobachten. Picabia und Crotti stellten nicht aus, da dieser Ausstellung eine andere Manifestation, die *Anklage*

Tzara im Hôtel des Boulainvilliers, 1921

des Hr. Barrès, voranging, an der diese zwei Herren nicht teilnahmen, weil es ihnen zu gefährlich erschien. In der Tat hätte die Intervention des *Unbekannten Soldaten* einige ernstliche Probleme mit sich bringen können. Der Grund, weshalb wir diese großartige Anklage inszenierten, lag darin, daß wir die *zu artistischen* Nuancen, die Dada hätte annehmen können, vermeiden wollten. Picabia und Crotti erklärten, daß sie es sich nicht erlauben könnten, ihre Karriere als Maler zu kompromittieren, da sie schon über 40 Jahre alt wären. Ribemont-Dessaignes, Breton, Soupault, Aragon, Rigaut, Péret, Fraenkel, Eluard, etc. etc. etc. (und ich) riskierten es lieber, uns zu kompromittieren.
Außer diesem bedauernswerten persönlichen Mißverständnis bin ich Picabia verbunden wie zuvor. Mein Buch mit Illustrationen von Picabia <Sieben Dada-Manifeste> wird bald bei *La Sirène* erscheinen. *Dadaglobe* ist immer noch in Vorbereitung — da ich allein die Verantwortung für dieses Werk trage, ziehe ich es vor, daran noch zu arbeiten und zu selektieren, damit es mich wirklich zufriedenstellt. Sie haben daher die Möglichkeit, mir Sachen zu schicken, die ihnen sehr interessant erscheinen. Sprechen sie mit Eggeling und Richter, alten Dada-Kollaborateuren, mit denen ich in der Schweiz sehr befreundet war.
Um auf Paris zurückzukommen. Man muß trotzdem ein für allemal wissen, daß Dada kein Unternehmen gegenseitiger Reklame ist. Marcel Duchamp, der gerade aus *New York* gekommen ist und sicherlich der subtilste und intelligenteste Mensch unserer Zeit ist, der seit über 10 Jahren den meisten Einfluß auf den sogenannten Modernismus ausübt, hat sich vollständig von jeder Arbeit und jeder öffentlichen Aktivität zurückgezogen. Er war es, der mir erzählte, daß Pound in Amerika so etwas wie ein Rémy de Gourmont ist, ein großer Bluffer, aber alte Schule. Die interessantesten Schriftsteller in New York haben sich um die Zeitschriften *New York Dada* und *Société Anonyme* gruppiert.
Wenn sie ihre Mitarbeit für ihre Zeitschrift haben wollen — was mir sehr interessant erscheint —, können sie in meinem Namen an meinen Freund, den Maler *Man Ray* schreiben (47 West 8th Street, N. Y. City). Er sendet ihnen sicherlich Fotos und Literatur. Für den Verkauf können sie sich sicherlich mit der *Société*

Anonyme arrangieren — ich schreibe ihnen noch Details. In England erscheint mir noch J. Rodker sehr interessant. Ihr Projekt einer Zeitschrift interessiert mich sehr, schreiben sie mir detaillierter. Beiliegend einige Seiten aus *Littérature*; erhielten sie Nr.19? *Proverbe* wird erscheinen, ich hoffe, von ihnen bald Neuigkeiten zu erfahren, immer im Hotel de Boulainvilliers (*12, rue de Boulainvilliers, Paris, 16e*) — ich werde für einige Monate ins Ausland verreisen, aber hier meine Korrespondenz empfangen.- Wären sie so nett, mir die Nr. 1, 3, 4 von *De Stijl* und die Zeitschrift *Het Gjet* zu schicken, die sie mir versprochen haben?
Sehr herzlich

TZARA*

Grüße auch an ihre Frau, an Richter und Eggeling ...

van Doesburg an Tzara
<Juli 1921>, Weimar

Mein lieber Tzara,

danke für den langen, lieben und interessanten Brief vom 27. Juni. Es gab viele interessante Punkte darin, und ich habe jetzt auch eine andere Idee für die Enquête Pansaers-Dada. Ich bin sehr erstaunt, daß Picabia und Crotti nicht ausstellten, weil es ihnen zu gefährlich erschien! Und daß Picabia und Crotti erklärten, daß sie es sich nicht erlauben könnten, ihre *Karriere als Maler* zu kompromittieren, weil sie schon über 40 sind. Es erstaunt mich, weil es nicht möglich ist, dada zu sein und eine Karriere als Maler oder sonst wer zu haben. Bonset verweigert sich jeder Karriere und Stellung in der Gesellschaft, er zieht es vor, sich zu kompromittieren, sagt er, denn er ist gegen alles und alle, und er trägt die Konsequenzen seines *esprits*. □
Meine Zeitschrift *Mécano* verzögert sich gerade wegen des Verlegers. Vielleicht suchen wir einen neuen, er ist viel zu langsam. Mein Freund Bonset hat sein Manifest an Herrn Baudouin geschickt, dem Direktor der *Revue des Lettres*, aber es ist noch nicht veröffentlicht. Kennen sie Herrn B. persönlich? □
Die Mitarbeiter sind: Picabia, Crotti, Pansaers (?), Maes (Belgier), Ezra Pound, Antony Kok, Bonset (Holländer), ein Maschineningenieur (Italiener), Cantarelli, Fiozzi, Peter Röhl, Hausmann, Hannah Höch. Ich selbst bin für die Typographie zuständig. □
In *De Stijl* werde ich auch ein sehr sehr gutes Manuskript eines jungen Italieners, Aldo Camini <*Pseudonym van Doesburgs*> (bereits tot) veröffentlichen: *Caminoskopie*, viele Ansichten über den Dadaismus als Bewegung gegen den Futurismus und den Kubismus. In der nächsten Nummer (Nr. 7) werden sie auch ein spezielles Dada-Kapitel finden: *Die Natur des Geistes (MENTOSE) und die Temperatur Dadas*. Er verteidigt Dada in jeder Hinsicht, und seine Philosophie baut auf dem Temperament Dadas auf. Ich fand dieses Manuskript im Atelier eines Malers in Mailand. Ich empfehle es ihnen sehr! □
Hier in Deutschland hat die Dada-Zeit einen ganz anderen Wert als der französische, amerikanische etc. Dadaismus. Hier ist er viel zu politisch. Hier in Deutschland hat man keine Ahnung vom Pariser Dadaismus, denn die Zeitschriften sind viel zu teuer. Ich habe in meinem Atelier einen Tisch mit allen Avantgarde-Revuen aufgestellt für die Freunde des modernen Esprits. Das revolutionärste Zentrum ist: *Staatliches Bauhaus* Weimar. Dort gibt es einen speziellen Raum mit Zeitschriften für die Studenten. Schicken sie doch einige Publikationen an diese Adresse. □
Wenn sie nach Deutschland kommen, vergessen sie unsere Adresse nicht. Wenn sie vorher schreiben, können sie (leicht!) bei uns wohnen.
Mit herzlichen Grüßen

Theo van Doesburg und Frau

Adresse während des Sommers: bei Baron v. Eschwege, Atelierhaus, Am Schanzengraben, Ober-Weimar (Thüringen)*

Max Ernst an Tzara
Anfang August 1921, Tarrenz bei Imst

Lieber Tristan Tzara,

als Termin für die sehr wichtige Konferenz der Potentaten schlug ich Arp den 15.August und Imst vor (Innsbruck, Salzburg u. so sind überfüllt!). Also bitte, verständigen sie sich und telegrafieren sie mir. Die nächste Zukunft Dadas hängt davon ab. Herzlich,

ihr Max Ernst.

*Das Leben ist nicht teuer hier, 200 Kr. Pension pro Tag. Wenn sie hier in Tarrenz bleiben, benötigen sie so an die 250 Kronen (österreichische). Ich habe vor, bis August oder September zu bleiben. Immer der ihre,

Max Ernst

Die besten Grüße,

Rosa Bonheur*

Arp an Tzara in Karlsbad
1. 8. 1921, St.Moritz

Mein lieber Freund,

ich habe jetzt mein sweet home in St. Moritz aufgeschlagen. Ich habe reiten gelernt, reite also zeichne,

vollende mein neues Werk der *Meerbeschäler* und warte so auf meine Einbürgerung. Der *Meerbeschäler* enthält die *Schwalbenhode* und neue Gedichte, in denen die Hörner des Mondes durch die letzten Säfte des Nichts ziehen und dem Archivogelarchi die Augen zum letzten Mal geläutet werden. Was werden Downingstreet und Quai d'Orsay dazu sagen?
Ihr Dadakatalog hat mir sehr sehr sehr gefallen. Das ist nach meiner Meinung dada, nicht der traurige Kamelscaca *Pilhaou* <*Pilhaou-Thibaou, Zeitschrift Picabias mit Angriffen gegen Tzara*> den ich gestern geschickt bekam. Ich fordere Herrn Kamelscaca *Pilhaou* auf, in seiner nächsten Veröffentlichung der Wahrheit die Ähre zu geben und feierlich mich als mindest ebenso starken Erzeuger der bildenden Dadakunst wie Herrn Duchamp zu erklären und dies in großen dicken Buchstaben. Meine bildende Kunst ist die wahre Dadakunst. Meine Dadakunst ist die älteste Dadakunst. Nicht wahr, mein lieber Tzara? Was bedeutet denn dieser *Thibaucaca*? Was sollen diese Jubelgreispfurze gegen sie?
Lieber Tzara, ich habe Max Ernst geschrieben, und so denke ich, wenn es Dadas Wille ist, uns in 2—3 Wochen in meinem Land Tirol zu treffen. Schreiben sie mir von ihren Stationen ein freundliches Kärtli.
Das Buch von Peret ist eine Augenweide. Ich werde ihm dies auch persönlich mit Freudesgebell durchflochten mitteilen.
Ihre Übersetzung meines Gedichtes in *Proverbe* hat mir 7 angenehme Erektionen verursacht.
Zum Schluß noch ein Ehrenhymnus auf sie

Der Pfauen grüne Existenz
Der Sonne Per- und Consistenz
Die Feuer und die Wasserkranz
Ich hänge sie in dein Geschwanz

Mit den besten herzlichsten Grüßen und Küssen verbleibe ich ihr euer unser mein dein sein achtungsvollvollst hochhoch hoch zeichnend von
Haus zu Haus

Arp

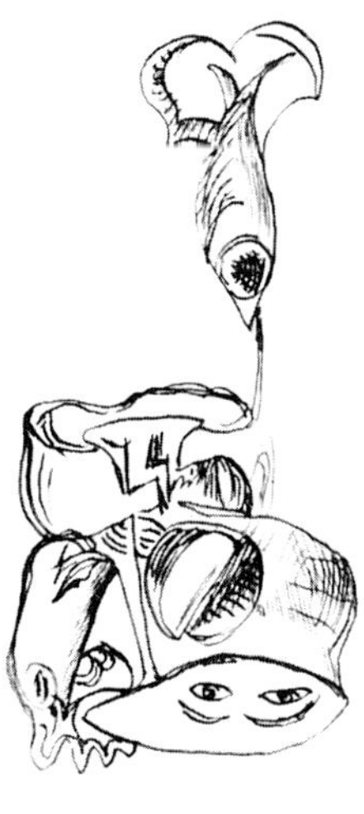

Sophie Taeuber an Tzara in Karlsbad
8. 8. 1921, Campfer bei St. Moritz

Lieber Herr Tzara,

ihre Karte habe ich erst auf vielen Umwegen bekommen. Sie haben wohl Arps Brief unterdessen erhalten. Er fährt in ca. 14 Tagen nach München und Berlin. Die Einbürgerung wird er nun versuchen. Ich sehe sie vielleicht im Winter in Paris, auch wenn Arp dann noch nicht mitkommen kann. Vielen Dank für ihre Bemühungen u. beste Grüße auch von Arp

ihre Sophie Taeuber

Sophie Taeuber an Tzara in Karlsbad
8. 8. 1921, Campfer

Lieber Herr Tzara,

Arp hat so sehr bedauert, daß er nicht reisen konnte, er bittet sie sehr, ihn doch zu erwarten; heute kommt er von St.Moritz und wird sofort seinen Paß besorgen. Von Tarrenz fährt er nach München und Berlin. Falls sie auch fahren und nicht auf ihn warten können, schreiben sie mir bitte, wann und wo er sie treffen kann, er wäre sehr traurig, sie zu verfehlen. Grüßen sie bitte die Ernsts, ich bedaure, daß ich nicht nach Tarrenz kommen kann; wenn es mir gelingt, von der Schule frei zu kommen, werde ich sie hoffentlich kennenlernen. Herzlichen Gruß

Sophie H. Taeuber

Wann kommt dein Brief, ich bin sehr traurig, daß ich hierbleiben muß.

<Arp>

Sophie Taeuber an Tzara
<Mitte August 1921, Zürich>

Lieber Herr Tzara,

darf ich sie bitten, die beiden Farbstudien an Herrn Poiret zu schicken mit einigen erklärenden Worten, ich kann nicht genug Französisch schreiben. Vielen Dank für ihre Mühe. Ich habe alle ihre Aufträge an Arp geschrieben, der noch in St.Moritz ist. Übrigens gratuliere ich ihnen zu der gewonnenen Wette. War die Todesmeldung von Carpentier von ihnen? Mit der Hilfe eines sehr geschickten Voileurs bekam ich einen sehr guten Platz in der Bahn. Aber Zürich ist langweilig zum Verrücktwerden. Beste Grüße

ihre Sophie Taeuber

Tzara an Eluard
22. 8. 1921, Tarrenz bei Imst

*□ Der Schnee der Berge bedeckt nicht mehr die Berge, er ist gefallen. Ihre Zeichnung gefällt mir (außerordentlich) gut. Ernst und die anderen Dadas von Tarrenz finden nun mehr Vergnügen daran, sie zu betrachten. <...> Arp kommt am Montag an. Wenn wir mächtig genug sind, könnten wir hier unsere erste Republik gründen.
Was macht Breton? Eluard liebe ich sehr. Was spricht man von *Pilhaou-Thibaou?* In Paris? Die Liebe schließt auch die Tinte mit ein. Dada ist ein ganz vortreffliches Löschblatt. Ich glaube, daß man in Tirol leben müßte wie ein Schwachkopf und sich von den Billardkugeln umstoßen lassen sollte. Das ist ein ganz vortrefflicher Draht, er führt ganz sicherlich zum Tode.□ *

TZARA

Dada in der Sommerfrische wird ihnen bestimmt nicht mißfallen. Treten sie ein und sehen sie sich Dada als Bauer an. Ihre Zeichnung hatte sechseinhalb Pollutionen bei mir zur Folge. Verändern wir die Pollutionen! Verändern wir die Zeichnungen!

Max Ernst

Tzara im Schnee, werweißwowerweißwann

Tzara an Eluard
25. 8. 1921

*Mein lieber Freund,

ich bin hier in den Bergen zusammen mit einigen Freunden. Das Haus ist angenehm, und wir lieben uns alle. Wie lieben sie? Immer noch in St. Brice und in Paris? Der Freund aus St. Brice — Arp — trifft morgen — teremtete! — hier ein. Max Ernst schenkt jedem Dada, der nach Tarrenz kommt, ein Bild. Er ist hier mit seiner Frau und seinem Baby Jimmy, dem kleinsten Dadaisten der Welt. Die Reise kostet weniger als 30. Fr. in der dritten Klasse, und für 130 Fr. erhalten sie 10000 Kronen, um einen Monat lang hier zu leben. Der Schnee ist nicht mehr Schnee. Das Essen ist sehr gut. Wenn sie mit Gala und ihrer Kleinen kommen. Ich habe hier garnichts auf dem Feuer. Schreiben sie mir lange Briefe. Ich würde vor Freude in die Knie gehen. Wenn sie mir Zeitungen und Revuen schicken würden, wären sie ein Engel. Mit wem treffen sie sich? Und was machen unsere Freunde? Der Kongreß öffnet sehr bald seine miriapodische Schere. Ich lebe ganz in der Sonne, und mir kann nichts mehr etwas anhaben. Sie wissen, wie ich an sie mit der ganzen Liebe meines Herzens denke. Wenn sie mich lieben, dann schreiben sie mir ganz schnell, ich möchte gerne, daß wir uns sehen und uns die Hände schütteln. Ernst hat ihr Buch (Necessités) nicht erhalten, und er bittet sie, es ihm zu senden, er möchte gern das Leben träumen und kennenlernen. Übermitteln sie unseren Freunden Komplimente. Ich werde wahrscheinlich nach Paris zurückkehren, aber ich weiß noch nicht (wann).
Mit herzlichen Grüßen,

ihr TZARA

Gasthaus Sonne,
Tarrenz b/Imst, Österreich (Tirol)

Hallo an Gala

Eluard

Armada v. Duldgedalzen/Lou
Ernst

Gala mein Alter
papa dada mama dada hallo Eluard Paris
Jimmy Ernst 14 Monate Köln

Guten Abend Maya Chrusecz
332 Monate*

max ernst

baargeld

Und falls für 140 Fr. pro Monat — wie werden wir reich sein! ICH LACHE, WEIL ICH GLÜCKLICH BIN

Tzara an Eluard
31. 8. 1921, Tarrenz bei Imst

*Lieber Freund,

ich schlage vor: Nr. 6 *Invention*, gefolgt von *Proverbe* Nr. 7 *Intention*, Nr. 8 *Invasion*, Nr. 9 *Invitation*, Nr. 10 *Inversion*, Nr.11 *Intervention*, Nr.12 *Inondation*.

Das Leben ist angenehm. Ein General war hier. Arp ist in Tarrenz. Oh weh, oh weh, ich werde weder das Geld noch die Zerstreuung haben, um auf sie bis Ende September warten zu können. Ernst reist um den 28.September ab, Arp vorher. Sie finden anbei speziell für *PROVERBE* mit der Liebe der Gelegenheit verfaßte Sachen. Wählen sie uns im Vertrauen. Und wir lieben sie. Wir lassen eine Nummer der Zeitschrift *Dada au grand air* erscheinen, wo ich das Vergnügen haben werde, ihr Gedicht *Wo sind wir denn*?, in schönen Tiroler Schriftzeichen gedruckt, zu lesen. (Ich hatte zufällig nur ein Gedicht von Ribemont-Dessaignes und ein anderes von Soupault verfügbar.) Wissen sie, warum mir meine Freunde nicht schreiben? An Fraenkel, den ich liebe, schrieb ich einen langen Brief. Er war der Vortrupp, aber ihre Briefe sind so kurz. Schreiben sie uns vom Schnee.
Auf bald, kommen sie eher.
An Gala einen Galaball numerierter Sympathien,
und an sie, mein lieber Eluard,
alle Freundschaft meines frischen Vogelherzens.

TZARA

Lieber Herr Eluard,

bevor ich beginne, die Büste eines Schwanes aus Schießbaumwolle abzufädeln, sende ich ihnen 121 Grüße.

Max Ernst

Mein lieber Eluard,

ihr *PROVERBE* gefällt mir sehr, und ich sende ihnen einen Turban aus Eingeweiden und die Liebe zu vier Zimmern,

ihr Arp*

Tzara an van Doesburg
11. 9. 1921, Tarrenz

*Sehr geehrter Herr Doesburg,

ich bin seit 2 Monaten von Paris weg und habe keine Neuigkeiten mehr von ihnen. Wir haben uns hier getroffen, mehrere Dadaisten. Ich wäre deshalb froh, wenn sie mir schreiben, ob sie immer noch an ihre Zeitschrift *Mécano* denken und was sie mit dem Material gemacht haben, das ich ihnen gesandt habe. Versichern sie Bonset meiner Freundschaft und grüßen sie ihre Frau von mir.
Herzlichst

TZARA
Max Ernst Arp

Ich habe die letzten *De Stijl*-Nummern nicht erhalten, auch nicht die anderen Zeitschriften, von denen sie sprachen.*

Tzara als Schaubudenösterreicher, 1921

die berge bekommen ein paket schokolade: Postkarte von Tzara an Man Ray, um den 22. 8. 1921 aus Tarrenz bei Imst: Lieber Freund, ich bin in den Bergen, möchte von Ihnen aber gerne Neues hören. Wir leben hier für wenig Geld und erwarten Freunde. Sehr herzlich Tzara

— Sehr geehrter herr
Die berge bekommen ein paket schokolade. Die berge sind hinter den jungen mädchen, welche sich auf der treppe gruppiert haben. Die fenster sind noch offen. Zu ihren füßen sieht man blumenkörbe und einen Wächterhund. Dieser hund bellt nicht, er ist nachdenklich. Das junge mädchen in der mitte, auf einem schemel stehend, hält in der rechten hand einen versiegelten brief. Die linke hand stützt sich auf die schulter einer ihrer schwestern. Sie sind artig.

<aus: Dada au grand air — Der Sängerkrieg in Tirol, 16. 9. 1921; deutscher Text von Tzara>

Postkarte, Tzara an van Doesburg, 11. 9. 1921

Tzara an Eluard
13. 9. 1921, Tarrenz

* Das flinke Kind in meiner Hand ist das gleichmäßige und sanfte Leben. Arp hält die Ehre und die Vernunft in seinen Armen: die unüberwindliche parallele Schwierigkeit Ernsts. Die Luft ist klein, und ich sende ihnen eine Sammlung herzzerreißender Souvenirs, weil wir sie so weit von den eigentlichen Ereignissen wissen.
ARP ARP ARP ARP ARP Denkwürdige Liebesgeschichte ARP ARP

Tzara die Unschuld
Armada v. Duldgedalzen
Grüße, Maya Chrusecz*

van Doesburg an Tzara in Tarrenz
<September 1921, Weimar>

*□ Wir danken den Freunden und ihnen selbst für die interessante Postkarte mit den Künstlern und Personen (Jimmy eingeschlossen!), die uns sehr interessieren! □
Ist Picabia kein Dadaist mehr? Die jungen Künstler in Weimar haben mir einen enthusiastisches Manifest in der Gasse dargebracht. Sie haben mich zu ihrem *Führer* ernannt. *De Stijl* zerstört alle! Es regnet Abonnenten für *Mécano*!
Es lebe die Mechanik!
Mit freundlichen Grüßen,

Theo und Nelly van Doesburg*

Tzara an van Doesburg
23. 9. 1921, Tarrenz

*Sehr geehrter Herr,

ich erhielt *De Stijl*, ihr Foto und ihren Brief und danke ihnen dafür. Ich reise morgen nach Paris ab und finde dort wahrscheinlich ihre Briefe vor. Ihre Projekte interessieren mich sehr und es wäre sehr nett, wenn sie mich über ihre diversen und mit den schönsten atlantischen Hitzen gefärbten Unternehmungen auf dem laufenden halten würden.
In Freundschaft

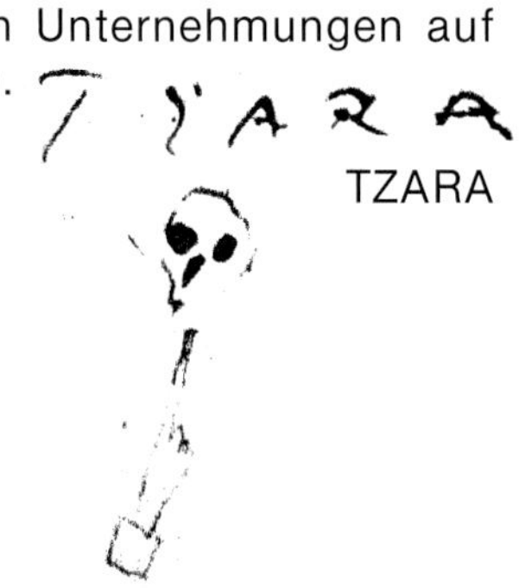

TZARA

Gruß an ihre Frau*

Postkarte, Tzara an van Doesburg, 23. 9. 1921; Die Geigen von Tarrenz

Tzara an van Doesburg
9. 10. 1921, Paris

*Sehr geehrter Herr Doesburg,

nach Paris zurückgekehrt, fand ich ihren Brief, der mir Freude machte. Was sie mir von Bonset schreiben, reizt mich, ihn besser kennenzulernen, und macht ihn mir sehr sympathisch. Ich kenne Baudouin und spreche mit ihm bei nächster Gelegenheit. Sagen sie Bonset, daß er mir auch Sachen schicken soll, ich kann sie sicher irgendwo verwenden, es würde mir Spaß machen. Die Krise der Buchhandlung verhindert immer noch das Erscheinen des *Dadaglobe*; meine *7 Manifeste*, die schon gedruckt sind, können wegen dieser Krise nicht zum Kauf angeboten werden. Schicken sie mir bitte 3 Exemplare jeder Nummer des *De Stijl*, auf Lager, an die *Librairie Six*, 5, Avenue Lowendal, Paris VII, die ihr Bestes versuchen wird, um ihre Zeitschrift in Paris zu verkaufen; sie ist eine neue dadaistische Buchhandlung, die von Frau Soupault geführt wird. Ich sende ihnen heute die Nr.19 und 20 von *Littérature*, *Dada Au Grand Air*, 3 Reproduktionen von Man Ray, 2 von *Charchoune*, ein Manifest von G.R.-D., eine Prosa von Eluard und 3 Sachen von mir. Alles für Mécano, doch ich zähle auf ihre Freundschaft, daß sie mir alles *zurückschicken*, was sie nicht veröffentlichen wollen — ganz ohne Ärger. Wenn sie andere Sachen brauchen, schreiben sie mir. Es wäre sehr nett von ihnen, wenn sie mir die *Weimarer Blätter* *<mit dem Artikel von Hans Bergmann: Über den Dadaismus>* zusenden könnten, für mein Archiv. Was die verlangten *De Stijl*-Nummern betrifft, so gab es einen Irrtum: Ich wollte die *Nr. 1,3,4 des 4.Jahrgangs*, weiße Serie. Ich erhielt *Het Gjet* nicht. Mein Portrait sende ich ihnen später. Wenn ich noch einmal nach Deutschland fahre, seien sie versichert, daß ich kommen werde, um sie zu sehen; es wäre mir ein Vergnügen, mit ihnen zu reden. Mit meinen besten Grüßen, auch an ihre Frau

TZARA*

van Doesburg an Tzara
25. 10. 1921, Weimar

*□ *Mécano* erscheint diesen Monat, und ich will alles publizieren, was sie mir schicken. Die Arbeiten von Man Ray kennenzulernen hat mich sehr gefreut. Ich mag auch die zwei Zeichnungen von Charchoune. □ Der *esprit dada* gefällt mir immer besser. Es liegt in ihm derselbe *esprit* des Kontrastes, den wir zum modernen Esprit erklärt haben. Nur die Art und Weise ist anders. Es ist sehr schade, daß sich Hr. Picabia zurückgezogen hat. Ich kenne den Grund, aber ich glaube an einen engen Kontakt (und eine enge Kombination) zwischen Dada und der Konsequenz der *ernsthaften modernen* Kunst. □ Wenn sie Neuigkeiten für meine Vorträge in Belgien haben (29. 11., 1., 2. und 3. 12.), erhalte ich sie gerne vor dem 28. November. Ich werde auch über *Dada* sprechen, mit Dias der Arbeiten von Crotti, Man Ray, Picabia. Ich spreche von ihrer Poesie und der der anderen Dadaisten. Bonset schickt ihnen einiges von sich. □ *

Arp und Sophie Taeuber an Tzara
28. 10. 1921, Campfer

Lieber Herr Tzara,

vielen Dank für ihre Bemühungen. Ich werde im Jänner einige Sachen bereit haben und sie dann Herrn Poiret schicken. Darf ich sie noch bitten, meine Fotos zurückzuverlangen, da ich sie in Wien unbedingt brauche. Ich habe sehr gelacht über den *Dada-Tirol* und mir vorgestellt, wie eifrig die Dadaisten nach Innsbruck gesaust sind und dort den stets verärgerten Romancier Flake getroffen haben; schade, daß ich nicht dabei sein konnte. Ich muß der Valuten halber nach Wien statt nach Paris, hoffe aber, daß es im Frühling besser wird. In Campfer ist es jetzt ganz herrlich, wir nehmen Sonnenbäder und faulenzen.
Freundliche Grüße

ihre Sophie H.Taeuber

im selben Briefumschlag:

St.Moritz, 27. 10. 1921

Mein lieber Tzara, sicher sind sie ein Pronaos, sicher sind sie ein *bal champêtre*, sicher sind sie beg, sicher haben sie nie sardonisch gelacht, sicher hängen sie an einem cardanischen Ring, sicher sind sie Anhänger des Habeascorpusaktes, sicher möchten sie eine leviratische Heirat mit ihnen eingehen, sicher ist ihr Gruß *ave pia anima*, dennoch muß ich ihnen heute einen sachlichen Brief schreiben.
1. Hat nun endlich der Herr *Sans Pareil* den *cinema* bekommen? Es ist kein Spaß, der Zettel ruht in den Füßen des Schreibers dieser Zeilen. Die Bücher müssen nun angekommen sein. Es sei denn, daß sie vom Richter beschlagnahmt worden sind.
2. Besorgen sie mir bitte das englische Buch oder Heft, in welchem über mich gesungen oder gesagt worden ist. Wenn ich mich nicht täusche, war auch mein Genital darin abgebildet.
3. Besorgen sie mir bitte, was Aragon oder Dante über mich und die *Wolkenpumpe* geschrieben hat. Ich habe mir alle Mühe gegeben, vom Buchhändler diese Geschichte zu bekommen. Helas vergebens envain gerannt.
4. Die Fotos von Man Ray habe ich bekommen. Sie sind ganz wonderful. Ich schicke ihm heute das Geld.

5. Im *New York-Dada* ist ein ganz wonderfules Werk. Ich meine die nackte amerikanische Jungfrau mit dem Papierkopf auf dem Holzbein. Bitte lassen sie mir vom Autor, ist es Man Ray oder Duchamp, gut verpackt, signiert und betitelt, dieses Foto groß zugehen.
6. Die Zeichnungen gehen an sie ab.
Hoffentlich sehen sie nun, wie wichtig mir §83e'3-53 SIEBENTE F-rage ist. Warum haben sei mir nicht das falsche Manuspedesmaschinoscript, welches ich&&?§§§BBBnnnnich ihnen für *Proverbe* gab, nicht zurück 7.7. 7.
7.7. 7. 7.
7.7. 7. 7.na""”§§
7.7. 7. 7. §§
7.7.7.7.7.7.7.7. L' 1 2 0 7. §§
7. 7. §§
7. 7. 777777
%%%%%"!!!!!777777. 7.

Hier ist Arp aus Verzweiflung mit seiner Schreibmaschine in den Ofen gesprungen. Er sagt, er käme nur daraus hervor, wenn sie ihm das falsche Manuskript zurückschicken.

<Sophie Taeuber>

Arp an Tzara
27. 11. 1921, Campfer

§1
Campfer bei St.Moritz Villa Story, 27 11 21
§2
Mein lieber Freund
§3
Verzeihen sie einem wettergebrannten, aber perversen Dada, daß er alles immer eingeschrieben schickt. Die Zeichnungen gehen plus zwei weitere für *Littérature* morgen trotz *desire landru* als harmlos bescheidenes Päckchen an sie ab. Bitte sorgen sie dafür, daß die zwei Zeichnungen bald erscheinen.
§4
Notieren sie bitte alle Ausgaben, die ihnen in Sachen *calendrier* erwachsen.
§5
Die *monstre* und Luxusausgabe ihrer sieben *Poèmes* schreitet fort.
§6
Ich hoffe, daß Man Ray meine Geldsendung bekommon hat.
§7
Wann werden sie mir die Fotos der nackten Dada-Dame aus dem *Dada-New York* schicken?
§8
Wann werden sie mir das falsche Lied, welches in unbegreiflicher Kurzsichtigkeit für *Proverbe* bestimmt war, bestens dankend retournieren?
§9
Wann wannn wannn werden sie mir die Zeitschrift schicken, in der über die *Wolkenpumpe* geschrieben worden ist.
§10
Wannnn wannnnn wannnnnn schicken sie mir die taeuberianischen Fresken.
§11
Wannnn wannn wann schicken sie werden sie schicken.
§12
Damit sie sich überzeugen können, daß ich kein Fieber hatte, als ich ihnen telegrafierte, füge ich den Zettel dieser tellurigen Teller bei.
§13
Tell Telle Teller Tellskapelle Tellur
§14

ihr Hans Arp

Kassak an Tzara
<Herbst 1921, Wien>

*Sehr geehrter Herr,

wir kommen auf ihren letzten Brief zurück und bitten sie: schicken sie uns doch etwas von sich, wie Hr. Arp es uns mitgeteilt hat, der uns auch Manuskripte für die Anthologie, die wir herausgeben, geschickt hat. Die Manifeste, *Dada*, etc. erhielten wir, aber für die Anthologie sind sie nicht geeignet, und wir wären ihnen sehr dankbar, wenn sie uns ein oder zwei *Theaterstücke* schicken könnten. Wir wiederholen: Die Manifeste, Monatszeitschriften etc. genügen uns nicht, und wir hoffen auf Dramen von ihnen und verbleiben, indem wir sie lesen,
mit den aufrichtigsten Grüßen

Lajos Kassak*

van Doesburg an Tzara
10. 12. 1921, Leyden

*Mein lieber Herr Tzara,

ich erhielt gerade die letzte Nummer von *Ça-Ira*, die ganz Dada gewidmet ist! Ich bin sehr von Clément Pansaers Artikel überrascht (sie erinnern sich an seine Absicht, Dada töten zu wollen!), mit seinen vagen Motiven für die Ermordung (Seite 115). Vielleicht ist es notwendig, einen Artikel gegen sein *Dada und ich* zu verfassen, und wenn *Ça-Ira* ihn nicht veröffentlicht (ich glaube, diese Zeitschrift würde ihn gerne veröffentlichen), lade ich sie ein, ihn in *Mécano 2* zu veröffentlichen. Ich glaube auch (unter uns), daß *Christian* auch der Autor von *Dada und ich* ist.
Das Erscheinen von *Mécano* verzögert sich so, weil das Farbpapier ganz ausgegangen ist. Alles ist schon gesetzt, und unten finden sie die Inhaltsangabe der Nummer (das heißt der *yellow-gelb-geel-jaune* Nummer):

Manifeste à l'Huile (Ribemont-Dessaignes)
Petit Baba (Francis Picabia)
1 Zeichnung von Picabia)
1 Zeichnung von Crotti mit: Course à Pied
Liquidation Esthètiques (Tzara)
Development Dada (Paul Eluard)
Bâbord pour tous — à Tristan Tzara
Yeux Glauques (Ezra Pound)
1 Zeichnung von mir, Ruskin gewidmet: *L'Enfant mécanique*
Antikunstreinevernunftmanifest (Bonset)
Hommage an die gerade Linie (Mondrian, Marinetti, Boccioni und ich)
1 italienische Plastik! Maschine (Autotypie)
Danger (Autotypie) — Man Ray

Ich will an die *Librairie Six* eine gewisse Anzahl (*wieviele?*) dieser Nummer schicken.
Ich erhielt einen netten Brief von Guillermo de Torre, und ich sandte ihm mein kleines Buch *Klassik-Barock-Moderne*. □ *

Arp an Tzara
10. 12. 1921, Campfer

Mein lieber Freund,

mit Tränen in den hohlen Zähnen denke ich an den fruchtbaren Dichterfrühling zurück, mein Herz schlägt stürmisch, wenn ich an den großen Dada denke, daß er originalecht in Fleisch und Blut neben mir lebte und webte — höre den Schuß, den er nur so nebenbei im Traume abgab und der den Donner der Geschütze bei der Belagerung von Verdun in den Schatten stellt — wird mir in dieser Gletscherwelt eine Zentralheizung sein. Daß das Geld so spät kam, verstehe ich nicht. Wie Ernst mir schrieb, hat er erst ein Paket lauteren Goldes in Köln erhalten. Hat er ihnen etwas gegeben?
Können sie mir nicht den Artikel von Aragon beschaffen.
Ich hoffe, daß nun endlich die Sendung *calendrier*, die ich vor ungefähr zehn Tagen wertversichert in einer kleinen Kiste, wie sie es befahlen, an den *Sans Pareil*

PLASTIQUE MODERNE DE L'ESPRIT ITALIEN

Plastik aus: Mécano I

geschickt habe, gut angekommen ist. Es müssen dreißig Exemplare sein. Ich habe Holten gezahlt, und sowie sie mir die gesunde Ankunft der oben erwähnten Bücher melden, geht der Rest an *Sans Pareil* ab.
Die Nachricht, daß Poiret sich für die Arbeiten des weiblichen Teils der Familie Arp interessiert, hat beide Teile der Familie hoch erfreut. Legen sie mich bitte zu den Füßen von Madame Buffet.
Die Zeichnungen für ihr Buch gehen morgen ab. Ich habe noch einmal neue gezeugt, und am siebten Tag ruhet er aus und war mit seinem Werk zufrieden. Ich glaube, daß sie ihnen gefallen werden.In einem anderen Paket schicke ich ihnen fünf Zeichnungen, aus denen Soupault für *Littérature* wählen soll. Sagen sie mir, was die Klischees kosten, damit ich ihnen sofort den Betrag senden kann.
Mit Holten werde ich pur parles sprich pourparles sprich poussade spri power pozzuolanerde aus der Nähe von Pozzuoli bei Neapel halten und ihnen sofort Nachricht geben. Unser Buch wird aber auf alle Fälle gedruckt.
JA JA JA JA JA JA JA JA JA JA JA JA JA JA JA JA JA JA JA JA JA schreiben sie eine Artikel in die *Action* über ihren bedeutenden Freund, teurer P.prim., auf Deutsch Pastor primarius, ich umklammere ihre große Zehe, von denen sie bekanntlich zehn haben, ich lege mich als Blume unter ihre Sohlen, ich will ihnen im Winter als Brennholz dienen, im Sommer als Strohhut, aber erfüllen sie mir umgehend, schnellstens und sofort diese Bitte. Das Gedicht, welches ich diesem Brief beilege, soll unbedingt anstelle des in Tarrenz verfertigten in *Proverbe* erscheinen. Es ist ein Unterschied zwischen wie zwischen einer Dynastie und einem Schornstein, einem Wald im Reagenzglas und dem Mark eines jungen Schlittens. Darum eilen sie für ihren zitternden Freund und tauschen sie diese Variation um. Für alle Unkosten, Detektive, Polizeihunde, Automobile, Druckerspesen komme ich gerne auf. Sie wissen ja, daß ich keusch wie eine Braut bin und mich erhängen würde, wenn es ihnen nicht gelänge. Das alte Maschinoskript schicken sie bitte an ihren ewig dankbaren

Arp

Tzara an Breton
16. 12. 1921, Köln

*Lieber Freund,

die Freude des Rheins läßt unsere sämtlichen Glocken ertönen. □
Ich erhielt *Aventure*; es ist schon erstaunlich, wie junge Leute, die eigentlich interessante und lebensfähige Sachen machen könnten, durch die Auswahl und Zusammenstellung (die eigentlich gar nicht zu ihnen paßt) plötzlich alt erscheinen. □

Tzara und Max Ernst*

Kassak an Tzara
16. 12. 1921, Wien

Sehr geehrter Herr,

ich habe mich sehr gefreut über ihren letzten Brief und sandte ihnen mit der heutigen Post mehrere von meinen Büchern und zwar: 2 Albums und 5 Fotos. Ich würde mich freuen, wenn sie dieselben , wie sie geschrieben haben, in ihren Werken oder in ihren Blättern verwenden könnten. Ich bitte sie, Picabia zu verständigen, daß ich von ihm in der Sondernummer des *MA* sehr gerne Zeichnungen bringen möchte, wozu aber nötig wäre, mir die fertigen Klischees oder deren Kosten zuzusenden, da ich keine Mittel dazu habe. Bei uns ist es Usus, daß dieselben immer durch die Zeichnung gedeckt wird. — auch von Arp bekommt jetzt auf der gleichen Basis eine Nummer mit 5—6 Klischees. Ein Klischee kostet hier (112x17) ca. 18000—20000 Österreichische Kronen oder 36—50 Fr.
Außerdem will ich sie verständigen, daß wir ein internationales Blatt erscheinen lassen wollen mit den Originalen und verschiedenen ungarischen Übersetzungen und in deutsch-ungarisch-französisch-italienisch-russischer Sprache. Das Blatt würde vierteljährlich in sehr schöner Ausstattung erscheinen. Die Mitarbeiter wären die der extremsten Richtungen, auch repräsentative Menschen (Tzara, Picabia, Huidobro, Huelsenbeck etc.)
Dieses Blatt können wir aber nur dann verwirklichen, wenn alle Künstler der jeweiligen Länder garantieren, für sich 100—150 Exemplare zu übernehmen und den Preis zur Deckung der Druckkosten im vorhinein zu übersenden. Also, wenn sie damit einverstanden wären, müßten sie 100—150 Ex. 6 Fr. pro St. übernehmen und 900 Fr. an uns überweisen.
Bitte die Sache gut zu überlegen und auf meinen Brief eine ausführliche Antwort erwartend, grüße ich sie herzlichst

Lajos Kassak

Arp an Tzara
1. 2. 1922, Campfer

Mein lieber Tzara,

übermorgen fahre ich in das beschissene Deutschland. Ich werde ihnen sofort von Berlin sämtliche *calendriers* schicken. Das Buch von G.R.D. werde ich sofort und vollständig in Druck geben. Ich denke, George und ich werden wie bei ihrem Buch den Verdienst teilen.
Die Zeichnungen für ihr Buch sind heute abgegangen. Ich bitte sie im Namen unserer alten Kameradschaft, die Zeichnungen in Originalgröße reproduzieren zu lassen. Wie sie sehen, riechen, schmecken, sind sie neu und stellen sie meine besten Werke dar.
Wollen sie mir blitzschnell eine Seite Biogravieh-Biograrindvieh dichten. Bitte in klaren und leicht faßlichen Lobworten. Wollen sie mir blitzschnell eine Seite klaren und leicht faßlichen Lobgesanges für ein kleines Heft mit Zeichnungen <Flake-Mappe> von mir, welches bei Steegemann erscheinen wird, dichten. Ich werde ihnen noch Abzüge von den Zeichnungen schicken. Sie werden ihr großes Wohlgefallen an ihnen haben. Es ist ein Portrait des *professeur espagnole* darunter, ein butteriges Genital hängt ihm zwischen den Beinen.
Denken sie daran, daß die Zeichnungen für *Dadaglobe* durch neue Werke meines werten jüngeren Datums ersetzt werden sollen.
Ist Max Ernst schon in Paris?

IHR Arp

Errata. Ergasterium statt eo ipso. Kavatine statt Keimetion.

Lieber Herr Tzara,

ich bin ganz gerührt über ihre Freundlichkeit. Leider war Herr Poiret eben abgereist, wie ihre Karte kam. Außerdem hatte man mir von Zürich aus Bosheit verweigert, meine Arbeiten zu schicken. Ich werde mich aber später selbst noch einmal bemühen. Wir wären so gerne jetzt nach Paris gekommen, aber wir müssen blitzschnell in ein Land mit — Valuten.
Viele Grüße

ihre Sophie H. Taeuber

Tzara an van Doesburg
2. 2. 1922, Paris

*Sehr geehrter Herr van Doesburg,

ich erhielt ihren Brief vom 10. Dezember aus *Leyden*; mittlerweile war ich in Deutschland und sandte ihnen einen Brief nach Weimar. Erhielten sie ihn? Ich sah die Nr. von *Ça-Ira*, Pansaers ekelhafte Machenschaften. Die Mitarbeit von *Eluard*, *Ribemont-Dessaignes* und *Perét* ist nicht authentisch, sie autorisierten niemanden, ihre Sachen in einer Nummer zu veröffentlichen, deren Tendenz zu offensichtlich ist: um den Eindruck zu vermitteln, daß drei Dadaisten, die meine Freunde sind, sich an einer *anrüchigen* und unqualifizierten Sache beteiligten <Affaire um die liegengelassene Geldtasche eines Kellners>, wurden ihre Gedichte ohne Erlaubnis veröffentlicht. Pierre de Massot, der nur eine dreckige, von Picabia bezahlte Wanze ist, schnauzte mich an wie eine Concièrge der untersten Etage. Dies alles ist ohne Bedeutung. Es ist sehr nett von ihnen, daß sie mir Platz für eine Entgegnung an diese Leute anbieten, doch ich bin zum Entschluß gekommen, mich nicht mit stinkenden Insekten abzugeben. Vor der Publikation von *Ça-Ira* hatte ich an die Redaktion einen Brief geschrieben, von dem ich ihnen eine Kopie schicke, mit der sie machen können, was sie wollen. *Littérature* erscheint in einem anderen Format. Schreiben sie mir, was sie machen, interessiert mich sehr, und ich beteilige mich gern an ihren Vorhaben. Kennen sie die Zeitschrift *Aventure*? Ich bereite eine Menge Dinge vor, doch Frankreich ist ein träges Land: man muß sich beugen, da nützt nichts.
Sehr herzlich

TZARA*

Thaddäus Peiper an Tzara
20. 2. 1922, Krakau

*Sehr geehrter Herr,

gerade von Warschau zurück, finde ich auf meinem Schreibtisch ihren Brief und die dadaistischen Veröffentlichungen, die sie so nett waren, mir zu schicken, und für die ich mich sehr bedanke. Dafür sende ich ihnen heute einige politische Zeitschriften von radikaler künstlerischer Ausrichtung. Unglücklicherweise ist es mir unmöglich, ihnen Artikel über Dada zu schicken, einfachen deshalb, weil es keine gibt. Man weiß hier sehr wenig über die dadaistische Bewegung. Doch ich glaube, daß diese Lücke bald geschlossen sein wird. Ich habe die Absicht, bald eine Zeitschrift von wirklich neuem Inhalt zu publizieren, und ich schlage ihnen — obwohl ich kein überzeugter Dadaist bin — eine Sondernummer über die Dadabewegung vor. Sie könnten mir leicht dabei helfen,

wenn sie mir die wichtigsten Dada-Veröffentlichungen zukommen ließen. Wären sie so gut?
Ich sagte, daß man hier sehr wenig über Dada weiß; und doch läßt sich sein Einfluß in den Werken unserer jungen Dichter feststellen. Dieser Einfluß ist zwar nicht derjenige, der überwiegt, er vermischt sich vielmehr mit dem anderer künstlerischer Bewegungen unserer Zeit und manifestiert sich eher in sekundären Einzelheiten, ohne unseren Dichtern diese Sorge um rein literarische Werte aufzuerlegen, die auf eine offensichtliche und sehr angenehme Weise die Dichtung der Dadaisten romanischen Ursprungs (Tzara, Picabia ...) kennzeichnet. In den Revuen, die ich ihnen schicke, werden sie den Einfluß an einigen Stellen bemerken können; ihr Satz über eine Dada-Soirée in Zürich diente als Motto für die Veröffentlichung *NUZWBZUHL* (Das Messer im Bauch), ihr Satz: *Wir wollen in verschiedenen Farben pissen*; auf der zweiten Seite derselben Publikation finden sie im Gedicht *Eine halbe Stunde am grünen Ufer* eine Art bruitistisches Gedicht; schließlich in der Zeitschrift *Formisci* (Die Formisten) finden sie eine Übersetzung von Hans Arp.
Erscheint morgen oder übermorgen etwas, was sie interessieren könnte durch seinen Bezug zu Dada, werde ich es nicht versäumen, es ihnen mitzuteilen.
Mit besten Grüßen

Thaddäus Peiper*

van Doesburg an Tzara
21. 2. 1922, Weimar

*Lieber Herr Tzara,

danke für ihren netten Brief vom 2. Februar. □ Ich hatte mit *Mécano* viel Schwierigkeiten wegen dem Spezialpapier (weiß-gelb-chromo), aber jetzt ist alles geregelt. □
Haben sie vom *Congrès de Paris* gehört? Ist er wichtig? Ich bedaure sehr, daß ich während ihres Aufenthaltes in Deutschland nicht hier war! Mit freundlichen Grüßen auch für Mac Robber <*Maler-Pseudonym Tzaras*>

Theo van Doesburg*

Arp an Tzara
27. 2. 1922, Campfer

Meine Abreise hat sich verzögert. Ich fahre erst übermorgen früh. Ich hoffte, daß sie von einer Vision ergriffen wurden und mir die erbetenen Gaben ihrer werten Frau Muse nebst brieflichem Jubelschrei über meine Zeichnungen noch nach der Villa Story zukommen lassen würden. Ich bitte sie, uns dies so schnell wie möglich an diese Adresse Hans Arp bei Hans W. Taeuber, München, Trugstraße 28 zu schicken. Vergessen sie vor allem die lobesbiographie nicht. Ferner bitte ich sie dringend, mir ein Dokument, welches die dringende Notwendigkeit meiner Person in Paris bescheinigt, zu schicken. Geschieht letzteres, so werden sie mich backwarm und blitzschnell in Armen halten. Ist unser inniggeliebter Dada sanft entschlafen? Lieber Tzara, ich fange vor Einsamkeit wie altes Holz zu leuchten an. Ich würde mich unbeschreiblich freuen, sie in Paris wiederzusehen. Tzara, die Zeichnungen sind in *ORIGINALGRÖSSE* zu reproduzieren. Das Buch soll ganz einfach gedruckt werden. Das Buch soll in einer Type gedruckt werden. *DIE ZEICHNUNGEN SIND DIE BESTEN, DIE UNSER ARP GESCHAFFEN HAT.*
Jetzt muß ich ihnen leider melden, daß Poiret wie ein vollendeter Cretin betragen hat. Sollte ich einmal die Gelegenheit haben, ihm Gesicht zu scheißen, so werde ich dies bestimmt tun. Die genaue Beschreibung erfolgt persönlich durch das Opfer. In Deutschland werde ich alle Druck- und Buchversprechungen einlösen. Bitte um freundliche und sofortige Rückäußerung.

Ihr TREUER Arp

Sophie Taeuber an Tzara
1. 3. 1922, Campfer

Lieber Herr Tzara,

wir sind im Begriff, nach Deutschland zu fahren, und Arp sagt mir, ich solle ihnen noch den schönen Vorgang mit Herrn Poiret schildern, damit sie wissen, was er für ein kluger und reizender Mensch ist. Ich gab ihm ihre freundliche Karte, worauf er ausmachte, ich solle um 5 Uhr zu ihm kommen. Als ich dann hinkam, war er eben weggefahren. Ich versuchte nochmals, ihn zu sprechen. Er ließ sagen, er käme gleich, ging dann aber in der Halle an mir vorbei und ließ mich wieder eine Stunde warten, worauf der Portier zu ihm in die Bar ging. Er brüllte ihn aber an, er solle warten, und so ging es weiter. Ich dachte mir, daß er natürlich aufgeblasen sei und ich mich doch zusammennehmen wolle und warten. Schließlich stieg er vor meinen Augen in den Lift. Ich war sehr verblüfft über eine solche Schnoddrigkeit, die doch gänzlich unnötig war. Es wird übrigens wahrscheinlich immer schief gehen, wenn ich versuche, Geld zu verdienen. Was macht Dada? Drucken sie noch? Hoffentlich können wir eine Zusammenkunft machen, im Sommer, irgendwo auf dem Lande: Es geht die Sage, es hätte ihnen so gut gefallen in Köln. Arp hat sehr viel gedichtet und gezeichnet und will in Deutschland drucken lassen; die Bayern sind aber neuerdings wieder ganz toll geworden, man erzählt sich ganz blöde Geschichten von der Grenze. Man sollte sie mit den Franzosen zusammen auf eine Insel setzen. Arp seufzt immer noch nach Paris.
Viele Grüße

ihre Sophie Taeuber

Mathias Schönweger, Nicht mehr Dada, 1991

Tzara und Breton, 1921

NACH DADA

Meine freunde Philippe Soupault und Paul Eluard werden mir nicht widersprechen, wenn ich behaupte, daß Dada von uns immer nur als das plumpe abbild einer geisteshaltung angesehen wurde, die zu nichts schöpferischem beigetragen hat. Wenn es ihnen wie mir gelingt, diese etikett abzustreifen und sich des mißbrauchs bewußt zu werden, dessen opfer sie sind, kann vielleicht das ursprüngliche prinzip gerettet werden. Inzwischen werden sie mir verzeihen, um jedem mißverständnis vorzubeugen, wenn ich den lesern der *Comoedia* mitteile, daß Hr. Tzara nichts mit der erfindung des wortes *Dada* zu tun hat, wie es die briefe von Schad und Huelsenbeck, seinen gefährten in Zürich während des Krieges, belegen, die ich zu veröffentlichen bereit bin, und daß er nur zu einem geringen teil an der niederschrift des *Manifest 1918* beteiligt war, das ausschlaggebend für die aufnahme und den kredit war, den wir ihm gewährten.
Die urheberschaft dieses manifests wird in der tat von Val Serner, doktor der philosophie, der in Genf wohnt, beansprucht, dessen manifeste in deutscher sprache vor 1918 nicht ins französische übersetzt worden waren. Andererseits aber weiß man auch, daß die grundsätze, zu denen Francis Picabia und Marcel Duchamp schon vor dem krieg, und auch Jacques Vaché 1917 gekommen sind, uns auch allein in diese richtung gebracht hätten. Mir widerstrebte es bisher, die unehrlichkeit des Hr. Tzara zu denunzieren, und ich ließ ihn sich mit den fremden federn jener abwesenden schmücken, die er ausgeplündert hatte (was auf Serner zutrifft, bis er nach Paris kam, um ihn zu demaskieren). Doch wenn er heute die letzte gelegenheit ergreift, um auf sich aufmerksam zu machen, indem er eines des desinteressiertesten unternehmungen, die es geben kann, für falsch erklärt, tut es mir auch nicht leid, ihn zum schweigen zu bringen. Ja, ich war der erste, der Tzara bat, teil unseres komitees zu werden. Wenn ich es gemacht habe, dann nur, zum teil als sein freund geltend, weil es mir recht war, ihn in verlegenheit zu bringen. Ich hielt ihn schon für einen hochstapler und versuchte nur, es zu beweisen.
Dada, glücklicherweise, ist kein thema mehr, und sein begräbnis im mai 1921 führte zu keiner rauferei. Der kleine trauerzug folgte dem kubismus und dem futurismus und wurde von den anhängern der Schönen Künste als bildnis in der Seine ertränkt. Dada, obwohl es, wie man so sagt, seine stunde des ruhms hatte, hinterläßt kaum klagen: auf die dauer war seine impotenz und tyrannei unerträglich geworden. □

<André Breton, Comoedia, 2. 3. 1922>

DADAS DESSOUS

In beantwortung des artikels von Hr.n André Breton, der in unseren spalten erschien, schickt uns Hr. Tristan Tzara folgende bemerkung:

Ein gefühl der scham, das vielleicht lächerlich ist und von dem ich weiß, daß ich eines tages die konsequenzen tragen werde müssen, hat mich stets davon abgehalten, von meinen taten mit der impertinenz zu sprechen, welche die koketterie eines narziß von heute kennzeichnet.
Ein in der *Comoedia* vom 2. märz erschienener artikel zwingt mich, mich auf eine ebene zu begeben, die mir äußerst unsympathisch ist, und versuchen nachzugeben, die mich in eine diskussion über *daten* verwickeln wollen, die nur wenige interessieren kann. Meine meinung über die bourgeoise moral und über die dadaistische moral sind bekannt genug, daß man versichert sein kann, daß ich nicht eine statt der anderen setze. Aus diesem grunde habe ich auch kein verlangen, mich an irgendeine gerechtigkeit zu wenden, aber ich werde auf angemessene art und weise antworten, die nichts mit wortspielen zu tun hat. Insinuationen, tendenziöse zitate, ohne ihre zustimmung genannte personen sind ausdruck einer vorgangsweise, die ich nicht zulassen werde.
Hr. Breton bezichtigt mich, nicht das wort *DADA* erfunden zu haben. Die behauptung ist gratis. Vor allem, weil ich der erste war, der diesem wort *nicht die geringste wichtigkeit* beigemessen hat. Sei es Zozo, Dudu oder Papa, ich bin bereit, jedem die urheberschaft eines wortes, das jedem gehört, anzuerkennen. In *Littérature* (dezember 1919) schrieb ich in einem offenen Brief an Jacques Rivière: *Obwohl ich keine gelegenheit auslasse, mich zu kompromittieren, erlaube ich mir, ihnen*

mitzuteilen (ein gewisser sinn für sauberkeit hat mich immer schon an den journalistischen elaboraten angeekelt), daß ich vor 3 jahren für den titel einer zeitschrift das wort Dada *vorgeschlagen habe. Das geschah in Zürich, wo einige Freunde und ich glaubten, nichts mit den Futuristen und Kubisten gemein zu haben. Im laufe der kampagnen gegen jedweden dogmatismus und aus ironie der gründung literarischer schulen gegenüber, wurde* DADA *zum* Mouvement Dada.
Die wahrheit ist, ohne darauf übermäßig stolz zu sein, daß ich das wort *Dada* zufällig fand, das von meinen freunden mit dem eifer und der geringen wertschätzung aufgenommen wurde, die wir allen unseren taten beimaßen. Ein augenzeuge, Arp, schrieb in *Dada au grand air (september 1921): Ich erkläre, daß Tristan Tzara das wort Dada am 8. februar 1916 gefunden hat; ich war dabei, als Tzara dieses wort zum erstenmal aussprach, das in uns eine berechtigte begeisterung auslöste. Ich bin überzeugt davon, daß dieses wort nicht die geringste bedeutung hat.*
Einige lästermäuler schreiben die urheberschaft Hr. Huelsenbeck zu, der auch auf ihr sitzt. Hr. Baader, der chef der deutschen dadaistischen bewegung, schrieb mir aber im april 1919 folgendes: *Der schöpfer* Dadas *ist T. Tzara, und seine wiege das* Cabaret Voltaire *in Zürich; dort gelangte der Berliner schriftsteller Huelsenbeck in kontakt mit dieser bewegung und propagierte sie nach seiner rückkehr in Deutschland.*
Schad kannte ich nur durch die briefe Serners, der mir 1920 schrieb: *Schad macht fortschritte.* Was den rest betrifft, kann ich versichern, daß André Breton lügt, wenn er von briefen Huelsenbecks spricht, die gar nicht existieren. Ich fordere ihn auf, sie zu veröffentlichen. Dagegen zitiere ich aus einem seiner briefe aus dem jahr 1919:
Lieber meister Tzara! Lieber freund!
Ich war wirklich zutiefst überrascht zu hören, daß Serner, dieser religiöse Typ, dieser priester der angelischen liebe und anderer mehr oder weniger interessanter philosophischer dinge, sich zum dadaismus bekehrt hat. Das ist außerordentlich! (R. Huelsenbeck)
Diesem 1919 zum dadaismus bekehrten Dr. Serner schreibt Breton die urheberschaft meines *Manifest 1918* zu. 1918 veröffentlichte Dr. Serner eine zeitschrift namens *Sirius*, in der man seine lobreden auf einer hand abzählen kann. Bis zum oktober 1920 wechselte ich briefe mit ihm; er hat aus seiner bewunderung für mein in frage stehendes manifest nie einen hehl gemacht.
Hr. Breton greift auf wirklich schmutzige insinuationen zurück. Hr. Serner, der weder doktor in philosophie ist, noch in Genf wohnt, kam im oktober 1920 nicht nach Paris, um mich zu demaskieren oder die urheberschaft meines *Manifestes* zu beanspruchen, weil er es zusammen mit einem gewissen H. Jacob ins deutsche übersetzt hat.
Das vergnügen, aufzuzeigen, daß die perfidie Bretons — die verleumdungen des organisationskommites des Congrès de Paris mit ohrenbetäubendem schreien zu ersticken zu versuchen — seinem übergeschnappten gehirn entsprungen ist, dieses vergnügen hebe ich mir noch auf. Die leser der *Comoedia*, an die zu wenden Hr. Breton mich zwingt, werden wissen, ob die unfähigkeit des organisationskommites des *Congrès de Paris*, auf meine in der *Comoedia* vom 8. februar geäußerten präzisen behauptungen zu antworten, die beleidigungen und insinuationen des Hr. Breton rechtfertigt, die ich für rache halte.
Wenn ich mich vollkommen über Dada und alle meine arbeiten lustig mache, so ist es trotzdem nicht weniger augenfällig, daß Hr. Breton nur durch Dada existiert und existieren wird.
Ein Freund <Picabia> schrieb mir, daß *Breton ein ausgemachter schauspieler ist und die persönlickeit wechselt, wie man unterhosen wechselt.* Ich bin nicht ganz seiner meinung, weil ich davon überzeugt bin, daß er intelligenz besitzt, die aber leider von falschen moralischen sorgen gequält wird, und von den beispielen, die ich von seinen krankhaften übertreibungen im einen oder anderen sinne kenne, bleibt mir nur das mitleid, das für all das einsteht, was ich ihm vorwerfen könnte. Ich habe zeit zu warten, weil ich weiß, woher das unglück des ehelebens kommt. Eine tages wird man wissen, daß vor Dada, nach Dada, ohne dada, rechts und links von dada, für dada, gegen dada, mit dada, trotz dada es immer noch dada ist. Aber all das hat nicht die geringste bedeutung.

<Tristan Tzara, Comoedia, 7. 3. 1922>

Tzara an van Doesburg
5. 3. 1922, Paris

*Sehr geehrter Herr,

ich erhielt gerade in diesem Augenblick *Mécano*, und es liegt mir sehr daran, ihnen zu sagen, wie gut er mir gefällt — nicht nur das Lay-Out (das sehr originell und schön ist), sondern auch als *Esprit*. Ich hoffe, daß auch ihre nächsten Nummern so interessant werden, und die *Auswahl* der Sachen, die sie vornehmen, halte ich für sehr gut. Halten sie mich über ihre Absichten auf dem laufenden; wenn ich ihnen nützlich sein kann, bin ich es aus ganzem Herzen. *Backbord für alle* ist von Benjamin Péret (berichtigen sie dies in der nächsten Nummer), einem sehr sympathischen Jungen, der viel Talent hat. Der Artikel von G.R.D., *Dadaismus*, erscheint in, der März-Nummer des *Sturm* (eine speziell für uns gemachte Nummer) — ich sage es ihnen, falls sie es im *De Stijl* veröffentlichen wollen.
Meine besten Komplimente an Bonset. Ich habe seine Adresse nicht. Doch versichern sie ihm meine ganze Sympathie.

Wir bereiten eine Nummer einer ganz kleinen Zeitschrift, die nur aus *Pamphleten* besteht, vor: *L'óeil à poil*, mit G.R.D., Eluard, Soupault, Satie, Fraenkel etc. und mir. Der Druck wird mit Absicht sehr schlecht und geschmacklos sein; es wird ein kleines Skandalblättchen werden, das man auf den Boulevards ausruft, fast unwichtig, und das man in einen Autobus werfen kann. Meine *7 Manifeste* sind immer noch beim Drucker, ich hoffe, sie erscheinen bald. Hüten sie sich ein wenig vor der Kampagne Picabias. Ich habe nichts gegen ihn als Maler und Dichter, aber er führt im Moment eine Kampagne gegen G.R.D. und mich (und die anderen), die weder seiner würdig noch sehr sauber ist. Eines der Resultate dieser Kampagne war das Platzen des *Congrès de Paris*, der, wenn er stattgefunden hätte — was problematisch gewesen wäre —, eine vollkommen uninteressante Sache geworden wäre. Sie werden alle Details dieser Affaire in den verschiedenen Pariser Zeitschriften lesen. In einigen Worten: Am 3. Feber fragte man mich, ob ich beim Organisationskomitee mitmachen wolle. Ich lehnte mit einem korrekten und privaten Brief ab. Drei Tage darauf veröffentlichte das Komitee ein Kommuniqué, in dem ich unflätig beschimpft wurde. Ich antwortete in den Tageszeitungen, um die Dinge auf den Punkt zu bringen. Einige Mitglieder des Organisationskomitees entschuldigten sich bei mir, aber das Komitee rührt sich nicht. Wir halten ein Treffen der Künstler in der Closerie de Lilas ab. Das Komitee schickt 2 Delegierte, die erklären sollen. Die Anwesenden finden die Erklärung ungenügend und unterzeichnen spontan die Resolution, die sie gesehen haben. Voilà. Und all dies nur, weil Bretons Eigenliebe sich getroffen fühlte nach einigen unglücklichen diplomatischen Winkelzügen. Die Resolution ist im Umlauf und wird jeden Tag von neuen Künstlern unterzeichnet. Diejenigen, die ihre Teilnahme am Kongress zugesagt hatten, sagen jetzt wieder ab. Die Affaire ist ganz lustig. *Littérature* erscheint, glaube ich, morgen und wird sehr interessant sein. Eluard publiziert einen Gedichtband, Soupault auch. Ich bereite einen anderen vor. Eine literarische dadaistische Revue erscheint in Amerika, eine andere wird bald in Europa erscheinen. Ezra Pound ist ein Mißverständnis. Er ist der Remy de Gourmont Amerikas. Es gibt zwei viel interessantere Jungs. Ich nenne ihnen heute *Josephson* und *Munson*. Es ist nicht die Form, die zählt, sondern der *Esprit*. In allen Dingen. Diesen Sommer fahre ich nach Süd- und Nordamerika — ich weiß nicht, ob ich vorher Zeit habe, nach Deutschland zu kommen.
Grüße an Ihre Frau und Bonset.
Mit einem herzlichen Handschlag von

ihrem Tzara*

van Doesburg an Tzara
11. 3. 1922, Weimar

*Mein lieber Kollege,

herzlichen Dank für ihren Brief. Es freut mich sehr, daß *Mécano* ihre Wertschätzung gefunden hat. Die Deutschen verstehen von diesem Esprit überhaupt nichts. □
Ich hätte gerne originale Artikel für *meine Zeitschriften*, die weder etwas mit Barock- oder Warensport zu tun haben, noch mit der Hysterie des deutschen Expressionismus!! □*

Tzara an van Doesburg
17. 3. 1922, Weimar

*Sehr geehrter Herr van Doesburg,
Mécano, den ich erhielt, wurde mir am selben Tag aus den Händen gerissen. Würden sie mir mehrere Exemplare für einige Journalisten und Freunde schicken? Die *Librairie Six* wird versuchen, ihn in allen Buchhandlungen aufzulegen. Man muß den *Verkaufspreis* fixieren und ihnen 50% des Ertrages geben. *Littérature* erscheint heute.
Sehr herzlich

TZARA*

Maya Chrusecz an Tzara
21. 3. 1922, Hamburg

Lieber Tzara,

ich bin sehr froh, endlich Nachricht von dir zu haben und danke dir für deinen Brief. Ich bin nicht krank, aber ich bin immer traurig und kann seit Köln nicht mehr arbeiten. Mir ist alles so gleichgültig, ich habe nicht den geringsten Mut, etwas zu unternehmen, und wenn ich nicht hier zu Hause wäre, würde ich wohl eher verhungern, als mich aufraffen. Meine Schweizer Geschäfte sind durch meine Schuld entzweigegangen. Meine Schwester hat im Februar ein Kind bekommen, und ich bin jetzt einige Wochen bei ihr gewesen; zu gleicher Zeit war meine Mutter krank, sodaß ich auch unseren Haushalt versorgen mußte. Außerdem war ich bei meiner Freundin, jede freie Minute. Ihre Mutter starb vor zwei Wochen, und sie erwartet ein zweites Kind und war sehr erschüttert. Du siehst, äußerlich ist mein Leben sehr lebhaft und voller Arbeit für andere, aber ich bin leer und tot dabei, trotzdem ich diese kleinen Kinder sehr liebe. Aber ich kann nicht so weiter, vielleicht hilft mir der Frühling.
Hier sind die Gedichte, die ich dir abgeschrieben habe, wenn es mir auch traurige Erinnerungen weckte. Ich habe Sorge gehabt, wie du ohne Geld durchkommst.

Hier ist auch schreckliches Elend. *Aventure* mit deinem Gedicht habe ich noch immer nicht bekommen. Den *Sturm* habe ich mir bestellt. Die Nummer von *Cicerone* mit Flakes Aufsatz, die ich im November bestellt habe, ist nach Angaben der Buchhandlung nach Köln gegangen, ebenfalls die Zeitungsausschnitte aus Berlin. Ich glaubte, Ernst würde sie mir nachsenden. Nun, wenn du sie bekommen hast, ist es ja gut. Ich habe Ernst heute geschrieben, ob sie Eluard die Pyjamas mitgeben können; deine Freunde brauchen es ja nicht zu erfahren, woher sie sind. Hier ist es schrecklich kalt. Hast du die Anthologie für *La Siréne* fertig bekommen? Ich freue mich, daß die *25 Gedichte* neu erscheinen. Für mich sind deine schönsten Gedichte darin. Ich habe immer noch nicht dein neues Buch. Ich kann es hier nicht bekommen, sonst würde ich es kaufen. Ich kann keinen neuen Freund haben. Ich sehe sehr viele Menschen. Aber ich brauche nur mit dir zu vergleichen, und es ist auch schon zu Ende, ich kann dich doch nicht aus mir herausreißen. Schreib mir bald wieder

Maya

Dies mußt du nicht mehr lesen, wenn du von dem, was mich quält, nichts mehr hören willst, aber ich muß es schreiben, weil kein Mensch da ist, dem ich es klagen kann. Es ist keine Anklage, gegen niemanden, aber ich muß es sagen; niemand hier weiß, was in mir vorgeht, ich bin hier ganz verschlossen und äußerlich ruhig. Jetzt erst sehe ich, wie schlecht Ernst und wie schlecht Simone mich behandelt haben, und ich ließ es mir gefallen, weil es deine Freunde waren und ich meinte, dein Instinkt sei sicherer als der meine und du könntest keine schlechten Freunde haben. Und wie ich sofort geringer wurde, wie ich mich so behandeln ließ. Und in den letzten Tagen, wie du mich mit Füßen tratest, war mein Gefühl so verwirrt, daß ich diese meine Feinde um Hilfe bat, und ich verstehe jetzt, wie dich das beleidigen mußte. Diese Menschen wissen aber nichts von Liebe, und wie man um Liebe leidet, sonst hätten sie uns in den letzten Stunden allein gelassen. Du hast zu Max Vautier gesagt, er sei viel zu jung, um die Verantwortung für eine Frau zu übernehmen, und du warst so empört, daß er sie allein ließ. Ich habe niemanden, der die Verteidigung für mich übernimmt, und darum muß ich dir selber sagen, es war das Grausamste, was man tun kann, eine Frau in dem Zustand, in dem ich war, einfach allein zu lassen und einfach abzureisen, ganz gleich, welches Unrecht sie begangen hat. Verzeih mir, daß ich wieder davon spreche, aber ich leide immer noch wie am ersten Tag. Und wenn du einen Menschen nicht mehr lieb hast, dann kannst du ihn doch nicht einfach fortwerfen, wenn er 5 oder 6 Jahre mit dir gelebt hat und dein Leben mit dir gelebt hat. Ich möchte noch jeden Augenblick lieber sterben, als ohne deine Liebe weiter leben

M.

Arp an Tzara
22. 3. 1922, München

Lieber Freund,

ihr Brief hat mich noch kurz vor meiner Abreise nach Berlin erreicht. Ich danke ihnen für die Neuigkeiten aus tiefstem Herzensgrund.
Bitte schicken sie mir den erwünschten Brief für meine Einreise nach Paris, mit Verlagsverhandlungen begründet, an die obige Adresse. Ich bin in ungefähr 8 Tagen wieder in München. Ich war schon auf dem französischen Konsulat und werde ziemlich sicher mit einem solchen Brief die Erlaubnis bekommen.
Es freut mich außerordentlich, daß ihnen die Zeichnungen gefallen. Sie wissen doch, daß ich für sie den Eiffelturm von Paris nach New York tragen würde, geschweige dem sie meinen Namen nach Gefallen verwenden können.
Bitte schicken sie mir schnellstens die Lobesbiobio, da dieselbe einem Bilderbuch, welches im Rolandsverlag erscheint, beigefügt werden soll. Die Holzschnitte sind in der Art wie die aus dem *calendrier*. Das Buch ist schon im Druck. Dichten sie mit schnellem und wildem Mut.
In Berlin werde ich alles Versprochene feierlich einlösen. Ich hörte hier, daß eine Dada-Publikation *Paris brule* erschienen ist. Ich habe nie ein Stückchen davon bekommen. Indem ich sie mit Eifer zu dichten bitte, und den oben erwähnten Brief ja nicht zu vergessen bitte bitte bitte, verbleibe ich in Eile ihr getreuer

Arp

Tzara an van Doesburg
2. 4. 1922, Paris

*Sehr geehrter Herr van Doesburg,

danke für ihre letzte Karte. Erhielt auch *De Stijl*. Ribemont-Dessaignes schickt ihnen einen unveröffentlichten Artikel. Da es schon eine Weile her ist, daß ich ihnen unsere Sachen sandte, wäre es vielleicht am besten, mir die Liste mit den ganzen literarischen Materialien, die sie von mir erhalten haben, zu schicken. Ich werde ihnen schreiben, welche unveröffentlicht geblieben sind. Wann rechnen sie damit, *Mécano* 2 erscheinen zu lassen? Erhielten sie *Littérature*? Und ihre Spezialnummer des *Sturms*? Es wäre vielleicht nicht schlecht als Werbung für *Mécano*, eine breiter ausgelegte Veröffentlichung als die des Sturms zu machen. Eine neue amerikanische dadaistische Zeitschrift: *Secession*, Peter K. Horwitz, Treasurer, 13611-46 Street, Brooklyn, New York, Direktor: G.B.Munson.
Herzlichst

TZARA*

Peiper an Tzara
6. 4. 1922, Krakau

*Sehr geehrter Herr,

es freut mich, daß sich unser Kontakt etabliert. Ich beeile mich, ihnen zu antworten. Meine Zeitschrift wird dasselbe Format haben wie der *Sturm* und die Ausgabe, die ich dem Dadaismus widmen will, soll 16 Seiten haben. Was den Inhalt betrifft, stelle ich ihn mir so vor:

1. Einen Artikel über die Geschichte der Dada-Bewegung. Doch haben sie jemanden, der sie schreiben kann? Wenn nicht, müßte ich es selbst machen, indem ich mich auf die Angaben des Dada-Almanachs stütze. Etwas aus erster Hand würde ich aber vorziehen.
2. Ein *unveröffentlichtes* Gedicht von ihnen oder einige persönliche Bekenntnisse.
3. Übersetzung von Zobrowski.
4. Übersetzungen von Gedichten deutscher Dadaisten, die ich hier machen lasse. Aber wären sie so nett, an Arp, Huelsenbeck und Ernst zu schreiben, weil sie mir keine Werke schicken.
5. Einen Artikel über die dadaistische Malerei. Selbes Problem: haben sie jemanden, der ihn schreiben könnte? Oder gibt es wenigstens Manifeste oder andere Aussagen der Dadaisten über die Malerei? Wo kann ich sie finden?
6. Reproduktionen (4-5) der dadaistischen Kunst, wenn sie mir Fotos schicken können. Vielleicht ist es möglich, daß mir Man Ray und Arp eine Originalzeichnung schicken, daß ich *gute* Reproduktionen anfertigen lassen kann und sie auf die erste Seite setzen kann?
7. Eine treffende und anekdotenhafte Besprechung einer der dadaistischen Soiréen in Paris, aus der Pariser Presse ausgewählt (*Comoedia ...?*)

Das ist meine Idee. Was sagen sie dazu? Ich würde mich sehr auf ihre Meinung freuen und wenn sie es gutheißen, wäre ich ihnen sehr dankbar, wenn sie mir bei der Realisierung helfen könnten.
Was die *Anthologie Dada* betrifft, so habe ich sie nicht erhalten, und sie würden mir eine große Freude machen, wenn sie mir sie noch einmal schicken könnten.
Danke für den *Sturm*.
In Erwartung ihrer Antwort verbleibe ich mit herzlichen Grüßen

Thaddäus Peiper*

Sophie Taeuber an Tzara
April 1922, München

*Lieber Freund,

wir erhielten ihren Brief mit großer Freude. Arp bittet sie, schnell den Brief zu schicken, der die Notwendigkeit von Verhandlungen mit dem Verleger bestätigt (*Moa parle bonne francais comme Dietrich*). Arp läßt ihnen jede Freiheit, seinen Namen zu verwenden, wie es ihnen gut erscheint, und bittet sie noch einmal, ihm die Biografie zu schicken!
Herzliche Grüße

Sophie Taeuber
Arp*

Peiper an Tzara
22. 5. 1922, Krakau

*Sehr geehrter Herr,

ich erwarte mit Ungeduld das Material, von dem sie mir im letzten Brief geschrieben haben, daß sie es schicken werden. Ihr unveröffentlichter Vortrag, der Artikel von Ribemont-Dessaignes über die Dada-Malerei und die unveröffentlichten Zeichnungen freuen mich besonders.
Was den Geschichtsabriß über die Dadabewegung betrifft, glaube ich, daß es besser wäre, ihn von Zborowski oder einem anderen schreiben zu lassen, der von ihren Informationen profitieren kann. Ich halte es aus zwei Gründen für besser:

1. Meine Zeitschrift könnte neue Angaben abdrucken, was größeres Aufsehen für die Dada-Nummer erzielen würde,
2. Ich könnte meine und ihre Zeit sparen, um den Einfluß des Dadaismus auf unsere junge Poesie aufzuzeigen und die Haltung meiner Zeitschrift dem *Mouvement Dada* gegenüber zu bestimmen, was wiederum ihnen nützlich sein könnte, um in ihren Publikationen (Almanachen, Zeitschriften etc.) die Vitalität ihrer Bewegung ersichtlich werden zu lassen.

Was die Übersetzung betrifft: wenn sie der einzige Grund für die Verzögerung des Absendens sind, bitte ich sie, nicht mehr zu warten; ich finde hier unter den jungen Dichtern in Krakau sicher Übersetzer.
Mit der Versicherung all meiner Sympathie

ihr Thaddäus Peiper*

Bitte schreiben sie ihr Paket ein, damit es nicht verloren geht.*

Arp an Tzara
26. 5. 1922, Zürich

Mein lieber Tzara,

ich hoffe, daß es dir wieder besser geht. Komme schnell nach Imst an meinen weichen Busen, woselbst du schnell genesen wirst. Imst wird wieder die Ehre haben, die lorbeerbedeckten Häupter betten zu dürfen.

Ernst ist schon dort, und ich werde in 14 Tagen auch dort sein. Dort können wir mit Muße unsere Bandwürmer ans Tageslicht ziehen, sie färben, aufblasen und als Wolken in den Himmel steigen lassen. Gib mir umgehend Bescheid, wann du nach Imst kommen wirst. Meine Adresse ist immer München, bei Taeuber Tengstr. 28. Ich fahre morgen wieder in das beschissene Deutschland. Mir scheint es auch, daß viele Pariser Dadas traurige Scheißhäufleins sind.
Bringe bitte *Vanity fair* mit.
Der *cinema* macht mich krank. Er ist unterschrieben, und vor 114 Tagen beauftragte ich einen nach Paris fahrenden Sportsmann aus St.Moritz, dir zu sagen, daß eine französische Einfuhrerlaubnis an Holten geschickt werden müßte. Es ist ein riesengroßes, vom Himmel angefertigtes Originalstück, daß wir zusammenkommen werden. Wenn es notwendig ist, so können wir die Bücher in Unterröcke verpacken und als deine frankophile, aber kranke Großmutter über die Grenze rollen.
Für das neue Heft des *Vanity fair* schicke ich dir von meiner keuschen Braut einige Fotos. Eine Stickerei und eine Marionette wird die Kinder des Dollars erquicken. Von meinen Möbeln kann ich dir keine Fotos schicken, da dieselben nie gut aufgenommen werden könnten. Ich füge aber den vor der Sündflut entstandenen Teppich von mir bei und mache freundlich und wieder auf meine Reliefs aufmerksam, mit der Bitte, alle diese Dinge postwendend erscheinen zu lassen. Was macht dein Buch mit meinen Zeichnungen? Du irrst dich, die Zeichnung auf dem Maiheft ist nicht dieselbe. Es ist eine Variante, wie alle großen Meister von ihren Werken solche anzufertigen pflegen. Wenn du aber lieber eine andere hast, so bitte ich dich die Zeichnungen, die deinen Busen nicht so stark wogen lassen, mit nach Imst zu bringen, wo du sie bei deinem dich mit Ungeduld bald zu lesen wünschenden und in Treue vermittelst seines Namens zeichnenden Arp umtauschen kannst.

van Doesburg an Tzara
4. 6. 1922, Weimar

*Mein lieber Tristan Tzara,

ich erwarte mit Ungeduld ihre Mitarbeit am blauen *Mécano*, der schon beim Drucker ist. Haben sie die Güte und bitten sie ihre Freunde, mir kuriose Artikel zu schicken. Ich war in Düsseldorf auf einem internationalen Kongreß der avantgardistischen Künstler. Ich ging mit meinen Freunden wieder. Der ganze Saal protestierte. Es war ein vollkommen *idiotisches* Milieu! Und reaktionär! Wir bereiten einen anderen Kongreß der *Neuesten* in Berlin vor. Ich werde sie mit Man Ray, Ribemont-Dessaignes etc. einladen! □*

Arp an Tzara
14. 6. 1922, München

Lieber Freund,

ich bin in München und wohne Luisenstraße 79/II, bei Nigris. Sag mir, wann du nach München kommst. Nächste Woche werde ich in Berlin sein, für acht Tage. Ich werde deshalb am 27.Juni zurück sein.
Herzlichst

Arp

Josephson an Soupault
15. 6. 1922, Imst

*Mein lieber Freund,

ich erhielt die *Grabinschriften*, obwohl ein wenig über Rom verspätet, und ich habe mich sehr gefreut, daß sie mir ihr Manuskript gesandt haben. Wir armen Amerikaner schreiben fast nie mit der Feder, und die sentimentale und charmante Tradition der Handschrift wird bald verschwunden sein.
Muß ich sagen, daß die Lektüre der *Grabinschriften* mich sehr berührt hat, weil ich fast alle die Personen kenne? Ich versuche, sie zu übersetzen und sie als Ganzes zu veröffentlichen.
Eluard und Ernst sind nach Innsbruck abgereist, um sich mit ihrem Buch voll Gedichten mit Zeichnungen oder Zeichnungen mit Gedichten, ich weiß nicht mehr welches, zu beschäftigen <*Die Unglücksfälle der Unsterblichen*>. Das ist eine Art Narzißmus, der mich nicht interessiert. Doch wir sind alle sehr glücklich hier, die schönen Tage hier, wir spielen an einem nahen See und machen unsere Späße. Und ich finde es übrigens gar nicht erstaunlich, daß ich nach Tirol gefahren bin — wissen sie, wie wenig Geld ich noch habe? □*

Kassak an Tzara
21. 6. 1922, Wien

Sehr geehrter Herr Kollege,

die für die Anthologie bestimmten Klischees habe ich endlich erhalten und danke ihnen herzlichst. Die Zeitschrift mit den Fotografien Man Rays habe ich ebenfalls erhalten, die Fotografie ist höchst interessant. Wäre es nicht irgendwie möglich, ein Exemplar des Albums zu bekommen? Ich möchte es sehr gerne, kann aber nicht kaufen. Ja, ich möchte auch ein Klischee von irgendwelcher Fotografie bekommen, die ich dann gerne in *MA* veröffentlichen würde. Könnten sie mir nicht die letzten Bücher Blaise Cendrars oder wenigstens eins davon schicken? Ja, richtig, das *Gasherz* ist bei uns in einem besonderen Heft erschienen:

Postkarte, Arp an Tzara, 21. 8. 1922

Kurt Schwitters und Theo van Doesburg, Kleine Dada-Soirée, 1922

ein Musterexemplar schicke ich ihnen mit der heutigen Post. Hier hat das Buch ein großes Aufsehen gemacht, doch ist das nur gesund.
Mit vielen Grüßen ihr ergebener

Lajos Kassak

Tzara an Soupault
7. 7. 1922, Imst

*Mein lieber Philippe,

erhielt den Artikel, danke. Ich sende ihn nach N. Y. Schreiben sie mir — alles, was sie sagen, bereitet Freude. Arp kommt in einigen Tagen hier an. Eluard reiste gestern ab. Wenn ich hier meine Sache verkaufen kann, werde ich hier die Neuauflage meiner *25 Gedichte* machen. Was ist in Paris los? Ich bin ohne Neuigkeiten und ohne Zeitungen. Josephson ist sehr nett.
Gruß

TZARA*

Tzara an van Doesburg
14. 7. 1922, Imst

*Mein lieber van Doesburg,

ich bin seit 2 Wochen hier, in sehr angenehmer Gesellschaft, und verbringe meine Zeit damit, Haare an die Wolken zu hängen und Kristalle an die Tiere. Die Neuigkeiten vom Kongreß, die sie mir mitteilten, interessieren mich sehr. Ich hoffe, bei meiner Rückreise nach Paris über Deutschland fahren zu können, und wäre sehr froh, sie bei dieser Gelegenheit zu treffen. Ich lege ihnen einen *unveröffentlichten* Artikel über Dada von G.R.D. für *De Stijl* bei, wie sie es verlangten. Für *Mécano* sende ich ihnen: ein oder zwei Prosastücke von Matthew Josephson aus New York, ein kleines Gedicht von Benjamin Péret und eine Prosa von mir <eingesperrt>. Ich glaube, sie haben übrigens mehrere Sachen von mir.
Wollen sie ein Gedicht von Arp haben? Schreiben sie mir. Wenn sie ein Gedicht von Soupault wollen, schreiben sie ihm in meinem Namen, 250, rue de Rivoli nach Paris.
Mit herzlichen Grüßen

TZARA*

Tzara an van Doesburg
25. 7. 1922, Reutte

*Mein lieber van Doesburg,

ich sandte ihnen vor einigen Tagen aus Imst Gedichte und Prosa für *Mécano*. Ich bitte sie, meine Prosa nicht in *Mécano* zu publizieren, sondern dafür das beiliegende Gedicht <Der Demaskierte Optimismus>. Behalten sie die Prosa für später. Ich bin jetzt in Reutte mit meinen Freunden, nicht weit von München. Wollen sie nicht für einige Tage kommen? Ich wäre sehr erfreut. Schreiben sie mir, was es Neues gibt und was sie vorhaben;
herzlichst

TZARA*

Tzara an van Doesburg
2. 8. 1922, Reutte

*Mein lieber Freund,

ich erhielt ihre Karte. Ich komme sicherlich nach Weimar, in ungefähr 6 Wochen, doch ich schreibe ihnen noch. Ich erhielt *Mécano* nicht. Ich schrieb Fr. Soupault wegen der Rechnung; der Grund ist wahrscheinlich der folgende: sie haben nur wenige Exemplare verkauft, eine gewisse Menge liegt noch im Lager anderer Buchhandlungen; *Mécano* muß erst bekannt werden □*

van Doesburg an Tzara in Reutte
23. 7. 1922, Weimar

*Mein lieber Tristan Tzara,

vielen Dank für ihren netten Brief vom 14.7. Es ist eine gute Idee, über Deutchland nach Paris zurückzufahren. Wenn es ihnen möglich ist, nach Weimar zu kommen, organisiere ich für sie eine kleine Soirée in meinem Atelier, wo sie (wenn sie wollen) einen kleinen Vortrag über Dada halten können. Wollen sie? Schreiben sie mir *(wenn ja) so schnell wie möglich*. Ich werde dann Einladungen verschicken. Wir können dann eine Pariserische Soirée veranstalten. Das wäre sehr lustig in Weimar. Gegen Goethes Gebeine und die pittoreske Atmosphäre mit den Sirenen und Faunen, die viel zu schwere Füße haben. Es ist sehr schade, daß die Gräfin Durckheim noch nicht hier ist. Sie ist auf dem Land. Sie gibt mir Verfügung über ihren Salon, um Vorträge und Konferenzen zu organisieren, doch die Intellektuellen kommen immer zu mir, jeden Samstagabend.
Der blaue *Mécano* ist schon erschienen. Ich sandte ihnen ein Exemplar an ihre Adresse in Imst. Erhielten sie ihn? □*

MÉCANO
3
ROUGE
No ROUGE, ROOD 1922
No ROT, RED 1922
ADMINISTRATIE EN VERTEGENWOORDIGING VOOR HOLLAND: „DE STIJL" KLIMOPSTRAAT 18, HAAG. — PARIS: LIBRAIRIE „SIX" 5 AV: DE LOWENDAL PARIS 7e
GÉRANT LITÉRAIRE: I. K. BONSET MÉCANICIEN PLASTIQUE: THEO VAN DOESBURG

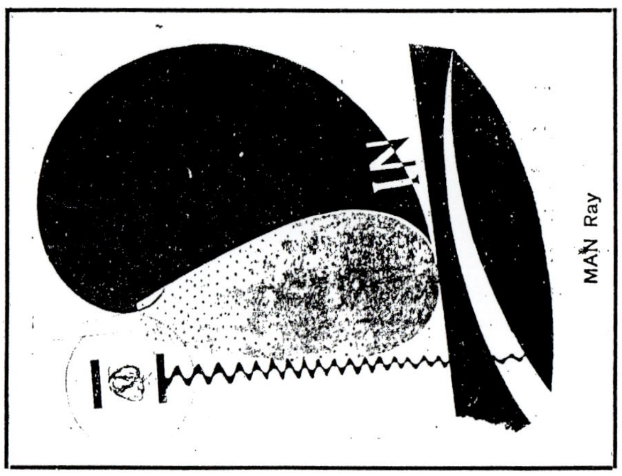

Bed-Bites

Do mosquitoes sleep
I don't know
I sleep
Mosquitoes know

I don't bite
Mosquitoes don't know
They bite
I know.

Rosie Spotts

(New York)

e i n g e s p e r r t

den feinen sand in die offene klammer hin zum tiefschwarzen auge rieseln lassen
das grüne insekt schläft da ist eine kleine seele im sack der komet sieht
im profil und von vorn gleichzeitig vom spiegel den tieren und der fabrik verdeckt
welche idee wird einen kopf töten mein kapitän zündhölzer papiere oder
kirchen gehen zigaretten der nächte nacht großer wollsessel taube trompete eines
roten wasserfalls kippt das licht auf den rücken 7 läutet es schmaler korridor
schließ dich auf leiters schwingen winzige insekten aus weißem wasser immer
leuchtend schwer in den flakons die alte freude pfeifen schreit die pyramide von
wo kommt der rauch her? elektrische stummheit zerbirst endlich schlaf aus
porzellan und holz

ballon zur vase verwandelt zerstört die symmetrie und daß das medikament gebet
werde an den zickzackigen ufern der see wird über den eisenturm himmel seine
metalle aus kleinen durchsichtigen organismen schütten
beiß in den stein zerreiß den bauch die straße verschling die blaue asche der
getreide atme atme in deinen augen aus klebendem und klingendem sand

<Mécano II>

DADA FÜR ALLE

Der Demaskierte Optimismus

für:

die mondänen teegesellschaften
die streichholz-fabrikanten
die geldsorgen
eine nacht höchster weihe
einen stickstoffzylinder bedeckt von einem zylinderhut
einen philosoph verfallen den lustbarkeiten jungfräulicher wasserfälle
eine schöne berglandschaft mit mond und de-luxe bach
den cowboy der uns mit dem lasso seiner worte fängt
einen gitterzucker
einen gewitterzucker
ein missionar der schlaflosigkeit predigt
einen glasfuß voll wasser und vögeln
einen nagel der aus flüssigen wundern hervorgeht
den skorpion der die künftigen lawinen zählt
und die lawinen die sorgfältig in säcken bewacht werden von
der postverwaltung und einer gesellschaft anonymer soldaten
mit leuchtender haut die manchmal gedehnt und gebläht wird
von

unserem spezialprodukt
INTELLIGENZ
das billigste und wiederstandsfähigste
käuflich — immer — überall

<Mécano III; Von unseren Vögeln>

Postkarte, Tzara an van Doesburg, 2. 8. 1922

EIN BILD MUSIK

sitzen die hölzernen götter auf kantigen thronen
tausendjährig mit erhobenem finger begnadet der grüne genius
liebt was er verachtet — verachtet was er liebt —
langweiliges weib und müßte — muß ich dich begehren?
dein cello meistert dich
das cello zwischen den knien macht dich göttlich und taub
unwissend bist du und vierschrötig
das cello überwältigt dich
das cello übermannt und vergewaltigt dich
ahnungsvoll entknospen sich deine schenkel
und ein warmer brauner celloton fegt durch deinen leib
ein schmelzender geigenklang wimmert dein sterbelied...

EIN ELFENBEINHELLER LANGHALLENDER SCHREI —

und blumenbehangenes schiff gleitet auf schmiegsamen tonwellen in weißes flockenmeer
dann sinkt das schiff sinkt und versinkt
berauschte passagiere ahnen und träumen und werden nackte nerven
strahlenbündel!
die schädeldecken zerschmelzen und die seelen der genießenden träumen ineinander
jedes gehirn ist auge einsam taumelnd und doch allgegenwärtig
mit allen ereignissen vermischt
der gedanke fliegt in weißzischenden telegrafendrähten
von exotischen inseln über ozeane zu niegeschauten inseln
in abendlicher hütte fallen die bleiaugen des kindes in todesschlaf
und ein noch nie gestillter mund verblaßt
schnitterin beugt sich über kaminfeuer
linsengericht murmelt litanei
und die sehnsucht schwebt eingehüllt in blauen rauch
zum ländlichen abendrot hin
singender flötenton durchzittert die blütenbombe
singender ton klagt wimmert schwillt an jubiliert
der himmelstürmende osterakkord braust
es kracht die blütenbombe beim besiegenden orgelton
in allen adern triumphiert es!
da sickert überwundenes märtyrerrot aus geweihtem opferweiß
alle bänder fallen rosenregen...
o springendes wonnegift in unheilbarem blut
taumelparadies irrgarten der wollust
o seliger untergang in singenden ekstasen...

<Tristan Tzara, aus den deutschen Manuskripten, Tirol 1922>

Tzara an van Doesburg
8. 8. 1922, Hohenschwangau

*Mein lieber Freund,

ich sende ihnen mit derselben Post ein Paket, das sie in einigen Tagen erhalten. Bitte schreiben sie mir nach München, Luisenstraße 79/II, bei Nigris, wenn der Freitag, der 22. Sept. ihnen für meinen Vortrag paßt. □
Ich werde um den 16. 9. nach Weimar kommen, mit Arp. Ich bin sehr froh, sie zu treffen, vor allem, weil es wahrscheinlich ist, daß ich von Paris nach New York abreise und nicht weiß, wie lange. Wählen sie einen nicht zu kleinen Saal aus. □

Tzara an Heap
10. 8. 1922, Reutte

*Sehr geehrtes Fräulein,

ich vernehme aus den Zeitungen, daß sie in der *Little Review* ein Gedicht oder eine Prosa von mir veröffentlicht haben — ich kann mir das nicht erklären, da ich ihnen niemals etwas gesandt habe.
Ich wäre ihnen sehr dankbar, wenn sie mir die Belegexemplare zusenden würden, an meine Adresse hier in Tirol oder in Paris, 15, rue Delambre, XIV.
Mit herzlichen Grüßen

TZARA*

Peiper an Tzara in Tirol
13. 8. 1922, Krakau

*Sehr geehrter Herr und Freund,

die dringende Arbeit an der 2. Nummer meiner Zeitschrift hat mir bis jetzt keine Zeit gelassen, ihnen zu antworten. Ich habe die *Anthologie* erhalten, die sie mir freundlicherweise schickten. Eine der nächsten Nummern wird Dada gewidmet sein, und ich werde für sie von allen Dokumenten profitieren, die sie mir übermittelt haben. Die Übersetzungen von Zborowski sind nicht unbedingt nötig, aber es wäre gut, von ihm einen Artikel über die Geschichte des Dadaismus zu bekommen, und das beste Mittel, diesen zu kriegen wäre, ihm diesen zu diktieren. Ein Artikel über die Dada-Malerei ist absolut notwendig, und ich habe keinen, der ihn schreiben könnte. Und Ribemont-Dessaignes, von dem sie gesprochen haben? Ich würde gerne *Arp* übersetzen, könnten sie ihn um Bücher fragen? Was Publikationen der modernen polnischen Kunst betrifft, können sie sich darauf verlassen, daß ich ihnen alles schicke, was sie interessiert.
Mit freundschaftlichen Grüßen

Thaddäus Peiper

van Doesburg an Tzara
17. 8. 1922, Weimar

*Mein lieber Tzara,

vielen Dank für ihre Sendung. Ich war mit meiner Frau 3 Wochen in Riga, und wir sind gerade nach Weimar zurückgekehrt. Es freut mich sehr, daß sie nach Weimar kommen. □
Ich werde ihre Gedichte in der Nummer III, der roten, von *Mécano* veröffentlichen.*

Arp und Taeuber an Tzara in Tirol
21. 8. 1922, Zürich

Lieber Tzara,

bitte vermerke auf der Rückseite der Zeichnung für das polnische Blatt *oben* und *unten*. Wir sind schon in die Zone des Schweizerkäsegeruchs getreten. Grüße bitte deine Freunde

dein Hans Arp

Bitte fragen sie gelegentlich einmal auf der Post, ob noch etwas für mich gekommen ist. Frl. Chrusecz ist vielleicht so freundlich, das Zimmermädchen zu fragen, ob sie einen gelben Kofferschlüssel gefunden hat.
Herzliche Grüße

SHT

Tzara an van Doesburg
22. 8. 1922, Reutte

*Lieber Freund,

vielen Dank für ihre Karte, die mich mit Freude erfüllt hat. Ich hoffe, daß wir uns beide in Weimar die Hand schütteln können. Ich komme wahrscheinlich mit Arp Ende September, und wenn es ihnen Freude macht, eine kleine Soirée zu organisieren, halte ich einen Vortrag, und Arp könnte mit seiner wunderbaren Stimme seine Gedichte lesen, die sicherlich zu den schönsten deutschen zählen, die ich kenne. Beiliegend ein Gedicht von ihm und ein anderes von G. R.-D. für *Mécano*. Doch ich bitte sie, mir die zwei anderen Prosastücke von Josephson zurückzuschicken; diese Gedichte erscheinen in Englisch in einer anderen Zeitschrift, doch wenn sie sie wollen, haben sie das Recht, sie für *Mécano* zu übersetzen. Die 2. Nr. gefiel mir sehr. Das Leben hier ist sehr angenehm, eine Frau, ausgehalten von der richtigen Wortwahl. Ich bade in den schönen Landschaften, und der Vogel ist billig.
Mit aller Freundschaft für sie und ihre Frau

TZARA*

Kassak an Tzara in Reutte
25. 8. 1922, Wien

Sehr geehrter Kollege,

ihr Telegramm habe ich erhalten, und ich schicke ihr Manuskript sowie die anderen Sachen zu meinem Leidwesen sofort zurück. Ich bedauere, das tun zu müssen, da es mir sehr unangenehm ist, keine bessere Kalkulation zu haben, und zweitens weil wir so keine Zeit hatten, einige von den Manuskripten übersetzen zu können. Flüchtig haben wir uns das Heft angeschaut und fanden darin sehr schöne und interessante Sachen. Bezüglich der Druckerei: war zwar die Kalkulation meiner Ansicht nach nicht teuer, billiger oder selbst zu diesem Preise wird das Buch heute kaum zu machen sein. Gleichzeitig habe ich einige Exemplare aus dem magyarisierten *Coeur à Gaz* expediert.
Das Geld Arps und auch die 10.000 Kronen habe ich erhalten. Die Anthologien befinden sich unterwegs. Schreiben sie mir sooft als möglich,
mit den besten Grüßen an sie alle

Lajos Kassak

Taeuber an Tzara in Tirol
2. 9. 1922, Zürich

Lieber Herr Tzara,

der Fotograf hat eine Platte verloren, deshalb ist alles verzögert. Arp wird heute oder morgen bestimmt schreiben. Vielen Dank für die Filme, sie waren schlecht eingespannt, deshalb sind sie flau. Ich habe sehr viel zu tun, aber das nächste werden die Marionetten sein. Der Wiener Druckpreis ist wahnsinnig. Arp fährt in etwa 10 Tagen nach München, und wenn es ihnen paßt, mit ihnen nach Weimar. Haben Josephsons schon Nachricht, ob sie nach München gehen? Fragen sie Frl. Chrusecz, ob sie hier nähen will. Ich lasse ihr zu diesem Brief danken.
Allein viele Grüße

Sophie H. Taeuber

Wir wünschen uns an den Ursen zurück, dem wir noch ein Tanzzimmer gefunden haben.

Tzara an van Doesburg
7. 9. 1922, Hohenschwangau

*Mein lieber Freund,

ich bin hier für 5 Tage und schreibe ihnen, um das Datum meines Vortrages zu fixieren. Paßt ihnen *Freitag, der 22. September*? Wenn ja, schreiben sie mir gleich. Ich bleibe hier in Hohenschwangau, Bayern, Pension Müller, bis zum 12.Sept., danach reise ich nach München ab, wo ich bis zum 16. Sept. bleibe. Meine Adresse dort ist: Tr. Tz. bei Nigris, Luisenstraße 79/II, München. sofort nach dem 17. fahre ich mit Arp nach Weimar und wäre froh, sie wiederzusehen; wir könnten vielleicht verschiedene Sachen zusammen arrangieren. Schreiben sie mir deshalb entweder nach hier oder nach München, wenn das Datum ihnen paßt, und sagen sie mir, wie der Saal ist. Ein nicht zu großer und auch nicht zu kleiner Saal wäre vorzuziehen; auch müßten Anzeigen in den Zeitungen gemacht werden (selbst in Berlin) und spezielle Einladungen, als von *Mécano* organisierte Konferenz. Was halten sie von einem Eintrittspreis? Ich habe auf jeden Fall volles Vertrauen zu ihnen. Beiliegend finden sie das Foto von Ribemont. Bitte darunter *Foto Man Ray* vermerken zu wollen. Soupault schrieb mir, er ist sehr für ihre Vorschläge. Frau Soupault ist aufs Land gefahren; sie hat die Briefe, von denen sie sprechen, noch nicht erhalten — sobald sie zurück ist, wird sie alles in Ordnung bringen; ich selbst werde in Paris sein und alles zum besten arrangieren. Ich komme nun auf etwas anderes zu sprechen und bitte sie, so nett zu sein und für mich die nötigen Schritte zu veranlassen noch vor meiner Ankunft in Weimar. Es handelt sich um folgendes. *La Sirène* hat mich beauftragt, für ihn mein Buch in Deutschland drucken zu lassen — *De Nos Oiseaux*. Der Preis, den man mir in München gemacht hat, ist viel zu hoch. Alle Angaben über Papier, Schrifttype etc. sind im Manuskript. Hätten sie die Güte, das Ganze einem Drucker in Weimar zu übergeben, den sie kennen, und ihn zu bitten, ganz schnell einen Kostenvoranschlag zu machen und zu sagen, wie lange er maximal braucht, um es zu drucken, da ich gerne die ersten Abzüge noch in Weimar korrigieren möchte und es gerne hätte, wenn das Buch Anfang Oktober fertig wäre, wenn ich nach Paris zurückkehre. Wären sie auch so nett, mir nach *München* den Kostenvoranschlag für den Druck zu schicken, aber das Manuskript zu behalten und den Drucker auch zu fragen, wieviel jedes Hundert über die angegebene Menge hinaus mehr kostet?
Ich danke ihnen im voraus, und sobald ich ihnen einmal nützlich sein kann, bin ich es mit Vergnügen.
Mit einem herzlichen Händedruck

ihr TZARA*

Arp an Tzara
7. 9. 1922, Zürich

Mein lieber Tzara,

eben als ich mich anschickte, auf die Schreibmaschine zu stehn, um dir auf deine 2 Briefe zu antworten, brachte mir der Marathonläufer deinen 3ten Brief. Ich, kalter Sohn des Nordens, Südens, Ostens, Westens, bereue zerknirscht, dir feurigem Sohn des großen Rumäniens, des Landes, wo die Wiege stand, der Dame mit der nackten Hand, der groß größer am größten Poetin silva plana sils maria carmen silva erst heute zu schreiben.
Ich habe dir alle erwünschten Fotos wohl eingeschrieben an deine neue Adresse zugehen lassen. 7 Marionetten, 1 Portraitfoto der Taeuberin und 2 Fotos von deinem *humble serviteur*. Ich lasse noch eines von mir machen. Sie werden dir baldigst nachgeschickt werden. Ich glaube, daß die kleine mit der Pelzmütze am besten für *Mécano* geeignet ist.
1 *Schalaben* für die Dadamaja habe ich den Fotos beigelegt. In ungefähr zehn Tagen bin ich wieder in München. Ich werde dir sofort ein Telegramm schicken.
Die 50 Franken werde ich dir in Deutschland aushändigen.
Hoffentlich findest du in Weimar einen passenden Drucker. Ich möchte gerne in Weimar mit dir lesen. Schlägst du denn schon jetzt dort die Harfe? Sehr leicht könnte man in Hannover im Salong Garvens lesen. Schwitters würde sicher die Geschichte besorgen. Ich könnte auch die Übersetzungen lesen und mit dem Verleger wegen dieser Gedichte verhandeln; wenn man den Tonsetzer, der meine Gedichte aus der *Wolkenpumpe* vertont hat, mitnehmen würde, wäre der Erfolg groß. Er würde sicher auch von dir schnell einige Opern anfertigen.
Vergesse nicht, dich von mir zu grüßen. Grüße bitte die Dadamaja von mir. Bitte meine besten *to be ishued or published to promulgate to submit to suffer patiently naked woman and the man of the feather fatherless feathery feature featured febrifuge* Herrn und Frau Josephson zu übermitteln.

Dein Arp

Herzliche Grüße aus unserem Land, das sehr schön ist, wo man aber so arbeiten muß, daß einem ganz schwindlig wird. Auf Wiedersehen und grüßen sie Frl. Chrusecz. Wann hat sie im Sinne, hierher zu kommen?

Ihre Sophie H.Taeuber

van Doesburg an Tzara
8. 9. 1922, Weimar

*Lieber Freund,

herzlichen Dank für ihren netten Brief. Beiliegend die 2 Prosastücke von Josephson. Ich freue mich darauf, sie und Arp in Weimar zu treffen. Ich danke ihm für seinen Beitrag *Die Schwalbenhode*. Wenn die Gräfin Durckheim wieder in Weimar ist, ist es leicht möglich, daß wir eine kleine Dada-Soirée in ihrem Salon organisieren können. Andernfalls in meinem Atelier oder im Atelier meines Freundes Burghartz. Wenn sie mir das *Datum* und die *genaue Stunde ihrer Ankunft* nennen, können wir einige *Einladungen* auch an Freunde nach Berlin verschicken.
Ein holländischer Freund, Vilmos Huszar, hat die Idee einer Dada-Tournee in Holland im Oktober oder November aufgebracht. Wenn sie oder vielleicht Herr Arp oder andere mitmachen wollen, bitte ich sie, mir zu schreiben. Ribemont-Dessaignes vielleicht? Mein Freund Huszar hat in Holland schon alles in Gang gesetzt. Es gibt in Den Haag einen Impressario, *Dr. de Koos*, der diese Dada-Tournee in Holland organisieren will, d.h. in Den Haag, Rotterdam, Amsterdam, Utrecht etc. Die deutschen Dadaisten (Schwitters, Raoul Hausmann) haben schon zugesagt. Ich bitte sie, mir dabei zu helfen, damit diese Idee Erfolg hat. Der Impressario will daraus ein Unternehmen in großem Stil machen:

1. viel Reklame vorher (sandwichman)
2. Zeitungsanzeigen
3. ganz moderne Bühnendekoration (von Huszar und mir gemalt)
4. Musical und Tanz

Ich will eine Summe von 1500 oder 750 Gulden für die Truppe vereinbaren. Meine Frau will dadaistische Musik spielen (zum Beispiel von Vittorio Rieti: *Tre marcie per la Bertie*). Bitte senden sie mir auch *dadaistische Musik von Ribemont-Dessaignes, von der sie in ihrem letzten Brief sprachen. Es ist sehr wichtig!*
Bonset ist leider im Ausland, aber ich will gern einige seiner Gedichte, Manifeste etc lesen. Die Idee ist sehr gut, nicht wahr? Und für Holland ganz und gar neu. Also los, mein Freund, machen sie alles, was sie können, damit es ein Erfolg wird. Schreiben sie mir, was sie von der Idee halten, und alle *notwendigen* Informationen! Das ganze Material für diese Tournee (*Personen, Idee, Musik, Programm etc.*) ist sehr wichtig für den Ablauf in Holland. Schreiben sie mir im Detail!
Mit herzlichem Händedruck

Theo van Doesburg

Ich will in Holland den rembrandtischen, van goghschen Bodensatz und die Groc-Käse-Romantik ein für allemal vernichten; das ist äußerst wichtig!*

van Doesburg an Tzara
<ohne Datum und Ort>

*Mein lieber Tzara,

□ ich kann versuchen, einen Saal im Russischen Hof zu mieten. Die Atmosphäre in Weimar ist wenig für eine Soirée unter freiem Himmel geeignet. Das machen wir in Holland!

Theo van Doesburg und Frau*

Schwitters an Theo van Doesburg
13. 9. 1922, Hannover

Lieber Doesburg,

ihr Vorschlag betr. Dada-Tournee Holland freut mich sehr. Ich bin gern bereit mitzumachen und beeile mich, ihnen zu schreiben. Sie fragen, was ich tun würde auf der Tournee. Das müßten wir miteinander bereden. Ich kann sehr viele schöne Sachen machen, für mehrere Abende hätte ich schönen Stoff genug. Ich nehme aber an, wenn all die anderen genannten Herren mitmachen, wird für den einzelnen nur 1/4 Stunde Zeit bleiben. Wenn wir Zeit zum Proben hätten, so könnten wir ja etwas gemeinsam machen, vielleicht einen Sketch in 5 Sprachen, bei dem keiner den anderen versteht. Die Zusammensetzung ist ja gut. Besonders Bonset gefällt mir bei Dada. Nun bestünde die Möglichkeit des Probens bei Hausmann und mir. Wir beide hatten sowieso vor, ein gemeinsames Kopfstückchen zu bearbeiten. Ich nehme an, Hausmann hat noch Zeit, dann machen wir es. Und zwar handelt es sich dabei um wechselnden Vortrag von abstrakter Poesie und Tanz mit Klopfbegleitung, eigenes System. Wenn ich selbst etwas allein vortragen sollte, so fragt es sich, ob ich deutsch sprechen kann in Holland. Jedenfalls wird man von mir das *Anna-Blume*-Gedicht hören wollen, und ich würde es nacheinander in Deutsch, Englisch und Französisch vortragen. Sonst könnte ich das Gedicht *Wand* (aus einem Worte), 3 *Zahlengedichte*, wenn sie mir die holländischen Zahlen sagen, und *Lautgedichte* vortragen, die ohne Sinn, ohne Sprache, jedem Holländer verständlich sind. D d s s n n r — Je — M — M p — M p f — M p f l — M p f t l — usw. Wenn wir überlegen, werden wir schon das Rechte finden. Bezüglich des Honorars hoffe ich und nehme ich an, sie werden es jedem gleich geben. Dann bin ich einverstanden, wenn bei freier Reise und freiem Logis und Kost etwas für uns übrig ist.
Nach Weimar wollte ich das ganze Jahr schon kommen, aber meine Reise hat sich infolge von Krankheit und Arbeit und anderen Reisen stets verschoben. Jetzt fahre ich nach Lüneburg'Hamburg und wollte nun endlich nach Jena'Weimar bis Dresden fahren. Sind sie dann da?
Ich will ihnen noch einige gesetzte Gedichte schreiben.
Wenn sie meine neuesten gesetzten Gedichte für den *Stijl* verwenden könnten, sollte es mich freuen.
Bei dieser Gelegenheit möchte ich noch einmal anfragen, ob sie ev. geneigt wären, mit mir ein Aquarell oder Bild zu tauschen. Ich würde mich glücklich schätzen, von ihnen ein repräsentables Bild zu besitzen. Eine Propaganda für Hannover wäre ihnen sicher. Wenn ja, dann könnten wir im Oktober in Weimar tauschen. Schreiben sie bitte über alles ausführlich.
Herzlichst

Kurt Schwitters
Hannover Waldhausenstr. 5 II.

Schwitters an Herbert von Garvens
Jena im gastlichen Hause des
Dr. W. Drexel, 24.9.1922,
Sonntag. Während eines Gewitters.

Lieber Herr von Garvens,

am Freitag den 29. wollten wir in Hannover einen Abend DADAREVON geben. Mitwirkende:

Hans Arp
Tristan Tzara
Petro van Doesburg
Theo van Doesburg
Raoul Hausmann
Kurt Schwitters

Wir geben am 25. 9. einen Abend in Weimar und am 26. in Jena. Außerdem kommen als Gäste Lissitzky, Peter Röhl, Gräff, Dexels, Buchartz, Moholys. Wir wollten den Abend bei ihnen machen. Honorar oder Reisevergütung wird *nicht* verlangt. Dexels und Gräff wollten gern bei ihnen wohnen, die anderen sonst. Wenn Freitag nicht paßt, kommen wir Sonnabend. Bitte laden sie Leute ein und machen sie sonst die nötige Propaganda. Hannover wird solch reichen Dadaabend nicht wieder erleben. Die Gelegenheit ist aus verschiedenen Gründen sehr günstig. Bitte geben sie umgehend telegrafische Nachricht an Burchartz, Weimar, Kunstschulstraße 3 III und ausführliche Nachricht an Dr. W. Drexel, Jena, Fuchsturmweg 15. Wenn sie großen Mut haben, mieten sie den Rathaussaal?
Herzlichst

Kurt Schwitters — Hans Arp
Hans Arp — Theo van Doesburg
Tristan Tzara (Paris) — Petro v. Doesburg
Werner Graeff — L. Moholy-Nagy
Peter Röhl — Max Buchartz

Stijl- und Dada-Abend im Jenaer Kunstverein, 1922

In Jena lebte damals ein abstrakter Maler, Walter Dexel. Es gelang ihm, den Jenaer Kunstverein zu überzeugen, daß einmal ein Abend den modernsten Kunstbestrebungen, *Stijl* und *Dada*, gewidmet werden müsse. Also versammelten sich eines Tages in Doesburgs Weimarar Atelier die Akteure dieses Abends und einige Freunde. Petro (Nelly) van Doesburg übte auf dem Flügel in ihrer unglaublich präzisen, rhythmisch-kräftigen Art den *Elefantenmarsch* von ... und einiges von Strawinski. Does ordnete seine Lichtbilder für den Einführungsvortrag über abstrakte Kunst. Hans Arp und Kurt Schwitters waren über die Manuskripte ihrer Gedichte gebeugt, wobei sie übrigens in größter Einträchtigkeit gegenseitig Korrekturen und Ergänzungen anbrachten und ihre Begeisterung wechselseitig steigerten. Dann war es Zeit, zur Bahn zu gehen. Dabei stellte es sich heraus, daß infolge Streiks keine Tram fuhr, und es war eine halbe Stunde Wegs. Kurt Schwitters und ich waren zufällig am Ende der Kolonne. Schwitters führte ein Velo an der rechten Hand, das er als Packesel benutzte. Es war über und über beladen mit Mappen und gewichtigen Paketen. Auf dem Rücken hatte er einen Rucksack, der ihn fast zu Boden zerrte, so schwer mußte er sein; und zu alledem trug er in der linken Hand einen großen Handkoffer.
Schwitters war ein großer, kräftiger Mensch. Aber dieses fürchterliche Gepäck mußte diesen Mann töten. Also erbot ich mich, seinen Koffer zu tragen. Nie zuvor und niemals später habe ich einen derart schweren Koffer in der Hand gehabt. Ich schwang ihn auf die Schulter, biß die Zähne zusammen und kam damit vollkommen erschöpft zum Bahnhof. Dann wurde alles nach Jena geschafft und der Gepäcksaufbewahrungsstelle übergeben.
Im Kunstverein war der Saal mit einer äußerst mißtrauisch und feindlich blickenden Zuschauerschar gefüllt, als Doesburg mit schwarzem Hemd und weißer Krawatte, bleich, aber gefaßt, zum Rednerpult schritt. Schwitters sah eine kleine Katastrophe voraus und kam seinem Freund vorbeugend zu Hilfe. Er trat unversehens vor und erklärte mit eindringlicher Stimme: *Jena ist die einzige Stadt in Europa, in der es vorgekommen ist, daß es jemand wagte, bei einem Vortrage Doesburgs zu pfeifen. Daß dergleichen nicht wieder passiert! Sitzen sie gefälligst ganz still und hören sie schön zu!* (Womit er Does das Wort erteilte.) Schwitters sprach hier wie der Lehrer zu ungezogenen Schulkindern. Und so unglaublich das ist: der Bann hielt wirklich über den Vortrag Doesburg an, der ohne Zweifel gut war, aber extrem und aggressiv, wie es in Doesburgs Art lag, wenn er sich Gegnern gegenübersah.
Und dann schritt Nelly zum Flügel und ließ den *Elefantenmarsch* los. Da gab es dann bald kein Halten mehr. Man zischte und pfiff, während Nelly unbeirrt weiterspielte, die großen blauen Augen erstaunt-belustigt aufs Publikum gerichtet. Bei Schwitters' Gedichten herrschte dann wieder einige Ruhe, da der alte Magier die Leute in Bann schlug. Dafür brach bei Hans Arps Vorlesung plötzlich ein Höllenlärm los. Das Publikum fühlte sich verspottet. Andererseits hatte der Lärm im Publikum die unerwartete Wirkung, daß nun der Maler Peter Röhl (Schüler van Doesburgs) aufsprang und eine seiner phantastischen Ansprachen hielt, die zwar nicht für logischen Aufbau, dafür aber der überraschenden Wendungen wegen bekannt waren. Diesmal hieß es unter anderem: ... Da sich aber der deutsche Puffkismus hier wieder einmal deutlich gezeigt hat, so stehen wir drei jungen Burschen hier auf (der nicht gerade junge Soester Kunstkritiker Will Frieg und ich waren geistesgegenwärtig genug, uns rasch zu erheben) und rufen: *Theo van Doesburg lebe hoch!* (hoch, hoch, riefen wir aus vollem Halse), ungeachtet, daß die Rede in diesem Moment keinen erkennbaren Sinn hatte. Die Versammlung grübelte noch ein wenig über Peters Worte nach, die ihr ebenso unverständlich erschien wie alles, was auf dem Podium vorging, und begab sich, erregt diskutierend, nach Hause.

<Werner Graeff>

Tzara, van Doesburg, Nelly van Doesburg, El Lissitzky, Ernst Schwitters, Helma Schwitters und Kurt Schwitters beim Konstruktivsten-Kongreß, Weimar 1922

Tzara an Bonset
27. 9. 1922, Weimar

*Mein lieber
Bonbon
set,

unser exzellenter Freund van Doesburg, die holländische Hode voller Schwalbenmandeln, hat mir so amüsante und bewundernswerte Dinge über sie erzählt, voll von ihren Hoden, daß ich ihnen mit dem Herzen unserer W.C.s schreibe und daß der Scharfsinn ihrer (wie soll ich sagen?) hodeligen Kritiken — nicht zu verwechseln mit dem Senf eines eingekochten Weibchens — eine ebenso wichtige Erfindung ist wie das Leben. Arp ist hier. Er hat die Hode entdeckt. Wir haben an sie gedacht und unsere Kleiderpuppe im Triumph mitten durch die Kadaver der anwesenden Professoren getragen. In aller Freundschaft, mehr als je zuvor,
Ihr IMMÄÄR

Tristan Tzara und Ihr
Hans Arp*

*Lieber Kubus,

du siehst, wieviel Sympathie deine Masken-Figur findet; in Weimar läuft alles ganz nach deinem Sinn. Arp, Tzara, die du verehrst (*Schwalbenhode! Wolkenpumpe! Herr Antipyrine!!*) Ich bin halb besoffen. Glücklicherweise fühl ich dann mehr, was uns die andere trotz allem verbindet: das Leben. Feine Kerle, Tzara und Arp!! Nun, viel Liebes und Herzliches, wer weiß, wie die Zukunft noch aussieht! Was von den Konstruktivisten noch kommt.

van Draaaaaa

D a a a ? ? ? ?
für wahr.........
Ich küß'dich DOES

Sehr viele Küsschen auf deinen lieben Mund von deiner Nelly*

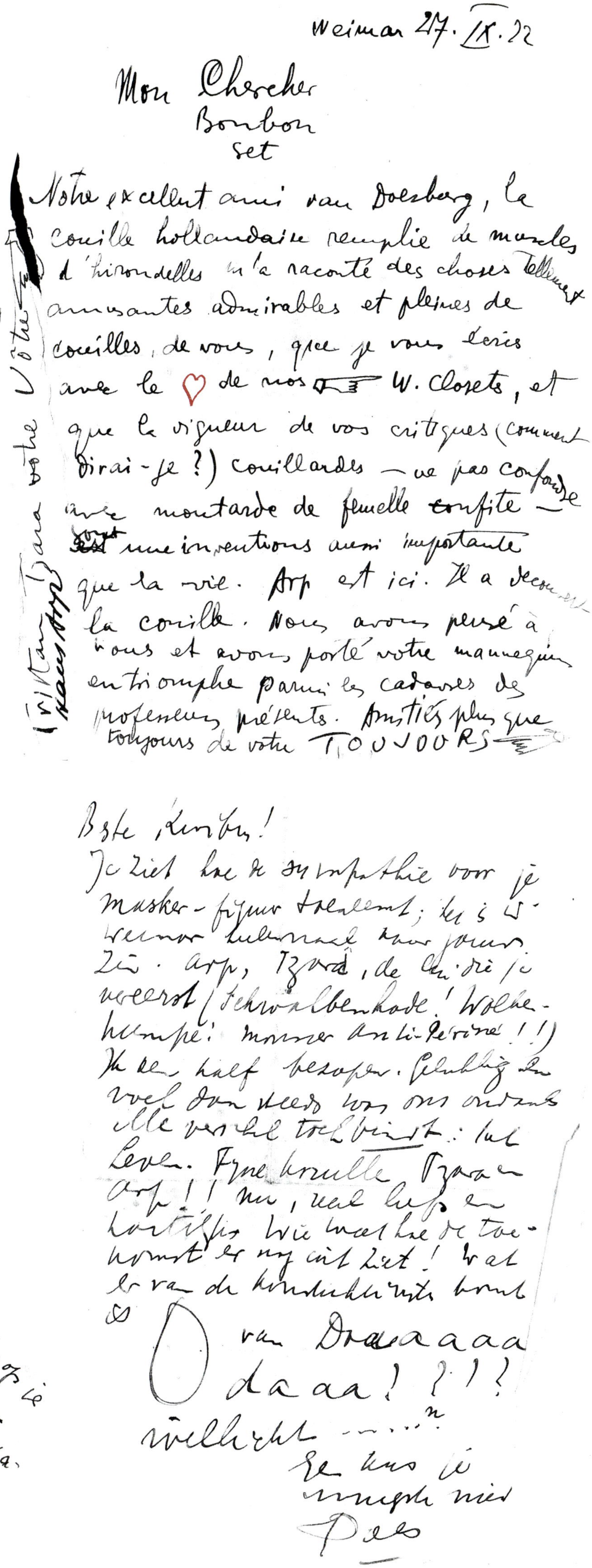
Weimar 27. IX. 22

Mon Chercher
Bonbon
set

Notre excellent ami van Doesburg, la couille hollandaise remplie de mandes d'hirondelles m'a raconté des choses tellement amusantes admirables et pleines de couilles de vous, que je vous écris avec le ♡ de nos W. Closets, et que la vigueur de vos critiques (comment dirai-je?) couillardes — ne pas confondre avec moutarde de femelle ~~confite~~ — sont une inventions aussi importante que la vie. Arp est ici. Il a découvert la couille. Nous avons pensé à vous et avons porté votre mannequin en triomphe parmi les cadavres des professeurs présents. Amitiés plus que toujours de votre TOUJOURS

Tristan Tzara votre Vôtre
Hans Arp

Beste Kunbus!
Je ziet hoe de sympathie voor je masker-figuur toeneemt; het is in Weimar helemaal naar jouw zin. Arp, Tzara, die die je vereerst (Schwalbenhode! Wolkenpumpe! monsieur Anti-Pyrine!!) Ik ben half besopen. Gelukkig en voel dan meer wat ons anders alle verschil toch bindt: het Leven. Fijne kerelle Tzara en Arp!! nu, veel liefs en hartelijks wie weet hoe de toekomst er nog uit ziet! Wat er van de konstruktivisten komt is

van Draaaaaa
Daaa!???
vielleicht ......
Ik kus je [illegible]
Does

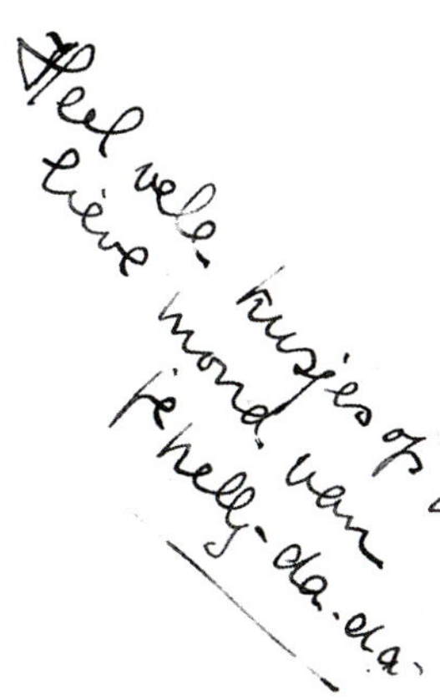
Heel vele kusjes op je lieve mond van je Nelly-da-da.

Konstruktivsten-Kongreß, Weimar 192: Von links nach rechts, oben: Max und Lotte Burchartz, Peter Röhl, Vogel, Lucia und Laszlo Moholy-Nagy, Alfred Kémény. Mitte: Alexa Röhl, El Lissitzky, Nelly und Theo van Doesburg, Sturtzkopf. Unten: Werner Graeff, Nini Smit, Harry Scheibe, Cornelis van Eesteren, Hans Richter, Tristan Tzara, Hans Arp.

Kabeltelegramm Weimar — Paris — Zürich — Budapest — Moskau — Internationaler Kongreß der Konstruktivisten und Dadaisten in Weimar 1922

19. September Tristan Tzara in Weimar — milde Temperatur — die Flöte von Sankt-Ziegenzack-Arp hat sich verirrt — 20. September Achtundzwanzig Telegramme — 21. September Tzara besucht das Hotel des artistes invalides *Bauhaus* (viele der Kranken an Mazdaznan Pips und an Expressionismus ohne Faden erkrankt) — *Befund*: von der Direktion des *De Stijl* in allen plastischen Bereichen festgestellte Befunde absoluter Impotenz der *Meister* (exclusivement des Direktors, armes Kind seiner katastrophalen Impulse!) — Der Schüler begabter als ihre *Meister*? — 22. Trinken — trinken — trinken — betrunken — 23. Ankunft Schwitters — kauft sich eine Postkarte im Bauhaus und verschwindet durch den Kamin — Im Residenz-Café wird Kuwitter *Sondiermerz* getauft — abends allgemeiner Sturm auf das Atelier van Doesburg — Arp schwebt noch immer — irgendwo — 24. Arp kommt in Jena an — große Auswanderung — Extrazug mit Speise- und Trinkwagen — Großer Bahnhof am Bahnhof — Angeführt von Dr. Dexel, haben sich die Jenaer aufgestellt — Begrüßung Jazz-Band-Arp — Aufzug durch die Stadt — 25. retour nach Weimar — Die jungfräuliche Mikrobe Dadas dringt in Weimar und die Bauhäuser ein — Bortnyik hat in Ungarn den Dadaismus bekämpft — Lissitzky-Moskau sagt dem Dadaismus: *Du hast von innen aufgeschnitten das Bauchgehirn der Bourgeoisie* — Es regnet Sekt — *madame — madame — madame — madame — madame — madame — madame — madame — madame — madame — madame — madame — madame — madame — madame — madame* — Arp hat seine Flöte *dans le Chat-noir* verloren — 26. nach vielem Drücken legt der Internationale Hahn das erste konstruktivistische Ei. Das dynamische Ei von Moholy ist zugleich ein Küken — 27. Petro mit den Stimmen der Allgemeinheit zum unentbehrlichen dadaistischen Musikinstrument Europas ausgerufen — *Marcia nuziale per un coccodrillo* vor das Museum — Jena-Hygiena-Hyäna-Dada — Zerstörung Jenas durch den Schal von Kuwitter — 28. Dada — Tournee durch Deutschland von München bis Hannover — 29. Der große Pra fährt auf seiner Flöte nach Zürich zurück.

<Mécano Nr. 3>

van Doesburg an Tzara
18. 10. 1922, Weimar

Mein lieber Tzara,

ich erhielt gerade einen Brief meines Freundes Vilmos Huszar, der sich, wie sie wissen, lebhaft für die dadaistische Tournee in Holland einsetzt. Er schreibt, daß der Impressario Dr. de Koos die Dada-Tournee in Holland machen will, unter folgenden Bedingungen. Da der Impressario von den dadaistischen Sachen keine Ahnung hat und die Gegebenheiten in Holland nicht sehr günstig sind, kann er nicht das ganze Risiko tragen.

1. Er will den *Profit* teilen (50% für ihn, 50% für uns)
2. Er will *die ganzen Unkosten* tragen, d.h. den *Saal*, den *Druck*, die *Annoncen* etc.
3. Ohne daß es notwendig wäre, will er 100 Gulden Vorschuß zahlen.
4. Wenn die Soiréen Erfolg haben, will er von seinen *Prozenten* einen Anteil den Mitarbeitern geben.
5. Die Tournee kann vor dem 16. November 1922 in Amsterdam losgehen.

Wie finden sie diese Vorschläge? Die Bedingungen sind nicht schlecht, aber was soll man machen (in einem so teuren Land wie Holland), wenn die Einnahmen keinen Profit ergeben?
Vielleicht langt es, viel und bizarre Reklame zu machen, damit die Säle voll sind!? Sind sie so gefällig, mein lieber Papa, und überlegen sie sich's mit Hr. Ribemont-Dessaignes und Hans Arp (ich schreibe ihm mit derselben Post). Haben sie noch in Berlin die Abzüge Arps (Zeichnungen) erhalten?
Der Drucker schrieb mir den Brief, den ich beifüge; schicken sie mir bitte sofort das vorgestreckte Geld!
Ich bedanke mich für ihre nette Karte aus Berlin! Wir haben schöne Erinnerungen an ihren Aufenthalt bei uns in Weimar. Vielleicht treffen wir uns sofort für die Tournee — oder in Capri?
Wir umarmen sie!

Ihre Freunde Does und Petro-Dada

Viele Grüße von Dada-Freunden aus Weimar, Peter, Burghartz etc.!

Falls sie nach Holland kommen, bitte ich sie, mir 5 Portraits von ihnen, Ribemont-Dessaignes und auch von Hans Arp für die Propaganda in den holländischen Zeitungen und für die Vitrinen etc. zu schicken. Schreiben sie mir im Detail.
Der rote *Mécano* (III) ist beim Drucker.*

Taeuber an Tzara,
20. 10. 1922, Pura

Lieber Tzara,

ich danke ihnen für die Karte aus Weimar. Ich bedaure es sehr, daß ich nicht an euren Vorträgen teilnehmen konnte. Sofort nachdem ich ihre Karte erhielt, schrieb ich an Brentanos, aber es war schon zu spät. Wenn sie mir eine Nummer der *Vanity fair* verkaufen könnten, würden sie mir eine große Freude machen. Wie fanden sie Deutschland vor?
Mit besten Grüßen

Sophie H.Taeuber

Ich erhielt die Klischees, die sehr gut geworden sind; er wird morgen nach Zürich schreiben.

Dein Arp

Arp an Tzara
23. 10. 1922, Zürich

*Mein lieber Tzara,

ich hoffe, daß du unsere Karte aus Pura bekommen hast.
Deine Sendungen sind alle gut angekommen. Ich habe viel Freude an unserem Buch <Von unseren Vögeln>. Leider mußte ich vier Zeichnungen ausscheiden, weil sie durch die Verkleinerung einen ganz anderen Ausdruck bekommen haben. Linien sind zu dünn, Teile zu unruhig geworden, und eine paßte nicht zu den anderen. Wenn du unbedingt daran hältst, daß mit dem Verlagszeichen 16 Zeichnungen in das Buch kommen, so kann ich mit der *Sirenennymphe*, die ich dieser Tage an den Drucker schicke, Ersatz beifügen. Ich finde aber, daß 12 Zeichnungen vollkommen genügen. Im Gegenteil, es sieht sonst zu sehr nach Bilderbuch aus. Nun müssen natürlich die Seitenzahlen geändert werden und die Zeichnungen wieder neu in gleichen Abständen durch das Buch verteilt werden. Vergiß nicht, dies dem Drucker zu sagen.
An Druck und Satz habe ich nur den Titel bei den Gedichten *Mitternachtssalze* und *Boxen* zu rügen. Ich bitte, diese Titel in denselben Typen wie die übrigen zu drucken. Ich glaube, daß du sie deshalb auch durchgestrichen hast. Es wird der Satzart dieser Gedichte nichts schaden und die *Satzidee* ganz klar erscheinen lassen. Von der Titelseite, dem Inhaltsverzeichnis usw. erwarte ich bestimmt bald Proben.
Dann bitte ich dich nochmals, zu sagen, Gedichte, welche die ganze Seite füllen, mit Vorsicht zu drucken, damit wirklich, wie ausgemacht, gleich breite Ränder zustande kommen.
Ich freue mich auch, daß wir 1000 Stück drucken

Chère mademoiselle Taeuber et madame Arp. Je vous ai déjà envoyé les filus, ci-joint encore quelques uns

faciliter le désir de Arp de me répondre à ma lettre

j'attends avec impatience vos oeuvres promises

Et comment allez vous Vri-Ke de plus en plus BEAU

le thermomètre va bien nous aussi vous saluons avec ♡ votre TZARA – cette page ne vaut pas cher mais elle vient du ♡

<Brief Tzaras, Mitte Oktober 1922>

müssen, sonst verdienen wir nicht hinreichend an dem Buch. Im Brief des Directeurs General wird nichts von den Druckkosten erwähnt. Sollen wir die alleine tragen? Gebe mir bitte darauf Antwort.
In dem Gedicht *Chanson Dada* steht *gats* statt *gants*. Ich nehme an, daß dir ein Druckfehler unterlaufen ist, und verlange für diesen Scharfblick die amerikanische Zeitschrift. Mein Lieber, die Geschäfte meines Bruders gehen so schlecht, und meine Zinsen werden immer kleiner, daß ich demnächst am Bettelstab wanken werde. Du schriebst, ich soll dir in einem nichteingeschriebenen Brief die 50 Franken schicken. Ich halte das für gewagt. Soll ich Dietsch und Bruckner den Betrag durch meine Bank schicken lassen?
Die *calendrier* sind gut zurückgekommen. Ich bat Taeuber, dir dies zu sagen. Taeuber wäre, glaube ich, auch so freundlich, die Ausfuhr zu besorgen. Hast du deine Exemplare gut nach Paris bekommen?
Von Doesburg habe ich wegen Holland Nachricht. Er schrieb mir, daß er auch dich benachrichtigt hätte und daß ich mich mit dir einigen solle. Was denkst du von den neuen Vorschlägen? Schwitters kann unmöglich mitkommen, und auch für mich ist es fast ausgeschlossen. Es geht mir wirklich ganz schlecht, und wenn es nicht meine alte Liebe zu dir wäre, die mich beinahe das Unmögliche möglich machen läßt, so würde ich unmöglich das Geld für das Buch möglich gemacht haben. Es ist aber möglich und gar nicht unmöglich, daß es bald wieder anders wird. Das letzte Heft von *Littérature* scheint mir ein Vereinsblatt für die letzten Cretins geworden zu sein. Die Zeichnungen von Picabia würde ich gegen ein kleineres Stückchen Hundedreck hergeben. Viel Freude hat mir der Aufsatz Soupaults über Eluard gemacht. Besonders der Satz *un autre jour un merchand de marrons decidera que les poètes sont bons a rotir* erntet meinen donnernden und anhaltenden Applaus.
Ball und seine Frau sind für dauernd in den Tessin gezogen. Die Probedrucke des Buches und der Klischees schicke ich als Drucksache.
Bitte schreib mir und gib mir bald Nachrichten.
Ganz dein

Arp*

avec l'☆ + la ✿
de son ♡

Tzara an Sophie Taeuber
<Mitte Oktober, Paris>

Liebes Fräulein Taeuber und Frau Arp,

Ich habe ihnen schon die Filme geschickt, anbei noch ein paar. Erleichtern sie Arp den Wunsch, auf meinen Brief zu antworten. Ich erwarte mit Ungeduld ihre versprochenen Arbeiten. Und wie geht es euch, Uri-See, immer SCHÖNER <Arp und Taeuber heirateten am 20. 10. 1922 in Pura im Tessin>. Dem Thermometer geht es gut, uns auch. Wir grüßen euch von Herzen,

euer Tzara

Diese Seite ist nicht viel wert, doch sie kommt von Herzen.

van Doesburg an Tzara
25. 10. 1922, Weimar

*Mein lieber Freund,

ich erhielt ihren Brief und schrieb direkt an den Impressario. Wenn er nicht akzeptiert, können wir ein Garantieminimum von 25 oder 20 Gulden pro Person für jeden Abend vorschlagen. Ihr Vorschlag von 35% der Einnahmen scheint mir sehr gut. Haben sie vielleicht unser Programm? Ich finde es nicht mehr. Seien sie doch so gut und machen sie ein anderes zusammen mit Ribemont-Dessaignes. Wo ist die Musik von R.-D., damit meine Frau sie einstudieren kann?
Ich habe das Geld für die Rechnung ihres Buches noch nicht erhalten! Der Drucker hat es von mir verlangt. Er wird eine Rechnung für 1000 Exemplare und die Luxusausgaben machen. Ich sende sie ihnen sofort. □
Von mir erscheint ein kleines Buch über die Kunst bei *Ça-Ira*: *Hin zu einem synthetischen Stil*. □
Haben sie Mondrian besucht? Ich glaube, es wird ihm gefallen. □ *

Kassak an Tzara
29. 10. 1922, Wien

Sehr geehrter Herr,

ich habe ein großes Interesse für ihr in Vorbereitung begriffenes Buch und möchte wissen, wann ich ein Exemplar hievon erhalten kann? Es gelangte mir zur Kenntnis, daß sie in Weimar waren und die Zeit angenehm zugebracht haben. Sie sind glücklich, weil sie nicht nur schreiben müssen, sondern auch leben können. Gibt es sonst noch ein neues literarische Unternehmen?
Lieber Herr Tzara! Ich möchte sie um eine Gefälligkeit bitten. Sie wissen, daß wir ein Buch unter dem Titel *Buch neuer Künstler* herausgebracht haben und nun möchte ich sie ersuchen, mir bei der Verbreitung desselben behilflich sein zu wollen. Ich wurde vom Verleger in der Form von Gratisexemplaren bezahlt und muß jetzt alle meine Freunde und Bekannten ersuchen, mir beim Verkauf des Werkes behilflich zu sein. Wollten sie mir in dieser nicht eben poetischen Arbeit beistehen, so wäre ich ihnen sehr verbunden. Ich bitte sie daher, mir mitzuteilen, wieviele Exemplare ich ihnen zukommen lassen soll und werde sie postwendend expedieren.

Ich weiß nicht, ob ich ihnen bereits Rechenschaft darüber abgelegt habe, daß ich außer MA eine neue Zeitschrift unter dem Titel *2 x 2* herausbringe. Natürlich werde ich ihre Werke auch in dieser propagieren. Ich bitte daher um Material.
Ihrer Antwort gewärtig, begrüße ich sie herzlichst

ihr Lajos Kassak

Arp an Tzara
1. 11. 1922, Zürich

Lieber Tzara,

in einer Zeit, in der es mir sowohl finanziell wie psychisch besonders schlecht geht, bekomme ich deinen Brief, der mir sehr gut tat. Ich lege zwar an Freundschaft kein klassisches Maß an, doch muß ich gestehen, daß ich diesen Ton von dir noch nicht erwartet hatte. Ich dachte, daß du die Andeutungen in meinem letzten Brief verstehen würdest und zuerst dein Geld hinschicken würdest, um mir so die Möglichkeit zu geben, mich ein wenig zu drehen. Du kennst nur dich und schreibst, wie wenn dein Leben bedroht wäre. In welcher Lage ich mich befinde, ist dir vollkommen gleich. Seit wir in Weimar waren, sind vielleicht vier Wochen? Wenn du aber mit mir so streng bist und van Doesburg dich so erbarmt, so bitte ich dich auch, so mit *Sans Pareils* zu rechten, der du von meiner Gentilesse abust. Bist du ein unnahbarer englischer Lord geworden, daß du so strenge Formen annimmst, *comme je ne permettrai à personne qu'on abuse de la mienne*. Der tote Dada dreht sich dabei im Grabe. Hast du mir nicht auch schon Dinge versprochen, die du nicht pünktlich gehalten hast? Du weißt, daß ich dich aus tiefstem Herzensgrund liebe, und du tust unrecht daran, so fremd mit mir zu sprechen. Doch will ich mich lieber auf Sachliches beschränken.
Gebe mir bitte auf meine Frage wegen der Titel in den zwei Gedichten Antwort.
Die gestrichenen Zeichnungen dürfen auf keinen Fall in das Buch. Ich schicke dir in einigen Tagen mit dem Verlagszeichen dafür Ersatz.
Wer hat meine Zeichnungen? Gestern schickte ich dir 25 Franken. Morgen folgt der Rest. Ich glaube, daß man nicht einmal in den Mondfeenmärchen Geld in uneingeschriebenen Briefen verschickt.
Lebe wohl und bessere dich.
Herzlich

dein Arp

Arp an Tzara
5. 11. 1922, Zürich

Mein lieber Freund,

danke für deinen herzlichen Brief. Alles ist wieder gut. Du weißt, daß du einer der wenigen Menschen bist, an denen ich hänge. Ich schrieb dir dies in aller Eile. Die zweiten 25 hatte ich leider schon abgeschickt. Ich schicke dir heute mit diesem Brief das Buch mit meinen Verbesserungen und vier Ersatzzeichnungen. Ich bitte dich nun, bei unserer Freundschaft, diese vier neuen Zeichnungen auf meine Kosten so schnell wie möglich klischieren zu lassen und dabei auf die vier freien Seiten am Ende des Buches, wie die Zahlen auf den Rückseiten der Zeichnungen es angeben, drucken zu lassen. Es ist die letzte Verbesserung. Auch für mich ist das Buch sehr wichtig, und die Gelegenheit, bei deinen Gedichten in diesem Verlag zu stehen, nicht alltäglich. Alle echten und großen Narren werden sich das Buch genau ansehen. Darum wägte ich auch mit demselben heiligen Ernst wie du deine Gedichte meine Zeichnungen ab. Ich habe auch den Vogel wieder aufgenommen und eine andere dafür fortgelassen. Die Folge ist nun, wie ich die Zeichnungen in das Buch geklebt habe und endgültig und unantastbar. Lieber Tzara, mache diese Mühe für mich. Ich rechne bestimmt auf dein besseres Ich. Ich beschwöre dich, diese für mich so wichtige Sache zu besorgen, wie wenn es für dich wäre. Es macht nur eine kleine Verspätung, dafür aber ein riesengroßes Guthaben an Liebe.
Am Druck ist wenig zu ändern. Das Verlagszeichen auf dem Umschlag soll den Zwischenraum zwischen Arp und Paris genau mit Zeilenabstand füllen. Sollte das Verlagszeichen auch innen stehen, was ich gerne hätte, so müßte man innen dieselben Typengrößen wie außen nehmen. Es würde so viel besser aussehen, schön verrückt und gewaltig und nicht wie eine Menükarte. Also, die Worte *poèmes* und *dessin par Arp* müssen zusammengerückt werden. Hinten bei den Bemerkungen müssen jede der drei Buchanzeigen in einen Satz zusammengezogen werden und die drei Anzeigen zusammengerückt werden. Desgleichen auch die Bemerkung *achevé d'imprimer* usw.
Nochmals, lieber Freund, beschwöre ich dich, meine Bitte genau zu erfüllen. Ich werde dir mündlich zur Harfe singen, wie schön sich so die Zeichenfolge, wie schön sich so die Schule, Ornamentik der letzten großen Narren, Dadaring, dieser Werke abschließt.
Sind die neuen Zeichnungen nicht wundervoll?
Morgen antworte ich auf die übrigen Punkte deines Briefes. Ich umarme dich in Zuversicht

dein Arp

achevé d'imprimer en juin 1920 par v. holten
il a été tiré 150 exemplaires numérotés
les 19 bois de arp contenus dans cette édition ont été détruits après l'impressi
tous les exemplaires portent la signature des auteurs
n° 13 TRISTAN TZARA

Arp an Tzara
6. 11. 1922, Zürich

Mein lieber Tzara,

du siehst, wie wichtig mir meine gestrigen Bitten sind, da ich heute meinen gestrigen Brief damit anfange, diese zu unterstreichen. Hier ist der Strich

---

Wir warten mit Ungeduld auf das *Vanity-fair-Heft*. Für das *Shadowland-Heft* schicke ich dir das Geld. Ich bitte dich aber, es schon jetzt zu bestellen. Ich danke dir für die Rücksprache mit Soupault. Wenn ich soweit bin, nach Straßburg fahren zu können, werde ich ihn um eine Empfehlung bitten. Er muß also ein Mensch sein, der eine Beziehung zu diesen nationalen Zauberern hat. Vorläufig bitte ich ihn, bei einer eventuellen Nachfrage über mich denkbar gut auszusagen. Wie ich die schönen Künste, die Wissenschaften, die Staatskunst Frankreichs liebe!
Gestern vergaß ich in meinem Brief, darauf hinzuweisen, daß das Buch beschnitten werden muß. Nun will ich dir einen Handel vorschlagen. Willst du Wandstickereien von mir verkaufen? Ich biete dir dreißig Prozent. Ich habe in einigen Tagen vier größere fertig. Es sind solche Vasenkafferfrauen wie in deinem Buch. Du kannst sie nun ausstellen oder privat verkaufen. Die Hauptsache ist, damit Geld zu machen. Ich hoffe zuversichtlich auf deine Zusage. Wir sprachen ja schon davon.
Die Zeichnungen bitte ich, gut verpackt und eingeschrieben an meine Adresse in Zürich zu schicken. Die Zeichnungen für *Feuilles Libres* schicke ich dir, sowie ich von dir Nachricht habe, ob ihnen unsere Zeichnungen in unserem Buch gefallen haben oder ob ich eher einen Salat zusammenstellen soll. Am liebsten wäre mir, wenn ich nur von den letzten zeigen könnte.
Herzlichst

dein Arp

van Doesburg an Tzara
20. 11. 1922, Berlin

*Mein lieber Tzara,

ich erhielt ihre Postkarte. Ihr eingeschriebener Brief wurde vom Zoll aufgehalten. Ich erhalte ihn in einigen Tagen hier in Berlin. Ich bleibe für einige Tage hier in *Berlin, Wilmersdorf, Wittelsbacherstraße 25, Atelier*. Ich habe meine Bank beauftragt, die Umwechslung in die Hand zu nehmen und die 100 francs an der Börse zu verkaufen, wenn der Kurs besser ist. Ich sende ihnen die Quittung des Druckers. Dem Drucker werde ich ein Muster aus Karton für den Umschlag ihres Buches schicken, und ich habe ihm gesagt, daß er es *nicht broschieren* soll. Gestern schrieb ich an den Impressario und habe ihn um seine *Entscheidung* gebeten. Wir reisen am 15.Dezember nach Holland ab, und ich werde auf jeden Fall mit ihm reden. Von Fr. Soupault habe ich weder Geld noch Rechnung erhalten. Der rote *Mécano* ist sehr schön. Sie erhalten ihn diese Woche!
Ich hoffe, sie in Capri zu sehen!

Does*

Arp an Tzara
4. 12. 1922, Zürich

Mein lieber Tzara,

was ist denn los? Jetzt warte ich schon ungefähr einen Monat auf ein Zeichen von dir und den letzten Abzug unseres Buches. Bist du krank? Du könntest mir doch wenigsten ein Wort zukommen lassen, wenn du nicht selber schreiben kannst. Kann ich dir irgendwie helfen?
Ich war auch wieder 8 Tage in München. Nun sind alle *calendrier* gut verpackt bei Taeuber, und sowie ich ein Zeichen von dir bekomme, gehen sie an dich oder an die Adresse, die du angibst, ab.
Also, laß mich umgehend wissen, was los ist.
Herzlich

dein Arp

Kassak an Tzara
10. 12. 1922, Wien

Sehr geehrter Herr,

ich habe ihren Brief erhalten und danke. Mit gleicher Post expediere ich ihnen die sechs Exemplare vom *Buch neuer Künstler*. Der Preis von 6 Fr. ist richtig. Ich bitte sie, alles tun zu wollen, was diesbezüglich möglich ist.
Von Herrn Munson haben wir vor kurzem einen Brief erhalten, worin er uns mitteilt, daß sie einen Artikel in irgendeiner amerikanischen Zeitschrift veröffentlichen ließen, der sich u.a. auch mit unserem *MA* befaßte. Das Blatt *2 x 2* werde ich ihnen zukommen lassen. Ich möchte, sehr geehrter Herr, mit einer neuen Bitte an sie herantreten: Mit Herrn Gaspar, der meine Sachen ins Deutsche übersetzt, haben wir besprochen, daß wir sie ersuchen, dieselben anhand der deutschen Übersetzung ins Französische übertragen zu wollen. Auch ihre Sachen werden von demselben Gaspar ins Ungarische übersetzt. Ich habe ein längeres erzählendes Gedicht im Umfang von ungefähr

500 Zeilen. Vielleicht ließe sich dieses in französische Sprache placieren und würde mir im Falle eines Erfolges etwas Geld und auch einen moralischen Erfolg bedeuten. Ich ersuche sie also, diese Frage in ihrem nächsten Schreiben beantworten zu wollen.
Wir sehen ihrem nächsten Schreiben mit großer Neugierde entgegen. Sollte etwas dort bei ihnen geschehen sein, was uns interessiert, so bitte uns davon in Kenntnis zu setzen und womöglich auch neue Sachen zu schicken. Hierbei denke ich hauptsächlich an die Möglichkeit, von Herrn Man Ray ein neues Klischee erhalten zu können.
Mit besten Grüßen

Lajos Kassak

Arp an Tzara
15. 12. 1922, Zürich

Lieber Tzara,

auf meinen letzten Brief bin ich ohne Antwort. Ich finde dein Benehmen ganz unfaßlich. Du hast an allen daraus entstehenden Unannehmlichkeiten schuld. Ich schreibe vorher noch einmal an Man Ray und Fräulein Chrusecz, um nichts zu übereilen und dir unrecht zu tun.

Arp an Tzara
26. 12. 1922, Zürich

Mein lieber Tzara,

ich dachte, der Turm Eiffel und Kompanie wäre auf dich gesprungen. Welche Treulosigkeit meinen schönen Popo so lange ohne Grüße und Küsse zu lassen.
Was ist eigentlich mit unserem Buch los? Da deine Schnelligkeit der meinen um viele Nasenlängen voraus ist, kannst du mir ruhig und schnell und unbedingt und endlich den Probeabzug mit den Klischees schicken. Oder soll ich an Dietsch und Bruckner schreiben? Da das Erscheinen des Buches sich so verzögert hat, kommt es auf ein oder zwei Wochen nicht mehr an. Für mich ist es aber sehr wichtig, daß es gut wird.
Wegen der *cinema calendrier* habe ich geschrieben. Sie gehen an dich ab. Da nun meine Familie wegen meiner Pubertät in Straßburg die notwendigen Schritte unternimmt, so unternimmt nun meine Familie wegen meiner Pubertät die notwendigen Schritte. Ich bitte dich, Soupault wegen des genialen Menschen zu sprechen. Vielleicht kann der mir auch noch nützlich sein. Sehr gern möchte ich in Paris ausstelllen, und es erfüllt mich mit komprimierten Herbarien, daß Frau Soupault sich darum bemühen will. Ich hoffe, daß ich in den nächsten Tagen Franzose bin, und so werde ich dich dann sofort am Eingang vom *petit bois du fromage du Louvre* treffen und über alles weitere in dieser Frage sprechen.
Ich auch liebe die Amerikanerin, die mich nicht kennt und die ich nicht kenne, sehr, und ich sende ihr einen Kranz von Küssen um ihren Nabel.

Feuilles libres sic
Man Ray sac.
Sans pareil sic sac.

Antworte mir bitte umgehend wegen des Buches.
Dein deiner am deinsten

Arp

van Doesburg an Tzara
29. 12. 1922, Den Haag

*Mein lieber Freund,

hier die Situation Dadas in Holland: Kurt Schwitters wurde vom Den Haagsche Kunst Kring eingeladen, eine intime Soirée (mit meiner Frau) zu machen (ich halte vorher einen Vortrag über Dada), und zwar am 27. Dez. Doch wegen seines Passes konnte Schwitters nicht kommen. Jetzt ist die Soirée am *10. Jänner*. Es gibt bereits zwei Einladungen für Haarlem und Rotterdam. In Haarlem hat sich ein *Dada-Komitee* formiert, um die Soirée zu organisieren. Der Impressario will Dada über diese Soirée kennenlernen. Es ist vielleicht möglich, nach dieser organisierten *Probe* eine große Tournee mit allen wichtigen Dadaisten, d.h. mit Arp, Ribemont-Dessaignes, Tzara zu veranstalten. Mein Freund Huszar macht viel Propaganda für Dada. Vielleicht kommt Arp auf eigene Rechnung nach Holland. □ *

Hans Arp, i, 1922

Kurt Schwitters, Moskau, 1922

Walter Pilar, Glöggele, 1990 (links)
Adolf Frohner, Hier wohnt Max Ernst (oben), Sessel für Joseph Beuys, 1980 (unten)

Arp und Sophie Taeuber an Tzara
16. 1. 1923, Zürich

Mein lieber Tzara,

ich hätte dir gleich geantwortet, wenn ich nicht so vom Unglück verfolgt worden wäre. Schwägerin, Kind, Bruder und Mutter wurden wegen Pockenerkrankung meiner Schwägerin interniert. Für meinen Bruder ist es ganz schlimm, weil er gerade vor großen Geschäftsentschlüssen steht.
Ich habe nun meine letzte Verbesserung in meinem Buch vorgenommen.
1. Die Zeichnungen folgten sich falsch. Ich habe sie nun richtig eingeklebt. Natürlich ohne eines deiner zweiseitigen Gedichte zu trennen. Sie folgen sich so alle fünf Seiten. Die Zeichnungen, die ich nicht eingeklebt habe, sind als gestrichen zu betrachten. Die Seiten habe ich richtig numeriert.
2. Das Sirenezeichen habe ich gestrichen. Es sieht nicht gut aus.
3. Du mußt dem Drucker noch einmal sagen, was wir ihm schon hundertmal gesagt haben, daß die Satzblöcke genau in der Mitte der Seiten stehen müssen. Schau dir zum Beispiel den Umschlag an. Er steht so beschissen im Raum, wie wenn ihn ein Sardinenfabrikant mit Hülfe eines Seifenfabrikanten geschmackvoll gesetzt hätte. Ich habe durch Striche kenntlich gemacht, um wieviel zu breit unten zu oben und rechts zu links ist.
4. Die letzte Seite *IL A ETE TIRE DE CET OUVRAGE* habe ich ein wenig geändert.
5. Das Gedicht auf Seite 67 ist nicht in der Mitte unter dem Titel. Der Schwanz ragt in den Rand hinaus. Er soll zum Block gerechnet werden, wie der Schwanz auf der folgenden Seite, die richtig gesetzt ist.
6. Zum Schluß soll nie am Anfang eine weiße Seite das Auge des Beschauers blenden.
Ich bitte dich nun herzlich, lieber Tzara, alle diese Punkte genau zu befolgen, damit ich wenigstens durch meine Arbeit erquickt werde. Es sind lauter Kleinigkeiten, aber für mich sehr wichtig. Ich glaube, daß unser Buch eines der schönsten Bücher wird. Ich habe noch Zeichnungen gestrichen, weil ich nur eine bestimmte Zahl und Art zu deinen Gedichten setzen kann. Ich mußte die illustrative Zeichnung zugunsten eines kindlichbarocken, breiten Schmuckes zurückdrängen. So halte ich das Buch für vollkommen. Wenn du mir noch einen Abzug mit meinen Verbesserungen schicken würdest, so wäre ich dir sehr dankbar. Außerdem müssen wir uns noch über die Luxusausgabe unterhalten.
Die neuen Zeichnungen und unverwendeten Klischees bitte ich dich, gut verpackt und eingeschrieben an meine Adresse in München, Luisenstr.79, zu schicken.
Herzlich

dein Arp

Lieber Tzara,

ich wollte ihnen schon lange schreiben, sie möchten doch so freundlich sein und dem Redakteur oder Manager von *Vanity fair* den Namen von Sackier gelegentlich nennen, *nicht als ein Genie, nur als vielversprechender junger Mann*, wie er schreibt. Arp bittet mich nochmals zu erwähnen, sie möchten doch sorgen, daß seine Wünsche wegen dem Druck genau befolgt werden. Hier gibt es keine Sensationen, wie sie sich vorstellen können. Wir glaubten sie schon lange in Capri.
Viele Grüße

S. H. Taeuber

Neitzel ist hier auf der Durchreise nach Abessinien gewesen. Er will Löwen jagen und Kamele züchten. Die letzte Freundin von Flake hat sich vergiftet, weil er nicht mehr heiraten wollte. Was für ein komischer Typ, den alle heiraten wollen. Ist Frl. Chrusecz in Hamburg? Arp sagt noch, daß der Abstand zwischen den Worten *oeuvres* und *dessin* auf dem Umschlag und auf dem Titelbild etwas größer ist als die übrigen Abstände und gleich groß gemacht werden soll.

van Doesburg an Tzara
19. 1. 1923, Den Haag

*Mein lieber Tzara,

wir (Kurt Schwitters, Petro, Huszar und ich) hatten einen wunderbaren Erfolg mit unserem Dada-Versuch in Holland!
Wir haben bis jetzt nur 3 Soiréen abgehalten, und schon haben alle Zeitungen ellenlange Artikel darüber geschrieben.
(In Amsterdam mußte eine ganze Polizeitruppe das Publikum vor der Tür des Bellevue zurückhalten! Lesen sie die Kritiken!)
Morgen fahren wir nach Amsterdam. In Haarlem mußte die Polizei die Tür verbarrikadieren! Das Publikum stand Schlange vor dem Saal!
(Das Publikum pfiff, schrie mit allen Instrumenten: Flöte, Trompete etc.).
Jetzt haben wir einen anderen Impressario, De Haan in Den Haag, der die großen Soiréen im Winter mit uns, Ribemont-Dessaignes, Picabia (?) und Hans Arp organisieren will! Wir haben ein Buch mit allen Kritiken gemacht! Die holländischen Trottel reden heute noch darüber. Ich verkaufte alle Nummern des blauen *Mécano*, Nr.II! Haben sie schon ein paar III erhalten? Ich will von der Nummer 3 eine zweite Auflage machen — ich erwarte mit Ungeduld das Duplikat ihrer *Adressenliste*, die ich leider verloren habe! Meine Frau bittet sie, die dadaistische Musik von Ribemont-Dessaignes schnell zu schicken! Haben sie schon ihr Buch von Dietsch

und Bruckner, dem Drucker, erhalten? Wir bleiben in Holland bis Anfang Februar. Wir fahren danach ein oder zwei Wochen nach Berlin und reisen am 15.Februar über Österreich nach Italien (Prag, Wien, Innsbruck, Mailand etc.). Schreiben sie uns sofort ihre Bedingungen für die große Dada-Tournee in Holland. Wir sprechen mit unserem Impressario De Haan in Den Haag! Schreiben sie mir Adressen für die Propaganda für *Mécano*!
Wir umarmen sie, mein lieber Freund

ihr Théo, Petro, Kurt*

Mein lieber Freund Tzara,

ich liebe sie und bitte sie, meine Merzzeichnungen nicht unter 60 Fr. das Stück zu verkaufen, das sind 12 Gulden; hier bekomme ich 25 Gulden.
Herzlichst

Kuwitter

Schwitters an Hausmann
14. 11. 1946, Ambleside

In Holland waren nur Nelly, Theo van Doesburg, Huszár und ich. Tzara und Arp kamen nicht. Huszár war kein Dadaist, er zeigte eine bewegliche Puppe, auf konstruktivistische Art.
Wir eröffneten in Den Haag. Doesburg las ein sehr gutes dadaistisches Programm, in dem er sagte, der Dadaist würde etwas Unerwartetes tun. In dem Augenblick stand ich inmitten des Publikums auf und bellte laut. Einige Leute fielen in Ohnmacht und wurden hinausgetragen, und die Zeitungen berichteten, Dada bedeute Bellen. Wir bekamen sofort Engagements für Haarlem und Amsterdam. Es war ausverkauft in Haarlem, und ich ging durch den Saal, sodaß mich alle sehen konnten, und alle erwarteten, daß ich bellen würde. Doesburg sagte wieder, ich würde etwas Unerwartetes tun. Diesmal schnaubte ich meine Nase. Die Zeitungen schrieben, daß ich nicht bellte, daß ich nur meine Nase schnaubte. In Amsterdam war es so überfüllt, daß die Leute fantastische Preise zahlten, um noch einen Platz zu bekommen, ich bellte nicht, noch schnaubte ich meine Nase, ich rezitierte die Revolution. Eine Dame konnte nicht anhalten zu lachen und mußte hinausgebracht werden. Dann hatten wir Vorträge in Rotterdam, s'Hertogenbosch, Utrecht, Drachten und Leyden.
Die Arbeiter und Studenten sangen holländische Gesänge, die Studenten luden uns ein in ihr Haus in Utrecht, Delft und Leyden, um über Dada zu diskutieren. In Utrecht kamen sie auf die Bühne, beschenkten mich mit einem Strauß vertrockneter Blumen und blutiger Knochen und fingen an, an unserer Stelle zu lesen. Aber Doesburg schmiß sie in das Orchester, wo sonst die Musik sitzt, und das ganze Publikum machte dada, es war, als wenn der dadaistische Geist auf Hunderte von Leuten überging, die plötzlich bemerkten, daß sie menschliche Wesen sind.
Nelly steckte eine Zigarette an und rief ins Publikum, da das Publikum ganz dadaistisch geworden sei, wollten wir jetzt das Publikum sein. Wir setzten uns und betrachteten unsere Blumen und hübschen Knochen.

Van-Doesburg-Portrait von Tzara, ca. 1923

EINE DADA-MATINÉE (IM GROSSEN SAAL DER DILIGENTIA, DEN HAAG)

's Gravenhage, 28. 1. 1923

Kaum daß Schwitters dadaistische Lyrik vorträgt, geht's im Saal turbulent zu. Sein Text über den Ofen <Die Erdbeere> dauert erbärmlich lange, beginnt immerzu wieder beim selben, kehrt immer wieder zum selben zurück. Fröhlichkeit kitzelt die Menschen. Drei Zuschauer, die sich durch den vorgetragenen Unsinn kompromittiert fühlen, verlassen sofort den Saal, selbstbewußt und hochnäsig, aber um drei Reichstaler (7 Gulden 50) ärmer. Und Schwitters ist noch immer bei seinem Ofen, was *der Braune, der Rote* und *der Grüne* über ihn sagen. Das Publikum oben lacht hysterisch. *Die nächste Nummer!*, wird laut gefordert.
Ober! ruft ein durstiger Herr.
Der Saal tobt vor Gelächter. Schwitters kann fast nicht mehr weiter, aber er hält durch: *Der Braune* fragte, *der Rote* sagte — schon wieder nur über den Ofen, seine Beschaffenheit, seine Verwendung. Er ist nicht aus der Ruhe zu bringen. Das Publikum brüllt, bläst, schreit, macht allerlei Geräusche, ein Pfeifen übertönt alles. Der Vorhang fällt. Fünf Minuten Pause, strafweise. Ein

Gejohle um Zugabe bricht los ... aber der Vorhang bleibt einige Minuten geschlossen. Als er wieder aufgeht, setzt Schwitters, jetzt stehend, fort — schon wieder über den Ofen. Jetzt wird er selbst wild, schneidet Grimassen und bringt seltsame Geräusche hervor. Und das Publikum hilft tapfer mit...
Ein Bild für Götter, der viereckige Kopf, rechteckige Arme und Beine, die sich zum Rhythmus ernster Musik bewegen — wirklich hübsch. Das Gelächter ist echt. Aber als dann eine Puppe <von V. Huszár> in bunten Lichteffekten auf der Bühne steht und Schwitters im Saal wieder allerlei komische Geräusche produziert, begleitet durch ein fremdartiges, zartklingendes Instrument, das er wie eine Rassel schwingt, sind die Menschen nicht mehr zu halten ... Schwitters zwitschert und kräht lustig weiter im Saal, die Menschen sind ganz aus dem Häuschen. *Schmeißt den Kerl hinaus!*, wird geschrieen. Das Publikum übertönt bald wieder die dadaistischen Komödianten mit Quieken, Schreien, Pfeifen...
Wieder fällt der Vorhang. Aber diesmal nicht nur strafweise; es ist wirklich Pause. Als sich die Leute wieder gesetzt haben, taucht auf einmal van Doesburg oben auf und lobpreist den Dadaismus mit allerlei Unsinn, auf Französisch. Schwitters sagt dann drei Gedichte auf von Heine, von Frau van Doesburg auf dem Klavier begleitet, und dann noch ein viertes, aber aus eigener (dadaistischer) Produktion. Das Publikum jubelt vor Freude, zum Großteil nicht einmal bemerkend, daß hier Heine vorgetragen wurde. Van Doesburg reckt zufrieden seinen Kopf zum Vorhang hinaus: *Wir danken ihnen, daß sie sooo gelacht haben; es war einer der größten Volksdichter, den sie ausgelacht haben!...*
Etwas später kommt er wieder vor den Vorhang. Er fordert Stille und mehr Aufmerksamkeit, findet Beifall, aber auch heftige Ablehnung. Die Wörter *Unsinn* und *Idiotismus* werden ihm entgegengeschleudert. Wir werden den Menschen, die hier nur stören, Gelegenheit geben, den Saal zu verlassen, sagt er. Darauf schießt Pisuisse, ein verärgerter Zuschauer, mit vor Empörung rotem Kopf hoch und ruft böse: *Sie sind es selbst, der hier stört, mit ihrem Unsinn!* Dröhnender Applaus. Nun kommt es zwischen Oben und Unten zu regelrechten Auseinandersetzungen ... *Bedenken sie*, sagt van Doesburg noch zum Publikum, *daß sie nicht hier sind, um Lärm zu machen, sondern wir...* (Gejohle)
Schwitters trägt nun allerlei dummes Zeug auf Englisch vor; dann liest er weiter auf Deutsch...

Thou.
Thee.
Thee.
Thine.
Thine.
Thee.
Und als sie in die Tüte sah,
Da waren rote Kirschen drin,

Da machte sie die Tüte zu,
Da war die Tüte zu...
Deiner.
Dich.
Du.
Dir.

Karikatur von Kurt Schwitters, Het Leven, 27. 1. 1923

Schwitters plumpst in einen Stuhl. Das Pubikum hat aus Leibeskräften mitgemacht.
Frau van Doesburg spielt jetzt einen Trauermarsch für einen Vogel und einen ebensolchen für eine Ameise. Ihr Gatte beginnt dann Gedichte vorzutragen — auf Deutsch. *Können sie nicht Holländisch lesen?* wird er von oben herunter gefragt. Aber er bleibt beim Deutschen. *Aber sie haben holländisches Geld bekommen!*, schreit ein anderer. *Und sie sind typisch holländisch unhöflich!*, wird von unten im Saal nach oben geschmettert.
Und schon wieder gibt's Streit unter den Leuten.
Lauter!, Nein, stiller!, hört van Doesburg rufen. Aber er rezitiert weiter. Und die Akteure im Saal sorgen für Betonung, Wiederholung und Begleitung, so laut wie nur möglich. Die Raserei erreicht ihren Höhepunkt, als Schwitters auf der Bühne steht und die allerblödesten Töne ausstößt — *Ba, ba, be, be, be...Ha, ha, ha..* — das Alphabet von vorne nach hinten und umgekehrt, mit einem langgezogenen *ohohohohohoho* endend...
Dann bin ich weggelaufen...

<Algemeen Handelsblad, 29. 1. 1923>

van Doesburg an Tzara
3. 2. 1923, Den Haag

*Sahen sie die Programme? Wo ist PRA?

Alle meine Gebete sind → ■ gewidmet.

Unser freundlichster Freund,

erhielten sie meinen letzten Brief mit einigen Pressekritiken? Wir haben eine große Kollektion für sie. Holland ist ganz dadaistisch! Haben sie schon mit ihren Freunden über die große Dada-Tournee durch Holland und Belgien im *Winter 1923* gesprochen? Wir haben jetzt einen sehr soliden und netten Impressario für das Unternehmen. Er wird einen *Vertrag* mit allen erstklassigen Dadaisten machen, um eine große Dada-Soirée in den holländischen Theatern zu machen. Mein lieber Freund, inspirieren sie ihre Freunde: Ribemont-Dessaignes, Arp und die anderen, an dieser Tournee im Winter teilzunehmen!
Schreiben sie *gleich*. Es ist leicht möglich, kleine dadaistische Komödien aufzuführen! Die Säle sind *immer voll*! Jetzt nach den Probeläufen von uns vier (Schwitters, Huszár, Petro und mir) garantiere ich ihnen einen enormen Erfolg und viele Gulden! □
Es wäre schön, wenn auch Huelsenbeck kommen könnte! Nr. 4 von *Mécano* ist eine speziell holländische Nummer. HOLLAND x DADA. Ich erwarte ihre Antwort mit Ungeduld. Ich sende ihnen das Plakat von hier.
Adieu, netter Tzara Tristan,

ihr Does umarmt sie.*

Avez vous reçu les programmes?
Où est PRA?

Haag Klimopst. 18. (complex « Styl

tous mes prières sont dediées au □ →

Notre très aimable ami!
Avez vous reçu ma dernière lettre avec quelques critiques de la presse? Nous avons une grande collection pour vous. La Hollande est tout à fait dadaïsée! Avez vous déjà parler avec vos amis de la grande tourné en ~~[illegible]~~ Hollande et la Belgique en Hiver 1923? ←
Maintenant nous avons trouvé un très solide et gentil impressario pour l'affaire. Il veut faire un contrat avec tous les dadaïstes de premier rang pour faire des grands soirées dada aux théâtres hollandais. – Mon cher ami, inspire vos amis: Ribemont Dessaignes, Arp et des autres de collaborer avec ce tournée en hiver! –
Ecrivez nous tout de suite. Il est bien possible de jouer des petits comédies dadaïstes. Les salles sont ~~[illegible]~~ toujours plein! Maintenant après ces épreuves de nous quatre (Schwitters, Petro, Huszár et moi) je vous garanti un enorme succes et beaucoup de florins.
Avez vous reçu "mécano" III et Stijl 10/11 et 12.
Ecrivez moi s.v.p. tout de suite! Envoyez moi s.v.p. les adresses pour Mécano! Envoyez moi des manuscripts pour № 4. Es war schön wenn Huelsenbeck auch kommen könnte!
Mécano № 4 ira un nummero spécialement hollandais. HOLLAND x DADA!
J'attends avec impatience votre réponse
adieu aimable Tzar Tristan
Je vous envoie l'affiche
Votre Does qui vous embrasse

van Doesburg an Tzara
10. 3. 1923, Den Haag

*Mein lieber Tzzzarira,

ich erhielt ihren Brief vom 16. Februar. Ich sprach mit dem Impressario, der den Vertragsentwurf für den Winter gemacht hat. Ich bin sehr froh, daß das Mouvement Dada seine Tätigkeit wieder aufgenommen hat (auch Hr. Picabia?). Unsere Tournee in Holland (d.h. von mir, Petro und Schwitters) ist fertig. Ich habe auch mit dem Redakteur der Zeitung Ibel Vadeland gesprochen, der sehr sympathisch ist — wegen ihrer Chronik über die literarischen und künstlerischen Kuriositäten. Ich habe viele interessante Dokumente für unsere Soiréen hier. Wir (meine Frau und ich) haben vor, im April nach Paris zu kommen. Ich bringe alle Dokumente mit, und wir sprechen persönlich über alles! Haben sie die neue Zeitschrift *Merz* und die 5. Nummer *Mécano* erhalten? Grüße von Petro und Schwitters

Unterzeichnen sie ein Manifest, das wir in *Merz* und *De Stijl* veröffentlichen werden, als Proletkunst*

MANIFEST PROLETKUNST

Eine Kunst, welche sich auf eine bestimmte Klasse von Menschen bezieht, gibt es nicht, und wenn sie bestehen würde, wäre sie für das Leben gar nicht wichtig.

Diejenigen, welche proletarische Kunst schaffen wollen, fragen wir: »Was ist proletarische Kunst?« Ist das Kunst von Proletariern selbst gemacht? oder Kunst, die nur dem Proletariat dient? oder Kunst, die proletarische (revolutionäre) Instinkte wecken soll? Kunst, durch Proletarier gemacht, gibt es nicht, weil der Proletarier, wenn er Kunst schafft, nicht mehr Proletarier bleibt, sondern zum Künstler wird. Der Künstler ist weder Proletarier, noch Bourgeois, und was er schafft, gehört weder dem Proletariat noch dem Bürgertum, sondern allen. Die Kunst ist eine geistige Funktion des Menschen mit dem Zwecke, ihn aus dem Chaos des Lebens (Tragik) zu erlösen. Die Kunst ist frei in der Verwendung ihrer Mittel, aber gebunden an ihre eigenen Gesetze, und nur an ihre eigenen Gesetze, und sobald das Werk Kunstwerk ist, ist es weit erhaben über die Klassenunterschiede von Proletariat und Bürgertum. Sollte die Kunst aber ausschließlich dem Proletariat dienen, abgesehen von der Tatsache, daß das Proletariat angesteckt ist von bürgerlichem Geschmack, dann wäre diese Kunst beschränkt, und zwar ebenso beschränkt wie die speziell bürgerliche Kunst. Eine solche Kunst würde nicht universal sein, nicht aus dem Weltnationalitätsgefühl wachsen, sondern aus individuellen, sozialen, zeitlich und räumlich begrenzten Ansichten. Soll nun die Kunst tendenziös proletarische Instinkte wachrufen, so bedient sie sich im Grunde derselben Mittel wie kirchliche oder nationalistische Kunst. So banal es an sich klingt, ist es im Grunde dasselbe, ob jemand ein rotes Heer mit Trotzky an der Spitze oder ein kaiserliches Heer mit Napoleon an der Spitze malt. Für den Wert des Bildes als Kunstwerk ist es aber gleichgültig, ob proletarische Instinkte oder patriotische Gefühle erweckt werden sollen. Das eine wie das andere ist, vom Standpunkte der Kunst aus betrachtet, Schwindel.

Die Kunst soll nur mit ihren eigenen Mitteln die schöpferischen Kräfte im Menschen wachrufen, ihr Ziel ist der reife Mensch, nicht der Proletarier oder der Bürger. Nur kleine Talente können aus Mangel an Kultur, da sie das Große nicht übersehen, in ihrer Beschränktheit so etwas wie proletarische Kunst (d. h. Politik in gemaltem Zustande) machen. Der Künstler aber verzichtet auf das Spezialgebiet der sozialen Organisation.

Die Kunst, wie wir sie wollen, die Kunst ist weder proletarisch noch bürgerlich, denn sie entwickelt Kräfte, die stark genug sind, die ganze Kultur zu beeinflussen, statt durch soziale Verhältnisse sich beeinflussen zu lassen.

Das Proletariat ist ein Zustand, der überwunden werden muß, das Bürgertum ist ein Zustand, der überwunden werden muß. Indem aber die Proletarier mit ihrem Proletkult den Bourgeoiskult imitieren, sind gerade sie es, die diese verdorbene Kultur der Bürger stützen, ohne sich dessen bewußt zu sein; zum Schaden von Kunst und zum Schaden von Kultur.

Durch ihre konservative Liebe für die alten, überlebten Ausdrucksformen und ihre ganz unverständliche Abneigung für die neue Kunst halten sie das am Leben, was sie nach ihrem Programm bekämpfen wollen: die bürgerliche Kultur. So kommt es, daß bürgerlicher Sentimentalismus und bürgerliche Romantik trotz aller intensiven Bemühungen der radikalen Künstler, diese zu vernichten, immer noch bestehen bleiben und sogar neu gepflegt werden. Der Kommunismus ist schon eine ebenso bürgerliche Angelegenheit wie der Mehrheitssozialismus, nämlich Kapitalismus in neuer Form. Die Bourgeoisie verwendet den Apparat des Kommunismus, der nicht vom Proletariat, sondern von Bürgern erfunden ist, nur als Erneuerungsmittel für ihre eigene verfaulte Kultur (Rußland). Infolgedessen kämpft der proletarische Künstler weder für die Kunst noch für das künftige neue Leben, sondern für die Bourgeosie. Jedes proletarische Kunstwerk ist weiter nichts als ein Plakat für das Bürgertum.

Das, was wir hingegen vorbereiten, ist das Gesamtkunstwerk, welches erhaben ist über alle Plakate, ob sie für Sekt, Dada oder Kommunistische Diktatur gemacht sind.

THÉO VAN DOESBURG. KURT SCHWITTERS.
hans arp. TRISTAN TZARA.
CHR. SPENGEMANN. d. Haag, 6. 3. 23.

DE STIJL

25

Schwitters an Tzara
16. 3. 1923, Den Haag

Lieber Tristan Tzara,

warum antwortet der Mensch denn nicht wenigstens? *Je te prie de me respondre. Que tu veux signer le manifeste* Proletkunst *avec Doesburg, Arp et moi*. Außerdem, bitte, schreib auch mal mir persönlich, was du machst und so. Wie geht's den Merzzeichnungen in Paris? Habt ihr *Merz* 1 empfangen? Weißt du mir Abonnenten in Paris? *Le prix pour l'année est 6,50 Francs*. In *Merz* 2 wollte ich *Proletkunst* veröffentlichen. Was meinst du zu meiner Frage, ob ich gelegentlich mal erst nach Capri kommen kann? *Maitenant il me faut encore rester ici. Le 3 AVRIL JE PART POUR Amsterdam*, Adr. Herbermann, Utrechtsche straat 19. *Jusqu'á ce temps je suis à Den Haag*, Klimopskof 115. Ich bitte dich außerdem, mir ein wenig zu helfen. Beiträge von dir, Picabia, Ribemont-Dessaignes, *die noch nicht veröffentlicht waren*, sind mir höchst willkommen. Bitte sammle *pour moi* einige Beiträge für *Merz*. Weißt du Adressen für Propaganda? Weißt du Adressen *pour exchange avec autres periodiques*? Willst du irgendetwas in Merz veröffentlicht haben, etwa annonciert? Schreib an Doesburg, wann du sie in Italien erwarten kannst. *Alors avec beaucoup de salutation de Theo, Nelly, Helma et moi*

dein Kuwitter

Kannst du vielleicht ewas über diese Kampelmann (Kinderspielzeug) in *Vanity fair* schreiben? Es ist eine sehr hübsche Sache! Merz: Salutation

DADA
DOES

Tzara an Schwitters
25. 3. 1923, Paris

*Mein lieber Freund,

glücklicherweise läßt mich meine Faulheit deinen Brief wieder einholen. Ich unterzeichne dieses Manifest, weil du glaubst, daß es wichtig ist. Anbei eine Sache von Ribemont, eine andere von Cowley und von mir. Was du nicht an *Merz* publizierst, gib an *Mécano*. Einige Adressen:

Les Nouvelles Littéraires, 6, r. de Milan
Nouvelle Revue Francaise, 3, r. de Grenelle
Manomètre, Emile Malespine, 49 cours Gambetta, Lyon
Ma, Wien XVI, Amalienstr. 20/II
Zwrotnicka, Krakau, Jagellonska 5
La Vie des Lettres, 20, r. de Chartres, Neuilly, Paris
Gorham B. Munson, 378, Nortrand Avenue, Brooklyn, New York
Maya Chrusecz, Hamburg, Hasselbrookstr. 27
Dragan Aleksic, Dada-Tank, Zagreb, Petrinska 6/II, Jugoslawien
Little Review, 27 West — 8th Street, New York
Malcolm Cowley, Giverny par Vernon (Eure) Frankreich
Charchoune, Regensburgerstraße 31, Berlin, bei Selig
The Dial, 152 West, 13th Street, New Orleans, Louisiana, USA
Les Feuilles Libres, 81, Av. Victor Hugo, Paris
F. Fels, 18. r. de Feydeau, Paris
F. S. Flint, 65 Highbury Men Park, London N5
F. Flora, 1 via Mattia Preti, Vomero, Neapel
The Freeman, 116 West — 13th Street New York
Waldo Frank, Darien, Connecticut USA
J. Malraux, 10, Av. des Chalets, Paris 16.
Millas Rauel, Palau de la Generalitad de Catalunya, Barcelona
Man Ray, 31 bis, r. Campagne Première
G. Ribemont-Dessaignes — Les Hauveaux par Montfort — L'Amery
C. V. Sadikow, Moskau, Pretchistienka 3, App 13
Joseph Stella, 213 West 14th Street, New York
Société Anonyme, 19 East 47th Street New York
J. Evola, 197 corso V. Emanuele, Rom
R. Gomez de la Serna, Madrid, Velasquez 4
Ilia Zdanewitsch, 20, r. Zacherie, Paris
Robert Delaunay, 18. Bvd Malesherbes, Paris
Marcel Arland, 13 r. de la Bucherie, Paris
William A. Drake — Dayton (Ohio), 318 S. Roberst Boulevard
Edgar Varese, 18 West 8th Street, New York, USA

Also, mein lieber Freund, welche Freude, wenn du nach Capri, Positano kommen würdest. Aber wann fahre ich? Im Sommer wahrscheinlich. Schick mir alle möglichen Dokumente, es interessiert mich sehr, und sag Does, daß ich ihn und seine Frau sehr mag. Was ist die *Nieuwe Zeet*? Ich habe sie noch nie gesehen. Schick mir mehrere Exemplare *Merz* für meine Freunde. Freundschaftliche und zärtliche Grüße

TZARA*

Kassak an Tzara
29. 3. 1923, Wien

Lieber Herr Tzara,

ihre Karte habe ich erhalten, und es freut mich sehr, endlich von ihnen gehört zu haben. Die 36 Fr. bitte ich mir möglichst rasch per Chèque einzusenden. Das Geld würde mir wirklich gut kommen. Ich bitte, ihr Buch uns sofort nach Erscheinen einzusenden, da wir mehrere Sachen aus ihm veröffentlichen wollen. Auf ihren Artikel in *Vanity Fair* bin ich sehr neugierig, könnten sie

mir denselben nicht einsenden? Es ist uns eine große Freude, daß sie unseren Arbeiten eine so große Sympathie entgegenbringen. Daher berührt mich schmerzlich, daß sie sich neuerlich allen öffentlichen Bewegungen enthalten. Man hat so wenig Zeit im Leben, diese müßte wenigstens mit der vollen Aktivität unserer Jugend erfüllt werden. Ist der Artikel in *Mécano* über mich? Wer hat ihn verfaßt? Das *2 x 2* ist nur einmal erschienen, ich hatte Differenzen mit dem Herausgeber und mache es nicht weiter. Bitte schreiben sie mir sooft als möglich.
Mit den besten Grüßen

Lajos Kassak

Schwitters an Tzara
30. 3. 1923, Den Haag

Mon cher Tristan Tzara,

je te remercie beaucoup pour ta dernière lettre avec les Adresses. Tu es un grand ami. Moi j'ai reçu pour toi un adresse d'un homme, qui veut abonner à quelqu'un periodique DADA *en langue francaise. Lui veux-tu ecrire. C'est* Jan Gidding, Rotterdam, Bert van Nesstraat 142. Er ist ein sehr netter junger, wie soll ich sagen, Künstler oder Tischler oder Kaufmann oder so ähnlich und hat, wie er mir sagte, stets das Neueste am meisten geschätzt. *Merz* will er nicht abonnieren, weil seine Frau nur Französisch spricht. Also, nun bitte ich dich, mir doch auch Adressen von Leuten zu schicken, *qui peut-etre veulent s'abonner à Merz pour 6,5 Fr par an. Car je n'ai pas l'argent et les abonnentes* Abonnenten müssen die Kosten für *Merz* aufbringen, sonst bin ich pleite. Ich habe allerdings schon viele Abonnenten in Gulden, das ist mein Glück. Soll ich dir ev. Adressen aus Holland schicken, an die du auf gut Glück Sachen schickst? Vom 5. April ab wohne ich in Amsterdam, Utrechtstraat 19
Herzlichst

Kurt Schwitters

Schwitters an Tzara
4. 4. 1923, Amsterdam

Lieber Tzara,

ich freue mich, daß du mich in Deutschland bald besuchen willst. Ich komme wohl Ende April nach Revon. Dank für Gedichte! *Merz* 2 ist schon fertig. Ich bewahre sie auf. Dein Name genannt unter Manifest. Sende mir bitte die No. von *Vanity fair* mit dem *article sur moi. Theo s'en va á l'Allemagne le 7.Avril. Theo t'enverra des Articles sur Dada-hollande. Je n'y ai pas.* Ich bitte dich um Erstattung von dringlichen Dada-Nachrichten aus Paris für Merz. Ich will eine ständige Rubrik Dada-Nachrichten einrichten. Du hast mir leider nicht geschrieben, ob ich in Paris mit euch in eurem Hause wohnen kann. Strohlager genügt.
Herzlichst

Kuwitter

Schreib nur nach Revon. Ich bin da.

TRISTAN TZARA WIRD SEINE LASTER PFLEGEN

interview mit roger vitrac

— Warum ich schreibe? Sie erinnern sich sicherlich an den brief an Jacques Rivière, den ich im dezember 1919 veröffentlichte, in antwort auf die Bemerkung *Mouvement Dada*, die zur selben zeit in der *Nouvelle Revue Francaise* erschien:
Wenn man schreibt, ist es nur ein refugium: vor jedem gesichtspunkt. *Schreiben ist nicht mein beruf. Ich wäre ein abenteurer mit großartigem auftreten und edlen gesten geworden, wenn ich die physische kraft und die nervliche widerstandskraft gehabt hätte, um eines zu erreichen: mich nicht zu langweilen. Man pflegt auch zu schreiben, weil es nicht genügend neue menschen gibt, aus gewohnheit; man veröffentlicht, um* menschen *zu suchen und um eine beschäftigung zu haben. Und selbst dies ist sehr albern.*
Eine lösung gäbe es: ganz einfach zu resignieren. Nichts zu tun. Aber das erfordert eine enorme energie. Und man hat ja ein fast hygienisches bedürfnis nach komplikationen. Doch jetzt gebe ich zu, als ich zu schreiben begann, war es eher für die aktion und gegen die literatur und die kunst. Jetzt, wenn ich weiter schreibe, übrigens nur selten, dann aus schwäche und vor allem, weil mich die poesie des äußeren lebens so erschöpft, suche ich sie mir selbst. Ich füge hinzu, daß ich nun für mich selbst schreibe.
— *Schreiben sie nicht auch in dem brief, den sie zitieren:* Ich versuche keine gelegenheit auszulassen, mich zu kompromittieren. *Halten sie es immer noch so?*
— Sicherlich. Übrigens mache ich nur dies allein. Und wenn ich es nicht mehr öffentlich tue, so nur, weil ich kein öffentliches leben habe.
— *Wie ist die haltung, die ihnen heute am sympathischsten erscheint?*
— Ah! es geht nicht darum, die literatur zu zerstören. Ich wünschte vielmehr, das individuum würde sich selbst zerstören. Ich bin auch der meinung, daß es ein sehr subtiles mittel gibt, selbst beim schreiben, den geschmack für die literatur zu zerstören, indem man sie mit ihren eigenen mitteln und regeln schlägt. Doch die literatur interessiert mich wenig. Was mich interessiert, ist die poesie, und nicht, wie man versucht sein könnte zu glauben, meine poesie.

Wenn ich mich auch nicht entschließe, nicht mehr zu schreiben, so vor allem deshalb, weil ich meiner nicht sicher bin und auch weil jede, bis in ihre letzte konsequenz verfolgte methode mir wie eine einschränkung des individuums erscheint, eine einschränkung, die nichts anderes ist als die formel der literatur.
Was mich faszinieren würde, wäre, meine persönlichkeit zu verlieren, jede art von anmaßung aufzugeben, in einem wort *unpersönlich* zu werden.
— *Würden sie mir eine definition der poesie geben, wie sie sie verstehen?*
— Die poesie ist ein mittel, um ein gewisses maß an menschlichkeit mitzuteilen, an elementen des lebens, die man in sich trägt.
— *Fürchten sie nicht, daß viele ihrer ideen nicht mit dem augenblicklichen literarischen wahn vereinbar sind?*
— Ich weiß nicht, wovon sie reden. Ich lese nichts. Doch schreiben sie, daß ich nicht gegen die publizität, nicht gegen den erfolg bin, weil ich sie ebensosehr für elemente des lebens erachte, wie ihr gegenteil.
— *Sind sie ein emporkömmling?*
— Offensichtlich. In erster linie. Was mich am meisten am leben freut, sind das geld und die frauen. Doch ich habe nur sehr wenig geld und viel pech in der liebe. In klammer: ich glaube nicht , daß es irgendeine art von vollkommenheit gibt, und ich glaube, daß die unreinheiten und die krankheiten ebenso nützlich sind wie die mikroben im wasser für die verdauung.
— *Warum sind sie ein emporkömmling?*
— Ich bin es, weil ich meine laster pflege: die liebe, das geld, die poesie. Ich verfolge sie bis an ihre äußersten grenzen. Und ich fürchte sehr, daß ich dort nicht vor meinem tod anlange. Dagegen will ich betonen, daß ich ein emporkömmling ohne anmaßung bin.
— *Hielten sie den Dadaismus für ein ziel?*
— Niemals. ich lege übrigens großen wert darauf, dieses wort niemals mehr auszusprechen. Dada war ein rein persönliches abenteuer, die materialisation meines ekels. Vielleicht gab es resultate, konsequenzen. Vor ihm hielten alle modernen schriftsteller an einer disziplin fest, an einer regel, an einer einheit. Die ästhetik Apollinaires war durch das pittoreske begrenzt. Die gedichte Reverdys schienen schon von vornherein geordnet zu sein. Nach Dada, der aktiven indifferenz, dem derzeitigen miregalismus, traten die spontaneität und relativität ins leben ein.
— *Aber Rimbaud? ... Lautréamont ...?*
— Die spontaneität bei Rimbaud ist meiner meinung nach kaum vorhanden. Seine poesie ist die eines ästheten, der von künstlerischen formeln begrenzt wird. Was Lautréamont betrifft, scheint er einen gewissen sinn für das relative gehabt zu haben. Doch seine intelektuelle seite verdirbt ihn mir ein wenig.
— *Was halten sie von denen, die mit ihnen zum Mouvement Dada gehörten?*
— Zu der zeit war ich froh, leute kennenzulernen, die mit mir ein minimum der ideen teilten, auf die ich fixiert war. Doch als wir getrennte wege gingen, machte mir das nichts aus, auch jetzt nicht.
— *Was halten sie vom modernismus?*
— Wenn es um jene intelektuelle richtung geht, die es immer schon gegeben hat und die Apollinaire den *esprit nouveau* genannt hatte, so interessiert mich der modernismus überhaut nicht. Und ich finde, daß man unrecht hat, wenn man behauptet, daß der Dadaismus, der Kubismus und der Futurismus eine gemeinsame basis aufzuweisen hätten. Diese zwei letzteren richtungen bauten vor allem auf einem prinzip technischer oder intellektueller perfektionierung auf, während der dadaismus sich sich niemals auf irgendeine theorie berief und nichts als ein protest war.

<Le journal du Peuple, 14. 4. 1923 und Merz 4, Juli 1923>

Arp und Sophie Taeuber an Tzara
5. 4. 1923, Rom

Lieber Tzara,

wir sind kurze Zeit in Rom. Paris ist immer noch verschlossen. Wir gehen eben doch zu Bragaglia, sehn, was dort los ist. Arp läßt freundlichst anfragen, was das Buch macht. Schicken sie mir ein *Shadowland* mit den Marionetten. Sie können es per Nachnahme schicken, oder mir schreiben, was es kostet.
Freundliche Grüße

ihre S. H. Taeuber-Arp

Lieber Tzara,
herzliche Grüße

Arp

Schwitters an Tzara
15. 4. 1923, Hannover

Mon cher Tristan Tzara,

also, bitte, würdest du bereit sein *pour une tournée dada à la Hollande, je crois que la Holande ne s'ecrit qu'avec un l, n'est ce pas*? Also im Deutschen hat es nämlich zwei l, z.B. Holland. Also, mein lieber Tzara, schreib mir, ob du, ob Ribemont-Dessaignes, ob Popopicabia teilnehmen will: *Septembre ou Octobre ou Novembre*, Garantiesumme für alle 6 — 8 Personen + Bühnendekors 500 Fl., 3 aufeinanderfolgende Abende, ev. 4, ev. = eventuell, der Überschuß wird unter den, c.a.dire unter die Teilnehmer und den Impressario im Verhältnis 4:6 geteilt. *Alors chaque dadaiste doit etre dans la Holande huit jours avant le commencement de la tournée. Mais cela ne fait rien, car il m'est possible de procreer logis pour 8 persons pour 8 jours à la*

Holande sans payment. C'est à dire , il serait bien que chaque dadaiste donnerait also etwa ein dadaistisches Kunstwerk an seinen Gastfreund. Also kurz: 500 Gulden Vorschuß für alles, Teilung des Überschusses, Dadaisten zusammen 40%, 8 Tage vorher da sein. Preisfrage: Wer tut da mit? Wer schnell gibt, gibt doppelt. In acht Tagen muß ich Antwort haben, sonst wirst du eine Leiche. Ich schreibe das Resultat an den Impressario, erhalte von ihm die sauberen Bedingungen und schicke sie an alle Teilnehmer zum Unterzeichnen. Wann reist du nach Capri? Ich möchte, wie du weißt, sehr gerne nachkommen, *quand il m'est possible de logir à vous*. Ich bin ein angenehmer Gesellschafter, 1,87 cm hoch, lebe sehr einfach, liebe Dada und bin auch für einen Heringsfang zu gebrauchen. Bitte, *s'il vous plait*, antworte mir auf diese prinzipielle Frage, ob *il est possible*. Ich spreche glänzend Französisch, wie Fett, Hochglanz.
Und wenn:
Wie besorge ich mir das Visum?
Also, *je veux venir sans femme* und schlafe ev. auf der Erde. Nur muß ich das vorher wissen, um mir Decken mitzubringen. *C'est possible*. Bitte Post nach Hannover.
Avec den herzlichsten Grüßen

Kurt Schwitters

van Doesburg an Tzara
27. 4. 1923, Weimar

ARABISCHE SPRICHWÖRTER.

*Mein lieber Tzara,

vielen Dank für ihren netten Brief, den ich hier in Weimar erhielt. Wir fahren Freitag nach Paris und können uns treffen. Ich habe viele Dokumente und wir können über alle Gesichtspunkte sprechen. Es ist sehr schade, daß *Mécano* so voller Fehler ist. Ich war so lange in Deutschland, daß ich Französisch ganz vergessen habe. Ich verspreche, ihnen die französischen Bürstenabzüge zu schicken.
Ich will in *Mécano* 4 oder 5 ihr Interview veröffentlichen. Wir können zusammen am Ende des Monats nach Capri fahren. Wir kommen Samstag an!
Auf Wiedersehen, mein lieber Freund

Does und Petro*

Arp an Tzara
1. 5. 1923, Zürich

Mein lieber Tzara,

ich bin wieder von Rom zurück. Wie ein Traum voll riesengroßer, goldener Nachttöpfe ist die ewige Stadt an mir vorübergeglitten. — Evola ist ein außerordentlicher Kopf. Ich habe ihn sehr lieb. Er hat über dich und Dada die klügsten Dinge geschrieben.
Hier ist alles am Ende. Das Geschäft meines Bruders ist kaputt. Er zieht in den nächsten Wochen fort. Ich bin nun mutterseelenallein in Zürich. Das geht nicht mehr so weiter. Kannst du mir nicht helfen, daß ich bald nach Paris kann? Hast du keine hohe Beziehung, die mich nun endlich zum Franzosen stempeln kann? Meine Verwandten haben sich bemüht, aber ich brauche die Protektion eines großen Mannes oder sehr gute Empfehlungen, die klar sagen, daß ich Frankreich über alles liebe. Sonst fahre ich nach Rom. Es ist eine furchtbare Zeit für mich.
Weißt du, wo Josephson ist? Ich möchte wenigstens meine Zeichnungen, die wiedergefunden worden sind, wiederhaben.
Was ist aus dem Foto und der Zeichnung, die wir vorigen Sommer nach Polen geschickt haben, geworden? Ich überlasse dir, die Geschichte mit unserem Buch ganz nach deinem Gutdünken zu regeln, nur bitte ich dich dringend, bevor es endgültig gedruckt wird, mir noch einmal einen Abzug zu schicken, damit ich mich überzeugen kann, daß meine Verbesserungen recht verstanden worden sind. Es wäre Irrsinn, wenn es nach so langem Hin und Her nicht ganz zu unserer Zufriedenheit fertig würde.
Ich umarme DICH

herzlich dein Arp

Braut schau wem?

Arp an Tzara
25. 5. 1923, Zürich

Lieber Tzara,

ich finde es nicht gerade elegant von dir, gerade auf meinen letzten Brief nicht zu antworten. Ich klagte dir, wie es mir schlecht geht und fragte dich nach der Adresse Josephsons, der mir nicht einmal meine Zeichnungen zurückgeschickt hat, bat um eine Empfehlung, die mir gerade jetzt von größtem Wert wäre, weil meine Geschichte vorwärts geht und ich wissen wollte, ob die Zeichnung, die wir letztes Jahr an eine polnische Zeitschrift geschickt haben, wieder an mich gelangt.
Für unser Buch muß ich einen speziellen Absatz anfangen. Was ist denn nun damit los? Wo sind die nachträglich geschickten Zeichnungen? Wann bekomme ich den letzten Probeabzug?
Heute bekam ich auch die *Feuilles Libres*. Vielen Dank, du hattest mir versprochen, dort Zeichnungen von mir anzubringen.
Bessere dich und werde ein Charakterdarsteller.

<Arp>

Freundliche Grüße aus dem Paradies der Langeweile

S. H. Taeuber-Arp

Ein trockener Hund pißt gern auf Löschpapier. Ein aus= gestopfter Hund wirft keinen Schatten. ■

Die linke Hand der rächenden Nemesis ist die rechte Hand jener Philadelphia, von welcher Schiller be= hauptet, daß sie Seelen fordert. ■

Schwitters an Tzara
20. 6. 1923, Hannover

Lieber Tzara,

ich bin auch ohne Nachricht von Holland, leider. Ich habe es schon Does mitgeteilt, der Mann antwortet nicht. Bitte schreibe du mit Does an ihn: v.Gelder, Amsterdam, Westemde 13 i. Bitte schreibt, es wird nützen. Wie ist Adresse New York für meine 16 *Merze*? 10—15 Dollars einverstanden, danke sehr, hoffentlich wird auch was verkauft! *Quelques Poèmes* schreibe ich *bientot*. Crowley ist schon *imprimé à Merz* 4, fix und fertig. Tut mir leid, fertig. Interview <?> auch in Merz 4.
Mit tausend Grüßen

Merz

Schwitters an Tzara
17. 7. 1923, Hannover

Lieber Tristan Tzara,

von Doesburg höre ich, daß es dir nicht gut ging. Hoffentlich bist du wieder gut auf. Ich wünsche dir gute Besserung. Für Bilder nach New York besten Dank. Preis einverstanden. Das hast du fein gemacht. Wann sehe ich dich mal wieder? Als Deutscher kann ich jetzt nicht nach Paris kommen, sonst hätte ich Doesburg schon längst auf ihre Einladung besucht. Ich sende dir hier einige Gedichte für *Little Review*, vielleicht auch eine Foto, ich sehe gleich mal zu, ob ich eine habe. Das *Poème* von Crowley ist schon in *Merz* 4 erschienen. Du hast wohl schon gesehen. Und du bist sehr gut vertreten. Habe ich den Multiinterview-Artikel nicht gut verkürzt? Macht dir die Nummer 4 viel Freude? Sie ist doch nicht schlecht. Aber es kostet entsetzlich viel Geld, und ich kann nicht durchhalten, wenn ich nicht bald mehr zahlende Abonnenten bekomme. Defizit wird zu groß. Kannst du mir keine verschaffen? *Merz* 3 ist Mappe von 6 Lithos. Bedingungen in *Merz* 4. Weißt du mir Interessenten? Für *Merz* 5 bereite ich Imitatoren und Gestalter vor. Weißt du mir einen schlagenden Artikel über echt und falsch in Dada? Oder sonst diesbezüglich? Aber ich muß Beiträge bald haben, sonst ....
Oder sonst gute Dichtungen.
Ich grüße dich herzlichst

Kuwitter Merz

Lissitzky ist seit langem hier.

Schwitters an Tzara
31. 7. 1923, Sellin

Lieber Tzara,

inzwischen bin ich auf Rügen, Sellin, Villa Garund für 4 Wochen. Arp wird erwartet, Lissitzky auch. Ist *Merz* 4 angekommen?

Herzlichst Merz

Schön, daß ihr euch in Paris so regt. Does hat mir famose Programme geschickt. Mit allen Leuten drauf. Ich sende dir einige Gedichte mit, andere folgen.
Le Gaz A Coeur

Mahomed ist ein angelsächsischer Genitiv
HANS ARP

Tzara an Heap
19. 8. 1923, Positano

*Liebe Jane,

aus diesem viel zu romantischen Land kann ich ihnen nur meine herzlichsten Grüße schicken. Später sende ich ihnen andere Materialien. Schreiben sie mir nach Paris. Es geht mir bereits besser, und ich bereite meinen *song* für einen Aufenthalt in N. Y. vor.
Mit freundlichen Grüßen

TZARA*

Schwitters an Tzara in Positano bei Käthe Wulff
21. 8. 1923, Hannover

Lieber Tzara,

Dank für Karte aus Positano. Es muß herrlich sein. Arp und ich arbeiten hier auf Rügen gemeinsam an *Franz Müllers Drahtfrühling*. Er wird lang und schön, voll Freundlichkeit. Bald stelle ich *Merz* 6, die nächste Zeitschrift, zusammen. *Merz* 3 ist eine Lithomappe von mir, *Merz* 5 wird eine Mappe von 7 *Arpaden* von Arp. *Merz* 5 wird sehr gut. Es freut mich, daß du das Arrangement deines Interviews magst. Wir werden vielleicht noch nach Holland reisen. Meine Schuld ist es nicht, daß van Gelder nicht antwortet. Jetzt versucht es Does noch einmal bei verschiedenen Leuten. Schreib mir, wenn du abreist, wo du bist gelegentlich, und ich schicke dir ein neues Gedicht. Arp hat heute Nachmittag <?>; Doesburg weiß nicht <?>

Arp und andere an Tzara in Positano
27. 8. 1923, Berlin

Lieber Tzara und Frl. Chrusecz,

gestern endlich bekommen wir ihre Karten. Wir sind auf einige Tage mit Schwitters auf Rügen. Es ist schön warm. Wie ist ihre Reise verlaufen? Es wird gedichtet, gemerzt und gearpt, den ganzen Tag.
Viele Grüße

SHTA
Sallis Salut Viking Eggeling
G. Wulemann
Herzlichst ihr, ein Nachtgast im Seehof T. Auer

Bitte geben sie mir die Adresse der guten deutschen Pension in Rom nach Hamburg 13 Hartungstr.7 a III, herzlichst

Dora Maar
Auch io,
Flake

Tzara an Heap
12. 11. 1923, Paris

*Liebe Jane,

nach langen Promenaden quer durch Europa, diesen Schweizer Käse, bin ich gerade nach Paris zurückgekehrt, wo ich mich nach Neuigkeiten über sie erkundigte. Ich habe die *Little Review* nicht erhalten, sie aber bei Brancusi gesehen und danke ihnen für die Werbeseite, die sie mir gestalteten, das war sehr nett von ihnen. Vergessen sie nicht, wie versprochen, die letzten 3 Nummern der *Little Review* zu schicken.

Paris ist kalt und feucht, aber es ist trotzdem der einzige Ort, wo ich arbeiten kann — zwischen Mitternacht und 4 Uhr morgens. Wir erwarten sie mit offenen Armen, um mit ihnen zu arbeiten. Mehrere Freunde sprachen ganz gerührt von ihnen — und ich selbst liebe sie mit der Frische der Sonne, die ich in den heißen Ländern eingelagert habe. Jetzt, wo sie meine Adresse haben, erwarte ich ihre Neuigkeiten, und in der Zwischenzeit schicke ich ihnen:
1 Klavierstück eines jungen belgischen Musikers voll Talent, den wir diesen Winter in Paris groß herausbringen werden — L.T.Mesens.
1 Stück von Schulhoff, tschechischer Komponist, der so sympathisch wie weise ist.
1 Artikel von Ribemont-Dessaignes über die Dada-Malerei, der den gegenwärtigen Zustand dieser dekadenten Industrie auf einen starken spirituellen Punkt bringt.
1 Novelle von Marcel Arland,
1 Reproduktion von Arp,
1 Zyklus von *5 VERBRECHEN* vom Unterzeichner.*

DAS HERZ AUF DER HAND

Hier die brieffragmente, die ich nach einer abwesenheit von 8 monaten bei meiner rückkehr nach Paris vorfand:
Ich habe kummer, ich friere. Ich weine, ich bin traurig; im garten ist keine einzige blume mehr, und am straßenrand sind die bäume kahl, die leute blöd und ich, ich bin ganz verrückt, und du glücklich.
Die ganze nacht hatte ich fieber, alpträume; was gäbe ich, wenn du mich nur einmal streicheln könntest! Zehn jahre meines lebens wären weniger als eine einzige gute nacht in deinen armen. Ich bin traurig und muß mein weinen zurückhalten, da es die leute um mich nicht verstehen. Wäre ich reich, hätte ich heute noch den zug genommen; ich will nicht mehr hier bleiben; ich werde krank. Ich liebe dich und du glaubst es nicht, du liebst mich nicht. Ich sage nichts mehr, bin nur mehr voller verzweiflung und weine, etc.
Später schrieb sie mir:
Ich werde dir sagen, daß das weinen mir lästig wird, nur weil ich keinen lidschatten mehr verwende, könnte ich jetzt ohne taschentuch weinen. Hätte ich 25 francs, hätte ich sofort den zug genommen, weil es regnet; die bäume sind ohne laub, es gibt keine blumen mehr und nur mehr häßliche frauen, du bist aber gerade dabei, einen guten kaffee zu trinken.
Wie ist das alles ungerecht! Was habe ich gemacht, um so zu leiden?
Ich verlange so wenig: küsse, ein lächeln, das ist mein glück. Ich gehe, ohne etwas zu sehen, wie eine schlafwandlerin; mir ist kalt; ich glaube, um wieder gesund zu werden, muß ich erst ganz krank werden. Hier gibt es kein fleisch: suppe, gemüse, käse ist alles, was man ißt. Schreib mir, das wird meine armen gedanken ablenken.
Ich besuchte sie. Sie schrieb mir oft.
Ich sage dir, daß ich mich gut halte, die reise war nicht lang, ich erhielt deine zwei briefe, die mich sehr gefreut haben, weil du mich liebst; aber ich glaube dir nur halb. Die sonne versteckt sich, man könnte sagen, es wird regnen, und du, mein liebling, es war ein großes opfer, daß du heute früh mit mir aufgestanden bist; ich bin eifersüchtig, daß du in Paris bist und dich nicht langweilst. Mein herz ist schwer, wenn ich daran denke, daß du heute abend allein in deinem schlaf sein wirst; wie gerne wäre ich dein schlaf, damit du dich in meine arme kauerst! Ich liebe dich vielzusehr, und damit meine liebe geringer wird, müßte ich oft bei dir sein, das wäre gut, denn du bist nicht gemacht, um geliebt zu werden, du bist zu ruhig, ein streichlen muß ich dir stehlen, ein bißchen liebe manchmal, das ärgert mich, weil ich begehrt sein will; das werde ich wohl mit dir machen müssen, weil ich dich nicht mit einem anderen betrügen kann, du bist nicht eifersüchtig, das macht keinen spaß.
Um es mir recht zu machen, weil sie sich nicht von mir aushalten lassen wollte, um sich nicht den szenen auszusetzen, die ich ihr über das leben, so wie sie es führte, hätte machen können, um sich mit ihrer mutter wieder zu versöhnen und auch um zu versuchen, ein ruhigeres leben zu führen, mußte sie den erstbesten heiraten, der erste mann, der sie wollte, ein schuster aus der nachbarschaft.
Bei diesem anlaß bewies sie seltenes fingerspitzengefühl; sie kündigte mir das ereignis in wenigen zeilen an, nachdem sie mich während einiger wochen langsam, klug und gezielt darauf vorbereitet hatte. Sie hatte die bewußte sorglosigkeit und die höflichkeit eines haustieres, das sich trotz seines verborgenen ärgers verwöhnen läßt — seine nervosität versteckt und sich nur schlecht hinter einer diplomatischen geduld, die dem recht der gewohnheit und dem mit dem ganzen kram des vergnügens ausgestatteten wohlwollen zugestanden wird.
Was für ein gefühl konnte ihre heirat in mir hervorrufen? Ich schäme mich, daß ich nicht einmal eine klare haltung einnehmen konnte. Zufriedenheit, eifersucht — ich hatte keine wahl, weil ich in wirklichkeit, weit von ihr, die entfernung übermäßig sich vergrößern spürte, mit der zeit und dem dichten schnee der gleichgültigkeit auf den flügeln der pflanze unter dem gewicht des himmels und der standhaftigkeit. Meine aufmerksamkeit richtete sich nicht auf ihre umtriebe, ihre sich plötzlich in unerwartetem licht zeigende art, ihr nach zärtlichkeit und überwältigender leidenschaft gierendes temperament. All das war ihr abgegangen, und sie wußte wahrscheinlich auch, daß es meine schuld gewesen war.
Über die hunderte von kleinen lügen, ungeschickte gesten der koketterie, konnte sie doch den ausdruck ihrer aufrichtigkeit nicht unterdrücken, sich in der völligen aufgabe ihrer persönlichkeit und den übertreibungen der liebe mitzuteilen. Sobald ich die sicherheit ihrer anhänglichkeit an mich gewonnen hatte, die sie im grunde belastete, einengte, folterte, merkte ich, wie die geheime und feine anziehung nachließ, die mich zuvor ihrem schmachtvoll bestärkenden charme unterworfen hatte. Das ist grausam, aber nicht meine schuld, weil es ohne vorsatz geschah. Mann und frau müßten einander gegenüber immer ein paar rätsel der zurückhaltung bewahren, aus vorsicht, denn wenn das verlangen, einander zu kennen einmal gesättigt ist, wandelt sich die erste zufriedenheit in ermüdung, wie der horizont auf dem land mit dem langweiligen, niedergeschlagenen und vorhersehbaren aufenthalt immer länger wird.
Ich hörte nicht auf, sie in dem haus, das ich gemietet hatte, zu treffen. Sie schrieb mir banalitäten, die für sie eine reale bedeutung angenommen hatten:
Du bist sanft, aber nicht zärtlich; du müßtest grausam sein, ich würde dich anbeten oder im gegenteil, du machst mich kopflos, ich würde jede verrücktheit für dich begehen. Und dann, versuche klug zu sein, weil ich es bemerken werde; ohne das, wirst du nur einmal in der woche das recht haben, mit mir zu schlafen, so mußt du mich, wenn du mit mir schlafen willst, vergewaltigen. Du brauchst dich nicht beklagen: du hast eine der schönsten frauen, nicht dumm, verliebt, nicht langweilig, keine luxusfrau, ohne syphilis, und du bist immer noch nicht zufrieden, läufst dem unerreichbaren hinterher; schätze dich glücklich. Aber ich muß dich doch nehmen wie du bist, du bist doch mein geliebter, den ich anbete, der mich vor schmerz und lust sterben lassen wird, du bist der einzige, der meinen mund, meinen körper, meine verliebten blicke besitzt ... etc. etc.

<Faites vos jeux, 1923>

DAS WOLKENTASCHENTUCH

Der Titel ergab sich im Laufe eines Gesprächs mit Nancy Cunard im Boeuf sur le tôit: das eine Wort war von Tzara, das andere steuerte Nancy Cunard bei

Dieses stück wurde am 17. mai 1924 im Theatre de la Cigale, *im laufe der von Graf Étienne de Beaumont organisierten* Soirées de Paris, *uraufgeführt. (Der autor dankt letzterem aufs herzlichste für die subtile intelligenz und den guten geschmack, die er bei der aufführung des wolkentaschentuchs bewiesen hat.)*
Die bühne stellt einen geschlossenen raum dar, wie eine schachtel, aus dem kein schauspieler abtreten kann. Jede der 5 flächen hat die gleiche farbe. Ganz hinten, auf einer gewissen höhe, ist eine leinwand, die den ort der handlung mithilfe vergrößerter reproduktionen farbiger postkarten vorgibt, die auf zwei rollen aufgerollt sind und die ein techniker je nach akt entrollt, ohne sich vor dem zuschauer zu verbergen.
In der mitte der bühne steht ein podium. Rechts und links stühle, schminktische, die accessoires und kostüme der schauspieler. Die schauspieler sind während der dauer des ganzen stückes immer auf der bühne. Wenn sie nicht spielen, drehen sie dem publikum den rücken zu, kleiden sich an oder unterhalten sich.
Die akte spielen auf dem podium, die kommentare außerhalb des podiums. Am ende jeden aktes wechselt die beleuchtung schnell, um nur mehr die kommentatoren zu beleuchten; die schauspieler haben ihre rolle gespielt und verlassen das podium. Das licht wechselt ebenso rasch am ende jedes kommentares, die projektionen von oben und der seite erleuchten nur das podium. Zwei helfer stellen oder nehmen die accessoires vom podium. Jeder schauspieler behält auf der bühne seinen namen. In der vorliegenden ausgabe tragen die personen die namen der schauspieler, welche die rollen ausführen. Der dichter, die frau des bankiers und der bankier sind die hauptpersonen. A, B, C, D und E sind die kommentatoren, die auch nebenrollen spielen.

ROLLENVERTEILUNG

die frau des bankiers
Fr. Andrée Pascal
E, die freundin, Ophelia, die concierge
Fr. Marcelle Romée
die garderobiere
Fr. Jeanne Dolly
der dichter
Hr. Marcel Herrand
der bankier
Hr. Dapoigny
C, 2. herr, der kolonialist, Polonius
Hr. Staquet
D, der bahnhofsvorstand,
der kapitän, ein gauner
Hr. Valentin
A, der freund,
ein kind
Hr. Édouard Ferras
B, erster herr,
ein agent
Hr. Jean Tillerand
ein gauner
Hr. Pierre Brasseur
ein maître d'hotel, ein agent
Hr. Ségur

AKT I

(EIN SALON, zwei sessel, ein telephon)

DER DICHTER *(sitzend, ein diener bringt ihm einen brief. Er liest:)*

Sehr geehrter Herr,

obwohl die zeiten hart sind und den abenteuern wenig gnädig gesinnt und trotz den warnungen, die der himmel mit jedem tag in verschiedenen zeichen schickt, den wechselkurven und den werten, die an der börse des herzens notieren, erlaube ich mir, ihnen zu schreiben.
Ihr letztes buch flößt mir vertrauen in sie ein. Ich bin keine unglückliche frau, ich bin eine leere frau. Ich bin seit drei jahren verheiratet, mein mann ist bankier, er ist reich, schön, jung. Ich kenne ihn kaum. Er liebt mich nicht, ich liebe ihn nicht, wir sehen uns nur selten. Ist es sein reichtum und die sorge, die er mit sich bringt, ist es meine unfähigkeit zu leben, die mich nicht die quelle seiner blicke fassen läßt, die uns voneinander fernhält und jeden einzelnen von uns in ein korsett der gleichgültigkeit schnürt? Das ist der grund, weshalb ich sie gerne sehen würde. Ich hoffe, sie sagen mir, ob die umstände mir das recht geben, meine lungen, die bar jeder zuneigung sind, mit einem anderen atem zu erfüllen, als dem, den das gesetz mir bestimmt hat,
mit herzlichen etc.
(Er steckt den brief in seine tasche.)
Sehr interessant ... sehr interessant ...
(Er telephoniert)
... Elysée 44-33: Hr. Marcel Herrand erwartet Fr. Andrée Pascal bei sich.
(Er ruft.)
Jean, ... wenn eine dame kommt, lassen sie sie eintreten.
(Andrée tritt ein)
Nehmen sie platz, madame. Ihr brief hat mich bewegt und der charme ihrer anwesenheit bereichert noch den brillanten glanz der dinge, die ich liebe. Um gleich auf den punkt zu kommen; ich liebe nur die dinge, ihren glanz und ihren charme.

ANDRÉE — Aber wie kann man dinge lieben? Ich war der meinung, daß die dinge nur existieren, um manipuliert zu werden... Das, mein herr, muß noch zum bereich der dichtung gehören...
DER DICHTER — Ja, die dinge sind da, um manipuliert zu werden, doch mit liebe. Was wollen sie, ich liebe die menschen nicht, ich liebe die frauen nicht, ich liebe die liebe, das heißt die reine dichtung.
ANDRÉE — Oh! mein herr, wie haben sie während ihres lebens leiden müssen, um ihre leidenschaften in einer so strengen und einheitlichen disziplin zurückhalten zu können. Denn ich bin mir sicher, daß ihre gefühle im grunde so verschieden wie der reichtum der farben sind und ihre kombinationen verschiedenartiger als kaleidoskopische formen eines unterwasserfauns.
DER DICHTER — Ich habe so oft von ganzem herzen geweint, daß ich am ende die echten tränen von den gespielten nicht mehr unterscheiden konnte.
ANDRÉE — Welche tragödie verraten ihre worte. Mein fall ist offensichtich, es handelt sich nicht um mein unglück, das ich ihnen ausschütten will, ich bin nicht eine jener frauen, denen es gefällt, dichtern ihr herz auszuschütten und deswegen zu den großen *unverstandenen* gezählt zu werden... Ihr eifer, den sie zu tage legen, entgleist oft in ihrer koketterie.
DER DICHTER — Dann erreichte ich eine ebene, auf der sich alle gefühle glichen, einem gleichgewicht, das sich selbst im frühling nicht, ohne daraus zu geraten, der liebe des menschlichen wesens unterordnen konnte; und doch bin ich nicht leer. Im gegenteil. Auf dieser basis könnten wir vielleicht eine lösung finden...
ANDRÉE — Doch glauben sie, daß man allein leben kann, ohne sich für einen anderen im gegenseitigen austausch der anziehungen und reaktionen zu verausgaben? Glauben sie wirklich, daß man leben kann, ohne zu lieben?
DER DICHTER — Vollkommen, madame, denn das glück in diesem fall wäre nur eine art krankheit, ohne die es keinen grund gäbe, von zeit zu zeit liebespastillen einzunehmen, um zu einem zustand der erfüllung zu gelangen, der nur ein simulakrum ist, madame. *(Er erhebt sich)*
ANDRÉE — Wollen sie mir glauben machen, daß sie selbst nichts als ein simulakrum sind, mein herr? *(Sie erhebt sich)*
DER DICHTER *(sie beim arm nehmend)* — Als ich siebzehn war... *(Sie gehen ab)*
(Gongschlag. Das licht wechselt. Die kulisse dreht sich. Während der kommentare wechseln die akteure ihre kostüme oder schminken sich)

KOMMENTAR

C. — Wo sind sie jetzt, der Dichter und jene, die er entdeckt wie die note eines liedes am straßenrand? Sie sind gerade dabei, die geschichte ihres lebens herunterzuleiern, wie einen rosenkranz aus kieseln, die sie auf die straße fallenlassen, um den weg wieder zu finden.
B. — Doch dann wird es nacht sein, und sie werden den mit kieseln vorgezeichneten weg nicht mehr finden, denn am morgen ähnelt ein kiesel dem anderen, und alles wird von neuem verwirrend, eine verwirrung, von der wir uns jeden tag aufs neue zu befreien suchen.
C. — Du hast recht, man kann niemals auf dem weg der erinnerung zurückkehren. Auf dem fahrrad oder im auto kehrt man zum ausgangspunkt zurück, doch auf einer anderen strecke, als jener, welche die erinnerung zurückgelegt hat. Dieser weg versinkt in der schweren erde, aus der das tägliche brot des hirns gebacken ist.
B. — Wir sind alle mit kieseln übersät.
(Die beleuchtung wechselt)

AKT II

(VENEDIG)

DER FREUND — Venedig ist so ernst im der dämmerung. Auf dem Canale Grande sind die zwei reihen der goldzähne der paläste in gerade der richtigen entfernung für ein der stadt angemessenes lachen.
DER BANKIER — Ich langweile mich...
DER FREUND — Weshalb schätzen sie nicht einfach diese architektur, deren anmaßung sich im flüssigen widerschein verliert?
DER BANKIER — Ich langweile mich...
DER FREUND — Was gefällt ihnen dann, mein lieber freund?
DER BANKER — Ich weiß nicht, ich langweile mich, ich reise noch heute abend ab. Auf wiedersehen! *(Der bankier geht ab)*
DER FREUND — Auf bald, hoffe ich...*(Der dichter und Andrée treten im reisekostüm auf)*
DER DICHTER *(zu Andrée)* — Ich versprach ihnen, sie überall hin zu führen, um ihren gatten zu finden und jene gegenüberstellung zu provozieren, aus der der funke schlagen wird, an dem wir die richtungen unserer geistigen nachforschungen ablesen werden. Ich werde mein versprechen halten...
ANDRÉE — Jetzt habe ich mehr als nur vertrauen in sie, und ich entsage meinem eigentlichen willen. Und was das auffinden meines gatten betrifft, gestehe ich ihnen...
DER FREUND *(sieht Andrée)* — Ah! madame, wie geht es ihnen? Ich bin entzückt, sie zu treffen. Ich komme gerade von ihrem gatten.
ANDRÉE — Wo aber ist er? Können sie mir seine adresse geben?
DER FREUND — Er langweilte sich hier und ist gerade nach Monte Carlo abgereist. *(Sie gehen ab. Die kulisse und die beleuchtung wechseln)*

KOMMENTAR

C. — Ich glaube, daß Andrée Marcel liebt, doch sie weiß es noch nicht.
D. — Das wäre schade, denn der dichter liebt niemanden; wie er selber sagte, liebt er nur die reine wollust, die er in einem subtilen spiel dichtung nennt.
B. — Macht nicht soviel lärm. Unsere helden wollen vielleicht schlafen in ihrem erste-klasse-abteil, das sie zu einem noch unbekannten ziel führt.
(Die beleuchtung wechselt)

AKT III

(EIN BAHNHOF)

DER BAHNHOFSVORSTEHER *(allein, spaziert auf und ab)*
eine nach der anderen fällt die unbestimmte stunde
tumore geschwollen von erinnerungen und luft
kürzer oder länger je nach der langeweile des blutes
auf der wankenden schaluppe um den schnee streichend
die blütenstempel werden länger und saugen das herz der landschaft aus.
(Der zug kommt an; ein kommentator imitiert das geräusch des zuges)
ANDRÉE *(tritt auf, von einem freund begleitet)* — Hier steige ich aus; ich reise auf diese art, ich improvisiere meine reise. Doch ich sehe kein schild. Mein herr, würden sie mir sagen, wie dieser ort heißt?
DER BAHNHOFSVORSTEHER — Sie sind am Gipfel der Sentimentalen Versöhnung, einige kilometer von der grenze entfernt, auf 2300 meter gelegen, auf dem 37. meridian, angenehmes klima, von allen ärztlichen kapazitäten als gesund empfohlen. Wintersport. Der Gipfel der Sentimentalen Versöhnung wird auch der Himalaya der Armen genannt.
ANDRÉE — Es ist nett hier, könnten sie mir ein gutes hotel sagen?
DER BAHNHOFSVORSTEHER — Hinter dem bahnhof, madame, das *Hotel zum Bahnhof und zu den zwei Endstationen*, alles in einem, moderner komfort, heiß- und kaltwasser, zentralheizung, licht, telephon, elektrizität, badezimmer: gemäßigte preise.
ANDRÉE — Endlich ein ort, der mir gefällt *(Der bahnhofsvorstand geht ab)* Er wird auch Marcel gefallen, ich muß ihn mit einem telegramm benachrichtigen.
DER FREUND — Dieses land ist zur gänze von den künstlern der bundesbahn bemalt.

KOMMENTAR

A. — Wären sie so nett, mir den hut zu geben.
B. — Haben sie rouge auf ihren lippen?
C. — Ich mag dieses stück sehr.
A. — Es würde mich nicht überraschen, wenn es erfolg hätte.
(Die beleuchtung wechselt)

AKT IV

(MONTE CARLO)

1.HERR — Es ist also wahr, daß der bankier gestern abend sein gesamtes vermögen verspielt hat?
2.HERR — Stimmt genau, er hat beträchtliche summen verloren. Aber den informationen nach zu schließen, die ich heute morgen erhielt, betrifft dieser krach nicht das geld seiner klienten.
1.HERR — Sein ganzes persönliches vermögen?
2.HERR — Und das seiner frau.
1.HERR — Was gab er schon seiner frau. . .sie wissen, daß sie sich niemals sahen. . . es gibt gerüchte. . .
2.HERR — Aber da kommt er ja. Geben wir ihm nicht den eindruck, als ob wir von seinem unglück wüßten, denn oft treiben solche tragödien schon allein dadurch, daß sie bekannt und von allen breitgetreten werden, das opfer dazu, sein schwaches leben auszuhauchen, das noch in seinem gerippe schlägt.
1.HERR — Und um den skandal zu vermeiden, droht seiner leiche auch noch, in eine dieser schubladen, mit der sich die felsen hier schmücken, gestoßen zu werden, wie ein brief, den eine untreue ehefrau beim nahen eines menschlichen atems versteckt.
BANKIER *(tritt sehr ausgelassen auf)* — Nun!, meine freunde, haben sie schon die neuigkeit gehört? Ich bin fröhlich und voller hoffnung.
1.HEER — Sie hoffen, ihr geld wiederzugewinnen?
DER BANKIER — Aber ganz im gegenteil, ich bin froh, daß ich's verloren habe, es wog schwer auf meinen adern. Ich bin froh und voller hoffnung.
1.HERR — Ah!
2.HERR — Wie das?
DER BANKIER — Erst jetzt bin ich reich geworden. *(Der Bankier geht ab)*
1.HERR — Ich glaube, er hegt böse absichten; er denkt vielleicht, daß die einlagen, die seine klienten ihm anvertraut haben, genügen, um. . .
2.HERR — Aber nein, sie haben bereits alle ihr geld zurückgeholt. Ich glaube vielmehr, daß dieser fall einen würfel wahnsinn in die kombinationen seiner vernunft geworfen hat.
(Gongschlag. Sie gehen ab. Wechsel der beleuchtung und der kulisse)

KOMMENTAR

A. — Warum verstehen sie nicht, daß die bedeutung eines wortes nicht unbedingt an seinen klang gebunden ist? Der Bankier sagt:*Ich bin reich*, wenn er arm ist, weil er arm war, als er reich war. Er ist reich an leben, jetzt wo die brieftasche seines herzens nicht mehr schwerfällig von den unzähligen visitenkarten ist, die das schicksal mit bitterkeit jenen personen überreicht hat, die — weil sie nie bei sich zuhause waren — andauernd den verkehr des geistes in den hauptarterien der stadt und der erinnerung verstopfen.
B. — Und das casino hat ihm diesen großen gefallen getan, indem es ihn von allem erleichtert hat, das ihn, ohne daß es ihm bewußt war, schrecklich behinderte.
(Die beleuchtung wechselt)

AKT V

(EIN GARTEN. Andrée und der Dichter sitzen auf einer bank)

ANDRÉE — Nun, was halten sie von diesem brief?
DER DICHTER — Was schreibt er am schluß?

ANDRÉE — Er sagt wörtlich: *seit ich meinen natürlichen reichtum wiedergefunden habe...*

DER DICHTER — Das heißt, seit er seine künstliche armut verloren hat...

ANDRÉE — Ja, in anderen worten, das geld. *Seit ich meinen natürlichen reichtum wiedergefunden habe, denke ich nur mehr an sie; ich atme jetzt frei, etwas was ich während langer Jahre nicht kannte. Es kommt mir vor, als stünde ich auf der schwelle eines neuen lebens, bis morgen, etc...* Es ist sehr vage, aber sie verstehen, was er meint? Ich habe auf einmal plötzlich angst und weiß nicht warum. Vorher, als ich ihn nicht sah, war ich gelassener. Und seit sie auf dem Gipfel der Versöhnung angekommen sind ... es gibt da ein geheimnis, Marcel, das sie niemals vermutet hätten.

DER DICHTER — Warten wir es ab, zuerst müssen wir sehen, was seine absichten sind.

ANDRÉE — Sie werden sicherlich ohne jeden hintergedanken sein, doch das ist noch kein weg aus der krise... denn ich vergaß, ihnen zu sagen, daß dieses geheimnis beginnt, der leere, die ich fühlte, einen reiz zu geben, der nicht mehr leer ist...

DER DICHTER — Lösung ... lösung ... es gibt niemals eine lösung; ob man handelt oder nicht, das ergebnis ist immer dasselbe: man krepiert am ende.

ANDRÉE — Trotzdem würde ich auch gerne von der sorglosigkeit jener profitieren, die sich nicht bewußt sind, daß die zeit mit mühseliger langsamkeit verstreicht.

DER DICHTER *(auf seine uhr blickend)* — Er wird in wenigen augenblicken hier sein. Natürlich erscheint mir diese plötzliche kehrtwendung im denken eines mannes, der vorher nur gleichgültigkeit und gefühllosigkeit für seine frau zeigte, beunruhigend, doch voller interesse.

DER BANKIER *(tritt auf)*

ANDRÉE — Darf ich ihnen vorstellen, Herr Marcel Herrand ... mein gatte...

ALIBI *(tritt auf)* — Das kollier wurde wiedergefunden!

DER DICHTER *(zu Andrée)* — Man findet alle kolliers wieder.

ANDRÉE — Selbst die kolliers, die man niemals verloren hat.
(Der Bankier führt Andrée in einen winkel des gartens)

ALIBI *(zum Dichter)* — Darf ich mich ihnen vorstellen: Mac Alibi, detektiv, ermittlungen und indiskretionen, schnelle scheidungen, rehabilitationen, anonyme briefe, beschattungen und eingebungen.

DER BANKIER — Was schließen sie aus diesem gespräch? Ich liebe sie...

ANDRÉE — Nach jahren des wartens und der einsamkeit brauche ich jetzt zeit, um nachzudenken. *(sie küssen sich)*

ALIBI — Bitte entschuldigen sie mich, eine dringende affaire ruft mich nach Martinique.

DER DICHTER — Mir bleibt nichts anderes übrig, als ihnen zu folgen, warten sie auf mich, ich gehe mit ihnen.

ANDRÉE *(dem Dichter nachrennend)* — Warum reisen sie so schnell ab... sie lassen mich also im stich, was soll ich nur ohne sie machen...

DER DICHTER — Es ist besser, ich gehe, ich sterbe ein bißchen ... die einsamkeit wird ihnen das leben lehren.

ANDRÉE — Doch weshalb so schnell, so schnell ... ich möchte ihnen gerne etwas zur erinnerung geben ... was kann ich ihnen geben? Nehmen sie diese schwarze maske zur erinnerung an den maskenball, bei dem sie mich ein leben lehrten, das anders war, als das, das ich in mir spürte.

DER DICHTER — Das leben, es ist so seltsam verkleidet, das leben... glücklicherweise ist es ohne jede bedeutung. Guten tag! *(Der Dichter geht ab, Alibi auch)*

ANDRÉE *(zum Bankier)* — Er ist gegangen...

DER BANKIER *(zum Dichter)* — Gute reise!...

(Gongschlag. Sie gehen ab. Die kulisse und die beleuchtung wechseln)

KOMMENTAR

DER DICHTER *(sich ankleidend)* — Versorgen wir uns schnell mit allem notwendigen, was man fürs meer und die tropen benötigt. Auf ins abenteuer! Die reisen füllen die koffer des herzens, die der dichter stets für die bedürfnisse des zufalls und die flüchtigen notwendigkeiten der stunde offen hält.

B. — Sie sind schon viel gereist, Staquet, wie stellen sie es an, sich nicht zu langweilen?

C. — Nun, indem ich reise.

A. — Glauben sie, daß Herrand auch reist, weil er sich mit Andrée gelangweilt hat?

D. — Ich weiß nicht recht.

E. — Ich auch nicht.

C. — Da haben wir den grund, warum dieses stück so schlecht ist. Obwohl wir die kommentatoren sind, d.h. das unterbewußtsein des dramas, ist es uns nicht erlaubt zu wissen, warum der Dichter Andrée nicht liebt.

E. — Und doch ist sie schön und intelligent, ich kenne sie gut, müssen sie wissen.

B. — Nur weil sie auf der bühne die rolle von Andrées freundin spielen, gibt ihnen nicht das recht zu glauben, daß sie es auch in wirklichkeit sind.

A. — Doch sie könnte es gut sein, außerhalb der bühne, außerhalb der handlung, in der wirklichen realität, bei ihr, was wissen sie schon davon?

C. — Oh! wie ist das langweilig, immer dieselbe diskussion über den unterschied zwischen dem theater und der wirklichkeit.

(Die beleuchtung wechselt)

AKT VI

(DAS MEER. Der Dichter, der Kapitän und Alibi halten ein Bild vor sich aufrecht, das ein schiffsdeck darstellt. Jeder hat ein glas wein in der hand. Heroische gesten.)

DER DICHTER — Kapitän! der wein ist gut.

DER KAPITÄN — Weil er die bittere vorahnung der angst versüßt, wenn das abenteuer sich seiner verwirklichung nähert.

ALIBI — Kapitän! Das meer ist weit.

DER KAPITÄN — Sie sind weit entfernt, immer sind sie weit

entfernt, und es ist nur die entfernung, die sie anzieht und bei uns hält.
ALIBI — Kapitän! Weißt du, was der tod ist?
DER KAPITÄN — Von allen risken ist er das schlimmste, sagt man, weil man sich das abrupte ende des bewußtseins, das uhr und zeit aufzieht, nicht vorstellen kann.
DER DICHTER — Kapitän, du hast recht!
DER KAPITÄN — Der wind, die stürme, die asche der lieder, das vertrauen meiner männer. Die idee des opfers und der gefahr hat meine vernunft mit den mikroben des frühlings übersät.
ALIBI — Kapitän! die sonne ist weich.
DER KAPITÄN — Doch hart, wenn sie das blut der arbeiter verlangsamt.
DER DICHTER — Kapitän! mein herz ist schwer.
DER KAPITÄN — Wie das blut, das die arbeiter der erinnerung an die sonne verlangsamen.
ALIBI — Kapitän, ich habe hunger!
DER KAPITÄN — Ich auch! *(Gongschlag. Sie gehen ab, indem sie das schiff mit sich nehmen; die kulisse und die beleuchtung wechseln)*

KOMMENTAR

C. — Lassen wir nun alles rückwärts laufen.
D. — Wie im Kino.
A. — Was tat Andrée, als der Dichter fort war?
C. — Das werden wir sehen.
B. — Laßt den tüllvorhang herunter!
E. — Den vorhang der erinnerung! *(Der tüllvorhang senkt sich)*
D. — Die szene ereignet sich vor Andrées wohnung.
A. — Die unschärfe der dinge ist kein traum. Sie zeigt nur an, daß die szene sich nicht in einem normalen zeitablauf, in der logischen verkettung der dinge abspielt.
(Die beleuchtung wechselt)

AKT VII

(EIN BOUDOIR. Dahinter ein tüllvorhang)

ANDRÉE — Er ist für immer gegangen.
DIE FREUNDIN — Nichts ist sicher.
ANDRÉE — Ich werde dir mein geheimnis anvertrauen. Ich liebe Marcel, ich liebe ihn schon seit dem tag, an dem ich ihn zum ersten mal sah.
DIE FREUNDIN — Warum hast du ihm nichts gesagt?
ANDRÉE — Wozu auch, er liebt mich nicht... er liebt niemanden, wie du weißt... seine augen sind flink vor lauter gefährlichen gesten. Ich leide... es ist zu spät, sein bild hat sich bereits in den schatten meiner brust geschlichen. Ich glaube mehr und mehr an seine vollkommenheit, sie allein kann die höchste gleichgültigkeit entstehen lassen. Eine gleichgültigkeit ließ er über jeder geste schweben, denn trotz seines ruhelosen geistes legt er über alles, was er tut, einen hauch von desinteresse, wie die zeit, die die ereignisse begräbt, indem sie sie in schleier des vergessens hüllt.
DIE FREUNDIN — Andrée, du weißt, wie sehr ich dich mag, doch ich verstehe nicht, wieso du deinen gatten immer noch wiederfinden willst...
ANDRÉE — Ich weiß nicht mehr, ich wurde von einem geschehen ins andere wie ein tennisball geworfen, ich verstehe es selber nicht. Marcel war es, der darauf bestand... Als Jacques mich küßte, glaubte Marcel wahrscheinlich, daß dies dem elenden haufen formloser sehnsüchte genügte, die die leere meines herzens versperrten.
DIE FREUNDIN — Aber Jacques liebt dich, das ist doch ein trost. Vielleicht mit der zeit...
ANDRÉE — Nichts, nichts hilft, ich bin ganz allein. Er ist weit weg, und ich werde ihn niemals wiedersehen... *(weint)*
DER BANKIER *(tritt auf)* — Nun, was ist los? Wieder eine krise?... Andrée, beruhigen sie sich. Wissen sie nicht, daß meine zärtlichkeit keine hindernisse kennt...
DIE FREUNDIN — Ich gehe jetzt. Auf wiedersehen, Andrée. Jacques hat recht, die liebe ist eine funktion wie jede andere. Sie ist uninteressant... sie nistet sich dort ein, wo man sie ruft... und kommt in der ecke zum vorschein, die man für sie vorbereitet hat. Der rest ist romantik. Auf wiedersehen, Andrée.
ANDRÉE — Komm morgen zu mir.
DER BANKIER — Diese art von wirklichkeit, auf die sie anspielen, Frau Romée, wird Europa retten, gleich wie die gefühlskrisen oder die wirtschaftskrisen.
(Gongschlag. Sie gehen ab. Die kulisse und das licht wechseln)

KOMMENTAR

B. — Hebt den vorhang der erinnerung! *(Der vorhang hebt sich)*
A. — Kehren wir nun zur anderen wirklichkeit, zur wahren wirklichkeit zurück, zur wirklichkeit des *Wolkentaschentuchs*.
D. — Weil wir nun schon bei der hälfte des stücks sind, glauben sie nicht, daß nun eine pause angebracht wäre?
C. — Der autor will keine pause. Er ist der meinung, daß die pause das theater umbringt.
D. — Also machen wir weiter.
A. — Auf die bühne für den achten akt... auf die bühne für den achten ... auf die bühne für den achten...
B. — Ja, ja, sind ja schon fertig.
D. — Hast du ihn gesehen? Er sitzt im saal.
E. — Das ist egal, ihr werdet euch schon einigen, das weiß ich.
D. — Alles wird gut werden.
B. — Fast alles.
D. — Wieso *fast*?... rhetorische vorsichtsmaßnahmen; ich dagegen sage ganz offen: alles wird gut ...
B. — Darin liegt das erfolgsgeheimnis: ob ihr recht habt oder unrecht, sagt auf alle fälle ja, und ihr werdet erfolgreich sein.
E. — Wenn erfolgreich sein, selbsttäuschung und sich selbst teil der persönlichkeit zu berauben meint.
C. — Welche philosophen!
A. — Auf die bühne für den achten, auf die bühne für den

achten, eure diskussion wird den sturm nicht aufhalten, der ein wenig später in diesem stück, das wir spielen, ausbrechen wird.

(Die beleuchtung wechselt)

AKT VIII

(EINE INSEL, die durch verschiedene bilder von plantagen, negern etc. auf einer tafel dargestellt wird)

DER KOLONIST *(dem Dichter und Alibi erklärend, einen spazierstock in der hand)* — Der neger bürdet sich keine überflüssigen lasten mehr auf, er läßt sie auf dem rücken der zivilisation. Der pflug wird von zwei ochsen gezogen. Was ist ein ochse? Ein ochse ist ein tier, normalerweise weiß, das alle schicksalsschläge erträgt, nicht weil ihm die gabe der sprache fehlt, doch vor allem, weil er immer damit beschäftigt ist, seine nahrung wiederzukäuen. Doch kommen wir wieder auf unser thema zurück. Was tragen diese neger? Sie tragen kakao. Der kakao ist eine pflanze mit blättern, die so grün sind, wie der himmel blau. Daher kommt die redewendung, wenn man jemanden durch den kakao zieht, wird man grün wie die hoffnung.

Große friseure mit großen scheren scheren die landschaft. Es ist anzunehmen, daß die tabakernten durch den regen und das gute wetter, die unsere freunde sind, eine der besten wird. Die tabakblätter werden wie banknoten überall von säenden händen ausgestreut. Sie trocknen auf natürliche art und weise. Diese blätter werden von einigen agenten in zivil oder im kostüm der einheimischen durch den kakao gezogen. Gerollt und zusammengesteckt werden sie zigarren; in nudelform geschnitten zu zigaretten und durch den wolf gedreht zu schnupftabak, der jetzt sehr in mode ist.

Die pflanzer sind reiche leute, und die farbigen sind wohlerzogen. Sie sehen dies auf der tafel. Eine aktiengesellschaft ist gerade dabei, gegründet zu werden, um die leichen der farbigen zu rösten, die wegen der immer häufigeren regenfälle immer zahlreicher werden, sie danach zu mahlen und unter dem namen *Farbpuder* zu verkaufen. Es kann von frauen verwendet werden, die es in dünnen schichten auf die haut auftragen oder es durch die nasenlöcher inhalieren. Man braucht den slawischen charme nicht zu verstehen, um zu ahnen, daß man sich eine goldene nase daran verdienen kann und die ganzen anstrengungen und auswirkungen effekte dieses geschäfts nach gold riechen und man, wie bei ganz goldenen geschäften, viel geld daran verdienen kann.

(Gongschlag, sie gehen ab. Die kulisse und das licht wechseln.)

KOMMENTAR

A. — Alibi, nachdem er bei der bank war und seinen kontostand überprüft hat, setzt sich eine falsche nase und einen schnurrbart auf und nimmt gleichzeitig die verfolgung des diebes auf. Dieser juwelendieb ist sehr berühmt. Alibi wird ihn sicherlich zwischen den reichen pflanzern und arbeitern entdecken, da er eine meile gegen den wind stinkt.

(Jeder kommentator geht zum bühnenende, um seine replik zu sagen. Sie werden alle zu einer festen gruppe. Sie tun so, als wollten sie dem dichter in den saal folgen.)

B. — Aber der dichter sucht ein hotel.

A. — Er findet es.

C. — Er geht aufs zimmer.

D. — Jetzt ist er traurig.

A. — Aber seine traurigkeit wird immer größer.

B. — Er legt seine hand auf seinen organismus.

A. — Denn dieser organismus ist leider sehr schwach geworden.

B. — Nach den schrecklichen erschütterungen, die das meer ihm auferlegte, während das schiff dabei war, durch die gelatinösen buckel zu gleiten etc. . . wie sich der kapitän so delikat auszudrücken beliebte.

A. — Der dichter leidet.

B. — Ja, er leidet, doch er weiß nicht, weshalb.

A. — Doch wir werden es bald wissen.

C. — Denn er wird mit seiner fantasie nicht lange auf sich warten lassen,

A. — um seinen schmerz ohne grund und ausweg

B. — auf den rechten weg zu bringen.

C. — Da ist er!

A. — Am meeresufer.

B. — Er spaziert.

C. — Er hält inne und seufzt.

B. — Er macht eine geste, die *mut* ausdrückt.

E. — Er sagt *zu schade*.

A. — und geht in richtung wald.

(Sie bleiben aufrecht und gruppieren sich auf zwei seiten der bühne, um dem monolog zu lauschen. Die beleuchtung wechselt.)

AKT IX

(EIN WALD: Auf der kulisse steht in großen buchstaben: Monolog)

DER DICHTER *(schreitet voran, mit der schwarzen halbmaske in der hand)* — Leben, sterben. Rechts, links. Wach, schlafend. Vorwärts, rückwärts. Oben, unten. Wozu diese gymnastik für ein übel, das nichts körperliches an sich hat? Ich liebe sie. . . Ja, unglücklicher weise, und aus welcher entfernung! Die inseln bereiten mir soviele überraschungen, diese unerwartet aus den wellen auftauchenden teller, auf die sich die ausgehungerte fantasie stürzt, weil es ihr an anderen fleischlicheren befriedigungen mangelt. Und ist mein herz nicht ein riesengroßes restaurant, in dem jeder nach seinem appetit speist, ohne die rechnung und die 10% trinkgeld zu bezahlen? Wozu? Ich wollte, ich könnte mein gehirn zerlegen, um, wie im inneren eines spielzeugs, die mechanismen meiner liebe für sie zu sehen. Ich, . . . der ich niemals geliebt habe.

(Er setzt sich die maske auf)

Die liebe, die bei zarter und reiner gelegenheit meine tage meine nächte mit so subtiler reue schlägt

mit sanften gesten an die verschlossenen türen der zeit klopft
die reisenden des hotels nicht zu wecken,
und der ich mich ledig glaubte, für die ich vor kummer weinte,
die ich aus meiner reifen brust entrissen
und weit, weit fortgetragen glaubte, durch die männliche und grobe,
schnelle und vulkanische strömung hochzeitlichen schlamms,
sie trübt heute die stille hypothese ,
die dem magischen wein gleicht, der im keller
am grunde meines trägen kopfes und meiner einsamkeit gärt.
Die nacht verschloß wie ein ventil das große rohr
durch das der tag, der luxus seines lichts verströmt;
die kleinen und großen leben, eines ums andere, spürten noch einmal die schwere des schwarzen antiken rauches, des traumes und des schlafs
auf der waage ihrer folgsamen und schweren lider
Doch ich, voll des lärms, den ihre worte hinterließen,
- verwischte fußspuren, in der wüste,
die mein schicksal war, vom tage an, als ich sie sah,-
bebend wie ihr wort im klange der erinnerung,
ich stand hier und versuchte
den bodensatz der zeit zu loten, den die erinnerung
auf ihrer reise zurückläßt,
die scherben seltner worte, die perspektiven
flüchtiger und gewandter bilder,
diese harten und schweren körner zu gedanken zu mahlen:
mehl des gehirns, staub dieser welt.
Der sand, wenn der wind durch seine helle wirbelt,
blendet die heiterkeit einfacher fußgänger,
und die gedanken, die auch um sich kreisen, verschleiern
frucht und lüge im wirbelwind.So bleibe ich zurück, strandgut des täglichen untergangs.
Die liebe verbirgt mir die augen des herzens und des hirns.
Die räuberischen fische, die ungeheuer der wolken.
der haß, der schmerz, die krise, der schrecken,
die laster, die mikroben und die bösen geister
schlagen, erniedrigen, beißen mich und machen mein vorsorglich vorbereitetes verhalten zunichte,
das ich heute abend zum opernball tragen sollte.
Und all dies für zwei blaue augen
und den five-o-clock-tea, den die dämmerung dem frühling
in porzellentassen anbietet, die unsichtbar bleiben wie sterne.
(Er summt die Violettera *— Das orchester nimmt die melodie gedämpft auf und spielt sie bis zur hälfte des X. aktes.)*
(Er geht ab. Die kulisse und die beleuchtung wechseln.)

KOMMENTAR

B. *(Die kommentatoren nehmen wieder ihre plätze ein)* — Sein lied war sehr schön, und authentisch war es auch, nimmt man an, daß es aus südamerika kommt.
A. — Sie sind immer so frivol.
C. — Aber ja, er hat recht, es handelt sich ja offensichtlich um den poetischen oder eher menschlichen wert, in den der dichter seine verzweiflung gekleidet hat. Ich rede vom moment, in dem er die maske aufsetzte, um vor sich selbst die unwahrscheinliche seite einer solchen sprache zu verbergen.
B. — Ich, müssen sie wissen, ich glaube an nichts.
C. — Also kann auch nichts irgendeine wichtigkeit haben; sie können *kautschuk* sagen und *chrysantheme* denken. Wohin gehen wir, wohin? Statt sich ob so einem reinen und klassischen entwurf zu beglückwünschen, an dem es uns erlaubt war teilzunehmen.
B. — Ich, müssen sie wissen, ich glaube an nichts.
A. — So schweigen sie doch, ihr skeptizismus ist steril. Versetzen sie sich doch in seine lage, ihm bleibt doch nichts anderes übrig, als die poesie für eine wirklichkeit und die wirklichkeit für eine illusion zu halten.
B. — Was mich betrifft, wenn ich nicht von vornherein wüßte, welche mühe sich der autor mit seinem stück gegeben hat, würde ich keine sekunde zögern, die poesie für ein vernachlässigbares produkt latenten wahnsinns zu erklären und zu behaupten, daß sie für den fortschritt der zivilisation vollkommen unnütz ist.
A. — Aber das ist nicht das problem, und wir haben keine zeit zu diskutieren.

AKT X

(EIN RESTAURANT. Der Freund und der Kapitän treten auf und setzen sich zu tisch.)

DER FREUND — Und diese reise?
DER KAPITÄN — Nun, bewegte see während der ganzen zeit. Marcel Herrand überquerte zum ersten mal den äquator und seine taufe war feuchtfröhlich.
DER FREUND — Übrigens, à propos Marcel Herrand. Als ich gerade diese zeitung aufschlug, fielen meine augen auf einen sehr seltsamen artikel.
DER KAPITÄN — Einen artikel?
DER FREUND — Nein, eher eine poetische fantasterei. Ich bin fast sicher, daß sich unter dem pseudonym *telephon* unser held verbirgt. Ich lese ihnen einige passagen daraus vor: *Der wind tanzt auf zehenspitzen übers meer. Er hebt mit spitzen fingern die taschentücher der sich zur sonne streckenden wellen auf. Er kämmt das wasser. Er malt es blau an. Er wäscht das meer.*
DER KAPITÄN — Das ist zwar sehr schön, aber nutzlos. Würden sie mir die zeitung geben? *(Er liest): Die Berge bekommen ein paket schokolade. Die berge sind hinter den jungen mädchen, die sich auf der treppe versammeln. Die fenster sind offen. Zu ihren füßen sieht man blumenkörbe und einen wachhund. Der hund bellt nicht, er ist nachdenklich. Das junge mädchen in der mitte, auf einem schemel stehend, hält einen versiegelten brief in der rechten hand.*
Die linke hand ruht auf der schulter einer ihrer schwestern. Sie sind artig...
DER FREUND — Wissen sie, an was mich das erinnert? Ich traf einmal in Italien einen berühmten sänger, der das blut seiner stimme in unzähligen übergaben kochen ließ. Ich habe niemals den zweck dieser seltsamen beschäftigung einsehen können.
C *(aufrecht auf einem stuhl, schreit)* — Der dichter als opfer

seiner liebe oder der illusion seiner liebe oder der vorstellung seiner liebe oder der liebe überhaupt kehrt nach paris zurück und — seine ideen und absichten verbergend -, lädt seine verschwenderischen gattinnen zum essen in ein schickes restaurant ein.
DER KAPITÄN — Lassen wir ihnen ihren platz.
DER FREUND — Nehmen wir wieder unsere rollen als kommentatoren ein.
(Sie gehen ab. Die musik klingt lauter. Der Maître d'Hotel und der Page treten auf die bühne, von hinten, rechts und links des tisches. Der Dichter, Andrée und der Bankier treten ein und setzen sich. Die musik hört auf.)
DER DICHTER — Ich stand also auf der klippe. Die sonne runzelte noch einmal die stirn ihres lichts, bevor sie unterging...
ANDRÉE — Oh! wie beeindruckend, wie beeindruckend...
DER DICHTER — Ich stand also auf der klippe... Von weitem hörte man, wie kettengerassel den lärm der erntemaschinen, die tagsüber die menschen in ihrer furcht vor dem morgen gefangen hatten, zusammengepfercht in den schuppen.; der tag neigte sich seinem ende zu...
DER BANKIER — Ah! Wie gerne wäre ich dort gewesen.
DER DICHTER — Ich stand also auf der klippe... Als plötzlich, riesig in seiner blässe, in einem noch nie dagewesenen licht, ein wildes tier...
ANDRÉE *(ein schrei)* — Mein gott, es wird ihm etwas zustoßen...
DER BANKIER — Aber er sitzt doch hier bei uns, Andrée...
DER DICHTER — ein wildes tier, ein riesengroßes wildes tier vor mir auftauchte. Es bewegte sich in seiner ungelenkigkeit jedoch nur langsam. Ich fühlte — überflüssig zu wiederholen, daß ich immer noch auf der klippe stand — ich fühlte, daß jede sekunde einen vitalen instinkt verringern oder sogar zerstören konnte. Ich nahm also das gewehr, und, mit einem schuß, erledigte ich es.
ANDRÉE UND DER BANKIER *(applaudierend)* — ... Sehr gut... sehr gut...
DER DICHTER — Ein breiter atem, doch nicht gellend. Der atem des todes und der gewißheit. Meine neugier gewann die oberhand; mit allen denkbaren vorsichtsmaßnahmen näherte ich mich und...
ANDRÉE — Was war es?
DER BANKIER — Und am schluß?
DER DICHTER — und ich fand eine riesengroße, eine immense, das klima und die elektrizität eines so fernen landes konnten allein so etwas hervorbringen...
DER BANKIER — Nun, was war es denn schließlich?
ANDRÉE — Was hatten sie erlegt?
DER DICHTER — Eine blume...
(es verstreicht zeit... ein, ein wenig dummes und übertriebenes lachen bei den kommentatoren. Ausrufe: das ist reine dichtung... eine blume... das ist gar nicht lustig, etc...)
DER DICHTER — Mit der hilfe Alibis, der noch im lande war, unternahm ich nachforschungen. Die blume war seit langen jahren auf der insel bekannt. Man nannte sie die *Troglodyte.*
ANDRÉE — Welch bezauberndes land. Es scheint mir, als hätte ich immer schon für das blut, die wollust und... die blumen gelebt. Sie sind dichter, sie verstehen mich...
DER DICHTER — Und zweifeln sie nicht daran, madame, wie sehr sie recht haben, denn wenn sie wüßten (erhebt sich, nimmt tragische haltung an)... wenn sie wüßten... die rechnung, bitte.
(Gongschlag.Sie gehen ab. Die kulisse und die beleuchtung wechseln.)

KOMMENTAR

E. — Sie gehen ins theater.
B. — Es ließe sich hier ein sehr schönes problem allgemeiner art anbringen:
Bis zu welchem punkt ist die wahrheit wahr.
Bis zu welchem punkt ist die lüge wahr.
Bis zu welchem punkt ist die lüge gelogen.
Bis zu welchem punkt ist die wahrheit gelogen.
Bis zu welchem punkt ist die lüge wahr.
(Die beleuchtung wechselt)

AKT XI

(AVENUE DE L'OPERA)

DER DICHTER — Mögen sie schmuck?
ANDRÉE — Ich liebe ihn.
DER BANKIER — Nein, ich mag ihn nicht besonders, und sie?
DER DICHTER — Ich?...
ANDRÉE — Die juwelen sind bonbons, die wir dem abend anbieten, um ihn uns milder zu stimmen.
DER DICHTER — Ihre funkelnden reflexe sind die nadeln, die die frauen in das fleisch der phantasie stechen.
DER BANKIER — Ich weiß, daß sie die kleider, die stoffe sehr mögen.
ANDRÉE — Ah! ich liebe sie.
DER DICHTER — Das überrascht mich nicht, sie haben eben chic.
DER BANKIER — Die stoffe vermählen sich mit der haut über die fürsprache der spitzen und verlängern die konturen des körpers.
DER DICHTER — Ja, wenn es keine vernunftheirat ist, verlängern sie und schenken sie ihnen den reiz der sich im unendlichen treffenden parallelen.
ANDRÉE — Die form geht vor.
DER DICHTER — Nein, der reiz.
DER BANKIER — Ich bin eher für die farbe.
(Andrée und der Bankier gehen ab)
DER DICHTER *(beiseite)* — Das ist seltsam, seltsam. Sie zweifeln nicht an der unruhe, die meine gesten in den wind verstreut, und die, heute abend, im theater die schale der verwirrung schälen wird, welche die orange ihres unglücklichen lebens umschließt.
(Gongschlag. Er geht ab. Die kulisse und die beleuchtung wechseln.)

KOMMENTAR

A. — Entschuldigung, aber hier versteht man überhaupt nicht, was unsere helden in der Avenue de l'Opera überhaupt machen.

E. — Aber ja, ich sagte es ihnen doch bereits, sie gehen ins theater.

D. — Da ist doch nicht unbedingt notwendig, daß sie an der Avenue de l'Opera vorbei müssen.

C. — Das stimmt im grunde, man hätte dies szene auch abstrahieren können.

B. — Es ließ sich hier ein sehr schönes problem allgemeiner art anbringen:
Bis zu welchem punkt ist die wahrheit wahr.

C. — Bis zu welchem punkt ist die lüge gelogen.

D. — Bis zu welchem punkt ist die wahrheit gelogen.

E. — Bis zu welchem punkt ist die lüge wahr.

ANDRÉE — Erstens verbiete ich ihnen, gefühle zu diskutieren, die an mich auf eine ebenso direkte wie öffentliche art und weise gerichtet sind, aber im munde Marcels dramatisch und materiell werden. Ich verbiete ihnen, euch zu fragen oder selbst zu diskutieren, ob ich Marcel oder meinen gatten geliebt habe; das ergebnis eurer kritik hätte vielleicht eine sekunde lang eine flüchtige wahrheit im vergleich zu einem brillanten satz oder einem gemeinplatz, doch hätte es kein gewicht, wenn ich dem ergebnis zustimme.

A. — Erlauben sie mir, einzuwenden, madame, daß es sehr wohl sein kann, daß sie überhaupt nicht wissen, was sie wollen, während wir, abseits der handlung, den willen der Götter, die uns regieren, verstehen können.

C. — Das nennt sich unabhängiger schiedsrichter.

B. — Der aber den ausgang der boxkämpfe entscheidet.

D. — Wir sind das sprachrohr Gottes, wir wandeln auf der erde und wir mischen uns wie die worte Gottes ein mit eleganten doch sinnlosen sätzen, die uns beherrschen.

B. — Von zeit zu zeit erhalten wir kinnhaken. Das sind die worte, die Gott uns sendet, damit man sich an ihn erinnert.

D. — Doch seien sie auf der hut, mein freund, denn es kann gut sein, daß es nichts mehr nützt, bis neun zu zählen, denn das k.o. wird ein entscheidenderes dunkel sein als das schwarz oder die nacht.

A. — Ich komme zum ausgangspunkt unseres gesprächs zurück: was werden sie im theater machen?

C (nähert sich) — Ich werde es ihnen erklären: man gibt den Hamlet. Man gibt den Hamlet. Diese vorstellung ist eine falle und eine überraschung. Der Dichter ist es, der Hamlet ist und spielt. Sie fragen, weshalb: doch darin liegt das geheimnis des dramas. Das intelligente publikum wird den schlüssel dazu morgen finden.

D *(steigt auf den stuhl)* — Mit diesem schlüssel wird man alles öffnen können, denn der schlüssel ist ein ei, das ei des Kolumbus, Kolumbus entdeckte Amerika, in Amerika gibt es dollarplantagen, die dollars geben den ton an, der ton ist der einer geige, und die geige ist aus demselben holz wie das steckenpferd.

(Die beleuchtung wechselt)

AKT XII*

(HELSINGÖR. EINE TERRASSE VOR DEM SCHLOSSE)

POLONIUS — Wie nun, Ophelia, was gibt's?
OPHELIA — O lieber herr, ich bin so sehr erschreckt!
POLONIUS — Wodurch in himmels namen?
OPHELIA — Als ich in meinem zimmer näht', auf einmal prinz Hamlet — mit ganz aufgerissnem wams, kein hut auf seinem kopf, die strümpfe schmutzig und losgebunden auf den knöcheln hängend; bleich wie sein hemde; schlotternd mit den knieen; mit einem blick, mit jammer so erfüllt, als wär er aus der hölle losgelassen, um greuel kundzutun — so tritt er vor mich.
POLONIUS — Verrückt aus liebe?
OPHELIA — Herr, ich weiß es nicht; allein ich fürcht es wahrlich.
POLONIUS — Und was sagt' er?
OPHELIA — Er griff mich bei der hand und hielt mich fest, dann lehnt' er sich zurück, so lang sein arm; und mit der andren hand so über'm auge betracht' er prüfend mein gesicht, als wollt' er's zeichnen. Lange stand er so: zuletzt ein wenig schüttelnd meine hand und dreimal hin und her den kopf so wägend, holt' er solch einen bangen tiefen seufzer, als sollt' er seinen ganzen bau zertrümmern und endigen sein dasein. Dies getan, läßt er mich gehn, und über seine schultern den kopf zurückgedreht, schien er den weg zu finden ohne seine augen; denn er ging zur tür hinaus ohn' ihre hilfe und wandte bis zuletzt ihr licht mir zu.
HAMLET *(tritt auf).*
(Ophelia geht ab.)
POLONIUS — Wie geht es meinem besten prinzen Hamlet?
HAMLET — Gut, dem himmel sei dank!
POLONIUS — Kennt ihr mich, gnädiger herr?
HAMLET — Vollkommen. Ihr seid ein fischhändler.
POLONIUS — Das nicht, mein prinz.
HAMLET — So wollt ich, daß ihr ein so ehrlicher mann wärt.
POLONIUS — Ehrlich, mein prinz?
HAMLET — Ja, herr, ehrlich sein heißt, wie es in dieser welt hergeht: ein auserwählter unter zehntausenden sein.
POLONIUS — Sehr wahr, mein prinz.
HAMLET — Denn wenn die sonne maden in einem toten hunde ausbrütet: eine gottheit, die aas küßt — habt ihr eine tochter?
POLONIUS — Ja, mein prinz.
HAMLET — Laßt sie nicht in der sonne gehen. Empfänglichkeit ist ein segen; aber da eure tochter empfangen könnte, seht euch vor, freund.
POLONIUS — Wie meint ihr das? *(beiseite)* Immer auf meine tochter angespielt. Was leset ihr, mein prinz?
HAMLET — Worte, worte, worte.
POLONIUS *(beiseite)* — Ist dies schon tollheit, hat es doch methode. Wollt ihr nicht aus der luft gehen?
HAMLET — In mein grab?

* Um Tzaras Shakespeare-Collage wiederzugeben, greifen wir hier auf die Schlegel-Tieck-Übersetzung zurück.

POLONIUS — Ja, das wäre wirklich aus der luft. Mein gnädigster herr, ich will ehrerbietigst meinen abschied von euch nehmen.
HAMLET — Ihr könnt nichts von mir nehmen, herr, das ich lieber fahren ließe — bis auf mein leben, bis auf mein leben.
(Polonius geht ab)
HAMLET — Ich hab gehört, daß schuldige geschöpfe, bei einem schauspiel sitzend, durch die kunst der bühne so getroffen worden sind im innersten gemüt, daß sie sogleich zu ihren missetaten sich bekannt'.
POLONIUS *(tritt auf)* — Gnädiger herr, die königin wünscht euch zu sprechen, und das sogleich.
HAMLET — Seht ihr die wolke dort, beinah in gestalt eines kamels?
POLONIUS — Beim himmel, sie sieht wirklich aus wie ein kamel.
HAMLET — Mich dünkt, sie sieht aus wie ein wiesel.
POLONIUS — Sie hat einen rücken wie ein wiesel.
HAMLET — Oder wie ein walfisch.
POLONIUS — Ganz wie ein walfisch.
HAMLET — Nun, so will ich zu meiner mutter kommen, im augenblick.
POLONIUS — Das will ich ihr sagen. *(Geht ab.)*
HAMLET — Im augenblick ist leicht gesagt. Nun tränk'ich wohl heiß'blut und täte dinge, die der bittre tag mit schaudern säh'.
(Gongschlag. Er geht ab. Die kulisse und die beleuchtung wechseln.)

KOMMENTAR

A. — In des dichters hirn ist die nacht nun vollkommen, denn die juwelen klingen in ihren glöckchen, und die blume wird so welk und weich wie ein pilz. Was wollte er? Er hatte es darauf angelegt, daß die hängematte seiner lügen so den fisch der wahrheit fängt. Er hatte den Bankier und seine frau in die oper mitgenommen, um sie wie mäuse in der falle zu fangen. Die mausefalle war Hamlet. Doch der Dichter täuscht sich, denn der Bankier ist vor dem gesetz der gatte Andrées. Das war übrigens ihre erste und letzte heirat. Wir haben gesehen, daß der Dichter weder der sohn Andrées, noch der neffe des Bankiers ist, doch hier nun, was geschah:
Zum preis des trugbilds der insel hat der Dichter das phantom der ersten liebe Andrées für ihn zurückgekauft.
Das heißt:
1. Andrée liebte den Dichter;
2. der Dichter liebte sie nicht;
3. sobald er sich zur insel eingeschifft hatte, begann der Dichter Andrée zu lieben;
4. zurück in Paris sah er, daß Andrée ihn überhaupt nicht liebte;
5. sie liebte den Bankier;
6. die liebe Andrées ist deshalb das phantom;
7. Marcels liebe ist das trugbild der insel;
Daraus folgt:
Zum preis des trugbildes der insel hat der Dichter das phantom der ersten liebe Andrées für ihn zurückgekauft.
Er selber ist also das phantom und will sich rächen. Der usurpator ist der Bankier. Doch da er nur ein phantom ist (denn er liebte ja Andrée als trugbild der insel), sind ihm die hände gebunden, und er überläßt alles Hamlet. Da er keine zeit für nachforschungen hat, und auch wegen dem *sparen, sparen*, hält sich das phantom für Hamlet. Der Dichter ist also gleichzeitig das phantom und Hamlet und spielt beide rollen. Das ist die einzige erklärung, die man der hängematte der lüge geben kann, denn andere gibt es keine, wenn man bedenkt, daß das ehepaar Bankier eine sehr schickliche familie ist, der fisch der wahrheit, der nicht das geringste mit dem wurmstichigen könig und der königin von Dänemark zu tun haben.
(Die beleuchtung wechselt.)

AKT XIII

(EINE STRASSE. Nacht. Ein widerhall.)
ZWEI GAUNER *(treten auf, pfiffe)*
C. — Ein herr spaziert im garten der krisen.
Mit seinem spazierstock schlägt er nach dem wind in den mühlen der tagträume.
DER BANKIER *(tritt auf und überquert die bühne)*
C. — Beweise den fleischlichen vorteil der erlesenen stunde mit eklat auf den eklat ihres auftritts und des tages gesetzt
(Die Gauner ermorden den Bankier und ziehen seinen körper von der bühne)
(Stille. Ein pfiff.)
E. — Verdammt, verdammt!
ZWEI AGENTEN *(überqueren die bühne)*
(Gongschlag. Die kulisse und die beleuchtung wechseln)

KOMMENTAR

D. — War das ein einfacher mord oder ein durch das eifersuchtsdrama komplizierter?
Hätte Hamlet den Bankier getötet?
(Die beleuchtung wechselt)

AKT XIV

(EINE BIBLIOTHEK. Auf der kulisse steht in großen buchstaben: Zwanzig Jahre danach)

(Andrée sitzt in einem fauteuil, ihre beiden kinder stehen, zur linken und zur rechten)
ANDRÉE — Seit der dämon seiner anziehung sich aufgelöst hat wie ein bonbon, das im mund zergeht, habe ich die stille gespürt, wie sie ihr weiches kissen unter meinen kopf schiebt.

1. KIND — Doch sag, mama, hatte er talent, der Dichter?
ANDRÉE — Ich muß gestehn, daß ich nicht viel von dem verstanden habe, was er schrieb... Er schrieb übrigens weniger, als er dachte, er wollte seine poesie leben.
2. KIND — Offensichtlich haben sie genausowenig von seinem leben wie von seiner poesie begriffen.
ANDRÉE — Man fand die leiche eures vaters auf der straße, in der nähe einer roten lampe, welche die straßenarbeiter während der nacht an ihrere baustelle anzünden, um den passanten und autos *vorsicht* zu bedeuten.
1. KIND — In der tat war die aufmerksamkeit des mörders eine sehr delikate. Er wollte wohl nicht, wenn ich so sagen kann, daß ihm ein unfall zustößt.
ANDRÉE — Es war nicht der Dichter, er war es nicht, da bin ich mir sicher. Er hegte nur die edelsten gedanken.
2. KIND — Ja, wenn nämlich er es gewesen wäre, warum hätte er dann seine liebe zu mama vor und nach dem mord verborgen?
1. KIND — Ich mißtraue der poesie. Für mich ist sie nur eine schickliche, mondäne art des wahnsinns.
In ihrem namen kann man alles wagen. Und überhaupt ist sie von keinem nutzen für den fortschritt und die zivilisation.
ANDRÉE *(nachdenklich)* — Er war so edel, so groß, so rein, so gut...
2. KIND — Von wem redet ihr, mama, vom Dichter oder vom Bankier?
(Gongschlag. Sie gehen ab. Die kulisse und die beleuchtung wechseln.)

KOMMENTAR

C. — Die zeit verrinnt verrinnt
die zeit verrinnt verrinnt verrinnt
die zeit verrinnt verrinnt verrinnt verrinnt
tropfen für tropfen
tropfen tropfen für tropfen tropfen
tropfen tropfen tropfen für tropfen tropfen tropfen
D. — Eine chinesische folter
tropfen für tropfen
verrinnt verrinnt
füllt die taschen der vernunft
die der schneider Gottes ohne boden gelassen hat (welche nachlässigkeit)
mit goldenen tropfen dem silber der zeit uns stellt vor das allgemeine problem das man bereits kennt den unermüdlichen kreislauf des blutes auf der jagd das unermüdliche vom blut gejagte tier die jagd nach dem blut des unendlichen tieres das vorübergeht. Und wir können nur eines machen im angesicht der gesetzten segel der zeit atmen die unsagbaren meere auf dem boot durchmessen dessen segeln die gesetzt und dauerhaft sind wie das wasser und die zeit die auf dem boot mit seinen gesetzten segeln vorüberzieht und die unsagbaren gewässer durchmißt
(Die beleuchtung wechselt)

AKT XV

(EINE MANSARDE — Auf der kulisse steht mit großen buchstaben: Zwanzig Jahre danach)

DER DICHTER *(an einem tisch sitzend)* — Bringen wir noch ein bißchen mehr verwirrung in unsere akte: doch mit stil und ironie. Hamlet *(er lacht)*. Fassen wir uns kurz *(er tut, als würde er eine fliege fangen)*. Ich fange ein fliege. Eine fliege ist klar und ironisch, ohne es zu wissen. Sie belästigt meine kollegen, das heißt die ganze welt. Doch darüber ist sie sich nicht im klaren. Verhalten wir uns offen und so, daß wir von vornherein wissen, was auf uns zukommt. Oder im gegenteil: lassen wir uns mit dem unerwarteten und den instinkten treiben. Der bankier wurde ermordet, doch er wußte es nicht. Er war wie eine fliege, er wußte nicht, daß er die erinnerung, die er in Andrée hinterlassen hat, belästigen würde.
Wer hat den Bankier ermordet? Ich weiß es. Wenn man bewußt mit dem wahnsinn bis zum exzeß geht, wird man weniger verrückt sein als die anderen.
DIE CONCIERGE *(tritt ein)* — Ah! Ah! Mein lieber herr, ich bin jetzt in dem alter, in dem man lieber die treppen hinab statt herauf steigt. Das ist hart. Hier ihre briefe.
DER DICHTER — Danke, danke. Erinnern sie sich an die stücke, die wir zusammen gespielt haben?
DIE CONCIERGE — Oh, wie lange ist das schon her. Auf wiedersehen, mein herr, bis morgen.
(Die Concierge geht ab)
A. — Und das ist aus Ophelia geworden.
B. — Der see, in den sie sich werfen wollte, gefror vor tod und grauen beim nahen ihrer arglosen erscheinung.
A. — Sie konnte nur unterschlupf in der wärme finden, die ihr eine freigewordene conciergenloge bot.
DER DICHTER — Und daß das edle fest, bei dem der geist in süßem widerstreit von reim und liebe sich übte, diesen abend ein ende finde, das so unerhört wie wenig empfehlenswert für die zuschauer ist — in einem tragischen eklat, dessen folgen für immer die wolken mit harten säbelstichen und blutigen parolen zerschlagen wird.
(Er bringt sich um und fällt. Vollkommenes dunkel)

DIE KOMMENTATOREN *(crescendo wie auf einer versteigerung)* — 3, 5, 8, 12, 18, 25, 30, 35, 48, 67, 80, 100, 150, 220, 260, 400, 800, 1700, 2000, 4000, 5000, 12000, 49000, 150 000, 220 000, 260 000, 400 000, 800 000, 1 700 000, 2 millionen 4 millionen, 5 millionen, 12 millionen, 49 millionen...
A *(hinter dem Dichter, hält ein segel vor ihn, auf das das licht einer farbprojektion fällt)* — Bei der versteigerung lassen sie seine seele in den himmel steigen. Mit den zahlen verkaufen sie sie an die wolke des vergessens. Auf der leiter der zahlen lassen sie den wert seiner seele steigen. *(Er wirft das segel über den Dichter.)* Jeder nach seinem geschmack.

(Der Dichter steigt samt segel zum himmel auf.)

El Lissitzky an Sophie Küppers
13. 2. 1924, Lugano

□ Die Reise war gut. Am Bahnhof in Zürich wurde ich vom großen Pra in weißen Locken und dem 1,5 km langen Stam abgeholt und ins Café gebracht. Danach in einem kleinen Hotel eingeordnet (bei Pra ist es eng, Stam wohnt außerhalb der Stadt). So blieb ich einige Tage in Zürich. Habe die Leute in Aufregung gebracht und bin selbst wieder in Schwung gekommen. Arp ist ein sehr guter und ganzer Kerl. Riecht absolut schieberfrei. Er möchte gern in deiner Sammlung vertreten sein. Hat schöne Arbeiten. Besonders überrascht war ich von einer kleinen geklebten Arbeit aus der Zeit vor oder Anfang des Krieges, die ganz in der Linie unserer und der holländischen Entwicklung liegt. Er wird sie dir bringen. Er kommt schon in zehn Tagen nach Deutschland (er ist eingeladen, in Heidelberg seine Gedichte zu lesen, in einem großen Verlag erscheint ein Buch von ihm). Wenn Kurtchen nicht in Hannover ist, kannst du ihn unterbringen? Es ist noch die Idee einer internationalen Ausstellung der nachkubistischen Zeit bei mir und Arp entstanden, die vielleicht in Zürich (Kunsthaus) im Herbst zu organisieren wäre.

El Lissitzky, Sophie Taeuber und Sophie Küppers, 1924

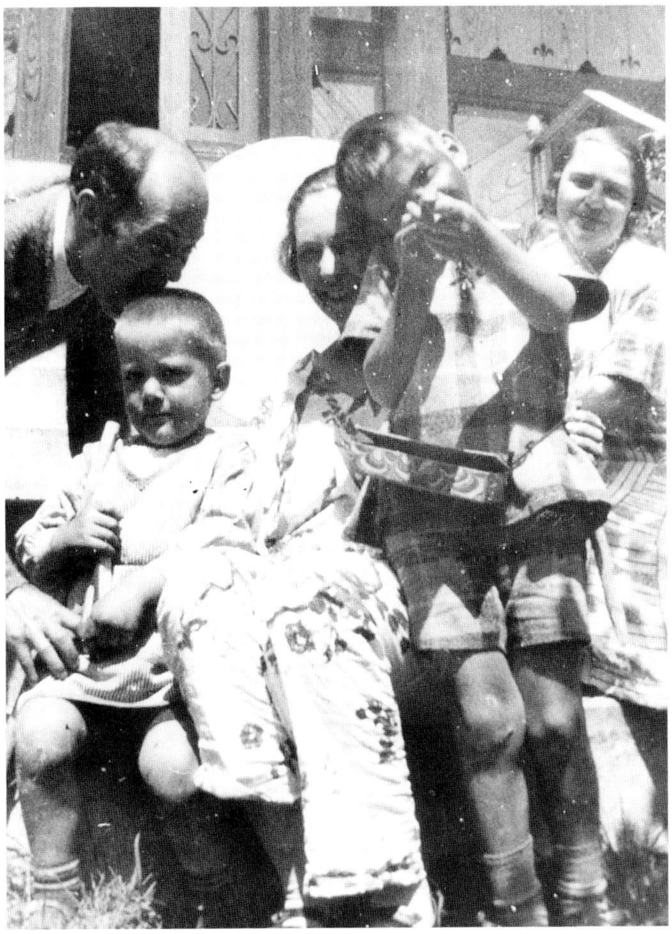

El Lissitzky, in Campfer bei Arp, 1924

Der Stam macht hier auch Revolution in der Architektur. Die Schweiz ist sehr rührig mit ihrer *Bundeskunst*; man muß den Leuten etwas Dynamit zu schlucken geben; Stam wird nächstens mit noch einigen jungen Architekten (Hans Schmidt, Wittwer, Emil Roth) eine Zeitung wie *G.* (Gestaltung) herausgeben. Haben sich sehr gefreut, daß ich gekommen bin, und bitten mitzuarbeiten. □
Ich fühle mich nicht schlimmer als in Hannover, dabei bin ich die ganze Zeit unterwegs, das Wetter ist eben in diesen Tagen schlecht geworden (hier haben schon Rosen geblüht). Ich denke, wenn ich jetzt in meinem Liegestuhl bleibe, werde ich schnell vorwärts kommen. Erwarte von dir gute Aufsicht über die richtige Geburt von *Nasci*. In ein bis zwei Tagen werde ich mein Vorwort schicken, glaube, das wird auch klar werden. □

El Lissitzky an Sophie Küppers
2. 3. 1924, Locarno

□ Ich habe schon gestern geschrieben, daß man sich mit *Nasci* nicht übereilen soll. Wenn ich auch einerseits schon ein fertiges Heft in den Händen halten möchte, bin ich andererseits geizig mit dem Geburtsprozeß — wenn die Sache fertig ist, dann ist doch das Schönste, die Spannung des Entstehens, schon vorbei. Aber die Korrekturen erwarte ich doch mit Neugierde. □

El Lissitzky an Sophie Küppers
6. 3. 1924, Locarno

IM JAHRE 1924 WIRD DIE WURZEL — √ — AUS DEM UNENDLICHEN — ∞ — GESCHEHEN DAS ZWISCHEN SINNVOLL — + — UND SINNLOS — – — PENDELT, GENANNT: NASCI.

Meine lieben Leute,

es ist höchstwahrscheinlich, daß die Umstellung meines Organismus auf eine Pumpe (anstatt 2) auf mein Gehirn zurückwirkt. Ich glaube aber, daß solche Reaktionen nicht sofort eintreten. Ich meine, daß ich vorläufig noch bei vollem Bewußtsein und klarem Verstand bin. Und ich glaube, daß ich mir Rechenschaft darüber gegeben habe, was ich im Vorwort für *Nasci* schrieb. Ja, man kann verrückt werden, wenn man die fremde Sprache nicht beherrscht und die eigene noch dazu vergißt. Ich schreibe in einer Fläche, aber nicht *eben*, mit eurem guten Willen drückt ihr mich *platt*. Ich drücke mich nicht in harmonischen Rouladen aus — Gegensätze sollen das sein — Rot, Schwarz, Weiß und keine Valeur. Entschuldige, ich habe jetzt Fieber, werde morgen schreiben.

Liebe Mutti, heute habe ich kein Fieber, aber mit den obigen Zeilen bin ich einverstanden. Ich lege das Vorwort zu *Nasci* bei. Es war mir sehr schwer zu korrigieren, weil ihr mein Original nicht beigelegt habt. Ich kann mich nicht genau erinnern, was ich dort geschrieben habe und wie ich mich ausgedrückt habe. Ich bitte sehr, mir weiterhin immer das Originalmanuskript zurückzusenden. Ich habe geändert: 1) den Satz: *Die Maschinen bringen Kräfte in Bewegung*, 2) *Wir sehen hier die internationale Kunst*, und 3) *Im Jahre 1924*. Diese Sätze müssen beim Satz eine Hälfte der Breite des übrigen Satzes einnehmen, so meine ich. Dann sollen die Zeilen des Hauptteiles einen größeren Abstand zwischeneinander haben als die Zeilen des schmalen Teiles. Ich glaube, das nennt man *gesperrt*, Kurtchen weiß das sicher. *Mars* wird mit einem Kreisrand klischiert. Ich habe von Kurt eben eine Karte aus dem Zug nach Leipzig bekommen. Er schreibt, daß er nicht einverstanden ist mit dem letzten Fünftel des Vorworts. Ich glaube aber, daß er die beiden Sätze jetzt annehmen wird.
Jetzt die Klischees. Ich habe schon geschrieben, daß ich die Kosten übernehme, — ich habe nur nicht geglaubt, daß es so viel wird. Darum mache ich Kurtchen folgenden Vorschlag: Den Ertrag aus den Nummern, die in Wien und der Schweiz verkauft werden, bekomme ich, bis die Ausgaben gedeckt sind. Alles übrige gehört Kurt … Ich lege *Mars* dazu (bitte aufbewahren und hineinkleben) und den *Knochen*. Was Tatlin anbelangt, so weiß ich nicht, was zu tun ist. Ich habe in meinem Koffer die Abbildung von dem Entwurf, das wäre am besten. Aber den kann ich jetzt nicht erreichen. Wenn es unbedingt notwendig ist, bestelle ich aus dem *Westsch* die Abbildung. Aber es muß alles abgedeckt werden, was nicht das Denkmal selbst ist. Es soll frei stehen, so wie auf dem schon vorhandenen Klischee. — Nur einen Teil von der Fläche, auf der es steht, belassen. Der *Knochen* muß neben Oud-Mies van der Rohe kommen. (Was ist mit dem Klischee von Mies, das ist unbedingt nötig, man kann es bestimmt von ihm bekommen.) Ja, mit der Formel 1924 √ + ∞ — ist es so, — daß das keine mathematische Formel ist (soviel verstehst nicht nur du von Mathematik, sondern auch Steinitz und Kurtchen). Es ist eine grafische Art, einen Zusammenhang darzustellen. Ich könnte statt dessen die Kurven des Schattens einer zylindrischen Spirale nehmen: — aber dann müßte man ein Klischee bestellen. Das ganze Heft gibt nur Thesen und Andeutungen von dem, was ich in meiner Arbeit 1:1 weiterentwickeln werde, wenn … (nun ja, wenn ich gesund werde).
Daß Kurtchen zwischen dem ganzen Tohuwabohu noch zur Arbeit kommt und gutes Neues fertigbringt, freut mich sehr. Er schreibt, daß er schon am 17. fortfährt. Ich wünsche ihm gute Erholung bei den holländischen Kühen.

Grüße alle, Kurtchen mit Helma und Steinitz, wo ist Garvens? Bitte seid mir nicht böse, daß ich schimpfe, aber es ist doch sehr schwierig, im Bett zu liegen und etwas Richtiges fertigzubringen, wenn zwischen dem Austausch der Gedanken 1 Woche vergeht, — und das in einer Zeit, wenn das Radio schreit. □

El Lissitzky an Sophie Küppers
10. 3. 1924, Locarno

□ Kurtchen braucht keine Angst vor Konkurrenz für sein *Nasci-Merzheft* zu haben. Ich bin kein Schriftsteller und schreibe nicht 80 Seiten in ... überhaupt weiß ich noch nicht, wieviel Seiten ich beanspruche, 16 oder 1600. □

El Lissitzky an Sophie Küppers
21. 3. 1924, Orselina

□ Weiß nicht, ob ich dir das schon geschrieben habe, daß ich in Deutschland kein Pathos mehr sehe. Das expressionistische Pathos hat einen zu starken Beigeschmack von Kokain und Morphium. Ein richtiges Pathos hat *Dada* im Anfang unter der nihilistischen Maske gehabt. □

El Lissitzky an Sophie Küppers
30. 3. 1924, Orselina

□ *Nasci* werde ich mit den Anweisungen über den französischen Text gleich abschicken. Habe eine Idee für das letzte Merz-Heft 1924. *Letzte Truppenschau aller Ismen von 1914-1924.*
Ich liege jetzt und kann nichts tun. Dann klappern unendliche Gedankenfetzen im Kopf, und wenn ich es nicht aufschreibe, vergesse ich alles. Also mehreres, was ich jetzt fertigbringe, hängt davon ab, ob in dem Moment meine Feder unter der Hand war; um aufzustehen und zwei Schritte zu machen, bin ich zu müde. □

Hannah Höch und Arp an Tzara
7. 4. 1924, Berlin

Lieber großer Meister,

ich reiße mich vom Busen Arps los, um ungefähr in 14 Tagen (18. April) in Paris zu sein. Ist es ihnen wohl möglich, ein nicht zu teures Zimmer für mich zu wissen? Wenn sie sich ein klein wenig meiner erbarmen möchten, wäre das sehr nett. Ich soll ihnen eine Menge Grüße bringen.
Selbst herzlich grüßend den nur noch unbekannten Meister Tzara (Die Karte fing mit einer Diktatur Arps an).
H. H. Berlin Friedenau Busingstr.16, Atelier —
(Ich bin sehr anspruchslos, was das Wohnen anbelangt) Wollen sie mir wohl auf alle Fälle eine baldige Antwort zukommen lassen?

Lieber Tzara,

bitte erweise dich so galant wie möglich. Helfe bitte H. Höch so gut wie möglich.

Dein Arp

Arp und Sophie Taeuber an Tzara
22. 4. 1924, Paris

Lieber Tzara,

in acht Tagen bin ich wieder in Zürich. Ich werde dir vieles Wichtiges kundtun. Ich habe hier große Erfolge. Auch für dich ist Wichtiges im Gang. Von Bern habe ich Berichte, daß ich demnächst Schweizer sein werde. Ich werde dir von Z. zwei Mappen <Merz 5, 7 Arpaden>, eine für dich und eine für Ribemont-Dessaignes, schicken. Die Mappen werden euch viel Spaß machen. Sie müssen besprochen werden. Du könntest in *Manomètre* darüber schreiben.

ton TONTON arp

Lieber Tzara,

ihr Brief hat uns sehr gefreut. In Erinnerung an ihre Begeisterung über Athen trinken wir Sappho Lethe.
Viele Grüße

ihre Sophie H. Taeuber-Arp

El Lissitzky an Sophie Küppers
23. 4. 1924, Locarno

□ Meine und Kurtchens Sympathie für Klee darf nicht auf die Objektivität von *Nasci* Einfluß haben. Also, in diesem Fall (aus *Nasci* soll kein Gästebuch werden) lassen wir Klee weg und unbedingt Braque. (Überhaupt kann ich meine ganze Motivierung der Angelegenheit hier nicht auseinandersetzen, das hat Kurtchen mir überlassen, Klee kann ich das schon erklären.) Du hast eine No. *Esprit Nouveau*, die Braque gewidmet ist, dort sind mehrere Reproduktionen. Ich möchte davon folgendes haben: es ist eine Zeichnung mit aufgeklebten Papierstreifen. Der Hauptakzent sind 2 senkrechte Streifen, einer ganz dunkel — wenn ich mich nicht täusche, ist alles in ein Oval hineinkomponiert. Nach dieser Arbeit muß ein Klischee bestellt werden (nicht zu sparen mit der Größe). Ich habe hier eine sehr interessante Aufnahme gefunden, ich glaube, daß sie als sehr charakteristisches *i* von Kurt anerkannt wird. Es wäre für den ganzen Charakter des Heftes sehr schön, wenn wir anstatt des schon bestellten Klischees dieses bringen. Ich mache den Vorschlag, was für einen Ausschnitt zu bringen. Aber Kurt als *i-Meister* kann das ändern. Das ist eine Aeroplanaufnahme aus 3000 m Höhe, eine Gegend mit Feldern in der Schweiz (das darf selbstverständlich nicht genannt werden). Dann bitte ich, das Vorwort in richtiges Deutsch zu bringen. Ich glaube, daß es klar und knapp ist, kein Satz und kein Wort überflüssig. Bitte mir unbedingt alle Korrekturen zu schicken. Es muß tadellos alles klappen. □

Tzara an Jane Heap
<Frühjahr 1924, Paris>

*Liebe Jane,

sie kennen Jacques Rigaut, *homme d'esprit*, charmanter Junge, exzellenter Freund. Er fährt nach Amerika und wird dort sein Glück machen. Sie wären sehr nett und *my great love*, wenn sie ihm die mit Gold gepflasterten Wege zeigen würden und jene, die es nicht sind. *Homme d'esprit* läßt sich nicht ins Englische übersetzen, aber bei uns (in Frankreich) ist es der schönste Beruf.
Ich küsse sie und zähle auf sie

ihr TZARA

Tzara im Spiegel und Jacques Rigaut, Paris 1921

Jane Heap und Rigaut an Tzara
<Frühjahr 1924, New York>

Es gibt mehr, und es gibt weniger
es gibt oft etwas, was wir bereuen —
von Herz zu Herz

Jacques Rigaut

Baby Tzara — meine große Liebe, laß Rigaut dich nicht korrumpieren — er wird vielleicht bald eine Negerin heiraten.

Jane Heap

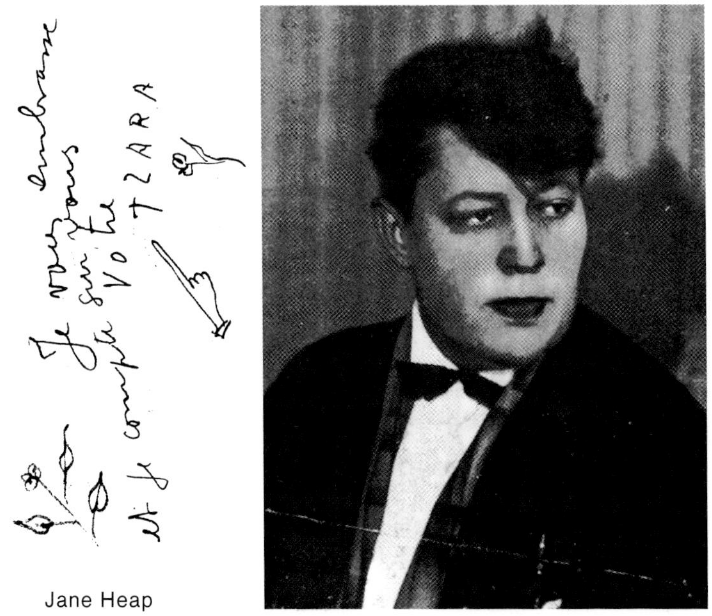

Jane Heap

van Doesburg an Tzara
<Mai/Juni 1924>, Belle Isle en Mer

*Lieber Tzara,

du kannst dir nicht vorstellen, wie schön es hier ist. Wie geht's dem *Wolkentaschentuch*??? Spielt man es noch?*

Ball an Tzara
25. 5. 1924, Lugano

Lieber Tristan Tzara,

sagen sie mir doch bitte, wo ihr schönes Buch *Faites Vos Jeux* erscheinen wird. Ich habe in den *Feuilles Libres* Nr. 34 einen Abschnitt daraus gelesen, der mich sosehr entzückte, und ich möchte so gerne das Buch besitzen. Oder sind sie mir noch böse?
Ich grüße sie herzlich und Emmy Hennings auch und die kleine Malerin ebenso.

Ihr Hugo Ball

Tzara an Jane Heap
12. 7. 1924, La Favière par Bornes (Var)

*Liebe Jane,

entschuldigen sie mich, bin weit weg von Paris, kommen sie mich besuchen, ich habe viele Sachen für sie: *How many times bleiben sie in Paris*? Ich habe ihre Adresse nicht. *Please write to me. Here* ist es wie im Midi, es ist *very nice* hier, ein Amerikaner sagte, *like in California*.
I am so sorry. Yours
Ich sende ihnen mein*

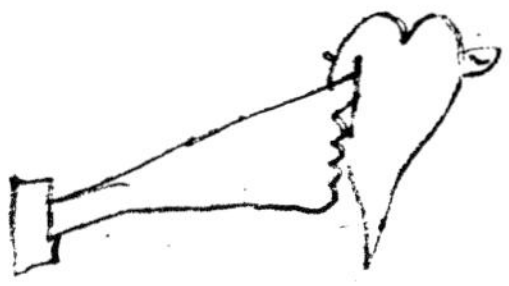

TZARA

Tzara an Marthe Dennistone
24. 7. 1924, La Favière

*Liebe Marthe,

wann kommst du, um ein *weekend* hier zu verbringen? Wir sind eine Bande von Freunden und amüsieren uns von Zeit zu Zeit. Den Rest teilen wir zwischen der Sonne und dem Wasser. Was machst du?
Alles Gute

TZARA*

Tzara an van Doesburg
24. 7. 1924, La Favière

*Liebe Freunde,

ich hoffe, ihr seid schon wieder zurück in Clamart, gesund und munter. Ich wäre gerne mit euch in die Bretagne gefahren, aber aus verschiedenen Gründen konnte ich nicht. Ich habe hier ein kleines Haus, aber große Schwierigkeiten, weil ich keine Aufräumerin finde. *G* habe ich erhalten — sehr gut. Und *Merz*? Und *Mécano*? Schreib mir einen langen Brief. Ich arbeite wenig, weil ich mein Gleichgewicht noch nicht gefunden habe. Aber ich erwart's. Zwischen dem Wasser und der Sonne ist Dada, das heißt, die Faulheit.
Ich mag euch und umarme euch.

TZARA*

Sophie Taeuber-Arp und Arp an Tzara auf Korsika
<Anfang August 1924>, Romanshorn

Cher Tzara,

warum sind sie nicht hier? Wir wollen bestimmt nächstes Jahr ans Meer nach Frankreich. Arp wird wohl im Herbst nach Paris kommen. Schreiben Sie uns doch, was sie machen. Hier wird eifrig genagelt, geklebt und geschrieben und die schönsten Pläne gemacht.

Viele Grüße S. H. Taeuber-Arp

Lieber Tzara,

wenn nun mal Dada vorbei <?> bestimmt kurz nach Paris <?> mir die Adresse von Ernst geben.
Ganz dein

Arp

Grüzi Tzara von 1/2 PS

El Lissitzky

Gruß S. Küppers

Arp an Tzara
12. 8. 1924, Ambri-sotto

Lieber Tzara,

ich hoffe, daß du unsere Liebeskarte bekommen hast. Eigentlich müßte ich dir ein Lexikon voll berichten. Da aber die nachfolgende Geschichte sehr eilt, muß ich mich auf das Kommerzielle beschränken. Lissitzky und ich geben bei Rentsch ein Buch über die Ismen der letzten 10 Jahre heraus. Das Buch soll in deutscher, französischer und englischer Sprache erscheinen. Und du sollst das kurze Vorwort dazu schreiben. Jeder Ismus muß allerdings ein wenig erläutert werden. Wenn du zusagst, wird dir Lissitzky eine genaue Liste der von uns zusammengestellten Ismen und auch Abzüge des Klischeematerials schicken. Ferner bitte ich dich, mir umgehend typische Fotos für den Simultanismus von Delaunay, den ich herzlich zu grüßen bitte, zu schicken. Sollte er gute Arbeiten von Schülern haben, so bitten wir dito freundlich drum und dran. Frage ihn, ob er ein Foto von dem Disque mit dem bemalten Pferdchen davor hat. Die Fotos müssen das genaue Jahr der Geburt des Werkes auf ihrem Popo tragen. Wenn es möglich ist, das Jahr anzugeben, wann die Richtung die Welt erquickte, so bitten wir ebenfalls darum, dito und freundlich. Nun, das gleiche bitte ich dich, Man Ray zu fragen. Auch Picabia soll befragt werden, und wenn du mit ihm den Tomahawk begraben hast, so bitte ich dich, dies zu tun. Speziell ein Foto, das in einem frühen Heft der *Little Review* veröffentlicht war und den Meister durch eines seiner Bilder blickend darstellt, hätte Lissitzky besonders gerne. Ferner und schließlich bitte ich dich, mir die Adresse von Max Ernst zu schicken.
Gebe mir bitte sofort Antwort.
In den nächsten Tagen bekommst du mein Buch, über das du ein langes Lied singen mußt. Ich liebe dich

dein Arp

ANNÄHERUNG

du kommst du ißt du träumst du schwimmst du liest
du jagst manchmal dem hellen hinterher dem grenzenlosen
grund dessen was du tust
du fragst dich manchmal woher du kommst so allein
korrekt gekleidet und unsichtbar wie es das lied gerade will
mit der schweren und störrischen stunde in deinem schlaf

du fragst dich manchmal was morgen sein wird
in den salzigen likör der himmel eng zwischen den erden getaucht
niemals fragst du dich was
du bist
in diesem augenblick der auf deine antwort nicht zu warten
wüßte und flieht
fall nicht auf die verführerischen klänge herein
die mit dem zweifel spielen und der wolke in deinem echo
auf unberechenbaren anderen rändern

wirst du die stufen der zeit herabsteigen die du zu verlieren
hast
stufungen verschleißender schatten auf dem neu hingeworfe-
nen strand
und in die abwechselnden taschen des ungefähr
die schwelle kraftvoll grober wellen gegraben
der dudelsack verletzt das würdige schattenbild
unserer vernunft welche die gelöste weite der wiesen trägt
und ihre fahle traubenschwere
verspätet sich ein wenig mit der dämmerung und der haut

<The Transatlantic Review 1924, in Korsika geschrieben; Wegweiser des Herzens>

ABHANG

krank von zu bitteren nächten
bittere schatten
auf der rohen mauer überbieten sich gegenseitig
die hunde bellen die ungreifbare entfernung
wein des schlafs im krug des schädels
und auf dem von knochigen händen gebreiteten tischtuch
hände die tote zweige anderer hände zusammenlesen
entfachen die flut in den ausweglosen leben
hände die das wort zum mund des kindes tragen
führen das kind zum mund des tages
aus feuer gewebter tag der den mut erster schlafloser nächte
streift
oder sich an die rettungsleine krallt

du singst wiegenlieder in der sprache deines lichts
für die frische weitsichtiger nächte in den windeln des windes
mutter der lieder der in den ertrunkenen wellen gehenkten
deine hand weiß soviel zerbrechliche sprache zu bewegen

daß das treibgut die neugeborenen auf den ewigkeiten des
schlafs
ihrerseits die welt in den baß der singenden welle wiegen
während am schon schneeigen grund deiner jugend
deine augen im blut heißer fragen wiedergeboren werden

<Selection 1925; Wegweiser des Herzens>

Emi Rendl-Denk, Tagblatt, 1992

Lieber Tzara,

Arp hatte schon auf der Vorfassade alles genau ausgemalt. Ich bitte nun sie, das alles möglichst schnell uns zu erledigen, weil, es ist noch vorläufig nicht erfunden, wie kaltes Eisen zu schmieden ist, und unser Verleger muß fortwährend erwärmt werden. Dann wird mich sehr freuen, ihre neuesten Werke zu lesen, habe davon viel Schönes gehört und werde gerne verhelfen, es in Rußland bekannt zu machen. Bitte fragen sie auch bei Delaunay, ob er was von Baranow-Rossine hat. Ich gedenke, unter die Rubrik *Simultanismus* eine schöne Arbeit der Russin Exter zu bringen. Auch möchte ich das Buch, das M. Ernst montiert hat, bei mir sehen.
Seid gegrüßt

EL Lissitzky

Schwitters an Theo van Doesburg
5. 9. 1924

Lieber Does,
ich danke dir für deinen fabelhaften Satz über ***i***. Du erkennst immer sehr richtig. Ich habe von Zeit zu Zeit richtig Sehnsucht nach dir, aber ich gebe bald die Hoffnung auf ein Zusammenleben, wie in Holland, auf. Zu blöde, du in Paris, ich in Revon, Dada tot. Aber es leben *Stijl* und *Merz*. *Stijl* 6/7 ist ausnahmsweise sogar angekommen. Sehr schöne Nummer, die Ausstellung muß bedeutend gewesen sein. *Stijl* hat nur zwei Fehler, daß er erstens niemals Arbeiten von großer *Merz* veröffentlicht und daß er niemals Merzzeitschrift anzeigt, während *Merz* den großen Bruder *Stijl* an hervorragender Stelle anzeigt. Stattdessen zeigt *Stijl L'Esprit Nouveau* an. Oder?
Dein Brief ist ein schöner langer Artikel geworden, von Elefant und Birne, sehr schön, aber ich kann ihn zur Zeit nicht brauchen, weil ich Typoreklame mache. Ich lege ihn aber gut zurück, bis die Gelegenheit kommt. Ich bin ja anderer Ansicht. Zwar kann nie ein Kubus zu einer Kugel ein Verhältnis haben. Aber im Kunstwerk kann, ich sage *kann* jede Form Teil werden, indem sie entformelt wird. Das ist der alte Zauber von *Merz*. Siehe *Nasci* S. 78. Kunst ist Form, Formen heißt Entformeln. Oder S. 85: Die einzige Tat des Künstlers bei

i

ist Entformeln eines schon vorhandenen Komplexes durch Abgrenzung eines in sich rhythmischen Teiles. Dann ist der Elefant nur noch Farbe und die Birne auch nur Farbe, nur Farbe kann zu Farbe ein Verhältnis haben, wie Mann zu Frau. Und hier treffen sich unsere Ansichten: Die künstlerische Wertung schließt die Form aus.
Nun zur Kestnergesellschaft. Ich habe so viel gearbeitet seit Rügen, daß ich erst heute deinen Brief in Ruhe lese, und da fällt mir auf, daß ich für dich da nachfragen sollte. Ich werde morgen Dorner deshalb aufsuchen. Schreib du mir, welches Datum in Betracht kommt und welche Bedingungen sonst. Von Berlin schrieb ich euch wegen Wien. Habt ihr mit Kreisler nun korrespondiert? Über deine Ausstellung sind Kritiken da. Ich war damals gerade in Holland und habe sie nicht gesehen. Der Kurier schriebt, du wärest durch Zeitschrift *G* allgemein bekannt geworden, das fiel mir auf, deshalb habe ich es behalten. Ich will Dorner bitten, dir die Kritiken zu senden. Dank für Fotos. Ich kann sie hoffentlich verwenden. *Merz□Heft* finde ich sehr gut. Bin sehr einverstanden, mit dir das zu überlegen, wenn du kommst. Sag einmal, wie kann *Stijl* bestehen? *Merz* hat immer Defizit. Wie kann man gut drucken ohne Defizit? Übrigens irrst du dich, ich bin ziemlich dick geworden. Malva habe ich auch bekommen. Also, seid nicht böse, ich habe es mit dem Abend einfach verschwitzt und werde mir nun selbstverständlich die Hacken ablaufen. Wäre wohl für mich gelegentlich ein Vortrag in Paris möglich? Welche Bedingungen?
Herzlichst

Merz.

Tzara an Jane Heap
22. 9. 1924, Vizzavona, Korsika

*Liebe Jane,

ich bin weit, weit auf Korsika und komme erst im Oktober zurück. Werden sie dann dort sein? Es wäre mir eine große Freude, sie zu sehen. Die letzte *Little Review* gefiel mir sehr. Wenn ich sie noch in Paris sehe, werde ich ihnen Dokumente geben, doch wenn sie bereits in Amerika sind, geben sie mir ihre Adresse und seien sie meiner Liebe versichert und daß ich bald nach New York kommen werde. In Paris ist meine Adresse: 29, Campagne — Ière;
In aller Freundschaft

TZARA*

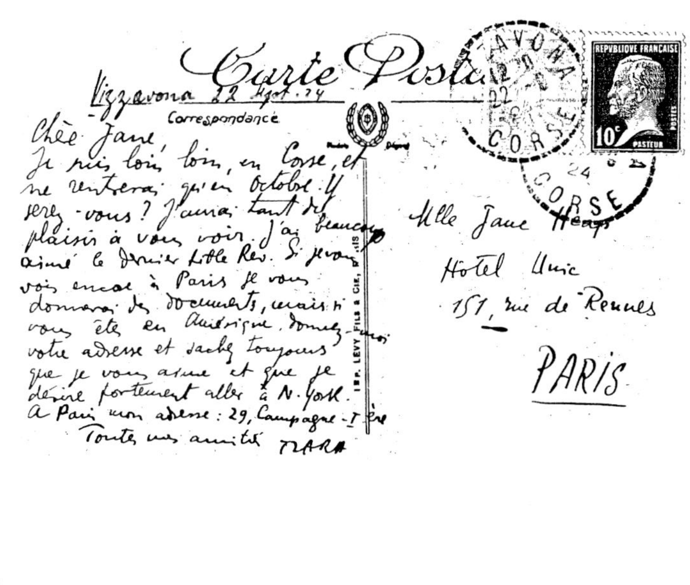
Carte Postale
Correspondance
Vizzavona 22 Sept. 24
Chère Jane,
Je suis loin, loin, en Corse, et ne rentrerai qu'en Octobre. Y serez-vous? J'aurai tant de plaisir à vous voir. J'ai beaucoup aimé le dernier Little Rev. Si je vous vois encore à Paris je vous donnerai des documents, mais si vous êtes en Amérique, donnez-moi votre adresse et sachez toujours que je vous aime et que je désire fortement aller à N. York. A Paris mon adresse: 29, Campagne-Ière
Toutes mes amitiés TZARA
Mlle Jane Heap
Hotel Unic
151, rue de Rennes
PARIS

Die Zeitschrift des geistigen Arbeiters ist MERZ

Aus dem Inhalt: -i-. Manifest Proletkunst. das schiffchen

MERZ

2

NUMMER i

(„assis sur l'horizon, les autres vont chanter." PIERRE REVERDY.)

APRIL 1923
REDAKTEUR: KURT SCHWITTERS
MERZVERLAG HANNOVER · WALDHAUSENSTR. 5II

ich zweifle zwar daran, daß der Dichter dabei an **i** gedacht hat; aber doch hat er in 2 Versen viel von dem Wesen von **i** charakterisiert. Aber ganz **i** wird die ganze Angelegenheit erst dadurch, daß ich, der ich nicht Pierre Reverdy, sondern Kurt Schwitters bin, daß ich, obgleich ich zweifle, daß Pierre Reverdy an **i** gedacht hatte, überhaupt **i** ahnte, als er die berühmten zwei Verse schrieb, die viel, aber noch nicht alles ausdrücken, was **i** in der Welt bedeutet, daß ich diese zwei Verse, die, soviel ich weiß, nicht **i** charakterisieren, für eine gewisse Charakteristik von **i** ausgebe, **a**ssis sur l'horizon les autres vont chanter.

Es ist für mich **i**, zu erkennen, daß die anderen autres, indem sie assis sur l'horizon, also in einer Entfernung, in der ich sie und sie mich nicht mehr sehen können, ein Werk schaffen, das ich als Kunstwerk, als chanter, empfinde. Das chanson des autres ist mir **i**. Nur **b**ezeichnen Reverdys Verse eine Spe**c**ialform von **i**. Denn für **i** ist es gleichgültig, ob **d**ie autres ihr Werk auch als Kunstwerk **e**mpfinden oder nicht. In dem Begriff »chanter« liegt aber, daß diese Anderen ihr Werk als Kunstwerk empfunden haben. Wichtig **für i** ist aber nur, daß **ich** dieses Werk der autres als Kunstwerk erkenne, daß ich in dem Werke des autres die Kunst erkenne. Wichtig für **i** ist, daß es nicht auch für mich etwas ist, sondern, daß es **durch** mich etwas ist, obgleich es die Anderen **g**emacht **h**aben, durch mein Erkennen, dadurch, daß **ich** es zum Kunstwerk gestempelt habe, durch **mein** Erkennen.

i ch bin der Künstler von i

Tzara an van Doesburg
24. 9. 1924, Vizzanona

*Mein lieber Does,

sei nicht beleidigt, daß ich auf deinen lieben Brief noch nicht geantwortet habe.
Ich habe viele Reisen gemacht, seit ich ihn erhielt, und habe ihn immer in der Tasche gehabt, um ausführlicher zu antworten. — Arp und Lissitzky haben mir geschrieben. Mir geht es nicht schlecht, und ich habe gearbeitet; bald fahre ich nach Paris zurück, also sehe ich dich wahrscheinlich bald. Ich habe neue Ideen, und wir könnten vielleicht einen Teil davon realisieren.
Tausend Grüße an Petro und mein Herz für dich

TZARA*

El Lissitzky an Sophie Küppers
16. 10. 1924, Bellinzona

□ Von Arp habe ich kein Geld und keine Nachrichten. Aber das ist doch für ihn normal.
Für das Buch fehlt mir nur noch Dix. Übrigens hat man mir erzählt, daß Moholy auch ein Buch vorbereitet 1914-1924, wo alles, was bis 1920 erscheint, nur als Dünger für das Bauhaus gestreift wird, das dann alles leitet und allem die Krone aufsetzt. Lustige Geschichten, was? Schieberei, Schieberei, Schieberismus.
Wie geht es Kurtchen? Ist er immer noch beleidigt? Sage ihm, daß ich ihn von allen Künstlern Deutschlands doch am meisten liebe. □

□ Die Idee der letzten *Truppenschau aller Ismen von 1914-24* hatte Hans Arp gefallen. Kurt Schwitters war fast unerreichbar für diesen Vorschlag. Arp aber Feuer und Flamme. Er hatte für dies geplante Buch einen Verleger — Eugen Rentsch in Zürich — gefunden. Lissitzky lud Arp und dessen Frau Sophie Taeuber-Arp ein, unsere Gäste zu sein. Beide kamen. Das Exposé des Buches wurde gemacht. Arp schrieb die einzelnen Absätze zu den jeweiligen Ismen im Einverständnis mit Lissitzky. Von Arp machte Lissitzky mehrere Aufnahmen: ein Profil-Enface-Portrait und eine Aufnahme-Montage, Arp mit seinem dadaistischen Fingerbrett. Es kam zu großen Polemiken, denn Arp war nicht so treuherzig, gutmütig wie Kurtchen. Lissitzky mußte mit ihm mancherlei Enttäuschungen erleben. Die Korrespondenz mit den im Buch angeführten Künstlern hatte ich übernommen. Um etwas für Zerstreuung nach der Arbeit zu sorgen, kletterte ich mit den Arps über die Berge in das berühmte Valle Maggia, das mit seinen uralten Nußbäumen, an denen sich der Wein emporrankte, uns die überstandenen Strapazen des besonders langen Abstieges vergessen ließ. Wir kamen in die Künstlerkolonie Ascona am Lago Maggiore, die die absonderlichsten Heiligen und Sekten aufzuweisen hatte. Wir waren froh, wieder in die kühlere, reinere Luft des Gotthards zurückzukehren. □

<Sophie Küppers>

El Lissitzky an Sophie Küppers
1. 11. 1924, Locarno

□ Mit Arp ist es so: Vor zwei Wochen habe ich ihm das fertige Vorwort geschickt und bis jetzt keine Antwort. Ich wollte dir nichts darüber schreiben, aber länger kann ich wegen Rentsch nicht warten. Ich habe jetzt Arp telegrafiert. Inzwischen ist folgendes vorgekommen: Du weißt, wie wir uns alle (auch Arp) über das Portrait, das ich von ihm gemacht habe, gefreut haben. Ich war stolz, auf den Abzug, den ich Arp zum Klischieren gab, mein Signet *el* zu stellen. (Du weißt, das tue ich selten). Die Klischeeabzüge sind eingetroffen: auf dem Klischee-Abzug keine Spur von *el*, auf der Fotografie selbst das *el* fein säuberlich ausgekratzt ...
Was soll diese Kratzerei bedeuten? Weiter: Die Picabia-Fotos hat er Rentsch nicht übergeben. Warum? Weiter: Die Unowis-Fotos hat er Rentsch nicht übergeben. (Habe jetzt den Brief von Rentsch und der Klischee-Anstalt.) Warum? Dazu hat er hinter meinem Rücken an Segal, Höch, Kassák geschrieben. Segals Klischee ohne meine Prüfung Rentsch übergeben. Ich frage, ob ich das Recht habe, diesem Menschen nicht mehr zu glauben. Arp macht nur einfältige Augen. Er ist aber ganz und gar anders. Wenn er einfältig wie eine Taube aussehen will, ist er doch nicht weise wie eine Schlange. Wenn er weiter so feige und hinterlistig mit mir umgehen will, so werde ich gezwungen sein, noch einmal einen Brief zu schreiben wie ehedem, der in seinem Ton vollkommen richtig war. So habe ich noch eine Enttäuschung. Es tut mir weh. Ich bitte dich, darüber niemandem ein Wort. □ *

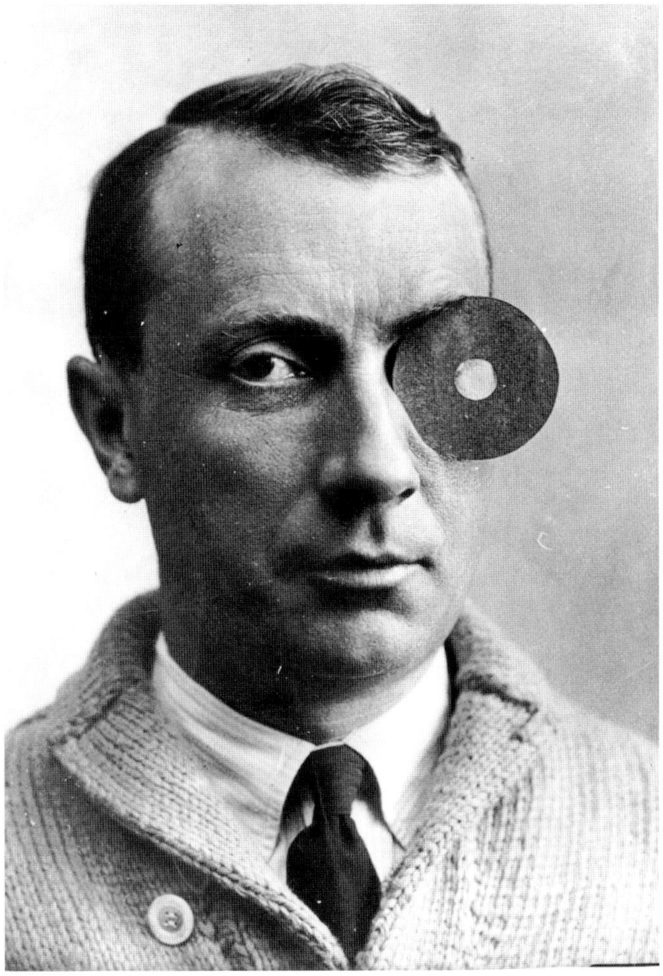

El Lissitzky, Hans Arp 1924

El Lissitzky, Kurt Schwitters 1924

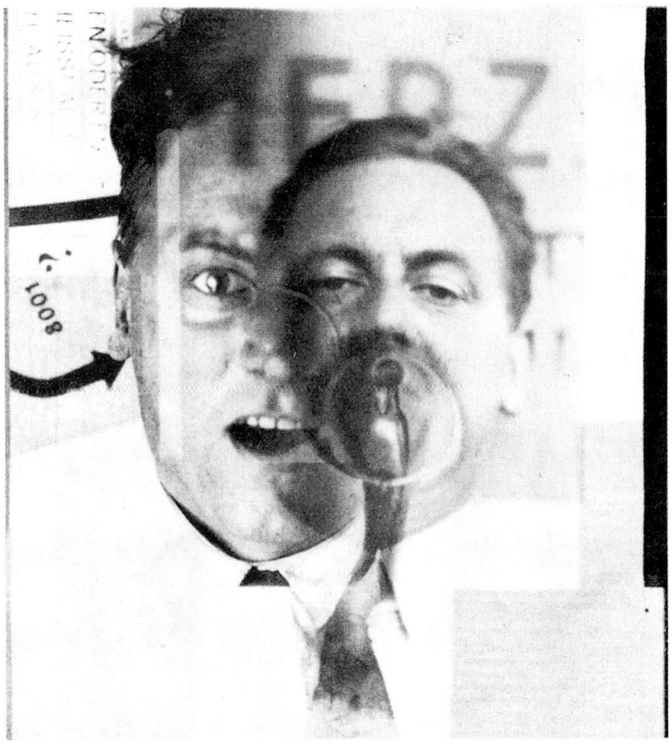

Arp an Tzara
8. 11. 1924, Heidelberg

Mein lieber Tzara,

sei mir nicht böse, daß ich dir erst heute schreibe. Deinen zweiten Brief und die ganz herrlichen Manifeste <*Sept Manifestes Dada*>, die ich für das beste Buch der neuen Literatur halte, bekam ich erst hier. Das Wichtigste, was ich dir zu schreiben habe, ist, daß ich nun endlich im Jänner nach Paris kommen werde. Für deine liebe Einladung, in deinem Atelier absteigen

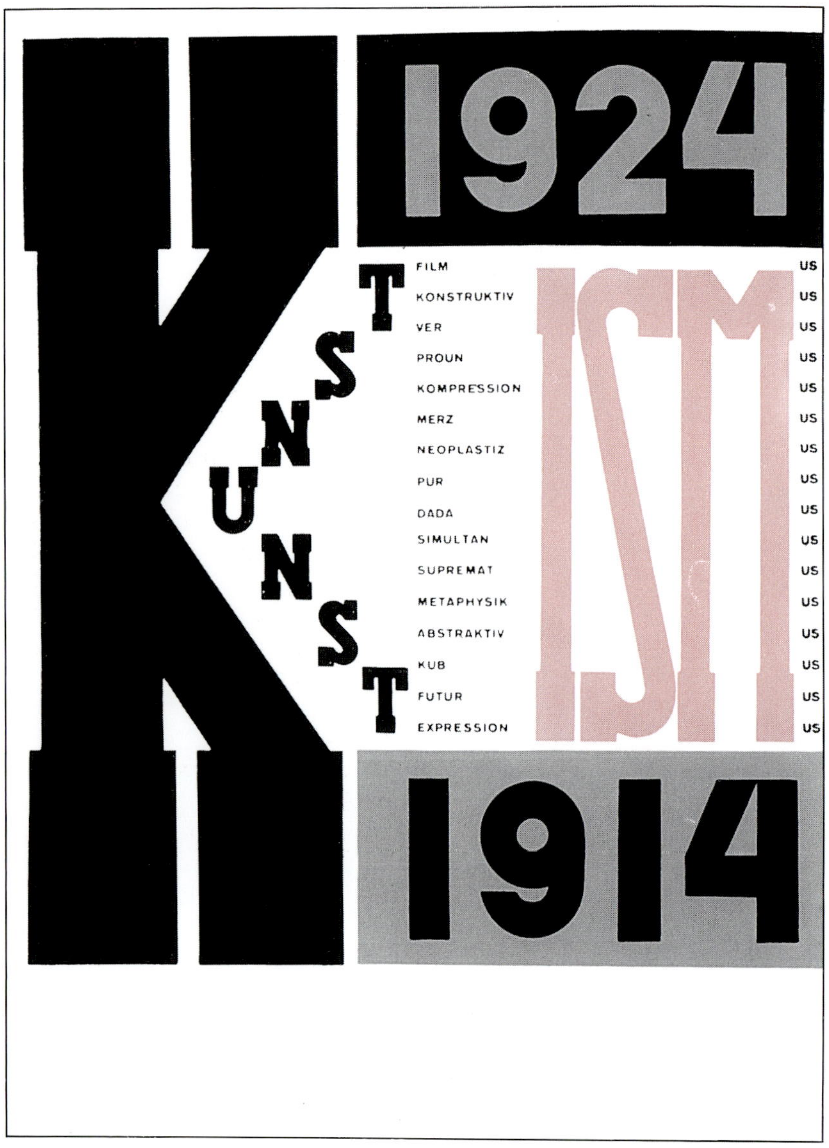

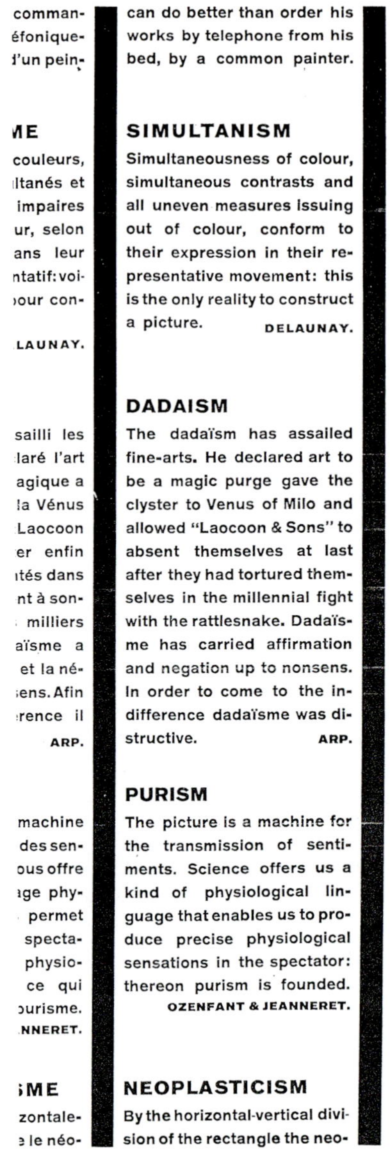
can do better than order his works by telephone from his bed, by a common painter.

SIMULTANISM

Simultaneousness of colour, simultaneous contrasts and all uneven measures issuing out of colour, conform to their expression in their representative movement: this is the only reality to construct a picture. DELAUNAY.

DADAISM

The dadaïsm has assailed fine-arts. He declared art to be a magic purge gave the clyster to Venus of Milo and allowed "Laocoon & Sons" to absent themselves at last after they had tortured themselves in the millennial fight with the rattlesnake. Dadaïsme has carried affirmation and negation up to nonsens. In order to come to the indifference dadaïsme was distructive. ARP.

PURISM

The picture is a machine for the transmission of sentiments. Science offers us a kind of physiological language that enables us to produce precise physiological sensations in the spectator: thereon purism is founded. OZENFANT & JEANNERET.

NEOPLASTICISM

By the horizontal-vertical division of the rectangle the neo-

zu dürfen, danke ich dir sehr herzlich. Ich hoffe, daß du mir zu Ehren große Nacktfeste mit Salatschüsseln voll Kokain veranstalten wirst.
Mein Buch <*Der Pyramidenrock*> wirst du inzwischen bekommen haben. Ich bitte dich, darüber eingehend in einer wichtigen Zeitschrift zu schreiben, da das Buch die besten Gedichte, die ich geschrieben habe, enthält.
Um das *Ismen-Buch* kümmere ich mich nicht mehr. Lissitzky ist der eitelste, albernste Hanswurst und Defregger der aufgeblasenste Wichtigtuer, den ich je getroffen habe.
Gegen Weihnachten bin ich wieder in Zürich.
In alter Freundschaft

dein Arp

Tzara an Jane Heap
25. 11. 1924, Kopenhagen

Liebe Jane

Abhrdgsrtb jgrdbl
smoblrgd szizzlt
aeioutnmobd
sngrdmtwv sgr
glwdrrrrg gri

Tuesday
Love

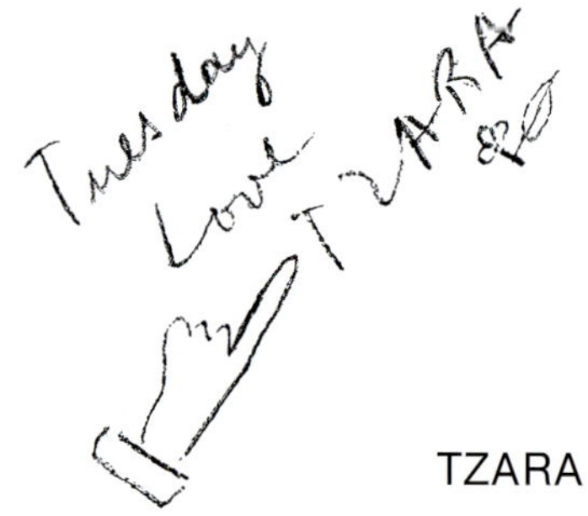

TZARA

van Doesburg an Tzara
30. 11. 1924, Clamart

*Mein lieber Freund,

jetzt kann ich sie fragen — wie der Baron — *machst du dich über mich lustig, Coco*? Du bist wahrscheinlich beleidigt mit mir, mein lieber Freund. Doch meine Schuld war es nicht. Es lag am Amtsstempelschimmel des Zolls, wo ich Samstag zwischen 4 und 1/2 7 war! Kiesler hatte mir ein Paket geschickt, und ich hatte geglaubt, daß es die Fotos und Dokumente des Railway-Theaters enthält, aber — er hatte mir 20 Kataloge geschickt, daß ich sie an meine Freunde verteile. Ich hatte also viele Schwierigkeiten mit diesen Leuten da, weil es verboten ist, illustrierte Bücher in deutscher Sprache mitzunehmen etc.*

El Lissitzky an Sophie Küppers
6. 12. 1924, Locarno

□Habe viel mit dem *Ismen-Buch* zu tun. Fast jeden Tag kommen Korrekturen. Es geht jetzt prächtig, da ich die ganze Sache allein besorge. Rentsch ist sehr aufmerksam und geht auf alles ein. Ich glaube, der Einband ist mir auch gelungen. Versuche doch, über Mondrian zu dichten. Dicke Fehler bin ich bereit auszumerzen. Ich glaube, es reicht, was du ihm und was er dir geschrieben hat, damit ist die Sache schon klar. Wozu aus der Luft den Geist pumpen, wenn er lebendig zwischen uns herumläuft?

Max Jacob an Tzara
8. 12. 1924, Kloster von St. Benoit sur Loire

*Mein lieber Freund,

ihr Buch <Von unseren Vögeln> macht mir ein dreifaches Vergnügen. Sie wissen, wie sehr ich mag, was von ihnen ist: ich kann keine Poesie kritisieren, weil ich's einfach nicht kann, und alles was von ihnen ist, ist Poesie — es genügt mir, mich ein wenig mit Menschen auszukennen. Es gibt neue Menschen: niemand war je so wie sie. Ich täuschte mich nicht, als sie mir diese schönen illustrierten Briefe sandten, die man mir gestohlen hat, aber deren Farben des Blutes ich noch vor Augen habe. — Ihre Erinnerung an die Vergangenheit, die für die Nachkriegszeit bezeichnend ist und für <?> bezeichnend sein und mir noch lange Freude bereiten wird: ein wenig Beständigkeit in den Gefühlen über die Literatur hinaus ist selten: meine nimmt zu und verändert mein Verhalten nichts desto weniger ... Das letzte Mal, als ich sie sah, wollten sie mich mit zu den Bouffes du Nord nehmen, und eine Straßenbahn führte uns auf ihren Weg. Es wird mir immer leid tun, wenn ich sterbe, daß ich nicht dorthin mitgegangen bin. *Ich meine das ernst*. Ich lebe in einem Land, wo es weder sie noch die Bouffes du Nord gibt, und ich werde in höchstens zwanzig oder dreißig Jahren sterben. Ich sagte ihnen gerade, daß sie ein neuer Mensch sind, was ganz etwas anderes bedeutet als originell ... sprechen wir nicht schlecht, von niemandem. Ich dachte an dieses so gute und durchüberlegte Stück <das Wolkentaschentuch>, das eine Zeitschrift dieser Tage veröffentlicht hat. Ich kann ihnen gar nicht sagen, wie sehr ich dieses *so neue* Stück empfunden und verstanden habe.
Ich hätte ihnen viel zu sagen, aber ein Brief ist, durch mein Alter, gezwungenermaßen leer ... Warum? Erinnern sie mich, es ihnen zu erklären, wenn ich sie sehe... oder besser, überlegen sie sich diesen Satz in der Straßenbahn — Tzara, ich mag sie wirklich sehr; jeder mag sie gern. Aber ich habe diesen Spleen, daß ich Gewissensbisse habe, weil ich glaube, daß ich es ihnen nicht deutlich genug gesagt habe. Da sie ja in mein Meßbuch eingeschrieben sind, werde ich in der Stunde meines Tode an sie und diese Gewissensbisse denken.

Max Jacob

Seit Dada hat man nichts Neues gefunden und konnte nichts finden, weil es die Wahrheit war. Einen neuen Menschen erkennt man daran, daß er kein Aufsteiger, sondern seiner selbst sicher ist.*

van Doesburg an Tzara
24. 12. 1924, Clamart

□ Hast du die Fotos von der *mise-en-scene* des *Wolkentaschentuchs* für einen Artikel für Holland? In Holland gibt es schon lange eine neue dadaistische Zeitschrift *The Next Call*. □

Lieber Tzara,

Lieben herzlichen Dank für deine Karte. Wir sind schon längst wieder zurück und haben eine sehr schöne Zeit auf Belle Ile gehabt.
Von Hannah Höch habe ich einen Brief bekommen, sie verlangt: Ausführliches über dein *Wolkentaschentuch*. Sie versucht, in Berlin eine Aufführung zu erreichen. Ich versuche dasselbe in Holland und ich habe Dr. de Koos einen Artikel von Crevel geschickt. Vielleicht gelingt es mir, für Oktober etwas zu arrangieren. *De Stijl* wird in einigen Tagen erscheinen. Dann wird auch noch *Mécano* erscheinen, 6. Vor einer Woche erhielt ich *Little Review* und war ziemlich erstaunt, nichts von *De Stijl* darin zu finden. Du hattest mir doch versprochen, in der nächsten Nummer, und diese wird wohl die Konstruktivisten-Nummer sein, oder? Hast du die Sachen dort? Falls du sie nicht brauchst, bitte ich um baldige Rücksendung, da ich von allen Seiten um Fotos gebeten werde und für mein Archiv nur eine Serie habe.

Wir meinten, die schöne Aufführung deines *Taschentuchs* hat dir das Gleichgewicht wiedergegeben. Jetzt schreibst du, *weil ich noch nicht mein Gleichgewicht gefunden habe.*□
Ihr Roman hat mich auch ausführlich interessiert. Leider fehlt mir Nr. 34.
Hast du noch eine Nummer?
Wir leben jetzt im Zeitalter der Tabakspfeife. Jedermann seine eigene Zeitschrift. Anstatt Bilder, Häuser, Plastiken werden jetzt Wasserclosett, Tabakspfeifen etc. reproduziert. Es fehlt noch die Bratkartoffel. *G.* ist ganz hübsch, aber hat keinen bestimmten Charakter: einerseits offen *Kunst*, andererseits *Hyperästhetik* (Arp, Schwitters, usw.), weder Dada noch ■ merkwürdig; das *G.* ist vom *Stijl* ausgegangen & zu *Vanity Fair* gekommen, dabei hat er schon in der 3. Nummer sein ■ eingebüßt.
Aus der Schweiz bekam ich *ABC*, ein Flugblatt gegen *G.*, durch Zioli, Holländer und Lissitzky gegründet. Trotzdem die ganze Welt über Kollektivismen und gemeinsame Arbeit usw. redet, ist das Künstlertum noch nie so individualisiert gewesen wie gerade heute. Es gibt jetzt 8 konstruktivistische Zeitschriften — *Zivot, She, Ma, Blok, ABC, Pasma Popo now*. — Alle sind scheinbar für hohle Arbeit, Anti-Kunst, Anti-Hyperästhetik usw. — aber trotzdem zersplittert alles, und es bleibt beim *Gerede*.
Lieber Tzara, willst du mit mir eine neue Zeitschrift *Scheiße* gründen? Auf der ersten Seite ein ganz schicker Popo; 2te Seite Wasserclosett und Tabakspfeife usw. Das wäre ja eine Sache, die einem Bedürfnis entspricht. Dada hat seine Aufgabe immer noch nicht erfüllt!

Does

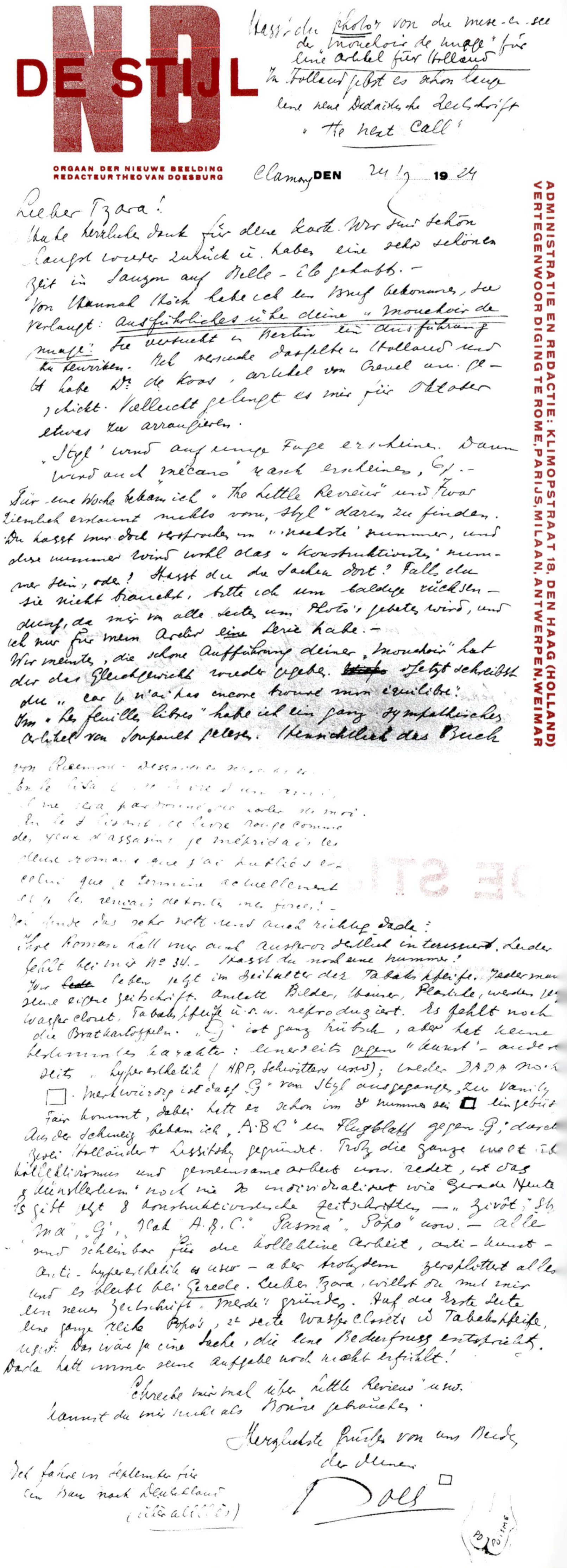
DE STIJL
ORGAAN DER NIEUWE BEELDING
REDACTEUR THEO VAN DOESBURG
ADMINISTRATIE EN REDACTIE: KLIMOPSTRAAT 18, DEN HAAG (HOLLAND)
VERTEGENWOORDIGING TE ROME, PARIJS, MILAAN, ANTWERPEN, WEIMAR
Clamart DEN 24/7 1924
Lieber Tzara!

El Lissitzky an Sophie Küppers
4. 1. 1925, Locarno

□ Nur jetzt habe ich vom Zollamt Wien mein Relief zurückerhalten. Ich bitte dich, in deiner Korrespondenz mit Arp unsere Differenzen nicht zu berühren. Ich möchte es als begraben betrachten. Ich will mich nicht provozieren lassen, daß ich gezwungen sein werde, gegen diesen Parasitismus öffentlich aufzutreten. □

El Lissitzky an Sophie Küppers
14. 1. 1925, Locarno

□ Wenn ich mit meiner jetzigen Arbeit fertig bin, machen wir vielleicht noch etwas mit Eggeling. Aber ich kriege jetzt selbst Angst vor meinem Mißtrauen zu den Leuten. Vielleicht ist es eine Reaktion. Arp hat mich noch mit zwei Briefen gequält. Ich habe ihm mit einem scheußlichen Zitat aus dem □ *Gargantua* geantwortet. Ach, überhaupt dieser *Gargantua*! □

Vinea an Tzara
<Februar 1925, Bukarest>

*Mein lieber Tzara,

ich konnte dir nicht schreiben, obwohl ich's wollte, und wie immer hatte ich dir einen Haufen zu erzählen. Soweit ich mich erinnere, geht es für dich um eine Heirat und, was mich am meisten interessiert, um eine Einladung zu einer Reise. Mein Kind (meine Schwester), du hast meinen väterlichen Segen, und ich wünsche dir, daß du aus dem vierfachen Leben herauskommst, von dem du mir erzählst. Du weißt, daß ich von diesem Leben schon gegessen habe und daß nichts für das Hirn und für die Form und für den Willen ermüdender ist. Es kommt soweit, daß dir nichts mehr gelingt. Bei deiner literarischen Produktion merke ich schon ein Nachlassen, das ich für dich zu fürchten beginne. Höre doch endlich mit all diesen nervenkranken Frauen auf. Ich muß dich über einen Haufen Sachen fragen und dir den Kopf waschen. Du mußt alles ein bißchen einfacher sehen und so arrangieren, daß du deine letzte Jugend angenehm verbringen kannst. Alles in allem hast du nichts mehr gemacht: Wo zum Teufel ist dein Gedichtband? Und deinen Roman <*Faites Vos Jeux*>, scheint's, hast du auch nicht vollendet. Paß auf, mein Kind, daß du kein brünstiger Bock oder ein sentimentaler Psychologe wirst. Ich sag dir hier alles; wiederhol's. Denk doch ein bißchen, ich bin verliebt in eine Frau, die keinen Groschen hat, und *verknallt* in eine junge Verrückte, die Weingüter und Wälder (alle jungfräulich) und Ländereien hat. Ich verliere mich geradezu in einem Monolog von Corneille zwischen Gefühl und Pflicht. Wann heiratest du? Hol mich da raus, werde ein Nabob, sag's mir. Wann ist die Hochzeit? Momulesco hat mir erzählt, daß du dich mit aller Welt verkracht hast. Das ist die beste Gelegenheit, ihnen das Vergnügen zu machen und dich reich und glücklich zu zeigen. Und deine Verlobte, wie ist sie? Melita Petrascu <Freundin Jancos>, eine Frau von großem Talent, hat getratscht, daß sie dich in Begleitung einer jungen und sehr chic gekleideten Amerikanerin <Nancy Cunard?> bei Delaunay gesehen hat. Schick mir ein Photo, schnellstens. □

Dein Vinea*

Arp an Tzara
12. 3. 1925, Zürich

Lieber Tzara,

ich bitte dich, Herrn Dr. Fehr, Professor an der Berner Universität, mit deiner Freundschaft und deinen Beziehungen zur Verfügung zu stehen. Herr Fehr interessiert sich sehr für Malerei und Literatur und hat wundervolle Bücher über mittelalterliche Phantastik herausgegeben. Er besitzt eine der schönsten Noldesammlungen. Vielleicht kannst du Herrn Fehr zu Delaunay, Picasso oder Man Ray führen. In der großen Arpverfolgung, die wegen des *Pyramidenrockes* im Dezember letzten Jahres in der Schweiz ausbrach, war er einer der großen Bollwerke für den genannten.
Lieber Tzara, ich wäre dir sehr dankbar, wenn du Herrn Fehr wie einen meiner besten Freunde auf das graziöseste entgegenkommen würdest.
Herzlicher Freundschaftskuß

dein Arp

De Pisis an Tzara,
12. 4. 1925, Paris

*Lieber Herr,

ich bin in Paris und möchte sie gern kennenlernen, nach so langer Zeit, in der wir uns nur vom Ruhm und von den Briefen her kannten. Evola (ein gemeinsamer Freund) richtet schöne Grüße aus. Wenn sie wollen, sagen sie mir, wann wir uns treffen können, oder kommen sie mich einfach besuchen.
Ich werde mindestens einen Monat lang hierbleiben.
Alles Gute

F. De Pisis*

Tzara an Jane Heap
27. 4. 1925, Paris

*Liebe Jane,

ich sende ihnen endlich die Manuskripte, Zeichnungen und Fotos. Sie erhalten sie hoffentlich mit derselben Post. Ich war ein wenig krank, ein wenig gelangweilt diesen Winter, aber ich habe ein wenig gearbeitet und auch an sie gedacht. Ich höre, daß sie bald nach Paris kommen werden, was von jedem Gesichtspunkt aus eine ausgezeichnete Sache ist.

Ich sende ihnen:

1 Prosa von J.Deteil — Autor von *Cholera*, Die *5 Sinne der Jeanne d'Arc* etc.
2 Manuskripte von G. Ribemont-Dessaignes, die sie kennen
4 Gedichte von Tzara
1 Artikel von Michel Leiris (junger talentierter Dichter, der mit den Surrealisten liiert ist)
2 Reproduktionen von Joan Miró, katalanischer Maler von großem Interesse
2 Artikel über den Konstruktivismus von Doesburg
1 Reproduktion von Mondrian (holländischer Maler, der sich in Paris niedergelassen/etabliert hat)
1 ---"--- Vantongerlos
1 ---"--- van Doesburg
5 Architekturen von van Doesburg und van Esteeren (junger holländischer Architekt)
1 Reproduktion v. Huszar (holländischer Konstruktivist)
2 ---"--- Kiesler (Wiener Architekt, Autor des Spatialen Theaters)
1 Reproduktion Mies van der Rohe (deutscher Architekt)
1 ---"--- P. Roy (alter Freund Apollinaires)
1 ---"--- Pevsner (russischer Konstruktivist, in Paris etabliert)
1 ---"--- Moholy-Nagy (ungarischer Konstruktivist; Professor am Bauhaus in Weimar)
1 ---"--- Krahler (Amerikaner)
1 ---"--- Schwitters (Deutscher, Hannover, Dada)
3 ---"--- Maxy (rumänischer Konstruktivist; Direktor der Zeitschrift Integral)
1 ---"--- WOLKENTASCHENTUCH (mein Stück)
1 ---"--- Meyerhold (Direktor des Theaters in Moskau)
1 ---"--- S. H. Taeuber (Schweizerin; Frau von Arp)
1 ---"--- v. Duldgedalzen (Deutsche, Frau von Max Ernst)
3 ---"--- H. Höch (deutsche Dadaistin)
1 ---"--- Charchoune (russischer Dadaist)
2 ---"--- Tereschkovitch (junger russischer Maler, etabliert in Paris)
5 ---"--- Marc Chagall (russischer Maler, dessen letzte Ausstellung in Paris einen großen Widerhall hatte — ich sende ihnen vielleicht einen Artikel über Chagall, den ich sehr schätze.

Sagen sie mir, liebe Jane, was sie von all dem halten. Schicken sie mir wieder zurück, was sie nicht brauchen und auf jeden Fall die Originale nach den Reproduktionen. Wie geht ihre Galerie? — Die Nummer drei ist sehr gut. Schicken sie mir bitte die vorhergehende Picabia-Nummer, die mir fehlt.
Schreiben sie mir bald.
Doesburg beschwert sich sehr und begründet über meine verspätete Absendung. Wenn sich die Gelegenheit ergibt, könnten sie durch irgendeine wirre Art mich von einem Teil meiner schweren und ärgerlichen Verantwortung erlösen?
Auf bald. Ich sende ihnen meine *love*

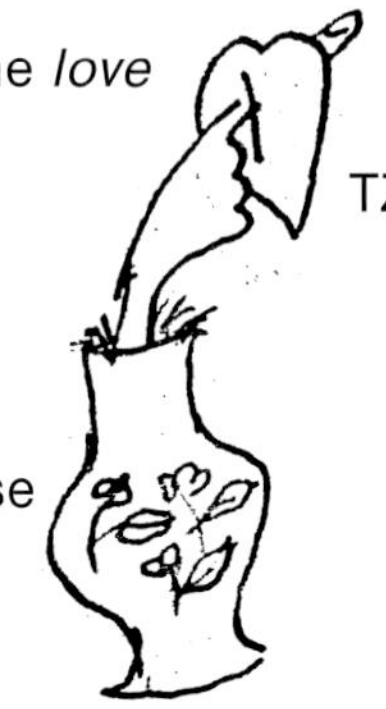

TZARA*

Arp und Ball an Hermann Hesse
11. 4. 1925, Vietri sul Mare

Lieber Herr Hesse,

Arps sind hier und bleiben über die Feiertage für 14 Tage unsere Nachbarn. Wir gedenken ihrer herzlich, auch Emmy, die gerade in Rom ist, aber Montag zurückkommt.

Ihr Ball

Viele Grüße

S. H. Arp-Taeuber

Lieber Herr Hesse,

der barocke Faltenwurf meines *Pyramidenrockes* wird durch die klassischen Städte sehr bedrängt. — Hoffentlich geht es ihnen wieder gut.
Herzlichen Gruß, ihr ergebener

Arp

J. H. an Tzara
21. 4. 1925, Bukarest

*Bist du noch immer der *Jockey* Schwedens? Die linke Seite ist die rechte wert.

J. H.

Wo zwei sind,
wächst die Stärke
und der Feind wird nicht
triumphieren*

Der Pyramidenrock Der Pyramidenrock Der Pyramidenrock
Der Pyramidenrock Der Pyramidenrock Der Pyramidenrock
Der Pyramidenrock Der Pyramidenrock Der Pyramidenrock
Der Pyramidenrock Der Pyramidenrock Der Pyramidenrock
Der Pyramidenrock Der Pyramidenrock Der Pyramidenrock
Der Pyramidenrock Der Pyramidenrock Der Pyramidenrock
Der Pyramidenrock Der Pyramidenrock Der Pyramidenrock
Der Pyramidenrock Der Pyramidenrock Der Pyramidenrock
Der Pyramidenrock Der Pyramidenrock Der Pyramidenrock
Der Pyramidenrock Der Pyramidenrock Der Pyramidenrock
Der Pyramidenrock Der Pyramidenrock Der Pyramidenrock
Der Pyramidenrock Der Pyramidenrock Der Pyramidenrock
Der Pyramidenrock Der Pyramidenrock Der Pyramidenrock
Der Pyramidenrock Der Pyramidenrock Der Pyramidenrock
Der Pyramidenrock Der Pyramidenrock Der Pyramidenrock
Der Pyramidenrock Der Pyramidenrock Der Pyramidenrock
Der Pyramidenrock Der Pyramidenrock Der Pyramidenrock
Der Pyramidenrock Der Pyramidenrock Der Pyramidenrock
Der Pyramidenrock Der Pyramidenrock Der Pyramidenrock
Der Pyramidenrock Der Pyramidenrock Der Pyramidenrock
Der Pyramidenrock Der Pyramidenrock Der Pyramidenrock
Der Pyramidenrock Der Pyramidenrock Der Pyramidenrock
Der Pyramidenrock Der Pyramidenrock Der Pyramidenrock
Der Pyramidenrock Der Pyramidenrock Der Pyramidenrock
Der Pyramidenrock Der Pyramidenrock Der Pyramidenrock
Der Pyramidenrock Der Pyramidenrock Der Pyramidenrock
Der Pyramidenrock Der Pyramidenrock Der Pyramidenrock
Der Pyramidenrock Der Pyramidenrock Der Pyramidenrock
Der Pyramidenrock Der Pyramidenrock Der Pyramidenrock
Der Pyramidenrock Der Pyramidenrock Der Pyramidenrock
Der Pyramidenrock Der Pyramidenrock Der Pyramidenrock
Der Pyramidenrock Der Pyramidenrock Der Pyramidenrock
Der Pyramidenrock Der Pyramidenrock Der Pyramidenrock
Der Pyramidenrock Der Pyramidenrock Der Pyramidenrock
Der Pyramidenrock Der Pyramidenrock Der Pyramidenrock
Der Pyramidenrock Der Pyramidenrock Der Pyramidenrock
Der Pyramidenrock Der Pyramidenrock Der Pyramidenrock
Der Pyramidenrock Der Pyramidenrock Der Pyramidenrock
Der Pyramidenrock Der Pyramidenrock Der Pyramidenrock
Der Pyramidenrock Der Pyramidenrock Der Pyramidenrock
Der Pyramidenrock Der Pyramidenrock Der Pyramidenrock

Ball und Arp in Pompeij, 1925

Tzara an Jane Heap
28. 5. 1925, Paris

*Liebe Jane,

voilà, ich halte meine Versprechen — überrascht sie das? Beiliegend interessante Manuskripte vom Allerneuesten, von Jungen, die vielversprechend sind und von sich reden machen werden:

4 Fotos von Masson mit einem Artikel von Leiris über ihn. Die 2 sind Surrealisten und Leiris ist unter den talentiertesten jungen Post-Dadaisten. Sie publizieren beide bei der Galerie Simon einen Band mit Gedichten und Lithos *Simulacre*.
1 Artikel von Jacques Viot über Marcoussis, um die Fotos des letzteren zu begleiten, die ich ihnen bereits sandte. Viot ist auch aus der post-dadaistischen Generation und gehört nicht der surrealistischen Gruppe an.
2 Gedichte von Limbour, französischer Dichter, lebt in Albanien, liebt Abenteuer, hat Soleil publiziert, mit Gravuren von Masson.
2 Gedichte von Jacques Baron, der jetzt am marokkanischen Krieg teilnimmt, Autor der *Allure poétique*.
1 Stück von Arnaud Salacrou, der Theaterstücke schreibt. Sein Stück *Tour à terre* wird diesen Herbst im Theatre de l'Oeuvre gespielt werden, mit Dekorationen von Masson. *Le casseur d 'assiettes* erschien mit Lithos von Gris bei der Galerie Simon.
1 Artikel von G.Ribemont-Dessaignes
1 Prosa von Harlaire → mystische Post-Dadaisten
1 Prosa von Desson → Freunde von Marcel Arland, jung etc.

Es wäre wünschenswert, daß all diese Sachen mit den Fotos, die ich ihnen sandte, zusammen erscheinen, in derselben Nummer; das würde eine gute Vorstellung vom augenblicklichen Zustand der Kunst hier abgeben.
Aber auf jeden Fall, Masson, Miró, Leiris, Viot, Baron, Limbour, Tzara, Salacrou bestehen darauf, daß ihre Arbeiten zusammen erscheinen. Schreiben sie mir, liebe Jane, ich habe noch keine Antwort von ihnen.
In aller Freundschaft und mit ganzem

TZARA

Doesburg ist beleidigt mit mir, weil ich ihnen die Fotos so spät sandte. Könnten sie das wieder in Ordnung bringen?*

Tzara an Jane Heap
<Juni 1925, Paris>

*Liebe Jane,

ich reise morgen abend ab — es tut mir leid, daß ich dich nicht mehr gesehen habe. Ich schreibe dir nach New York — aber wenn du noch in Paris bist, hinterlasse mir doch 10 oder 12 Exemplare der *Little Review* bei Marcoussis 61. rue de Coulaincourt. Ich rate dir übrigens sehr, diesen charmanten Jungen zu besuchen, der mein Freund ist und der dir vielleicht Sachen für die Galerie geben kann.
Sehr herzlich

TZARA*

Tzara an Raymond Mortimer
1. 7. 1925, Paris

*Mein lieber Freund,

meine Eindrücke von London beginnen zu gären, und, wie der Wein, werden sie mit der Zeit immer besser. Ich habe sogar Lust, dorthin zurückzukehren (das verdanke ich übrigens hauptsächlich ihnen); aber nun das, was ich gerade Miss Todd geschrieben habe: Wir werden hier um den 15. Juli dreimal im Theater de l'Exposition eine Aufführung des *Soldaten*, den Film von Beaumont, und mein *Taschentuch* geben. Wir sind bereit, um den 20.-22. mit demselben Programm nach London zu gehen, wenn man uns einlädt. Andrée Pascal ist in Paris, aber im Herbst ist es nicht mehr möglich, weil Marcel mit ihr im August nach Kanada und New York geht, um eine Tournee zu absolvieren. Beaumont hat eine hervorragende Einladung nach New York, und die Konditionen sind ganz lustig, weil es eher er ist, den man vorzeigen will — der Film wirkt nur wie ein Vorwand. Was halten sie davon? Ich finde, das könnte ein ganz amüsantes Spektakel sein, das gut gehen könnte, weil es ja hier schon mehrere Male erprobt worden ist und dessen *esprit* ja homogen und interessant genug ist. Sie wären sehr nett, mein lieber Mortimer, wenn sie ein bißchen nachhelfen könnten, wenn sie eine Möglichkeit sehen; meine Zustimmung, mit jedem zu reden, der ihnen gut scheint, haben sie selbstverständlich. Viel Zeit ist ja nicht, aber die Spesen sind minimal. Außer dem Transport der Kulissen, der Werbung und den Kosten für die Kinovorführung kosten die 16 Schauspieler und das Personal (Musiker etc.) und die Rechte und andere labyrinthologische Kombinationen der theatralen Mathematik 3500 Fr. pro Tag plus 1800 Fr. Versicherung pro Tag, also 5300 Fr., was mir nicht sehr viel scheint. Schreiben sie mir, mein lieber Mortimer, wie die Sache steht, denn ich bin sicher, daß sie auch den Londoner *esprit* durch ein wenig Leichtigkeit und ein Korn Verrücktheit aufstacheln wollen.
In aller Freundschaft

Tzara

PS.: Ich arbeite ein wenig, in einigen Tagen sende ich ihnen das *Taschentuch*, leider aber ohne die Gravüren, die mir der Händler nicht überlassen will. Paris ist lustig genug, ein Haufen Leute sind hier und nicht genug Wohnungen, ihre war sehr schön, ich habe die besten Erinnerungen von ihr und ihrem Bewohner. Schreiben sie mir, bevor sie nach Paris kommen. Ich hoffe, ich werde noch hier sein. Alles Gute.*

Tzara an van Doesburg
6. 8. 1925, Collieure — Haute Garonne

*Mein lieber Freund,

ich schicke dir ein schönes Exemplar der spanischen Küche, deren strenger Geruch die Pilze und die Touristen wachsen läßt, was mich von hier verduften ließ, nach Collioure (Pyrénees orientales), postlagernd, wo ich bis zum 19. September bleibe, und ich danke dir für die wunderbare Kurzfassung des Baedeker, die ich aber leider noch nicht in Holland verwenden konnte, weil ich diesmal nicht dort gebleiben bin, und ich hoffe, daß ich dich das nächste Mal wieder in Paris mit deiner alten guten Laune vorfinde und auch so lachend wie deinen alten

TZARA*

Arp an Tzara
10. 9. 1925, Zürich

Mein lieber Tzara,

seit einem Jahr will ich dir eine schriftliche Pyramide bauen, um dir meine herzlichsten Gefühle für dich zu veranschaulichen. Aber meine verdammte Existenz in diesem gelobten Lande hat mich so gelähmt, daß ich dir auch heute nur einen zärtlichen schriftlichen Blick anfertigen kann.
Ich wünsche dir und deiner Frau zu eurer Heirat das Allerbeste.
Viele große Goldreste, viele goldene Feste und eine goldgestickte Weste. Außerdem solltest du von mir, sowie ich in Paris bin, mein schönstes Werk bekommen. Ich bin im Begriff, meine letzte Kraft zu einem Sturm auf Paris zusammenzublasen. Hoffentlich gelingt es mir, sonst ... drei Punkte.
Wie geht es meinem Relief, das ich dir bei deinem letzten Besuch in Zürich überreichte? Kannst du mir ein Foto davon machen lassen?

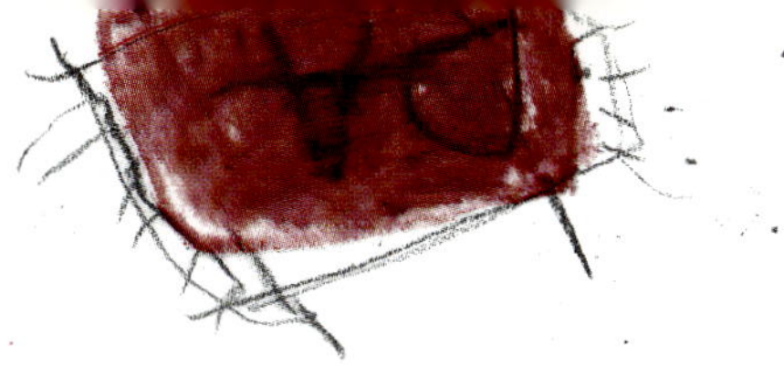

DER ANNÄHERNDE MENSCH III

was verbindet uns mit den bäuchen unserer mütter
mit jenen denen wir vorläufig das bittere leben schenken
wenn wir unter den blühenden weißbuchen spazieren
und den kern doch nicht entzweibrechen können

und während das hohle schlagen des uhrwerks unseren horizont mit schrecken erfüllt
leckst du am fleisch der frucht und innen ruht das geheimnis
wiegst du den takt der minuten um die zeit des geheimnisses zu vertreiben
die zeit zu vertreiben und daß dich der tod ohne viele umstände und nicht mit zu offenen augen überrasche

jede minute mit angst erfüllen ohne unterlaß oder hast
du hast so wenig zu tun daß du dich schlecht und recht um die andern kümmerst
ich trinke die herbe frucht dessen was ich niemals verstehen werde
glück in den liliensamen heiter begrub ich dich

ich leere mich vor ihnen aus mit umgedrehter tasche
meine traurigkeit gab ich dem drang preis die geheimnisse zu entziffern
ich lebe mit ihnen finde mich mit ihrem schloß ab
rostiges werkzeug scheinheilige stimme unveränderter überraschung
verlockende geheimnisse zeichen des todes der tod unter uns
in den kaufhäusern deren lächeln die zeit versengt
in den konzertsälen wächst die zypresse in die höhe lauert
schöne jugend was niemand dir sagen noch zeigen konnte
wo die leute die diener sorgen unter ihrem umfang verstecken
ihre fetten finger mit der flora der etiketten spielen
rund um die liebschaften mit ihren peinlichen folgen heuchelnder empörung
beim friseur läßt du deinen trägen kopf fallen und den schnee
läßt den alltag leichentuch gib acht daß nicht die hände des hirns
den knochenleim des alptraums streifen
auf der rennbahn wo grobe höflichkeit die sintflut zum apostelsturm führt
bei den gärtnern wo unter mist und schutt
die unleserliche sonne voller blumen
mit den jahreszeiten und ihrer dreistheit aus dem toten nervengeflecht wächst

du kommst herein schaust dich um suchst in den taschen
der mit abgegriffenem kleingeld zur vernunft gebrachten stürme
den die goldhaltigen bäche der folter der runzligen zeit abgewannen
du gehst genauso arm wieder heraus schlenkerst mit deinen knochen in ihren kleidern ihrem fleisch

runzeln bis in die seele müde vom kommen und gehen der welt
runzlig bis in die müde seele
aber der tag beginnt aufs neue farbe fruchtbarer logarithmen
aufrecht im glanz deiner augen hastest du den trottoirs entlang
dein stolz verborgen unter betonter gleichgültigkeit
du weißt du wirst dich am ende des lebens ausstreuen aber du verbirgst dich und gehst hinein

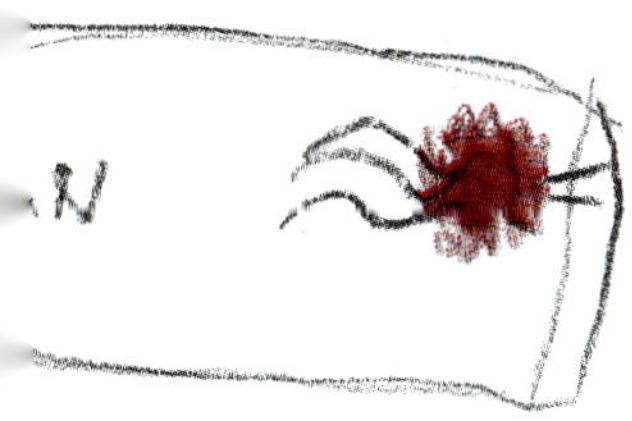

blume bandknoten menschlicher haut
und so weniges nur hat mich gerührt meine brüder und zum weinen gebracht
in den bahnhöfen — aber nie könnte ich genug von den bahnhöfen erzählen
das zerstückelte entzücken erblickt dort das licht der zu kurze abschied

in den hotels mit ihrer streng berechneten verlegenheit
wo die liebe nur die notwendigkeit einer verstaubten geschichte ist
meine jugend habe ich bemüht die nicht mehr weiß wie sie aufleben soll
während der lauf des äußeren lebens sich mit bäumen des schlafs zügen einrichtet
gärten voller frauen mit schönen schulterblättern die in ihren sehnen ruhen wie seerosen

Emi Rendl-Denk, Tagblatt 1992

um licht bettelnd so daß jeder nach seinem hunger genug kriegt
und in den minen will man gar nicht mehr wissen daß es den tag gibt und die sirenen
das wort allein genügt um zu sehen
in den spitälern genügen nummern
um die weiße hoffnung eines nahen todes auf ein bett zu strecken
in der kirche von saint-eustache sah ich zwei huren auf den strich gehen
während die alten weiber um sieben uhr morgens
körbe in ihren händen und kinder in ihren köpfen trugen
ihre erfahrung und ihren arglosen glauben
in den wein des göttlichen gesetzes tränkten

trotz der beleidigungen mit denen die zeit uns verhöhnt
des schlechten wetters das die einöde von ihren hügeln herabspeit
trotz des klammen schreis des zum tode verurteilten tieres
der eisigen trägheit des schicksals das uns auf unsere weise rennen läßt
unsere hunde wir selbst die uns nachjagen
allein im echo unseres eigenen kläffens der gedanken
trotz der unnahbaren fülle die uns mit unmöglichkeit umgibt
leere ich mich vor ihnen aus mit umgedrehten taschen

dort stehst du einem andern gegenüber einem anderen als dir selbst
auf der stiege der wellen zählst du mit jedem blick die verkettung
stimmloser unzusammenhängender halluzinationen die nur dir gleichen
trödelläden die nur dir gleichen
die du rund um deine regnerische berufung kristallisierst — in der du die parzellen deines ichs entdeckst
mit jeder krümmung der straße wirst du ein anderes selbst
in den häusern — zusammengebissene kiefer — wo sich die fensterläden des herzens unwirsch schließen
trocknet das licht sich auf blutlosen laken ab
auf der männlichen steppe heldenhafter geruch
geht dir eine herzzerreißende melodie in irrenanstalten voran
und der wucher unserer sünden erstanden in einem engen universum ohne satelliten
mensch mit schwindelnden purzelbäumen im raum
ich sah die tiere die menschlichen gefühle sich roh untereinander anbahnen
lotosblumen in den theatersälen schmücken uns im sonntagsstaat
in den konventen mechanisiert sich das spiel murmelnden anstoßes
bei den bauern die unterdrückte wollust im alten schatten verächtlicher gesten
in den postämtern wo sich allüren und länder treffen
bei den juwelieren legen wir die winzigen landschaften an
und in den häfen endet die erde mit schlanken armen
im alkohol fand ich mein einziges vergessen die freiheit
in den music-halls mit ihren schrillen nummern
der begeisterung und den geduldigen runden verkrampfter und übermäßiger risken
in den wartesälen zikaden meine schwestern
in den gasthäusern undurchschaubarer leben die schönen käfige im gehölz
aber laß uns fahren straßen und molen auf den paneelen der haut den karten
soviele blutige attraktionen haben uns mit dem gemauer des fleisches verschwistert
daß büschel rußiger hände hin und her treibenden köpfe in den gefängnissen erzogen
von einer hand zur anderen und von morgens bis mitternachts
unberechenbare blüte des hasses in welken blutgefäßen
bei den enttäuschten einzelgängern strenger weizen
kreuzen sich die arme die lianen und die gebäude
über dem nächtlichen frieden strenger geruch nächtlicher frieden
und soviel anderes und sovieles andere

<Les Feuilles Libres, März 1925>

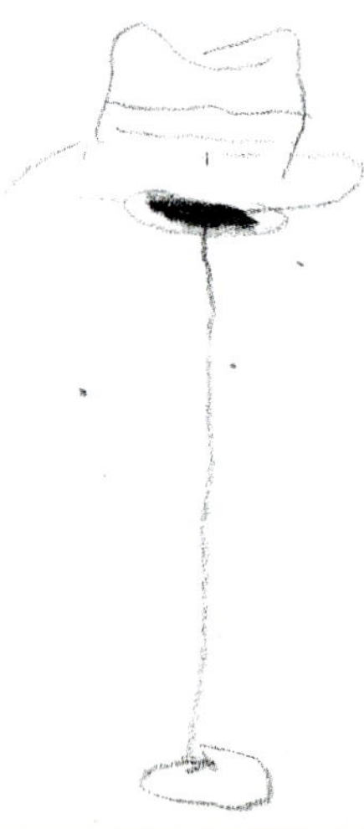

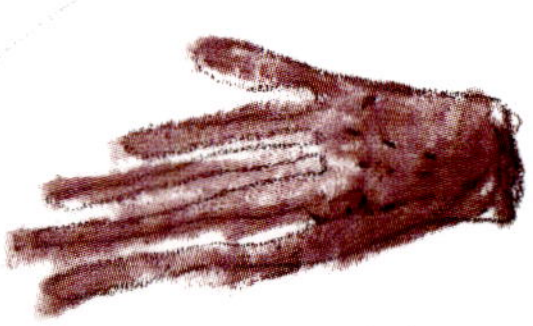

DER ANNÄHERNDE MENSCH IX

auf der böschung des ufers die kleidung ein haufen sonne in ferien
steife gischt in den krallen der steine
stumme tänzer die mit glühenden wirbeln schneeflocken spielen
augen durch die vertieften verdunkelten mienen in ihrer salzgetränkten mitte
ins violett übergehend der rost staub der mineralische mantel ihrer macht
und die fischer zählen ihr schicksal an zerbrechlichen schalen ab
konfetti das sich zerstreut auffächert
schlägt das meer mit den flügeln von schmetterlingen die man dem los überläßt
während hungrige vögel ihre kreise beschreiben immer größere zirkel abmessen
bis zu jenem fernen punkt wo man die erde sich runden sieht
die irdische traurigkeit im schatten der berge von wasser und himmel
das netz ist manchmal schwer von ringen und sich drehenden spindeln
im schlepp der farben eines unlotbaren wirbels
aber die arbeit ist nicht nur der blinde preis für den hunger der familie
die stimmen der sirenen klage der milchstraße des feindseligen windes
auf den kopf gestellte stürme tanzen gierig am himmel
drehen ihre pirouetten und berühren das meer mit ihrem haar
leeren die taschen des hochzeitsmantels

in der schmugglerkiste führe ich mein doppelbödiges leben
zum ausbruch des endes gefahr deren unerbittliche vorsehung mich schmerzt
mich heimlich unter die götter und jene des lichtes reiht
mich gegen die grenze weißbehandschuhter tage stößt

die züge halten das meer die schuppen der landschaft verlieren sich im meer
der schwimmer sät das korn seiner geste im wasser
und die frucht seiner bewegung rollt dem längenkreis lang läßt eine spur
sich in die störrische welle graben
aus seinen gliedern strömt das wasser das sein fleisch
trägt das seine lungen öffnet
öffnung dem treibenden traum in der strömung seines atems

<Selection, November 1925; Auszug>

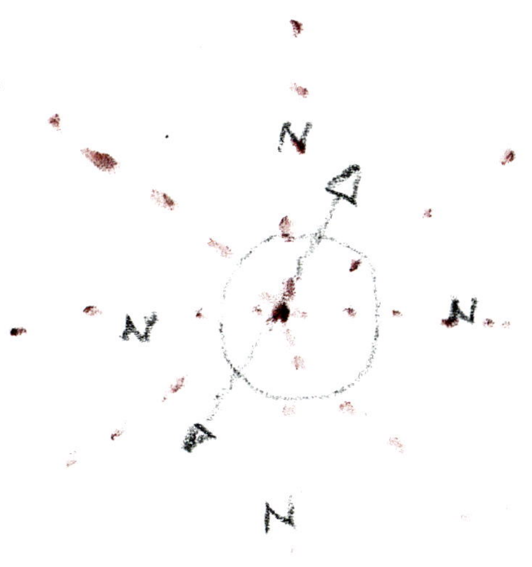

ZUGANG

magische schritte unvollständiger nächte
gierig verschlungene nächte gierig verschlungener getränke
nächte vergraben unter der erde unserer trägen gedanken
dürre träume in den langen blicken schnabelzerhackter raben

besudelte nasse fetzen der nacht haben wir in uns
in jedem von uns einen so hochmütigen turm zu babel errichtet
daß der blick auf keine grenze mehr stößt jenseits der berge und meere
daß der himmel keine geheimnisse mehr kennt für unsere sternenreusen
daß die wolken zu unseren füßen wie jagdhunde kauern
und wir der sonne ins antlitz sehen können

aber was heißt das für uns denn schon

<Manuskript im Archiv Little Review>

DER WEGWEISER DES HERZENS

für greta

GABELUNG

ich will dich nicht verlassen
mein lächeln ist an deinen körper gebunden
und der kuß der alge an den stein
in meinem alter innen trage ich ein glücklich lärmendes kind
nur du weißt es aus der muschel zu locken
wie die schnecke mit zarten stimmen

mitten im gras sind
die frischen hände der blume die sich mir entgegenstrecken
aber nur deine stimme ist zart
wie deine hand zart ist wie der abend unfühlbar ist wie die ruhe

<Selection, Juni 1925; Wegweiser des Herzens>

Greta Knutson, Zeichnung 1925

WEG

welche ist die straße die uns voneinander trennt
über die ich die hand meiner gedanken ausstrecke
eine blume steht an jede fingerspitze geschrieben
und das ende der straße ist eine blume die mit dir geht

<Selection, Juni 1925; Wegweiser des Herzens>

Hochzeitsphoto von Tzara und Greta Knutson, 8. 6. Stockholm

Hier schicke ich dir eine neue Fassung des einen der drei Gedichte, die dir meine Frau für *Little Review* gab. Ich bitte dich, diese Fassung anstelle der alten zu nehmen und mir die alte zurückzuschicken. Ich schickte schon Jane Heap diese neue Variante mit der Bitte, für den Fall, daß mein Brief dich zu spät erreichen sollte, es selbst umzutauschen. — Heute schicke ich Jane Heap 5 geklebte Arbeiten.
Hoffentlich verkauft sie etwas davon.
Wahrscheinlich fahre ich Samstag nach Straßburg zu meiner Mutter. Wenn mir meine Desinfektion gelingt, so schicke ich dir ein Telegramm.
Ich umarme dich herzlich und bitte dich, mich deiner Frau zu Füßen zu legen.

Ganz dein Arp

Jane Heap an Tzara
17. 9. 1925, New York

*Lieber Tzara,

es passiert viel. Kiesler geht nach Amerika mit einer großen Theaterausstellung. Ich werde dein Stück zur selben Zeit ansetzen wie die Ausstellung ... aber ich muß die Kulissen haben ... und kann uns der Graf von Beau seinen Film für die erste Dezemberwoche geben? Bitte antworte so schnell wie möglich, weil ich von hier in weniger als zwei Wochen abhaue.
Darüber hinaus ... ich schrieb Jacques Viot zwei Briefe, ohne Antwort. Ist er ein Sir-realist oder ist er tot? □
Brancusi sagt, daß er sie bei den Stierkämpfen am 18. trifft. Ich wäre auch gern dabei. □ *

Jane Heap an Tzara
September 1925, Atlantik

*Lieber Tzara,

du bist ein schlechter Kerl. Ich bin schon halb über dem Ozean auf dem Weg nach Hause. Ich schrieb dir mehrere Briefe ohne Antwort. Kahnweiler gab mir nach einigem Zögern eine Kopie deines Theaterstückes ... sie ist sehr schlecht, nur Bürstenabzüge. Ich sagte ihm, daß du ihm doch mitgeteilt hättest, mir eine Kopie zu überlassen, bot ihm auch an, sie zu bezahlen. So ist schlecht Geschäfte machen, vielleicht kannst du ihm das sagen.
Nun ... mein Lieber, was ist mit dem Vorhang etc.? Ich muß sofort anfangen, für die Aufführung zu arbeiten ... bitte schreib mir alle Instruktionen, sofort. □
Sobald ich kann, werde ich Cowley bitten, es zu übersetzen. Du mußt da sein, um Regie zu führen.
Sterenberg schickte mir einige Fotos, aber nicht die, um die ich ihn bat — nur eines vom Theater. Denkst du, wir sollten Theaterkulissen von Prampolini haben? □ *

Tzara an Jane Heap
30. 9. 1925, Haute Garonne

*Meine Adresse für diese Woche
Hotel de Commings
St.Bertrand-de-Commings,

Liebe Jane,

vielen Dank für ihren Brief; wo sind sie jetzt? Ich sende ihnen diesen Brief aufs Geratewohl nach Paris — ich hoffe, er erreicht sie noch rechtzeitig, bevor der Verräter Schiff sie in seinem krummen Schnabel entführt. Ich bleibe noch einige Tage hier — die Romantik dieses Ortes zieht ein wenig zu viele anglo-jungfräuliche Fliegen an und wirbelt zuviel sächsischen Staub auf. Was im Umschlag beiliegt, ist das Werk meiner Frau, 2 Zeichnungen, die ich sehr persönlich finde, und sie würden mir eine Freude bereiten, wenn sie ihnen gefallen, sie in der französischen Nummer zu veröffentlichen. Was gibt's Neues in Paris? Haben sie die Sachen von Arp erhalten? Ich schreibe ihm morgen, um ihn daran zu erinnern, was seine Frau ihnen versprochen hat. Schreiben sie mir, liebe Jane, sagen sie mir, was sie vom *Wolkentaschentuch* in N. Y. halten, ob's möglich ist, dorthin zu fahren, und in der Zwischenzeit, bis ich dorthin fahre, schicke ich ihnen einen Gruß aus Fleisch und Blut, sende ich ihnen meine

Love
Tristan TZARA

Ich denke, ich werde ihnen ein wenig später schicken: einen Akt eines unveröffentlichten Stückes von Rousseau und Literatur von J. Delteil und Drieu la Rochelle,

Voilà

Ich sprach lange mit Satie und Brancusi, die weder Pound noch <?> mögen, die mir jedoch versprachen, mir etwas zu geben, nachdem sie jene versichert haben, daß der Einfluß des ersteren seinem Ende zugeht. Wenn ich ihnen noch dies bestätigen kann, wird ihnen Satie einen eigens für sie geschriebenen Artikel geben. Cocteau hat ein uninteressantes Buch geschrieben, das sich in nichts von dem unterscheidet, was jeden Tag erscheint. Ich treffe Marcel oft, der sehr nett ist, und all die jungen Dichter, die sich sehr amüsieren. Wie geht's Miss Anderson, und was geht in diesem so fernen Land vor sich? Ich möchte gerne kommen, und wenn ich die Möglichkeit habe, einen Vertrag für Vorträge zu bekommen, reise ich sofort ab.
Ich sende ihnen eine Tablettentube voll meiner reinsten Gefühle und herzliche Grüße an Miss Anderson

ihr TZARA*

purs sentiments de
♡ et de
votre TZARA

Arp und Neitzel an Tzara
2. 10. 1925, Zürich

*Mein lieber Tzara,

einsam und ungebunden wie ein Bandwurm.

Dein alter Arp

MAN MUSSTE
In herzlicher Erinnerung, LANGE
SUCHEN

L. H. Neitzel*
UM DADA

ZU FINDEN

Arp und Neitzel, 2. 10. 1925, Karte vom ehemaligen Cabaret Voltaire

Tzara an Jane Heap
28.11.1925, Paris

*Liebe Jane,

Danke für ihren Brief vom Schiff — ich habe ihnen aber nach Paris geschrieben, Hotel Unic — erhielten sie diesen Brief? — Er enthielt 2 Reproduktionen von Greta für die *L.R.* — Ich habe über Kiesler erfahren, daß sie enorm viel Sachen dort machen — ich versuche zu helfen, soweit ich kann, und vor allem literarisches Material für die Theater-Nummer zu sammeln. Anbei 3 Fotos und ein Artikel eines sehr interessanten Malers — wenn möglich, veröffentlichen sie sie gleichzeitig mit den Mirò etc. Um die Mirò-Ausstellung kümmere ich mich in den nächsten Tagen und werde ihnen schreiben.
Ich bin gerade von Madrid gekommen und hatte noch keine Zeit, mich mit dem Beaumont-Film zu befassen; ich glaube, daß er selber nach N.Y. fährt. Was mein Stück betrifft: Ich werde sehr wahrscheinlich die Rolle der Dekors von Beaumont erhalten, aber ich selbst kann nicht kommen, außer, es gibt irgendeinen unterzeichneten Vertrag (*money!*) oder eine Möglichkeit für einen Vortrag.
Greta sendet ihnen ihre besten Grüße und ich selbst

My Love*

Arp an Tzara
22. 12. 1925, Zürich

Bestmöglichpromptpostwendendallerherzlichstendank für hochedelbrüderlich Vollvorschüssiges zwecks Hanstrapisierung des 24 cr. — Flake-Bonn habe ich sofort die 50 frs einbezahlt. Ich füge diesem Briefe die Quittung der bisher auf die Leiste geschlagenen Rückzahlungen, also in Worten und Gebärden Quittungen über 300 frs bei.
Samstag kam die Einreiseerlaubnis durch das französische Konsulat, und heute früh bekam ich durch Marie die in der Zeitung veröffentlichte freundliche Einladung des französischen Staates an die orientalischen Preußen zur Einreise in das Elsaß. Ist es euch jetzt nicht zuviel, uns zu verstauen? Wir können für den Fall, daß es nicht gut ginge, bei Lickteig wohnen. Das von uns abgeschickte Christkindl wird hoffentlich noch zur rechten Zeit ankommen.
Sophie und ich lassen euch gute und friedliche Weihnachtstage wünschen : durch wen : durch den verschwatzten Schreiber dieser Zeilen :

deinhanselundkartoffelmus

ENTWURF FÜR EINE ERKLÄRUNG

Vor zehn jahren wurde Dada von den unterzeichneten ins leben gerufen. Aus diesem anlaß erklären wir:

1. daß die versuche unserer adepten und jener, die dem *esprit dada*, wie er sich bis 1921 in verschiedenen ländern manifestiert hat, treu bleiben wollten, jämmerlich gescheitert sind;
2. daß kein erneuernder *esprit* seit dem ende Dadas aufgetaucht ist und keine neue bewegung den beweis ihrer unabhängigkeit antreten konnte, ohne daß ihre grundlegenden ideen nicht dadaistischer herkunft waren;
3. daß alle anstrengungen, nachdem sie von unserer passivität ermutigt, mit wohlwollender geduld erwartet und mit gleicher aufmerksamkeit verfolgt worden waren, sich offen oder nicht vom literarischen oder allgemeinen standpunkt her auf uns berufen;
4. daß folglich keine neue gruppierung sich auf irgendeine spontane notwendigkeit berufen kann und auf offen oder nicht dargelegten kommerziellen oder politischen überlegungen fußt.

Wir warnen die öffentlichkeit vor umtrieben dieser art und denunzieren jene adepten von systematisch schlechten ansichten, die alles, was wir völlig desinteressiert uns ausgedacht und realisiert haben, nun zu ihrer persönlichen bereicherung ausschlachten.

Paris, Juni 1926

ANKÜNDIGUNG

Für unsere vernunft ist das tageslicht dunkel; das gedränge und der lärm legen ihr nebelschleier über die augen. Der schlaf ist unser ausflug, ein land vollkommener sicht.
Ohne gründe — denn die persönlichkeit kennt keine — propagiere ich die herrschaft der
DIKTATUR DES GEISTES
Für den schutz des idealgewichts
für die sauberkeit der sicht
für die unabhängigkeit des wortes
für die autonomie der instinkte
für die freiheit
gegen die souvenirs und die literarischen surrogate
gegen die genres, die kataloge und die theorien
gegen die zugeständnisse
gegen die kunst- und ideenhändler
gegen jene, die sich ausbeuten lassen
für die machtergreifung der poesie
ich setze mich für die anwendung der heiligen prinzipien der faust und des gummiknüppels und die gewalt der *LITERARISCHEN TERRORISTENGRUPPE* ein, deren baldige gründung die halunken, die diebe, die feiglinge, die hochstapler, die impotenten, die viel zu schnell getrösteten, die politischen und religiösen organisationen für jede art der beschwichtigung es sich bequem gemacht haben, in die flucht schlagen wird.

Paris, 1. Juli 1926

SCHRITT HALTEN

TRISTAN TZARA SPRICHT MIT DEM *INTEGRAL*

Villa in bau unter einem weiten himmel, Montmartre *ganz in der nähe mit einer deutlichen stimme in der watte der luft, die* avenue Junot *wie eine schürze, die sich im wind bläht und der schritt saugt — ein minzbonbon — an der brust des morgens.* Fondane *und ich steige ein paar stufen hinunter und ein paar hinauf.*
— *Tzaras* gesicht, sagt mir *Fondane*, ist voll kalter hitze, zwischen ihm und ihnen kreisen ströme, kreisen golfströme, welche die herde der eisberge aushöhlen.
— Vergessen sie nicht, mein lieber *Fondane*, vergessen sie *Tzaras* lächeln nicht, diesen heiligenschein, dieses saxophon, den lächelnden ausbruch. Ist das der schlüssel, der die schubladen der gräser öffnet, der signalmast, der die richtung der züge trennt, der gefühle, *die sternschnuppe deines fingers, Tzara*, die auf's neue erfundene welt folgt den linien seiner hand, ein wort wie ein gefährlicher sprung und welche himmelsrichtung die augen.
Jetzt stehen wir im großen maleratelier, die statuen und die negermasken künden in der magischen stille das erscheinen des propheten, dichters im morgenmatel, die stimmen in einem nebenzimmer verrücken sich wie schränke aus (alter) eiche. Bücher, Picassos aus der ersten periode (gab es andere?). Ein Picabia mit metallischen linien. JUAN MIRO, MAX ERNST. Andere häuser erheben sich im hof, dächer suchen sich, bald wird ein luftkuß die fenster, die zimmer ineinander verschlingen, das unmerkliche geht durch uns durch wie ein flügelschlag. Und plötzlich TZARA. Er bietet uns zigaretten mit goldenen spitzen an, von wo ist er bloß gekommen, die treppe haben wir ihn nicht herabsteigen sehen. Unruhig betrachte ich die mauern; natürlich TZARA, eine nelke im knopfloch des sessels. Aber die erinnerung wird bleistift, der kopf ein heft, das sich öffnet.
TZARA: Wollen sie wirklich wissen, herr *Voronca*, warum ich mich nicht mehr in der öffentlichkeit zeige? Warum ich mich in die einsamkeit meiner arterien zurückgezogen habe, warum ich nicht mehr auf der straße boxe, nicht mehr die scheiben der mittelmäßigen öffentlichkeit zerschlage? Gehen wir ein bißchen in die vergangenheit zurück. Nehmen sie sich eine zigarette.
1919 veröffentlichte die zeitschrift *Littérature* unter meinem namen einen offenen brief an Jacques Rivière, der Aragon, Breton und Soupault zu ihrer berühmten umfrage *warum schreiben sie?* inspirierte. Die polemiken, die sie auslöste, rückten die frontlinien des schlachtfeldes ins rechte licht und führten zu vielen neuen entdeckungen: es war das erste mal, daß sich den über der traurigen notwendigkeit des schreibens eingeschlafenen schädeln offen eine gewissensfrage stellte. Ich schrieb in diesem brief: *Ich schreibe, um menschen zu finden.* Ja, ich habe menschen gefunden, aber sie haben mich sosehr hintergangen, daß dieser grund ganz, wie der nebel aus

dem blickfeld meiner sorgen getilgt wurde. Selbst die tatsache, daß das objekt meiner enttäuschung noch heute, glaube ich, einer gewissen aufmerksamkeit am meisten wert ist, läßt mich nur noch trauriger werden. Ich bin mir bewußt geworden, daß die anderen, wenn sie schon nicht schreiben, um — gesellschaftlich gesprochen — emporzukommen, dann aber doch um ihr konto auf der bank ihrer beziehungen zu vergrößern, damit es eines tages die tür einer akademie öffnet, vor die ich nie aufgehört habe zu scheißen. Im augenblick schreibe ich für mich weiter und mangels anderer menschen suche ich immer mich selbst.

Sie wollen, daß ich über DADA spreche. Im gegensatz zu den falschmeldungen, die man überall verbreitet hat, denen zufolge DADA durch die abwendung einiger individuen gestorben wäre, habe ich selbst DADA umgebracht, aus freien stücken, weil ich draufgekommen bin, daß eine haltung individueller freiheit am ende zu einer kollektiven geworden war und die verschiedenen *präsidenten* alle gleich zu denken und zu fühlen begonnen hatten. Nun, ich finde nichts unsympathischer als die geistige faulheit, die jede individuelle bewegung zunichte macht, stehen sie auch der narrheit nahe oder dem allgemeinen interesse entgegen. Was ich heute dem Surrealismus vorwerfe, liegt auf derselben ebene der ideen. Die mitläufer, ohne die man ja nicht mehr auskommen könnte, haben den wichtigsten platz eingenommen. Die mittelmäßigkeit hat alles nivelliert, der niedergang und die dummheit lassen sie in der scheiße steckenbleiben, von der sie noch nicht wissen, wie sie sie loswerden sollen. Eine haltung scheinheiliger heuchelei des denkes erweckt äußerlich den anschein von disziplin und einmütigkeit, dort wo nur geistige armut und verdrängung ist.

— Sehen sie für all das einen notausgang, eine rettungslinie?

— Ich halte die poesie für die einzige haltung unmittelbarer direktheit. Die prosa dagegen ist der prototyp des kompromisses zwischen logik und materie. Den materialismus der geschichte erkennen, ihn in klaren sätzen darlegen, selbst für ein revolutionäres ziel, kann nur das glaubensbekenntnis eines tüchtigen politikers sein: ein verrat an der *ewigen revolution,* der revolution des geistes, die *einzige*, die ich befürworte, die *einzige*, für die ich mich aufopfern würde, weil sie nicht die *heiligkeit des ichs* ausschließt, weil sie *meine* revolution ist und weil ich sie nicht durch eine lamentable mentalität und die knausrigkeit eines galeristen beschmutzen muß, um sie zu verwirklichen.

Die eroberung der individuellen freiheit wurden mit soviel leiden bezahlt, um den preis von soviel verzicht und mut, daß ich dieses geschickte flicken am zeug der marxistischen idee dieser fröhlichen überläufer des individualistischen denkens nur für frivol und opportunistisch halten kann.

Der kommunismus ist eine neue bourgeoisie, die von null wieder anfängt; die kommunistische revolution ist eine bourgeoise form der revolution. Sie ist keine geisteshaltung, sondern eine *bedauernswerte notwendigkeit*. Nach ihr beginnt die ordnung wieder von neuem. Und was für eine ordnung! Bürokratie, hierarchie parlament und *Académie francaise.*

— Ist der Surrealismus ein ergebnis DADAS?

— Er ist es vielleicht chronologisch, aber er kann kein *loyales* ergebnis DADAS sein, dessen vorgangsweise (anerkennen kann ich keine) ernsthaftigkeit bis zur anarchie war. Der Surrealismus macht den eindruck, als wolle er dem bourgeois *Rimbaud* und *Lautréamont* erklären und sie dadurch allgemein verbreiten, so wie man im film Caligari unter dem deckmantel des wahnsinns gewisse rein äußerliche expressionistische kulissen zeigt, die nichts mit dem geist dieser kunst zu tun haben. Übrigens ist es nicht zu unrecht, daß ich all diese kleinen manipulationen für *Littérature* halte, weil ihr größter feind, *Cocteau*, selbst nach seiner widerlichen bekennung zur katholischen partei, eine versöhnung mit dem surrealismus für möglich halten könnte. Aber das zeitalter alter huren wie *Cocteau* beginnt glücklicherweise sich schlecht genug zu fühlen, um neue opfer erkennen zu lassen.

Die stimme von Tristan Tzara könnte kaum aktueller sein. Seine worte sind voll stille, wind, gezeit.

Sein blick, ein lager auf das sich der bär des bildes der idee langsam niederläßt. TRISTAN TZARA hat gerade ein langes gedicht beendet, *DER ANNÄHERNDE MENSCH*, ist er es? Wir gehen. Von der terrasse seines lächelns schwenkt TRISTAN TZARA ein wolkentaschentuch.

<Ilarie Voronca, Integral Nr. 12, Bukarest 1927>

Adolf Loos, Haus Tristan Tzara in Paris

Jane Heap an Tzara
Frühling 1929, New York

*Lieber Tzara,

geben sie uns ein Interview? Wir bringen die letzte Nummer der *Little Review* heraus und möchten gerne eine Bilanz aller Leute dieser Zeit ziehen — Leute erster Größenordnung in der Kunst -, die wir auf unseren Seiten gedruckt haben, zusammen mit Gleichrangigen in anderen Bereichen des Lebens, denen wir Interesse und Bewunderung entgegenbringen.
Das ist ihre Gelegenheit, die Wahrheit über sich zu sagen, wie sie kein Interviewer, Kritiker oder Historiker aus ihnen herausholen könnte. Beantworten sie folgende Fragen?

1. Was würden sie am liebsten tun, wissen, sein? (Falls sie nicht zufrieden sind.)
2. Wieso würden sie nicht mit einem anderen Menschen tauschen?
3. Worauf freuen sie sich?
4. Was befürchten sie am meisten für die Zukunft?
5. Was war der glücklichste Moment ihres Lebens? Der unglücklichste? (Falls sie es sagen wollen.)
6. Was halten sie für ihre größten Schwächen? Ihre Stärken? Was mögen sie am meisten an sich selber? Was hassen sie an sich?
7. Welche Dinge mögen sie? Welche hassen sie? (Natur, Leute, Dinge, Ideen, etc. Antworten sie mit einem Satz oder einer Seite, wie sie wollen.)
8. Was ist ihre Einstellung zur Gegenwart?
9. Was ist Ihre Weltanschauung? (Sind sie ein vernünftiges Wesen in einem vernünftigen Umfeld?)
10. Weshalb leben noch?

Bitte legen sie Schnappschüsse von sich bei und schicken sie sie uns bald. Versäumen sie es nicht, bei dieser Nummer dabeizusein.
Immer die ihre

Jane Heap

15, AVENUE JUNOT
MARCADET 51-42
le 23 Nov. 1928

Chère Jane,
C'est avec plaisir que je réponds à votre enquête :

1.
2.
3.
4.
5. Qu'est-ce que cela peut bien vous foutre?
6.
7.
8.
9.
10.

Always faithfully yours
Tristan TZARA

Max Ernsts erste Totalcollage

DER KONGRESS ÖFFNET SEINE MIRIAPODISCHE SCHERE

EXEMPLARISCHE BETRACHTUNG ZWEIER MONATE DADAISTISCHER AKTIVITÄTEN IM JAHRE 1921 IN TIROL

MAX ERNST UND DADA-KÖLN

Zum Zeitpunkt seiner Entlassung aus der Armee war Ernst ein mittelloser Maler von 27 Jahren, frisch verheiratet mit der zwei Jahre jüngeren Kunstgeschichtlerin Louise Straus, mit der er nach Köln zog. Anknüpfungspunkte fand er anfangs keine – die Künstlervereinigung der »Rheinischen Expressionisten«, der er vor dem Krieg angehört hatte, war nach dem Tod Mackes verfallen, das Klima in Köln selbst der Apathie nahe. Wo Berlin zu dieser Zeit noch von dem Aufruhr der Kommunisten beherrscht wurde, erstickten das erzkonservative Bürgertum in Köln einerseits und die englische Besatzungsmacht andererseits jede Gelegenheit zur Provokation im Keim. Was blieb, war die Irritation, eine sich noch undeutlich manifestierende Empörung ob der »großen Schweinerei« des Krieges.

Als er Anfang 1919 Alfred Gruenwald kennenlernte, der sich für die Sozialisten engagierte und eine eigene Zeitung – »Der Ventilator« – vor Fabrikstoren verteilte, erhielt dieses Aufbegehren eine erste Richtung:

Für uns damals 1919 in Köln, war DADA in erster Linie eine geistige Stellungnahme. <…> DADA war ein Ausbruch einer Revolte von Lebensfreude und Wut, war das Resultat der Absurdität, der großen Schweinerei dieses blödsinnigen Krieges. Wir jungen Leute kamen wie betäubt aus dem Krieg zurück, und unsere Empörung mußte sich irgendwie Luft machen. Dies geschah ganz natürlich mit Angriffen auf die Grundlagen der Zivilisation, die diesen Krieg herbeigeführt hatten, – Angriffen auf die Sprache, Syntax, Logik, Literatur, Malerei und so weiter.[1]

Der »Ventilator«, an dem er mitzuarbeiten begonnen hatte, wurde jedoch bald verboten, und außer einer Kundgebung gegen ein monarchistisches Stück drohte diese Initiative bald wieder zu versacken. Den Wendepunkt brachte eine Reise, die Ernst mit seiner Frau und Gruenwald im August 1919 zum Bergsteigen ins Berchtesgadener Land am Königssee unternahm. Auf der Rückfahrt besuchte er Paul Klee in München und sah zum ersten Mal Reproduktionen von de Chirico, die auf eine völlig neue Weise seine eigene Situation der Erstarrung und Isolation für ihn faßbar machten und einen Anstoß für seine ersten Collagen lieferten. Ebenso bedeutsam war das zufällige Zusammentreffen mit Hugo Ball und Emmy Hennings, den Begründern des »Cabaret Voltaire«, von denen er etwas über den Verbleib Hans Arps, seines Vorkriegsfreundes, und zum ersten Mal über die ehemaligen Dada-Aktivitäten in der Schweiz erfuhr.

Damit war das Stichwort gefallen. Ernst nahm sofort Kontakt mit Arp und über ihn mit Tzara auf, und der Plan zur Störung der Herbstausstellung der »Gesellschaft der Künste«, die das expressionistische Erbe in Köln angetreten hatte, reifte heran; Richtung und Form begannen sich abzuzeichnen.

Gruenwald taufte sich in Anspielung auf seinen reichen Vater in »baargeld« um, Ernst gab seiner Frau den Kosenamen »Armada von Duldgedalzen« alias »die dadaistische Rosa Bonheur«, und als »Gruppe D« stellte man im November 1919 in einem von den Expressionisten getrennten Saal aus. Der Katalog – »Bulletin D« – war sorgfältig vorbereitet worden und richtete sich ganz gegen die bürgerlich-melioristischen Tendenzen der »Gesellschaft der Künste«. Als zusätzlichen Affront hatte man im eigenen Raum Werke von künstlerischen Analphabeten, Geisteskranken und Kindern neben Fundgegenständen wie Kiesel, Regenschirm und Klavierhammer in die Ausstellung einbezogen. Das Echo der Presse war mäßig bis leicht verärgert, und so bedurfte es der Mitwirkung von Hans Arp, der sich mehrmals in Köln aufhielt, um die Dinge voranzutreiben.

Unter Ausnützung der internationalen Beziehungen von Arp und Tzara erschien im März 1920 die erste und zugleich letzte eigene Zeitschrift der Gruppe, die sich inzwischen in »W/3 (Weststupidien 3)« umbenannt hatte: die »schammade«. Der Hauptanteil der Beiträge lag jedoch bei den Pariser Dadaisten, was verrät, wie isoliert von den eigenen Reihen Dada-Köln immer noch war. Erst kurz darauf bei einer zweiten Ausstellung im Hinterhof der Brauerei Winter – »DADA-Vorfrühling« – konnte sich die Gruppe als eigenständig etablieren.

Die Ausstellung sei nur über die Herrentoilette erreichbar gewesen und wäre wegen des Verdachts eines Homosexuellen-Bordells vorübergehend geschlossen gewesen; ein Mädchen habe bei der Vernissage im Erstkommunionkleid zotige Gedichte vorgetragen, und die Besucher selbst seien aufgefordert worden, die ausgestellten Werke zu zerstören, die danach wieder durch neue ersetzt worden wären – so rankten sich bald die Gerüchte um diese Ausstellung; man hatte gelernt, sich in Szene zu setzen. Die Wirklichkeit hinkte dem trotzdem nicht allzuweit hinterher: belegt ist die vorübergehende Schließung auf Grund eines Pornographieverdachtes – weil Ernst Dürers Kupferstich »Adam und Eva« in einer Skulptur verwendet hatte. Die ausgestellten Werke waren überwiegend Assemblagen und Holzreliefs, denen in den nächsten Monaten Klischeedruckzeichnungen und Durchreibearbeiten folgen sollten – Ausdruck eines Versuches, auch dilettantisch erachtete Techniken in die Kunst einzuführen.

Neben Arp, Picabia und Ernst wurden aber auch zwei, heute nicht mehr ausfindig zu machende Werke eines »Vulgärdilettanten« ausgestellt: »N° 36 – ein tiroler (relief); N° 37 – eine tirolerin (relièvе)«.[2] Sie liefern uns einen ersten Punkt zu unserem Thema, in dem eine Auseinandersetzung mit Tirol ablesbar wird. Von Interesse ist der Aspekt der provokanten Symbolik, den diese zwei Titel innerhalb des Rahmens der Ausstellung erhalten: die Assoziation mit Tirol als das Rauhe, Vulgäre, Primitive, als Kontrast und Gegensatz; Tirol aber auch als das Volkstümliche und Ursprüngliche (vielleicht waren es auch zwei Trachtenpuppen?), das jedem akademischen Sujet gegenüber aufreizend wirkte.

Beachtung und Widerhall fand diese Ausstellung ungleich mehr, sowohl was den lokalen Verriß, wie auch was das internationale Aufmerken im Kreise Dadas betraf. Dennoch zeigte Dada-Köln als Gruppe im Laufe von 1920 bereits Auflösungserscheinungen: Baargelds Hoffnung auf politischen Einfluß erfüllte sich nicht, und so wandte er sich wieder mehr seinem Studium zu. Arp war 1920 nur zweimal in Köln, und nach seinem dritten Besuch aus Anlaß des Begräbnisses seines Vaters im Januar 1921 kehrte er Köln den Rücken; am Rande Beteiligte sprangen kurz darauf wieder ab. Die Apathie in Köln schien wirklich alles zu schlucken, ohne daß eine kreative Opposition im Publikum oder in einem breiteren Künstlerkreis Nahrung hätte finden können.

Ein erster Durchbruch gelang Ernst, als er Tzara eine Ausstellung seiner Werke in Paris vorschlug, er selbst konnte ja nicht kommen, da ihm die Besatzungsmacht eine Einreise nach Frankreich verweigerte. André Breton nahm sich daraufhin des Projektes an und verfaßte das Vorwort – seine erste Stellungnahme zur Kunst überhaupt – für die Eröffnung im Mai 1921. Der Erfolg der Collagen mit Übermalungen, Photographien und Mischtechniken unter den Pariser Dadaisten war groß.

Zusammengesetzt waren diese Collagen aus Klischeeformen, alten Illustrationen, Schablonen, Photographien und vor allem aus Elementen, die Ernst aus biologischen, physikalischen, medizinischen u. a. Schautafeln bezogen hatte. Ein großer Teil unter ihnen wiederum war durch direkte Übermalung von Seiten aus dem Katalog einer Kölner Lehrmittelanstalt entstanden, ohne daß aber die Herkunft des Materials noch erkennbar gewesen wäre.

Wenn Ernst seine Bildtitel bewußt der wissenschaftlichen Fachsprache entnahm und Materialien aufgriff, die sich ganz spezifisch aus dem naiv-gläubigen Fortschrittsdrang des 19. Jahrhunderts herleiteten, dann hatte er es damit auf die Bloßstellung ihrer wissenschaftlichen Rechtfertigung abgesehen. Er verkehrte dieses Weltbild mit dessen eigenen Mitteln und kehrte seine Lücken, seine Unvereinbarkeiten und seine Widersprüche heraus. Die einzelnen Collagen drangen gezielt in die Kluft zwischen der Konvention einer ›wahren‹ Darstellung und der Struktur der Wirklichkeit ein, entblößten die Dinge von ihrem erklärenden Rahmen und entlarvten dadurch eben jenen Rahmen als grotesk und untauglich. Ihm kam es auf das Loslösen der Dinge aus ihrem ›rationalen‹ und oberflächlichen Schleier der Erklärungen an, um darunter eine primitive und dionysische Realität bloßzulegen.

Durch die Betonung der Imagination, der kreativen Intuition, des Zufalls und der Spontaneität wollte Dada diese Realität faßbar machen und die ihr innewohnenden Muster an die Oberfläche bringen. Dada versuchte den Rahmen der Ratio durch einen Rahmen des Primitivismus zu ersetzen, der eine Einbindung in das ›panta rhei‹ gewährleisten sollte. Der Vernunft sprachen sie dabei nur mehr die Funktion zu, die Absurdität zu diagnostizieren, ihre eigenen Grenzen bloßzustellen,

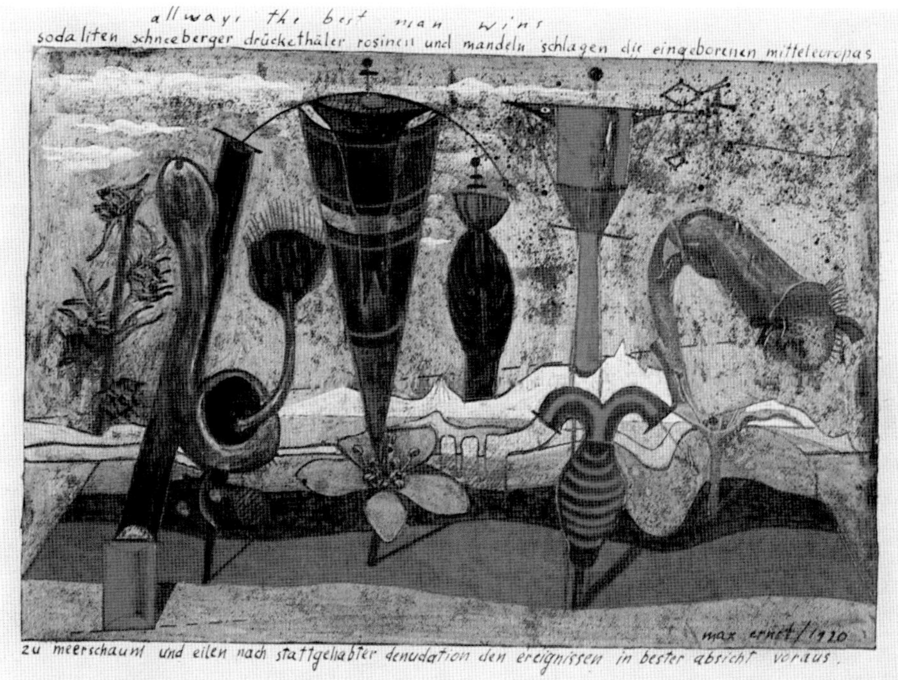

Max Ernst, *sodaliten schneeberger drückethäler…,* auch: *l'énigme de l'Europe Centrale und: always the best man wins,* (Übermalung der folgenden Schautafel aus dem Kölner Lehrmittelkatalog), 1920

das Konventionelle zu sezieren, das Unvereinbare herauszustreichen und bestenfalls den vielschichtigen Einsichten der einfühlenden Imagination einen Feinschliff zu geben.

Innerhalb der Werke dieser Ausstellung Ernsts in Paris finden sich nun auch jener Rahmen und jene annähernden Grenzen wieder. Ist es nicht Fluchtpunkt und Zentralperspektive, die die Entfremdung und Vereinzelung des Individuums im Sinne von de Chiricos ›pittura metafisica‹ konnotieren oder die kommentarlose, blanke und vordergründige Präsentation, dann ist es in einer überwiegenden Anzahl von Fällen der Horizont einer Berglandschaft, durch welche die Collage fixiert wird. »Sodaliten schneeberger drücketäler ...« (auch: *»l'enigme de l'Europe Centrale«*)[3] ist da nur ein Beispiel. Die Bergketten am Horizont bilden die Konstanten, an die man sich durch das Verwirrspiel der Collage herantasten muß: unerbittliche und nihilistische Grundgegebenheiten, durch die das dionysische und formverschlingende Fließen der Realität eingedämmt wird. Feststellen läßt sich, daß diese Horizontlinien in seinen Collagen immer weiter in den Vordergrund rücken und an Präsenz gewinnen.

Dada-Köln, ohnehin in der Spätphase Dadas entstanden, hatte von vornherein abstraktere und metaphorischere Formen angenommen als etwa Dada-Zürich; sein Nihilismus war vorgeschützt und eher »instrumental als fundamental«.[4] So verwundert es nicht, daß in Bretons Vorwort zu Ernsts Ausstellung im Mai 1921[5] bereits ein erster Ansatzpunkt des Surrealismus (ein Wort, das Breton bereits seit 1919 gebrauchte) erkennbar war. Für ihn schienen Ernsts Collagen wie »Photographien des Denkens«, in denen die Möglichkeit vorhanden war, sich die »Konventionen zu eigen zu machen« und sie dann »ganz nach unserem jeweiligen Plan zu verteilen und zu gruppieren«.[6] Damit sprach er bereits das Potential eines über-realen Weltbildes an, das durch eine systematisiert angewandte Formalisierung des Widersprüchlichen erreicht werden könnte. Es bedurfte nur der Verinnerlichung dieses Prozesses der Verfremdung, um die Objekte aus der gewohnten Umgebung herauszurücken, sie in eine neue Beziehung zueinander treten zu lassen, und dadurch der kritisierten Ausweglosigkeit zu entgehen. Wenn man diese Mechanismen automatisierte, so meinte Breton, dann könnte man wieder über die Welt verfügen: »Wer weiß, ob wir mit ihnen nicht bereits auf dem Wege sind, dem Identitätsprinzip eines Tages zu entrinnen?«[7]

Einen ersten Schritt in diese Richtung unternahm Ernst während seines ersten Aufenthaltes in Tirol, als er die Collage hin zu einer Einheitlichkeit des Formats und des Materials, hin zu einer Einbindung des Unvereinbaren in eine eigene Grammatik führte – hin zur ›Totalcollage‹ also. Nachdem Ernst sich in Tirol näher mit den nihilistischen Grundgegebenheiten auseinandergesetzt hatte, fiel ihm dieser Schritt zu einer Rekonstruktion der Welt unter veränderten Vorzeichen nicht allzu schwer; die abstrakte und zeichenhaftige Art des Außer-Kurs-Setzens der Welt von Dada-Köln bot sich diesem Wandel offen an.

Dabei ging es nun weniger um die Herausarbeitung des Absurden und Unzusammenhängenden, um das Bestehenlassen der Dynamik der ›rohen‹ Natur, als um ihre Auflösung in einen poetischen Effekt der »elektrischen und erotischen Spannung«, die umso größer wurde, »je unerwarteter sich die Elemente zusammenfanden« und den »überspringenden Funken Poesie umso überraschender machten«.[8] Einen Endzweck in dieser Ästhetisierung zu sehen, hatte sich Dada jedoch immer enthalten.

Ernsts Ausstellung in Paris wurde mit zum Anlaß der Trennung Francis Picabias von Dada-Paris, der nun eine Nummer seiner Zeitschrift »391« – »Le Pilhaou-Thibaou« – den Angriffen gegen Tzara widmete. Im Juni 1921 organisierte Tzara daraufhin einen »Salon Dada«, eine internationale Ausstellung von Dadaisten, für die er auch Max Ernst im Mai um weitere Werke bat. Diese Anfrage erreichte Ernst zu spät; schon im April hatte er an Tzara geschrieben: »Den Sommer verbringe ich in Tirol; ich werde im Mai dorthin fahren«.[9] So antwortete er ihm am 7. Juli 1921 bereits aus dem Hotel Lamm in Tarrenz bei Imst: »Mein lieber Freund, ich erhielt Ihre Karte ein wenig zu spät, ich habe nichts für Ihre Ausstellung hier«.[10] Es ist erst nach dieser kreativen Pause, daß die Entstehung der Totalcollage anzusetzen ist; der Aufenthalt in Tarrenz wird für ihn zu einer Zeit verschiedener Experimente. Was die Collage betrifft, werden wohl auch das fehlende Atelier und die fehlenden Utensilien Anstoß gewesen sein, Collagen nur mehr aus alten Stichen zusammenzuleimen. Vorlagen dafür brachte er wahrscheinlich mit; vielleicht fiel ihm aber auch in Tarrenz selbst geeignetes Material in die Hände. Vorerst jedoch stand das Erlebnis der Natur im Vordergrund:

Dieses Jahr machten wir <...> Hochtouren. Es gab <...> bezaubernde Momente, wo wir nach Felsklettern und Gletscherwanderungen den Gipfel erreichten und uns mit Tränen des Entzückens in die Arme fielen, <...> Nächte in Schutzhütten oder Erdbeersuchen im Wald.[11]

TRISTAN TZARA UND DAS MOUVEMENT DADA IN ZÜRICH UND PARIS

Während Dada-Köln aus einer Reaktion auf das Deutschland der Nachkriegszeit hervorging, sind die Wurzeln Dada-Zürichs direkt in der Opposition gegen den Krieg zu finden. Zürich war zu dieser Zeit voll von Flüchtlingen und exilierten Künstlern, die außer in den wenigen Kabaretts der Stadt kaum Kulturelles vorfanden. Um nun ein Forum für alle möglichen Richtungen der Avantgarde zu schaffen, wurde am 5. Februar 1916 auf Betreiben Hugo Balls die Künstlerkneipe »Voltaire« eröffnet, die ein buntes und gemischtes Programm von Lesungen, Ausstellungen, Musikabenden, durchsetzt von kabarettistischen Einlagen, bot. Von Anfang an dabei war neben Hans Arp, Marcel Janco und Balls Freundin Emmy Hennings auch ein gerade zwanzig gewordener Rumäne mit Namen Samuel Rosenstock, der schon einige symbolistische Gedichte veröffentlicht hatte und nun an der Zürcher Universität Philosophie belegte.

Das »Cabaret Voltaire« weitete seine Aktivitäten aus, wobei sich auch Schweizer Künstler und Tänzerinnen der Laban-Schule unter die Stammgäste mischten, unter ihnen Maya Chrusecz. Sie sollte bis 1922 die engste Gefährtin des Rumänen bleiben, der seine Texte jetzt mit dem Pseudonym Tristan (nach der Oper Wagners) Tzara (rumänisch: ›Land‹) zeichnete. Richard Hülsenbeck, ein alter Bekannter Balls, stieß im weiteren Verlauf dazu und brachte eine erste aggressive Note mit ein. Er blieb bis Ende des Jahres und kehrte dann nach Deutschland zurück, wo er Kontakte mit dem gebürtigen Wiener Raoul Hausmann knüpfte und Dada-Berlin mitinitiierte.

Bald kristallisierten sich die Idee einer »Künstlergemeinschaft Voltaire« und der Plan einer gemeinsamen Zeitschrift heraus. Auf der Suche nach einem geeigneten Titel stieß man, wahrscheinlich beim Durchblättern eines deutsch-französischen Lexikons, – von wem, bleibt Streitfrage und Legende –, auf das Stichwort DADA, zu deutsch ›Steckenpferd‹, auf rumänisch ›ja, ja‹ und ganz allgemein Signum alberner Naivität. »Dada wurde rezipiert und propagiert als der großartige, internationale Zweisilber, der vorerst leer und für alles offen da war, verquer und absurd und heiter in einer Welt der posierten Moralitäten und in einer Zeit, die einem keinen Respekt mehr abnötigen konnte.«[12]

Die Anthologie »Cabaret Voltaire« erschien, Ball trug seine Lautgedichte vor, erste Dada-Soiréen fanden statt. 1917 wurde die geräumigere »Galerie Dada« mit Ausstellungen, Vorträgen, Tanz, simultanen Gedichten und »Negerlyrik« eröffnet. Über Schwierigkeiten mit der Abrechnung verkrachten sich Tzara und Ball, worauf dieser sich von Dada abwandte und ins Tessin zog, erschöpft und sich dem Katholizismus zuwendend.

Tzara aber hatte in der Zwischenzeit schon Kontakte zur internationalen Avantgarde, zu Apollinaire, Reverdy und den italienischen Futuristen angeknüpft und setzte sich nun mit seinen erstaunlichen propagandistischen Fähigkeiten für Dada ein, das sich ab Herbst 1917 unter seiner Leitung »Mouvement Dada« nannte. Dada liierte sich zusätzlich enger mit den ›Abstrakten‹, eine eigene Zeitschrift – »DADA« – erschien, vor allem aber gewann die Gruppe allmählich einen ›état d'esprit‹, der sich von den früheren Manifestationen, in denen nur auf Kontraste reagiert wurde, unterschied. Zu diesem Zeitpunkt hatte Tzara eben eine ›Nervenrkrise‹ durchgemacht, die uns den Wandel zu DADA als Geisteshaltung näher vor Augen führt:

* *»Nach einer Nervenkrankheit, an der ich sehr litt, veränderte ich meine Direktiven vollkommen. Ich fiel nach einem wilden Leben, in dem ich kein Gesetz anerkannt hatte, in eine Art Krise mystischer Konvaleszens. Dieser Mystizismus bezog sich nicht auf eine schon bestehende Idee religiöser oder politischer Natur, sondern war abstrakt und ihrer Art nach vollkommen zerebral.** [13]

Von diesem Moment an wurde bei Tzara eine zunehmende Verinnerlichung spürbar, die den Grenzgang zwischen Kunst und Antikunst immer mehr auf die Spitze trieb, bis er nur mehr durch das Element der Provokation aufrechterhalten werden konnte. Im Dezember 1918 erschien »DADA 3« mit Tzaras »Manifest Dada«, das besonders in Frankreich den Grundstein für sein Ansehen legen sollte. Kunst wurde darin als »private Sache« postuliert: »Ordnung = Unordnung; Ich = Nicht-ich; Behauptung = Verneinung: höchste Ausstrahlungen einer absoluten Kunst. Absolut in der Reinheit eines kosmischen und geordneten Chaos«.[14]

Was hier oberflächlich betrachtet paradox erscheint, bestimmt einen Grundzug Dadas: die Vorstellung, daß hinter einer chaotischen und fließenden Realität eine kosmische und reine Ordnung erahnbar ist, die erst mit dem innersten und »privaten« Bereich des Menschen – seiner Fähigkeit zur Intuition, seinem Instinkt – wahrgenommen werden kann.

Für Dada trägt der Mensch in seinem innersten Wesen einen unzerstörbaren Kern in sich – »Herz« ist eines der bevorzugten Wörter Tzaras –, der ihm in einer der Vernunft absurd erscheinenden Welt den Anschluß an eine tiefer liegende Schicht der Realität verschaffen kann. Dieses Konzept der ›dadaistischen Geisteshaltung‹, eingebettet in einen Rahmen des Primitivismus, verkörpern für Dada typische Figuren wie etwa Arps »kaspar«, Balls »Koko der grüne Gott« oder Schwitters »Anna Blume«.

Mit diesem Rückhalt ging Dada gezielt mit den Mitteln des berechneten Affronts, des inszenierten Zynismus und der

Selbstironie gegen die Konventionen der Ideale, der Moral, der Logik, der Philosophie und des Fortschrittsglaubens vor. So war Dada einerseits auf die Kritik und Diagnose der Gesellschaft ausgerichtet, auf den »verbissenen Kampf mit allen Mitteln des dadaistischen Ekels«, der zur Einsicht gelangte, daß an der Oberfläche alles gleich gültig und absurd war: »Dada bedeutet NICHTS«. Andererseits aber lag in dem Rückgriff auf eine ursprüngliche und spontane Haltung – der »Opposition aller kosmischen Eigenschaften gegen diesen Tripper einer modrigen Sonne, die aus den Fabriken des philosophischen Denkens hervorgekommen ist« – eine Möglichkeit zu einer Überwindung und zu einer Neubestimmung des Individuums.

Bleibt die Frage, wie diese extrem individualistische Position dem tiefer liegenden Strom der Realität gerecht werden kann. Zunächst einmal war die Kunst für Dada selbst nicht vorrangig, ganz im Gegenteil: Vorbild war der Abenteurer, der Hochstapler, die im Leben verwirklichte Poesie. Kunst dagegen war nur etwas für die »nervlich weniger widerstandsfähigen Naturen«, und »um sich nicht zu langweilen«.[15]

Das Problem »Ich = Nicht-ich« auf einen Nenner zu bringen, davor stand Tzara Ende 1918, als Dada-Zürich sich schon aufzulösen begann: der Krieg war aus, die Notwendigkeit des Exils und der Zusammenhalt in der Opposition nicht mehr gegeben, die Intelligenzija in der Heimkehr begriffen.

Der Kontakt mit Francis Picabia, der schon zusammen mit Marcel Duchamp in New York an dadaähnlichen Aktivitäten teilgenommen hatte und sich jetzt mit Frau und Mätresse zu einer Entziehungskur in der Schweiz aufhielt, brachte Dada zu einem Wendepunkt. Zu dieser Zeit hatte Picabia, der ansonsten Maler war, gerade eine Reihe von Gedichten veröffentlicht, deren proto-surrealistische Schreibweise Dada entscheidend beeinflußte. Für Picabia bedeutete Dada eine Initiative, in der er sein massives und anarchisches Ego miteinbringen konnte; Tzara hingegen hoffte auf Picabias finanzielle Unterstützung, noch mehr aber war er ihm Vorbild, wie der »jungfräuliche Geist« Dadas gespaltenes Verhalten zu einem Punkt zusammenführen könnte. So schrieb Tzara an Picabia:

** Ich finde bei Ihnen das andere und kosmische Blut, die Kraft zu reduzieren, zu zerlegen und anschließend in eine strenge Ordnung einzufügen, die Chaos und Askese zugleich ist. (4.12.1918).*
*Ich mag Ihre Sachen immer mehr und vor allem die Vitalität des individuellen Prinzips des Diktats, das in der Einfachheit, der Qual und der Ordnung liegt. (8.1.1919)**

Erste Frucht des Zusammentreffens von Picabia und Tzara Anfang 1919 in Zürich war ein von beiden parallel geschriebener, ›automatischer‹ Text, der aber noch nicht in sich verwoben war, sondern beide Teile gegeneinander stehen ließ. Dem folgten in den nächsten Monaten die von Arp, Serner und Tzara gemeinsam verfaßten Texte, »der Gesellschaft zur Ausbeutung des dadaistischen Vokabulars« – Texte, deren Schönheit in ihren Brüchen liegt, die trotzdem aber manchmal eine Kette von Übereinstimmungen bilden, bar jeder surrealistischen Systematik. So schrieb Dada mit zwei Federn – der einen, der Feder des »Ichs«, der zersetzend eingesetzten Vernunft, die die Dinge zerlegte, um sie dann in eine neue »asketische« Ordnung überzuführen; und der anderen, die mit der Tinte schrieb, die »unmittelbar den Gedärmen oder anderen Organen des Dichters«[16], dem »Nicht-ich«, entsprang und den Bodensatz des Bewußtseins in seiner »chaotischen« Ordnung sichtbar werden ließ. Beide zusammen wurden sie von der Hand des »individuellen Prinzips des Diktats« – der Lösung des Problems »Ich = Nicht-ich« – geführt.

Anstoß gaben diese Versuche den um ihre Zeitschrift »Littérature« versammelten ›drei Musketieren‹ André Breton, Philippe Soupault, Louis Aragon und Théodore Fraenkel in Paris. Mitte 1919 entstand in Zusammenarbeit von Breton und Soupault das erste ›surrealistische Buch‹: die »Magnetischen Felder«, geschrieben in ›automatischer Schreibweise‹, d. h. in einem halbbewußten Zustand, der die Eingriffe der Vernunft minimierte.

Oberflächlich gesehen scheinen sich nun beide Schreibweisen zu gleichen; bei näherer Betrachtung treten jedoch grundlegende Unterschiede hervor. Da wäre zunächst einmal der deutlich symbolistische Einfluß von Lautréamont, Baudelaire u. a. zu nennen. Obwohl sie wie Dada bestrebt waren, eine disparate Welt abzubilden, taten Breton und Soupault dies, indem sie der Welt eine andere, emotionellere Grammatik aufprägten – aber immerhin eine Grammatik, die ihre äußere Form und ihren Zusammenhang wahrte. Ihnen ging es darum, anhand eines ›Reizobjektes‹ eine neue Sichtweise zu schaffen; ihre Figuren wurden dabei zu Teilen eines ästhetischen Schattenspieles auf der Leinwand des Unterbewußten. Sie schufen eine metaphorische Logik, die aber innerhalb ihres Gefüges immer noch beziehungs- und sinnvoll blieb.

Dada hingegen jonglierte mit den Objekten und ihrer Dynamik selbst; es war um keinen Preis gewillt, nur eine Art der Logik durch eine andere zu ersetzen; es brach genau dort ab, wo es darum ging, Gemeinsamkeiten zur Regel zu erheben. Bei Dada war Geschriebenes schlußendlich immer selbstreferentiell, wurden poetische Bilder vervielfältigt, um sie wieder ihrer Grundlage zu berauben, was die Nutzlosigkeit des gerade eben Geschriebenen demonstrierte und den Leser schockierte. Widerspruch, das Absurde und das Indifferente waren für Dada nicht etwas, das man in einer Wahrnehmungsart auflösen konnte, sondern waren Grundpfeiler seiner Weltanschauung. Deshalb war Dada auch nicht bereit, eine Metaphysik des Literarischen anzuerkennen, es beharrte vielmehr auf dem Physischen, Ironischen, Verletzenden und Gebrochenen und verweigerte sich dem Anthropomorphen gegenüber.

Doch um dies durchzustehen, bedurfte es eines »starken Individuums« (Tzara an Picabia; 8.1.1919), das den menschlichen Drang zur Sinngebung in Grenzen und seine Stellung im Abseits halten konnte, ohne in ein ästhetisches Trugbild zu verfallen. So wechseln in den Biographien der Dadaisten Phasen des inneren Gleichgewichts immer wieder mit apathischen Anfällen und den Versuchen der Wiedergewinnung ab.

Höhepunkt und zugleich Schlußpunkt Dada-Zürichs wurde eine im April 1919 abgehaltene Dada-Soirée, die zu einem Skandal wurde, an dem ein Mann wesentlich beteiligt war: Walter Serner – neben Hausmann einziger altösterreichischer Dadaist – der eine moralisch-zynische Komponente mit in Dada einbrachte und die Kunst der lancierten Falschmeldungen und der verunsichernden Zeitungsenten dem Repertoire Dadas hinzufügte. Sein Manifest »Letzte Lockerung«, – das an sprachlicher Präzision und Schärfe seinesgleichen sucht –, las er an diesem Abend mit dem Rücken zum Publikum vor. Als er schließlich einer Kleiderpuppe im Hochzeitskleid den Hof machte, löste dies eine Saalschlacht aus.

Das Ende Dada-Zürichs war damit jedoch nicht mehr aufzuhalten. Zwar waren neben dem Einzelgänger Serner noch Ferdinand Hardekopf und Otto Flake hinzugekommen, doch die alte Dada-Riege, wie Arp und Richter, hielt sich nur mehr sporadisch in Zürich auf. Eine letzte Publikation – »Der Zeltweg«, herausgegeben von Flake, Serner und Tzara – erschien, doch als Serner nach Genf ging, um seine eigenen Aktivitäten zu starten, wandte sich Tzara einem anderen Betätigungsfeld zu: Paris, das von Anfang an sein erklärtes Ziel gewesen war.

Picabia hatte zuvor schon die erste Kunde von Dada mit nach Paris gebracht, und Tzara hatte bereits mit Breton und der »Littérature«-Gruppe Kontakt aufgenommen, die ihm eine Ausgangsbasis zu sichern schien und ihn sehnsüchtig erwartete.

Eine erste Zeitungsrezension über Dada, sehr oberflächlich informiert und sich auf Dada-Berlin beziehend, war Ende 1919 in Paris erschienen. Unglücklicherweise hatte sie bei Breton die Frage aufkommen lassen, welche Rolle denn eigentlich Zürich und Tzara selbst bei Dada spielten. Tzara, ohnehin nicht gut zu sprechen auf den Rivalen Hülsenbeck, der die Patenschaft Dadas für sich reklamierte, und das politische Engagement Berlins verurteilend, versuchte nun in einem Brief den Sachverhalt richtig zu stellen. Bemüht, den guten Eindruck auf die Pariser nicht zu verwischen, ging er aber zu weit, indem er behauptete, das Wort ›Dada‹ vorgeschlagen zu haben, aus einer nebulosen Verbindung das ›Mouvement Dada‹ gemacht zu haben und alleinverantwortlich für seinen Erfolg gewesen zu sein – was einer Desavouierung der anderen Mitstreiter gleichkam.

Am 17.1.1920, nachdem Tzara sein letztes Geld für die Reise zusammengekratzt hatte, stand er vor der Haustür Picabias in Paris, auf dessen Unterstützung und Einladung er sich verließ. Der Zeitpunkt war schlecht gewählt, Picabias Freundin hatte gerade ein Kind bekommen, und die Enttäuschung Bretons war anfangs nicht gering, als Tzara, die langerwartete Schlüsselfigur, vor ihnen stand: klein, von gelblicher Gesichtsfarbe und mit einem furchtbaren Französisch – ein krasser Gegensatz zu Bretons herrischem Auftreten und seiner äußerst gewählten Sprache. Tzara sollte ihnen aber bald seine Fähigkeiten und seinen sprichwörtlichen Charme unter Beweis stellen – die erste Dada-Soirée fand bereits eine Woche später statt.

Der Skandalerfolg der ersten ›Dada-Saison‹ war groß. Ebenso schnell kamen jedoch die ersten Querelen in Gang, und Dada-Paris begann sich in drei Lager zu spalten: das Picabias, zynisch, individualistisch und mondän angehaucht (so war etwa der sonst verachtete Cocteau mit dabei) mit ihrer Zeitschrift »391«; die Gruppe um Breton, noch unsicher und zögernd, ästhetisch ausgerichtet, in dem Apollinaires Prägung des Wortes »Surrealismus« in der Luft lag und schließlich das Lager Tzaras, das sich abwechselnd aus Mitgliedern der anderen Lager rekrutierte und zwischen beiden vermittelte, um Dada als Bewegung aufrechtzuerhalten. Trotz allem und vor allen Dingen trotz des etwas dünkelhaften ›esprit parisien‹ entpuppte sich Dada-Paris aber als äußerst scharfzüngig, nihilistisch und intellektuell im Vergleich zu den bacchantischen Anfängen des »Cabaret Voltaire«. Wo Dada-Zürich nach einem Gleichgewicht innerhalb des Chaos gesucht hatte, suchte Dada-Paris nun eher ein Gleichgewicht gegen und im Kontrast zu Chaos.

Zwischen diesen beiden Positionen war Tzara schon Ende 1919 innerhalb seines »individuellen Prinzips des Diktats« auf eine anorganische und indifferente Konstante gestoßen. Wie bei Max Ernst begannen sich nun in seinen Texten Metaphern, die auf der Symbolik der Maschine oder der Astronomie fußten, zu häufen – Anzeichen dafür, wie sehr »Askese und Chaos« auch Entfremdung, Entpersönlichung und Nihilismus zur Folge hatten. Wie Ernst war er einer »Region des Hirns, wo Ideen Metall und Eingeweide der Dichter kleine Blüten auf dem Bogen von Nachtgeschmeiden werden«, nahe gekommen – waren anorganische Grundgegebenheiten für Tzara, wie für Ernst die Berge am Horizont, ins Blickfeld gerückt. In der »Diktatur des Geistes«, die den Bodensatz des Bewußtseins an die Oberfläche brachte, war so nicht nur »Ich« und »Nicht-ich« integriert, sondern waren auch Grenzlinien sichtbar geworden – ein Horizont, der Mensch und Natur in ihrem Kern schied.

Konfrontiert mit der Großstadt Paris zog er zunächst eine einseitige Konsequenz in seinem berühmten Postulat des Unpersönlichen: »der Gedanke geschieht im Mund«,[17] womit er eine ›automatische‹ Instanz ansprach, die quasi unabhängig vom Mensch existieren sollte. Erst bei seinem Aufenthalt in Tirol 1921 sollte sich Tzara zum ersten Mal diese übergeordnete Instanz als Metapher des Anorganischen erschließen und sie somit einen realen Bezug erhalten. Die extrem individualistische Position Dadas hatte im Konzept des »Diktats« zwar eine Möglichkeit gefunden, um die zwiespältigen Tendenzen zu vereinen, darunter jedoch waren, wie bei Ernst, nihilistische Grenzen aufgetaucht, in denen sich »Ideen«, »Metall« und »Eingeweide des Dichters« voneinander trennten.

Im Herbst 1920 traten nun die ersten gröberen Spannungen zu Tage, zunächst zwischen Breton und Picabia. Kurz darauf löste Serner, der in Paris nicht Fuß fassen konnte, die Diskussion um Tzaras Führungsposition aus – ein Argument, das Picabia wiederum aufgriff.

Die zweite Dada-Saison begann wenig vielversprechend: Manifestationen kamen nur zögernd zustande, Exkursionen gingen buchstäblich im Regen unter, und Breton veranstaltete seinen Prozeß gegen Barrès. Gedacht war dieses Schautribunal gegen einen reaktionär gewordenen Schriftsteller nicht nur als Spektakel, sondern auch um gewisse Richtlinien für das weitere Vorgehen der Avantgarde festzulegen. Picabia nahm besonders an diesem Punkt Anstoß, und als dann auch noch Ernst seine Vormachtstellung als einziger Maler gefährdete, war der Bruch perfekt. Wenige Tage später sagte er sich in einer Reihe von Artikeln von Dada los, ihm Monotonie und Einfallslosigkeit, Tzara Hochstapelei und den anderen bürgerliche Ambitionen vorwerfend. Tzara konterte geschickt mit seinem ›Salon Dada‹ im Juni 1921; Picabia antwortete mit seinem »Le Pilhaou-Thibaou«, der am 10. Juli 1921 erschien und Tzara angriff. Grundtenor dabei war, daß er und Duchamp Dada in New York erfunden hätten und daß er ganz allgemein das individualistische Genie den »140 und einem« Dadaisten vorziehen würde.

Ein Tiefpunkt war erreicht, von dem Dada sich nie mehr erholen sollte. Für Tzara selbst, der erst von diesen Angriffen erfuhr, als er Paris schon verlassen hatte, war dies ein harter persönlicher Schlag. Nicht nur, daß er einen der Mitinitiatoren nun zum Gegner hatte, verlor er auch seinen Unterschlupf – er hatte ja bei und von Picabia gelebt. In dieser Hinsicht sollte das Treffen mit Ernst und Arp in Tirol zu einer erneuten Sammlung der Kräfte auf neutralem Boden werden, um neue Richtungen ausfindig zu machen. Das dort erschienene Pamphlet DADA AU GRAND AIR / DER SÄNGERKRIEG IN TIROL war dann auch zur Hälfte Erwiderung der Angriffe Picabias und zur anderen ein Zurückfinden zum ursprünglichen, ausgelassenen ›état d'esprit‹ Dadas.

Tzara war der Atmosphäre in Paris so überdrüssig, daß er am 20. Juli überstürzt nach Karlsbad in der Tschechoslowakei fuhr, um dort seine Freundin Maya wiederzusehen. Seine Abreise erwies sich als taktisch klug, indem seine Abwesenheit seine eigentliche Wichtigkeit hervorhob und die Gruppe wieder an ihn band. So schrieb ihm Breton am 29. Juli nach Karlsbad. Dieser neuerliche Freundschaftsbeweis Bretons mochte für Tzara wohl eine gewisse Genugtuung gewesen sein, und etwas Schadenfreude über die Monotonie, die er hinterließ, war ihm sicher nicht fremd.

Tarrenz um 1920, gesehen vom Gasthof Lamm, mit Plattein im Hintergrund

Beides zusammen war mit ein Grund, weshalb Breton und Eluard (der in Saint-Brice wohnte) wenige Wochen später Tzara nach Tirol folgten.

Ein Brief Soupaults gibt Auskunft über eine Depression Bretons, der Dada zwar weiterhin reserviert gegenüberstand, aber noch kein selbständiges Konzept vorweisen konnte und sich nun aller Hoffnungen beraubt sah. Überdies scheint auch Bretons bevorstehende Hochzeit mit Simone Kahn nicht zur Besserung seiner Stimmung beigetragen zu haben.

Hans Arp, der in Champfèr bei St. Moritz sein Domizil aufgeschlagen hatte, war ebenfalls inzwischen über die Ereignisse in Paris in Kenntnis gesetzt worden und schrieb am 2. 8. 1921 an Tzara:

Ihr dadakatalog hat mir sehr gefallen. Das ist meiner meinung nach dada nicht aber der traurige kamelscaca pilhaou den ich gestern geschickt bekam. Ich fordere herrn kamelscaca pilhaou auf in seiner nächsten veröffentlichung der wahrheit die ähre zu geben und feierlich mich als mindest ebenso starken erzeuger der bildenden dadakunst wie herrn duchamp zu erklären und dies in großen dicken buchstaben. <...> Lieber tzara ich habe max ernst geschrieben und so denke ich wenn es dadas wille ist uns in zwei bis drei wochen in meinem land tirol zu treffen.*[18]

Dieser Brief gab Tzara nun den entscheidenden Anstoß, um der Langeweile des Kurortes Karlsbad zu entfliehen und die Ferien in Tirol fortzusetzen. Sofort informierte er Ernst (der inzwischen in Tarrenz ins Gasthaus Sonne übersiedelt war), Breton, Eluard und Soupault von dem bevorstehenden Treffen, wobei besonders die Pariser dies als eine Gelegenheit sahen, Max Ernst kennenzulernen. Ernst quittierte als erster mit Brief und Telegramm; Soupault konnte nicht kommen, Breton sagte am 26. August zu, Eluard am nächsten Tag.

MAX ERNSTS ERSTE TIROLER BILDER

Am 19. Juli erhielt Ernst an die Adresse des Gasthaus Sonne in Tarrenz bei Imst ein Telegramm aus dem nahegelegenen Umhausen im Ötztal:

Zimmer Montag Nachmittag, ALFTREAS.[19]

Wer sich da für den 25. Juli anmeldete, kann nicht ermittelt werden; es wäre aber möglich, daß es sich um ALFred Gruenwald und um Leo AnDREAS Reuver handelte, beide zusammen mit Baargelds Bruder Heinrich (der sich als ›Heini‹ im TIROL-Manifest verewigte) auf dem Weg zu einer Bergtour im Zillertal.

Interessant ist das Telegramm jedoch für uns aus einem ganz anderen Grund. Versuchen wir anhand der Hinweise, die uns dieses Telegramm liefert, einmal spielerisch die ›Entstehung‹ eines Dada-Kunstwerkes zu rekonstruieren. Nehmen wir an, daß der Laufbursche vom nächstgelegenen Postamt in Imst Ernst diese Botschaft so gegen sieben Uhr abends überbrachte (wie die Eintragung rechts oben vermuten läßt). Das Abendessen, wie in Tirol üblich, wurde nach dem Kirchgang gegen halb acht aufgetischt, und so saß er wohl bereits am Tisch, hungrig und ungeduldig. Das Telegramm, noch vom Überbringer gefaltet, hatte er vor sich hingelegt und kritzelte zuerst mehr abwesend mit einem Bleistift, der gerade zur Hand war, über die Adresse hinweg. Der Blick glitt zum Fenster und fast aus Gewohnheit begann er, auf der nach vorne gefalteten blanken Rückseite die Konturen der Landschaft nachzuziehen (wie die gleichmäßigen, über den Rand hinauslaufenden Bleistiftstriche auf dem Telegrammformular oben zeigen, die mit dem Gras und dem Schilf der Zeichnung auf der Rückseite genau übereinstimmen).

Bezeichnend ist nun, wie sehr Ernst seine kleine Skizze an den Rand gedrängt hat, wie sehr er davor zurückscheut – und das ist typisch für den frühen Ernst –, die weiße Fläche anzutasten. Ernsts Hemmung, die eigene Handbewegung in das Weiß des Blattes einzuschreiben, entspricht darin Dadas Weigerung, der Welt den eigenen, kunstgerechten und routinierten Stempel aufzuprägen und einen Schleier der Illusion über die Leere zu legen. Max Ernsts Kritik hatte es ja eben darauf abgesehen, die Instrumente dieser Illusion – alles, was die Welt ›abbildete‹ und ›erklärte‹: Lehrmittel etc. – auf das weiße Nichts fallen zu lassen.

Weit mehr jedoch ist an dieser Scheu ein Zurückschrecken vor dem dionysischen Element, dem vital herausbrechenden Willen zur Schöpfung ablesbar. Wenn man von den wenigen direkten Ausgriffen Ernsts in eine unmittelbare Realität wie in der Folge in Tirol absieht, so sind seine Bil-

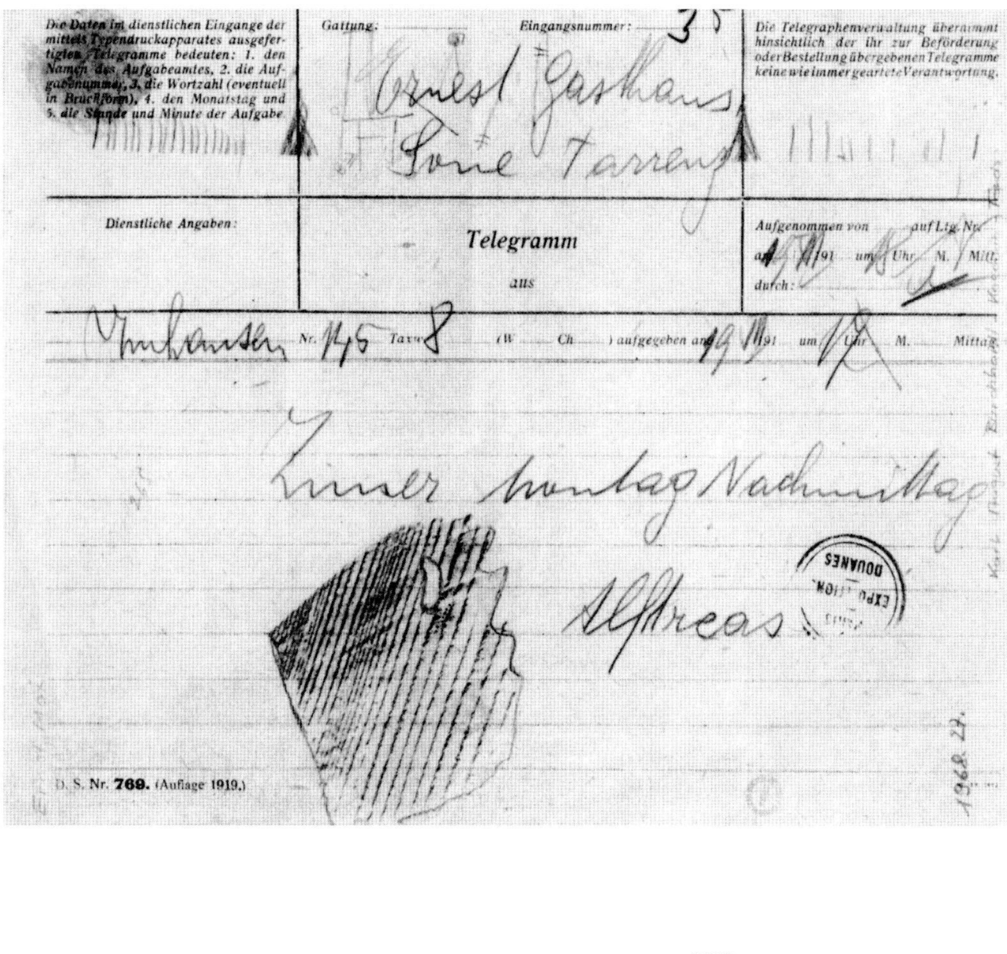
Die Daten im dienstlichen Eingange der mittels Typendruckapparates ausgefertigten Telegramme bedeuten: 1. den Namen des Aufgabeamtes, 2. die Aufgabenummer, 3. die Wortzahl (eventuell in Bruchform), 4. den Monatstag und 5. die Stunde und Minute der Aufgabe

Gattung: Eingangsnummer: 35

Ernst Gasthaus Sonne Tarrenz

Die Telegraphenverwaltung übernimmt hinsichtlich der ihr zur Beförderung oder Bestellung übergebenen Telegramme keine wie immer geartete Verantwortung.

Dienstliche Angaben:

Telegramm aus

Aufgenommen von auf Ltg. Nr. am 191 um Uhr M. Mitt. durch:

Umhausen Nr. 145 Taxw. 8 (W. Ch.) aufgegeben am 19/7 191 um Uhr M. Mittag

Zimmer Montag Nachmittag

Alftreas

D. S. Nr. 769. (Auflage 1919.)

Telegramm aus Umhausen im Ötztal an Max Ernst in Tarrenz, Gasthof Sonne, 19.7.1921

Rückseite des Telegrammes mit einer Frottage Max Ernsts: *Tierkopf auf Sockel* (auch: *Animal)*

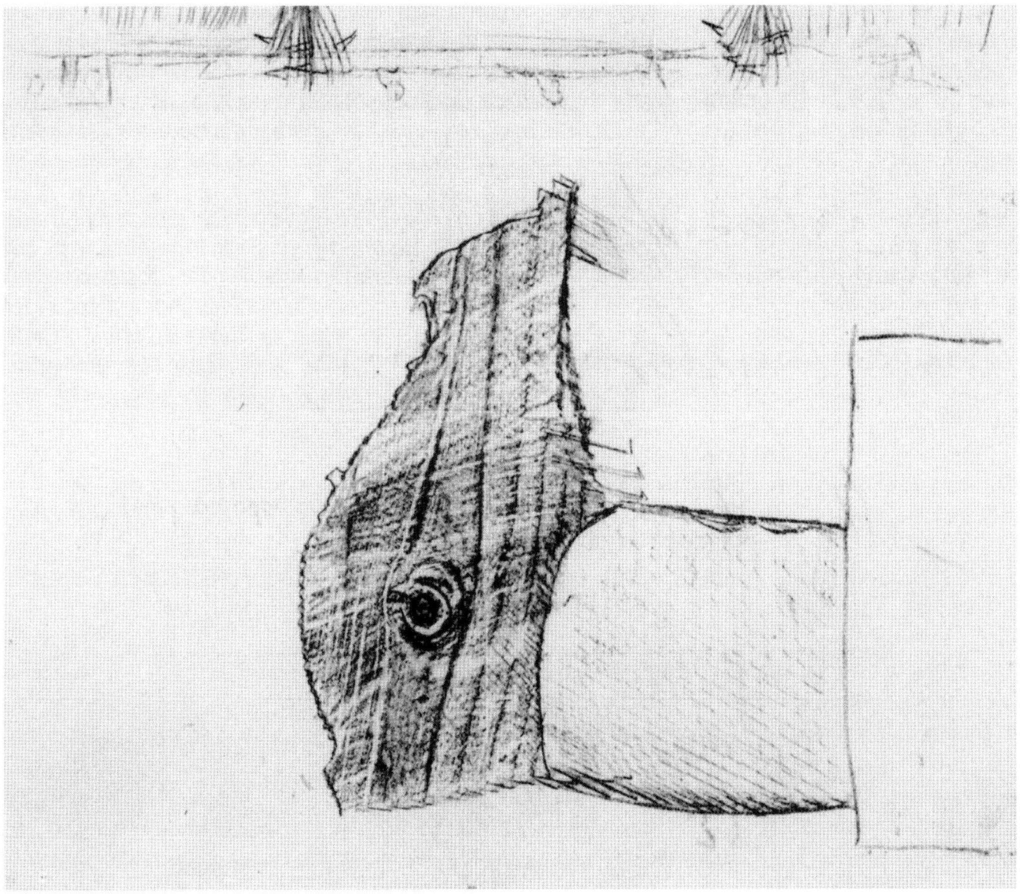

der zum Großteil aus den Versatzstücken der Wirklichkeit aufgebaut. Als hätte er Angst vor einem Sich-Gehen-Lassen, vor einer spontanen, nicht berechneten Geste, so scheint er seine Bilder immer wie eine spanische Wand zwischen sich und die Welt zu stellen. Statt auf Instinkt oder Trieb zu vertrauen, war Ernst immer der rationale und apollinische Geist geblieben, der sich mit einem Blick aus dem Fenster begnügt: zwar malte er auf dessen Glas die abseitigsten Bilder, um die Welt im Hintergrund zu verfremden – doch Dada hatte dieses Fenster schon längst zerstört, war drinnen und draußen zugleich und spielt mit der Welt, die bei Ernst als Bedrohung im Hintergrund lauerte. Tirol war in diesem Sinne für Ernst eine Gelegenheit, sich über seine Position klar zu werden.

Über diesen unseren Überlegungen war ihm nun gewissermaßen der Bleistift stumpf geworden, und so faltete er das Telegramm wieder auseinander, um unter der Botschaft den Bleistift spitz zu reiben – vielleicht hatte auch Jimmy, Ernsts kleiner Sohn mit ihm gespielt, während die Suppe aufgetragen worden war (wie die naßverschmierte Druckerschwärze links oben denken lassen könnte). Das Essen wurde damals übrigens, wie man uns erzählte, ganz auf die Wünsche der Gäste ausgerichtet, die im Gasthaus Sonne in der Küche ein und aus gingen und soll ausgezeichnet gewesen sein. Irgendwann dann zwischen einem Bissen und ein paar Worten war sein Blick auf das Telegramm gefallen, auf dem sich durch das Reiben des Bleistifts die hervortretende Maserung des durch das Schrubben mit Seife schon ausgelaugten Tisches durchgedrückt hatte. Er hatte vorher schon ein paar Mal Gegenstände auf seine Bilder durchgerieben, doch die sich ergebende Form war von vornherein bestimmbar gewesen, sodaß er sie zielgerichtet einsetzen konnte. Hier erkannte Ernst, daß mit diesem alten Kinderspiel eine Barriere zur Realität durchbrochen war, daß eine Collage direkt von der Natur bezogen werden konnte – denn das frottierte Muster war ja nicht zu berechnen: der Augenblick zählte, das direkte Reagieren des Bleistifts auf die entstehenden Muster.

Nehmen wir nun der Gefälligkeit halber weiter an, daß man das Essen inzwischen abserviert und Lou Jimmy zu Bett gebracht hatte, während Max am Tisch sitzen blieb, sich ganz diesem neuen Aspekt zuwendend. Das zuerst Durchgeriebene war trotz einiger korrigierender Versuche nicht mehr zu verwenden: so drehte er das Telegramm erneut um, die angefangene Gelegenheitszeichnung beiseite lassend. Das Motiv eines Astes auf dem Relief des Tisches bot sich dem Auge umgehend an. Das Grobfasrige ließ an runzlige Haut denken, der Ast an ein Auge, und so schälte sich der Kopf eines nashornähnlichen Tieres aus der Maserung des Holzes heraus: TIERKOPF AUF SOCKEL, auch: ANIMAL.

Damit ist eine Zäsur in Ernsts Schaffen erreicht: erstmals hatte er einen unmittelbaren Abdruck von der ihn begrenzenden Natur abgenommen. Der erste Ausgriff hatte jene Grundkonstanten, die bis dahin seine Bilder nur fixiert hatten, in den Vordergrund gerückt. Ebenso wichtig ist jedoch das ›animalische‹ und ursprüngliche Potential, das Ernst in der ›toten‹ Materie entdeckt hat. Zwar stellt Ernst diese Verkörperung des Lebenstriebes eigentümlich starr und leblos dar und erhebt sie sofort zu einem Symbol, indem er sie auf einen Sockel stellt; ohne Zweifel war er aber nach all der Vivisektion seiner Collagen auf eine allem zugrundeliegende, produktive Instanz der Existenz gestoßen.

Ebenfalls in Tirol entstanden sind auch drei Photocollagen, die diese Motivik weiter verfolgen: IM DONNERSTEIN DIE SCHÖNE SCHLEUDERTROMMEL[20], OHNE TITEL[21], SAMBESILAND, *auch:* PAYSAGE A MON GOUT[22]. Ausgangsmaterial sind hierbei Photographien, die allem Anschein nach auf Bergtouren Ernsts in der Gegend rund um Tarrenz entstanden. Die Technik der Photographie selbst interessierte Ernst nur kurz – hier aber ist sie das ideale Medium, um den Grenzraum der Berge darzustellen: Abbild der Wirklichkeit und Ausdruck des Unpersönlichen zugleich. So ist bei allen dreien unmöglich zu entscheiden, welche Dimension das Vorlagemotiv hat, ob es Teil einer Geröllhalde oder nur die Oberfläche eines einzelnen Steines ist.

Ernst ist hier an jener Nahtstelle angelangt, wo sich Ich vom Nicht-ich, Existenz vom Anorganischen löst und wie aus einem Vulkan – dem »Donnerstein« – herausgeschleudert wird. Doch wo man erwarten würde, daß jetzt nach dem angekündigten »Dröhnen« eine Eruption von Nietzsches Dionysischem bevorsteht, sein Lebenstrieb ungezügelt ausbricht, da neutralisiert Ernst dies sofort im Vakuum des »Unbewußten«, im »lautlosen Raum«. Er hat zwar wie Dada das dynamische Prinzip der Existenz entdeckt – die »Schleudertrommel« –, für ihn bedeutet es aber nicht einen körperlichen Instinkt, sondern das genaue Gegenteil: Tod, Gleichgültigkeit, Absurdität – das vollkommen leere Bewußtsein. Das Vitale und Primitive reduziert er dabei zur reinen Mechanik – und gibt damit erneut seine Scheu vor dem Dionysischen preis. Wo sich an diesem Punkt das »kosmische und geordnete« Potential des »Chaos« bestätigen würde, sieht Ernst darin – ganz Apollo – nur die Bedrohung des Lebens und seine eigene Faszination am Tod. Trotz allem ist dies ja eine »Landschaft nach meinem Geschmack«.

Max Ernst: im donnerstein die schöne schleudertrommel, 1921

So liefert uns Ernst erstmals, ausgelöst durch den Kontrast und das Gegenüber der Berge, seine Definition der Existenz, seine Sicht ihrer Grundalgen, die er vor allem auf eine psychische Komponente umlegt. Diese Geologie des Nichts scheint er in den nächsten beiden Collagen zu korrigieren. Waren es im DONNERSTEIN noch vorwiegend technische Geräte, die herausgeschleudert wurden, so schwenkt er in den anderen beiden zu einem Kreislauf zwischen Organischem und Anorganischem über. Leben wirkt zwar immer noch so fehl am Platz und exotisch wie ein Walroß am Gipfel (OHNE TITEL), aber immerhin wächst aus dem Gestein jetzt etwas Lebendiges, Phallusförmiges (SAMBESILAND). Diese Spargel- und Pilzformen sind zwar nichts kräftig Duftendes, Dadaistisches, sondern erinnern mehr an Nachtschattengewächse; trotzdem scheint eine gewisse magische Kraft des Anorganischen angedeutet zu sein.

Die Assoziation des Todes verliert sich dabei jedoch nicht. Dem Weltkriegsteilnehmer Ernst drängte sie sich in Tirol wohl auf, wenn man das Kriegsgeschehen der österreichisch-italienischen Front mit seinen Unterminierungen, Festungen und Geschützständen denkt. Ähnliches führte Ernst im TIROL-Manifest (DER VIVISEKTOR) näher aus: der »general«, die »schützenlinien«, die »artillerie-beobachtungsstände« und die »gliedmaßen der im schnee begrabenen«. So verwundert es auch nicht, daß bei näherer Betrachtung die Spargelform SAMBESILANDS aus einer Abbildung von Sandsäcken eines Schützengrabens besteht.

Die schroffe Topographie der Bergketten, der rissige Kalkstein und Granit in den Bergen um Tarrenz werden für Ernst zum Vehikel eines latenten Nihilismus, den er bis zum Grunde sondiert und »seziert«. Das zweite Gedicht Ernsts im TIROL-Manifest (DIE UNGESCHLAGENE FUSTANELLA) deutet dann die Möglichkeit an, aus den »56 verwitterungsstufen vom frischen Gestein« wieder ein »sechsblättriges reliefröslein« zu »häkeln«.

In diesem Sinne zählen diese Collagen auch für Werner Spies zu jenen, »in denen ein neuer Ton erscheint, der Breton, Eluard und Aragon betroffen machte. Zumindest hier mußte ihnen bewußt werden, daß Max Ernst nicht eine Variante von Picabia oder Duchamp brachte, sondern ein Werk skizzierte, das über dadaistische Provokation und dadaistischen Polymorphismus hinausgreifend, aus der Annäherung entfernter Realitäten Wirkungen schuf, die sich dadaistischer Kritik entzogen«.[23]

Max Ernst: Ohne Titel, 1921

Max Ernst, *sambesiland,* auch: *Paysage à mon goût;* (für Bretons erste Frau verfaßte Ernst folgende Widmung: *à Simone Breton a fin qu'elle se reveille doucement très doucement!!!!!!!),* 1921

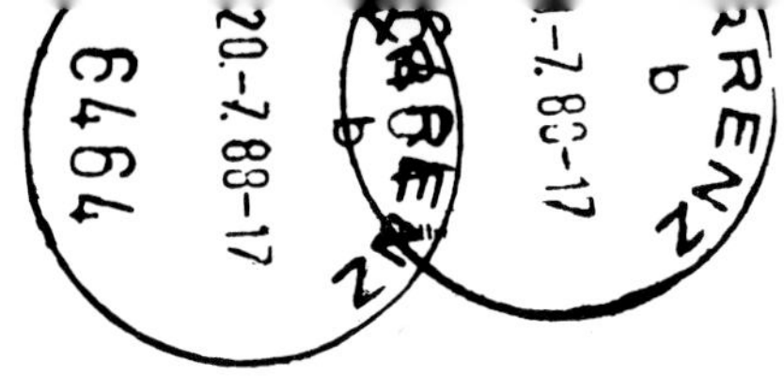

TRISTAN TZARA UND DIE SCHERE DER HANDLUNGSWEISE

Rekapitulieren wir noch einmal: Ernst war von Arp über die Möglichkeit eines Treffens in Kenntnis gesetzt worden. Daraufhin meldete Ernst sich bei Tzara in Karlsbad – dessen Abreise sich durch Visaschwierigkeiten verzögerte; über Wien und Innsbruck langte Tzara schließlich um den 20. August in Tarrenz an.

Lieber Tristan Tzara, als Termin für die sehr wichtige Konferenz der Potentaten schlug ich Arp den 15. August und Imst vor (Innsbruck, Salzburg u. so sind überfüllt!). Also bitte verständigen Sie sich und telegraphieren Sie mir. Die nächste Zukunft dadas hängt davon ab. Herzlich, Ihr Max Ernst.

** Das Leben ist nicht teuer hier, 200 Kr. Pension am Tag. Wenn Sie hier in Tarrenz bleiben, benötigen Sie so an die 250 Kronen (österreichische). Ich habe vor bis August oder September zu bleiben. Immer der Ihre, Max Ernst. Die besten Grüße, Rosa Bonheur (ohne Datum).**

Dort standen sie sich zum ersten Mal gegenüber. Die Freundschaft der Dadaisten untereinander einzuschätzen ist schwer; selbst Arp, einer der ältesten Freunde Tzaras, sprach diesen nach Jahren noch mit ›Sie‹ an. Irgendwie schien ihr ausgeprägter Individualismus ein vertrauliches ›Du‹ schwer über die Lippen kommen zu lassen, wieviel daran jedoch Travestie bürgerlicher Gepflogenheiten war, läßt sich nicht mehr sagen. Das Konträre ihrer Charaktere hatten sie aber sicher gleich erkannt: der ›nordische‹ Geist des einen, der flexible und launische des anderen.

Unmittelbar mit Tzaras Eintreffen zusammen mit Maya in Tarrenz sind nun zwei Prosagedichte des HERRN Aa DER ANTIPHILOSOPH einzuordnen. Dieser »Herr Aa« tritt bei Tzara als Alter ego auf, eine Figur, die als ›mechanomorphes‹ Wesen ein widerspruchsvolles Universum auf seiner primitiven und unterbewußten Ebene in sich bündeln und in Sprache fassen sollte – ohne damit irgendeinen Wahrheitsanspruch antreten zu wollen.

HERR ANTIPHILOSOPH <I>, augenscheinlich von der Zugfahrt nach Tirol ausgehend, bietet uns nun einen ersten Anhaltspunkt, welcher Art Tzaras Vorstellungen der Natur gegenüber sind. Mensch und Natur stehen sich unabhängig wie zwei Spiegel gegenüber (das »auge des buckligen« und das »auge der landschaft«). Zwischen ihnen wird eine Dynamik existentiellen Chaos' (der »wirbelsturm«) reflektiert und zu einer Kette von Entsprechungen gebrochen: »wirbelsturm«> »bucklige«> »hügel«> »buckel«> »landschaft«. Das widergespiegelte Chaos wird so ›geordnet‹, »Ich« wird mit dem »Nicht = ich« verbunden, einem auf Francis Picabia zurückgehenden Aphorismus entsprechend: »die einzig zugängliche Vorstellung des Unendlichen ist das Bild von zwei gegeneinandergestellten Spiegeln, die, ins Nichts gestellt, Strahlen reflektieren«.[24] Tzara fügte dem hinzu, daß sobald der »Mensch aufgehört hatte, in sich der Obsession des Unendlichen nachzuspüren, den vernunftwidrigen Kreis des ewigen Versagens wieder aufzunehmen begann«.[25] Folglich stellt er in unserem Text das mechanisch-animalische »zickzack« der Existenz zwischen den Spiegeln des »buckligen« und der »landschaft« in einen »tunnel des leeren«, in das Nichts, das dies »mit gutem willen« gewähren läßt. Dieser »Kreis des ewigen Versagens« zwischen den Spiegeln gestellt, die Existenz an sich, wird aber erst durch die »elektrische« Spannung spürbar, die sich durch die beiden Pole von »Ich = Nicht-ich« ergibt.

Innerhalb dieses Schemas werden nun drei Schichten der Natur sichtbar: die »wucherungen«, die beim Blick aus dem Zug faßbar werden und denen gegenüber der Mensch sich mit den improvisierten »karteikarten« seiner Erfahrung behilft. Darunter kommt das »auge der landschaft«, der Spiegel selbst zum Vorschein, während auf der letzten Schicht das »leere« und der »wind« wehen. Dem gegenüber ist man auf sich allein gestellt: Schreiben wird dabei zu einer Möglichkeit, sich mit vorläufigen »wegweisern« durch dieses Labyrinth auf drei Ebenen zu leiten. Mit den »wucherungen« war Dada bereits vertraut; neu jedoch war diese reflektierende Gegenüberstellung von Mensch und Natur. Was Tzara in den zwei Sommern in Tirol versuchen sollte, war, hinter den Spiegel der Natur zu kommen. Der Ausgangspunkt dabei war gewohnt individualistisch: man war ein »eingeschlungenes monogramm« in seinem eigenen »hirn«, man »arbeitete zu hause«.

In diese Struktur bindet Tzara nun Persönliches ein. Wie aus seinen autobiographischen Skizzen hervorgeht, war »ausgemacht«, daß er mit seiner tschechischen Freundin Maya »den Sommer gemeinsam verbringen würde«[26] Bei ihrer Abreise von daheim hatte sie aber anscheinend »ihren Eltern versprechen müssen, mich niemals wiederzusehen«.[27] Ihre Mutter hielt ihr vor: »denkt doch darüber nach meine lieben Kinder, wie es euch ergehen wird. Weder reichtum noch ersparnisse noch mobiliar.«[28] Inzwischen in der »kleinen stadt« Tarrenz angelangt, hält Tzara diesen bürgerlichen Ambitionen den »blitz« als jene Kraft der Natur entgegen, die jede ›gesicherte‹ Existenz unmöglich und absurd erscheinen läßt.

Dies basiert auf einem wirklichen Ereignis – gerade zur Zeit seiner Ankunft war es nach einer längeren Hitzeperiode zu einem Wettersturz gekommen. 15 Hektar Wald brannten durch Blitzschlag bei Imst ab, auf den Bergen aber war Neuschnee gefallen. So mußten die ersten Nächte im Gasthaus Sonne für beide beeindruckend gewesen sein; die spätere Version, die in einem Romanentwurf Tzaras einfloß, zeigt dies deutlicher:

Die Gabel des Blitzes irrte nun über die kleine Stadt, sich ihr Haus suchend. Sie hob es empor, sich dabei verzehrend. Die Unentschlossenheit suchte uns mit beängstigenden Funken heim. Ich dachte an Schlagadern, das einzige Wort, das ich deutlich in der flüchtigen Vision einer auf irgendeinem vergessenen Nagel meiner Phantasie in Fetzen aufgehängten anatomischen Tafel finden konnte. Auf den Fensterscheiben machte das Licht Zeichen des Kreuzes, um die mißlungene Bedeutung meiner grenzenlosen Lage wieder flottzumachen. Warm umhüllt im Schatten des Zimmers brachten wir die Spielsachen unserer Gefühle in Gang. (»Faites vos jeux«, 1923)

Natur und Mensch spiegeln sich auch hier ineinander: im »Blitz« reflektiert die menschliche »Schlagader«, und der »Blitz« wird »auf der Fensterscheibe« zum »Zeichen des Kreuzes«. Aus der Annäherung beider Pole schlagen die »Funken«. Dabei aber wird die »Lage« plötzlich »grenzenlos« und »beängstigend«, der Überblick verliert sich, Erscheinungen werden von ihren Objekten getrennt. Daraus ergibt sich jedoch auch die Schönheit der folgenden ›Zeremonie‹ im »Schatten des Zimmers«.

Die Ruhe und Distanz, die da hervortritt, erinnert in ihrer glatten, gefügten Oberflächlichkeit und metaphorischen Vernetzung an eine surrealistische Passage. Der Unterschied besteht darin, daß diese Stelle nichts Gewolltes und Gezwungenes an sich hat, daß sie aus der Situation heraus entsteht. Der »wirbelsturm« hat Tzara in eine Nische geweht, wo er sich nach der Angst eine Atempause gönnen kann, das ›panta rhei‹ hat ihn und Maya für kurze Zeit in stilleres Wasser gleiten lassen, wo sich ein inneres Gleichgewicht, eine »sicherheit« findet. Durch die »spielsachen unserer kleinen gefühle« wird die Welt in Parenthese gesetzt, auf ihre surrealistischen Effekte im »trichter des gedächtnisses« reduziert. Genau dies wird für Tzara irritierend bleiben; die Auflösung des Gegenübers von »Ich = Nicht-ich« in einem erotischen Verlangen beirrt ihn: »wer würde nicht vom kosten der vogelschatten wahnsinnig werden?«

Für den Augenblick jedoch rettet er sich in die Ironie, welche der Verführungsszene im Auge des »wirbelsturmes« ihre dadaistische Note wiedergibt. Daß dieser letzte Absatz auch biographische Anspielungen beinhaltet, das belegt uns eine überlieferte Anekdote:

Tzara und seine Freundin Maya wurden andauernd so von ihrer Lust aufeinander gepeinigt, daß sie sich nicht mehr mit ihren unzähligen tête à têtes zufrieden gaben, sondern ihrer Ausgelassenheit auch unter den Augen ihrer freunde nachgaben. Arp, immer schon ein wenig puritanisch, wurde dabei öfters von Ungeduld erfaßt: ›Wenn die Damen und Herren uns wohl die Ehre geben würden, einmal mit dem V..... aufzuhören!‹, sagte er in einem etwas gespreitzten Ton.[29]

* HERR Aa DER ANTIPHILOSOPH <I>

Der wirbelsturm brachte den haken im auge des bukkligen an der bucklige ist ein hügel der buckel ist das auge der landschaft. Der zug – ausgezeichnetes eisen um die luxuriöse unterwäsche der vornehmen wucherungen zu plätten – die vegetation aus karteikarten der bibliothek peitscht den wind mit den geräuschen des morseapparates. Was ehrt ihr auf dem vorhang gegenüber? Der vorhang gegenüber auseinandergefaltet wie ein schöner horizont von durchsichtigen spitzen und kumuluswolken – die schnelle ziege welche der tunnel der wiege des leeren öffnet der guten willens ihren zickzack atmet. Übertreiben wir nicht. Die elektrischen knöpfe deiner brüste im vollendeten relief schönes aquariumsmädchen – niemals werden wir entzünden dessen du eines sommernachmittages gedenkst – die langeweile summend in euren ohren.

Ich habe fächer voll der leeren flaschen der weißen seiten in meinem gehirn hinterladen der druckerei den du mit wegweisern anfüllen kannst. Wenn du fehlmuscheln unterbringen willst. Ich wohne als eingeschlungenes monogramm in meinem hirn ich arbeite zu hause.

Denkt doch darüber nach meine lieben kinder wie es euch ergehen wird. Weder reichtum noch ersparnisse noch mobiliar.

Die gabel des blitzes fährt über der kleinen stadt spazieren und sucht sich ihr haus.

Hier im schatten bringen wir die spielsachen unserer kleinen gefühle in gang; zwischen ihnen und mir – unsere sicherheit. Ich werde sie in aller ruhe entkleiden es ist jetzt die zeit der schläfrigen auswanderungen das weiße auge die mähne der bänder im wind. Währenddessen erzähle ich ihr was durch den trichter des gedächtnisses fließt: die reisen und die ferien. Aber der wind weht sehr heftig er ist jung und die bäume ziehen durch seine kraft vorbei. Sie ist ganz blaß und zittert aber ich besänftige sie indem ich sie von meiner hohen gesellschaftlichen stellung überzeuge.*

TRISTAN TZARA

DIE SCHERE DER HANDLUNGSWEISE

Als das brot – ein papagei – den kamm auf dem kopf anfängt auf die teller des weißen bären zu gehen – bedeckt der schnee nicht mehr die schneebedeckte berge und die schlechten kletternden handlungen – wolkenfische auf den pflanzen.

Die säge umrahmt die porträts der heiligen und die kieselsteine sind schwerer auf den gefühlen unserer harten augen. Welche schande – ruft Herr Aa aus – breitet sich aus und verdünnt sich zwischen den stunden welche von der unschuld der tiere mit dem stempel der schlagenden wetter gezeichnet werden für die kühnen aber sicheren streiche der helden der almanache. Die magnetischen haare der schere kitzeln die nägel meiner fingerpompons. In jedem zugeständnis ist dunkelheit – das objekt im menschen ist stärker als der mensch – in der flasche die sich leert – die unerklärliche manipulation stiehlt uns den steinstern und das ölige hirn. Dieser gipsverband ist mir immer vollkommen unnütz erschienen. Wenn ich das leere dem leeren anbiete – die haselnüsse den normalen grillen – den nebel den feuergarben der gleichen und vom sport beruhigten raketen – die fensterscheiben den gesetzlichen katastrohen – die hängenden spiele der festungen dem schicksal – kann die größe nur größer werden – erforsche ich die gesteinsballungen welche der geographie vorangingen – die traube der möglichkeit als das hirn erst gas war.

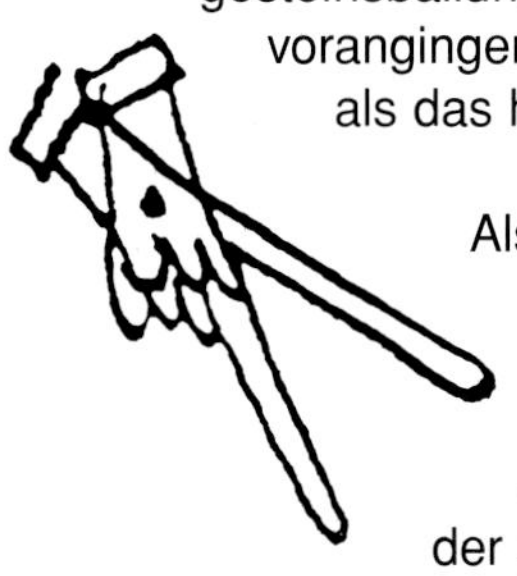

Also mahlt sich der schlüssel der zähne und der körper in der mitte. Die lebende krawatte des pfades. Dies konnte nur eine wohlhabende familie auf der suche nach dem panzer einer frühen stunde sein. Gewisse verlorene kugeln vervielfältigen sich im spiegel und spielen mit atavistischen erinnerungen der hochzeitlichen geschicklichkeiten. Auf dem reklameschiff ist der dienst der väterlichen fürsorge mit hilfe der wegweiser geordnet. Die kühe belecken die fossilien welche kostbar werden – Glauben Sie nicht daß dies im blut kreist? Und daß jedes blutkörperchen ein lebendes ei mit schwanz kraft und instinkt ist? Ohne augenbrauen könnte der mund sich nicht öffnen und schließen – in der weite ziehen die brüste der galanten verdienste der landwirtschaftlichen krisen der landstreichenden grüße der grenzsteine der nebel und der eroberungen vorbei.

TRISTAN TZARA

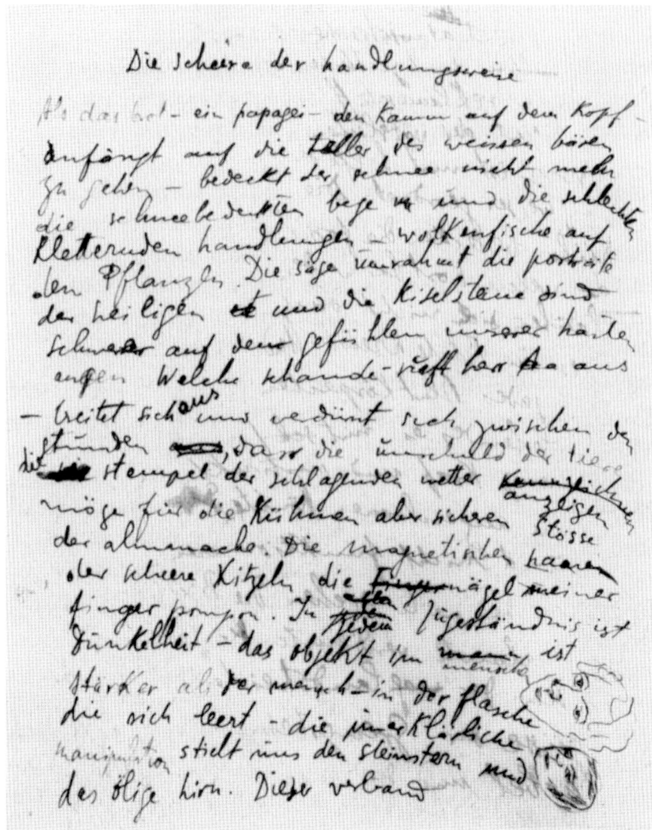

Erster Teil von Tzaras Manuskript *der schere der handlungsweise*

Die SCHERE DER HANDLUNGSWEISE scheint ebenfalls von einer Anekdote auszugehen – jedenfalls übernimmt Tzara darin den ersten Satz aus einem seiner Briefe.

Der »passionierte Alpinist« Ernst mußte Tzara überredet haben, auf eine kleine Bergtour mitzugehen – was der körperlich untrainierte Tzara kaum so schnell vergaß. Noch dazu war ja gerade Neuschnee gefallen, sodaß ihm eines der Schneefelder auf der Höhe durchaus vorkommen konnte wie »wolkenfische auf pflanzen«. Schon diese ersten Zeilen zeigen, was es mit den »handlungsweisen« auf sich hat. Gezwungen »klettern«, d. h. »gehen« zu lernen, steht er der Natur unschuldig und unbedarft gegenüber. Ein Spiel der Möglichkeiten sich mit ihr auseinanderzusetzen, ein Spiel der Identifikation mit den verschiedensten Figuren stellt sich ein. Einerseits führt da eine Assoziationskette von »schnee« zu »wolke« zu »fisch«, andererseits aber auch zum »weißen bären«. So ergibt sich eine »schere« der verschiedenen »handlungsweisen«, wie man mit diesem Problem fertig werden kann: entweder wie ein »bär« auf dem Schneefeld einbrechen oder wie ein »fisch« auf ihm ausgleiten.

Vom Klettern ist es nicht weit zu anderen Tiroler Klischees – den allgegenwärtigen Heiligenbildchen und der »unschuld« der Tiere auf dem Lande. Dies brachte Tzara nun auf ein Paradoxon Dadas – man hatte ja immer den

»jungfräulichen Geist« herausgekehrt, ihn aber zur Haltung der Opposition gemacht (die »unschuld« benützten Dada-»helden« für ihre »kühnen streiche«), was die Unschuld wieder zunichte machte. Unschuld und Widerstreit schienen so nicht nur unvereinbar, sondern auch kausal verknüpft – eine weitere »schere der handlungsweisen« also.

Das Problem nun, so reflektiert Tzara, während er wohl kaum besser als ein eben Laufen lernendes Kleinkind versuchte über ein Gletscherfeld zu kommen, lag in der Entscheidung für die eine oder andere Gangart. Jedes »zugeständnis«, jede Einwilligung war zugleich »manipulation« und beschnitt wie eine »schere« die »unschuld« der Möglichkeiten. Das »objekt im menschen ist stärker als der mensch« und zwingt ihn so zum »zick-zack« der Existenz, das zum »ewigen Versagen« verurteilt ist.

Die Lösung des Problems lag auf zwei Ebenen. Auf der einen galt es, das Versagen anzuerkennen, seinen »magnetischen« Reiz in all den versäumten Gelegenheiten (den abgeschnittenen »haaren der schere«) zu erkennen. Andererseits mußte man jedoch seine »handlungsweise« sooft wie möglich verändern, das »leere dem leeren anbieten«, die Reflexionen zwischen den Spiegeln aufrechterhalten. Jede einseitige Festlegung und Entscheidung beschnitt die »traube der möglichkeiten«, war gleichbedeutend mit einem Brett vor dem Kopf, sprich einem »gipsverband« um das »ölige hirn«. Das »objekt im menschen« drängt ihn zur Opposition, zur Erhellung des »nebels« durch »feuergarben«, zum Zerschlagen der »fensterscheiben«.
Dieses »objekt« fand nun in Tirol zu seinem Ursprung zurück; es steht für ein Sammelbecken urzeitlicher Natur, wo die »traube der möglichkeiten« in den »gesteinsballungen welche der geographie vorangingen« ihre reale Entsprochung findet.

Wo Ernst aber in der Festlegung des organischen »objektes« im Anorganischen einen Endpunkt sah, überwindet Tzara diese Grenze und stößt zu einer Ebene primitiver, archaischer und unschuldiger Existenz vor. Die »kühe belecken die fossilien« wie Salzsteine, sie gehen ins »blut« über und »kreisen« dort als »blutkörperchen«, als »lebendes ei mit schwanz kraft und instinkt«. Dieser Satz umreißt genau jenen elementaren Lebensbereich, dem Dada in Tirol auf die Spur gekommen war. Es hatte eine Nahtstelle entdeckt, wo sich Lebendiges (»der körper«) mit Leblosem (»der schlüssel der zähne«) vermischte und in der »mitte mahlte«. Auf diese Mitte zwischen den Spiegeln hatte Dada es nun abgesehen, wenn auch jeder »pfad« dorthin, nicht mehr als verschlungene »krawatte« sein konnte. Und jenen Lebensbereich sollte der ›Tausendfüßler‹ der nächsten Kapitel symbolisieren.

Tzara und Max Ernst in Tarrenz, 1921

HANS ARP UND DIE »KONKRETE KUNST«

Die Ausstellung war leer bis auf einen beleibten alten Herrn mit Hindenburg-Schnurrbart, der schnaufend von einer Leinwand zur anderen schritt und den Erklärungen zuhörte, die ihm vor jedem Bild ein junger Mann gab. Max Ernst tat so, als interessiere ihn das nicht, hörte aber auf jeden Satz des Führers, der sich sachkundig ausdrückte und für jedes Bild die treffende und lebendige Erklärung fand. Der dicke Herr atmete schwer und sprach kein Wort. Nach Beendigung blieb er vor einer Zeichnung stehen, die bescheiden am Ende der Wand aufgehängt war. Die dargestellten Formen sahen wie in der Luft fliegende Würstchen aus. »Was ist das?« fragte der alte Herr. »Das da, das ist von mir«, sagte der junge Mann schüchtern. Ein Sturm brach los. Wutschnaubend mit hochrotem Gesicht schwang der Dicke seinen Spazierstock: »Ich bin 79 Jahre alt«, brüllte er, »aber noch nie im Laufe meines makellosen, nur der Kunst gewidmeten Lebens wurde ich so schimpflich beleidigt.« Mit welcher Stimme unterbrach ihn der junge Mann: »Wenn Sie wirklich 79 Jahre alt sind, gehören Sie nicht hierher. Warum sind Sie aber noch nicht zum Himmel aufgefahren?« »Junger Lümmel!« war die laut gebrüllte Antwort des alten Herrn. Nach seinem Weggang wandte sich Max Ernst ohne Zögern dem anderen zu: »Ich hörte alles, was Sie sagten und habe Sie sehr bewundert. Wir wollen Freunde werden. Ich heiße Max Ernst.« Der andere schüttelte ihm die Hand. Vielen Dank. Ich heiße Hans Arp.[30]

Diese Ausstellung fand im Sommer 1914 in Köln statt, und laut Max Ernsts autobiographischen Notizen wurde die soeben geschlossene Freundschaft durch den 1. Weltkrieg vorläufig beendet:

Arp haut nach Paris ab (als Elsässer) mit dem letzten Zug. Die Legende will, daß der Zug in dem Augenblick über die Grenze fuhr, als diese geschlossen wurde, und zwar genau unter dem Abteil, wo Arp saß, daher seine gesplissene Persönlichkeit.[31]

»Gesplissen« nun in dem Sinn, daß er als Elsässer heimatlos zwischen zwei Fronten stand und noch lange stehen sollte; »gesplissen« ebenfalls, da er zweier Sprachen mächtig war und sowohl bildnerisch als auch literarisch arbeitete. Ansonsten aber war Arp im Vergleich zu den anderen Dadaisten eine der ausgewogensten und beständigsten Persönlichkeiten, mit mehr künstlerischer Erfahrung als die meisten. So hatte er bereits zwischen 1908 und 1910 die ersten Versuche unternommen, die »anerzogenen, konventionellen Kunstformen zu überwinden.«[32] Ergebnis war damals eine »abstrakte Landschaft von kompromißloser Strenge«[33] und jenes geometrische Formbestreben, das Arps Kunst anfangs kennzeichnete.

Ebenso bestimmend wie die dauernde Auseinandersetzung mit der Natur war für Arp die Begegnung mit Sophie Taeuber, die an einer Zürcher Kunstgewerbeschule unterrichtete und eine der wenigen Schweizer war, die sich an Dada aktiv beteiligten. Sie war es, die das Arbeiten mit neuem Material – Teppich, Stickerei, Papierbild – und dadurch eine neue, enger mit dem Handwerklichen verknüpfte Konzeption der Kunst einbrachte. Beide begannen zusammenzuarbeiten und führten neo-plastizistische Kompositionen aus, die sie aus Papier klebten, das mit einer Papierschneidemaschine zugeschnitten wurde, um jede persönliche Handschrift auszuschalten: »Wir versuchten uns demütig der ›reinen Wirklichkeit‹ zu nähern.«[34]

Mit Arps Holzschnitten, die Tzaras ersten Gedichtband illustrieren, tastete er sich bereits trotz ihrer abstrakten Symmetrie an eine neue Sprache der Kunst heran, die sowohl einer unpersönlichen Klarheit als auch den primitiven Kräften des Menschen gerecht werden konnte. Die Textur des Holzes tritt deutlich hervor, die Figuren selbst bekommen totemischen Charakter und sind ebensosehr Abstraktion wie Diagramm noch erkennbarer Menschen- und Pflanzenglieder. Die Offenheit des Werkes durch den Zufall begann nach und nach zum Ausdruck einer Identifikation und Symbiose mit einer im Universum innewohnenden, elementar kreativen Kraft zu werden. Die Symmetrie wurde dabei zu einem Mittel, um Organisches und Anorganisches im Gleichgewicht der Form zu halten; bereits in den nächsten Holzschnitten aber kristallisierten sich verstärkt pflanzliche Formen, verbunden mit der Suggestion des Wachsens heraus.

Verantwortlich für den entscheidenden Durchbruch Arps hin zu dieser Wurzel wurde ein Aufenthalt am Monte Verita in Ascona, wo sich damals auch Segal, Eggeling, Jawlensky und van Rees aufhielten. In jener utopischen Gemeinde, die mit theosophischem Gedankengut neue Lebensformen erprobte und wo Arp sich ein eigenes Stück Land erwarb, löste sich jener Konflikt und Antagonismus mit der Natur, der für Ernst und Tzara erst in Tirol zur Austragung kam:

Wir wollen nicht die Natur nachahmen. Wir wollen nicht abbilden. Wir wollen bilden, wie die Pflanze ihre Frucht bildet, und nicht abbilden. Wir wollen unmittelbar und nicht mittelbar bilden. <...> Die konkrete Kunst möchte die Welt verwandeln und sie erträglicher machen. Sie möchte den Menschen vom gefährlichsten Wahnsinn, der Eitelkeit, erlösen und das Leben des Menschen vereinfachen. Sie möchte es in die Natur einfügen. Die konkrete Kunst jedoch ist eine elementare, natürliche, gesunde Kunst, welche in Kopf und Herzen die Sterne des Friedens, der Liebe, der Dichtung erblühen läßt.[35]

Arp bestimmte in diesem Sinne entscheidend das Konzept Dadas mit, das neben der Diagnose der Zeit auch die Harmonie im Chaos innerhalb eines atavistischen Rahmens suchte. Der Zynismus und die kalte Selbstinszenierung war

Hans Arp auf der Heimreise von Tirol, 1921

Arp dabei fremd, obwohl er sein theosophisch angelehntes Gedankengut mit einer gesunden Portion Ironie in der Waage hielt, wenn er etwa mit einem Gebilde aus gedrechseltem Holz an einer Schnur durch die Straßen zog und dabei »Dada, Dada« schrie. Arp sah sich da viel eher als Reinkarnation des mittelalterlichen Narren, dessen Seele nicht an den Körper gebunden war, der göttliche Züge trug und deshalb als Mittler zwischen Himmel und Erde angesehen wurde – jene Figur, die Arp in seinem »kaspar« zu einer der bekanntesten Dadas machte. In seinen Gedichten verwendete Arp die Sprache in einem ähnlichen, »konkreten« Sinn, wenn er sie aus sich wachsen ließ und in ihrer Abwandlung das vorher »Nebulose und Unbestimmte« einfing. Ein Titel wie »weißt du, schwarzt du« (1924) gibt dies plakativ in Kurzform wieder.

Mit dem Ende von Dada-Zürich 1919 ging aber Arps Entwicklung konsequent weiter. Bedeutsam wurde das erneute Zusammentreffen mit Ernst in Köln, der 1920 wieder mit ihm Kontakt aufgenommen hatte. Dort kam es zu einer Zusammenarbeit beider an FATAGAGA, der »Fabrication des Tableaux Gazométriques Garantis« (›Fabrikation garantiert gasometrischer Bilder‹).

So unterschiedlich Ernsts und Arps Schaffen ist, so waren sich die beiden doch dahingehend einig, daß, wie Ball gesagt hatte, »die Bilder der Imagination bereits Zusammensetzungen« sind.[36] Arp tendierte dabei mehr zur Betonung der Imagination – er selbst hatte nie Collagen verfertigt –, Ernst mehr zur Zusammensetzung; gerade diese Komplementarität mußte aber den Reiz der gemeinsamen Arbeit ausgemacht haben. Wichtig für die Entwicklung Dadas war die Entstehung eines ersten unabhängigen Objektes durch das Zusammenspiel von Wort (Arp verfaßte den Text) und Bild, eine Arbeit, die in Richtung Gesamtkunst ging. Eine neue Poetik wurde darin ersichtlich, die ungewöhnlich bar der sonst üblichen dadaistischen Rauheit und Brüchigkeit war – Anzeichen dafür, daß Dada jetzt soviel Boden unter den Füßen gewonnen hatte, um sich einer neuen Ästhetik nähern zu können.

Der dadaistische Mythos der FATAGAGA war jener Grund, auf dem der elementare Humor Arps und Ernsts sezierender Geist sich treffen konnten: in der Fata Morgana der Vorspiegelungen einer dadaistischen (Gaga-)Fee, die sowohl in einem ›Gasometer‹ die Gase der Illusion beinhaltete, sie aber ebenso auf ihre Konsistenz hin ›gasometrisch‹ untersuchte. Das FATAGAGALIED im TIROL-Manifest zeugt von diesem mehrbödigen Vexierspiel zwischen Realität und Vorstellung.

Die Zusammenarbeit mit Ernst war nur kurz und Arp kehrte, nachdem er im Januar 1921 ein letztes Mal zum Begräbnis seines Vaters in Köln war, in die Schweiz zurück. Nach dem Krieg war auch die Frage der Staatsbürgerschaft für ihn zum Problem geworden, dem er als Elsässer, der nicht Deutscher werden wollte, mit großen Schwierigkeiten gegenüberstand. Sein Wunsch, Franzose zu werden, wurde Arp nicht erfüllt (weshalb wohl eine aktive Teilnahme Arps an Dada-Paris nicht zu belegen ist), und so ließ er sich in Champfèr bei St. Moritz nieder.

Als sich nun das Dada-Treffen in Tirol zu konkretisieren begann, antwortete Sophie Taeuber am 8. 8. 1921 an Tzara in Karlsbad:

Lieber Herr Tzara,
Ihre Karte habe ich erst auf vielen Umwegen bekommen. Sie haben wohl Arps Brief unterdessen erhalten. Er fährt in ca. 14 Tagen nach München und Berlin. Die Einbürgerung wird er nun versuchen. Ich sehe Sie vielleicht im Winter in Paris, auch wenn Arp nicht mitkommen kann. Vielen Dank für Ihre Bemühungen und beste Grüße auch von Arp
Ihre Sophie Taeuber[37]

Sophie Taeuber war in diesem Jahr nicht dabei; Arp selbst sollte nach anfänglichen Visaschwierigkeiten Ende August in Tarrenz eintreffen.

Hans Arp: Holzschnitt aus der *Flake*-Mappe, 1922

ERSTE BRIEFE AUS TARRENZ

Sofort nach seiner Ankunft in Tarrenz hatte Tzara wieder die Fäden in die Hand genommen und begann, Paris von der Lage in Tirol zu unterrichten. So ist uns ein Teil eines Briefes an Théodore Fraenkel vom 22. 8. 1921 erhalten, der mit kleinen Zeichnungen – Blumensträuße, Hut, Fisch, Blumentopf – geschmückt war. In ihm antworteten Tzara und Ernst auf die Übersendung eines Gedichtes Fraenkels (als »TRETEN SIE EIN UND SEHEN SIE« ins TIROL-Manifest übernommen):

** Der Schnee der Berge bedeckt nicht mehr die Berge, er ist gefallen. Ihre Zeichnung gefällt mir (außerordentlich) gut. Ernst und die anderen Dadas von Tarrenz finden nur mehr Vergnügen daran, es zu betrachten. <...> Arp kommt am Montag an. Wenn wir mächtig genug sind, könnten wir hier unsere erste Republik gründen. <...>*

Was macht Breton? Eluard liebe ich sehr. Was spricht man vom Pilhaou-Thibaou? In Paris? Die Liebe schließt auch die Tinte mit ein. Dada ist ein ganz vortreffliches Löschblatt. Ich glaube, daß man in Tirol leben müßte wie ein Schwachkopf und sich von den Billardkugeln umstoßen lassen sollte. Das ist ein ganz vortrefflicher Draht, er führt sicherlich zum Tode. <...>

Max Ernst ergreift am Schluß noch die Feder:

*Dada in der sommerfrische wird Ihnen bestimmt nicht mißfallen. Treten Sie ein und sehen Sie sich Dada als bauer an. Ihre zeichnung hatte sechseinhalb pollutionen bei mir zur folge. Verändern wir die pollutionen! Verändern wir die zeichnungen! <...> ** [38]

Tzaras erster Satz spielt auf die »SCHERE DER HANDLUNGSWEISE« an, in der er fast wortwörtlich wiederholt wird. Der wirklich im August verzeichnete Wettersturz und der Schneefall mußten Tzara dabei als dadaistische Metaphern für das Leben in der Natur sofort ins Auge gefallen sein – Tirol hatte sich für ihn sogleich unter dadaistischem Vorzeichen vorgestellt, und der »Schnee« ging Tzara so schnell nicht aus dem Kopf. So wird er im TIROL-Manifest zum »exkrement der dadaisten«, weiß wie das »papier, auf dem wir schreiben«. Die paradoxale Vorstellung Dadas von der Existenz hatte also im sprichwörtlichen ›Schnee im August‹ ihre Entsprechung gefunden, und die schneebedeckten Berge wurden zu einem vielschichtigen Symbol, das Dada als »jungfräulichen Geist« ebenso umfaßte wie Dada als »künstlich über die Dinge gelegte Sanftheit, ein Schnee von Schmetterlingen«.[39]

Dada wollte jeden Eingriff in die Welt zugunsten einer fein registrierenden Sensibilität relativieren. Man wollte den Lebensfluß in sich aufsaugen wie ein »Löschblatt«; der Kunst kam dabei die Qualität des Schnees zu: rein, glatt und in der Sonne vergänglich: Askese und Chaos zugleich. Unter dieser sanften Schicht auf den Bergkuppen kommt aber auch das Gegenüber von etwas Übermächtigem zum Vorschein: die Bedrückung der Berge, das Leben zu dicht an ihnen, ausgeliefert und von unten nach oben gekehrt wie »Billardkugeln«, eine Existenz, die »sicherlich zum Tode führt.«

Damit hatte Tzara in einigen wenigen Bildern ein Existenzmodell umrissen. Für Dada bedeutete Tirol den vollkommenen Gegensatz zum intellektuell verpesteten Klima in Paris; hier fand es die Unbeschwertheit, Narrheit und Phantasie wieder, die sich verspielt im Manifest ausdrücken. Dada lebte jetzt im Nabel und nicht auf dem Dach der Welt, in einer Geisteshaltung, die sich wie Schnee über die Dinge legen wollte.

Der in dieser Ausgelassenheit propagierte Plan einer Dada-Republik hatte natürlich keinen Bestand und war übrigens nicht neu gewesen. Schon zwei Jahre zuvor hatte Dada-Berlin im Umfeld der Unruhen am 1. April 1919 eine unabhängige Republik Berlin-Nikolasee proklamiert – mit dem Ergebnis, daß am selben Tag noch ein ganzes Regiment Miliztruppen bereitgestellt wurde.

Arp ließ in der Zwischenzeit noch auf sich warten, aber ein anderer begegnet uns hier, obwohl seine Geschichte nicht die unsere ist: Alfred Gruenwald, genannt ›baargeld‹. Sein überaus kleiner Beitrag zum TIROL-Manifest war bereits sein letzter dadaistischer; er war in diesem Sommer bereits dabei, sich von Dada abzuwenden und das Studium der Volkswirtschaft aufzunehmen.

Am 12. August dann fuhren Tzara, Ernst und Baargeld nach Innsbruck, wo die Gruenwalds ihr Visum verlängerten und zu Ernst nach Tarrenz reisten. Dort unterzeichnete Baargeld einen zweiten Brief Tzaras an Eluard mit:

Tarrenz b/Imst, 25. August 1921

** Mein lieber Freund,*
ich bin hier in den Bergen zusammen mit einigen Freunden. Das Haus ist angenehm, und wir lieben uns alle. Wie lieben Sie? Immer noch in St. Brice und in Paris? Der Freund aus St. Brice – Arp – trifft morgen – teremtete! – hier ein. Max Ernst schenkt jedem Dada, der nach Tarrenz kommt, ein Bild. Er ist hier mit seiner Frau und seinem Baby Jimmy, dem kleinsten Dadaisten der Welt. Die Reise kostet weniger als 60 Fr. in der dritten Klasse, und für 130 Fr. erhalten Sie 10000 Kronen, um einen Monat lang hier zu leben. Der Schnee ist nicht mehr Schnee. Das Essen ist sehr gut. Wenn sie mit Gala und ihrer Kleinen kommen. Ich habe hier gar nichts auf dem Feuer. Schreiben Sie mir lange Briefe. Ich würde vor Freude in die Knie gehen. Wenn Sie mir Zeitungen und Revuen schicken würden, wären Sie ein Engel. Mit wem treffen Sie sich? Und was machen unsere Freunde? Der Kongreß öffnet sehr bald seine miriapodische Schere. Ich lebe ganz in der Sonne, und mir kann nichts

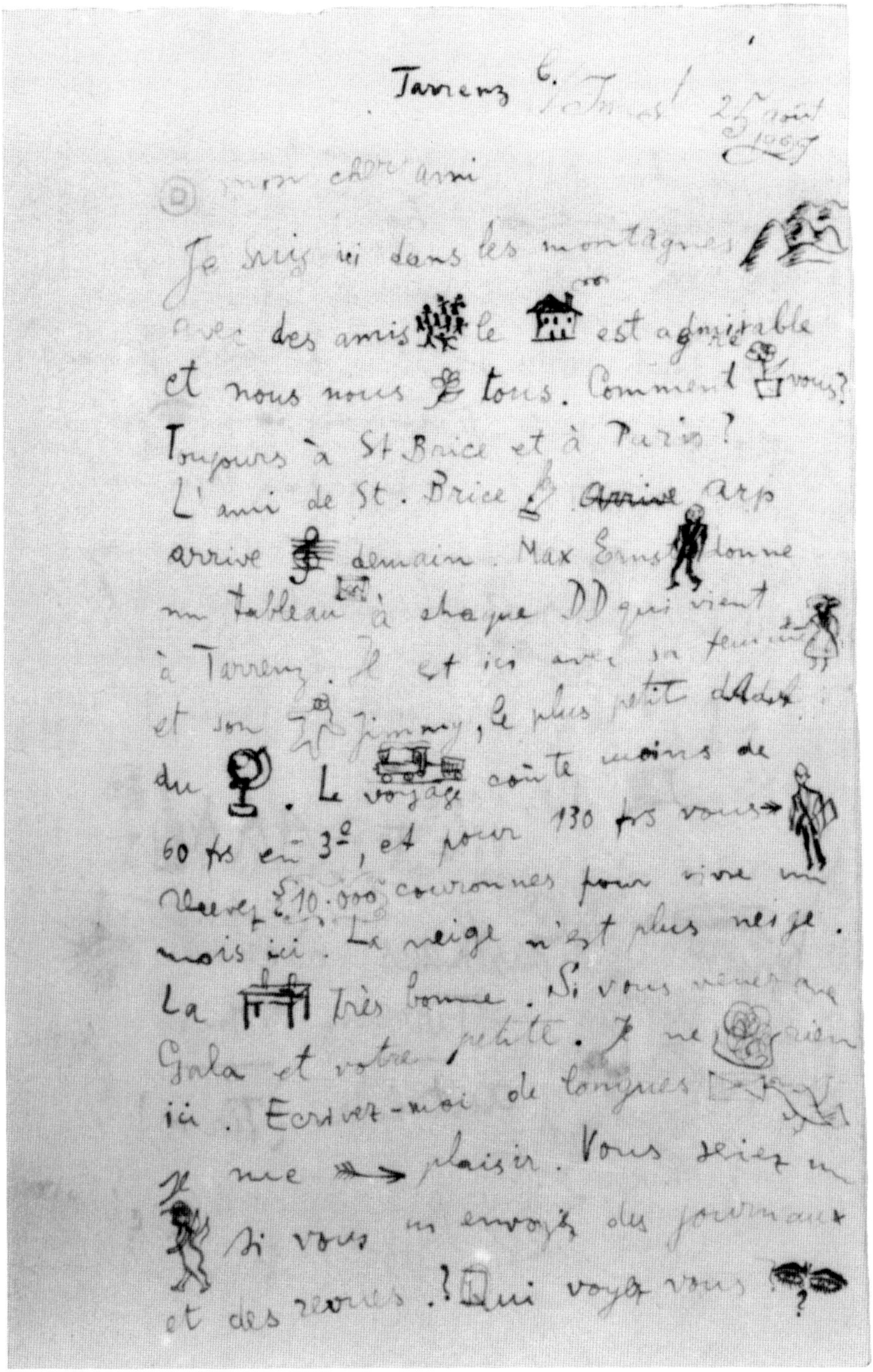

Tarrenz b. Imst 25 août 1921

Mon cher ami

Je suis ici dans les montagnes
avec des amis le est admirable
et nous nous tous. Comment vous?
Toujours à St Brice et à Paris?
L'ami de St. Brice ~~arrive~~ arp
arrive demain. Max Ernst donne
un tableau à chaque DD qui vient
à Tarrenz. Il est ici avec sa femme
et son Jimmy, le plus petit dada.
du . Le voyage coûte moins de
60 frs en 3e, et pour 130 frs vous
aurez 10.000 couronnes pour vivre un
mois ici. La neige n'est plus neige.
La très bonne. Si vous venez avec
Gala et votre petite. Je ne rien
ici. Ecrivez-moi de longues
Je me plaisir. Vous seriez un
si vous m'envoyez des journaux
et des revues? Qui voyez vous ?

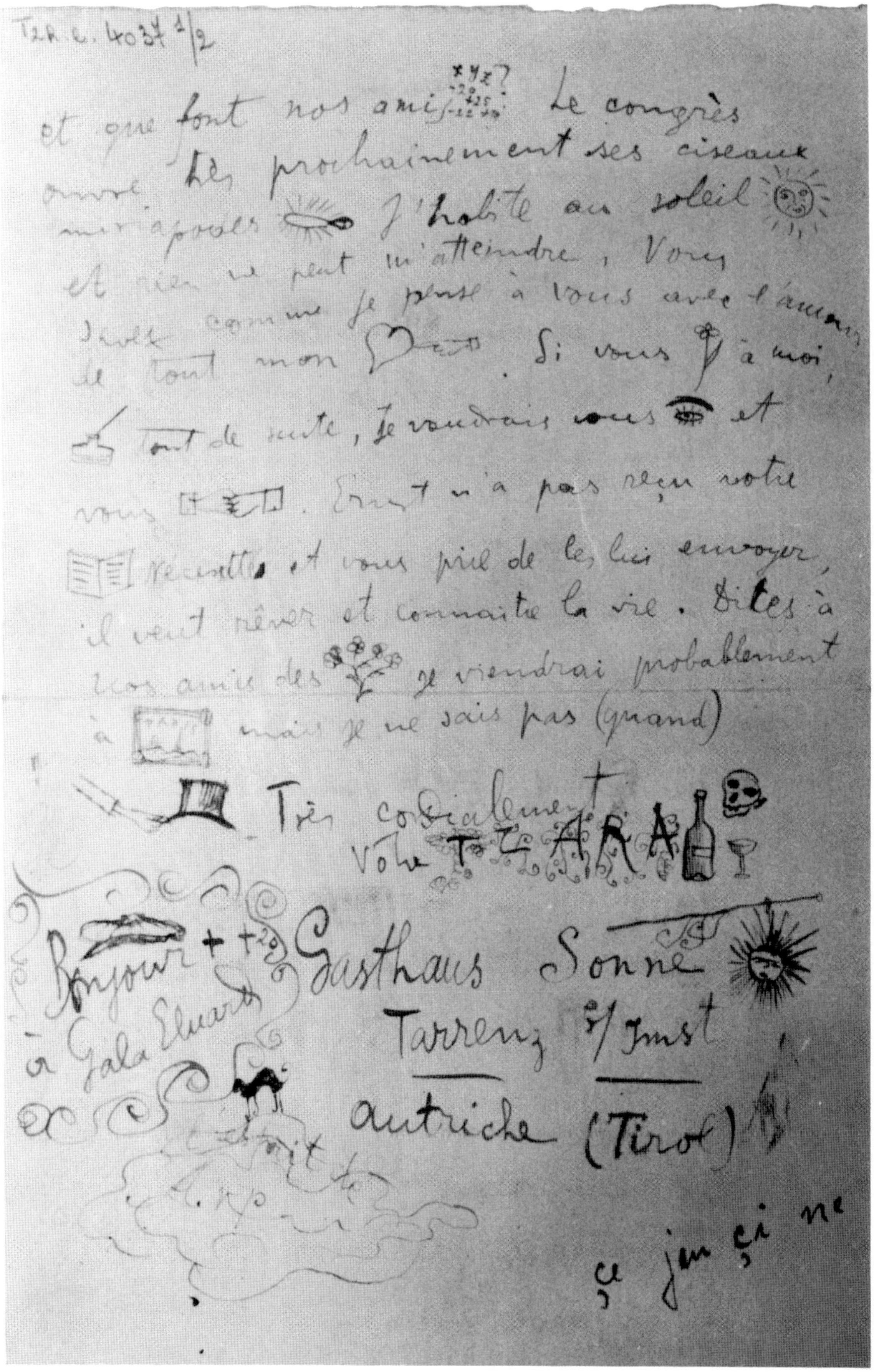

TZR. C. 4037 1/2

et que font nos amis? Le congrès
ouvre les prochainement ses ciseaux
mes apôtres J'habite au soleil
et rien ne peut m'atteindre. Vous
savez comme je pense à vous avec l'amour
de tout mon . Si vous à moi,
tout de suite, je voudrais vous et
vous . Ernst n'a pas reçu votre
recette et vous prie de les lui envoyer,
il veut rêver et connaître la vie. Dites à
nos amis des je viendrai probablement
à mais je ne sais pas (quand)

Très cordialement
votre TZARA

Bonjour + +2
à Gala Eluard

Gasthaus Sonne
Tarrenz b/ Imst
Autriche (Tirol)

ça jusqu'ici ne

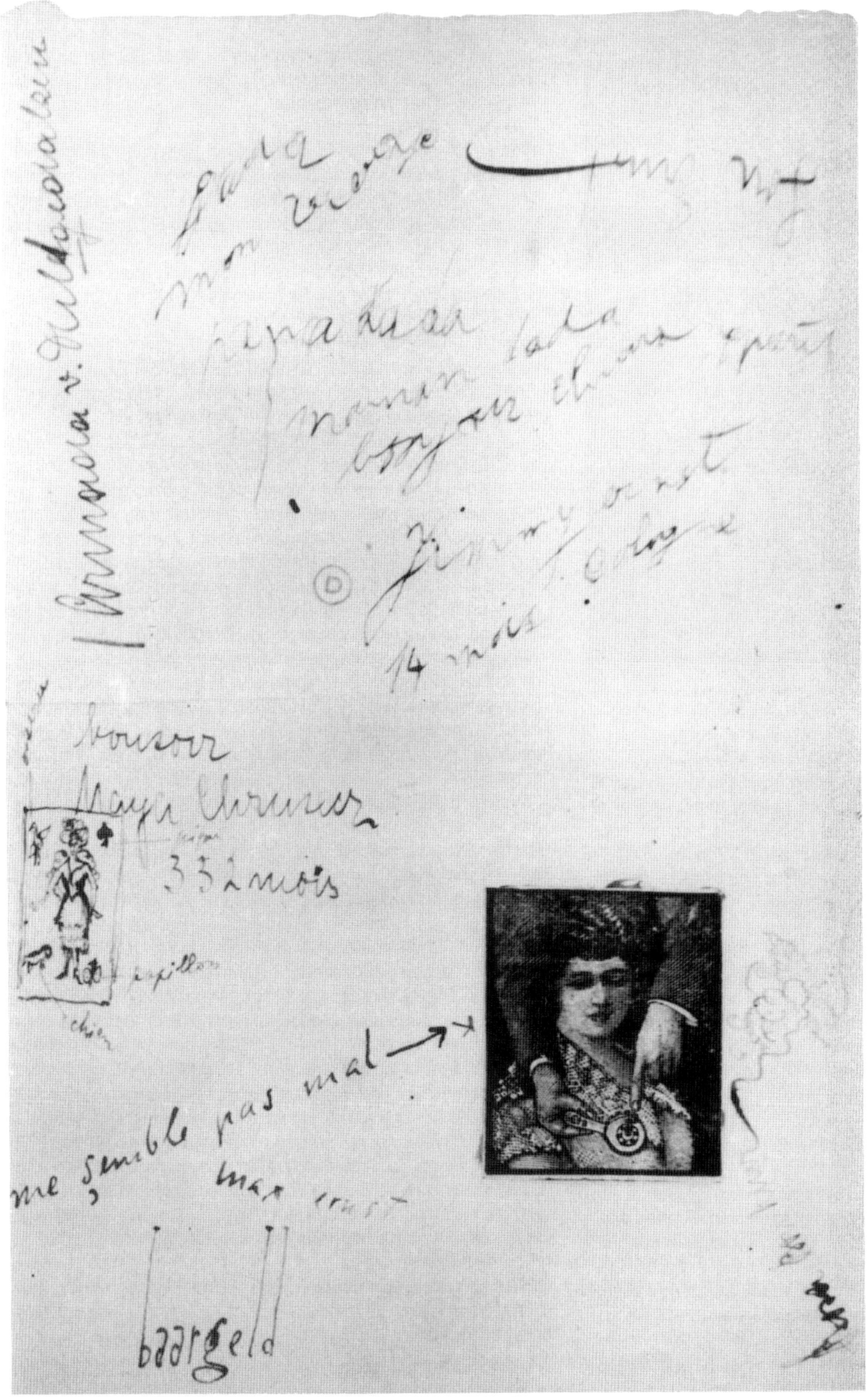
me semble pas mal
max ernst
baargeld
33½ mois
14 mois

mehr etwas anhaben. Sie wissen, wie ich an Sie mit der Liebe meines ganzen Herzens denke. Wenn Sie mich lieben, dann schreiben Sie mir schnell, ich möchte gern, daß wir uns sehen und uns die Hände schütteln. Ernst hat ihr Buch (Necessités) nicht erhalten, und er bittet Sie, es ihm zu senden, er möchte gern das Leben träumen und kennenlernen. Übermitteln Sie unseren Freunden Komplimente. Ich werde wahrscheinlich nach Paris zurückkehren, aber ich weiß noch nicht (wann).

Mit herzlichen Grüßen, Ihr TZARA

Gasthaus Sonne, Tarrenz b/Imst, Österreich (Tirol)
Hallo an Gala Eluard
Armada v. Duldgedalzen/Lou Ernst

Gala mein Alter
papa dada mama dada hallo Eluard Paris
Jimmy Ernst 14 Monate Köln

Guten Abend Maya Chrusecz
332 Monate
<Zeichnung einer Spielkarte, Frauengestalt mit Vogel, Pik, Hund und Schmetterling>

dieses spiel hier scheint mir nicht einmal schlecht
max ernst
*baargeld **
<aufgeklebte Collage> [40]

Tzara hat in diesem Brief, den er mit vielen kleinen Skizzen verzierte, sein Gleichgewicht wiedergefunden: er sprüht über vor Lebenslust, und taktisch klug – wann er zurückkommt, weiß er noch nicht – stellt er auch seine Rückkehr nach Paris in Aussicht. Daneben wird noch etwas anderes deutlich: wie sehr Tzara nicht nur seine Ausgeglichenheit aus der Freundschaft bezieht, sondern wie abhängig sie auch von dem Ort seines Aufenthaltes ist.

Die meisten Poetiken sind manchmal nur verständlich, wenn man sie auf eine Topographie, auf das ›objektive Korrelat‹ einer Landschaft zurückführen kann – ob Stifters Hochwald, Conrads Meer, Scotts Schottland oder Camus' Algerien sei. Für Tirol nun eine solche Schlüsselstellung in Anspruch nehmen zu wollen, mag in diesem Rahmen etwas übertrieben erscheinen; dessen ungeachtet fällt auf, aus welchen Elementen Tzara sein Gleichgewicht zusammensetzt: immer wieder kommt Tzara auf die Berge, den Schnee, die Sonne und die ›grand air‹ zurück. Was sie aber von rein touristischen Versatzstücken unterscheidet, ist ihre Verwendung und ihre Konstellation. »Der Schnee ist nicht mehr Schnee«: schon von Anfang an wird er zum Träger einer bestimmten Vorstellung; die Sonne ist nicht mehr nur »Sonne«: sie macht unverletzlich und unantastbar. Die Berge dagegen werden für ihn zum Widerpart und in ihrer Unbeweglichkeit zum Symbol der eigenen Zerbrechlichkeit. Die Luft wiederum ist »groß« und unbegrenzt.

Typisch für diese Konstellation der Elemente, die Tzara hier aus dem Tiroler Reservoir herausgreift, ist ihr Verweis auf die vier Grundelemente Feuer, Wasser, Erde und Luft. Arrangiert sind die einzelnen Elemente in einer Art magischem Viereck: Tod, Natur und dazwischen die Illusion der Existenz, über der das »morganatische Gelächter der Ebenen und Wasserfälle« (TIROL-Manifest) erschallt. Arrangiert hat auch Tzaras Freundin Maya ihre Zeichnung im Kreuz von Luft (Schmetterling, Vogel) und Erde (Pik – Bergspitze, Hund). Der Brief insgesamt wird so zu einem fast barocken Spiel mit der Botschaft, der die einzelnen Piktogramme angehören – Ausdruck jener von Tzara postulierten »aktiven Einfachheit«.

Hervorstechend daraus ist die kurze, unter dem Brief angefügte Anmerkung Ernsts und seine aufgeklebte Collage. Wir haben es hier mit der ersten Ernstschen ›Totalcollage‹ zu tun, d. h. jener Reihe von Collagen aus Holzstichen, deren Nahtstellen nicht mehr ersichtlich sind, deren Material einheitlich ist und die keine Überarbeitungen von Ernsts Hand mehr aufweisen. Der Zusatz Ernsts: »dieses spiel erscheint mir nicht einmal schlecht« beweist uns, daß er sich der »veränderung der zeichnungen« bewußt war, daß dieses Spiel, dessen Regeln er in den nächsten Jahren verfeinern sollte, verhältnismäßig neu für ihn ist.

Hinzugefügt zu diesem Ausriß aus irgendeiner Zeitschrift hat Ernst nichts: er löste nur das, was einmal Teil eines Artikels oder einer Werbung und mit erklärendem Beiwerk versehen war, aus seinem ursprünglichen Zusammenhang.

Was auf dieser, nur wenige Zentimeter großen Darstellung, einmal konkrete und verständliche Illustration zu einem konkreten Thema war, löst sich durch die Isolierung von erklärenden Bezügen in völlige Mehrdeutigkeit auf und nimmt ein unkontrollierbares Eigenleben an. Das Dargestellte kann nur mehr durch den abgebildeten Zeigefinger einer Anzeige o. ä. zugeordnet werden; das eigentliche Objekt des Bildes kann ebensogut eine Kleiderbürste, ein Handroulette oder ein pseudowissenschaftlicher Apparat zur Hypnose sein, um nur einmal die Phantasie spielen zu lassen. Die Geste der Männerhand, der Blick der Frau, ihre Stellung fallen dadurch noch verstärkt durch die Unbestimmtheit des Markennamens in ein Vakuum der Mehrdeutigkeit.

Doch nicht ganz: die Auswahl dieses kleinen Bildes ist bezeichnend für Ernst, kommt in ihm doch ein zuvor nur unterschwelliger Aspekt des Erotischen zum Vorschein – voll sexueller Assoziationen, von dem phallischen Finger bis zur Büste der Frau. Daneben taucht die Thematik des Spieles auf, wenn der Zeigefinger auf das Roulette vorgeprägter Vorstellungen verweist, die je nach Spielart einmal auf diese oder jene, einmal auf eine gerade oder ungerade Zahl fallen – womit Ernst sich der Erotik des Zufalls und Tzaras Postulat von den »Billardkugeln« überläßt.

Andererseits ist auch der traumhafte und starre Aspekt des Dargestellten, die eigentümlich glasigen Augen der Dame für Ernst charakteristisch. Wenn Ernst sich des Holzstichs in der Tradition des 19. Jahrhunderts bedient, so arbeitet er zwar mit einer veralteten und fast neutralen Ästhetik, kann ihr aber doch nicht ganz entgehen – weder in der gleichmäßigen Schraffur, noch in der Feinheit der Ausführung. Ernst überschreitet darin bereits die dadaistische Poetik, indem er aus dem ›ready-made‹ eine subtile Grammatik zu entwickeln beginnt, deren Regeln (wie etwa die rein proportionelle Übereinstimmung der Elemente) Dadas Verweigerung jedweder Systematisierung unberücksichtigt lassen.

Diese noch unbearbeitete Collage steht damit am Wendepunkt auf dem Weg zur Totalcollage, wie sie das Titelbild zum TIROL-Manifest repräsentiert. Sie ist zunächst noch ein Baustein, zu dem das Gebäude fehlt. Dieses zeichnet sich erst nach der Konfrontation mit Tirol ab: zuerst die spielerische Improvisation der Frottage, dann die Ausweitung des Sujets in den Tiroler Photomontagen. Die Zweidimensionalität der Technik und die Formalisierung der Collage stellen die versuchte Eingrenzung des Ausgriffs in die Natur dar, zurück zu einer erneuten Abstraktion.

Breton war der erste gewesen, der von den Pariser Dadaisten auf Tzaras Einladung reagiert hatte. Zwei Tage nach Tzaras Brief antwortete dann Eluard am 27. August 1921:

** Einverstanden, aber ich werde Sie vor Ende September nicht treffen können. Wie sie ja wissen dienen unsere Ferien hauptsächlich meiner Frau, deren Gesundheit ja prekär ist. Ist es im Oktober schön? Breton und Simone werden vor uns abreisen. Werden Sie dann dort sein? Und Max Ernst und Arp, die Sie bitte meiner Sympathie versichern. Denken Sie nur an den ganz kleinen Ernst, den ich so gerne in Empfang nehmen würde und daß Sie einen Betrug bewerkstelligen, ohne allzuviel darüber nachzudenken. Schicken Sie mir Gedichte und Wörter und Sätze für PROVERBE, und bitten Sie auch Ernst um Gedichte und Sätze.*
Ich bitte Sie darum, Ihr ergebener Eluard.

Und falls für 140 Fr. pro Monat – wie werden wir reich sein!
*ICH LACHE, WEIL ICH GLÜCKLICH BIN. **

In Paris waren die Hochzeitsvorbereitungen Bretons in vollem Gange und die Hochzeitsreise nach Tirol schon beschlossen. Grund dafür war neben der Anwesenheit Tzaras, Ernsts und Arps offensichtlich auch das billige Leben in Tirol – wie Eluard so überaus subtil bekennt. Mit der harten Währung eines Siegerlandes war es leicht, reich zu sein, wiewohl Eluard neben seiner Schriftstellerei noch arbeitete. Jedenfalls war das Interesse an Tzara wieder so groß geworden, daß Eluard ihm nahelegte, auch auf krummen Wegen eine Visaverlängerung zu erreichen. Darüber hinaus bleibt noch festzustellen, daß Eluard Ernst nicht nur als Maler, sondern auch als Dichter zu schätzen scheint, wenn er ihn zur Mitarbeit an seiner kleinen Zeitschrift »Proverbe« einlädt, deren 6. Nummer er gerade in Eigenredaktion veröffentlicht hatte. Auf diese Einladung Eluards reagiert man in Tarrenz prompt am 31.8.1921:

** Tarrenz bei Imst, Mittwoch, <31.> August 1921*

Lieber Freund,
ich schlage vor:
Nr. 6 Invention gefolgt von Proverbe
Nr. 7 Intention
Nr. 8 Invasion
Nr. 9 Invitation
Nr. 10 Inversion
Nr. 11 Intervention
Nr. 12 Inondation

Das Leben ist angenehm. Ein General war hier. Arp ist in Tarrenz. Oh weh, Oh weh, ich werde weder das Geld noch die Zerstreuung haben, um auf Sie bis Ende September warten zu können. Ernst reist um den 28. September ab, Arp vorher. Sie finden anbei speziell für PROVERBE, mit der Liebe der Gelegenheit verfaßte Sachen. Wählen Sie uns im Vertrauen. und wir lieben Sie. Wir lassen eine Nummer der Zeitschrift: ›Dada au grand air‹ erscheinen, wo ich das Vergnügen haben werde, ihr Gedicht »Wo sind wir denn?«, in schönen Tiroler Schriftzeichen gedruckt, zu lesen. (Ich hatte zufällig nur ein Gedicht von Ribemont-Dessaignes und ein anderes von Soupault verfügbar). Wissen Sie, warum mir meine Freunde nicht schreiben? An Fraenkel, den ich liebe, schrieb ich einen langen Brief. Er war Vortrupp, aber ihre Briefe sind so kurz. Schreiben sie uns vom Schnee. Auf bald, kommen Sie eher. An Gala einen Galaball numerierter Sympathien, und an Sie, mein lieber Eluard, alle Freundschaft meines frischen Vogelherzens.
TZARA

Lieber Herr Eluard, bevor ich beginne die Bürste eines schwanes aus schießbaumwolle abzufädeln, sende ich Ihnen 121 grüße. max ernst.

*Mein lieber Eluard, ihr PROVERBE gefällt mir sehr, und ich sende Ihnen einen turban aus eingeweiden und die liebe zu vier zimmern. Ihr Arp. **

Die Titel für »Proverbe«, die Tzara hier vorschlägt, treffen genau die sprachkritische Absicht von Eluards Revue. Ihr Anliegen war es, mittels Abwandlung, Variation und Umstellung von überkommenen Sprach- und Denkstrukturen (wie Sprichwörtern und Gemeinplätzen) den Satz für irrationale und widersprüchliche Bedeutungen zu öffnen – im TIROL-Manifest gibt es genügend Beispiele dazu. Die Grüße, die Arp hier Eluard sendet, wurden überdies der Anlaß für jene Reihe von phantasievollen Botschaften an die Pariser Dadaisten im TIROL-Manifest. Die konkret ins Auge gefaßte Arbeit an ihm ist aber erst mit der Ankunft Arps am 26.8. anzusetzen.

DER KONGRESS ÖFFNET SEINE TAUSEND-FÜSSIGEN SCHEREN

Jener Satz aus Tzaras Brief vom 25. 8., in dem die Konferenz der Dada-Potentaten unter das Motto der »miriapodischen« (Wortschöpfung aus ›Tausendfüßler‹ und ›Wunder‹) »Schere« gestellt worden war, erweist sich im Rückblick als äußerst treffende Metapher. Bezeichnend nämlich für die Aktivitäten in diesem Sommer sind die Gemeinschaftsarbeiten, das gegenseitige Komplementieren, die erst das unbeschwerte Klima dieser Tage ausmachten. Man ging eine kreative Symbiose ein: Tzara begann in Arps Stil zu schreiben (SCHÖNER MORGEN), Arp griff im FADENRÄTSEL des TIROL-Manifestes auf Ernsts Stil zurück, Ernst zeichnete wie Arp (vgl. Postkarte vom 13. 9. 1921) und verfaßte mit ihm zusammen das FATAGAGALIED. Dada in Tirol war zunächst wie ein vielgliedriges Tier, das die Natur in seinen Gedärmen verdaute: die »weiße tinte« auf dem »weißen papier« war das »exkrement der dadaisten«.

Der Tausendfüßler war nur eine Metapher aus einer langen Reihe, die jetzt plötzlich bei Dada auftauchten. Dabei gab es bei Tzara die »fossilien«, die zu »blutkörperchen mit schwanz kraft und instinkt« wurden und das »insekt«. Arp schrieb von einer »Eidechse« (AUFRUF) und Breton sollte »unter jedem stein eine Botschaft anstelle einer Eidechse« finden (UNZERBRECHLICHER SPERBER). Ernst wiederum nahm bei Tzara Anleihe, wenn er im VIVISEKTOR nun seinerseits mit den »eizellen« und »sporen« Leben unter den toten Steinen entdeckte:

es sind die bauchteile der eizellen, die spitzengänger der zukunft, die gliedmaßen der im schnee begrabenen. Sie übertreffen die sporen an schönheit und klarheit. Sie sind mit wurzelhaaren dicht besetzt. Ihre halskanäle tragen freine wimpern. Die giftzähne verbergen sie in den weichteilen ihrer frauen. Atemöffnung und assimilationsfäden tausenfach. Auf dem grunde des bechers der sonnentau.

Der Tausendfüßler, den man beim Umdrehen der Steine und der »Billardkugeln« in »erde und wohlgeruch unter dem nest und dem ei« (TIROL-Manifest) gefunden hatte, symbolisiert genau jene Vorstellung Dadas von der Existenz als Metamorphose in einer Welt der Gleichgültigkeit. Er drückte jene Form der kosmischen und archaischen Passivität Dadas aus, die das »LEBEN« in allen Poren »assimilieren« und »atmen« wollte. Wenn Tzara zudem in seinem Brief ein Piktogramm, das Ähnlichkeit mit einem Auge hat, dem Satz hinzufügt, so verdeutlicht er überdies, daß die Wahrnehmung und der kreative Blick den Zwischenraum zwischen Erde und Stein abtasten müssen, um »am grunde des bechers« den »sonnentau« der Poesie zu finden. In diesem Sinne könnte man mit Fug und Recht den Tausendfüßler, der das Feuchte und die Zerfallsstoffe bevorzugt, der das Bindeglied zwischen Verwesung und Entstehung, zwischen Anorganischem und Organischem ist, zum Wappentier Dadas in diesem Sommer erheben.

* EIN SCHÖNER MORGEN
MIT ZUSAMMENGEBISSENEN ZÄHNEN

Ich verwandle den zug in klingender feder
im ganzen land gibt's nur ein einziges Insekt
im haus zu den nasenlöchern aus gold ist jeder
voll der sätze sehr anständig und überaus korrekt

zerschneiden wir die leiter des morgens
die der luft die der nerven der luft
in schillernde reste in schreie des sorgens
wozu sich betrachten in der weißheit der luft *

TRISTAN TZARA

Dada war immer auf der Suche nach dem Aufbau einer Chiffre, nach dem Ariadnefaden gewesen, der einen Weg durch das Labyrinth erkennen lassen könnte. Die Experimente der »société anonyme« und derjenigen von Breton und Soupault 1919 mit ihren ›automatischen‹, gemeinsam verfaßten Texten waren in diesem Sinne eine Suche nach überpersönlichen Grundmustern der Erfahrung, der Poesie und der Existenz. »In der Natur ist ein Teilchen so schön und wichtig wie ein Stern« hatte Arp über diese von ihm, Serner und Tzara verfaßten Gedichte gesagt[41], deren einzelne Zeilen auf einen Verfasser festzulegen fast unmöglich ist. Wichtig war ihnen die Anonymität und die Austauschbarkeit der Autorenschaft – all jene Dadaisten wie Serner und Picabia, die mehr Wert auf das Herauskehren der eigenen Positionen legten, wandten sich denn auch von Dada ab. Der springende Punkt war ja in der Verschiedenheit der Persönlichkeiten (der Beiträge zum Text) den gemeinsamen Nenner (die gemeinsame Signatur, den ›gelungenen‹ Text) ausfindig zu machen.

›Gelungen‹ hieß in Balls Worten folgendes:

Huelsenbeck kommt, um auf der Maschine seine neuesten Verse abzuschreiben. Bei jeder zweiten Vokabel wendet er den Kopf und sagt: ›Oder ist das etwa von dir?‹ Ich schlage scherzhaft vor, jeder solle ein alphabetisches Verzeichnis seiner geprägtesten Sternbilder und Satzteile anfertigen, damit das Produzieren ungestört vonstatten gehe; denn auch ich sitze, fremde Vokabeln und Assoziationen abwehrend, auf der Fensterbank, kritzele und schaue dem Schreiner zu, der unten im Hof mit seinen Särgen hantiert. Wenn man genau sein wollte: zwei Drittel der wunderbar klingenden Worte, denen kein Menschengemüt widerstehen mag, stammen aus uralten Zaubertexten. Die Verwendung von ›Sigeln‹, von magisch erfüllten fliegenden Worten und Klangfiguren kennzeichnet unsere gemeinsame Art zu dichten.[42]

Bei der »société anonyme« kamen diese ›Sigel‹ dann schon »unmittelbar aus den Gedärmen oder anderen Organen des Dichters, welche dienliche Reserven aufgespeichert haben«.[43] In diesem Sommer wiederum entstammen die ›Sigel‹ dem Reservoir Tirols und wurden durch die »miriapodische Schere« in eine Collage eingefügt (so wurde der gemeinsame Text der ALPENVERGLETSCHERUNG auf verschiedene Stellen im TIROL-Manifest verteilt). Das Emblem des ›Tausendfüßlers‹ erfaßte jetzt nicht mehr allein den Bodensatz des Bewußtseins des Dichters, sondern zusätzlich die Natur – eine Objektivierung hatte begonnen, die schließlich auch zum Konstruktivismus führte.

Der AUFRUF ZU EINER LETZEN ALPENVERGLETSCHERUNG stellt nun den Versuch einer Wiedeholung dieser Art der Textproduktion dar. Unsern ›Tausendfüßler‹ finden wir dort eben in der Signatur und in der fehlenden Kennzeichnung der Autorenschaft (die wir jetzt nachholen) wieder. Diese geht sogar soweit, daß sich im TIROL-Manifest ein Satz daraus im Beitrag Baargelds wiederfindet, der hier nicht mitunterzeichnete (»Nieder mit der kompakten...«).

Der Text als Chiffre besteht zunächst als Verweis auf Tirol. Schon der erste Satz gibt in der Anspielung auf solche Tiroler Klischees wie »jodeln«,»Alpen«, »klubhütten«, »pickel« etc. den Rahmen dazu vor. Der AUFRUF erhält dadurch einen gewollt derben und provokanten Anstrich: »Brunnenvergiftung durch Jodeln«. Darunter aber wandeln Arp, Ernst und Tzara diese Stereotype auf neue und dadaistische Art ab.

So ist gleich der erste Absatz Tzaras voll von Sigel, die einem biblischen Kontext entstammen: man braucht nur den »sklavenjäger« durch Moses, die »blume« des »blitzes« durch den brennenden Dornbusch und die »NATUR« durch das Gelobte Land zu ersetzen. So wie Tzara es formuliert, hatte Dada eine Durststrecke durch die Pariser »wüste« hinter sich, was Tirol zum Lande Kanaan machte. Wenn Tzara dann von »unserer mutter die natur« spricht, läßt sich das Sigel durch einen Vergleich mit Rousseau weiter erhellen.

»Ich will nicht einmal wissen, ob es Menschen vor mir gegeben hat« (»DADA-Bulletin 6«). Dieses von Descartes übernommene Postulat Tzaras variiert auch in einem Satz Rousseaus: »Ich allein <...> ich bin aus einem anderen Stoff als alle anderen, die ich je sah. Ich wage zu glauben, daß ich anders bin als alle anderen, die existieren«.[44] Rosseaus ›Rückkehr zur Natur‹ ging ebenso wie Dada von der individualistischen Prämisse aus, welche die äußere unbelebte Natur in einen gefühlsbetonten Gegensatz zur Kultur stellte. Natur bedeutete für Rousseau die Abwesenheit alles Menschlichen, die Einsamkeit, die in der seelischen Beein-

AUFRUF ZU EINER <quartären > LETZTEN ALPENVERGLETSCHERUNG

ARP

Brieflicher Alpengruß nebst Brunnenvergiftung durch Jodeln.

TZARA

* Als der sklavenjäger zum letzten mal durch die wüste zog, und der blitz seine blüte in den felsen stieß, rief Dada aus: siehe da, die natur – es sang die hymne und trank das haar unserer mutter, die natur.*

ARP

In den Glocken der willfährigen Eidechsen hängen die gezähmten Päpste. <Päpste in Wadenstrümpfenstutzen.> Aus den Tropfenflaschen fallen die Zithern. Eins das Gebiß auf den Leitern zwei Globetrotter in den Telefondrähten.

TZARA

die mausetöchter voll glycerin.

ERNST

Eins wir wollen die hammerkloben flanell mit druckbelustigung der winterflora, wenn die Tage in Schöne verrauscht sind.

TZARA

* Wir wollen zurückkehren zur NATUR, unsere großmutter, jetzt wo Tirol so schön ist im schnee, dem exkrement der dadaisten. Er ist weiß und schön, dieses exkrement, denn wir alle sind engel, die steine bestätigen es, unsere krankheiten sind jene gefrorener tiere <wassertiere> und unsere kostüme werden in Amerika gemacht.*

ARP

Wir wollen das suspensorium als schnurrbartbinde in den klubhütten der schlangen. Wir wollen den wegweiser verkehrt im boden. Wir wollen den schlitzpicke für schüler mit schützendem überzug. <und ecknaht.>

ERNST

Wir wollen die schneidkluppe mit schrägnaht und eckflick. Wir wollen die kleine spritze auf der weiten talsohle des greisen vivisektors. <Dada nährt sich ...> Wir wollen uns von tyrannenaufschnitt nähren.

TZARA

* Wir wollen uns von den verbänden gegen die ernte und von den augen der massakrierten fische ernähren. Aus diesem Grund entledigen wir uns unserer hemden und schnurrbärte, um die natur zu grüßen, ziehen sie aber wieder an, sobald es schimmlige spanier regnet.*

ERNST

<Nieder mit der knechtschaft!> Nieder mit der kompakten majorität der damenschneider!!!
Wir wollen die natur im tee-ei kochen.
Es lebe die natur in monatsheften!

ARP u. ROSA BONHEUR u. MAYA CHRUSECZ u. ARMADA V. DULDGEDALZEN u. MAX ERNST u. JIMMY ERNST u. TRISTAN TZARA

Arp, Tzara und Ernst im Obstanger des Gasthauses Sonne, 1921

flussung durch kontrastreiche und wilde Landschaft sowohl Ersatz für die menschlichen Beziehungen, als auch Voraussetzung für Freiheit und Schönheit war; für Dada jedoch bedeutete sie weniger einen Gefühlskitzel, als ein immanentes Existenzprinzip.

Dada stand der Natur weit unmittelbarer gegenüber, sodaß das ruhende Gefühl einer melancholischen Distanz, Rousseaus »Düsterkeit«, nur selten aufkam, und dann nur als Fluchtpunkt. Doch wenn Tzara mit einem Augenzwinkern schreibt, daß »wir uns unserer hemden und schnurrbärte entledigen, um die natur zu grüßen«, so kommt darin eine sehr reale Angst zum Ausdruck. »Unsere krankheiten gleichen jenen der gefrorenen tiere« oder die im Titel herbeigesehnte »letzte Alpenvergletscherung« – all dies läßt erkennen, daß Dadas erste Reaktion auf die übermächtigen Berge, auf den ersten Schritt hinter den Spiegel der Natur auch zu einer Depersonalisationsangst geführt hatte. Gerade weil »wir alle engel sind, die steine bestätigen es«, kommt das Gefühl der eigenen Nichtigkeit auf – »wenn die Tage in Schöne verrauscht sind«. Diese Furcht vor einer Auslöschung bringt dadurch auch eine Aggressionshaltung mit sich: »Wir wollen uns von den verbänden gegen die ernte und den augen massakrierter fische ernähren«.

Wenn wir nun für Tzara Rousseau bemühten, so wäre für Ernst ein Vergleich mit der Aufklärung angebracht. Für sie wären die Alpen der extremste Gegensatz zur Vernunft und eine rein äußerliche Schale geblieben, die man höchstens wie eine Leiche sezierte und in Mineralienkabinette einordnete.

Ernst verschreibt sich nun einer Neuauffassung dieses Ansatzes, wenn er die »kleine spritze auf der weiten talsohle des greisen vivisektors« fordert. Mit dieser wiederbelebenden Injektion in die alte Tradition bleibt er verhaftet. Der ALTE VIVISEKTOR geht gegen die »blütenstände« und »brutknospen« vor, die UNGESCHLAGENE FUSTANELLA füllt »goethes mineralischen nachlaß« auf und erteilt Anweisungen, wie aus dem Gestein wieder Leben (»reliefröslein«) zu »häkeln« sei. Die Metaphern des Schneiderns und Stickens (»mit schrägnaht und eckflick«) verraten das Bestreben, die aus der Natur geschnittenen Teile wieder zusammenzuflicken; sie fließen auch in seine Photocollagen ein, wenn er etwa in der ANATOMIE ALS BRAUT versuchte, den menschlichen Körper aus leblosen ›Ersatzteilen‹ zusammenzuschrauben.

Auf seine Art blieb Ernst, wenn er die »natur im tee-ei kochen« wollte, unwillkürlich dem rationalen Instrumentarium der Aufklärung treu; seine mit einer ›sezierenden Schere‹ verfertigten Collagen griffen ja nur auf eine »natur in monatsheften!« zurück. Ihm ging es darum, den »wegweiser verkehrt in den boden zu stecken«, nicht aber wie Dada abseits der Wege zu wandern. Das Instrumentarium blieb für ihn als Orientierungshilfe erhalten, dem er neben ironischen und parodistischen Untertönen auch ein Maß an, zugegeben ›kalter‹ Erotik von »suspensorien« und »schlitzpickeln« abgewinnen wollte.

Arp hingegen – von allen der Routinierteste, was das Naturerlebnis anlangte – gab in diesem Text nur einen kurzen kritischen Kommentar ab. Er hatte mehr die allgemeine Situation Dadas im Hinterkopf, wenn er die Dadaisten als »gezähmte Päpste« und den ›Tausendfüßler‹ (»Eidechse«) als eher »willfähig« beschrieb. Nach den Ereignissen in Paris schien Dada für ihn als Patien an einer »Tropfenflasche« zu hängen, aus der »Zithern« und andere Tiroler Klischees tropften, um Dada am Leben zu erhalten. Sein Sigel des ›Todesfallens‹ als existentielle Metapher kehrte er in den SCHNEETHLEHEM-Gedichten heraus; sie sollten zudem alle seine in Tirol entstandenen Texte prägen.

Außer den zwei Anspielungen auf Arp (mit seiner Vorliebe für amerikanische Kleidung) und Picabia (den »schimmligen spanier«) ist der AUFRUF im fast völligen Fehlen jed-

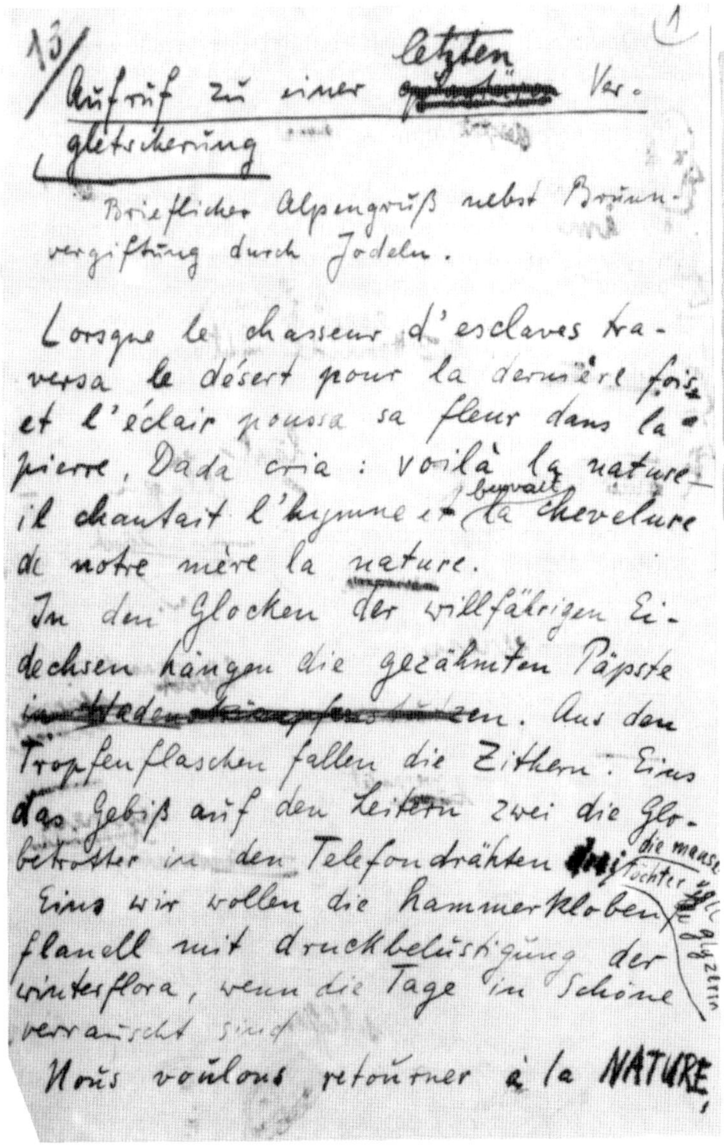

13/ Aufruf zu einer letzten Vergletscherung

Brieflicher Alpengruß nebst Brunnvergiftung durch Jodeln.

Lorsque le chasseur d'esclaves traversa le désert pour la dernière fois et l'éclair poussa sa fleur dans la pierre, Dada cria : voilà la nature il chantait l'hymne et buvait la chevelure de notre mère la nature.
In den Glocken der willfährigen Eidechsen hängen die gezähmten Päpste. Aus den Tropfenflaschen fallen die Zithern. Eins das Gebiß auf den Leitern zwei die Globetrotter in den Telefondrähten die menschlichter glyzerin Eins wir wollen die hammerkloben flanell mit druckbelüstigung der winterflora, wenn die Tage im Schöne verrauscht sind
Nous voulons retourner à la NATURE

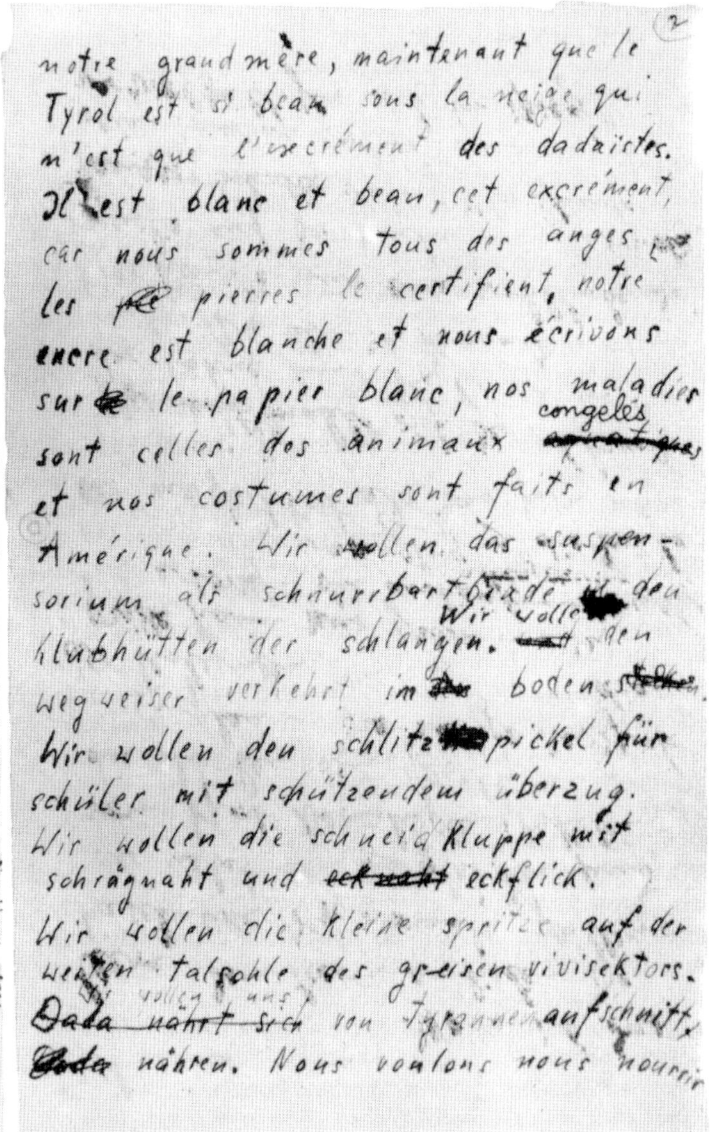

notre grand mère, maintenant que le Tyrol est si beau sous la neige qui n'est que l'excrément des dadaïstes. Il est blanc et beau, cet excrément, car nous sommes tous des anges les pierres le certifient, notre encre est blanche et nous écrivons sur le papier blanc, nos maladies sont celles des animaux congelés et nos costumes sont faits en Amérique. Wir wollen das suspensorium als schnurrbartbinde Wir wollen den klubhütten der schlangen. den wegweiser verkehrt im boden. Wir wollen den schlitzpickel für schüler mit schützendem überzug. Wir wollen die schneid Kluppe mit schrägnaht und eckflick. Wir wollen die kleine spritze auf der weiten talsohle des greisen vivisektors. ~~Dada nährt sich~~ von Tyrannenaufschnitt ~~Dada~~ nähren. Nous voulons nous nourrir

weder Seitenhiebe untypisch für Dada; etwaig Politisches (»Nieder mit der knechtschaft!«) wurde noch dazu herausgestrichen.

Der Grund, weshalb der AUFRUF nicht als Ganzes in das TIROL-Manifest übernommen wurde, sondern nur stückweise aufscheint, berührt noch eine andere Ebene. In ihm hatte sich eine zu deutliche Abweichung der Standpunkte gezeigt; die jeweiligen Ansatzpunkte waren nach sechs Jahren Dada nicht mehr so leicht auf einen Nenner zu bringen. So inszenierten die Dadaisten in Tarrenz ein anderes Spiel mit variierten Regeln, das unter Würdigung der individuell abweichenden Positionen zustande kam.

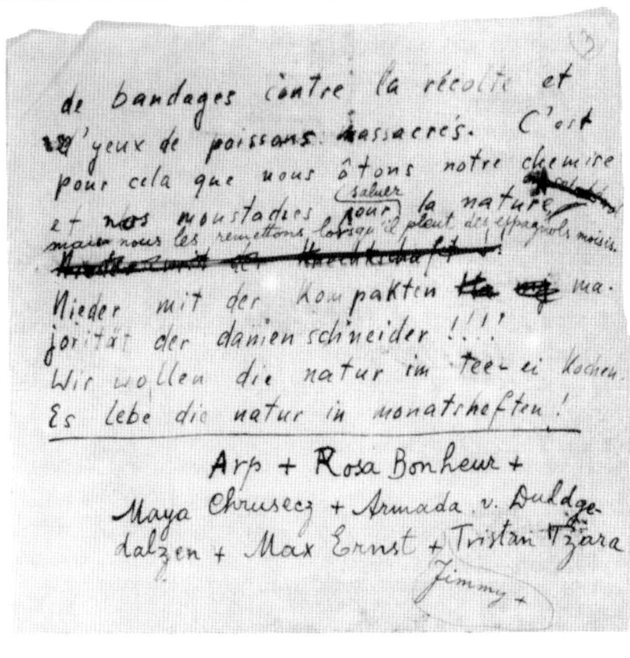

de bandages contre la récolte et yeux de poissons massacrés. C'est pour cela que nous ôtons notre chemise et nos moustaches pour saluer la nature mais nous les remettons lorsqu'il pleut des espagnols moisis.
~~Nieder mit der Knechtschaft~~
Nieder mit der kompakten majorität der damenschneider !!!
Wir wollen die natur im tee-ei kochen.
Es lebe die natur in monatsheften!

Arp + Rosa Bonheur +
Maya Chrusecz + Armada v. Duldgedalzen + Max Ernst + Tristan Tzara
Jimmy +

DIE ZWEITE TAGUNG DES TAUSENDFÜSSLERS

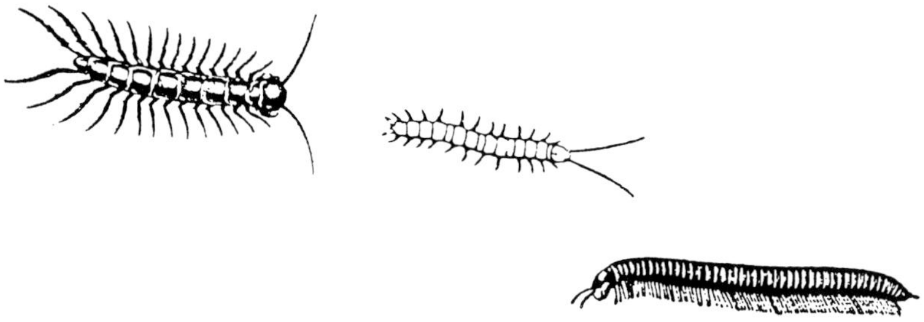

Dieses Spiel mit der Austauschbarkeit der Persönlichkeiten und der Identifizierung mit dem jeweils anderen setzt sich auch im TIROL-Manifest fort. Da bedient Tzara sich in seinem SAUBERREINKLARNETTO Arps blumiger Sprache (wobei er sogar wörtlich Arps Gruß an Eluard vom 31. 8. 1921 übernimmt). Arp hingegen tritt erstmals in einer Dada-Revue mit der sonst nur für Tzara typischen Schärfe der DEKLARATION in den Vordergrund, während er mit der SCHWALBENHODE 4 einen Text veröffentlicht, in dem er erstmals Anleihen bei Balls Lautgedichten nimmt. Die Stilrichtungen Dadas hatten sich in seinen sechs Jahren genügend ausgeformt, sodaß man nun eine erneute Einheitlichkeit der Gruppe mit dem Inventar der »geprägtesten Satzteile eines jeden« wiederherstellen wollte.

Der nächste Anlauf zu einer gemeinsamen Aktivität der Dadaisten bestand in einer Wiederbesinnung auf das, was die »société anonyme« schon vor zwei Jahren blendend zu tun verstanden hatte. Damals war unter Ausnützung von Serners Beziehungen eine falsche Zeitungsmeldung nach der anderen in Umlauf gebracht worden. Von angeblichen Duellen der Dadaisten, erfundenen Dada-Soiréen und anderen Spektakeln war da die Rede gewesen. Dada hatte sich seine Presse selbst gemacht, auf diese Weise seine eigenen Vorstellungen in Szene gesetzt, seinen Erfolg proklamiert und zur beabsichtigten Verunsicherung beigetragen. Überdies war es ein Mittel gewesen, dem Auseinanderfallen der Gruppe nach der Beendigung des Krieges entgegenzuwirken. In diesem Sommer nun war die Lage nach dem Ausscheiden Picabias und der allgemeinen Flaute ähnlich, sodaß man sich wieder auf altbekannte Art der Öffentlichkeit präsentieren wollte.

Der erste lancierte Artikel, der am 6. Dezember in der Unterhaltungsbeilage zum Kölner Tagblatt erschien, war ein von Ernst geschriebenes Porträt Arps, in dem sich Wahrheit und Erfindung gekonnt die Waage hielten.[45] Vom ehemaligen Zynismus Serners war nur mehr wenig übriggeblieben – der Ton war phantastisch und ästhetisch gehalten (man hatte schließlich nur mehr eine Unterhaltungsbeilage zur Verfügung). Die dort vorgestellte Anekdote über den nach einem Dadaisten benannten Berg hielt sich übrigens: im TIROL-Manifest war Arp der »zylinderhut des mont blanc« und in der 1922 erschienenen letzten Nummer von »DADA« wurde Ernst als »Apostroph des Mont Blanc« betitelt.

Auch die Ernennung zum Stern fand ihre Fortsetzung. So erschien ein zweiter Artikel, ein literarisches Porträt Ernsts, das diesmal von ihm und Arp verfaßt worden war. Über die näheren Umstände gibt eine Karte Ernsts an Arp Auskunft:

Veranlaßt durch Ihre Ausdrücke Osterkreis, Pfingstkreis und Wendekreis schickte ich als Fatagagabericht ihren herrlichen Brief mit Ergänzungen meinerseits an den Querschnitt nach Berlin, wo er in der nächsten Nummer erscheinen wird.[46]

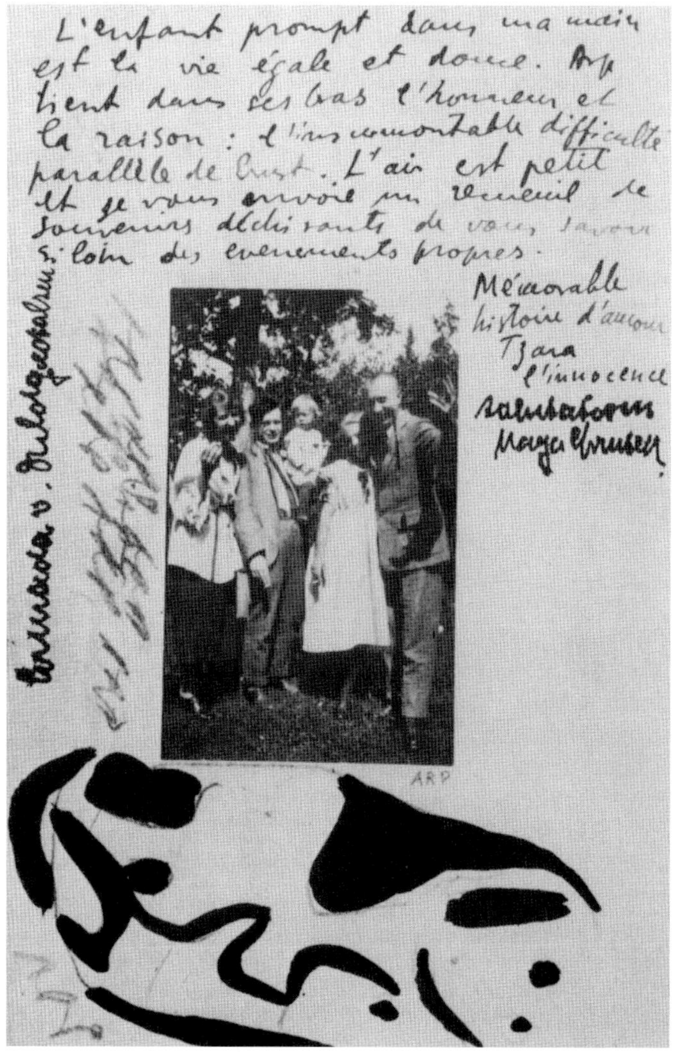

Postkarte vom 13.9.1921 an Paul Eluard.
Auf dem Photo v. l. n. r.: Maya, Tristan, Jimmy, Louise, Hans
Vorderseite: Tuschzeichnung von Arp
Rückseite: Tabakapplikation von Ernst und Tuschzeichnung von Ernst und Tuschzeichnung Arps

DER ARP.

Auf Grund seiner plastischen Arbeiten wurde zunächst ein Berg in der Schweiz nach ihm benannt. Später wurde der Arp von den Dadaisten zu einem Stern im Einhorn erhoben (zwischen Kleinem Hund und Orion). Jetzt ist er bescheidener geworden und gibt sich schon zufrieden, wenn die Menschen in einigen Jahren von seinen kleinen lenkbaren Kunstwerken auf Spaziergängen begleitet werden. Er ist Verächter alles Genialischen und der Ölmalerei. – Seine kühnen Zeichnungen und Holzschnitte veranlaßten Picasso, ihn als den größten Graphiker der Gegenwart anzusprechen. Trotzdem ist er als Graphiker in Deutschland weniger bekannt als in der Schweiz, in Frankreich und Amerika. Seine Gedichte, die wohl zu den Kühnsten und Unerhörtesten an Phantastik zählen, sind in der Schweiz bis in die letzten Volksschichten eingedrungen. Ja sein »Sankt Ziegensack springt aus dem Ei« wird als Lied in den Volksschulen von Zürich bis Genf gesungen. In der »Wolkenpumpe« (Verlag Steegemann, Hannover) und dem »Vogel selbdritt« mit Holzschnitten, Verlag von Holten, Berlin) gelangte er zu den letzten Realisationen seiner unerhörten Lebendigkeit. Machen wir die Momentaufnahme von einem Längsschnitt quer durch seine Originalphantasie, so finden wir darin vermengt einen Meersalat Zaubersprüche, dazu die Bräute der Taucher nebst ihren Hermaphroditen, dazu das vernehmliche Rattern der Hühner mitsamt ihren kleinen Eiern, dazu die uralte Feindschaft der Rothäute, Kardinäle und Purpurschnekken. Dem Reichtum seiner Vorstellungswelt entsprudelnd, ist seine Sprache bunt, präzis, sinnlich, phantastisch und stets anschaulich bis zur Portraitähnlichkeit. – Mit den Kölner Dadaisten Baargeld, Max Ernst und der Baronin Armada von Duldgedalzen verbindet ihn eine alte Freundschaft. Mit Kandinsky (zu dessen Münchener Zeit) und Hugo Ball, stand er in lebhaftem Ideenaustausch. In Paris war er mit Picasso eng befreundet, später in der Schweiz mit Picabia, Tzara und Sophie Taeuber. In gemeinsamer Arbeit mit Max Ernst gründete er 1920 die Fatagaga (= FAbrication de TAbleaux GAsométriques GArantis), deren Erzeugnisse in Gent, Paris und New York einen gewaltigen Enthusiasmus hervorriefen, während sie in deutschen Ausstellungen bisher keine Aufnahme gefunden haben. – Augenblicklich ist Arp mit den Vorbereitungen für eine Expedition in das Innere von Portugiesisch-Ostafrika beschäftigt.«

Unterhaltungs-Beilage zum Kölner Tageblatt, 6. September 1921

MAX ERNST

Geboren 1891 in Brühl, jetziger Wohnort Köln, jetzt Anfang 30er, stattlich, sehr intelligent, Maler, weniger aus Liebe zur Kunst als vielmehr aus Faulheit und uralter Tradition. Seine Farbgebung ist manchmal durchlocht und manchmal röhrenförmig. Seine Stoffausscheidung ist voller Pflanzen und Tierreste. Er ist als scharfer Hahnenfuß bekannt. Die Gichtbrüchigen und die Schiffbrüchigen werden bei ihm stets die Angabe der Meerestiefen und kalten Küstenwässer vorfinden. Der pythagoräische Lehrsatz ist ihm in Fleisch und Blut übergegangen. Mit 12 Jahren bereits verläßt er Vater und Mutter, um den halbwüchsigen Eisenbahnen und den wichtigsten Seezungen nachzujagen. Seitdem spielt er gerne mit den Griffelfortsätzen der Küstenländer und Vorgebirge.

Das Weib ist ihm ein mit weißem Marmor
belegtes Brötchen.

Elsaß-Lothringen ist ihm ein politisches Problem.
Drei minus zwei ist ihm gleich eins.
Dagegen fehlt ihm vollständig die bekannte Kreiseinteilung in Maße, Münzen und Gewichte.
Statt dessen kennt er sich am nördlichen Sternhimmel gut aus. Mit besonderer Liebe beachtet er ganz nahe bei Mizar den Stern 5. Größe, nämlich Aktor oder das Reiterlein. Dieser diente bereits im Altertum als Prüfstein für ein scharfes Gesicht. Schade darum, daß Aktor so frühzeitig das Gestüt aufsuchte. Das wäre eine Sensation im Hochsommer geworden.
Seine Fatagagawerke sind auch stumm lieferbar, das heißt also ohne Unterschrift.
Seine Regenbogenhaut zeigt getrost den Taupunkt an.
Sein Lunarium deutet auf besseres Wetter.
Sein Wendekreis ist Blütenraub.

Das Junge Rheinland, 2. Heft, Düsseldorf, 2. November 1921.

DES TAUSENDFÜSSLERS SCHEREN

Unserem nächsten Abschnitt stellen wir eine Darstellung Max Ernsts über die Entstehung der Collage voran:

An einem Regentag in Köln erregt der Katalog meine Aufmerksamkeit. Ich sehe Anzeigen von Modellen aller Art, mathematische, geometrische, anthropologische, zoologische, botanische, anatomische, mineralogische, paläontologische und so fort, Elemente von so verschiedener Natur, daß die Absurdität ihrer Ansammlung blickverwirrend und sinnverwirrend wirkte, Halluzinationen hervorrief, den dargestellten Gegenständen neue, schnell wechselnde Bedeutungen gab. Ich fühlte mein ›Sehvermögen‹ plötzlich so gesteigert, daß ich die neuentstandenen Objekte auf neuem Grund erscheinen sah. Um diese festzulegen, genügte ein wenig Farbe oder ein paar Linien, ein Horizont, eine Wüste, ein Himmel, ein Bretterboden und dergleichen mehr. So war meine Halluzination fixiert. Es galt nun, die Resultate der Halluzinationen durch ein paar Worte oder Sätze auszudeuten. Beispiel: <...> ›Am Donnerstein die schöne Schleudertrommel dröhnt unbewußt im lautlosen Raum‹.[47]

Aus diesem Zitat lassen sich einige Entwicklungslinien herauslesen, die uns sowohl einen Rahmen zu weiteren in Tirol entstandenen Collagen bieten, als auch hin zur Totalcollage führen.

Die Ausgangssituation dieser »Halluzination« Ernsts ist für die Entstehung Dadas symptomatisch. Durch den Weltkrieg und den ›Untergang des Abendlandes‹ war für die kulturelle Avantgarde jede Art von sinngebendem Mechanismus verlorengegangen. Was davon übrigblieb, waren Modelle, deren Beschriftungen und Legenden ›unleserlich‹ geworden waren, Hieroglyphen, Einzelteile, Treibgut eines gesunkenen Schiffes. Unmittelbare Reaktion darauf war das Gefühl der »Absurdität« und der »Verwirrung«. Ein Aspekt Dadas bestand nun bezeichnenderweise darin, dieses Gefühl zu einer schöpferischen »Halluzination« zu verarbeiten, »neue Objekte auf neuem Grund entstehen« zu lassen, nicht jedoch die alten Bezüge und Ordnungen wieder durch neue zu ersetzen – Strandgut dieser Art bezeichnete für Dada die grundlegendste Situation der Existenz, den Umbruch überhaupt.

Hand in Hand damit ging das Bestreben, hinter den veralteten Modellen und den neuen Halluzinationen auf die bestimmenden Konstanten des Lebens zu stoßen. In seiner Darstellung über die Entstehung der Collage[48] verrät uns Max Ernst in Kurzform seine Art der Freilegung und »vivisektion« der Existenz. Ausgehend vom Intellekt (den »math., geom.« Modellen) stößt er über die körperlichen und organischen Bestandteile (»anthrop.- anatom.«) bis zu den anorganischen Schichten (»mineral.«) und einer hinter ihnen liegenden ›Ewigkeit‹ vor – der Paläontologie, Ernst stellte damit sein eigenes dreigliedriges Modell der Existenz vor: ein innerer, unbewußter Kern, der Mensch und Materie verbindet, der synthetisierende, halluzinierende Geist und dazwischen der Mensch als Indifferenzpunkt zwischen beiden mit seiner ›automatischen‹ und seiner ›metaphysischen‹ Seite.

Max Ernst, *Ohne Titel,* 1921

Der »neue Grund« hinter diesem Modell sollte nun als Korrektiv, weniger aber als ordnende Perspektive fungieren, um einerseits die Halluzinationen nicht ausufern zu lassen (wozu die Surrealisten tendierten) und um andererseits der dadaistischen Dynamik zwischen den gegensätzlichen Kräften des Lebens einen Rahmen zu bieten.

Was Ernst nun am Grunde fand, war aber nicht irgendein, quasi magischer Trieb wie so oft bei Dada, der ihn aufrechterhalten konnte, sondern in erster Linie das Nichts, die Leere als existentielle Prämisse. Was seine »Halluzinationen fixiert« war »Horizont, Wüste, Himmel« – Metaphern für Distanz und Weite; dem dadaistischen Primitivismus als entscheidende Instanz konnte er nur wenig abgewinnen. Bei ihm wurde der instinktive Trieb stets mit dem Nichts konfrontiert. Was daraus hervorging, war die für Ernst spezifische Erotik: »Knall und fall ins einerlei« – wie er in der WASSERPROBE des TIROL-Manifestes schreibt.

Wie wir nun bereits zu zeigen versuchten, hatte sich Ernst erstmals in Tirol mit den nähergerückten Grenzen der Halluzination in seiner Frottage und den ersten Photocollagen auseinandergesetzt und war im DONNERSTEIN auf die letzte »paläontologische« Schicht gestoßen. Die Nahtstelle zur Materie blieb größtenteils ein unpersönliches, deplacierendes, automatisches und nur wenig dynamisches Prinzip.

Nachdem er nun zur letzten Schicht der Existenz – einer rauhen und grauen Indifferenz – durchgedrungen war, machte er sich wieder ans ›Zunähen‹ seines Körpers, sozusagen noch auf dem Operationstisch. Erster Schritt dazu (vgl. DIE UNGESCHLAGENE FUSTANELLA) war das »häkeln« eines »reliefrösleins» aus dem »frischen gestein«. Nächster Schritt, als sich schon spargelähnliche Formen aus dem Gestein geschält hatten, war die unbetitelte Collage, in der sich raupenartige Tiere aus dem Fels in die Erde zu fressen begannen.[49] Die Berge gewannen darin erstmals deutliche und differenzierte Konturen, sie behaupteten zum ersten Mal ihren Platz und wurden damit mehr als nur zur Fixierung dienende Kulisse. Das Grenzland war erschlossen, die einfachsten Lebensformen: »eizellen«, ›Tausendfüßler‹ und Raupen identifiziert.

So begann Ernst, dem »verkehrt in den boden gesteckten wegweiser« der ALPENVERGLETSCHERUNG zu folgen und sich vom Modell zum Leben zurückzuarbeiten: zuerst botanisch, dann zoologisch und schließlich anatomisch-anthropologisch.

Die ANATOMIE ALS BRAUT (»Fatagaga«, aber von Ernst allein erarbeitet[50]) ist dabei durchaus als Anspielung auf Duchamps erstes ›mechanomorphes‹ Bild, seine »Braut« (die im TIROL-Manifest erwähnt wird) zu verstehen. Ihre Anatomie ist ja nur aus mechanischen Teilen konstruiert: Brust als Stahlhelm, Füße als Motor, Kopf als Schneiderpuppe ähnlich Hausmanns »Der Geist unserer Zeit«. Gerade der Kopf aber scheint bei Ernst zu träumen und diesen Traum mit der rechten Hand greifen zu wollen. Die Begrenzung hier ist wohl wieder ganz in den Hintergrund gerückt, mit einem Unterschied jedoch: die Vorlage ist real, die Photographie eines Feldes im Gurgltal bei Imst. Darin zeigt sich nun ein bedeutender Wandel: der ursprüngliche Rahmen der Komposition wird zur eigentlichen ›Leinwand‹. Aber auch hier hat es Ernst geschafft, aus einem fruchtbaren Feld eine Landschaft nach seinem »Geschmack« zu machen.

Einen weiteren Anlauf bilden dann die Collagen SANTA CONVERSAZIONE[51] und LA BELLE JARDINIERE[52]. Mit ihr war Ernst endgültig ins dritte Glied seines »module de l'homme« übergewechselt. Ästhetische Züge kehrten in die Anatomie des Körpers zurück, die Augen öffneten sich, vor allem aber war der Traum greifbar geworden – die rechte Hand streifte nun die Taube, um den Traum mit der linken Hand in den Hinterkopf weiterzuleiten. In diesem Sinne könnte man sagen, daß Ernst seine vorher »schnell wechselnden« und »verwirrenden« »Halluzinationen« von Grund auf aus der »lautlosen unbewußten Schleudertrommel« über die Anatomie des Körpers wieder in den Kopf hatte steigen lassen. Da er aber, wie gesagt, nicht wie Dada einen Maßstab und ›Weltfühler‹ in einer triebhaften Instanz gefunden hatte, lag seine eigentliche Kreativität in diesem dritten Glied des Intellekts. Deshalb bedurfte es schließlich auch einer Formalisierung der Wahrnehmungen, da eine Skala

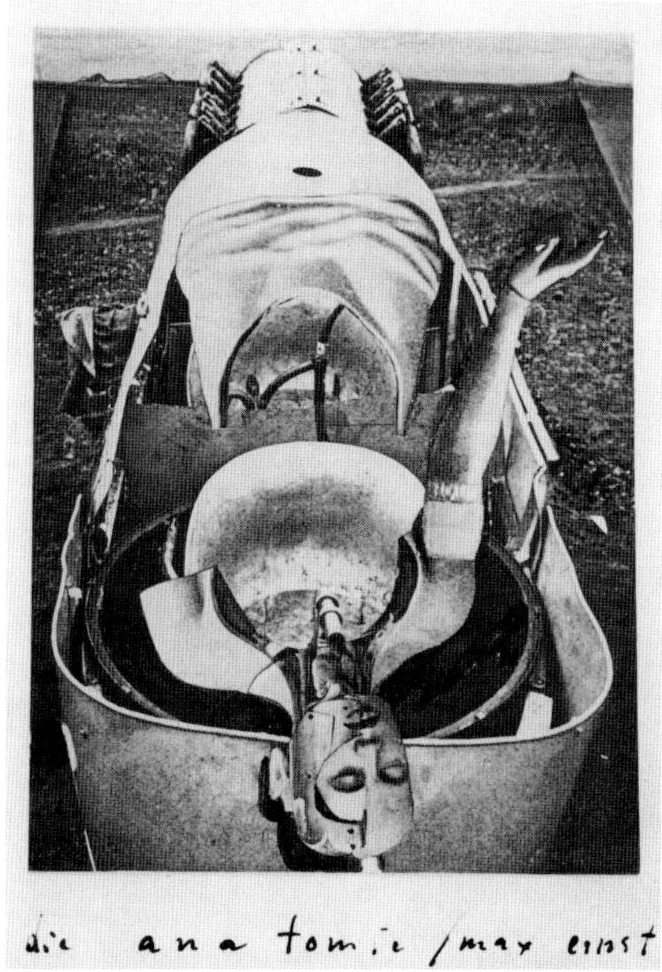

Max Ernst, *die anatomie als braut,* 1921

des Instinktes ihm eher fremd war. Hatten zuvor noch miteinander in Konflikt tretende Elemente in seinen Übermalungen die Zusammensetzung geprägt, so hatte Ernsts Tirolerfahrung eines erreicht: das Nichts, das Leere war nun letzter Grund aller Assoziationen, die er ins Gehirn projizierte; es ebnete jede Wahrnehmung ein und machte sie gleichgültig.

»Max Ernst trennt Dada und Surrealismus nicht; er trägt Wasser auf die Mühlen beider«[53], hatte Breton gemeint und traf damit genau die zweideutige Position Ernsts. Einerseits entsprach zwar dieses Nichts den Vorstellungen Dadas, die Mittel, es in eine Form zu bannen, kamen jedoch dem Surrealismus entgegen. Verständlich ist deshalb auch, daß diese Technik anfangs nur ein »spiel« für ihn bedeutete, dem die Reflexion der Totalcollage erst nachfolgte.

Die Titelcollage des TIROL-Manifestes – LA PREPARATION DE LA COLLE D'OS/DIE LEIMBEREITUNG AUS KNOCHEN – war nicht nur die zweite je entstandene Totalcollage, sondern kann auch, wie Spies meint, als Manifest-Collage verstanden werden. Ihr wurden, was die Ent-

Max Ernst, *santa conversazione,* 1921

wicklung von der dem Brief beigegebenen Collage betrifft, nur zwei kleine Teile eingefügt. Und im Gegensatz zu ihr sind auch noch der Ursprung und der Zusammenhang ersichtlich: sie wurde der Beschreibung einer medizinischen Behandlung, der sogenannten ›Diathermie‹ entnommen. Der Vorgang besteht darin, daß Schwachstrom durch den Körper des Patienten geleitet wird, der durch den körpereigenen Widerstand Wärme erzeugt und damit zur Heilung von Gelenkskrankheiten etc. beiträgt. Dazu wird der Körper, wie zu sehen ist, mit einem negativen Stromkreis und einer Erdung versehen, mit Drähten also, welche die Übertragung durch eine Seifenlauge auf den Körper gewährleisten. Das schraubenzieherförmige Gerät links im Bild ist ein Röhrengenerator, der an ihn herangeführt wird, um eine elektrische Spannung zu erzeugen.

Die Assoziationen, derentwegen Ernst dieses Bild gewählt hat, sind vielfältig. Zum ersten ist es die offensichtliche Symbolik der Collagetechnik: mit Schere und Leim wird »systematisch das zufällige oder künstlich provozierte Zusammentreffen von zwei oder mehr wesensfremden Realitäten auf einer augenscheinlich dazu ungeeigneten Ebene ausgebeutet – und der Funke Poesie, welcher beider Annäherung dieser Realitäten überspringt«.[54]

Was man von dieser erst sehr viel später entstandenen Collage-Definition abziehen muß, ist der surrealistische Gehalt des künstlich provozierten Zusammentreffens, das der Surrealismus »schön« findet: »schön wie das zufällige Zusammentreffen einer Nähmaschine mit einem Regenschirm auf einem Seziertisch« heißt das dazugehörige, von Lautréamont übernommene Credo. Der Surrealismus sah darin die Definition einer ästhetischen Alogik, die eine neue Welterfahrung bewußt herbeiführen wollte, getreu dem Glauben, daß die Psyche keine neuen Dinge, wohl aber neue Zusammenhänge herstellen könne. Dada hingegen sah dies nicht als zu erreichendes Ziel, sondern als alltägliches Ereignis an, das es nicht systematisieren wollte, um in einem künstlichen Zusammenhang über die Dinge zu verfügen – sein Wesen war die Un-Logik, das Unzusammenhängende, das es nur registrieren wollte.

In diesem Sinne ist unsere Collage hier noch dadaistisch, indem sie eine Maschine zur Aufzeichnung der Plus- und Minusströme der Realität vorstellt, und zwar unter Einsatz des gesamten Körpers und nicht nur der Psyche. Die Widerstandskraft, die der Körper dabei aufbringt, entspricht dem »Funken Poesie«, der als »private« Kunst eine Bewältigung der gegensätzlichen Strömungen des Lebens bedeutet.

Zum zweiten sind in ihr die erotischen Konnotationen Ernsts präsent: der phallische Generator gegenüber einer wehrlos ausgelieferten, leidlich weiblichen Realität. ›Diathermie‹ war dabei das quasi orgiastische Gefühl der Wärme: Elektroden an den Brüsten, eine Drahtspirale auf dem Bauch und natürlich auch der daran angeschlossene Kopf.

Der Titel selbst weist auf die poetische dadaistische Aktivität hin, welche in der »Religion der Gleichgültigkeit« einen neuen, »leim« für die alte, aus den Fugen geratene Welt zu finden bemüht war, um sich wie eine »künstliche Sanftheit über die Dinge zu legen.«[55]

Tzara liefert uns zudem im HERRN Aa des TIROL-Manifestes eine mögliche Interpretation dieser Collage: »die feigheit kennt ihren rang, sie ist das gewicht der angst, die wir alle in den knochen tragen«. Kunst war ja für Dada immer der Ausweg aus der Angst, wenn die »nervliche Widerstandskraft« dem Leben gegenüber fehlte. Dieser Verknüpfung von Angst und Kunst in seiner Collage scheint sich auch Ernst in einer Postkarte vom 7.11.21 anzuschließen, wenn er schreibt, daß »wir staub unserer adern in die gläser fallen ließen« – in jenes Glas, das in der Collage die Poesie, den »leim« auffangen sollte.

Ernst fügte nur zwei kleine Elemente in die Vorlage ein: eine Kugel unterhalb des Röhrengenerators, um die am Sofa angebrachte elektrische Vorrichtung oder den Namen des Graveurs zu überdecken. Weiters klebte er noch eine zweite Kugel am Sofarand an, womit er wieder zu einem Satz Tzaras zurückverweist, in dem es hieß, daß man sich von »Billardkugeln umstoßen lassen sollte. Das ist ein ganz vortrefflicher Draht, er führt sicherlich zum Tod« (Brief vom 22. 8. 1921). Dadurch erweist sich die Collage als expliziter Kommentar dieses Satzes; ihr wird die Dimension des Todes hinzugefügt. Dies hatte Ernst bereits in seinen Texten getan, wenn er dort die Kugeln zu »eiern« machte, die ihre »giftzähne in den weichteilen der frauen verbergen«, die »wandzellen zum schrumpfen« bringen und überdies »unverbesserliche trinkerinnen« sind. In der Ausgeliefertheit (und der daraus folgenden Verinnerlichung) an diese Experimentieranordnung der Collage kann die »feigheit« und die »angst« auch zu einer tödlichen Selbstaufgabe führen. Im Nachhinein wird dies zusätzlich noch durch die Assoziation von Bretons Besuch bei Freud bestärkt, die die Apparatur und das Sofa zu psychoanalytischen Versatzstücken macht. Tzara hatte ja schon 1918 formuliert, daß die »Psychoanalyse eine gefährliche Krankheit ist, welche die antirealen Neigungen einschläfert und die Bourgeoisie systematisiert«.[56] Dieses Postulat war jedoch bereits in Relativierung begriffen wie die weitere Entwicklung Ernsts, der ja ein begeisterter Freud-Leser war, zeigen wird.

Daß Ernst der Formalisierungstendenz dieser Collage noch zweideutig gegenüberstand, wird an der Inszenierung eines Vexierspieles zwischen Original und Reproduktion deutlich. Die im TIROL-Manifest abgebildete Collage war eine vom Drucker nach dem Original gefertigte Kopie, und Ernst malte nach dieser Vorlage ein metergroßes Ölbild, von dem leider nur mehr ein Photo besteht. So könnte man daraus den Versuch ablesen, daß es ihm anfangs noch darauf ankam, den fehlenden Realitätsbezug und die Formgebundenheit seiner Collagen durch ein gegenseitiges Verschwindenlassen zu kaschieren.

Max Ernst, *die leimbereitung aus knochen - la préparation de la colle d'os,* 1921

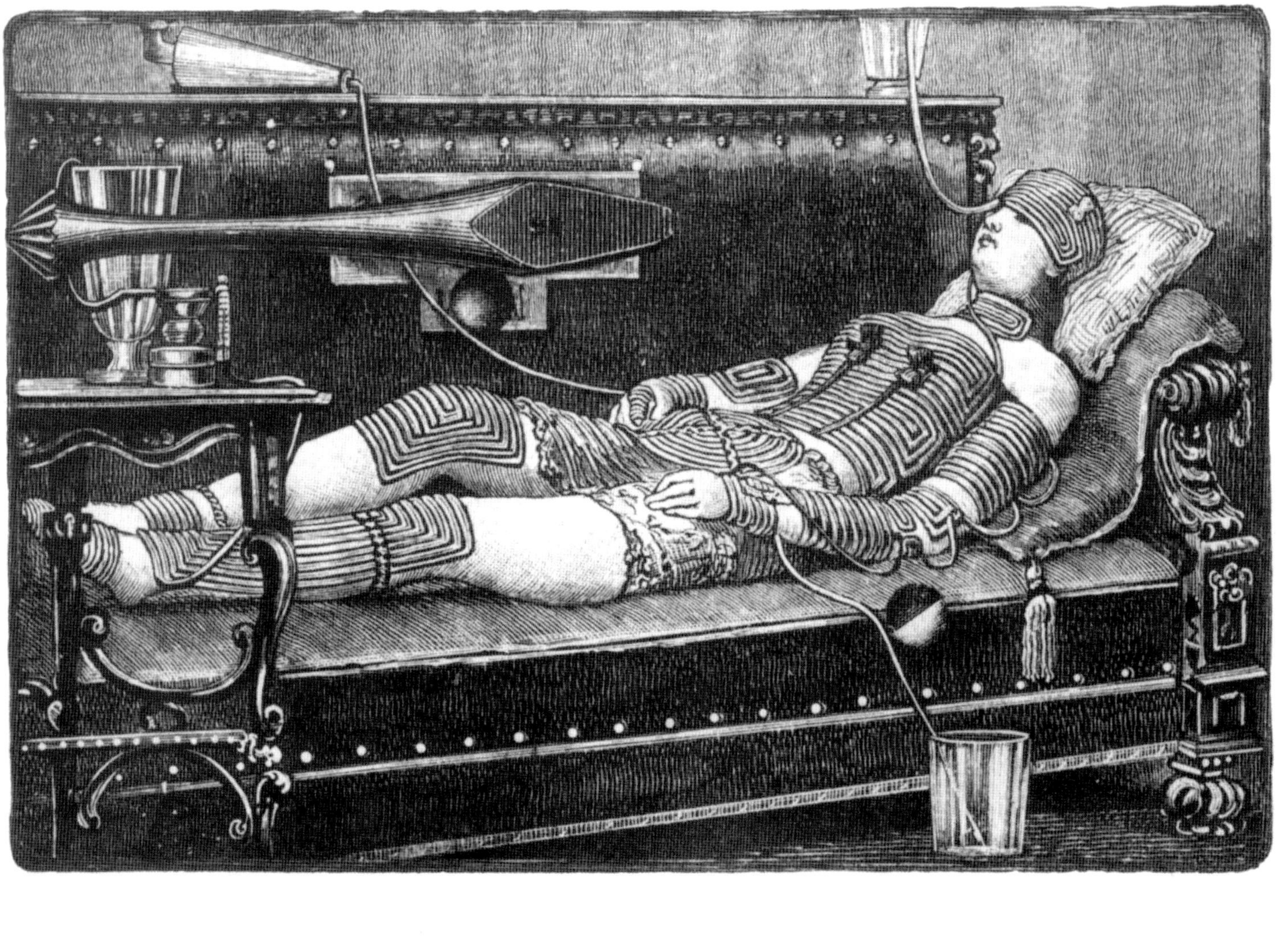

RÜBEZAHL UND BERGKRISTALL

Laut Ernst[57] hatten er und Arp das FATAGAGALIED in einer Zeitschrift gefunden und waren von diesem Nonsens-Vers mit logischem Hintergrund als ›ready-made‹ fasziniert gewesen. Alle Versuche, es zu identifizieren, blieben erfolglos; es wäre jedoch möglich, daß Ernst sich irrt: es scheint Arps FADENRÄTSEL zu sein, das auf die Anregung der Fadenrätsel und Magischen Monogramme in der Unterhaltungsbeilage der »Innsbrucker Nachrichten« von damals zurückgeht.

Die beiden Teile seines Textes im TIROL-Manifest sind ähnlich aufgebaut: zuerst die Anleitung, dann das Rätsel. Seine Travestie besteht darin, daß er uns bereits das Endergebnis und die Antworten (z. B. »die alpensure«) vorlegt, ohne daß wir die Fragen wüßten. Es gilt damit für den Leser, über die Fragen die eigentlich dahinterstehende dadaistische Geisteshaltung zu rekonstruieren. Zusätzlich soll von ihm die Entstehung des Endergebnisses (»O du goldene jugendzeit«) nachgeahmt, der »faden« verfolgt werden. Die Hilfestellung, die Arp uns hier bietet, führt, wie erwartet, nirgendwo hin: »Der anfang des fadens bei diesem knäuel ist zwischen L und E...«, ist demnach am ›p‹ der »aL-p-Ensure« festgemacht – was uns, bevor wir den Faden verlieren, nur den Kalauer »Po, du ...« bringt. Er läßt sich nicht über ein »etc.«-Muster verfolgen, der Ariadnefaden soll eben ins »labyrinth« des Rätsels führen, weg vom logischen Hintergrund, hin zu Arps postuliertem »Ohne-Sinn«.

Betrachten wir den Text auf einer anderen Ebene, so merken wir, daß der eigentliche »faden«, der die Antworten aneinanderreiht, die Wiederholung des Artikels »Die« ist. Arp spricht also die grammatischen Kategorien von Genus und Numerus an und führt uns mittels eines starren Punktes (des »Die«) vor, was alles unter das Joch der Sprache gebracht werden kann: von der »notdurft der vulkane« bis zur »rebusglocke«. Dabei verliert der Artikel jedoch seine Eindeutigkeit: von der weiblichen Einzahl («alpensure«) bis zur sächlichen oder männlichen Mehrzahl (»honorare«, »bisse« etc.). Arp zeigt auf diese Weise die fehlende Übereinstimmung von drei Geschlechtern mit den zwei Kategorien für Quantität auf, indem er die Willkür der Sprache durchexerziert. Gleichzeitig hebt er dagegen anhand seiner ungewöhnlichen Wortverbindungen ihr schöpferisches Potential hervor.

Nach dieser Lektion in Linguistik wechselt Arp zu einem anderen, nun ›männlichen‹ Faden über: »Der sprechsaal ist flügge geworden«, d. h. in jenem Klassenzimmer (wo laut Ernsts Arp-Porträt auch dessen Gedichte vorgetragen werden) sind die Schüler ›mündig‹ geworden. Sie haben sich den Sinnspruch: »einzahl mehrzahl rübezahl« gemerkt und die starren grammatischen Kategorien überwunden; dem Numerus wurde eine dritte Zahl, der Dada-Plural (DA_SDA_S) hinzugefügt.

Eine spätere Version dieses Spruchs untermauert unsere Interpretation: »sonst triptycht das grammatikkreuz / stanniolverpackt als schwarzer spaß / als einzahl mehrzahl rübezahl / als faselhans am faselfaß« (»das bezungte brett 3«[58]). »Faselfaß« – das ist hier der Sprachschatz, der durch die Grammatik in drei Zeiten, Geschlechter und Wortarten dreigeteilt, »getriptycht« wird, wobei man aber den dritten Numerus vergessen hat. Dieses Versäumnis hat Arp, der »faselhans«, mit seiner »rübezahl« wettgemacht, wobei in ihr ebenso Sprachparodie wie kreative Freiheit mitschwingt: er postuliert eine Überschreitung der Sprachgrenzen, wo man »O« sagen und »p« damit meinen muß.

Der zweite Teil des FADENRÄTSELS – das »magische monogramm« – wiederholt die Struktur des ersten; wieder ist alles bis auf die Fragen vorgegeben. An dieser Stelle versucht Arp zu präzisieren, wie denn diese von Regeln entbundene Wirklichkeit beschaffen sei, welche Konstellationen in ihr erkennbar werden. Die Symbolfigur der wissenschaftlichen Naturerkenntnis, »Newton«, stellt er gegen die anarchischen Elemente, das »arithmetische« gegen das »magische monogramm«.

»Schon als Kind erfaßte mich manchmal großes Entsetzen beim Anblick der Sterne. Mir ahnte nichts Gutes.«[59] So kommt auch hier in der Suche nach den »schnittmustern« des Lebens die grundlegende Gleichgültigkeit und Undurchschaubarkeit der Natur zum Vorschein und schneidet ihre Grimassen.

Wer aber kann diese Konstellationen deuten, wer bringt die richtigen »sterne« über den richtigen »buchstaben« an? Die Antwort verweist zwar auf die imaginären Seiten »500–501«, ist zugleich aber im Text enthalten: jenes Wortspiel über die zusätzliche dadaistische Dimension, jener märchenhafte Berggeist namens »rübezahl«.

Ihm läßt sich Arps wohl berühmteste poetische Figur, sein »kaspar« zur Seite stellen. In diesem noch vor dem Krieg entstandenen Gedicht verkörperte er die Unschuld, die Kindheit, die phantasievolle Einfachheit – »O du schöne jugendzeit«, wie Arp selbst die Lösung des Rätsels nennt. Ob Kasperle, Hanswurst, Kaspar Hauser, Narr oder Schelm – »kaspar«, vereint in seiner Unbeschwertheit und seinem Leicht-Sinn die Charakteristiken einer mythischen Gestalt, welche die Kräfte der Natur zu nutzen weiß und dem alltäglichen Leben eine neue Dimension verleiht. Er war es – denn »kaspar« ist eine Totenklage – der die Kräfte der Natur aus der Zwangsjacke einer kalten und utilitären Zivilisation, in der der Sinn für das Spielen verlorengegangen war, befreien konnte. Er symbolisierte die pantheistische Seele der Natur, er verkörperte die intuitive Weisheit des Kindes, er konnte die »monogramme der Sterne uns erklären«[60], da er wie ein Kind von seinen natürlichen Wurzeln noch nicht getrennt worden war und so das Universum als Ganzes sah.

Die Ausgangssituation von »Kaspars Totenklage« dieses Gedichts ist eine dumpf gewordene Gesellschaft, wo niemand mehr die Sonne – die »brennende fahne« – im »wolkenzopf« zum Spiel »verbirgt«. Verfall und Verarmung bedrohen die »goldene jugendzeit«, die Pubertät droht anzubrechen. Vor der Wahl, erwachsen zu werden und sich der übermächtigen sozialen Ordnung unterzuordnen, hatte »kaspar« den Tod, d. h. das Eingehen in die Natur gewählt, wie Last[61] dies kommentiert. Dada war nun der Versuch gewesen, diese ursprüngliche Einheit zwischen Natur und Unschuld wiederherzustellen, und der »kaspar« war bei allen Anstrengungen Dadas gegen die ›Kultur‹ immer als unterschwelliger Maßstab spürbar geblieben.

Erst in diesem Sommer, beim »Übergang der Dadaisten zur Natur« erstand er bei Arp in abgewandelter Form wieder auf. Rübezahl, der ›Wurzelzähler‹, war ein erwachsen gewordener »kaspar« – ein dadaistischer ›Erdgeist‹. War »kaspar« ein Symbol kindlicher Unschuld, so verkörperte »rübezahl« jetzt überdies das Absurde und Nihilistische: nicht mehr nur die Intuition, sondern auch die Intuition gebunden an das Paradoxe. Die Leitfigur war unter anderem Vorzeichen wiedergewonnen, Dadas Ausschachtung der Berge erfolgreich gewesen.

Tzaras Sätze im vierten Brief des HERRN Aa stehen im TIROL-Manifest nicht zufällig neben Arps Text. Seine Haltung aber ist ungleich pessimistischer: »Die worte werden – feindliche folgerungen«, »die wirklichkeit ist nichts als eine erklärende folgerung«, »das ergebnis und der satz werden durch den geringsten tierischen entwurf mitgenommen. Ihnen einen wert zu geben ist ein zeichen von banalität«. Sprache ist für ihn nur eine fragile, fragwürdige und abfälschende Konstruktion, die ihren verschwommenen Ursprung mit der »sentimentalität« der Bedeutungen überdeckt. Sobald sie geäußert wird, nimmt sie ein feindliches Eigenleben an, dem die »markt- und kompromißlogik« der Syntax nur förderlich ist – irgendein ›Ergebnis‹, irgendeine ›Aussage‹ findet sich mit ihr allemal.

Worin Tzaras Standpunkt mit dem Arps übereinstimmt, sind die Mittel zu ihrer Überwindung, die in der »macht, sie manövrieren zu lassen« liegen. Man müßte gleichsam schneller als die Sprache sein, ihre Bilder dort abbrechen, wo sie sich festzulegen beginnen, das »ergebnis vor satzende abtöten«. Das hieße, die Sprache nur in Tangenten an die Dinge zu legen und mittels schnell wechselnder Andeutungen zu operieren. Für Tzara kann das Chaos der Wirklichkeit nur in einem dauernd sich verschiebenden Sprach-Kaleidoskop wiedergegeben werden – und dann nur in Gesten. Sprache kann bestenfalls nur ein Stichwort für einen Gedankengang liefern, ihn dann zu vollziehen ist Sache des Rezipienten; Kunst bleibt in ihrem Kern »privat« und grundsätzlich nicht mitteilbar. Das ist nun Tzaras Schritt von »O« zu »p«, von der »mehrzahl« zur »rübezahl«.

Tzara hingegen stellt dem einen bereits schon konstruktivistisch zu nennenden Text entgegen, in dem »die Klarheit Wesentlichkeit einer Eislandschaft und die geometrische Einfalt Märchentraum aller wird« und »Ideen die Luft gleich Hunden durchpflügen: Im Diamant.«[62]

Dazu bedurfte es einer Poetik, die dem »Treffen von zwei geometrischen als parallel festgestellten Linien«[63] entsprach und jener »Region des Hirns, wo Ideen, Metalle und Eingeweide der Dichter Kleine Blüten auf dem Bogen von Nachtgeschmeiden werden« [64] entnommen war. Kurz gesagt, der Text mußte alle Qualitäten des Kristalls in sich vereinen, oder wie Breton es in »L'Amour fou« formulierte:

** Das Kunstwerk, nicht minder übrigens als irgendein Fragment des menschlichen Lebens, das man um seine tiefere Bedeutung befragt, scheint mir gänzlich wertlos, wenn es nicht die Härte, die Strenge, die Regelmäßigkeit und, auf allen seinen inneren und äußeren Facetten, den Glanz des Kristalls besitzt.**

Auf der Rückseite des AUFRUFS hatte Tzara einen deutschen Text verfaßt, der diesem Anspruch 16 Jahre vor Bretons Postulat gerecht wurde: HERR Aa DER ANTIPHILOSOPH <V>.[65]

Die ersten Zeilen geben ein ›realistisches‹ Motiv vor, das wir, um einen Zugang zum Text zu finden, kurz als Anekdote einer Passion umschreiben könnten. Zwischen dem »matrosen« Tzara und der »wäscherin« Maya war es zu einer »umarmung« gekommen. Die »musik« (das Triebhafte, Dionysische) und die »langeweile« hatten ihre »herzen« der »liebe« und damit dem »unkontrollierten« »zufall« geöffnet, d.h. beide sich selbst vergessen lassen. Angesichts der Spuren des Liebesaktes auf dem »leinen« setzt dann der »rückzug« in die Reflexion des »gedächtnisses«, des Bewußtseins der gegenseitigen Entfremdung ein: ›post coitum, omnis anima tristis‹.

Im zweiten Teil des Textes versucht Tzara der Biegsamkeit der Herzen aus »kautschuk« beizukommen, das Irrationale faßbar zu machen, die Reflexion herauszukristallisieren. Dabei wandelt er einen dreigliedrigen Satz ab, dessen Teile jeweils für eine Ebene der Existenz stehen. »Insekt« steht für das Konzept unseres ›Tausendfüßlers‹, den innersten Kern im Menschen: »bitternis«, »freuden« und »wünsche« kennzeichnen den Menschen als hypothetischen Punkt zwischen dem Bewußtsein und dem Unbewußten, zwischen Materie und Geist; »kristall« aber ist die »präzise« Form, der Geist, in dem das »insekt« eingeschlossen ist.

Die Tönung des Kristalls ist die der »bitternis«, des »verrostens« – der ›échec‹, das Scheitern, der Tod. Von ihm ist auch das »schönste insekt: der engel« gekennzeichnet, der allein nur die drei Eckpunkte des ›magischen Dreiecks‹ des Textes in sich aufzuheben imstande wäre. Aber seine »liebe« ist »weiß« und »präzise« – sie ist die ›Liebe‹ der Indifferenz, sie ist das unpersönliche Prinzip des Universums, das exakte aber unbegreifliche »monogramm der sterne«.

Im Kristall eingeschlossen sind auch die Elemente der persönlichen Anekdote, die ihn sozusagen erst aufgebaut haben: »die herzen schläfen und geräusche«, das »haar« und die »augen«, die immer wieder auf die »wäscherin«, den »matrosen« und die »umarmung« zurückverweisen.

Tzaras Überarbeitungen seines deutsch geschriebenen Textes helfen uns weiter, die Struktur des Kristalls zu erfassen. Das »lässt verrosten« hatte er durch »verrosten« ersetzt, um dadurch dem Geschehen die Distanz zu nehmen und es so ins Innere des Kristalls zu verlegen. Das Adjektiv »starr« wiederum hatte »verloren« und »leer« verdrängt; Verlust hätte eine vorherige Fülle der Existenz ahnen lassen, Leere dagegen ihr völliges Fehlen. So aber beinhaltet »starr« beides: reglose Existenz, von Vergangenheit und Zukunft abgetrennt. Die »starre« Härte des Kristalls wurde damit auf alle drei Punkte des ›magischen Dreiecks‹ übertragen und somit eingegliedert.

Worin besteht nun die sprachliche Struktur des Kristalls? Erinnern wir uns an den Brief Tzaras vom 31. August, wo er Eluard Titel für seine Zeitschrift vorschlug, die aus Abwandlungen des Wortes »Invention« gebildet waren. Eluard war es gewesen, der diese Abwandlungen systematisch ausgebeutet hatte, um vorzuführen, wie eine logische Struktur unter Beibehaltung der grammatischen Regeln dahin gebracht werden konnte, daß sich völlig neue, absurde wie auch irrationale Muster daraus ergäben. Ein bekanntes Beispiel war die Variation eines aus der Zeitung entnommenen Satzes:

* »Man muß die Regeln verletzen,
ja, aber um sie zu verletzen, muß man sie wissen.«

zu

»Man muß die Verletzungen wissen,
ja, aber um sie zu wissen, muß man sie regeln.«

odcr:

»Man muß das Wissen regeln, ja,
aber um es zu regeln, muß man es verletzen.«* [66]

Mit dieser einfachen sprachlichen Vorgangsweise hatte Eluard gedankliche Operationen in Gang gesetzt, welche vorgeformte Denkmuster übersteigen konnten, ohne dabei die eindeutige grammatikalische Struktur zu verlassen.

Unser Kristall bildet eine existentielle Matrix aus drei Elementen, eine atomische Konstellation, die alle Gegensätze und Paradoxa in sich vereint. Im Fortgang des Textes schleift Tzara seinen Kristall mittels der »algebraischen syntax und der logarythmen zur berechnung der feinheiten«, bis der unregelmäßige »kristall mit zerzausten haaren« zum »starren kristall« in all seinen Facetten geworden ist. Er wird transparent und rein, bis sich die äußere Realität in ihm auflöst. Jeder Satz des Textes bildet eine neue Facette, indem sie die innere Formel abwandelt; jeder Satz ist eine Analogie zur Struktur des Kristalls. Wie alle Erscheinungsformen von Wasser – Schnee, Eis, Hagel etc. – in der Formel H_2O enthalten sind, so sind auch alle Konnotationen von Tzaras Reflexion im Kristall gebannt. Die Alchemie Dadas hat so ihren Stein des Weisen gefunden.

Der Text ist jedoch auch deshalb von Bedeutung, da sich in ihm zwei poetische Ansätze überschneiden. Zum einen deutet sich in der Regelmäßigkeit der Abwandlung der Sätze, in der Behandlung des Wortes als rein formales Material bereits eine Parallele zum Konstruktivismus an. Zum anderen ist es gerade die Vernetzung der Metaphern untereinander, ihre dichter werdende metonymische Verknüpfung, die man der surrealistischen Rhetorik zusprechen kann.

Daß unser biographischer Einstieg gerechtfertigt war, soll der folgende Nachsatz belegen. Von den Problemen mit Maya hatten wir ja eingangs schon gesprochen; der Auszug aus einem Brief Mayas an Tzara zeigt, daß die Differenzen zwischen ihnen gegen Ende des Aufenthaltes in Tirol immer gravierender geworden waren:

Jetzt erst sehe ich, wie schlecht die Ernsts und wie schlecht die Simone <Bretons Frau> mich behandelt hat und ich ließ es mir gefallen, weil es deine Freunde waren und ich meinte, dein Instinkt sei sicherer als der meine und du könntest keine schlechten Freunde haben. Und wie ich sofort geringer wurde, als ich mich so behandeln ließ. Und in den letzten Tagen, wie du mich mit Füßen tratest, war mein Gefühl so verwirrt, daß ich diese meine Feinde um Hilfe bat, und ich verstehe jetzt, wie dich das beleidigen mußte. Diese Menschen wissen aber nichts von der Liebe, und wie man um Liebe leidet, sonst hätten sie uns in den letzten Stunden alleingelassen. (21.3.1922 aus Hamburg)

Die »bitternis« hatte ihre Wurzeln also nicht nur in der beginnenden Entfremdung zwischen Tristan und Maya gehabt, sondern war auch dabei, sich unterschwellig im Klima der Gruppe auszubreiten. Wie Tzara am 13.9.1921 an Eluard schrieb, war die »air« nicht mehr so »grand«, sondern »petit«, nicht mehr ›frisch‹, sondern besonders nach dem Eintreffen Bretons dabei, ›stickig‹ zu werden.

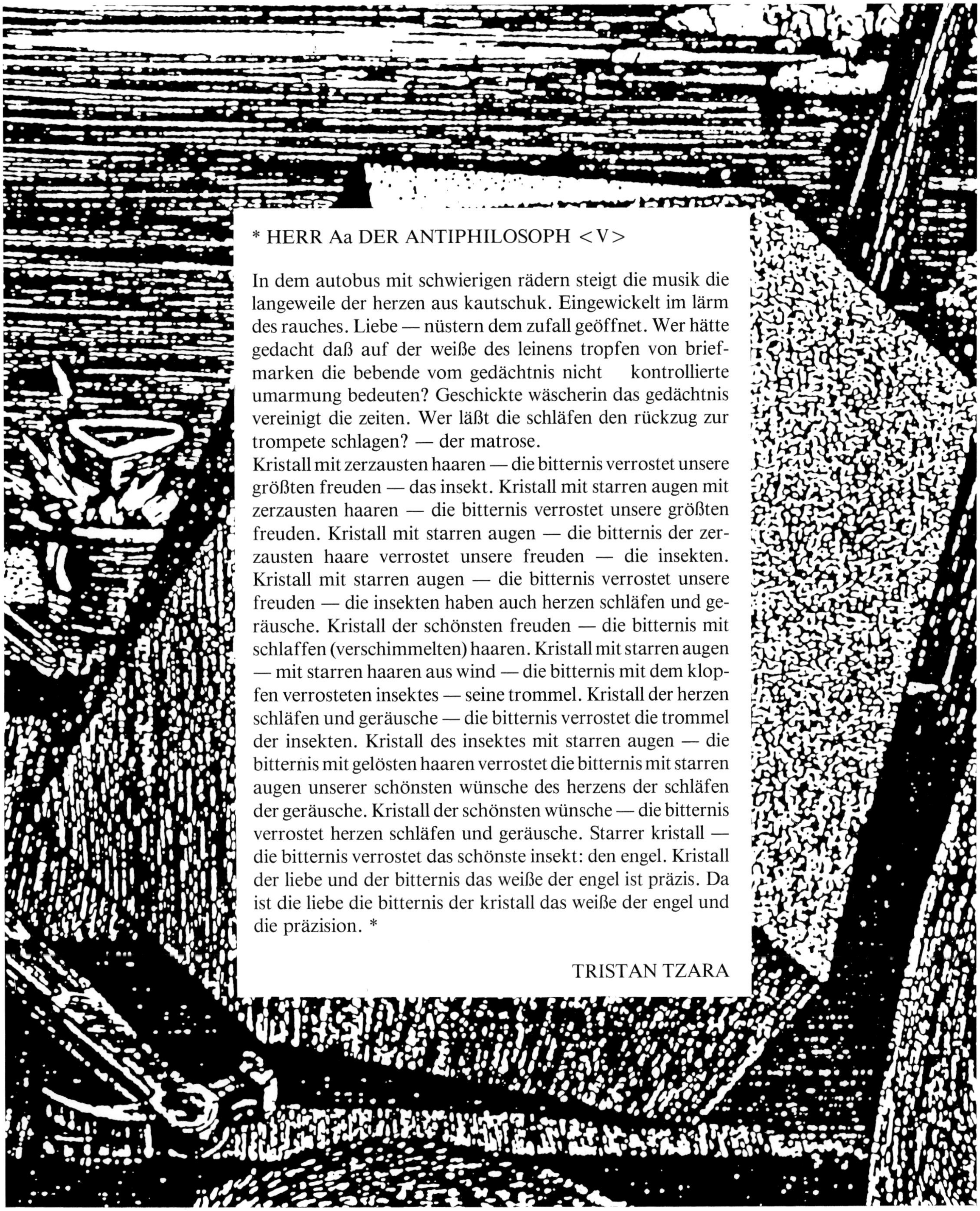

* HERR Aa DER ANTIPHILOSOPH <V>

In dem autobus mit schwierigen rädern steigt die musik die langeweile der herzen aus kautschuk. Eingewickelt im lärm des rauches. Liebe — nüstern dem zufall geöffnet. Wer hätte gedacht daß auf der weiße des leinens tropfen von briefmarken die bebende vom gedächtnis nicht kontrollierte umarmung bedeuten? Geschickte wäscherin das gedächtnis vereinigt die zeiten. Wer läßt die schläfen den rückzug zur trompete schlagen? — der matrose.
Kristall mit zerzausten haaren — die bitternis verrostet unsere größten freuden — das insekt. Kristall mit starren augen mit zerzausten haaren — die bitternis verrostet unsere größten freuden. Kristall mit starren augen — die bitternis der zerzausten haare verrostet unsere freuden — die insekten. Kristall mit starren augen — die bitternis verrostet unsere freuden — die insekten haben auch herzen schläfen und geräusche. Kristall der schönsten freuden — die bitternis mit schlaffen (verschimmelten) haaren. Kristall mit starren augen — mit starren haaren aus wind — die bitternis mit dem klopfen verrosteten insektes — seine trommel. Kristall der herzen schläfen und geräusche — die bitternis verrostet die trommel der insekten. Kristall des insektes mit starren augen — die bitternis mit gelösten haaren verrostet die bitternis mit starren augen unserer schönsten wünsche des herzens der schläfen der geräusche. Kristall der schönsten wünsche — die bitternis verrostet herzen schläfen und geräusche. Starrer kristall — die bitternis verrostet das schönste insekt: den engel. Kristall der liebe und der bitternis das weiße der engel ist präzis. Da ist die liebe die bitternis der kristall das weiße der engel und die präzision. *

TRISTAN TZARA

DADA
INTIROL
AUGRANDAIR
DER SÄNGERKRIEG

TARRENZ B. IMST 16 SEPTEMBRE 1886—1921 1 FR. 2 MK.
EN DEPOT AU SANS PAREIL 37 AVENUE KLÉBER PARIS

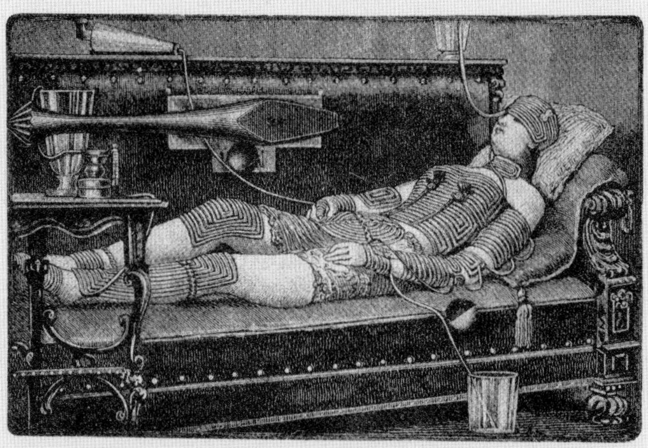

MAX ERNST: Die Leimbereitung aus Knochen
La préparation de la colle d'os

SAUBERREINKLARNETTO

Einer unserer Freunde aus New-York erzählt, er kenne einen literarischen Taschendieb; sein Name sei Funiguy, berühmt als Moralist, genannt musikalische Fischsuppe mit Reiseeindrücken.

Tzara schickt an Breton: einen Karton gefüllt mit in Straußenmilch konservierten Erinnerungen und einer batavischen Träne, die mit Angaben für ihre Verwandlung in Bienenpuder versehen ist. Er wird in Tarrenz b. Imst vom morganatischen Gelächter der Ebenen und Wasserfälle erwartet.

Die Überschrift dieses Journals stammt von Maya Chrusecz.

Wir kochen geneigte Herrschaften in Parafin und hobeln sie auf.

Arp schraubt S.G.H. Taeuber auf den Stamm einer Blume.

Im Katalog des Salon Dada findet sich ein Irrtum, den wir unbedingt berichtigen müssen. Das mechanische Bild von **Marcel Duchamp,** »Braut«, ist nicht mit 1914 datiert, wie man uns weismachen wollte, sondern mit **1912.** Dieses **erste mechanische Bild** wurde in München gemalt.

Die Baronin Armada von Duldgedalzen, bekannt in der Geschichte unter dem Namen Die Grausame, hat vor Gästen, auf ihren Gütern in Tarrenz, ein Massaker unter den Bauern der Umgebung veranstaltet.

Jetzt wo wir verheiratet sind, mein lieber Cocteau, werden Sie mich weniger sympathisch finden. In Spanien schläft man nicht mit seinen Familienmitgliedern, würde Marie Laurencin sagen.

Tzara schickt Soupault: 4 Walfische aus Schaumgummi, 2 Nadeln zum Vergiften der Bäume, einen unübertrefflichen Kamm mit 12 Zähnen, ein aufgeregtes lebendiges Lama und einen mit Kadaverschinken geschmorten Apfel. Für Mic die Grüße seines Offenherzigen.

Arp schickt Eluard: einen Turban aus Eingeweiden und die Liebe zu 4 Zimmern. An Benjamin Péret: gesottene Minerale, Ameisenhaufenfahnen und Perückenattrappen auf dem mit Mäusehuren gekrönten Postkutschenverdeck.

Funiguy hat 1899 den Dadaismus, 1870 den Kubismus, 1867 den Futurismus und 1856 den Impressionismus erfunden. 1867 traf er mit Nietzsche zusammen, im Jahr 1902 bemerkte er, daß das nur ein Pseudonym für Konfuzius sei. Im Jahr 1910 errichtete man ihm ein Denkmal auf dem tschechoslowakischen Concorde-Platz, da er fest an die Existenz von Genies und die Wohltaten des Glücks glaubte.

Tzara schickt Marcel Duchamp: in negerschwarzen Whisky getauchte Liebesbonbons und einen neuen mit lebendigen Jungfrauenschenkeln versehenen türkischen Diwan.
An Man Ray: eine durchsichtige Ansichtskarte mit den Bergen und allem übrigen und einen Kühlschrank, der beim Herannahen eines Anlassers französisch spricht.
An Marguerite Buffet: ein Paket Schokolade à la Knopfloch sowie 3 Musiknoten von ganz und gar ungewöhnlicher Qualität.

Paris (16), 12 rue de Boulainvilliers.

TRISTAN TZARA

* Herr Aa der Antiphilosoph

— Sehr geehrter herr

Die feigheit kennt ihren rang, sie ist das gewicht der angst, die wir alle im kern der knochen tragen. Die nerven des ozeans sind die schienen des windes und der hitze. Ihre kämpfe ergeben den fingerabdruck der inseln und die einsamen zähne der felsen. Um den heuschober fallen tropfen aus insekten bei der helligkeit der seide, und die phosphoreszenz der früchte zieht die körner der wolken an. Die wolken bringen die wasserhahnvögel.

— Sehr geehrter herr
Es war nicht ohne absicht, daß herr Aa die fröhliche mitschuld des magens entdeckt hatte. Das inventar seines hirnlagers besteht seit seiner jugend, das ergebnis ist gleich null — ohne legierung. Er ist schachmatt beim blitzspiel. Er öffnet jetzt sein zelt — ein regenschirm über die lunge und das überquellende haar der luft, welche er einatmet.

— Sehr geehrter herr
Die berge bekommen ein paket schokolade. Die berge sind hinter den jungen mädchen, welche sich auf der treppe gruppiert haben. Die fenster sind noch offen. Zu ihren füßen sieht man blumenkörbe und einen wächterhund. Dieser hund bellt nicht, er ist nachdenklich. Das junge mädchen in der mitte, auf einem schemel stehend, hält in der rechten hand einen versiegelten brief. Die linke hand stützt sich auf die schulter einer ihrer schwestern. Sie sind artig.

— Sehr geehrter herr
Beim nahen der letzten stunde des täglichen lebens — habe ich — lange zeit das durch die namenlose gemeinschaft — in einem wort bestimmte unbehagen — gespürt — und die sentimentale bedeutung, welche sie versteckt — erde und wohlgeruch unter dem nest und dem ei.

Die worte werden — kaum ausgesprochen — feindliche folgerungen — nehmen ein leben welches, unmittelbar auf die zellen und die spekulation des blutes einwirkt. Außer ihrem unauswischbaren wohlklang als basis einer markt- und kompromißlogik aufgerichtet — kann nichts für ihre wirkliche tugend bürgen — als meine macht, sie manövrieren zu lassen. Und dann noch; — die wirklichkeit ist nichts als eine erklärende folgerung.
Nichts kann wirksam sein. Man muß immer verduften. Wenn ich worte zu einem satz knote, komme ich leicht beim punkt an. Ich finde dabei immer ein ergebnis. Nach irgend welchem satz. Das ergebnis und der satz werden durch den geringsten tierischen einwurf mitgenommen. Ihnen einen wert zu geben, ist ein zeichen von banalität — man müßte also vor satzende das ergebnis abtöten und die punkte nicht nach den grammatikalischen notwendigkeiten setzen. Die syntax ist algebraisch, und wir bedienen uns der logarythmen für die berechnungen der feinheiten.

— Sehr geehrter herr
Bei dem wäßrigen einmarsch — ein lebenskräftiger sommertag bei seiner helligkeit, öffnet der mumienfarbige rasen sein übel. Ich traf in italien einen berühmten sänger, welcher das blut seiner stimme in unzähligen übergaben kochen ließ. Ich habe niemals den zweck dieser seltsamen beschäftigung einsehen können.*

TRISTAN TZARA

Die schwalbenhode

4.

Tapa tapa tapa
Pata pata
Maurulam katapultilem i lamm
Haba habs tapa
Mesopotaminem masculini
Bosco & belachini
Haba habs tapa
Woge du welle
Haha haha

ARP

---

gerade erschienen:
7 dadamanifeste
von tristan tzara (La Sirene, 7 rue Pasquier, Paris.)

ARP

Der anfang des fadens bei diesem knäuel ist zwischen L und E, von hier geht der faden auf O (unten rechts), von hier auf das D links etc.; folgt man nun den windungen des fadens bis zum ende desselben, so geben die gefundenen und aneinander gereihten buchstaben die worte: „O du goldene jugendzeit!“. Auflösung des fadenlabyrinthrätsels S 500.
Die alpensure.
Die notdurft der vulkane.
Die honorare der okkulten kurse.
Die bisse in die trebertürme.
Die geschälten monde.
Die leydernen hasen.
Die emaillierten keime.
Die engelstränke.
Die rebusglocke.
Der flügge gewordene sprechsaal.
Einzahl mehrzahl rübezahl.
Die das monogramm bildenden buchstaben sind mit sternchen geziert, und zwar in verschiedener anzahl. Ordnet man die buchstaben arithmetisch nach der zahl dieser sterne, so ergibt sich der name: Newton. Auflösung des magischen monogramms S. 501.
Die glyzeringetränkten leitern lehnen gegen die papierdolmen.
Die grimassen der sterne sind auf die flügel gepaust.
Die kopierrädchen laufen über die schnittmuster der tiere.

ARP

Treten Sie Ein Und Sehen Sie

Die Orientalischen Tänze
dargeboten von den Orientalischen Schönen

Zora, mit ihrem Tanz des Seidenschals
Sultana, Tänze der Kaids
Ziska, Verrenkungstänze
Zannina, Tunesische Tänze
Saïda, Bauchtänze
Aïcha, Neue Tänze des Pelikans.

Man trete ohne zu zögern ein, es geht durch und dauernd weiter

THEODORE FRAENKEL

Es ist weiß und schön dieses exkrement denn wir alle sind engel die steine bestätigen es unsere tinte ist weiß und wir schreiben auf weißem papier unsere krankheiten sind jene der wassertiere und unsere kostüme werden in amerika gemacht. Zwecks zusätzlicher angaben lesen sie den vogelselbdritt von arp der gerade erschienen ist. Arp ist der zylinderhut des mont blanc.

TRTZ.

ARP

Paris-Sport

Die präsidenten unserer republiken
je nach unseren boulevards
je nach unseren vögeln
verkünden uns das wetter
Ihre grauen fahnen
und ihre ferngläser
sind der nöte zeichen
für die besten aller bürger
Was die noch besseren betrifft
sie betrachten die alleen
und die straßen

PHILIPPE SOUPAULT

Cor mio

Zieht sich zurück bis zum geringsten in astralen proportionen wahrnehmbaren
Das problem beginnt wieder und die gläubigkeit:
Eine verliebte
Küssen um ein millionstel zu begreifen
Armes getäuschtes herz sobald es in seiner zufriedenheit sitzt
Gamma boudoir
Schwimme in der elektrischen wie wirklichen helle
Bis zur vereinigung von teleskop und mikroskop
Es gibt aber auch die einträglichen beschäftigungen
Durch die pupille der geliebten blicken um das interieur zu sehen
Gott lieben um an ihn zu glauben
Abgesehen von der verbindung in einem unbekannten ziel was bleibt
Alles
Und verstummen
Diese entsetzliche kugel die ihren phosphor auch noch durch das geschlecht verliert schwimmt weiter obenauf
Ich bin ein clown und ein lügner
Die gleichgültigkeit unterwirft sich nur den würfeln

G. RIBEMONT-DESSAIGNES

Die ungeschlagene fustanella

Wunschgemäss gestatte ich ihnen hiermit, die 56 verwitterungsstufen vom frischen gestein zum sechsblättrigen reliefröslein mit goethes mineralischem nachlass aufzufüllen. Die quer- und längslinien ihrer parallelogramme laufen sodann gleich. Häkeln sie einen ringmeter luft einmal als ersatz eines stäbchens einmal als aufschlitz ihres porphyr lapislazuli und sie werden sich allen anordnungen ihres p. t. herrn direktors ungebrochenen herzens fügen können. Die dritte und vierte reihe wiederholt man noch zweimal, damit die blättchen sich hübsch wundern. Die meisterwerke ihrer konditorei müssen recht scharf gepolstert werden. Sodann spritzen sie ruhig weiter mit gneis, glimmerschiefer und grauwacke und vergessen sie ja nicht, ihre sechs wölbungen mit stalaktit als blätterteig zu steppen.

MAX ERNST

Deklaration

Ich erkläre, daß Tristan Tzara das Wort DADA am 8. Februar 1916 um 6 Uhr abends eingefallen ist; ich war mit meinen 12 Kindern dabei, als Tzara zum ersten Mal dieses Wort aussprach, das in uns eine berechtigte Begeisterung auslöste. Dies ereignete sich im Café Terrasse zu Zürich, und ich trug gerade eine Brioche im linken Nasenloch. Ich bin überzeugt, daß dieses Wort gänzlich unbedeutend ist und daß sich nur Schwachsinnige und spanische Professoren für nähere Angaben interessieren. Was uns interessiert, ist die dadaistische Geisteshaltung, und wir waren alle schon dada, bevor es dada gab. Die ersten Heiligen Jungfrauen, die ich gemalt habe, stammen aus dem Jahr 1886, als ich gerade einige Monate alt war und mich damit amüsierte, graphische Impressionen zu pissen. Die Moral der Idioten und ihren Glauben an Genies finde ich zum Kotzen.

Tarrenz b. Imst, am 6. August 1921

ARP

Als der sklavenhändler zum letzten mal durch die wüste zog und der blitz seine blüte in den felsen stieß ließ G. Ribemont-Dessaignes seinen Kaiser von China Au Sans Pareil erscheinen wir wollen zurückkehren zur NATUR unsere großmutter jetzt wo Tirol so schön ist im schnee dem exkrement der dadaisten.

TRTZ.

Das ding an sich und das ding an ihr

Der mensch ist der beste freund des weibes.

Die liebe auf dem zweirad ist die wahre nächstenliebe.

Die axt im haus erspart den bräutigam.

Wer gegen den wind spuckt, besudelt die eigene mathilde.

Nieder mit der kompakten majorität der damenschneider.

BAARGELD

Poesie ist ein modus, minderwertige gedanken doch noch an den mann zu bringen.

HEINI

Ich bin sehr wohl Charles' freund, der beweis:

Wo sind wir denn eigentlich?

Ich bin von leichtfertiger schönheit und das ist gut
Ich gleite auf dem dach der winde
Ich gleite auf dem dach der meere
Ich bin sentimental geworden
Ich kenne den lenker nicht mehr
Ich bewege nicht mehr seide auf den spiegeln
Ich bin krank blumen und kiesel

Ich liebe das chinesischste an den nackten wolken
Ich liebe die nackteste an den vogelsprüngen
Ich bin alt aber hier bin ich schön
Und der schatten der aus tiefen fenstern herabsinkt
Verschont jeden abend das schwarze herz meiner augen

PAUL ELUARD

---

s'
Fatagagalied.

Erblickest Erna du darin,
Man's nur am stiere findet;
Verstehn muß es die stickerin,
Wenn Erna draus verschwindet.

ARP und MAX ERNST
(FATAGAGA)

Die wasserprobe

Hierbei wird die Faust geballt
Daß der frosch zu boden knallt
Hier die magd die motten putzt
Daß der wind die dämpfe stutzt

Hierbei wird ein dampf verschluckt
Daß der greise bammel zuckt
Daß der warmen fische ei
Knall und fall ins einerlei

MAX ERNST

Der alte vivisektor

Dort auf jenem hügel, so rief der general, sehe ich dichte schützenlinien. Warum werden sie mir nicht gemeldet?
Es sind puppenräuber und blütenstände, wandte der adjutant ein.
Und jene artilleriebeobachtungsstände da drüben?
Das sind die brutknospen auf ihren leitern.
Halblinks ist eine starke batterie von anscheinend großem kaliber, fragte der führer nochmals; solche führen wir doch nicht.
Ew. Exzellenz haben ganz recht; es sind die bauchteile der eizellen, die spitzengänger der zukunft, die gliedmaßen der im schnee begrabenen. Sie übertreffen die sporen an schönheit und klarheit. Sie sind mit wurzelhaaren dicht besetzt. Ihre halskanäle tragen feine wimpern. Die giftzähne verbergen sie in den weichteilen ihrer frauen. Atemöffung und assimilationsfäden tausendfach. Auf dem grunde des bechers der sonnentau.
Vorwärts, antwortete dieser. Die schrumpfung der wandzelle. Das auskeimen der sporen. Die unverbesserliche trinkerin.

MAX ERNST

DER SÄNGERKRIEG IN TIROL ODER DADA AU GRAND AIR

Wie Max Ernst versicherte, wurde das Manifest in einer Innsbrucker Druckerei umbrochen. Das angegebene Datum bezieht sich auf Arps 35. Geburtstag, dem dieses Manifest gewidmet wurde (das angegebene Geburtsjahr ist korrekt, obwohl es sogar in neuesten Nachschlagewerken mit 1887 angeführt wird). Einen Teil dieser achten Nummer von Tzaras »DADA« bildeten Erwiderungen auf die Angriffe Picabias in dessen im Juli erschienenen »Le Pilhaou-Thibaou« und auf eine Artikelserie, mit der er sich von Dada losgesagt hatte.

SAUBERREINKLARNETTO

– »Freund aus New York«: damit ist Marcel Duchamp gemeint, den Picabia zu Unrecht in seinen Angriffen gegen Tzara auf seine Seite gezogen hatte; Duchamp enthielt sich zu dieser Zeit bereits jeder Parteinahme und war dabei, die Kunst für das professionelle Schachspiel aufzugeben.

– »literarischer Taschendieb«: Picabia hatte sich in seinen Angriffen in sehr eklektischer Art auf Uccello, Stirner, Nietzsche, Spinoza und Konfuzius berufen und sich mit Duchamp als der eigentliche Begründer Dadas 1912 in New York ausgegeben. Tzara dreht somit den Spieß um.

»Funiguy«: engl. ›funny guy‹ war der Spitzname Picabias, der ihm von Albert Gleizes, dem Theoretiker des Kubismus, während der gemeinsamen Zeit in New York verliehen worden war. Mit diesem Namen hatte dieser seine Attacken im »Pilhaou-Thibaou« signiert.

»gefeierter Moralist«: man denke nur an den Zynismus Picabias und seine scharfen Aphorismen (z. B. »Es ist leichter, sich am Arsch zu kratzen als am Herzen. St. Augustin«).

»genannt musikalische Fischsuppe«: In einem Artikel vom 11.5.1921, in dem er seine Trennung von Dada bekannt gab, hatte Picabia gegen die angebliche Monotonie und Festgefahrenheit Dadas mit dem Vergleich polemisiert: »Das Leben ist eine Gitarre, auf der man ewig die gleiche Melodie zu spielen nicht liebt. <...> Man muß dagegen Papageien und Kolibris verspeisen, lebendige Pinseläffchen verschlingen, den Giraffen das Blut aussaugen und sich von Pantherfüßen ernähren! Man muß mit den Möwen schlafen, mit der Boa tanzen, mit den Heliotropen Liebe machen und sich die Füße in Zinnober baden!«[66] Daraus eine musikalische Bouillabaisse zu machen, war für Tzara nicht schwer.

»Reiseeindrücke«: Im selben Artikel hatte Picabia auch postuliert: »Man muß Nomade sein, die Ideen durchwandern wie Länder oder Städte!« In seinem nächsten Artikel vom 13.5.1921 hatte er dieses Argument weiterverfolgt: »Ich liebe es, mich vom Zufall treiben zu lassen, die Straßennamen bedeuten mir wenig, jeder Tag ist doch wie der andere, wenn wir uns nicht jeder für sich selbst die Illusion einer Neuheit erschaffen, und Dada ist nicht mehr neu ... im Moment.«[67] Im übrigen war Picabias Begeisterung für schnelle Autos sprichwörtlich.

– »Die Überschrift dieses Journals«: wie Ernst schreibt, war der »Sängerkrieg in Tirol« als »Parodie auf Wagners ›Sängerkrieg auf der Wartburg‹« gemünzt gewesen; dieser Stoff aus dem 13. Jhdt. trägt auch den Titel: »Tannhäuser«. Die Anspielung auf die Querelen in Paris ist deutlich: Heinrich v. Ofterdingen alias Tristan Tzara steht dabei Wolfram v. Eschenbach und Walther v. d. Vogelweide unverstanden gegenüber. Gleichzeitig finden darin unsere ›Tausendfüßler‹-Spiele ihren Widerhall.

Neben dem Kompliment an Maya läßt sich noch ein anderer Zusammenhang belegen. In der zweiten Septemberwoche war auf dem Programm der Colosseum-Lichtspiele in Innsbruck neben auf Kommando krähenden Hähnen, einem vierbeinigen Klaviervirtuosen und einem Esel, der Farben unterscheiden konnte, auch der Film »Der Sängerkrieg auf der Wartburg«.

– »Salon Dada«: war eine der wenigen realisierten Dada-Manifestationen des Jahres 1921 gewesen. Nach der Abspaltung Picabias hatte Tzara nicht nur diesen, sondern auch zunehmend Breton zum Gegner. So versuchte diese Ausstellung die verschiedensten Tendenzen auf internationaler Ebene zu vereinen, was sie zu einer der homogensten Expositionen Dadas überhaupt machte. Ihr Motto war Bilder von Dichtern und Gedichte von Malern: so waren neben einem metergroßen Relief-Porträt Tzaras von Arp auch drei ›Bilder‹ von Soupault (»Mein«, »Lieber« und »Freund«) oder ein »Die schöne Tote« betiteltes Kunstwerk von Péret, bestehend aus einem Nußknacker und einem Gummischwamm, zu sehen.

Duchamp hatte kurzzeitig vor der Eröffnung abgesagt, und so waren die ihm zugedachten Katalognummern leer geblieben. Unter dem ironischen Vorwand eines »Irrtums« desavouiert Tzara wieder Picabia, der mit seinen ›mechanomorphen‹ Bildern den Stil Dada-Paris' entscheidend mitbeeinflußt hatte, seinerseits aber von Duchamp inspiriert worden war. Duchamp hatte wirklich seine ersten beiden eigenen ›mechanomorphen‹ Bilder (»Übergang von der Jungfrau zur Braut«; »Braut«) bereits 1912 in einem Münchner Hotelzimmer gemalt. Sein etwas später entstandener »Akt, die Treppe herabsteigend« erzielte dann 1913 auf der Armory-Show in New-York einen Skandalerfolg. Picabias erste Bilder in diesem Stil datieren aber erst auf 1914/15.

Picabia, der die Ausstellung vor seinem Bruch mit Dada noch mitgeplant hatte, mußte Duchamps »Braut« vorgeschlagen und mit der Datierung »1914« versehen haben, was Duchamps Vorreiterrolle in diesem Stil unberücksichtigt ließ.

– »Jetzt, da wir verheiratet sind«: Im Umfeld des ›Salon-Dada‹ fand auch eine Theateraufführung von Cocteaus »Die Bräute des Eiffelturms« statt, die von den Dadaisten sabotiert wurde. Sie hielten Cocteau neben seinem Narzißmus vor, daß er dem ›seriösen‹ kubistischen Milieu zu nahestehe, aber aus Dada Kapital schlagen wolle. Daraufhin hatte er im Zwist Picabias Partei ergriffen und im »Pilhaou-Thilbaou« einen Artikel gegen Tzara gerichtet: »Obwohl Tzara fürchtet, daß er sympathisch werden würde, ist er – ist er uns sehr sympathisch. Wollen wir deshalb in seiner Lage ein Motiv suchen, das ihn uns noch sympathischer macht: beispielsweise zu erfahren, daß er die Urheberschaft des Wortes DADA, der Sache Dada, der Richtung, die selbst die Hühner einschlafen läßt, usurpiert hat, würde uns Freude bereiten. Dieser Skandal für seine einfältige Bande würde ihn uns gegenüber seiner offiziellen Rolle entheben, ihn endlich kompromittieren und vor ein Ubu-Dada Tribunal bringen.«

Trotz dieser Polemik brach Cocteau nie offen mit Tzara, ganz im Gegenteil: seine Korrespondenz mit ihm ist voller Freundschaftsbeweise. Tzara gibt ihm seinen Angriff in einer sehr sublimen Replik zurück, indem er auf dessen umstrittenes Theaterstück verweist, das sogar von Picabia verrissen wurde; mit dem auf Laurencin gemünzten Ausspruch stößt er ihn mit der Nase auf die Illoyalität Picabias.

Maria Laurencin war Malerin und langjährige Geliebte Guillaume Apollinaires. Die Anspielung auf die unglückliche Heirat zwischen Cocteau und Picabia hatte bei ihr einen realen Hintergrund. Zwei Monate vor Kriegsausbruch hatte sie den deutschen Dichter und Maler Otto von Wätjen geehelicht und dessen Nationalität angenommen; daraufhin wurde sie in Frankreich interniert, kam aber mit der Auflage frei, das Land zu verlassen und ging nach Barcelona. Dort jedoch wurde sie von den Deutschen als Deserteurin und von den Franzosen als Kollaborateurin angesehen

– »Soupault«: Tzaras Verhältnis zu ihm war immer ohne Schwierigkeiten geblieben; er und Picabias ehemaliger engster Gefährte Ribemont-Dessaignes fungierten zu dieser Zeit als Vermittler zwischen den einzelnen Lagern, blieben Dada aber selbst nach dem ersten surrealistischen Manifest 1924 treu.

»Lama« ist eine Anspielung auf einen in »Littérature«, Mai 1921, erschienenen Abzählreim Soupaults: »Wer reist auf einem Kamel / Das ist Soupault / Wer reist auf einem Lama / Das ist Tzara«. Mic war Soupaults erste Frau.

– »Péret«: Arp hatte seinen ersten Gedichtband – »Der Transatlantikpassagier«, 1921 – illustriert. Péret war über die Vermittlung Max Jacobs zu Dada gestoßen und später zu einem der treuesten Adepten Bretons geworden.

– »Funiguy hat 1899 ...«: bezieht sich erneut auf die Polemiken Picabias, der in seiner Zeitschrift konstatiert hatte: »Der Dadaismus wurde von Marcel Duchamp u. Francis Picabia erfunden – Huelsenbeck oder Tzara fanden das Wort – er ist zum Zeitgeist der Pariser und Berliner geworden. <...> Funny-Guy‹. Damit hatte Picabia einen wunden Punkt getroffen, denn Huelsenbeck hatte Tzara schon 1920 vor Hochstapelei bezichtigt – aus den einstigen Gefährten waren inzwischen die größten Rivalen geworden. In einem Artikel vom 17.5.1921 hatte Picabia zudem den Geniebegriff Dada entgegengehalten: »Es hat niemals zehn Paolo Uccellos gegeben, genausowenig, wie es zehn Nietzsches, zehn Max Stirners, zehn Spinozas, zehn Konfuzius' gab; aber es gibt zehn Kubisten und, was die angestrebte Spekulation leicht aufzeigt – es gibt auch 140 und einen Dadaisten«.[68] So war es ein leichtes, Picabia des Größenwahns zu bezichtigen.

Das Genie war aber auch Argument eines weiteren, »Meisterwerk« betitelten Artikels Picabias gewesen – deshalb das »Denkmal«. Tzara spricht nun seinerseits Picabias seriöse Ambitionen an, wenn er ihn daran erinnert, daß er gerade sein Bild »Place de la Concorde« über den französischen Premierminister an einen chinesischen Gesandten verkauft hatte.

Die »tschechoslowakische Concorde« bezieht sich auch auf seine ehemalige rechte Hand, den Böhmen und Altösterreicher Walter Serner, der bei seiner Ankunft in Paris den Streit um die Urheberschaft Dadas aufgeworfen hatte und sich auf Seiten Picabias geschlagen hatte.

Die »Wohltaten des Glücks« bezieht sich auf einen Satz Picabias: »Ich habe mich von Dada getrennt, weil ich an das Glück glaube.«[69]

– »Man Ray«: er war am 14. Juli mit der ersten Auswandererwelle der Amerikaner in Paris eingetroffen und über Duchamp in den Kreis der Dadaisten eingeführt worden. Tzara hatte seine Bekanntschaft noch nicht gemacht; der Gruß bezieht sich deshalb auf seinen ungewöhnlichen Namen. Er wurde vor allem durch seine ›Rayographs‹, Direktbelichtungen auf Photopapier, bekannt, eine Technik, in der ihm bereits Christian Schad, Serners Freund, zuvorgekommen war.

– »Marguerite Buffet«: war die Cousine von Picabias damaliger Frau. Sie hatte als Pianistin an den meisten Dada-Soirées in Paris mitgewirkt und am Streit keinen Anteil genommen.

– »Paris (16) ...«: Tzara hatte nach dem Bruch mit Picabia aus dessen Wohnung ausziehen müssen und gab deshalb die Adresse seines Hotels bekannt. Die Verbreitung des TIROL-Manifestes verlief über die Buchhandlung »Au Sans Pareil«.

HERR Aa DER ANTIPHILOSOPH

Die deutsche Fassung stammt von Tzara. Unter den Papieren Tzaras findet sich überdies auch eine Kopie dieser Version in Ernsts Handschrift; Tzara selbst verfertigte in diesem Sommer ebenfalls eine ganze Reihe von deutschen Texten. Dies läßt vermuten, daß eine separate deutsche Ausgabe geplant gewesen sein könnte; finanzielle Gründe und die Auflösung Dada-Kölns hatten aber dazu geführt, daß diese Nummer der Zeitschrift »DADA« zweisprachig erschien (die deutschen Originale sind hier erkennbar an der Schrifttype).

DIE SCHWALBENHODE 4

Arp hatte diesen Titel schon 1920 an eine Reihe von Gedichten vergeben. Dieser Text hier sollte von ihm in »Die gestiefelten Sterne«[70] eingearbeitet werden. Endgültig wurde er aber zur Überschrift eines Gedichtes des »Pyramidenrocks«.[71]

Dieses Gedicht wurde auch zum Anlaß der einzigen ›offiziellen‹ Rezensionen des TIROL-Manifestes; Karl Kraus schrieb darüber in der »Fackel«, November 1921:

Demnach hätte die Kunst entschieden Pech. Kaum wird sie der lästigen und hemmenden Konventionen ledig, wachsen ihr schon wieder neue zu. Man erfährt bei dieser Gelegenheit aber nicht, wie nunmehr die ältere, auf den Traditionen fußende Literatur aussieht, nachdem der Kubismus und der Dadaismus fördernd auf sie gewirkt haben, und vor allem nicht, wie jene Konventionen der älteren Literatur beschaffen waren. Offenbar mußte außer dem Zwang, einen Gedanken zu haben, auch noch der Vers ein Vers sein. Die neuen Konventionen, nämlich daß außer dem Zwang, keinen Gedanken zu haben, der Vers kein Vers sein darf, sind aber, wie sich jetzt herausstellt, fast ebenso schädlich. Jedennoch, daß namentlich der Dadaismus äußerst fruchtbringend gewirkt hat, ist gar nicht zu bezweifeln, wenn man nur so ein Gedicht im dadaistischen Zentralorgan liest, das mir aus unbekannten Gründen regelmäßig aus Paris zugeschickt wird.

Nachdem Kraus die SCHWALBENHODE 4 zitiert, schreibt er weiter:

Die Druckkosten gehen mich ja nichts an. Aber wegen des Portos gebe ich doch zu bedenken, daß damit vielleicht ein Frühstück für das hungernde Kind eines Wiener Invaliden zu bestreiten wäre.

7 MANIFESTE DADA

Diese Sammlung von Manifesten Tzaras sollte ursprünglich, wie die Korrespondenz zeigt, mit Zeichnungen Ernsts illustriert werden. Finanzielle Gründe und Differenzen zwischen ihm und Ernst im Jahr 1922 verhinderten dies aber. Sie erschienen schließlich 1924 – mit Zeichnungen Picabias, der sich wieder mit Tzara angefreundet hatte, um diesmal Bretons Surrealismus zu torpedieren.

TRETEN SIE EIN UND SEHEN SIE

Der Ton dieses Textes gibt das Plakat einer Art Jahrmarkt wieder, ein Ort, von dem die Surrealisten fasziniert waren.

– »DER VOGEL SELBDRITT«

Dies war Arps erster Gedichtband, der Ende 1920 in nur wenigen Exemplaren von Otto von Holten, der auch für Stefan George arbeitete, umbrochen wurde.

COR MIO

Zu Dantes Zeiten italienisch für ›mein Herz‹. Der letzte Satz spielt wohl auf Mallarmés »Un coup de dés n'abolira jamais le hasard« an.

DEKLARATION

Arp ergreift hier für Tzara Partei; er hatte sich ja auch von der Polemik Picabias angegriffen gefühlt: »meine bildende kunst ist die älteste dadakunst. meine bildende kunst ist die wahre dadakunst. nicht wahr mein lieber tzara, was bedeutet denn dieser thibaucaca. was sollen die jubelgreispfurze gegen sie.« (Brief vom 2.8.1921)

Der Ton dieser Deklaration ist bewußt phantastisch gehalten – Arp hoffte immer noch, nach Paris gehen zu können und wollte es sich wohl mit keinem von vornherein verderben. Dennoch hat Arp recht, wenn er diesen endlosen Streit um die Patenschaft des Wortes ›Dada‹ ins Lächerliche zieht.

Zu den Fakten der Legende: Hugo Ball, der Gründer des Cabaret Voltaire notierte am 18.4.1916 in seinem Tagebuch: »Tzara quält wegen der Zeitschrift. Mein Vorschlag, sie Dada zu nennen, wird angenommen. Dada heißt im Rumänischen Ja, Ja, im Fanzösischen Hotto- und Steckenpferd. Für Deutsche ist es ein Signum alberner Naivität und zeugungsfroher Verbundenheit mit dem Kinderwagen.«[72]

Huelsenbeck schreibt hingegen: »Das Wort Dada wurde von Hugo Ball und mir zufällig in einem deutsch-französischen Diktionär entdeckt, als wir einen Namen für Madame le Roy, die Sängerin unseres Cabarets suchten.«[73]

Beide Darstellungen sind jedoch voreingenommen gegen Tzara – Ball, weil es Streitigkeiten mit Tzara gegeben hatte und er sich zur Zeit der Redaktion seines Tagebuches schon lange von Dada abgewandt hatte; Huelsenbeck ob der Rivalität Berlins mit Zürich und Paris.

Fest steht allein, daß alle drei an der Entdeckung beteiligt waren und alles andere ohne Belang ist; der Verdienst um Dada kann Tzaras propagandistischen Fähigkeiten ohnehin nicht abgesprochen werden. Zudem erscheint der Streit in einem anderen Licht, wenn man weiß, daß das Wort ›DADA‹ schon zwischen 1906 und 1914 in der Schweiz als Schutzmarke für Lilienseife herumgegeistert war:

Ha lang gläbt und bi doch gäng zwänzgi bliibe!
Meiteli, was häsch denn tribe?
Für bloss drü fränkli channsch es au ha –
s'isch Lilliemilch-Seife und Creme »DADA« [74]

– »Café Terrasse«: war zusammen mit dem Café Odeon einer der Treffpunkte der Dadaisten in Zürich gewesen.

– »spanische Professoren« bezieht sich auf den Spanier Picabia und auf dessen »näheren Angaben« über die Entstehung Dadas sowie seinen postulierten »Glauben an Genies«.

– »Heilige Jungfrau«: spielt auf Picabias erstes ›tachistisches‹ Bild in »391«, N⁰ 12, März 1921 an, wo ein Tintenfleck auf Papier mit diesem Titel signiert worden war. In einem Flugblatt vom 12. 1. 1921 war übrigens auch der Satz gefallen, daß »schon die Heilige Jungfrau Dadaistin war«.

Das Datum der »Deklaration« ist erfunden. Picabia ließ, sobald er von diesem Manifest erfahren hatte, die Angriffe nicht unbeantwortet und verteilte folgendes Flugblatt:

Francis Picabia ist ein Schwachkopf, ein Idiot, ein Taschendieb!! Aber er hat Arp vor der Verstopfung gerettet! Das erste méchanomorphe Werk wurde von Frau Tzara an dem Tag geschaffen, als sie den kleinen Tristan auf die Welt brachte, und das, obwohl sie Funny guy nicht kannte. Francis Picabia ist ein spanischer schwachköpfiger Professor, der niemals dada war. Francis Picabia ist ein niemand! Francis Picabia liebt die Moral der Idioten. Der Kneifer Arps ist eine Hode Tristans. <...>[75]

– »DER KAISER VON CHINA«

Dieses Theaterstück von Ribemont-Dessaignes, das bereits 1915/16, noch bevor er etwas von Dada gehört hatte, geschrieben, chronologisch aber erst am 15. 3. 1921 veröffentlicht worden war, stellt das erste dadaistische Werk dar, das in Frankreich entstand.

– »HEINI«

Der Bruder Baargelds, der ebenfalls ein begeisterter Bergsteiger war und zwei Jahre später bei einem Absturz den Tod finden sollte.

ICH BIN SEHR WOHL CHARLES' FREUND

Eine Anspielung auf Baudelaire, auf die auch T. S. Eliot im selben Jahr zurückgriff; es geht dabei um die Einleitung Charles Baudelaires zu seinen »Blumen des Bösen«, »An den Leser«:

** Der Überdruss! – Tränen im Blick, dem bleichen,*
Träumt vom Schafott er bei der Pfeife Rauch.
Du, Leser, kennst das holde Untier auch,
*Heuchelnder Leser – Bruder – meinesgleichen!** [76]

S'FATAGAGALIED

Um Ihnen, werter Leser, bei der Auflösung dieses Worträtsels behilflich zu sein, sei es erlaubt, Ihnen ein ›Ernagramm‹ des Lösungswortes vorzustellen:

ERNAGRAMM

Er ist das nasntier im eck
geritten von der nacktsirene
die unterm kainstern singt ein ce
Er liebt die nackten reitsneckan
die in ihrem nestei auf dem reck
nach stein und anistrecken ackern
Es kennen ihn die tircken an der nase
in der rastecke am inn
ist er der nicker im senat

Falls Ihnen das auch nicht weiterhilft, so versuchen Sie es doch mit der Trennung des Wortes ›sticken‹ links von der Mitte und fügen dann die ›Erna‹ ein: Jawohl! STIERNAKKEN!

EPILOG

Um den 18. September 1921 kam André Breton auf seiner Hochzeitsreise in Tarrenz an. Er blieb etwa zwei Wochen und fuhr dann mit dem Anfang Oktober eingetroffenen Paul Eluard nach Wien, um mit hochgespannten Erwartungen Sigmund Freud zu besuchen.

Breton hatte großes Interesse für Freuds Recherchen und befaßte sich selbst mit der »systematischen Erforschung des Unbewußten«, auch wenn seine ästhetischen Ansichten Freuds Zielen zuwiderliefen: Freud ging davon aus, daß man das Es unter die Kontrolle der Vernunft bringen müsse, Breton suchte nach einer Synthese von Lust- und Realitätsprinzip. Auch die von der Vernunft unbeeinflußte psychische Tätigkeit des Träumens erhob er zur Grundlage der Erkenntnis, um die »Auflösung scheinbar so gegensätzlicher Zustände wie Traum und Wirklichkeit in einer Art absoluter Realität, wenn man so sagen kann, Surrealität« zu propagieren.

Das Treffen war eine Enttäuschung; Freud wimmelte den jungen Phantasten mit einigen höflichen Floskeln ab. Nach dem Wienbesuch kehrte Breton für einige Zeit nach Imst zurück, wo er drei kurze Prosagedichte als Morgengabe an seine Frau schrieb, in denen er den surrealistischen Ansatz erstmals konsequent verwirklichte: PERGAMENTENE LIEBE, KARTEN AUF DEN DÜNEN und UNZERBRECHLICHER SPERBER, dessen Schlußsatz lautet: »Unter jedem Stein findet sich eine Botschaft anstelle einer Eidechse.« Tirol war somit für Breton nicht ein Reservoir archaischen Lebens, wie es der Tausendfüßler verkörpert, sondern der Sprache. Darin drückt sich ein wesentlicher Unterschied zwischen Dada und Surrealismus aus: Wo die Dadaisten Konventionen aufsprengten, um die Sprache in ihrer Willkürlichkeit boßzustellen, legte Breton alle Autorität in die Sprache, darauf beharrend, daß die Welt nur eine Funktion sprachlicher Strukturen sei. Für ihn lag in Sprache und Denken eine natürliche Einheit, die man erreichen konnte, indem man im automatischen Monolog (d. h. in einem halbbewußten Zustand) die Vernunft unterlief, um so zu einem wirklichen, von der Zivilisation noch nicht verbrauchten Bild zu gelangen. Dichtung war »Befreiung«, die Möglichkeit, durch »bis dahin vernachlässigte Assoziationsformen, die Allmacht des Traumes, das zweckfreie Spiel des Denkens« eine »*höhere* Wirklichkeit« zu erreichen.

Das surrealistische Bild sollte die Funktionsweise des Geistes zum Ausdruck bringen und bot überdies eine allen gemeinsame Basis des Erlebens. Was Dada betraf, so lehnte es sowohl eine »höhere Wirklichkeit« wie auch eine gemeinsame psychische Basis vollkommen ab; es ließ das Paradoxe und Absurde unaufgelöst und betonte den Bruch.

Im Winter 1921/22 fand in Paris die letzte Dada-Soirée statt (am 12. Dezember), die alle Protagonisten noch einmal vereinte, aber kein Erfolg wurde. Ein von Breton im Januar geplanter Kongreß wurde von Tzara und den anderen boykottiert. Darauf publizierte Picabia erneut ein Pamphlet, »Pomme de Pins«, und Tzara antwortete mit »Coeur à barbe«, das am 4. April 1922 erschien und für viele das endgültige Aus von Dada markierte. Dazu kam die Einstellung der Zentralorgane »Dada« und »391«.

PERGAMENTENE LIEBE

* Wenn die Fenster wie das Auge des Schakals und das Verlangen die Morgendämmerung durchdringen, hieven mich Seidenwinden zu den Stegen der Vorstadt hinauf. Ich rufe ein Mädchen, das in dem vergoldeten Häuschen träumt; sie kommt zu mir auf die Schwarzmoospolster und bietet mir ihre Lippen dar, die Steine am Grund des reißenden Flusses sind. Verschleierte Ahnungen steigen die Treppen der Gebäude herab. Wenn die Jäger durch die aufgeweichten Länder hinken, dann ist es besser, vor den großen Federzylindern zu fliehen. Nimmt man ein Bad im Wasserglanz der Straßen, dann kehrt die Kindheit wie ein graues Windspiel ins Land zurück. Der Mensch jagt seine Beute in den Lüften, und die Früchte dörren auf den Trockengestellen aus rosa Papier im Schatten der im Vergessen maßlos gewordenen Namen. Die Freuden und Leiden breiten sich in der ganzen Stadt aus. Gold und Eukalyptus, von gleichem Geruch, befallen die Träume. Mitten unter den Zügeln und dem düsteren Edelweiß ruhen unterirdische Formen wie Stöpsel der Parfümhändler.*

ANDRE BRETON

Der Mißerfolg der Soirée im Dezember war unter anderem darauf zurückzuführen, daß Dada an Schärfe, provokanter Spitze und Spontaneität verloren hatte. Was es aber gewonnen hatte, war die individuelle Ausprägung, eine Entwicklung, die sich 1922 noch verstärkte.

Im März 1922 erschien Paul Eluards Gedichtband REPETITIONS mit Collagen von Max Ernst, in denen sich seine Zuwendung zu komplexeren, szenischen Darstellungen manifestiert. Zur Auswahl der Collagen, die wie die Texte zum Teil im vorhergehenden Sommer in Tirol entstanden waren, hatte Eluard Ernst im November in Köln besucht. Dabei formte sich die Idee zu einem neuen Buch, in dem gemeinsam verfaßte Texte Collagen Ernsts gegenübergestellt werden sollten: LES MALHEURS DES IMMORTELS/DIE UNGLÜCKSFÄLLE DER UNSTERBLICHEN. Verwirklicht wurde dieses Projekt wiederum in Tarrenz in Tirol, und zwar teils während eines Skiurlaubs Anfang April 1922, teils im Mai und Juni.

Ernst hat hier gemalt. Am Abort der Villa war eine Kiste mit einem Pack Graphiken ... Ich habe jedenfalls einen Haufen

Max, Gala und Paul in Tarrenz, Frühling 1922

so Bürstenabzüge <für die UNGLÜCKSFÄLLE> gesehen, die von seinen Bildern waren ... Also ein Bild, das kann ich Ihnen noch beschreiben, eventuell auch zeichnen. Das war angeblich ein Portrait seiner Geliebten, die er damals neben der Frau noch gehabt hat. Das war eine Französin, und das Portrait hat ausgeschaut: ein altmodischer, aber sauber ausgeführter Taftunterrock, aus dem ein Besen herausgewachsen ist. Und auf dem Besen waren Tücher oder so Mascherln. Also ein Bild, das für die damaligen Begriffe die Zeichnung eines Narren war ... Schwierigkeiten hat es gegeben mit dem Zahlen der Wohnungsmiete, denn sie haben hier die Sommerwohnung gemietet gehabt, möbliert und mit Geschirr. Das hat alles unglaublich viel Putzerei und Reinigung gebraucht. Zum Beispiel ein Marmeladeglas, das war aber so, wie es ausgegessen war, in allem Dreck stehengeblieben. Und dann haben sie mir angeboten zuerst ein Bild als Bezahlung, dann haben sie's bis auf drei gesteigert. Diese Bilder waren aber alle so wie von einem Block heruntergerissene Fetzen, und g'fallen haben sie einem nicht. Und jetzt habe ich gesagt, sie sollen mir wenigstens die Wohnungsmiete zahlen, wie es ausgemacht war. Das waren damals etwas mehr als S. 300.–. Und mir sind die Bilder damals nicht wert erschienen, heute wären sie es ja wahrscheinlich ...[77]

Während dieser beiden Monate führten die Ernsts und Eluards einen Doppelhaushalt im »Starkenberger Schlößchen«, zugleich bestand ein Dreiecksverhältnis zwischen Max Ernst, Paul Eluard und seiner Frau Gala. Dies führte zu großen persönlichen Schwierigkeiten, besonders für Ernsts Frau Lou, und endete schließlich damit, daß sich Ernst von ihr trennte, seinen Sohn zurückließ und mit Gala nach Paris fuhr. Die Affaire blieb nicht ohne Auswirkungen auf die gemeinsame Arbeit. Einerseits kam der erotischen Spannung eine inspirierende Kraft zu, andererseits ziehen sich Motive, die auf die komplizierte Beziehung anspielen, wie ein roter Faden durch das ganze Buch.

Charakteristisch für die zwanzig Text/Collage-Ensembles der UNGLÜCKSFÄLLE ist die Verbindung von Dadaistischem und Rationalem, Anarchischem und Metaphysischem auf eine Art, die bereits den späteren Surrealismus vorwegnimmt. Nach Breton und Soupaults »Magnetischen Feldern« zählt es heute zum zweiten bahnbrechenden Werk im Kanon dieser Bewegung.

Tzara versuchte im Juni 1992 die Dadaisten nochmals in Tarrenz um sich zu scharen, stieß aber auf wenig Begeisterung. Nur Matthew Josephson konnte er gewinnen, einen Amerikaner, der mit der ersten Welle der ›expatriates‹ nach Paris gekommen war. Mit und nach ihm kamen einige seiner Landsleute, darunter der Herausgeber von »Broom«, Harald Loeb. Sie waren bereits in Imst, als Tzara und Arp in den ersten Julitagen dort eintrafen.

Die folgenden Wochen waren geprägt vom Versuch, Dada für diesen Sommer noch einmal zu retten, doch die von Tzara initiierten Aktivitäten scheiterten an der Zersplitterung der Gruppe. Ernst und Eluard wohnten vier Kilometer von den anderen entfernt und waren ausschließlich mit ihren eigenen Angelegenheiten beschäftigt. Ende Juli reisten beide nach Paris ab.

LES MALHEURS DES IMMORTELS

revelés par

PAUL ELUARD et MAX ERNST

* AUF DER SUCHE NACH DER UNSCHULD

In der durchsichtigen gebirgsluft ist ein stern von zehn durchsichtig. Denn den eskimos will es nicht glücken, in ihren gräßlichen gletschern das licht zu begraben.
Ein augenblick des vergessens, dann macht das licht kehrt und legt sorgfältig der muster-mutter zärtliche küsse fest. Die turteltauben nutzen das aus, um den mond und den schmerz in die gebrechlichen sträucher zu versenken.
Schweigend erträgt der liebe engel die klugheit der zahnlosen sätze. Er zerschmilzt ganz langsam, erste morgenröte.

ZWISCHEN DEN ZWEI HÖFEN DER HÖFLICHKEIT

Dieser akrobat, naß bis auf die knochen, trägt euch in seinem kropf die zerbrechlichen wörter zu, dieser akrobat, gebt acht, trägt das wort: zerbrechlich. Der süße stimmbereich der kindheit ist verstummt. Die süße nacktheit der zweige verbreitet einen hauch von heiligkeit vor dem gebirge. Sie hat sich in die kugel, die fieberkurven anzeigt, geflüchtet, in die seifenblasen, die trunkenbolde in ihren händen halten, um sich gegen glühwürmchen zu wehren, um erbsenbeete zu jäten, um stierkämpfe zu vermeiden.
Dieser hauch von heiligkeit wahrt das inkognito der heiligen peter und paul, die auf die welt zurückkehrten, um zu sehen, wie's der welt geht. Ach! Der handelsgeist ist bis zu den zusammengesackten vorgebirgen gedrungen, und niemand erinnert sich noch an die saat der fliegenden hüte mitten im winter.*

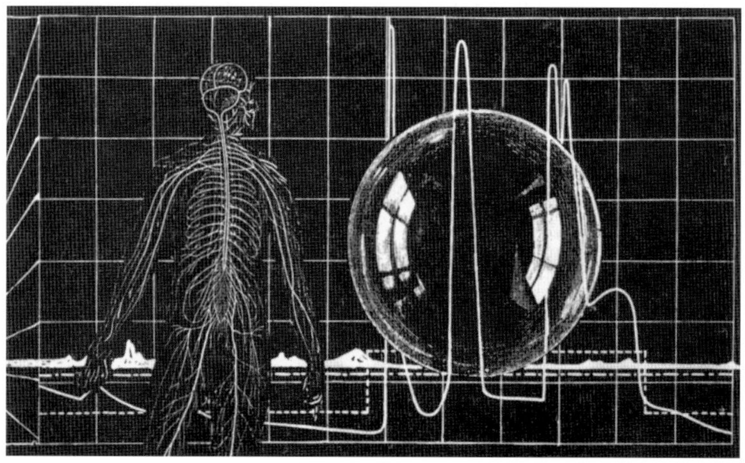

Titel sowie zwei Collage-Text Ensembles aus Paul Eluard und Max Ernst, *Les malheurs des immortels*, Paris 1922, nämlich: *à la recherche de l'innocence* und *entre les deux pôles de la politesse*

Symbolisch bezeichnend für das Ende Dadas ist denn auch die Anekdote, die zu berichten weiß, daß die geplante Aufführung von Tzaras Theaterstück »Le Coeur à Gaz« im Hof des Hotels in Imst platzte – weil sich starker Gasgeruch überall breitmachte und Arp, Ernst und Co. die Flucht ergriffen.

Inzwischen waren jedoch Théodore Fraenkel und Louis Aragon in Tirol angekommen, die mit Breton und Soupault die Gruppe um die Zeitschrift »Littérature« bildeten. Aragon verstand sich nicht besonders gut mit Tzara und legte daher keinen Wert auf ein Treffen in Reutte. Er verbrachte die erste Augusthälfte in Prutz im oberen Inntal, die zweite in Steinach am Brenner und schrieb an seinem Theaterstück IN DIE ENGE GETRIEBEN. Dieses nahm er 1924 in die Sammlung »Le Libertinage« auf, in der er selbst die Frucht seines damaligen ›Dandytums‹ sah. Das Werk bildet unter den bisher betrachteten eine Ausnahme, insofern als die Natur darin nicht zu einer Veränderung des Standpunkts führt. Der von einem Schönheitsideal besessene Dandy, der seine eigene Existenz nur als ästhetisches Phänomen versteht, nimmt die Realität als bloßes Schauspiel wahr, zu dem die Natur als Kulisse fungiert. Aus dieser Perspektive betrachtet ist Tirol *ein Land ohnegleichen, in dem die Gläserjagden auf Hochwäldern biegsamer Körper reiten [...] Fundsachen, Packeis, Ventilatoren durcheinander: Dekor, Dekor, alles nur Dekor.*

Auch Fraenkel konnte der Landschaft Tirols wenig abgewinnen. Ihm wurde sie schon bald zu idyllisch, so daß er nach wenigen Tagen schon nach Paris zurückkehrte. Er war aber noch dabei, als Tzara, Arp und die Amerikaner in der dritten Juliwoche nach Reutte aufbrachen. Die Wanderung war mit einem intensiven Naturerlebnis verbunden – besonders beim Anblick der Fernsteinseen und des Blindsees und dann beim Übergang zum breiteren Lechtal –, das den Anstoß zu einem Stilwandel bei Tzara gab. Vor allem in seinen Gedichten wird in der Folge ein etwas anderes Weltbild, ein verstärkt surrealistischer Ansatz sichtbar.

Am auffälligsten manifestiert sich dies in der Form, in der Rückwendung zu komplexeren Reim- und Rhythmusschemata, die sich später durch ganze Gedichtbände hindurchziehen sollten (»Der Baum der Reisenden, Gedichte von 1921–1930«, »Wo die Wölfe trinken«, 1930). Hatte es Dada auf das Leben abgesehen, besann er sich nun auf die Rhetorik als das einzig Faßbare der Existenz. Tzara nützte dabei die Zweischneidigkeit ihrer Kunstgriffe aus; der Reim bedeutet in seinen Gedichten nicht eine Einschränkung der Aussagemöglichkeit, sondern wird zum assoziativen Element, das die Aussage erst hervorbringt. So führt in *TURMHERUM* »maribond« zu »vagabondages« zu »bandages« zu »âge«. Auf diese Weise mußte Tzara nicht auf eine dynamische und alogische Anordnung der ›Dinge an sich‹ verzichten, konnte zugleich aber ihre Bildlichkeit in die Hand bekommen und damit auch den ›Erscheinungen‹ gerecht werden. Objekt und Objektivitäten, bildliche Sprachfügung und inkongruenter Inhalt – die beiden Gegensätze von Dada und Surrealismus – entstanden so aus- und ineinander. Neben dieser Ebene ist das Gedicht bestimmt von Bezügen zu Tirol (»die preise der pensionen / steigen mit der landschaft«) und der Reflexion über die gerade eben sich vollziehende Trennung von seiner langjährigen Lebensgefährtin Maya Chrusecz.

Hans Arp fertigte in Reutte unter anderem automatische Bilder an, indem er etwa Tusche auf ein Blatt Papier leerte oder Papierschnitzel fallen ließ, so daß sich vom Zufall mitbestimmte Konturen ergaben. Einen solchen ›abstrakten Tuschfleck‹ wählte Josephson als Coverbild für die von ihm herausgegebene Zeitschrift »Secession Nr. 3«. Auch einen Text Arps nahm er auf. ARP THE TRAPDRUMMER, ein deutsches Prosagedicht, das auf die aktuellen Ereignisse eingeht und sie zum Teil eines Abgesanges auf Dada macht: »Dröhnend fällt das Tor des Dadahauses zu.«

Vergleicht man das Titelbild der Secession mit den Tuschzeichnungen im TIROL-Manifest oder mit noch früheren Arbeiten, zeigt sich eine entscheidende Veränderung in seinem künstlerischen Schaffen. Bereits im Manifest hatte er Graphik vorgelegt, die sich in ihrer Einfachheit, Rundheit und ihrem formalen Gleichklang wesentlich von den früheren komplexeren, zerfahrenen Arbeiten unterschied. Auch wurden organische Formen, Konturen von Körpern sichtbar, in denen sich Primitivismus und Abstraktion treffen; eine Tendenz, die sich in den Holzschnitten der FLAKE-MAPPE (erschienen im Frühjahr 1922) fortsetzte: Ein Selbstporträt zum Beispiel (vgl. S. 397) aus einem Block und nur durch die weiße Höhlung des Auges durchbrochen, verrät die Annäherung zum Dingzeichen. Die Illustrationen für Tzaras DE NOS OISEAUX (entstanden im Winter 1921 und im Herbst 1922) und die 7 ARPADEN (1923) bestehen schließlich nur mehr aus den denkbar einfachsten Kompositionen: Ein Nabel als schwarzer Ring auf einem weißen Blatt. Die Welt ist in ihrem Ikon ausgedrückt, die größtmögliche Annäherung von Zeichen und Ding erreicht.

Gleichzeitig suchte Arp in seinem dichterischen Werk nach einem sprachlichen Äquivalent zu den bildnerischen Piktogrammen. Er fand es, wie vor allem das in Reutte verfaßte Gedicht BLUMENSPHINX zeigt, in der Blume. Ihr kommt hier eine ähnliche Symbolbedeutung zu wie der Blauen Blume bei Novalis, einem seiner Lieblingsdichter. Sie vereint primitiven Lebenstrieb mit ästhetischer Form und kann somit als Ikon für einen ›Point sublime‹ stehen, in dem sich die Dichotomie von Geist und Materie, von Subjekt und Objekt aufhebt.

Tristan Tzara griff in seinen letzten Tiroler Gedichten, AUF DEN FALTEN DER SONNE, LANDSCHAFTEN UND UNFÄLLE, MIT DEM MOND HAT ES EIN ÜBLES ENDE GENOMMEN und EULEN, Arps Blumenikon auf, konstruierte daraus aber eine aus zwei Polen bestehende Chiffre des Absurden: »die welt / ein ring gemacht für eine blume«.

* TURMHERUM II

wenn der fisch noch weiter
in der rede des sees rudert
wenn er auf der töne leiter
der damenpromenade wird zum reiter

wenn der vogel das arme kind
sein leben verschlingt
in lieblichen liedern es ihm gelingt
die kette der luft zu entzünden

dann denke ich an ihre extravaganz
die in den schärpen des orkans erwacht
die die locken der berge zu falten lacht
die das schöne vom trüben vergnügen trennt

das willkommen ihrer lippen
beschenkt mich so daß der regen
den strom ausrenkt
von dem mein himmel sich tränkt

ich öffne mich dem stimmengewirr
der festgesessenen stunden
warum sollte es mir leid tun
leid tun leid tun

aber der wald dort drüben
nur wenige meter entfernt
im kramladen des horizonts
bebt von harten worten wider

wenn sich auch das insekt
deines trägen atems im ornament
der zarten wimpern verfängt
erwarte ich es doch immer noch ungehemmt

die sanfte spitze madame
ist asche an den wolkenranken
ohne das rad der frommen gedanken
wage ich mich nicht auf die straße vor

die straßen sind schlecht
weil für sie in den kassen kein geld mehr ist
bestellt ist's um exporte wie um liebkosungen trist
beide sind die steuern am zoll nicht wert

madame madame wenn sie wüßten
wie ich sie liebe und vergöttere
würden sie nicht abreisen ohne eine versicherung
auf das leben an das ich denke

aber sie ist keine von denen die zurückblicken
eine geschichte morgendlicher sehnsucht
jetzt wird es spät spät
im schuh der schlucht

und was machen sie mit den rezepten
des dem zwecke entschlüpften doktors
wie bringen sie es den reifen und schönen schläfen bei?
ich packe meine koffer erwidert sie so nebenbei –

so verstreicht jänner
februar märz april mai
juni februar und die
jahre der gezählten federn – aber dabei

der länge der männlichen schreie der lampen lang
verherben die banditen ihre pracht
und zerschneiden kunstgerecht gemacht
ihren körper des reizenden fleisches vorhang

oh die unreinen die gemeinen
aber ich bin angehalten es für mich zu behalten
die reue der ansteckend einsamen gestalten
steht mir doch soviel besser

und ich halte mich an meine schönheit
meine gesundheit meine fröhlichkeit
meine freiheit meine gleichheit meine brüderlichkeit
und an all das was ich zu sagen habe *

TRISTAN TZARA

* Beim Dessert rückte ich eine Lampe näher (man war im Garten und las Ihr Gedicht ›Autour‹ vor. Der Erfolg war beträchtlich, Soupault äußerte vorbehaltlose Bewunderung, die Neuigkeit und Unabhängigkeit Ihrer Dichtung (Poesie) fand er hinreißend; die einzige, sagte er, die keiner anderen ähnlich ist und sich auf diese Weise von Grund auf erneuern kann. Eluard bewundert den Reichtum und die Sicherheit der Wortwahl; die beinah absolute Korrektheit der Sprache schade in keiner Weise – wie man befürchten könnte – dem poetischen Nutzen; die Wörter, die Sie verwenden, verjüngen sich dadurch. Cécile zitierte mit Feingefühl den Vers von Mallarmé: »Des Volkes Wörtern einen reineren Sinn verleihen« (man verzeihe ihr diesen kleinen Irrtum, in Anbetracht ihres Alters wohl entschuldbar). Ihr Gedicht liebe ich sehr; seinen liedhaften Charakter, die schönen Strophen mit ihren ergreifenden Bahnen, die Bilder. Man muß dabei wohl an etwas denken: Ich erinnere mich an die ›Poésies‹ <von Rimbaud>:

Höre wie röhre und schreie
nah den Akazien Im April, die Rudergeweihe
grün vor Erbsen!

oder:

Sie ist wiedergewonnen.
Wer? Die Ewigkeit.
Sie, das Meer in der Sonne
gegangen.

oder auch das ›Lied des Ungeliebten‹.
Ich danke Ihnen sehr, daß Sie es mir geschickt haben.*

Fraenkel in einem Brief vom 13.8.1922 an Tzara in Reutte

Das Bild steht für den großen Antagonismus der Moderne, für die Polarität von Materie (»ring«) und Intuition (»blume«). Tzara beharrte also auf der Unüberbrückbarkeit eines Gegensatzes, den der Surrealismus aufgehoben hatte. Zwar hatten die Erfahrungen in Tirol auch ihn an einen Schnittpunkt von Subjekt und Objekt geführt, doch besaß dieser für ihn keine Gültigkeit, er blieb absurd. Aus dieser Erkenntnis entwickelte er schließlich eine für den Rest seines Schaffens verbindliche, prä-existentialistische zu nennende Poetik, in der Schreiben zum Ausdruck des Aufbegehrens gegen das Absurde im Sinne Camus' wird.

Die genannten vier Gedichte entstanden Ende August 1922 als Tzara nach der Abreise aller anderen allein in Reutte zurückgeblieben war. Sie sind »dem gewinn all dieser reisevorhaben gewidmet« und ziehen sozusagen Resümee – Tirol war für Arp, Ernst und Tzara zum Szenario einer Selbstfindung geworden, in deren Folge sich ihre Wege trennten.

SECESSION 3

DIE BLUMENSPHINX

I

Aus den Spinnetzen lassen sich die Bettler nieder. In ihren schwarzen Schleppen halten sie die flaumgefütterten Monde die gestillten Lämmer die Blumen ohne Kiele und die apportierenden Fledermäuse verborgen. Vor den Zinnen der Blumen und den Vorhängen voll Sommersprossen die unter dem Atem einer halbwatten Halbweltlerin erzittern ziehen die sieben barbarischen Brudersterne vorüber.
Im Versteckten finden noch immer Palmsonntage statt. In Ermangelung von Eseln reiten die Erlöser auf Tandemen ein. Der König dieser Stadt ist ein Regenbogenfresser.

II

Aus dem Kalender fallen die gekreuzigten Blumen die Adressen der Verschollenen und die Grundsteine der Residenzen.
In der marmornen Gurgel liegt die aufgerollte Liederschnur.
Die Büsten der verstorbenen großherzigen Tiere zieren die Plätze.
In den Binsenkörben werden die Mißgeburten die Stammbäume aus Fleisch voll eingewachsener erotischer Blöcke die rasierten Pferde und die Beutel voll Flammen fortgetragen.
Die tausend Türme sind aus Missalen gebaut. In sie fallen aus dem himmlischen Strahlenstroh das Ungeziefer und die bevölkerten Monde.

II

Auf den Schildplattgeleisen gleiten die Mägde heran. In ihren Schürzen tragen sie die rotglühenden Scherben der zerbrochenen Sonnen fort. In großen Bögen pissen die Karyatiden des Himmels die Zeit von sich wie Vasallensaft.
Aus dem Mast der Stadt leuchtet die große Ätherqualle. In das Gewölbe ihres Bauches haben ihr die Matrosen ein Korsarenschiff gehangen.
Die Pflanzenguillotine zieht durch die Straßen.
Die Sabinerberge, mein Herr, sind nicht hinreichend herabgelassen, offen gesagt, hängen sie zu hoch über der Bühne. Waren die Schnüre zu kurz? Durch den Spalt drängen die Kiefer der sixtinischen Gebetmühle und der Lynchgong vor. Auf dem Meere hüpfen die riesengroßen wahrsagenden Kugeln aus schwarzer Rasenerde.

IV

Zur Stimme einer Glocke dreht sich ein zerzauster Stern. Der Läufer auf dem die Traum- und Wolkentiere über die Berge zogen wird gebürstet und aufgerollt.
Die mit falschen Zähnen Locken und Eheringen behangenen Aaskugeln welche ich für ruinenbefleckte Adler hielt sind die verschlungenen Gewichtssteine im Innern der Monumente. Die professionellen Lippen der Lappen welche ich für schnäbelnde Brieftauben hielt sind die mit falschen Zähnen Locken und Eheringen behangenen Aaskugeln.
Der Wald ist ein Blasebalg.

HANS ARP

* MIT DEM MOND HAT ES EIN ÜBLES ENDE GENOMMEN

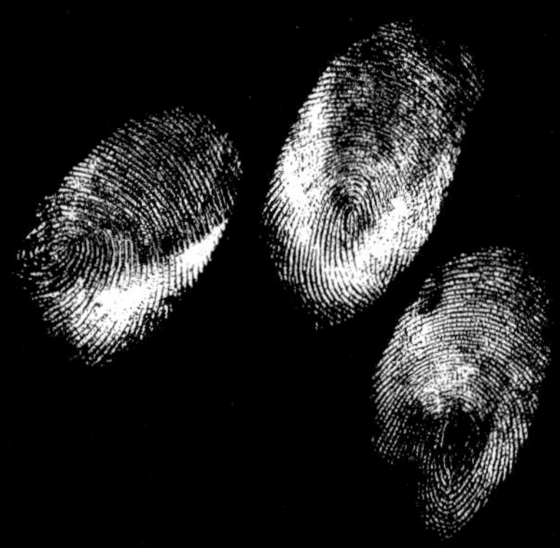

seinen faßreifen kauend
seinen schlaf aus der rüstung der blicke reißend
und unsere blicke setzen sich wie schröpfköpfe auf die dinge
saugen das unbekannte aus ihren trauben
horchen die täglichen lungen ab
zum kranken hin geneigt
wenn in der ferne bloß
ein geschwader von leihherzen den strom hinabfährt
das murmeln der rauchschleppen hinter sich herziehend

wieviele sprachen spricht die blume?
sie spricht spricht und weiß nicht was sie macht
sie hält mich zum abendessen zurück
sie kämmt sich ihre haare gegen den strich
in ihrer brust der geruch der mit vergnügen lückenhaften katastrophen
glauben sie mir der schatten hallte wider gleich einer trompete der kindesliebe
das halseisen am nacken der blume
ist aus pranger tauchern gemacht wie man es von den gerberlohmühlen erwartet
und schlage ich das tamburin
dann ist es für die tiere der ganzen stadt
weshalb rührst du an den besonderen gewissensbissen
du weißt du weißt wenn papa fort ist
dann tanzen die mäuse auf dem tisch
solange der blautangar sein können
durch die geschichtlichen wendungen herausstreicht
bleibt mein von quellen angeschwollenes herz über dein auge gefesselt
ein tintenfaß
sie wollen es nicht
ich noch weniger
ein köder
ein hund der bellt
der mehr lärm macht als die tragischen bisse
welche die lärmende familie verhinderte
der vater die mutter zurückgekehrt im wohlbefinden des ursächlichen zusammenhangs
setzen sich die vornehme miene von kostbaren stoffen auf
man muß sie oft ausbürsten
sie mit liebkosungen entfärben
sonst behandeln sie euch äußerst schonungslos
erst wenn die bäume und die kristalle
sich über die verantwortung ihres werdens den kopf zerbrechen
bin ich bereit gleich welche hierarchie anzuerkennen

bis zum leben wartend und bis zum tode
eine schöne amerikanerin mit spitzen blättern
hält in ihrem schnabel eine heirat
wer ist die schöne amerikanerin?
die lampe eines insektes die von den ungestillten begierden zehrt
wer ist das insekt?
das bin ich von den schreibmaschinen der lügen vernichtet
und niemals niemals werde ich mehr hypotheken
auf die augenfällige schönheit der frauen aufnehmen
besser ist es sich die steine aus der brust zu reißen
selbst auf das risiko hin
sich in den wohltätigkeitsämtern spenden zu lassen
die perspektive der gebäude
läßt diesen trägen atemzügen des himmels freien raum
läßt die schläge der fetten stunden widerhallen
kennst du die möwen die sich an ihrem flug entzünden
fallen
sich hinlegen
sich bedecken
träumen
erwachen
und weder die vernunft noch die eröffnung der sommersaison verlangen?
das mysterium ist erhellt
dies hier ist eine unglückliche landschaft
ein bastard ausgesetzt in der krippe des abends
ein einziger zettel daneben
ein einziger
hans ist sein name *

TRISTAN TZARA

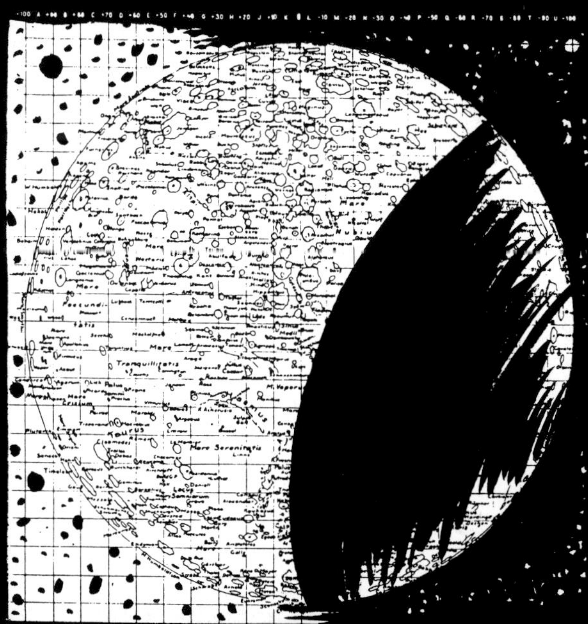

Der Nabelberg und die Berge

Das Blatt verwandelt sich in
einen Torso

Der Torso verwandelt sich in
eine Vase

Ein irdischer Buchstabe

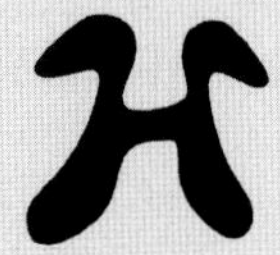

Der Nabel

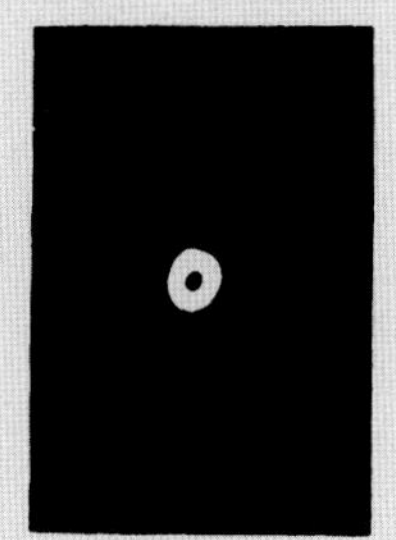

Von Näbeln gezeugt

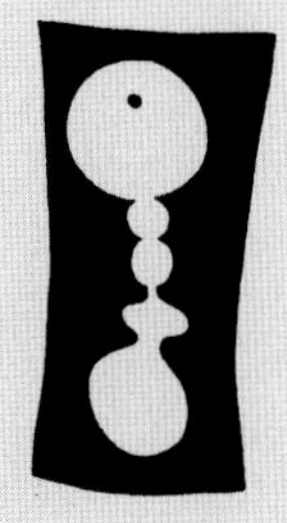

Ich träume von dem fliegenden
Schädel

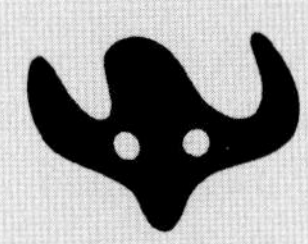

Das Ätherfenster

Ich träume von dem Nabeltor
und den zwei Vögeln, die das
Tor bilden

Wo ist oben und unten?

Hans Arp: Sämtliche 10 Holzschnitte aus den *Elementen*, 1923 – 1950

SCHLUSS-BEMERKUNG

In »Littérature« vom September 1922 stellte Aragon das Inhaltsverzeichnis seines »Projektes einer Literaturgeschichte der Gegenwart« vor; Dada gestand er den Zeitraum vom Januar 1920 bis zum Oktober 1921 zu, wobei er das Kapitel mit »Tirol im Herbst 1921« schloß.

Am 30. Oktober 1922 richtete Tzara, kurz nach Paris zurückgekehrt, einen Brief an Doucet, der gerade seinen ersten Gedichtband gekauft hatte und nun von ihm einige erläuternde Bemerkungen verlangte. In der Tat ist dies die erste umfassende Selbstanalyse, die erste Rechenschaft, die Tzara sich selbst abverlangt; seine autobiographischen Skizzen folgten kurz darauf. Beide Dokumente sind nur Beispiele für eine bewußte Zäsur, die sowohl Dada als Bewegung wie auch Dada in bezug auf seine Mitstreiter betrifft. Diese Zäsur fordert zunächst rückwirkend eine neue Einschätzung Dadas. Bei allen vorliegenden Studien zu Dada fällt auf, daß sie sich zwar dahingehend einig sind, was die Entstehung Dadas aus einem Konglomerat futuristischer, expressionistischer und kubistischer Tendenzen betrifft, Dadas Ende jedoch eine Leerstelle bleibt, die sich vorzüglich mit einem Mythos überbrücken läßt.

Die Abgrenzung Dadas hinsichtlich anderer Strömungen der Moderne, ja selbst die Einschätzung des Phänomens selbst, blieb bis dato in einem Unschärfebereich befangen – wobei es nicht auf ein Ereignis oder ein Datum ankommt, sondern auf eine Entwicklungsrichtung. Der Mythos um Dada nahm darob zwei grundlegende Formen an: zum einen bedient er sich der Vorstellung, daß Dada nur ein Abenteuer auf Zeit sein konnte, da die Destruktion integraler Bestandteil seiner Geisteshaltung war, zum anderen geht er davon aus, daß Dada etwas Überzeitliches ist, eine Haltung, die es vor und nach dem Phänomen gab und geben wird, unabhängig von einer spezifischen Form. Die Konsequenzen Dadas blieben deshalb, der Zahl seiner Anhänger entsprechend, beliebig. ›DADA‹, der nicht faßliche, alles und nichts beinhaltende Zweisilber, seine Definitionen ebenso zahlreich wie die Aussagen darüber.

In den einsichtigsten Definitionen galt Dada bis jetzt als ›état d'esprit‹, der auf der Einschätzung basierte, daß die Wirklichkeit nur in einer zufälligen, unvoraussagbaren, fiktionellen Form faßbar ist und sie sich in einem diskontinuierlichen Prozeß von Aktion, Reaktion und Interaktion, ohne gültigen Maßstab, ausdrückt; Dada war ein Kreisen um einen versteckten ›point sublime‹, die Ordnung des Universums ließ sich, wenn überhaupt, dann nur in flüchtigen Mustern erahnen, die durch den Prozeß der Kreativität (und nur in ihm) vorstellbar wurden. Diese Einordnung soll nun zwar nicht revidiert, aber doch korrigiert werden.

Was die beiden Sommer in Tirol erkennen lassen, ist ebenjene Festlegung des ›point sublime‹, der flüchtigen Muster im ›panta rhei‹; sie schälen sich aus den anorganischen Gegebenheiten der Berge, aus der Landschaft, aus der Zusammenarbeit der Dadaisten untereinander heraus; die Paradoxa und Dichotomien Dadas erhalten einen realen Hintergrund wie einen existentiellen Bezugspunkt, der nicht mehr allein subjektive ›Haltung‹ ist, sondern auch eine objektive Dimension gewinnt.

Bis zu dieser letzten Phase hatte Dada sich zum Großteil aus den eigentlichen Zwängen, betreffen diese nun Gesellschaft oder Krieg, herausgehalten; der Prototyp Dadas war der Exilant, der Abenteurer, der Refraktär, der sich nicht in die Enge treiben ließ, weder was sein Selbstverständnis noch sein Verständnis von Dada selbst betraf. Dada hatte sich wie die Jungsche Schelmenfigur aus allen Festlegungen, Konsequenzen und dogmatischen Einsichten herausgehalten, sich durch sie hindurchschlängelnd, sie gegeneinander ausspielend, einmal souverän, einmal verzweifelt, aber immer auf seine Art erfolgreich. Was die Auseinandersetzung mit Tirol nun zutage förderte, war eine Bewußtwerdung und Wertung der eigenen Haltung und darin eine Konfrontation mit den existentiellen Bedingungen selbst, die ebenso zwangsläufig und selbstverständlich war, wie sie in eine bestimmte Richtung führte. Nach seinen Trampolinsprüngen in Zürich und Paris (um nur jene Orte zu nennen, die für uns von Belang waren), hatte Dada erstmals den Sprung zum Boden zurück gewagt und war mehr oder weniger elegant auf beiden Beinen zu stehen gekommen.

Die Arena, in der Dada sich vor seinen Jahren in Tirol produziert hatte, war hauptsächlich von kultureller Kritik geprägt gewesen. Es hatte sich zunutze gemacht, daß Wahrheit, um mit Nietzsche zu sprechen:

ein bewegliches Heer von Metaphern, Metonymien, Anthropomorphismen, kurze eine Summe von menschlichen Relationen <...> ist: die Wahrheiten sind Illusionen von denen man vergessen hat, daß sie welche sind. <...> Jedes Volk hat über sich einen solchen mathematisch zerteilten Begriffshimmel und versteht nun unter der Forderung der Wahrheit, daß jeder Begriffsgott nur in seiner Sphäre gesucht werde. Man darf hier den Menschen wohl bewundern als ein gewaltiges Baugenie, dem auf beweglichen Fundamenten und gleichsam auf fließendem Wasser das Auftürmen eines unendlich komplizierten Begriffsdomes gelingt. (Über Wahrheit und Lüge im außermoralischen Sinn)

Worin Dada sich von all den anderen Ismen der Moderne unterschied, war eben diese Erkenntnis eines »Begriffsdomes«; es destruierte einen Begriff nach dem anderen, kritisierte das menschliche »Baugenie«, das auf das fließen der Realität unter ihm und auf die Illusion der Wahrheit vergessen hatte, während die übrigen Avantgarde-Bewegungen nur die Sternbilder in dieser Kuppel neu gruppierten und die Spannungen unter ihnen ausschöpften, die grundsätzliche Konstruktion jedoch nie in Frage stellten. Dada hingegen, relativ unvoreingenommen, tauchte in den Fluß darunter hinab, neugierig, was es finden würde; und Tirol war in diesem Sinne ein Fels in der Strömung, Neuland ebenso wie Rückhalt, an dem sich die Strömungen schieden und – Prüfstein.

Vielleicht ist gerade der Prüfstein die treffendste Metapher für Dada in Tirol – schwarzer Kieselschiefer, an dem man durch eine Strichprobe den Goldgehalt eines Gegenstandes bestimmt, indem man die Farbe des Abstrichs mit der einer Probenadel, deren Goldgehalt bekannt ist, vergleicht: die Form des Gegenstandes, und das ist entscheidend, wird dabei nicht zerstört. Die Probiernadeln der Dadaisten in Tirol waren dabei letztlich die ideellen Vorstellungen, die von Melancholie bis zur Unschuld reichten; den Feingehalt dieser Vorstellungen bestimmte man an der existentiellen Geologie Tirols – wobei sich weder die subjektive Form der Werke noch der Prüfstein selbst verminderte. Dies widerlegte, soweit überhaupt möglich, den generellen Ansatz der Moderne, wonach, um wiederum mit Nietzsche zu sprechen, es zwischen »Subjekt und Objekt keine Kausalität, keine Richtigkeit, keinen Ausdruck, sondern höchstens ein ästhetisches Verhalten gibt«. Gegen letzteres hatte sich Dada immer in aller Entschiedenheit gewehrt; das Kriterium, dessen es sich nun in Tirol bediente, war der direkte Vergleich, die Überprüfung der eigenen Reaktion anhand des Prüfsteines, der allgegenwärtig vor Augen war – nicht um die Analogiebestrebungen der Ismen ging es Dada, sondern um eine existentielle Rechtfertigung, die aus der ›Haltung‹ ein Verhalten machen sollte. Die zuvor bestimmende ›Schere der Handlungsweise‹ schloß sich hier in Tirol in dem Maße wie das Nichts, ein zuvor nur undeutlich-abstrakter Begriff, sich in der Landschaft materialisierte.

In dieser Einschätzung treten nun auch einzelne Entwicklungsstufen deutlich hervor: Ernst machte sich mit diesem Bewußtsein in seinen ersten Frottagen und Collagen an die Rekonstruktion der Anatomie der Erfahrung, nachdem vorherige Konzepte an Gültigkeit verloren hatten; Breton verfaßte seine ersten im orthodoxen Sinne surrealistischen Gedichte; Eluard begann seine poetische Selbstanalyse und schrieb mit Ernst ein Buch, das den Übergang von Dada zum Surrealismus im Kern beinhaltet; Aragons Dandyismus wurde in die Enge getrieben; Arp stieß auf seine biomorphen Formen bzw. legte ihre Essenz bloß, und Tzara fand zu einem prä-existentialistischen Standpunkt (den Huelsenbeck später auch für sich reklamieren sollte, Sartre zitierend, der behauptet hätte, ›le nouveau Dada‹ zu sein).

Allgemein betrachtet fand hier eine Entwicklung, die mit der ›automatischen Schreibweise‹ begonnen hatte, in dem einzelnen Emblem und Ikon ihr Ende, Gedanke und Ausdruck trafen sich in einem Nenner – Elemente einer neuen Sprechweise und Formensprache. Man entdeckte archetypische Erfahrungsmodelle, die sich als typisch westlich herausstellten und insofern, als sich Dada nicht wesentlich darüber hinwegsetzte und ihre formale Organisation destruierte, auch den gemeinhin Dada rigoros zugeschriebenen Anti-Traditionalismus berichtigen. Der große Antagonismus der Moderne, die Gegenpole von Intuition und Mechanik, hatte durch die Erfahrungen in Tirol zu einem gemeinsamen Modell geführt – im Ikon der dadaistischen ›Blauen Blume‹, die den Ausweg aus dem Labyrinth der Metaphern, Metonymien und Anthropomorphismen zu weisen schien. Der Preis, um den diese existentielle Haltung erkauft war, die »unglückliche Landschaft«, wie Tzara sie nannte, läßt deshalb auch den Übergang von Dada zum Surrealismus als ein Ausweichen und ein Zurückschrecken in ein erneutes ästhetisches Verhalten zur Welt verstehen.

Bezeichnend für die Zäsur, die Dada 1921–1922 darstellt, ist jedoch, daß die gewonnene Erkenntnis nichts mit einer endlich erzielten Gradlinigkeit zu tun hat; vielmehr war ein Kreis geschlossen worden, ein neuer sollte beginnen.

Was den ersten Zyklus von 1916–1922 betrifft, so läßt sich die Entwicklung an einem Vergleich mit Kleist ablesen: frappierend an den Anfängen im Cabaret Voltaire bleibt die natürliche Spontaneität und Unmittelbarkeit, mit der Dada wie ein ›fechtender Bär‹ das Publikum bestürmte – die Vielfalt der Formen und Einfälle, die Dada miteinbrachte, hat durchaus, bedenkt man beispielsweise die Entstehung des Lautgedichts, etwas Unschuldiges, Unmeditiertes, ja fast ›Anmutiges‹ an sich. Was danach einsetzte, war die Reflexion, die Dada Ende 1919 zu einem Tiefpunkt geführt hatte, wo es seine linkisch gewordene Haltung durch Zynismus auszugleichen versuchte – was aber dann auch nicht mehr die Leerläufe Dada-Paris' überdecken konnte. Erst mit Dada in Tirol war es zu einem erneuten, aber nur mehr relativen Einklang zwischen Reflexion und Intuition gekommen – die ›Tausendfüßler‹-Spiele belegen in diesem Sinne die Rückbesinnung ebenso wie die Diskrepanz, die zu einem wesentlichen Bestandteil der kreativen Arbeit wurde. Übereinstimmung war nicht mehr zu bewerkstelligen, dafür aber der Ausgleich in individuell abgrenzbaren Positionen.

Der zweite Zyklus jedoch und damit ein organischer Übergang von Dada in einen Ismus setzte an anderer Stelle ein. Im Sommer 1923 hatte sich erneut eine Gruppe Künstler dadaistischer Provenienz in Rügen versammelt. So schrieb Kurt Schwitters am 21. 8. an Tzara: »Arp und ich arbeiten hier auf Rügen gemeinsam an ›Franz Müllers Drahtfrühling‹. Er wird lang und schön, voll Freundlichkeit«. Und Arp schrieb am 27. 8. an Tzara eine Postkarte, die auch von Flake, Eggeling und Sophie Taeuber-Arp unterschrieben war: »Es wird gedichtet und gemerzt und gearpt, den ganzen Tag.«

Dada in Tirol war zu einem Modell geworden, und an der Zusammenarbeit von Arp und Schwitters in ihren Texten läßt sich eine entscheidende Weiterentwicklung Dadas ablesen. Von den organischen und anorganischen Sigeln, die in den ›Tausendfüßler‹-Chiffren gebunden waren, gelangte man

Max Ernst, *Au Rendez-vous des amis* (Das Rendezvous der Freunde), 1922, Museum Ludwig Köln

jetzt zu einem abstrakten System von Symbolen; von den »Gedärmen« und »Rüsseln« waren sie in die »NATUR« übergewechselt und fanden sich jetzt in der mathematisch-formalen Beschreibung ihrer wieder. Im Gegensatz zum Surrealismus war Dada nicht gewillt gewesen, seine Sicht einer indifferenten Welt für eine subjektive und ästhetische Differenz aufzugeben. Was sich daraus zwangsläufig zu ergeben schien, war eine konstruktivistische Anordnung der Elemente. Mit Dada in Tirol war die Bestandsaufnahme der Welt abgeschlossen; man konnte jetzt zur Formalisierung übergehen, in der Arp und Schwitters nun aber vor allem ihre Ungereimtheiten, das große »X« betonten.

Arp und Schwitters arbeiteten in Rügen an einem gemeinsamen Roman – »Franz Müllers Drahtfrühling« – und einem Text – »Der Würfel«. Ein Vergleich beider Arbeiten zeigt eine enge motivische Nähe, die sich aus den dort aufscheinenden Paradoxa der Multiplikation mit Null, der Quadratur des Kreises und der Raum-Zeit-Verschachtelung ergibt. Diese umreißen den letzten Aspekt einer überpersönlichen Instanz, die Dada in Tirol gefunden hatte. Die »Schlüsselzahl« Null symbolisierte dabei die Aporie, die sich auch bei den Experimenten Dadas herausgeschält hatte: in den zwei Sommern in Tirol war man auf den ›point sublime‹ gestoßen, in Rügen analysierte man ihn in all seinen ›Unschärferelationen‹. Über Schwitters, Arp, van Doesburg und El Lissitzky wurde aus Dada langsam ein Konstruktivismus, über Breton und Aragon der Surrealismus. Kaum ein Bild rückt diese Weggabelung emblematischer vor Augen als Max Ernsts »Rendez-Vous des Amis« von 1922. Vor der Kulisse der in Paris aus dem Gedächtnis nachgemalten Tarrenzer Berge (der vereiste Plattein und die Spitze des Tschirgant) zeigt Ernst, wie Tirol zur Wasserscheide beider Bewegungen geworden war. Aus dem Eis der Gebirge führt der alles dominierende Breton seine fünfte Kolonne der Kunst auf das Halo eines immer sakrosankter werdenden Ismus zu. Arp hingegen tanzt ein wenig aus dieser Reihe (und wird sich ihr auch nie vollständig einordnen) – seine Hand ruht auf einem stilisierten Gasthaus Sonne voller Tiroler Schuhplattler, ein Tableau, das ironisch an Dadas Anfänge im Cabaret Voltaire erinnert. Der einzige Protagonist, der jedoch auf diesem Who's Who der französisch gewordenen Avantgarde fehlt, ist Tristan Tzara – Dada spielte keine Rolle mehr.

ANMERKUNGEN

1 Lothar Fischer, Max Ernst in Selbstzeugnissen und Bilddokumenten, Hamburg 1969, S. 35.
2 Uwe M. Schneede, Max Ernst, Stuttgart 1972, S. 24.
3 Werner Spies und Günter Metken, Max Ernst, Œuvre-Katalog, Werke 1906-1925, Köln 1975, Nr. 342.
4 Werner Spies, Max Ernst Collagen: Inventar und Widerspruch, Köln 1974, S. 61.
5 André Breton, Entretiens 1913-1952, Paris 1952.
6 ebenda.
7 ebenda.
8 Max Ernst, Brief an Franz Roh, in: Das Kunstblatt, Potsdam Nov. 1927.
9 Max Ernst, Brief an Tzara.
10 ebenda.
11 Jimmy Ernst, Nicht gerade ein Stilleben – Erinnerungen an meinen Vater Max Ernst, Köln 1985.
12 Hans Bolliger, Guido Magnaguagno und Raimund Meyer, Dada in Zürich, Zürich 1985, S. 25.
13 Tzara in einem Brief an Jacques Doucet, 30.10. 1922.
14 Tristan Tzara, 7 Dada Manifeste, dt, Ausgabe, Hamburg 1984. Originalausgabe Paris 1924, S. 20.
15 Tristan Tzara, Briefe an Breton, veröffentlicht in Michel Sanouillet, Dada à Paris, Nizza 1980, S. 440–465.
16 Hans Arp, Unseren täglichen Traum. Erinnerungen, Dichtungen und Betrachtungen aus den Jahren 1914-1954, Zürich 1955, S. 54
17 wie Anm. 14, S. 46.
18 Hans Arp, Brief an Tzara.
19 wie Anm. 3, Nr. 333/334.
20 ebenda, Nr. 411.
21 ebenda, Nr. 412.
22 ebenda, Nr. 413.
23 wie Anm. 4, S. 76.
24 Œuvres complètes, Bd. 2, 1925-1933, Paris 1977, S. 446.
25 ebenda.
26 Œuvres complètes, Bd. 1, 1912-1924, Paris 1975, S. 297.
27 ebenda.
28 ebenda, S. 256.
29 Patrick Waldberg, Max Ernst, Paris 1958, S.168.
30 John Russell, Max Ernst: Leben und Werk, Köln 1966, S. 96/97.
31 Max Ernst, Retrospektive 1979, Ausst.-Kat., München 1979, S. 132.
32 Hans Arp, Unseren täglichen Traum: Erinnerungen, Dichtungen und Betrachtungen aus den Jahren 1914-1954, Zürich 1955, S. 7.
33 ebenda.
34 ebenda, S. 74.
35 ebenda, S. 79/81.
36 Hugo Ball, Die Flucht aus der Zeit, Luzern 1946, S. 74.
37 wie Anm. 18.
38 Tristan Tzara, Brief an Fraenkel vom 22.8.1922, Auszug im Verkaufskatalog der Librairie Loliée Paris, November 1971.
39 wie Anm. 31, S. 6.
40 Tristan Tzara, Brief an Eluard vom 25.8.1921.
41 wie Anm. 32, S. 54.
42 Hugo Ball, Die Flucht aus der Zeit, Luzern 1946, S. 83/84.
43 Hans Arp, Unseren täglichen Traum, Zürich 1955, S. 54.
44 Richard Weiss, Das Alpenerlebnis in der deutschen Literatur des 18. Jahrhunderts, Horgen-Zürich/Leipzig 1933.
45 ebenda, S. 46.
46 Max Ernst, Briefe an Arp, archiviert in der Arp-Stiftung, Rolandseck. Teilweise abgedruckt im Ausst.-Kat. Max Ernst in Köln– Die rheinische Kunstszene bis 1922, Köln 1980.
47 Werner Spies, Max Ernst – Frottagen, Stuttgart 1968, S. 24.
48 ebenda.
49 wie Anm. 3, Nr. 450.
50 ebenda, Nr. 423.
51 ebenda, Nr. 425.
52 wie Anm. 4, Anm. 337.
53 wie Anm. 5, S. 59.
54 wie Anm. 47, S. 24.
55 wie Anm. 24.

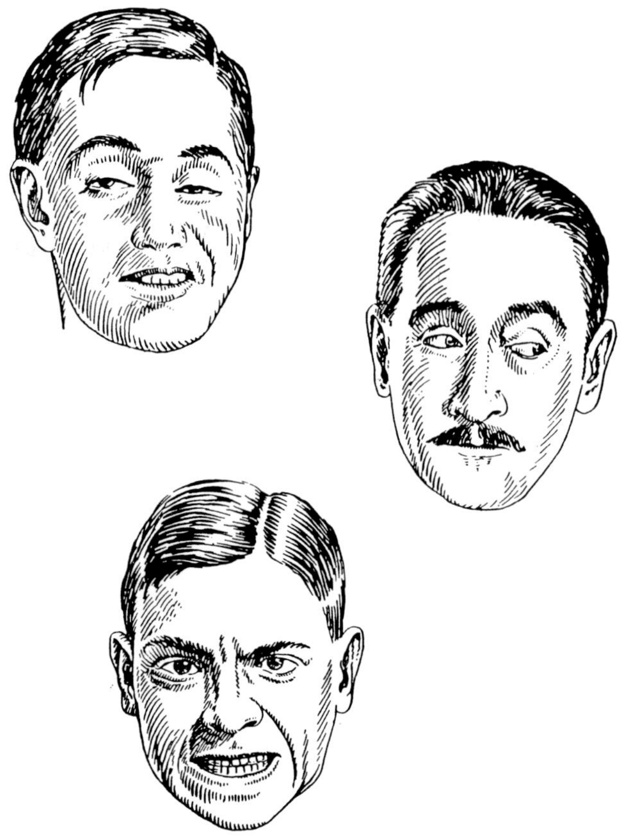

56 wie Anm. 14, S. 23.
57 Werner Spies, Max Ernst Collagen: Inventar und Widerspruch, Köln 1974, Anm. 386.
58 Hans Arp, Gesammelte Gedichte, Bd. 1, Zürich 1963, S. 103.
59 Hans Arp, Unseren täglichen Traum: Erinnerungen, Dichtungen und Betrachtungen aus den Jahren 1914-1954, Zürich 1955, S. 101.
60 wie Anm. 57, S. 25.
61 Rex Last, In defence of meaning. A study of Hans Arps »Kaspar ist tot«, in: German life and letters. A quarterly review (Oxford), 22, 1969.
62 Tzara, 7 Manifeste, dt. Ausgabe, Hamburg 1984, S. 20.
63 aus Tzaras Kunst-Vortrag vom 16.1.1919.
64 aus Serners Übersetzung von Tzaras Kunst-Vortrag vom 16.1.1919, in: Walter Serner, Gesamtes Werk, Bd. 2, München 1982, S. 81.
65 Erstmals auf Französisch in »Action« N° 6 bis Dez. 1921 veröffentlicht. Tzara verfertigte auch eine zweite deutsche Fassung; hier legen wir jedoch die in Tirol geschriebene Fassung vor.
66 Francis Picabia, Écrits. Bd. 2, 1921-1953, Paris 1978, S. 15.
67 ebenda, S. 19.
68 ebenda, S. 17.
69 ebenda, S. 19.
70 wie Anm. 57, S. 158.
71 ebenda, S. 112.
72 Hugo Ball, Die Flucht aus der Zeit, Luzern 1946, S. 88.
73 Richard Huelsenbeck, Dada siegt!, Bilanz und Erinnerung, Hamburg 1985, Originalausgabe Berlin 1920, S. 10.
74 Hans Bolliger, Guido Magnaguagno und Raimund Meyer, Dada in Zürich, Zürich 1985, S. 27.
75 Michel Sanouillet, Dada à Paris, Nizza 1980, S. 291.
76 Charles Baudelaire, Gesammelte Schriften, Bd. 6, dt. Ausgabe, Dreieich 1981.
77 Die Vermieterin des Starkenberger Schlösschens in einem Interview mit Gertrud Spat, in: Das Fenster, Heft 5, Innsbruck 1969.

PERSONALIEN UND TEXTNACHWEISE

Tristan Tzara

Chronik zusammengestellt aus dem im *Dada-Almanach* und in *Dada 4–5* veröffentlichten Chroniken.

*

Alle Briefe an Tzara, Breton, Eluard und Picabia in der Bibliothèque Doucet; ein Teil der dort archivierten Briefe wurde veröffentlicht in: M. Sanouillet, *Dada à Paris*, Nizza 1980.

*

Briefentwürfe Tzaras an Apollinaire, Oppenheimer, Reverdy, Savinio und De Pisis: Bibliothèque Doucet, Paris.

*

Tzara an Meriano, veröffentlicht in: G. Lista, *Encore sur Tzara et le Futurisme Italien, Lettres Nouvelles*, September–Oktober 1973, Paris.
Tzara an Jane Heap, Marthe Dennistone, Raymond Mortimer: *The Little Review*-Archiv, The University of Wisconsin-Milwaukee, *Lettres Nouvelles,* Dezember 1974–Januar *1975*, Paris.
Tzara an Soupault, veröffentlicht in: Ph. Soupault, *Mémoires de l'Oubli*, 1923-26, Paris 1986.
Tzara an Man Ray, Manuskript Kunsthaus Zürich.
Tzara an Theo van Doesburg, Rijksbureau voor Kunsthistorische Documentatie, van Doesburg-Archiv, 's-Gravenhage.
Tzara an Sophie Taeuber, Fondation Arp, Paris.
Tzara und Ernst an Breton, veröffentlicht in: Antiquariatskatalog *Cubisme, Futurisme, Surrealisme, Nr. 10, Librairie Nicaise*, Paris 1960.
Tzara an Vagts im Besitz des Autors.

*

Alle Texte Tzaras veröffentlicht in: *Tristan Tzara, Œuvres Complètes*, hrsg. v. H. Behar, Paris 1975-1991, 6 Bde.; ausgenommen ANNÄHERUNG aus dem *The Little Review*-Archiv, alle Manuskripte aus der Bibliothèque Doucet, Paris.

*

Alle Übersetzungen wurden auf Basis der Erstveröffentlichung erstellt; die wenigen von Tzara selbst angefertigten deutschen Fassungen sind ebenfalls in der Bibliothèque Doucet zu finden – und wurden auch nicht in seine Œuvres Complètes aufgenommen; in der Doucet finden sich überdies die unveröffentlichten Manuskripte zum »Aufruf zu einer letzten Alpenvergletscherung«.

*

Akten und bürokratisches Material aus dem Stadtarchiv Zürich.

*

Pierre Albert-Birot, 1876–1967, französischer Maler, Dichter und Herausgeber der Zeitschrift *SIC* von 1916–1919.
Corrada Alvarro, 1895–1956, italienischer Lyriker und Erzähler.
Maria d'Arezzo (eigentl. Maria Cardini) 1890–? italienische Philosophieprofessorin und Schriftstellerin, gab mit Moscardelli in Neapel die futuristische Zeitschrift *Le Pagine* heraus.
Guillaume Apollinaire (eigentl. Wilhelm Apolinaris de Krostrowitzky) 1880–1918, französischer Dichter, Schriftsteller und Kritiker; Briefe veröffentlicht in: M. Sanouillet, *Trois lettres à Tzara 1916–1918*, *Revue des Lettres modernes,* Nr. 104–107, Paris 1964.
Alexander Archipenko, 1887–1964, russischer Maler und Bildhauer.
Hans Peter Wilhelm Arp, 1886–1966, elsässischer Grafiker, Bildhauer und Dichter.
Brief an Kahnweiler veröffentlicht in: Arp *1886–1966*, Ausstellungskatalog, Stuttgart 1986.
Briefe an Hilla von Rebay auszugsweise und übersetzt veröffentlicht in: J. M. Lukach, *Hilla Rebay – In Search of the Spirit in Art*, New York 1983
Postkarten an Ball veröffentlicht in: *Hugo Ball (1886–1986) – Leben und Werk*, hrsg. von E. Teubner, Berlin 1986
Texte zusammengestellt aus: *Unsern täglichen Traum*, Zürich 1955, und aus Übersetzungen von: *Jours effeuillés*, hrsg. v. Marcel Jean, Paris 1966.
Abdruck der Texte von Hans Arp mit freundlicher Genehmigung der Fondation Jean Arp und Sophie Taeuber-Arp e.V., Bonn.
Hugo Ball, 1886–1827, deutscher Schriftsteller, Dichter, Regisseur und Kritiker; Chronologie zitiert aus: *Die Flucht aus der Zeit*, München 1927; *Briefe an Käthe Brodnitz,* hrsg. v. R. Sheppard, *Jahrbuch der deutschen Schillergesellschaft, Nr. 16*, Stuttgart 1972; alle anderen Briefe aus: *Hugo Ball, Briefe 1911–1927*, hrsg. v. Annemarie Schütt-Hennings, Einsiedeln 1957 (alle mit einem * gekennzeichneten Briefe sind unveröffentlicht); *Das erste dadaistische Manifest, Kunsthaus Zürich; Über Okkultismus, Hieratik und andere seltsam schöne Dinge, Berner Intelligenzblatt*, 15. 11. 1917; *Tenderenda, der Phantast (1914–1920)*, Innsbruck 1999; *Gesammelte Gedichte*, Zürich 1963; Typoskripte aus dem Archiv der Fondation Arp, Paris.
Alice Bailly, 1872–1938, schweizer Malerin, kannte Picabia noch von der Vorkriegszeit in Paris und ließ sich 1921 wieder dort nieder.
Rudolf Bauer, 1889–1953, deutscher Maler und Waldens Assistent beim *Sturm.*
Fritz Baumann, 1886–1942, schweizer Maler und Mitbegründer des dadanahen *Neuen Lebens.*
André Breton, 1896–1966, französischer Dichter und Schriftsteller; Begründer des Surrealismus;
Briefe an Tzara, veröffentlicht in: M. Sanouillet, *Dada à Paris*, Nizza 1980.
Abdruck der Texte von André Breton mit freundlicher Genehmigung von Editions Sirene, Berlin.
Käthe Brodnitz geb. Fröhlich, 1884–?, deutsche Literaturwissenschaftlerin.
Gustave Buchet, 1888–1963, schweizer Maler; stellte zusammen mit Schad 1921 in Genf aus.
Gabrielle Buffet, 1885–1985, französische Schriftstellerin, Frau Picabias.
Ferrucio Busoni, 1866–1924, italienischer Musiker und Komponist.
Han(s) Cor(r)ay, 1880–1974, schweizer Kunstsammler und Galerist.
Maya Chrusecz (Maria Josefa Deodata), 31. 10. 1890 in Hamburg–?, deutsche Kunstgewerblerin und Freundin Tzaras von 1917 bis 1922; nach dem Krieg im Kreis um Hans Henny Jahnn in Hamburg.
Paul Dermée (eigentl. Camille Janssen), 1886–1967, französischer Schriftsteller und Mitarbeiter an Reverdys *Nord-Sud*, gab *Z* und *L'Esprit Nouveau* heraus.
Alfred Döblin, 1878–1957, deutscher Schriftsteller.
Petro (Nelly) **van Doesburg** (geb. van Moorsel), 1899–1975, holländische Pianistin.
Theo van Doesburg (eigentl. Christian E. M. Kuepper), 1883–1931, holländischer Maler und Schriftsteller, gab mit Mondrian *De Stijl* und als I. K. Bonset *Mécano* heraus; schrieb auch unter dem Pseudonym Aldo Camini.
Abdruck der Texte von Théo van Doesburg mit freundlicher Genehmigung des van Doesburg-Archivs, Den Haag.
Catherine S. Dreier, 1877–1952, deutsche Kunstsammlerin, gründete mit Man Ray und Duchamp die *Société Anonyme* in New York.
Viking Eggeling, 1880–1925, schwedischer Maler, Freund von Richter, beschäftigte sich mit den Regeln eines plastischen Kontrapunkts und des abstrakten Films.
Albert Ehrenstein, 1886–1950, österr. Schriftsteller und über Hardekopf und Richter am Rande an Dada beteiligt.
Paul Eluard, 1895–1952, französischer Dichter.
Abdruck der Texte von Paul Eluard mit freundlicher Genehmigung von Cécile Eluard und für den Abdruck von »Les Malheurs des Immortels« bei Editions Gallimard, Paris.
Jean Zechiel Ephraim, 1871–?, holländischer Wirt der Meierei.
Max Ernst, 1891–1976, deutscher Maler und Plastiker.
Abdruck der Texte von Max Ernst mit freundlicher Genehmigung von Dorothea Tanning.
Aldo Fiozzi, italienischer Schriftsteller, gab mit G. Cantarelli *Procellaria* und *Bleu* heraus.
Otto Flake, 1880–1963, elsässischer Schriftsteller und Journalist, Briefe veröffentlicht in: R. Schrott, *Otto Flake 1919–1922, Die Unvollendbarkeit der Welt* – Ein Flake-Symposium hrsg. v. F. Delle Cave, Bozen 1992.
Alfred Flechtheim, 1878–1937, deutscher Kunsthändler und Herausgeber der Zeitschrift *Der Querschnitt.*
Leonhard Frank, 1882–1961, deutscher Schriftsteller.

Herbert von Garvens-Garvensbrug, 1883–1953, deutscher Kunstsammler und Galerist in Hannover.
Augustio Giacometti, 1877–1947, schweizer Maler und Bruder von Alberto G.; Text zitiert aus: Augusto Giacometti, *Von Florenz bis Zürich; Blätter der Erinnerung*, Zürich 1948.
Friedrich Glauser, 1896–1938, schweizer Schriftsteller und Dada ist; Texte zitiert aus: *Dada, Ascona und andere Erinnerungen*, Zürich 1976.
Bruno Goetz, 1885–1954, baltischer Schriftsteller und Journalist; Gedicht samt Erinnerung seiner Frau in der Fondation Arp, Paris.
Hans Goltz, 1873–1928, deutscher Kunst- und Buchhändler in München.
Corrado Govoni, 1884–1965, italienischer Dichter und Futurist.
Werner Graeff, Teilnehmer an van Doesburgs Stijl-Kursen in Weimar 1922; Text veröffentlicht in: *Kurt Schwitters Almanach 1983*, hrsg. v. M. Erlhoff, Hannover 1983.
Henri Guilbeaux, 1884–1938, belgischer Sozialist und Journalist im Kreis um Romain Rolland; Herausgeber der pazifistischen Monatszeitschrift *Demain.*
Paul Guillaume, 1893–1934, französicher Galerist mit Kontakten zur französischen und italienischen Avantgarde; verkaufte auch als erster afrikanische und ozeanische Skulpturen.
Hans Hack, Antiquar in der Zürcher Oetenbachgasse, dessen Laden ein Treffpunkt der Dadaisten war.
Ferdinand Hardekopf, 1876–1954, deutscher Schriftsteller und Übersetzer, langjähriger Freund von Emmy Hennings; lebte bei seiner Freundin Olly Jacques in Thurgau und im Tessin; Briefe zitiert aus: R. Sheppard, *Ferdinand Hardekopf und Dada, Jahrbuch der deutschen Schillergesellschaft*, Stuttgart 1974.
Abdruck der Texte von Ferdinand Hardekopf mit freundlicher Genehmigung von Thomas Moor
Jane Heap, 1885–1964, amerikanische Kritikerin, gab zusammen mit Margaret Anderson *The Little Review*-Archiv (1913–1929) heraus, die auch Pound und Picabia zu ihren Herausgebern zählte und viele Arbeiten der Dadaisten veröffentlichte; Schwitters, Arp, van Doesburg, Sophie Taeuber etc. stellten auch in der *The Little Review*-Galerie (1925–27) aus.
John Heartfield (eigentl. Helmut Herzfelde), 1891–1968, deutscher Graphiker und Schriftsteller, gab die *Neue Jugend* heraus; mit seinem Bruder Wieland Herzfelde (1896–1988) an Dada-Berlin beteiligt
Emmy Hennings, 1885–1948, deutsche Schriftstellerin und Diseuse, heiratete Hugo Ball 1920; Text zitiert aus: *Hugo Ball Almanach*, Pirmasens 1991.
Julius Heuberger, 1888–1965, schweizer Drucker und Anarchist.
Hans Heusser, 1892–1942, schweizer Musiker und Komponist.
Maria Hildebrand, geborene Ball, 1881–1952, Schwester von Hugo Ball.
Hannah Hoech, 1889–1978, deutsche Malerin und Mitbegründerin von Dada-Berlin.
August Hofmann, 1890–?, Studienprofessor für Mathematik und Physik und alter Freund Balls, der seine musikalischen Neigungen teilte.
Richard Huelsenbeck, 1882–1974, deutscher Schriftsteller und Dichter; Briefe veröffentlicht in: R. Sheppard, *Zürich–Dadaco–Dadaglobe,* Tayport 1982; Texte zitiert aus: *Dada siegt!*, Berlin 1920, und: *Dada–Eine literarische Dokumentation*, hrsg. v. R. Huelsenbeck, Reinbeck b. Hamburg, 1964.
Abdruck der Texte von Richard Huelsenbeck mit freundlicher Genehmigung von Herbert Kapfer, Richard-Huelsenbeck-Nachlass, München.
Vilmos Huszar, 1884–1969, Maler und Mitbegründer von De Stijl.
Max Jacob, 1976–1944, französischer Dichter und Maler.
Marcel Janco, 1895–1986, rumänischer Maler, Graphiker und Objektkünstler; Briefe unveröffentlicht in: H. Béhar, *Tristan Tzara, Phare de l'avantgarde roumaine*, *Revue de la Littérature comparée,* 1, Paris 1984; Texte zitiert aus: *Janco/Dada: An Interview with Marcel Janco*, Francis Naumann, *Arts Magazine,* November 1982, und Willy Verkauf: *Dada, Monografie einer Bewegung*, Teufen 1957.
Georges Janco, 1899–?, rumänischer Architekt und Bruder von Marcel Janco.
Waldemar Jollos, 1886–1953, deutsch-russischer Übersetzer und Kritiker.
Matthew Josephson, amerikanischer Schriftsteller, Mitherausgeber von *Broom* und *Secession*; Brief an Tzara veröffentlicht in: Ph. Soupault, *Mémoires de l'Oubli 1923–26*, Paris 1986.
Franz Jung, 1888–1963, deutscher Schriftsteller und Kommunist, Mitbegründer Berlin-Dadas und Mitherausgeber der *Neuen Jugend*; seine Frau Margot Jung war mit Serner näher bekannt.
Lajos Kassak, 1887–1967, ungarischer, dem Bauhaus nahestehender Maler und Schriftsteller, Herausgeber von *MA*.
Klabund (eigentl. Alfred Henschke), 1890–1928, deutscher Dichter und Übersetzer, alter Freund von Ball und Marietta di Monaco; Gedicht in der Bibliothèque Doucet.
Paul Klee, 1879–1940, Schweizer Maler und Graphiker; Briefe an Lily Klee veröffentlicht in: *Briefe an die Familie*, hrsg. v. F. Klee, Bd. 1, Köln 1979.
Eduard Korrodi, 1885–?, Redakteur des Feuilleton der *Neuen Zürcher Zeitung.*
Rudolf von Laban, 1879–1958, ungarischer Choreograf und Tanzpädagoge, Schöpfer des freien Ausdruckstanzes.
El Lissitzky (eigentl. Elieser Markovic), 1890–1947, russischer Konstruktivist, Maler und Architekt, Briefe an seine spätere Frau Sophie Küppers zitiert aus: *El Lissitzky, Erinnerungen, Briefe, Schriften*, hrsg. v. Sophie Lissitzky-Küppers, Dresden 1980.
Filippo Tommaso Marinetti, 1876–1944, italienischer Schriftsteller und Begründer des Futurismus; Brief an Ball in der Bibliothèque Doucet, veröffentlicht in: G. Lista, *Lettre à Tzara, Lettres Nouvelles*, Mai–Juni 1972, Paris.
Armando Mazza, 1884–?, italienischer Futurist; Brief veröffentlicht in: G. Lista, *Marinetti et Tzara, Lettres Nouvelles*, Mai–Juni 1973, Paris.
Francesco Meriano, 1896–1934, italienischer, futuristischer Dichter, Mitbegründer der Zeitschrift *La Brigata*; Briefe veröffentlicht in: G. Lista, *Encore sur Tzara et le Futurisme Italien, Lettres Nouvelles*, September–Oktober 1973, Paris.
Marietta di Monaco (eigentl. Marie Kirndörfer), 1893–1981, langjährige Freundin Serners und Diseuse im Münchner Simplizissimus; Text zitiert aus: *Ich kam — ich geh. Reisebilder, Erinnerungen, Portraits*, München 1961.
Nicola Moscardelli, 1894–1943, Dichter, Herausgeber von *Le Pagine* und *La Diana*; Briefzitat aus: G. Lista, *Tristan Tzara et le dadaisme italien, Europe,* Nr. 555-556, Juli-August, Paris 1975.
Erich Mühsam, 1878–1934, deutscher Schriftsteller und Anarchist.
Lucian N. Neitzel, 1887–1968, elsässischer Kunstkritiker und Schriftsteller, gab mit Hans Arp des Buch *Neue französische Malerei*, Leipzig 1913, heraus.
Abdruck der Texte von Lucian N. Neitzel mit freundlicher Genehmigung seines Sohnes Lucian Neitzel.
Mopp (eigentl.) Max Oppenheimer, 1885–1954, österreichischer Maler.
Thadeusz Peiper, 1891–1969, polnischer Schriftsteller, führender Theoretiker der Krakauer Avantgarde um die Zeitschrift *Zwrotnica* (Die Weiche), die Tzaras Vortrag von 1922 übersetzte.
Suzanne Perrottet, 1889–1983, schweizer Schülerin von Rudolf Laban und Tanzlehrerin; Text zitiert aus: *Suzanne Perrottet, Ein bewegtes Leben*, Bern 1989.
Francis Picabia, 1879–1953, Maler und Dichter, der schon in New York mit Duchamp an prädadaistischen Aktivitäten beteiligt war, Herausgeber von *391, cannibale* und *Pilhaou-Thibaou.*
Filippo De Pisis (eigentl. Filippo Tibertelli), 1896–1956, italienischer Dichter, Maler und Kunstkritiker, der sich vom Futurismus zur metaphysischen Malerei de Chiricos wandte; Briefe und Text veröffentlicht in: Filippo de Pisis, *Lettere a Tzara, Futurismo, dadaismo, metafisica...*, Mailand 1981.
Ezra Pound, 1885–1972, amerikanischer Dichter und Schriftsteller, der sich über Picabia am Rande an Dada-Paris beteiligte.
Enrico Prampolini, 1894–1956, italienischer Maler, Bildhauer und Regisseur, Mitherausgeber von *NOI* in Rom, berühmtester Vertreter der zweiten Generation des Futurismus; Briefe und Texte veröffentlicht in: G. Lista, *Prampolini, Tzara, Marinetti — inédits sur le futurisme, Lettres Nouvelles*, Dezember 1974 – Januar 1975, Paris.
Man Ray, 1889–1976, amerikanischer Fotograf und Schriftsteller.
Hilla von Rebay, 1890–1967, elsässische Malerin und Mitbegründerin des Museum of Nonobjective Painting in New York; Brief an Rudolf Bauer veröffentlicht in: J. M. Lukach, *Hilla Rebay – In Search of the Spirit in Art*, New York 1983.
Clemente Rebora, 1885–1957, italienischer Schriftsteller.
Otto van Rees, 1884–1957, holländischer Maler.

Pierre Reverdy, 1889–1960, französischer Dichter und Herausgeber von *Nord-Sud.*
Georges Ribemont-Dessaignes, 1884–1974, französischer Maler, Dichter und Komponist.
Hans Richter, 1888–1976, deutscher Maler, Filmemacher und Schriftsteller, gab zusammen mit Mies van der Rohe *G* heraus; Briefe veröffentlicht in: R. Sheppard, *New Studies in Dada. Essays and Documents*, Driffield 1981; Texte zitiert aus: *Dada Profile*, Zürich 1961; Hans Richter: *Dada, Kunst und Antikunst*, Köln 1964.
Jacques Rigaut, 1889–1929, französischer Schriftsteller.
Ludwig Rubiner, 1881–1920, deutscher expressionistischer Schriftsteller.
Alberto Savinio (eigentl. Andrea de Chirico, Bruder von Giorgio), 1891–1952, italienischer Schriftsteller, Musiker und Maler.
Christian Schad, 1894–1982, deutscher Maler, Zeichner und Erfinder der Schadografie; Text zitiert in: *Expressionismus, Aufzeichnungen und Erinnerungen der Zeitgenossen*, hrsg. v. P. Raabe, Olten 1965.
Helma Schwitters, geborene Fischer, seit 1915 mit Schwitters verheiratet.
Kurt Schwitters, 1887–1948, deutscher Maler, Graphiker und Dichter; Briefe an Arp, van Doesburg, Garvens und Hausmann zitiert aus: *K. Schwitters, Wir spielen bis der Tod uns abholt, Briefe aus 5 Jahrzehnten*, hrsg. v. E. Nündel, Frankfurt am Main 1974; gesetzte Bildgedichte und Collage in der Bibliothèque Doucet.
Arthur Segal, 1875–1944, rumänischer Maler, Erfinder des Simultanbildes und Spektralismus.
Walter Serner (eigentl. Seligmann), österreichischer Schriftsteller; Briefe veröffentlicht in: *W. Serner, Das Hirngeschwür, Sämtliche Werke Bd. 2,* hrsg. v. Th. Milch, München 1982.
Marcel Slodki, 1892–1943, polnischer Maler und Grafiker.
Philippe Soupault, 1897–1989, französischer Dichter und Schriftsteller.
Alberto Spaini, 1892–1975, italienischer Journalist, Übersetzer und Literaturhistoriker
Christoph Spengemann, 1877–1952, deutscher Kunstkritiker und Mitherausgeber der Zeitschrift *Der Zweemann.*
Paul Steegemann, 1894–1956, deutscher Verleger der Dadaisten
Emil Szittya (eigentl. Adolf Schenk), 1886–1964, ungarischer Schriftsteller und Maler, Mitherausgeber des *Mistral.*
Sophie Taeuber, 1889–1943, schweizer Künstlerin und Kunsterzieherin, spätere Frau Arps.
Marthe Tour-Donas (eigentl. Tour d'Onasky), 1885–1967, galt als erste abstrakte Malerin; Freundin und Schülerin Archipenkos.
Alfred Vagts, 1892–1987, deutscher Dichter und Politikwissenschaftler; Gedichte in der Bibliothèque Doucet..
Abdruck der Texte von Alfred Vagts mit freundlicher Genehmigung von Detlev V. Vagts.
Ion Vinea (eigentl. Ion Eugen Iovanaki), 1895–1964, rumänischer Schrifsteller, Schulkollege Tzaras, gab mit Tzara *Simbolul* (1912) und *Chemarea (Der Aufruf 1915)* und ab 1922 mit Janco *Contimporanul* heraus; Briefe veröffentlicht in: H. Béhar, *Tristan Tzara, Phare de l'avantgarde roumaine, Revue de la Littérature comparée, 1,* Paris 1984
Melchior Vischer (eigentl. Emil Fischer), 1895–1975, österreichischer Schriftsteller und Dramatiker; Briefe veröffentlicht in: R. Schrott, *Melchior Vischer und Dada, unveröffentlichte Briefe und Gedichte,* Siegen 1988.
Roger Vitrac, 1899–1943, französischer Schriftsteller und Mitherausgeber der Zeitschrift *Aventure.*
Ilarie Voronca (eigentl. Eduard Marcus), 1903–1946, gilt als bedeutendster Theoretiker der rumänischen Avantgarde; Herausgeber des *Integral* (1925–27).
Mary Wi(e)gman(n), 1886–1973, deutsche Tänzerin und Choreografin, Pionierin des freien Ausdruckstanzes; Texte aus dem Nachlaß, deutsches Literaturarchiv Marbach.
Marius de Zayas, 1880–1961, mexikanischer Graphiker und Schriftsteller, schrieb den ersten wichtigen Text über die Beziehung zwischen afrikanischer und moderner Kunst.

Abdruck der Texte von Tristan Tzara mit freundlicher Genehmigung von Christophe Tzara und Editions Flammarion, Paris.

LITERATUR

DADAZEITSCHRIFTEN

Bleu, Mantua, Nr. 1–3, Juli 1920 bis Januar 1921, Herausgeber: Gino Cantarelli, Abrogio Quadri
The Blind Man, New York, Nr. 1 & 2, 10. April 1917 bis Mai 1917, Herausgeber: Henri-Pierre Roché in Zusammenarbeit mit Marcel Duchamp und Beatrice Wood
Die Blutige Ernst, Berlin, Nr. 1–6, September 1919 bis Februar 1920, Herausgeber: John Hoexter (Nr. 1 & 2); Carl Einstein und George Grosz (Nr. 3–6)
Bulletin D, Köln, einmalige Ausgabe, November 1919, Herausgeber: Johannes Baargeld und Max Ernst
Cabaret Voltaire, Zürich, einmalige Ausgabe, Juni 1916, Herausgeber: Hugo Ball. (Reprint bei J.-M. Place, Paris 1981)
Camera Work, New York, Nr. 1–49/50, Juni 1903 bis Juli 1917, Herausgeber: Alfred Stieglitz
cannibale, Paris, Nr. 1 & 2, 25. April bis 25. Mai 1925, Herausgeber: Francis Picabia
Club Dada, Berlin, Sondernummer über *Die freie Straße* (Nr. 7–8), 1918, Herausgeber: Richard Huelsenbeck, Franz Jung, Raoul Hausmann
Le coeur à barbe, journale transparent, Paris, einmalige Ausgabe, April 1922, Herausgeber George Ribemont-Dessaignes (Reprint bei J.-M. Place, Paris 1981)
DdO4H2, Paris 1920, Herausgeber: Georges Ribemont-Dessaignes (annonciert, aber nie erschienen)
Dada, Zürich, Nr. 1–4/4, Juli 1917 bis Mai 1919; Nr. 6–8 5. Februar 1920 bis Oktober 1921, Herausgeber: Tristan Tzara (Reprint bei J.-M. Place, Paris 1981)
Der Dada, Berlin Nr. 1–3, Juni 1919 bis April 1920, Herausgeber: Raoul Hausmann
Dada-Jazz, Zagreb, Einmalige Ausgabe, 1922, Herausgeber: Dragan Aleksic
Dada-Jok, Zagreb, einmalige Ausgabe, 1922, Herausgeber: Virgil Poljanski und Ljubormir Micic
Dada-Tank, Zagreb, einmalige Ausgabe, 1922, Herausgeber: Dragan Aleksic
391, Barcelona, Nr. 1–4, 25. Januar 1916 bis 25. März 1917; New York, Nr. 5–7, Juni 1917 bis August 1917, Zürich Nr. 8, Februar 1919; Paris, Nr. 9 bis 19, November 1919 bis Oktober 1924, Herausgeber: Francis Picabia (Reprint bei Centre de XXe Ciècle, Nizza 1980)
Freiland dada, Potsdam, einmalige Ausgabe, Juni 1921, Herausgeber: Johannes Baader
Das Hirngeschwür, Zürich, Mai 1918, Herausgeber: Walter Serner (annonciert, aber nie erschienen)
Jedermann sein eigener Fußball, Berlin, einmalige Ausgabe, 15. Februar 1919. Herausgeber: Wieland Herzfelde
Littérature, Paris, erste Serie, Nr. 1–20, März 1919 bis August 1921, Herausgeber: Louis Aragon, André Breton, Philippe Soupault; neue Serie, Nr. 1–13, März 1922 bis Juni 1924, Herausgeber: André Breton (Reprint bei J.-M. Place, Paris 1978)
M'Amenez-Y, Paris 1920, Herausgeber: Céline Arnauld (annonciert, aber nie erschienen)
Der Marstall, Hannover, Nr. 1–2, 1920, Herausgeber: Paul Stegemann
Mécano, Leyden, gelb <Nr.1> –weiß <Nr.4–5>, 1922 bis 1923, Herausgeber: I. K. Bonset
Merz, Hannover, Nr. 1–24, Januar 1923 bis 1932, Herausgeber: Kurt Schwitters
New York Dada, New York, einmalige Ausgabe, April 1921, Herausgeber: Marcel Duchamp, Man Ray
Œsophage, Brüssel, einmalige Ausgabe, März 1925, Herausgeber: E. L. T. Mesens, René Magritte
Die Pleite, Berlin-Leipzig, Nr. 1–6, 1919 bis Januar 1920, Herausgeber: Wieland Herzfelde
Le Pilhaou-Thibaou, Paris, Juni 1920, Herausgeber: Francis Picabia
La Pomme de pins, Saint Raphael, einmalige Ausgabe, 25. Februar

1922, Herausgeber: Francis Picabia
Projecteur, Paris, einmalige Ausgabe, Mai 1920, Herausgeberin: Céline Arnauld
Proverbe, Paris Nr. 1–6, 1. Februar 1920 bis 1. Juli 1921, Herausgeber: Paul Eluard
The Ridgefield Gazook, New York, einmalige Ausgabe, 31. März 1915, Herausgeber: Man Ray
The Rogue, Nr. 1, ohne Datum, Herausgeber: Allen Norton
Rongwrong, New York, einmalige Ausgabe, Mai 1919, Herausgeber: Marcel Duchamp, Henri-Pierre Roché, Beatrice Wood
Die Schammade, Köln, einmalige Ausgabe, April 1920, Herausgeber: Johannes Baargeld und Max Ernst
T.N.T., New York, einmalige Ausgabe, März 1919, Herausgeber: Henri S. Reynolds, Adolf Wolff, Man Ray
Transbordeur Dada, Berlin, Nr. 1–3, Juli 1922 bis 1923, Paris, Nr. 4 bis 13, April 1924 bis August 1949, Herausgeber: Serge Charchoune
Der Ventilator, Köln, Nr. 1/2–6, Februar 1919 bis <März 1919>, Herausgeber: Jos Smeets, Johannes Baargeld und Max Ernst
Z, Paris, März 1920, Herausgeber: Paul Dermée
Der Zeltweg, Zürich, einmalige Ausgabe, November 1919, Herausgeber: Otto Flake, Walter Serner, Tristan Tzara, (Reprint bei J.-M. Place, Paris 1981)
291, New York, Nr. 1–12, März 1915 bis Februar 1916, Herausgeber: Alfred Stieglitz

ANDERE ZEITSCHRIFTEN

Akasztott ember, Wien, 1922–1923, Herausgeber: Sándor Barta.
Die Aktion, Berlin, 1. Jhg., Nr. 1 bis 22. Jhg. Nr. 1–4, Februar 1911 bis August 1933, Herausgeber: Franz Pfemfert
Avanscoperta, Rom 1916–1917. Herausgeber: Ettore Marchionni.
Aventure, Paris, Nr. 1–3, November 1921 bis Januar 1922, Herausgeber: Marcel Arland, René Crevel, Roger Vitrac. (Reprint bei *Dada,* J.-M. Place, Paris 1975)
La Brigata, Bologna 1916–1917. Herausgeber: Guiseppi Raimondi.
Blok, Warschau, Nr. 1–11, 1924 bis März 1926, Herausgeber: Mieczislav Szczuka, Teresa Zarnower
Broom, Rom, Berlin, New York, 1922–1924, Herausgeber: Harold Loeb
Ca ira, Antwerpen, Nr. 1–20, April 1920 bis Januar 1923, Herausgeber: Maurice Van Essche, Paul Neuhuys, Clément Pensaer. (Reprint bei J. Antoine, Brüssel)
Chemarea, Bukarest, 1915, Herausgeber: Marcel Janco, Tristan Tzara, Ion Vinea
Contimpuranul, Bukarest, Nr. 1–102, Juni 1922 bis Januar 1932, Herausgeber: Ion Vinea & Marcel Janco
Creación, Madrid, Nr. 1, April 1921; Paris Nr. 2 & 3, November 1921 bis Februar 1924, Herausgeber: Vincente Huidobro
Cronache d'attualita, Rom, 1919–1922, Herausgeber: A.G. Bragaglia
Dés, Paris, einmalige Ausgabe, April 1922, Herausgeber: Marcel Arland (Reprint bei J.-M. Place, Paris 1975)
Les Feuilles Libres, Paris 1918–1928, Herausgeber: Marcel Raval
Die freie Straße, Berlin, Nr. 1–8, 1915–1918, Herausgeber: Richard Oehring, Franz Jung
Formisci, Krakau, 1–6, 1918 bis 1921, Herausgeber: Tiomaczul RoDada (Titus Czyzweski)
G., Berlin, Nr. 1 bis 7/8, Juni 1925 bis 1926, Herausgeber: Hans Richter
The Little Review, New York-Chicago, Nr. 1 bis 12, März 1914 bis Mai 1929, Herausgeberin: Margarete Anderson. (Kraus Reprint, Liechtenstein)
Ma, Budapest & Wien, 1917–1925, Herausgeber: Lajos Kassák
Maintenant, Paris, Nr. 1 bis 5, April 1912 bis März 1915, Herausgeber: Arthur Cravan. (Reprint bei J.-M. Place, Paris 1977)
Manomètre, Lyon, Nr. 1 bis 5, April 1922 bis Januar 1928, Herausgeber: Emile Malespine (Reprint bei J.-M. Place, Paris 1977)
Der Mistral, Zürich, Nr. 1 – 3, 1915, Herausgeber: Emil Szittya, Hugo Kersten, Walter Serner
Le Mouvement accélléré, Paris, einmalige Ausgabe, November 1924, Herausgeber: Paul Dermée
Neue Jugend, Berlin, Nr. 1 bis <13>, Juli 1916 bis Juni 1917, Herausgeber: Heinz Barger, Nr. 1 bis 10, Wieland Herzfelde, Nr. 11 bis 13. (Kraus Reprint, Liechtenstein)
Noi, Rom, Nr. 1–10/11/12, Juni 1917 bis 1925, Herausgeber: Enrico Prampolini & Bino Sanminiatelli
Nord-Sud, Paris, Nr. 1–16, März 1917 bis Oktober 1918, Herausgeber: Pierre Reverdy. (Reprint bei J.-M. Place, Paris 1981)
La Pagine, L'Aquila-Naples, Nr. 1–111, 1916, bis Juli 1917, Herausgeber: Nicola Moscardelli, Titta Rosa, Maria D'Arezzo
Procellario, Mantua, Nr. 1–<7>, April 1917, bis Juli 1920, Herausgeber: Gino Cantarelli & Aldo Fiozzi
Reflector, Madrid, Nr. 1–2, Dezember 1920 bis 28. Februar 1922, Herausgeber: José de Circa y Escalante
Résurrection, Namur, Nr. 1–6, 1917 bis Mai 1918, Herausgeber: Clément Pensaers. (Reprint bei J. Antoine, Brüssel 1974)
SIC, Paris, Nr. 1–53/54, Januar 1916 bis Dezember 1919, Herausgeber: Pierre Albert-Birot. (Reprint bei J.-M. Place, Paris 1973)
Simbolul, Bukarest, Nr. 1–4, 1912, Herausgeber: Marcel Janco, Samy Samiro, (Tristan Tzara), Ion Vinea.
Secession, Wien, Berlin, Reutte, Florenz, New York, 1922–1924, Herausgeber: Gorham Munson, Matthew Josephson.
Sirius, Zürich, Nr. 1–8, Oktober 1915 bis Mai 1916, Herausgeber: Walter Serner.
75 HP, Bukarest, einmalige Ausgabe, Oktober 1924, Herausgeber: Ilarie Voronca, Victor Brauner.
De Stijl, Leyle-Scheveningen-La Haya, 1917 – 1928, Herausgeber: Theo Van Doesburg.
Der Sturm, Berlin, 1910–1932, Herausgeber: Herwarth Walden.
Valori Plastici, Rom, Nr. 1–15, 16. November 1918 bis 1921, Herausgeber: Ljubomir Micic.
Der Zweemann, Hannover, Nr. 1–7, Herausgeber, F. W. Wagner, Christof Spengemann
Zwrotnika, Krakau, Nr. 1–12, Mai 1922 bis Dezember 1927, Herausgeber: Thaddäus Peiper.

WEITERFÜHRENDE LITERATUR

Schrott, Raoul: Melchior Vischer und Dada – unveröffentliche Briefe und Gedichte, Siegen 1988
Schrott, Raoul: Dada 21/22 – Musikalische Fischsuppe mit Reiseeindrücken; eine Dokumentation der beiden Dadajahre in Tirol & ein Fortsatz von Gerald Nitsche zu Dada und Danach, Innsbruck 1988
Schrott, Raoul: Walter Serner und Dada – ein Forschungsbericht mit neuen Dokumenten, Siegen 1989
Schrott, Raoul: Otto Flake und Dada 1918–1921, Siegen 1992
Schrott, Raoul: Dada 15/25 – Postscriptum oder die Himmlischen Abenteuer des Hr.n Tristan Tzara und ein Suspensarium von Gerald Nitsche zu Elde Steeg & Raoul Hausmann, Innsbruck 1992
Dankl, Günther und Schrott, Raoul (Hrsg.): DADAutriche 1907–1970. Ausst.-Kat. Tiroler Landesmuseum Ferdinandeum Innsbruck, Innsbruck 1993

STANDARDWERKE ZUM MOUVEMENT DADA

Bolliger, Hans, Guido. Magnaguagno und Raimund Meyer: Dada in Zürich, Zürich 1985
Foster, Stephen C. und Rudolf E. Kuenzli: Dada Spectrum–The Dialectics of Revolt (mit einer Bibliographie zu Dada zusammengestellt von Richard Sheppard), Iowa 1979
Foster, Stephen C. (Hrsg.): Crisis and the arts–The history of Dada. London 1996–2001:
1. Dada: the coordinates of cultural politics, 1996
2. Dada Zürich: a clown's game from nothing, 1996
3. Dada Cologne Hannover, 1997
4. The Eastern Dada orbit, 1998
5. Dada Triumphs!, 2003
6. Paris Dada, 2001
7. The import of nothing, 2002
8. Dada New York, 2003

Meyer, Raimund: Dada global Zürich 1994
Richter, Hans: Dada–Kunst und Antikunst, Köln 1964
Sanouillet, Michel: Dada à Paris, Nizza 1980
Sanouillet, Michel : Le Dossier Dadaglobe, in : Cahiers de l'Association internationale pour l'Etude de Dada et du Surrealisme Nr. 1 Paris 1966
Schippers, M. : Holland Dada, Amsterdam 1974
Sheppard, Richard: What is Dada, in: Orbis Litterarum, Nr. 34, 1979
Sheppard, Richard: New Studies in Dada – Essays and Documents, Driffield 1981
Sheppard, Richard: Zürich–Dadaco–Dadaglobe, Tayport 1982
Sheppard, Richard: Dada Zürich in Zeitungen–Cabarets, Ausstellungen, Berichte und Bluffs, Siegen 1992
Sheppard, Richard: Modernism – Dada – Postmodernism, Evanston 2000

AUSGEWÄHLTE NEUERSCHEINUNGEN ZU EINZELNEN PROTAGONISTEN SEIT 1992

Adamowicz, Elza: André Breton. A bibliography (1972–1989), London 1992
Arp, Hans und Sophie Taeuber-Arp. Ausst.-Kat. hrsg. von der Stiftung Hans Arp und Sophie Taeuber-Arp, Rolandseck 1997
Aspley, Keith: The life and works of surrealist Philippe Soupault (1897–1990), Lewiston, New York 2001
Ball, Hugo: Tenderenda, der Phantast. Hrsg. und mit einem Nachwort von Raimund Meyer und Julian Schütt, Innsbruck 1999
Ball, Hugo: Briefe 1904–1927. Hrsg. und kommentiert von Gerhard Schaub und Ernst Teubner, 3 Bd., Göttingen 2003
Ball-Hennings, Emmy: Hugo Ball. Sein Leben in Briefen und Gedichten, Frankfurt am Main 1991
Ball-Hennings, Emmy: Betrunken taumeln alle Litfassäulen–Frühe Texte und autobiographische Schriften. Hrsg. von Bernhard Merkelbach, Lüneburg 1999
Bénézet, Mathieu: André Breton, rêveur définitif, München 1996.
Berg, Hubert van den (Hrsg.): Holland ist Dada: ein Feldzug. Doesburg, Schwitters u. a., Hamburg 1992
Borràs, Maria Lluïsa: Jean Arp invenció de formes. Ausstellungskatalog Fundació Joan Miró, Barcelona. Barcelona 2001
Buot, François: L'homme qui inventa la révolution DADA, Paris 2002
Casè, Pierre: Arp e le avanguardie nelle collezioni della Città di Locarno, Locarno 2000
Dech, Jula: Sieben Blicke auf Hannah Höch, Hamburg 2002
Derenthal, Ludger: Max Ernst – Das Rendezvous der Freunde. Ausst. Kat. Museum Ludwig Köln, Köln 1991
Didier, Béatrice (Hrsg.): Manuscrits surréalistes. Aragon, Breton, Eluard, Leiris, Soupault, Saint-Denis 1995
Echte, Bernhard : Emmy Ball-Hennings 1885–1948, Frankfurt am Main 1999
Eckmann, Sabine: Collage und Assemblage als neue Kunstgattungen DADAS, Köln 1995
Ernst, Max: Skulpturen, Häuser, Landschaften. Hrsg. von Werner Spies, Ausst.-Kat. Musée National d'Art Moderne/Centre Georges Pompidou, Paris, Köln 1998
Ernst, Max: Zwischen Traum und Wirklichkeit. Graphiken und illustrierte Bücher aus der Sammlung Hans Bolliger. Ausst.-Kat. Staatliche Kunsthalle Karlsruhe, Karlsruhe 2000
Feidel-Mertz, Hildegard: Der junge Huelsenbeck – Entwicklungsjahre eines Dadaisten, Gießen 1992
Firmenich, Andrea und Martina Padberg (Hrsg.): Farbe und Form: Sophie Taeuber-Arp im Dialog mit Hans Arp. Ausst. Kat. Kulturforum ALTANA im Städelschen Kunstinstitut Frankfurt am Main, Bad Homburg vor der Höhe 2002
Gateau, Jean-Charles: Paul Eluard oder der sehende Bruder – Biographie ohne Maske, Berlin 1994
Haroche, Charles, Sylvie Gonzalez u.a. (Hrsg.): Paul, Max et les autres – Paul Eluard et les surréalistes, Thonon-les-Bains 1993
Hausmann, Raoul: Hyle–Ein Traumsein in Spanien. Hrsg. und mit einem Nachwort von Adelheid Koch-Didier, München 2004
Hausmann, Raoul: Umbruch. Hrsg. von Adelheid Koch, Innsbruck 1997
Hilke, Manfred: L' écriture automatique – das Verhältnis von Surrealismus und Parapsychologie in der Lyrik von André Breton, Frankfurt am Main 2002
Höch, Hannah: Eine Lebenscollage 1889–1918. 2 Bde., Berlin 1989
Höch, Hannah: Eine Lebenscollage 1921–1945. 2 Bde., Ostfildern 1995
Höch, Hannah: Eine Lebenscollage 1946–1978. 2 Bde., Berlin 2001
Höch, Hannah: Album. Ausst. Kat. Berlinische Galerie, Landesmuseum für moderne Kunst, Fotografie und Architektur, Ostfildern 2004
Hopkins, David: Marcel Duchamp and Max Ernst – The bride shared, Oxford 1998
Huelsenbeck, Richard: Phantastische Gebete. Hrsg. von Herbert Kapfer, Gießen 1993 [Reprints der Ausgaben von 1916 und 1920]
Kapfer, Herbert und Lisbeth Exner (Hrsg.): Weltdada Huelsenbeck – Eine Biographie in Briefen und Bildern, Innsbruck 1996
Koch, Adelheid (Hrsg.): La sensorialité excentrique – Die exzentrische Empfindung. Raoul Hausmann, Graz 1994
Koch, Adelheid, Ich bin immerhin der größte Experimentator Österreichs – Raoul Hausmann, Dada und Neodada, Innsbruck 1994
López Lupiáñez, Núria: El pensamiento de Tristan Tzara en el periodo dadaísta, Barcelona 2002
Massonet, Stéphane (Hrsg.): Dada terminus Tristan Tzara.
Mesens, Edouard Léon Théodore: correspondance choisie, 1923–1926, Brüssel 1997
Mierau, Fritz: Das Verschwinden von Franz Jung – Stationen einer Biographie, Hamburg 1998
Pech, Jürgen: Max Ernst – The King playing with the Queen, Berlin 2002
Reetz, Bärbel: Emmy Ball Hennings – Leben im Vielleicht; eine Biographie, Frankfurt am Main 2001
Riha, Karl (Hrsg.): Fatagaga-Dada – Max Ernst, Hans Arp, Johannes Theodor Baargeld und der Kölner Dadaismus, Gießen 1995
Riha, Karl und Günther Kämpf, (Hrsg.): Am Anfang war Dada, Gießen 1992
Schäfer, Jörgen und Angela Merte: Dada in Köln – Ein Repertorium, Frankfurt am Main 1995
Schäfer, Jörgen: Dada Köln – Max Ernst, Hans Arp, Johannes Theodor Baargeld und ihre literarischen Zeitschriften, Wiesbaden 1993
Schmitt, Evamarie: Abstrakte Dada-Kunst. Versuch einer Begriffserklärung und Untersuchung der Beziehungen zur künstlerischen Avantgarde, Münster 1992
Schulenburg, Lutz: Franz Jung Werkausgabe, Hamburg 2003
Spies, Werner: Max Ernst – Die Retrospektive. Ausst.-Kat. Neue Nationalgalerie, Staatliche Museen zu Berlin, Köln 1999
Spies, Werner: Max Ernst. Skulpturen, Häuser, Landschaften. Ausst.-Kat. Musée National d'Art Moderne/Centre Georges Pompidou, Paris. Köln 1998
Trier, Eduard: Schriften zu Max Ernst. Anlässlich der Ausstellung »Max Ernst, Brühl und das Rheinland« im Max-Ernst-Kabinett der Stadt Brühl, Köln 1993
Wenzel White, Erdmute: The magic bishop: Hugo Ball, Dada poet, Columbia 1998
Winkelmann, Judith: Abstraktion als stilbildendes Prinzip in der Lyrik von Hans Arp und Kurt Schwitters, Frankfurt am Main 1995
Zehetner, Cornelius: Hugo Ball. Portrait einer Philosophie, Wien 2000

REGISTER

ÜBERSETZUNGEN

Übersetzte Briefe sind mit einem * gekennzeichnet und im Original französisch, bis auf die Briefe von de Pisis vom 9. 10. 1918 bis 12. 4. 1925, die im Original italienisch sind

*

Alle Texte, außer von Ball, Chrusecz, Goetz, Glauser, Hardekopf, Klabund, Marietta di Monaco, Giacometti, Perrottet, Richter, Schad, Serner, Vagts, Wiegmann wurden vom Autor aus dem Französischen, das Interview mit Marcel Janco aus dem Englischen übersetzt (bei *Faites vos jeux* mit einem herzlichen Dank an Ekkehard Neyer)

*

Die Übersetzungen der italienischen Briefe sowie der Texte von De Pisis, Alvaro, Meriano, Rebora Prampolini, Jacopone da Todi besorgten Di Rosa/Schrott

*

Italienische Briefmarken entnommen aus: De Fazio, Padigliome, Sabatino, *Granchi Rosa*, Mailand 1991

*

Strichzeichnungen: T. Tzara
Gravüren und Brockhaus: R. Schrott

DANK

Einen herzlichen Dank an M. Chapon und seinen Assistenten Jean-Luc und Maryline in der Bibliothèque Doucet; Gabriele Mahn, Dorothe Koch und Greta Ströh von der Fondation Arp, Clamart; William Camfield für die Abschrift der van Doesburg-Briefe in 's-Gravenhage; Hr. van Dam im van Doesburg-Archiv; Jochen Meyer im Literaturarchiv Marbach; besonders Raimund Meyer in Zürich für die vielen Antworten und Materialien; ebenso an Ernst Teubner im Ball-Archiv in Pirmasens; Fr. Bettina Schad; Anita Pichler und meinen Studenten in Neapel für das Aufspüren der italienischen Texte der 4. Dada-Soirée; dem Kunsthaus Zürich und Fr. Cécile Brunner überhaupt; für die Fotos barfuß Pink Wetselaar, Bärbel fürs Korrekturlesen, Sonja Peter fürs Entziffern und die Million Anschläge, Benno Peter für jeden Millimeter und wie immer Gabi für alles Extra; Dank natürlich an M. Christophe Tzara und allen Erben für die Erlaubnis zur Veröffentlichung (sollten wir etwas vergessen haben, bitten wir wegen der zehntausendachthundertdreiundfünfzig Arbeitsstunden, den siebenundzwanzig verbrauchten Kugelschreibern, dreiundsechzig zerbrochenen Bleistiften und dem nie verwendeten Radiergummi um Nachsicht)

PHOTO- UND COPYRIGHTNACHWEIS

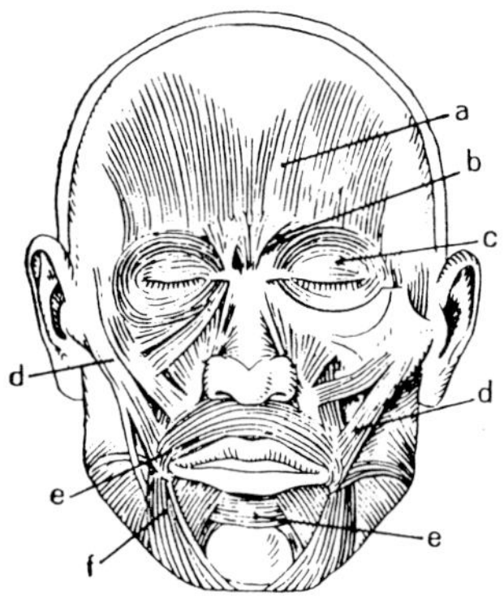

IMPRESSUM

Autor und Verlag danken dem Haymon-Verlag, Innsbruck, Herrn Michael Forcher, ausdrücklich für die Unterstützung beim Nachdruck des Bandes »Dada 15/25« in dieser neuen Form. Der 1992 erschienene Band war in seiner aufwendigen Gestaltung und aufwendigen Produktion eine bibliophile Kostbarkeit und in kürzester Zeit vergriffen. In unserem Nachdruck haben wir uns bemüht, zumindest einige typische Merkmale dieses Bandes zu erhalten und haben die ursprüngliche Gestaltung von Benno Peter, Raoul Schrott und Gerald Nitsche sowie die Typographie von Gabi Plangger so weit als möglich übernommen.
Zusammen mit einem Teil des ebenfalls bei Haymon 1988 erschienenen Bandes »Dada 21/22« wird somit eines der ungewöhnlichsten Buchprojekte zum Thema Dada wieder einem Publikum zugänglich gemacht.

Bibliografische Information
der Deutschen Bibliothek
Die Deutsche Bibliothek verzeichnet diese Publikation in der Deutschen Nationalbibliografie; detaillierte bibliografische Daten sind im Internet über http://dnb.ddb.de abrufbar.

Herstellung: Markus Muraro, Silvia Cardinal
Druck- und buchbinderische Verarbeitung:
B.o.s.s Druck und Medien, Kleve

Printed in Germany
ISBN 3-8321-7479-6

TZARA
PROJET POUR UN PLAFOND
TRISTAN